Jakob Lorber

**Die Geistige Sonne**

Jakob Lorber

**Die Geistige Sonne**

ISBN/EAN: 9783744738064

Hergestellt in Europa, USA, Kanada, Australien, Japan

Cover: Foto ©Andreas Hilbeck / pixelio.de

Weitere Bücher finden Sie auf **www.hansebooks.com**

Außerordentliche Kundgebungen, Eröffnungen und Belehrungen über die naturmäßige und geistige Beschaffenheit und Wesenheit der

# Sonne

2c. 2c. 2c.,

wie Solches in lieb- und weisheitvollster Gnade vom **Herrn Selbst** einem **Ihn** über Alles getreuest liebenden Erwählten vom innersten Grund des Herzens aus wörtlich vernehmbar in die Feder dictirt worden ist.

Zweite und dritte Abtheilung:

## Die geistige Sonne,

nebst Nacherinnerungen und außerordentlichem Nachtrag dazu.

Herausgegeben

aus innerst-geistigem Beruf für Gegenwart und Zukunft

von

Johannes Busch.

---

Dresden.
Im Selbstverlage des Herausgebers.
1870.

## Zuruf und Fingerzeig
### an Jünger des neuen geistigen Morgenroths.

Frei von ew'ger Lieb' und Weisheit Tiefsterschloßnes suche
Geistgeweckt in diesem sonnigst hehren Liebelebens-Wissens-Buche.
Nicht wirst Du anderweit noch licht're Wahrheit finden,
Die frei Dich macht, — und so denn sicherst auch zu Willens frei'stem
      Streben
Nach hellstem Liebe-Licht zu Urseins neuem Leben
Für ewig hin — geist-sonnigst wird entzünden. —

\* \* \*

# Vorwortliches Bekenntniß
## des Herausgebers.

Auf die bereits im Jahr 1864 erschienenen „außerordentlichen Kundgebungen und Eröffnungen über die natürliche Sonne", ist nun — durch die unverkennbare gnädigste Vermittelung des Herrn der Herren und Königs der Könige — auch der Druck des umfassenden, bogenreichen Werkes der „Geistigen Sonne" nebst den „Nacherinnerungen" und dem „außerordentlichen Nachtrage" zu derselben möglich geworden.

Jeder nur einigermaßen wahrhaft denkend Suchen- und Forschende wird darin in überreichem Maße tausenderlei Formen erschauen, und in einer jeden die innere Wahrheit kund gethan finden, so daß er nach vollernstem Durchlesen und Betracht des gesammten Inhalts des Werks, in innerstem Einverstand mit dem Wort des „Wortes" Selbst — wird sagen und bekennen müssen, daß er „in der Sphäre der Wahrheit den ganzen Umfang des geistigen Lebens gesehen" hat, und daß, „so lange diese Erde von Menschen bewohnt wird, die geistigen Lebensverhältnisse noch nie so umfassend und völlig enthüllt kundgegeben wurden, als dieses Mal." Nach so erkannter Unfehlbarkeit sind mir diese vom Grund des Grundes aus wahrhaften Aussprüche von Oben unwiderruflich, und bin ich daher in geistigem Aufblick zu der gnadenvollen ewigen Liebe und Weisheit der festen Zuversicht, daß dereinst viele der nach entschiedenst lichter Wahrheit sich sehnenden Brüder ein gleiches Bekenntniß ablegen können und wollen werden. — Und so möge denn nun für alle Diejenigen, welche nicht im Besitz der ersten Abtheilung des Werks — die Natur-Sonne — sind, statt weiteren Wortes meinerseits, nur Einiges des Sonnengedichts aus gottgeistiger Quelle noch folgen, als:

„O Sonne, Sonne, Trägerin der tiefsten Wundergrößen,
Die nie noch hat des größten Engels Geist erschöpft bemessen!
Da sieh' hinab zur dritten Tochter, deiner kleinen Erde,
Da weidet sich auf mag'ren Triften eine arme Heerde;
Ich will darum aus deines Lichtes überreichen Tiefen
Nun lassen einen Tropfen nur hinab zur Tochter triefen.

Und dieser Tropfen wird da wohl zu reichlich nur genügen,
Daß alle Kindlein deiner Tochter in den stärksten Zügen
Davon zu trinken sollen haben für all' Zeit der Zeiten,
Und sollen sich darum nicht mehr um's Lebenswasser streiten.
O sieh', die Tagesmutter, wie ihr leuchtend Haupt sie neiget
Und Mir dadurch gehorsamlichst die alte Treu' bezeiget! —

O freue dich, du ganze Erde, auf das Licht der Sonne;
In diesem Lichte wohnt fürwahr der Weisheit höchste Wonne! —
Es freut ja schon die Kindlein in ein Werk der Kunst zu blicken,
Ich weiß, wie sehr die Räder einer Uhr sie all' entzücken.
D'rum will Ich hier ein gar kunstvolles Werk euch zeigen,
Und auch das Schönst' und Größte darin nicht verschweigen.

Und werd't ihr schauen, was zu allermeist euch wird beglücken,
Wie sich da eure Kindlein hehr mit Lieb' und Weisheit schmücken,
Und wie sie sich da gegenseitig pflegen zu belehren;
Auch Dieß sollt ihr so gut wie mit den eignen Ohren hören. —
Und endlich will Ich auch den hehren Trost euch nicht entziehen,
Wie eure Kindlein hier um euer Heil sich stets bemühen! —

Doch Solches wird euch erst der größ're Sonnenfunke bringen,
Mit ihm werd't ihr erst dann in all' die Wundertiefen dringen;
Dieß Lied ist nur ein Vorgesang zu jenen großen Gaben,
An deren Fülle ihr euch stärken werd't und wonnigst laben!
Darum nehmt dieses Vorlied an mit wahren Liebesfreuden,
Denn Ich — der Vater, pflege euch ja Solches zu bescheiden." —

*** ✺ ***

Hier — in der geistigen Sonn' erst strahlt geistig=volllichteste Wahrheit,
Wie aus der Höhe der Höh'n nie zuvor noch erseh'n! —
Möge Vielen dieß Licht nun den Geist im Herzen der Seele
Wecken, damit sie mit ihm frei=einiges Leben erlangt,
Dringend so dann Kraft **Geist's** der **ewigen Liebe** und **Weisheit**
Freudigst zum Ziele der Ziel' — zu seligst=liebthätigstem Sein! —

## Zweite Abtheilung.
## Die geistige Sonne.

### 74.
(Am 22. November 1842 von 4 bis 6½ Uhr Abends.)

Bevor wir uns in die eigentliche geistige Sonne begeben können, müssen wir doch sicher zuvor wissen, wo diese ist, wie sie mit der naturmäßigen Sonne zusammenhängt, und wie beschaffen sie ist. — Um von der ganzen Sache sich aber einen möglichst vollkommenen Begriff machen zu können, muß zu allererst bemerkt werden, daß das Geistige alles Dasjenige ist, welches das Allerinnerste und zugleich wieder das Allerdurchdringendste, das demnach Alleinwirkende und Bedingende ist. — Nehmet ihr z. B. irgend eine Frucht; was ist wohl deren Innerstes? — Nichts als die geistige Kraft im Keime. — Was ist denn die Frucht selbst, indem sie mit all' ihren Bestandtheilen für die Deckung und Erhaltung des innersten Keimes da ist? — Sie ist im Grunde wieder nichts Anderes, als das von der Kraft des Keimes durchdrungene äußere Organ, welches sich in allen seinen Theilen nothwendig wohlthätig wirkend zum vorhandenen Keime verhält. — Daß die äußere Frucht ein solches von der geistigen Kraft des Keimes ausbedingtes Organ ist, leuchtet ja auch schon aus Dem hervor, indem nicht nur die

Frucht, sondern der ganze Baum oder die ganze Pflanze aus dem geistigen Keime hervorgeht. — Was ist demnach das Geistige? Das Geistige ist für's Erste die innerste Kraft im Keime, durch welche der ganze Baum sammt Wurzeln, Stamm, Aesten, Zweigen, Blättern, Blüthen und Früchten bedingt ist; und wieder ist es das Geistige, welches all' diese genannten Theile des Baumes wie für sich selbst oder für die eigene Wohlthat durchdringt. — Das Geistige ist denn darnach das Inwendigste, das Durchdringende, und somit auch das Allesumfassende; denn was da ist das Durchdringende, das ist auch das Umfassende. — Daß Solches richtig ist, könnt ihr an so manchen naturgemäßen Erscheinungen beobachten. Nehmet ihr für's Erste eine Glocke; wo ist wohl der Sitz des Tones in ihr? — Werdet ihr sagen: Mehr am äußeren Rande, oder mehr in der Mitte des Metalles, oder mehr am inneren Rande? — Es ist Alles falsch; der Ton ist das inwendigste in den materiellen Hülschen verschlossene geistige Fluidum. Wenn nun die Glocke angeschlagen wird, so wird solcher Schlag von dem inwendigsten Fluidum, welches als ein geistiges Substrat nach eurem Ausdrucke höchst elastisch und expansiv ist, auf eine seine Ruhe störende Weise wahrgenommen, und dadurch wird dann das ganze geistige Fluidum in ein freiwerden wollendes Bestreben versetzt, welches sich dann in anhaltenden Schwingungen zu erkennen giebt. Wird die äußere Materie mit einer anderen Materie bedeckt, welche von nicht alsoleicht erregbaren geistigen Potenzen durchdrungen ist, so wird diese Vibration der erregbaren geistigen Potenzen oder vielmehr ihr frei werden wollendes Bestreben bald gedämpft, und eine solche Glocke wird auch somit bald ausgetönt haben; — ist aber die Glocke frei, so dauert die tönende Schwingung noch lange fort. Wenn aber noch dazu von Außen ein sehr erregbarer Körper sie umgiebt, als etwa eine reine mit Electricität gefüllte Luft, so wird dadurch das Tönen noch potencirter, und breitet sich weit in einem solchen miterregbaren Körper aus. — Wenn ihr nun dieses Bild ein wenig durchblicket, so wird euch daraus ja nothwendig wieder klar werden müssen, daß allhier wieder ein Geistiges ist das Inwendigste, das Durchdringende und das Umfassende. — Wir wollen aber noch ein Beispiel nehmen. — Nehmet ihr ein magnetisirtes Stahleisen; wo ist in dem Eisen die anziehende oder abstoßende Kraft? — Sie ist im Inwendigsten, d. h. in den Hülschen, welche eigentlich die beschauliche Materie des Eisens darstellen; eben als solche inwendigste Kraft durchdringt sie die ganze Materie, welche für sie kein Hinderniß ist, und umfaßt dieselbe allenthalben. Daß dieses magnetische Fluidum die Materie, der es innewohnt, auch äußerlich umfaßt, kann ja ein Jeder leicht aus dem Umstande erkennen, wenn er sieht, wie ein solches magnetisches Eisen ein ferne gelegenes Stückchen ähnlichen Metalles anzieht. — Wäre es nicht ein umfassendes und somit auch über die Sphäre der Natur wirkendes Wesen, wie könnte es einen ferne liegenden Gegenstand ergreifen und denselben an sich ziehn? — Wir wollen zum Ueberflusse noch ein Paar kurze Beispiele anführen. — Betrachtet einen electrischen Conductor, oder auch eine electrische Flasche; wann ein solcher Conductor oder eine solche Flasche von electrischem Feuer von einer geriebenen Glastafel aus angefüllt wird, so durchdringt dieses Feuer die ganze Materie, und ist sodann zugleich ihr Inwendigstes und ihr Durchdringendes. Wann ihr euch aber einer solchen Flasche oder einem Conductor nur ein wenig zu nahen anfanget, so werdet ihr alsbald durch ein leises Wehen und Ziehen gewahr werden, daß dieses Fluidum auch die ganze Materie der Flasche und des Conductors umfaßt. — Und noch ein sprechendes Beispiel giebt sich euch in matten Umrissen wohl bei jedem Menschen, wie auch bei anderen Wesenheiten kund; laut schreiend aber wird es bei den Somnambülen. Wie weit nämlich ein Magnetiseur und eine von ihm behandelte Somnambüle sich gegenseitig rapportiren können, werden schon so Manche sammt euch die lebendigsten Erfahrungen gemacht haben. Wäre nun der Geist ein bloß inwendigstes und nicht zugleich auch ein durchdringendes Wesen, so wäre für's Erste schon keine sogenannte Magnetisirung möglich; und wäre der Geist nicht auch zugleich das Umfassende und das Alles Ergreifende, saget, wie wäre da wohl ein ferner Rapport zwischen einem Magnetiseur und einer Somnambüle möglich? — Ich meine, wir haben der Beispiele genug, um aus denselben zu entnehmen, wo, wie und wiegestaltet das Geistige sich überall, somit auch sicher in, durch und bei der Sonne ausspricht. — Die geistige Sonne ist somit das Inwendigste der Sonne, und ist ein Gnadenfunke aus Mir; — dann durchdringt das Geistige mächtigstwirkend die ganze Materie der Sonne, und endlich ist es auch das die ganze Wesenheit der Sonne Umfassende. — Solches demnach zusammengenommen, ist die geistige Sonne, und diese Sonne ist auch die eigentlichste Sonne; denn die sichtbare materielle Sonne ist nichts als nur ein von der geistigen Sonne bedingtes, ihr selbst wohlthätiges Organ, welches in all' seinen Theilen also beschaffen ist, daß sich in und durch dieselben das Geistige äußere und es eben dadurch selbst wieder in seiner Gesammtheit völlig ergreifen kann. — Wer demnach die geistige Sonne schauen will, der sehe zuvor ihre äußere Erscheinlichkeit an, und bedenke dabei, daß alles Dieses von der geistigen Sonne in allem Einzelnen, wie im Gesammten durchdrungen und umfaßt ist; so wird er dadurch schon zu einer schwachen Vorstellung der geistigen Sonne gelangen. Wenn er sich aber noch hinzudenkt, daß alles das Geistige ein vollkommenes Concretes ist, oder ein sich allenthalben völlig Ergreifendes, während das Naturmäßige nur ist ein Theilweises, Getrenntes, sich selbst gar nicht Ergreifendes, sondern wenn es als zusammenhängend erscheint, so ist es als Solches nur durch das innewohnende Geistige; da wird dann die Anschauung einer geistigen Sonne schon heller werden, und es wird sich der Unterschied zwischen der naturmäßigen und geistigen Sonne immer deutlicher aussprechen. — Damit ihr aber jedoch Solches stets klarer einsehen möget, so will Ich euch wieder durch einige Beispiele zu einer solchen klareren Anschauung vorleiten. — Nehmet ihr allenfalls eine kleine Stange edlen Metalles; wenn ihr sie also im rohen Zustande betrachtet, so ist sie dunkel und rauh, so ihr aber dieselbe Stange schleifet, und dann fein poliret, wie sehr wird sie sich jetzt in einem ganz anderen Lichte denn zuvor zeigen, und ist doch noch immer dieselbe Stange. Was ist wohl der eigentliche Grund der Verherrlichung dieser Stange? — Ich sage euch: Ein ganz einfacher. Durch das Schleifen und Poliren sind die Theile an der Oberfläche der Stange näher aneinander gerückt, und gewisserart mit einander verbunden worden, und wurden dadurch ebenfalls mehr concret und sich gegenseitig mehr ergreifend; dadurch wurden sie auch gewisserart, wenn ihr es so recht nehmen wollet, wie völlig gleich gesinnt. Im ehemaligen rohen Zustande, der da noch ein getrennter war, standen sie sich wie feindselig gegenüber; ein jedes also getrennte Theilchen wucherte für sich selbst mit den nährenden Strahlen des Lichtes, verzehrte dieselben nach seiner möglichen Gierde und ließ nichts dem Nachbar übrig. Im polirten Zustande, welcher ein geläuterter oder ein gereinigter genannt werden kann, haben sich diese Theile ergriffen, und durch dieses Ergreifen werden die auffallenden Strahlen des Lichtes zu einem Gemeingute, indem dieselben nun kein einzelnes Theilchen mehr für sich behalten will, sondern schon den kleinsten Theil allen seinen Nachbarn mittheilt. Was geschieht nun dadurch? — Alle haben des Lichtes in übergroßer Menge, so daß sie den Reichthum beiweitem nicht aufzuzehren im Stande sind; und der Ueberfluß dieses nun allgemeinen Strahlenreichthums strahlt dann als ein herrlicher harmonischer Glanz von der ganzen Oberfläche der polirten Goldstange zurück. — Verspüret ihr schon Etwas, woher diese Herrlichkeit rührt? — Von der Einigkeit oder von der Einswerdung. Wenn demnach das Geistige ist ein Vollkommenes, in sich Einiges, um wie viel größer muß da die Herrlichkeit des Geistigen sein, als die Herrlichkeit dessen Organes, welches nur ist ein Theil- oder Stückweises, somit auch eben dadurch ein Selbstsüchtiges, Eigennütziges und somit Todtes! — Hören wir aber ein anderes Beispiel; — ihr werdet sicher schon den rohen Kiesstein gesehen haben, woraus das Glas verfertiget wird. Läßt solcher rohe Kies die Strahlen also, wie sein Kind, das Glas, ungehindert durchpassiren? — O nein; Solches wißt ihr recht gut. Warum aber läßt ein solcher roher Kiesstein die Strahlen nicht durchpassiren? — Weil er in seinen Theilen noch zu getrennt ist, und ist viel zu wenig einig in sich. Wenn die Strahlen auf ihn fallen, so verzehrt jedes seiner Theilchen die Strahlen für sich, und läßt entweder gar nichts, oder nur höchstens gewisserart den Unrath der aufgenommenen Strahlen seinem allfälligen Nachbar übrig. — Wie ist es demnach aber, daß sein Kind, das Glas, also freigebig wird? — Sehet, der Kiesstein wird für's Erste klein zerstoßen und zermalmet; dadurch hat gewisserart ein jedes Theilchen dem andern absterben müssen, oder es hat müssen von ihm völlig getrennt werden. Darauf wird dann solcher Kiesstaub gewaschen; ist er gewaschen, dann wird er getrocknet, mit Salz vermengt, kommt dann in den Schmelztiegel, allwo dann jedes einzelne getrennte Stäubchen durch das Salz und durch den gerechten Grad der Feuerhitze gegenseitig völlig vereiniget wird. Was will diese Arbeit mit anderen Worten sagen? — Die selbstsüchtigen Geister werden durch die Materie gewisserart zermalmt, so daß sie von einander völlig getrennt sind; in dieser Trennung werden sie dann gewaschen oder gereiniget. Sind sie gereiniget, dann kommen sie erst in's Trockne, welcher Zustand da entspricht der Sicherheit; in solchem Zustande werden sie erst mit dem Salze der Weisheit gesalzen, und endlich also vorbereitet im Feuer Meiner Liebe gereiniget. — Versteht ihr dieses Beispiel? — Ihr versteht es noch nicht ganz; aber sehet, Ich will es euch näher beleuchten. Die äußere materielle Welt in allen ihren Theilen ist der rohe Kies; die Trennung desselben ist das Ausformen derselben in die verschiedenen Wesen und das Waschen dieses Staubes ist das Reinigen oder stufenweise Aufsteigen zu höheren Potenzen der Geister in der Materie. Das Trocknen besagt das freie Darstellen oder das Sichern der Geister in einer Einheit, die sich schon im Menschen ausspricht; — das Salzen ist die Ertheilung des Gnadenlichtes an den Geist im Menschen; das endliche Zusammenschmelzen durch die Hitze des Feuers im Tiegel ist die Einung der Geister sowohl unter sich, als auch mit dem Feuer Meiner Liebe. — Denn wie sich die Materie nicht eher ergreifen kann in dem Schmelztiegel, bis ihr nicht derselbe Grad der Hitze innewohnt, den das Feuer selbst besitzt, also können auch die Geister untereinander nicht eher einig und somit für ewig verträglich werden, bis sie nicht von Meiner Liebe gleich Mir Selbst völlig durchdrungen werden; denn also heißt es ja auch im Worte: Seid vollkommen, wie euer Vater im Himmel vollkommen ist! — Und wieder heißt es: Auf daß sie Eins werden, wie Ich und Du Eins sind. — Sehet, aus diesem wird das Beispiel ja doch sicher klar werden. — Wodurch aber spricht sich denn hernach bei dem Glase das Einswerden aus? — Weil alle Theile nun auf eine und dieselbe Weise den Strahl der Sonne aufnehmen, durch und durch völlig erleuchtet werden, also überaus lichtgesättiget; und dennoch können sie das aufgenommene Licht ganz ungehindert durch sich gehen lassen. — Sehet, also lehren euch schon euere Fensterscheiben, wie die himmlischen Verhältnisse geartet sind; und zugleich lehren sie euch auch wieder, um eine bedeutende Stufe näher die geistige Sonne zu beschauen. — Wir wollen uns aber mit diesem Beispiele noch nicht begnügen, sondern wollen bei einer nächsten Gelegenheit noch einige anführen und durch sie dann ganz auf die leichteste Weise uns völlig auf die geistige Sonne selbst schwingen, und allda beschauen die unaussprechlichen Herrlichkeiten!

## 75.
(Am 23. November 1842 von 4 bis 6 Uhr Abends.)

Wie Ich euch schon so manches Mal gesagt habe, also sage Ich es euch zum wiederholten Male wieder: Die ganze Natur und auch jede mögliche Verrichtung sowohl von Thieren, als ganz besonders von Menschen, kann ein Evangelium sein, und durch seine Verhältnisse zeigen und erschließen die wunderbarsten Dinge Meiner ewigen Ordnung. Ja es braucht da ein oder das andere Ding für ein vergleichendes Beispiel durchaus nicht gesucht zu werden, sondern ihr könnt nach was immer für einem zunächstliegenden Dinge greifen, welches noch so unscheinbar ist, so wird es sicher dasjenige Evangelium in sich tragen, welches zur Beleuchtung was immer für eines geistigen Verhältnisses sicher also vollkommen taugt, als wäre es von Ewigkeit her lediglich für diesen Zweck erschaffen worden. — Also habe Ich gesagt, daß wir noch mehrere Beispiele vonnöthen haben, um durch sie völlig auf die geistige Sonne uns schwingen zu können; darum wollen wir denn auch gar nicht heiklich sein, sondern ein nächstes bestes hernehmen. — Nehmet ihr an ein nächstes bestes Wohnhaus; woraus wird dieses wohl gebaut? — Wie ihr wisset, gewöhnlich aus ganz roher, unförmlicher, klumpenhafter Materie; diese Materie findet sich wie selbstsüchtig getheilt allenthalben vor. Dergleichen ist der Thon, aus dem die Ziegel bereitet werden, dann aus den Steinen eine gewisse Gattung, aus der da gebrannt wird der Kalk, dann der Sand und unförmliches Holz. — Wir bringen nun ein solch' rohes Material auf irgend einem Felde zusammen; da liegt ein ganz kleiner Berg von aufgeworfener Thonerde, wieder ein chaotischer Haufen von Bäumen, welche aber noch nicht behauen sind, und wieder ein tüchtiger Sandhaufen. In einiger Entfernung davon befindet sich ein kleinerer Haufen rohen Eisenerzes; wieder etwas von diesem Haufen weg ein Haufen von Kiessteinen, und nicht ferne davon eine tüchtige Wasserlacke. — Sehet, da haben wir das rohe Material zu einem Hause haufenweise beisammen. Saget Mir aber, wer aus euch wohl so scharfsichtig ist, und erschaut sich aus all' diesen rohen Materienhaufen ein wohlgeordnetes stattliches Haus heraus? — Alles dieses sieht doch so wenig einem Hause ähnlich, als etwa eine Fliege einem Elephanten, oder wie eine Faust dem menschlichen Auge, und dennoch hat dieses Alles die Bestimmung zur Erbauung eines stattlichen Hauses. Was muß aber nun geschehen? — Ueber den Thonhaufen kommen Ziegelmacher; der lose Thon wird angefeuchtet, dann tüchtig durch und durch geknetet, und hat er sich gehörig ergriffen, und ist hinreichend zähe geworden, so wird er sobald zu den euch wohlbekannten Ziegeln geschlagen, und damit sich die Thontheile in den Ziegeln noch inniger und haltbarer ergreifen, wird ein jeder solcher Ziegel noch im Feuer ganz tüchtig gebacken, bei welcher Gelegenheit er mit der Ueberkommung der größeren Festigkeit auch gewöhnlich eine euch gar wohlbekannte Farbe überkommt. — Was geschieht denn mit den Kalksteinen? — Sehet, alldort in einiger Ferne werden schon mehrere Oefen errichtet, allwo diese Kalksteine gebrannt werden. Was mit dem gebrannten Kalke geschieht, wisset ihr doch sicher. — Sehen wir weiter! Auch über den Holzstamm-Haufen haben sich eine Menge Zimmerleute hergemacht, und behauen die Bäume für den baulichen Bedarf; und sehet, bei dem Erzhaufen haben sich Schmiede eingefunden, schmelzen das Erz, ziehen das brauchbare Eisen heraus und bearbeiten dasselbe zu allerlei baulichen Erfordernissen. — Weiter sehet ihr die Kiessteine zerstampfen und zermalmen, und auf die euch schon bekannte Weise zu reinem Glase umstalten. — Nun haben wir das rohe Material in der Umgebung schon cultivirter; daher kommt auch schon der Baumeister, steckt seinen Bauplan aus. Der Grund wird gegraben, und die Maurer und ihre Helfer tummeln sich nun emsig herum, und wir sehen die rohe Materie sich unter den Händen der Bauleute zu einem geregelten Bau gestalten. Allmälig wächst das stattliche Haus über dem Boden empor und erreicht die vorbestimmte Höhe; — nun legen die Zimmerleute die Hand an's Werk, und in kurzer Zeit ist das Gebäude mit vollkommener Dachung versehen. Bei dieser Gelegenheit aber haben sich auch unsere früheren rohmateriellen Haufen völlig verloren; nur einen Theil des Sandhaufens sehen wir noch, und einen Theil gelöschten Kalkes, aber es geht so eben an das sogenannte Verputzen und Verzieren des Hauses; und bei dieser Gelegenheit schwinden auch noch die zwei letzten materiellen Reste. — Sehet, das Haus ist nun völlig verputzt von Außen, wie von Innen; aber jetzt kommen noch eine Menge kleinerer Handwerksleute. Da haben wir einen Schreiner, dort einen Schlosser, wieder da einen

Zimmermaler, allda einen Hafner, und wieder dort einen Fußbödenlackirer. Diese Kleinhandwerker tummeln sich noch eine Zeit herum, und das Haus steht förmlich Ehrfurcht einflößend da. — Wenn ihr nun eure Gefühle vergleichen könnet, vom Anblicke der rohesten Materie angefangen, bis zur gänzlichen Vollendung dieses stattlichen Gebäudes, so werdet ihr darin doch sicher einen ganz gewaltigen Unterschied finden. Wodurch aber wurde denn dieser Unterschied hervorgebracht? — Ich sage euch: Durch nichts Anderes, als durch die zweckmäßige und gerechte Ordnung und Einung der getrennten rohen Materie zu einem Ganzen. Wann ihr früher unter den rohen Materienhaufen herumgewandelt seid, da ward es euch unbehaglich zu Muthe, und eure Gefühle wälzten sich chaotisch durch einander. — Als ihr wieder die ganze rohe Materie durch das Feuer und durch die Handwerkzeuge der Zimmerleute mehr ordnen und tauglich machen sahet, da ward es euch schon heimlicher; denn ihr sahet jetzt schon mehr Möglichkeit voraus, daß aus solch' einer geordneten Materie ein Haus werden kann, aber noch immer konntet ihr zu keiner völligen Vorstellung des Hauses gelangen. — Als ihr aber vom Baumeister den Bauplan habet ausstecken gesehen, so waret ihr gewisserart schon mehr befriedigend überrascht in eurem Gefühle; denn ihr konntet da schon sagen: Ei siehe da! das wird ein ganz großartiges Gebäude! Als ihr aber dann das Gebäude schon im Rohen völlig ausgebaut erblicktet, so sehntet ihr euch nach der Vollendung des Gebäudes; — als das Gebäude vollendet dastand, da betrachtetet ihr dasselbe mit großem Wohlgefallen, und als ihr erst in die schönen und zierlichen Gemächer des Hauses eingeführt wurdet, da verwundertet ihr euch hoch, und sagtet: Wer hätte Solches der vor Kurzem noch ganz roh daliegenden Materie angesehen?! — Nun sehet, also verhält es sich auch mit allem Dem, was wir bis jetzt in der naturmäßigen Sonne gesehen haben; es sind rohe Materialklumpen, welche in diesem Zustande ohne Zusammenhang und ohne Einung erschienen. — So Jemand die Bewohner der Sonne und alle ihre Einrichtungen nach einander betrachtet, so kann er sich daraus keinen Zusammenhang und kein Auseinanderbeziehen herausfinden. Also erst in dem Geistigen werden diese noch ganz rohen Klumpen mehr und mehr geordnet; und aus dieser Ordnung kann dann schon ersehen werden, zu welch' einer höheren Bestimmung sie dem zu Folge da sind, da sie in ihrem Inneren alle auf Ein Wesen hinblicken, in welchem erst dann ihre endliche und völlige Ordnung zu einem vollkommenen Ganzen bewerkstelliget werden kann. Wir werden daher das vollends fertige Gebäude erst in der geistigen Sonne erschauen, in welcher sich alles Dieses ergreifen wird, und wird sich in übergroßer Herrlichkeit als ein Ganzes darthun. — Sehet nun, wie dieses alltägliche Beispiel ein gar herrliches Evangelium in sich faßt, und erschließet dem inneren Betrachter eine Ordnung, von welcher sich kein Sterblicher noch Etwas träumen hat lassen. — Aus diesem Beispiele will Ich euch sogleich auf etwas dem Geistigen sich mehr Annäherndes aufmerksam machen, und das zwar namentlich an der Sonne selbst. — Ihr habt die verschiedene Einrichtung der ganzen Sonne nun beschaut, und auch Alles, was auf ihr und in ihr ist. — Es ist sicher von zahlloser und beinahe unaussprechlicher Mannigfaltigkeit; — wie spricht sich denn aber am Ende alle

dieſe ſicher denkwürdige Einrichtung der Sonne aus? — Die Antwort
ertheilt euch ein jeder Blick, den ihr nach der Sonne ſendet; nämlich in
einem allgemeinen überaus intenſiven Licht- und Strahlenkranze. — Sehet, wie das beinahe endlos Mannigfaltige ſich allda vereiniget, und als ſo Vereinigtes in nahe endloſe Raumfernen hinauswirkt.
Es wird nicht nöthig ſein, alle die zahllos wohlthätigen Wirkungen des
Sonnenlichtes darzuſtellen; denn ein jeder Tag beſchreibt und beſingt die-
ſelben auf eurem kleinen Erdkörper ſchon zahlloſfältig. Würde die Sonne
ohne dieſe Lichteinung über ſich mit all' ihren zahlloſen Theilen auch ſolche
wunderbare Wirkungen hervorbringen? — O ſicher nicht! — Fraget nur
eine recht derbe Nacht, und ſie wird euch buchſtäblich ſagen und zeigen,
wozu eine lichtloſe Sonne tauglich wäre. — Doch wir brauchen uns nicht
nur mit dieſem noch immer etwas harten Beiſpiele zu begnügen; denn
es giebt noch eine Menge beſſere. Damit ihr aber auch deſto überzeu-
gender erſehet, wie uns ein jedes Ding unſerem Zwecke näher führen
kann, wenn wir es nur vom rechten Standpunkte aus betrachten, ſo ſollet
ihr für ein nächſtes Beiſpiel ſelbſt einen allernächſten und ſomit auch
allerbeſten Stoff wählen, und wir wollen dann ſehen, in wie weit er ſich
für unſere Sache wird brauchen laſſen oder nicht. Ich meine aber, es
dürfte euch ziemlich ſchwer fallen, in dieſer Hinſicht einen unbrauchbaren
Stoff zu wählen; denn was liegt an der Klumpenform eines vorgefundenen Erzbrockens? Nur in den Schmelzofen damit, und der gerechte
Hitzgrad wird ihm ſchon ſeine ſichere Beſtimmung geben! — Daher
ſuchet auch ihr nicht mühſam einen Stoff; denn wie Ich euch ſage, Ich
kann gleich einem Packeljuden Alles recht gut brauchen! — Und ſo laſſen
wir die Sache für heute bei Dem bewendet ſein! —

## 76.
(Am 25. November 1842 von 4 bis 6½ Uhr Abends.)

Alſo ihr habet eine Uhr gewählt; dieſes Beiſpiel iſt beſſer, als ihr
es zu denken vermöget; denn auch Ich hätte alſo einen Zeitmeſſer genommen. Daher wollen wir nun dieſes Beiſpiel alſogleich etwas kritiſch
durchnehmen, und es wird ſich dann alsbald zeigen, ob es uns um eine
Stufe höher, denn das vorige bringen wird. — Wenn ihr alſo eine Uhr
betrachtet, ſo erblicket ihr auf dieſem kleinen zeitmeſſenden Werkzeuge
lauter cultivirte Materie. Ihr ſehet einen wohlberechneten Mechanismus,
der alſo beſchaffen iſt, daß da ein Triebrad mit ſeinen Zähnen in die
Zähne eines anderen Rades greift. — Ihr ſehet, wie das ganze Räder-
triebwerk mittelſt einer verhältnißmäßig ſtarken Kette mit der elaſtiſchen
Feder verbunden iſt, welche dann das ganze Werk durch ihre innewohnende Kraft in die zweckmäßige Bewegung ſetzt. Wenn wir dieſes ganze
Werkchen noch näher in den Augenſchein nehmen, ſo entdecken wir noch
eine Menge Ritſchen und Häkchen in ſelbem; Alles iſt berechnet und hat
ſeine Beſtimmung. Haben wir das innere Werk einmal recht beſchaut,
ſo können wir uns zur Beſichtigung der äußeren Geſtalt verfügen. Was
erblicken wir da? Ein flaches Zifferblatt und ein Paar ganz einfache
Zeiger darüber. — Was verrichten dieſe Zeiger auf dem ganz einfachen
Zifferblatte? — Sie zeigen, wie ihr wißt, die Stunden des Tages und
der Nacht an, und meſſen ſomit die Zeit. Dieſe Zeit, die von dieſen

Zeigern gemessen wird, ist doch sicher etwas Allumfassendes, und ist auch etwas Allesdurchdringendes, und ist auch das Centrum allenthalben, wo ihr nur immer hinblicken wollet; denn es kann Niemand sagen: Ich bin am Ende der Zeit, oder: Die Zeit hat mit mir nichts zu schaffen, oder: Die Zeit umgiebt mich nicht. — Denn so oft Jemand Etwas thut, so thut er es in der Mitte der Zeit; — warum denn? — Weil er von der Zeit allezeit durchdrungen, und allenthalben gleich umfaßt wird. Solches zeigt uns auch die Uhr; im Centrum des Zifferblattes sind die Zeiger angebracht, und beschreiben mit ihren Enden einen genauen Kreis. Da sie aber vom Centrum aus bis zu dem beschriebenen Außenkreise ununterbrochen als eine concrete Materie fortlaufen, so beschreiben sie vom Centrum aus eine zahllose Menge von stets größer werdenden Kreisen; — also ist es ja klar und ersichtlich, daß solche Kreisbeschreibung vom Centrum des Stiftes, daran die Zeiger befestiget sind, ausgeht, sonach die ganze Zifferblattfläche durchdringt, und am Ende von derjenigen Zeit, die sie mißt, wie von einem endlos großen Kreise umfaßt wird. — Gehen wir aber wieder zurück auf unser inneres Uhrwerk, da werden wir entdecken eine unbewegliche Ober- und Unterplatte, unbewegliche Säulchen, durch welche die Ober- und Unterplatte mit einander befestiget sind; also werden wir auch entdecken eine Menge unbeweglicher Stiftchen, Häkchen und Stellschräubchen. Liegt wohl in diesen unbeweglichen Dingen auch schon Etwas von der endlichen Bestimmung des Werkzeuges, welche sich über dem Zifferblatte ausspricht? — Ja, auch in diesen unbeweglichen Theilen liegt die endliche Bestimmung wie stumm ausgesprochen zu Grunde. — Wenn wir aber ferner in das Uhrwerk blicken, so sehen wir ein verschiedenartiges Bewegen der Räder; für's Erste ein munteres Perpendikelchen, sodann sein nächstes Rad. Das Perpendikelchen ist noch sehr ferne von der Hauptbestimmung; denn es mag noch keinen vollständigen Kreis beschreiben, sondern es wird stets hin und her getrieben, und kommt trotz seiner im ganzen Werke schnellsten Bewegung dennoch nicht weiter. Das nächste Rad, welches offenbar von dem sich viel zu schaffen machen wollenden Perpendikel beherrscht wird, lauert die lustigen Sprünge des Perpendikels ab, und schlüpft bei jedem Sprunge eine Stufe weiter in seinem Kreise, und macht darum schon eine, wenn auch noch ziemlich schnelle, aber dennoch eine fortwährende Kreisbewegung. Man merkt dieser Bewegung wohl noch das Hüpfen des Perpendikels an; aber dieses schadet der Sache nichts, die kreisförmige Bewegung ist dennoch gewonnen. Das nächste Rad nach dem Perpendikelrade bewegt sich schon viel gleichartiger, beschreibt einen ruhigen Kreis, und ist der Hauptbestimmung um Vieles näher. — Das demnächste Rad bewegt sich noch viel langsamer, gleichartiger und ruhiger, und ist der Hauptbestimmung darum auch schon um Vieles näher; ja es greift schon völlig in dieselbe. — Das letzte Rad ist schon an der Bestimmung selbst, drückt dieselbe in seiner mechanischen Bestimmung schon aus; aber dieselbe kann noch nicht in dem Mechanismus erkannt werden. — Aber eben allda, da sich gewisserart verborgener Maßen die Hauptbestimmung schon im materiellen Mechanismus ausspricht, dringt aus dem Centrum des Mechanismus eine Spindel hinaus über das Zifferblatt, auf welcher Spindel die Zeiger angebracht sind, und endlich in ihrer größten Einfachheit die einige Bestimmung des ganzen künstlich zusammengesetzten mechanischen Werkes ausdrücken. — Sehet ihr nicht schon recht klar, wohinaus sich die ganze Sache drehen will? — Alles noch so Mannigfaltige und Zusammengesetzte zeigt in sich ja die endliche Einung zu einem Hauptzwecke; und ein unansehnliches Stiftchen darf nicht fehlen, wenn der letzte Zweck vollends sicher erreicht werden soll. —

Nun gehen wir wieder auf unsere Sonne über; — sehet an diese große goldene Uhr als Messer von für euch undenklichen Zeiten. Wir haben den verschiedenen Mechanismus dieser riesigen Uhr gesehen; wir sahen, daß auch hier Meine Liebe die allmächtige lebendige Triebfeder ist, welche innerhalb der zwei großen Platten, die da die Ewigkeit und Unendlichkeit heißen, dieses große Werk in die Bewegung setzt. Wir haben alle die zahllosen Triebräder gesehen, und alle die Stiftchen und Säulchen; wir kennen nun das mechanische Werk, aber aus der Verschiedenartigkeit von dessen Theilen läßt sich die endliche Hauptbestimmung eben so schwer erkennen, als so da Jemand wollte ohne Beachtung des Zifferblattes bloß nur allein durch die Betrachtung der verschiedenartigen Bewegung des Räderwerkes die stundenweisen Abschnitte der Zeit genau bestimmen. — Solches wäre richtig, und läßt sich nichts dagegen einwenden, möchte so Mancher sagen; aber die Frage geht nur dahin: Wie kommen wir denn bei diesem großen Mechanismus auf die Centralspindel, welche sich aus dem Materiellen erhebt, und hinaus ragt über das große Zifferblatt der endlichen einigen großen Bestimmung? — Ich sage euch aber: Deß sei uns nicht bange; denn nichts ist leichter zu bewerkstelligen, als gerade Das, wenn man schon ein Werk zuvor also durchblickt hat, daß einem alle Bestandtheile im Wesentlichsten bekannt sind. — Da wir aber schon einmal die Uhr als ein gutes Beispiel gewählt haben, so wollen wir eben auch mit diesem Beispiele uns zur großen Oberfläche erheben. — Wer je eine Uhr betrachtet hat, der wird zumeist gefunden haben, daß drei Dinge in derselben eine nahe ganz gleiche Bewegung haben. Das erste Ding ist das Kapselrad, in dem die Triebfeder verschlossen ist, das zweite ist dann das Haupttriebrad, welches mittelst der Kette mit dem Federkapselrade verbunden ist, und das dritte ist das Centralspindelrad, welches die Zeiger über dem Zifferblatte in die Bewegung setzt. — Wollen wir auf's große Zifferblatt hinaus gelangen, so müssen wir sehen, Wem diese drei Räder entsprechen? — Wem entspricht denn das Federkapselrad? — Das ist ja mit den Händen zu greifen, daß solches der Liebe entspricht; daß da die Feder die Liebe vorstellt, indem sie verschlossen ist, und gewisserart von Innen aus das Leben des ganzen Werkes bewirkt. — Also liegt demnach in der Liebe schon die ganze Hauptbestimmung des Werkes ganz einig und vollkommen zu Grunde. — Wem entspricht denn das zweite Rad von gleicher Bewegung, welches mit dem Federrade mittelst einer Kette verbunden ist? — Dieses Rad entspricht der Weisheit, welche aus der Liebe ihr Leben empfängt, und somit auch mit derselben in engster Verbindung steht. — Wem entspricht das Hauptcentralspindelrad? — Der ewigen Ordnung, welche aus den erstbenannten zwei Rädern lebendig hervorgeht, und das ganze Werk in all' seinen Theilen also einrichten läßt, daß endlich Alles sich zur Erreichung desjenigen Hauptzweckes fügen muß, der sich aus der Liebe und Weisheit eben in dieser Ordnung ausspricht. — Sehet, jetzt haben wir schon das Ganze; das Spindelrad ist gefunden; denn es heißt die Ordnung, und auf dieser Spindel wollen wir demnach auch aufwärts klettern, und endlich erschauen die große endliche Bestimmung der Dinge, wie sich dieselbe genau entsprechend ausspricht der ewigen Liebe, Weisheit und der aus diesen Zweien hervorgehenden Ordnung gemäß. — Nun hätten wir ja vollkommen mit dem Beispiele unseren Zweck erreicht, und wir befinden uns darum auch schon auf der geistigen Sonne, ohne daß ihr es noch ahnet und einsehet, wie und auf welche Art? — Ich aber sage euch: „Gehet nur einmal flüchtig die gegebenen Beispiele durch, und ihr werdet es vom Anbohren der Bäume angefangen bis endlich zur Uhr recht leicht finden, daß wir uns gewisserart incognito eben mit diesen Beispielen auf der geistigen Sonne recht munter herum bewegen, während ihr noch immer harret auf dieselbe zu gelangen. Wir sind schon am Zifferblatte, und brauchen somit nicht mehr an der Spindel herauf zu klimmen. Aber ihr fraget: Wie denn? Die Sache klingt wie ein Räthsel. — Ich aber sage: Wo die Bedeutung der Dinge, wenn auch noch mehr im Allgemeinen, denn im Sonderheitlichen gezeigt wird, — wo es gezeigt wird, wie endlich Alles auf die Einung ankommt, — wo sogar diese Einung durch allerlei anschauliche Beispiele dargestellt wird, da scheint nicht mehr die naturmäßige, sondern die geistige Sonne. — Die Folge aber wird es in das klarste Licht stellen, und wir werden daraus ganz klar ersehen, daß wir uns schon auf der geistigen Sonne befinden. — So Jemand eine Fackel in der Hand hält, so wird er doch auch wissen, wozu die Fackel gemacht ist. Wenn er noch in der Dunkelheit wandelt, was ist wohl leichter, als sich im Besitze einer Fackel zu helfen? — Man zünde nur die Fackel an, und sobald wird die Dunkelheit in Blitzesschnelle verschwinden. — Wir aber haben ja die Fackel in der Hand; die gegebenen Beispiele sind die Fackel, was braucht es hernach mehr, als diese überhell leuchtende Fackel mit einem kleinen Funken der Liebe anzuzünden, und das große bedeutungsvolle Zifferblatt der geistigen Sonne wird sobald erhellt sein. — Darum werden wir auch für die nächste Gelegenheit nichts Anderes thun, als unsere gute Fackel mit der Scintilla amoris anzünden, und bei diesem herrlichen Lichte beschauen die große Bedeutung der Dinge auf der geistigen Sonne; — und so denn lassen wir es wieder heute bei Dem bewendet sein! —

## 77.

(Am 26. November 1842 von 3¾ bis 5¼ Uhr Abends.)

Ihr fraget, und saget: Es wäre ja gut, die Fackel mit dem Liebesfünklein anzuzünden; aber wo werden wir dieses wohl hernehmen? — Ich kann euch darauf wahrlich nichts Anderes sagen, als daß wir es gerade daher nehmen werden, woher es eigentlich zu nehmen ist. Wäre es denn nicht gerade lächerlich zu nennen, wenn wir mit der ganzen sehr stark feurigen Sonne nicht im Stande wären, das bischen Fackeldocht anzuzünden?! — Denn unter dem Liebesfünklein verstehe Ich ja eben die Sonne, die wir nun nach der Länge, Dicke und Breite in unseren Händen haben; — und wenn ihr im Stande seid, durch ein thalergroßes

Brennglas ein Stück Schwamm an den Sonnenstrahlen anzuzünden, während diese in naturmäßiger Hinsicht doch über zweiundzwanzig Millionen Meilen entfernt ist, so wird die nun ganz nahe Sonne wohl auch im Stande sein, unseren Fackeldocht brennen zu machen.

Der Fackel Licht brennt nun, und sehet, für den Geist unübersehbare Gefilde erstrahlen vom Lichte einer ewigen Morgenröthe, das diesem Fackellichte entstammt. — Denn **Ich Selbst** bin die Fackel, und leuchte ein gerechtes Licht; wer in diesem Lichte schauet, der sieht allenthalben die **Wahrheit** und kein Trug darf seinen Augen begegnen! — Was Wunder, saget ihr, in der naturmäßigen Sonne haben wir Riesen geschaut, und große Verschiedenheiten in allen Dingen; hier auf der lichten Sphäre ist Alles gleich. Nicht Eines sehen wir das Andere überragen; es ist ein Licht, es ist eine Größe, und die Liebe spricht sich allenthalben in unnennbarer Anmuth aus. — Wir sehen fast lauter ebenes Land; wo sind die naturmäßigen Berge der Sonne? — Die endlos zufriedenen Geisterengelwesen wandeln auf den Lichtgefilden umher, und machen keinen Unterschied, ob da ist ein Land oder ein Wasser; leicht erheben sie sich in den lichten Aether empor, und schweben wonnetrunken, eine Seligkeit um die andere athmend, im selben herum. — Wir sehen nur ganz niedliche Bäumchen; — wo sind die Riesenbäume des Naturbodens? — Auch sehen wir in all' den niedlichen Gewächsen eine wunderbare Uebereinstimmung; aus einem jeden haucht ein unaussprechliches Wonnegefühl, hoch entzückend jeden Geist, der sich demselben naht. Ja, aus jedem Bäumchen, aus jeder zarten Grasspitze strömt ein anders geartetes Wonnegefühl, und doch sehen wir in den Bäumchen, in all' den anderen Gewächsen, wie an dem Grase nur eine Form und eine gänzliche Einheit im Unzähligen. — Wir wandeln über die endlosen Gefilde; uns begegnen zahllose Heere von seligsten Engelsgeistern; doch entdecken wir nirgends eine Wohnung. — Keiner sagt uns: Dieser Grund ist mein, und dieser meines Nachbars, sondern wie überaus fröhlich Reisende auf einer Landstraße ziehen sie allenthalben einher, frohlocken und lobsingen. Wohin wir uns auch nur immer wenden, sehen wir nichts als Leben durch das Leben wallen. Lichte Gestalten begegnen sich, und von allen Seiten her ertönt ein großer Freudenruf! — Doch wir sind da wie gänzlich Laien, und wissen nicht, wo aus und wo ein? — Wo ist diese lichte Welt, die wir jetzt schauen? Ist dies die geistige Sonne? Also fragt ihr erstaunten Blickes und erstaunten Herzens. — Allein Ich sagte euch ja, daß die geistige Sonne an und für sich betrachtet vollkommen gleicht dem Zifferblatte einer Uhr, allda sich der ganze Zweck des kunstvollen mechanischen Werkes ausspricht. — Ihr saget etwas verdutzt: Ist das Alles von der geistigen Sonne? — Es ist wohl sehr wunderbar erhaben schön; überaus lebendig, aber dabei dennoch sehr einfach. Auf der eigentlichen Sonne haben wir ja so unnennbar verschiedenartiges Großes, ja Wunderbares geschaut; — hier aber kommt es uns vor, als wäre diese ganze unendlich scheinende Fläche eine eben so große Landstraße für Geister, auf welcher zwar kein Staub zu entdecken ist. Aber in allem Ernste gesprochen, was die Einförmigkeit, das gewisserart ewig scheinende Einerlei dieser überaus lichten Welt betrifft, in diesem Punkte hätten wir im Voraus zufolge der großartigen Vorerscheinungen auf der naturmäßigen Sonne ganz etwas Außerordentlicheres erwartet. — Ihr habt ja die Uhr zum Muster; wenn ihr in dem ineinander greifenden Räderwerke herumwandelt, was müßtet ihr euch denken, welche Effecte dieser Verwunderung erregende Mechanismus bewirken wird, so ihr noch nie ein Zifferblatt einer Uhr gesehen hättet? — Werdet ihr da nicht auch sagen, so ihr das Räderwerk besehet: Wenn das Mittel schon so wunderbar aussieht, von welch' entsetzlich wunderbarer Art muß da erst der Zweck sein! — Und ihr werdet zum Meister des Urwerkes sagen: Herr! Unnennbar kunstvoll und überaus wohlberechnet ist dieses Räderwerk; wie groß und überaus kunstvoll muß da erst der Zweck dieses wunderbaren Mechanismus sein! — Laß uns daher doch auch sehen dahin, wo sich der sicher große Zweck dieses wunderbaren Mechanismus ausspricht; — und der Uhrmacher vergehäuset das Werk, und zeigt euch nun das Zifferblatt! — Ihr machet schon wieder große und verdutzte Augen, und saget: Was?! ist das das Ganze, wofür das innere Kunstwerk geschaffen ist? — Nichts als ein weißlackirtes rundes Blatt mit zwölf Ziffern; und ein Paar zugespitzte Zeiger schleichen in unmerklicher Bewegung immerwährend auf dieselbe Art die zwölf Ziffern durch. — Nein, da hätten wir uns ganz etwas Anderes vorgestellt! — Ich sage: Etwa ein künstliches Marionettentheater, oder etwa sonst eine großartige Kinderspielerei? — O Meine Lieben! da sind euere Vorstellungen von aller geistigen Welt noch sehr mager. — Habt ihr denn von den gegebenen Beispielen nicht abgesehen, wie das ganze Aeußere in all' seiner Zerstreutheit sich endlich in der Einung aussprechen muß? — Ihr habt Solches gesehen bei der Darstellung eines Baumes, bei der Polirung einer edlen Metallstange, bei der Verfertigung des Glases, bei der Erbauung eines Hauses, und endlich handgreiflich bei der Betrachtung einer Uhr. Wenn es sich in das Geistige übergebend darum handeln würde, dasselbe noch mehr zu zerstreuen, als es zerstreut ist in der äußereren Naturmäßigkeit, wie ließe sich da wohl eine ewige Dauer und ein ewiges Leben denken?! — So aber muß ja der wahren innern lebendigen Ordnung gemäß in dem Geistigen sich Alles einen, um dadurch kräftig, mächtig und lebendig dauerhaft zu werden für ewig. — Ihr saget hier: Solches ist ersichtlich, vollkommen richtig und wahr, dessen ungeachtet aber haben wir bei so manchen Gelegenheiten von den großen Herrlichkeiten der himmlischen Geisterwelt gehört; darum wissen wir nun nicht, wie wir so ganz eigentlich daran sind. Wir können zwar gegen die einfach geschaute Herrlichkeit der geistigen Sonne im Grunde nichts einwenden; aber sie kommt uns auf unsere früheren Begriffe von einer himmlischen Welt gerade so vor, als ein schöner Sommertag, an dem wir in der Luft eine zahllose Menge von den sogenannten Ephemeriden in den Sonnenstrahlen bunt durcheinander schwärmen sehen; und keine kann uns Bescheid geben, woher sie kam, wohin sie geht, und warum sie so ganz eigentlich die strahlenerfüllte Luft in allen erdenklichen Richtungen durchträufelt. — Euer Einwurf ist zwar in einer Hinsicht richtig; allein wie diese Einfachheit mit der von euch schon zu öfteren Malen vernommenen wundervollsten Herrlichkeiten des Himmels zusammenhängt, Solches kund zu thun ist noch nicht allda an der Zeit, da wir erst die Grundlage müssen kennen lernen. Wenn ihr bisher nur Ephemeriden geschaut habet, so thut das der Hauptsache sicher keinen Eintrag; denn der Erfolg wird es schon zeigen, was es mit der Einfachheit dieser von uns nun geschauten geistigen Sonne für eine Bewandtniß hat. — Solches also beachtet, und denket bei euch selbst ein wenig nach; in der nächsten Fortsetzung wollen wir diese Einfachheit mit ganz anderen Augen betrachten, — und somit gut für heute! —

## 78.
(Am 28. November 1842 von 4¼ bis 6 Uhr Abends.)

Wenn ihr auf einem hohen Berge eine Zeit lang verweilen würdet, und das an einem ganz vollkommen schönen und reinen Tage, was würdet ihr da wohl bemerken? — Mancher aus euch würde wohl eine Zeit lang ganz entzückt sein; denn das großartige romantische Naturgemälde würde durch seine vielfach abwechselnden Formen einen hinreichenden Stoff zur erheiternden Betrachtung bieten. — Ein Anderer würde aber dabei ganz anders denken, und würde aus diesen seinen Gedanken sagen: Was ist denn das gar so etwas Außerordentliches? Man sieht weit und breit, was denn? — Nichts als einen Berg um den andern; mancher ist höher, mancher wieder niederer, hier und da sind die höchsten Spitzen überschneit, auf einigen anderen Punkten ragen wieder einige plumpe Felsspitzen empor, und diejenigen Berge, die am weitesten davon entfernt sind, nehmen sich darum auch am passabelsten aus, während die näheren nichts als Spuren über Spuren der stetigen Zerstörung aufzuweisen haben. Das ist das immerwährende Einerlei dieser berühmten Gebirgsaussicht. — Ein Dritter befindet sich auch in der Gesellschaft auf der hohen Bergesspitze; dieser, wie ihr zu sagen pfleget, ein Hasenfuß, bereut schon nahe weinend, daß er sich eine solche Mühe genommen hat, solche Gebirgshöhe zu besteigen. Für's Erste, sagt er, sieht er hier nichts Anderes, als auf einen gesunden ebenen Boden in der Niederung, für's Zweite friere es ihn noch obendrauf für solche Strapatze, und für's Dritte möchte er vor Hunger in die Steine beißen, und wenn er gar noch bedenkt, daß er den schauerlichen Rückweg wird machen müssen, so fangen ihm alle Sinne zu schwinden an. Hier hätten wir also drei Gebirgsbesteiger; warum findet der erste für sein Gemüth so viel Erhebendes, der zweite nichts als abstracte plumpe Formen, und der dritte ärgert sich sogar, für solchen Spottpreis sich eine solche Mühe gemacht zu haben? — Der Grund liegt einem Jeden sehr nahe, weil er in ihm selbst zu Grunde liegt. — Wie denn also? — Der Erste ist mehr lebendigen und geweckten Geistes; nicht die Formen und der Berge hohe Zinnen sind es, die ihn also selig stimmen, sondern diese Stimmung ist ein Rapport des höheren Lebens in entsprechender Form über solchen hohen Bergen. Denn wir haben schon bei anderen Gelegenheiten zur Genüge vernommen, welch' ein Leben sich auf den Bergen kündet; und eben von diesem Leben hängt ja das Wonnegefühl desjenigen Besuchers der Höhen ab, welcher selbst mit geweckterem und lebendigerem Geiste dieselben betritt. — Der Geist des Andern ist noch in tiefem Schlafe; darum gewahrt er auch nichts Anderes, als was seine fleischlichen Augen sehen, und sonach sein irdischtrockener Verstand bemißt. — Wenn ihr ihn zahlet, und gebet ihm dann seinen Kenntnissen als Geometer angemessen mathematische Meßwerkzeuge in die Hand, so wird er euch auf alle Gebirgsspitzen hinauf klettern, und ihre Höhen recht wohlgemuth bemessen; — ohne diesen Hebel aber dürfte es euch kaum gelingen, ihn wieder auf eine Gebirgsspitze hinauf zu bringen. — Was den Geist des Dritten betrifft, so läßt sich davon nahe gar nichts reden; denn bei ihm lebt nur der Thiermensch, der alle Seligkeit im Bauche findet. Wann ihr ihn wieder einmal wollet auf eine Gebirgshöhe bringen, so müßt ihr für's Erste dafür sorgen, daß er ohne Beschwerde hinaufkommt, und für's Zweite, daß er in der Höhe etwas Gutes zu essen und zu trinken bekomme; so wird er auch noch einmal eine Gebirgshöhe besteigen, wenn schon nicht mit eigenen, so doch mit den Füßen eines wohlabgerichteten Saumthieres; denn da wird er sagen: Bei solchen Gelegenheiten bin ich schon dabei; denn die Gebirgsluft ist vermöge ihrer Reinheit der Verdauung ja viel günstiger, denn die dumpfe Luft der Thäler. — Sehet, aus diesem Beispiele können wir die große und wichtige Lehre ziehen, welche ganz genau auf unsere einfache geistige Sonne paßt; und diese Lehre stimmt auf ein Haar genau mit dem Texte des Evangeliums überein, welcher also lautet: Wer da hat, dem wird es gegeben, daß er in der Fülle besitze; wer aber nicht hat, der wird noch das verlieren, was er hat; — und in diesem Schrifttexte steckt dann noch ein anderer, der mit dem obigen Beispiele noch mehr auf ein Haar übereinstimmt, und dieser Text lautet also: Das Reich Gottes kommt nicht mit äußerem Schaugepränge; denn siehe, es ist in euch! — Merkt ihr jetzt, was es mit der einstweiligen Einfachheit der geistigen Sonne für eine Bewandtniß hat? — Ihr saget: Wir merken zwar Etwas; aber noch nicht völlig klar, was damit gesagt und angezeigt sein soll. — Ich aber sage euch: Nur eine ganz kleine Geduld, und die Sache wird sogleich mit wenig Worten so klar wie die Sonne am hellen Mittage leuchtend auftreten. — Warum sahet ihr die geistige Sonne also einfach? — Weil ihr nur die eigentliche Außenseite gesehen habet; Ich aber sage euch: Es giebt auf derselben eine unendlich großartig wunderbare Mannigfaltigkeit, von der ihr euch noch bis jetzt keinen Begriff machen könnt; — aber diese Mannigfaltigkeit liegt nicht auf der geistigen Sonne, sondern sie liegt im Inwendigen der Geister. — Wenn ihr somit dieselben erblicken wollt, da müßt ihr mit reingeistigen Augen in die Sphäre eines oder des andern allda seligen Geistes blicken, und ihr werdet die sonst einförmige geistige Sonnenwelt alsbald in zahllose Wunder übergehen sehen; — denn Solches müßt ihr wissen, daß da wohl jedem Geiste eine und dieselbe Unterlage gegeben wird, welche da ist pur Meine Gnade und Erbarmung, und diese spricht sich gleichmäßig in der von euch geschauten geistigen Sonne aus. Was aber die Ausstaffirung dieser gegebenen Unterlage betrifft, oder die eigentliche bewohnbare Welt für den Geist, so hängt diese lediglich von dem Inwendigen eines Geistes ab, welches da ist die **Liebe zu Mir**, und die aus dieser Liebe hervorgehende **Weisheit**. — Damit ihr Solches noch klarer ersehen möget, will Ich euch noch ein recht anschauliches Beispiel hinzufügen. — Einer oder der Andere aus euch befände sich auf irgend einem weiten ebenen Felde, auf diesem Felde trifft er nichts, als in der Mitte einen schattigen Baum, unter dessen Schatten ein recht üppiges Gras wächst. — Auf dieses Gras legt sich der Wanderer nieder, schläft ruhig ein, und stärkt sich dadurch; aber in diesem süßen und stärkenden Ruhezustande hat sich ein wunderbarer Traum seiner bemächtiget; in diesem Traume ist der ganz einsame und einfache Wanderer in den herrlichsten Palästen mit lauter Fürsten beschäftiget, conversirt mit ihnen, und genießt dadurch eine überaus große Seligkeit. Ich frage euch nun: Wie kommt denn dieser Mensch auf diesem öden leeren Felde zu solch' einer innern Gesellschaft? — Sehet, alles Dieses ist ein Angehör seines Geistes, und ist im Geiste selbst vorhanden; es ist eine Schöpfung durch die Kraft der Liebe seines Geistes, und ist geordnet nach der Weisheit, die da hervorgeht aus solcher Liebe. — Wenn ihr nun dieses Beispiel ein wenig durchdenket, so wird es euch sicher klar, wie da dereinst im Geiste ein Jeder nach seiner Liebe und der daraus hervorgehenden Weisheit der Schöpfer seiner eigenen für ihn bewohnbaren Welt sein wird, — und diese Welt ist das eigentliche **Reich Gottes im Menschen**. — Wer daher die Liebe Gottes in sich hat, dem wird auch die Weisheit in demselben Grade zukommen, in welchem er die Liebe hat. — Und also wird es Dem gegeben, der da hat, — nämlich die Liebe; wer aber diese nicht hat, sondern allein seinen trocknen Weltverstand, den er als die Weisheit ansieht, dem wird alsdann auch dieser benommen werden, und das zwar auf die allernatürlichste Weise von der Welt, wann ihm das Weltliche oder sein Leibesleben genommen wird. — Sehet, also verhalten sich die Sachen; — der eine Gebirgsbesteiger geht mit Liebe auf die Berge, und die Liebe ist auf den Höhen die Schöpferin seiner Seligkeit. Wer aber mit seinem Verstande nur auf die Berge geht, der wird sicher keine beseligende Zahlung finden, sondern er wird durch seine Mühe noch in seinem Verstande gewaltig beeinträchtiget werden, indem ihm dieser da oben spottwenig oder gar nichts abwerfen wird, — und der Dritte, der aber gar nichts hat, der wird in der Höhe von Allem ledig werden; denn der Todte kann am Leben doch kein Vergnügen finden, indem er stumm für dasselbe ist. Also ist auch ein Stein schwer auf eine Höhe zu bringen; aber wann er in der Höhe losgemacht wird, stürzt er mit desto größerer Heftigkeit in die Tiefe des Todes hinab. — Wenn ihr alles Dieses nun genau zusammenhaltet, so wird euch die geistige Sonne sicher nicht mehr so einfach vorkommen, wie zuvor; — was Alles aber auf derselben sich noch kündet, werden wir durch die nächsten Fortsetzungen klärlichst erfahren. Daher gut für heute. —

## 79.

(Am 29. November 1842 von 4 bis 5³/₄ Uhr Abends.)

Wie werden wir es denn anstellen, damit wir auf unserer bisher noch immer einfachen geistigen Sonne etwas mehr zu sehen bekommen? — Werden wir uns daselbst bequemen, etwa große und weitgedehnte Untersuchungsreisen anzustellen, oder werden wir uns auf irgend einem Punkte aufstellen, allda den Mund und die Augen recht weit aufsperren, damit wir sehen, wie uns etwa die gebratenen Vögel in den Mund fliegen werden? — Ich sage: Wir werden weder das Eine, noch das Andere thun, sondern wir werden uns in ein geistiges Cosmorama und

Diorama begeben, und wollen uns daselbst so gut es nur immer sein kann an den wunderbaren Anschauungen im Herzen vergnügen. — Damit ihr euch aber davon eine etwas bessere Vorstellung machen könnet, so will Ich euch wieder durch ein sehr anschauliches Beispiel der Sache näher führen. — Ihr habt doch sicher schon ein sogenanntes optisches Diorama gesehen, welches darin besteht, daß da mittelst eines etwa einen halben Schuh im Durchmesser habenden Vergrößerungsglases gut gemalte Bilder, die da hinter einer schwarzen Wand aufgestellt sind, angeschaut werden. — Wenn ihr so ein recht gutes Stück durchsehet, so könnet ihr thun, was ihr wollet, eure Phantasie und Einbildung mäßigen und moduliren nach Möglichkeit, und ihr werdet es mit aller Anstrengung nicht dahin bringen, daß ihr das gemalte Bild als ein bloß gemaltes ansehet, sondern immer wird es vollkommen plastisch erscheinen, und die Gegenstände also darstellen, daß ihr sie erblicket wie in der Natur selbst; vorausgesetzt, daß das Bild und das Glas selbst vollkommen tadellos sind. — Wenn ihr euch nun in einer Hütte befindet, allda etwa einige zwanzig solcher Vergrößerungsfensterchen angebracht sind, so werdet ihr dem Außen nach ein jedes Fensterchen doch sicher völlig gleich finden; wann ihr aber hinzu tretet, so werdet ihr in dem kleinen Raume über die zwanzig Fensterchen hin in wenig Schritten eine Reise machen, die ihr sonst vielleicht in einigen Jahren nicht gemacht hättet. — Aehnlich zwar jedes Fensterchen dem andern, wie gesagt; aber durch das Fensterchen geschaut, repräsentirt sich eine ganze Weltgegend. — Ihr geht zum zweiten Fensterchen, und sehet da hinein; wie himmelhoch verschieden von dem vorigen! und so fort bis zum letzten Fensterchen. Hat euch nicht ein jeder neue Fensterchendurchblick auf das außerordentlich Befriedigendste ergötzt? — Ihr müßt Solches offenbar bejahen! — denn in einem Fensterchen sahet ihr eine vortrefflich dargestellte große Stadt nebst einem weiten Landbezirke ihrer Umgebungen, und in dem nächsten Fensterchen eine überaus romantische Gebirgsgegend so vortrefflich dargestellt, daß ihr glaubtet, ihr brauchtet nur die schwarze Wand zu durchbrechen, um euch in dieser Gegend ganz natürlich zu befinden. Ihr mochtet euch völlig nicht trennen; aber der Führer sagte euch: Beim nächsten Fensterchen werden Sie noch etwas Großartigeres sehen, und ihr begebt euch zum dritten Fensterchen. — Der erste Anblick schlägt euch schon völlig nieder; denn ihr erblicket eine endlos weitgedehnte Meeresfläche, längs dem Meere eine sich in den bläulichsten Dunst verlierende Ufergegend mit all' ihren Seeherrlichkeiten. — Auf der weitgedehnten Meeresfläche erblickt ihr hier und da Inseln und eine zahllose Menge von großen und besonders kleinen Seefahrzeugen; und dieses Alles ist so vortrefflich dargestellt, daß ihr nicht umhin könnet auszurufen und zu sagen: Da hört die Kunst auf Kunst zu sein, sondern tritt völlig in das Gebiet der reinsten natürlichen Wirklichkeit! — Und so geleitet euch der Führer zu einem nächsten Fensterchen; allda werdet ihr wieder noch mehr überrascht, und so fort bis zum letzten. Wenn ihr also Alles genau durchschaut habet, so möchtet ihr dann wohl gehen; aber der Führer hält euch auf, und saget: Meine lieben Freunde! Wollten Sie denn nicht noch einmal zum ersten Fensterchen hingehen? — Ihr sagt ihm aber: Das haben wir ja ohnedieß schon betrachtet; aber der Führer

2

sagt zu euch: Das Fensterchen ist wohl dasselbe, aber die Ansichten sind ganz verändert. — Ihr geht darauf hin, und seht zu eurem größten Erstaunen wieder ganz Neues und völlig Unerwartetes, und so durch die ganze Reihe der etlichen und zwanzig Fensterchen hindurch. Hocherstaunt verlaßt ihr wieder das letzte, und der Führer sagt wieder zu euch: Meine Freunde! — Die Fensterchen sind zwar noch dieselben, aber es ist schon wieder eine neue Welt; — und ihr geht von hohem Interesse ergriffen wieder an die Betrachtung, und rufet schon beim ersten Fensterchen: Wunder, Wunder, Wunder!!! — Sie, schätzbarer Freund, sind ja unerschöpflich in Ihrem Kunstgebiete! — Und er spricht zu euch: Ja, meine lieben Freunde! — also könnte ich euch wohl noch Tage lang mit stets neuen und großartigeren Abwechselungen unterhalten. — Sehet, in diesem einförmigen, ganz kleinen Raume habt ihr eine Weltanschauung genossen, wie sie manche große Erdumsegler in der Natürlichkeit nicht genossen haben; — euere Augen haben Entfernungen von hundert Meilen und darüber geschaut, und das Alles auf einem Raume von wenigen Klaftern und Schuhen. — Nun sehet, dieses sicher recht anschauliche Beispiel giebt uns einen recht guten Vorgeschmack zu der wundervollsten geistigen Anschauung auf unserer geistigen Sonne, und sagt uns, wie wir allda auf einem kleinen Raume eben also überschwenglich Vieles können zu Gesichte unseres Geistes bekommen, wie wir eben in unserem optischen Kämmerchen mit der leichtesten Mühe von der Welt zum wenigsten gut die halbe Oberfläche der Erde geschaut haben. — Wie aber werden wir Solches anstellen? — Davon ist schon ein kleiner Wink gegeben worden, und diesem Winke zufolge wollen wir denn auch einen kleinen anfänglichen Versuch machen. — Sehet, wir befinden uns noch immer auf unserer einfachen geistigen Sonne; sehen noch immer nichts als selige Geister in vollkommener Menschengestalt durch einander, miteinander und über einander wandeln, und auf dem Boden unsere Bäumchen, edle Gesträuche und das schöne Gras. — Aber sehet, da kommt so eben ein Geistmann auf uns zu. Mich sieht er nicht; daher redet ihn nur an, damit er vor euch stehen bleibe, und wann er stehen bleiben wird, sodann tretet näher zu ihm, daß ihr seine Sphäre erreichet, und ihr werdet sogleich die geistige Sonne in einem andern Kleide erblicken. — Nun, ihr seid in seiner Sphäre, und schlaget eure Hände über dem Kopfe zusammen; — was aber seht ihr denn? — Ihr könnt ja vor lauter Verwunderung nahe zu keinem Worte kommen! Es hat auch nicht Noth; denn mit Mir ist in dieser Hinsicht leicht reden, weil Ich dasselbe, was ihr schauet, eben also wie ihr, und daneben aber auch noch um's Unendliche vollkommener schaue. — Ihr seht die wunderherrlichsten Gegenden, hohe glänzende Berge, weite allerfruchtbarste Ebenen wie Diamanten in der Sonne schimmernde Flüsse, Bäche und Meere; das helllichtblaue Firmament erblicket ihr übersäet mit den herrlichsten und allerreinst glänzendsten Sterngruppen. Eine herrliche Sonne schauet ihr im Aufgange; sie leuchtet überhell, mild und sanft, und dennoch mag sie mit ihrem Lichte die schönen Sterne des Himmels nicht ermatten. — Ihr sehet große glänzende Tempel und Paläste in einer Unzahl, große Städte an den weiten Ufern großer Meere erbaut; — zahllose seligste Wesen wandeln über die herrlichen alle Seligkeit athmenden Gefilde; ihr höret sogar ihre Sprache, und ihre himmlischen Lobgesänge dringen an euer Ohr. Ihr sehet euch nach allen Seiten in der früher einfachen geistigen Sonne um; aber nirgends zeigt sich Etwas mehr von ihrer früheren Einfachheit, sondern Alles ist in zahllose Wunder aufgelöst! — Aber tretet jetzt wieder aus der Sphäre unseres Geistmannes; — sehet, nun ist Alles wieder verschwunden, wir befinden uns wieder auf unserer einfachen Sonne. — Ihr saget nun: Ja, was war denn Das? — Wie ist Solches möglich? — Trägt ein solcher Geist denn alles Dieses in solchem engen Zirkel, eine unendliche Welt, voll der wunderbarsten Herrlichkeiten, in solch engem Kreise ein so weit gedehntes vielfaches Leben?! — Ist das Wirklichkeit, oder ist es nur eine leere Erscheinlichkeit? — Meine lieben Freunde! Ich sage euch jetzt noch gar nichts darüber, sondern wir wollen noch eher von mehreren Fensterchen unseres geistigen Diorama's profitiren, und sodann erst uns auf ein inwendigstes Beleuchten einlassen; denn Solches ist nur ein leiser Anfang von Dem, was sich noch Alles unseren Blicken darstellen wird. —

## 80.

#### Am 30. November 1842 von 4¾ bis 6½ Uhr Abends.

Sehet, allda naht sich uns schon wieder ein anderer Geist; — auch dieser soll hier verweilen, auf daß ihr in seine Sphäre treten könnet. — Nun blicket hin, er harret eurer schon, und weiß durch einen innern Wink, was ihr wollet. — Also nähert euch ihm, und tretet in seine Sphäre! — Ihr befindet euch nun schon in derselben; saget Mir, was sehet ihr da? — Ich sehe aber schon wieder, ihr vermöget ob der Größe des Geschauten nichts hervorzubringen; darum werde schon Ich wieder müssen den guten Dolmetsch machen. — Ihr steht vor lauter Verwundern und Erstaunen wie völlig starr in der Sphäre dieses Geistes. Ja ein solcher Anblick mag euch wohl die Sinne ein wenig schwinden machen, denn ihr sehet Wundergegenden über Wundergegenden; — weltenweit gestreckte allerherrlichste Flurenreihen sind vor eueren Blicken ausgebreitet. Allenthalben sehet ihr allerliebreichste Menschen glänzende friedliche Hütten bewohnen; ihre unaussprechlich schönen und liebfreundlichen Gestalten hemmen eure Blicke, so daß es euch kaum möglich ist, ein in's Auge gefaßtes Wesen zu verlassen, und auf ein anderes überzugehen. Ihr befasset euch mit dem einen allerliebreichsten Antlitze wie ganz in dasselbe verloren, und Tausende und Tausende ziehen vor euch vorüber, und ihr merket sie kaum ob des Einen! — Auf den sanften lichtgrünen Erhöhungen bemerket ihr überaus stark leuchtende Tempel; in den Tempeln selbst bemerket ihr, daß sie von seligst lebenden Geistern besucht und durchwandert werden; ihr erhebet euere Blicke zum Firmamente empor, und ihr erschauet wieder ganz neue und noch viel herrlichere Sterngruppen; — ja durch die reinen Lüfte sehet ihr mit großer Leichtigkeit und Schnelligkeit überaus stark leuchtende Schaaren seliger Geister ziehen, welche zum Theil ganz frei schweben, zum Theil aber wie auf leuchtenden Wölkchen einher ziehen. — Ihr blicket hin gegen den Aufgang, und eine große Sonne steht hoch über demselben; ihr Licht ist gleich dem einer herrlichsten Morgenröthe, und Alles, was ihr anblicket, wiederstrahlt aus dem Lichte dieser Sonne! — Unweit vor euch erschauet ihr einen ziemlich hohen, aber sanft abgerundeten Tempel. Die Säulen glänzen wie Diamanten in der Sonne, und anstatt des Daches sehet ihr ein leuchtend Gewölk, über welchem wieder selige Geister schweben. — Ihr saget nun: Endlos wunderbar und unbeschreiblich herrlich ist Alles, was wir sehen, nur ist uns dieses Alles noch etwas ferne gestellt, und wir mögen in dieser geschauten herrlichen Welt keinen Schritt vorwärts thun; denn thun wir das, so treten wir offenbar aus der Sphäre unseres Geistes, und mit unserer Anschauung hat es dann ein Ende! — Ich aber sage euch: Mit nichten! — gehen wir nur auf eben diesen Berg, und beschauen da die Dinge näher. — Sehet, wir sind schon auf dem Berge; was sehet ihr hier? — Ihr werdet noch mehr stumm und könnt euch vor lauter Verwunderung über Verwunderung nicht mehr helfen; denn ihr waret der Meinung, ihr werdet in dem Tempel also herum gehen können, wie etwa in einem großen Gebäude auf eurer Erde; allein als ihr in den Tempel eingetreten seid, hat sich das Inwendige des Tempels zu einer neuen noch viel herrlicheren unübersehbaren Himmelswelt gestaltet, darob ihr nun nicht wisset, wie ihr daran seid! — Jedoch Solches thut einstweilen nichts zur Sache; das rechte Licht wird Alles in's Klare bringen. — Ihr fraget Mich zwar, ob ihr auch in der Sphäre der Geister dieser zweiten Art andere Dinge erschauen würdet? — O ja, sage Ich euch. Die Veränderung dieses Tempels in eine neue wunderbare Himmelswelt ist eben eine Folge dessen, da ihr in die Sphäre der Geister getreten seid, die sich in diesem Tempel vorgefunden haben. Aber ihr saget und fraget: Warum sehen wir denn diese Geister nun nicht, in deren Sphäre wir uns befinden? — Weil ihr aus ihrem Centrum durch Meine Vermittelung heraus schauet. — Rücken wir aber etwas zurück; und sehet nun, da steht schon wieder unser voriger Tempel, und wir sehen ihn erfüllt von überseligen Geistern, welche sich untereinander über allerlei auf Mich Beziehung habende Dinge besprechen. — Nun habet ihr euch überzeugt, daß man auch in einer solchen Geistersphärenwelt also wie auf der Erde freien Fußes nach Belieben herum wandeln kann! — und so denn können wir uns wieder auf unseren Standpunkt zurückziehen. — Sehet, wir sind schon da. — Tretet nun wieder aus der Sphäre unseres gastlichen Geistes, und wir werden uns wieder auf unserer ganz einfachen geistigen Sonne befinden. — Da ihr nun wieder aus der Sphäre seid, und unser guter Geist sich auch noch in unserer Gesellschaft befindet, so könnt ihr euch mit ihm sogar besprechen; denn er kennt euch recht gut, da er ebenfalls von eurer Erde, und zwar aus eurer Blutsverwandtschaft abstammt. Ich will ihn euch zwar vor der Hand noch nicht näher bezeichnen; denn es werden schon noch bessere Gelegenheiten kommen, wo wir alle diese uns bei dieser Gelegenheit dienenden Geister werden näher kennen lernen. — Höret aber, was der Geist zu euch spricht, indem er sagt: O Freunde! die ihr noch in eueren Leibern wandelt auf der harten Erde, fasset, fasset das Leben in seinem Grunde! Es ist unendlich, und seine Fülle ist unermeßlich! — Der **Grund des Lebens** ist die Liebe des Vaters in Christo in uns! — und diesen unendlichen Grund fasset allertiefst in euren Herzen, so werdet ihr in euch dasselbe finden, was ihr gefunden habt in meiner Sphäre. Was ihr geschaut habet, war einfach nur; aber in dem Grunde des Lebens liegt Unendliches über Unendliches! — Es sind noch kaum fünfzig Erdjahre verflossen, da ich gleich euch ein Bürger des harten Lebens auf der Erde herumwandelte; oft hat mich der Gedanke an den einstigen Tod des Leibes erschüttert! — Doch glaubet es mir, meine Furcht war eitel und leer; denn da der Tod über meinen Leib gekommen ist, und ich der Meinung war für ewig zu Grunde zu gehen und zu nichte zu werden, da erst erwachte ich aus einem tiefen Traume, und ging alsogleich erst in dieses wahre und vollkommene Leben über. — Habe ich bis jetzt auch des allereigentlichsten Lebens Vollendung beiweitem noch nicht erreicht, so aber bin ich doch der stets mehr klarer und klarer werdenden Vollendung desselben näher. Wie groß und wie herrlich diese sein muß, kann ich euch noch nicht zeigen; nur kann ich aus der Fülle meiner innerer Anschauung wohl schließen, daß des Lebens Vollendung im Vater durch die reine Liebe zu Ihm Etwas sein muß, was kein Geist in dieser meiner Sphäre nur im unendlich kleinsten Theile zu fassen vermag! — Wohl Demjenigen, ja unendlichmal wohl, wer auf der Erde sich die **Liebe zum Herrn** zum einzigen Bedürfnisse gemacht hat; denn der hat zu solcher Vollendung des Lebens den kürzesten Weg eingeschlagen! — Denn, glaubet es mir, meine lieben irdischen Brüder und Freunde! wer in sich auf der Erde die Liebe zum Herrn trägt, der trägt auch die Vollendung des Lebens in sich; denn er hat dasjenige allerheiligste und allerwundergrößt-vollkommenste Ziel in sich und bei sich, zu dem ich erst langen und weiten Weges bin. — Mein Lebenszustand ist zwar schon mit einer unaussprechlichen Wonne erfüllt. Allein alles Dieses, was ihr in meiner Sphäre geschaut, und noch endlos Mehreres, was ihr noch nicht geschaut habt, und ich es allzeit vollends überseligst durchschauen kann in allzeit erneuter Wunderfülle, ist nichts gegen einen einzigen Blick nur, der da gerichtet ist auf den Vater! — Darum schauet ihr in eurem irdischen Leben vor Allem unverwandt auf Ihn, so werdet ihr dereinst gar leicht und sicher alsbald dahin geführt werden, allda der Vater wohnet unter Denjenigen, die Ihn lieben! — — — Wie gefällt euch die Sprache des Geistes? — Wahrlich, sage Ich euch: Wenn es diesem Geiste nun gegeben wäre, Mich zu erblicken als Führer unter euch, so würde er von zu großer Wonne wie vernichtet werden! — Daher fasset und bedenket doch ihr, in welcher Seligkeit ihr euch unbewußt befindet, indem Ich tagtäglich unter euch Mich befinde, euch ziehe und lehre, und euch mit Meinem eigenen Finger zeige den allergeradesten und kürzesten Weg zu Mir! — Lasset euch darum doch von der Welt nicht berücken; denn diese ist voll Todes, Schlammes und höllischen Feuers! — Wie aber solche nach dem Abfalle des Leibes sich artet, werden wir auch noch bei so manchem Geiste unserer geistigen Sonne als eine gute Zugabe vorübergehend zu Gesichte bekommen; denn Ich sage euch: Wehe der Welt ihres Argen willen; ihr Gewinn wird heißen: Schrecklich und überaus elend ist es zu sein im Zorne Gottes! — Doch nun nichts mehr weiter von Dem; es naht sich für ein nächstes Mal schon wieder ein anderer geistiger Gastfreund, und wir wollen bei seiner Gegenwart wieder etwas Neues aus seiner Lebenssphäre gewinnen. — Die zwei früheren

Geister aber wollen wir auch einstweilen in unserer Gesellschaft behalten; — denn der Anselm H. W. wird doch die Nähe seines Großvaters ertragen können! — Und somit lassen wir die Sache für heute wieder gut sein! —

## 81.
### Am 1. December 1842 von 4¼ bis 6¼ Uhr Abends.

Sehet, der dritte Geist ist auch schon hier, und wir wollen darum alsogleich von seiner Gastfreundschaft Etwas profitiren. — Tretet somit nur in seine Sphäre, und wir werden sogleich erfahren, was sich in derselben Alles erschauen läßt. — Da ihr euch schon in seiner Sphäre befindet, so gebet Mir auch einmal kund durch euren Mund, was Alles sich euren Geistesblicken zur Anschauung darstellt! — Ihr staunet schon wieder, und blicket wie ganz verwirrt um euch herum. Was ist es denn, das eure Blicke gar so gewaltig in Anspruch nimmt? — Ich sehe Mich schon wieder genöthiget, für euch den Dolmetsch zu machen; denn ihr habt ja nicht Zeit und Rast, um Worte zu finden, die das Geschaute bezeichnen möchten! — Ihr stehet auf einer glänzenden Wolke; erstaunten Blickes sehet ihr ganze Heere überirdischer Welten in endlos großen Kreisen vorüberziehen. Ihr sehet sie allenthalben mit den allergroßartigsten Wunderwerken umgeben; sie sind unzählig auf einer jeglichen Welt. Jede dieser Welten scheint endlos groß zu sein; und dennoch möget ihr sie von Pol zu Pol mit einem Blicke überschauen. Zahllose Schaaren von glücklichen Wesen sehet ihr auf diesen vorüberziehenden Welten hin und wieder frohlockend wandeln; jede neue Welt, die sich euch nähert, ist von andern unnennbaren Wundern übersäet. — Aber ihr saget: Wänn sie nur nicht so schnell vorüberzögen diese großen überherrlichen Wohnplätze für zahllose Heere von seligen Geistern! — O wartet, auch Diesem können wir alsogleich abhelfen! — Sehet, dorther zieht eben eine große strahlende, einer Hauptmittelcentralsonne ähnliche Welt! — Wir wollen sie aufhalten, damit ihr sie näher betrachten könnet. — Sehet, nun ist sie da. — Der große Glanz blendet freilich wohl euer Auge, und ihr könnet wegen ihres zu starken Leuchtens ihre Wunderfülle wohl nicht erschauen; auch Dem soll abgeholfen sein! — Sehet, schon ist ihr starkes Leuchten gemildert, und ihr sehet, wie diese große Welt aussieht, wie ein endlos großer, unaussprechlich wonnig allerherrlichst schönster Garten. — In den Gärten erblicket ihr viele gar zierliche Wohnungen, und um die Wohnungen wandeln wonneerfüllte selige Geister; und genießen in großer Freude die überaus wohlschmeckenden Früchte dieses großen Gartens. — Dort sehet ihr lobsingende Geister sich in den leuchtenden Aether erheben; auf einem anderen Plätze wieder sehet ihr Liebende allerfreundschaftlichst und wonniglichst Arm in Arm miteinander wandeln; dort wieder sehet ihr eine Gesellschaft Weiser, die mit leuchtenden Angesichtern Meine große Liebe, Gnade und Erbarmung besingen. Auf den Aesten der zahllosartig herrlichsten Fruchtbäume sehet ihr auch wie leuchtende Sterne funkeln. — Ihr fraget wohl: Was ist Das? — Und Ich sage euch: Betrachtet die Sache näher, und ihr werdet sobald gewahr werden, was hinter diesen Sternen steckt. — Aber ihr verwundert euch schon wieder von Neuem, denn nun saget ihr:

Großer heiliger Vater! was ist doch Solches? — Als wir einen solchen Stern genauer betrachteten, da dehnte er sich sammt dem Baume zu einer endlosen Größe aus. — Die vorige große Welt, wie auch die Größe des einzelnen Baumes mögen wir ob der zu endlosen Größe nicht mehr erschauen; aber dieses Sternlein ist zu einer neuen großen Welt herangewachsen, und wir sehen diese Welt wieder voll neuer Wunder! — O Vater, saget ihr weiter, wo hat denn die endlose Größe deiner Wunderschöpfungen ein Ende?! — Ich aber sage euch: Ihr habet Recht, daß ihr also fraget; Ich aber sage euch: die endlose Fülle und Größe Meiner Schöpfungen hat weder einen Anfang noch ein Ende; denn überall, wo ihr Eins erblicket, glaubet es, ist Unendliches verborgen! — Also hat nichts, das ihr schauet nun im Geiste, ein Endliches in sich, sondern Alles ist unendlich; denn wäre es nicht also, so wäre es nicht aus Mir, es wäre darum nicht geistig, und das ewige Leben wäre eine barste Lüge! — So euch aber schon die Theilung naturmäßiger Körper sagt, daß ihre Theile in's Unendliche gehen, und daß in einem Samenkorne endlos viele Samenkörner verborgen sind, wie sollte demnach denn das Geistige irgend einer Beendung unterliegen? — Ueberzeuget euch nur an dieser neuen Welt; sehet, dort wandelt ein Geist in unserer Nähe, tretet in seine Sphäre, und ihr werdet euch sogleich überzeugen, von welcher endlosen neuen Fülle von Wundern dieselbe strotzet, und glaubt es Mir, Solches geht in's Unendliche! Ihr könnt dieß auch schon in einem naturmäßigen Bilde erschauen. — Ich habe zwar schon ein solches Bild einmal angedeutet; dessen ungeachtet aber könnt ihr es euch nun wieder in die Erinnerung zurück rufen. — Das Bild aber besteht in dem: Stellet zwei überaus wohl geschliffene Spiegel einander gegenüber, und saget Mir, wann diese gegenseitige Wiederspiegelung ein Ende hat? — Sehet, also ist es auch hier, ein jeder Geist hat Unendliches in sich, und das eben in endloser Mannigfaltigkeit. Ein Geist aber ist dem andern gegenseitig wie ein Spiegel durch seine innere Liebe zu Mir, und aus dieser zu seinem Bruder. Also ist da auch ein endloses und ewiges Hin- und Wiederstrahlen; und eben dieses Hin- und Wiederstrahlen ist das große, heilige, allmächtige Band Meiner Liebe, durch welches alle diese Wesen mit Mir und unter sich allerseligst verbunden sind! — Aber ihr fraget nun wieder: Sind diejenigen Geister, die wir da geschaut haben und noch schauen aus der Sphäre unseres gastlich dienstbaren Geistes, auch wirklich selbstständige Geister, oder sind sie bloß nur Erscheinlichkeiten, die in solchen Aus- und Wiederstrahlungen der wirklichen Geister ihren Grund haben? — Ich sage euch: Sie sind Beides zugleich. — Ihr verwundert euch über diese Antwort; allein in dem Reiche der Geister ist es einmal nicht anders, weil in selbem Alles lebendig wesenhaft bedingt ist. — Wann ihr könntet hinauf in Meine unendliche Sphäre treten, so würdet ihr das ganze unendliche Reich der Himmel nur als **einen Geistmenschen** erblicken; so ihr aber dann treten möchtet in seine Sphäre, da würde sich dieser einige Mensch bald auflösen in zahllose Geisterwelten, welche da aussehen würden wie zahllose einzelne Sterne ausgestreut durch die ganze Unendlichkeit. — Möchtet ihr euch einem solchen Sterne nahen, so würde er gar bald aussehen wie ein einzelner vollkommener Menſch; — wann ihr aber dann wieder möchtet treten in die Sphäre dieſes Menſchen, ſo würdet ihr an ſeiner Stelle alſobald wieder einen neuen von unzähligen Sternen überfüllten Himmel nach allen Seiten erſchauen, — und ſo ihr euch wieder nähern würdet einem ſolchen Sterne, ſo möchte er zwar ausſehen in der mittleren Entfernung wie ein Menſch. Würdet ihr euch dieſem Menſchen mehr und mehr nahen, ſo möchtet ihr nahe alſo ausrufen, wie einſt der Seefahrer Chriſtoph Columbus, als er ſich dem Feſtlande Amerika nähte; denn allda werdet ihr ebenfalls eine große himmliſche Pracht- und Wunderwelt zu ſchauen anfangen! So ihr euch aber vollends auf dieſe Welt begeben möchtet, da würde es euch gewaltig zu wundern anfangen, dieſelbe von zahlloſen Geiſterheeren bewohnt zu finden. Und möchtet ihr euch dann in die Sphäre eines oder des andern hier wohnenden Geiſtes begeben, ſodann würdet ihr wieder neue Herrlichkeiten entdecken, und zugleich aber könntet ihr auch mit freilich wohl mehr geläutertem Blicke die erſte Grundwelt als eigentlichen Wohnplatz dieſer Geiſter erſchauen. — Alſo geht das auch fort und fort, und iſt demnach ein jeder einzelne Geiſt wieder ein vollkommener Himmel in freilich wohl für ſich ſelber kleinſter Geſtalt. — Und ſo möget ihr Solches faſſen, daß der ganze Himmel iſt ein Himmel der Himmel; und wie der ganze Himmel iſt unendlich in ſich, alſo iſt auch ein jeder einzelne Engelsgeiſthimmel unendlich in ſich, — und alſo iſt Solches daraus zu verſtehen, wie es da lautet in der Schrift: Das Reich Gottes kommt nicht mit äußerem Schaugepränge, ſondern es iſt in euch! — Aus dieſem Grunde wird auch ein jeder Geiſt dasjenige Reich bewohnen, ſchauen und nützen, das er ſich in ſich erworben hat durch die Liebe zu Mir. — Alſo ſteht es auch geſchrieben: Das Reich der Himmel iſt gleich einem Senfkörnlein; dieſes iſt ein kleinſtes unter den Samenkörnern; ſo es aber in das Erdreich, d. h. in ein lieberfülltes Herz geſäet wird, ſo wird es zu einem Baume, unter deſſen Aeſten die Vögel des Himmels ihre Wohnung nehmen werden. — Sehet ihr nun das Senfkörnlein? — Ein jeder einzelne Geiſt, der da ein ſeliger, iſt ein ſolches Senfkörnlein; welches ſo viel beſagt als: Er iſt ein Geſchöpf meiner Liebe, und iſt ſomit ein lebendiges Wort derſelben. — Wann dieſes Wort in dem Erdreiche der Liebe, die aus Mir frei hinaus geſtellt ward, aufgeht, ſo wird es durch und durch ein lebendiger Baum voll der Liebe und alles Lebens aus Mir. — Wenn ihr denn in die Sphäre eines ſolchen Baumes tretet, ſo mag euch dann freilich wohl wundernehmen, daß ihr in derſelben eine endloſe Wunderfülle der Himmel erſchauet, die da gleich iſt Meiner Liebe, Gnade und Erbarmung in einem jeden einzelnen Geiſte unendlich. — Aber Solches müßt ihr auch für ganz der Ordnung gemäß finden, und ſo werdet ihr erſt den wahren innern Nutzen davon haben und endlich im hellen Lichte in euch erſchauen, daß Mein geſchriebnes Wort in ſich iſt gleich Mir, und iſt zugleich das lebendige unendliche Reich der Himmel bei euch, unter euch, und ſo ihr es werkthätig in eure Herzen aufnehmen wollet, lebendig in euch. — Was ſich jedoch aus demſelben noch alles Neues und Wunderbares finden wird, werden wir noch in den Sphären anderer gaſtfreundlicher Geiſter hinreichend zur Anſchauung bekommen. —

Und somit tretet ihr wieder aus der Sphäre dieses dritten Geistes, der ebenfalls ein euriger Anverwandter ist; und wir wollen uns bei einer nächsten Gelegenheit alsogleich in die Sphäre eines vierten Geistes begeben. — Und so denn lassen wir die Sache für heute wieder gut sein! —

## 82.
(Am 2. December 1842 von 4—6¾ Uhr Abends.)

Sehet, da stehet er schon, und winket euch von selbst gar freundlich, sich ihm zu nahen und in seine Sphäre zu treten. Also tretet nur wieder hin, und habet wohl Acht auf Das, was ihr in seiner Sphäre werdet zu sehen bekommen. Diesen Geist werdet ihr auch in seiner Sphäre sehen, und er wird euch in seiner Welt ein wenig herumführen. — Und so denn, wie gesagt, habet auf Alles Acht, was ihr da sehen werdet; denn Solches wird schon von tüchtiger Bedeutung sein. Nun denn, ihr seid in seiner Sphäre, und seid überaus fröhlichen Herzens; denn ihr sehet den Geist, in dessen Sphäre ihr euch befindet, nur mit dem Unterschiede, daß ihr denselben außerhalb der Sphäre nicht erkennen mochtet, — in seiner Sphäre aber erkennt ihr ihn sogar, da er einst auf der Erde ein leiblicher Bruder zu euch war. — Mein wortemsiger Anselm wird seinen Bruder Heinrich gar wohl erkennen, wenn er ihn erst wird sprechen hören. — Ich will auch aus diesem Grunde, daß er euch ein wenig herum führe, und über so Manches eigenmündigen Aufschluß gebe. — Was sehet ihr denn? — Ihr könnet zwar Solches aus lauter zu großer Ueberraschung eures Geistes nicht kund geben; doch dießmal will nicht Ich den Dolmetsch machen, sondern euer Führer wird Solches thun, und also spricht er denn: Sehet dahin, meine lieben Brüder! Diesen großen erhabenen Tempel vor mir; sehet, welche unbeschreibliche herrliche Säulenpracht ihn ziert. Siehst du, mein Bruder, eine Säule reicht ja so weit hinauf, daß es dir vor ihrer Höhe schwindelt; und siehe nur hin in der geraden Linie, wie nahe zahllos viele solche Säulen diesen herrlichen Tempel umfangen. — Sieh', über den Säulen erhebt sich ein rundes mehr wie tausend Sonnen stark leuchtendes Dach; und über dem Dache erhebt sich ein großes feuriges Kreuz, welches also roth strahlet wie die herrlichste Morgenröthe! — Wie gefällt dir dieser Tempel? — Du sprichst: Mein Bruder! seine großartige unaussprechliche Pracht läßt mich zu keinem Worte kommen, um dir darüber meine Empfindung mittheilen zu können. Aber was giebt es denn in diesem Tempel? — Lieber Bruder, kannst du uns da nicht hineinführen? — O ja, meine geliebten Brüder und Freunde; machet euch aber auf das Außerordentlichste gefaßt, denn die innere Herrlichkeit, ja ich will sagen, Heiligkeit dieses Tempels ist so undenkbar erhaben, wunderbar groß, daß ihr dieselbe kaum ertragen werdet. Ihr wißt es ja, daß ich bei meinem Leibesleben ein überaus großer Freund des Wortes Gottes war; und da der Apostel Paulus vorzugsweise der unsrige Apostel war, durch welchen das Heidenthum bekehrt wurde, so war er mir nach dem Evangelisten Johannes gewisserart auch der liebste. — Solches habet ihr ja zu öfteren Malen von mir vernommen; und dieser Tempel ist gegründet aus solcher meiner innersten Hochachtung des göttlichen Wortes. — Bevor wir noch hinein treten wollen, will ich ihn euch ein wenig erläutern. — Diese fast unzählig vielen hohen Säulen bezeichnen die einzelnen Schrifttexte des göttlichen Wortes, und stellen das alte Testament vor. Wenn ihr nun mit mir durch die Säulen tretet, so stellt sich euch ein überaus lichter Gang dar; den Gang innerhalb der Säulen aber beschließt eine roth leuchtende Wand. Wie ihr sehet, so ist sie so hoch wie die Säulen, und ist innerhalb mit strahlenden festen Bögen mit der äußeren Säulenreihe zu oberst mächtig verbunden. Dieser überaus geräumige Gang zwischen den Säulen und der Wand ist der eigentliche Vorhof zum Tempel. — Das Dach, was ihr so stark leuchtend über den Säulen und dem Tempel in gerundeter Form geschaut habet, bedeutet das Gnadenlicht aus der Höhe. Das Kreuz über dem Dache aber besagt den Grund solches Gnadenlichtes, welches da an und für sich ist das Allerheiligste, nämlich die Liebe des Vaters im Sohne! — Da ihr nun, meine lieben Brüder und Freunde, Solches wisset, so gehet denn mit mir längs diesem Gange vorwärts bis dahin, da ihr ein großes Licht der Wand entströmen sehet, welches also röthlich leuchtet, als das Roth einer allerherrlichsten Frühlingsrose; allda auch ist der Eingang in den Tempel. — Wißt ihr auch, was dieses Licht bedeutet? — Dieses Licht bedeutet und besaget die Liebe zu Christo; und es ist sonst nicht möglich in diesen Tempel zu kommen, denn allein durch die enge Pforte der Liebe zu Christo. — Nun sehet, meine lieben Brüder und Freunde, wir sind an Ort und Stelle. — Sehet, da ist die Thüre; ihr verwundert euch wohl, daß da in diesen übergroßen Tempel nur ein so schmales Pförtlein führet, aber ihr wißt es ja auch, daß es da heißt: Wer nicht durch die schmale Pforte gehen wird, der wird nicht zum Vater kommen; somit auch nicht in das Reich Gottes, und eben also nicht in das Engelreich der Himmel. — Bücket euch daher nur so gut und so viel ihr könnet, und folget mir nach. Alsogleich werden wir das Innere dieses Tempels zu Gesichte bekommen. — Nun, lieben Brüder und Freunde, sind wir in dem großen Heiligthume! — Was saget ihr zu dieser Herrlichkeit? — Wie ich sehe, meine lieben Brüder und Freunde, so seid ihr ja völlig ohnmächtig und sprachlos, ich habe euch darum auch schon zuvor gesagt: Machet euch auf das Außerordentlichste gefaßt; wie ihr nun selbst mit den erstauntesten Blicken sehet, so ist das Innere dieses Tempels zu endlos groß wundervoll herrlich erhaben, um euch davon nur eine matte Skizze mittheilen zu können. Das Wunderbarste ist einmal schon für's Erste die ungeahnte endlose Größe des Inwendigen; — ihr habt geglaubt, wann ihr in den Tempel gelangen werdet, so werdet ihr da etwa also wie auf der Erde eine inwendige Zierathenherrlichkeit schauen; aber ihr schauet hier im buchstäblichen Sinne der Wahrheit getreu eine endlose Geisterweltenfülle, und diese Welten, die da nahe keinen Anfang und kein Ende haben, sind zu einem Reiche vereint. — Ihr blicket mit erstauntem Auge über die endlosen Fernen hin, welche da übersäet sind von zahllosen ungeahnten Herrlichkeiten. Ihr sehet himmelanragende Bäume, und auf den Bäumen hängen reichliche Früchte voll des herrlichsten Saftes und voll strahlenden Lichtes. Ihr schauet die zahllos vielen überherrlichen Tempelgebäude, und sehet sie bewohnt von großen Schaaren seliger Geister. — Solches Alles wundert euch überhoch; aber sehet, meine lieben Freunde und Brüder, dort auf einem sanfthoben Berge schnurgerade gegen Morgen hin steht ein ganz einfacher schlichter Tempel, aber desto außerordentlicher ist sein Glanz. Dorthin folget mir, und ihr sollet alldort Etwas zu sehen bekommen, das euch über alles dieses Geschaute entzücken soll! — Und so gehen wir. — Ihr sehet wohl, wie ferne dieser Tempel ist; nach irdischem Maßstabe dürftet ihr wohl eher euern Mond erreichen, als diesen Tempel. Aber wir Geistmenschen haben es in dieser Hinsicht viel bequemer; denn wir dürfen es nur wollen, und wir sind schon dort, wo wir sein wollen. — So wollet denn nun auch mit mir dort sein; und sehet, wir sind auch schon an Ort und Stelle. — Ihr schlaget die Hände über euerem Kopfe zusammen über die furchtbare Größe dieses Tempels, und getraut euch kaum sich ihm mehr und mehr zu nahen. — Gehet aber nur muthig mit mir auch in diesen Tempel, und ihr werdet vom gar überaus freundlichen Bewohner desselben sicher überaus gut aufgenommen sein. Also folget mir nur! — Dieser Tempel wird auch innerlich als Solcher zu beschauen sein, und ihr werdet in denselben einkehren wie in ein überaus gastfreundliches Haus. — Also sind wir in den Vorhof schon eingetreten, und so gehen wir denn durch diese leuchtende Pforte auch in das vollkommen Innere dieses Tempels. — So, so, meine lieben Brüder und Freunde; wir sind an Ort und Stelle. — Kennet ihr dort in ziemlich weitem Vordergrunde den freundlichen Mann, umgeben von einer Menge größer und kleiner Menschengeister? — Sehet, wie er sie allerfreundlichst und liebreichst lehret das große Geheimniß des Menschensohnes, und wie ein jegliches Wort aus seinem Munde gleich einem hellsten Sterne hervorgeht! — Aber sehet, unser guter Gastfreund hat uns schon bemerkt; er hebt sich von seinem strahlenden Sitze und eilt uns mit offenen Armen entgegen. — Kennt ihr ihn noch nicht? — Sehet, er ist schon ganz in unserer Nähe; betrachtet ihn nur recht genau, ihr müßt ihn erkennen. — Wann ihr ihn aber schon nicht erkennen möget aus seiner sprechenden Gestalt; so werdet ihr ihn doch sicher erkennen aus seinem alten allezeit gleichen und getreuen Gruße! — So höret; er spricht: O lieben Brüder! Die Gnade unseres Herrn Jesu Christi sei mit euch, und die Liebe des Vaters im Sohne und in der Gemeinschaft des heiligen Geistes! — Was hat euch bewogen hierher zu kommen? — Wer war euer Führer? — Ihr getraut euch mit der Stimme nicht heraus; aber ich ahne es wohl in mir, Wessen Liebe so groß ist, daß sie Dessen Erlöste zu der heiligen Quelle des ewigen Lebens leitet! — O lieben Brüder! Ich sage euch im Namen meines über Alles geliebten Herrn Jesus Christus, haltet euch an Ihn, haltet an Seine Liebe, und ihr werdet nicht, ja ewig nicht zu Grunde gehen; denn selig sind zwar Diejenigen, die da glauben, daß Er ist Christus als der wahrhaftige ewige Sohn des lebendigen Gottes, aber Diejenigen nur, die Ihn lieben über Alles, werden in Ihm den heiligen Vater schauen; denn durch die Liebe erst werden wir zu wahrhaftigen Kindern Gottes! — Und so denn sage ich, der alte Paulus zu euch: Haltet euch an die Liebe, und ihr habet das ewige Leben in euch! — Meinen Gruß, und die Gnade unseres Herrn Jesu Christi im Vater und im Geiste sei mit euch!

Nun, meine lieben Freunde und Brüder, habt ihr gesehen, wie

gastlich und wie liebfreundlich uns der alte Freund und Apostel des Herrn aufgenommen hat? — Sehet, wie er sich schon wieder in der Mitte seiner Schüler befindet und sie in der Liebe zum Herrn unterrichtet. — Ihr möchtet wohl wissen, was das für Kinder und Geistermenschen sind? — Sehet, das sind lauter Heiden und heidnische Kinder; aber das sind ja beiweitem nicht alle, die ihr sehet, sondern gehet nur mit mir heraus wieder in's Freie des großen Tempels, und sehet, da wir uns schon wieder allhier im Freien befinden, die nahe zahllose Menge der Tempel allenthalben in den weiten Gebieten hervor glänzend. Sie sind lauter Lehranstalten für allerlei Heiden, und gar viele Apostel und Jünger dieses Apostels Paulus sind ihre Lehrer. Es gäbe wohl noch unendlich Vieles euch zu zeigen in diesem großen Tempel, in dem wir uns befinden; allein da ihr noch mit dem Irdischen in Verbindung stehet, so würden dazu wohl Millionen und Millionen Jahre erforderlich sein, um mit euch nur den kleinsten Theil oberflächlichst durchzugehen. — Einst im Geiste aber werdet ihr Solches gleich mir durch die endlose Gnade des Herrn in aller Fülle der Klarheit erschauen. — Und so denn bewegen wir uns wieder aus dem Tempel. Sehet, wir sind schon am Pförtlein nun im Vorhof; und sehet, die große Säulenreihe, und das leuchtende Dach mit dem großen Kreuze steht wieder frei vor unseren Blicken. — Nun aber noch Eines. — Solches könnt ihr mir wohl sagen; denn sehet, es giebt auch hier so Manches, was wir Geister entweder nur schwer und manchmal wohl gar nicht begreifen. — Eure Besuchsweise, oder für euch deutlicher zu sprechen, daß ich euch nun sehe, und mit euch sprechen kann, ist mir wohl begreiflich; denn ihr waret schon öfter bei mir in euerem Geiste, und habet mit mir gesprochen wie jetzt; nur durfte euch keine Erinnerung an solch eine Zusammenkunft bleiben. — Also ist mir demnach auch euer gegenwärtiger Besuch gar wohl begreiflich; unbegreiflich aber ist mir, und ich kann es mir nicht erhellen, warum ich dießmal ein so namenloses Wonnegefühl in eurer Nähe empfinde? — Denn ihr könnt es mir glauben als eurem nun sicher alleraufrichtigsten Bruder, daß ich eine solche Wonne noch nie empfunden habe, so lange ich dieses sicher überseligen Ortes seliger Bewohner bin! — Saget es mir doch; saget es! wenn euch überhaupt Solches zu sagen möglich ist! —

Nun aber sage wieder Ich euch: Solches müßt ihr ihm nicht künden; denn er muß auf einen Blick, indem er Mich erschauen wird, vorbereitet werden; sonst würde er solche Seligkeit nicht ertragen; denn es giebt hier Geister, die Mich so mächtig stark lieben, daß Ich Mich ihrer Liebe zu Folge nur nach und nach erschaulich nähern kann. — Und so denn saget ihm, er solle nur noch ein wenig verharren in seinem Wunsche, und nach einer kurzen Zeit wird ihm der Grund seiner Wonne schon enthüllt werden. Also saget ihm Solches in eurem Geiste! — Sehet, er hat es schon vernommen aus euch, und ist damit hochbegierlich zufrieden. — Solcher Zustand heißt die Geduld der Liebe! — Wir sind auch schon wieder auf unserem Gesellschaftsplätzchen; und daher tretet wieder aus der Sphäre eures Brudergeistes, und sehet ein wenig zu, Ich will Mich ihm auf einen Augenblick nur zeigen! — Sehet, jetzt erblickt er Mich! Er fällt nieder auf sein Angesicht, und liebet, betet und weint, und es ist gut! Ein Augenblick nur für diese Zeit! — Wir aber wollen uns für ein nächstes Mal wieder der Sphäre eines fünften Geistes bedienen; auch dieser euer Brudergeist soll euch führen, wie der hier noch weinende und betende, welcher aber auch in unserer Gesellschaft verbleiben soll. — Und so lassen wir es für heute wieder gut sein. —

## 83.
(Am 3. December 1842 von 4½—7 Uhr Abends.)

Kennet ihr ihn nicht diesen Fünften, der sich schon ganz vor uns befindet? — Sehet nur hin, wie er euch freundlich anlächelt, und einladet in seine Sphäre zu kommen! — Also gehet nur hin, und besehet seinen Reichthum. — Auch dieser Geist wird euch in seiner eigenen Sphäre erkenntlich und sichtbar verbleiben, und wird euch ein wenig herum führen in dem Bereiche der Schätze seines inneren Lebens; und so denn begebet euch in seine Sphäre. — Ihr seid nun in seiner Sphäre, und schlaget schon wieder von Neuem eure Hände über dem Kopfe zusammen, und seid nahe von Sinnen ob der wunderbaren erhabenen Großartigkeit Dessen, was ihr nun nur oberflächlich hin schauet. — Folget aber nun nur dem freundlichen Brudergeiste, und ihr werdet an seiner Seite Unerwartetes erfahren; — wie der vorige, so wird auch dieser euch ein Dolmetsch sein in Meinem Namen, — und so denn höret, was da euer Führer spricht. — O lieben Brüder und Freunde! welch' eine Wonne, und welche Lust und Freude mir, daß ich euch hier wieder erschaue! Ihr kennet mich doch, daher folget mir in dieser meiner überseligen Sphäre; ich will euch zeigen, welche Schätze der Liebe zum Herrn entstammen! — Sehet, meine lieben Brüder, und du auch ganz vorzugsweise, mein geliebter Anselm, dorthin auf jene herrlichen Gebirge vor uns; allda erst werdet ihr schauen die Schätze meiner Seligkeit! — Nun sehet, wir haben die Höhe des Gebirges erreicht; sehet nun hin in die endlosen Fernen. — So weit nur eures Geistes Blick zu reichen vermögen, ja so weithin sich eure kühnsten und schnellsten Gedanken stürzen können, sehet alles Dieses ist wie ein großes Fürstenthum mir gegeben. — Ihr fraget mich zwar, und saget: Aber lieber seliger Bruder, bist denn du auch der Eigenthümer von all' den zahllosen überprächtigen Palästen, die da gleich aufgehenden Sonnen auf den runden Bergen herum strahlend prangen, und auch der Eigenthümer all' der zahllosen Myriaden und Myriaden der seligen Geister, die wir allenthalben allselig freundlich gegen einander ziehen sehen; und gehören wohl all' die zahllosen Prachtgärten mit den glänzenden Säulenthürmen dir zu, die da unsere erstaunten Augen mit ihrem starken Lichte blenden? — Wie ist es denn mit jenen fernen Welten dort, die wir gleich aufgehenden Sonnen erblicken? — und das helle Firmament mit den zahllosen allerherrlichsten Gestirnen, ist es auch dein? — Und diese herrliche Sonne über unserem Haupte, deren Strahlen so mild und sanft die ganze Unendlichkeit zu erfüllen scheinen, wie steht es mit dieser? Zählst du sie auch zu deinem Eigenthume? — Ja meine geliebten Brüder, ich sage euch: Nicht nur Dieses, was ihr sehet, sondern noch endlos Mehreres, was ihr nicht zu sehen vermöget, ist ein Eigenthum meiner Liebe! — Lieben Brüder, ihr verwundert euch, und saget: Aber lieber seliger Bruder! Deine Erklärung lautet ja nahe also, als hätte sich Selbstsucht und Eigenliebe dir beigesellt; denn du sagst ja: Alles Dieses und noch endlos Mehreres ist ein Eigenthum deiner Liebe. Die Liebe aber ist ja nun dein eigenes Ich, und somit auch dein eigentliches Leben; solltest du denn nicht wissen, daß da Alles nur ein Eigenthum des Herrn ist? — Wie kannst du demnach sagen: Alles dieses sei ein Eigenthum deiner Liebe? — Ja, meine lieben Brüder, eure Rede ist mir angenehm, und euer Einwurf wohl gegründet; aber nur ist er hier nicht am rechten Platze angebracht. Denn so ihr urtheilet von Außen nach Innen, so hat euer Urtheil guten Grund, hier aber muß jedes Urtheil nur von Innen nach Außen allzeit treffend gehen; und sehet, da ist euer Urtheil nicht am rechten Platze. Denn wenn ich sage: Alles Dieses und noch endlos Mehreres ist ein Eigenthum meiner Liebe, so müßt ihr dabei von Innen aus also urtheilen, daß meine Liebe der Herr Selbst ist, und ich keine andere Liebe habe, und somit auch kein anderes Leben, als nur das des Herrn! — Damit ihr aber, meine lieben Brüder und Freunde, recht gründlich einsehet, daß euer Urtheil gegen mich ein äußeres war, so sage ich eurer eigenen nothwendigen Beleuchtung halber, daß, so ihr saget: Alles dieses ist ein Eigenthum des Herrn, ihr dadurch nur ein äußeres Bekenntniß ableget, daß ihr all' Solches dem Herrn zugestehet; aber bei solch einem Zugeständnisse ist der Herr, wie das Geständniß noch außer euch. — Wann ihr aber saget: Solches Alles ist ein Eigenthum meiner Liebe, so gebet ihr dadurch aus euch kund, daß euer Alles der Herr ist, und wohne mit Seiner Liebe und Gnade als das ewige Leben in euch; — denn so ihr saget in der Liebe eures Herzens zum Herrn: Solches Alles ist ein Eigenthum meiner Liebe, so saget ihr damit eben so viel, als da einst mein lieber guter Freund, der alte Apostel Paulus gesagt, da er noch in seinem Fleische auf der Erde gewandelt hat: „Nun lebe nicht mehr ich, sondern Christus lebt in mir!" — Solches sagte ich euch nun darum, damit ihr daraus wisset, in welcher Weise alle unsere Rede geartet ist; denn auf der Erde ist nur eine äußere Rede, und muß da dringen erst in das Inwendige von Außen her. Daher ist sie auch eine unsichere und selten treffende Rede, wann sie nicht also gestaltet ist wie das Wort des Herrn, welches den Menschen von allen Seiten erfasset und ihn also durchdringet; unsere Rede aber ist eine inwendige, und hat kein äußeres, daher auch allzeit treffend und ihr Ziel erreichend. — Gehet aber nun mit mir auf jenen Hügel dort vor uns, allda ihr einen großherrlichen Palast erblicket. Sehet, wir haben kaum das Wort ausgesprochen, und wir sind auch schon da, wo wir sein wollten. — Ihr saget nun: Der Palast ist herrlich und großartig; aber jener Tempel, den wir in der Sphäre unseres früheren Bruders geschaut haben, war großartiger. — Ich aber sage euch: Urtheilet nicht zu vorschnell; erst tretet in das Innere, und dann vergleichet. — Sehet, auch hier ist ein enges Pförtlein nur, durch welches man in diesen Palast gelangt; also bücket euch nur, so gut ihr könnt, und folget mir. — Nun, wir haben das Pförtlein passirt, und befinden uns im Palaste. Was ist euch wohl, daß ihr wie erstarret hin und wieder blicket? — Sehet, lieben Brüder, ich habe es euch ja vorausgesagt, daß ihr nicht also vorschnell urtheilen sollet; denn hier liegt der Werth eines Dinges allzeit nur im Inwendigen, und nie im Auswendigen. Darum ist auch das Inwendige allzeit erhabener und wunderbar großartiger, denn das Aeußere; denn es verhält sich hier Alles also, wie das Wort Gottes auf der Erde. Schlicht und prunklos steht dasselbe durch den Buchstaben im Buche; so aber Jemand bringet in das schlichte Wort durch die enge Pforte der demüthigen Liebe, zu welch' einer Wunderfülle gelangt er in einem einzigen Worte Gottes, welches da einfach und prunklos steht im Buche, aus Buchstaben zusammen gesetzt. — Eben also, wie gesagt, verhält es sich auch hier. Ihr habt es nicht geahnt, daß ihr in diesem einfachen Palaste eine Unendlichkeit erfüllt mit den Wundern Gottes schauen werdet; — da ihr sie aber nun sehet die zahllosen Weltenheere in geistig verklärtem Sein, und sehet Miriaden Herrlichkeiten und zahllose selige Bewohner auf demselben, so erstaunt ihr euch, wie Solches möglich in einem von Außen her so engen Palaste! — Ich sage euch aber: Dieses ist beiweitem kein so großes Wunder, als daß da das Herz eines Menschen werden kann zur Wohnstätte des heiligen Geistes aus der Liebe des ewigen Vaters des unendlichen, überheiligen, allmächtigen Gottes! — Wollt ihr mit mir dorthin wandeln, wo sich auf einem ebenen Grunde voll des herrlichsten Glanzes ein wunderbar herrlicher runder Tempel erhebt, der umgeben ist mit drei Reihen der schönsten glänzenden Säulen, und kein Dach sondern statt dessselben über sich hat ein leuchtendes Regenbogengefüge, welches sich stets zu bewegen scheint? — Ihr seid Willens, und sehet, wir sind auch schon wieder an Ort und Stelle. — Habt ihr Lust mit mir auch in diesen Tempel zu gehen! — Ihr bejahet Solches mit freudigen Herzen; so folget mir denn alsbald auch in diesen Tempel! — Nun sehet, wir sind schon darinnen; ihr schlaget auch schon wieder eure Hände über dem Kopfe zusammen. Ja sehet, also ist es hier bei uns; im Inwendigen sind wir zu Hause. — Darum laßt euch nicht beirren ob der hier noch größeren Wunderherrlichkeiten, die ihr da sehet; denn je tiefer wir dringen, desto herrlicher und wundervoller wird Alles, und die allergrößte Liebe, Gnade und Wunderfülle aber ist in dem Allerinwendigsten, nämlich im Herrn! — Dahin zu gelangen es keinem Geiste ewig je möglich wird, obschon er sich Ihm stets mehr und mehr nahen kann. — Ihr fraget mich, was wohl dasjenige Meer dort bedeute, welches so herrlich strahlt, und unferne vom Ufer eine herrliche Insel mit mehreren schönen Tempeln, und vorzugsweise einem gar schönen auf einer schroffen Höhe? — So ihr euch auch dahin mit mir begeben wollet, da könnt ihr euch selbst überzeugen, was alles Dieses ist. — Ihr wollt es, und sehet, wir sind auch schon wieder am Ziele; denn über die Meere hier brauchen wir keine Schiffe; durch unseren Willen können wir überall hin gelangen, dahin wir nur immer wollen. — Wollt ihr auch in diesen Tempel mit mir eingehen, so folget mir. — Dieser Tempel aber soll seinem Inwendigen nach euch nicht enthüllt werden; sondern ihr werdet euch in selbem befinden, wie in einem inwendigen Gebäude. — Nun sehet, wir sind schon darin; euch gefällt wohl recht gut diese wunderherrliche Bauart! Aber sehet! Dort gegen dasjenige große Fenster hin, da ein rothes Licht herein dringt, Wen erblicket ihr wohl dort? — Ihr saget, einen gar lieben freundlichen Mann und eine eben so liebenswürdige freundliche Dame. — Gehet nur mit mir, und scheuet euch nicht im geringsten; denn diese Bewohner sind überaus freundlich und zuvorkommend. Sehet, Beide erheben sich, und eilen uns mit offenen Armen entgegen; erkennet ihr sie noch nicht? — So werdet ihr sie doch sicher erkennen, wenn sie vollends bei uns sein werden. — Sehet, sie sind da. Lasset euch segnen von ihnen; denn er ist der Liebling des Herrn, der Apostel Joannes, und Sie, o Brüder und Freunde! sie ist die Mutter des **Fleisches des ewigen Wortes aus Gott!** — Sie haben euch nun gesegnet; doch daß wir mit ihnen Worte wechseln möchten, Solches ist noch nicht an der Zeit! — Es wird sich aber im Verlaufe eures Hierseins wohl sicher fügen, daß ihr sowohl Johanni als Mariä näher kommen werdet denn jetzt. Etwas Inneres sagt es mir: Bis hierher und nicht weiter soll ich euch führen; also möget ihr wieder mit mir zurückkehren an die Stelle, da wir ausgegangen sind. — Nur Eines möchte ich von euch erfahren; ihr habt es zwar nicht gemerkt; meinem Blicke aber ist es nicht entgangen, daß diese beiden hohen Lieblinge des Herrn bei euerer Annäherung wie von einer wonnigen Ehrfurcht ergriffen wurden, welcher Ehrfurcht zu Folge sie auch völlig sprachunfähig waren. Solches habe ich noch nicht gesehen, und war zu öfteren Malen schon an diesem Orte; ja er ist sogar der ausgezeichnetste Lieblingsaufenthalt für mich. — Ihr schweiget, und wollet mir nichts sagen. — O Brüder! eben diese eure Sprachlosigkeit läßt mich **Großes, ja Allergrößtes** ahnen; darum will ich auch nicht näher in euch dringen, und es geschehe darum wie allezeit des Herrn allerheiligster **Wille!** — Ihr fraget euch, und saget: Aber lieber Bruder, wie werden wir wohl nun den Rückweg finden? — Sehet, wo ihr euch befindet, dann erst fraget. Ihr saget nun: Wie war Solches denn möglich? wir sind ja schon an der Stelle, wo wir ausgegangen sind! — Ja sehet, da geht es wohl besser als mit eueren Eisenbahnen auf der Erde; denn sehet, wir haben aber unsere Stelle eigentlich gar nie verlassen, sondern es ward euch nur gestattet, in eben dieser meiner Sphäre, welche da ist die Gnade des Herrn, stets tiefere und tiefere Blicke in meine innere Liebe zu thun. — Ihr brauchet daher nichts Anderes als euere Blicke zurückzuziehen, um dadurch zu gewahren, daß ihr euch ganz wohlbehalten noch an der vorigen Stelle befindet; — und so habe ich euch nun nichts mehr zu sagen, als daß ich Derjenige bin, der da als euer Bruder auf der Erde den Namen Franz hatte. Somit habe Ich an euch meinen innern Auftrag erfüllt, und so möget ihr auch wieder aus meiner Sphäre treten. — Nun, wie hat euch dieses Alles gefallen? Ihr seid ganz wonneentzückt. Ja, ja, Solches ist wohl gut; aber es ist noch nicht Alles. Sehet, da kommt schon ein **sechster** Geist in unsere Gesellschaft; dieser ist nicht mehr einheimisch auf dieser geistigen Sonne, sondern ist ein Einwohner **Meiner heiligen Stadt.** In seiner Sphäre werdet ihr zwar auch nur Dinge der geistigen Sonne schauen; aber ihr werdet sie in einem **ganz anderen Lichte**, als es bis jetzt der Fall war, erblicken. Daher bereitet euch wohl vor; denn Ich sage es euch: es wird gar stark Alles ein anderes Gesicht bekommen. — Dieser zweite Bruder von euch hat auch gewünscht eueren Grund zu sehen; Ich sage aber: Er ist noch nicht reif dazu. Ein Augenblick wäre zu viel für ihn; doch aber wollen wir ihm Meine Nähe empfinden lassen. — Sehet hin, wie er verklärt wird, und wie er aus seiner innersten Tiefe wonneseufzend ausruft: O heiliger Vater, Du kannst mir nicht mehr ferne sein; denn die nie geahnte Seligkeit meiner Liebe sagt es mir, daß Du uns nahe bist! — Wann doch werden wir einmal aller Seligkeiten höchste genießen, Dich, o heiliger Vater, zu schauen in der allergrößten Liebe unseres Herzens! — Ich sage euch: Diesen Geistern wird bald, ja gar bald solche Liebe gewährt werden! Wir aber wollen uns vorbereiten für die fernere Anschauung bis zur nächsten Gelegenheit; und somit gut für heute! —

## 84.
(Am 5. December von 4—5½ Uhr Abends.)

Da unser liebreicher geistiger Gastfreund schon hier ist, so braucht ihr nicht viel Umstände zu machen, sondern euch alsbald in seine Sphäre zu begeben, und da zu schauen Dinge anderen Lichtes. — Nun, ihr seid schon in seiner Sphäre; warum blicket ihr denn nun auf einmal gar so furchtsam um euch herum? — Ihr saget: Dieweil wir uns auf einer hohen Klippe befinden, und rings um uns erschauen wir nichts, als ein endloses wogendes Meer. Dräuend und schreckbar brausend fluthet dasselbe um die einsame Klippe, auf der wir uns befinden, und allenthalben scheint es grundlos tief zu sein; — was soll aus uns werden, so dieses Meer unsere schwache Klippe mit seinen starken Wogen überfluthet? Wir sehen nichts als den sicheren Untergang vor uns! — Wohin sollen wir uns retten, wenn da alle die Wogen sich erheben sollten über uns? — Ich aber sage euch: Ihr habt euch mit euren Augen schlecht berathen; blicket nur ein wenig ruhiger dort gegen Morgen hin, allda sich die große Wasserfläche zu röthen beginnt, und ihr werdet sogleich eines Anderen belehrt werden. — Ihr habt eure Augen schon hingewendet; nun, was sehet ihr? — Wie Ich sehe, so bemeistert sich eures Herzens eine noch größere Furcht, und ihr saget mit bebender Stimme: O Herr und Vater! rette uns, sonst sind wir doppelt verloren. — Denn so groß und so hoch wie der Berge Scheitel erheben fürchtbare Ungethüme ihre Häupter über die endlos weiten Fluthen dieses Meeres, und scheinen mit großer Hast gerade auf uns zuzusteuern? — O ihr Kleingläubigen und noch kleiner Mächtigen, warum fürchtet ihr wohl, so Ich bei euch bin, Dinge, die nichts sind? — Ich sage euch: Gebrauchet euer Gesicht nur emsig; denn die Dinge, die ihr jetzt schauet, sind von großer Wichtigkeit; strengt daher eure Blicke noch tüchtiger an, und blicket hin gegen Mitternacht, und saget Mir, was ihr allda erschauet. — Ihr erschrecket euch ja noch ärger, denn zuvor, und möget nun vor lauter thörichter Angst nicht einmal mehr Worte von euch geben; — was ist es denn? — Ihr sehet alldort sich die Wasserfluth spalten, und erschauet den feuchten Wänden entlang in der Tiefe ein dräuend Feuer, das sich mehr und mehr erhebt, und die Fluthen der Meere dampfend verzehrt. Inmitten dieses Feuers erblicket ihr einen großen feurigen Drachen. Sieben Köpfe hat er, und an jedem Kopfe hat er zehn Hörner; mit seinem mächtigen Schwanze theilt er die Fluthen, und aus vier Köpfen, die er schon über die Oberfläche des Meeres erhoben hat, speit er heftig große

Feuerkugeln nach allen Seiten über die Meeresfläche hin. — Ihr sehet nun auch, wie da eine zahllose Menge der Fledermäuse und anderen nächtlichen Geschmeißes in seine vier weit aufgesperrten Rachen fliehen, und wie er sie hurtig in seinen flammenden Schlund hinunter läßt. Auf den Häuptern seht ihr dräuende Wolkenbündel sitzen, und diese drehen sich emsig um die Hörner herum, und füllen sich mit Blitzen, die sie hinausschleudern auf das Getümmel der Wogen. — Solches sehet ihr, und seid so voll Angst; — Ich sage euch aber: Verdoppelt noch einmal euren Blick; ihr werdet noch Anderes hinter dem Drachen erschauen. — Sehet, um seinen Schwanz ist eine starke Kette geworfen, und hinter demselben ist diese Kette in zahllosen kleineren Ketten auslaufend. — Sehet, wie da am Ende einer solchen Kette zahllose Schaaren zusammen gebunden sind, welche alle dieser mächtige Drache nach sich zieht auf seinem Feuerwege. — Ihr fraget nun ängstlich: Vater! was soll denn mit diesen armseligsten Sclaven dieses Drachen geschehen? — Ich sage euch aber: Sehet nur noch einmal recht scharf hin, und ihr werdet bald entdecken, wie diese Sclaven hinter ihrem Drachen mit feurigen Schwertern in der Hand jauchzen, und sagen: Ehre dir, du mächtiger Fürst, daß du besiegt hast die Völker der Erde, und hast dir zinsbar gemacht die Himmel; denn also bist du ein mächtiger Richter geworden zwischen Gott und aller Kreatur! — Himmel, Erde und aller Abgrund muß sich vor dir beugen; und die Verdienste und Werke des Sohnes aus Gott hast du überwunden, und hast sie dir zinsbar gemacht auf der Erde, über der Erde und unter der Erde. — Nun, da ihr Solches vernommen habet, was sagt ihr denn jetzt zu diesem Anhange des Drachen? — Ihr erschaudert bis in euren tiefsten Grund; Ich aber sage euch: Verharret nur auf eurem engen Standpunkte, und sehet festen Blickes gegen den Abend hin, und ihr sollet gleich eine andere Scene vor euere Augen bekommen. Nun, ihr sehet hin, was giebt es denn da schon wieder Zagenerregendes? — Ihr saget mit nahe halb verzweifelnder Stimme: Herr, wenn das also fortgeht, so sind wir ohne Rettung verloren; denn der Drache hat sich als eine mächtige unübersehbar große Schlange über den weiten Kreis der Meeresfluth gelegt; wie von einem unübersehbar großen feurigen Ringwalle sind wir von ihm umfangen. — Hier sehen wir nirgends mehr einen freien Ausgang möglich; so also sind wir ja unrettbar seine Beute. Ueber unseren Standpunkt können wir uns nicht erheben; was wird mit uns werden? — Denn schon sehen wir von allen Seiten her die weit gedehnte Meeresfläche mächtig erglühen; zahllose Wirbel zeigen sich auf der glühenden und gewaltig dampfenden Meeresfläche. Feurige Orkane werfen glühende Wogen himmelanstrebend durcheinander. — O Vater hilf uns, bevor all' diese Drangsale uns näher und näher kommen; sonst gehen wir offenbar zu Grunde! — Und so uns die glühenden Wogen verschlingen werden, die da sind voll Pestilenz und Uebelgeruch, voll des Fluches und voll des verheerendsten Feuers, wirst Du dann uns wohl herausziehen aus dem endlosen Abgrunde solches ewigen Verderbens? — O, ihr Kleinmüthigen, was erhebt ihr für ein erbärmliches Angstgeschrei? — Blicket nur gegen Mittag hin, und ihr sollt sogleich eine andere Scene erschauen. — Seht ihr dort, wie hinter dem weiten und mächtigen glühenden Schlangenringe riesige Engelsgeister mit mächtigen Schwertern bewaffnet eines Zeichens nur, eines leisen Winkes von Mir harren, um der Schlange ein Ende zu machen? — Sehet euch nun nach allen Seiten um, und zählet die richtenden Engelsgeister; sind ihrer nicht zwölf? — Ja also ist es! — Aber nun sehet euch um; die Engel haben den Wink, und sehet, die Schlange liegt zerhauen und getödtet da. Ihre Theile sinken hinab in die Tiefe der glühenden Wogen; die Wogen stürzen ihnen von allen Seiten her donnertobend nach, und nun sehet, wo ist die Fluth, wo das Meer? — Ein friedliches Land erhebt sich anstatt der grausen Fluth; und sehet, leibliche Boten von allen Seiten her tragen in ihren Händen Mein lebendiges Wort, und streuen dasselbe gleich dem Weizenkorne allenthalben aus. — Und sehet dort gegen Morgen hin; eine neue herrliche Sonne geht auf! Aus den Himmeln fällt ein reichlicher Thau auf den neuen Boden Meiner Gnade und Erbarmung, und neue herrliche Früchte entkeimen demselben allenthalben. — Versteht ihr dieses geschaute Bild? — Ich sage euch: Dieses Bild liegt euch sehr nahe; sein Geschehen liegt vor euren Augen. Daher sollet ihr auch nicht ängstlich sein; denn ihr habt geschaut im Bilde höherer geistiger Wahrheit das Ende der schändlichen Hurerei. — Und nun sehet euch noch einmal um, und betrachtet den Geist, in dessen Sphäre ihr Solches gesehen habet; — kennet ihr ihn? — Ihr saget: O Herr und Vater! er kommt uns sehr bekannt vor, aber dennoch mögen wir uns nicht so recht finden in ihm; daher möchtest wohl Du uns anzeigen, wer da steckt hinter diesem unseren Gastfreunde, der uns in seiner Sphäre ein solch schauerlich erfreuliches Gastmahl bereitet hat. — Ich aber sage euch: diesen Gastfreund sollet ihr gar leicht erkennen, so ihr nur auf den Standpunkt, auf dem ihr euch noch befindet, ein wenig Rücksicht nehmet. — Zu wem habe Ich denn dereinst gesagt, daß er sei ein Fels, auf den Ich Meine Kirche bauen will, die da von den Pforten oder Mächten der Hölle nicht solle überwältiget werden? — Ihr saget: Zu Simon, der darum Petrus genannt wurde. — Nun sehet, das ist auch unser geistiger Gastfreund. Dieser sieht Mich, und sieht auch euch; — jedoch, so Ich mit euch rede, da ist er voll des Schweigens, indem er ist voll der Liebe zu Mir. — Und so denn tretet wieder aus seiner Sphäre; denn es naht sich uns schon wieder ein anderer siebenter Geist, in dessen Sphäre wir wieder ganz andere Dinge erschauen werden. — Diesen sechsten Geist aber wollen wir ebenfalls in unserer Gesellschaft behalten; und so denn betrachtet das heute Geschaute wohl, und erwartet in dem Nächsten eine tüchtige Löse des Geschauten. — Und somit gut für heute.

## 85.
(Am 6. December 1842 von 4½—6¾ Uhr Abends.)

Sehet, der siebente Geist steht hier, und harret euer; daher verfüget euch sobald in seine Sphäre, damit ihr allda schauet die Löse, und des Heiles und der ewigen Ordnung untrügliche Wege. — Ihr seid nun in seiner Sphäre, und schauet ganz verblüfft und verdutzt um euch herum. Was erblicket ihr denn wohl, das euch also sonderbar gestaltet, als wüßtet ihr nicht, ob ihr vom Scherze oder Ernste umfangen seid? — Ich sehe aber genau, was da vorgeht in euch, und euere inneren

Worte, für die ihr selber kaum wisset, liegen klar vor Mir. — Demnach saget ihr: Wie aus dieser Anschauung die Löse so sonderbarer Dinge, die wir ehedem geschaut haben, herauskommen wird, das mag begreifen, wer es will; wir aber sehen statt der Löse nur einen, wenn schon nicht schauerlichen, aber dennoch viel verworreneren Knoten. — Also begreife Das, wer es wolle, wie da die Löse heraus kommen wird, wir vermögen Solches nicht; denn was soll denn das heißen: Hier und da ragt ein kegelförmiger Berg hervor; die Menschen steigen auf der einen Seite bis zur Spitze hinauf, und rutschen auf der andern Seite wieder hinunter; und die da hinab gerutscht sind, stellen sich auf, und thun eine Lache über Diejenigen, die ihnen nachfolgen, und sagen dabei: Also ist es doch wahr, daß ein Narr zehn macht. — Auf einer anderen Seite sehen wir eine Menge Schaukeln, zwischen zwei ziemlich starken und hohen Bäumen hängen, und in einer jeden wird über die Maßen geschaukelt; auch da stehen eine Menge Zuschauer, und lachen die Schaukelnden aus und rufen ihnen zu: Ihr Dummköpfe, warum seid ihr so heiter in solch einer Schaukel, in welcher ihr zwar recht heftig hin und her flieget, aber dabei doch immer auf derselben Stelle bleibet; — der Schwungbereich eurer Schaukel ist die ganze Reise, die ihr stets wieder von vorne beginnend machet. — Dieses ist das zweite Bild, das wir sehen — sprecht ihr in euch; — und wieder sagt ihr weiter: Auf einer andern Seite erblicken wir einen Ringwall; innerhalb dieses Ringwalles sind kreisförmige Bahnen, die da schneckenförmig gegen ein im Centrum gestelltes Gezelt zulaufen. — Auf diesen Bahnen rennen die Menschen dem Gezelte zu; und haben sie dasselbe erreicht, so kehren sie wieder um und rennen nach auswärts gegen den Ringwall zu, — und auf dem Ringwalle herum stehen hier und da zerstreute Menschengruppen, welche diese Ringbahnrenner unterschiedlich auslachen, und sie fragen, was sie damit erreichen wollen? — Manche werden dieses Rennens überdrüssig, steigen auf den Ringwall hinauf, und sagen dann: Aber wie habe ich denn so dumm sein können, und habe mich da für nichts und wieder nichts fast zu Tode gerennt? — Auf einer vierten Stelle erblicken wir ein etwa tausend Klaftern im Durchmesser und etwa eine Klafter in der Tiefe habendes rundes Wasserbassin. In der Mitte dieses Wasserbassins ist ein großes Schaufelrad angebracht, welches etwa zehn Klaftern im Durchmesser hat. Dieses Schaufelrad wird an einem über demselben angebrachten Gebälke in den stets gleichen Umschwung gebracht; dadurch wird die ganze Wassermasse im Bassin genöthigt eine gleiche Wirbeldrehung zu machen, die da in der Gegend des Rades am geschwindesten, und je weiter weg von selbem stets langsamer wird. Auf der Oberfläche des Wassers sind eine Menge Kähne vorhanden; in den Kähnen sitzen Menschen, und bemühen sich von den Ufern dem Schaufelrade näher zu kommen. Wenn sie aber demselben in die Nähe gekommen sind, da ermatten sie bald, und werden dann von der nach Außen hinausgehenden Wirbeldrehung des Wassers wieder an's Ufer gespült. Am Ufer herum giebt es wieder eine Menge Zuschauer, welche solche thörichte Seefahrer recht weidlich auslachen. — Die Seefahrer scheinen sich hier und da nicht viel daraus zu machen; einige aus ihnen aber, wenn sie schon zu öfteren Malen an's Ufer sind gespült worden, steigen endlich mit langweiligen und verdrießlichen Gesichtern aus ihrem Kahne an's Ufer, und können sich da nicht genug verwundern, wie sie sich so lange für nichts und wieder nichts haben können von dem Wasserrade auf der Oberfläche des Wassers herum foppen lassen. Einige von ihnen schauen dem tollen Treiben noch eine Zeit lang zu, und lachen mit den übrigen Zuschauern die noch sehr beschäftigten Seefahrer aus; — Andere aber entfernen sich kopfschüttelnd, und suchen sich irgend ein ruhiges Plätzchen, um da von ihrer tollen und nichtigen Strapaze auszuruhen. — Das ist aber auch Alles, was wir in der vielversprechenden Sphäre dieses siebenten Geistes erblicken. — Daß sich solche Erscheinungen sehr vielfach vorfinden, solches sehen wir wohl, aber sie sind immer dieselben. — Wer demnach aus diesen Erscheinungen eine Löse, und noch mehr die untrüglichen Wege der göttlichen Ordnung ersehen mag, der muß mehr Licht in seinen Augen haben, als eine ganze Legion von Hauptcentralsonnen auf einem Punkte zusammen genommen. Alles was wir aus der ganzen Geschichte heraus bringen können, ist das, was schon einst die alten Weisen gesagt haben: Unter der Sonne giebt es nichts Neues, sondern es geht Alles seinen stetigen alten Kreislauf durch, denselben allzeit wieder auf dieselbe Art von vorne beginnend. — Nun aber sage Ich euch dagegen auch ein anderes altes Sprichwort, welches sehr aus der Natur der Dinge genommen ist, und also lautet: Wer blind ist, der sieht nichts! — Sehet, gegen dieses Sprichwort läßt sich nichts einwenden; denn also verhält es sich allgemein in der Welt, und ganz besonders, was die innere Anschauung des Geistes belangt; und die ganze Welt gleicht einem Thomas, der da sagte: So lange ich nicht meine Hände in Seine Wundenmale und in Seine Seite lege, so lange glaube ich nichts; — welches mit anderen Worten gesagt gerade so viel heißt: Was ich nicht mit meinen Händen greifen und beim hellen Sonnenschein mit meinen Augen sehen kann, das ist für mich so gut wie nichts, und sagt nichts. — Ich möchte aber für's Erste einen jeden solchen Einwender fragen: Kannst du die Sterne des Himmels mit deinen Händen greifen, und kannst du sie schauen beim hellen Sonnenscheine? Siehe, du kannst weder das Eine, noch das Andere; sind darum die Sterne nichts, weil du weder das Eine, noch das Andere kannst? — Du sagst Mir: Die Sterne sehe ich wenigstens bei der Nacht, und kann da ihren Lauf bemessen; Ich aber sage dir: Solches Zeugniß von deiner Seite für deinen Scharfsinn gereicht dir eben nicht zur größten Ehre, indem du dadurch offenbar kund giebst, daß du Meine Ordnung nur von deiner Nachtseite aus berechnest, aber die Ordnung des Tages bleibt dir fremd; und hättest du keine Nacht, so ständest du am hellen Tage wie ein Blinder da, und möchtest nicht einmal träumen von der Ordnung Meiner Dinge. — Es ist traurig, wenn ihr eure Weisheit in der Ordnung Meiner Dinge nur der Nacht, nicht aber dem Tage verdanket; — und sehet, Solches geben auch die von euch geschauten Dinge gar treulich kund. — Dort steigen Wißbegierige und Erfahrungslustige auf einen Berg, und glauben, allda werden sie die Geheimnisse der Himmel beim gerechten Zipfel fassen, und daran Alles heraussangen bis auf den letzten Tropfen, was Alles sich in demselben vorfindet, daher bemühen sie sich auch über all' die Steilen des kegelförmigen Berges hinauf zu klettern. Je weiter sie kommen, desto weniger Standpunkt haben sie; und wenn sie vollends die Spitze erreicht haben, da haben sie endlich gar keinen Stand mehr, werden bald schwindelig, und da sie in der Höhe keinen himmlisch zipfelhaften Anhaltspunkt treffen, so lassen sie sich auf der anderen Seite des Berges schnell rutschend wieder hinab in dieselbe Ebene, von der sie ausgegangen sind, und wissen am Ende nicht, wozu ihr Bergklettern gut war, und können auch nicht umhin, sich selbst für's Erste auszulachen, und endlich auch zu sich selbst zu sagen: Jetzt wissen wir so viel wie früher, all' unser Bemühen war thöricht, und am Ende lächerlich; wir haben im Aufklimmen Einer dem Andern zuvor zu kommen gestrebt; warum? Damit wir dann allesammt gleich schnell wieder auf der andern Seite endlich abfahren mußten. Was haben wir nun vor Denen, die ihre Füße nicht versucht haben auf den Berg hinauf? — Nichts, als das wir für's Erste nun mit ihnen ganz gleich stehen, — und für's Zweite, daß wir von ihnen noch als Thörichte belacht werden, warum wir zu Erreichung eines und desselben Zieles uns so viel beschwerliche Mühe gemacht haben, das wir auf eine viel bequemere Art hätten erreichen können.

Merket ihr aus dieser Darstellung noch nichts? — Ich werde euch nur Etwas sagen, und ihr werdet der Sache leicht näher auf die Spur kommen. — Wie versteht ihr den Text: „Mein Joch ist sanft und Meine Bürde leicht"? — Wenn Ich Solches kund gegeben habe, wer nöthiget hernach Diejenigen, die zu Mir kommen wollen, auf Berge zu klimmen, um zu Mir zu gelangen, während Ich auf dem ebenen Lande und auf dem kerzengeradesten Wege ihrer harre? — Sehet nun ferner, warum geschieht sonach unter der Sonne nichts Neues? — Ich sage euch: Aus dem sehr weisen Grunde, damit die menschliche Weltweisheit sich endlich dadurch nach und nach von selbst abstumpfen muß, weil sie es am Ende mit den Händen greift, daß sie nichts Anderes erreichen kann, als was auf gleichem Wege schon lange vorher ist erreicht worden. — Weiter könnt ihr aus diesem ersten Bilde auch eine tüchtige Löse des in der Sphäre des sechsten Geistes Geschauten finden; wenn ihr die Geschichte der Bemühungen des Drachen nach der Veroffenbarung Johannis durchgehet, da werdet ihr doch etwa auch mit den Händen greifen können, wie oft sich derselbe schon die Mühe gemacht hat, von Neuem wieder aus seinem Abgrunde empor zu tauchen, oder im heutigen ersten Bilde die Spitze eines oder des anderen Berges zu erklimmen; was aber war noch allzeit die Folge solch' seiner Bemühung? — Je höher er es trieb, desto weniger hatte er einen Grundstand, und wann er die Spitze erreicht hatte, was war da die Folge, als daß er gar schnell wieder in die Tiefe hinabfuhr, von der er aufgestiegen war; denn auf der Spitze kann sich nichts halten, und will sich Etwas auf derselben fest machen, da hört aber doch sicher aller Wirkungskreis auf, und kann unmöglich größer sein, als der spitzige Standpunkt selbst ist, auf dem sich der wirken Wollende befindet. — Solches aber wird auf der Spitze einem jeden wirken Wollenden klar; daher ist auch für Keinen eines Bleibens auf der Spitze. Ein Jeder wird ganz sicher auf derselben vom Schwindel ergriffen, und die Folge des Schwindels ist, daß er wieder die Spitze verläßt und im Gegentheile schnell wieder in die Tiefe hinabgleitet; — und Solches ist eine gar weise Schule aus der ewigen Ordnung! — Ihr Name heißt Abödung, welches so viel besagt, als eine Abtödtung aller selbstsüchtigen Begierlichkeit. — Es nützt da nichts, wenn auch einer vor der Besteigung des Berges sagt: Höret, Brüder! steiget mit mir, ich weiß den rechten Weg. Kommt nur mit mir; nur auf diesem Wege werden wir einen rechten und haltbaren Standpunkt finden auf der Höhe. — Wir haben schon Anfangs diese Geister ausrufen gehört in der Tiefe: Ein Narr macht zehn; — und sehet, nicht nur zehn, sondern eine ganze Menge klettert einem solchen Wegkundigen nach. — Da aber der Berg guterdings als ein Kegel nur eine Spitze hat, so wird auf allen Wegen dieselbe richtig erreicht; aber allda heißt es denn auch allwegs: Bis hierher und nicht um ein Haar weiter! — Das Loos aber ist auf der anderen Seite wieder gar schnell hinab zu gleiten zur Erreichung des Zustandes, von dem man ausgegangen ist. — Sehet, in diesem Bilde liegt schon somit eine Hauptlöse des vorhinein Geschauten in der Sphäre des sechsten Geistes. Die nächsten Bilder werden uns solche Löse noch viel klarer vor die Augen stellen; daher verweilet nur noch in der Sphäre dieses siebenten Geistes so lange, bis wir alle Bilder werden gelöset haben. — Nächstens kommt somit die Schaukel an die Reihe; dann erst der Ringwall mit seinen Schneckenringsbahnen, und endlich das Wasserbassin. Und somit gut für heute! —

## 86.
(Am 7. December 1842 von 4—7 Uhr Abends.)

Ihr habet sicher nicht nur einmal, sondern schon zu öfteren Malen ein monotones Gartenluftschiff gesehen, welches euch unter dem Namen Hutsche oder Schaukel gar wohl bekannt ist; — auch werdet ihr schon manchmal eine solche sich stets wiederholende Luftfahrt mitgemacht haben. — Wie kam es euch denn vor, wenn dieses Luftschiff von einem überaus verständigen Director so recht gewaltig hin und her getrieben wurde? — Ihr saget: Unsere Empfindung war dabei nichts weniger als behaglich; und als wir dieses Fahrzeug verließen, da mußten wir uns nahe erbrechen auf solch' eine gewaltige Hin- und Herfahrt, und haben aus dem Grunde auch die Lust verloren, je wieder eine solche Luftreise mitzumachen. — Ich sage: Diese Kundgabe ist recht gut, und wir werden sie auch zu unserem Zwecke überaus gut verwenden können. Habet ihr aber noch nicht bemerkt, was da eine solche Schaukel für ein Experiment macht, wenn sie von dem enthusiastischen Director in einen etwas zu heftigen Schwung versetzt wird? — Ihr saget: O ja, sie schlägt da um, und ein solcher Umschlag kommt dann den hin und her Luftsegelnden ganz übel zu Statten. — Gut, sage Ich; auch Dieses können wir überaus gut brauchen. Noch eine dritte Frage bleibt uns in dieser Hinsicht übrig, und diese lautet also: Wie weit kommen die Reisenden in einem solchen Luftschiffe? — Antwort: Sie kommen bei einer stundenlangen Bewegung gerade so weit, daß sie dann nach zurückgelegter Hin- und Herreise auf dem nämlichen Punkte wieder aus dem Schiffe steigen, von dem sie in das Schiff eingestiegen sind. — Was ist somit das für eine Reise? — Antwort: Eine Blindreise, da man zwar heftig bewegt wird, aber trotz der heftigen Bewegung dennoch nicht außer dem Schwung-bereich eines solchen Luftschiffes gelangt, und sich am Ende muß gefallen lassen, sogar von einer Schnecke ausgelacht zu werden, welche mit einer unvergleichbar viel langsameren Bewegung in einem Zeitraume von ein Paar Stunden schon lange das Schwungbereich unserer Schaukel überkrochen ist; — also sehen wir auch aus der Sphäre unseres geistigen Gastfreundes, wie da auf den bedeutend großen Schaukeln eine Menge Menschen sich gar toll hin und her schwingen läßt. — Sehet nur hin; so lange die Schaukel noch einen mäßigen Schwung hat, da schreien die Schaukelnden dem Schwinger zu: Nur stärker, nur stärker schwingen! Wann die Schaukel aber einmal schon einen förmlichen vollkommenen Halbkreis zu beschreiben anfängt, so schreien sie wieder Alle: Aufgehalten, aufgehalten! sonst schlägt die Schaukel um, und wir sind verloren! — Merket ihr diesem sonderbaren Bilde noch nichts ab? — O es liegt klarer wie die Sonne vor den Augen! — Wenn ihr nur einen Blick auf den ceremoniellen Religionscultus werfet, so werdet ihr unser Bild ganz gleich zu begreifen und zu fassen anfangen. — Ein Kind, in einer solchen ceremonienvollen Kirche geboren und getauft, wird in geistiger Hinsicht schon in eine solche Schaukel gelegt; und wenn es darin ist, wird die Schaukel auch sobald nach und nach in eine immer größere Bewegung gesetzt. Bei solcher Bewegung meint dann der Mensch, weiß der Himmel, welche große Fortschritte er macht und wie vorwärts er geht! — Allein ein Jeder sieht es auf den ersten Blick leicht ein, wie weit eine solche Reise gehen wird! — Zwischen zwei Pfeilern hängt unser Luftschiff; der eine Pfeiler bedeutet den sogenannten Religionsfelsen, der andere Pfeiler aber die staatlich politische Nothwendigkeit. — Diese beiden sind so fest als möglich gestellt, und durch Querbalken mit einander verbunden. So geht denn hernach die Reise zwischen diesen zwei Pfeilern hindurch, und man kann sich nicht um ein Haar weiter bewegen, als der Strick reichet, an dem die vielsagende Schaukel hängt. — Manchen Schaukelnden wird bald übel, und wenn sie den ersten Ruhepunkt der Schaukel erhaschen können, springen sie hinaus. Einige kehren für allzeit solchem Fahrzeuge den Rücken; nur die Schaukelinteressenten bleiben pro forma darinnen sitzen, lassen sich nur ganz gemächlich zum Scheine hin und her ziehen, und lobpreisen über all' die Maßen solche Bewegung, wie zuträglich sie der Gesundheit ist, und locken dadurch die Fremden, und sagen auch denjenigen, die so thöricht sind, dieses Fahrzeug wieder zu besteigen: Wollt ihr den wahren Hochgenuß, und somit die vollkommene Befriedigung solcher Fahrt empfinden, so müßt ihr euch die Augen verbinden lassen; — da Solches dann viele Thoren anlockt, die da in der Schaukel mit verbundenen Augen sitzen, so geschieht es denn, daß diese enthusiastisch auszurufen anfangen, und sagen: Ja, jetzt begreifen wir erst, was da für große Geheimnisse hinter dieser Einförmigkeit stecken; denn jetzt hat das Hin- und Herbewegen aufgehört, und wir fliegen mit Blitzesschnelle endlose Räume hindurch! — Das heißt doch ein Wunder sein; wer hätte sich das je träumen lassen, daß hinter solcher Einförmigkeit solch' Großes verborgen liegt? — Wenn solche geblendete Luftfahrer schon eine hinreichend weite Reise gemacht zu haben glauben, dann ersuchen sie die Schaukelinteressenten, sie möchten ihnen doch wieder die Augen frei machen; die Interessenten aber wohl wissend, welchen Erfolg für ihre geblendeten Luftfahrer die Augenentblendung haben wird, widerrathen ihnen Solches auf das Allerdringendste und sagen zu ihnen: Wehe euch, wenn ihr Solches nun zu thun waget; denn in der Sphäre, in der ihr euch jetzt befindet, würdet ihr für ewig erblinden, so ihr euch die Binde von den Augen wegnehmen ließet. — Erst wenn wir an das große Ziel des Lebens gelangen werden, dann erst möget ihr die Binde wegthun, damit ihr dann erschauen werdet, wie sicher wir euch für den geringen Lohn, den ihr uns für die ganze große Fahrt bezahlet, an das Ziel gebracht haben. — Nun sehet, Einige lassen sich bethören und behalten fleißig ihre Binde; Andere aber überdrüssig solcher sonderbaren Blindfahrt, nicht wissend wohin, reißen die Binde weg, und bemerken zu ihrem großen Aerger, daß sie sich noch zwischen den zwei Pfeilern befinden; — sie möchten nun gar gern aus diesem Fahrzeuge springen. Dasselbe ist aber noch in einer zu starken Bewegung, und so sind sie genöthiget trotz alles Sträubens diese monotone Fahrt mitzumachen; und wann sie sich zu beschweren anfangen gegen die Schaukelinteressenten, so wird ihnen aus allerlei Gründen das Schweigen anbefohlen, widrigen Falles sie aus der Schaukel gewaltsam hinausgestoßen werden, welcher Act ihnen nicht am besten zu Statten kommen möchte. — Und sehet hin, damit solche Protestanten sich in den Ausspruch der Schaukelinteressenten gewaltsam fügen müssen, so ist auf der einen Schwungseite der Schaukel ein Feuer angemacht, auf der entgegengesetzten Seite aber sind eine Menge Spieße aufgestellt! — Was bleibt nun den Protestanten übrig? — Nichts als sich noch länger hin und her schaukeln zu lassen, und für jeden Schaukler wider ihren Willen den Zins zu entrichten. — Wie sehnlich erwarten nun die Sehenden den Zeitpunkt des Schaukelstillstandes! — Wann aber wird dieser erfolgen? — Wir werden die Sache auf eine ganz leichte Art berechnen. Sehet, die uns zunächst liegende Schaukel schwingt sich nun sehr stark, erreicht beinahe links und rechts die volle Halbkreishöhe; — aber sehet, durch dieses starke Schaukeln wackeln die Pfeiler schon überaus mit der Schaukel, und die starke Reibung hat schon sehr viele Fäden des Schwungstrickes durchgefressen. — Sehet, solchen Leibschaden und solchen Leck unseres Luftschiffes bemerken sogar die Interessenten; daher getrauen sie sich demselben keinen gar zu starken Schwung mehr zu geben, denn sie sagen: Wenn wir die Sache zu hoch treiben, so reißen die Stricke, und wir liegen sammt unseren Passagieren entweder im Feuer oder auf den Spießen; — daher lenken wir die Sache unvermerkt dem Ruhepunkte zu, und fügen uns, mehr gemeine Sache machend, ebenfalls unvermerkt den Protestanten, und lassen die Sache gehen, so lange es geht; denn wir sehen gar wohl ein, daß da mit Gewaltstreichen nicht mehr viel zu erreichen ist. — Und nun sehet wieder hin; die Schaukel bewegt sich in einem viel kürzeren Districte ganz nachlässig hin und her, und die Entblendeten springen Einer nach dem Andern aus, und wir erblicken nun schon beinahe Niemanden außer den Interessenten und einigen wenigen Geblendeten darinnen. — Ihr sehet auch, daß die Directoren der Schaukel eifrig bemüht sind, die beiden wackelnden Pfeiler mit allerlei Spreitzen so viel als möglich fest zu halten; an den Leitern steigen bezahlte Knechte hinauf und suchen mit schwachen Schnüren den sehr beschädigten Strick so viel als möglich an die beiden Pfeiler anzufestigen. Aber da der Strick keine Ruhe hat, und sich stets noch hin und her bewegt, so können sie nirgends einen sicheren und festen Knopf machen; bald ist er zu lang, bald zu kurz gelassen, und mag darum zur ferneren Haltbarkeit des Hauptstrickes gar wenig beitragen. Das ist doch ein sicheres Kennzeichen, wie nun die Dinge stehen. — Wer etwa Solches als bloß nur ein Bild einer leeren Phantasie ansehen möchte, der werfe nur einen flüchtigen Blick über das Thun und Treiben der gegenwärtigen Welt; und er wird dieses gegenseitige Gebindeln und allerlei Knöpfmachen zwischen Ländern, Völkern und Religionsconfessionen auf das Alleraugenscheinlichste sehen. — Ich will euch nur auf allerlei gegenseitige Staatsunterhaltungen aufmerksam machen, die da bestehen in allerlei Uebereinkommnissen; und wer Solches nur mit einem Auge betrachtet, der wird obbesagtes Strickbefestigen mit allerlei Schnür- und Bändelwerk auf das Augenscheinlichste ersehen. — Aber es wird Mir Ein oder der Andere einwenden und sagen: Wenn sich Solches also verhält, warum sind denn die hellsehenderen Protestanten dann mit diesen Anbändlungen und Strickbefestigungen einverstanden? — Die Antwort liegt ja offenkundig vor den Augen: Weil die Schaukel nun noch ziemlich stark, und sie sich einerseits auch in dieser fatalen Schaukel befinden, so befürchten sie den vorzeitigen Strickbruch nahe eben so stark, wie die Schaukelinteressenten selbst; — lassen sich daher das Anknüpfen gefallen, um nicht durch den zu grellen und zu frühzeitigen Strickbruch einen grellen Mitfall zu machen, d. h. mit den Schaukelinteressenten. — Daß demnach solches Anbändeln und Anknöpfeln ein sicheres Zeichen ist von der Unhaltbarkeit des Hauptstrickes, könnt ihr wohl gar leicht nun mit den Händen greifen; denn würde sich ein Land oder ein Volk dem andern gegenüber hinreichend stark finden, so würde es dictiren nach seiner ihm wohlbewußten Macht, und würde sich sicher nicht auf's Anbindeln und Anknöpfeln verlegen. — Da es aber seine innere Schwäche wohl merkt, so nimmt es seine Zuflucht zu den Afterbefestigungen, welche aber alles dessen ungeachtet dem Stricke nicht um eine Secunde längere Haltbarkeit geben werden, als er zufolge seiner starken Abnützung noch in sich schwächlich birgt. — Wann der Hauptstrick reißen wird, so werden alle die Bändel und Schnürchen auch alsogleich mit zum Bruche kommen. — Sehet, Solches bietet uns dieses zweite Bild. — Fasset alle eure kirchlichen und politischen Dinge zusammen, oder vergleicht jede mögliche Einzelnheit derselben mit unserem Bilde, und ihr werdet finden, daß es dem Allgemeinen eben so richtig als jeder Einzelheit entspricht. — Damit ihr aber Solches noch erschaulicher findet, will Ich euch nur beispielweise sowohl aus der kirchlichen als staatlichen Sphäre Einiges anführen. — Aus der kirchlichen nehmen wir z. B. die Ohrenbeichte. Derjenige Zustand der Schaukel, welcher bei jedem Hin- und Herschwingen dem Boden der Erde am nächsten kommt, ist der sündige Zustand; man beichtet und schwingt sich dadurch auf der einen Seite gegen den Himmel, rutscht aber eben so geschwind wieder zurück, auf dem untersten Standpunkt beichtet man wieder, schwingt sich dann andererseits wieder gegen den Himmel; und so wiederholt der Mensch in seinem Schaukelzustande diesen Act so lange fort, als er lebt, und beschließt sein Leben beim Ruhezustande der Schaukel gewöhnlich wieder mit der Beichte. Aber die Schaukel schwingt sich da nicht höher mehr, sondern der Mensch verläßt dieses Leben auf demselben Punkte, wo er dasselbe angefangen hat; — welche Progressen aber dadurch der geistige Mensch gemacht hat, das ersehet ihr eben aus unserem Bilde in der Sphäre unseres Geistes auf der geistigen Sonne, nämlich daß er sich noch gar lange fortschaukeln wird, bis entweder der Strick reißen, oder bis er seiner förmlich angewachsenen Augenbinde los wird. Nach diesem gegebenen Maßstabe möget ihr alles Ceremoniel-kirchliche bemessen, und ihr werdet darin nichts Anderes entdecken als das Schaukeln. — Den completen inneren Sinn all' des gegenwärtig Kirchlichen besingt auch ganz treffend eine jede Thurmglocke, die bei jedem Hinundherschwunge stets einen und denselben Ton ganz gewaltig lärmend von sich giebt; und das harmonische Ohr kann da lauschen, wie es will, und sich alle möglichen Plätze zu solchem Geschäfte wählen, so wird es aber dennoch nichts Anderes erlauschen und gewinnen, als eben dieselbe stetige Toneinförmigkeit, welche schon der erste Glockenschlag auf das Allergenügendste bezeichnet hat. Alles, was ein solcher Lauscher am Ende heraus bringen wird, wird also lauten: In der Entfernung ist der Ton noch anzuhören, in der Nähe aber ist er unausstehlich; welches aber eben so viel sagen will, als: Weit weg ist gut vor dem Schusse! Also hätten wir ein kirchliches Beispiel; nun nur noch ein staatliches. — Sehet einmal eure Industrie an, und alle die Geldgeschäfte, welche eigentlich der Centralpunkt alles staatlichen Lebens sind. Wer da das Handwerk des beständigen Schaukelns nicht ersieht, der muß mit siebenfacher Blindheit behaftet sein. — Ihr werdet überall sowohl im Allgemeinen, wie im Sonderheitlichen ein Sichaufschwingen und wieder baldiges Zurücksinken bemerken. Ein Reich schwingt sich empor, das andere schwingt sich zurück, und kommt wieder auf den niedersten Punkt seiner Schwungschaukel. Bald fällt wieder das vormals sich aufgeschwungene Reich und ein anderes schwingt sich wieder empor. So oft ihr noch immer bemerkt habet, daß sich ein Reich zum höchsten Gipfel empor geschwungen hat, so war das auch das sicherste Signal seines noch viel geschwinderen Falles, als wie geschwind da war sein Aufschwung! — Wenn ihr einzelne reich gewordene Privatmenschen betrachtet, die sich ihre Privatschaukel zu Nutzen gemacht, sehet, in ihrer eigenen Schaukel aber, da sie sich befinden, haben sie bei dem vermeinten höchsten Standpunkte ihrer Wohlhabenheit sich auch so eben rückwärts zu schwingen angefangen. Es kommt bei Allen nur auf die Länge der Schwungstricke an; sind die Schwungstricke sehr lang, so ist die Schwingung eine viel langsamere und weiter hinausreichende. Aber möchte ein Schwungstrick auch von der Sonne bis zur Erde reichen, so wird die an ihm befestigte Schaukel, wenn sie den höchsten Punkt erreicht hat, sich dennoch sobald wieder in ihre nichtige Tiefe zurück begeben; und so ist das ganze Leben der Welt nichts als ein pures Schaukelwerk! — Ihr mögt es betrachten, wie ihr wollet; wer aus Euch mir aus demselben irgend einen Fortschritt zeigen kann, dem gebe Ich ein zehnfaches ewiges Leben zum Geschenke! — Allein ihr werdet auch hier den Wahlspruch der alten Weisen bemerken, der da lautet: Nichts Neues unter der Sonne! — Ich bin auch der Meinung;

denn bei solchen allgemein selbstsüchtigen Scheinbewegungen und Fortschritten wird sich unter der Sonne ganz entsetzlich wenig Neues vorfinden lassen. — Wohl dem, der sich der Schaukel entwinden kann; denn am freien Platze wird er mit wenig Schritten mehr thun in wenig Minuten, als durch all' das Schaukelwerk in vielen tausend Jahren. Wer demnach **vollkommen werden will, wie der Vater im Himmel vollkommen ist, der fliehe nichts so sehr als das schaukelnde Treiben aller Welt.** Besser ist es ein schweres Kreuz vorwärts schleppen für den Geist und für dessen ewiges Leben, als sich noch so sanft in den ewigen Tod hinein zu schaukeln. — — Nun werdet ihr hoffentlich dieses Bild verstehen. Und so wollen wir denn das nächste in den helleren Augenschein nehmen; — für heute aber lassen wir die Sache bei Dem beendet sein! —

## 87.
(Am 9. December 1842 von 4½ bis 7 Uhr Abends.)

Wenn ihr unserem Ringwalle eine bedeutendere Aufmerksamkeit schenket, so werdet ihr sehen, daß innerhalb desselben nicht nur eine, sondern mehrere Bahnen am inwendigen Flächenrande den Anfang nehmen, und sonach schnecken- oder spiralförmig sich gegen das verschlossene Gezelt drehend ziehen. Wenn ihr noch aufmerksamer dahin sehet, so werdet ihr dazu noch entdecken, daß alle diese Bahnen auf eine wohlberechnete Weise gegen das Gezelt also angelegt sind, daß man auf gar keiner zur Eingangsthür in das Gezelt gelangen kann; und dennoch heißt es am Rande der bedeutenden Fläche: Wer da die schmalste Bahn ersehen kann, und dann, ohne sich auf eine Seitenbahn zu verirren, fortwandelt, der gelangt sicher und unfehlbar in das Gezelt, allda ein großer Lohn seiner harret. — Was etwa doch diese sonderbare Schneckenbahn-Durchlauferei besaget? — Ich will darauf keine absolute Antwort geben; ihr werdet sie aber schon ohnehin finden, so ihr die Sache näher werdet betrachtet haben. — Sehet somit nur recht aufmerksam hin auf diesen zwar thörichten, aber eben in diesem Thörichten vielsagenden Tummelplatz! — Sehet, wo immer eine solche Bahn von Außen nach Einwärts beginnt, da auch befinden sich ein sogenannter Bahnchef, Bahndirector und noch eine ziemliche Menge anderer Helfershelfer. — Sehet! wie sie überall außerordentlich ernste und ganz wichtige Mienen machen. Auf dem breiten Walle herum sehet ihr eine große Menge Menschen beiderlei Geschlechtes. — Sehet, wie dort bei einem Bahnanfange die sämmtlichen Bahninteressenten und hauptsächlich der Bahnchef ihre Bahn als die alleinige richtige anpreisen, und sagen: daher kommet Alle! diese Bahn ist die allein richtige, auf welcher ihr ganz sicher zu der Thüre des Gezeltes, und somit auch in das Gezelt selbst gelangen könnet, allwo ein unermeßlicher Preis eurer harret! — Aber sehet, alsogleich der nächste nachbarliche Bahnchef schreit, und saget den Gästen: Laßt euch nicht anführen! Zahlet uns das viel billigere Bahngeld; denn unsere Bahn ist die älteste, somit auch approbirteste; auf ihr sind schon so viele Tausende und Tausende in das Gezelt gelangt, und haben sich dort ihren hohen Preis abgeholt. — Aber der erste Bahnchef erhebt sich sogleich ganz gewaltig protestirend, und warnt auf das Allerdringendste die Gäste, den betrügerischen Lockungen des zweiten Bahnchefs zu folgen. — Der zweite

Bahnchef steht ganz gewaltig auf gegen solche Verunglimpfung, und schreit mit gewaltiger Stimme: Ich sage nicht, daß ihr hierher gehen solltet; ich stelle es nicht euerem freien Willen anheim, ob ihr auf dieser meiner Bahn gehen wolltet oder nicht, sondern weil ich wohl weiß, daß meine Bahn die älteste und alleinrichtigste ist, so will ich euch bei den Haaren dazu ziehen; denn es ist traurig genug, daß man solchen Dummköpfen, wie ihr seid, solch ein namenloses Glück ordentlich mit Gewalt auf den Rücken nachwerfen muß! — Wieder erhebt sich der erste Bahnchef, und schreit über die Maßen: Folget nur diesem meinen Nachbar; ihr wisset aber nicht, daß seine Bahn in der Nähe des Zeltes einen verborgenen und überdeckten Abgrund hat, in welchem ein Jeder unwiederbringlich zu Grunde geht, der diese Bahn wandelt. — Bei solcher Aeußerung erhebt sich der zweite Bahnchef noch gewaltiger, sendet, ohne Weiteres ein Wort zu reden, seine Adjuncten hinauf auf den Wall, und läßt von ihnen eine Menge gewaltig zusammen fangen, und sie ziehen auf seine Bahn hin; und wenn sie den Bahnzins entrichten wollen, da thut er prahlerisch großmüthig, und sagt: Ich nehme von euch nichts an, sondern ich will nur euer Glück; und so wandelt denn diese meine Bahn. Ihr könnet laufen und langsam gehen, wie ihr wollt, und ich hafte euch mit Allem dafür, daß ihr auf dieser meiner Bahn nirgends einen verderblichen Abgrund treffen, sondern alle wohlbehalten in das Zelt gelangen werdet; — nur mache ich euch das zur Bedingung, daß ihr ja nicht aus meiner Bahn tretet. Tretet ihr unvorsichtiger oder eigenmächtiger Weise aus derselben, dann stehe ich für nichts gut; denn auf einer jeden andern Bahn gelanget ihr statt in das Gezelt zu irgend einen verdeckten Abgrund. — Und so sehet ihr denn die Menge fortwandeln; — aber da sehet, gleich daneben ist schon wieder ein dritter Bahnchef. Der schlägt zwar keinen Lärm, macht dabei ein ganz gutmüthiges und mitleidiges Gesicht; und die Gäste fragen ihn, warum er Solches thut, was ihm denn so sehr am Herzen liegt? — Und dieser ruft ihnen ganz bescheiden mit stilleren Worten zu, und sagt: Wer sollte da nicht traurig sein?! Diese Armen gehen ja alle den falschen Weg, während doch nur dieser der alleinrichtige ist, und beinahe schnurgerade zur Thüre des Gezeltes hinlenkt. Ich sage euch nicht: Kommet hierher; sondern wann ihr es allenthalben werdet erfahren haben, daß ihr nichts erreichet habet, als eine vergeblich leere Plackerei, so werdet ihr euch schon selbst zu meiner Bahn verfügen; — ich sage euch: Mir ist es sogar nicht einmal recht, so Jemand zu meiner Bahn läuft, und macht dadurch meine ränkesüchtigen nachbarlichen Bahnchefs eifersüchtig; — wann er sich überall überzeugen wird, daß er gepreßt worden ist, wird er ohnehin zu mir kommen, und wird mir noch gern einen hohen Bahnpreis bezahlen, so ich ihm nur meine Bahn eröffnen will. — Aber sehet da einen vierten Bahnchef, wie er ganz heimlich verschmitzt auf seinen Nachbar herüber sieht, und seinen Kopf schüttelt, und endlich spricht: Nur zu! wer zuletzt lacht, lacht am besten. Ich sage euch, meine Adjuncten, lasset alle diese Wallgäste unangefochten; sollen die Narren machen, was sie wollen; wir laden ja keinen ein, sondern übersteiget den Wall hinaus in's Freie. Dort draußen fischet und bringet sie daher; wenn diese auswendigen Dummköpfe sobald hierher gebracht werden, da sind wir wohl sicher, daß sie keine andere Bahn suchen werden, und keine andere betreten, als die unsrige. — Wir pflanzen nur eine Fahne auf mit der Inschrift: „Einzig richtige Bahn zum Ziele!" — machen aber dabei so wenig Spektakel als möglich, und die fetten Fische gehören alle uns! — Sehet aber weiter! daneben ist schon wieder eine andere ganz schmale und dürftig ausgestattete Bahn; der Bahnchef sitzt gar kümmerlich am Eingang, und scheint sich um Niemanden zu kümmern, seine wenigen Adjuncten folgen seinem Beispiele. — Sehet, wie sich mehrere Gäste zu diesem Bahnchef hinunterziehen und ihn ganz verstohlen heimlich fragen: Wie steht es mit deiner Bahn? — Er sagt darauf gar nichts als nur die wenigen Worte: Meine Bahn spricht für sich selbst; wer sie wandeln will, der wird sich überzeugen, ob sie zum Ziele bringen wird oder nicht. Diese sonderbaren und geheimnißvollen Worte machen Viele stutzen, und bei ihm fangen bedeutend viele Bahngäste an sich einzufinden. — So sie um den Preis fragen, da sagt er: Hier ist kein Preis, sondern wer diese Bahn betreten will, der gebe Alles, was er hat, denn er wird auch Alles wiederfinden; ich für mich aber brauche nichts! — Diese Bedingung macht dann die Bahnlustigen wieder stutzen, und es zieht sich Einer um den Andern wieder auf den Wall zurück. — Aber sehet, daneben ist gleich wieder eine andere Bahn; sie hat einen ganz griesgrämigen alten Bahnchef; dieser hat eine förmliche Einnahmskasse vor der Bahn aufgerichtet. Er ladet zwar Niemanden ein, aber wer dahin kommt, und fragt ihn: Was ist das für eine Bahn, und führt sie wohl in das Gezelt? — so spricht der Bahnchef ganz leise und geheimnißvoll: Freund, es war noch keine Bahn, als diese, und diese allein ist die älteste, und verbindet sich mit der Pforte des Gezeltes; willst du sie wandeln, so wird es dein Schade nicht sein; nur mußt du das Bahngeld, welches so und so viel beträgt, in feiner klingender Münze bezahlen; dafür aber bekommst Du einen Wechsel gleichlautenden Werthes. Wenn du die Bahn richtig wandelst, und dich am Wege nicht von einer andern verlocken läßt, so kommst du ohne Weiteres in's Gezelt, und machest somit den Haupttreffer; solltest du dich aber jedoch verirren, so hast du dabei aber dennoch die gute Hoffnung, denn mit diesem Wechsel in der Hand wirst du dennoch für deine hier eingelegte klingende Münze allzeit so viel und so viel an Interessen zu beziehen haben. — Dieser Bahnchef, wie ihr sehet, hat einen sehr bedeutenden Zulauf von Groß und Klein; aber nicht etwa der Bahn wegen; daher strotzet er von Gold und Silber und allerlei Edelgestein. Was aber das Gezelt betrifft, um das bekümmert er, der Chef, sich so zu sagen nicht im Geringsten mehr; — denn seine Sache sind nur Geldgeschäfte. Und so denn machen sich auch seine Bahnwandler eben nicht viel daraus, ob sie das Gezelt günstig erreichen oder nicht; denn sie haben ja die Wechsel in ihren Händen! — Aber sehet ferner hin; da giebt es noch mehrere wenig betretene Bahnen. Ihre Bahnchefs werden von den Hauptbahnchefs gewisserart nur geduldet; daher sitzen diese auch ganz still bei ihren Bahnen. Kommt ein Wallfahrer zu einem oder dem andern, so ist es wohl und gut; kommt aber Niemand, so lassen sie sich darum auch kein graues Haar wachsen; denn sie stehen im Grunde nicht auf den Bahnertrag an, sondern sie unterhalten sich so ganz gemächlich mit ihren allerlei Krambuden, die sie bei ihren Bahnen aufgestellt haben.

Werden sie von Jemandem ganz heimlich gefragt: Ist diese deine Bahn die richtige? so sagen sie ganz gleichgiltig: Wenn diese nicht die richtige ist, welche solle es denn sein? — Und sehet, also ist diese Kreisbahnebene umlagert von lauter Bahnchefs, Großen, Schreienden, Beklagenden, Schweigenden, Heimlichtbuenden; mit Ausnahme einer einzigen Bahn, welche nämlich die schmalste ist, findet ihr überall Wandler und Zielsucher. Da aber zu Ende alle Bahnen eingezäunt sind, so geschieht es, daß alle diese Bahnwandler am Ende an die Wand des Gezeltes anstoßen; nur zur Thüre gelangt Keiner. Und so Viele ihr eilig dahin wandeln sehet, eben so Viele werden an der schroffen Wand wieder abgestumpft, und suchen umkehrend wieder die Freiheit, indem sie durch ihr Bemühen nichts erreicht haben; und Alles drängt sich hin zum jenigen Bahnchef, der da gegen klingende Münze Wechsel ausstellt. Und sehet, sogar alle die übrigen Bahnchefs senden unvermerkt ihre Adjuncten mit Beuteln voll Silbers und Goldes hin, und lassen sich von ihm dafür Wechsel ausstellen; — aber nur zu unserm armseligen Bahnchef, der am Eingang der engsten Bahn ruht, begiebt sich Niemand hin. Dieser allein hat somit auch überaus wenig zu thun, und so noch Jemand hingehen will, so wird er entweder ausgelacht, oder aber auch von den ersteren Bahnchefs gewaltsam davon abgezogen. — Nun aber sehet noch einmal hin, wie auf dem Walle herum eine bedeutende Menge tüchtiger Späher sich aufgestellt hat, und verfolgen mit ihren Augen diese schmale völlig unbetretene Bahn; und Einige darunter sagen: Sehet hin, eine Bahn führt richtig zur Thüre; so aber alle die Bahnen rings umher an die blanke Wand nur führen, wer weiß, ob gerade diese schmale Bahn nicht zur Thüre führt? — Sehet, eine Menge zieht sich schon um den Wall herum, und verfolgt mit ihren Augen die Bahn; und die Bahnchefs begreifen nicht, was dieses Herumwandeln bedeutet? — Aber wehe Allen, wenn diese glücklichen Spione den richtigen Gang der schmalen Bahn werden ausgekundschaftet haben; dann wird es arg mit ihnen sein; denn sie werden zur Rechenschaft gezogen werden; alle ihre Bahnen werden zerstöret, und werden gleichgemacht werden der engen Bahn; und der unansehnlichste Bahnchef wird alles Geschäft an sich ziehen. — Daher wundert euch nicht, daß man auf dem Ringwalle herum schon gar häufig ein Gelächter vernimmt, besonders über die am meisten schreienden Bahninhaber; denn solches Gelächter hat seinen guten Grund, und ihr könnt es glauben: Alle diese gegenwärtigen Hauptbahnen müssen mit Hohn und Gelächter belegt werden; alle ihre Bahnlehren und großen Verheißungen müssen zu Schanden werden, wenn die Hauptlinie gefunden wird! — Glaubet es aber, wie euch diese geistige Erscheinlichkeit lehrt, also verhält es sich auch in der That. — Es giebt schon gar viele scharf sehende Bahnforscher auf dem Walle, und sie haben nur mehr die letzte halbe Schneckenbahnwende zu erforschen; wenige Blicke und Schritte mehr, und ihr werdet die schmale Bahn ganz reichlich betreten erblicken!' — Ihre Wandler werden unfehlbar zur Thüre und in's Gezelt gelangen, werden da die großen Schätze nehmen, und werden es zeigen allen Gästen. — Wann Solches geschehen wird, sodann wird es auch geschehen sein um alle anderen Bahnen. Die Gäste werden über alle die Bahnen herein brechen, alle Zäune niederreißen, und sich also von allen

Seiten der Thüre des Gezeltes nahen! — Es braucht kaum näher bestimmt zu werden, daß die erstbesprochene Bahn das Hierarchenthum, die zweite die griechische Kirche, die dritte die protestantische, die vierte die englische Kirche bezeichnet; und daß die anderen Bahnen noch verschiedene andere Secten bezeichnen. Wann ihr nun Solches auch wisset, so wißt ihr somit auch Alles, was da dieses Bild bezeichnet; — und so ihr es recht beachtet, da wird euch wieder noch eine bedeutendere und größere Löse dessen werden, was ihr geschaut habet in der Sphäre des sechsten Geistes. — Nächstens das vierte Bild; und somit gut für heute! —

## 88.
(Am 10. December 1842 von 4¼ bis 7¼ Uhr Abends.)

So ihr das vierte Bild recht wohl beachtet habet von der ersten Ansicht an, so muß euch doch die Frage aufgefallen sein, welche sich ganz von selbst aufwirft, und also lautet: Warum wird denn in diesem runden Wasserbassin das Wasser mittelst eines in der Mitte des Bassins angebrachten Schaufelrades in eine stete Rundbewegung gebracht? — In dieser Frage liegt eine sehr bedeutende Antwort für's Erste darin, damit sich kein Seefahrer mit seinem Kahn dem Radwerke nahen kann, für's Zweite, daß durch diese gezwungene Bewegung der Wasseroberfläche Alles, was sich nur immer dem Centrum des Wasserbassins nahen will, durch die vom Centrum ausgehende Wirbeldrehung des Wassers trotz alles Mühens wieder nach Außen getrieben wird. Es mag da ein Kahnfahrer sich noch so viele Mühe nehmen, als er will, so kann er dennoch nicht das Radwerk erreichen, um dasselbe aufzuhalten und dadurch Ruhe des Wassers zu bewerkstelligen, wodurch es einem jeden solchen Seefahrer dann möglich würde, sich dem Centrum zu nahen und all' das Radwerk anzugreifen, es mit vereinigter Kraft ganz aus dem Bassin zu schaffen, und somit die ganze schöne ruhige Wasseroberfläche der allgemeinen Wohlfahrt frei zu geben. — Es läßt sich aber wieder eine andere Frage aufwerfen, und diese lautet also: Was liegt denn gar so Außerordentliches an dem Centrum dieses Wasserbassins? Da mag das Rad ja immer bestehen; es giebt ja dessen ungeachtet des Wasserflächenraumes um dasselbe in großer Menge; wer da Lust hat, auf dem Wasser mit seinem Kahne herum zu fahren, der kann solches ja noch immer nach seiner Lust zur Uebergenüge thun, und braucht dazu des Mittelpunktes nicht. — Solches wäre alles richtig, so lange man nicht weiß, was der Mittelpunkt, über dem gerade das Wasserrad angebracht ist, in sich birgt; erst wenn man Solches weiß, dann auch erst kann man in sich selbst den dringenden Wunsch aussprechen, und sagen: Hinweg mit dem vielschaufeligen Rade! Es ist uns zu nichts nütze; denn die Angabe, daß durch die stete Bewegung desselben das Wasser gerührt wird, damit es nicht faule, ist eine arglich blinde, so man den Schaden, ja den großen Schaden dagegen hält, was diejenige Stelle, über welcher das Wasserrad angebracht ist, ausbeuten würde. Was würde denn diese Stelle ausbeuten? — Solches wird dann erst vollends begriffen, wenn es dargethan wird, was das für eine Stelle ist, über welcher gerade das Schaufelrad angebracht ist. Damit ihr euch aber darüber nicht gar zu lange die Köpfe zerbrechet, so sage Ich es alsogleich rund heraus. — Diese Stelle ist eine Quelle voll des lebendigen Wassers; diese Quelle aber ist gut verstopft, und förmlich mit Blei vergossen, und es kann auch nicht ein Tropfen herausquellen; dennoch aber sagen alle die großthuenden Wasserradinteressenten: Das sämmtliche Wasser in dem Bassin ist ein pur lebendiges Wasser, und das Leben dieses Wassers hängt bloß von ihnen ab; sie haben die Macht, das Wasser zu beleben und zu tödten. Das Rad sei ihnen von Gott eingeräumt, und habe die Macht, das Wasser zu beleben, so lange es von ihnen getrieben wird; wird es aber nicht von ihnen getrieben, so wird dadurch das Wasser todt werden, und Niemanden mehr zum Leben gereichen. — Sie sagen auch: Nur dieses einzige Wasserbassin unter den vielen andern, die sich noch um diesem herum auf eine ähnliche Weise befinden, ist dasjenige, welches das wahre lebendige Wasser hat; in allen anderen ist dasselbe todt, und die Bewegung desselben nach der Art dieses lebendigen Wassers ist nichts als eine pure Nachäffung, somit ein purer Betrug; — und wer immer sich verleiten läßt, seinen Kahn auf ein solches anderes Wasserbassin zu setzen, der geht offenbar zu Grunde. — Daß aber dieß das alleinig wahre und rechte vom lebendigen Wasser volle Bassin ist, das beweiset für's Erste sein Alter, für's Zweite die außerordentliche Pracht und Erhabenheit des aufgestellten Gerüstes, welches dem mächtigen lebendigen Rade dient, für's Dritte beweiset die überragende Größe des Bassins seine alleinige Aechtheit, für's Vierte seine Allgemeinheit, welche daraus zu ersehen ist, daß auf der Oberfläche des lebendigen Wassers sich stets die allergrößte Anzahl Kahnfahrer eingefunden hat, und für's Fünfte, daß alle anderen Wasserbecken aus diesem hervorgegangen sind; was da beweiset ihre diesem alleinig wahren lebendigen Wasserbassin ziemlich ähnliche Gestalt. — Nun sehet aber wieder hin; die stets an's Ufer getriebenen Kahnfahrer sind schon fast mindestens zwei Dritttheile ihrer einförmigen und nichts erreichenden Wasserfahrt überdrüssig geworden, und entsteigen daher ihren Kähnen, und betreten ganz verdutzt und überdrüssig das Ufer, kehren demselben sobald den Rücken, und sagen: Was hätten wir denn thun können, was da besser gewesen wäre, denn diese lange andauernde lebendige Wasser-Fopperei? — Man hat uns gesagt: Nur ausharren, und so oft und so oftmal den Kreis herum machen, sich dabei aber hüten und ja nicht nachlassen an der gerechten Kraft, daß man in erster Hinsicht nicht zu nahe an's Rad kommt, in zweiter Hinsicht aber auch nicht an das Ufer, sondern fortwährend den Zwischenraum des Wassers benützen, welcher da ist zwischen dem Rade und zwischen dem Ufer; denn eine zu große Annäherung an das Radwerk würde den Menschen bald an seiner Kraft erlahmen, und diesem Zustande zu Folge würde er dann unvermeidlich aus dem Bereiche des Lebens hinaus an das Bereich des Todes geführt werden. — Nun aber sind wir wohlweiser Maßen an's Ufer herausgeführt worden; und was Wunder, daß wir noch leben! — Und weiter sprachen die aus ihren Wasserkähnen Entstiegenen: Wenn es doch nur auch den Anderen beifallen möchte, an's Ufer herauszublicken, damit sie ersehen möchten, daß es da um außerordentlich Vieles lebendiger zugeht, denn auf der dummen Wasseroberfläche; sie würden sicher gar bald all' ihre Kähne an dieses viel glücklichere Ufer lenken, und würden sich aus den mächtigen Großsprecherelen Derjenigen, die sich auf den Wasserradgestmsen befinden, ganz entsetzlich wenig daraus machen. — Und sie reden wieder weiter und sagen: Dem Herrn alles Lob und alle Ehre, daß Er uns Solches eingegeben hat! Aber es fragt sich: Woher werden wir nun ein anderes besseres Wasser nehmen? — Und sehet, Mancher aus ihnen sagt: Sehet, dort gegen Morgen hin eben nicht gar zu ferne von hier sind Berge; wer weiß es nicht aus uns, daß Berge stets gute Quellen haben? Ziehen wir daher nur schnurgerade darauf los hin, und wir werden sicher ein reineres und lebendigeres Wasser antreffen, als da ist diese alte durch das Wasserrad ab- und durchgepeitschte lebende Suppe; und sehet, wie da eine ganze Menge sich vom großen Bassin heimlich aus dem Staube macht, und sich hinzieht gegen die Berge. — Dieses ist schon ein günstiges Zeichen. — Aber wir wollen uns dessen ungeachtet noch bei unserem Wasserbassin aufhalten, und da noch ein wenig zusehen, was Alles da noch vor sich geht.' — Bemerkt ihr nicht unter den Ufergästen eine ziemliche Menge solcher, die mit tüchtigen Fernröhren versehen sind, und beobachten von allen Seiten das Rad, und erblicken, daß dessen Schaufeln schon sehr morsch und schadhaft geworden sind. Ueber die Hälfte derselben fehlt schon gänzlich; was folgt wohl aus Dem? — Wir wollen unsere Betrachter ein wenig behorchen, was sie so unter einander sprechen. — Sehet, da sind eben ein Paar recht Scharfsinnige; Sie reden mit heiterer Miene. — Höret, es lautet also: Der Erste spricht: Sich', was hab' ich denn gesagt? Der Zeitpunkt ist eingetreten, diesen Hauptschreiern geht nun der Faden aus. — Das Rad können sie nicht still halten, um demselben neue Schaufeln einzusetzen; denn würden sie Solches thun, so wird das Wasser im Bassin euch stehen bleiben, und ein jeder thörichter Wasserfahrer würde dann ja bald die Nichtlebendigkeit des Wassers mit den Händen greifen; und stark treiben dürfen sie das Rad auch nicht mehr, sonst brechen demselben noch die wenigen secken Schaufeln ab. Wann aber Solches gar sicher geschieht, dann sage mir, lieber Freund, wie wird es hernach mit der Lebendigkeit des Wassers aussehen? — Denn das schaufellose Rad wird dasselbe bei einer so schnellen Umdrehung so wenig mehr zu einer Rundbewegung nöthigen, und ihm eine scheinbare Lebendigkeit verleihen, als diejenigen unserer Gedanken, die wir noch nicht gedacht haben. — Und der Zweite spricht: Bruder, ich merke ganz fein, wo die Sache hinaus will; wenn die Kahnfahrer merken werden, wie es jetzt schon meiner Betrachtung nach sehr häufig der Fall ist, daß das Wasser in seiner Bewegung immer träger und träger wird, so werden sie sich zum Theil überzeugen, daß es mit der Lebendigkeit dieses Wassers seine gewiesten Wege hat, nämlich an's Ufer heraus; theils aber werden sie sich zufolge des geringen Widerstandes dem sogenannten Heiligthume nähern, und werden dort wenigstens mit ihrer Nase erfahren, was wir hier vom Ufer aus gar deutlich ausnehmen, nämlich was es für eine Bewandtniß hat mit dem so überaus angepriesenen mächtigen Rade. — Du weißt es, die hochtrabenden Interessenten sagen von selbem, es ist für alle Zeiten der Zeiten völlig unschadhaft, und hat daher immer die gleiche Gewalt das Wasser lebendig zu machen. Was werden diese dann wohl sagen, wenn sie die Schaufeln nachzählen werden, und werden einen solchen Mangel zu ihrem Erstaunen entdecken; und werden noch hinzu gewahr werden die tüchtige und sehr bedeutende Schadhaftigkeit der noch vorhandenen Schaufeln am blinden Rade? — Bist du nicht mit mir einverstanden? — Sie werden ihre Kähne schnell von dem Radgerüste wegwenden und an's Ufer steuern. — Und der Andere spricht: Das wird etwa doch so klar sein wie die Sonne am hellen Mittage; besonders wenn das gegen die Ufer heraus zu wenig bewegte Wasser ihren Nasen etwas sagen wird, welches ungefähr also lauten möchte: Höret, ihr meine Schiffleute! Machet euch hurtig über meine Fläche hinweg; sonst laufet ihr Gefahr am Ende statt über ein lebendiges Gewässer über eine stark übel riechende Pfütze zu fahren! — Wie gefällt euch dieses Zweigespräch? — Ich meine, daß es nicht übel sei; aber es giebt noch eine andere Partei am Ufer. Diese lavirt mit kleinen Stangen herum die Tiefe des Bassins, fährt mit leeren Kähnen nach allen Richtungen herum, und thut dabei, als wäre es ein rechtmäßiger lebendiger Wasser-Fahrer. Aber sehet, dort steigen soeben einige solche Bassingrund-Visirer heraus, und fangen da an, ein wichtiges Gespräch mit einander zu führen. Begebet euch hin, und höret, was lauter sie miteinander sprechen. — Höret, der Erste spricht: Ich habe es ja immer gesagt, diese ganze Rundlacke ist ein übersichtes Zeug, das Wasser ist nur künstlich dunkel gemacht, hat aber in sich selbst durchaus gar keine Tiefe; — weil dieses Wasser eben eine leicht in Fäulung übergehende Beimischung hat, so mußte es freilich wohl fleißig gerührt werden, um seinen äußeren lebendigen Anstrich so gut als möglich zu erhalten. — Nun wissen wir aber, wie es mit der Sache steht; daher sind wir auch über Alles im Klaren. Was meint ihr denn, auf welche Weise wäre denn da dieser lange andauernden Thorheit zu steuern? — Höret, ein Anderer spricht: Auf zweifache Art; sehet, die Wasserradinteressenten sind ohnehin von tausend Aengsten befangen und wissen sich nicht mehr Rath zu verschaffen, auf welche Weise sie das alte morsche Rad wieder ausbessern können? — Was ist da nun leichter zu thun, als eine heimliche Mine machen, und ihnen auf die schönste Weise gegen die Niederung hinab ihr tolles Wasser abzuzapfen; — wann sie in ihrem Bassin kein Wasser mehr haben werden, dann können sie ihr Rad herumtreiben wie sie wollen, und ihr könnet versichert sein, alle die gegenwärtig sich noch auf der Oberfläche des Wassers herumtreibenden Kahnfahrer werden mit großer Hast dem sicheren Ufer zurennen, und sich allda überzeugen, daß allenthalben des Lebens in großer Menge vorhanden ist; — und höret, ein Dritter spricht: Habt ihr aber nie gehört, an der Stelle, da das Rad sich befindet, soll im Ernste eine lebendige Wasserquelle sein? — Wenn man sich derselben bemächtigen könnte, so wäre das wohl der größte Gewinn; und höret weiter, ein Vierter spricht: Ich bin so eben auf einen sehr guten Einfall gekommen; wie wäre es denn, wenn wir das Wasserabzapfen stehen ließen, und führeten unsere Mine mit leichter Mühe bis unter das Rad, und wenn da die lebendige Quelle sich vorfindet, so werden wir sie dadurch unfehlbar an das Tageslicht fördern, allwo sie sich gar bald zufolge ihrer lebendigen Reichhaltigkeit über alle diese weit ausgedehnten Thäler und Ebenen gleich einem Meere ausbreiten wird; — und wird Solches geschehen, dann sollen diese Radtreiber da ihr Rad herumschleudern, wie sie wollen, und wir sind versichert, daß wir die Narren auf den Fingern werden abzählen können, welche sich noch auf das dunkle Gewässer auf den morschen Kähnen werden hinein lullen lassen. Und der Erste spricht: Bravo! Bruder, das heißt einen gescheidten Einfall haben! — Nur also gleich die Hand an's Werk gelegt; denn umsonst haben sie nicht gerade auf jener Stelle das Rad hingestellt; unter demselben steckt sicher Etwas, welches sie ganz gewaltig befürchten, daß es an's Tageslicht käme; denn sie ahnen dadurch gar wohl ihren Untergang, und haben es daher sorglich vermieden und fleißig zugestopft. — Aber wir haben den Entschluß gefaßt; also ist es in dem Himmel beschlossen, und die Mine wird begonnen angelegt zu werden. — Und sehet weiter noch: Diese begeben sich mit noch vielen Anderen hinab in die Niederung, und entdecken da schon auf den ersten Augenblick gleich guten Bergkundigen Spuren vom Dasein des lebendigen Wassers. — Sehet, schon stechen sie hinein, und beim ersten Stiche entdecken sie schon eine reichliche Quelle, welche sich gleich dem Lichte der Sonne gewaltig strahlend hinaus ergießt. — Sie graben weiter, legen die Mine größer an; da sie auf kein Gestein stoßen, geht die Arbeit hurtig vor sich. — Sehet, wie schon aus den vielen aufgefundenen Quellen ein ganzer strahlender Bach sich über die Thäler hinab ergießt; Viele, die nicht ferne davon sind, eilen schon nach Möglichkeit zu diesem Bache, der sich dort in ziemlichen Entfernungen schon zu einem bedeutenden See angesammelt; sein Wohlgeruch erfüllt schon weit und breit die Gegend, und seine Ufer werden schon immer bevölkerter und bevölkerter. — Nun sind unsere Mineurs nur noch ein paar Klaftern von der Hauptquelle entfernt; sehet hinein in die überstark erleuchtete Mine, wie sie sich stets mehr und mehr der Hauptquelle nähern. — Und sehet, jetzt thut einer einen Hauptschlag; die Quelle ist eröffnet; die Arbeiter trägt sie mit dem ewigen Leben lohnend hinaus in die ewig unendliche Freiheit! Mit großer Gewalt und überreicher Fülle stürzt sie sich über alle die Thäler und Ebenen hin; Berge reißet sie mit sich fort, und Alles, was todt war, macht ihr Gewässer lebendig! — Aber sehet, nun merken es die Wasserradinteressenten, und schreien Zeter auf ihren Wasserradgerüstbühnen! Aber es nützt nichts; sie treiben das alte Wasserrad kräftig herum, aber es fliegt auch eine morsche Schaufel um die andere hinweg. Die Oberfläche des Wassers an den Ufern herum ist voll leerer Kähne; Alles, was nur Füße hat, drängt sich hinaus zum großen lebendigen Gewässer; nur die Wasserradinteressenten sitzen jetzt, wie ihr zu sagen pflegt, im Pfeffer und im eigenen Schlamme! — Einige ergreifen die schlechten abgebrochenen Schaufeln vom Rade, und schwimmen selbst so gut es nur immer gehen kann, hinaus an's glückselige Ufer; — nur für die Hauptinteressenten wird am Ende schier kein Rettungsmittel übrig bleiben; denn die Kähne haben sie alle an's Ufer getrieben, und Niemand will ihnen einen zusteuern, auf daß sie sich auf demselben an's Ufer retten möchten. Ihr Gewässer wird gewaltig stinkend, und das lebende Gewässer will sich nicht hinein ergießen. — Sehet, also stehen die Dinge vollkommen; und das ist auch die vollkommene Löse des ganzen geschauten schauerlichen Bildes aus der Sphäre unseres sechsten geistigen Gastfreundes! — Ihr verstehet nun diese Bilder und das ist genug; denn auch Solches bietet uns der Anblick der geistigen Sonne. Wie ihr habet in der Sonne alle materiellen Verhältnisse mit jeglichem Erdkörper entsprechend angetroffen, also steht es auch ganz besonders mit den geistigen Verhältnissen. — Wer aber ist dieser siebente Geist, aus dessen Sphäre ihr nun Solches geschaut habet? — Sehet, es ist ein alter Geist, vorbehalten für diese Zeit; — es ist der Geist des Propheten Daniel. — Und da wir nun Solches wissen, so möget ihr wieder aus seiner Sphäre treten, und euch für's nächste Mal in die Sphäre eines achten Geistes begeben, der sich uns soeben naht; — und so lassen wir die Sache für heute wieder gut sein!

## 89.
(Am 12. December 1842 von 3½ bis 6¾ Uhr Abends.)

Nun, unser gastlicher Freund ist schon hier; daher tretet nur allsogleich in seine Sphäre. Diesen Geist sollet ihr auch wieder in seiner Sphäre sehen, und von ihm ein wenig herumgeführt werden. Habet aber wohl Acht auf Das, was er euch zeigen und was er euch sagen wird; denn aus Dem wird euch so manches bis jetzt noch unrichtig Aufgefaßte klar werden. — Ihr befindet euch schon in seiner Sphäre, so denn haltet euch auch an ihn; denn er ist ein tüchtiger Wegweiser, und ist viel Weisheit in ihm aus Mir. — Unterwegs werdet ihr schon noch erfahren, wer ganz eigentlich dieser Geist ist; und so denn höret ihn nun, und folget ihm auch! — Und der Geist spricht soeben zu euch: Kommet, kommet, lieben Brüder nach dem Willen des Herrn; ich will euch führen in das Reich der Wahrheit und in das Reich der Liebe. — Sehet dort gegen Morgen hin ein überaus majestätisch schönes Gebirge; und sehet, wie die göttliche Sonne, in welcher der Herr ist, schon hoch über dem Gebirge steht, und wie herrlich ihre Strahlen gleich denen einer lieblichen Morgenröthe herein fallen in die Thäler und andere Vertiefungen der Welt! — Sehet auch bei dieser Gelegenheit ein wenig zurück; allda erblicket ihr ein großes Meer, welches gar viele und große Wogen auf seiner Oberfläche bewegt; über den Wogen erblicket ihr viele Schiffe, die da sind etliche groß, und etliche klein; — und sehet, wie die Wogen sich heran dem Ufer zudrängen, um diese herrlichen Sonnenstrahlen in sich zu saugen; und die Schiffe auf dem großen Meere haben auch ihre Segel also gerichtet, daß sie gleich den Wogen dem erleuchteten Ufer zusegeln. — Dadurch möget ihr erkennen die heimliche Kraft der Strahlen aus jener göttlichen Sonne, in welcher der Herr wohnt. — Aber nun begeben wir uns auf jenes Gebirge dort; allda wollen wir Dinge von ganz anderer Art schauen, und sehen, wie sich alldort artet die göttliche Wahrheit. Ihr fraget, und saget: Aber unser lieber geistiger Freund und Bruder! jenes glänzende Gebirge scheint gar fern noch zu sein; wie werden wir es sobald erreichen? — O lieben Freunde und Brüder! sorget euch dessen nicht; denn unser eigener Wille wird uns alsobald dahin bringen. Ihr wollt mit mir, und sehet, wir sind schon an Ort und Stelle! — Ihr saget: O lieber geistiger Freund und Bruder, hier ist es unendlich herrlich, dahier möchten wir wohl bleiben; denn so etwas Herrliches, wie diese Aussicht von diesem hohen Gebirge an und für sich ist, ist wohl noch nie in einen unserer Sinne auch nur ahnungsweise gekommen. — Ihr erblicket alldort gegen Mittag etwas Sonderbares, und wißt euch nicht zu rathen, was es ist. — Ihr sehet wohl an einer vom hohen Firmamente herabhängenden Goldstange eine Sonne hängen, und diese bewegt sich ernst langsam gleich einem Uhrperpendikel hin und her. — Ihr möchtet wohl wissen, was das sei? — Ich aber sage euch: Bewegen wir uns nur näher hin, und ihr sollet der Sache alsbald auf die Spur kommen. — Sehet ihr dort hinter diesem großen Sonnenperpendikel ein überaus großes viereckiges Gebäude, welches sich staffelartig und pyramidalförmig eben auch bis unter das hohe scheinbare Himmelsfirmament mit seiner Spitze erhebt; dorthin wollen wir gehen, und dieses Gebäude ein wenig näher beschauen. Die Inschrift auf der einen Seite wird uns vorerst sagen, was es damit für eine Bewandtniß hat. Ihr wollet, und sehet, wir sind auch schon an Ort und Stelle! — Da sehet einmal hinauf. Auf der zehnten Staffelei sehet ihr zwei große leuchtende Pyramiden stehen; leset, was auf einer jeden geschrieben steht. Ihr saget: Die Schrift ist euch unbekannt; — nun wohl denn, so will ich es euch vorlesen. — Sehet, auf der Pyramide zu unserer linken Seite steht geschrieben: „Das ist der große Zeitmesser für die geschaffenen Dinge." — Und auf der anderen Pyramide steht: „Einzig richtige Bewegung aller Dinge und Ereignisse nach der göttlichen Ordnung!" — Aus diesen beiden Inschriften werdet ihr nun schon leicht erraten können, was diese Erscheinung besagt. — Nun aber erhebt euch mit mir wenigstens bis zur halben Höhe dieses Gebäudes; allda werden wir das Zifferblatt dieser großen Weltenuhr erschauen, und ihr werdet daraus sehr leicht ersehen, um welche Zeit es nun ist! — Nun sehet, wir sind schon wieder an Ort und Stelle; ihr wundert euch, daß dieses Zifferblatt nur auf der einen Seite, auf der linken nämlich, mit Ziffern, und zwar eben so wie eure Uhren von Eins bis Zwölf bezeichnet ist. Die Seite rechts, welche dem Morgen zugewendet ist, ist aber gänzlich zifferleer. — Solches kommt daher, weil hier die abendliche Seite nur das Zeitliche besagt, die gegen Morgen aber das Ewige und somit Geistige. — Sehet, als alle materielle Schöpfung gegründet ward, da stand dieser große leuchtende Zeiger abwärts auf der Zahl Eins, welche ihr noch stark leuchtend erblicket. — Wo steht aber dieser Zeiger jetzt? — Ihr saget: Er steht ja schnurgerade aufwärts; und zwar schon nahe am Ende der letzten Zahl; zwei kleine Punkte hat er noch zu überschreiten, und seine Spitze ist draußen am zifferlosen leuchtenden Felde. — Wißt ihr wohl, was Solches bedeutet? — Sehet, das bedeutet die letzte Zeit! — Aber ihr fraget: Werden denn hernach alle Dinge aufhören zu sein, wenn der Zeiger in das freie weiße Feld hinaus treten wird? — Solches wird uns ein nächstes höher stehendes Zifferblatt kund geben; gehet daher mit mir nur um einige Stufen höher! — Sehet, da ist schon ein anderes Zifferblatt; was erblicket ihr auf diesem? — Ihr saget: Da erblicken wir ja gerade ein umgekehrtes Verhältniß; die Seite gegen Abend gewendet ist dunkel und zifferlos; die Seite gegen Morgen aber ist hier mit neuen hellleuchtenden Ziffern bezeichnet; allda aber steht die Einheit zu oberst, und die Zahl Zwölf zu unterst. Der große Zeiger berührt ja schon die erste Spitze der Einheit, welche da leuchtet wie ein heller Morgenstern; und jede Ziffer, die da von der Einheit fort nach abwärts den großen Kreis steiget, leuchtet stets mehr und mehr, und der Glanz der letzten Zahl ist gleich dem der Sonne, die dort im Morgen so überaus herrlich strahlt! — Ihr habt die Sache richtig gefunden; aber was besagt sie? — Solches sollt ihr sogleich erfahren. Sehet, also greift eine alte finstere Zeit in eine neue lichte; darum also werden die Dinge nicht vergehen, sondern es wird ihnen nur eine neue Zeit gegeben werden. — Und wie die erste Zeit war eine Zeit des Unterganges, eine Zeit der Nacht, also wird diese kommende Zeit sein eine Zeit des Aufganges, und eine Zeit des Tages. — Nun begreifet ihr dieses große Uhrwerk; und lasset uns darum unsere Blicke wieder von da hinweg wenden, und näher betrachten die Dinge, die da noch um uns in einer endlosen Fülle wunderbarst zu schauen sind. — Ihr sehet dort gegen Mittag hin ein überaus großes viereckiges Gebäude, welches gleich ist einem überaus großen Würfel, und hat eine Länge von zwölftausend Klaftern, und ist gleich so hoch und so breit, wie es lang ist. In der Höhe auf den vier Ecken erblickt ihr vier riesige Menschengestalten, und zu ihren Füßen sehet ihr vier verschiedene Thiere. Wir wollen uns sogleich hin begeben, und sehen, was die ganze Sache ist. Ihr wollt, und so denn sind wir auch schon, wie ihr sehet, auf der glänzenden Fläche dieses großen Würfels. Da sehet hin, in der Mitte dieser glänzenden Fläche ist noch ein kleiner überstark leuchtender Würfel; auf dem Würfel liegt ein vollends entsiegeltes Buch. Das siebente Siegel sehet ihr ebenfalls schon entsiegelt; und aus diesem Siegel sehet ihr entsteigen allerlei riesenhaftes Gebilde. — Viele Geister mit weißen Kleidern angethan, und mit großen Posaunen in ihrer Hand, fliehen nach allen Seiten hinaus; — sehet, dort stößt Einer in die Posaune, und der Posaune entstürzen allerlei, als: Krieg, Theuerung, Hungersnoth, Pest; — sehet, dort ein Anderer stößt in seine Posaune, und dieser entstürzt ein verheerend Feuer; wo es hinfällt, verzehrt es Alles, und die härtesten Steine macht es zerfließen wie Wassertropfen auf glühendem Eisen. Sehet wieder dort, ein Anderer stößt in seine Posaune, und eine große Wasserfluth, welche angefüllt ist mit allerlei Geschmeiß, entstürzt derselben; — und sehet, dort in der Tiefe unten die alte Erde, wie sie ersäuft in dieser Fluth. — Und sehet dort, ein Vierter stößt in seine Posaune, und ein großer feuriger Drache stürzt gebunden und geknebelt dort hinab, wo ihr sehet in endloser Tiefe ein unermeßliches Feuermeer wallen. — Aber nun sehet die vier großen riesigen Gestalten an den Ecken; auch sie sind mit großen Posaunen versehen. — Sehet, der gegen Mitternacht stößt gewaltig in dieselbe; und ein Geist entstürzt der Posaune mit einer großen Geißel zu züchtigen die Erde; — und sehet, der gegen Abend stößt ebenfalls in seine Posaune, und derselben entstürzt ein anderer Geist, einen glühenden und feurigen Besen in seiner Hand tragend, zu fegen das Erdreich vom Unrathe. — Und sehet, dort gegen Mittag stößt der große Geist ebenfalls in seine Posaune, und eine Menge Geister entstürzen derselben mit allerlei Samenkörben versehen, um zu legen eine neue Frucht in das gefegte Erdreich. — Und nun sehet, der Geist gegen Morgen hin stößt ebenfalls in seine Posaune; derselben entstürzt ein leuchtendes Gewölk. Zahllose Schaaren erblicket ihr auf derselben; zu oberst dieses Gewölkes erblicket ihr ein leuchtendes Kreuz, und auf dem Kreuze steht ein Mensch so sanft, so mild, wie ein Lamm! — Sehet, dieses ist das Zeichen des Menschensohnes; und somit haben wir auch auf diesem Platze Alles gesehen, was euch hier zu sehen und zu schauen zugelassen werden kann; — und das ist Alles das Licht der Wahrheit, aus dem ihr diese Dinge schauet. — Aber ihr richtet soeben eure Blicke gegen Morgen hin, und erschauet zu eurer größten Verwunderung eine überaus herrliche große Stadt, welche gleich also leuchtet wie die herrliche Sonne über ihr! — Ihr möchtet wohl wissen, was diese Stadt ist, und möchtet sie auch näher beschauen; ihr wollet, — und sehet, die Stadt ist vor unseren Augen! — Wie gefällt es euch hier? — Ihr saget: Unendlich, unaussprechlich wohl und gut; denn hier athmen wir ja lauter Liebe; und Alles, was wir ansehen, hat einen überaus sanften, milden und liebeathmenden Charakter. — Ihr sprechet weiter: Wie herrlich erglänzen die Mauern dieser Stadt; wie überaus erhaben und prachtvoll sind die Thore! und welch ein unbeschreiblich herrliches Licht strahlt aus jeglichem Thore entgegen! — und welche zahllosen überseligen Engelsgeisterschaaren wandeln da aus und ein! — O da muß es sich wohl gut wohnen lassen! — Ihr saget, daß ihr wohl auch möchtet das Innere dieser Stadt beschauen; auch solches könnt ihr nun thun. Aber ich sage euch voraus: Diese Stadt ist so endlos groß, daß wir sie wohl in alle Ewigkeit der Ewigkeiten mit der größten Gedankenschnelligkeit nicht umfassend durchwandern möchten. Denn diese Stadt wird erst groß, ja unendlich stets größer und größer, je tiefer in ihr Inneres Jemand dringt; — daher werden wir uns auch bloß nur einem Thore nahen, und durch dasselbe einen Blick in das Innere der Stadt thun. — Ihr saget nun: Um des allmächtigen Herrn willen! welch' eine endlose Pracht, und welch' unübersehbare Häuserreihe! Diese Gasse, die wir hier erblicken, scheint ja eben nimmer ein Ende zu haben. Ja ich sage es euch auch: Ihr dürftet durch diese Gasse ewig fortwandeln, und nimmer würdet ihr zu einem entgegengesetzten Ende gelangen; und solche Gassen und Plätze giebt es unzählbar viele in dieser Stadt. — Wollt ihr aber wissen, wie diese Stadt heißt, da leset nur die Inschrift über diesem Thore; sie lautet: „Die heilige Stadt Gottes, oder das neue Jerusalem!" — Ich aber, der euch hierher geführt hat, bin der Geist Swedenborgs; und somit habet ihr auch alles das gesehen, was zu sehen euch vom Herrn aus in meiner Sphäre gegönnt war; — und so kehren wir wieder zurück. — Und sehet, hier sind wir schon, wo wir ausgegangen sind. Tretet nun aus meiner Sphäre zu Dem hin, der eurer harret, und dessen Name ist: Heilig, heilig, heilig!!! — Nun ihr seid wieder hier; habt ihr Alles euch wohl gemerkt? — Ihr bejahet es; — Ich aber sage euch: Was ihr noch nicht verstehet daran, wird euch zu seiner Zeit, und zwar in der Sphäre des nächsten Geistes leuchtender werden; — und somit gut für heute! —

## 90.

(Am 13. December 1842 von 4¼—7¼ Uhr Abends.)

Auch diesen neunten Geist sollt ihr in seiner Sphäre sehen und sprechen; er wird euch herum führen in verschiedene Orte, allda ihr so Manches erschauen und erkennen werdet, was euch bis jetzt noch fremd geblieben ist; und aus Dem werdet ihr auch so manches bisher Geschaute in einem helleren Lichte erblicken. Sehet, da unser neuer gastlicher Freund schon dasteht, so begebet euch nur allsogleich in seine Sphäre, und folget ihm nach seiner Weisung. — Ihr befindet euch nun schon in seiner Sphäre; so achtet denn, was dieser neue Führer zu euch spricht, indem er sagt: Lieben Freunde und Brüder, kommet, kommet mit mir zu schauen was Alles die unendlich große Vatergüte bewirket, und wie lieblich sie ist allenthalben! Freuet euch über die Maßen, daß es dem Herrn gefallen hat, eurem Geiste Solches zu zeigen; denn ihr werdet es mit eigenen Augen erschauen, wie unergründlich die Wege des Herrn sind, und wie unerforschlich die Rathschlüsse Seiner unendlichen ewigen Weisheit! Sehet links um euch herum, soweit nur eure geistigen Augen reichen, und saget mir dann, was Alles sich euren Augen zeiget. Ich sehe wohl, daß ihr ob der Größe des Anblickes verlegen seid, und wisset nicht, wo aus und wo ein, wo anfangen und wo enden! — Also will denn ich nach guter Ordnung euch die Dinge, die ihr schauet, wörtlich darstellen. — Gegen Mitternacht hin erblicket ihr eine ziemlich kahle Gegend; hohe schroffe Gebirge thürmen sich hinter einander auf, und blicken wie drohende Richter in die herrlichen Ebenen herab. Hier und da zwischen den Bergen und auf den kleineren Hügeln entdecket ihr Gebäude nach der Art eurer Wohnungen auf dem Erdkörper; hier und da mehr gegen die Niederung herab steht auch ein kleines Kirchlein; — in der höheren Sphäre dieser Berge entdecket ihr halb dunkle Wolken herum ziehen, und über denselben scheinen die Berge aus lauter Schnee und Eis zu bestehen; etwa wie die hohen Gletscher bei euch auf der Erde. — Ferner erblicket ihr diese ganze nördliche Gegend vom einem großen und breiten Strome abgeschnitten von dieser Gegend, auf der wir uns so eben befinden. — Wenn ihr die Richtung dieses Stromes verfolget, so kommt er aus der Gegend zwischen Morgen und Mitternacht hervor, und richtet seinen Lauf nahe halbkreisförmig zwischen Abend und Mitternacht hin; seine Fluthen sind gewaltig wogend und stürmend, darum nur eine einzige fliegende Brücke oder vielmehr ein freies Schiff den Uebergang möglich macht für diejenigen Bewohner, die jenseits des Stromes hausen. — Ihr möchtet wohl wissen, was das für Bewohner sind? Solches können wir ja sobald erfahren. Gehet nur mit mir; der Nahn ist so eben diesseits, und wir werden den Strom mit leichter Mühe überfahren. Ihr wollt Solches, und sehet, wir sind schon am Ufer des Stromes. Steiget nun nur recht beherzt in den Nachen herein, und scheuet nicht die schäumenden Wogen, noch die schwarze Tiefe dieses Stromes; wir werden den Nachen also geschickt leiten, daß uns auch nicht ein Tropfen in denselben herein kommen soll. — Nun denn, ihr seid herinnen; sehet, die Fahrt geht ja besser, als ihr es euch gedacht hättet; denn wir sind schon in der Mitte des Stromes. Erschrecket euch aber nicht vor den Ungeheuern, welche ihre Häupter über die Wogen erheben, ihre Rachen gar gewaltig aufsperren, als wollten sie ganze Welten verschlucken; denn sehet, wir sind nahe dem jenseitigen Ufer, und nun haben wir es auch völlig erreicht. — Steiget nun an's Land vor mir, und ich will euch folgen, und zugleich den Nachen an das Ufer befestigen. — Sehet, wir sind nun auf dem Lande; dort ziemlich tief in einem Thale erblicket ihr ein schmutziges Dorf, dorthin laßt uns gehen und beschauen, was es allda giebt. — Sehet wir sind schon da; wie

gefällt es euch hier? — Ihr bekommet ein förmliches Fieber; ich aber
sage euch: Da sieht es noch gut aus; es wird aber schon noch besser
kommen. — Ihr saget: Lieber Freund und Bruder! wir sind schon mit
Dem zufrieden; denn die überaus schmutzigen Häuser des Dorfes sehen
ja aus, als wie bei uns auf der Erde eine Brandstätte, allda ein Dorf
in irgend einem schlechtesten Winkel der Erde abgebrannt wäre — und
die Menschen, die wir hier erblicken, sehen ja doch so lumpicht aus, daß
man sich auf der Erde nicht leicht etwas Lumpichteres vorzustellen im
Stande ist. — Da kommen eben ein Paar auf uns zu; der Mann ist
halb nackt. Die nackten Theile seines Leibes sind überaus abgemagert
und schmutzig, und über der Brust scheint er eine Brandwunde zu haben.
Die Haare sind ihm auch über die Hälfte wie vom Feuer gesengt; auch
das halbe Gesicht scheint verbrannt zu sein. — Sein Begleiter scheint
ein Weib zu sein. Herr! welch' eine klägliche weibliche Gestalt! sie sieht
ja doch aus, als wenn sie im Ernste schon drei Jahre lang wäre eingegraben gewesen; — nur über die Schultern hängen noch einige überaus
schmutzige Lumpen herab, und haben das Ansehen, als wenn sie so eben
aus einer Cloake wären gezogen worden. Ihre ganz nackten Füße scheinen
mehr fleischlose Knochen, als etwa nur einigermaßen befleischte Füße zu
sein; — und ihre Arme, o Du lieber gerechter Himmel! der eine ist
ein purer halbverbrannter Skeletarm, und der andere ist ja voll Eiter
und Geschwüre; und ihr Kopf, welch' eine Physiognomie! — Wahrlich,
wer aus dieser irgend einen Charakterzug außer dem des barsten Todes
zu entnehmen im Stande ist, der muß sich wahrlich in einem hohen
Grade der Weisheit befinden. — Ja, meine geliebten Freunde und
Brüder! laßt euch diesen Anblick nicht gereuen; denn also sehen hier die
Bewohner dieser Gegend noch am vortheilhaftesten aus, und ist somit
nur ein erster Anfang des großen Elends, welches diese Gegend in sich
birgt. — Bewegen wir uns aber jetzt in das Dorf selbst hinein, und
ihr sollet wahrhafte Wunderdinge schauen. — Sehet, da ist eben das
erste Haus; sehet einmal bei diesem niederen Fenster hinein, was erblicket
ihr? — Oho, ihr schaudert zurück; was ist es denn? — Ich weiß es
wohl; sehet; hier giebt es keine Parfümeriegewölbe; ihr sehet auf dem
Boden dieses Zimmers halbverweste menschliche Wesen durcheinander
kauern, und in ihrem stinkenden, von den Knochen halb abgelösten und
abgefaulten Fleische herum wühlen. — Das ist freilich wohl kein löb-
licher Anblick; aber es ist denn einmal nicht anders; denn also artet
hier die Liebe des Fleisches. — Ihr fraget, ob diese Wesen denn
gewöhnlich verloren sind? — Ihr wisset ja, wie groß die Liebe und
Erbarmung des Herrn ist! — Sehet, von allen diesen muß ihr Fleisch
oder vielmehr ihre fleischliche Lust gänzlich auf die ekelhafteste Weise
aufgezehrt sein, bevor sie in einen solchen Zustand kommen können, in
welchem für sie eine Hilfe möglich ist. Meinet ihr etwa, diese von eurem
Blicke aus betrachtet höchst elenden Wesen fühlen sich etwa unglücklich in
diesem Zustande? — O mit nichten! Würden sie das fühlen, so möchten
sie auch bald fliehen; denn so viel Kraft hat noch ein Jeder, daß er erstehen, und sich weiter gegen den Strom hin bewegen kann, dessen Wasser
für sie eine reinigende und heilende Kraft hat. — Allein die Fleischeslust
ist ihr Element; und so nagen sie so lange auf ihrem Fleische herum,

bis es gänzlich verzehrt wird. — Ihr fraget: Haben diese Menschen wohl auch etwas zu essen, oder vermögen sie wohl noch irgend eine Speise zu sich zu nehmen? — Da kommt nur her zum zweiten Hause, und schauet beim Fenster hinein, und ihr sollet sogleich einer Mahlzeit ansichtig werden. — Nun, was sehet ihr da? — Aber ihr könnt doch nichts standhaft ansehen! — Warum seid ihr denn gar so plötzlich vom Fenster zurückgesprungen? — Ja sehet, Solches bringt auch die Fleischeslust mit sich. Ihr habt ja schon ein Sprichwort auf eurer Erde, allda manche sagen: Aber Dieser und Jener und Diese und Jene haben sich ja zum Fressen gern! — Also könnt ihr euch ja hier nicht gar so entsetzen; so ihr gesehen habet, daß die Einwohner dieses Hauses gegenseitig ihre abgefaulten Fleischtheile, welche voll Motten und Würmer waren, aufzehrten. Also muß sich ja das Fleisch verzehren, wenn je noch das Fünklein besseren Geistes in ihnen solle frei werden. — Ihr fraget nun wieder, ob denn diese unglückseligsten Wesen keine Beschäftigung haben? — Sehet, auch Solches werden wir erblicken; da ist schon wieder ein anderes Haus. — Sehet da nur bei diesem halb zerfallenen Fenster hinein, und ihr werdet sogleich eine Beschäftigung der Bewohner dieses Hauses erblicken; — aber ihr flieht schon wieder vom Fenster hinweg. Was giebt es denn da schon wieder, das euch gar so schnell vom Fenster hinweg getrieben hat? — Ist denn das was gar so Außerordentliches, wenn man im wahren Lichte erschaut, wie die Bewohner dieses Hauses aus der stinkenden Bodencloake abgelöste und halbverweste Fleischsetzen herausziehen, dieselben noch um die kahlen Knochen wickeln, und wann sie irgend ein Knochengestell wieder mit solchen vereiterten Fleischsetzen umwickelt haben, sodann sobald wieder der sinnlichen Begattung gedenken, und strengen alle ihre Kräfte an, um dadurch sich noch einen wollüstig fleischlichen Genuß zu verschaffen. — Warum wundert ihr euch denn gar so sehr über diesen Anblick? — Geht es denn auf der Erde besser? O ihr solltet nur so manches zarte Fleisch mit den geistigen Augen betrachten können, welches auf der Erde so viel Aufsehen macht, und ihr würdet noch beiweitem größere Wunder erblicken, denn hier! — Ihr fraget: Haben denn diese armen Wesen gar keinen Begriff vom Herrn, und auch gar keine Sehnsucht nach Ihm? — Da geht nur ein wenig vorwärts; sehet, allda steht Etwas auf einem Hügel wie eine schmutzige Ruine irgend eines Bethauses. Wir wollen uns derselben nähern; wer weiß, was alles Merkwürdiges wir darin entdecken werden! — Sehet, dahier rückwärts gegen den Berg ist eine freilich wohl schon etwas verfallene Eingangspforte. Wir brauchen nur hinein zu schauen, und wir werden über eure Frage alsogleich die gehörige Antwort bekommen. — Na, ihr fallet ja hier gar zurück. Was habt ihr denn da gar so Wunderliches erblickt? — Ihr könnet ja kaum athmen, geschweige erst reden; also müßt ihr's nicht immer machen, sonst werden wir in dieser unserer Wanderung eben nicht sobald an's Ende gelangen; denn was ihr hier gesehen habt, ist nichts mehr und nichts weniger als ganz natürlich. — Denket nur einmal nach; der fleischig sinnliche und begierliche Mensch trägt Solches ja allenthalben mit sich herum. — Wenn er auch in ein Bethaus geht, so mag er ansehen, was er will, und seine Fleischliebe wird dabei fortwährend thätig sein. — Jeder Gegenstand wird von ihr nach ihrer Art bemalet; und so wird sich auch an jedem Gegenstande solche eckelhafte Liebe geistig erschauen lassen, den so ein sinnlich beglerlicher Mensch nur immer angeblickt hat. Aus diesem Grunde habt ihr auch in dieser Art Bethaus an der Stelle des Altars nichts als lauter beiderseitige Geschlechtstheile erblickt; ja ein überaus mager gestelltes kleinwinziges Crucifixlein war von allen Seiten her mit solchen Lusttheilen behangen und verziert, und ihr habt sogar auch einige Menschen darin erschaut, welche wie in einem Kunstmuseum in diesem Bethause sich herum schleppten, und ihre Augen an den obgesagten Kunstgegenständen wie ganz in dieselben versunken und vertieft weideten. — Findet ihr etwa Solches übertrieben? — Ich sage euch: Da ist nicht die geringste Uebertreibung, sondern die aller prunkloseste und buchstäblichste Wahrheit; — denn so giebt es ja eine übergroße Menge Menschen bei euch auf der Erde, die wohl dann und wann des Herrn gedenken, besonders so sie irgend ein geschnitztes Bild sehen, das Ihn freilich wohl nur grob außenmateriellst darstellt; wie lang aber dauert solche Erinnerung? — Nur ein Blick auf ein auf irgend einer Seite befindliches reizendes Weiberfleischchen, und sobald wird die Erinnerung an den Herrn, wie dessen Bildniß mit allerlei reizenden Fleischtheilen behangen und durchwebt sein! — Auf der Erde verbirgt Solches die Haut; aber für den Geist steht dieses Alles in der nackten Beschaulichkeit offen da. — Ihr fraget: Lieber Freund! Da tiefer in diesen schmutzigen Graben hinein giebt es ja noch eine Menge also verzweifelt zierlich aussehender Kneipen; ist da etwa eine Fortsetzung von diesen fleischlichen Löblichkeiten? — Meine lieben Freunde und Brüder! Es kommt bloß auf eine Probe an, wir wollen, um auch diese Frage zu lösen, noch ein paar solche Paläste beschauen, und ich bin der Meinung, ihr werdet genug haben, und für die noch übrigen, wie ihr sehet, zahlreichen Palästchen sicher keine weitere Frage mehr stellen. — Sehet, wir sind schon bei einem; blicket nur hinein, und ihr werdet euch erstaunen, was Alles ihr da auf einen Blick erschauen werdet. — Na, na, ihr fangt euch ja gar an hier zu krümmen, als wenn euch eine grimmige Kolik erfaßt hätte! — Was ist es denn? — Ich finde nichts Neues; es sind ja Erscheinungen von eurer Erde, ganz so, wie sie dort vorkommen. — Ihr sehet hier nichts anderes, als eine Menge Weiber über schmutzigen Bretern liegend, die noch ganz passabel fleischig aussehen; nur der alleinige Umstand, — daß ganz wüthend sinnlich aussehende und wirklich seiende männliche Wesen zwischen den Weibern herum gehen, und mit spitzigen Messern Löcher in das Fleisch der Weiber hineinschneiden, und sodann in diese frischen Wunden ihre Genitalien appliziren; ferner daß Weiber den Männern die Hände binden, sie dann an einen Pfahl mit einem Stricke befestigen, sich dann über die männlichen Geschlechtstheile hermachen und dieselben wie mit glühenden Zähnen zerfleischen, und daß noch ferner wieder umgekehrt die Männer den Weibern die Brüste ausreißen und dieselben an ihre Geschlechtstheile hängen, ja manche sogar schon am ganzen Leibe mit solchen ausgerissenen weiblichen Brüsten behangen sind, und daß dieses Schandwerk freilich wohl gar stark blutig aussieht, — ist aber auch Alles, worüber ihr euch so entsetzet, also der ganze Umstand! — Ihr saget nun: Nein aber das ist denn doch etwas übertrieben: — Ich sage euch aber: Mit nichten; denn wenn ihr auf eurer Erde die fleischliche Begierde, wie verschieden dieselbe artet, nur auf einem Flächenraume von einer Quadratmeile mit geistigen Augen beschauen könntet, ihr würdet noch ganz andere Dinge zu sehen bekommen. — Ihr könnt es glauben, wenn so manchen Erdbewohner nicht mit Strafen sanktionirte staatliche und bürgerliche Gesetze abhalten würden, wahrlich, ihr würdet Wunderdinge schauen, welch' wahrhaft höllischer Erfindungen voll die fleischliche Lust an's helle Tageslicht treten würde! — Habt ihr noch Lust, das nächste Haus schon zu beschauen? — Ihr schüttelt mit eurem Kopfe! — und so will ich euch denn auch nicht weiter führen, sondern sage euch nur kurzweg, daß ihr nichts Besseres, sondern stets nur Schlimmeres erschauen würdet. So würdet ihr z. B. schon in dem nächsten Hause alle möglichen Arten von den sogenannten Knabenschändungen erblicken. — Wenn ihr weiter dringen würdet, da würdet ihr erschauen, wie allda junge Mägde von den Fleischsüchtigen zur Unzucht verleitet und verlockt werden. — Da aber jedoch der Anblick der ferneren fleischlichen Gräuel euch mehr schaden als nützen könnte, so ist es besser, daß ihr Solches nicht schauet. — Solches aber muß ich euch dennoch berichten, daß, je weiter man da hineindringt, man die Menschen dem Außen nach gewisserart noch stets fleischiger und vollkommener erblickt, als dort weiter gegen den Strom zu. Der Grund liegt darin, weil diejenigen gegen den Strom zu schon mehr enthüllt und ihres Fleisches lediger sind denn diese, die da tiefer hinein wohnen. — Sehet nur dahin recht weit in diesen schmutzigen Graben hinein, da werdet ihr sogar einige mehrere Häuser in Flammen erblicken; ihr fraget: Was bedeutet denn Solches? — Das bedeutet, daß dort diese fleischliche Lust in Böses ausartet, welches da ähnlich ist der Eifersucht bei euch auf der Erde. — In ein solches Haus dürftet ihr nicht hinein blicken; denn ein solcher Anblick würde euch in unvorbereiteten Zustande das Leben kosten! — Somit haben wir in dieser Schlucht auch nichts mehr zu thun, und wollen uns daher für's nächste Mal einem andern Dorfe nähern, und werden da sehen, wie es etwa dort zugeht. — Ich sage euch: Machet euch ja etwa keine gute Hoffnung; denn allda werden wir noch ganz andere Dinge zu schauen bekommen! — Und so lasset es gut sein! —

## 91.
(Am 14. December 1842 von 4 bis 7 Uhr Abends.)

Bevor wir uns diesem anderen Thale nähern, will Ich euch noch eine Frage, die ihr an mich gestellt habet, kurz beantworten. — Ihr möchtet wohl wissen, ob Solches nicht etwa gar die Hölle ist, was ihr da gesehen habt? — Ich kann euch darauf weder Ja noch Nein zur Antwort geben, sondern Euch nur sagen, daß Solches, was ihr da gesehen habet, wohl höllischer Art ist, aber die Hölle an und für sich nicht; denn was sich da zeigt, ist nichts Anderes, als eine für sich abgeschlossene Anschauung des Lasters, vorzugsweise in Hinsicht auf die Begierlichkeit des Menschen. — Allda ihr gesehen habt die verzehrtesten Wesen, allda ist auch das Laster schon im ähnlichen Zustande; allda ihr aber noch vollkommenere Erscheinungen fleischlich thätig gesehen habet, da ist die Lasterthatkraft aus der argen Begierde heraus auch noch mit der Lasterthätigkeitsfähigkeit mehr und mehr und mehr verbunden. — Solches giebt sich ja auf eurer Erde klar und deutlich kund; denn ihr werdet doch schon gar sicher auf Menschen gekommen sein, die durch vielfaches Sündigen ihre fleischliche Natur so ganz und gar verwüstend herab gestimmt haben, daß sie dieselbe durch alle künstlerischen Reizmittel nicht wieder mehr für einen völligen Fleischeslustgenuß zu erwecken im Stande sind. — Sehet, solche erscheinen hier im Vordergrunde, weil sie dann und wann doch einen Gedanken in sich aufkommen lassen, der ihnen die Nichtigkeit und Vergänglichkeit alles solchen Genusses zeigt. — Im Hintergrunde aber habt ihr erschaut diejenigen, wo die Kraft der Begierde auch mit der Lasterthatkraft mehr und mehr im Einklange steht. — Da sehet nur ähnliche Menschen auf der Erde; so lange sie noch bei solchen Kräften sind, wie sie förmlich hazardiren und, wie ihr zu sagen pflegt, das sogenannte Schindluder treiben mit ihrem Leibe. — Aus diesen könnt ihr nun ersehen, daß das von euch Geschaute weder die Hölle noch die Nichthölle, sondern nur das Höllischgeartete des Lasters erscheinlich ist; — und da wir nun Solches wissen, so verfügen wir uns mit eben dieser Kenntniß zum nächsten vorbesagten Thale. — Sehet, dieses Thal ist von diesem uns bekannten nur durch einen niederen und ziemlich schmutzigen Gebirgsrücken getrennt. Wir dürfen somit nur diesen übersteigen, und wir werden sobald das Wesen des anderen Thales erschauen. — Ihr wollt es, und sehet, wir sind schon auf der Höhe des Bergrückens. — Sehet da unten das neue Dorf; wie gefällt es euch? — Ihr saget: In der Entfernung nimmt es sich beinahe besser aus, als das vorige; nur der Umstand, daß es sich mehr abendlich befindet, läßt uns nicht viel Gutes erwarten von selbem. — Ja, ja, ihr habt Recht; also wird es auch sein. — Ihr fragt mich, warum denn diese Gebäude viel größer sind, und im Ganzen viel respectabler, denn die des früheren Dorfes? — Ich sage euch: Bewegen wir uns nur alsogleich hinab in das Dorf, und zwar zu seinem Anfange, und ihr werdet sobald die Antwort auf eure Frage finden. — Nun, da wären wir schon vor dem ersten Hause; es hat eine nach vorne hinaus abgerundete und schmutzigweiß übertünchte Wand, hat aber kein Fenster, wie auch keinen Eingang von dieser vorderen Seite. — Ihr fraget: Warum denn Solches? — Weil diese Seite dem Morgen zugekehrt ist, und dieser ist ein Gräuel für die Bewohner dieses Dorfes. Sonach müssen wir uns schon ein wenig hinter das Gebäude begeben, welches freilich wohl etwas bergan steht, um den Inhalt eines solchen Wohnhauses zu erspähen. Sehet, da ist schon ein geräumiges Fenster; seht einmal hinein, und saget mir, was ihr da erblickt habet. — Oho, ihr fallet gleich beim ersten Hause schon zurück; was wird es dann erst beim nächsten Hause mit Euch für eine Bewandtniß haben? — Ihr saget ganz erstaunt: Um Gotteswillen, das ist unerhört, unmenschlich, undenkbar! — Im Hintergrunde saß auf einer breiten Bank ein förmliches menschliches Ungeheuer; es hatte eine übermenschliche Dicke, einen mehr als das halbe Zimmer einnehmenden und gar abscheulich herabhängenden Bauch; vom Halse saß eine schmutzige Fettwurst auf der andern. Vor ihm standen eine Menge ganz abgemagerter Skeletmenschen, und drängten sich zu diesem allergrauslichsten Fettwanste hin, und baten ihn, daß er sie auffressen möchte! — und wirklich hatte dieses Ungeheuer auf einem starken Tische vor ihm mehrere schon ganz abgemagerte Menschengerippe. Einige aber im Hintergrunde fluchten diesem Ungeheuer, und wollten wüthend auf dasselbe losstürzen; aber sie wurden abgehalten von denjenigen, welchen das Ungeheuer versprach, von ihrem Fleische auch etwas zu verzehren, und dasselbe in sein Fett zu verwandeln. — Ihr fraget nun freilich: Was soll es denn mit diesem sonderbar greuelhaftesten Bilde für eine Bewandtniß haben? — Solches mag begreifen, wer es will; wir begreifen es einmal nicht. — Ich aber sage euch, meine lieben Brüder und Freunde! Wenn ihr Solches nicht auf den ersten Augenblick begreifet und fasset, so müsset ihr ja völlig blind auf euerer Erde herum wandeln. — Ist das nicht ein ganz vortreffliches Bild eines Wucherers, und ganz besonders eines selbstsüchtigen Hauptindustrieritters, der sich zu seiner Lebensaufgabe gemacht hat, Alles aufzuspeisen, was ihn nur immer zinserträglich umgiebt. — Bestimmt einmal die sättigende Grenze eines solchen Wucherers; geht seine Begierlichkeit nicht in's Unendliche? — Würde er sich wohl nur das geringste Gewissen machen, so er die Schätze und Reichthümer der ganzen Welt an sich zu reißen vermöchte? — Wird er wohl eine Thräne vergießen, wenn er das Leben aller Wittwen und Waisen der Erde an sich reißend aufzehren könnte? Ja ich sage euch: Die Armen laufen noch haufenweise zu ihm hin, und opfern ihm all' ihre Habe und Kräfte; für den schnödesten Sold lassen sie sich von ihm nahe ganz aufreiben und aufzehren; andere tragen ihre wenigen Schätze zu ihm hin, und preisen sich glücklich, so er dieselben nur gegen einen elenden Zins angenommen hat; ja viele Betrogene gehen so weit, daß sie es förmlich für eine Nothwendigkeit einsehen, daß sie von ihm nach Gestalt der Dinge ohne sein Verschulden haben geprellt werden müssen. Einige ebenfalls Habsüchtige, aber dabei doch weltlich unkluge arme Teufel, die Lumperei dieses Reichen einsehend, drohen ihm mit der Vernichtung und mit dem Tode; allein die Interessenten unserer Wucherer, einsehend, daß sie mit dem Tode desselben noch eher zu Grunde gingen, denn also bei der vollkommenen Sättigung desselben, verhindern so viel als möglich einen solchen Gewaltstreich. Nun, was sagt ihr denn nun zu diesem Bilde? Ist es nicht vortrefflich, und zeigt dieses Laster im enthüllten Zustande, wie es ist? — Solches aber ist nur ein gutmüthiger Anfang; gehen wir daher zum nächsten etwas größeren Hause, und betrachten desselben Inhalt; und ihr werdet sehen, unsere Sache wird sich, wie gesagt, immer besser machen. — Sehet, wir sind schon am rechten Fenster. Ihr müßt recht scharf hinein sehen; denn weil das Haus größer ist, und wie ihr sehet, von rückwärts nur zwei verhältnißmäßig kleine, schmutzige Fenster hat, darum ist es inwendig bedeutend finster. Also darum nur scharf geschaut! — Habt ihr schon gesehen, was sich da drinnen Alles vorfindet? — Ihr bebet zurück; das gilt mir schon für ein sicheres Zeichen, daß ihr den Inhalt gehörig gesehen habet. — Aber ihr könnt nicht reden; ich will es euch auch recht gerne glauben; denn dergleichen Anblicke machen selbst uns starke Geister gewaltig stutzen, und das besonders aus dem Grunde, weil sie eben jetzt stets vielfältiger und großartiger werden. — Ich sehe aber hier, daß es nothwendig sein wird, euch das Geschaute vorzusagen, weil ihr für ein solches Bild nicht leichtlich die rechten Worte finden dürftet. Ihr sehet hier ebenfalls im Hintergrunde ein ganz scheußlich fett gemästetes Wesen; dieses Wesen hatte einen ganz entsetzlich aufgetriebenen Bauch, sein Kopf hatte einen großen Rachen gleich dem einer Hyäne, seine Arme waren gestaltet wie ein paar allerkräftigste Riesenschlangen, seine Füße waren gleich denen eines Bären. Auf seinem überaus großen Bauche war eine Art Altar aufgerichtet; in der Mitte dieses Altars ging ein zweischneidiger Spieß in die Höhe; auf diesem Spieße erblicket ihr eine Menge abgemagerter Menschenwesen aufgesteckt; ein Schlangenarm war stets beschäftiget, die Gespießten vom Spieße herabzunehmen, und sie dem Rachen des Vielfraßes zuzuführen; ein anderer Schlangenarm griff stets nach allen Seiten herum nach den armseligen in dieses schauerliche Gemach unglücklich verbannten Menschen, und den nächsten besten, den er ergriff, erdrückte er, und schleuderte ihn dann auf den Spieß seines Bauchaltars. — Das große Jammern der Unglücklichen machte seinen Arm nur um so thätiger; — sehet, das ist das Bild, was ihr geschauet habet. — Wie gefällt es euch? — Ihr saget: Ganz entsetzlich grauenerregend schlecht! — und saget ferner: Das ist denn doch etwas zu stark; auf der Erde geht es zwar arg zu; aber was dieses Bild betrifft, so scheint es doch offenbar eine bedeutende Uebertreibung zu sein! — Ich sage euch aber: Hier ist weder zu viel noch zu wenig, sondern allezeit die nackte Wahrheit. — Blickt nur auf eurer Erde diejenigen Handelsindustriehelden an; nehmet einen Maßstab, und bemesset den Rachen der Habsucht an denselben, dann prüfet seine Arme, wie dieselben beschaffen sind, und ihr werdet finden, ob sie nicht völlig diesem gleichen. Der Eine ist beschäftiget stets einzuscharren, der Andere auf allen Wegen, durch Schlauheit, List oder Gewalt Beute zu machen. Wenn er gar leichtlich einen Fang gemacht hat, so wird dieser alsogleich als ein Opfer der Habsucht auf den euch schon bekannten Altar gesteckt. — Aber ihr fraget: Warum befindet sich denn dieser Altar gerade auf dem Bauche dieses Ungeheuers? — Weil unter dem Bauche zu verstehen ist die allerschmutzigste Art der Habsucht, Selbstsucht und Eigenliebe. — Der große Bauch bezeichnet die übermäßige Art solcher Liebe, und der Altar auf dem Bauche bezeichnet das weltlich Ehrsame und Erhabene, und somit die stolze und hochmüthige Art dergleichen großartiger Industrieritter. — Was bedeutet denn das aufgestellte zweischneidige Wert oder der Spieß am Altare? — Solches solltet ihr wohl auf den ersten Augenblick errathen; habt ihr denn noch nie etwas vom Handels- und Wechselrecht gehört? — Sehet, da ist es auf dem Altare! — Daher darf sich nur irgend ein armseliges Wesen fangen lassen, so wird es ergriffen, und ohne alle Gnade, Schonung und Pardon auf das Recht hinauf gesteckt, und somit mit solchem Rechte alsogleich zu Tode gespießt. — Ihr fraget noch: Wer sind denn dann die vielen Armseligen, die da fleißig abgefangen werden, und warum ist der Spieß zweischneidig? — Die vielen Armseligen sind allerlei Menschen; ein Theil, die dem Fange zunächst ausgestellt sind, sind die Kleinhändler, ein Theil, welche ihre Producte nothgedrungen an einen solchen Großspeculanten abliefern müssen, ein dritter Theil sind allerlei arme auswärtige Völker, die mit solch' einem Hause in Handelsverbindungen stehen, ein vierter Theil sind andere kauflustige Menschen, ein fünfter Theil anderweitige Handelscompagnons, ein sechster Theil die dem Hause dienende Classe, und noch ein siebenter Theil sind solche, die unter allerlei Rücksichten und Beziehungen von einem solchen Hause abhängen. Für alle diese Classen ist der zweischneidige Spieß in steter Bereitschaft; — aber wir hätten bald vergessen, was die doppelte Schneide des Spießes bedeutet? — Solches ist ja doch auch leicht mit den Händen zu greifen; die eine Seite bedeutet die kaufmännische Handelspolitik. Was bedeutet denn dann die zweite Schneide? — Dasjenige, worauf sich die Handelspolitik stützet. — Worauf stützt sie sich aber? — Auf das ihr eingeräumte Recht jeden Zweig ihrer Handlung also zu ergreifen, daß es ihr die sicheren Wucherprocente abwirft. — Versteht ihr Solches? Solltet ihr Solches nicht genau verstehen, so schlaget irgend nach, und sagt es mir, wo dem Handelsstande der Gewinn gesetzlich vorgeschrieben ist? — Also schneidet der Spieß auf beiden Seiten; für's Erste durch die euch wohlbekannte kaufmännische Politik, und auf der anderen Seite durch die unbeschränkte Gewinnsucht; und diese beiden Schneiden sind mit dem Handelsrechte so eng verbunden, wie die zwei Schneiden mit einem Schwerte. Nun sehet, ist das Bild nicht treffend? — und zeigt, wie ich gesagt habe, nicht mehr und nicht weniger, als die nackte Wahrheit. — Ihr saget nun: das Bild ist richtig; aber hier bleibt uns auch kein Zweifel mehr übrig, daß es ganz rein in die unterste Hölle gehört! — Ihr habt im Grunde nicht ganz Unrecht; allein es bleibt beim früheren Ausspruche. — Denn dieses Alles bezeichnet nur ganz für sich allein das Laster, ohne darauf abzusehen auf diejenigen Personen, welche solch ein Laster wirklich verüben; — daher ist es also höllischer Art, aber nicht wirklich die Hölle selbst; — denn würdet ihr Solches in der wirklichen Hölle zu schauen bekommen, da erginge es Euch ganz anders schon bei einem fernen Anblicke, als es euch hier ergeht in der vollen Nähe eines solchen Lasterbildes. — Sehet, es giebt noch eine Menge solcher Häuser in dieser schmutzigen Schlucht; aber da in denselben das Laster der Habsucht stets innerlicher und daher um's Unaussprechliche gräuelhafter dargestellt wird und ihr schon den nächsten Anblick nicht mehr ertragen würdet, so lassen wir die Sache mit diesen zwei geschauten Häusern beschlossen sein; denn wenn dieses Laster erst in die Sphäre der brennend habsüchtigen Eifersucht übergeht, da wird es dann aber auch schon ganz rein höllisch, und ist somit nicht geeignet für eure schwachen Augen. — Daher wollen wir uns für's nächste Mal lieber in ein drittes Thal begeben; allda werden wir noch ganz neue Erscheinungen zu Gesichte bekommen, — und so lassen wir es für heute bei Dem bewendet sein!

## 92.
(Am 15. December 1842 von 4¼ bis 6¼ Uhr Abends.)

Um dieses dritte Thal zu erreichen, werden wir wieder nichts zu thun haben, als uns über diesen freilich wohl etwas höheren Gebirgsrücken zu begeben. Ihr wollt, und sehet, wir sind schon auf der Höhe. — Da sehet nur hinab noch mehr gegen Abend, und das besagte nächste Dorf kann eueren Blicken nicht entgehen — Ihr saget, und fraget: Lieber Freund und Bruder! außer einigen plumpen Erdaufwürfen können wir nichts entdecken, das da einem Dorfe gliche. — Ich sage euch aber: Ihr sehet schon ohnehin recht; denn sehet nur hinein, so weit ihr es vermöget in den stets enger und finsterer werdenden Graben, und ihr werdet dergleichen Erdaufwürfe in großer Menge entdecken. — Ihr saget: Da kann ja doch Niemand darin wohnen unter was immer für einer Lastergestalt; — ich aber sage euch: Lasset die Sache nur gut sein! bis wir diese Erdaufwürfe erst vollends werden erreicht haben, wird sich die Sache alsogleich anders gestalten; und so ihr denn wollet, da begeben wir uns hinab. — Nun sehet, wir wären da, und zwar vor dem ersten Erdaufwurfe; — was saget ihr dazu? Ihr zucket mit den Achseln; ich aber sage euch: Tretet nur ein wenig näher, aber nicht gar zu nahe, so werdet ihr sobald mit dem Achselzucken aufhören. — Ihr fraget, warum ihr denn da nicht gar zu nahe hinzutreten dürftet zu solch einem ganz unschuldig scheinenden Erdaufwurfe? — Auch darüber werdet ihr bei der gerechten Annäherung alsogleich den gehörigen Aufschluß bekommen; und so denn tretet ein wenig näher! — Warum springt ihr denn gar so gewaltig zurück? Ich habe es euch ja gesagt, daß diese Erdaufwürfe nicht so leer sind, als sie dem Auge von einer Entfernung erscheinen. Ihr saget jetzt: Aber um Gottes willen! was ist Solches! Wie wir uns nur um ein paar Schritte diesem Erdhaufen mehr genaht haben, da steckte sobald eine Anzahl der uns bekannten giftigsten Schlangen ihre Köpfe aus den kleinen unsichtbaren Löchern heraus, und sperrten ihren giftigen Rachen auf; und wahrhaftig, wenn wir nicht so schnell davon gesprungen wären, so wären sie sicher auf uns losgestürzt, und hätten uns einen tüchtigen Schaden zufügen können. — Sind denn diese Erdhaufen lauter Schlangenwohnungen? Giebt es da nirgends etwas dem Menschen Aehnliches? — Ich sage euch: Um Solches zu erfahren, müssen wir diesen Erdhaufen von der nördlichen Seite betrachten, wo er aber freilich wohl am allergefährlichsten zugänglich ist; daher müßt ihr hinter mir einher gehen, und ganz verstohlen hinter meinem Rücken hervorblicken, und ihr werdet dann schon das Rechte erschauen. — Also kommet! — Seht, wir sind schon an der rechten Stelle; nun merket wohl, da zu unterst des Erdhaufens geht ein Loch in denselben nach der Art eines Fuchsgeschleifes bei euch: Da sehet recht genau hinein, und ihr werdet sobald etwas Anderes erblicken. — Wann ihr aber Etwas erschaut habet, und möge es von noch so entsetzlicher Art sein, da müßt ihr euch aber dennoch ganz still und ruhig verhalten; denn eine zu heftige Bewegung oder ein unzeitiges Angstgeschrei könnte die Folge haben, daß wir alle allerreichlichst die Flucht ergreifen müßten. Nun, habt ihr schon hinein gesehen? Ihr bejahet es ganz dumpf; — nun ist's gut. Bevor wir die Sache ausmachen wollen, begeben wir uns nur so schnell als möglich so hübsch fern von dem Haufen; denn in der Nähe ist nicht gut reden darüber; — denn dieser Erdhaufen hat viele tausend Ohren ausgesteckt, und ist auf der Lauer; daher kann man nur in einer gerechten Entfernung über sein Verhältniß sprechen. Erzählt mir nun, was ihr gesehen habet. — Ihr saget: O lieber Freund und Bruder! schrecklich, überschrecklich, ja entsetzlich war der Anblick! — Im Hintergrunde sahen wir ein Wesen kauern; dieses hatte das Aussehen eines allerscheußlichsten und schrecklichsten Drachen! — Dieser Drache hatte wohl einen menschenähnlichen Kopf; aber anstatt der Haare war eine unzählige Menge der giftigsten Schlangen zu sehen, welche sich nach allen Seiten herum krümmten und herum schauten mit ihren feurigen Augen, ob sich kein Raub oder keine Beute dieser schauerlichen Wohnung nahe. Mehr gegen den Vordergrund an den Wänden herum sahen wir dann wieder eine Menge elender menschlicher Gestalten, welche an Händen und Füßen mit Ketten geknebelt waren; und eine Menge freier Schlangen kroch um dieselben herum, biß ihnen die Adern auf, und saugte ihnen das Blut heraus. Das scheußliche Wesen im Hintergrunde aber hatte in seiner rechten mit einer Schlange umwundenen Hand ein glühendes Schwert, und in der anderen Hand wie eine zusammengewundene Schriftrolle; diese Rolle entblätterte nicht selten eine Schlange, die da umwunden war um seinen linken Arm, und züngelte in der entblätterten Schriftrolle herum, als wollte sie das im Hintergrund sitzende Ungeheuer auf Etwas ganz besonders aufmerksam machen. Nach solchem Acte sahen wir, daß aus einem finsteren Hintergrunde von einer Menge Schlangen sobald mehrere höchst unglücklich scheinende menschliche Wesen hervor gezogen wurden; über diese schwang das im Hintergrunde sitzende Ungeheuer alsbald sein glühendes Schwert, zerfleischte einige, und andere aber ließ es durch die Schlangen, die da Menschenarme hatten, wieder mit Ketten belegen, und den andern beigesellen. — Solches haben wir gesehen, und nicht mehr und nicht weniger. — Ich sage euch: Noch um's Unbegreifliche viel Aergeres, als dieses Bild es bezeichnet, giebt es in eben dieser Hinsicht auf der Erde. Rathet aber nun einmal, was da unter diesem Bilde für ein Laster steckt? — Sehet, dieses Bild entspricht der weltlich tyrannischen Herrschsuchtspolitik. Alles, was sich der Herrschsucht nähert, nähert sich auch dem Inwendigen nach ganz charakteristisch diesem Bilde; ihr dürfet aber darunter nicht etwa die weise Staatsklugheit gerechter von Gott gesalbter Regenten und Könige verstehen, welche natürlicher Weise ihre Völker überwachen müssen, damit die Völker durch ihre gegenseitige große Bosheit sich nicht entweder allzusehr verderben, oder gänzlich zu Grunde richten; sondern unter dem Bilde wird nur diejenige höllische Verschmitztheit verstanden, so Menschen was immer für eines Standes oder Ranges sich auf dem Wege der schändlichsten Kriecherei suchen irgend einen Herrschposten zu verschaffen; und haben sie sich irgend einen solchen verschafft, so verschanzen sie sich alsogleich mit einer nach Außen scheinenden Demuth, Unansehnlichkeit und vollster Anspruchslosigkeit; aber diese ihre Wohnung ist voll lauschender Schlangen, welche da gleich sind den kriechenden, allerverschmitztesten geheimen Spionen, welche auf das Sorgfältigste nach Außen herum blicken, ob sich nichts Gefährliches einer solchen anscheinenden Anspruchslosigkeit verderblich nahen möchte. — Hat sich Etwas genaht, so wird dasselbe alsogleich ergriffen, und durch ein verdecktes, geheimes Geschleif vor den anspruchslosen Inhaber dieser Wohnung gebracht. — Daß es einer solchen Beute in solch einer anspruchslosen Wohnung nicht am Besten ergeht, Solches habt ihr an dem Bilde gesehen. Die Schlangen auf dem Kopfe statt der Haare bezeichnen das rastlose Streben nach noch stets größerer Gewalt; das glühende Schwert in einer Hand, welche mit einer Schlange umwunden ist, bezeichnet eine erschlichene Herrscherstelle, d. h. irgend ein Amt oder Fach, welches solch einen Herrschsüchtigen berechtigt, die ihm anvertraute Macht auszuüben; daß das Schwert glühend ist, bezeichnet die unerbittliche Strenge oder das tyrannische Wesen. Daß die Hand mit einer Schlange umwunden ist, bezeichnet, daß solch ein Schwert mit großer Schlauheit gehandhabt wird. — Die Rolle in der linken Hand, welche Hand ebenfalls mit einer Schlange umwunden ist, bedeutet die Verschmitztheit solch eines Herrschsüchtlers, in deren Plane Niemand hineinblicken darf, als nur seine große Schlauheit. — Daß ihr die Menschen habet mit Schlangen aus einem Hintergrunde hervorschleppen gesehen, besagt, daß des Tyrannen vielfache Schlauheit sie gefangen genommen hat. Die großen Schlangen mit den Menschenarmen, welche den Gefangenen die Ketten anlegen, sind die gedungenen Helfershelfer des Tyrannen; die Ketten aber bezeigen den vollkommenen Sclavenzustand Derjenigen, die unter dem Schwerte einer Solchen stehen. — Nun hätten wir Alles entziffert; aber ihr saget: Das Bild scheint zwar richtig, aber bei allen Dem dennoch etwas stark aufgetragen zu sein. Ich will euch nur auf einzelne Beispiele aufmerksam machen, deren die Erde besonders in eurer jetzigen Zeit in großer Fülle besitzt, und ihr werdet daraus gar leicht ersehen, ob dieses Bild zuviel sagt. — Damit ihr aber nicht lange zu denken brauchet, so mache ich euch für's Erste auf alle die bösartigen Meuterer aufmerksam, welche zumeist von höherem Standpunkte ausgehend sich nach der Durchführung ihrer bösen Plane zu den größten Scheusalen der Menschheit aufgeworfen haben, Robespierre ist noch beiweitem nicht der ärgste unter den zahllos Vielen, welche die arme Menschheit der Erde vielfach leiblich und geistlich in's nahmenlose Unglück gestürzt haben; und eben solche wahrhaft höllisch-satanische Politik von dergleichen Menschen wird unter diesem Bilde nur oberflächlich gezeigt. Wenn es räthlich wäre, euch diese in den tiefer liegenden Erdaufwürfen zu zeigen, wahrlich, ihr könnt es mir glauben, schon bei dem nächsten Haufen wäre auch der Beherzteste aus euch nicht im Stande, nur einen Buchstaben mehr auf das Papier zu bringen; denn solches Alles gehört der allerunterstenen und somit auch bösartigsten Hölle an. — Ihr habt von der Höhe hinab gesehen, welch eine große Menge solcher Erdaufwürfe diese schaudererregende Thalschlucht in sich enthält; darüber kann ich euch nur Das sagen, daß es in einem jeden Erdaufwurfe um's Zehntausendfache ärger zugeht, als in einem vorhergehenden. — Und Solches ist genug; denn ich muß es euch offen gestehen: Nur die allermächtigsten Engelsgeister, welche mit aller möglichen Kraft vom Herrn eigens dazu ausgerüstet werden, können unbeschädigt dieses Thal passiren, ich aber möchte mit euch nicht einmal bis zum dritten Erdaufwurfe dringen; denn so lange solche Herrschsucht nur Weltliches im Auge führt, wie ihr es in diesem ersten Erdaufwurfe gesehen habt, so lange ist es dem Geistigen bei gehöriger Vorsicht auch nicht schädlich; — so aber, was schon beim zweiten Erdaufwurfe ziemlich stark der Fall ist, diese Herrschsucht auch in's Geistige ihre Schlangenarme streckt, da muß sich auch schon ein jeder Geist gar streng in Acht nehmen, sich einem solchen Erdaufwurfe ja nicht zu nahen! — Und so denn wollen wir uns mit der Aussicht dieses Thales vollends zufriedenstellen; für das nächste Mal aber will ich euch in dieser nördlichen Gegend auf eine sichere und günstige Anhöhe führen, von welcher aus wir einen allgemeinen Ueberblick über die mannigfachen Verhältnisse eben dieser nördlichen Gegend werfen wollen, — und somit gut für heute! —

## 93.

(Am 16. December 1842 von 4—6½ Uhr Abends.)

Um aber auf diese günstige Anhöhe zu gelangen, werden wir uns gegen die morgige Seite dieser allgemeinen Nordgegend ziehen, und von dort aus erst unsere Höhe besteigen; denn die Gegend mehr nordwärts hin ist zu sehr ungeheuer, um in selbiger irgend eine Reise weiter fortsetzen zu können, — und zudem werden wir sie von der Höhe ohnedieß auch überblicken können. — Und so denn begebet euch mit mir, und wir wollen nach geistiger Art sobald als möglich an Ort und Stelle sein. — Sehet, wir sind schon da beim ersten Thale, und da sehet hin zu dem Flusse, allda werdet ihr das uns zuvor begegnete Paar erschauen, wie sich dasselbe in dem Wasser des Flusses reiniget, und zum Theil auch schon ein merklich besseres Aussehen gewinnt. — Ihr fraget, was Solches bezeichne? — Solches bezeichnet denjenigen Zustand des Menschen, so er dieses fleischlichen Lasters satt und müde geworden ist, und bekommt dann eine reuige Sehnsucht sich zu bessern, solcher Sünde völlig zu entsagen, und sich darum nach aller Möglichkeit zu reinigen von allem Uebel der Sünde. — Ihr sehet, wie schwer solche Reinigung ist; und wenige Buchten hat dieser Strom, welche für solche, wie ihr zu sagen pflegt, abgelebte Sünder zugänglich sind. Und da darf er sich ja nicht so weit hinein wagen; denn für's Erste sind die Fluthen des Stromes zu reißend, und zugleich von solchen Erscheinlichkeiten, die solche Büßer zu verschlingen drohen. — Wenn sie aber muthig in ihrer Bucht beharren, so werden sie aber dennoch immer stärker und geheilter, bekommen endlich stets mehr Muth und wann sie zur vollen Kraft gelangt sind, so können sie sich gegen den Strom aufwärts bewegen nach der Richtung hin zwischen Morgen und Mitternacht, von wannen der Strom herkommt; und wann sie sich bis dahin gebracht haben, wo ihr vor uns in ziemlicher Ferne zu beiden Seiten des Flusses einen Hügel erblicket, so habet ihr die einzige Brücke über diesen Fluß erreicht, über welche sie an das jenseitige Ufer, und sodann in die abendliche Gegend gelangen können. Was es da mit der abendlichen Gegend für eine nähere Bewandtniß hat, werden wir dann gar wohl erkennen, wenn wir dieselbe alsogleich nach dieser nördlichen Gegend bereisen werden. — Da ihr nun Solches wisset, so lasset uns sogleich auf unsere bedingte Höhe erheben, um von da diese Nordgegend näher zu beschauen. — Ihr fraget schon wieder, ob man von da diese Höhe nicht erblicken kann? — O ja, sehet nur da hinauf in der ziemlichen Ferne jene höchste weißlich-graue Gebirgskuppe; das ist unser bestimmter Standpunkt. — Es graut euch wohl ein wenig vor solch einer schwindelnd hohen Gebirgsspitze; allein Solches thut nichts zum Schaden der Sache, denn wir werden sie eben so leicht ersteigen, wie diesen Punkt, auf dem wir gegenwärtig stehen, und so ihr wollet, machen wir uns auf den Weg. Ihr wollet, und sehet, wir sind schon an Ort und Stelle. — Sehet, es ist ziemlich viel Raum auf dieser Spitze; nur müßt ihr euch nicht allzusehr einem oder dem anderen Rande nahen, und besonders demjenigen am allerwenigsten, der da nach dem tieferen, wie ihr sehet, ganz stockfinsteren Norden zugewendet ist. — Und so tretet denn hierher zu mir, und sehet da hinab! Sehet die drei Gräben in ziemlicher Ferne von uns dort gegen Abend hin; es sind die uns schon bekannten. Aber nach diesen Dreien erblicket ihr noch sieben; und wenn ihr recht genau schauet, so werdet ihr sie voll Löcher erblicken, aus welchen sich ein graudunkler Rauch erhebt. — Ihr fraget, was Solches bezeichne? — Solches bezeichnet jenen Zustand des Menschen in seinem Leibesleben, der da das Wahre kennt, dasselbe absichtlich in's Falsche kehrt und dann aus seiner innern Bosheit dagegen handelt. Die Löcher, die da offen stehen gegen das einfallende Licht vom Mittag her, bezeichnen die Erkenntniß der wirklichen Wahrheit; der entstiegene Rauch aus diesen Löchern aber bezeichnet die freiwillkürliche Verkehrung göttlicher Wahrheit in eitel Falsches. — Das verborgene Feuer, dem dieser Rauch entsteigt aber ist das verborgene Grundböse, das da folget dem höchsten Grade der Eigenliebe und der daraus hervorgehenden Herrschsucht. — Aus diesem Grundbösen heraus wird aller gute Same des Lichtes in den Samen des Unkrautes verwandelt; und dieses Unkraut wird dann von diesem Feuer entzündet, verbrannt und löset sich dann in diesen euch sichtbaren Rauch auf. — Diese sieben Thäler erblickt ihr auch durch Gebirgsrücken von einander abgesondert, und einen jeden Gebirgsrücken sehet ihr bestehen aus zehn Hügeln; ein jeder Hügel ist wie mit einer Capelle gezieret. — Was bedeutet wohl Dieses? Diese zehn Hügel bezeichnen allenthalben das erhabene mosaische Gesetz; die Capellen auf den Hügeln bezeichnen die Weisheit dieses Gesetzes, — die sieben Thäler, durch welche diese Hügelreihen abgesondert sind, aber bezeichnen das **Siebengesetz der Nächstenliebe.** — Nun aber sehet ihr in eben diesen Thälern unter einem jeden solchen Hügel ein dampfendes Loch gehen; solches besaget die Untergrabung des göttlichen Gesetzes, und die **gänzliche Verfinsterung und Zugrundrichtung der Nächstenliebe,** welches alles zusammengenommen die große Hurerei zu Babel benamset wird. Dieser Rauch aber ist ärger denn alle Pestilenz; wer ihn einmal eingesogen hat, der wird sobald also sehr betäubt und blind gemacht, daß er nicht nur im Thale selbst keine freie Stelle finden kann, sondern er kann sich drehen wie er will, und er mag nicht diejenige Stelle verlassen, auf welcher er von dem Rauche verpestet wurde. — Ihr fraget: Was dann mit einem Solchen? — Blicket nur genauer hinab, und ihr werdet leichtlich erschauen, wie aus den freilich wohl verschlossenen Capellen rettende Wesen in die Tiefe eilen und sich solchen Bedampften nahen, und sie von der Stelle hinwegziehen auf freiere Plätze; aber wie ihr auch sehet, nur Wenige lassen sich weiter bringen, die Meisten aber beharren ganz eigensinnig auf ihrem Standpunkte, und lassen sich eher von den schwarzen Boten, die diesen Löchern entsteigen, in diese Löcher geleiten, als daß sie möchten dem rettenden Zuge der stets wachenden Bewohner dieser Capellen folgen. Sehet, das ist so das eigentliche Bild eurer gegenwärtigen Welt, und bezeichnet das Wesen aller Lasterhaftigkeit bei Leibesleben der Menschen auf der Erde. — Ihr sehet aber diesen hohen Gebirgszug endlos weit diese mitternächtliche Vorgegend trennen von der wahren finsteren Mitternacht, welche ihr hinter unserem Rücken allschauerlichst und schrecklichst erschauen möget. — Bevor wir aber noch in diesen Hintergrund einen Blick senden wollen, werden wir noch unsere Blicke gegen die morgend-

liche Seite hinab senden. — Sehet, da erblicket ihr nach unseren schon
bekannten drei Mittelthälern, d. h. denjenigen, die wir persönlich besucht
haben, ebenfalls sieben Thäler. Diese stehen im Verhältnisse zu den
von uns so eben abendlich beschauten, wie ihr sehet, um's Bedeutende
höher, und sind allenthalben mit ziemlichen Dörfern bevölkert; aber ihr
sehet auch mit nur ein wenig angestrengten Augen gar leicht, wie da
nirgends eine rechte Ordnung anzutreffen ist. Nirgends zeigt sich viel
Lebendiges; die Aecker sehet ihr zumeist brach liegen, und da noch ein
Weizen- und Kornfeld ist, ragt allenthalben mehr denn drei Viertheile
Unkraut über das edle Getreide empor. — In dem letzten Thale gegen
Morgen hin nur sieht es ein wenig besser aus; aber selbst allda ist noch
mehr Unordnung als Ordnung zu erschauen. — Zugleich erschaut ihr
auch auf den ähnlichen Hügeln zwischen den Thälern, wie gegen den
Abend hin Capellen; aber nur sehr Wenige, wenn ihr recht genau schauet,
sehet ihr zu denselben hinaufwandeln. Die wohlwollenden Capellwächter
haben zwar so viel als möglich allenthalben die bequemsten Wege angelegt; aber selbst diese sind den Bewohnern dieser Dörfer viel zu un-
bequem und viel zu beschwerlich; — und wie ihr sehet, die schönen
Gärten um die Capellchen herum, vollbesetzt mit guten Fruchtbäumen,
und die schöne Aussicht von diesen Hügeln hinüber über den Strom in
die glücklichen Gefilde des ewigen Morgens vermögen diese langweiligen
Siebenschläfer nicht dahin zu bringen, daß sie sich aus ihren Schlaf-
winkeln erheben möchten und wandeln hinauf zu diesen Capellchen. —
Ihr saget: Solches ist Alles richtig, und wir sehen es mit unseren Augen; — aber was besagt denn Solches? — Lieben Brüder und Freunde!
— Hier bin ich der Meinung, daß ihr Solches wohl auf den ersten
Augenblick erkennen solltet; — und so will ich euch denn darüber nichts
Anderes sagen, als Das nur, was der Herr zu Johannes gesprochen hat
bezüglich der Gemeinde von Sardes, allda Er sagte: Weil du weder
kalt noch warm bist, sondern lau, so will ich dich aus meinem Munde
speien.*) — Mehr brauche ich wahrlich nicht; vergleichet nur euere sogenannte gute oder bessere Welt mit diesem Bilde, und ihr werdet's ganz
buchstäblich bestätigend wahr finden. — Heißt es nicht auf der Welt:
Ich thue ja ohnehin nichts Schlechtes; was gehen mich demnach die sogenannten göttlichen Gebote an? — Wenn ich ruhig bin, und Niemanden
schade, was will man denn noch mehr von mir? — Sehet, unter diesem
Grundsatze liegt die ganze Bevölkerung dieser Gegend in ihren Kneipen
drinnen und kümmert sich nicht Eins um das Andere. Wenn da Jemand
geht und um Hilfe ruft, so kommt ihm entweder Niemand zu Hilfe,
oder es raunt ihm Jemand aus irgend einem solchen Schlafwinkel zu:
Helfe dir selbst so gut du kannst, — ich werde mir auch selbst helfen,
so mir was fehlt; du gehst mich nichts an, und ich dich nichts, ein Jeder kümmere sich für sich. — Sehet, aus diesem könnt ihr eure Welt
sicher gar leicht erkennen, aber wo befindet sie sich? Ihr sehet, daß sie
für's Erste so gut von diesem verhängnißvollen Strome von allen glücklichen Gefilden abgeschnitten ist, wie die anderen gar argen Gegenden, —
und für's Zweite stößt diese Gegend eben also allernächst an dieses
Grenzgebirge zwischen Dieß- und Jenseits als diejenige Gegend, die wir

*) Offenb. Joh. 3, 16. an den Engel der Gemeinde zu Laodicea.

gegen Abend hin betrachtet haben; — und wie ihr alle diese Thäler sehet, so mündet am Ende ein jedes an dieses hohen Gebirgs Wand in einen finsteren sogenannten Tunnel oder unterirdischen Gang, welcher schnurgerade in dieses überaus finstere Jenseits führt, das sich nun hinter unserem Rücken befindet. — Ihr fraget: Was ist Dieses? — Ich aber sage euch: Indem wir die Vorgegend betrachtet haben, so wenden wir uns schnurgerade ein wenig um; — und blicket in diese jenseitige Gegend, und drei kurze Blicke werden euch mehr sagen, als ihr wissen möchtet. — Nun, ihr habet euch umgedreht; was habt ihr da erblickt? — Ihr saget: Vor der Hand noch nichts als eine stets dichter und dichter werdende Nacht. — Blicket noch einmal; was sehet ihr jetzt? — Oho, jetzt schreiet ihr: Schrecklich, schrecklich, und Elend über Elend! — Wir sehen nichts als ein Feuer um das andere, und glühende Schlangen sich krümmen in den Flammen. — Gut, jetzt blicket aber noch einmal; was sehet ihr jetzt? — Dieser Anblick, wie ich sehe, läßt euch kein Wort mehr finden; und jetzt sage ich euch: Das sich auf eueren dritten Blick euerem Auge gezeigt hat, das ist der erste Grad der wirklichen Hölle! — Es giebt noch einen zweiten und einen dritten. Solchen aber möget ihr nicht erschauen; denn schon ein allerkürzester Blick würde euch das Leben kosten, denn alldort wohnt schon der allerintensivste Tod. Solches aber habe ich euch darum gezeigt, damit ihr entnehmen möget, wohin die unterirdischen Gänge aus all' diesen Thälern unwiderruflich führen! — Wie schwer dem Geiste, ja dem materiell bösartig schweren Geiste der Rückweg wird, Solches möget ihr aus der unermeßlichen Tiefe gar leicht ersehen, die sich von diesem Gebirgsrücken allersteilst hinab zieht in einen ewig finsteren Abgrund. Mehr brauchet ihr vor der Hand davon nicht zu wissen. Dieser Standpunkt, auf dem wir uns befinden, aber ist jene freie Höhe des Menschen bei seinem Leibesleben, von welcher aus er gleichermaßen das Wahre und das Falsche, das Gute und das Böse vom Grunde aus in sich erkennt. Wer auf dieser Höhe ist, der hat des Lebens wahre Bedeutung gefunden, und kann nimmerdar verloren gehen, außer er müßte nur gleich einem Wahnsinnigen sich hinabstürzen aus dieser Höhe in den Abgrund. Solches wird er aber doch bleiben lassen; — und so denn begeben wir uns wieder von dieser Höhe hinab, allda der Nachen unser harret. Ihr wollet, und sehet, wir sind schon wieder an Ort und Stelle. — Steiget nur sobald hinein, und ich werde ihn loslösen, und euch wieder an das jenseitige glückliche Ufer führen. Ihr seid darinnen, der Nachen ist gelöst, und die Fahrt beginnt. — Sehet, dießmal tauchen noch mehrere Ungeheuer auf, und drohen uns zu verschlingen, denn bei der früheren Ueberfahrt; allein sehet, da ist schon das glückliche Ufer, jetzt mögen sie ihre Zähne in den Nachen schlagen, wir sind im Trockenen! — Und so denn wollen wir von hier aus uns gegen Abend wenden, und denselben besichtigen; doch werden wir unsere Tritte in diese bessere Gegend erst das nächste Mal setzen, — und somit gut für heute! —

## 94.
(Am 17. December 1842 von 4½—6¾ Uhr Abends.)

Sehet, da ist schon ein recht guter Weg; diesen wollen wir ganz gemüthlich fortwandeln. So ihr da hinüber blicket über die linke Hand, so erschauet ihr als Begrenzung einer weitgedehnten Ebene ziemlich hohe, aber dabei doch sanft abgerundete Gebirgszüge, welche gar schön bewachsen sind mit Zedern und allerlei anderen herrlichen Bäumen. Die Scheitel sind allenthalben frei und ist jeglicher mit einer Pyramide geziert, über deren Spitze allenthalben ein heller Stern leuchtet. Wenn ihr aber hier gerade voraus schauet, so erblicket ihr ein breites Thal, welches sich ganz gerade fortzieht und überall, so weit eure Augen reichen, recht fruchtbar aussieht. An verschiedenen Stellen dieses Thales erblicket ihr auch gar niedlich schöne Gebäude und sehet recht emsig Menschen aus- und eingehen, und sehet auch, wie gar Viele recht emsig thätig sind mit der Cultur der Felder. Nicht wahr, da kommt's euch beinahe vor, als wann ihr auf der Erde in einem schönen Thale fortwandeln möchtet, in welchem ebenfalls friedliche Landleute ihre Felder recht emsig bebauen und bearbeiten. — Wann ihr eure Blicke auf die rechte Seite hinüber wendet, so erschauet ihr ebenfalls eine weit, ja unabsehbar weitgedehnte Gebirgskette, deren Niederungen ebenfalls mit guten Bäumen überwachsen sind, und hier und da zeigt sich eine landmännische Wohnung; — aber über den Waldungen erhebt sich ein außerordentlich schroffes Steingebirge, dessen oberste Scheitel mit ewigem Schnee und Eise bedeckt sind. — Ihr saget: die Gegend ist wunderherrlich und schön; nur fehlt hier und da ein See oder irgend ein schöner breiter Strom. Wäre Solches auch noch in dieser Gegend vorhanden, so könnte man sich nicht leichtlich eine anmuthigere und zugleich auch romantisch schönere Gegend vorstellen, als diese da ist. Ich aber sage euch, meine lieben Brüder und Freunde! Habet nur eine kleine Geduld, wir werden gar bald auch dergleichen in der allerreichlichsten Menge antreffen; denn wir gehen sehr geschwind, und sind in dieser abendlichen Gegend über alle eure Begriffe weit vorgedrungen. Sehet euch nur einmal um, und bemesset die linke Seite nach dem sanften mit Pyramiden gezierten Gebirgszuge, und ihr werdet sogleich gewahr werden, wie weit wir schon vorgedrungen sind. — Ihr saget: Aber wie ist denn das möglich? — Wir können ja kein Ende dieses Gebirgszuges mehr erblicken, und es kommt uns vor, als ziehe sich dasselbe endlos weit hinter uns fort. In weitester Ferne erblicken wir nur kaum noch die schönen Sterne über den Pyramiden gleich beleuchteten Sonnenstäubchen schimmern. — Ja, lieben Brüder und Freunde, hier zu Lande reiset man außerordentlich schnell, ohne daß der Reisende die Schnelligkeit seiner Bewegung merkt. Dessen ungeachtet wir auch, wie ihr sehet, ganz gemächlich Schritt für Schritt wandeln, ist aber unsere Bewegung dennoch so außerordentlich schnell, daß sich von dieser Schnelligkeit auf der Erde Niemand einen Begriff machen kann. — Ihr könnt es glauben: Wenn es euch möglich wäre, leiblicher Weise diese Schnelligkeit auszuüben, so würdet ihr dadurch in einem Augenblicke viele Milliarden Sonnenweltgebiete durchzucken. Wie aber Solches möglich ist, darüber werden wir schon noch ein Wort wechseln. — Nun kehren wir unsere Blicke wieder vorwärts, und setzen ganz ruhig wieder unsere Reise fort. — Ihr fraget mich: Was ist denn dort im tiefsten Hintergrunde für eine schimmernde Fläche, über welcher sich im noch tieferen Hintergrunde am etwas abendlich dunklen Firmamente eine Menge recht hell leuchtender Sterne zeigen? — Geduldet euch nur; wir werden schon noch dahin kommen. Sehet euch aber etwas rechts um, und saget mir, wie euch Solches behagt? — Ich lese euren Beifall aus eueren Augen; ist das nicht ein See, wie sich's gebührt? — Sehet die Menge der schönen Inseln, welche sich über die ruhige und reine Wasseroberfläche erheben, wie sie alle bebaut sind, und eine jede Insel noch dazu mit einem niedlichen Hause geziert ist; und sehet, die vielen schönen Fahrzeuge auf dem Wasser, wie dieselben recht wohl bevölkert sind, und sich von einer Insel zur anderen bewegen. Ihr wundert euch: Ihr sehet noch nicht den hundertsten Theil; je weiter wir vorwärts dringen werden, desto ausgedehnter wird er auch. — Aber wie ihr sehet, das linke Ufer bildet noch immer eine breite Thalgegend bis zur linken Gebirgskette hin, und wir haben noch eine gute Weile zu wandeln, bis wir dieses Thal mehr eingeengt, dafür aber den See mehr ausgebreitet vor uns erschauen werden. — Sehet, da auf einem schönen grünen Hügel zu unserer linken Seite befindet sich ein recht schöner Tempel mit einem goldenen Dache; und wie ihr sehet, befindet sich auch eine Menge Menschen in diesem offenen Tempel. Ihr möchtet wohl wissen, was sie da thun? — Sehet aber da nur an das nahe Seeufer; allda entsteigt soeben einem niedlichen Wasserfahrzeuge eine Gesellschaft, die sich ebenfalls zu diesem Tempel hin begeben wird. Fraget sie nur, und wir werden von ihnen sogleich erfahren, was sie zu diesem Tempel hinzieht. So ihr euch aber nicht getrauet, da will ich ja Solches auch wohl thun; und so habet denn Acht! — Ich will Einen anreden. — Höre, guter Freund und Bruder im Herrn! was zieht euch hin in den Tempel, der da erbauet ist auf der Höhe des grünen Hügels? — Er antwortet: Freund und Bruder in dem Herrn, wie du sagst, woher bist du, daß du Solches nicht wissest? — (Ich entgegne: Was stehst du dahin, woher ich komme? —) Er antwortet: Ich sehe dahin gegen Morgen. — (Ich entgegne: Gut, so du gegen Morgen stehst, daher ich komme, wie magst mich fragen, woher ich kömme? Ich aber will es Derer wegen, die mit mir sind, daß du mir gegenüber offener Sprache sein sollst.) Der Gefragte verneigt sich und spricht: Mächtiger Bote des Herrn! ein Weiser von Morgen her, sicherlich ein dir wohlbekannter Bruder, lehrt hier die Liebe des Herrn; darum gehen wir hin, um zu hören solche hohe Weisheit. — (Ich sage zu ihm: Wie lange seid ihr schon unsterbliche Bewohner dieser Inseln?) — Er spricht: Mächtiger Bote des Herrn! wir bewohnen diese Gegend nach entsprechender Weltrechnung schon über hundert Jahre. — (Ich entgegne: Möget ihr denn nicht dem Morgen näher rücken? —) Er spricht: Wir sind des Weges unkundig; diese Insel aber ward uns beschieden zur Wohnung und zu unserem Unterhalte. Es kam Niemand der uns weiter brächte, und uns gebrach es allzeit am Muthe, daß wir aus eigenem Antriebe solch eine uns endlos weit vorkommende Reise hätten unternehmen können; denn die Weiseren unter uns sagen, daß der Morgen, dessen Licht wir von hieraus wohl erblicken, endlos weit entfernt ist; darum gedenken wir, daß solcher für unsere Kräfte nimmerdar zu erreichen ist, und es bleibt uns daher nichts übrig, als unsere große Sehnsucht dahin soviel als möglich zu beschwichtigen. — Zudem aber noch denken wir, daß dieses, was wir hier besitzen, schon viel zu viel ist für uns, und ist Alles pure Gnade und Erbarmung des Herrn, und darum sind wir auch dankbarst zufrieden mit Dem; — nur Eines möchten wir einmal genießen, und wir wären für ewige Zeit um's Unendliche glücklicher, und dieses Eine wäre, daß wir nur einmal den Herrn zu sehen bekämen! — (Und ich entgegne: Also ziehet nur hin in den Tempel, da die Liebe zum Herrn gelehret wird; diese ist der Weg, auf welchem sich euch der Herr nahen wird.) — Sehet, die Gesellschaft zieht nun schon eilend hin über die schönen Felder zum Tempel. — Ihr fraget mich: Welcher Classe Menschen haben denn diese bei ihrem Leibesleben auf der Erde angehört? — Ich sage euch: das sind die sogenannten gläubigen Christen, welche in dem alleinigen Glauben die Rechtfertigung suchten, und die Liebe nicht wohl anerkennen wollten, als tauge sie für's ewige Leben, sondern allein der Glaube; und solche Begründung hält sie hier. — Der See bezeichnet die Unzugänglichkeit Derjenigen, die sich in irgend Etwas begründet haben; — Die Inseln aber bezeichnen, daß die Begründung aus dem Worte des Herrn hervor gegangen ist. — Weil aber die Wahrheit nicht in Verbindung ist mit der Liebe, oder das Glaubenswahre nicht in der wahren himmlischen Ehe steht mit dem Liebeguten, so ist das bewohnbare Länderthum dieser Völker getrennt. — Die Fahrzeuge, die ihr auf dem See erblicket, bezeichnen die freundlich gute Handlungsweise solcher Menschen auf der Erde; und diese Handlungsweise stellt, wie ihr sehet, diese Insulaner in wechselseitige Verbindung. Diese Gegend hier zur linken Seite aber bezeichnet Diejenigen, welche aus den Glaubenswahrheiten nach und nach in einiges Liebthätigkeitsgute hinübergegangen sind, und glauben darum auch an die Liebe des Herrn; aber es bleibt mehr beim Glauben, als bei der Liebe. Solches bezeichnen allenthalben die hohen und starken Bäume, welche aber dennoch keine genießbare Frucht tragen; daher die Lebensmittel, wie ihr sehet, nur kleinwüchsig auf dem Boden in gehörig reichlicher Menge vorkommen. Also bezeichnen auch die Pyramiden auf den runden Gebirgshöhen zur linken Seite mit den leuchtenden Sternen über den Spitzen, daß das oberste Princip dieser Menschen der Glaube ist, und ebenfalls das alleinige Licht. — Die mit Zedern wohlbewachsenen übrigen Theile dieser Berge bezeichnen die Macht des Glaubens. — Daß sie aber keine genießbare Frucht haben, solches besaget, daß der Glaube allein das Leben nicht bewirket; und wenn schon in dem Glauben allein für sich ein geistiges Leben waltet, so hat es aber doch nur wenig Früchte, durch deren Genuß sich das Leben zu einer höheren Potenz kräftigen könnte. — Die Gegend zu unserer rechten Seite mit dem schroffen Gebirge grenzt zunächst an den Norden; daher ist dieses Gebirge auch so schroff und hoch, und bezeichnet die Grenzlinie zwischen dem Abend und Norden. — Ihr fraget, ob diese rechte Gegend auch bewohnt ist? — O ja; aber zumeist von gutmüthigen Heiden, wie auch von Solchen, die durch den Bilderdienst ihre Herzen bewahrt haben vor Bosheit, und waren dabei übrigens rechtschaffene

Weltbürger. — Die Tempel, die ihr jenseits hier und da über den Waldungen hervorgucken sehet, sind ebenfalls Lehrplätze, in denen solche Wesen von ihren Irrthümern können befreit werden, so sie ernstlich wollen. So lange aber Solches nicht der Fall ist, werden sie belassen wie sie sind und wird ihnen kein Zwang angethan. — Da wir Solches nun wissen, so können wir füglicher Maßen wieder unsere Füße weiter vorwärts setzen. — Ihr fraget schon wieder: Was ist denn dort zur linken Seite, allda der See breiter wird, und das Land zur linken Seite sich zuenget, für eine überaus hohe Säule? — Gehen wir nur fleißig darauf los; wir werden sie bald erreichen. — Sehet sie kommt uns näher und näher zu stehen, und wie ihr sehet, sind wir ja bereits bei ihr. Leset, was da oben steht; — ihr leset richtig, denn es heißt: Grenzmarke zwischen dem Reiche der Kinder, und dem Vorreiche, welches ist ein Wohnort Derer, die da noch unfähig sind eines Ueberganges. — Und nun sehet weiter vorwärts; sehet, wie sich da ein unübersehbar großes Meer ausbreitet, und ihr vorwärts nicht möget irgend ein Land erschauen. — Sehet, das ist die nämliche schimmernde Fläche, die wir ehedem von weiter Ferne her erschauten. Sehet nur hin dort vorwärts; ganz im Hintergrunde werdet ihr auch die Sterne erblicken. Für heute jedoch wollen wir bei dieser Säule ausruhen, und für's nächste Mal erst unsere Seereise gegen den tiefen besternten Hintergrund beginnen; und somit gut für heute! —

## 95.
(Am 19. December 1842 von 4¼–5¾ Uhr Abends.)

Ihr fraget: Lieber Freund und Bruder! wie werden wir denn über diese ungeheure Meeresfläche kommen, indem da nirgends ein Boot oder ein Schiff zu entdecken ist, dessen wir uns bedienen könnten, oder das uns aufnähme? — Ich aber sage euch: Dessen werden wir auch nicht vonnöthen haben; es kommt nun auf euch an, ob ihr über dieses Gewässer also wandeln wollet, wie dereinst das israelitische Volk über das rothe Meer, oder also wie dereinst Petrus gewandelt ist mit dem Herrn auf der Oberfläche des Wassers? — Beides kann statt finden, und es wird geschehen, wie ihr wollet. — Ihr saget, daß ich Solches bestimmen möchte, und anzeigen, welches wohl das Beste ist? — Wenn es auf mich ankommt, so will ich lieber dem Herrn als dem Moses folgen; und also versuchet mit mir die Oberfläche des Wassers zu betreten, und habet nicht die geringste Angst, denn wir werden über desselben Oberfläche leicht wandeln, wie auf dem Lande. — Nun sehet, wir stehen ja schon auf dem Wasser; wie kommt euch dieser Boden vor? — Ihr saget: Es ist überaus gut gehen darauf; der Boden ist allenthalben, da wir hintreten, zwar sehr subtil, aber dabei dennoch wie federhart, und läßt sich nicht eindrücken. Das Wasser ist sehr klar, und scheint auch überaus tief zu sein; aber es wandelt uns dennoch keine Furcht an, nachdem wir uns hinreichend überzeugen, daß es, um uns zu tragen, von einer hinreichenden Festigkeit ist. — Solches ist wichtig, meine lieben Freunde und Brüder, so lang man noch knapp am Ufer steht und noch eine große Menge Gegenstände und festes Land um sich erblickt, und des Wassers Oberfläche ganz spiegelruhig dasteht; aber wenn man so recht in die weite Ferne hinausgekommen ist, und die Oberfläche dieses Gewässers stets wogender wird, da muß man sich wohl ganz zusammen nehmen, um nicht wasserscheu zu werden und dabei das Gleichgewicht zu verlieren. Jedoch so fest als das Wasser hier ist, so fest bleibt es allenthalben; und so denn versuchen wir unsere Reise fortzusetzen. — Haltet euch aber nur so recht fest an mich an, und machet keine furchtsamen, sondern recht feste Tritte; denn mit zarten Tritten würdet ihr da nicht viel ausrichten. — Denn wie ihr sehet, ist die Oberfläche des Wassers überaus glitschglatt; und so man da die Füße nicht fest stellt, kann man leichtlich ausgleiten und fallen, wo es Einem dann auf diesem glatten Boden recht viele Mühe macht, sich wieder empor zu richten. Nun, wir sind fest bei Fuß; und wie ich sehe, so macht ihr recht gute Fortschritte. — Also nur gerade vorwärts, bis wir diejenige Stelle erreichen werden, die dort am fernen Horizonte ziemlich stark wogend erscheint. — Und sehet, es geht recht gut vorwärts; hier und da schwankt der Boden wohl zufolge der allgemeinen Bewegung des Meeres, allein wie ihr sehet, so hindert Solches unsere Tritte nicht im Geringsten. Aber was sehet ihr so emsig hinab in's Wasser? — Ist euch vielleicht Etwas hineingefallen und sobald hinabgesunken in die Tiefe? — Ihr saget: Lieber Freund, mit nichten; wir sehen nur hinab, ob sich unter uns im Wasser nirgends Fische oder andere Wasserthiere befinden? — Ich sage euch: Seid dessen unbesorgt, von Ungeheuern des Gewässers ist hier gar keine Rede; aber kleine edle Fischlein giebt es in zahlloser Menge. Ihr möchtet wohl gern einige sehen? — Wenn ihr Solches wollet, da müßt ihr euch ein wenig umkehren, da werdet ihr sie alsogleich erblicken, wie sie vom Morgen her dem Abende zuziehen. — Nun, ihr habt euch umgekehrt; seht, welch' eine ungeheure Menge schön glänzender Fische da aus der morgigen Gegend her dieses ganze ungeheure Gewässer beleben! Haben sie nicht eine Aehnlichkeit mit den Goldfischlein bei euch auf der Erde? — Ihr saget: O ja; nur ist der Glanz beiweitem stärker. — Ihr möchtet wohl gern erfahren, was diese Fischlein hier besagen? — Diese Fischlein besagen das ausgehende Leben vom ewigen Morgen, welches dieses Element durch und durch belebet, und sodann hinaus tritt als ein freies Leben in alle die unendlichen Räume der ewigen Schöpfungen Gottes. — Da wir aber jetzt schon einen kleinen Halt gemacht haben, so sehet euch ein wenig herum auf der Oberfläche dieses großen Gewässers. — Nun, ihr erschrecket ja ganz, und saget: Um Gotteswillen, da scheint ja die ganze Unendlichkeit von diesem Gewässer erfüllt zu sein; denn nirgends ist ja mehr von einem Lande etwas zu entdecken. Wie weit auch nur immer das Auge seine Sehkraft in die Ferne der Fernen hin anstrengt, erblickt es nichts, als die wogende und reichlichst schimmernde Oberfläche eines unendlichen Meeres. — Ich aber sage euch: Machet euch nichts daraus, und denket euch, daß es uns bei all' dieser ungeheuren Wasseroberfläche um uns her dennoch nicht so schlecht geht, als es dem Christoph Columbus gegangen ist mit seinen schlechten Fahrzeugen in der Mitte des atlantischen Meeres, allda er gar ängstliche Blicke that, um irgend ein Land zu entdecken. — Setzen wir aber unsere Reise nur vorwärts fort; sehet, wir sind den Wogen schon ziemlich nahe gerückt. — Wann wir dahin gelangen werden, da müßt ihr euch wohl recht fest an mich halten; denn wir werden daselbst gar tiefe Wasserthäler und

Wasserberge zu passiren bekommen. Nun sehet, immer deutlicher und deutlicher werden die Wogen; jetzt haltet euch nur fest, denn ein paar Schritte noch nach unserer geistigen Bewegung, und wir sind bei den Wogen. — Nun sehet, da ist schon der erste Wogenrand; sehet, welch' ein tiefes Wasserthal, und wie sich da das Gewässer in dieses Thal hinab ergießt, — und sehet, wie dort ein Wasserberg in schäumender Wogenfluth sich nahe bis an das Firmament hinauf zu erheben scheint. — Ihr saget: O lieber Freund und Bruder, darüber zu kommen, wird wohl keine Möglichkeit sein! — Denn hier sieht es ja erschrecklich aus; dort schlagen ein paar himmelhohe Wogen über einander zusammen; da bildet sich eine Wasserkluft so tief, als wenn man von einem allerhöchsten Berge hinab schauen möchte in die schauerlichste Tiefe! — Ich sage euch aber: Hier wird's uns recht gut gehen; denn wie ihr da sehet, fließt die Wasserschlucht schon wieder zusammen, da können wir jetzt unseren Weg gar nicht fortsetzen. Bis wir diesen vor uns schwebenden Wasserberg erreichen werden, wird er sich auch ebnen; — und sehet, er hat sich schon erniedrigt und haben wir nun wieder ebenen Weg. — Aber sehet, da ist schon wieder eine große Wasserschlucht; wildschäumend stürzen die feuchten Wände hinab in die Tiefe. Allein gedulden wir uns nur ein wenig; diese Schlucht soll sobald wieder zu ebenem Boden werden. — Sehet, die Wände haben sich schon wieder ergriffen, und wir können unseren Weg weiter fortsetzen; —, aber dort wogt schon wieder ein ungeheurer Wasserberg gegen uns her, und hinter uns hat sich so eben wieder eine neue Wasserschlucht gebildet. — Ihr saget: Dieser ungeheure Wasserberg wird uns wohl auch in die Schlucht hinab treiben. — Sorget euch nicht; der Berg wird die Schlucht nur ausfüllen, und wir werden wieder ebenen Weg bekommen. — Nun sehet, nach Ungewitter und Regen kommt Sonnenschein! Mit diesem Wogenberge haben wir auch die ganze Wogenpartie dieses Meeres überschritten, und wir haben schon wieder ruhiges Gewässer vor uns; — aber dort in weitester Ferne, wo ihr eine Menge Sterne erblicket über dem Wasser, kommt noch eine gefährliche Stelle, nämlich große Meereswirbel. Allein sorget euch auch nicht dieser Wirbel wegen; sie werden uns so wenig schaden als diese Wogen. — Nun sehet, nach unserer vermehrten Schnellreise sind wir auch schon bei diesen Wirbeln. Hier müssen wir immer auf dem Rande der Wirbel vorwärts gehen, so werden sie uns nichts anhaben. — Erschreckt auch nicht vor dem donnerartigen Getöse dieser Wirbel, und sehet empor an das Firmament, wie wir schon unter den Sternen, die wir vor Kurzem noch so ferne stehend erblickten, uns befinden; und nun strenget eure Augen abermals nach vorwärts an! Was sehet ihr? — ihr schreiet Land, Land! — Nun ja, also war dieses Meer denn doch nicht gar so unendlich, als ihr es euch noch vor gar Kurzem vorgestellt habet. Sehet dort an einer Landzunge, die ziemlich weit in das Meer herein reicht, abermals eine Säule. — Ihr fraget, was sie bedeute? — Wir werden sogleich dort sein, und ihr könnet die Inschrift selbst lesen; nur noch ein paar Schritte, und sehet, wir sind schon wieder am trocknen Lande! — Und sehet, da ist auch schon die Säule! — Was steht droben geschrieben? — „Vorgrenze des Kinderreiches". — Nun wißt ihr, wo wir uns befinden; ihr saget: Aber um des Herrn willen, das ist ja eine entsetzlich gebirgige Gegend! Sollten

wir uns auch etwa noch tiefer hinein in dieses Gebirgsland begeben? —
O ja, das ist eben die Hauptsache, warum wir hierher die weite Reise
gemacht haben. Das müsset ihr sehen; denn hier erst wird sich euch des
Abends wahre Bedeutung kund geben. — Für's nächste Mal werden wir
uns sonach in diese Gebirgsgegenden wagen; — und somit ruhen wir
heute bei dieser Säule wieder aus! —

## 96.
(Am 20. December 1842 von 4—6¾ Uhr Abends.)

Da wir uns hier gehörig von unserer Reise ausgeruht haben, und
haben bei dieser Gelegenheit so manchen weitgedehnten Rückblick dahin
senden können, von wannen wir hergekommen sind, so wird uns die Weiter-
reise ja eben keine so großen Beschwerden mehr machen. — Sehet, da
zieht sich sogleich ein so ziemlich breites Thal mit einer kleinen Meeres-
einbuchtung versehen landeinwärts; — also machen wir unseren Weg zur
rechten Seite der Bucht vorwärts. Hier möget ihr schon wieder freier
wandeln; denn nun haben wir festen Boden. — Da sehet einmal ganz in
die Tiefe des Thales hinein nach vorwärts, allda es sich ganz zusammen
engt. Dorthin müßten wir sobald gelangen, und unsere erste kleine Station
machen; also nur munter darauf los geschritten, und wir werden sobald
an Ort und Stelle sein. — Sehet, wie das Thal immer enger und enger
wird, und von allen Seiten her die furchterregendsten Hochgebirgsfelsen
also herab hängen, als wollten sie jeden Augenblick herabstürzen. Allein
laßt euch alles Dessen nicht bange werden; es wird Niemanden dabei auch
nur ein Haar gekrümmt werden. — Nun sehet, da sind wir schon bei
unserer engen Kluft; wie gefällt es euch hier? — Ihr saget: Eben gerade
nicht am besten. — Das thut aber nichts zur Sache; wenn wir erst einen schärferen Blick in diese Gegend thun werden, so wird sie euch schon
ein wenig besser zu munden anfangen, als es so eben der Fall ist. —
Sehet, da neben der Kluft geht zur linken Hand ebenfalls ein enger
Graben, sich gegen Mittag hinziehend, hinein; — was erblicket ihr da?
— Ihr saget, wie ihr sehet: Wir sehen abhängende Gebirgstriften, hier
und da sparsame Aecker über denselben; — hier und da mehr in der
Niederung ist ein kleines Häuschen, wie gegen den Berg hinzu gedrückt
erbaut. — Hier und da wieder sehen wir große und überaus hoch herab-
stürzende Wasserquellen; Bäume und Gesträuche giebt es auch hier und
da, — und hat dieses Thal das Aussehen einer höchst eingeengten Gebirgsgegend in der Schweiz auf dem Erdkörper. — Sehet ihr keine Menschen? — Ihr saget: Bis jetzt hat sich noch nichts Aehnliches unseren
Blicken dargestellt; aber wie es uns vorkommt, da nicht ferne bei der
ersten Bauernhütte erblicken wir so eben einige ganz armselige Landleute
der Hütte entsteigen; — sie sind eben so mit graulodenem Kleide angethan wie auf der Erde. Dort weiter vorne erblicken wir ja auch ganz
ähnliche Landleute, die da auf dem Acker damit beschäftigt zu sein scheinen,
als jäteten sie einiges Unkraut aus dem besseren Getreide, und, wenn wir
uns nicht täuschen, so erblicken wir dort auf einer mehr im Hintergrunde
befindlichen Gebirgstrift eine etwas mager aussehende Kuhheerde; — und,
lieber Freund und Bruder, wie du dich selbst überzeugen kannst, das ist
aber auch Alles, was wir von lebenden Wesen hier erschauen. — Geht

dieses Thal noch tiefer hinein, oder hat es mit der letzten Ansicht schon ein Ende? — Lieben Freunde und Brüder, dieses Thal geht noch gar tief hinein, wird nach und nach stets breiter und freundlicher; jedoch nicht zu vergleichen mit denjenigen Gegenden, die wir vor der ersten Säule erschauet haben. — Ihr fraget: Was bedeutet denn dieses Thal? Ich sage euch: dieses Thal und noch gar viele seines Gleichen ist nichts als eine vollgiltige Enthüllung desjenigen Textes in der Schrift, der also lautet: „Wer sparsam säet, der wird auch sparsam ernten". — Ihr fraget mich abermals: Wer waren denn diese Leute auf der Erde? — Ich sage euch: Das waren auf der Erde sehr angesehene und wohlhabende Menschen, und thaten der armen dürftigen Menschheit manches Gute; — die größten Wohlthäter aber waren sie dennoch ihrer selbst. — So war der erste Besitzer der Hütte, die ihr da im Vordergrunde erschauet, ein überaus reicher Mann; dieser Mann hat bei jeder Gelegenheit den Armen mitunter ganz ansehnliche Stipendien gegeben; aber alle diese Stipendien zusammen genommen machten nicht den zehntausendsten Theil seines Vermögens aus. — Nun sehet, dieser Mann hatte wohl Nächstenliebe; wäget aber die Nächstenliebe ab mit seiner stark vorherrschenden Eigenliebe, so werdet ihr sobald den Grund einsehen, warum er nun hier ein gar so dürftiger Landmann ist. — Ihr saget: Beiläufig sehen wir ihn wohl ein; aber so ganz gründlich noch nicht. — Gut, ich will euch den Grund alsogleich ganz klar darstellen; solches müßt ihr aber zuvor wissen, daß man allhier im Reiche des Geistes sich auch ganz außerordentlich wohl auf die Kapitals- und Zinsenrechnung versteht, und daß zwar auf die Atome der kleinsten Zinsmünze Rücksicht genommen wird. — Und so denn merket wohl auf: Dieser hier dürftige Landmann besaß auf der Erde ein Vermögen so in runder Zahl von zwei Millionen Silbergulden; nach eurem gesetzlichen Zinsfuße warf ihm dieses ansehnliche Kapital jährlich einmalhunderttausend Silbergulden an Zinsen ab; die Früchte dieses Kapitals hatte dieser Mann auf der Erde volle dreißig Jahre hindurch genossen. Dadurch hat er sich sein ursprüngliches Vermögen noch um drei Millionen Silbergulden vergrößert. Sein Hauswesen bestritt er mit den Zinseszinsen; von diesen Zinseszinsen, welche ebenfalls sehr ansehnlich waren, machte er auch allerlei wohlthätige Stipendien, welche am Ende seines Lebens zusammen genommen bei fünfzigtausend Gulden ausmachten. Wie verhält sich diese Summe zu seinem Hauptkapitale, und zu den alljährigen Zinsen, welche dasselbe abwirft? — Es ist ein Fünftel seines jährlichen Haupteinkommens; er bekommt aber das fünffache als Hauptzinsertrag seines Kapitals nach den erworbenen fünf Millionen alljährig, während diese Summe von fünfzigtausend Gulden für wohlthätige Zwecke verwendet, sich auf seine ganze Lebenszeit erstreckt. — Diese Summe wird bei uns genau auf die dreißig Jahre ausgemessen, und was da fällt auf ein Jahr, wird als Kapital angenommen; von diesem Kapitale kommen ihm nun die Zinsen zu gute. Das Kapital stellt seine ganze Wirthschaft dar, und der Ertrag dieser Wirthschaft steht mit dem gesetzlichen Zinsen stets in der genauen Uebereinstimmung. — Die zwei Personen, die noch an seiner Seite sind, das ist sein Weib und ein verstorbener Sohn von ihm; diese haben gewisserart mit dem Geiste des Vaters mitgearbeitet; daher haben sie gar kein eigenes Kapital, sondern müssen alle Drei von dem Zinsertrage leben, welchen diese Bauernwirthschaft abwirft. Ihr fraget: Können diese Menschen nie zu einem größeren Gute gelangen? — Die Möglichkeit ist wohl vorhanden; aber es geht Solches hier noch um's Bedeutende schwerer als bei euch auf der Erde. Ihr wißt aber, wie schwer es Einem ist, auf dem gesetzlichen Zinswege sich mit einem Capitale von etwas über tausend Gulden zu einer Million zu erheben. — Seht, noch schwerer ist es hier, zu einem größeren Besitzthume sich empor zu arbeiten; denn was dieser magere Grund erträgt, reicht mit der allergenauesten Noth kaum hin, um diesen drei Personen die allernöthigste Subsistenz zu geben; daher ist da mit der Ersparniß nicht wohl weiter zu kommen. Es bietet sich nur ein Fall dar, durch welchen sich die armseligen Bewohner dieser Gegend nach und nach empor helfen können, und dieser Fall besteht darin: Es kommen von Zeit zu Zeit ganz entsetzlich arme Pilger durch diese enge Kluft herein; diese sind gewöhnlich nackt und voll des drückendsten Hungers; — wenn diese Pilger solche Häuser erblicken, so verlegen sie sich alsbald auf's Betteln. Wenn dann einem solchen Bettler ein solcher Landmann bei aller seiner Dürftigkeit dennoch mit offenen Armen entgegen geht, ihn führt in seine ärmliche Hütte, ihn daselbst mit der nöthigen Kleidung versieht und sein kärgliches Mahl brüderlich mit ihm theilt, so wird durch eine solche Unterstützung sein Capital um die Hälfte vergrößert, jedoch ihm unbewußter Maßen. — Thut er Solches öfter, oder behält sogar einen gar Armseligen in seiner Pflege, indem er zu ihm spricht: „Lieber Bruder! siehe, ich bin arm und habe wenig; bleibe darum aber dennoch hier, und ich will dieses Wenige allzeit brüderlich mit dir theilen, so lange ich Etwas haben werde, und habe ich mit dir Alles verzehrt, was ich habe, so will ich dann auch mit dir gern den Bettelstab ergreifen". — Wann Solches der Fall ist, so wird sobald das Capital eines solchen Landmannes heimlich verhundertfacht; und wenn bei einer solchen Gelegenheit noch mehrere Dürftige zu ihm kommen, und er nimmt sie liebfreundlich auf und bietet alles Mögliche auf, sie zu versorgen, so daß er z. B. mit den Pilgern im Falle seiner gänzlichen Versorgungsunfähigkeit zu den andern Nachbarn geht und für sie um Unterkunft und mögliche Versorgung bittet, so wird dadurch sein Capital vertausendfacht; jedoch ohne sein Wissen. — Wenn es denn geschieht, daß er zu Folge seiner Nächstenliebe sich aller seiner Habseligkeit also entblößt hat, daß er dann im Ernste mit seinen Stipendisten den Bettelstab ergreift, so wird er einige Zeit belassen, auf daß er bettle um den Unterhalt vorerst seines armen Aufgenommenen, und so nebenbei erst auch für sich; — für sich aber dennoch also, daß er stets den größeren Theil seinem armen Bruder zuwendet, als sich. Da geschieht es denn, daß ihm unbekannter Maßen vom Herrn ein Engelsgeist entgegen kommt, und sich um seine Umstände erkundiget, und er dann spricht: Lieber Freund, du siehst, daß ich arm bin, jedoch solche Armuth drückt mich nicht; aber daß ich diesem meinen Bruder nicht mehr helfen kann, solche Armuth drückt mich. — Was glaubet ihr, was da geschieht? — Hier kehrt sich der arme Bruder um, und spricht zu ihm: Ich kam nackt zu dir; du hast mich bekleidet, hast mich, den Hungrigen und Durstigen, gespeiset und getränkt, und achtetest nicht auf deine Gabe, auf daß du sogar mit mir den Bettelstab ergriffest, und suchtest allenthalben

Brod für mich. Siehe, also bin Ich aber nun auch dein großer Lohn; denn Ich, dein armer Bruder, bin der alleinige Herr Himmels und aller Welten! und kam zu dir, auf daß Ich dir helfe. — Dieweil du auf der Erde warst, hast du zwar sparsam gesäet, und eine sparsame Ernte mußte daher nothwendig dein Antheil sein. Mit deiner sparsamen Ernte aber hast du keinen Wucher mehr getrieben, sondern hast erweichen lassen dein Herz, und mochtest keinen Armen vor deiner Hütte vorüber ziehen sehen, ohne mit ihm zu theilen deine sparsame Ernte. Siehe, Solches hat dir geholfen und dich zu einem reichen Einwohner des Himmels gemacht. Siehe, dieser Bruder, der dir hier entgegen kam, wird dich führen in dein neues Besitzthum. — Hier verschwindet der Herr, und der abgesandte Bote führt den liebthätigen armen Bewohner dieser Gegend hinüber in den goldenen Mittag, allda für ihn ein dem Capitale seiner Liebthätigkeit wohl angemessenes neues Besitzthum harrt. — Wenn der also Beglückte spricht zum Boten: Lieber Freund und Bruder, siehe, ich bin unendlich glücklich, darum mir die unendliche Gnade und Erbarmung des Herrn Solches beschert hat; ich weiß, daß dieses neue Besitzthum sicher von gar herrlicher und reichlicher Art sein wird. Allein siehe, hier sind andere arme Brüder; an diese trete ich dieses mir bestimmte Gut ab, mich aber lasse wieder zurückziehen in meine ärmliche Hütte; denn es könnte ja geschehen, daß sich unter den vielen Armen, die vielleicht noch meine ärmliche Hütte besuchen werden, wieder einmal der Herr einfinden könnte, und so will ich zurückziehen und in meiner armen Hütte noch jeglichem armen Bruder mit hundertfach größerer Liebe entgegen kommen, als Solches bis jetzt der Fall war. — Wahrlich kann ich dir sagen, wenn ich solch' eines Glückes noch einmal in meiner ärmlichen Hütte möchte gewürdiget werden, so werde ich in dieser meiner ärmlichen Hütte in alle Ewigkeit glücklicher sein, als gäbest du mir die größten und herrlichsten Güter in einem allerschönsten Theile des Himmels! Und so denn lasse mich wieder zurückziehen. — Alsdann geschieht es auch, daß der Geist den armen Landmann mit seiner kleinen Familie zurückziehen läßt; wann dieser aber dann in seine ärmliche Hütte kommt, so' harrt auch schon seiner der Herr mit offenen Armen, und macht ihn sobald zu einem Bürger des ewigen Morgens! — Sehet, solche Scenen gehen da wohl öfter vor; aber ihr möchtet es kaum glauben, welch' ein hoher Grad der Selbstverleugnung dazu erfordert wird. Denn die Armuth hat nur gar zu häufig die fast nothwendige Eigenliebe unzertrennlich bei sich; darum da auch ein Armer nur für sich um Unterstützung bittet. Hat er dann sich ein kleines Stipendium zusammen gebeten, so reicht dieses kaum für seinen Bedarf hin, und die eigene Noth und Armseligkeit läßt es ihm beinahe gar nicht zu, seine höchst sparsame Gabe mit einem andern armen Bruder zu theilen; aus welchem Grunde ihr schon auf der Erde unter der armen Classe der Menschen nicht selten einen verheerenden Neid antreffet. — Aus Dem geht aber hervor, daß solche armbestellte Einwohner dieses Thales vor den Bettelnden sich so viel als möglich verbergen; aus dem Grunde sehet ihr auch Wenige außer den Häusern, die ihr aber außerhalb erblicket, sind schon von solch guter Art. Nächstens wollen wir das sehr schroffe Thal zu unsrer rechten Hand gegen den Norden zu beschauen; — und somit gut für heute. —

## 97.

(Am 22. December 1842 von 4½—6½ Uhr Abends.)

Also wendet euch nur um, und sehet über eure rechte Hand in das vorbesagte Thal, und gebet mir kund, wie ihr dasselbe findet. Ihr saget: Lieber Freund und Bruder, hier steht es ganz entsetzlich öde aus; wir sehen wohl hier und da auf den Gebirgsabhängen eine Art Krummholz wachsen, und mehr in der Tiefe dieses überaus engen Thales erblicken wir hier und da Dornhecken, welche einige uns ziemlich bekannte Beeren tragen, und noch mehr in der Niederung des Thales erschauen wir mancherlei distelartiges Unkraut ziemlich häufig vorkommen. — Der röthlich abendliche Abhang steht überaus kahl aus; fast nichts als Felsenwände über Felsenwände thürmen sich über einander auf, und zwischen den Felsenklüften stürzt hier und da ein mächtiger Bach in die Tiefe herab. Nur die gegen Morgen gelegene Gebirgserhöhung ist etwas sanfter und hier und da mit einer überaus unansehnlichen Hochalpenhütte geziert; — aber keine Einwohner sind da zu erblicken. Vielleicht befinden sie sich tiefer im Thale; aber da im Vordergrunde ist nichts Lebendiges zu erschauen. — Ja, ja, ihr habt Recht; von diesem Standpunkte aus, wo wir uns gegenwärtig befinden, ist Solches wohl nicht leicht möglich. Daher wollen wir uns ein wenig thaleinwärts begeben, und wir werden sobald auf etwas Lebendiges stoßen. Sehet nur da hinauf, da auf einem bemoosten Felsenvorsprunge die erste uns aufstoßende Wohnhütte steht; dahin wollen wir uns begeben. Sehet, wir sind bereits in ihrer Nähe; schärfet daher eure Blicke, und habt wohl Acht, was sich denselben darstellen wird. Nun, ihr habet meinen Rath befolgt; saget mir denn auch, was ihr gesehen habt. — Ihr saget schon wieder: Aber um Gotteswillen, das sind ja doch keine Menschen; denn sie sehen aus als wie belebte Skelette, und sind dabei so klein wie die Zwerge. Wir möchten sie eher zu den Affen zählen, als zu irgend einem menschlichen Geschlechte; was hat es denn mit diesen armen Wesen wohl für eine Bewandtniß? — So armselig, ausgehungert und völlig nackt; nein, mit diesen Wesen scheint es durchaus keine vortheilhafte Bewandtniß zu haben. — Eines Theils habt ihr wohl Recht, aber anderen Theils wieder nicht; denn diese Wesen, so armselig sie euch auch erscheinen, sind aber dennoch in ihrer Art, d. h. von ihnen selbst aus betrachtet, es mit nichten. — Denn da sind die sogenannten Stoiker zu Hause, oder mit anderen Worten gesagt; Menschen, die sich selbst vollkommen genügen. Sie handelten bei ihrem Leibesleben auf der Erde rechtschaffen; aber nicht etwa aus Liebe zu dem Nächsten, und noch weniger aus irgend einer Liebe zu Gott, sondern lediglich darum, weil sie darin den Sieg ihrer Vernunft erkannten, und darum sagten: Der Mensch braucht nichts, weder Himmel noch Hölle, noch einen Gott, sondern allein sich selbst und die ihn leitende Vernunft als oberstes Handlungsprinzip, und er wird also handeln, daß er mit seiner Handlungsweise Niemand Anderen beeinträchtiget; aus welchem Grunde er Solches auch von seinem Nebenmenschen erwarten kann. Denn sie sagen noch ferner: Wenn ich mich zufolge des höchsten Prinzipes meiner Vernunft über alle die weltlichen Nichtigkeiten hinaussetze, und von der Welt nichts verlange, als eine kärgliche Sättigung meines Magens und eine allereinfachste Decke über meinen Leib, so bin ich dafür Niemandem eine Steuer schuldig; denn was mein Magen verzehrt, das gebe ich wieder der Erde zurück, und die Decke meines Leibes mag das Erdreich mit der Zeit düngen; ich aber bin zwischen diesen zwei Bedürfnissen ein mich selbst leitender und vollkommener beherrschender Gott, und bin somit ein unumschränkter Herr meiner eigenen Wesenheit! — Und sagen ferner noch: So es irgend einen Gott giebt oder geben soll, was kann der mir geben, und was nehmen, wann ich in mir selbst groß bin mit Verachtung auf Alles hinzublicken, was er mir geben oder nehmen will? — Was aber sollte auch mir ein Gott geben oder nehmen? — Das Höchste wäre dieses matte Leben, was ich schon lange mit meiner Vernunft tief zu verachten gelernt habe. Oder steht es nicht bei mir, so lange zu leben, als ich will? Wenn ich es mit dem obersten Prinzipe meiner Vernunft vereinbart finden würde, mir das Leben zu nehmen, so würde ich es auch thun. — Allein die von mir aus selbst erkannte Rechtschaffenheit lehrt mich, daß Solches wider das Recht der obersten Vernunft wäre; wer mir das Leben gegeben hat, der soll auch das Recht haben, mir es wieder zu nehmen. Es hat ja die Natur das Recht diejenige Nahrung, die ich von ihr entlehnt habe, auf dem natürlichen Wege zurückzufordern, und die Decke meines Leibes ist ein Eigenthum der Zeit, und sie nimmt dieses Pfand ebenfalls wieder zurück. Solches muß die reine Vernunft billigen, und muß sagen, und sagt es auch: „Jedem das Seinige!" — Aber eben dadurch, daß der Mensch in seiner Vernunft auch nicht ein Sonnenstäubchen ihm zu eigen anspricht, ist er das erhabenste Wesen, ja erhaben über jeden Gott, über jeden Himmel, und steht mächtig über alle Hölle. Wenn jeder Mensch so dächte, so hätte ein Jeder genug, und Keiner würde je dem Andern zur Last fallen; — denn fern wäre da alle Habsucht, aller Neid, aller Geiz, aller Hochmuth, alle Herrschsucht, aller Fraß und alle Völlerei, alle Unzucht, alle Lüge und aller Betrug. — Wo aber lebt ein Gott, so er irgend ist der Vernunft alleroberstes Princip, der da gegen solche Grundsätze des Lebens etwas einzuwenden hätte? — Hat er aber etwas einzuwenden, dann ist er kein Gott, und steht tief unter der Erhabenheit der menschlichen Vernunft. — Nun seht, diese Menschen haben auf der Welt also gelebt, daß sie sogar einer Fliege nie etwas entzogen haben; sind nie Jemandem zur Last gefallen, haben auch nie Jemandem nur im Geringsten beleidiget. Ueber Leidenschaften von was immer für einer Art waren sie hochmächtig darüber hinaus erhaben. Hat sie Jemand um irgend eine Gefälligkeit oder um einen Dienst ersucht, so versagten sie ihm denselben nie, wann derselbe mit ihren Vernunftsrechtsprinzipien nicht im Widerspruche war, und verlangten nie ein Entgeld dafür. Hat man sie zu solchen Aemtern und Ehrenstellen erheben wollen, so nahmen sie solche nie an, und zeigten einem solchen Mäzenas mit zwei Fingern an die Stirne, und sagten zu ihm: Freund! dahier wohnt des Menschen höchstes Amt und seine größte Ehrenstelle. — Wenn ihr nun diese Menschen betrachtet, so urtheilet selbst, ob sie einer Züchtigung sich theilhaftig gemacht haben? — Ihr müsset sagen: Solches sicher mit nichten. — Weitere Frage: Haben sie sich eines Lohnes fähig gemacht? Hier fragt es sich, mit welchem Lohne sollen sie belohnt werden? Den Himmel verachten sie, und Gott wollen sie auch nicht über ihre Vernunft anerkennen; somit ist ja doch das Billigste, daß sie belassen werden in dem Lohne, den ihnen ihre eigene Vernunft beschert. — Aber ihr saget und fraget: Fällt aber diesen armseligen Wesen ihr kläglicher Zustand nicht auf? — O nein, das ist eben ihr größter Triumph; denn schon auf der Erde haben sie die Glückseligkeit einer Mücke für höchst beneidenswerth gefunden, und sagten: Sehet, eine überaus herrliche Mahlzeit für dieses Thierchen ist ein kaum sichtbarer Thautropfen auf einem Blatte. Dieses Thierchens ganzer Bau scheint ein überaus geringes Bedürfniß zu haben; — wenn wir dagegen unseren überaus verschwenderischen Körperbau betrachten, so kann da die Vernunft denselben nur mit allem Rechte tadeln. Also muß ich einen großen Bauch haben, um viel zu fressen und darauf viel zu scheißen zu haben; einen sonstigen Zweck findet hier die Vernunft nicht, und zwar aus dem Grunde nicht, weil sie sich gern mit dem Kleinsten begnügen möchte, wenn es ihr der höchst unökonomisch eingerichtete Bau ihres nutzlosen Leibes gestattete. — Sie bekritteln ferner das viele Fleisch an den Füßen, am Gesäß, auf den Händen und allenthalben, wo es sich vorfindet, und sagen: Die Mücke entbehrt alles Dessen, und sie ist schon darum um Vieles glücklicher als der plump und unökonomisch gestaltete Mensch. — Wenn ihr nun Dieses wisset, so wird euch auch die kleine Skelettengestalt dieser Menschen nicht mehr so kläglich und armselig vorkommen, als gleich beim ersten Anblicke; denn sie entspricht so viel als möglich vollkommen ihren Vernunftprinzipien. — Ihr saget nun: Solches ist alles richtig, und wir sehen es jetzt ganz klar ein, daß es hier nur also und nicht anders sein kann, und daß sich diese Menschen in einer anderen Gestalt und unter anderen Verhältnissen unglücklicher fühlen würden, als gerade in diesen, die sie als die ihnen am meisten zusagenden erkennen. — Aber eine andere Frage steckt hier im Hintergrunde: Lieber Freund! ist diesen Menschen denn auf keine Weise beizukommen, um sie auf einen besseren Weg zu bringen? — Lieben Freunde und Brüder! es ist beinahe nicht leichtlich etwas Schwereres als dieses. Sie haben nur eine einzige zugängliche Seite, und dieses ist der wissenschaftliche Weg; es gehört aber eine grenzenlose Geduld und Ausharrung dazu, um diesen Vernunftkrämern auf diesem Wege Etwas also darzustellen, daß sie es für richtig und ihrer Vernunft nicht widersprechend erkennen; denn sie sagen: Es kann gar Vieles wissenschaftlich vollkommen richtig sein; ob es aber auch mit den Prinzipien der Vernunft vollkommen übereinstimme, das ist eine andere Frage. Um diesen Ausspruch als vollgültig zu bekräftigen, zählen sie eine Menge wissenschaftliche Fälle auf, welche an und für sich vollkommen richtig sind, aber dennoch mit den obersten Grundsätzen der Vernunft im größten Widerspruche stehen. Ich will euch beispielsweise nur einige solche Einwürfe kund geben. — Sie sagen z. B. Die Berechnung einer Finsterniß ist wissenschaftlich vollkommen richtig; fraget aber die Vernunft und ihren Handlanger, den Verstand, wozu die zufällige Finsterniß gut ist? und was hat durch die Wissenschaft die ganze Menschheit dabei Erhebliches gewonnen? — Also ist es auch wissenschaftlich richtig, daß der Mensch in der zu sich genommenen Nahrung so viel und so viel zur Unterhaltung seiner Leibestheile aufnimmt, und so viel und so viel von der zu sich genommenen Nahrung als Unrath wieder von sich wegschafft. Wann ihr aber die Vernunft fraget, so kann diese nur lachen über solch' einen übel und unzweckmäßig berechneten Verhältnißstand. — Ferner ist es wissenschaftlich richtig, daß das Wasser und auch andere bewegliche Theile der Tiefe zugetrieben werden durch ihre eigene ihnen innewohnende Schwere; was sagt aber die Vernunft dazu, wann sie ihre Augen an den kahlen Gebirgswänden weiden muß, auf denen nicht einmal ein Moospflänzchen fortkommen kann, weil solche erhabene Welt-Theile einer gerechten stetigen nährenden Feuchtigkeit entbehren müssen. — Sehet, aus diesen wenigen Beispielen könnt ihr zur Genüge erschauen, wie schwer es ist, für diese kritischen Vernunftköpfe ein wissenschaftliches Beispiel aufzustellen, welches von ihnen als vollkommen mit der Vernunft im Einklang stehend erkannt wird. — Damit ihr aber die Art und Weise einer solchen Bekehrung völlig erschauen und begreifen möget, so wollen wir für's nächste Mal einer solchen beiwohnen; — und somit gut für heute! —

## 98.
(Am 23. December 1842 von 4 bis 7 Uhr Abends.)

Sehet, da unten im Thale gehen so eben drei abgesandte Boten auf einen solchen Fang aus; wir wollen ihnen folgen, und ihrer Operation ein gutes Gehör leihen. Sie ziehen sich mehr thaleinwärts und von hier aus bei der dritten Hütte, die ihr ebenfalls auf einem abgerundeten bemoosten Felsen erblicket, werden sie zusprechen. — Sehet nur, wie sie sich ganz behutsam der Hütte nähern, und sich dabei so klein als möglich machen; — und so denn eilen wir nur sobald hinzu, damit uns auch der erste Empfang nicht entgeht. Wir wären an Ort und Stelle, und also nur aufgepaßt! — Der Anführer begrüßt das scheinbare Oberhaupt dieses Häuschens, d. h. den Allervernünftigsten, und zugleich den Vorsteher und Lehrer der andern zehn Personen, die ihr in seiner Gesellschaft erschauet. — Wie lautet der Gruß? — Höret ihn! — „Ueberaus weiser Mann, der du die Dinge vom rechten Standpunkt aus betrachtest, und wohl erkennest mit der scharfen Spitze deiner Vernunft, was da recht und unrecht, billig und unbillig, und wohlgeordnet und unwohlgeordnet ist. Wir haben in eine weite Ferne hin vernommen, welch ein weiser Mann du bist; daher sind wir hierher gezogen, uns bei dir über so Manches besseren Rathes zu erholen!" — Der Vernunftpräses spricht dagegen: In dieser Hinsicht seid ihr mir völlig willkommen; was in meinen Kräften steht, will ich euch gern helfen. Jedoch nicht über die Kräfte hinaus; denn ihr wißt, und werdet es erfahren haben, daß meine Schätze nicht etwa in Gold und Silber und aller Art edlem Gesteine bestehen. Auch werden bei mir keine Mahlzeiten und mit wohlschmeckenden Speisen besetzte Tafeln geboten; was ich aber habe, nämlich den Sieg der reinen Vernunft, davon sollt ihr schöpfen, so viel ihr wollt. Ihr könnt versichert sein, daß euch diese Schätze glücklicher machen werden, als so ihr im Vollbesitze wäret von allen sogenannten geträumten himmlischen Herrlichkeiten, die da an und für sich nichts sind, als heimlich ausgesprochene Bedürfnisse eines mit dem Gegebenen unzufriedenen Geistes. — Ihr wißt, daß der Raum unendlich ist, und der Mensch in diesem Raume denkt; wer seine Gedanken in's Unendliche trägt, der vergißt für's Erste, daß er selbst nur ein endliches Wesen ist, und für's Zweite beachtet er nicht und wird nicht gewahr, daß für ihn aus solchen Gedanken am

Ende nichts als eine beständige Unzufriedenheit, daher eine stets größere Forderung von unerreichbaren Gütern, und aus dieser endlich auch ein immerwährend unglückseliger Zustand erwächst, welchen die menschliche Thorheit nur durch weit gedehnte und groß gemachte leere Hoffnungen blindlings sättiget. — Sonach ist denn auch der Himmel nichts Anderes, als solch' ein geträumtes Gut, und dient bloß zur Sättigung der Einbildungskraft der mit dem Gegebenen unzufriedenen Geister. Nur die reine Vernunft bemißt die wahren Grenzen der Bedürfnisse ihres subjectiven Wesens, und verlangt dann von aller Objectivität nur das richtige Maß ihrer eigenen Beschränktheit, und dieses Maß heißt die volle Zufriedenheit. Wer mit Dem zufrieden ist, was er nach dem richtigsten Maßstabe seiner eigenen Beschränktheit am Wege der reinen Vernunft erkennt, der hat den wahren Himmel gefunden, und wird sich sicher ewig nie einen andern wünschen, weil er klar einsehen wird, daß für das Maß seiner Beschränktheit nichts Anderes taugt, als Das, was eben diesem Maße als völlig ebenmäßig entspricht. — Auf diese weise Rede spricht wieder der Anführer: Wir erkennen schon aus dieser deiner kurzen Vorbemerkung, daß du dir den Sieg der reinen Vernunft vollkommen zu eigen gemacht hast, daher wagen wir auch mit großer Zuversicht auf deine Weisheit dir unser Anliegen vorzutragen. — Der Vernunftrepräsentant spricht: Willkommen sei mir Alles, worin ich euch immer dienen kann; und daher sprechet ganz frei und ungehalten euer Anliegen aus! — Und der Anführer spricht: So höre denn! In der Gesellschaft, von der wir abgesandt worden sind, um uns bei dir besseren Rathes zu erholen, hat sich ein großer Streit über die Nothwendigkeit und Nichtnothwendigkeit des Lichtes erhoben. Die Gründe für das Licht sind so triftig, als die gegen das Licht, und wir können durchaus nicht entscheiden, die welche Partei das Recht habe. — Der Vernunftrepräsentant spricht: Lasset einige solche Gründe und Gegengründe hören, und ihr könnet versichert sein, daß mein Urtheil den Nagel auf den Kopf treffen wird. — Und der Anführer spricht: So höre denn! Ein Grund für das Licht lautet also: Was wären alle Dinge ohne Licht? Sie wären so gut, als wenn sie nicht wären. Ferner sei das Licht das Grundprinzip aller Wirkung, und somit auch alles Denkens; denn ohne das Licht als die allein Alles bewegende und erregende Kraft wäre nie Etwas entstanden, somit auch kein vernünftig denkendes Wesen; denn das Licht sei ja doch auch das Grundprinzip der Vernunft, und ist im geistig reinsten Zustande die reine Vernunft selbst. — Siehe das ist der Grund für das Licht. — Der Gegengrund aber lautet also: Nachdem das Licht offenbar aus der Finsterniß hervorgegangen ist, und somit vor dem Lichte nur ein gänzlich lichtloser Zustand die ganze Unendlichkeit durchdrang, so läßt sich da fragen, ob die Unendlichkeit im lichtlosen Zustande weniger Unendlichkeit war, als nun im lichtvollen? — Ferner lautet der Gegensatz: Es ist Jedermann bekannt, daß das Inwendige der Weltkörper zu allermeist vollkommen lichtlos ist; und dennoch findet sich die Materie in solchem lichtlosen Zustande eben so und noch mehr intensiv, als auf der Oberfläche eines Weltkörpers, der im Lichte schwimmt. So aber der ganze Weltkörper seinem Inwendigen nach ohne Licht gar wohl bestehen kann, so erscheine das Licht als eine pure Luxussache unter den Dingen der Natur; — und noch ferner lautet dieser Gegensatz: Solches wisse Jedermann, daß er in der Nacht des Mutterleibes gezeugt worden ist, und hat in eben dieser Nacht das Leben empfangen; aus welchem Grunde muß denn dann das nur in der Nacht lebendig Gewordene an's Licht hervor gehen? Wer Solches nur ein wenig beachten möchte, der müßte auf den ersten Augenblick einsehen, daß das Licht nicht nur gänzlich entbehrlich, sondern auch den Dingen schädlich ist, weil sie sich an dasselbe gewöhnen, und dann offenbar unglücklich werden, so sie durch irgend einen Zufall dasselbe verlieren; — und sagen noch ferner hinzu: Wenn die Menschen durchaus blind geboren wären, so hätten sie auch nie etwas gegen den Verlust des Lichtes zu besorgen; während es doch für ein lichtgewohntes Auge das größte Unglück sei, blind zu werden. Dagegen wenden freilich wieder die Gegner ein, und sagen: In solch einem blindglücklichen Zustande wäre dann ja zwischen einem Menschen und einem Polypen im tiefen Meeresgrunde gar kein Unterschied; denn wenn ein Mensch keine Dinge sehen würde, so könnte er sich auch nie irgend einen oder den andern Begriff machen, in Ermangelung der Begriffe aber ließe sich dann eine große Frage stellen, nämlich, wie es mit dem Denken aussehen möchte in Ermangelung aller Begriffe und Formen derselben? — Bezüglich des Unglückes zu Folge einer allfälligen Erblindung sprechen sich die Lichtvertheidiger aus: Wenn man Das als ein Unglück betrachten will, und dasselbe als einen Mitgrund gegen dasselbe aufstellt, so kann man Solches ja auch bezüglich der andern Sinne thun, welche nicht vom Lichte abhängen. Um aber dennoch jedem Unglücke zu begegnen, müßte der Mensch vollkommen sinnlos in die Nacht hinein geboren werden. Wie sich aber das Denken eines sinnlosen Menschen gestalten möchte, solches könnte man am besten von einem Steine erfahren. — Siehe nun, hochweiser Mann, in solchem Wirrwar schwebt unsere große Zuversicht, daß du diesen Knoten lösen wirst. — Der Vernunftrepräsentant spricht: Höret, meine schätzenswertbesten Freunde! Das ist ein überaus kritischer Fall; denn da hat eine jede Partei für sich das Recht. Da aber zufolge der Erkenntniß der reinen Vernunft es nur ein Recht und nicht zwei Rechte giebt, so wird es hier ziemlich schwer sein, zwischen diesen zwei unrechten Rechten das rechte Recht zu bestimmen. Wir werden dasselbe nur dann finden, wenn wir unsere eigene Wesenheit als ein individuelles Dasein in die gerechten Schranken ziehen, und hört es denn! — Wir wollen hier Grundsätze aufstellen, und aus diesen Grundsätzen dann ein rechtes Resultat folgern. — Um aber Solches thun zu können, müssen wir zuerst ein Nichtdasein, ein consumirendes Dasein, und ein freies denkendes Dasein voraussetzen. — Ein Nichtdasein bedarf auch nichts; also keine Consumtion. Ein bloß natürlich consumirendes Dasein setzt schon durch sein Dasein nothwendig voraus, daß es nur da ist durch eine ihm entsprechende Consumtion; ein solches Dasein hat die ganze Materie, welche sowohl in der Nacht, als am Lichte bestehen kann. Da aber der Mensch ein denkendes und sich selbst frei bestimmendes Wesen ist, so setzt ein solches höheres Dasein auch eine solche Consumtion voraus, welche diesem Dasein entspricht, und der zu consumirende Stoff kann da kein anderer sein, als das Licht; und so bedarf das Nichtdasein vollkommen nichts; ein bloß consumirendes Dasein als ein Product der Nacht braucht auch nichts als seine seinem Dasein vollends entsprechende

Kost, und ein helles freidenkendes Dasein bedarf dann auch nothwendig derjenigen Kost, welche das Prinzip seines Daseins ist; — und so genügt jedes Prinzip seinem Producte, und muß nothwendig für dasselbe da sein, und geht demnach aus dem Nichtdasein ein Nichtdasein, aus dem Dasein der Nacht ein Dasein des Nächtlichen, und aus dem Dasein des Lichtes ein Dasein des dem Lichte Verwandten hervor. In so fern dann der Mensch zufolge seiner reinen Vernunft erkennt, daß er nothwendiger Weise dem Lichte entstammt, so muß er auch erkennen, daß das Licht in dieser Hinsicht ein ihm nothwendiges Substrat ist; — in soweit er sich aber bloß als einen thierischen Consumenten erschaut, und sich selbst ein höheres freidenkendes Leben streitig machen kann, und kann sich wieder bilden zu einem Embrio im Mutterleibe, bedarf er des Lichtes nicht. — Ein Nichtdasein aber bedarf weder des Einen noch des Andern. — Und sehet nun, meine lieben Freunde, da ist der umstößliche Grund für's Licht so klar als möglich vor euere Augen und Ohren gestellt. — Und der Anführer spricht: Höre, weiser Mann! wir haben Deine überragende Vernunft aus Deiner Aeußerung wohl erkannt, und wissen nun genau, wie wir daran sind, aber nur ein einziger Punkt ist noch im Hintergrunde, und da wissen wir uns noch nicht einen vollgiltigen Bescheid zu geben, und dieser Punkt besteht darin, nämlich: warum auf den Erdkörpern alle die zahllosen vegetativen Producte sammt dem zahllosen Thiergattungsreiche zu allermeist des Lichtes zu ihrer Vegetation und zu ihrem thierischen Gedeihen benöthigen? — Denn es ist allen Naturgelehrten nur zu bekannt, daß in einem gänzlich lichtlosen Raume beinahe gar keine Vegetation von Statten geht; und die Thiere in gänzlich lichtlosen Räumen gar bald erkranken und gänzlich zu Grunde gehen; — und demnach scheinen sie nach deinem Ausspruche keine nothwendigen Consumenten des Lichtes zu sein; indem sie durchaus keine denkenden Wesen sind, und auch zur gründlichen Folge ihrer scharf beurtheilten Wesenheit nicht sein können. — Diesen Einwurf machen wir ja nicht, als wollten wir dadurch Deine reine Ansicht bemängeln, sondern um uns selbst aus jeder uns erwarteten Schlinge zu ziehen. — Der Vernunftpräses spricht: Mir ganz willkommen dieser Einwurf! und wir wollen ihn sobald vor das helle Richteramt der reinen Vernunft ziehen; — und so höret denn! — Vermöge der nothwendigen Stummheit in Hinsicht der eigenen Existenz würden diese Dinge so wenig des Lichtes bedürfen, als desselben bedarf der finstere Mittelpunkt eines Weltkörpers; — da aber neben ihnen auch wir als Producte des Lichtes existiren, so können wir doch unmöglich den umgekehrten Schluß annehmen, daß wir ihretwegen da sind, so wenig, als irgend ein Mensch sagen kann: Ich bin da, damit dieses Haus von mir bewohnt wird, und ich demselben diene, sondern daß das Haus des Menschen wegen da ist, aber nicht der Mensch für das Haus. Wenn uns demnach aber das Licht gezeugt hat, so mußte es ja doch nothwendig voraus diejenigen Bedingungen aus sich aufstellen, welche zu unserer lichtverwandten Existenz nothwendig sind; — und so bedürfen die von euch ausgesprochenen Dinge auch nothwendig des Lichtes, damit sie unseren lichtverwandten Bedürfnissen zur Consumtion dienen können. Ich meine aber hier etwa nicht die Consumtion des thierischen Magens, der auch in einer finsteren Kammer gar wohl gesättigt werden kann, sondern die höhere Consumtion des Geistes, der sich nur an den Begriffen und Formen, die gleich ihm dem Lichte entstanden, sättigen kann. Ein Baum im Mittelpunkte der Erde wird dem Geiste so lange zu keiner Sättigung dienen mit all' seinen Früchten, bevor er nicht selbst an's Licht gebracht, und dem Lichte verwandt wird. — Seht meine lieben Freunde, da habt ihr gelöset euren zweifelhaften Punkt; sollte euch noch etwas dunkel sein, so wollet es nur ganz offenherzig kundgeben! — Der Anführer spricht: Geschätzter hochweiser Mann! Nachdem du allerrichtigst dein Urtheil für das Licht ausgesprochen hast, so wirst du mir auch eine Frage in Beziehung auf dich selbst gütigst gestatten wollen, und diese Frage lautet also: Worin liegt denn wohl der Grund, dem zufolge du als weisester Licht-Rechtsprecher dir deine Wohnung in diesem ganz licht-abseitigen Winkel hast errichtet? — Der Vernunftrepräsentant spricht: Der Grund ist weiser, als du ihn zu fassen vermagst; — wenn wir die Dinge im Lichte schauen wollen, und sie rein beleuchtet von einander unterscheiden, so müssen wir den mathematisch richtigen Grundsätzen der Optik zufolge uns selbst nicht ins Licht stellen, sondern auf einen Punkt, der hinreichend beschattet ist. Dadurch wird unser Sehvermögen gestärkt, und die uns gegenüber stehenden Objekte werden wir also in den schärfsten Umrissen erblicken! — So du aber deine Augen gegen das Licht wendest, so werden sie von selbem geblendet, und Du wirst die Gegenstände dunstig unrichtig erblicken, und wirst Dich stets mit der Schattenseite derselben begnügen müssen; und so ist meine Wohnung nur dem leuchtenden Körper, nicht aber dem praktischen Lichte abgewandt. Aus diesem kannst du ersehen, daß meine Wohnung nicht lichtabseitig, sondern nur dem dienstbaren Lichte allerwohlberechnetst zugewandt ist. — Wenn Du noch andere Anstände findest, so sollst du an mir allzeit den unermüdet bereitwilligsten Mann finden, der dich in Allem, was nur immer in seinem Vermögen steht, zufrieden stellen wird. — Und der Anführer fragt den Vernunftpräses, und sagt: Ich habe nun wieder ersehen, wie du Alles nach den wohlberechnetsten Grundsätzen denkst, sprichst und handelst; und so habe ich noch eine große Lust von Dir zu erfahren, warum du dich als Lichtkostvertheidiger in solch einer unwirthlichsten Gegend angesiedelt hast, die für den thierischen Magen eben so wenig, als für den geistigen darbietet. Ist es nicht jammerschade für dich, daß du dich nicht zum wahren Segen vieler gar schwach vernünftiger Menschen in einer reicheren Gegend nieder gelassen hast, wo du selbst mehr Nahrung für deinen Geist finden würdest, und könntest dadurch auch für die schwachen Geister eine kräftige Kost aus den vielfachen deinem Geiste begegnenden Lichtstrahlen bereiten? — Meine lieben Freunde! über diesen Punkt euerer Frage soll euch sogleich ein hinreichendes Licht gegeben werden. —

## 99.
(Am 27. December 1842 von 4³/₄—6³/₄ Uhr Abends.)

Wie findet ihr euch hinsichtlich des Unendlichen? — Ihr saget: Nicht anders als endlich und begrenzt. — Sehet, ihr gebt in dieser Antwort ja schon selbst den allgemeinen Grund an, warum ich mir diese Gegend zum Aufenthalt erwählt habe. Ich sage euch darum: Wahrhaft weise ist nur Derjenige, der die Grenzen seiner Vernunft gefunden hat, und erkennt dann mit dieser seiner Vernunft, wie viel da Noth thut zu der Sättigung seines Geistes. Diese Gegend hier entspricht den wohlerkannten Grenzen meiner Vernunft ganz genau, und ihr Wahlspruch daraus lautet also: Begnüge dich allzeit mit Dem, was deiner Beschränktheit entspricht; überschreite nie den Kreis deiner Erkenntnisse, und erkenne und finde dich selbst in diesem deinem Kreise, so hast du das Glück deines Lebens im vollkommensten dir am meisten zusagenden Grade gefunden. — Sehet, aus dem Grunde ist diese Gegend, die ihr für sehr unwirthlich findet, für mich vollkommen anpassend, weil sie nicht mehr bietet, als gerade nur so viel, was den Grenzen meiner Vernunft entspricht. Wenn ich demnach irgend Jemanden nützlich sein kann, so kann ich solches ja nur innerhalb des Horizontes meiner Erkenntnisse; außerhalb desselben müßte ich ein Laie sein, und wäre außer Stand gesetzt, Jemanden auch nur im Geringsten nützlich sein zu können. Aus Diesem nun könnt ihr ersehen, warum ich mir gerade diese Gegend und keine andere zum Aufenthalt erwählt habe. So ihr aber etwa meinen würdet, mich könnte allenfalls eine Weisheitseitelkeit bestechen, um vor Anderen als ein Licht zu glänzen, da würdet ihr euch an mir sehr gewaltig irren; denn mein unerschütterlicher Grundsatz lautet also: So du Jemandem nützen willst, da erkenne wohl die ganze Sphäre, da du ihm nützen möchtest; kennst du aber die Sphäre nicht, da bleibe mit deiner Philanthropie hübsch zu Hause; denn wer mehr geben will, als er hat, der ist entweder ein Narr oder ein Betrüger. — Der Anführer spricht: Unser allerschätzbarster Freund! Du hast schon wieder überaus weise gesprochen, und wir können dir durchaus keine Einsprache thun; nur ein Punkt kommt uns etwas dunkel vor; und da du bisher schon so gefällig warst, uns zu berichtigen und vollgiltig aufzuklären unsere Anliegen, so wirst du schon auch so gütig sein und uns gestatten, daß wir uns auch über diesen Punkt bei dir Rathes erholen. — Und der Vernunftpräses spricht: Lieben Freunde, so lange ihr auf diesem meinem Territorium euch befindet, könnt ihr mir jede Frage stellen, und könnt versichert sein, daß ich euch über jeden Punkt eine für diesen meinen Bezirk vollgiltige Aufklärung zu geben im Stande bin; — und so gebet mir denn kund euren zweifelhaften Punkt! — Und der Anführer spricht: Du hast in deiner weisen Erörterung über eine bestimmte Begrenzung deines Erkenntnißhorizontes gesprochen, und es sei durchaus unweise, sich über diesen Horizont hinaus zu schwingen. Das Letzte ist uns begreiflich; denn wahrlich, Niemand kann über seine Kräfte etwas thun, und will er Solches, so ist er schon sicher in so weit ein Thor, in so weit er solche seine Grenzen überschreiten will. — Aber sieh! als du geboren wardst, da hatte deine Vernunft sicher nicht einen so weit ausgedehnten Horizont, als sie ihn eben jetzt hat; — du mußtest also den kleinen Horizont deiner Erkenntnisse offenbar stets mehr und mehr erweitert haben, auf daß du durch solches Erweitern deinen Erkenntnißhorizont bis zum gegenwärtigen erstaunenswürdigsten Umfang getrieben hast, und es läßt sich demnach fragen, ob solch' ein Horizont schon als ein vollends fixirter, oder als ein einer noch größeren Erweiterung fähiger anzusehen ist? Ich meines Theils bin der Meinung: wenn das Begrenzte seinen Horizont noch so weit hinaustreibt, so wird es deswegen noch immer ein Begrenztes bleiben und wird nie Gefahr laufen, die Unendlichkeit zu erfüllen. — Der Vernunftpräses spricht: Lieben Freunde, ihr habt hier eines Theils Recht, eines Theils wieder Unrecht. Wenn der Mensch sich selbst gegeben hätte, so könnte er auch sich so viel geben, als er wollte; denn er hätte im Unendlichen keinen Mangel gefunden, und somit stünde es auch bei ihm, seinen Erkenntnißhorizont nach seinem Belieben unabläßig fortwährend zu vergrößern. Da aber der Mensch nicht ein sich selbst Gebendes, sondern ein Gegebenes ist, so ist auch sein Horizont ein gegebener. Wann ihr auf einem Erdkörper beispielsweise nur einen Apfel betrachtet, so werdet ihr auch sehen, daß er von seinem Ursprunge an alsogleich nach dem Abfalle der Blüthe seinen Horizont stets mehr und mehr vergrößert; hat er aber einmal seine Vollreife erlangt, da könnt ihr dem Apfel vorpredigen, wie ihr wollt, und er wird euch durch seinen Stand nichts Anderes sagen können, als: Bis hierher und nicht weiter! — Denn mein Maß ist erfüllt. — Warum aber würde euch der Apfel eine solche Antwort geben? — Weil er ebenfalls ein Gegebenes aber nicht ein sich selbst Gebendes ist. — Möchtet ihr nun den Apfel weiter auseinander treiben, so würdet ihr ihn offenbar zerstören müssen. — Und sehet, ganz derselbe Fall ist es mit dem Menschen; er ist ein Gegebenes, und kein sich selbst Gebendes; somit ist auch sein Reifbezirk ein gegebener. Der, welcher diesen Bezirk erreicht und dann in sich erkennt, daß dieß sein gegebener Bezirk ist, der ist in sich selbst als Das, was er ist, so vollkommen als möglich. Bleibt er innerhalb dieses Bezirkes, denselben nicht ausfüllend, so ist er ein verkrüppelter Sclave seiner selbst, und wird nicht einmal für sich selbst eine hinreichende Tüchtigkeit haben; — wer sich aber über seinen gegebenen Bezirk aufblähen will, der ist ein hochmüthiger Thor, und richtet sich selbst zu Grunde, und wird mit ihm nichts anderes sein, als wie mit einer hohlen Kugel, die da mit Pulver gefüllt wäre und dasselbe angezündet würde, wodurch dann wohl die Oberfläche der Kugel auseinander gerissen wird, und werden die Theile ihrer Oberfläche in einen weiten Horizont hin geschoben. Aber fraget euch selbst, wie es nach einem solchen Acte mit der Totalität der Kugel steht? — Der Anführer spricht: Wir haben gegen deine Aeußerung im Grunde abermal nichts einzuwenden; denn sie ist an und für sich vollkommen richtig. Aber du, lieber Freund, stellst deine Antworten immer sicherlich absichtlich weise also, daß wir darin stets einen neuen Anhaltspunkt finden, über den wir uns bei dir ferneren Rathes zu erholen für nothwendig finden; und so hast du dich in dieser deiner weisen Erörterung darüber ausgesprochen, daß der Mensch, wie somit auch alles andere Begrenzte ein Gegebenes und nicht ein sich selbst Gebendes ist. — Wenn es aber sicher also der Fall ist, so fragt es sich ja offenbar, Wer da der Geber ist? denn das Gegebene setzt einen Geber so sicher voraus, als was immer für eine Erscheinung ihren entsprechenden Grund; — und so möchten wir denn wohl von dir uns über den Geber einen näheren Aufschluß erbitten. — Der Vernunftpräses spricht: Lieben Freunde! was da den Geber betrifft, so steht derselbe über dem Horizont unserer Erkenntnisse, und wir haben Alles gethan, so wir uns als gegeben erkannt haben. Wollen wir aber den Geber erforschen, so thun wir nichts Anderes, als so wir mit einem Zirkel in der Hand möchten den Kreis der Unendlichkeit ermessen. Solches ist sicher wahr, weil sich über einen bestimmten Kreis in's Unendliche fort größere Kreise denken lassen, mit denen der engste Kreis Aehnlichkeit hat. Wenn aber dieser engste Kreis solle einem größeren über sich vollends gleich werden, so wird er zuvor zerrissen werden müssen; seine viel kürzere Linie nach der Rundung des größeren Kreises ausgestreckt und mit derselben gleichlautend gemacht. Solches läßt sich wohl thun; aber die Erfahrung wird es zeigen, daß die also ausgestreckte Linie des engen Kreises vielleicht kaum den tausendsten Theil einer bedeutend größeren Kreislinie berühren wird; und so wird ihr auch nur dieser Theil gleichlautend werden, alle anderen Tausendtheile aber werden für diese viel kürzere Linie dennoch für ewig unerreichbar bleiben. — Und sehet, in diesem Beispiele haben nur zwei begrenzte Kreise mit einander zu thun; — nun nehmet aber diesen engsten Kreis, und messet mit seiner ausgestreckten Kreislinie den unendlichen begrenzten Kreis, und fraget euch darnach selbst, als was eine solche Arbeit oder ein solches Unternehmen von Seite unserer Vernunft betrachtet werden müßte? Ich meine, eine größere Thorheit kann im menschlichen Gehirne nicht gedacht werden; — und also ist es auch, so wir den unendlichen Geber erforschen wollten, wer Er ist. Und so ist es, wie ich ehedem gesagt habe, für jeden Menschen genug, wenn er sich als ein bestimmt Gegebenes erkennt, und somit auch sein Erkenntniß-Grenzgebiet. Was aber den Geber betrifft, so geht Dieser dem Gegebenen nicht im Geringsten an, indem er offenbar endlos erhaben sein muß über alles das Gegebene. Was sollte aus einem Apfel wohl noch werden, wenn derselbe seine Reise erlangt hat? Was aus einem Kreise, wenn die von einem Punkte ausgehende Linie sich selbst wieder erreicht hat? — Er bleibe das, was er ist, so wird er vollkommen sein als Das, als was er gegeben wurde. — Der Anführer spricht: Du hast uns jetzt über Alles den richtigen Bescheid gegeben; aber wir hätten dessen ungeachtet noch eine Frage an dich, und diese lautet also: In der Gegend, da wir her sind, wird von dem sogenannten besseren Theile fortwährend die Liebe zu Gott geprediget, und wir wissen nicht, was man damit sagen will auf dem Wege deiner weisen Art; denn wir verstehen unter Liebe ein Ergreifen und Ansichziehen. — Wie kann aber ein begrenztes Wesen oder eine begrenzte Kraft eine unbegrenzte Kraft ergreifen und an sich ziehen? —

### 100.
(Am 30. December 1842 von 4¼ bis 7 Uhr Abends.)

Der Vernunftpräses spricht: Lieben Freunde, bei dieser Frage, um darauf eine günstige Antwort geben zu können, ist eine gehörige Distinction als vorangehend nothwendig. Vorerst muß der Begriff „Liebe" der Vernunft vollkommen gemäß erörtert sein, und dann erst wird man daraus ersehen können, wie sich Solcher verhält zu sich selbst, und zu allem dem, was ihn umgiebt. — Der Begriff „Liebe" ist nichts Anderes und kann unmöglich etwas Anderes sein, als ein sich aussprechendes Bedürfniß, dessen Grund offenbar nichts Anderes sein kann, als der Mangel an Dem, wornach sich das Bedürfniß ausspricht. Das Bedürfniß gleicht einem H u n g e r. — Wenn ein Mensch einen starken Hunger hat, so hat er einen so ungeheuren Appetit, daß er in sich gewisserart eine Ueberzeugung trägt, er müsse wenigstens eine Welt verzehren, bis er sich gestillt haben wird seinen Hunger. Was aber sagt die wirkliche Erfahrung zu dieser phantastischen? — Nichts Anderes, als: Du hungriger Mensch, verzehre nur ein einziges Pfund Brod, und du wirst hinreichend gesättigt sein! — Sehet, nahe ein ganz ähnlicher Fall ist solches mit dem mehr geistigen Bedürfnisse unter dem Begriffe „Liebe". — Der liebehungrige Mensch ist der Meinung, er müsse den Magen seines Herzens mit der ganzen Unendlichkeit anfüllen, bis er gehörig gesättigt wird. Worin aber liegt der Grund dieses irrwähnigen Verlangens? Der Grund liegt in nichts Anderem, als in der Nichtsättigung des eigenen Erkenntnißhorizontes, wodurch dann nothwendiger Weise eine Leerheit die andere nach sich zieht, ein Mangel den anderen, und somit ein Bedürfniß das andere. Die Liebe begehrt Sättigung; da sie aber ein pures mechanisches Begehrungsvermögen des Geistes ist, so wohnt in ihr auch die Fähigkeit zu beurtheilen, was es zur Sättigung begehren soll. Da sich aber eben durch dieses Begehrungsvermögen eine Leerheit in der Erkenntniß ausspricht, so kann da ja auch diese Erkenntnißleerheit, was eben so viel als gar keine Erkenntniß heißt, nicht beurtheilen den zu seiner Sättigung nothwendigen Stoff. Bei solcher Gelegenheit wenden sich dann solche Hohlköpfe mit ihrem blinden Begehrungsvermögen freilich wohl an das Gebiet des Unendlichen, und sind der Meinung, aus diesem ewigen Füllhorne wird ihnen das Mangelnde gleich den sogenannten gebratenen Vögeln in den Mund fliegen. Wie leer aber solch eine wahrhafte Wahnmeinung ist, ist ja daraus mit den Händen zu greifen, daß solche Unendlichkeitsliebhaber anstatt irgend einer vollkommenen Sättigung nur einen stets größeren Hunger überkommen; was auch ganz natürlich ist, und zwar durch ein naturmäßiges Beispiel ersichtlich klar. — Denn nehmet ihr nur einen naturmäßig hungrigen Menschen; — wenn er voll Hungers neben einem Brodkorbe sitzt, dabei aber seinen Mund nur in den unendlichen Raum hin stets weiter und weiter aufsperrt, und thut, als wollte er die ganze Erde, die Sonne und den Mond, und das ganze gestirnte Firmament verschlingen, des Brodes aber an seiner Seite achtet er nicht; da ist es dann ja offenbar, daß er mit solch' einem Unendlichkeitsappetite von Stunde zu Stunde hungriger wird, und wenn er nicht bald nach dem Korbe greift, am Ende gar dem Verhungern preisgegeben ist. Aus diesem aber könnt ihr, meine geehrten Freunde, ja nun ohne weitere Erörterung gar leicht entnehmen, welch eine Bewandtniß es mit der sogenannten Gottesliebe hat. Die wahre Gottesliebe kann demnach ja nichts Anderes sein, und in nichts Anderem bestehen, als daß ein jeder gegebene Mensch den ihm gegebenen Horizont seiner Erkenntnisse erfüllen soll. Diese Erfüllung aber kann unmöglich eher vor sich gehen, als dann nur, so der Mensch sich selbst und somit seinen ihm gegebenen Kreis erkannt hat. Um aber Solches zu können, muß der Mensch sorgfältigst alle Hindernisse aus dem Wege räumen, sich von allen äußeren kleinlichen Bedürfnissen loszusprechen, und dann sich in seinen eigenen Mittelpunkt begeben; von welchem aus erst es ihm dann möglich wird, seinen ganzen Horizont zu überblicken, und diesen dann auszufüllen mit Dem, was ihm gegeben ist. Hat er das ausharrend und in allem Albernen sich selbst verleugnend zu Wege gebracht, sodann hat er auch seine Liebe oder sein begehrendes Bedürfniß vollkommen gesättiget. Was er von allem Dem verdauen wird, das wird er leichtlich alsobald mit der eigenen ihm gegebenen Fülle ersetzen; und Solches ist dann vom Standpunkte der reinen Vernunft aus betrachtet eine vollkommene und gesättigte Liebe, die sich nicht mehr als ein Hunger, sondern stets als eine erfreuliche Sättigung ausspricht. — Sehet nun, das ist meine für meinen Horizont klarst möglichste Ansicht; könnt ihr jedoch, wie gesagt, Solches eben so frei thun, als wie ganz frei ich jedem Einwurfe zu begegnen im Stande bin. — Der Anführer spricht: Lieber Freund! du hast deine Antwort gut bemessen, und wir können ihr im Grunde nichts entgegen stellen. Da du uns aber schon noch ferner zu reden gestattet hast, so wollen wir uns in einer gar außerordentlichen Hauptsache mit dir berathen; und so wolle uns denn anhören! — Siehe, bei uns wird noch etwas Anderes hauptsächlich gelehrt und gegen diese Lehre will sich Niemand stemmen; dessen ungeachtet aber wissen wir nach deiner Art dennoch nicht, was wir daraus machen sollen. Diese Lehre aber besteht darin: Gott oder das allumfassende Kraft- und Machtprinzip habe Sich Selbst in Seinem Centrum ergriffen, habe im selben einen Culminationspunkt aller Seiner unendlichen Kraft und Macht gebildet, und sei dann als eben solcher Culminationspunkt aller göttlichen Wesenheit in menschlicher Form, und zwar in der Person eines gewissen Jesus Christus auf dem Planeten Erde aufgetreten, habe da Selbst gelehrt, und unter den Menschen als Seinen Geschöpfen wie ein Bruder zu ihnen gewandelt, und habe Sich am Ende gar aus übergroßer Liebe zu Seinen Geschöpfen von ihnen den angenommenen Leibe nach tödten lassen! Zum Beweise Seiner Göttlichkeit wirkte Er Dinge und Thaten, welche keinem Menschen möglich sind, und erweckte Sich nach drei Tagen Selbst vom Leibestode, und fuhr dann im Angesichte Vieler wieder in Sein göttliches Centrum zurück! — Er lehrte auf der Welt, oder vielmehr auf den Planeten Erde die Menschen nichts Anderes, als daß sie Ihn über Alles lieben sollten, und verhieß denen, die Solches thäten, Sein Reich, welches da bestehen sollte in der stets tieferen Erkenntniß Gottes, in der stets wachsenden Liebe zu Ihm, und in der aus der Erkenntniß und Liebe entspringenden unaussprechlich allerwonnigsten Seligkeit, welche das ewige Leben in Gott genannt wird. — Und siehe, die Sache ist nicht so leer, als du glaubst; in der Gegend, da wir her sind, wohnt derselbe Christus; und wie wir uns noch allzeit auf das Klarste und Lebendigste überzeugt haben, es gehorcht Ihm alle Kreatur in der ganzen Unendlichkeit; — es bedarf von Seiner Seite nur eines Winkes, und zahllose Weltenheere sind aus dem Dasein verschwunden, und wieder eines Winkes, und zahllose Heere erfüllen wieder die endlosesten Tiefen des ewig unendlichen Raumes. Was sagst du nun zu diesem unseren Anstande, den wir dir in dieser deiner Sphäre eröffnet haben? — Der Vernunftpräses spricht: Wenn eure ganze Erzählung kein Hirngespinnst ist, so liegt bezüglich des sich Ergreifens der unendlichen Macht und Kraft in irgend einem Centrum gerade nichts Unmögliches, da von einem jeden gegebenen Punkte ausgehend unendliche Linien denkbar sind; — aber bezüglich der Menschwerdung dieses göttlichen Kraft- und Machtcentrums ließe sich wohl so Manches einwenden, obschon die reine Vernunft Solches eben nicht als einen völligen Widerspruch aufnehmen kann.

— Daß aber dieses Wesen dann hauptsächlich die Liebe zu Ihm gelehret hat, dieses erscheint dem reinen Denker von Seite des göttlichen Wesens wie ein barster Egoismus. Nehmen wir aber bei dem göttlichen Wesen oder bei der sich selbst concentrirten Urkraft das egoistische Bedürfniß an, so hört sie für's Erste auf, absolut zu sein; und ließe sich Solches bestreiten, so steht aller Wesenheit die gänzliche Vernichtung bevor. Es muß demnach mit dieser Liebe eine andere Bewandtniß haben, und das göttliche Centrum kann sich dann gar wohl in der menschlichen Form äußern; wenn es aber mit dieser von euch dargestellten Liebe nur die hungernde Bewandtniß hat, so müßt ihr es ja doch mit den Händen greifen, in welchen Händen sich da die ganze Wesenheit aller Dinge befinden dürfte, wenn die unendliche Macht und Kraft gleichsam nothgedrungen sich an ihnen sättigen sollte. — Da ihr mir aber von diesem Christus ferner ausgesagt habt, daß Er gewisserart zufolge Seiner Verheißung Sich als die allzeit aussprechende Allmacht und Allkraft unter euch wirkend befinde, so müßt ihr Solches doch offenbar einsehen, daß ich aus diesem meinen angegebenen Kreise weder dafür noch dagegen Etwas sagen kann. Es kommt bei dergleichen Sachen allzeit auf die eigene Erfahrung an. Könnte ich diesen Christus oder das vermenschlichte göttliche Centrum selbst erschauen, so wüßte ich dann auch ganz sicher, wie viel daran gelegen ist; — so aber müßt ihr euch meine geehrten Freunde, mit dem Gesagten begnügen. Könnt ihr aber diesen Christus hierher zu mir bringen, so könnt ihr auch versichert sein, daß ich Seine Wesenheit, so viel es in meiner Sphäre steht, nicht unklug beurtheilen werde; nur über meine Sphäre soll nichts gestellt sein! — Der Anführer spricht: Setzen wir den Fall, dieser Christus als das liebvollste Wesen würde hierher kommen, und hieße dich Ihm folgen; was würdest du dann thun? — Der Vernunftpräses spricht: So Er das ist, und ich Ihn als Das erkenne, was ihr von Ihm ausgesagt habt, so läßt sich ja nichts Klareres denken, als daß die endlos geringere Potenz der endlos größeren nothwendig durch sich selbst getrieben folgen muß, weil da kein Ausweg möglich gedenkbar ist. Verhält sich aber die Sache nicht also, da ist es dann ja auch klar, daß ich aus meiner Sphäre nicht eigenmächtig treten kann, weil ich sammt meiner Sphäre, wie schon hinreichend erklärt, ein Gegebenes, aber nicht ein sich selbst Gebendes bin. — Der Anführer spricht: So sehe denn her! — Ich bin der Christus! Was willst Du nun von Mir? — Der Vernunftpräses spricht: So du der Christus bist, so zeige mir Solches, und ich will Dir folgen. — Und Christus als der Anführer spricht: Es werde Licht in dieser Sphäre! und du öde Gegend werde zu einem Paradiese! — Nun sehet, der Vernunftpräses fällt vor dem Herrn nieder, und betet Ihn an, und spricht: Also ist es, daß Gott alle Dinge möglich sind! — — Herr! da Du mir einem armseligen durch sich selbst Verbannten also gnädig warst, so nehme mich denn auf in Deinen Kreis! — Aber lasse mich in Deinem Gnadenkreise ja den Allergeringsten sein! — Ich weiß, daß Du meinen Horizont also erweitern kannst; wie Du mich selbst also, wie ich bin, aus Dir gegeben hast; ich aber habe mich dieses Kreises angewohnt als des engsten einer lebendigen Sphäre, und so belasse mich denn auch in diesem Kreise als den Allergeringsten unter allen Denen, die du deiner Gnade gewürdiget hast! — Glaube es mir, o Herr, und sehe es in meinem ganzen aus dir gegangenen Wesen, mein Geist war allzeit unfähig des Gedankens, dich unendlichen Geber je möglich in Seiner Urwesenheit zu erschauen; da ich dich nun aber also erschaut habe, so sind auch durch diesen Anblick alle die größten Lebensbedingungen meines Geistes erfüllt. — Und der Herr spricht: Also folge Mir, und du sollst mit nichten der Geringste allda sein, wo Ich bin unter Meinen Kindern! Doch nicht hier, sondern dort erst sollst du in Mir den liebevollsten heiligen Vater erkennen! — Sehet nun, meine lieben Freunde, das ist noch eine der allerbesten Arten der Erlösung eines solchen reinen Vernunftgeistes aus seiner Sphäre. — Es giebt aber deren eine gar große Menge in dieser euch anschaulichen Gegend, mit denen es nicht so leicht geht, wie mit Diesem. Solches ist besonders dann der Fall, wenn solche stoische Vernunftgeister auch noch, was eben nicht selten der Fall ist, einen bedeutenden Grad gelehrten Hochmuthes in sich vereinigen. Einer solchen Bekehrung wäre es auch für euch nicht gut beizuwohnen; denn ihr könnt es sicher gläubig annehmen, daß da nicht selten mehrere hundert Versuche scheitern. — Und so wollen wir auch diese Gegend wieder verlassen, und uns in die Mittelschlucht tiefer einwärts begeben; — und somit gut für heute! —

## 101.
(Am 2. Januar 1843, von 4½—6 Uhr Abends.)

Sehet! da sind wir schon wieder auf dem ersten Standpunkte. Es grauet euch wohl ein wenig, euch da hinein zu begeben; allein so viel Raum hat die Schlucht noch immerwährend zwischen den schroffen Felswänden, daß wir uns recht bequem werden über den etwas rissigen Weg ziehen können. Auf dem Wege werdet ihr gar viele enge Thalschluchten links und rechts entdecken; zur linken oder mittägigen Seite haben diese Thäler ganz dieselbe Bedeutung, wie wir sie gesehen haben im ersten Thale links, allda die Reichen der Erde wohnen; der Unterschied besteht nur darin, daß die Bewohner dieser tiefer liegenden Thäler an Wohlthaten stets ärmer sind, obschon sie stets desto reicher waren auf der Erde an irdischem Vermögen. In den Thälern rechts ist die Wohnung für allerlei Gelehrte, Vernunft- und Verstandesmenschen; je in einem tieferen und mehr im Hintergrunde gelegenen Thale Solche wohnen, desto mehr waren ihre Wißthümlichkeiten auf der Erde vom Herrn entfernt. — Und da ihr Solches wisset, so können wir unsern Weg auch mit gutem Erfolge beginnen, und uns in jene Gegend begeben, allda ihr überaus Wichtiges sollt kennen lernen; — und so denn gehen wir! — Ihr fraget, woher wohl diese Wässer kommen, die da aus diesen Thälern von beiden Seiten her in diese enge Schlucht schießen, und sich durch diese als ein reißender Gebirgsbach hinaus ergießen in des großen Meeres Bucht? — Die Wässer bedeuten die Wißthümlichkeiten und daraus entsprungenen Nutzwirkungen, welche solche Menschen vermöge ihres Verstandes und Vernunftlichtes auf dem Wege der Erfahrungen von der Naturmäßigkeit der Dinge entnommen haben. Die von der rechten Hand herkommenden sind, wie ihr sehet, viel trüber; Solches bezeichnet das viele Falsche, welches in all' den gelehrten Wißthümlichkeiten vorhanden

7

ist, und die etwas weniger trüben von der linken Seite her bezeichnen, daß die Reichen der Welt bei ihrem geringen wissenschaftlichen Reichthume aber dennoch besser zu rechnen verstanden, denn die eigentlichen nackten Gelehrten. — Daß die Wässer hier in dieser Schlucht zusammenstoßen, bedeutet, daß das Vermögen der Wissenschaft und das Vermögen an den Schätzen der Welt sich allzeit vereinigen, und am Ende auf Eins hinausgehen; denn der Gelehrte sucht die Wissenschaft, um durch dieselbe weltschatzreich zu werden, der Weltschatzreiche aber sucht die Wissenschaft, um mittelst derselben sein Vermögen noch mehr zu erhöhen. Aus diesem Grunde erschaut ihr auch, daß die Wässer von der Linken her, beiweitem nicht so stark brausen, denn die von der Rechten; und Solches besagt auch noch dazu, daß der Weltschatzreiche sich stets auf eine politische Weise unter den Gelehrten zu stecken weiß, um von dessen Gelehrsamkeit Eines oder das Andere für seinen speculativen Bedarf zu gewinnen. — Solches wüßten wir jetzt auch, und so können wir wieder unsere Reise fortsetzen. — Sehet, dort ziemlich weit noch im Hintergrund steigt eine gerade hohe Steinwand auf; allda hat unser Thalwerk links und rechts auch ein Ende. Diese Wand öffnet sich zuweilen, und bildet einen ziemlich geräumigen Sprung. Wenn man zu der Zeit hinzu kommt, so kann man da weiter dringen; wenn man aber nicht einen solchen Zeitpunkt trifft, so ist da kein Durchgang möglich. Ihr saget: auch nicht auf die Weise, wie wir uns in der nördlichen Gegend auf die Berge gehoben haben? — Ich sage euch: Hier auch auf diese Weise nicht, und das zwar aus dem Grunde, weil ihr noch Irdisches an euch habet. Wir werden aber ohnehin den Zeitpunkt antreffen, da sich die Wand öffnen wird, und da hinter der Wand sich also gleich eine überaus große Ebene ausbreitet, so werden wir bis zur Zeit des Sich — wieder — Schließens der Wand leichtlich durch die ziemlich weite Spalte kommen. — Und sehet, hier sind wir schon bei der Wand; geduldet euch nur ein wenig, und alsbald soll sie sich öffnen. Ich sage nun: Thue dich auf! — Und sehet, schon trennt sich die mächtige Wand; nun ist die Spalte groß genug, also nur hurtig durchgesetzt! Wir haben die Spalte glücklich passirt, und nun sehet euch um, wie die Wand schon wieder fest geschlossen ist. — Aber jetzt sehet vorwärts in die Gegend in der wir uns befinden; wie gefällt sie euch? — Ihr saget: was ist das für eine Frage? — Wie solle uns diese Gegend gefallen, in der es also finster ist, daß wir offenbar weiter greifen, als sehen; wir müssen uns bloß an dich anhalten, sonst wären wir offenbar verloren, denn wir sehen ja nicht einmal den Boden, den wir betreten, und wissen daher nicht, auf was wir gehen, sind es Steine, Sand, Unflath oder Gewässer? Denn, wie gesagt, wir sehen hier nichts, nicht einmal dich und uns selbst. — Ja, meine lieben Freunde, hier ist es denn einmal also. Ihr fragt mich, ob auch in dieser Gegend allenfalls lebende Wesen existiren? Ich aber sage euch: Es ist nicht leichtlich irgend eine Gegend so bevölkert wie diese; denn hier kann man im Ernste sagen: In diesem Markte der Finsterniß wimmelt es von Menschen. Ihr möchtet wohl ein wenig Licht haben, damit wir doch örtlicher Weise Etwas auszunehmen vermöchten? — Ich aber sage euch: Es würde uns nicht gut zu Statten kommen, so wir uns hier eines Lichtes bedieneten; denn wir würden sodann alsbald von den Bewohnern dieser Gegend nahe also umringt sein, wie ein Würmchen, wenn es auf einen Ameisenhaufen fällt. Allein geduldet euch nur ein wenig; es wird sich unser Auge gar bald also erweitern, daß wir einer Nachteule gleich auch in dieser Finsterniß Etwas zu schauen bekommen werden; und so denn bewegen wir uns noch ein wenig vorwärts. — Nun, sehet ihr schon Etwas? — Ihr saget: Ganz schwach fangen wir wohl an wahrzunehmen, daß der Boden, auf dem wir stehen, zumeist lauter Sand ist; und da vor uns scheint sich Etwas zu bewegen. Ja, ja, ihr habt Recht; gehen wir daher nur darauf los! und ihr sollt sobald mehr in's Klare kommen, was sich da bewegt. — Nun sehet, das Bewegende bewegt sich auf uns zu. Sehet, es ist eine zusammen gebückte, armseligst aussehende Menschengestalt. — Wollt ihr sie fragen, wer sie ist? Ihr getrauet euch nicht; so will ich solches thun. — Und so höret denn; ich will die Gestalt anreden. — Was machst du hier, armseliges Wesen? Woher bist du? — Die Gestalt spricht: Ich bin schon bei drei Erdjahren in dieser Gegend, und laufe herum als ein wildes Thier, und finde nichts, damit ich meinen großen Hunger stillen könnte. Warum ich nach meinem Ableben auf der Erde in solch eine miserable Gegend habe kommen müssen, weiß ich durchaus nicht. Ich war auf der Erde ein großer Herr, und hatte ein großes Amt über mich. Dieses Amt habe ich stets als ein rechtlicher und treuer Beamter verwaltet; ich ließ mich durch gar nichts bestechen, sondern handelte strenge nach dem Gesetze, und erfüllte somit meine Pflicht zur allseitigen Achtung, wurde sogar von meinem Monarchen geachtet und ausgezeichnet. Ich that aus meinem amtlich verdienten Einkommen freiwillig so manches Gute, und lebte in jeder Hinsicht als ein nachahmungswürdiges Beispiel. — Als ich aber dann das Zeitliche verließ, da kam ich in diese schauerliche Gegend, in der ich schon, wie gesagt, drei Jahre lang herum irre: und nirgends ist da ein Ausweg zu finden. — Und ich, euer Führer, frage ihn weiter: Mein guter Freund, Solches mag ja alles sein; hast du aber auch bei all' deiner Amtirung je auf Christum, den Herrn, gedacht und geglaubt? — Hast du je aus Liebe zu ihm Etwas gethan, und hast du wohl alle noch so gemeinen Menschen als deine Brüder betrachtet? Sage mir: wie steht es da? — Der Armselige spricht: Wie kann ein gebildeter Mann auf so einen alten Weiber-Christus glauben? Dessen ungeachtet aber habe ich, um Niemanden ein politisches Aergerniß zu geben, alle christlichen Thorheiten mitgemacht; und wer könnte wohl so thöricht sein, und verlangen von einem Manne, der ein hohes Staatsamt bekleidet, daß er die rohen Gassenschlingel für seine Brüder betrachten sollte? und aus Liebe zum alten Weiber-Christus Etwas zu thun, da müßte man doch vorerst im Ernste also närrisch werden, auf einen solchen Christus zu glauben, dann erst sehen, ob man aus einer gewissen Liebe zu Ihm Etwas thun könnte? — Ich glaubte aber dessen ungeachtet auf einen Gott und dachte oft bei mir selbst: Wenn dieser Gott gerecht ist, was er doch offenbar sein muß, so muß er einem gerechten Manne, wie ich einer war, falls nach dem Tode es ein Leben giebt, auch die volle Gerechtigkeit widerfahren lassen. — Daß es nach dem Tode ein Leben giebt, Solches erfahre ich drei schauerliche Jahre schon; denn so lange dürfte es wohl sein, daß ich hier gleich einem wilden Thiere herum irre. Aber leider

7*

muß ich in diesem Zustande erfahren, daß es keinen Gott giebt; denn wäre irgend ein Gott, so müßte Er mich so gut ansehen, wie mich mein Monarch angesehen hat; da aber sicher Alles nur ein Werk des blinden Zufalls ist, so bin ich auch wieder in diesen blinden Zufall zurück gekommen, und muß nun erwarten, was dieser wieder aus mir machen wird. Habt ihr aber Etwas für den Magen, so gebet mir was zu essen; denn ich bin übermäßig hungrig, und habe keine Nahrung außer ein zufällig angetroffenes Moospflänzchen. — Und ich, euer Führer, spreche zu ihm: Höre, Freund! Es giebt einen Gott, der gerecht ist, und dieser Gott ist kein anderer, als dein alter Weiber-Christus! — Solches sei dir ein Gnadenstrahl, auf daß du wissest, an Wen du dich zu wenden hast, wenn es dir noch schlechter gehen sollte, denn jetzt. — Siehe, Alles was du gethan hast, wenn es auch an und für sich noch so gerecht war, so hast du alles Solches lediglich aus deiner Eigenliebe gethan; denn deine Liebe war dein rechtliches Ansehen, und darnach das allseitige Wohlgefallen und hohe Schätzung der Welt; daher hast du auch nichts mitgebracht, als deine eigene Liebe, welche seit der Zeit kein Licht hat, da ihr das Licht der Welt genommen ward. Das Licht des Geistes und seine Gerechtigkeit aber ist **Christus**! — Wende dich in deinem Herzen an Ihn, so wird dir nach dem gerechten Maße deiner Wendung Licht und Brod werden; und nun verlasse uns! — Sehet, wie er nun nachdenkend dahin schleicht; und merket ihr, wie über ihm das schwarze Gewölk eine leichte Grauhelle bekommt? — Das rührt daher, weil er nun **angefangen hat, über Christum nachzudenken.** Doch gehen wir weiter, und es werden sich uns beiweitem interessantere Fälle darbieten.

## 102.
(Am 3. Januar 1843, von 4¾ bis 7¾ Uhr Abends.)

Sehet, in geringer Ferne von uns rührt sich schon wieder Etwas; merket ihr es? — Ihr saget: O ja! wenn uns unser Auge nicht täuscht, so sind es dießmal zwei überaus hagere und völlig bis an die Knochen abgezehrte männliche Wesen. — Ihr habt Recht; daher machen wir nur eine Bewegung, und wir werden sie alsbald eingeholt haben. Seht, hier sind sie schon. Noch merken sie nichts von unserer Gegenwart, und das ist vor der Hand gut; denn also können wir sie belauschen, was sie mit einander für Worte führen. Diesen Zweien werden wir uns auch gar nicht zeigen, sondern am Ende bloß auf ihr Gefühl eine Einflüsterung ergehen lassen, welche also gestellt sein soll, daß sie Einen oder den Andern möglicher Weise auf einen andern Gedanken bringt; — und so denn öffnet euer Ohr, und höret; denn so eben werden sie von der Hauptsache mit einander Worte zu wechseln beginnen. — Der A spricht: Also gebt's dir, mein schätzbarster Freund, nun auch nicht besser, denn mir; wie lange verweilst du schon an diesem Orte? — Der B spricht: Mein geachteter Freund, nach meinem Gefühle dürften es kaum noch einige Wochen sein; wie lange aber bist denn du schon hier? — Der A spricht: Mein schätzbarer Freund! es dürften wohl schon nach meinem Gefühle etliche zwanzig Jahre her sein. — Der B spricht: Mir ist es rein unbegreiflich, wie ich hierher gekommen bin; denn du kannst mir glauben, da du mich als ein greiſiger Mann noch als einen thätigen Jüngling von etlichen und zwanzig Jahren gar wohl gekannt haſt, ich habe ſtets alſo gelebt, wie ich es nur meiner Erkenntniß zufolge für rechtlich und billig gefunden habe. Ich verrichtete mein geiſtliches Amt mit großer Treue, hatte nie, was die Satzungen der Kirche betrifft, nur einen Buchſtaben unerfüllt gelaſſen. Ich predigte allzeit vollkommen im Geiſte der alleinſeligmachenden Kirche; ich unterſtützte, ſo viel es nur immer thunlich war, nach Möglichkeit diejenigen, die ich wahrhaft als dürftig erkannte, d. h. mit anderen Worten geſagt: die ohne ihr Verſchulden in die Armuth verſunken ſind. Ich gab doch tagtäglich in dem heiligen Meßopfer Gott die Ehre, und weiß mich keines Tages zu erinnern, bis zu meiner letzten Stunde, daß ich das Brevierbeten hintan geſetzt hätte. Ich fügte mich allen Anordnungen der kirchlichen Oberhäupter, und wäre im Stande geweſen, auf Leben und Tod zu kämpfen für die Rechte der heiligen Kirche. Ich war ſtreng im Beichtſtuhle und glaube auch gar viele Seelen für den Himmel gewonnen zu haben; und ich habe im Sinne Chriſti, die Dürftigen betheilt, die Hungrigen geſpeiſt, die Durſtigen getränkt, die Nackten bekleidet, die Gefangenen erlöſt, und erwartete dadurch nach dem Ableben, beſonders da ich mich noch oben drauf eines vollkommenen Ablaſſes von Seiten ſeiner Heiligkeit des Pabſtes verſichert habe, daß ich nach dem Ableben ganz vollkommen ſicher in den Himmel kommen würde. — Allein was für eine Bewandtniß es mit dem von mir ſicher gehofften Himmel hat, das ſiehſt du hier ſo gut wie ich. Ich habe es, weißt du lieber Freund, bei mir ſo ganz heimlich wohl oft gedacht, aber freilich nie öffentlich ausgeſprochen, daß das Chriſtenthum ſammt Chriſtus nichts Anderes iſt, als ein cultivirtes Heidenthum, und habe daher auch auf Chriſtum ſammt der Dreieinigkeit wenig Vertrauen geſetzt; und da iſt es jetzt klar genug vor mir, wie ſehr ich in dieſem meinem heimlichen Mißtrauen Recht hatte. — Nun, was ſagſt denn du dazu? — Der A ſpricht: Ja, mein lieber ſchätzbarer Freund, was ſollte ich dazu ſagen? — Ich war kein Prieſter, lebte aber, deſſen ungeachtet, man kann ſagen, beinahe ſtrenge alſo, wie mich, verſteht ſich von ſelbſt, die beſſeren Prieſter belehrt haben. Ich hatte wohl auch gewiſſerart ſo manchen Zweifel; aber ich dachte nur dabei, ſei es dem, wie es wolle, ich lebe ganz ruhig alſo, wie ich zu leben von den Prieſtern gelehrt wurde; es kann für mich ja unmöglich gefehlt ſein. Denn ich dachte mir: iſt ihre Lehre falſch und ein Unſinn, ſo haben ſie es zu verantworten; ich ſelbſt aber waſche mir die Hände. — und wenn Gott im Ernſte ein ſo gerechter Richter iſt, wie alle die Prieſter auf den Kanzeln von Ihm geprediget haben, ſo muß Er mich belohnen, vorausgeſetzt, daß Er irgend wirklich iſt; giebt es aber keinen Gott, dann iſt ja ohnehin alles Eins, wie man lebt. Giebt es ein Leben jenſeits, ſo muß dieſes doch ſicher entſprechend ſein dem allzeit ehrlichen Charakter eines Menſchen; und giebt es kein Leben nach dem Leibestode, ſo wird es auch ſicher wenig daran gelegen ſein, wie Jemand auf der Erde gelebt hat. — Du kannſt nun daraus erſehen, daß ich auf der Welt als ein vollkommen ehrlicher, kluger und treugehorſamer Mann gelebt habe; nun bin ich ſchon ſo lange hier, und das iſt der Lohn! — Nichts als eine beinahe undurchdringliche überaus frostige Nacht, von keinem noch so trüben Tage mehr abgewechselt; außer einigem besandeten Moose keine Nahrung, und dieses Alles sollte etwa mit der von euch Priestern oft gepredigten Liebe, Barmherzigkeit und Gerechtigkeit Gottes übereinstimmen?! — Ich denke jetzt schon über zwanzig Jahre nach, ob es einen Gott oder keinen giebt; und wo ich immer Jemandem begegne, und mich mit ihm über diesen Punkt bespreche, so weiß er am Ende um kein Haar mehr, denn ich. Es nimmt mich daher auch um so mehr Wunder, daß du, ein gewesener Priester, der doch immer für das sogenannte Reich Gottes gearbeitet hat, eben mit demselben Loose betheiligt bist, als ich. Ich meine, wir sind alle zusammen mit Christus angeschmiert; denn es ist mir gar oft räthselhaft vorgekommen, wie Sich ein Gott habe können tödten lassen! Die alten weisen Hebräer kannten Christum sicher besser, als wir, und wußten daher Ihn als einen jüdisch-pietistischen Schwärmer gehörig aus dem Wege zu räumen, und haben ihn dann schön sauber den früher glücklichen Römern als eine pfiffige Prämie darum in die Arme gespielt, weil ihnen diese ihre Königsstadt zerstört haben. — Sie blieben für sich bei ihren alten Gott, der doch offenbar ein viel göttlicheres Aussehen hat, denn unser Gekreuzigter; — nur wir mußten hernach zufolge des jüdischen Geniestreiches den Gott annehmen, der bei ihnen das schimpflichste Wesen war. — Ich meine, Solches ist bereits mit den Händen zu greifen; denn wäre an dem Christus Etwas, so müßte hier in dieser, ich kann dir sagen, endlos großen Weltsphäre doch Einer etwas Reelles von Ihm wissen; aber da kannst du Tausenden begegnen, die du alle als lauter nüchterne und bescheidene Menschen erkennen mußt, und nicht Einer weiß eine Sylbe von Ihm. — Ich kann dir sagen: Ich bin schon mit Menschen zusammen gekommen, die ein bis zweitausend Jahre sich schon in dieser Gegend befinden, und sich das Moosfressen auch schon ganz vollkommen angewöhnt haben. Diese waren doch gleichzeitig mit dem Christus auf der Erde, falls es, unter uns gesagt, je einen Christus gegeben hat, und diese wissen von Ihm gerade so viel, wie wir; manche darunter geben vor, diesen Namen nie gehört zu haben. — Siehe, das sind so meine Ideen, die ich im Verlaufe meines Hierseins, und mitunter auch wohl schon in meinem Leibesleben ganz heimlicher Maßen zuwegegebracht habe; — wie gefallen sie dir? — Der B spricht: Mein schätzbarer Freund, ich muß dir offen gestehen, daß deine Ideen sehr viel für sich haben; jedoch kann ich anderseits das wieder von den weisen Juden, die die Kenntniß von dem rechten Gotte hatten, nicht als völlig wahr annehmen, daß es ihnen darum sollte zu thun gewesen sein, aus Rache gegen eine große Nation, wie die Römer waren, einen Quasi-Galgenschlingel denselben als einen Gott auf den Hals zu werfen; denn es hat gerade um dieselbe Zeit unter den Römern auch die weisesten Männer gegeben, und darnach wäre es eben nicht zu vernunftgemäß, diese große und weise Nation für so dumm zu halten, daß sie statt ihrer gepriesenen und viel besungenen bedeutungsvollen Götter einen so erbärmlichen Austausch hätten machen sollen. — Da du mir aber schon deine Meinung in dieser Hinsicht kund gethan hast, so will ich dir mich auch näher aufschließen, und will dir kund geben, was ich bei mir in meinem Leibesleben eben nicht selten gedacht habe, und dieses Gedachte lautet also: Die Römer, namentlich der römische Priesterstand hat es ganz heimlich gemerkt, daß es für die Länge mit all' ihren Gottheiten sich nicht mehr thun wird; — so suchten sie nach und nach für das stets mehr sinnlich gewordene Volk eine sinnlichere Mythe, machten es dabei also, daß sie vorgaben, als habe sich der oberste Gott Jupiter der Menschheit überaus erbarmet; und da unter allen Völkerstämmen die jüdische Nation am entferntesten war dem wahren Götterthume; so habe sich Jupiter selbst herabgelassen, und habe sich in die Gestalt eines Juden begeben, und das Volk gelehrt die Wahrheit der rechten Gotteslehre Roms. Solche Lehre war den Juden ein Gräuel, besonders weil sie die Römer zu der Zeit gar übel im Magen hatten. — Sie boten daher Alles auf, um diesen wahren Gott Jupiter in der menschlichen Gestalt zu verdächtigen. Pilatus wußte gar wohl, was hinter Christus steckt; darum habe er Ihn auch so viel als möglich vertheidigt. Da aber die Juden sich durchaus nicht besänftigen ließen, und den Pilatus als einen Mitrebellen bei dem Kaiser zu verklagen drohten, so dachte Pilatus bei sich selbst: Ich übergebe euch den Allmächtigen; Er wird es sicher besser wissen, als ich, was er mit Sich wird machen lassen; und dieser hatte Sich dann pro forma auf die römische Art von den Juden kreuzigen lassen, und stand aber dann als Jupiter gar leichtlich wieder vom Tode auf, und ließ dann den Hohenpriestern zu Rom melden, was sie nun zu thun hätten. Diesen Priestern war das ein gewünschtes Wasser auf ihre Mühle, und sie lehrten dann das Volk also, wie sie sich diese Mythe im Einverständnisse mit den Römern im Judenlande ausgedacht hatten; erdichteten mit der Zeit noch eine Menge Blutzeugen hinzu, und mochten wohl auch im Einverständnisse mit den Kaisern entweder einige wirkliche oder blinde Grausamkeiten ausgeübt haben, und schwatzten hernach dem dummen Volke eine Menge Wundererscheinungen bei solchen Gelegenheiten vor; — und so ging das alte schon morsch gewordene Heidenthum unter immer demselben Pontificate auf uns über, und wir sind nothgedrungen Tölpel genug gewesen, solch' einen wahren Philisterstreich als baare Münze anzunehmen; — dafür aber repräsentirt sich meines Erachtens hier auch ganz vollkommen der Lohn unseres neucreirten Heidenthums. — Der A spricht: Mein schätzbarer Freund! ich muß dir offenherzig bekennen, deine Meinung hat offenbar mehr für sich, als die meinige, nur verstehe ich dann nicht, wie man bei solch' einem pfiffigen Unternehmen dann das neucreirte Heidenthum auf das Judenthum hat basiren können; denn meines Wissens, so viel ich aus den sogenannten Evangelien weiß, bezieht sich der Christus ausschließend auf die sogenannten Propheten der Juden, und es läßt sich dann wohl nicht leichtlich annehmen, daß die stolzen weisen Römer zur Creirung einer einträglichen Religion sich der Religion der ihnen über die Maßen verächtlichen Juden bedient hätten. Ferner muß ich dir ganz offen bekennen, daß die absolute Lehre Christi bis auf manche unbedeutende Wunderalbernheiten an und für sich eine ganz menschlich kluge Lehre ist, und taugt meines Erachtens am allerwenigsten für die nur allzubekannte römische Habsucht. Aus dem Grunde läßt sich eben nicht gar zu leicht erweisen, daß sie ein Werk des römischen Priesterthumes ist, wohl aber ist sie sicher ein Werk der Juden; denn man weiß es aus der Geschichte nur zu bestimmt, wie sehr sich die Römer gegen den Eingang dieser

Lehre gesträubt haben! — Der B spricht: Mein geschätzter Freund! in dieser Hinsicht bist du viel zu wenig eingeweiht in die geheimen Schleichwege des Priesterthums. Siehe, du hast in der Geschichte wohl gelesen, daß sich verschiedene römische Kaiser allerthätigst gegen die Einführung dieser Religion gesetzt haben; nenne mir aber auch einen römischen Pontifex, der sich namentlich dawider gesträubt hätte. — Siehe, also war die Sache fein abgekartet, und diese neucreirte Religion hätte nie einen besseren Eingang gefunden, als eben durch die nothwendig scheinbare grausame Widersträubung der römischen Kaiser. — Daß diese neucreirte Religion auch auf das Judenthum basirt wurde, hat ja den mit Händen zu greifenden Grund, weil die römischen Weisen bei der Gelegenheit ihrer vielseitigen Eroberungen eine hinreichende Gelegenheit hatten, mit vielen Religionen Bekanntschaft zu machen, und konnten dadurch sehr leicht finden, daß eine neu zu creirende Religion auf keine besser zu basiren ist, denn gerade auf diese jüdische. Darum haben sie auch ihren menschgewordenen Zeus aus sehr weisen Gründen im Judenlande auftreten lassen; denn sie wußten es genau, daß es mit allen anderen Religionen ein noch morscheres Verhältniß habe, denn mit der ihrigen. — Der A spricht: Ja, geachteter Freund, jetzt bekommt deine Sache freilich ein ganz anderes Gesicht, und ich kann nun nicht umhin, ganz deiner Meinung beizupflichten. Ja, ja, wäre es nicht also, woher käme sonst diese Gold- und Silbergier des noch gegenwärtigen römischen Pontifikats? — Dessen ungeachtet aber, muß ich dir doch auch hinzu bekennen, daß die eigentlich reine Sittenlehre Christi, rühre sie woher sie wolle, über alle Kritik erhaben gut ist; Solches hat mich auch noch zu allermeist an das Christenthum gehalten. — Daß sich mit der Zeit manche eigennützige Schmarotzerpflanzen auf diesen reinen Baum angeklebt haben, Solches, erlaube mir, ist auch unverkennbar, und so muß ich dir sagen, und es kommt mir eben dazu gerade jetzt eine Idee. Wenn ich möglicher Weise je irgend einem solchen reinen Christus begegnen würde, wahrlich ich könnte Ihm unmöglich feind sein! — Und der B bemerkt: Ja, wenn es Einen gäbe, da wäre ich auch dabei; aber darin liegt ja eben der Hund begraben! — Und der A bemerkt: Weißt du was, nehmen wir uns vor, das Grab dieses deines Hundes zu suchen, und haben wir es gefunden, so haben wir doch wenigstens ein Sinnbild der Treue gefunden! — Sehet, über den A wird es schon etwas heller; aber über dem B wird es noch lange nicht; — und da wir hier nichts mehr zu thun haben, so begeben wir uns wieder weiter! —

## 103.
(Am 4. Januar 1843, von 4¾–8 Uhr Abends.)

Sehet, wenn ihr so bestimmen könnet etwa fünfzig gewöhnliche Schritte vor uns, könnt ihr schon wieder ein anderes Pärchen erschauen. Gehen wir nur schnurgerade darauf los, und wir wollen sie alsogleich erreicht haben. Auch dieses Pärchen soll unser nicht sichtig werden. Es hat schon ein Ständchen in der Absicht; also gehen wir nur munter darauf los, damit wir wieder etwas Neues erfahren. — Nun, wir sind schon bei ihnen, und wie ihr sehet, so ist dießmal an diesem Paare ein geschlechtlicher Unterschied zu bemerken. Ein überaus hageres mühselig aussehendes Weib, und ein vollkommen nahe bis auf den letzten Fleisch-

und Blutstropfen abgezehrter Mann, der noch kaum so viel Kraft zu haben scheint, um sich allermühseligst mit der genauesten Noth fortzuschleppen; seht, sie reicht ihm ihre Hand, und heißt willkommen diese Begegnung. — Horchet nun, was diese Zwei mit einander Alles abmachen werden. — Sie spricht: Grüß' euch der liebe Himmel! Mich freut es recht von ganzem Herzen, daß uns der liebe Zufall endlich einmal zusammen getragen hat! Aber ich muß Ihnen gestehen, auf solch' einem Orte hätte ich nicht geglaubt, Sie zu treffen; denn ich habe immer geglaubt, Sie sind schon Gott weiß wie selig im Himmel, weil Sie, soviel ich mich erinnern kann, auf der Welt ein gar so frommer und rechtschaffener Mann waren. Sie waren ja ein hochgelehrter Herr Professor für die Geistlichkeit, und es sind von Ihnen so viele brave und würdige Geistliche in die Seelsorge übergegangen; und nun, du mein lieber Himmel — muß ich Sie so elend hier in diesem miserablen Orte antreffen, in welchem ich, weiß der liebe Gott warum, auch vor zwei Monaten gekommen bin. — Und er spricht: Ja, meine schätzenswerthe Freundin, es thut mir recht leid, daß Sie Sich auch hier befinden; aber es ist denn einmal also. Sie sind hier als eine Betrogene und ich ebenfalls als ein Betrogener. Wir haben uns auf der Welt (der Himmel wird es wissen, wenn es irgend einen giebt), was alles für goldene Hoffnungen von einem glücklichen Leben gemacht; allein wie glücklich dieses Leben und was der Lohn für alle guten Handlungen auf der Welt ist, Solches erfahre ich nun schon mehrere Jahre, und Sie, meine schätzenswerthe Freundin, nach Ihrer Aussage auch schon zwei Monate lang. — Sie spricht: Nein, aber du mein lieber Himmel! wenn ich zurück denke, was für ein strenges Leben Sie geführt haben, und haben auf der Welt nichts Gutes gehabt; und wann Sie geprediget haben, so hat ja doch Alles geschluchzt und geweint in der Kirche, und nur was für schöne Lehren und Ermahnungen Sie einem in der Beichte gegeben, und wie andächtig Sie das heilige Meßopfer verrichtet haben, so kann ich wirklich nicht begreifen, wie Sie daher gekommen sind. Für unser eins ist das schon begreiflicher; denn man hat so manche Sünden vielleicht in der Beichte verschwiegen, weil man sich derselben trotz aller Gewissenerforschungsmühe nicht hat erinnern können. — Aber wie Sie, der Das doch alles gekonnt und sicher sein Leben und all' sein Thun und Lassen bis auf ein Haar durchforscht hat, daher gekommen sind, Das, wie ich schon einmal gesagt habe, wird der liebe Himmel wissen, wenn es einen giebt, wie Sie gerade früher gesagt haben. Haben Sie denn gar keine Muthmaßung, warum Sie daher gekommen sind? — Er spricht: O meine schätzbare Freundin! ich habe nur zu viel Muthmaßung; aber diese meine Muthmaßung werden Sie nicht leichtlich verstehen. — Sie spricht: ich bitte Sie, sagen Sie mir nur keck weg Etwas davon; wer weiß, ob mir Solches nicht frommen kann. — Er spricht: Nun wohl, ich will Ihnen ja so Manches mittheilen, will aber übrigens gar nicht Schuld' sein, wenn es ihnen nichts nutzen sollte; und so sage ich es Ihnen denn rund heraus, was meine Muthmaßung ist. Ich muthmaße, daß es weder einen Gott, noch irgend einen Himmel giebt, und muthmaße, aus gar guten Gründen, daß wir Menschen nichts als Werke der Natur sind. — Wann das Grobmaterielle von der naturmäßigen Lebenskraft gleich einer Hülse hinweg fällt, so erhält sich die naturmäßige Lebenskraft noch eine Zeit lang fort; nach und nach aber stirbt sie auch allmälig ab; die Kraft zerstreut sich im Raume, so wie die Kraft des Pulvers außer der Mündung einer Kanone, und mit den viel hoffenden und erwartenden Menschen ist es dann auf ewige Zeiten aus. Wenn Sie mich so recht ansehen, und betrachten, wie ich mich schon der endlichen gänzlichen Auflösung und Vernichtung nahe, so wird Ihnen meine Muthmaßung selbst in dieser stockfinsteren Nacht noch klarer werden, wie auf der Welt die Sonne am hellen Mittage. — Sie spricht: Ach du mein lieber Himmel, wenn es einen giebt, was Sie da sagen! Das ist ja erschrecklich; ja, ja, Sie müssens denn doch besser wissen als ich. Ich habe mir wohl auch auf der Welt so manchmal gedacht, wie es mir einmal ein recht gescheidter und vornehmer Herr gesagt hat, daß nämlich nach dem Tode nichts mehr ist; und jetzt sehe ich es erst ein, daß dieser Herr die Wahrheit geredet hat; und so wird es mir mit der Zeit auch so gehen, wie es jetzt Ihnen geht. Auf der Welt habe ich doch, wenn's mir recht übel gegangen ist, sagen können: „Mein Gott und mein Herr! verlasse mich nicht". — aber was kann ich jetzt thun, so es keinen Gott giebt? — Möchten Sie, mein schätzbarer Freund, denn nicht auch noch sagen, was es denn hernach mit Christus und Seiner allerseligst sein sollenden Jungfrau und Mutter Maria für eine Bewandtniß hat? Und warum haben wir denn müssen auf der Welt zu diesen Beiden so viele sogenannte Rosenkränze beten, und warum haben Sie so viele und andächtige Messen gelesen, wenn das Alles sich so verhält, wie Sie mir früher gesagt haben? — Er spricht: Ja, meine liebe Freundin, darüber bin ich auch erst hier so ganz recht in's Klare gekommen. Die großen Herrn auf der Welt könnten das gemeine Volk ja nicht bändigen, wenn sie nicht irgend einen Gott, und sonach irgend eine Religion für dasselbe erfunden hätten, durch die Religion aber haben sie ein leichtes Spiel, den dummen Pöbel im Zaume zu halten; und dieser arbeitet dann recht fleißig für sie, damit sie sich unbekümmert um irgend eine Arbeit in ihren Palästen und Schlössern auf weichen Betten und Stühlen recht fett mästen können. Darum werden auch allenthalben Geistliche und Lehrer aufgestellt, die selbst in der gehörigen Dummheit erhalten werden, um mit dieser Dummheit dann auch den gemeinen Pöbel zu verdummen. Wann aber irgend solche Geistliche recht gescheidte Leute werden, so werden sie auch recht gut leben können, um durch ihren Verstand den Großen nicht gefährlich zu werden. — Um aber einer solchen Religion, die an und für sich nichts ist, irgend einen bedeutungsvollen Anstrich zu geben, muß sie mit allerlei mystischer, d. h. nichtssagender Ceremonie geschmückt sein; sonst würde sie bei dem gemeinen Pöbel auch nicht die erforderliche Wirkung hervorbringen. — Sehen Sie, meine schätzbarste Freundin, also war es ja mit mir auch der Fall. Ich habe auf der Welt bei mir selbst recht gut eingesehen, daß es mit dem jenseitigen Leben eine ganz andere Bewandtniß hat, als ich es selbst von der Kanzel gepredigt habe. Ich habe mich darüber, versteht sich, nur ganz vertraulich bei den großen machthabenden Herren geäußert, und habe darüber um Aufklärung gebeten. Allein was die Aufklärung betrifft, da ist mir keine zu Theil geworden, aber dafür kam mir bald, ich weiß selbst nicht, wie und warum, eine bedeutende Beförderung zu; ich ward ein gut besoldeter Professor, und endlich gar ein Director des Seminariums. Ich meine aber, die Herren haben eingesehen, daß ich für einen unteren Posten zu gescheidt war, daher gaben sie mir einen besseren, damit ich durch das eigene Interesse genöthigt mit meiner Gescheidtheit nur nützen, aber nicht schaden möchte; Ich habe zwar allezeit als ein grundehrlicher Mann gelebt; aber was von mir dumm war und ich noch jetzt bedaure, war das, daß ich mit solch' einer Beförderung betrogen war; und für's Zweite, daß ich in dieser meiner gut einträglichen Stellung ein wenn auch scheinbar, aber dennoch für mein eigenes Wohl zu thöricht geistlich strenges Leben geführt habe. Ich habe mir dabei freilich gedacht, solch' ein sich verleugnendes Leben wird mir sicher in kurzer Zeit eine bischöfliche Würde zuschanzen; allein ich habe mich gewaltig verrechnet; denn die großen Herren haben es genau berechnet, daß ich für den mir ertheilten Posten den gehörigen Grad der Dummheit besitze, von wo aus ich ihnen nicht mehr gefährlich sein kann, daher beließen sie mich auch ganz sorglos in meiner Stellung. — Siehe, meine geschätzte Freundin, so steht es demnach mit allem Dem, was die Religion betrifft, auf der Welt; darum sagte ich auch gleich Anfangs, daß wir Beide betrogen sind. — Sie spricht: Nein, jetzt gehen mir auf einmal alle Lichter auf! Hätte ich das doch nur auf der Welt gewußt, wie hätte ich da lustig leben können! Denn ich war für's Erste, wie man gesagt hat, ein schönes und dabei auch recht wohlhabendes Mädchen. Wie viel saubere junge Männer haben sich um meine Gunst beworben; aber ich getraute mich aus lauter Religion ja beinahe keinen anzuschauen, bin unserem Herrgott und der seligsten Jungfrau Maria zu Lieb' eine alte Jungfrau geblieben, und habe obendrauf noch fast mein ganzes Vermögen schon bei meinen Lebzeiten der Kirche vermacht. — O wie dumm war ich! — Wäre ich lieber eine lustige Hure geworden, so hätte ich doch einmal etwas genossen! So aber hat sich an mir das gemeine Sprichwort bestätigt, daß nämlich eine langsame und dumme Sau nie zu einem warmen Bissen kommt. — Na, mein bester Freund, wann es wirklich so ist, wie Sie Sich da jetzt ausgesprochen haben, da möchte ich doch Alles zu verwünschen und zu verfluchen anfangen; aber doch nein! ich will es nicht thun. Wann es mir recht schlecht gehen wird, so will ich mir, wenn auch Gewohnheitshalber, aber dennoch mit der Anrufung Gottes und der seligsten Jungfrau Maria helfen; denn auf der Welt kann ich mich denn doch einiger Male erinnern, wo mir die Anrufung Christi und der lieben Frau offenbar geholfen hat, und ich meine, ist daran nichts gelegen, so habe ich durch diese Anrufung, wenn schon nichts gewonnen, so doch auch nichts verloren. — Ich kann mir freilich wohl geradewegs keinen Vorwurf machen, als hätte ich durch meinen Lebenswandel mir etwa solch' eine Strafe verdient, nun in diesem finstern Orte zu sein, außer daß ich's mit den Geistlichen vielleicht manchesmal zu viel gehalten habe, d. h. Ehre und Sittlichkeit ausgenommen; denn in diesen Stücken habe ich nie etwas vergeben. Aber so manchesmal habe ich manche mir schlecht vorkommende Menschen verunglimpft, und habe über sie losgezogen und sie manchmal auch freilich wohl allzeit nur bei der Geistlichkeit recht ausgerichtet, und habe mit ihnen auch alle Lutheraner, Juden, Türken und Heiden im Namen Gott des Vaters, des Sohnes und des h. Geistes verdammt; aber das haben die geistlichen Herren gesagt, daß man als eine rechtgläubige Christin Solches gar thun müsse. Sie sagten freilich wohl auch, daß man dabei für sie auch beten solle, damit sie zur rechten Religion übertreten könnten; und so habe ich auch das gethan, und habe sie zuerst, wie sich's gehört, verdammt, und dann habe ich auch wieder für sie gebetet. Es müßte also nur das etwas gefehlt gewesen sein, sonsten wüßte ich wirklich nichts; — den Armen habe ich auch gegeben, freilich eben nicht zu viel; und habe darum lieber mein Vermögen der Kirche vermacht, weil ich mir gedacht habe, daß die Geistlichen es besser werden vertheilen können, als ich. — Und so bin ich, je mehr ich über mich nachdenke, richtig ganz unschuldig daher gekommen; aber natürlicher Weise, wenn es also ist, wie Sie es früher gesagt haben, da hätte mir das Eine so wenig als das Andere geschadet oder genützt. — Aber wie gesagt, ich bleibe bei der Anrufung Gottes und der lieben Frau, und will mich denn auch auf diesem Orte so lange fortschleppen, wie es sich thun wird. Vielleicht komme ich mit der Zeit wieder auf Jemand Anderen, der mir etwas Besseres wird sagen können, als Sie, mein übrigens ganz schätzbarer Freund. — Und so leben Sie denn wohl; denn das sehe ich schon ein, daß ich in Ihrer Gesellschaft nicht glücklicher werde. Mir wäre es auch viel lieber gewesen, wie ich's jetzt empfinde, daß ich mit Ihnen gar nicht zusammen gekommen wäre! Denn jetzt sehe ich es auch recht klar ein, daß die Dummheit glücklicher ist, als aller noch so scharfe Verstand. Ich bin nur froh, daß ich nicht in das von mir so oft gefürchtete Fegefeuer gekommen bin, oder gar in die Hölle; denn mir geht's im Grunde doch nicht gar so schlecht, da ich keinen Schmerz empfinde, außer was den Hunger betrifft. Den muß ich freilich wohl mit Gras stillen, was sich hier noch ziemlich reichlich vorfindet; wenn's aber nur sonst nicht ärger wird, an diese Kost will ich mich schon noch recht gewöhnen; — und so leben Sie denn wohl! — Und er spricht: Ja, ja, leben auch Sie wohl, und sehen Sie zu, daß Sie mit Ihrem Grasfressen recht zunehmen; ich wünsche Ihnen allzeit einen guten Appetit dazu. — Uebrigens war ich noch nicht so glücklich auf irgend so reichliche Grasplätze zu kommen, sondern Moos, und das sehr sparsam, war bisher meine einzige Nahrung. — Sehet, die Beiden entfernen sich; er zieht sich gegen die mehr nördliche, sie aber gegen die mehr mittägige Seite hin. — Ihr fraget, und saget: Wie sich Diese in dieser Gegend befindet, sehen wir selbst so ganz eigentlich nicht ein; was Ihn betrifft, so scheint Solches nach seiner Aeußerung seinen guten Grund zu haben. — Meine lieben Freunde! Solches solltet ihr wohl auf den ersten Blick einsehen. Wie ist wohl die Liebe Desjenigen beschaffen, der ein allfälliges von ihm erkanntes Gutes entweder eines alsogleich erfolgbaren oder eines künftigen Lohnes wegen thut; ist das nicht Eigenliebe? — Denn wer das Gute und Rechte thut was immer für eines eigenen Nutzens wegen, der liebt sich selbst über die Maßen, und bietet Alles auf, um sich selbst wie möglichst wohl zu versorgen. So war es auch Dieser lediglich um den Himmel zu thun, für den sie auch ihr ganzes Hab und Gut also hergegeben hatte, als sich ein Anderer um sein Vermögen irgend ein weltliches Gut kauft; — von der wahren Liebe zu Christo, welche allzeit höchst uneigennützig sein muß, aber hatte sie nie eine Ahnung!

— Aus dem Grunde muß auch allhier ihr Lohnappetit ganz aus ihr getrieben werden, und sie Gott Seiner Selbst wegen zu suchen und zu begehren genöthiget sein, dann erst ist es für sie möglich, sich der wahren Liebe und Gnade des Herrn zu nähern. — Also muß auch er sich seinem Gefühle nach völlig vernichtet erschauen, bis er einer höheren Gnadenaufnahme fähig wird. — Doch müßt ihr euch Niemanden für gänzlich verloren vorstellen; wohl aber, daß für Manchen hundert, tausend und noch tausend Jahre nach euerer Zeitrechnung vergehen dürften, bis er zur Aufnahme einer höheren Gnade fähig wird. — Damit ihr aber noch fernere Erfahrungen machet, aus welch' verschiedenen Gründen gar viele Menschen hierher gelangen, so wollen wir uns noch wieder weiter vorwärts begeben. Wenn wir erst an ganze Gesellschaften stoßen werden, da wird euch noch ein beiweitem größeres Licht aufgehen, und ihr werdet daraus ersehen, von welch' zahllosen Thorheiten die gegenwärtig auf der Welt lebende sogenannte bessere Menschheit im Grunde behaftet ist, und wie sie ihre besten Handlungen zu allermeist aus eigenliebigem Interesse thut. — Und somit lassen wir es für heute gut sein! —

## 104.

(Am 5. Januar 1843, von 4¾–8¼ Uhr Abends.)

Sehet, dort ziemlich fern von uns, allda sich eine röthlich graue ganz matte Helle zeigt, befindet sich schon eine Gesellschaft von etlichen und dreißig Menschen beiderlei Geschlechts; — daher gehen wir nur wieder munter darauf los, und wir wollen sie alsogleich eingeholt haben. — Nun, könnt ihr schon Etwas ausnehmen? — Ihr saget: O ja, da scheint es ja recht bunt unter und durch einander zu gehen; es kommt uns überhaupt noch also vor, als wenn diese Gesellschaft unter einander in einem Handgemenge wäre. — Ich sage euch: Ihr bemerket nicht unrichtig; aber Solches ist nur eine Erscheinlichkeit. In einiger Ferne nimmt sich ein geistiger Disput also aus wie ein Handgemenge; darum schreiten wir nur noch ein wenig vorwärts, und das Bild wird alsogleich unter einer anderen Situation vor uns dastehen. Merket es nur, je näher wir dieser Gesellschaft kommen, desto ruhiger werden die Hände dieser Gesellschaft; aber dafür vernehmen wir ein vielseitiges Geklaffe, etwa dem einer Getreidemühle bei euch ähnlich, mitunter vernehmet ihr auch Stimmen nicht unähnlich einem Geheule. — Ihr saget: Lieber Freund, das klingt ja fast also, als wie der Herr gesprochen hat zu den Kindern des Lichtes die da in die äußerste Finsterniß hinaus gestoßen werden sollen, allda Heulen und Zähneklappern ihr Loos sein wird?! — Ja, ja, meine lieben Freunde, es hat schon denselben Sinn und ganz dieselbe Bedeutung; was aber unter dem Heulen und Zähneklappern und unter dem Hinausverstoßenwerden in die äußerste Finsterniß geistig beleuchtet verstanden wird, das sollet ihr in der Nähe mit eigenen Ohren und Augen erfahren. — Also nur noch wenige Schritte; und sehet, wir sind schon da, wo wir sein wollten. — Was erblicket ihr hier? — Ihr saget: Der Anblick ist gerade so übel nicht; abgerechnet die sehr abgezehrten Gesichter, deren wir uns schon angewohnt haben, steht die ganze Gesellschaft ganz erträglich aus. Sie umringt einen Redner, der gerade Miene macht einen rednerischen Vortrag zu halten. — Meine lieben Freunde, ihr habet Recht; eben dieser Rede wegen habe ich euch auch hierher geführt. — Ihr fraget aber: Nachdem wir hier noch nirgends einen erhabenen Punkt gefunden haben, sondern dieses ganze Reich der Nacht nur ein ewig flacher Sandboden zu sein scheint, so möchten wir wohl auch wissen, wie sich dieser Redner um so bedeutend höher über seine Zuhörer gestellt hat? — Ihr habt Recht, daß ihr also fraget; denn hier hat das Allerunbedeutendste eine große Bedeutung. Dieser Redner hat sich aus Sand einen Hügel zusammen gestampft; also aber, wie seine Rednerbühne beschaffen ist, also wird auch seine Rede sein. So lange der Redner sich auf seiner Sandtribüne ruhig verhält, wird sie ihn wohl tragen; wenn er sich aber nur ein wenig fest darauf fußen will, so wird er den Sandhügel auseinanderrollen machen, und er wird aus seiner Höhe hinabsinken bis auf denselben Grund, auf welchem sich alle seine Zuhörer befinden. — Nun aber hat er das Zeichen gegeben, daß er werde zu reden anfangen; also wollen wir ihm auch mit gespannter Aufmerksamkeit verborgener Weise zuhören. — Sehet, er fängt an; also hören wir! — Meine wohlgeschätzten Freunde und Freundinnen! ich habe von euch Allen sonderheitlich vernommen, wie ihr auf der Erde sammt und sämmtlich der Eine in Dem, und der Andere in Anderem als vollkommen rechtliche und redliche Bürger gelebt und gehandelt habet". (Beifall von allen Seiten) Ihr waret auch als gute Christen im gerechten Maße gottesfürchtig, und eben im vollkommen gerechten Maße wohlthätig gegen die nothleidende Menschheit. Euere Namen standen allezeit mit großen Buchstaben bei allen Unglücksfällen mit den bedeutendsten Opfern voran in allen Zeitungen gedruckt, was nichts mehr als billig war; denn Solches muß der Blinde und der Taube erkennen, daß es hinsichtlich der Unterstützung nichts Löblicheres und Ersprießlicheres geben kann, als die Bekanntmachung derjenigen Menschen, welche allezeit Wohlthätigkeit ausgeübt haben; denn für's Erste weiß durch solche öffentliche Bekanntmachung die arme Menschheit, wohin sie sich in der Noth zu wenden hat, und für's Zweite werden dadurch ja offenbar noch Andere aufgemuntert, in die schönen menschenfreundlichen Stufen der bekannt gemachten großen Wohlthäter der Menschheit zu treten. (Lauter Beifall von allen Seiten). Ja, ihr waret überall' dabei, wo es sich nur immer um die Gründung wohlthätiger Zwecke handelte, und ich kann es mit großer Rührung meines Herzens sagen, daß ihr im allervollkommensten Sinne des Wortes und der Bedeutung wahrhaftige Edel- und Ehrenbürger der Welt waret. (Außerordentlicher Beifall von allen Seiten, und von den Zuhörern vernimmt man mit großer Rührung ausgesprochen: Herrlicher, göttlicher Redner! göttlicher Mann! —) Ihr habt allezeit Künste und Wissenschaften unterstützt, ihr habt dem Staate als musterhafte Staatsbürger treulich gedient, ja man kann von euch sagen, daß ihr im vollkommensten Sinne des Evangeliums gelebt habet; denn ihr habet, was ein Jeder mit Händen greifen kann, allezeit Gott gegeben, was Gottes ist. Nie war Ehr- und Ruhmsucht der Beweggrund eurer edlen Thaten, sondern allenthalben war die gerechte Nothwendigkeit die Triebfeder für all' das Große und Herrliche, das ihr gethan habt. (Wieder außerordentlicher Beifall, gemengt mit Thränen, Schluchzen und Weinen.) Also war euer Leben makellos wie die Sonne am reinsten Himmel, d. h. meine allergeehrten Zuhörer, auf der Welt genommen, da wir gelebt haben; denn hier ist von einer Sonne keine Spur. — Nun aber erlaubet mir, meine allergeehrten Zuhörer, eine große und wichtige Frage: Was ist nun all' euer Lohn für solche allerausgezeichnetste und ehrenvollste Handlungen? — Wo ist der vielgepriesene Himmel, der denjenigen Menschen verheißen ward, die sich allzeit als die reinsten und allernachahmungswürdigsten Christen bewährt haben?! — (Ueberaus großer Beifall von allen Seiten, und von Mehreren vernimmt man einen kläglichen Nachhall: Ja wo ist der trügliche Himmel, welchen zu gewinnen wir so viele Opfer darbrachten? —) Meine geehrtesten Zuhörer! Dahier dieser Sandboden, diese mehr denn egyptische Finsterniß, und unsere löbliche sparsame Mooskost ist der Lohn und der Himmel, den uns die Pfaffen so unmenschlich zierlich ausgeschmückt haben! — (Wieder außerordentlicher Beifall.) Wo ist der gerechte Gott, dem zu Liebe ihr so viele edle Thaten geübt habet; denn es heißt ja in den Evangelien: Was ihr immer den Armen thun werdet, das habt ihr Mir gethan, und ihr werdet dafür in dem Himmel einen großen Platz finden. — Ferner heißt es: Mit welchem Maße ihr ausmesset, dasselbe Maß werdet ihr im besten Vollbestande wieder erhalten. — Nun, meine geehrtesten Zuhörer, ihr habt solches Alles gethan; ihr habt tausend Arme unterstützt, und waret allzeit reichlich gerecht im Maß und Gewichte. Wo aber ist nun der Schatz im Himmel, und wo das reichlich zurückgegebene Maß aller der Wohlthaten, die ihr als wahre Christen ausgeübt habet? (Ein Nachhall lautet: Ja, wo ist dieses Alles?) Hier haben wir es; der himmlische Schatz ist diese Finsterniß, und das wohlgerüttelte Rückmaß besteht in dem sparsamen Moose, welches auf der Erde höchstens das Elennthier gefressen hätte, — hier aber können wir uns also mit einem hochgepriesenen himmlischen Lohne damit sättigen. Wie oft haben wir auf der Erde bei verschiedenen großedlen Gelegenheiten das „Te Deum laudamus" angestimmt, und die Pfaffen haben uns von allen Kirchenkanzeln zu den Ohren geschrieen: Dort im lichten Reiche der Himmel werdet ihr erst das große und ewig lebendige Te Deum laudamus anstimmen. — Meine geehrten Zuhörer, erlaubet mir hier eine Frage, und diese Frage soll also lauten: Wie steht es nun hier in diesem herrlichen Himmelreiche mit dem so hoch gepriesenen Te Deum laudamus aus? — Ihr zuckt mit den Achseln; — wahrlich, ich möchte nicht nur mit den Achseln, sondern wohl mit dem ganzen Leibe zucken, wenn ich nicht befürchten müßte, daß darob meine sehr lockere Rednerbühne mich von meinem wichtigen Posten absetzen würde. — Ich meine, ohne Jemanden in seiner allfälligen guten Meinung vorzugreifen: Für diese erhabene Hymne werden unsere Kehlen bei dieser überaus fetten Kost schwerlich je irgend eine klangvolle Stimme bekommen, weil sich in diesem lichtvollen Himmel überhaupt noch eine sehr große Frage aufwerfen läßt, ob es irgend einen Gott giebt? — Und mit dem „Sich setzen mit Abraham und Isaak zu einem sicher wohlbesetzten Tische himmlischer Speisen" wird es hier auch seine geweisten Wege haben. Wenn ich jetzt auf der Erde wäre, so könnte ich mir schmeicheln eine der allertriftigsten Exegesen solcher vielverheißender Schrifttexte zu bewerkstelligen. So würde ich unter „Abraham und Isaak" Finsterniß und Sand darstellen, und unter dem wohlbesetzten Tische das schönste isländische Moos, eine wahrhaft ehrenwerthe Kost für Renn= und Elennthiere; und wer uns sagen kann, daß wir besser daran sind, denn diese armseligen Thiere des beeisten Nordens, dem will ich augenblicklich meine lockere Bühne einräumen. Ich meine aber, um Solches einzusehen, bedürfen wir nichts mehr und nichts weniger, als nur für's Erste auf unseren Bauch zu greifen, und zu vernehmen, wie diese schwer verdauliche Kost noch gleich einem dürren Stroh in selbem herum rauscht, und nur einen Blick auf diesen wohlbeleuchteten Boden, und der Beweis für unsere Elenn= und Rennthierschaft ist mehr wie handgreiflich dargestellt. Der gute Welterlöser Christus hat wahrscheinlich auch nicht ganz klar gewußt, was für ein Gesicht sein gepredigtes Himmelreich hat; denn hätte Er das gewußt, da hätte Er Sich sicher nicht an's Kreuz schlagen lassen. — Wenn ihn sein gepriesener Gott Vater gleich uns nach der Kreuzigung hat sitzen lassen, so wird dieser an und für sich wirklich allerverehrungswürdigste Mann ganz kuriose Augen gemacht haben, wenn er am Ende sein eingesetztes heiliges Abendmahl in diese schöne Moosfluren verwandelt erblickte, welche zu erschauen uns keine geringere Mühe macht, als das Erschauen der Perlen im Grunde des Meeres von Seite der Perlenfischer. Daß sich solches Alles richtig also verhält, braucht durchaus keines weiteren Beweises mehr. — Aber nun, meine geehrtesten Zuhörer, stelle ich euch eine andere überaus wichtige Frage, und diese soll also lauten: Hier sind wir einmal, das ist außer Zweifel; wie lange aber werden wir Bewohner dieses frugalen Reiches bleiben? — Wird es mit unserem Dasein noch einmal ein erwünschtes Ende nehmen, oder werden wir das allerseligste Vergnügen haben, etwa gar ewig auf diesen Gefilden uns herum zu treiben? — Sehet, das ist eine überaus wichtige Frage; aber eben diese wichtige Frage sucht Einen, der sie beantworten möchte. — Meine geehrtesten Zuhörer, wenn es auf mich ankommt, so könnt ihr versichert sein, in dieser Hinsicht eher aus einem Steine eine Antwort zu bekommen, als aus mir. Ich will aber darum Niemandem vorgreifen; denn in verschiedenen Köpfen können auch verschiedene Ansichten walten. Aber ich meine, in dieser Hinsicht wird aus uns bei dieser außerordentlichen Beleuchtung unseres großen Schauplatzes schwerlich Jemand etwas Ersprießliches an's Tageslicht fördern können; denn zur Darstellung von etwas Klarem muß auch ein Licht vorhanden sein, und zum Tageslicht gehört eine Sonne. Hier aber etwas Klares an's Licht stellen heißt mit anderen Worten nichts Anderes gesagt, als sich selbst und alle Anderen für einen allerbarsten Narren zu halten. Das ist wieder wahr: Die großen Gelehrten der Erde werden hier sehr viel Zeit zum Nachdenken gewinnen. Wohl ihnen, wenn sie recht viel Zeit zum Nachdenken gewinnen, wenn sie recht viel Stoff mitgebracht haben; denn mit diesen drei Elementen: Finsterniß, Sand und Moos werden sie gar bald fertig werden. Mikroskope und andere Sehwerkzeuge mögen sie füglicher Maßen auf der Erde zurück lassen, wenn sie mit den eigenen Augen auf dem sandigen Boden eine Moostrift antreffen und erschauen werden; und für die Astronomen wird hier schon ganz entsetzlich spottschlecht gesorgt sein. Auch Gelehrte und gar viel wissende

Bibliothekare werden sich sicher ganz entsetzlich langweilen; denn dergleichen werden sie hier sicher nicht antreffen. Auch große Künstler und Virtuosen werden hier schlechte Geschäfte machen; denn sie werden alle müssen im buchstäblichen Sinne nicht nur in's Gras, sondern in's Moos beißen. Ich verstehe dieses Sprichwort: „in's Gras beißen" auch erst hier ganz radical, und sehe es ein, daß es sicher älteren Ursprunges ist, als es mancher Schriftsteller und Geschichtschreiber sich möchte träumen lassen; denn dieses Sprichwort muß von den uralten egyptischen Weisen herrühren, welche sicher eine kleine Kenntniß davon hatten, was die Sterblichen hier für ein erfreuliches Loos erwartet. — Meine geehrtesten Zuhörer, wenn überhaupt alle auf der Erde lebenden Menschen solch ein Loos, wie wir es nun haben, erwartet, was ich eben nicht bezweifeln will, so bin ich der Meinung, der ehrliche Moses und der kreuzehrliche Christus haben in dieser Hinsicht mit ihrer Gesetzgebung einen sehr schwankenden und effectlosen Weg eingeschlagen. Hätten sie dafür, und ganz besonders der Moses mit seinem Wunderstabe die Erde geschlagen, und dabei gesagt: Sonne verfinstere dich, wir haben für unsere Dummheit am Sternenlichte genug, und Du Erde werde zu einer Sandsteppe, auf welcher nichts wachsen soll, so hätte die ganze scharfe Gesetzgebung unter Donner und Blitz schön zu Hause bleiben können; denn unter diesen Verhältnissen müßte das Sündigen von sich selbst ja zu einer größeren Rarität geworden sein, als echte Diamanten in Grönland, Spitzbergen und Nova Zembla. Denn ich möchte Den kennen, der hier einen Raub oder Diebstahl begehen könnte, und einen Wollüstling bei dieser fetten Kost und bei unserer todten gerippartigen sinnlichen Reizbarkeit; auch einen Lügner möchte ich hier mit Gold bezahlen, wenn ich überhaupt eines hätte, — und was hier in Jemanden eine Mordlust erregen könnte? — Um Das aufzufinden bei unseren Schätzen und Reichthümern, wäre sicher noch eine beiweitem schwierigere Aufgabe, als diejenige für die Astronomen, mit ihren optischen Werkzeugen Planeten anderer Sonnen zu entdecken. Kurz und gut, wir können thun, was wir wollen, und reden, was wir wollen, so bin ich überzeugt, daß wir unser Loos nicht um ein Haar verbessern werden; denn ich habe hier schon über einen Christoph Columbus weite Reisen unternommen, und dieses Sand- und Finsternißmeer nach allen Richtungen durchgesegelt, aber mir ist das Glück nicht zu Theil geworden, Land, Land! auszurufen, sondern überall Nacht, Sand und Moos! Daher ist meine Meinung zum Schluß meiner Rede diese: Nachdem ich unter allen Menschen, die je die Erde betreten hatten, Christum für den allerehrlichsten gefunden habe, der das ausgedehnte mosaische Gesetz, welches einen sehr tyrannischen Anstrich hat, gewisserart aufhob, und dafür das alleinige Gesetz der Nächstenliebe gepredigt hat, so erkläre ich mich dafür, weil unter diesem Gesetze, man kann es drehen wie man will, intelligente Wesen unter was immer für Verhältnissen doch immer am glücklichsten leben können, — daß darum auch wir des Guten selbst willen auch hier diesem Gesetze treu verbleiben, Christum als einen wahren Ehrenmann in unserem Gedächtnisse behalten und unter diesen Verhältnissen dann mit unserem freilich wohl sauerm Loose so viel als möglich zu frieden sein möchten; und ich glaube, dadurch werden wir unser Loos, so lange es überhaupt währen will, am meisten erträglich machen. Doch bitte ich, meine geehrtesten Zuhörer wollen diesen meinen Wunsch nicht als irgend ein etwa positives Gesetz ansehen; denn, wie ich es gesagt habe, soll diese meine Schlußrede nur als ein wohlmeinender Wunsch betrachtet sein. Wenn wir uns aber stets mehr gesellschaftlich verhalten, so glaube ich auch, daß wir eben dadurch mit vereinter Kraft unser Loos um Vieles leichter tragen werden, als egoistisch genommen ein Jeder für sich allein. Ich meinerseits will allzeit bereit sein, euch durch meinen Mund, soviel es nur in meinen Kräften steht, gelegentlich zu unterhalten. Mit diesem Wunsche, und mit dieser Versicherung schließe ich auch diese meine Rede. (Allgemeiner lauter Beifall von allen Seiten.) Der Redner, wie ihr seht, entsteigt ganz behutsam seiner lockeren Rednerbühne, und wird von der ganzen Gesellschaft sehr freundlich aufgenommen. Viele drücken ihm die Hände, und sagen: In der Gesellschaft eines solchen Mannes, der Kopf und Herz am rechten Flecke hat, ist's überall gut sein; daher sind wir auch überaus froh, dich lieben theuren Freund gefunden zu haben, und wollen dir recht gern in Allem folgen, gehe es, wohin es will! — Nun sehet, wie es über dieser Gesellschaft etwas heller wird, und wie sich der Redner und die ganze Gesellschaft darüber zu erstaunen anfangen, und wie der Redner noch einmal sich in der Gesellschaft vernehmen läßt, und spricht: Ja, ja, wie ich mir's gedacht habe, wenn uns der kreuzehrliche Christus mit Seiner überaus menschenfreundlichen Lehre kein Licht bringt, so bleiben wir ewige Gäste der Nacht! — Nun sehet, es wird schon wieder bedeutend heller; und da seht euch um, wie schon von der morgendlichen Seite her zwei vom Herrn gesandte Boten eilen, um noch viel mehr Licht unter diese Gesellschaft zu bringen. Wir wollen daher auch noch ein wenig abwarten, und sehen, was dahier geschehen wird. —

## 105.
(Am 7. Januar 1843, von 4—7¾ Uhr Abends.)

Sehet, die Gesellschaft wird dieser zwei Boten auch schon ansichtig; unser Hauptredner geht ihnen, wie ihr sehet, freundlich entgegen, um sie eben so freundlich aufzunehmen. Wie ihr es beinahe selbst hören könnt, so spricht er zu ihnen: Seid mir und uns Allen tausendmal willkommen; Ich kenne euch zwar nicht; so viel aber sehe ich, daß ihr gleich uns ein Paar Menschen, und sicher entweder erst so eben von der Erde hier angekommen seid, oder ihr müßt irgendwo einen bessern Weideplatz gefunden haben, als wir, indem ihr um's Unvergleichliche besser ausschauet, als ich mit dieser meiner lieben Gesellschaft zusammengenommen. Seid ihr erst von der Erde angekommen, so mache ich euch alsogleich darauf aufmerksam, daß auf der Erde die sogenannten Robinsone um's Unvergleichliche besser daran sind, als wir; denn für diese Behauptung braucht ihr keinen andern Beweis, als uns bloß vom Kopf bis zum Fuß anzublicken, und unser unmenschlich gutes Aussehen wird euch auf diesen ersten Augenblick selbst in dieser noch sehr bedeutenden Finsterniß überaus hell und klar darthun, um welche Zeit es hier mit dem Wohlleben ist. — Dabei aber kann ich euch doch versichern, daß es hier durchaus keine Krankheiten giebt; denn was sollte bei Unsereinem auch krank werden? —

Wir können höchstens nur jenen Krankheiten unterliegen, denen allenfalls die Steine unterliegen; denn wenn man so gänzlich beinahe aller Lebenssäfte flott wird, so bin ich der Meinung, wird man auch aller Krankheiten flott. Das einzige Uebel, welches Einen wenigstens im Anfange heimzusuchen anfängt, ist der Hunger, also ein Magenübel; — wie aber gewöhnlich eben dieser Hunger der beste Koch ist, so giebt es dann für ihn auch bald eine Kost, bei welcher er erst seine außerordentliche Probe stellen kann. — Sehet, da zu unseren Füßen über dem Sande ist so ein kleiner Probirstein für unseren Magen zu erblicken. Es ist Moos; man könnte sagen, echtes isländisches und sibirisches Moos, die sparsamen Thautropfen, welche da zwischen den Blättchen sitzen, sind dazu das einzige durstlöschende Mittel, was sich in dieser ungeheueren Sandwüste ausfindig machen läßt. Machet euch daher nichts daraus, wenn dieses Verhältniß auch etwa ewig dauern sollte; denn Geduld und Gewohnheit macht einem am Ende Alles erträglich. — Uns Alle wird es sehr freuen, wenn ihr mit euren etwas phosphorescirenden Gewändern bei uns verbleiben wollet; denn ich kann euch versichern, an Alles kann man sich eher gewöhnen als an diese Finsterniß, und somit könnt ihr es euch wohl vorstellen, daß uns Allen euer phosphorischer Schimmer wie eine Sonne vorkommt! — Nun aber, meine lieben Freunde, möchtet ihr mir denn nicht auch gefälligst kund geben einen Grund, der euch von der Erde hierher versetzt hat; oder so ihr von einer bessern Trift kommt, mir auch kundgeben, was euch veranlaßt hat, dieselbe zu verlassen, und euch hierher zu begeben? — Der Eine spricht: Armer Freund, du irrst dich an uns sehr; denn wir sind weder von der Erde, noch von irgend einer bessern Trift dieser Gegend zu euch gekommen, sondern wir kommen vom Herrn, der da Christus heißet, und Den du nur als einen kreuzehrlichen Mann betrachtest, da Er doch der alleinige Herr Himmels und der Erde ist, — zu euch gesandt, um euch zu zeigen, was des Grundes es sei, dem zu Folge ihr schon so lange gänzlich unbehilflich in dieser Gegend herum irret. Wenn ihr euch fraget: Wie haben wir auf der Erde gelebt, so wird eure helle und klare Erinnerung sagen: Wir Alle zusammen haben allezeit ehrlich und redlich gehandelt und gelebt; — fraget euch aber hinzu: Warum haben wir also gelebt und gehandelt? so werdet ihr ebenfalls nichts Anderes herausbringen können, als: wir haben **hauptsächlich nur zu unserm Besten gelebt**; — weltliche Ehre, weltliches Lob, und das darauf begründete Ansehen vor anderen Menschen war der Hauptbeweggrund aller unserer Edelthaten. Wir waren stets getreue Staats- und Kirchenbürger; warum denn? Etwa aus Liebe zu Gott? Wie könnte Solches sein, da wir Gott doch nicht im Geringsten kannten, und somit auch gar nicht wußten, was da wäre **Sein heiliger Wille**, sondern unsere getreue Staats- und Kirchenbürgerschaft gründete sich nur vorerst darauf, daß wir eben dadurch gar leichtlich uns vieler Vortheile vor Anderen bemächtigen konnten, die von Seite des Staates und der Kirche nicht in dem günstigen Ansehen standen, als wir. — Und ferner hatte diese getreue Staats- und Kirchenbürgerschaft in gewisserart blind geistiger Hinsicht den Grund, daß wir uns dachten: giebt es jenseits nach der Lehre der Pfaffen und noch anderer Unsterblichkeitsritter irgend ein Leben nach dem Tode, so können wir bei einer solchen Handlungsweise offenbar nicht zu Grunde gehen, und giebt es kein solches Leben, so wird sich unser Thatenruhm wenigstens auf der Erde in unseren Kindern und Kindeskindern gleichsam unsterblich fortpflanzen, und man wird vielleicht noch in hundert und hundert Jahren von uns sprechen und sagen: Das waren Männer, und das waren Zeiten, in denen solche Männer gelebt haben! — Sehet, Solches muß euch auch, wie gesagt, euer Inneres sagen; sonach seid ihr ja offenbar ohne alle innere Vorstellung aus dem Leibesleben in dieses geistige Leben übergegangen, und wußtet nicht im Geringsten, was für's Erste zum geistigen Leben erforderlich, und noch weniger, wie dieses beschaffen ist, und worin es besteht. Was war demnach natürlicher, als daß ihr in diesem geistigen Leben nichts Anderes antreffen konntet, als Das nur, was ihr vom Leibesleben hierher mit gebracht habt, nämlich eine höchst klägliche magere Gestalt euerer Wesenheit, und die vollkommenste Finsterniß in dem Leben des Geistes; mit anderen Worten gesagt: Ihr kamet nahe gerade also hierher, als bei der naturmäßigen Zeugung des Menschen ein Embrio kommt in den Mutterleib, allda auch allenthalben vollkommene Finsterniß herrscht, der Embrio sich gewisserart nur vom Unrathe des Blutes der Mutter ernähret, bis er bei solcher freilich wohl äußerst mageren und unschmackhaften Kost zu jener Naturkraft gelangt, sich aus diesem finsteren Werdungsorte zu entfernen. Also habt ihr euch hier gewisserart in einem Mutterleibe befunden, und habt euch müssen von dem stets gleichmäßigen Unflathe desselben nähren. Da aber in euch noch ein lebendiger Funke zum ewigen Leben sich vorfand, nämlich die kleine Liebe und Hochachtung Christi, so hat dieser Funke euch geistige Embrione ausgezeitiget zu einer Ausgeburt aus dieser eurer eigenen finsteren Sphäre; und es soll euch werden, was du am Schlusse deiner Rede zu deiner Gesellschaft gesprochen hast, da du sagtest: Wenn uns mit Christus nirgends ein Licht wird, so können wir versichert sein, daß diese Finsterniß uns zum ewigen Eigenthume verbleiben wird. — Also ist euch auch in Christo Licht geworden; und so sollt ihr denn auch das erfahren, was der Herr zu einem Seiner Jünger gesagt hat, daß da Niemand das ewige Leben und somit das Reich Gottes überkommen könne, wer da nicht wiedergeboren wird. Zur Nachtzeit sprach Solches der Herr zu seinem Jünger, um ihm dadurch anzuzeigen, daß sich ein jeder unwiedergeborne Geist in der Nacht befindet, gleich dem Embrio im Mutterleibe, und daß der Herr auch in der Nacht zu dem unwiedergebornen Geiste kommt, um ihn wiederzugebären aus dieser Nacht in das Licht des ewigen Lebens. — Da nun für euch zufolge eurer erwachten, wenn schon geringen Liebe zum Herrn diese Zeit der neuen Ausgeburt heran gekommen ist, so sind wir hierher gesandt worden, um euch zu führen aus dieser eurer geistigen Geburtsstätte und euch zu bringen an eine solche Stelle, da ihr unter eine Wartung gleich den Kindern kommen werdet, wodurch ihr euch wieder werdet neue Lebenskräfte sammeln können, um mit diesen Kräften, je nachdem sie mehr oder weniger ausgebildet sein werden, zu gelangen in eine solche Sphäre, die euren Kräften vom Herrn aus bestens angemessen sein wird. Denket aber ja nie an irgend einen Himmel, als einen Belohnungsort für die guten Werke, die der Mensch auf der Erde vollzogen hat; sondern denket, daß dieser Himmel in nichts Anderem besteht, als in eurer eigenen Liebe zum **Herrn**! — Je mehr ihr den Herrn mit Liebe erfassen werdet, und je demüthiger ihr sein werdet vor Ihm und vor all' eneren Brüdern, desto mehr des wahren Himmels werdet ihr auch in euch tragen; und so denn sammelt euch und folget uns! — Nun sehet, wie diese ganze Gesellschaft sich erfreut, und nun diesen zwei Boten folget. — Ihr fragt, wohin sie diese Gesellschaft doch etwa führen werden? — Kehrt euch nur um, und sehet dort freilich wohl in schon bedeutender Ferne hinter uns die euch schon bekannte geöffnete hohe Wand; merket ihr nichts? Hat das nicht beinahe das Aussehen, als wenn sich bei der Geburt eines Kindes die Mutterscheide öffnet? — Ihr saget: Solches verstehen wir nun wahrhaftig wie durch einen Zauberschlag wunderbar entsprechend! — Aber wenn diese Gesellschaft über diese Kluft hinaus wird gelangen, wohin kommt sie dann? — Wohin kommt das Kind gleich nach der Geburt? — Ihr saget: In leichte Windeln und dann in eine Wiege; also in noch immer sehr beschränkte Lebensverhältnisse. Habt ihr doch gesehen die vielen Thäler links und rechts, wie wir uns auf der anderen Seite vom Morgen her dieser Wand näherten. Sehet, das sind die Windeln, und das ist die Wiege. Also in diese Thäler werden diese Menschen gestellt; in diesen Thälern geht es ungefähr also zu, wie ihr gleich Anfangs links und rechts ein Paar solche Thäler habt kennen gelernt. — Denn, wie es bei einem neugebornen Kinde ist, daß es nicht von heute bis auf morgen schon zu einem Manne wird, also geht es auch bei einem neugebornen Geiste, besonders im Reiche der Geister, nur langsam vorwärts. — Nun wißt ihr auch ganz eigentlich, in welcher Gegend ihr euch befindet, daher darf es euch auch nicht Wunder nehmen, wenn ihr hier so wenig oder beinahe gar keine höheren Lehrer unter den vielen hier Wandelnden erschauet; denn Solche wären ja hier eben so fruchtlos, als auf der Erde Jemand schon möchte einem Kinde im Mutterleibe irgend einen Unterricht ertheilen. — Wann aber bei einem Kinde die Zeit des Unterrichtes als tauglich kommt, wißt ihr ohnehin; darum sind diese Boten hier auch nicht als Lehrer, sondern als wahrhafte geistige Geburtshelfer zu betrachten. — Da wir nun Solches wissen, so können wir uns schon wieder ein wenig weiter vorwärts bewegen, allda sich uns wieder eine ganz neue Scene darbieten wird; und somit gut für heute! —

## 106.
(Am 9. Januar 1843, von 4½—5¾ Uhr Abends.)

Wenn ihr eure Augen so recht anstrengen wollet, so werdet ihr mehr zur rechten Hand Etwas wahrnehmen, das sich also artet wie etwa eine Staubwolke. Ihr bejahet Solches zu erschauen; es ist gut. Bewegen wir uns daher nur recht schnell gegen diese Staubwolke hin, und wir werden ihr bald näher kommen, und sie beschauen in ihrer entfalteteren Gestalt. — Ihr fraget: Was besagt denn hier eine solche Staubwolke? — Ich sage euch: Eben nicht gar zu viel, ihr werdet auf der Erde schon gar oft von den sogenannten Dunstmachern etwas gehört haben, — und sehet, das ist eben ein entsprechendes Bild. Wie und auf welche Art? werdet ihr euch in der Nähe dieses Phänomens gar bald überzeugen; — daher nur noch einige Schritte, und wir sind bei dem Phänomen. — Nun sehet, hier sind wir schon; was erblicket ihr?

— Ihr saget: Wir erblicken nun keine Staubwolke mehr, aber dafür eine reichzählige ganz verkümmerte Gesellschaft zwerghafter Menschen beiderlei Geschlechtes; und diese Zwergmenschen blähen sich gegen einander auf, stellen sich auf die Zehenspitzen, und will ein Jeder größer sein denn der Andere. Die Kleinsten nehmen sogar Sand in die Hand, werfen ihn über sich in die Höhe, und scheinen dadurch den Anderen anzudeuten, was sie für Riesen sind. — Ihr habt recht bemerkt, denn also kommt ihre Sinnesart zur Erscheinlichkeit. Jetzt aber treten wir völlig zu ihnen hin, und es wird sich diese ganze Gesellschaft also gleich wieder anders gestalten. — Nun sehet, wir sind ihnen vollkommen auf der Ferse; was bemerket Ihr jetzt? — Ihr saget: Jetzt kommen sie uns etwas größer vor, blicken sich gegenseitig überaus zuvorkommend freundlich an, und thun gegenseitig allenfalls also, wie da thun die sogenannten coquetten Frauenspersonen in einer Gesellschaft. — Ihr habt wieder recht bemerkt; aber ihr fraget nun, worin das liege, daß man eine solche Gesellschaft von den verschiedenen Standpunkten auch allzeit verschieden erschaut? — Das kommt daher, weil es auf der Welt auch also ist; in der vollkommenen Nähe getraut sich einem Mächtigen Niemand die Wahrheit in's Gesicht zu sagen, selbst die Mächtigen unter einander scheuen Solches; daher macht sich Alles gegenseitig den Hof. — Wann eine solche Gesellschaft auseinander geht, so erhebt sich bei sich selbst ein Jeder über den Andern, und weiß schon eine Menge zu bemängeln, und so will demnach auch ein Jeder sich über den Andern erheben; aber gar zu laut getraut sich noch Niemand etwas Bestimmtes auszusprechen, sondern stellt nur ganz bescheiden Vergleichungen an. — Nur bei sich selbst weiß er Alles gewisserart vom höchsten Standpunkte aus zu beurtheilen; und Solches bezeichnet das Sand über sich werfen, oder mit anderen Worten gesagt: seinen Verstand über alle Anderen erheben. In weiter Entfernung von solcher Gesellschaft, da wird Alles mit den schärfsten Augen betrachtet; die ganze Gesellschaft wird als ein Unsinn erklärt, und all' ihre Gespräche und all' ihr Thun und Lassen für nichts als ein leerer Dunst oder für eine leere Prahlerei angesehen. Wenn ihr nun diese zwei gegebenen Situationsverhältnisse einander gegenüber haltet, so werdet ihr daraus sicher folgenden Schluß ziehen können: In der Ferne stellt sich der wahre Prospect einer Sache dar; in der größeren Nähe geht der Totalprospect schon mehr und mehr verloren, und dafür aber stellt sich mehr die Sonderlichkeit dar. In der vollsten Nähe ist von dem Hauptprospecte nicht das Geringste mehr zu entdecken; dafür aber tritt die Einzelheit desto bestimmter vor die Augen. — Wer Solches nicht wohl fassen möchte, den mache ich nur auf eine naturmäßige Erscheinung in der materiellen Welt aufmerksam. Wenn er sich beispielsweise ungefähr zehn Stunden von einem namhaften Gebirge entfernt befindet, so überschaut er dasselbe, und es liegt dann als ein bestimmtes Bild vor ihm. Nähert er sich dem Gebirge dann auf eine Stunde, so wird dasselbe gewisserart in seinen Verzweigungen auseinander gehen, und er nun eine Menge Vorberge und Gräben entdecken, welche in der Ferne mit dem Hauptberge nur eine Fläche auszumachen schienen. Steigt er aber nun völlig auf den Berg selbst, so geht es ihm wie Einem, der den Wald vor lauter Bäume nicht sieht; denn da ist von der ersten Ansicht nahe keine Spur mehr zu entdecken. — Ich meine, durch eine nur einigermaßen aufmerksame Betrachtung dieses Beispieles werden uns die drei verschiedenen Ansichten unserer Gesellschaft ganz vollkommen klar werden. — Aber nun fragt ihr, und saget: Solches Alles ist ja richtig; aber was hat es denn mit dieser Gesellschaft noch für eine oder die andere Bewandtniß? Wessen Geistes Kind ist sie? — Wir können Solches nicht aus dem Benehmen dieser Wesen ganz wohl heraus bringen; denn ihr ganzes Thun, und ihre ganze Sprache gleicht mehr einer Pantomime, als irgend einer Conversation aus verständlichen Worten bestehend. — Ich sage euch: Das ist ja eben sehr klar; ihr müßtet wirklich noch sehr blind sein, wenn ihr Solches nicht errathen solltet, wie das ist, woher und wohin? — Sehet, das ist eine Gesellschaft aus lauter großen, weltsüchtigen und eigennützigen sogenannten Staatsbeamten, welche ihr Amt nur zum eigenen Besten, aber nicht zum Besten des ganzen Staates und dessen Bürger verwalteten. — Diese Menschen thaten auf der Welt überaus höflich und freundschaftlich mit einander; es wußte aber dessen ungeachtet ein Jeder auf eine ganz feine Weise sich vor dem Andern geltend zu machen; Keiner aber traute dem Andern, und fand daher nothwendig, ihn durch allerlei Schleichwege also zu halten, daß der Andere nicht viel Geheimes haben konnte vor seinem Nachbar. Was ist aber solch' eine eigennützige Freundschaft, und ein solches fein beabsichtetes Hofmachen Anderes, als eine freche Coquetterie, welche an und für sich nichts Anderes als eine Wurzel oder ein Same zur eigentlichen Hurerei ist; denn also wirft auch eine habsüchtige und wollüstige Hure Einem freundliche und viel versprechende Blicke zu, um ihn in ihr Netz und dann von ihm Etwas zu bekommen. Also trägt auch ein Geier eine Schildkröte in die Höhe, um dann durch ihren Fall eine gute Freßbeute zu gewinnen. — Solche Menschen nützen dann dem Allgemeinen gar wenig, und sie selbst sind dabei durch eine überwiegende List der Anderen auch eben nicht am vortheilhaftesten daran. Ja, solche Menschen gleichen noch den Spielmenschen, die sich Abends freundlich und brüderlich besuchen, und sind voll Artigkeit gegen einander; so sie sich aber zum Spieltische setzen, da möchte sich Keiner auch nur das Allergeringste daraus machen, wenn sein Mitspieler Haus und Hof an ihn verspielen möchte. — Ihr saget hier: Aber liebster Freund, das sind ja doch offenbar böse Menschen; wie kommen denn diese daher, da sie nicht verloren sind? — Ich sage euch: Ihr urtheilet hier zu grell, möchtet ihr denn nicht einen Unterschied machen zwischen den gewaltthätigen Dieben und den sogenannten armen Gelegenheitsdieben? — Sehet, das ist auch unsere Gesellschaft; ihre Stellung in der Welt hat ihnen gewisserart ein staatlich politisches Recht eingeräumt also zu handeln, und sie sind von sich auch vollkommen überzeugt, daß sie ihrem Berufe vollkommen gemäß gehandelt haben. Hier im Reiche der Geister aber wird den Menschen niemals eine Handlung als verdammlich angerechnet, so er dieselbe mit einem sein Gewissen nicht beunruhigenden Rechtsgefühle vollzogen hat, und dieses war auch bei diesen Menschen der Fall; bei ihnen ist nichts eine volle Wirklichkeit, weder das Gute noch das Arge, sondern Alles ist gewisserart nur eine politische mehr oder weniger pfiffige Comödie. Aus diesem Grunde sind sie auch hier, damit in ihnen all' das Nichtige und Falsche verzehrt werde. — Wann Solches freilich wohl mit äußerst langsamem Fortschritte bewerkstelliget wird, so erst werden sie aus dieser Gegend ausgeboren, und kommen dann in die Thäler rechts im Hintergrunde, allda wir unseren Stoiker haben kennen gelernt. —

## 107.
### (Am 10. Januar 1843, von 4½—7 Uhr Abends).

Ihr saget: Solches Alles ist richtig, und wir begreifen es; — Da wir aber in der Gesellschaft auch Weiber gesehen haben, denen doch nicht ein öffentliches Amt zur Verwaltung anvertraut ward, so fragt sich's hier, was diese wohl da machen, und warum sie mit dieser Gesellschaft gewisserart amalgamirt sind? — Meine lieben Freunde, das sollte euch ja selbst wundern, wenn ihr Solches nicht auf den ersten Blick begreifet; — ist es denn nicht schon etwas Altes, daß das in Allem beiweitem schwächere Weib nichts sehnlicher will und wünscht, als gerade Das, dem sie am wenigsten gewachsen ist, und das ist Herrschen und Regieren. — Wenn Männer also irgend ein Amt bekleiden, und nehmen oder haben schon ehedem Weiber, so ist es nur allzeit zu sicher der Fall, daß das Weib am Ende mehr regiert, denn der eigentlich zur Regierung berufene Mann. Damit sie ihre Pläne durchsetzen, so gebräuchen sie zu dem Behufe die ganze Fülle der weiblichen List; und es gehört außerordentlich viel Festigkeit von Seite des Mannes dazu, so er nicht von seiner Eva übertölpelt werden will. — Ihr fraget wieder: Ja, worin liegt denn der Grund, daß das Weib durch seine List gewöhnlich den Sieg davon trägt? — Ich sage euch: Der Grund ist ganz natürlich, und daher sehr leicht begreiflich. Wann ihr bedenket, daß das Weib so ganz eigentlich die Wurzel des Mannes ist, so wird euch dadurch alles Andere leicht erklärbar werden. Der Stamm eines Baumes steht zwar mit seinen Aesten unter dem Lichte des Himmels, und schlürft eine ätherische Kost aus den Strahlen der Sonne, und Niemand merkt, daß er dessen ungeachtet zu allermeist von der Wurzel seine Hauptnahrung bekommt. — Wenn nun die Wurzeln sich gegen den Baum verschwören möchten, und zufolge dieser Verschwörung sich von ihm ganz lossagen, was würde da wohl mit dem Baume gar bald werden? — Er würde verdorren, und endlich keine Früchte mehr tragen. — Nun sehet, Solches weiß das Weib in seinem Gemüthe, und empfindet es genau, welch' ein Bedürfniß sie dem Manne ist; wenn sie aber eine schlechte Bildung hat, und daher ein verdorbenes Gemüth, so thut sie dasselbe, was da nicht selten die Wurzeln eines Baumes thun, nämlich, sie schlagen aus der Erde neue Triebe empor, nähren dieselben, und dem Baume wird dadurch die gebührende Nahrung entzogen. Es wird aus solchen Wurzelausschlägen wohl nie ein kräftiger und Früchte tragender Baum; aber dafür ein dem Baume ähnliches Gesträuch. Wenn da der Baum nicht kräftig mit der höheren Kost des Himmels solchem Unfuge der Wurzel dadurch entgegenarbeitet, daß er seine Aeste und Zweige mächtig ausbreitet, und die argen Wurzeltriebe mit seinem starken Schatten abwelken macht, und endlich bei einer günstigen Jahreszeit durch Beihilfe etwa des Winters erstickt, so ist er offenbar dadurch in großem Nachtheil für seine eigene Existenz und für seinen Wirkungskreis. — Also geht es auch dem Manne, der da hat ein herrschsüchtiges, und somit in Allem imponiren wollendes Weib; — wenn er ihr nicht vollkräftig mit seiner Männlichkeit entgegen zu wirken vermag, so wird das Weib ihn bald ganz umzingelt haben mit den Afteraustrieben, und er wird schwächer und schwächer werden, am Ende ganz abdorren, und alle seine Kraft in den männlich sein wollenden Wurzelauswüchsen des Weibes unbesiegbar erschauen; — und das ist der **weibliche Herrsch- und Regierungstrieb**. — Ein anderes Beispiel bieten euch die Kinder, die in ihrer Schwäche nicht selten stärker sind, denn ein allergrößter Held, vor dem Tausende und Tausende zittern. Nehmen wir an, der Held ist ein Vater, und hat ein kleines Kind, welches noch kaum verständig zu lallen im Stande ist; es dürften Tausende zu diesem Helden kommen, um ihn von einer Idee abzuhalten, so werden sie sicher nichts ausrichten. Dieses Kind aber darf ihn nur ansehen, anlächeln, und dann zu ihm sagen: Vater, bleib bei mir, gehe dießmal nicht aus, denn ich fürchte mich ja gar sehr, daß du unglücklich wirst; und der Held wird weich, und folgt seinem Kinde. Von diesem Beispiele wenden wir uns wieder an die Weiber; — der Mann, wie ihr wißt, ändert schon in seinen Jünglingsjahren die Stimme des Kindes, und bricht dieselbe in einen männlichen Kraftton; das Weib behält die Scala des Kindes bei. Sehet, wie das Weib diese Scala beibehält, also behält es auch fortwährend in einem gewissen Grade mehr oder weniger das sämmtliche kindliche Wesen in sich. Zufolge dieses Vermögens besitzt sie dann auch die kindliche Macht, welche, wie schon gesagt ist, nicht selten größer ist, denn die Willensmacht eines noch so großen weltbezwingenden Feldherrn. Zufolge dieses Vermögens aber kann dann das Weib ja eben auch von der Wurzel aus auf den Mann wirken; sieht sie, daß mit dem Manne auf dem Wege der gewöhnlichen weiblichen Politik nichts auszurichten ist, so ergreift dann das Weib gar bald die ihr eigenthümliche schwach scheinende Kindlichkeit, mit welcher sie dann auch zu allermeist den Sieg über den kräftigen Mann davon trägt. — Ich meine, aus diesem Beispiele wird euch die Sache noch klarer, und ihr werdet daraus mit der leichtesten Mühe von der Welt entnehmen können, aus welchem Grunde dieser Gesellschaft auch weibliche Wesen einverleibt sind. Solches aber müßt ihr doch wissen, daß das Weib eines Mannes in der geistigen Welt so lange ihm anhangen bleibt, so lange der Mann sich nicht völlig gereiniget hat von all' seinen Schlacken der Welt. Es würde so mancher Mann eher, ja um gar Vieles eher zur geistigen Reinheit gelangen, wenn ihn sein allzeit unter gleichen Verhältnissen sinnlicheres Weib nicht daran hindern würde; also ginge es auch unserer Gesellschaft männlicherseits schon lange um Vieles besser, wann sie nicht mit Weibern unterspickt wäre. — So oft irgend ein Mann einen bessern Entschluß faßt, und will in seinem Gemüthe einen besseren Weg einschlagen, so weiß ihn das Weib zufolge der ihr innewohnenden Herrschsucht allzeit davon abzuhalten, und ihm zu zeigen einen anderen Weg; oder mit anderen Worten gesagt: **Ein solcher Mann, der da besitzt ein solches Weib, wird in der geistigen Welt noch um Vieles schwerer los von ihr, denn auf der Welt.** Will er sich auch schnurstracks von ihr entfernen, so weiß sie ihn wieder durch ihr Bitten und durch allerlei schwach geartete Vorstellungen zu bewegen, daß er wieder bei ihr verbleibt und ihr alle erdenklichen Versicherungen giebt, daß er sie ewig nie verlassen wolle. Ja, es ist gar oft der Fall, daß Männer von gutem Herzen an diesem Orte mit Weibern anlangen, welche an und für sich offenbar für die Hölle sich ganz reif gemacht haben. Solche Weiber sind die gefährlichsten und zugleich die hartnäckigsten; denn ihr Herz hängt zugleich an Dem, was der Hölle angehört, dessen ungeachtet aber dennoch auch aus verschiedenen gewinn- und herrschsüchtigen Rücksichten an ihrem Manne. Da aber ihr Sinn offenbar zur Hölle zieht, und der bessere Mann sich von ihr zu trennen nicht eine hinreichende Kraft besitzt, und sich somit der scheinbaren Schwäche seines Weibes hingiebt, so zieht ihn nach und nach das Weib über die Grenzen dieses Gebietes über den euch schon bekannten Strom mit sich, wie ihr zu sagen pflegt, auf die aller unschuldigste Art in die Hölle, und es braucht da selbst für die kräftigsten Engel eine überaus große Geduld und mühevolle Arbeit, solch einen Mann seinem höllischen Weibe zu entwinden. Nach eurer Zeitrechnung dürfte eine solche Arbeit nicht selten mehrere hundert Jahre betragen; — und sehet, auch in dieser Gesellschaft sind einige solche Weiber vorhanden. — Ihr saget freilich wohl: Aber hier könnte ja doch der Herr einschreiten und einen gewaltigen Strich durch die Rechnung solcher Weiber machen. — Eine solche Intervention läßt sich freilich wohl hören, so lange Jemand mit den höheren Wegen der göttlichen Ordnung nicht bekannt ist; wer aber diese kennt, der weiß es auch nur zu gut, daß Solches unter der Bedingniß der Erhaltung des Lebens des Geistes so gut als rein unmöglich ist. — Solches müßt ihr wissen, daß die Liebe des Menschen sein Leben ist, und dieses trägt er in sich. Wodurch aber hat ein Mann einem Weibe über sich den Sieg eingeräumt? Dadurch, daß er sie zu sehr in seine Liebe aufgenommen hat. Nun sollte sich aber dann der Mann prüfen, und die Liebe zu seinem Weibe und die Liebe zum Herrn auf eine überaus fühlbare Wage legen, und diese beiden Liebarten dann mit der ängstlichsten Sorgfältigkeit abwägen, und wohl Acht haben, wo sich das Uebergewicht herausstellt, und sollte sich dabei allertiefst in sich genau erforschen, welcher Verlust für ihn erträglicher wäre, ob er verlieren möchte sein geliebtes Weib und alle ihm von selbem entspringenden Vortheile, oder die Liebe des Herrn? — Solches aber muß, wie gesagt, nicht etwa bei einer oberflächlichen Aeußerung verbleiben, da etwa Jemand sagen möchte: Ich opfere der Liebe des Herrn nicht nur ein, sondern zehn Weiber; — sondern diese Frage des Lebens muß allzeit mit der Wurzel desselben beantwortet sein. — Nehmen wir den Fall, wenn der Herr einem solchen Manne, der da mit dem Worte vorgiebt, daß er den Herrn um's Zehnfache mehr liebt, denn sein Weib, dasselbe nähme, d. h. durch den Tod des Leibes. — Wenn da der Mann in sich selbst im Ernste ganz lebendig fühlend sagen kann: Herr! ich danke Dir, daß Du Solches an mir gethan hast; denn ich weiß ja zufolge meiner Liebe zu Dir, daß Alles, was Du thust, am allerbesten gethan ist. Wenn dazu noch ein solcher Mann bei dem möglichen Verluste seines Weibes wirklich in der Liebe zum Herrn den allergenügendsten Ersatz findet, so ist wirklich die Liebe zum Herrn in ihm größer denn die zu seinem Weibe. — Wird er aber traurig über solch ein Werk des Herrn, und spricht: He! siehe ich habe Dich so lieb; warum hast Du mir solche Traurigkeit und solchen Schmerz bereitet? —

Wahrlich, ihr könnt es glauben, ein solcher Mann liebte sein Weib mehr
als den Herrn! — Wenn ein solcher Mann auch noch um mehrere Jahre
sein Weib überlebt, mit der Zeit ihrer vergessen und sich ganz zum
Herrn gewendet hat, so hat er aber dessenungeachtet solche Liebe nicht
völlig aus seinem Herzen verbannt; denn es dürfte nach zehn Jahren sein Weib nur wieder zurückkehren, so wäre er wie erschossen, und
würde sein Weib mit der größten Liebe aufnehmen, besonders wenn sie
ihm dazu noch gewisser Art geistig verjüngt entgegen käme. — Ihr fraget hier freilich wohl wieder: Wie ist Solches wohl möglich, wenn
solchergestalt ein Wittwer sich ganz dem Herrn hingegeben hatte? — Ich
aber frage euch: War diese Hingebung eine freiwillige oder vielmehr nur
eine aufgedrungene? — Hätte er Solches gethan, wenn ihm der Herr
das Weib nicht genommen hätte? — Bei dem Herrn aber gilt nur
allein der **freie Wille**, und demzufolge die **gänzliche Selbstverleugnung in Allem**. — Dieser Mann ward traurig um den Verlust seines Weibes; daher wandte er sich an den Herrn, um bei Ihm
den gebührenden Trost und die Beruhigung seines gebrochenen Gemüthes
zu finden. Was war ihm in dieser Hinsicht wohl der Herr? War Er
wohl die Centralliebe im Herzen eines solchen Mannes, oder war Er
nicht vielmehr nur ein beruhigendes Mittel und ein Deckmantel über den
erlittenen Schmerz, und somit auch ein denselben heilendes Pflaster? —
Hier könnt ihr sicher nichts Anderes sagen, als daß der Herr hier nur
war das **Zweite**, nämlich Mittel, Deckmantel und Pflaster. Wer aber
kann da sagen, daß eine Liebe aus Dankbarkeit gleichkomme der Grundliebe des Herzens? — Oder ist da nicht ein solcher Unterschied, als wie
da ein Mensch einen Wohlthäter liebt, so ihn dieser glücklich gemacht hat,
und zwischen der Liebe, wie dieser glücklich gemachte Mensch das ihm zu
Theil gewordene Glück liebt? — Ich meine, zwischen diesen beiden Liebarten liegt ein gar großer Unterschied; denn die Liebe zum Wohlthäter
ist ja nur die Folge der Grundliebe, welche in der empfangenen Glück-
lichkeit wohnt, und ist somit keine **Grund-** sondern nur eine
**Afterliebe**. — Wie stellt sich aber solche dem Herrn gegenüber dar, wo
der Mensch das allergrößte Glück allein in den Herrn setzen soll, von
welchem aus betrachtet ihm alles Andere null und nichtig, und somit für
ewig entbehrlich sein soll? — Denn er soll ja in sich selbst lebendig sagen können: Wenn ich nur den Herrn habe, so frage ich weder
nach einem Himmel, noch nach einer Erde, und somit auch
noch viel weniger nach einem Weibe. — Aus diesem könnt ihr
gar wohl begreifen, warum ich euch darauf gar inwendigst aufmerksam
gemacht habe, wie außerordentlichst lebendigst tief der Mann seine Liebe
zwischen dem Herrn und seinem Weibe prüfen soll; denn es spricht ja
der Herr Selbst: Wer seinen Vater, seine Mutter, sein Weib,
seinen Bruder und seine Kinder mehr liebt denn **Mich**, der
ist **Meiner** nicht werth! —" Ihr fraget hier freilich wieder: Ist
denn hernach ein solcher Mann zufolge einer solchen Afterliebe zum Herrn
verloren? — Das ist er mit nichten; aber er kann nicht eher zum
Herrn gelangen, als bis er dem eigentlichen Grund seiner Liebe den
vollkommen gänzlichen Abschied gegeben und seine Afterliebe zur
Hauptliebe gemacht hat. — Welche Schwierigkeiten aber das nicht selten

in diesem geistigen Reiche mit sich führt, haben wir zum Theil bei der Gelegenheit dieser Gesellschaft dargethan; werden aber diesen überaus wichtigen Punkt bei einer nächsten Scene noch um Vieles klarer und gründlicher praktisch erschauen. — Allda werdet ihr sehen, wie oft eine solche scheinbar gänzlich erloschene falsche Ehegattenliebe wieder neu aus dem Grunde erwacht, so solche Gatten in der Geisterwelt wieder zusammen kommen. — Somit lassen wir diese Gesellschaft wieder ungestört ihren Weg verfolgen, und begeben uns wieder etwas vorwärts!

## 108.
(Am 11. Januar 1843, von 4½ — 7¼ Uhr Abends.)

Sehet, nicht gar ferne vor uns werdet ihr ein Paar menschliche Wesen erschauen. Es ist ein Mann und ein Weib; und das zwar gerade in einer solchen Situation, die wir zu unserem Zwecke recht gut verwenden können. Also gehen wir nur recht schnell darauf los, damit wir sie alsogleich einholen. — Ihr fraget, wie beschaffen das Verhältniß sei zwischen diesen Beiden? — Ich sage euch: Für unseren Zweck könnte es nicht besser beschaffen sein, als es ist. Es ist ein Verhältniß, wo das Weib nur sechs Jahre vor dem Manne gestorben ist; der Mann hat viel getrauert um sie, hat aber im Verlaufe von ein Paar Jahren sich so recht der Religion in die Arme geworfen und also recht getreu gelebt seiner Erkenntniß zu Folge. Nun aber ist er auch von der Erde abgerufen worden, und kam vor ganz kurzer Zeit erst hier an. — Dieses Präambulum ist vor der Hand hinreichend; das Nähere sollt ihr im Geiste praktisch erfahren. Da wir bei dieser Gelegenheit, wie ihr sehet, auch glücklich unser Pärchen eingeholt haben, so braucht ihr nichts als auf das Zweigespräch, welches soeben beginnen wird, Acht zu haben, und ihr werdet daraus all' das Nothwendige entnehmen können. Nun höret! Sie beginnt soeben eine Frage an ihren Mann zu stellen, und spricht: Mich freut es außerordentlich, dich nach längerer Zeit endlich einmal wieder zu erschauen, und glaube auch, daß uns hinfort kein Tod mehr trennen wird; — aber nun sage mir nur auch, so viel Du mir sagen kannst, ob meine letzte Willensanordnung genau befolgt worden ist? Denn Solches liegt mir außerordentlich am Herzen. — Der Mann spricht: Mein über Alles geliebtes Weib! Damit Du ersehest, wie pünktlich Deine letzte Willensanordnung beachtet ward; so sage ich Dir nur so viel, daß ich selbst in meiner letzten Willensanordnung nichts Anderes that als das nur, daß ich Deine Willensanordnung wieder von Neuem bestätigte, und somit in meiner letzten Willensanordnung mich genau an die Deinige hielt bis auf einige unbedeutende Legate; sonst aber ist unser gesammtes von mir noch um mehrere Tausende vermehrtes Vermögen unseren Kindern eingeantwortet. Bist Du damit zufrieden? — Das Weib spricht: Mein stets geliebter Gemahl, bis auf die Legate ganz vollkommen! — Sage mir daher: wie viel möchten diese betragen, und wem sind sie vermacht worden? — Mein geliebtes Weib, spricht er, die gesammten Legate betragen nicht mehr als zwei Tausend Gulden, und diese sind in fünf Theile getheilt, und bis auf Eins habe ich diese Legate Vieren Deiner Anverwandten vermacht; nur einen Theil mußte ich Ehrenhalber der Armenkasse vermachen. — Ich hätte auch Solches nicht gethan, so Du nicht manchmal schon bei Deinen Lebzeiten Dich geäußert hätteſt, ſolcher Deiner Anverwandten zu gedenken. Was aber die Armen betrifft, da weißt Du ja ohnehin, daß man ſchon fürs Erſte der Welt wegen Etwas thun muß, und dann aber auch um Gotteswillen Etwas, da man doch ein Chriſt und kein Heide iſt. Uebrigens macht dieſer Bettel von zweitauſend Gulden gegen unſer großes hinterlaſſenes Vermögen ja ohne= dieß nichts aus; denn wie ich es am Ende berechnet habe, bekommt jedes unſerer ſieben hinterlaſſenen Kinder eine runde Summe von einmalhun= dertfünfzigtauſend Gulden. Dazu ſind alle Kinder gehörig wirthſchaftlich erzogen, und ſo kannſt Du ganz ruhig ſein über Dein hinterlaſſenes Ver= mögen alſo, wie ich es bin, — und kannſt nun an meiner Seite Dich ſammt mir um ein anderes Vermögen umſehen, welches uns hier wenig= ſtens in eine entſprechend glückliche Lage bringen kann, in welcher wir alſo beſtehen möchten, wie wir zum wenigſten auf der Erde beſtanden ſind. — Sie ſpricht: Ich will damit wohl zufrieden ſein, wenn nur die Kinder alſo verſorgt ſind. — Freilich wohl hätte mit den 2000 Gul= den ein jedes Kind alſogleich ein kleines Geld in den Händen ge= habt, und mit demſelben vor der Hand einen Anfang machen können, um nicht alſogleich die Intereſſen des Hauptkapitals angreifen zu dürfen; — doch da es nun einmal alſo iſt, und wir an der Sache nichts mehr ändern können, ſo muß ich mich ja gleichwohl zufrieden ſtellen. Was Du aber da ſagſt von einem anderen hier brauchbaren Kapitale, da bitte ich Dich als Deine Dich ſtets treuliebende Gattin, daß Du Dich in dieſer Beziehung ja aller albernen Gedanken entſchlägſt; denn ſechs Jahre ſind bereits verfloſſen, daß ich unter großer Angſt und Bekümmerniß in dieſer finſterſten und alleröedſten Wüſte herumirre, und alles, was ich hier, durch die entſetzlichſte Hungersnoth getrieben, Eß= bares finden konnte, iſt eine Art Moos; und nicht ſelten iſt auch wie ganz dürres Gras hier und da zu finden, mit welchem man ſich am Ende den Magen anſtopfen kann. Wärſt Du nicht gerade auf dieſem Punkte zufälligerweiſe von der Welt noch etwas ſchimmernd angekommen, ſo hätten wir uns wohl in alle Ewigkeit ſchwerlich je getroffen. — Er ſpricht: Aber mein geliebtes Weib, haſt Du denn durchaus gar keine Ahnung, aus welchem Grunde denn Du auf dieſen finſtern Ort gekom= men biſt? — Ich meine, daß Dich denn doch Dein zu weltlicher Sinn hierher gebracht hat. — Du hatteſt Dich manchmal aber nicht zu vortheilhaft darüber ausgeſprochen, und hielteſt Dich mehr an die Welt= klugheit und Weltphiloſophie. — Ich habe es Dir aber gar oft geſagt, mein liebes Weib, wenn es jenſeits ein Leben giebt, ſo glaube ich, wird man in ſelbem mit aller Weltklugheit nicht auslangen; daher wäre es beſſer ſich an das Wort Gottes zu halten. Denn das Zeitliche währet nur kurz; ſo es aber ein Ewiges giebt, da werden wir mit unſerer zeit= lichen Klugheit, wie geſagt, gar übel fortkommen. — Sieh', mein ge= liebtes Weib, das ſind buchſtäblich diejenigen Worte, welche ich gar oft zu Dir im Vertrauen geredet habe, und wie ich mich jetzt zu meinem größten und bedauernswürdigſten Erſtaunen überzeuge, iſt es leider nur zu gewiß auf meine Worte gekommen; daher meine ich nun, mein ge= liebtes Weib, daß es für uns die allerbringendſte und allerletzte Zeit, wenn man ſich hier alſo ausſprechen kann, iſt, daß wir uns aller welt=

lichen Rückgedanken gänzlich entschlagen, und uns um Gnade und Erbarmen an unsern Herrn Jesus Christus wenden; denn wenn uns Der nicht hilft, so sind wir für ewig verloren. Da ich Solches in mir ganz gewiß weiß und empfinde, daß es außer Christum in der ganzen Unendlichkeit für uns keinen Gott und keinen Helfer mehr giebt. Hilft uns Der, so ist uns geholfen; hilft uns Der aber nicht, so sind wir für ewig rettungslos verloren! — Jetzt wünschte ich, daß ich unser gesammtes Vermögen den Bettlern vermacht hätte, und daß dafür unsere Kinder zu Bettlern geworden wären; das hätte uns sicher mehr Segen gebracht, als alle unsere weltkluge Sorge für die weltliche Versorgung unserer Kinder. — Daher, mein geliebtes Weib, bleibt uns, wie gesagt, nun nichts mehr übrig, da wir unsere weltliche Thorheit nicht mehr zu ändern vermögen, als daß wir uns allerernstlichst mit Ausschluß aller anderen Gedanken und Wünsche allein zu Christum hinwenden, damit Er unserer großen Thorheit möchte gnädig und barmherzig sein, und eben diese Thorheit durch Seine unendliche Gnade und Erbarmung an unsern Kindern gut machen! — Das Weib spricht: Ich habe es mir ja immer gedacht, daß Du Deine religiös schwärmende Thorheit auch auf diese Welt mitbringen wirst; — was habe denn ich und du je Arges auf der Welt gethan? — Waren wir nicht allezeit gerecht gegen Jedermann? Sind wir je Jemandem Etwas schuldig geblieben, oder haben wir je einem Dienstboten das Bedungene nicht gegeben? — Wenn es irgend einen Gott gäbe, oder nach Deinem Sinne irgend einen Christus, da wäre es ja doch die höchste Ungerechtigkeit, daß Er Menschen, wie wir sind, also belohnen sollte, wie wir die Belohnung vor uns erblicken. Oder welcher Gott könnte denn wohl einem Menschen nur im Geringsten verargen, so derselbe einer alten Sage, welche voll Unsinn und voll Lächerlichkeiten ist, keinen Glauben hat schenken können? Denn Solches, glaube ich, kann doch ein Blinder begreifen, daß, so einem Gott am menschlichen Geschlechte Etwas gelegen wäre, vorausgesetzt, daß es einen Gott gebe, so könnte sich der Mensch ja doch nichts Unbilligeres träumen, als daß dieser Gott sich nur einmal persönlich mit aller Wunderkraft ausgerüstet den Menschen genähert habe, und das nur den Menschen eines sehr kleinen Bezirks, während doch die ganze Erde bevölkert war. — Sage mir darum, kann es Gott dann unbedingt verlangen, daß diejenigen Menschen und Völker, welche für's Erste nicht auf demselben Bezirke gelebt haben, und besonders für's Zweite nicht gleichgiltig es unbedingt annehmen sollen, daß Er es war, der diese Lehre gestiftet hat; kann ihnen Gott verargen, wenn Er irgend ist, und gerecht ist, daß sie Solches nicht thun können? Oder können nicht die Menschen und Völker gegen Gott, so Er irgend Einer ist, dann auftreten, und sagen: Wie willst Du ernten, wo Du nicht gesäet hast? Willst Du über uns Gericht halten, so bist Du ein ungerechter Gott, willst Du aber ein gerechtes Gericht halten, da richte Diejenigen, die Dich gesehen haben und Denen Du geprediget hast, uns aber laß ungeschoren; denn wir haben Dich nie gesehen, und haben uns von Deiner Wesenheit niemals überzeugen können. — Das auf uns überkommene Dein sein sollende Wort aber kann uns nie zu einem Richter werden, da es eben so gut erdichtet, als wahr sein kann; und noch viel leichter erdichtet, als wahr. So lange wir auf der Welt gelebt haben, haben wir nur die alte Natur gesehen; von Dir aber war nie eine Spur. Wir sind auf die Welt gekommen als reine Kinder der Naturkräfte; die Menschen und Weltlehrer haben uns erst verständig gemacht. Durch unser ganzes Leben war von Dir keine Spur zu erspähen; wie willst Du demnach mit uns rechten, indem Du uns nimmer einen Beweis zum Zeugnisse Deines Daseins und Deiner Wesenheit geben wolltest? — Siehe, mein lieber Mann, das ist doch so klar, als auf der Welt die Sonne am hellen Mittage. Du siehst aber Solches nun nur noch nicht ein, weil du noch viel zu kurze Zeit hier bist. Wann du aber so lange hier sein wirst wie ich, da wird dir Solches selbst in dieser dichtesten Finsterniß ganz vollkommen klar werden. Zum Beweise meiner Liebe und Treue zu dir sage ich dir noch hinzu, daß du allhier an meiner, dich stets über Alles liebenden Gattin Seite so lange und so stark als du nur immer willst, deinen sein sollenden Gott-Christus anrufen kannst, und ich stehe dir mit meiner Liebe und Treue gut, daß du nach mehrjährigem Rufen sicher zu der klaren Einsicht kommen wirst, daß ich, dein dich allzeit treu liebendes Weib, in meinem natürlichen Verstande heller sehe, denn du mit all' deiner sein sollenden Gottesgelehrtheit. Siehe, ein altes Sprichwort hat von der Bibel ausgesagt: O Bibel, o Bibel! Du bist den Menschen ein Uebel! — Und sieh, das Sprichwort hat Recht; besäßen die Menschen auf der Erde so viel Herz und Muth, diesen alten jüdischen Unsinn bei Botz und Stengel auszumerzen, und an ihre Stelle die reine menschliche Vernunft zu setzen, so wäre die Welt in aller Cultur schon um viele hundert Jahre voraus; — so aber muß noch immer, wer weiß, aus was für Rücksichten dieser alte Unsinn beibehalten werden, durch welchen nicht selten den allerbiedersten und rechtschaffensten Menschen die Hände zu einem freieren Wirken gebunden werden. Was ist die Folge? — Denke nur in deiner sonstigen Klugheit nach; wo giebt es die größte Anzahl lüderlicher, schlechter und armer Menschen? Sicher nirgends anderswo, als gerade nur da, wo die Bibel, und besonders die neue christliche Lehre wie oberhauptlich zu Hause ist. Gehe nach Rom, gehe nach Spanien, gehe nach England, und du wirst meine Aussage bestätiget finden. — Die Menschen verlassen sich auf einen Gott, fangen an in der guten Hoffnung auf Seine Hilfe zu faulenzen; die Hilfe aber kommt nicht, so ist die natürliche Folge, daß dergleichen Menschen verarmen, und wenn sie schon durch die Bank gerade nicht zu schlechten Kerlen werden, so fallen sie aber doch den fleißigen und betriebsamen Menschen am Ende zur Last. Man schreit allenthalben, und sagt: Gott ist allgütig, höchst liebevoll und überaus barmherzig; ließe aber dabei doch sicher einen jeden Bettler verhungern, wenn dieser nicht von seinen arbeitsamen Nebenmenschen versorgt würde. — O sieh, mein lieber Gemahl, auf Rechnung ehrlich gesinnter, arbeitsamer und daher wohlhabender Menschen hat das müssige Pfaffenthum leicht von einem allgütigen und barmherzigen Gott zu predigen; streichen wir aber diese Menschen weg, so werden wir gar bald sehen, welch' ein trauriges Ende alle solche Predigten nehmen werden. Wüßten diese schwarzen oder weißen Schreier auf der Welt, welch' eine Bewandtniß es mit dem jenseitigen Leben hat, so würden sie sicher anders predigen, oder sie würden statt der leeren Predigten den erträglichen Pflug ergreifen. — Es mag ja einen Gott geben als die Grundkraft, welche das ganze Universum leitet; aber sicher giebt es keinen Gott, wie ihn die jüdische Bibel lehrt. — Er spricht: O mein geliebtes Weib, du bist auf einem ganz entsetzlichen Irrwege in deinen Gedanken; denn gerade also habe ich in berühmten gottesgelehrten Schriftstellern gelesen, daß rein höllische Geister eine dir ganz gleiche Sprache führen. — Ich kann dich versichern, Solches ist auch der vollgiltige Grund, daß du dich in dieser ewigen Nacht hier befindest. Wahrlich wahr, mir wird ganz entsetzlich angst und bange um dich! — Denn mit solchen Grundsätzen sehe ich dich unwiederbringlich für ewig verloren. Wenn du durchaus keine anderen Grundsätze in dir aufnehmen willst, so finde ich mich für äußerst nothwendig gedrungen, dich für allzeit zu verlassen. — Sie spricht: Solches wärest Du im Stande, mir, deinem getreuen dich ewig liebenden Weibe zu thun? — Ich aber sage Dir, daß ich Solches nicht vermöchte, und wenn Du wirklich in die Hölle solltest verdammt sein! — Ich möchte dich im Feuer nicht verlassen, und du willst mich wegen einer sicher vernünftigen Rede verlassen? — Es steht ja auch dir frei, mir deine Ansichten vernünftig darzustellen; aber nur ein Unsinn darf es nicht sein, denn in dem Falle liebe ich dich zu sehr, als daß ich dich auf Irrwege sollte gerathen lassen. Folge mir aber; ich will dich auf einen andern Ort führen, allda wir uns besser befinden werden, als hier, und du in einer größeren Gesellschaft erst füglicher erfahren wirst, wie man hier daran ist. — Er spricht: Mein geliebtes Weib! ich will Dich ja nicht verlassen; denn dazu habe ich dich zu lieb, und will dir darum auch folgen, dahin du mich führen willst, weil ich sehe, daß du bei all' deiner Unkenntniß in der wahren Religion aber dennoch stets gleichmäßig redlichen Herzens bist und bist noch immer mein gutes Weib, gegen das ich sonst nichts einzuwenden habe, als daß es nicht meiner Ansicht werden kann. Wenn du hernach irgend eine bessere Stelle dieses Reiches aller Finsterniß kennst, so führe mich nur hin, und wir wollen da sehen, was sich allda Alles wird machen lassen. — Sehet, sie ergreift seinen Arm, und führt ihn weiter; wir aber wollen diesem interessanten Paare folgen, um sonach fernere Zeugen des Erfolges solch' eines Verhältnisses zu sein. Sie gehen; also gehen wir auch ihnen nach! —

## 109.
(Am 12. Januar 1843, von 4¼—7½ Uhr Abends.)

Ihr müßt euch nichts daraus machen, wenn eure Augen dießmal auf eine etwas stärkere Probe gesetzt werden, denn der Weg zieht sich mehr gegen Norden, und da wird es hier immer finsterer; dessen ungeachtet aber werden wir für uns schon noch immer so viel Licht haben, daß uns bei dieser Gelegenheit nichts entgehen soll. — Vernehmet ihr noch nichts aus einer Ferne? — Ihr saget: Wir vernehmen wohl Etwas; aber es ist ganz verschieden von einer menschlichen Stimme, es artet sich mehr also, als vernähme man von einer ziemlichen Ferne ein Gerassel von vielen Wägen, auch mitunter wie das Toben eines fernen großen Wasserfalles. Ihr fraget, was Solches zu bedeuten habe? — Ich sage euch: Verfolgen wir nur unser Paar, und wir werden der Sache bald näher auf die Spur kommen. — Könnt ihr dort noch nicht etwas ganz dumpf Röthliches ausnehmen, einen Schimmer, ähnlich einem Stück ganz matt glühenden Eisens? Dorthin wendet eure Blicke; denn dort wird uns ein Hauptspectakel erwarten. Sehet, es kommt uns immer näher und näher, und das sonderbare Donnergeraffel artet immer mehr in naturmäßige rauhe Menschenstimmen aus. Jetzt aber bleiben wir stehen; denn die Masse bewegt sich schnurgrade hierher, und wie ihr sehet, hat auch unsere sich überaus liebende Avantgarde eine stillstehende Position genommen. — Sehet, wie er voll ängstlicher Erwartung der Dinge ist, die sich daher ziehen, und will aus großer Angst und Furcht eine rückgängige Bewegung machen. — Sie aber ergreift seinen Arm, und bittet ihn um Alles, was ihrem Herzen theuer ist, daß er nur dießmal sie erhören und bleiben solle; denn das ist ja eben das von ihr ihm vorher gesagte Glück, das er kennen lernen und sich dann überzeugen solle, in wie weit sie recht oder unrecht hatte. — Er fragt sie, was denn das ist, das sich, ihm also schauerlich vorkommend, ihnen daher nahe? — Und sie spricht zu ihm: Was es ist, was es ist?! Lauter tief denkende Menschen sind es, was du bald mit deinen eigenen Ohren deutlich vernehmen wirst. — Und nun sehet, er stellt sich zufrieden und erwartet die herannahende tief denkende Truppe. Nun sehet, die ziemlich bedeutende Gesellschaft ist schon ausnehmend nahe da. Unser Paar geht ihr Höflichkeits halber entgegen; also müssen auch wir, wenn schon nicht aus Höflichkeit, so aber doch aus einem ganz anderen Zwecke eine gleiche Bewegung machen. — Sehet, jetzt sind sie beisammen und empfangen sich gegenseitig mit der ausgezeichnetsten Höflichkeit. Also rücken auch wir ein wenig näher, damit uns jetzt ja nichts entgehet. — Wie ihr sehet, so naht sich aus der Mitte der Gesellschaft eine überaus hagere und abgezehrte männliche Gestalt unserem Paare, und das Weib empfängt dieselbe mit ausnehmender Zärtlichkeit und großem Wohlwollen; auch der Mann des Weibes verbeugt sich tief vor dieser männlichen Gestalt. — Die männliche Gestalt spricht: Meine hochschätzbarste Dame! es gewährt mir ein außerordentliches Vergnügen, daß mir wieder das schöne Glück zu Theil geworden ist, Sie die unsrige nennen zu können; denn Ihr Verstand und Ihr sonstiges überaus vortheilhaftes Benehmen macht unserer Gesellschaft eine sehr große Ehre und fürwahr die schönste Zierde. — Nun, meine liebe Dame, haben Sie Etwas auf ihrem allerzärtlichsten Herzen, so wird es mir zur größten Glückseligkeit gereichen, wenn Sie mich mit einem so süßen Anliegen wollen vertraut machen. — Sie spricht: Mein allerhochgeschätztester und über Alles hochzuverehrender Freund! Sehen Sie, der Mann hier an meiner Seite ist mein zärtlichst geliebtester irdischer Gemahl. Dieser hat sich auf der Erde in allen seinen Handlungen überaus gerecht, ausgezeichnet und vortheilhaft benommen, so daß ich in allem Ernste bekennen muß, unsere Ehe war eine der glücklichsten; denn was kann wohl ein Weib sich für eine glückliche Ehe wünschen, als so sie einen Mann hat, der den Wünschen des weiblichen Herzens nachzukommen versteht. In diesem Punkte hätte ich bis auf ganz kleine Unbedeutendheiten fürwahr nichts einzuwenden. — Jetzt aber kommt ein Hauptpunkt, in welchem wir uns nie haben vereinen können, welcher darum auch ein stetiger kleiner Anstoß zwischen uns Beiden war; — und so will ich Ihnen denn diesen Anstoß so gründlich, als es einem Weibe nur immer möglich ist, darstellen, und Sie, mein allerhochverehrtester Freund, werden dann allerwohlgefälligst die Güte haben wollen, meinem Manne darüber ein Paar Wörtlein zuzuflüstern, welche ihn sicher vom Grunde aus heilen werden. — Die Gestalt spricht: O ich bitte, bitte, meine allerschätzenswertheste Dame sind viel zu gütig! Ich gebe Ihnen nur die Versicherung, daß es mir zur größten Ehre und zu einer ganz besonderen Glückseligkeit gereichen wird, wenn ich mir werde sagen können, einer so holdseligen Dame mit meiner Wenigkeit gedient zu haben! — Ich bitte daher, mich mit diesem Punkte ihres Herzens vertraut zu machen. — Sie spricht: Ach, mein allerschätzbarster Freund, Sie sind gar zu gütig und bescheiden; und eben diese Ihre große Güte und Bescheidenheit flößt meinem Herzen Muth ein, vor Ihnen nichts im Hinterhalte zu behalten, — und so wollen Sie mich allergütigst vernehmen! — Sehen Sie, was da diesen fatalen Punkt betrifft, so besteht dieser in nichts Anderem, als daß, gerade heraus gesagt, mein sonst braver, guter und überaus liebenswürdigster Mann ein Bibelianer, und somit auch ein Christianer ist. — Der Grund aber, daß er sich dieser lächerlichen Sekte in die Arme geworfen hat, liegt darin, weil er von armer Herkunft ist. In Rücksicht dessen wurde ihm, wie es allgemein bei der armen Klasse der Fall ist, schon in der Wiege diese alte Bettelphilosophie eingelullt; — wie schwer es aber hernach ist, solch einen von den Kinderammen eingesogenen und somit eingefleischten Unsinn hinaus zu bringen, wissen Sie, allergelehrtester Freund, sicher besser als ich. Mit dieser Bettelphilosophie ist dieser mein sonst überaus schätzenswerthester Mann nun auch hier angelangt im Reiche der urwaltenden Naturkräfte, wie Sie es uns schon zu öfteren Malen zu erklären die Güte hatten. Solches aber geht ihm durchaus nicht ein; er hängt noch nagelfest an seinem Christus, und will sich sogar von mir losreißen, um diesen überaus sicher nirgends vorhandenen Christus aufzusuchen. — Nun, mein gelehrtester und hochverehrtester Freund, habe ich Ihnen in aller Kürze mein Anliegen und meine Noth dargethan, und bitte Sie darum, sich meines in dieser Hinsicht armen Mannes allergütigst anzunehmen! — Die Gestalt spricht: O wenn es nichts Anderes ist, mit dem werden wir hier im Reiche der allernacktesten Wahrheit wohl bald und zwar leicht fertig werden. — Hier wendet sich die Gestalt zum Manne, bietet ihm freundschaftlichst die Hand, und spricht dann zu ihm: Aber lieber Freund, soll das wohl Ihr Ernst sein, worüber sich gerade Ihre liebenswürdigste Gattin zu mir beschwert hat? — Der Mann spricht: Mein schätzbarster Freund, ich muß es Ihnen offenbar gestehen: so überaus lieb, werth und theuer mir sonst meine Gemahlin ist, so aber glaube ich doch überaus fest, daß wir in diesem Punkte nie einig werden; denn gehe es, wie es denn wolle, so habe ich in mir den festen Entschluß gefaßt, bei meinem Glauben an Christus ewig zu verbleiben! Denn ich bin überzeugt, daß mir dieser Name allzeit einen großen Trost bereitet hat, und war auch stets mein unfehlbar glücklichster Leitstern. Bin ich je auf Abwege gerathen, so bin ich gewiß nur dadurch auf Selbige gerathen, daß ich nicht fest an Christus gehalten habe; habe ich mich aber wieder an Christus gewendet, so war es mir nicht selten wieder wie durch einen allmächtigen Zauberschlag geholfen! — Sie als denkender und weiser Mann werden demnach selbst einsehen, daß es von meiner Seite allerhöchst unbillig wäre, mich von solch einem Wohlthäter besonders jetzt zu entfernen, allda ich, wie es mir vorkommt, Seiner am allernöthigsten habe. — Daher, mein schätzbarster Freund, geben Sie Sich in dieser Hinsicht mit mir gar keine Mühe; denn ich gebe Ihnen die alleroffenherzigste Versicherung, daß Sie mit mir nichts ausrichten werden. — Ich war lange genug ein thörichter Sclave der Reize meines Weibes; ich habe dieselben nach ihrem Dahinscheiden in Christo meinem Herrn entbehren gelernt, und hoffe, daß sie mich hier nicht mehr anfechten werden, und das um so sicherer, da ich durch den Tod des Leibes aufgehört habe, diesem meinem ehemaligen Weibe ein ehepflichtiger Gemahl zu sein. — Will sie mir aber folgen, so soll sie mir auch allzeit werth und theuer sein; aber um sie meinen Christus austauschen, das thue ich nimmer, und zöge sie mich auch mit aller Gewalt in den Mittelpunkt irgend einer Hölle! — Ist sie mit dem zufrieden, daß ich wenigstens mit meinem Christus ungehindert um sie sein kann, so will ich meine alte Liebe mit ihr nicht brechen; ist sie aber damit nicht zufrieden, so habe ich hiermit das letzte Wort in ihrer Gegenwart gesprochen. — Die Gestalt spricht zum Manne: Lieber Freund, ich habe sie vom Anfang bis zum Ende geduldig angehört, und kann Ihnen über Ihre Aeußerung nichts Anderes als in allem Ernste mein lebendigstes Bedauern entgegenstellen. — Damit Sie aber jedoch wissen, mit Wem Sie zu thun haben; (hier nimmt diese Gestalt zu einer Lüge ihre Zuflucht,) so wissen Sie, daß ich der große Lehrer Melanchton bin, von dem sie auf der Erde sicher etwas vernommen haben. — Der Mann spricht: O ja; aber was wollen Sie damit sagen? — Die Gestalt spricht: Mein schätzbarster Freund, nichts Anderes, als daß ich sicher besser weiß, was Christus ist, als Sie; denn ich habe mit ganz sonderbar großem Fleiße in dem sogenannten christlichen Weinberge gearbeitet bis zur letzten Stunde meines irdischen Seins, und wäre fürwahr, wenn es sich darum gehandelt hätte, für Christus auch in den Tod gegangen. Ich habe nicht nur die römische, sondern die reinere Lehre Luther's von allen Schlacken gereinigt; ich lebte buchstäblich nach dem Sinne dieser Lehre, und was war der Erfolg? — Ich brauche Ihnen, mein schätzbarster Freund, solchen nicht mit vielen Worten zu erörtern; denn ein Blick von Ihnen an meine ganze Wesenheit gerichtet wird ihnen den Erfolg meines gewisserart quintessenziellen Christenthums zeigen. Mehr brauche ich Ihnen nicht zu sagen. — Lassen Sie es somit auf das alte: „Experientia docet" — ankommen, und ich bin überzeugt, wir werden uns im Verlaufe von hundert Jahren ganz also, wie wir uns jetzt gegenüber stehen, wenn es übrigens gut geht, wieder treffen. — Sie, mein Freund, sind allhier noch ein vollkommener Neuling, und wissen nicht, wie es sich hier lebt in dem Reiche der Central-Grundkräfte. Wenn Sie über einige Jahrzehende nur von dieser ewigen Nacht herum gehetzt und Sich dabei gehörig aushungern werden, so werden sicher auch solidere und gründlichere Erkenntnisse in Ihrem aller weltlichen Thorheit flott gewordenen Kopfe bessern Raum finden, denn jetzt. — Der Mann spricht zur Gestalt: Schätzbarster Freund! wenn Sie in dieser Hinsicht also wohlgegründete Kenntnisse besitzen, so lassen Sie mich dieselben vernehmen; ich will ja gerade nicht abgeneigt sein, Sie anzuhören, und werde dessen ungeachtet von dem Meinigen nichts vergeben, so mir das Ihrige nicht überaus überzeugend convenirt. — Die Gestalt spricht: Gut, mein Freund, ich will Sie pro primo nur darauf aufmerksam machen, welche eigentliche Früchte das Christenthum auf der Erde getragen hat. — Die Römer waren ein großes Volk, so lange sie bei ihrer göttlichen Vernunftlehre geblieben sind. Alle ihre Werke waren groß und voll weiser Bedeutung; ihre Rechtsgrundsätze sind noch bis jetzt die Grundfesten aller staats- und völkerrechtlichen Gesetze. Als sich aber das Christenthum eingeschlichen hatte, da hat sich auch der Tod für das große römische Volk eingeschlichen; und so sitzen jetzt an der Stelle, wo einst das größte und heldenmüthigste Volk residirte, faule, müßige Pfaffen, eine Unzahl allerlumpigsten Gesindels, und mit dem Rosenkranze in der Hand geht eine Unzahl Diebe und Räuber lauernd auf die Wege, und kein Wanderer ist seines Lebens sicher. — Sehen Sie, das ist eine Frucht aus dem Garten des Christenthums. Reisen Sie in das herrliche Spanien; betrachten Sie diese Nation aus der alten Zeit, und gehen Sie dann in das christliche Mittelalter über, so wird es Ihren Blicken nicht entgehen, wie aus lauter christlichem Segen Tausende und Tausende bluten, und Tausende und Tausende über lodernden Scheiterhausen zur Asche verbrannt ihr Leben nicht aushauchen, sondern ausverzweifeln! — Sehen Sie die rührende Einführung des Christenthums unter Karl dem Großen, wie er mit diesem Segen Tausende und Tausende über die scharfe Klinge hat springen lassen. — Reisen Sie von da weg nach Amerika, schlagen Sie die Geschichte auf, und sie wird ihnen die kläglichsten und jämmerlichsten Beispiele in einer Unzahl aufführen, wie allda die christlichen Segensfrüchte ausgesehen haben. Von da kehren Sie in meine Zeit, und betrachten Sie die segensvollen Gräuel des dreißigjährigen Religionskrieges, und ich bin überzeugt, Sie dürfen die Urgeschichte aller Völker mit kritischen Augen durchgehen, und ich verpflichte mich, Sie ewig auf meinen Armen herumzutragen, wenn Sie im Stande sind, mir irgend ähnliche Gräuelscenen ausfindig zu machen. Ich will Sie auf die vielfachen anderortigen und anderzeitigen Segnungen des Christenthums gar nicht weiter aufmerksam machen, sondern zeige Ihnen dafür nur den Zustand der jetztzeitigen des Christenthums noch ledigen Völker, als da z. B. sind die beinahe ewig friedlichen Chinesen und noch andere bedeutende Völkerschaften in Asien, wie auch die noch unentdeckter Inseln, und Sie müßten mehr als dreifach blind sein, wenn Sie hier nicht auf den ersten Blick den Unterschied zwischen dem Christenthum und der wahren Weisheit noch alter, erfahrener, friedlicher Völker erschauen möchten. Doch sage ich Ihnen: Alle diese großen unvortheilhaften Mängel des Christianismus oder vielmehr Neujudäismus ließen sich dadurch bemänteln, so Jemand sagen möchte: Diese geschichtlichen Thatsachen sind wohl alle wahr; nur hat sie Christus nie gelehrt, und so kann Er auch unmöglich die Schuld dessen tragen, was alles Unheilvolles die Verbreitung Seiner Lehre mit sich gebracht hat; denn Seine Lehre war ja überaus rein und überaus menschenfreundlich. Lieber Freund, das läßt sich Alles recht gut anhören, und ich selbst war

Zeit meines ganzen Lebens auf der Erde darum ein eifrigster Vertheidiger des Christenthums; aber erst hier ersah ich das eigentliche Völkergift in dieser Lehre, und dieses ist die offenbare Hinweisung zur Trägheit und zum Nichtsthun. Der Mensch, der ohnehin einen angebornen Trieb zur Faulheit hat, findet in dieser Lehre den besten Vertheidiger für seinen Trieb, da er offenbar dahin angewiesen ist, nichts zu thun, außer bloß ein gewisses geistiges Reich zu suchen, und die gebratenen Vögel werden ihm schon ohnehin in den Mund fliegen. — Sehen Sie, nach nicht gar zu langer Zeit haben sich mehrere weise Männer nur gar zu bald überzeugt, daß es mit den gebratenen Vögeln ein gewaltiges Nihi hat; daher ergriffen sie andere Mittel, nämlich das alte Schwert, beließen das einmal christianisirte Volk in solcher Blindheit, und verschafften sich dann die gebratenen Vögel mit eben dem Schwerte in der Hand. — Mein Freund, betrachten Sie, wie Sie wollen, diesen Succeß, und Sie werden unmöglich etwas Anderes herausbringen, und zwar unbeachtet all' der höheren geistigeren Erfahrungen, die man hier im geläuterten Zustande, wie ich, im Verlaufe von mehreren hundert Jahren über das Christenthum macht. — Mein schätzbarster Freund! ich habe für dießmal ausgeredet, und Sie können thun, was Sie wollen. Seien Sie übrigens meiner steten Achtung und Freundschaft versichert, und mir wird es ein großes Vergnügen sein, wenn wir uns etwa nach einigen Jahrhunderten wieder treffen werden. — Sehet, der Andere empfiehlt sich vor dem Manne, und zieht mit seiner ganzen Gesellschaft wieder weiter, unser Paar allein dastehenlassend. — Ueber den Effect dieser herrlichen Rede und überaus menschenfreundlichen Belehrung wollen wir erst fürs nächste Mal weitere Erfahrungen machen; — und somit gut für heute! —

## 110.
(Am 13. Jan. 1843, von 4½—6 Uhr Abends.)

Sehet, die Gesellschaft hat sich schon ganz verloren; aber unser Pärchen steht noch nachsinnend auf dem alten Platze. Sie fragt ihn so eben, sagend: Nun, mein vielgeliebter Gemahl, was sagst Du jetzt dazu? — Er, sich ein wenig besinnend, spricht: Mein vielgeliebtes Weib, da ist auf keinen Fall viel zu sagen; entweder hat dieser Redner Recht, so ist es dann ja entschieden, und es braucht da Niemand viel mehr Etwas darüber zu sprechen, — und hat er Unrecht, so bleibt es bei meinem Grundsatze, da ist also auch nicht viel zu sprechen. Ob er aber Recht oder Unrecht hat, das läßt sich so geschwind nicht entscheiden, sondern Solches muß erst meine eigene Erfahrung nach längerer Zeit entscheiden. — Sie spricht: Aber lieber Mann, hältst Du denn mich, Dein getreues Weib, und diesen würdigen Mann für einen Lügner, wenn Du seinen überzeugenden Worten nicht alsogleich vollen Glauben leihen magst? — Siehe, Menschen sind nur dort aufgelegt zu lügen und einander zu täuschen, wo sie durch die Lüge einander Vortheile abjagen können. — Sage wir aber nun hier: Welchen Vortheil sollte denn hier Jemanden eine Lüge oder ein Betrug bringen? Denn hier giebt es weder Etwas zu gewinnen, noch zu verlieren; nur das ist gewiß, daß eine Gesellschaft bezüglich der Sättigung des Magens allzeit schlechter daran ist, als ein einzelner in dieser endlosen Gegend herumirrender Mensch; — denn Einer findet noch bald so viel genießbares Moos oder Gras, um sich nöthigen Falls damit den Magen zu stopfen, — wann aber Mehrere beisammen sind, so geht es ihnen sicher bei einem aufgefundenen Moosplätzchen schlechter denn einem Einzelnen. — Du sprichst zu mir, was ich Dir damit sagen wolle? — Mein allergeliebtester Gemahl! nichts Anderes, als Das, daß weder ich noch dieser einsichtsvolle Mann Dich auf dem vortheilhafteren Wege sicher nicht bereden würde, daß Du von Deinem alten Bibelglauben welchen sollest; denn wenn ich für mich wie Du für Dich wandelst, so gewinnt ja Jeder dadurch, weil er sich selbst auf diesem überaus kargen Boden allzeit leichter fortbringt, als so Zwei oder Mehrere beisammen sind. Wenn wir Dich demnach hätten belügen und betrügen wollen, da hätten wir Dich ja offenbar bei Deinem Grundsatze belassen, und Du wärest als ein Consument Deinem Grundsatze zu Folge von uns gewichen; — wir aber haben Dich durchaus nicht belügen und betrügen wollen, sondern haben Dir die allerreinste Wahrheit gezeigt, von welcher sich auf der Erde freilich kein Sterblicher Etwas träumen läßt, und schon am allerwenigsten ein solch Stockbiblianer und Stockchristianer, wie Du bist. Was willst denn Du Dich demnach bedenken? Nehme daher doch Raison an, und folge mir, Deinem Dich ewig liebenden Weibe, wenigstens hier im Reiche der nackten Wahrheit, wo ich um sechs Jahre Erfahrung vor Dir habe, wenn Du mich schon auf der Welt nicht hast hören wollen. — Siehe, auf der Welt ist Alles voll Betrug, weil ein Jeder durch den Betrug Etwas gewinnt, oder wenigstens Etwas zu gewinnen wähnt; — hier aber ist alles Gewinnens ein ewiges Ende, somit fällt auch alle Lüge und Betrug von selbst hinweg. — Glaube es mir, mich fesselt nichts an Dich als meine Liebe; diese ist noch der einzige Gewinn, den ich mit Dir habe. Wenn aber Du stets thörichter Weise Deinen alten nichtigen Grundsätzen treu verbleibst, so hebt Solches auch diesen Gewinn für mich auf; wir können sonach nur glücklich sein in der vollen Uebereinstimmung unserer Erkenntnisse und unseres Gemüthes. Und läßt sich diese Harmonie nicht herstellen, so muß ich Dir offenbar gestehen, daß ich ohne Dich ganz allein herumirrend glücklicher sein werde, denn an Deiner hohlen Seite; denn mehr zu Deinem eigenen Vortheile vermag ich nun nicht hervor zu bringen, außer daß ich Dir noch hinzu sage: Weil ich Dich aufrichtig liebe und allzeit geliebt habe, so habe ich auch hier Alles aufgeboten, um Dir meine ewig angelobte Liebe und Treue zu beweisen. Du aber, der mich nie geliebt hat, bist bereit, aus Liebe zu Deiner Thorheit mich allzeit zu verlassen. — Urtheile nun, was Du thun willst. — Sehet, der Mann fängt sich an hinter den Ohren zu kratzen, und spricht nach einer Weile zu seinem Weibe: Mein geliebtes Weib! Siehe, ich habe aus Deinen Worten entnommen, daß Du mich wirklich liebst. Solches kann ich unmöglich in Abrede stellen; aber nur sehe ich nicht ein, wenn auf dieser finsteren Geisterwelt weder durch die Wahrheit, noch durch die Lüge und den Betrug Etwas zu gewinnen oder zu verlieren ist, warum Du denn somit für nichts und wieder nichts mir eine gewisse Wahrheit aufbürden willst, mit der am Ende eben so wenig zu gewinnen ist, als mit meinem von Dir und dem anderen gelehrten Manne bewiesenen Irrgrunde. Ich meine darum, wenn Deine Liebe zu mir fürwahr also intensiv ist, als Du mir sie so eben darstelltest, so kannst Du mir ja eben so gut folgen, als ich Dir; — außer Du hast schon irgend etwas Besseres auf Deinem Wahrheitswege gefunden, da will ich Dir ja folgen, um mich dadurch von der besseren Realität Deiner Wahrheit zu überzeugen, ist aber Solches nicht der Fall, so ist es ja einerlei, wohin wir gehen. — Ich denke aber immer also: Wir haben auf der Welt wohl als Namenchristen gelebt, haben auch das Evangelium gelesen, aber im Grunde des Grundes nie darnach gelebt, sondern wir lebten und handelten nach unserer Einsicht und nach unserem Vortheile; aber von einer werkthätigen Ausübung der Lehre Christi war weder bei mir und noch viel weniger bei Dir je die Rede. — Siehe, in der Lehre heißt es: Liebe Gott über Alles, und Deinen Nächsten wie Dich selbst! — Haben wir Solches je gethan? Wenn ich mein Herz frage, so sagt es mir jetzt geistig, daß ihm die Liebe zu Gott völlig fremd geblieben ist. Du aber glaubtest nie an einen Gott; somit muß Dein Herz von dieser wichtigen Liebe noch lediger sein, denn das meinige. — Ferner heißt es in dem Worte des Evangeliums: Wer mit Mir zum Leben eingehen will, der nehme sein Kreuz auf sich und folge Mir nach! — Sage mir, mein liebes Weib, wann haben wir Solches je gethan auf der Welt? — Ich habe nie ein Kreuz getragen, und Du noch viel weniger; unser ganzes Kreuz bestand in nichts als in lauter weltlichen Geldsorgen. — Ferner heißt es im Evangelium, da der Herr zum reichen Jünglinge spricht: Verkaufe alle Deine Weltgüter, theile sie unter die Armen; Du aber folge Mir nach, so wirst Du das ewige Leben haben. — Was spricht aber der große Lehrer zum Jünglinge, oder vielmehr zu seinen Aposteln, als sich dieser ob solcher Verkündigung weinend von dem Herrn entfernte? — Siehe, die Worte waren überaus bedeutungsvoll; und wie es mir vorkommt, so genießen wir so eben den traurigen Sinn dieser Worte, welcher also lautete: Es ist leichter, daß ein Kameel gehe durch ein Nadelloch, denn ein Reicher in das Reich der Himmel! — Wieder heißt es noch im Worte, daß der Herr viele Gäste zu einem Gastmahle laden ließ, und die Geladenen nicht Zeit hatten, zu erscheinen vor lauter Weltgeschäften. — Siehe, sind wir nicht geladen worden wie oft und wie vielmal, und sind wir dieser Einladung gefolgt? — Nun, mein geliebtes Weib, wenn wir uns nun in diesem Orte der äußersten Finsterniß befinden, allda Heulen und Zähnklappern wohnt, von dem der Herr ebenfalls gesprochen hat, daß nämlich dergleichen Menschen wie wir in die äußerste Finsterniß werden hinausgestoßen werden; — da können wir es uns nur selbst zuschreiben, daß es uns hier also ergeht, wie wir uns befinden. Daß hier kein Glaube an den Herrn anzutreffen ist, und Deine venerable Gesellschaft eben so wie Du verneinend von Ihm gesprochen hat, da bin ich der Meinung, sie befindet sich aus demselben Grunde hier, wie wir Beide, und wenn uns Allen die große Liebe und Erbarmung Christi nicht hilft, da bin ich überzeugt, daß uns alle Ewigkeiten überfüllt von den melanchtonisch sein sollenden Wahrheiten ganz entsetzlich wenig helfen werden. Uebrigens aber, wenn Du zufolge Deiner gründlich gemeinten Wahrheit irgend etwas Besseres schon gefunden hast, so will ich Dir, wie gesagt, ja dahin folgen, um Dir dadurch zu zeigen, daß auch ich Dich liebe, und will Dir nichts von meinen Grundsätzen also aufbürden, als Du mir Deine vermeinte Wahrheit aufgebürdet hast. — Das Weib spricht: Rede, was Du willst, ich habe einmal Recht, ich kann Dir zwar keine Versicherung geben, jetzt schon etwas Besseres gefunden zu haben; dessen ungeachtet aber bin ich der Meinung, wenn Du mir folgen willst, daß wir in nicht gar zu langer Zeit einen Ort treffen möchten, allda es Licht in großer Menge geben dürfte. — Denn siehe, also zu unserer rechten Seite bin ich einmal im Gefühle meiner innern Wahrheit lange gerade ausgegangen, und kam da endlich an einen ziemlich breiten Strom. Ueber dem Strome merkte ich ein mächtiges Gebirge und hinter dem Gebirge ging ein Licht herauf, wie etwa das einer frühen Morgenröthe. Könnte man nur irgend über den Strom gelangen, so bin ich überzeugt, daß man in eine lichtere Gegend kommen müßte, denn diese da ist. — Der Mann spricht: Nun gut, ich will Dir folgen; und so führe mich dahin. — Nun aber gehen auch wir; denn das müßt ihr bis zur Löse mit ansehen! —

## 111.

(Am 17. Januar 1843, von 3¾—7 Uhr Abends.)

Ihr saget: Lieber Freund! wie dieses Paar vor uns geht, also folgen auch wir ihnen schon eine geraume Zeit so blind und stumm, wie diese Nacht selbst; und siehe, es will sich noch nirgends die von dem Weibe vorbesprochene Hinterbergsröthe zeigen, wo ist denn diese? — Sollte das Weib den Mann im Ernste angelogen haben? — Ich sage euch: Habt nur noch eine kleine Geduld, und ihr werdet diese löbliche Röthe noch frühzeitig genug zu Gesichte bekommen. Sehet aber auf unser Paar, wie das Weib immer fröhlicher, der Mann aber dafür immer trauriger und düsterer wird. — Ihr fraget: Warum Solches?" Die Antwort liegt ja offen am Tage; sie nähert sich ihrem Elemente, dahin ihre Liebe gerichtet ist, somit wird sie auch heiterer. — Bei ihm ist es aber der entgegengesetzte Fall; er nähert sich einem ihm ganz unverwandten Elemente, wird nicht von seiner Liebe gezogen, sondern vielmehr von der Liebe des Sirenen-Weibes in ihm mitgerissen. Es geht ihm beinahe also, wie da die Alten von einer Liebe der Sirenen fabelten. So lange der Liebhaber aus seiner Sphäre seine ihn bezaubernde Sirene betrachtete, da war er voll Entzückung; und eine Umarmung von solch einer Geliebten schien ihm über alle seine Begriffe reizend zu sein. — Da er sich aber seiner Geliebten nahte, und diese ihn mit ihren weichen Armen umfassend, hinabzuziehen anfing in ihr Element, so ging der ganze früher phantastische Liebreiz verloren, und großer Schreck und Todesangst trat an seine Stelle. — Sehet, gerade so ist es auch hier der Fall; der Mann merkt es, daß es des Weges entlang immer finsterer und finsterer wird. Solch' eine stets dichter werdende Nacht ist nicht sein Element; sie aber befindet sich desto behaglicher, je finsterer es wird, weil die totalste Finsterniß das Element ihrer Liebe, und somit auch ihres Lebens ist. — Nun aber möget ihr schon von einer Ferne ein dumpfes Getöse vernehmen, etwa also wie von einem fernen großen Wasserfalle. — Ihr fraget, was wohl Solches bedeute? — Ich sage euch: Solches bedeutet nichts Anderes, als daß wir demjenigen Scheidestrome schon ziemlich nahe gekommen sind, den wir schon beim Besuche der Nordgegend haben kennen gelernt; daher also nur muthig darauf losgegangen, und wir werden bald sein Ufer erreichen. — Ihr fraget nun schon wieder nach der vorbesagten Hinterbergsröthe, die sich noch immer nicht zeigen will. Geduldet euch nur noch ein wenig; wenn wir das Ufer des Stromes werden erreicht haben, dem wir jetzt schon mehr nahe sind, was ihr aus dem stets stärker werdenden Getöse merken könnet, so wird sich auch die Hinterbergsröthe im tiefen Hintergrunde sicherlich erschauen lassen. — Jetzt aber gebet nur Acht, und schauet gut auf den Boden; denn wir haben nur wenige Schritte mehr, und das Ufer ist erreicht. — Nun haltet ein; seht wir sind schon am Ziele, und da sehet längs dem Strome, wie sich dort im tiefen Hintergrunde also eine bedeutende Röthe zeigt gleich derjenigen, welche einem fernen großen Brande entstammt. Nun aber gebet auch wieder auf das Gespräch unseres Paares Acht; sie spricht: Nun, mein geliebter Gemahl, was sagst Du jetzt, hatte ich Recht oder nicht? Sieh' dort ein herrliches Morgenroth, und hier sehe den breiten Strom; was sollen wir nun thun, um in jene lichte Gegend zu gelangen? Siehe, über den Strom können wir nicht, aber nach dem Zuge des Wassers längs dem Strome nach diesem Ufer können wir wandeln; es wird stets lichter, wie Du es mit Deinen eigenen Augen ersehen kannst, und mit der Zeit werden wir auch sicher die ganz lichte Gegend erreichen. — Der Mann spricht: Mein liebes, schätzbarstes Weib! Dieses Licht kommt mir eben nicht ganz geheuer vor. Was da die Morgenröthe betrifft, so scheint diese Röthe mit derselben auch nicht die entfernteste Verwandtschaft zu haben; sie gleicht für mein Auge vielmehr derjenigen, deren Grund nicht die Sonne, sondern eine hinter den Bergen brennende Stadt sein möchte. Ob hier eine Stadt brennt, möchte ich schier bezweifeln; daß es aber sicher ein Feuer giebt, Solches scheint außer Zweifel zu sein. Ich will daher auch so weit mit Dir gehen, bis wir von Seite dieses Feuers ein ziemlich starkes Licht haben, weiter aber werde ich mich nicht verfügen; denn man kann doch nicht wissen, was für Ursprungs es ist, — und so ist es immer klüger weit weg von selbem entfernt zu sein. Denn der Mensch soll sich Dem nicht nahen, das er nicht kennt, und das seiner Natur überhaupt nicht verwandt ist. — Sie spricht: Aber was Du doch für ein albernes Zeug zusammen schwätzest! Da steht man wohl, wie dumm Du bist; worin aber liegt der Grund? Ich sage Dir, lediglich in nichts Anderem, als daß Du für's Erste Dich auf der Welt gar wenig um das bekümmert hast, was da betrifft die eigentlichen Wirkungen der Naturgrundkräfte, aus welchem Grunde Du Dir denn auch jetzt um so weniger eine solche Erscheinung zu erklären im Stande bist; — und für's Zweite bist Du noch viel zu kurz hier und hast viel zu wenig noch die Gelegenheit gehabt, solche Erscheinungen zu beobachten, und Dich darüber von den Weisen dieser Gegend belehren zu lassen. — Sieh' aber, da längs dem Ufer kommen so eben zwei Männer daher geschritten; gehen wir daher ihnen entgegen, und ich bin überzeugt, wenn Du Dich mit ihnen in ein Zwiegespräch einlassen willst, daß Du von ihnen sehr viel profitiren wirst. — Der Mann spricht: O ja, mein liebes Weib, ich war ja noch allzeit ein bedeutender Freund von Männern, die viele Kenntnisse besaßen;

warum sollte ich es denn jetzt nicht sein? — Nun aber sage ich euch: Jetzt gebet besonders Acht; der Mann begrüßt sehr höflich den Größeren und Ansehnlicheren, und dieser macht ebenfalls eine kalte Verbeugung, und fragt den Mann des Weibes: Was hat euch ihr Nachtgesinde, da heraus in die Gefilde des Lichtes den Weg gezeigt? — Der Mann spricht: Aller hochzuverehrendster Freund! ich bin erst vor ein Paar Tagen hier in der tiefen Nacht angelangt; mein Weib hier aber befand sich schon bei sechs Jahren in dieser Gegend. Sie wußte von diesem Lichtgefilde; ich wußte nichts, sondern hatte nur einen großen Drang nach Licht, und es blieb mir demnach nichts übrig, als daß ich als gänzlich Unerfahrner mich von meinem erfahrneren Weibe habe hieher führen lassen. Daher werden Sie, Allerhochzuverehrendster Freund, mir Solches nicht zu einem Fehler rechnend aufnehmen wollen; — hat Jemand bei diesem Schritte gefehlt, so war es offenbar nur mein Weib. — Der Fremde spricht: Und so was getraust Du Dich als ein Mann hier zu bekennen? Wahrlich, Du scheinst eben nicht gar weit her zu sein; denn Männer, die der Leitung ihrer Weiber vonnöthen haben, die stehen bei uns gerade in einem solchen Ansehen, als Affen. — Hier wendet sich der Fremde zum Weibe, und spricht zu ihr: Ist das im Ernste Ihr Werk gewesen, meine allerliebenswürdigste, holdeste Dame? — Sie spricht: O mein allerverehrungswürdigster Freund, ich muß es leider zu meiner eigenen Schande bekennen, daß dieser mein sonst recht lieber Mann sicherlich hundert und wieder hundert Jahre lieber in der dichtesten Finsterniß herum Moos und dürres Gras gefressen hätte, als das aus lauter allerdummster und nichtigster Liebe zu dem Ihnen wohlbekannten jüdischen Philosophen, als daß er die Wege des Lichtes ergriffen hätte nicht nur nach meinem, sondern auch nach dem überaus weisen Rathe des großen Ihnen wohlbekannten Gelehrten, der sich da Melanchton nennt. — Der Fremde spricht: O meine schätzenswertheste und allerliebenswürdigste Dame, da muß ich Sie wahrlich von ganzem Herzen bedauern, und dagegen aber doch wieder ihre Herzensstärke bewundern, die so unermüdlich thätig ist, um einen wahrhaftigen Tölpel von einem Manne auf den rechten Weg zu bringen. Allerliebste, schätzenswertheste Dame! Sie müssen mir in dieser Hinsicht schon Etwas zu Gute halten; denn wenn ich in dieser aufgeklärten und stets heller werdenden Epoche noch von der alten christlich-jüdischen Philosophie Etwas höre, so möchte ich doch vor lauter Aerger aus der Haut springen; ja es kommt mir Solches noch viel dümmer und alberner vor, als so Jemand sich vornehmen würde, einer höchst dummen, mehrere tausend Jahre alten Kleidertracht getreu zu verbleiben, während rings um ihn herum die ganze Welt schon gar lange die größeren Vortheile einer neuen Bekleidung eingesehen, und sonach füglicher Maßen auch angenommen hatte. — Nun wendet sich der Fremde an den Mann, und sagt zu ihm: Sollte das wirklich wahr sein, was Dein im Ernste sehr vernünftiges Weib von Dir ausgesagt hat? — Sehet, der Mann wird etwas verdutzt, und weiß für den Augenblick nicht, was er diesem ihm schon zu übergelehrt scheinenden Manne für eine Antwort geben soll. — Von Christo will er sich nicht trennen, und von Ihm eine Erwähnung zu machen scheint es ihm eben nicht räthlich zu sein vor diesem ihm überaus mächtig vorkommenden Gelehrten; daher schweigt er. — Aber der gelehrte Fremde wendet sich abermals zu ihm, und spricht: Ja, mein lieber Freund, wenn es mit Dir um die Zeit ist, wie es mir vorkommt, da bist Du ja ein taxfreier Mann; verstehst Du Solches? Der Mann spricht: Nein, der Sinn dieser Rede ist mir fremd; — und der Fremde spricht: Solches nimmt mich nun nicht mehr Wunder; was aber das „taxfrei" betrifft, so war das ja schon bei den alten weisen Römern und Griechen gebräuchlich, daß man die Narren und Tölpel überall kostfrei hielt; und daß man selbst in der jetzigen Epoche Männern Deines Gleichen das ehrenvolle Narrendiplom taxfrei verleiht, behufs welches sie dann leichtlich in irgend ein gut bestelltes Narrenhaus aufgenommen werden können, wird Dir, der Du mir bekannter Weise auf der Welt mit der Amtsführung über staatliche Dinge vertraut warst, sicher nicht unbekannt sein. — Verstehst Du nun diese Redensart? — Der Mann spricht: Leider muß ich sie wohl verstehen; aber nun erlaube auch Du mir eine Frage: Wer giebt denn Dir bei Deiner Gelehrsamkeit, nachdem ich Dir doch überaus höflich entgegen kam, das Recht, mit mir vise versa gröber zu sein, als da auf der Welt ist einer der größten Pedanten mit einem allerdummsten Gratisschüler? — Der Fremde spricht: Höre mein lieber Freund, daß ich Dir etwas barsch entgegen kam, war nur eine besondere Auszeichnung von meiner Seite gegen Dich, welche Du lediglich Deinem soliden Weibe zu verdanken hast; — sonst wäre ich einem solchen dummen Christuslümmel ganz anders geartet entgegen gekommen, welche Begegnung ihm sicher für alle ewige Zeiten den Appetit nach einer lichten Gegend benommen hätte. Wenn Du aber an der Seite Deines Weibes Raison annehmen willst, und kannst mir die Versicherung geben, daß Dich Deine alte weltliche Dummheit gereut, der zufolge Du eigentlich in diese Finsterniß gekommen bist, so will ich Dich, (verstehe, aber nur in Rücksicht Deines Weibes), nahe dem lichten Orte dort in eine Unterrichtsanstalt bringen, in welcher Du, wenn Du nicht zu sehr vernagelt bist, zu einer besseren Ansicht gelangen kannst. — Der Mann spricht ganz demüthig verdutzt: Lieber, hochgeschätzter Freund, wenn es also ist, da bitte ich Dich, führe mich dahin; ich war doch als Studirender auf der Welt immer einer der Ausgezeichnetsten, und werde sicher auch in Deiner Schule nicht einer der Letzten sein. — Der Fremde spricht: Gut, ich will Dich annehmen; aber mache Dich darauf gefaßt: bei einem schlechten Fortgange wirst Du sobald wieder das hohe Collegium verlassen müssen, und wieder zurück beschieden werden in Deine ursprüngliche Nacht; — bist Du aber ein ausgezeichneter Studirender, so wird Dir auch eine allergerechteste Auszeichnung nicht entgehen. Was aber dein altes christianisch-jüdisches Philosophenthum betrifft, da rathe ich dir gleich im Voraus, auf der hohen Schule nicht viel davon zu erwähnen, sonst läufst Du Gefahr, allerweidlichst ausgelacht zu werden, — und ist Solches schon ein ungünstiges Zeichen; denn Schwärmer taugen nicht zum Studium hoher ernster Wissenschaften, indem diese nur nüchterne und mehr leidenschaftslose Denker vonnöthen haben. — Hier wirft sich auch das Weib zu dem Gelehrten hin, und dankt ihm schon zum Voraus mit den schmeichelhaftesten Worten für solch eine außerordentliche Begünstigung; und der Gelehrte erwiedert ihr: Ja, ja, meine schätzbarste, liebenswürdigste Dame, Solches hat er aus vielen Tausenden, ja aus vielen Millionen dieser Nachtgegendbewohner nur Ihnen zu danken; und so folgen Sie mir! — Sehet, das Weib ergreift den Arm ihres Mannes, folgt dem Gelehrten, und spricht noch im Gehen zu ihm: Nun, was sagst du jetzt? — Ich hoffe, du wirst jetzt doch einsehen, daß es hier ganz andere Verhältnisse giebt, als wie du dir dieselben auf der Erde geträumt hast. — Der Mann spricht: Mein liebes Weib! Solches ist offenbar und klar; ob diese Verhältnisse aber von guter und ersprießlicher Art sind, das wird erst die Folge zeigen. Unter uns gesagt, mir kommt die ganze Geschichte noch immer sehr bedenklich vor; aber, wie gesagt, die Folge wird es zeigen, was aus dieser Unternehmung wird. — Es heißt wohl in einem Texte des würdigen Apostels Paulus: „Prüfet Alles, und behaltet das Gute." — Also will ich es auch hier thun; nur bin ich einer so ganz geheimen Meinung, daß bei dieser sonderbaren Prüfung entweder gar nichts, oder doch nur spottwenig Gutes zu behalten sein wird. Denn dieses stets greller werdende Licht, welches mir gerade so vorkommt, als wenn man sich einer lichterlohbrennenden Stadt mehr und mehr nähern würde, scheint zur Beleuchtung des Guten durchaus nicht geeignet zu sein. Aber wie gesagt, es kommt Alles nur auf eine Probe an. Da sieh' einmal nur diesem Strome tiefer nach, wie er dort im fernen Hintergrunde beinahe ganz glühend wird, und die Wogen scheinen sich in glühenden Dunst aufzulösen; — mir kommt es gerade so vor, als näherten wir uns einem Feuermeere, welches diesen Strom verzehrt. — Das Weib spricht: Ja, mein lieber Gemahl, hier heißt es die wirkenden Kräfte in ihrem Grunde kennen lernen, und da sieht's freilich wohl etwas großartiger aus, als wenn ein armseliger Studirender bei dem traurigen Schimmer einer matten Nachtlampe auf der Erde irgend einen römischen Autor studirt. Sehet, hier ist ein Schiff am Ufer befestiget; der Anführer spricht: Wann ihr mir folgen wollt zu euerem größten Glücke, so steiget in dieses Schiff, damit wir den Strom abwärts fahren in die hehren Gefilde des Lichtes. — Sehet, das Weib geht gar hurtig in das Schiff; der Mann aber kratzt sich bedeutend hinter den Ohren, und weiß nicht, was er da thun soll, — und nur, um nicht allein zurück zu bleiben, steigt er gewisserart Schanden halber in das Schiff. — Nun wird das Schiff los gemacht, und sehet, wie es gleich einem Pfeile stromabwärts flieht. Nun aber fliehen auch wir; denn so schnell als dieses Fahrzeug ist, und wenn es noth ist, auch um noch etwas schneller können auch wir sein. — Nun, wir haben das Schiff schon erreicht; — seht, wie die Fluthen unter demselben stets glühender werden bis dahin, da sich der Strom in eine Gebirgsenge mündet. Machen wir daher einen schnellen Vorsprung über dieses Gebirge, und erwarten unser Schiff bei der Ausmündung des Stromes. — Erschrecket aber nicht; denn hier sind auch wir taxfrei, denn uns werden alle diese Schrecken, die ihr da schauen werdet, nichts anhaben. Seht, da sind wir schon; ihr erschrecket hier, weil ihr den Strom gleich einem weitgedehnten glühenden Wasserfalle donnernd hinabstürzen sehet in eine schreckliche unübersehbare Flammentiefe, und fraget, was Solches bezeichne? — Ich sage euch: Das ist die vorbesagte hohe Schule, in welcher unser armer Mann die Grundkräfte in ihrem Fundamentalwirken wird kennen lernen; auf deutsch gesagt ist aber das der erste Grad der Hölle! — Aber nun sehet hinab auf den Strom; so eben langt unser Schiff an. Seht der Mann ringt mit den Händen nach aufwärts, und will aus dem Kahne springen; aber das Weib umfaßt ihn, hält ihn fest, und sehet, nun stürzt der Kahn sammt seiner Quartettgesellschaft hinab in die hohe Schule! — Ihr fraget: Sollten wir etwa auch noch da hinein steigen? — Ich sage, und sagte es ja im Voraus, ihr müßt die vollkommene Löse mit ansehen; sonst wißt ihr nur die Hälfte von Dem, was da besagt eine solche Bindung der Doppelliebe in einem Herzen. — Fürchtet aber nicht diese Flamme; denn sie sind nur eine Erscheinlichkeit des Höllischen. An Ort und Stelle aber wird die ganze Sache ein anderes Gesicht bekommen; — und so denn folget mir furchtlos! —

## 112.
(Am 19. Januar 1843, von 4½ bis 7¼ Uhr Abends.)

Ihr saget: Aber da geht es steil abwärts, und über so viele Klippen und steile Abhänge führt der Weg! — Ja, ja, meine Lieben! also kommt es aber auch nur euch vor; diejenigen, deren Gemüth für diesen Ort correspondirt, haben allda eine breite und wohlbetretene Bahn. Gehen wir daher nur muthig darauf los; es wird nicht so lange währen, bis wir die erscheinliche Flammenebene werden erreicht haben. — Nun sehet hinab, wie sich die Flammen nach und nach zu verlieren anfangen, und ihr eine Menge glutherfüllter Stellen ohne Flammen darüber erschauet; aber ihr fraget: Werden wir da etwa müssen auf solcher Gluth einhergehen? — Ich sage euch: Kümmert euch alles Dessen nicht; denn alles Dieses sind nur Erscheinlichkeiten, und besagen den Gemüthszustand Derer, die da unten wohnen. — Flamme bedeutet die Thätigkeit des Bösen; der über den Flammen emporsteigende Qualm bezeichnet das Grundfalsche, und die Gluth bedeutet die völlige Eigenliebe, und demzufolge den argen Eifer und den böse gewordenen Willen Derjenigen, welche in solcher Eigenliebe sind. — Doch wie dieses Alles sonderheitlich an Ort und Stelle artet, werdet ihr sobald mit den eigenen Augen erschauen. — Nun sehet abermals hinab; was erblicket ihr jetzt? Ihr saget: Die Flammen sind gänzlich vergangen, und die Gluth hat sich in Haufen gesammelt; zwischen den Haufen aber erschauen wir die allerdichteste Nacht. — Ihr fraget noch einmal: Wo ist denn der Strom, den wir zuvor ganz glühend da hinabstürzen sahen? — Dieser Strom ist ebenfalls nur eine Erscheinlichkeit, und bezeichnet den Zug des Falschen, wie sich dasselbe mündet in das Böse. Also bezeichnet auch dieser Abgrund die Tiefe des Bösen, wie dieses ebenfalls schlaue und feindurchdachte Pläne faßt, um sein arges Vorhaben durchzusetzen. — Da ihr nun Solches wißt, so wollen wir nur muthig darauf losgehen, um so bald als möglich an unser Ziel und somit auch zu unserer Gesellschaft zu gelangen. Nur einige Schritte noch, und sehet, wir sind schon in der Ebene und somit auch in der vollkommenen Tiefe. Ihr seht nun dahier gar nichts; denn die Finsterniß ist so groß, daß ihr mit dem Lichte eurer Augen ewig nichts auszunehmen im Stande wäret. Daher wird es hier nöthig sein, daß wir uns soviel Licht schaffen, das uns genügt, um hier Etwas auszunehmen, jedoch darf Niemand von den hier Seienden von unserem Lichte etwas verspüren, und ihr müßt euch da fest an mich halten, und keiner Sphäre eines Geistes zu nahe treten, außer nur insoweit, als es euch durch mich gestattet wird. — Und so denn sehet, wir haben nun schon so viel Licht, als es Noth thut, um diesen Ort zu betrachten. Was bemerket ihr hier? — Ihr saget aus einem kleinen Fieberzustande heraus: Um des allmächtigen allbarmherzigen Gottes willen, was ist das doch für ein schauderhafter Ort! — Nichts stellt sich unseren Blicken dar, als schwarzer Sand und schwarzes Steingerölle, welches alles den Boden dieser Gegend ausmacht; und zwischen dem Sande und diesem Steingerölle dampft es hie und da also heraus, als wir öfter gesehen haben auf der Erde, da die Kohle gebrannt wird. — Ferner fragt ihr, und saget: Wo sind denn hier Wesen zu sehen? Denn diese Gegend scheint ja wie gänzlich ausgestorben zu sein. — Ja, meine lieben Freunde, Solches ist auch nur eine Erscheinlichkeit, und bezeichnet den Tod! — Doch sorget euch nicht über die Wesenleere dieses Ortes; denn ihr werdet sobald derselben gar reichlichst inne werden. — Sehet, da unfern von uns ist Etwas zu sehen ungefähr also, als bei euch auf der Erde ein ziemlich großer Scheiterhaufenstoß; diesem Stoße wollen wir uns nahen, und ihr werdet euch sobald überzeugen, was für ein Material das ist. — Nun sehet, wir sind dem Stoße gerechter Maßen nahe; betrachtet ihn nun ein wenig näher. Nun, was sehet ihr? — Ihr saget schon wieder: Aber um des allmächtigen, gerechten Gottes willen! was ist Solches? Da sind ja lauter Menschen gleich den Pickelhäringen übereinander geschichtet, und sind dazu noch mit überstarken Ketten an den Boden also befestiget, daß es wohl Keinem möglich ist, sich in dieser Lage auch nur im Geringsten rühren zu können. Wenn das durchaus hier der Fall ist, da sieht es mit der sein sollenden ewig fortzubestehenden Freiheit des Geistes ganz sonderbar schiefrig aus. — Ja, ja, meine lieben Freunde, also sieht es auf den ersten Augenblick wohl aus, wenn wir die Sache von unserem himmlischen Lichte aus betrachten; — darum aber ist es auch nur eine Erscheinlichkeit, die der Wahrheit der Sache entspricht, im Grunde der Tiefe aber bedeutet eben diese Erscheinlichkeit, wie da eine Gesellschaft von ihrem eigenen Grundfalschen und daraus hervorgehenden Bösen gefangen ist. — Gehen wir aber nur weiter, und verlassen wir diesen Stoß! — Sehet, da vorne ist schon wieder ein noch größerer Haufen; da wir uns schon wieder in seiner rechtmäßigen Nähe befinden, so saget mir wieder, was ihr da sehet. — Ihr saget: Lieber Freund, wir sehen hier nichts Anderes als früher; nur ist der Haufen kegelförmig, und über diesen Kegel sind eine Menge Ketten geworfen, mit denen diese Wesen also stark zusammengedrückt sind. — Nur können wir nirgends ein Gesicht entdecken, wie es etwa aussieht, weil diese Wesen mit ihren Gesichtern alle abwärts auf den Boden gerichtet sind. Ihr fraget: Ueber Freund, befindet sich etwa auch unser früheres Quartett in diesem Haufen? Nein, meine lieben Freunde; wir werden zu demselben schon noch kommen. — Da wir hier Alles gesehen haben, so bewegen wir uns wieder etwas vorwärts. — Sehet, in nicht geringer Entfernung vor uns stellt sich ein förmlicher Berg dar; — da wir schon wieder in der gerechten Nähe sind, so betrachtet ihn nur ein wenig. — Was sehet ihr?

— Ihr sagt schon wieder: Aber um des allmächtigen gerechten Gotteswillen, was ist denn Das?! — Das sind zwar ebenfalls lauter menschliche Wesen unter Ketten und eisernen Gittern geschichtet; und zwischen ihnen giebt es auch eine Menge Schlangen und Nattern, die da nach allen Seiten mit ihren abscheulichen Augen herausblicken und hurtig darauf los züngeln. Was besagt Solches? — Das besagt eine Gesellschaft, die schon mehr und mehr aus ihrem Falschen in das Böse übergegangen ist. — Gehen wir aber nur wieder von da weiter hin vor; und sehet, nicht ferne vor uns ist ein ganzes Gebirge, welches ihr mit einem Blicke nicht leichtlich überschauen werdet. Solches ist auch nicht Noth; denn eine Stelle spricht für das Ganze. — Und seht, hier ist schon der Fuß eines Ausläufers von diesem Gebirge; betrachtet ihn näher, und saget mir, was ihr sehet. — Ihr saget: Da sehen wir ja nichts, denn fast lauter niedergeknebelte Ungethüme aller Art; nur hier und da steht noch ein zerquetschtes Gerippe eines menschlichen Kadavers heraus. Was bedeutet denn Solches? — Solches bedeutet die pureste Eigenliebe, und ist die Erscheinlichkeit weltlicher Macht, Größe und Reichthums, wenn solche Attribute auf der Welt zu eigennützigen bösen Zwecken gebraucht wurden. — Aber ihr fragt schon wieder, und saget: Aber lieber Freund, nachdem wir noch gar wohl wissen, daß wir uns in deiner Sphäre und im Grunde auf der geistigen Sonne befinden, allda wir nichts als nur Himmlisches wähnten; wie kommt es denn, daß wir auch die Hölle im vollkommensten Maße antreffen? — Ja, meine lieben Freunde, ist es euch denn nicht gleich bei dem Uebergange in die geistige Sonne vom Herrn Selbst erklärt worden, daß das Geistige ist ein Inwendigstes, ein Alles Durchdringendes und ein Allumfassendes? — Wenn das Geistige also beschaffen ist, so durchdringt es ja alle Planeten und die ganze Sphäre, so weit das Licht der naturmäßigen Sonne dringt; und rein geistig genommen aber noch um's Endlosfache weiter; und sonach befindet ihr euch nun nicht in der Sphäre der eigentlichen Sonne, sondern in der sonderheitlichen Sphäre eures Planeten. Wie aber von der eigentlichen Sonne aus alle Planeten ihr Licht und ihre Wärme empfangen, und ihre Wirkung alle diese Planeten durchdringet, also ist es auch der Fall mit der geistigen Sonne, da wir auf den Schwingen ihrer geistigen Strahlen auch das Geistige ihrer Planeten durchblicken. Da wir nun Solches näher kennen, so wird es euch hoffentlich doch auch klar sein, daß man auf diesem geistigen Wege auch das geistige Wesen der Hölle eures Planeten betreffend ganz klar durchschauen kann. — Ihr müßt euch überhaupt den Himmel und die Hölle nicht materiell räumlich von einander entfernt denken, sondern nur zuständlich; denn räumlich können Himmel und Hölle ganz fest neben einander sich also befinden, wie da ein himmlisch guter Mensch neben einem höllisch bösen einher gehen kann, und kann mit selbem sogar auf einer Bank sitzen. — Der Eine hat in sich den vollkommenen Himmel, und der Andere die vollkommene Hölle. Zum Beweise dessen könnte ich euch augenblicklich in meiner eigenen Sphäre zeigen, daß sich hier eben so gut der Himmel, wie die nun von euch geschaute Hölle befinden kann; denn ihr schaut ja alles Dieses ohnehin nur in meiner Sphäre, und ihr braucht nichts, als nur einen Schritt aus dieser meiner

Sphäre zu thun, und ihr werdet euch wieder auf demselben Punkte befinden, von dem ihr ursprünglich in meine Sphäre getreten seid. — Da ihr nun Solches wißt, so können wir uns schon wieder von diesem Gebirge weiter wenden, und dieses Alles auch von einem anderen Lichte aus betrachten. Sehet nun Acht, das Licht ist verändert; wie sehet ihr jetzt diesen Berg? — Ihr verwundert euch, daß ihr nun statt des Berges auf einmal ganz frei herum wandelnde Gruppen erschauet, und sogar allerlei Wohnungen, theils wie schmutzige Kneipen, theils wie alte schwarze Ritterburgen; und sehet sogar Alles in einem röthlichen Zwielichte. — Aber da sehet, unfern vor uns steht eine wie an einem Felsengebirge angebaute alte ritterliche Burg; dahin wollen wir uns denn auch begeben. — Sehet, wir sind schon da; die Pforte ist offen. Wir sind hier unsichtbar; somit begeben wir uns auch in diese Burg, und wollen da sehen, wie es zugeht. — Nun sehet, da ist schon der erste Saal; seine Wände sind behangen mit allerlei Mord- und Marterwerkzeugen. — Und sehet, dort im Hintergrunde sitzt der vermeintliche Burgherr auf einem Throne, und berathet sich mit seinen Spießgesellen, wie sie es anstellen sollen, um sich der Güter und Schätze eines nachbarlichen ähnlichen Burgeigenthümers zu bemächtigen. Höret, wie er ihnen aufträgt, daß sie die beabsichtigte Burg ganz in aller Stille überfallen, dann schonungslos Alles, was da lebt, rein niedermetzeln und sodann nach den Schätzen greifen sollen. Sollte sich aber Jemand ihnen wie unbesiegbar widersetzen, so sollen sie ihn wieder hierher bringen also, wie sie es schon zu öfteren Malen gemacht haben, allda sich dann ein solcher Gefangener wird die allerpeinlichsten Martern gefallen lassen müssen. — Nun, der Rath ist beschlossen und beendet; Alles ergreift die Waffen und rennt hinaus. — Da wir hier nichts mehr zu machen haben, so rennen wir ihnen auch nach. Seht, dort nicht ferne vor uns ist schon die beabsichtigte Burg; sie wird umringt, und nun sehet, das fürchterliche Gemetzel beginnt, die argen Wesen kämpfen wüthend gegen einander. Und sehet, wie da die Bewohner dieser zweiten Burg in Stücke zerhauen werden; und seht ferner, da bringen die Spießgesellen unseres vorigen Burginhabers ja soeben geknebelt unser bekanntes Quartett entgegen. Schließen wir uns an, und behorchen jetzt ein wenig des Zuges Zwiegespräch; höret, der Mann spricht zum Weibe: O du elende Schlange, jetzt erkenne ich dich; meine bittere Ahnung hat mir heimlich immer zugeflüstert, was für eines elenden Geistes Kind du bist! Sieh, das ist jetzt die hohe Schule und dein erbärmliches Licht, von dem du mir listiger Weise als ein geistig erfahrenes Wesen vorgeheuchelt und vorgelogen hast; und dieser nun mit uns geknebelte Bösewicht von einem Professor dieser hohen Schule ist nun auch mit uns in dieser schauerlichen Gefangenschaft, der sicher das schrecklichste Loos bevor steht! — Das Weib spricht: Wie kannst du denn so von mir denken? Wer kann für ein unvorhergesehenes Unglück? Ich habe es dir ja doch nur gut gemeint. — Der Mann spricht: Schweige nun, du elende Schlange. Dir allein hab' ich es zu verdanken, daß ich mich jetzt in der offenbaren Hölle befinde; zwischen mir und dir sei auf ewig jeglicher Bund gebrochen. Und Du, mein Jesus, auf Den ich mich immer berufen habe, helfe mir aus dieser meiner schrecklichen Gefangenschaft; ich will ja lieber nach Deinem

allerheiligsten Willen viele tausend Jahre auf demjenigen finsteren Orte herum wandeln, und dort abbüßen alle meine Gebrechen, als hier nur einen Augenblick länger noch in diesem Schreckensorte verbleiben, der so ganz und gar von aller Deiner Gnade und Erbarmung für ewig ausgeschlossen zu sein scheint! — O Jesus, helfe mir! O Jesus, rette mich!
— Nun sehet, diesem Zuge entgegen eilen soeben zwei Vermummte; sehet, jetzt sind sie schon daran. Sie enthüllen sich, und wie ihr sehet, so sind es zwei strafende Engel des Herrn. Ein Jeder hat ein flammendes Schwert in der Hand; der Eine macht einen Zug über die besiegte Burg, und die zerfleischten und zerhauenen Wesen ergreifen sich wieder zu ganzen Gestalten, und wehklagen über die erlittene Unbild; und der andere Engel zieht sein Schwert über die frühere berüchtigte Burg, und die ganze Burg steht, wie ihr sehet, in Flammen, und brennende und heulende Gestalten stürzen sich allenthalben aus den Oeffnungen, Fenstern und Thüren heraus, und fluchen diesen rächenden zwei Engeln. — Wieder sehet, ein Engel haut mit seinem flammenden Schwerte mitten in unser Quartett hinein. Die Ketten sind gelöst; der Mann fällt vor diesen Zweien auf sein Angesicht nieder, und bittet sie um gnädige Rettung. — Und sehet, der eine Engel ergreift ihn, und zieht ihn mit sich; das Weib aber ergreift ihn auch und schreit um Gnade und Erbarmen zu ihrem Manne, daß er sie ja nicht verlassen solle. Seht, wie lange sie sich sammt dem Manne von dem Engelsgeiste fortschleppen läßt! Jetzt sehet, die beiden Engel erheben sich aufwärts, und der Eine trägt den Mann; das Weib aber läßt sich mittragen, und läßt den Mann nicht aus. Jetzt erst schon in großer Höhe macht der andere Engel mit seinem Schwerte einen Streifhieb, und lös't damit mühevoll das Weib von dem Manne. Sie stürzt nun jählings heulend in ihr Element zurück, und der Mann wird an die Grenze des Kinderreiches geführt, da es aber noch sehr mager und dunkel aussieht. — Nun habt ihr gesehen, und das zwar noch die beste Art einer solchen Löse; es giebt aber deren noch eine zahllose Menge von viel schrecklicherer und hartnäckigerer Art, deren Anblick selbst durch das Wort gegeben ihr schwerlich ertragen würdet. — Daher wollen wir uns wieder in unsere vorige Gegend zurück begeben, und von dieser dann übergehen in die Gegend des Mittags; — und somit gut für heute! —

## 113.
(Am 20. Januar 1843 von 4½—6½ Uhr Abends.)

Daß es in der euch jetzt schon überaus gut bekannten abendlichen Nachtgegend noch eine Menge, ja eine zahllose Menge von ähnlichen Scenen giebt, die wir bis jetzt her haben kennen gelernt, braucht kaum noch einmal erwähnt zu werden. — So da Jemand fragen möchte: Wo sind denn die Ankömmlinge aus dem Heidenthume? so sage ich euch, daß dieselben zwar auch in dieser Gegend zu allermeist anlangen; dessen ungeachtet aber sind hier solche Anlandungsplätze von einander schroff unterschieden, und kann in diesem Zustande sich ein Heide nicht nahen demjenigen Theile, in welchem von was immer für einer Sekte Christgläubige anlangen. Solche Unterscheidungen finden sogar in der Hölle Statt, und es ist nirgends, wie ihr glaubet, Alles wie Kraut und

Rüben unter einander geworfen; denn solche Unterscheidungen sind im
höchsten Grade nöthig. Würden solche Geister zusammen gelassen werden, so würden sie sich zufolge ihrer innersten Bosheit also sehr verderben, daß ihnen da auf keinem Wege, außer auf dem der gänzlichen Vernichtung beizukommen wäre. Denn ihr müßt euch die Sache völlig so
vorstellen, wie es da giebt auf der Erde verschiedene Elemente, die fortwährend sich zerstörend feindlich gegen einander verhalten. Also giebt es
auch in der geistigen Sphäre ebenfalls solche Grundelemente, die sich nicht
berühren dürfen; denn würden sie miteinander in Berührung kommen,
so würden in der geistigen Sphäre ähnliche Effecte zum Vorschein kommen, als wenn ihr auf der Welt Feuer und dürres Stroh zusammen
thätet, oder Feuer und euer Schießpulver, oder wenn ihr möchtet Wasser
kommen lassen über ein aus Thon aufgeführtes Gebäude. Darum also
sind in der Geisterwelt, da keinem G..e mehr ein Hinterhalt möglich,
solche Unterschiede allerstrengst nothwendig. — So aber Jemand fragen
möchte: wie sieht es denn dessen ungeachtet auf dem Auslandungsplatze
heidnischer Geister aus? — so sei ihm darauf gesagt, daß es nicht geheuer ist für einen christlichen Geist, solche Plätze zu brauchen mit was
immer für einem Geiste. Es müßte nur der Herr Jemanden unmittelbar Selbst führen und leiten; sonst aber würde es für Jeden mehr gefährlich als ersprießlich sein, solche Plätze zu besuchen. — Wir aber
wollen uns dafür, bevor wir uns noch in den Mittag begeben, noch zu
unserem geretteten Manne begeben, und sehen, was er da thut und wie
es mit seiner gegenwärtigen Anstellung aussieht. — Und sehet, unsere
Wand steht schon wieder offen, und so wollen wir alsogleich diese Gelegenheit benutzen und uns durch die Spalte alsogleich an die äußerste
Grenze des Kinderreiches verfügen. — Sehet, hier sind wir schon; die
Wand hat sich hinter uns wieder geschlossen, und wir wollen uns alsogleich jetzt in das sehr enge Thal, das da neben der Wand gegen Mittag steht, verfügen. — Also gehet nur recht hurtig mit mir! — Seht
dort im tiefen Hintergrunde einen moorigen und feuchten Winkel, und
ganz im Hintergrunde dieses Winkels eine ganz gemeine Art hölzerner
Hütte, um welche es in diesem von hohen Felsen eingeschlossenen Winkel ziemlich dunkel ist. Dahin wollen wir uns verfügen; denn dort ist
unser Mann placirt. — Ihr fraget zwar: Warum denn in solch' einer
gar einsichtigen Einöde, und dazu noch in einem so moorigen und feuchten Winkel? — Meine lieben Freunde, mit solchen mühevoll aus der
Hölle geretteten Geistern kann es Anfangs unmöglich besser gehalten
werden, weil solche Menschen in der Hölle doch stets mehr oder weniger
eben von der Hölle Etwas in sich aufgenommen haben, welches da gleichlautend ist dem Feuer der Hölle, und spricht sich stets mehr oder weniger aus in einer nothgedrungenen selbstsüchtigen Begierlichkeit; denn
Solches hat ja bekanntlich jede Noth in sich eigenthümlich, daß sie selbst
mehr oder weniger die Selbstsucht zur steten Begleiterin hat. — Wer
in der Gefahr ist, der vergißt gewöhnlich auf Alles, und ist nur für
seine eigene Rettung bedacht. Der Arme bettelt nur für sich, und der
Kranke sucht für sich ein heilendes Mittel. Wer in's Wasser fällt, der
sucht sich zu retten; und über dessen Haupte die Flammen schon zusammenschlagen, der ergreift gewöhnlich nur sich selbst, und sucht dem

verheerenden Elemente zu entfliehen. Erst wenn er selbst in Sicherheit ist, gedenkt er Anderer, die mit ihm ein gleiches Loos hatten. — Also ist dieser Ort ja ganz zweckmäßig für unseren Mann; der feuchte Boden wird dazu taugen, um sein selbstsüchtiges Feuer zu dämpfen, und die ziemlich große Dunkelheit wird seinen an die dichteste Finsterniß gewöhnten Augen eben auch sehr heilsam sein; denn ein plötzliches starkes Licht würde eben so verderblich auf ihn einwirken, als wenn man die Augen eines jüngst gebornen Kindes alsbald den grellen Sonnenstrahlen aussetzen würde. Ueberdieß aber geht diese seine Habseligkeit auch genau mit der Zinsrechnung zusammen, und zwar von dem Capitale, welches er als Christ aus Glauben und Liebe zum Herrn den eigentlichen Armen hat zukommen lassen. — Ihr müßt darunter nicht etwa die euch schon bekannten Legate verstehen, welche er bei seinem Uebertritte aus der Welt in's Geistige angeordnet hatte, sondern diejenigen Spenden nur, welche er ganz geheim für sich aus eigenem Mitleidsgefühle und als gläubiger Christ an die Armen verabfolgt hat. Solches Capital aber dürfte sich in summa summarum kaum auf etwas über zweihundert Gulden Silbermünze belaufen haben. Wenn ihr dieses Capital, welches er eigentlich aus Liebe zum Herrn den Armen gegeben hatte, vergleichet mit dem großen Capitale, welches er den Seinigen hinterließ, so werdet ihr auch den mathematisch richtigen Vergleich finden zwischen seiner Eigenliebe und der Liebe zum Herrn. Auch solche verpflegliche Sorge für die Kinder ist **Eigenliebe**; denn wer den Herrn mehr lieben würde, als sich selbst in seinen Kindern, der würde auch gleichen Maßes den Herrn mehr bedacht haben, als sich selbst in seinen Kindern. — Ihr fraget: Warum denn? — Weil ihm der Herr dadurch die innere Erkenntniß verleihen würde, der zufolge er sonnenklar eingesehen hätte, daß der Herr für seine Kinder um's Unendlichfache besser sorgen kann, und sie auch besser versorgen würde, als er sich in seinen Kindern eigenliebig selbst und seine Kinder versorgt hat; denn der Herr hat nicht gesagt: Was ihr euren Leibeskindern thun werdet, das habt ihr Mir gethan, — sondern Er hat da der Armen, Nackten, Hungrigen, Durstigen und Gefangenen nur gedacht, und sagte dann: Was ihr Diesen gethan habt, das habt ihr Mir gethan. — Er hat auch nicht gesagt: Wenn ihr eure eigenen Kinder in Meinem Namen aufnehmet, so habt ihr Mich aufgenommen, — sondern Er hat Solches nur bei einer Gelegenheit gesagt, da viele Arme ihre noch ärmeren Kinder zu Ihm gebracht haben: „Wahrlich, wer ein solches armes Kind in Meinem Namen aufgenommen hat, der hat Mich aufgenommen." — Und noch ferner spricht der Herr: „Wer da seinen Vater, seine Mutter, sein Weib, seinen Bruder, seine Kinder mehr liebt denn **Mich**, der ist Meiner nicht werth." — Es möchte hier wohl so Mancher sagen: Solches Alles hat ja nur einen tiefen geistigen Sinn; — o ja, sage ich, sicher den allertiefsten, weil es ein allerreinstes und unmittelbares **Wort Gottes** ist. — Ich frage aber dabei: Warum sucht ihr das Gold nicht auf der Oberfläche der Erde, sondern grabet tiefe Schachten und weitläufende Stollen? — Ihr saget: Wie ist Solches zu verstehen? — Ich sage euch: Nichts leichter, als Das; wer zum Golde gelangen will, muß die äußere Erde nicht unbeachtet laſſen, ſondern muß dieſelbe durchbrechen, und erſt durch eben dieſe äußere Erdkruſte zu der innern Goldlagerung gelangen. Alſo muß auch des göttlichen Wortes Buchſtabenſinn zuvor vollkommen beachtet werden, bevor man den geiſtigen überkommen kann, freilich wohl im rechten und zweckmäßigen Verſtande. — Wenn ihr aber nun unſern Mann betrachtet, ſo werdet ihr finden, daß er nahe über eine Million Eigenliebe, und nur um etwas über zweihundert Gulden Liebe zum Herrn mitgebracht hat. Dieß iſt wohl ein klägliches Verhältniß; — nun aber hat er um die Zinſen dieſes Capitals genau ausgemeſſen, wie ihr ſehet, ſeine Behauſung hier. — Es wird ſich demnach zeigen, wie er dieſes Capital verwenden wird; es wird nicht fehlen, daß ihn von der entgegengeſetzten Seite gar armſelige Weſen beſuchen und um Unterſtützung anflehen werden. Wird er nach ſeinen Kräften Alles aufbieten, um ſolche arme Brüder ſo viel, als es ihm nur immer möglich iſt, nothdürftigſt zu verſorgen, ſo wird ſein kleines Capital ſich bald um's Zehnfache, ja um's Hundertfache vergrößern, und er wird dadurch auf beſſere Orte geſtellt werden, aber nicht eher leichtlich auf dem geordneten Wege zum Herrn gelangen, als bis ſein hier erworbenes Capital um's Zehnfache größer wird, als das er ſeinen Kindern oder ſeiner Eigenliebe hinterlaſſen hat. Deſſen ungeachtet aber ſind auch hier außerordentliche Fälle möglich; dieſe müſſen alſo geartet ſein, wie ihr gleich Anfangs ein Beiſpiel geſehen habt, — d. h. wenn einer Alles hergiebt, was er hat, und dabei noch mit all' ſeiner Kraft ſorgt für die Unterſtützung ſeiner Brüder, ſo iſt bei einer ſolchen Gelegenheit auch eine ſehr baldige und gänzliche Erlöſung aus dieſem Orte möglich. Denn in dieſem Falle gleicht dann ein ſolcher Menſchengeiſt demjenigen Weibe, welches in dem Tempel opferte, während auch Andere opferten. Das Weib gab zwar das geringſte Opfer im Vergleich mit den Andern; der Herr aber fragte, wer da unter all' den Opfernden am meiſten geopfert habe? — Und man ſagte: Siehe, Dieſer und Jener; Er aber entgegnete: Dieſes Weib hat das größte Opfer dargebracht; denn ſie gab Alles, was ſie hatte. — Sehet, alſo iſt hier eine vollkommen gerechte und von der großen Liebe und Erbarmung des Herrn abgeleitete Läuterungsſchule zum ewigen Leben. Da wir nun ſolches Alles haben kennen gelernt, welches von Jedermann wohl zu beachten iſt, ſo können wir nun füglicher Maßen dieſe Gegend verlaſſen, und uns gegen Mittag begeben. — Ihr fraget zwar um den Weg; ich aber ſage euch: Sorget euch deſſen nicht; wir wollen bei dieſem Uebergange nicht ſo viel Säumens machen, als wir Solches hierher gethan haben, ſondern wir werden uns wahrhaft geiſtigen Weges machen, und daher auch auf Eins dort ſein, wo wir ſein wollen. Es wären zwar wohl auf dem Wege dahin noch ſo manche Abſtufungen zu berückſichtigen; da ſie aber denen völlig gleichen, die wir ſchon paſſirt ſind, ſo dürft ihr euch nur alles Deſſen, was ihr bisher geſchaut habt, recht wohl erinnern, ſo werdet ihr alle dieſe Uebergänge, die von dieſer Gegend in den Mittag führen, leicht beſchaulich errathen können. Das große Gewäſſer bildet eine Hauptzwiſchenlinie, welche auf gewöhnlichem Wege nicht überſchritten werden kann; denn dieſes große Gewäſſer bezeichnet den großen Grad der Weisheit.

welche dazu erforderlich ist, um in den Mittag zu gelangen. Daher müssen die in den Mittag Uebergehenden in dem Feuer der Liebe überaus stark werden, damit ihnen ein ähnlicher Grad der Weisheit wird, wie Solches das große Gewässer bezeichnet. — Da wir nun auch Dieses wissen, so wollen wir uns für's nächste Mal, wie schon gesagt, ohne weiteren Rückblick auf Eins in den glänzenden Mittag begeben; — und somit gut für heute! —

## 114.
(Am 21. Januar 1843, von 4½—6¾ Uhr Abends).

Nun sehet, wie ich gesagt habe, und ehe ihr es euch versehen mochtet, sind wir auch schon da, wo wir sein wollen; — wir sind also schon im Mittage. — Saget mir vorerst, wie es euch hier gefällt und was ihr Alles sehet? — Ihr saget: Uns gefällt's hier gar überaus gut; doch müssen wir dir dabei gestehen, daß wir hier noch mehr erwarteten, als sich nun unseren Blicken zur Beschauung darstellt. Diese Gegend kommt uns vor, als so eine recht reizend schöne Landschaft auf der Erde, wie es auf derselben sicher eine Menge recht überaus herrlich schöner Landschaftspartien giebt; aber so etwas ganz überirdisch erhaben Schönes können wir uns da nicht heraus schauen. — Ja meine lieben Freunde, ihr habt im Grunde wohl Recht; es scheint hier, wie ihr sehet, ebenfalls eine Sonne, und sehet in dieser Gegend gerade am Zenithe. Ferner sieht auch der Himmel also lieblich blau aus, wie bei euch auf der Erde; rings herum sehet ihr die manigfaltigsten Abwechslungen von fruchtbaren Feldern, mit Obstbäumen bewachsenen Hügeln, selbst Weingärten nach eurer Art mangeln nicht. — Hier und da sehet ihr auch von allen Seiten her ganz ansehnliche Alpen über den kleinen Hügeln hervorragen; ihr sehet auch hier und da bei den niedlich angebrachten Häusern Menschen ein= und ausgehen, auch auf den Feldern erblickt ihr hier und da etwelche mit der Sammlung und Bearbeitung der Früchte beschäftigt. — Es ist wahr, die Sache so oberflächlich hin betrachtet, hat mit den schönen Gegenden der Erde eine ganz frappante Aehnlichkeit; aber ich sage euch: Wir dürfen uns nur einem dieser Wohnhäuser nahen, so wird euch die Einrichtung eines solchen Wohnhauses alsogleich eines Andern belehren. — Sehet, gerade an dieser Straße da, welche sich zwischen einer doppelten Obstbaumreihe hinzieht, liegt, wie ihr sehet, ein recht niedliches Häuschen; diesem wollen wir uns nähern, und sehen, welcher innern Beschaffenheit es ist. — Nun, wir sind schon am Ziele. Sehet, der Inhaber dieses Hauses stehet gerade an der Flur, kann uns aber nicht erschauen, denn für die Bewohner des Mittags sind wir noch unsichtbar; aber dessen ungeachtet ahnt er, daß sich inwendigere Wesen in seiner Nähe befinden. Aus dem Grunde behorcht er sich selbst, wie ihr sehet, und gleicht darum zuständlich einem Menschen, der plötzlich in tiefere Gedanken verfallen ist. So wollen wir uns denn auch sobald in seine Wohnung machen. Sehet, wir sind schon im Inwendigen dieses Hauses; wie gefällt es euch? Ihr schlaget ja die Hände über dem Kopfe zusammen, und saget: Aber um des Herrn willen, wie ist wohl Solches möglich?! Wir erblicken das Inwendige des Hauses überaus großartig=prachtvoll ausgeschmückt, und die innere Größe des Hau=

ses scheint ja die äußere Umfassung um's Unvergleichliche zu übertreffen; und so wir zu einem oder dem andern Fenster hinausblicken, da erschauen wir von der früheren Gegend nicht das Leiseste mehr, sondern Alles ist unvergleichlich ganz erhaben anders. Allenthalben herum erblicken wir die wunderbarst großartigsten Paläste und Tempel; die fernen Gebirge glänzen, als wären sie mit der Lichtmaterie der Sonne selbst übergossen, und eine weite Ebene dehnt sich aus. Ueber derselben stehen zahllose Paläste von der unbegreiflich wunderbarst und großartig schönsten Art; — in der Mitte zieht sich ein Strom durch, dessen Wogen also schimmern, als würden die allerschönsten geschliffenen Diamanten durch einander gerollt und die Ufer sind von riesenhaft großen Bäumen bewachsen. Wir haben ähnliche Bäume wohl auf der naturmäßigen Sonne gesehen, aber diese sind noch um's Tausendfache herrlicher; denn sie scheinen ganz durchsichtig zu sein, und ihr Laub glänzt nach allen Seiten hin als ein lebendiger Theil eines Regenbogens. — Und wie herrlich ist doch das Innere dieses Gebäudes! — Aehnliches haben wir nur im Mittelgürtel der Sonne in naturmäßiger Hinsicht geschaut, aber es war Alles nur plump und ungeschickt dagegen; denn hier ist ja doch Alles mit einer solchen, ja man könnte sagen, in's Unendliche gehenden Reinheit und Bestimmtheit dargestellt, daß man sich schon bei einer Kleinigkeit voll der größten Verwunderung viele Jahre lang aufhalten könnte, — und nur die unendliche Farbenpracht, die allenthalben so herrlich und passend vertheilt ist, ist ja schon an und für sich so himmlisch anziehend, daß wir uns füglich nicht mehr entschließen können, dieses Wohnhaus zu verlassen. — Ja, ja, meine lieben Freunde, also ist es; — das Inwendige bekommt hier schon seinen Werth. Der Werth ist zwar noch bemeßbar, aber dessen ungeachtet schon über alle eure Begriffe groß; denn er ist eine Wirkung des Lichtes aus derjenigen Weisheit, welche da entspringt aus dem Glaubenswahren an den Herrn, und aus diesem Glaubenswahren dann auch in einem entsprechenden Grade aus dem Liebthätigkeitsguten, welches ist ein unterer Grad der eigentlichen Liebe zum Herrn. — Ihr fraget: Bewohnt denn so ein Haus hier nur ein einziger solcher Menschengeist? — O nein, begeben wir uns nur von diesem ersten Gemache in das diesem gegenüber befindliche, und ihr werdet im selben mehrere glückliche Menschengeister erblicken, und zwar beiderlei Geschlechtes. Seht dort im Hintergrunde befinden sich ja etliche und dreißig Wesen; diese sind sammt und sämmtlich Bewohner dieses Hauses, und Derjenige, den wir an der Flur erschauten, ist zwar ein Diener Aller, die darinnen wohnen, und ist auf das eifrigste bemüht, Alle mit allem Möglichen zu versorgen. — Daher ist er aber auch der Größte unter ihnen, und dereinst der völlige Eigenthümer dieser Besitzung. — Merket ihr nicht, wie diese dreißig Einwohner überaus herrlich angekleidet sind? — und tragen etliche sogar leuchtende Kronen auf ihren Stirnen, sind überselig, und preisen in ihrem Wonnegefühle den Herrn! — Aber nun sehet unseren Mann an, der da noch an der Thüre steht, wie ganz einfach er ist; ein weißes Kleid mit einem ganz einfachen Gürtel um die Lenden zusammengehalten ist aber auch Alles, was er hat von dieser himmlischen Pracht an sich genommen. Er könnte sich zwar überaus prachtvoll ausschmücken, allein Solches vergnügt ihn nicht; seine Seligkeit besteht nur darin, daß er seine Brüder und Schwestern so selig macht, als es nur immer in seinen Kräften steht. Was er gewinnt durch die Liebe und Gnade des Herrn, das trägt er sogleich seinen Freunden zu, und so es ihnen große Freude macht, so wird er selbst zu Thränen gerührt; und wenn er Alles hergegeben hat, da ist er am seligsten! — Aber ihr fraget: Warum ist er nicht bei der Gesellschaft darin? — Das könnt ihr leicht aus seiner Physiognomie entnehmen; er sinnt voll großer Gedanken nach, was er seiner Gesellschaft wieder thun könnte, um ihr eine neue Seligkeit zu bereiten? — Sehet, er hat schon Etwas gefunden; ich habe euch ja im Voraus gesagt, er sieht uns zwar nicht, aber er ahnt uns. Darum geht er immer tiefer und tiefer in sich, um unser ansichtig zu werden, und sucht schon im Voraus von uns für seine Gesellschaft Etwas zu gewinnen; — auch speculirt er in dieser Gegend herum, ob nicht irgend ein jüngster Ankömmling sich irgendwo bewege, der noch kein Dach und Fach hätte, damit er ihm ja sobald entgegen kommen und ihn aufnehmen möchte in seine Wohnung. — So lange wir im Inwendigen des Hauses verweilen, wird er uns auch nicht erblicken, wenn wir aber wieder heraus treten, so wird er uns erschauen; sodann aber werdet ihr auch seine namenlose Freude sehen und in ihm erkennen einen überaus liebreichen und gastfreundlichen Mann. — Und so denn treten wir hinaus! — Nun sehet, er ersieht uns, und fällt alsogleich auf sein Angesicht nieder vor uns, und spricht: O ihr mir noch unbekannten höheren Freunde des Herrn, ich habe euch geahnt, vermochte euch aber nicht zu erschauen. Da mir aber nun die Gnade ward, euch zu sehen, so bitte ich euch um der unendlichen Liebe des allmächtigen Herrn willen, wollet mich doch nicht so schnell verlassen, sondern begebet euch noch einmal mit mir in diese Wohnung, damit ich mit euch meine kleine Gesellschaft um gar Vieles glücklicher mache; denn ihr werdet sicher vom Herrn, dem liebevollsten Vater, etwas Näheres wissen. Thut es uns kund; denn ein Wort irgend von Ihm zu hören, ist uns beiweitem mehr als alle die Herrlichkeiten, die wir hier in namenloser Fülle besitzen. — Nun spreche ich mit ihm: „Gemaniel! erhebe dich, und wir wollen dir folgen in dein Haus!" — Sehet, er erhebt sich, öffnet seine Arme gegen uns, und zeigt uns Freundschaft und Liebe lächelnd demüthigst, daß wir vor ihm einher gehen sollen. Also geht denn mit mir; denn nun soll auch die ganze Gesellschaft unser ansichtig werden. — Sehet, wie die ganze Gesellschaft sich liebfreundlich erhebt und uns entgegeneilt; nun aber höret auf den Gemaniel, wie er uns bei der Gesellschaft wörtlich aufführen wird. Er spricht: Sehet, sehet, meine allerinnigst geliebtesten Brüder und Schwestern, ich habe es euch ja gesagt: Der allgütigste Herr und Vater wird uns sicher gar bald das große Glück zu Theil werden lassen, einen oder den andern Seiner hohen Freunde zu uns zu senden, damit wir von Ihm ein Wort vom Vater vernehmen möchten! — Und sehet, der allgütige Vater ist unserem innersten Wunsche zuvorgekommen; und ehe wir es uns noch recht versahen, betraten schon solch hohe Freunde unsere Wohnung. Anfangs konnten unsere ungeweihten Augen sie freilich nicht erschauen ihrer großen Herrlichkeit wegen; aber die große Gnade des Herrn hat unsere Augen geweiht, und wir erschauen sie nun zu unserer größten Seligkeit in unserer Mitte. Wir kennen sie zwar nicht, wer sie sind und wie sie heißen; aber wir erkennen, daß sie gar große innere Freunde des Herrn sind, und Solches ist schon unsere größte Seligkeit! — Sehet, nun wendet er sich zu uns, und bittet uns allerdemüthigst um ein Wort des Vaters, indem er spricht: O ihr hohen Freunde des Herrn! Ich weiß wohl, daß ein Wort des Vaters zu heilig ist, selbst von eurem Munde ausgesprochen, daß wir es würdig vernehmen möchten; aber unsere Liebe zu Ihm, dem unendlich guten Vater, läßt uns nicht ruhen, darum entbitten wir Solches allerdemüthigst von euch! — Nun will ich ihnen denn auch ein Wort vom Vater geben; und so höret denn! — Höre, mein lieber Gemaniel, und ihr auch, seine Genossen, Freunde und Brüder! Also spricht der Herr: Lasset die Kleinen zu Mir kommen; denn ihrer ist das Himmelreich! — Nun sehet, wie Alle verklärt niedersinken, und der Gemaniel spricht liebeseufzend: Ja, ja, das ist wahrhaftig das Wort und die Stimme des Vaters; wer nicht klein ist, und nicht gleich denen Kindlein, der wird nicht in das Himmelreich eingehen! O meine lieben Brüder und Freunde, lasset uns dieses allerheiligste Wort zur allergrößten Zierde und zum allergrößten Reichthum unseres Hauses werden. Klein wollen wir daher sein allzeit und ewig, damit wir dadurch vielleicht auch einmal der großen Gnade gewürdiget werden möchten, so der Herr durch unsere Gegend zöge, wir dann an die Straße eileten, und, wenn uns Seine großen Freunde wehren möchten, sich Ihm zu nahen, — auf daß Er dann auch allergnädigst sage: Lasset diese Kleinen zu Mir kommen, und wehret ihnen nicht; denn Solcher ist das Himmelreich! — Nun habt ihr gesehen, wie es hier zugeht; aber ihr fragt mich heimlich: Diese sind doch offenbar schon im Himmel; wie mögen sie denn also sprechen, als hätte noch Keines von ihnen den Herrn gesehen? — Ich aber sage euch: Diese sehen zwar fortwährend den Herrn also, wie ihr auf der Erde die Sonne sehet; das heißt dann soviel, als das Licht Gottes ist über ihren Häuptern, und bezeichnet somit die Sphäre der Weisheit. Da aber das Menschliche des Herrn die allerreinste Liebe darstellt, welche noch ganz anders beschaffen sein muß, als sie sich hier artet, so mögen sie auch eben das Menschliche des Herrn nicht erschauen, und sind daher auch einer stets größeren Vervollkommung fähig; und es geschieht auch, freilich wohl nur zu seltenen Malen, daß der Herr entweder unmittelbar oder durch einen obersten Engelsgeist diese Gegend besucht, allda es dann auch allzeit darauf ankommt, daß die Kleinsten dieser Gegend angenommen werden, und werden geführt in den Morgen. — Nun aber wollen wir auch dieses Haus segnend verlassen, und uns in dieser Gegend fürbaß bewegen, und zwar über die höheren Alpen dort, die ihr in der Ferne erblicket. Dort werden wir wieder einen anderen Theil des Mittags kennen lernen; — und somit gut für heute! —

## 115.
(Am 23. Januar 1843, von 4—6 Uhr Abends.)

Ihr fraget mich zwar, und saget: Aber, lieber Freund! werden wir uns nicht zuvor bei den gar lieben Einwohnern dieses Hauses beurlauben und ihnen unser Wohlgefallen zu erkennen geben, darum sie uns gar so liebevoll aufgenommen haben? — Meine lieben Freunde, es thut mir recht leid, daß ihr mich dessen nicht früher erinnert habt; denn nun befinden wir uns schon auf der Höhe einer dieser euch früher sichtbaren Alpen, und unser Häuschen ist weit und breit zurück! Das nimmt euch wohl ein wenig Wunder, und ihr saget: Aber, lieber Freund, wie geht denn das zu, daß wir hier gar so entsetzlich gedankenschnell wandern, während wir in der nördlichen und abendlichen Gegend sichtbar nur von Schritt zu Schritt mit seltener Ausnahme gewandert sind? — Wir wissen zwar wohl schon aus früheren Erfahrungen, daß man im Geiste also schnell wandeln kann, wie schnell da ist der Gedanke. Solches ist also nicht das Befremdende; aber daß wir gerade in derjenigen Gegend, die in sich selbst sehr mager an allen Erscheinungen, die man zu den schönen und herrlichen zählen kann, war, von Schritt zu Schritt gewandelt sind, — und in dieser himmlischen Gegend aber all' das Herrliche nahe unbeachtend so schnell vorwärts blitzen, das ist's, was uns befremdet! — Meine lieben Freunde, ihr urtheilt nach eurer Weise wohl ganz richtig, aber nicht nach der geistigen. Wenn wir in diesem großen Reiche der Geister uns in jenen Gegenden bewegen, welche vermög' ihrer Zuständlichkeit mehr und mehr dem Naturmäßigen entsprechen, so ist eben in diesen Gegenden Alles gehemmt und unser langsamer Gang in solchen Gegenden bezeichnete daher auch ganz gründlich und anschaulich die mühsamen Fortschritte des Geistes; — und je tiefer wir in solche Gegenden uns verloren hatten, desto mühsamer auch und viel langsamer ward unser Gang. Hier aber, wo der Geist schon seine völlige Freiheit genießt, ist er auch solcher Fesseln ledig; daher sein Vorwärtsschreiten auch um Vieles ungehinderter, und daher auch schneller. — Ihr saget zwar: Lieber Freund, Solches ist alles richtig, gut und wahr; aber wir erinnern uns zurück, daß wir pro primo in der nördlichen Gegend doch einmal einen schnellen Gebirgsausflug gethan haben, und dann waren wir aus der Hölle ebenfalls überaus schnell am Kinderreiche zurück, und vom Kinderreiche hierher dauerte unsere Reise auch nur einen Augenblick; wie ist demnach Solches zu verstehen? — Meine lieben Freunde! Das sollte mich im Ernste wundernehmen, daß ihr Solches noch nicht verstehet, nachdem ihr ganz Aehnliches doch schon oft mit der Bildung eures Geistes auf der Erde erfahren habt. — Ich will euch nur durch ein Beispiel darauf aufmerksam machen, und ihr werdet diese drei Erscheinungen von euren beanstandeten Schnellreisen alsogleich gründlich einsehen und völlig begreifen. — So ihr z. B. im Fache der Mathematik oder einer anderen Wissenschaft unterrichtet waret, und hattet bei solch' einem Unterrichte irgend einen schwer zu fassenden Hauptsatz euch analytisch erweislich eigen zu machen, an dessen völliger Auffassung beinahe das Ganze einer Wissenschaft gelegen war, da hat es euch gewiß recht viele Mühe gekostet, bis ihr einen solchen Satz völlig begriffen habt; ja ihr mußtet da von Punkt zu Punkt langsamen Schrittes vorwärts schreiten. Was geschah aber, wenn ihr solch' einen Hauptsatz dann völlig begriffen hattet? — Hat da nicht euer Geist eben dadurch einen schnellen Aufflug gethan und dann mit großer Schnelligkeit sich auf einen Standpunkt gesetzt, von welchem aus er das früher mühsam

Durchforschte und Durchwanderte auf einen Blick übersah? — Nicht aber nur das allein, sondern er erspähte auch in diesem begriffenen Satze noch andere ihm vorher ganz fremd gewesene Folgerungen, und ward somit zufolge solch' eines schnellen Auffluges ein Selbstseher, ein Forscher, ein Erfinder und sogar ein Schöpfer künftiger Wahrheiten! — Begreifet ihr nun solch' einen schnellen Aufflug? — Sehet, also ist es ja durchaus im Geiste; denn was ihr auf der Erde eine geistige Arbeit nanntet, oder eine Arbeit der Gedanken, das ist hier im Reiche des Geistes formell wirklich. — Wir gingen dann wieder langsamen Schrittes gegen den Abend hin, lernten bei diesem Gange allerlei Verhältnisse kennen, gelangten auf diesem Lehrwege sogar in die unterste für euren Geist möglichst ersteigbare Tiefe. Alles mußte vor euch analytisch zergliedert werden bis zur untersten Löse; — was hat euer Geist dadurch gethan? — Er hat einen zweiten wichtigen Satz erlernt; durch die Erlernung dieses wichtigen Satzes war dann ja wieder ein zweiter schneller Aufflug möglich. — Wir kamen an das Kinderreich, und zwar an dessen äußerste Grenze; da mußten wir noch einen dritten wichtigen Zwischensatz einstudiren, welcher aber eine gar wichtige Verbindung hatte mit all' dem Vorhergehenden, und diente als ein gar tüchtiges Prognostikon für das Folgende des Mittags. — Da ihr solchen wichtigen Zwischensatz gar bald und leicht begriffen habt, so war auch der darauf folgende schnelle Aufflug des Geistes in diese Lichtgegend ja ebenfalls so gegründet, als all' die anderen. Wir sind nun in der Gegend des höheren Lichtes; wie kann es euch nun wundern, wenn allda unsere Fortschritte für den viel fertiger und geübter gewordenen Geist schneller sind, denn in den vorhergehenden zwei Gegenden? — Ich sage euch aber: Hier machen wir nur noch kurze Schritte, obschon diese schnell; doch in der Gegend nicht weitere, als wie weit das Auge unseres Geistes reicht. — Wenn wir uns aber von dieser Gegend dem Morgen nähern werden, da werden wir noch um's Unendlichfache größere und schnellere Bewegungen machen; — und sehet, Solches ist wieder ebenfalls ganz geistig natürlich. Solches ist ja ebenfalls schon bei den geweckteren Geistern auf einem Weltkörper gar deutlich zu erschauen, allda ein geübter Denker einen Gegenstand, den man ihm zur Beurtheilung vorlegen wird, gar schnell erfassen, und in all' seinen Theilen gar tüchtig und gründlich zergliedern wird; aber nur muß er noch immer einen Gegenstand vor sich haben, denn ohne einen solchen Gegenstand hört die Thätigkeit seines Geistes auf. — Also können auch wir die erschauten Räumlichkeiten allhier schnell durchwandern; wenn aber der Geist in einen noch viel freieren und ungebundeneren Zustand geräth, da befaßt er sich nicht mehr mit der Zergliederung des gegebenen Gegenständlichen, sondern da er zuvor aus dem Gegenständlichen allenthalben die Potenzen des Unendlichen gefunden hat, so wird auch sein Blick ein endlos tieferer und seine Schnelligkeit oder sein Fortschritt endlos fertiger. — Begreifet ihr solches Alles wohl? — Ihr bejaht es, und ich sage: Es ist gut, und wir können darum unsere Blicke von dieser schönen Höhe alsogleich wieder vorwärts in die noch beiweitem schönere vor uns liegende Gegend spenden. — Ihr wundert euch wohl, daß wir von diesem schönen hohen Gebirge, das wir ehedem von unserem schon bekannten Wohnhäuschen in weiter Ferne erschauten, nun nach vorwärts ganz eben hinsehen, und schauen von keinem Gebirge in ein Land hinab, sondern nur über die schönsten, weit gedehnten, allerfruchtbarsten Fluren von unserem Standpunkte ganz eben hinweg. Noch mehr verwundert ihr euch aber über den von euch schon früher erschauten Strom, wie dieser da in einer überaus schönen Breite frei und offen über das Gebirge herauf fließt. Ihr saget: Aber lieber Freund, das geht ja offenbar unnatürlich zu! — Ihr habet Recht, so lang ihr solch' eine Erscheinung mit weltlichem Auge betrachtet; aber mit geistigem Auge betrachtet verhält sich die Sache ganz anders, und ist aber dabei dennoch gerade also natürlich, als wie natürlich es da auf einem Weltkörper ist, daß sich das natürliche Gewässer von der Höhe in die Tiefe hinab stürzt. — Ihr fraget: Wie so denn? Solches mögen wir nicht recht wohl begreifen. — Das denke ich wohl auch; aber dennoch solltet ihr schon so weit sein, daß ihr auch diese Erscheinung von euch aus begreifen solltet. Saget mir: warum fließt denn auf den Weltkörpern das Wasser in die Tiefe? — Ihr saget: Vermög der ihm innewohnenden Schwere. — Wer bedingt denn die Schwere des Wassers! — Ihr saget: Die anziehende Kraft des Haupt- und Mittelschwerpunktes der Erde oder eines anderen Weltkörpers. — Gut geantwortet! — Wenn somit der allgemeine Mittelschwerpunkt der Erde die Schwere, und somit auch das Hinabfließen des Wassers in die Tiefe bewirkt, was erkennt ihr demnach in dieser geistigen Gegend für einen solchen allgemeinen Alles an sich ziehenden Gravitationspunkt? Ist es nicht der Herr, der da wohnt in der Höhe aller Höhen! — Sehet, aus diesem Grunde ist hier auch das Fließen des Wassers über die Höhen hinauf ja eben so geistig natürlich, als wie natürlich auf den Erdkörpern das Hinabfließen des Wassers ist. Solches begreift ihr nun auch; so werdet ihr hoffentlich begreifen können, was dieses Gebirge besagt, und das von selbem nun eben ausgehende Land. — Ihr saget zwar: Wir haben wohl so eine leise Ahnung; aber ganz bestimmt könnten wir uns darüber noch nicht aussprechen. Ich aber sage euch, daß Solches eben von euch aus sehr wunderbarlich klingt; warum habt denn ihr bei einem mehrere Stöcke hohen Hause Stufen angebracht, und wozu sollen diese dienen? — Ihr lächelt und saget: Das ist ja ganz natürlich; wie könnte man sonst von einem untern Stockwerke in ein höheres gelangen? Man müßte sich nur mühsam durch einen Strick aufwärts ziehen lassen. — Nun gut; wenn ihr schon eure Häuser auf der Welt so natürlich bequem einrichtet, meint ihr wohl, der große Baumeister müßte euch etwa in euerer guten Einsicht nachstehen? — Habt ihr nie gehört, wie es einst dem alten Jakob geträumt hat von einer Leiter, auf welcher Engelsgeister auf- und abstiegen, und zu oberst derselben Sich der Herr befand? — Sehet, da haben wir schon eine Sprosse oder eine Staffel von eben dieser Himmelsleiter. Da aber eine jede solche Stufe dieser Himmelsleiter um sehr Bedeutendes mehr sagen will, als eine Stufe eurer Häusertreppen, so sehen wir auch auf dieser Stufe des Wunderbaren und Herrlichen eine endlose Anzahl, werden aber dasselbe erst bei der nächsten Gelegenheit näher beschauen; — und somit gut für heute! —

## 116.
(Am 24. Januar 1843, von 4¼—6½ Uhr Abends.)

Wenn ihr euch auf diesem herrlichen Platze so ein wenig umsehet, was bemerket ihr da wohl? und zwar was fällt euch vor Allem am meisten auf? — Ihr saget: Lieber Freund, es wäre hier freilich wohl gut reden, wenn man nur Worte hätte um all' diese Gegenstände, die sich hier unseren Augen zahllosfältig vorstellen, zu bezeichnen; allein, wenn man die Worte dazu nicht hat, so bleibt einem nichts Anderes übrig, als höchstens mit dem Finger hinzuzeigen auf Dasjenige, was einem am meisten auffällt. — Denn was sich da dem Auge darstellt, kann weder ein Gebäude, noch ein Baum, noch ein Berg an und für sich sein; es ist ein gewisserart zusammengeflossenes Ganzes, aber aus den verschiedenartigsten in sich eben auch vollkommenen Bestandtheilen aller Art. — Ja, ja, ihr könnt eines Theils wohl Recht haben; wann ihr aber die Sache ein wenig schärfer anblicket, so dürfte sich die Sache der Gegenstände wohl auch deutlicher darstellen. Wir wollen einen kleinen Versuch machen; — was sehet ihr da gerade vor uns auf der rechten Seite des Stromes? — Ihr saget: Wir sehen einen sanft kegelförmigen Hügel, welcher zu unterst mit einer Art Ringmauer umfangen ist. Diese Ringmauer sieht aber mehr einem lebendigen Gartenspalier als einer eigentlichen Mauer ähnlich; das Blätterwerk aber scheint dennoch wieder aus einer Art Mauer zu wachsen. Die Mauer an und für sich aber ist stellenweise gefärbt durchsichtig, fast nach der Ordnung eines Regenbogens; ihre Höhe möchte kaum eine Klafter betragen. — Ueber der Mauer sind Bögen angebracht, wie etwa vom Glase; über den Bögen läuft eine Art Rinne wie aus Gold, und in dieser Rinne bewegen sich fortwährend allerlei gefärbte strahlende Kugeln, eine jede im Durchmesser von etwa zwei Spannen, und eine jede von der andern eine halbe Klafter abstehend. Die letzte Spitze dieses sanft kegelförmigen Hügels ist mit einer Art Tempel geziert. Die Säulen sehen aus als schlanke Pappelbäume bei uns auf der Erde; das Dach aber sieht dennoch also aus, als wäre es von polirtem Golde, und scheint mehr über denselben frei zu schweben, denn mit selben in irgend einer Verbindung zu sein. Am Dache zu oberst aber befindet sich wieder eine durchsichtige strahlende Kugel. — Siehe, lieber Freund, das ist nun Dasjenige, was wir zu allernächst hier erblicken, und zwar am rechten Ufer des herrlichen Stromes. — Dieses Alles aber scheint ein Ganzes auszumachen; unser Auge hat so Etwas nie gesehen, wie auch nicht leichtlich je eines Menschen Sinn sich Solches vorgestellt, daher wissen wir auch nicht, was es ist, wozu es ist, und was für einen Namen es hat. Es gewährt dem Auge zwar ein außerordentlich merkwürdig prachtvollstes Schauspiel; das ist aber auch Alles, was wir bis jetzt davon Reelles entnehmen können. — Nun, meine lieben Freunde, ihr habt die Sache gut angesehen; und somit kann ich euch schon sagen, daß Solches hier eben auch eine Wohnung der seligeren Geister ist. — Ihr saget zwar: Solches mag wohl sein; aber wir können bis jetzt noch nichts von der Bewohnerschaft eines solch' sonderbaren Wohnhauses entnehmen. — Ich aber sage euch: Begeben wir uns dieser sonderbaren Wohnung nur näher, und ihr werdet Dergleichen alsogleich gewahr werden. — Nun sehet, wir sind schon knapp an der Mauer, und dahier ist auch eine Eingangsthüre. Begeben wir uns nur sobald durch diese Thüre, und wir werden alsogleich zu den Bewohnern dieses Gebäudes kommen. — Wir sind nun innerhalb; seht umher, und saget mir, wie es euch nun vorkommt. — Ihr machet große Augen, und saget: Ja, aber was ist denn das schon wieder für eine Fopperei? — Wir sind kaum durch die früher geschaute sonderbare Ringmauer gekommen, und siehe, die Ringmauer ist nicht mehr, der Hügel nicht mehr, also auch das sonderbare Tempelgebäude auf demselben nicht mehr, und das ganze Land, so weit nur unsere Augen reichten, steht nun ganz anders aus, als zuvor. Ehedem erblickten wir über die Ebenen eine Menge solch sonderbarer Wohngebäude auf ähnlichen größeren oder kleineren Hügeln; jetzt sehen wir dafür eine große Menge der großartigsten Paläste von wunderbar schönster Bauart, und am Ufer des Stromes, der allein uns noch geblieben ist, sogar bedeutend große Städte. — Lieber Freund, was soll's denn da mit solch' einer Metamorphose? — Hätten wir denn nicht eben so gut können die frühere von Außen her erschaute sonderbare Wohnung auch von Innen aus als solche erschauen? — Ja, meine lieben Freunde, nach irdischem Maßstabe wäre Solches freilich wohl naturmäßig richtig zu nehmen; — aber nach dem geistigen Maßstabe geht Solches durchgehends nicht an. — Ihr saget zwar: Hat denn der Geist seine Augen nicht zu schauen die Dinge, wie sie sind? — Warum muß er denn ein Ding nur von einer Seite erschauen wie es ist, und will er eben dasselbe Ding auch von der andern Seite beschauen, so ist es für ihn verschwunden, und so gut als gar nicht mehr da? — Ja, ja, meine Lieben, wenn ihr auf der Erde mit den fleischlichen Augen einen Gegenstand betrachtet, so wird derselbe Gegenstand wohl auch stätig bleiben und sich nicht verändern, und ihr werdet ihn als solchen seiner äußeren Verfassung nach immer erkennen. — Ich setze aber den Fall, es genügte Einem oder dem Andern nicht nur die stets gleiche äußere Formbeschauung, sondern er möchte die Wesenheit des ganzen Gegenstandes kennen lernen, und zwar zuerst auf dem mechanischen Theilungswege, und hat er den Gegenstand in hinreichend viele Theile getheilet und dieselben einzeln besichtiget, so wird er für's Zweite noch zu der Chemie seine Zuflucht nehmen und den ganzen getheilten Gegenstand in allerlei Ursubstanzen auflösen, und bekommt hernach anstatt des früheren formellen Gegenstandes lauter Grundstoffe, aus denen der frühere Gegenstand in seiner Form bestanden ist. Könnte ich euch nun nicht auch fragen: Warum läßt sich denn bei solch' einer chemischen Untersuchung die frühere Form des untersuchten Gegenstandes nicht mehr erschauen? — Ihr saget: Lieber Freund, das ist ja ganz natürlich; denn durch die Theilauflösung des Gegenstandes mußte ja doch nothwendig die frühere grobe Außenform verloren gehen. Gut, sage ich; was war aber die Veranlassung oder die Ursache, daß die früheren eine ganz bestimmte Form bildenden Theile also mußten aufgelöst werden? — Ihr zucket mit den Achseln, und seid um eine giltige Antwort verlegen; — nun gut, so will ich euch denn eine Antwort darauf geben. Die Ursache war Geist, der da tiefer eindringen wollte in das Inwendigere der Materie. Er hat die

Wege betreten, ist in das Inwendige der Materie gedrungen; dadurch aber ist doch offenbar die erst angeschaute Form wie gänzlich aus dem Dasein verschwunden. — Nun sehet, was auf der Erde noch immer mehr mechanisch vorgenommen wird zum sättigenden Bedürfnisse des Geistes, das stellt sich hier im Geiste in der schönsten harmonischen Wirklichkeit dar; denn wenn ihr hier in irgend ein Ding, das ihr ehedem von Außen geschaut habt, eingehet, so will das so viel sagen, als: ihr gehet in die innere Bedeutung und sonach auch gänzliche Zerlegung und Auflösung desselben ein, oder ihr gehet dem geschauten Dinge auf seinen Grund. Darum mag man denn auch hier von Innen aus nicht mehr die von Außen her geschaute Form entdecken, sondern die innere, dieser äußeren Form noch tiefer geistig entsprechende Bedeutung. Damit ihr aber Solches noch deutlicher erschauet, so will ich euch die früher von Außen her erschaute Form mit dem nun inwendig Erschauten entsprechend erklären. Der Strom bedeutet hier durchgehends und somit allzeit sichtbar das geistige Leben für sich genommen, wie dieses ist bestehend aus der Liebe und Weisheit, oder was identisch ist, aus dem Glaubenswahren und Liebeguten. Der zuerst erschaute Hügel am rechten Ufer dieses Stromes bezeichnet an und für sich das Emporstreben der Weisheit; die sanfte Erhöhung bezeichnet, daß die Weisheit der Liebe entstammt. Die den Hügel einschließende Ringmauer bezeichnet, daß sich die Weisheit noch immer innerhalb einer gewissen Form bewegt; weil aber die Ringmauer vollkommen rund um den Hügel geht, so bezeichnet Solches, daß die Weisheitsform durch die Liebe gesänftet ist. Solches besagen auch die aus der Mauer hervorwachsenden Blätter, daß der Weisheitskreis mit Leben durchweht ist, welches ebenfalls die Liebe ist. Daß diese Mauer hier und da farbig durchsichtig ist, Solches bezeichnet die Einung der Liebe mit der Weisheit; die Bögen über dieser Ringmauer bezeichnen die Ordnung der Weisheit; wenn sie mit der Liebe vereiniget ist. Die fortlaufende Rinne über den Bögen bedeutet ein offenes Aufnahmsgefäß, welches ist ein Weg des Lichtes; die in dieser Rinne fortrollenden strahlenden Kugeln bezeichnen das wirkliche Leben, welches aus der Weisheit hervorgeht, wenn diese mit der Liebe vereiniget ist. Der Tempel auf dem Hügel, dessen Säulen gleich sind lebendigen Pappelbäumen, über welchen ein goldenes Dach, zu oberst mit einer Strahlenkugel versehen, sich schwebend befindet, bezeugt, daß solche Weisheit mit der Liebe zum Herrn belebt ist; daher die lebendigen Säulen. Das schwebende Dach aus Gold bezeichnet den Reichthum der göttlichen Gnade aus solcher Liebe heraus; die Strahlenkugel über dem Dache bezeichnet dann die lebendige hohe Weisheit in den göttlichen Dingen. — Sehet, das ist einmal unser Bild. Wenn wir nun in dasselbe hinein gehen, so hat es mit demselben auch ein Ende; aber an dessen Stelle erschaut ihr dann die dargestellte erhabene Wirklichkeit, welche in solcher Sphäre hervorgeht aus der mit Liebe zum Herrn verbundenen Weisheit. — Alle diese Paläste, Gebäude und Städte entsprechen dann ihrer Zweckdienlichkeit nach dem Liebeguten, und die herrliche Form allerorts der strahlenden Weisheit. Also hätten wir uns dieses Wichtige wieder eigen gemacht, und können uns daher auch in dieser Gegend fürbaß bewegen und die Herrlichkeiten durchmustern, jedoch werden wir uns nirgends in ein solches Gebäude hinein begeben; denn im Inwendigen eines solchen Gebäudes würdet ihr wieder ganz andere Dinge erschauen, und es würde da dann Vieles zu erörtern und zu besprechen geben, und wir würden am Ende wirklich zu keinem Ende gelangen. Werdet ihr aber einmal selbst reiner geistig und im ganz geistigen Zustande sein, so werdet ihr die endlosen Verschiedenheiten und Wundermanigfaltigkeiten ja ohnehin ewig hin zu beschauen und zu betrachten bekommen; unsere Sache aber ist nur hier durchzuschauen, wie alles Geistige sich artet. Und so denn könnt ihr nun euren Augen den freien Lauf geben und nach allen Seiten herum die großen Wunderherrlichkeiten zur Genüge betrachten, und wir wollen für's nächste Mal dann all' das Geschaute reassumiren und uns sodann wieder weiter begeben; — und somit gut für heute! —

### 117.
(Am 25. Januar 1843, von 5—8 Uhr Abends.)

Nun denn, ihr habt herum geblickt nach allen Seiten und geschaut Herrlichkeiten aller Art ohne Zahl und ohne Maß; saget mir nun aus dem Vielen, das ihr geschaut habt, was euch wohl am meisten angesprochen hat? — Ihr saget: Lieber Freund, auch dir ist es vergönnt, in unser Inneres zu blicken; daher habe du vor uns die Güte, und reassumire das Bessere und das Herrlichere, was wir geschaut haben. Nun wohl denn. Ich will es ja thun; denn ich lese es aus euren Augen und aus euren Gesichtszügen, was euch von all' dem Geschauten am meisten gefiel. — Die endlos großen, überaus prachtvollen, glänzenden Paläste waren es nicht, die euch zumeist gefallen hätten, auch die Städte, die da an dem Strome erbaut sind, weckten nicht eure fernere Schaulust, aber dort mehr im Hintergrunde jenseits des Stromes gegen den Morgen hin ersahet ihr niedliche Hügel, auf denen kleine und mehr armselig erbaute Häuschen sich befanden, dahin hattet ihr zumeist eure Blicke gewendet. — Ich sage euch: Wenn man hier weltlich ästhetisch urtheilen würde, da möchte man sagen: Meine lieben Freunde, ihr habt einen ganz verdorbenen Geschmack; — wenn wir aber geistig urtheilen, da muß ich zu euch sagen: Meine lieben Freunde, ihr habt eine feine Nase und wittert daher gar wohl, daß hinter diesem klein scheinenden Niederlassungsplätzchen noch etwas viel Erhabeneres steckt, als es sich hier dem Auge zu erkennen giebt. Darum saget ihr auch geheim in eurem Gemüthe: Lieber Freund und Bruder, wenn wir zu wählen hätten, so möchten wir wohl hundert der herrlichst hier geschauten Paläste gegen ein solches Häuschen vertauschen! — Ihr habt sicher nicht Unrecht; dessen ungeachtet aber verdient doch auch solch' ein großartiger Palast in dieser Gegend hier seine Beachtung. Sehet nur einmal einen recht an, wie er da erbaut ist aus glänzend weißem Gesteine, und hat vollkommen sieben Stockwerke, da ein jedes Stockwerk eine Höhe von dreißig Ellen hat, und hat ein jeder Palast vier vollkommene Fronten, und eine jede Fronte der Reihe nach besteht aus siebzig großen Fenstern, da jedes von dem andern sieben Ellen absteht; — aus jeglichem Fenster dringt ein Licht wie das der Sonne, und eine jede Fronte ist rings herum vor den leuchtenden Fenstern und zwar von allen Stockwerken mit einem Säulengange verziert, welcher also leuchtet, als wäre er vom reinsten polirten durchsichtigen Golde, und das Dach eines solchen Pallastes sieht also aus, als wäre es eingedeckt mit großen Diamanttafeln. — Um diesen großen Palast ist noch dazu ein verhältnißmäßig großer Prachtgarten angelegt, in welchem ihr Tausende und Tausende der wunderbarst herrlichsten Blumen erschauet, und wieder Tausende und Tausende von aller Art der herrlichsten Fruchtbäume. — Zwischen den Blumen und Fruchtbäumen erblicket ihr in allen Farben glänzende Pyramiden; die Spitzen der Pyramiden sehet ihr mit großen überstark leuchtenden Kugeln geziert; in der Höhe dieser Kugeln erblicket ihr wie eine Krone, aus deren Spitzen Quellen springen, und wie ihr sehet, so hoch in die glanzvollen Lüfte empor, als da euer Auge reicht. Die kleinen Tropfen vergrößern sich in dieser Glanzluft, und sinken dann in allen Farben und in der schönsten Ordnung wieder majestätisch langsam in den Garten herab, und verflüchtigen sich in demselben, in die manigfaltigsten himmlischen Wohlgerüche sich auflösend. Wenn ihr ferner eure Augen noch mehr anstrenget, so erblicket ihr auch in einem solchen Garten eine große Menge überschöner, herrlicher und seliger Menschen beiderlei Geschlechtes wandeln. Sehet, da eben nahe am Eingange in dem herrlichen Garten steht ein Mann. Er ist angethan mit weißem Byssus, trägt auf dem Haupte eine glänzende Krone; sein Gesicht ist weiß wie der Schnee, seine Haare sind gefärbt, als beständen sie aus Gold. — Sehet, wie herrlich sich dieses Alles ausnimmt! — Gar sehr vortheilhaft ist der Abstich der Hautfarbe von der glänzend rothen Verbrämung seines Kleides, und der Gürtel um seine Lenden, spielt er nicht, als bestände er aus vielen Sternen? — Und nun sehet, da kommt eben ein weiblicher Geist zum Eingange des Gartens hervor; — wie gefällt euch dieser wohl? — Ihr saget: Lieber Freund, beim Anblicke dieses Wesens vergehen einem ja gerade alle Sinne; wahrlich, so etwas Vollkommenes kann ein sterblicher Mensch nicht einmal ohne plötzliche Lebensgefahr ansehen, geschweige erst sich etwas Aehnliches denken! Dieses weibliche Geistwesen ist wahrhaft über alle menschlichen Begriffe, man könnte sagen: beinahe mehr denn himmlisch schön! — Welche endlos erhaben süße Freundlichkeit im Gesichte; welche endlose Weichheit und herrlichste Färbung der Form des Gesichtes! Das glänzend hellblonde reichliche Haar, auf dem übersinnlich schönen Kopfe eine glänzende Krone wie aus den herrlichsten Diamanten, das glänzende himmelblaue Kleid mit blaßrother Verbrämung; ach, wie harmonisch herrlich ist dieses Alles! — Wir sehen auch den einen Arm, über welchen dieses herrliche Kleid mittelst einer allerschönsten Agraffe in Falten zusammen gezogen ist; welch' eine Rundung und Harmonie in diesem Arme! Er scheint ja doch so weich zu sein als ein sanfter Hauch der schönsten Frühlingsmorgenröthe! — Und, o lieber Freund, da erblicken wir ja auch entgegengesetzt dem Arme, den wir sehen, dieses Engelweibes Fuß bis über das Knie. — Wahrlich, solch' ein Anblick ist zu viel, selbst für ein geistiges Auge; denn die harmonische Weichheit und Vollkommenheit ist hier ja unaussprechlich. — Wahrlich nur einem Gott kann es möglich sein, solch' eine unaussprechliche Harmonie darzustellen! — Und, lieber Freund! wir ersehen ja noch eine große Menge solcher himmlischer Herrlichkeiten im lichten Hintergrunde; wahrlich in solch' einer Gesellschaft ein mitseliger Bruder zu sein, wäre der Seligkeit denn doch etwas zu viel! — Ja, meine lieben Freunde, solcher Herrlichkeiten giebt es hier in endlos großer Menge; ich aber frage euch: Wie gefällt euch nun ein solcher Palast? — Wie es mir vorkommt, so scheint ihr euch etwas hinter den Ohren kratzen zu wollen, und wollt damit sagen: Lieber Freund, wenn es so eigentlich auf uns ankäme, so hätten wir bei solcher Ansicht gegen den Palast im Vergleich mit jenen Hügelhäuschen dort über dem Strome beinahe gar nichts mehr einzuwenden; denn wir wären mit solch' einer Seligkeit unter dem von selbst sich verstehenden reingeistig sein sollenden Zustande in alle Ewigkeit, wenn es nicht anders sein könnte, zufrieden, — besonders wenn man hier auch dann und wann der Gnade gewürdiget wäre, den Herrn zu Gesichte zu bekommen. Wenn aber Solches nicht der Fall sein dürfte, da freilich würden wir wohl unser Wort ein wenig zurücknehmen. — Ja, meine lieben Freunde, also wie es nun euch geht bei dem Anblicke dieser Herrlichkeiten, also ist es schon gar Vielen gegangen. Der Unterschied besteht nur darin, daß ihr hier zollfrei durchkommt, wirklich hierher gekommene Geister aber hier eine noch gar sehr mächtig starke Prüfung finden, in welcher sie sich selbst verleugnend behaupten müssen, wenn sie allhier über den Strom in das anderseitige Hügelland mit den niedlichen Häuschen gelangen wollen. — Ihr fraget, was und woher wohl diese seligen Geister sind, die da bewohnen diesen Palast? — Das sind Geister theils armer, theils auch reicher Familien der Erde, welche theils vom euch schon bekannten Abende mit der Zeit hierher gelangt sind, theils aber auch zufolge ihrer auf den Glauben an den Herrn streng gerichteten und wohlbegründeten rechtlichen Lebensweise auf der Erde. Weiter gegen den tieferen Mittag hinein würdet ihr auch auf selige heidnische Geister treffen, welche auf der Welt ihrem Glauben getreu gelebt und in der Geisterwelt den Glauben an den Herrn bereitwillig angenommen haben. In diesem vor uns stehenden Palaste aber wohnen schon ursprünglich Christgläubige und zwar aus der Secte der Kalviner; drei unter ihnen waren auf der Welt eben nicht die reichsten, sondern gehören mehr zu der dienenden Klasse. — Die ersten Beiden aber, die ihr am Thore erblickt habt und nun auch noch dort erschauet, waren gar armselig auf der Erde. Er war ein Alpenhirt in der Schweiz, und sie war ebenfalls eine allerunansehnlichste Kuhmagd; mit der Zeit lernte dieser fromme Hirt die guten christlichen Eigenschaften der Magd kennen, und hat dieselbe dann nach seiner Confession zum Weibe genommen. — Dieses Paar lebte überaus züchtig bis zur letzten Stunde miteinander. Sie hatten auch etliche Kinder; diese erzogen sie strenge nach ihrer christlichen Confession, und dieser Grund ward dann durch fünf Glieder treu beobachtet. — Und so seht ihr hier, was selten der Fall ist, eine selige blutsverwandte Familie von Eltern, Kindern und Kindeskindern. Das vorige Paar ist somit auch das Urgroßelternpaar der ganzen Familie. Die drei Geringeren in dieser Gesellschaft sind zwar auch Verwandte dieser Familie; aber sie sind von solcher Art, welche da durch irdische Glücksumstände sich weltlich emporgehoben haben, und dadurch zu ansehnlichen und reichen Menschen geworden sind. — Durch solchen irdischen Reichthum und irdisches Ansehen haben sie auf der Welt auch viele Vortheile und Lebensbequemlichkeiten genossen, welche den anderen arm gebliebenen Familiengliedern fremd geblieben sind; darum müssen sie hier dafür eben auch so Manches entbehren, was nun die ärmeren Familienglieder im vollsten Maße genießen können. Dessen ungeachtet sind sie hier dennoch auch für euch unaussprechlich glücklich, weil sie ihr weltliches Ansehen und ihren Reichthum zumeist zu guten Zwecken verwendet haben. — Wir wollen aber, da wir schon einmal hier sind, den beiden Ersten vor ihrem Gartenthor dennoch einen kleinen Besuch abstatten, und das zwar darum, damit ihr ein wenig erkennet, welches Geistes Kinder sie sind; — und so denn begeben wir uns auf eine kurze Zeit hin. — Sehet, sie haben uns schon erblickt und eilen uns entgegen; aber wie ihr sehet, so halten sie nun auch plötzlich inne. Was mag wohl die Ursache sein? Sie wittern noch etwas Sinnliches in euch; daher wollen sie lieber abwarten, daß wir zu ihnen kommen. — Nun sehet, wir sind bei ihnen, und der überaus herrlich schöne Mann empfängt uns mit folgenden Worten: Seid mir gegrüßt in der Reinheit des Wortes des Herrn! — Darf ich, der unterste Knecht dieser Wohnung, euch fragen, welch' ein reiner und guter Sinn euch hierher geführt hat? — Da ihr hier nicht zu reden vermöget, so muß schon ich an euerer Staat das Wort führen. — Lieber Freund! Deine Frage ist gerecht und billig, und der Ton deiner Rede ist voll reiner Weisheit der Himmel; aber stehe, Eines mangelt deinen Worten, und dieses Eine ist die Liebe! — Du bist zwar herrlich bestellt in deiner Haushaltung, und deiner reinen Weisheit entstammt dein ganzes herrliches Besitzthum; aber stehe, ein Sandkörnchen im Reiche der Liebe des Herrn wiegt schon unendlichfach alle diese Herrlichkeit auf! — Siehe, diese da mit mir sind Schüler der Liebe, und ich bin ihnen nun aus der allerhöchsten Liebe ein Führer im Namen des Herrn; und von diesem Gesichtspunkte aus erkenne und erfasse uns! Siehe, Reinheit der Sitten ist eine herrliche Tugend, und der Gerechte ist ein Freund des Herrn; aber stehe, so Einer da ist ein Sünder, und thut Buße aus der Liebe zum Herrn, der ist Ihm angenehmer, denn neun und neunzig Solche, wie du Einer bist in aller Reinheit deiner Sitten, der da nie bedurft hat der Buße. Und du, reines Weib dieses reinen Mannes! wahrlich, wie ein allerreinster Stern war dein Lebenswandel, und eine nie gebrochene Keuschheit war dein Weg in dieses herrliche Reich! Aber sieh, im ewigen Morgen wohnen gar Viele deines Geschlechtes, welche gar oft wider ihr Fleisch gesündigt haben; diese Sünderinnen aber haben ihre Schuld erkannt, demüthigten sich allerreuigst vor dem Herrn, und erbrannten dann in großer Liebe zu Ihm also sehr, daß sie nichts Anderes suchten, als nur so viel Gnade von Ihm, daß Er Sich ihrer erbarmen und sie nach dem Tode aufnehmen möchte zu den Allergeringsten unter Denjenigen, die sich Seiner unendlichen Erbarmung zu erfreuen hätten! — Und siehe, Solche wohnen nun allerseligst in der beständigen Gesellschaft des Herrn in dem ewigen Morgen! — Wahrlich herrlich und überaus prachtvoll ist Alles hier; aber eine allergeringste Strohhütte im Reiche, da der Herr wohnet, steht unendlichmal höher, denn alle diese Pracht! — Nun sehet, wie dieses Paar sich auf die Brust schlägt; und er und sie sprechen einstimmig: O mächtige Freunde des Herrn, ihr habt uns mit wenigen Worten Unendliches gesagt. Wir haben es wohl geahnt gar lange schon, daß es noch etwas Höheres und Erhabeneres geben müsse, als Dieses da ist, aber wir wußten keinen Ausweg, denn unsere Weisheit mußte sich hier das Erhabenste zu schaffen; — jetzt aber wissen wir, daß solches Alles nur war eine Zulassung, damit wir daraus stets mehr und mehr die Liebe hätten erkennen sollen. — Sage uns daher, was wir thun sollen, um nur eines Tropfens der eigentlichen Grundliebe gewürdiget zu werden. — Nun sage ich zu ihnen: Lieber Freund, und du liebe Freundin, habt ihr nie gehört, was da der Herr gesprochen hat zum reichen Jüngling: „Gebe Alles hintan; du aber komme und folge Mir nach!?" — Ferner, habt ihr nicht gelesen die Stelle im Buche, allwo der Herr einen ewig giltigen Vergleich aufgestellt hat, als zu gleicher Zeit vorne im Tempel ein gerechter Pharisäer dem Herrn seine Werke, vollkommen nach dem Gesetze Mosis, vortrug, während im tiefen Hintergrunde ein armer Sünder auf seine Brust schlug, und sprach: „O Herr! ich bin nicht würdig meine Augen zu erheben empor zu Deinem Heiligthume!" — Welchen hat hier der Herr gerechtfertiget? — Ihr saget: den demüthigen Sünder. — Nun sehet, aus diesem könnt ihr nun gar leicht den eigentlichsten Weg zum Herrn finden. Also thut auch ihr; denn das Wort des Herrn hat auch seine volle Geltung in den Himmeln, und das für alle Ewigkeiten! — Seht ferner: Vor Ihm giebt es nichts Reines und nichts Gerechtes; denn Er allein ist rein, gerecht, gut und barmherzig! — Haltet euch nicht für vollkommen, sondern thut, was der Sünder in dem Tempel that, und was da that ein euch wohlbekannter Mitgekreuzigter des Herrn, — und ihr werdet dann erst die wahre Rechtfertigung, welches ist die alleinige Liebe zum Herrn, finden. Werdet arm, ja werdet vollkommen arm, damit ihr reich werdet in der Liebe des Herrn! — Nun sehet, das Paar steht auf und kehrt weinend zurück; und nun sehet, wie sich Alles vor dem Palaste versammelt und alleraufmerksamst diesem Großelternpaare zuhört; — sehet, wie sie Alle ihren Schmuck niederlegen und auch ihre herrlichen Kleider vertauschen mit ganz dürftiger Leibesbedeckung, — und sehet, wie das Urgroßelternpaar den drei früher Aermsten alle diese Herrlichkeit überantwortet, und nun, wie ihr sehet, sich eine große Gesellschaft von mehreren hundert Köpfen eiligst zu uns herausbegiebt. Ihr fraget: Aber lieber Freund! was werden wir wohl mit ihnen machen? — Ich aber sage euch: Seid dessen unbesorgt; ihr werdet hier bei dieser Gelegenheit eine wahrhaft himmlische Sonne erschauen, daß euch darüber, wie ihr zu sagen pflegt, nahe Hören und Sehen vergehen wird! — Doch solche Scene wollen wir erst im nächsten Verfolge beschauen; — und somit gut für heute! —

## 118.
(Am 25. Jan. 1843, von 5—7¾ Uhr Abends.)

Nun sehet, die ziemlich starke Gesellschaft ist uns schon nahe; betrachtet nun die lieben Kinder, wie da eines himmlisch schöner ist als das andere! In einer Jeden Physiognomie stellt sich euch eine andere Schönheit dar; die männlichen Engel sind jugendlich kräftig, in ihrer Gesichtsbildung ist allenthalben ein überaus weicher Ernst zu schauen. Ihre Augen sind groß, besagend, daß in ihnen viel Lichtes ist; ihre Nasen wohlgebildet und überaus zart gestellt. Diese besagen, daß sie einen überaus zarten und sehr scharfen Gefühlstact haben. Ihr Mund ist weich und zumeist geschlossen; Solches besagt, daß die Weisheit verschwiegen ist. Ihr Kinn ist ebenfalls sanft und ohne Bart; Solches besagt, daß die eigentliche Weisheit offen ist, und sich nicht umhüllt mit einem rauchbuschigen Mysticismus. Glatt und rund ist ihr Hals; Solches besagt, daß die Wahrheit als nach ihrem Grundsatze betrachtet etwas wohl Aufzunehmendes und in sich abgerundetes Ganzes ist. Sehet ferner die Weichheit ihrer Hände; Solches besagt, daß die Weisheit Alles mit guter Vorordnung ergreift und mag nichts Unvollkommenes antasten. — Ihr saget hier: Es ist überhaupt merkwürdig, daß sich hier das männliche Wesen nahe eben so wie das weibliche in der schönsten abgerundeten Form zeigt, so zwar daß man am Ende kaum weiß, woran man als selbst männlicher Geist ein größeres Wohlgefallen finden könnte, ob an der überaus herrlichen männlichen Gestalt, oder an der weiblichen? — Solches hat seinen Grund, meine lieben Freunde, in der wahrhaften himmlischen Ehe, und das zwar dem zu Folge, weil es in der Schrift heißt, daß der Mann und das Weib ein Fleisch sein sollen. Darum unterscheiden sie sich hier auch nur ein wenig, und sind, wie es der Herr gesagt hat, alle gleich den Engeln Gottes. — Ihr fraget zwar: ob bei den Geistern hier nicht ein geschlechtlicher Unterschied obwalte? — Ich sage euch: Solches ist hier eben so gut der Fall, als wie auf den Erdkörpern, und die Geister essen und trinken auch hier, und verrichten daher auch ihre Nothdurft. Ferner genießen diese himmlischen Eheleute auch also wie auf der Welt die ehelichen Freuden; aber solches Alles gestaltet sich hier vom Gesichtspunkte der Bedeutung aus betrachtet ganz anders denn auf den Erdkörpern. — So besagt das Essen und Trinken die Aufnahme des Göttlichguten und Göttlichwahren; und derjenige Act, den ihr da sinnlicher Maßen als den Begattungsact kennet, besagt die Vereinigung des Liebeguten und Glaubenswahren zu einem liebthätigen Ersprießen. Die ganze Sache verhält sich hier so als Ursache, Wirkung und Zweck. Wer alsdann wirken will, der muß ja zuvor das wirkende Princip als eine Grundursache in sich aufnehmen; und Solches wird hier verstanden unter dem Insichnehmen der Nahrung. Das Verdauen dieser Nahrung bewirkt und unterstützt das fortwährende Leben der Geister; das Leben aber will nicht und kann nicht als ein isolirtes für sich allein da stehen, sondern es ergreift das ihm zusagende und entsprechende Object, und theilt sich demselben also mit, daß dadurch aus gewisserart zwei Leben vollkommen Eines wird. Dieses kann man dann unter dem Gesichtspunkte des Zweckes betrachten; der Zweck aber wird dann zum Ersprießen, indem ein vereintes Leben ein in Allem mächtiger wirkendes ist, als ein für sich allein geeinzeltes, welches nicht als ein vollkommenes Leben betrachtet werden kann, weil sich in ihm unmöglich ein Zweck und sonach auch kein Ersprießen ausspricht. — Versteht ihr Solches? — Ihr saget: Lieber Freund, eines Theiles wohl; aber so ganz klar will uns die Sache noch nicht werden. — Nun gut; ich will euch die Sache noch ein wenig näher beleuchten. Ihr habt auch auf der Erde schon einen solchen entsprechenden Act, der da ähnlich ist dem Begattungsacte der Geister. — Was geschieht, wenn da ein lebensstarker Mann irgend ein weibliches Wesen von euch sogenannt magnetisch behandelt? Hier geschieht nichts Anderes, als daß der Mann mit seinem kräftigen Geiste in den schwächeren Geist des Weibes eindringt, ihn dadurch aufweckt und mit seiner Kraft unterstützt, indem er sich mit demselben auf eine Zeit lang rapportirlich vereinigt, oder vielmehr mit demselben einen geistigen Ehebund eingeht. Was ist die Wirkung dieses Bundes? Wenn ihr nur einigermaßen die vielfachen Erscheinungen aus diesem Gebiete betrachtet, so könnt ihr unmöglich etwas Anderes sagen, als: Der schwache weibliche Geist ist durch die mit ihm vereinigte Kraft des männlichen Geistes in einem sehr erhöhten Zustande kräftig geworden, und kann in solchem Zustande Dinge leisten, die ein isolirter Geist im naturmäßigen Zustande wohl höchst selten, und dann nur sehr schwer zu bewirken vermag. — Das Hellsehen, das sich und Andere Erkennen und, kurz gesagt, das kräftig helle geistige Durchdringen in sonst unerforschliche Schöpfungstiefen ist der Erfolg solcher Vereinigung. — Nun sehet, gerade also artet hier der sogenannte Act der Begattung; diese ist ein Sichergreifen zweier sich innig verwandter geistiger Potenzen, und der Erfolg solches Ergreifens ist dann eben auch ein demjenigen euch bekannten Acte entsprechender, den wir so eben besprochen haben. — Nun saget ihr wohl, daß euch dieses klar ist; aber ihr fraget noch, auf welche Weise dieser Act hier vollzogen wird der erscheinlichen Form nach? — Ich sage euch, solch' ein Act wird der Erscheinlichkeit nach auf dieselbe Weise vollzogen, wie er bei den Ehegatten vollzogen wird; aber es ist dabei von irgend einer Sinnlichkeit nie die allerleiseste Spur. — In der ersten Kirche, welche die adamitische war, wurde ein solcher Zeugungsact von jenen Menschen, die damals mit den Himmeln in beständigem Verkehr gestanden sind, ebenfalls vielmehr auf eine geistige Weise, denn auf eine sinnliche begangen. Bei Gelegenheit eines solchen Actes wurden die beiden Ehegatten mehr denn sonst vom göttlichen Geiste durchdrungen, geriethen dadurch in einen leiblichen Schlaf, erweckten sich dann bald aus diesem naturmäßigen Schlafe, und wurden dann im Geiste Eins, und sonach auch völlig in den Himmel entrückt; — allda erst verrichteten sie den Act der Zeugung, und wurden nach demselben wieder sobald wie geschieden in die naturmäßige Welt leiblich versetzt. — Aus dieser Ursache wurde damals dieser Act auch der Einschlaf, Mitschlaf, auch Beischlaf benamset. Da aber mit der Zeit die Menschen durch allerlei Weltgenüsse naturmäßiger und sinnlicher geworden sind, so fingen sie auch an, ohne geistige Vorbereitung in ihrer naturmäßigen Sphäre den Weibern rein thiermäßig beizuwohnen, geriethen dabei in keinen geistigen Schlaf mehr, oder vielmehr in einen natürlichen Schlaf, damit der Geist frei würde; darum wurden demnach aber auch die Früchte als Zwecke der Ursache und Wirkung, wie eben die Ursache und Wirkung selbst bestellt war. Ihr saget ja selbst: Ex trunco non fit mercurius; wie wäre es demnach wohl möglich, auf dem rein thierischen naturmäßigen Wege Früchte des Geistes zu zeugen? Ich meine, wenn ihr diese wichtige, althistorische, vollkommen wahre Darstellung nur ein wenig beachtet, so werdet ihr euch nun auch den rein himmlischen Begattungsact richtiger und würdiger vorstellen können, als ihr Solches sonst vermocht hättet, indem ihr diesen Act zufolge seiner gegenwärtig rein sinnlichen Erscheinung und zufolge des eben aus dem sinnlichen Grunde erfolgten mosaischen Gesetzes hinsichtlich der Unkeuschheit nothwendig als einen unlauteren und somit auch unheiligen betrachten müsset. — Dieses wüßtet ihr nun; was aber besagt denn die ähnliche Nothdurftverrichtung der Geister? — Was besagt denn die naturmäßige? — Sie besagt nichts Anderes, als die Hinwegschaffung der formellen Aeußerlichkeit, wenn diese als Trägerin lebenhaltender Substanzen eben diese Substanzen abgegeben hat. Nun sehet, das Leben kann sich unmöglich anders manifestiren und kund geben, als nur unter einer ihm entsprechenden Form; diese Form entspricht aller äußeren häutigen Umfassung der Dinge. Sind auch diese Früchte, die ihr hier sehet, nichts als lauter lebendige Entsprechungen ursprünglich der Liebe und Weisheit des Herrn, und dann aber, wie hier erscheinlich, auch Entsprechungen vom Glaubenswahren und Liebthätigkeitsguten, so können sie aber dennoch nicht ohne die erscheinliche Form dargestellt werden; so wenig, als ein Gedanke ohne Wort darstellbar ist. Wenn ihr demnach Worte höret, so esset ihr geistige Früchte; die Worte als Formen werden von euch gar bald wieder geistig hinweggeschafft, aber der Sinn der Worte bleibt in euch. — Sehet, Solches entspricht völlig dieser geistigen Nothdurftverrichtung. Die Formen sind die Träger des Lebendigen; da aber das Lebendige nur Göttliches ist, und somit das Allerinwendigste und sonach allerreinst Geistige, daher kann es auch von keinem äußeren Geiste ganz rein für sich aufgenommen werden. Darum erschafft der Herr denn entsprechende Liebformen, welche da Träger sind Seines Lebens; wollen wir demnach dieses Leben in uns aufnehmen, so müssen wir es sammt der Form aufnehmen. In uns erst wird die Form als der Lebensträger zerstört; das Leben wird dadurch frei, und vereiniget sich sobald mit dem ebenfalls göttlichen Leben in uns, dasselbe lebendig stärkend und erhaltend. Die Form selbst aber wird dann nach der Ordnung des Schöpfers aus unserer ganz lebendigen Wesenheit hinausgeschafft. — Bei euch auf der Erde nennt man Solches den Unrath; hier aber wird Solches die Scheidung genannt. Bei euch ist die Form grobmateriell, bei uns ebenfalls geistig; daher alsogleich flüchtig und gänzlich verschwindend. — Da ihr nun solches Alles wisset, so wollen wir uns denn nun wieder zu unserer zahlreichen überschönen Gesellschaft wenden. — Sehet, unser früheres Urgroßelternpaar steht schon bei uns, und er naht sich mir, und spricht: Mächtiger Bewohner des ewigen Morgens, der du sicher bist ein gar lieblicher Freund des Herrn, siehe, wir haben nun Alles verlassen und alle unsere Habe und unsere Kostbarkeiten hintangegeben nach deinem Rathe. Du siehst, daß wir unserer Viele sind, und dennoch ist nicht Eines darunter, das da hätte einen andern Sinn denn ich. Hier stehen wir nun demüthigst vor dir, der du hier bist im Namen des Herrn; sage, was du willst, das da ist der Wille des Herrn, und wir wollen es thun! — Nun spreche ich zu ihnen: Lieben Brüder und liebe Schwestern! lasset euch nicht gereuen euren Vorsatz in der Liebe zum Herrn, und folget uns in Seinem Namen! — Sehet dorthin jenseits dieses Stromes, allda ihr auf mehr unwirthbar scheinenden Hügeln in gerechten Entfernungen unansehnlich kleine Häuschen erschauet; dahin will ich euch führen und Jeglichem geben seine Wohnung. Ihr werdet dort freilich wohl nicht so angenehm und herrlich wohnen, als ihr da gewohnt habt in diesem herrlichen Palaste; aber sehet, ihr müßt euch Solches angewöhnen, denn im ewigen Morgen in der beständigen Gegenwart des Herrn wohnt man nicht in solchen Palästen, sondern in gar einfachen kleinen Hütten. Auch ist man nicht also herrlich gekleidet wie hier, sondern die wahren Kinder des Herrn gehen beinahe ganz nackt einher; — dort darf Niemand müßig sein, sondern der Herr weiß Seine Kinder fortwährend vollauf zu beschäftigen. — Hier hattet ihr selige Ruhe, und den herrlich friedlichen Genuß alles Dessen, was euch in so reichlicher Fülle ward; — dort wird man nicht also gehalten, sondern man muß sich förmlich gar eifrig und thätig das tägliche Brod verdienen. Hier durftet ihr um nichts bitten und für nichts danken; denn frei aus Sich gab euch der Herr Alles in der größten Ueberfülle, dort aber werdet ihr allzeit den Herrn und den Vater bitten und Ihm danken müssen. — Hier hatte ein Jeder wie ein Herr für sich seinen eigenen Tisch, und konnte da essen und trinken nach seinem Wohlgefallen; dort aber hat Niemand einen eigenen Tisch, sondern Alle müssen zum Tische des Vaters kommen. Hier könnt ihr essen, was ihr wollt, dort aber wird es heißen: Esset was euch aufgesetzt wird auf den Tisch. — Seid ihr mit diesem Austausche zufrieden, so folget mir; jedoch sei dadurch eurem Willen nicht der allergeringste Zwang angethan. — Nun höret, die ganze Gesellschaft spricht: O großer lieber Freund des Herrn, besäßen wir hier tausend solche Paläste, so würden wir sie verlassen, wenn wir nahe der Wohnung dieses großen heiligen Vaters nur als die allerletzten und allergeringsten Diener sein dürften! Alle Bedingungen, die du uns gesetzt hast, sind ja zu groß und zu erhaben für uns; wenn wir nur der Brosamen vom Tische des Herrn gewürdiget werden, so wären wir dadurch ja schon namenlos glücklicher denn hier, da wir bei aller dieser großen Herrlichkeit gerade Dessen entbehren müssen, was allein die allerhöchste Seligkeit aller Engel ausmacht, und dieses ist die Anschauung des Herrn! — Der da ist ein heiliger Vater Derjenigen gar vorzüglich, die bei Ihm im Morgen wohnen. — Wir sind zwar auch hier des Herrn ansichtig in der heiligen Gnadensonne ober uns; aber den Vater unter Seinen Kindern können wir nicht erschauen! — Also führe uns nur, wohin du willst, und bestelle uns nach deiner himmlischen Ansicht; wir wollen dir folgen! — Nun spreche ich: Also folget mir über diesen Strom in jenes Hügelland; schenet nicht die Wogen, die euch sonst nicht zu tragen vermochten, weil euere Grundlage nicht der eigentliche Grund des Lebens war, nämlich die Liebe zum Herrn. — Nun aber ist Diese eure Grundlage geworden, und so wird euch das Gewässer des Stromes tragen; denn es besagt ja eben solchen Grund. Nun sehet, wie sie uns Alle folgen, und wie das Gewässer des Stromes sie trägt als ein fester Grund! — Und so denn wollen wir gemeinschaftlich uns auf jenes Hügelland begeben und allda unsere Gesellschaft placiren, und dann ein wenig zusehen, was da Alles vor sich gehen und wie sich die Gesellschaft alldort zufrieden finden wird. —

## 119.
### (Am 27. Januar 1843 von 4¾—8 Uhr Abends.)

Nun sehet, nach unserer bereits schon gewohnten Schnellreise=Weise sind wir auch schon an Ort und Stelle. Sehet, da eben vor uns steht schon ein solches Häuschen; sieht es nicht beinahe also aus, als etwa bei euch auf der Erde ein recht niedliches Alpenhaus in der Schweiz? — Ihr saget: Ja, ja, fürwahr, es sieht wirklich so aus; es ist zwar ein großer Abstand zwischen solch' einem Häuschen und einem Palaste oder gar einer großen Stadt dort mehr unten in der früheren Ebene, aber dessenungeachtet möchten wir es lieber bewohnen, als einen solchen Palast. — Nun gut, wir wollen nun in das Innere eines solchen Hauses gehen, und allda betrachten seine Einrichtung und auch dessen allfällige Bewohner. — Nun seht, wir sind schon im Inneren des Hauses; ihr fraget nun und saget: Aber, lieber Freund, wie kommt denn das, daß dieses Haus sich inwendig nicht verändert nach der gewöhnlichen geistigen Art, sondern es ist fürwahr ein stätiges Haus, wo das Inwendige genau dem Aeußeren entspricht? — Lieben Freunde, Solches werdet ihr im Verfolge und im Verkehr mit den Bewohnern dieser Gegend genau kennen lernen, und zwar im Verfolge, wie sich unsere Anschauung nach und nach gestalten wird, und im Verkehr mit den Einwohnern, wie sich diese vor uns gestalten werden. — Bemerkt ihr nicht auch hier allerlei landwirthschaftliche Geräthschaften? — Sehet hier Sicheln, Hauen, Rechen, Krampen und Piken; sogar der Pflug mangelt nicht und die Egge, und da seht euch einmal rechts um hinter diesem Hause sogar ein kleines Wirthschaftsgebäude, und eine Stallung für ein oder zwei Paar Ochsen, — und da seht wieder eine Küche, dahier ein Zimmer für Dienstleute und da vorne wieder ein recht geschmackvolles Zimmer für die Eigenthümer dieses Hauses. Was sagt ihr zu dem Allen? — Es nimmt euch wohl ein wenig Wunder, wie ich sehe; denn ihr sagt es in euch: Wahrlich, die Sache kommt uns ganz heimlich vor, und wir möchten wirklich ohne vieles Bedenken hier verbleiben; dessen ungeachtet aber nimmt diese ganze irdische Einrichtung sich in dem offenbaren Himmel ein wenig sonderbar aus. — Meine lieben Freunde, ich habe es mir wohl gedacht, daß euch Solches ein wenig befremden wird; noch mehr aber dürfte so manche pikfeste Erzpapisten Solches befremden, welche sich den Himmel unter einem ewigen Müßiggange vorstellen. Wie es aber jedoch Solchen hier ergeht, werden wir im Verlaufe der weiteren Durchwanderung unserer mittägigen Gegend schon noch hinreichend kennen lernen. Damit ihr aber vor der Hand wisset, warum ihr hier alles landwirthschaftliche Geräth also angetroffen habt, wie auf der Erde, so sage ich euch vor der Hand nur so viel, daß auf der Erde solcher Art Geräthschaften unmöglich ja wären erfunden worden, wenn sie nicht zuvor in der vollkommen entsprechenden Weise und Form in allen den Himmeln wären vorhanden gewesen. — Alsdann kann es euch nicht wundernehmen, wenn ihr hier am eigentlichen Orte und an eigentlicher Stelle des Himmels Ureigenthümliches findet; denn alle diese Geräthschaften bezeichnen die Liebthätigkeit und stehen hier als Ursachen zur Erzeugung des Guten und Ersprießlichen da. — Mehr brauchen wir vor der Hand nicht zu wissen. Nun sehet aber, daher von einem Acker kommt so eben der Besitzer dieses Hauses; wir wollen ihm entgegen gehen, und ihm unsern Gruß und unser Anliegen darbringen. Sehet, er hat uns schon erschaut, und eilt uns mit offenen Armen entgegen. Wie gefällt euch sein Anzug? — Ihr saget: Lieber Freund, fürwahr gar nicht übel; denn solcher Anzüge sind wir gewohnt. Er sieht ja aus, wie so ein recht gottesfürchtiger und ehrlich emsiger Landmann auf unserer Erde. — Wir sehen an ihm ein gewöhnliches, eben nicht gar zu feines Hemd, und dann auch Beinkleider ebenfalls aus derselben Leinwand verfertigt, und das ist aber auch Alles, was wir an diesem guten Manne entdecken. — Wenn er nicht um die Mitte einen rothen Gürtel hätte, so würde er sich eben nicht zu viel von einem Pantalone unterscheiden. Ja meine lieben Freunde, hier geht es schon nicht mehr so glänzend zu, als wie dort in den Palästen. — Ihr fraget hier freilich, und saget: Lieber Freund, soll denn das wohl ein höherer Seligkeitsgrad sein, denn derjenige da unten in der endlos großen Ebene, die von zahllosen Herrlichkeiten und von einer unaussprechlichen Pracht strotzet. — Ich sage euch: Der Seligkeitsgrad allhier ist um eben so viel erhabener, um wie viel er derjenigen Herrlichkeit und Pracht dem Außen nach nachsteht. — Wie aber Solches, wird sich auch bald gar klärlich darthun. — Sehet, unser Mann ist schon hier, und so wollen wir ihn denn auch alsogleich empfangen. Höret, er spricht: Seid mir tausendmal willkommen, meine geliebten Brüder! Ich sehe, ihr habt eine bedeutende Gesellschaft noch mit euch gebracht; ich weiß es schon, was diese hier sucht. Ich sage es euch aber auch zugleich, es wird dieser lieben guten Gesellschaft noch so manche Anstrengung und Selbstverleugnung kosten, bis sie sich in dieses höhere Leben eingewöhnen wird, und dann selbst wird es ihr wieder noch eine weitere Mühe und bedeutendere Anstrengung kosten, bis sie sich dieses höhere Leben völlig zu eigen machen wird; — aber du, mein lieber Bruder, weißt es ja, daß durch die Liebe und Geduld alle Schwierigkeiten können besiegt werden. — Und so soll von mir auch nichts verabsäumet werden, was da erforderlich ist zur wahren, ewigen, lebendigen Versorgung dieser lieben Brüder und Schwestern. — Und nun meine lieben Freunde, wollen wir uns ein wenig in meine Wohnung begeben, auch sogleich das Hauptpaar dieser Gesellschaft mitnehmen und mit ihnen übereinkommende Anstalten treffen; damit sie alsobald nach der ewigen Liebeordnung untergebracht werden; — und so lasset uns gehen! — Nun sehet, unser Gastfreund winkt auch schon dem Hauptpaare der uns gefolgten Gesellschaft, und dieses begiebt sich, wie ihr sehet, gar freudig dem Winke unseres lieben Gastfreundes folgend, mit uns in seine Wohnung. Wir sind nun schon im Inwendigen des Zimmers, und so denn habet Acht auf Alles, was da vorgehen wird. — Unser Gastfreund spricht zu dem Paare: Meine lieben Freunde, seid mir in der ganzen Tiefe meiner Liebe willkommen! und saget mir frei und offen Was hat euch wohl bewogen, eure große Herrlichkeit zu verlassen und dahier auf den Hügeln, an denen keine

Pracht, kein Reichthum und keine Ueppigkeit zu Hause ist, euer ferneres Fortkommen zu suchen. — Der gefragte Mann spricht: Himmlischer Freund! Ich kenne dich noch nicht, wer du bist deinem Wesen nach; da du mich aber aus deinem innersten Lebensgrunde um den Beweggrund unserer Unternehmung fragst, so sage ich dir, daß der Herr der alleinige Beweggrund zu dieser meiner und somit unser Aller Unternehmung ist. — Der Gastfreund spricht: Solches von euch zu vernehmen ist die einzige Wonne meines Herzens, aber der Herr hat euch ja ohnebin einen unermeßlich großen Lohn beschieden, wollt ihr denn mehr? — Denn ich meine, es sollte ja doch genug sein, so der Herr euch gegeben hat Alles, was nur immer euer Herz in aller- seiner denkenden Tiefe ersinnen mag; und ich meine, daß demnach eine solche Unternehmung von euch beinahe also aussieht, als ein Undank. — Der Mann spricht: Lieber Freund, dem Außen nach möchte es wohl schier also aussehen, aber nicht unserem Inwendigen nach, denn siehe, was würdest wohl du thun an meiner Stelle, wenn du noch tausendfach größere Herrlichkeiten, denn ich, der Beschaulichkeit nach besäßest, so du aber bei all' solcher unaussprechlicher Herrlichkeit dennoch nicht solltest je den heiligen Geber wesenhaft zu Gesichte bekommen? — Siehe, du würdest sicher bei deiner großen Liebe zum Herrn lieber Alles verlassen, um dadurch möglicher Weise dem Herrn näher und näher zu kommen. — Der Gastfreund spricht: Lieben Freunde, Solches sehe ich wohl gar gut ein, und weiß auch, warum du Solches zu mir gesprochen hast; weißt du aber auch ganz gewiß, daß du hier dem Herrn wirst zu Gesichte bekommen, und wann? — Oder weißt du, ob diese Gegend unter diejenigen zu zählen ist, in denen der Herr wesenhaft persönlich erscheint? — Der Mann spricht: Lieber Freund! Solches weiß ich freilich wohl nicht; aber so viel weiß ich, daß dem Herrn das Kleine lieber ist, denn das Große, indem er Selbst gesagt hat: „Lasset die Kleinen zu Mir kommen!" — Und so glaube ich auf keinem Irrwege zu sein, wenn ich mich nun hier vor dir befinde, indem ich aus Liebe zum Herrn verlassen habe alle meine Pracht, und habe gesucht die Einfachheit und die Niedrigkeit dieser Hügel. Unser Gastfreund spricht: Mein lieber Freund, du hast mir recht geantwortet, nur meine ich, daß solche deine Antwort hier nicht auf dem rechten Platze ist; denn siehe, der Herr spricht ja Solches nur vor der Welt, indem Er doch offenkundig dargiebt, daß alle weltliche Größe vor Ihm ein Gräuel ist, und wieder spricht Er: Wer auf der Welt der Geringste ist, der ist vor Ihm oder in den Himmeln der Größte. Du bist aber nun nicht mehr auf der Welt, sondern du bist in dem Himmel. Auf der Welt warst du klein, ja ein unbeachteter Hirt warst du auf den Alpen, der Herr aber hat dich darum in dem Himmel groß gemacht; frage dich demnach selbst, was du suchest? — Der Mann spricht: Lieber Freund, ich erkenne wohl, daß du mich in der Weisheit aus dem Herrn um's Unendliche übertriffst; aber Solches weiß ich auch, daß ich im Verlaufe meiner schon lange andauernden großen Seligkeit den Herrn dennoch nie anderartig denn allein nur in Seiner heiligen Gnadensonne geschaut habe. — Der Gastfreund spricht: Was willst du denn mehr? Hast du denn nie gelesen: „Der Herr Gott Jehova wohnt im unzugänglichen Lichte!?" — Wie magst du dich denn hernach Ihm mehr, als es dir möglich ist, nahen? — Der Mann spricht: Lieber Freund, Solches ist wahr; aber der Herr Gott Jehova war ja auch ein Mensch auf der Erde, und hat sonach unsere Natur angenommen und als Mensch den Seinigen die Verheißung gemacht, daß sie bei Ihm wohnen werden ewiglich. Er hat ja sogar dem mitgekreuzigten Missethäter gesagt: „Heute noch wirst du bei Mir im Paradiese sein!" Und Paulus, der Apostel, freute sich zum Herrn zu kommen. Also glaube auch ich, daß es in den Himmeln Gottes auch irgend möglich sein soll, dem Vater im Geiste menschlich zu begegnen und Ihn mit dem allerliebersfülltesten Herzen und allerseligst wonnigsten Auge zu erschauen! — Der Gastfreund spricht: Nun gut, weil du also glaubst, was der Herr gesprochen hat auf der Erde, ist wahrlich auch im gleichen Maße gesprochen für alle Himmel; und das darum, weil eben alle die Himmel aus dem Worte gemacht sind, welches der Herr gesprochen hat auf der Erde. — Aber nun, mein lieber Freund, kommt etwas Anderes. Siehe, da unten warst du ein Herr in deinem erhaben großen Besitzthume, und deine ganze Gesellschaft war es gleicher Weise mit dir, hier aber werdet ihr dienen müssen, und werdet müssen euch das Brod und die Nahrung mit euerer Hände Arbeit verdienen; denn siehe, ich selbst muß arbeiten, und hier das Erdreich bebauen, damit ich eine Ernte mache und mir somit den Unterhalt verschaffe. — Das Erdreich ist zwar sehr gesegnet vom Herrn, und trägt mehr denn hundertfältige Frucht; aber dessenungeachtet will es dennoch fleißig bearbeitet sein, sonst läßt der Herr Seinen Segen über selbem nicht gedeihen. — Somit werdet ihr hier ackern und das Feld bebauen müssen mit allerlei landwirthschaftlichen Werkzeugen, werdet dann müssen mit den Sicheln auf das Feld gehen, das Getreide schneiden, es in Garben binden, in die Scheuern bringen und dann den Kern aus der Aehre lösen; und das werdet ihr Alles als Diener und nicht als Selbstbesitzer irgend eines Grundes thun müssen. Ja sogar einen großen Fleiß werdet ihr dabei anwenden müssen; denn man wird das nicht dulden, so da von euch Jemand seine Hände möchte müssig im Sacke herum tragen. — Solches überdenket euch nun wohl, und habt ihr Solches für euch als räthlich gefunden, da bleibet hier; denn an Arbeit giebt es hier keinen Mangel, wohl aber häufig an Arbeitern. Sagen euch aber diese unabänderlichen Bedingungen nicht zu, da mögt ihr ja gar wohl wieder in euere Herrlichkeit zurückkehren. — Der Mann spricht: O lieber Freund! Sorge dich dessen nicht, wir sind zwar seit lange her schon der Weichlichkeit angewöhnt, aber nichts desto weniger als darum der gesegneten Arbeit entwöhnt; denn was wir sammt und sämmtlich auf der Erde thaten, und alldort zwar aus Eigenliebe, das thun wir hier sicher nur noch um's Tausendfache lieber aus Liebe zum Herrn, und aus dieser Liebe heraus auch sicher aus Liebe zu dir, du sicher nicht unbedeutender Freund des Herrn! — Der Gastfreund spricht: Nun, wenn es denn also ist, so bleibet hier! — Der Mann spricht: O lieber Freund, wir aber sind unserer etliche hundert Köpfe; wie wirst du wohl in diesem deinem bescheidenen Häuschen uns Alle unterbringen? — Der Gastfreund spricht: Mein lieber Freund, sorge dich dessen nicht; hast du denn nie gehört, was der Herr gesprochen hat als Mensch auf der Erde? Hat

Er nicht gesagt: „In Meines Vaters Reiche sind viele Wohnungen!?" — Nun, da sehet an die Hügel, so weit gegen Morgen hin euer Auge reicht, und sehet, wie viele gleiche Wohnhäuser es über denselben giebt; allda werdet ihr wohl Alle Platz finden. — Ihr fraget, Wem wohl alle diese Wohnungen zu eigen sind? — Ich sage euch: Diese Wohnungen gehören sammt und sämmtlich nur Einem Besitzer, und ich will euch daher unterbringen in dieselben, und euch allenthalben die Arbeit anweisen. — Ihr fraget, ob ich ein befugter Sachwalter des Inhabers aller dieser Wohnungen bin? — Meine lieben Freunde, wenn ich es nicht wäre, wie könnte ich Solches zu euch sprechen? — und wie könnte ich es mir heraus nehmen, mit euch dem Willen Anderer zur Last zu fallen, so mir nicht das Recht zustände, damit zu verfügen nach meinem rechtlichen und liebewilligen Wohlgefallen? — Dich und dein Weib will ich allhier in meiner Wohnung behalten; deine liebe Gesellschaft aber will ich vertheilen in meiner nächsten Nachbarschaft; und so denn gehet hinaus und gebet ihnen Solches kund! — Nun sehet, das Ehepaar geht hinaus und giebt nun liebefreundlichen Angesichtes Solches der ängstlich harrenden Gesellschaft kund; — und nun sehet, wie die ganze Gesellschaft dankbarst niederfällt und dem Herrn danket, daß Er ihr also liebegnädig war und sie allesammt allhier hatte die erfreuliche dienende Unterkunft finden lassen. — Nun geht unser Gastfreund hinaus; und sehet, wie er ihnen Alle seine Hände auflegt und ihnen anzeigt die Wohnungen, dahin sie sich zu verfügen haben. — Sehet ihr aber nun auch, wie sich die früheren Formen unserer Gesellschaft nach der Händeauflegung verändert haben. — Ihre frühere weiße Farbe ging in eine natürlich geröthete Farbe über, und ihr überaus subtil zartes Wesen hat eine reelle Festigkeit angenommen. — Und sehet, wie heiter, munter und vergnügt sie nun aussehen, während sie früher in ihrem Ausdrucke einen geheimnißvollen Weisheitsernst zeigten. — Nun seht aber auch, sie gehen aus einander, und bei jeder der ihnen angewiesenen Wohnungen harren die Einwohner ihrer schon mit offenen Armen. Nun aber kommt unser Gastfreund wieder herein mit dem Stammelternpaare dieser Gesellschaft und fragt nun so eben dasselbe: Meine lieben Freunde! wie stellt ihr euch denn so den Herrn vor, damit wenn Er einmal vor euch käme, ihr Ihn auch erkennen würdet? — Der Mann spricht: O lieber Freund, der du uns im Namen des Herrn so liebreich aufgenommen hast, stehe, das ist eine überaus hart zu beantwortende Frage! Denn wir hatten in unserer Religion auf der Erde uns für's Erste nie mit einer menschlich bildlichen Form des Herrn beschäftiget, sondern lediglich nur mit Seinem Worte, und dachten uns dabei: In dieser Welt wird Sich der Herr uns schon ohnehin alsogleich zu erkennen geben, und wir werden Ihn an Seiner Stimme und aus Seinem Worte erkennen: Nun aber sehe ich erst ein, daß die wahre Liebe zum Herrn nebst Seinem Worte auch Seine gestaltliche Wesenheit ergreifen will; hat es aber nicht in sich, weil sie Solches nie beachtet, und somit auch nicht in sich aufgenommen hat. Also wirst wohl du, lieber Freund, auch die liebevolle Güte haben und uns beschreiben die Gestalt des Herrn. — Der Gastfreund spricht: Nun wohl denn, da ihr Solches in eurem Grunde lebendig wünschet, so sage Ich euch: Sehet Mich an; denn gerade also, wie Ich aussehe, sieht auch der Herr menschlich gestaltlich aus. — Der Mann spricht: Ach, lieber Freund, Solches dient mir wohl zu einem großen Troste und zu einer großen Freude, und ich bin schon überselig, ein so vollkommenes Ebenmaß des Herrn vor mir zu erblicken. Welch eine Seligkeit aber wird mir erst dann werden, wenn ich den **Herrn Selbst** erschauen werde! — Der Gastfreund spricht: Wahrlich, deine Liebe zum Herrn ist groß geworden; darum freue dich in deinem Vollmaße; denn siehe, Ich bin der Herr! — und du sollst nun bei **Mir** wohnen ewiglich! — Nun sehet aber auch ihr, wie sich Alles plötzlich verändert hat; — sehet, wie nun von der Mittagsgegend nichts mehr zu erschauen ist. Aber die frühere Einfachheit dieser Gegend ist geblieben; und sie ist der **alleinig wahre, ewige, allerhöchste Morgen des Herrn!** — Für uns ist es aber noch nicht, hier zu verweilen, sondern uns nach dem Willen des Herrn noch weiter in den Mittag zu begeben; — also gehen wir wieder weiter! —

## 120.

(Am 30. Januar 1843, von 4½—6 Uhr Abends.)

Nun sehet, unsere Gegend hat sich schon wieder vor unseren Augen verloren; nichts mehr von den Hügeln, und nichts mehr von den Gebäuden auf den Hügeln ist zu sehen, und wir sind im reinen Mittage. Solches könnt ihr aus der uns am Zenithe stehenden Sonne und aus der großen Pracht dieser Gegend, wie auch aus dem uns schon bekannten von hier aus dort gegen Morgen hin fließenden Strome entnehmen. Ihr fraget und saget: Aber lieber Freund, wie ist denn Solches möglich, daß jetzt diese endlos allerseligste Morgengegend so gänzlich vor unseren Augen verschwunden ist? — Lieben Freunde, versteht ihr Solches denn noch nicht, daß der **Morgen die thätige Liebe**, aber der **Mittag die forschende Weisheit** bezeichnet? — Wir aber sind nun wieder im Forschen, also auf dem Wege der Weisheit, und somit im Mittage, und dieser ist außerhalb der Liebe. — Ihr saget aber freilich: Wir befanden uns ja ebedem auch im Mittage, und konnten von selbem aus denn doch die Morgengegend erschauen; warum geht Solches denn jetzt nicht? Waren wir damals nicht außer der thätigen Liebe? — Meine lieben Freunde, wir waren damals wohl auch im Mittage; aber wir befanden uns am Ufer des Stromes, und dieser zeigt an, wie sich Liebe und Weisheit ergreifen und in's ewige Leben übergehen. Also waren wir damals im Centrum zwischen Liebe und Weisheit; somit konnten wir auch beide Gegenden auf einmal übersehen. Da wir dann wirklich in den Morgen übergegangen sind, so konnten wir auch von selbem die mittägige Gegend endlos weit herum überschauen; warum denn? — Weil die Weisheit aus der Liebe hervorgeht, und es verhält sich da gerade also, wie bei Jemandem, der die Grundursache kennt, und darum auch gar sicher die Wirkung dieser Ursache erschauen und erkennen wird. Wer aber nur die Wirkung allein sieht, der kann von dieser aus nicht leichtlich die Ursache erschauen, außer er kann sich auf den Punkt stellen, allda die Ursache in die Wirkung übergeht. — Da ihr nun Solches sicher einsehet, so wollen wir uns denn auch ungehindert hinaus in den äußersten Mittag begeben, allda ihr euch sehr nahe an-

gehende Dinge erschauen sollet. — Nun sehet, wir sind schon
am Orte und an rechter Stelle; aber ihr saget: Lieber Freund,
da sehen wir vor uns ja schon wieder ein endlos weit ausgedehntes
Meer, und am äußersten Horizonte erblicken wie zum ersten Male in
dieser geistigen Welt also Wolken, wie wir sie gar oft auf der Erde an
schönen reinen Tagen über dem Horizont haben herauf steigen gesehen,
— auch kommt es uns vor, daß hier die Sonne nicht mehr gerade am
Zenithe stehet, sondern sich mehr hinter uns befindet, so daß wir schon
einen Schatten vor uns erblicken; werden wir etwa hier auch müssen
über die Meeresfläche wandeln? — Meine lieben Freunde, was dieses
Meer selbst betrifft, so ist es in Verbindung mit demjenigen Meere, auf
das wir schon in der abendlichen Gegend gestoßen sind, und dehnt sich
auch also fort in der Richtung vom Abend zwischen Mittag und Morgen
endlos weit aus; aber gerade gegenüber, da ihr das Gewölk erblicket,
ist es uferbegrenzt, und jenseits giebt es dann wieder eine für eure Begriffe endlos große Landschaft. Diese wird der äußerste Mittag genannt,
— und dahin wollen wir uns denn auch begeben. — Ihr fraget zwar
schon wieder, wie wir hier über das Meer kommen werden? — Hier
werden wir unsere gewöhnliche Schnellreise machen, werden sagen: Hier
und dort, und wir werden dort sein, wo wir sein wollen; und nun sehet
euch um, wir sind ja schon dort, wo wir sein wollen! — Sehet, die
ganze Meeresfläche ist schon hinter uns, und sehet in die Höhe, wir sind
schon unter dem weißen Gewölke. — Ihr saget hier freilich: Lieber Freund,
das Gewölk leuchtet hier recht herrlich, aber die Sonne ist nicht mehr zu
entdecken; wo ist denn Diese hingekommen? — Meine lieben Freunde,
die Sonne scheint hier wohl auch; aber ihre Wesenheit wird von den
Wolken stets also bedeckt, daß man ihr Licht nur im gebrochenen Zustande,
aber die Sonne selbst nur zu seltenen Malen durch das Gewölk erblickt. —
Ihr fraget: Was ist denn das für eine Gegend; was besagt denn diese? —
Sehet, das ist der sogenannte römisch-katholische Himmel,
in welchen die meisten frommen Römischkatholischen kommen, wenn sie
ihrem Glauben liebthätig und gewissenstreu gelebt haben.
Also ist dieser Himmel vielmehr ein Probehimmel, als ein an und für
sich bleibender. — Wie aber solches Alles sich näher verhält, werden wir
im Verfolge der näheren Anschauung dieses Himmels noch gar klärlich
erkennen. Sendet ihr nur euere Blicke etwas landeinwärts, und ihr
werdet sobald die euch wohlbekannten römischen Kirchen und Klöster in
großer Menge erschauen. Sehet, da nicht fern vor uns steht in einer
ebenen Gegend schon eine recht stattliche Kirche; wir wollen da sehen,
was in derselben vorgeht. — Hört ihr das Glockengeläute? — Ihr
saget: Fürwahr, lieber Freund, das klingt ja gerade also, wie wir es
zu öfteren Malen auf der Erde vernommen haben. Nun horcht aber
genauer, ihr werdet auch sogar Orgeltöne vernehmen. — Ihr fraget,
was wohl etwa jetzt in der Kirche gehalten wird? — Ich sage euch:
Wir werden gerade recht zum ersten Segen kommen. Nun sehet, wir
sind da schon am Eingange der Kirche; seht ihr den Hochaltar, darauf
eine Menge Kerzen brennen? — Nun seht auch, wie der Geistliche die
Monstranz angreift und auf dieselbe Art, wie auf der Erde, den vielen
Anwesenden den Segen giebt. — Da wir somit diesen Segen empfan-

gen haben, so wollen wir auch der Messe beiwohnen. — Nun sehet, es geht die ganze Ceremonie ja gerade also vor sich, wie bei euch auf der Erde; und wie ihr sehet, geht die ganze Meßceremonie unter der Begleitung der gewöhnlichen Orgelgesänge auch ihrem Ende zu, und so eben beginnt auch der zweite Segen. — Ihr fraget und saget: Lieber Freund, was für ein Heiliger wird denn da auf dem Hochaltare verehrt? Wir können nicht ausnehmen, was die Tafel darstellt. — Gehen wir nur etwas näher; — sehet, es ist ja recht deutlich und zugleich recht schön gemalt die heilige Dreifaltigkeit. Darin besteht auch der einzige Unterschied, daß hier in diesem Probehimmel am Hochaltare kein anderes Bild vorkommen darf; die beiden Seitenaltäre aber, wie ihr sehet, stellen, und zwar der zur rechten Hand den gekreuzigten Hailand, und der zur linken Hand den h. Geist in der Gestalt einer Taube dar. Auch auf diesen Seitenaltären darf nichts Anderes vorkommen; denn Solches geschieht aus dem Grunde, damit die Hiergekommenen nicht zu irgend einer Abgötterei dadurch geleitet werden möchten, daß sie einem sogenannten Heiligen eine gleiche Ehre gäben, als sie nur Gott gebühren nach ihren Begriffen. — Aus dem Grunde werden die sogenannten Heiligen sammt den Päpsten auch von dieser Gegend allzeit ferne gehalten; und wenn auch Päpste schon hier ankommen, so dürfen sie jedoch nicht als Solche angesehen werden, sondern als ganz gemeine und ordinäre Priester. — Aber ihr saget: Lieber Freund, wie sieht es denn hernach mit dem sogenannten Himmel aus, in dem die drei göttlichen Personen auf einer lichten Wolke beisammen sitzen, und alle die Seligen sammt den Engeln ebenfalls auf lichten Wolken um diese Dreieinigkeit herum knieen, und sonach Gott von Angesicht zu Angesicht anschauen und anbeten? — Wartet nur ein wenig, bis dieser Gottesdienst aus ist; sobann werden wir alsogleich die förmliche Himmelbesteigung von Seite dieser Geister, welche jetzt diesem Gottesdienste beiwohnen, in den Augenschein nehmen. — Sehet, der Priester verkündigt nun soeben seinen Kirchkindern die nach dem Gottesdienste alsogleich bevorstehende Himmelfahrt. — Somit machen wir uns auch nur sogleich aus dieser Kirche, und warten draußen die Geschichte ab. —

## 121.
(Am 31. Januar 1843, von 4½ bis 7 Uhr Abends.)

Sehet, wir sind schon heraußen, und nun strömen auch schon die mit Palmenzweigen dotirten Geister aus der Kirche; — und nun folgt ihnen auch der Priester in seinem vollen geistigen Ornate und mit der Monstranze in der Hand. — Ueber ihm erblicket ihr, getragen von vier weiß gekleideten männlichen Geistern, ebenfalls einen sogenannten Himmel, und vor ihm reihen sich alle die Geister, einer euch bekannten Prozessionsfahne folgend; — und nun sehet, die Prozession beginnt mit den gewöhnlichen Prozessionsceremonieformen. — Ihr vermisset sogar die Glöcklein nicht; ein Cruzifix wird vor dem Himmel getragen und von der ganzen Prozessionsgesellschaft wird das euch wohlbekannte: „Heilig, heilig, heilig ist unser Herr Gott Zebaoth" — gesungen und gebetet. — Nun sehet, der Prozessionszug erhebt sich auf eine kleine Anhöhe hinauf; dort also wollen wir auch dem Zuge folgen. Diese Anhöhe ist sehr verführerisch; denn sie hat nicht sobald ein Ende, als man es ihr auf den ersten Augenblick ansieht. Dieser Weg, der da hinauf führt, ist der eigentliche katholische Himmelsweg; wenn man auf diesem auf die erste uns sichtbare Anhöhe gelangt, so erblickt man erst eine zweite, die wieder höher führt. Ist man auf diese zweite Anhöhe gelangt, so entdeckt man erst wieder eine dritte, und das geht so fort je nach dem Gemüthszustande der Himmelauffahrenden, da sie manchesmal über mehr denn tausend solche verborgene Anhöhen steigen müssen, bis sie zur sogenannten himmlischen Wolkenregion gelangen. Nicht selten geschieht es dann auch bei einer solchen Himmelsbesteigung, daß Manche des zu langen Weges überdrüssig werden; wenden sich dann bei solcher Gelegenheit an den Geistlichen, und fragen ihn, wie lange die Reise wohl noch dauern möchte. Der Geistliche giebt ihnen dann allezeit den Schrifttext zur Antwort, welcher also lautet: „Wer da verharret bis an's Ende, der wird selig!" — und nach solcher Antwort geht dann der Zug wieder weiter. Haben sie bei einem zweiten Zuge wieder einige fünfzig Anhöhen überflügelt, so wird bei dem Geistlichen angefragt, ob man nach einer so langen Reise nicht ein wenig ausruhen dürfte? — Da giebt ihnen dann der Geistliche wieder folgende Antwort: „Betet ohne Unterlaß!" — Solches besage in der geistigen Welt, daß man allda nimmer ruhen solle, wenn man einmal auf dem Wege zum Himmel ist; denn Solches wisse er ganz bestimmt, daß die Saumseligen und Lauen aus dem Munde Gottes ausgespieen, und nicht eingelassen werden in das Himmelreich, daher sollen sie nur alle ihre Kräfte zusammen nehmen und fortziehen, bis sie das glückselige Thor in den Himmel werden erreicht haben. Auf solch' eine Mahnrede geht der Zug wieder weiter. Wenn etwa über die nächsten fünfzig Aufsteigungen der Geistliche selbst müde wird, und auch seine ganze Gesellschaft kaum mehr zu steigen vermag, so spricht dann der Geistliche: Höret ihr Schafe meiner Heerde! Hier ist der halbe Weg; hier wollen wir Gott die Ehre geben, und Ihm danken, daß Er uns diesen Punkt hat erreichen lassen. Auf solch' einer Stelle macht dann Alles Halt, kniet sich nieder und danket nach der Meinung des Geistlichen Gott, und zwar zuerst Gott dem Vater, dann Gott dem Sohne und zuletzt Gott dem heiligen Geiste. — Wenn sich die ganze Gesellschaft auf diese Weise etwas erholt hat, so geht der Zug dann wieder weiter. Da aber der Geistliche es in den eigenen Füßen verspürt, daß er bei allfälligen weiteren Erhöhungen nicht leichtlich mehr einen rastlosen Marsch wird fortsetzen können, so kündiget er gleich hier an, daß bei der Uebersteigung einer jeden künftigen Anhöhe eine Passionsstation gebetet wird. Bei solchen Gelegenheiten rastet er dann selbst aus; wenn aber die zwölf oder im ungünstigen Falle vierzehn Stationen zu Ende sind, und die stets etwas steiler werdenden nach einander folgenden Anhöhen noch kein Ende nehmen, so wird nach der letzten Station der Rosenkranz angeordnet und ebenfalls gesetzelweise auf die allfällig noch folgenden Anhöhen vertheilt. — Haben sich die Rosenkranzgesetzel auf diese Weise auch verbraucht, und unsere stets ganz gewaltig steiler werdenden Anhöhen nehmen noch kein Ende, so wendet sich Alles an den Priester, und fragt ihn, was denn Solches doch bedeute, daß diese Anhöhen bei all' seinen Vorschlägen dennoch kein Ende nehmen wollen? — Da sagt der Geistliche: Ja, meine lieben Schafe meiner Heerde, hier fängt es erst an, wo das Himmelreich Gewalt braucht; welche es mit Gewalt an sich reißen, die werden es besitzen. Zugleich aber ordnet der Geistliche auch an, daß man von da an auf einer jeden neu erstiegenen Anhöhe allzeit solle einen Psalm Davids beten; und so geht dann der Zug ganz mühselig wieder vorwärts. — Da aber unser Zug eben alle diese Schicksale mitmacht und an sich erfährt, so wollen wir ihn von dieser letzten Rosenkranzgesetzelstation von Schritt zu Schritt verfolgen bis an's Ende. — Sehet, die nächste Anhöhe ist schon sehr steil, und braucht wie ihr sehet, gewaltige Anstrengungen, um sie zu ersteigen. Nach langem mühvollen Steigen hat unsere Gesellschaft die Höhe erreicht; sehet, wie sie sich auf der kleinen ebenen Fläche Alle wieder alsogleich niederlegen, und der Geistliche selbst, ein Psalmbüchlein hervorziehend und die Monstranze unterdessen zur Seite setzend, beginnt den ersten Psalm so langsam als nur immer möglich zu lesen, damit er und die ganze Gesellschaft dadurch mehr Ruhezeit gewinnen solle. — Nun ist der erste Psalm ausgelesen, und unser Geistlicher nimmt wieder die Monstranze, sagt aber jedoch den vier Himmelsträgern: Da sie hier dem wahren Himmel ohnehin schon sehr nahe sind, so könnten sie wohl füglicher Maßen diesen kleinen Ehrenhimmel an Ort und Stelle lassen. Nach solcher Bestimmung erheben sich Alle wieder; und wie ihr sehet, beginnen sie auch sogleich die folgende mühsame Besteigung der nächsten Anhöhe. — Wie ihr sehet, so geschieht diese Besteigung beinahe mehr auf allen Vieren, denn auf zwei Füßen, und unserem Geistlichen, dem Fahnenträger und dem Kruzifixträger fängt es an recht übel zu gehen; daher läßt sich der Geistliche auch von mehreren Vorkraxlern, so gut es nur immer sein kann, hinauf ziehen, die Fahnen- und Kruzifixträger aber gebrauchen ihre himmlischen Insignien statt eines Gebirgsstockes. — Nun sehet, mit großer Mühe und Anstrengung wäre wieder ein Absatz erstiegen; die Fläche dieses Absatzes aber ist kaum knapp so groß, daß unsere Gesellschaft mit genauer Noth einen Rastplatz findet. — Sie haben sich wieder gelagert, und der Priester beginnt nun den zweiten Psalm zu lesen. Wie ihr aber sehet, so wird es ihm selbst schon ganz gewaltig bange; denn für's Erste erblickt er vor sich wieder eine noch um's Kennen steilere Anhöhe, und wenn er hinabblickt, so fängt es ihm an ganz gewaltig zu schwindeln. Was soll er nun machen? — Er wird in dieser Hinsicht von seinen Himmelbesteigungsgenossen auch ganz gewaltig mit Fragen bestürmt; zugleich wird er auch gefragt, wo denn die Staffeln in den Himmel sind? — Und er spricht: Ich meine, diese gewaltigen Gebirgsabsätze sind die Staffeln; daher erfahret ihr hier selbst, wie rein von jeglicher Sünde man sein muß, damit sie einen nicht belaste auf diesen ganz gewaltigen Himmelsstufen. — Ferner spricht er noch: Wir werden uns hier abtheilen müssen; denn es könnte ja leicht sein, daß wir auf der nächsten Stufe, weil sich der Raum immer mehr und mehr zu beengen scheint, nicht mehr Alle Platz finden dürften, um dort unter dem Lobe des Herrn und der göttlichen Dreieinigkeit auszuruhen. Daher gehet ihr, die Beherzesten voraus, und rastet oben so lange aus, bis ihr sehen werdet, daß wir uns hier erheben, und besteiget dann sobald die nächste Stufe, falls sich noch eine vorfinden sollte; und wie ihr selbst sehet, d. h. mit euren Gemüthsaugen, so erhebt sich auch die Hälfte der Gesellschaft und steigt abermals auf allen Vieren die schon sehr steile Anhöhe hinauf. Einige kommen hinauf, und die Anderen, welche weniger kräftig sind, gleiten wieder zurück; — der Geistliche fragt die schon oben Befindlichen, ob es noch eine fernere Anhöhe giebt? — Die rufen zurück: Sieg! Es ist keine Anhöhe mehr; wir stehen schon am Anfange einer großen Ebene, und in weiter Ferne vor uns erschauen wir auch schon das himmlische Gewölk, und in der Mitte ein starkes Licht; nur können wir noch nicht ausnehmen, was es ist. — Nun sehet, Alles erhebt sich auf dieser unteren Staffelei, strengt alle seine Kräfte an, und der Geistliche bindet sich die Monstranze an den Rücken an und steigt ebenfalls auf allen Vieren, so gut es nur sein kann, hinauf. — Endlich nach vieler Mühe und Anstrengung haben Alle glücklich diese letzte Anhöhe erklommen, loben nun den Geistlichen, und sagen: Das ist doch ein sicherer Beweis, daß Niemand ohne einen solchen geistlichen Führer in den Himmel gelangen kann. — Der Geistliche aber spricht: Meine lieben Kinder! Ja also ist es wahr, weil es Gott Selbst also angeordnet hat; aber nicht mir, sondern Gott allein gebührt die Ehre! — Denn wenn ich auf mich selbst zurücksehe, so habe ich euch mehr gleichsam durch einen Betrug, als durch meine Erkenntniß hierher gebracht. Da aber der Herr Seinen Aposteln Selbst die Schlauheit anempfohlen hat, so bin ich dadurch vor euch gerechtfertigt; und das Gelingen meiner Führung zeigt euch nun, daß ich euch nach der Lehre unserer alleinseligmachenden Kirche vollkommen redlich und getreu geführt habe. — Und der Geistliche spricht weiter: Lasset uns denn hier wieder in die vorige Ordnung treten, und ziehen hin zum ewigen Ziele! — Nun sehet, der Zug beginnt von Neuem gestärkt über diese weite Hochebene, und sehet auch, wie sich unser Zug hier ausnehmend schnell bewegt. Das himmlische Gewölk kommt uns näher und näher, und nun sehet, befinden wir uns schon unter dem himmlischen Gewölke. Sehet da eine große Mauer, durch welche eine goldene Thüre führt, welche aber verschlossen ist; und der Geistliche tritt hinzu, und spricht: Sehet nun, meine lieben Kinder, wir haben gebetet, und es ward uns gegeben; wir haben gesucht, und haben es gefunden. Nun aber kommt es auf's Anklopfen an; also soll der Träger des Kruzifixes mit dem Kruzifixe zuerst anklopfen, und zwar dreimal im Namen des Vaters, des Sohnes und des heiligen Geistes, und die Pforte wird sicher aufgethan werden. — Und nun sehet, es geschieht nach den Worten des Geistlichen; und wirklich beim dritten Klopfen öffnet sich die Thüre, und, wie ihr sehet, Petrus und Erzengel Michael erscheinen, prüfen noch unsere Gesellschaft, und lassen sie dann auch sammt und sämmtlich in den Himmel ein. Nur werden die gewissen Petrus- und Erzengel Michael-Attribute hinweggelassen, damit von den in den Himmel Eintretenden wenigstens der erste gar zu materielle Funke ausgelöscht wird. — Ihr möchtet wohl wissen, ob das wirklich der Petrus und der Erzengel Michael seien? — Ich sage euch: Solches Alles ist nur eine Erscheinlichkeit und wird im Namen des Herrn bewerkstelligt von den Engelsgeistern, und so ist auch dieser ganze Himmel gestaltet, und muß solches Alles also sein; denn sonst wäre es nicht möglich, jenen Geistern beizukommen, welche sich in Einem oder dem Andern irrthümlich begründet haben. Darum findet denn auch ein Jeder die geistige Welt und den Himmel also, wie er sich alles Dieses durch seinen Glauben im Geiste begründlich geschaffen hat, mit Ausnahme des alleinigen Fegefeuers, welches der Herr aus dem Grunde nicht zuläßt, indem dadurch den Geistern darin der größte Schaden könnte zugefügt werden, so sie sich in solch' einem kläglichen Befunde dann anstatt auf den Herrn nur um desto energischer an die Heiligen wenden möchten und auch an die Hilfe der weltlichen Meßopfer, welches Alles mit der Zeit den Geist gänzlich tödten müßte, weil der Geist in dieser Hinsicht ganz verzichten würde auf die eigene Thätigkeit, und würde nur in einem vermittelten oder unvermittelten Erbarmen Gottes seine Seligkeit suchen, welches aber mit anderen Worten gesagt nichts Anderes hieße, als an sich selbst einen geistigen Mord begehen! — Ihr fraget hier: Wie so denn? — Solches ist doch leicht einzusehen; das Leben des Geistes besteht ja nur einzig und allein in der Liebe desselben, und dann in der eben dieser Liebe entsprechenden Thätigkeit. — Was geschieht wohl mit Jemanden, der sich auf der Welt von aller Thätigkeit los gesagt hat? Er wird am Ende ganz entkräftet und so schwach, daß er kaum noch einer Fliege zu widerstehen vermag; und wenn er dann zufolge solch' einer gänzlichen Unthätigkeit nothwendig in das größte Elend gelangt, so lehrt Solches die Erfahrung auf der Welt nur zu vielfach, daß solche Zustände des Menschen zumeist der Grund von Selbstentleibungen sind. — In der geistigen Welt aber würde dadurch ebenfalls ein geistiger Selbstmord geschehen, weil sich dergleichen Leidende durch die Anrufung der Heiligen nicht erlöst erschauen, und dadurch dann in den völligen Unglauben und in die gänzliche Verzweiflung übergehen würden, welche aber ist ein **wahrhaftiger Geistestod!** — Warum denn? — Weil eine Verzweiflung im Geiste so viel besagt, als eine **vollkommene gewaltsame Lostrennung vom Herrn.** — Aus diesem Grunde wird ein solcher Zustand sogar in der Hölle nicht zugelassen. Wenn allda das Böse zu sehr thätig wird, so auch läßt der Herr die Bosheit strafen, und das wohl auf das empfindlichste; ist aber dadurch die Bosheit wieder eingestellt, so hört auch die Strafe und der Schmerz auf. — Was jedoch unseren Himmel betrifft, so ist er dem Leben des Geistes nicht hinderlich, und kann allhier als eine gute lebendige Schule angesehen werden, in welcher die Geister erst den wahren Himmel zu erkennen anfangen. — Auf welche Art aber Solches in diesem unseren Himmel vor sich geht, wollen wir bei der nächsten Gelegenheit so gründlich als möglich im Geiste beschauen; — und somit gut für heute!

## 122.
(Am 1. Februar 1843 von 4½—6¾ Uhr Abends.)

Da unsere Gesellschaft schon sammt und sämmtlich eingelassen wurde, also suchen auch wir bei dieser goldenen Pforte durchzukommen. Der Petrus und der Michael haben aus dem Grunde die Pforte auch offen gelassen; denn sie wissen schon, was wir hier zu thun haben. — Ihr wisset die mannigfaltigen Vorstellungen vom Himmel, welche in der katholischen Kirche gäng und gebe sind. Solltet ihr nicht völlig in die Vorstellungen eingeweiht sein, so werdet ihr hier sicher thatsächlich eingeweiht werden. Und so sehet denn vorwärts; wir nähern uns hinter unserer ziemlich zahlreichen Gesellschaft so eben der ersten Scene. Was sehet ihr nicht ferne vor uns? — Ihr saget: Wir sehen im weiten Hintergrunde einen überaus prachtvollen Palast, und ober dem Palaste ist eine aus lichten Wolken gruppirte Schrift zu lesen; und so wir übrigens richtig sehen, so steht geschrieben: „Abrahams Wohnung." — Gut, sage ich euch; was seht ihr ferner noch? — Ihr saget: Wir erblicken um dieses große Gebäude einen überaus großen und weitgedehnten Garten, der schon gleich wenige Schritte vor uns seinen Anfang zu nehmen scheint. — Was seht ihr da noch? — Ihr saget: Es ist wahrhaft wunderbar; wir erblicken einen beinahe endlos weit gedehnten Tisch, welcher mit den köstlichsten Speisen besetzt zu sein scheint, und wenn wir übrigens richtig sehen, so sitzen ja an beiden Seiten schon eine Menge Gäste, und greifen recht tüchtig zu. Auch sehen wir eine Menge geschäftiger Wesen, welche diese Gäste auf das Eifrigste zu bedienen scheinen. — Auch sehen wir noch, wie sich so manche Gäste recht angelegentlich mit diesen dienenden Geistern über irgend Etwas besprechen. — Ich sage euch: Ihr sehet ganz richtig; wir wollen uns daher alsogleich sammt unserer Gesellschaft, welche schon so eben sich gegen den Tisch hinzieht, in diesen Garten begeben, und längs dem Tische unsere Betrachtungen machen. — Sehet, der Petrus und der Michael weisen nun unserer Gesellschaft Sitze an, und sagen zu ihnen: Also setzet euch denn im Himmelreiche zum Tische Abrahams, Isaaks und Jakobs, — und genießet da in überirdischer Fülle die Früchte euerer irdischen Werke, die ihr allzeit unverdrossen aus großer Liebe zum Himmel zur Ehre Gottes vollbracht habt. — Nun sehet, wie unsere Gesellschaft sich überseligen Antlitzes zum Tische setzt und auch sogleich recht wacker nach den Speisen und Getränken zuzugreifen beginnt. — Lassen wir aber jetzt unsere Gesellschaft ganz ungestört und wohlgemuth sich sättigen, und gehen wir ein wenig fürbaß. — Nun sehet, dort am kaum erschaubaren Ende dieses langen Tisches sitzen mit starker Glorie umflossen Abraham, Isaak und Jakob; — und nun sehet ferner, da eben vor uns bespricht sich ein Gast mit einem solchen himmlischen Tafeldiener. Was lauter sie etwa miteinander verhandeln? — Nur ein wenig näher getreten; wir werden es sogleich vernehmen. — Hört ihr's, so eben fragt ein schon übersättigter Gast, der nach euerer Zeitrechnung sich schon ungefähr 4 volle Wochen am Tische sitzend und essend befindet, den Tafeldiener, und sagt so eben zu ihm: Lieber Freund, wie lange wird denn diese herrliche Mahlzeit noch dauern? — Und der Tafeldiener fragt den Gast: Herzensallerliebster Freund, warum fragst du mich darum? — Der Gast spricht etwas verlegen: Lieber Freund, ich würde dich nicht fragen, ja wenn ich auf der Erde wäre, so wäre ich fest der Meinung, durch eine solche Frage eine Sünde begangen zu haben; da ich aber nun im Himmel bin, allda Niemand mehr einer Sünde fähig ist, so weiß ich auch, daß solch' eine Frage keine Sünde ist. Der eigentliche Grund meiner Frage aber ist dieser: Siehe, Gott ewig alles Lob und alle Ehre! Es ist hier zwar unbeschreiblich herrlich zu sein, und die Speisen und die Getränke sind wahrhaft himmlisch gut; aber dessenungeachtet muß ich es dir offen gestehen, daß mich dieses beständige Einerlei etwas zu langweilen anfängt; darum habe ich dich eigentlich gefragt, wie lange diese Tafel noch währen wird. — Der Tafeldiener spricht: O lieber Freund, hast du denn auf der Erde nie gehört, daß die himmlischen Freuden von ewiger unveränderlicher Dauer sind; wie kannst du mich demnach fragen, wie lange noch diese Tafel währen wird? — Siehe, solche Tafel dauert ja ewig! — Sehet, hier erschrickt unser Gast, und fraget den Tafeldiener: Lieber Freund, Solches sehe ich wohl ein; aber ich habe auf der Erde ja auch von einer ewigen Anschauung Gottes gehört. Ich sehe wohl dort im allerweitesten Vordergrunde Abraham, Isaak und Jakob; aber von Gott Vater, Gott Sohn und Gott h. Geist ist darunter nirgends etwas zu erschauen. — Der Tafeldiener spricht: O mein lieber Freund, meinst du denn, die göttliche Dreieinigkeit solle dir auf der Nase sitzen? Da sieh' einmal aufwärts dort über Abraham, Isaak und Jakob, und du wirst sobald Gott in Seiner Dreieinigkeit im unzugänglichen Lichte erblicken, denn Solches wirst du auf der Erde doch öfter gehört haben, daß Gott zwar im Himmel wohne, und alle die Seligen können Ihn von Angesicht zu Angesicht schauen, d. h. vom Angesichte des Vaters bis zum Angesichte des h. Geistes, aber an und für sich wohnt die göttliche Dreieinigkeit ja im unzugänglichen Lichte! Nun, lieber Freund, willst du etwa einen noch vollkommeneren Himmel? — Unser Gast spricht: O lieber Freund! ich sage dir, mit nichten; ich bin vollkommen zufrieden; nur unter uns gesagt, wenn ich nur wenigstens dir gleich so einen Bedienten machen könnte, um auf diese Weise doch eine kleine Bewegung zu machen, oder wenn es doch erlaubt wäre, daß man wenigstens in diesem großen schönen Garten nur dann und wann im Bischen herum gehen dürfte, so bin ich der Meinung, würde das diese himmlische Seligkeit um ein sehr Bedeutendes erhöhen! — Der Tafeldiener spricht: Lieber Freund, was muß ich vernehmen aus deinem Munde? — Dein Begehren klingt ja wie eine Unzufriedenheit mit allem Dem, was dir Gott im Himmel beschert hat. Du redest von Bewegung machen, und vom Lustwandeln in diesem Garten; hast du denn nicht selbst allzeit gebetet: Gott, gebe Ihnen die ewige Ruhe und den ewigen Frieden!? Hast du hier nicht eine ewige Ruhe und einen ewigen Frieden? — Was willst du demnach hier für eine Bewegung? — Der Gast wird ganz verlegen, und spricht endlich zum Tafeldiener: Lieber Freund, ich erkenne, daß solches Alles richtig ist, und daß sich das Himmelreich hier wahrhaftig im buchstäblichen Sinne ausspricht, und ich sehe es auch ein, daß es zufolge der für ewig ausgesprochenen Wahrheit nicht anders sein kann. Wenn ich aber dagegen bedenke, daß ich hier auf diesem Flecke werde ewig sitzen müssen, wahrhaftig wahr, lieber Freund, da läuft's mir eiskalt über den Rücken, und ich muß dir dazu noch offen gestehen, bei solcher Aussicht bezüglich der himmlischen Seligkeit und bezüglich der himmlischen Freude kommt es mir vor, daß ich als ein armseliger Landmann auf der Erde um sehr Bedeutendes glücklicher war, als jetzt bei dieser ewigen Aussicht im Himmel! — Da ich aber schon einmal im Himmel bin, so sei es Gott aufgeopfert; das Beste ist hier nur, daß man sich nicht versündigen kann. — Der Tafeldiener spricht:

Ich sehe schon, daß du mit dem Himmel unzufrieden bist; was soll ich aber mit dir machen? Deinetwegen kann doch die himmlische Ordnung nicht gestört werden. — Der Gast spricht: Lieber Freund, ich habe auch einmal auf der Erde gehört, und auch also gemalte Bilder gesehen, daß die Seligen auf Wolken knien und allda unverrückt Gott anschauen, hier aber ist es ja nur ein Garten; wo sind denn die Wolken? — Der Tafeldiener spricht: Mein lieber Freund, betrachte den Boden nur ein wenig genauer, und du wirst der lockeren Unterlage gar bald gewahr werden; meinst du denn etwa, das ist ein Erdreich? — Da sieh nur her; ich werde mit meiner Hand den Boden ein wenig aufrühren, und du wirst dich gleich überzeugen, daß wir uns Alle auf den himmlischen Wolken befinden. — Sehet, der Tafeldiener schiebt ein wenig das Gras auf die Seite, und unser Gast erblickt zu seinem nicht geringen Erstaunen, daß die Unterlage wirklich nur ein ganz leichtes Gewölk ist, und wendet sich nach solcher Ueberzeugung alsogleich wieder mit folgender Frage an den Tafeldiener: Lieber Freund, wenn hier der Boden also gewaltig locker ist, wäre es denn nicht auch möglich, daß Jemand bei einer etwas eigenmächtig ungeschickten Bewegung gar durchfallen könnte; und wenn Solches möglich wäre, wohin würde er fallen? — Es wird etwa doch nicht unter uns das Fegfeuer sich befinden? — Der Tafeldiener spricht: Lieber Freund, Solches hast du mit nichten zu befürchten; denn du bist ja nun ein überaus leichter Geist, und dieser Boden ist für dich so fest, als es dereinst war das Erdreich für deinen Leib. — Der Gast spricht ferner: Lieber Freund, erlaube mir noch eine Frage: Ist dieser Boden nur hier in der Gegend dieses Tisches so fest, oder ist er allenthalben von gleicher Festigkeit? — Der Tafeldiener spricht: Lieber Freund, warum fragst du um Solches, das dich nicht angeht? Hier, wo du deine Seligkeit genießest, siehst du ja wohl, daß der Boden für Ewigkeiten fest genug ist; den weiten Garten aber hast du ja ohnehin nicht zu betreten; was kümmert dich seine Festigkeit? — Da du mich aber schon gefragt hast, so will ich dir gleichwohl darauf sagen, daß der Garten überall von gleicher Festigkeit ist; sonst würde er uns ja nicht tragen, so wir von allen Seiten her die reichlichen Früchte für diese ewige Tafel fortwährend sammeln und hierher bringen. — Der Gast giebt sich nun endlich einmal zufrieden, und der Tafeldiener will sich entfernen; aber unserem Gaste fällt so eben Etwas ein, daher bittet er den Tafeldiener noch um ein Wort, und spricht zu ihm: Lieber Freund, da wir schon einmal über so Manches miteinander Worte getauscht haben, so möchte ich dich denn doch noch um Eines fragen; aber so ganz unter uns gesagt, was könnte hier einem denn geschehen, wenn man allenfalls doch einmal des zu langen Sitzens überdrüssig aufstände und eine kleine Bewegung machen möchte da über diese herrlichen Fluren hin? — Der Tafeldiener spricht: Geschehen gerade würde dir nichts; aber du weißt ja, daß es Gott nicht gerne sehen würde, wenn ein seliger Geist mit Seiner Anordnung unzufrieden wäre. — Was dir demnach geschehen könnte, wüßte ich dir so nicht wohl auseinander zu setzen; aber so viel ist gewiß, daß dein leerer Platz sobald besetzt würde, und du dich dann weiter unten hinsetzen müßtest. — Ueberhaupt aber, mein lieber Freund, sehe ich, daß du während unseres ganzen Gespräches kaum einmal zur Dreieinigkeit hingeblickt hast; und es heißt, ihr sollet unverwandt Gott anschauen! — Der Gast spricht: Lieber Freund, solches Alles ist richtig und wahr; aber siehe, mein ganzes Wesen sehnt sich nun ganz gewaltig nach **mehr Freiheit**, und wo möglich auch nach irgend einer **Thätigkeit**; denn bei Gott muß ich dir sagen: Also wie es jetzt ist, halte ich es keinen Augenblick mehr aus, geschweige erst eine Ewigkeit! — Nun sehet, unser Gast erhebt sich und läuft davon, was er nur kann; — und wie ihr auch leichtlich sehet, sein Beispiel findet Nachahmer. — Die Tafeldiener setzen ihnen nach, und wenn sie sie werden eingeholt haben, wollen auch wir sie einholen und da unsere ferneren Betrachtungen machen, und sehen, welchen Ausgang diese Geschichte nehmen wird; — und somit gut für heute! —

## 123.

(Am 3. Februar 1843, von 4½—6¾ Uhr Abends.)

Nun sehet, wir sind schon beisammen; sehet ferner die entlaufene Gesellschaft ist an die Grenze des großen Gartens gekommen. Dieser ist allda mit einer durchsichtigen Mauer umfangen, welche, wie ihr euch in euerem Gemüthe überzeugen könnt, zwar als eine sehr schöne Zierde der Erscheinlichkeit nach für diesen Garten erscheint; aber sie hat eben durch ihre Durchsichtigkeit das Fatale an sich, daß man durch sie jenseits des Gartens in einen ganz entsetzlichen Abgrund hinab sieht. Unsere Gäste würden daher mit dem Reißaus wohl noch einen weiteren Versuch machen, und mit der Ueberklimmung dieser Mauer, da sie eben nicht zu hoch ist, würden sie auch eben nicht zu schwer fertig werden; aber dieser fatale uns nun schon bekannte Umstand hindert sie an solch' einem Unternehmen. Wir erblicken unsere ganze Gesellschaft daher auch ganz verblüfft an der Mauer stehen, und Keiner aus den Gästen weiß nun, was er ferner thun soll. Wie ihr aber zugleich sehet, so nähern sich ihnen auch schon mehrere Tafeldiener, und ein Anführer der Tafeldiener nähert sich der etwas schüchternen Gesellschaft und redet sie folgendermaßen an: Lieben Freunde und Brüder: Was habt ihr denn gethan? — Die Gesellschaft erwiedert: Vergebet uns, lieben Freunde, wir thaten nichts Anderes, als wir für ein nothwendiges Lebensbedürfniß in uns fühlten, und können dich aus diesem unseren innersten Lebensbedürfnisse heraus versichern, daß es mit diesem Himmel zufolge der uns nur zu wohlbekannten Bewandtnisse unmöglich seine völlige Richtigkeit haben kann; und darum haben wir auch diesen bewegenden Versuch gemacht. — Der erste Tafeldiener spricht: Das sehe ich wohl ein, daß euch das lange Sitzen und das beständige Essen, wie auch die immerwährend einförmige Anschauung euerer göttlichen Dreieinigkeit hat müssen zu langweilen anfangen; — aber wenn ihr euch wieder an euer Leben zurückerinnert, so habt ihr ja doch wahrlich bis zu euerer letzten Stunde um nichts Anderes gebetet, als um die ewige Ruhe, und um ein ewig leuchtendes Licht, und daß ihr auch am Tische Abrahams, Isaaks und Jakobs im Himmelreiche möget gesättigt werden, und allda Gott von Angesicht zu Angesicht anschauen, welcher da wohnt im ewig unzugänglichen Lichte. Wenn euch nun solches Alles buchstäblich und getreu geworden ist, wie mag es euch denn unrecht sein? — Der redeführende

Gaſt ſpricht darauf: Lieber Freund! Ich will im Namen der ganzen Geſellſchaft zu dir reden, und ſo wolle uns denn gütigſt vernehmen! — Wir glaubten auf der Erde Alles feſt und unbezweifelt, was uns unſere Kirche zu glauben vorſtellte, und dachten uns dabei: Wenn wir redlichen Sinnes ſtreng nach der Lehre dieſer Kirche wandeln, thätig im Glauben nach der den Glauben lebendig machenden Liebe, da kann es mit uns auf keine Weiſe gefehlt ſein; denn es ward uns ja immer gepredigt, daß dieſe Kirche nicht irren und fehlen kann, da ſie im beſtändigen Vollbeſitze des h. Geiſtes wäre. — Nun ſiehe, wir haben zwar richtig alles Das erreicht, wie uns die Kirche gelehrt hat und wie wir es auch immer feſt geglaubt haben. Aber leider ging uns erſt bei der Erreichung alles des Geglaubten ein anderes Licht auf, und zufolge dieſes Lichtes ſind wir nun auf die Vermuthung gekommen, es muß irgendwo einen anders gearteten Himmel geben; denn dieſer Himmel, in dem wir uns jetzt befinden, iſt ja im buchſtäblichen Sinne des Wortes und der Bedeutung nichts Anderes als eine allerbarſte Gefangenſchaft. — Was nützt die ewige wohlbeſetzte Tafel, was die ewige Anſchauung der drei göttlichen Perſonen, wenn alles Dieſes durchaus ewig hin keinem angenehmen Wechſel unterworfen iſt? — Und dann erlaube mir, guter Freund, das ewige Sitzen! Dieſer Gedanke müßte mit der Zeit ja doch einen jeden noch ſo unbefangenen Geiſt zur Verzweiflung treiben! — Wir müſſen freilich eingeſtehen, daß Einem das Sitzen keinen Schmerz bereitet, wie Solches auf der Erde der Fall war. Auch iſt es eben nicht unangenehm, ſich fortwährend in einer überaus ſchönen und frommen Geſellſchaft zu befinden; auch das Auge wird allzeit beim Anblicke der göttlichen Dreieinigkeit alleranmuthigſt afficirt. Die Speiſen und Getränke ſind ſo wohlſchmeckend, daß ſie dem Gaumen und dem Magen nicht zuwider werden; dann und wann hört man von der großen Tafelgeſellſchaft auch gar lieblich angenehme Geſänge, welche das Ohr alleranmuthigſt bethätigen. Siehe, ſolches Alles wäre in der Ordnung. Aber zu allem Dieſem denke dir, lieber Freund, die entſetzliche Ewigkeit hinzu, ſo muß es dir, wenn du übrigens ein menſchlich lebendiges Gefühl in dir trägſt, ſelbſt bis in den innerſten Grund ſchaudern; — denn Solches iſt ja doch, wie man auf der Welt zu ſagen pflegte, logiſch richtig, daß das Leben eine freie bewegende Kraft iſt. Siehe, dieſe Kraft empfinden wir in uns, und ſollen aber dennoch trotz dieſer lebendigen Empfindung ewig an der Tafel ſitzen! Wäre das nicht ein kaum auszuſprechender Widerſpruch mit dem Begriffe des Lebens? — Dazu muß ich dir auch noch aus meiner Erfahrung, die ich auf der Welt gemacht hatte, eine Bemerkung hinzufügen, und ich glaube, du wirſt das Unnatürliche dieſes Himmels hinſichtlich des menſchlichen Gefühles gar leichtlich erſehen. — Als ich noch auf der Welt ein junger lebenskräftiger Mann von etwa dreißig Jahren ledig einher ging, da kam mir einſt wie durch einen Zufall ein Mädchen unter; — dieſes kam mir doch ſo himmliſch ſchön vor, daß ich mir in meinem Herzen ſagte: Mein Gott und mein Herr! wenn du mir dieſes Mädchen zum Weibe werden ließeſt, ſo wäre ich damit mehr beglückt, als wenn du mir alſogleich den Himmel zum freien Eingange eröffnen möchteſt! — Ich habe es mir auch in meinem Herzen ſelbſt al=

sogleich geschworen, und sagte: Dieser himmlische Engel muß mir zum Weibe werden! — Nach solch' einem Schwure bot ich auch alles Mögliche auf, um mich in ihren Besitz zu setzen. Es kostete mich gar viele Mühe und Anstrengung; aber je mehr ich um diesen irdischen Engel kämpfen mußte, desto seliger dachte ich mir dabei immer in meinem Gefühle dessen Besitz, ja meine Gefühlsphantasie ging so weit, daß ich mir im Ernste vorstellte, wenn dieser weibliche Engel ewig vor mir stände, und ich ihn nur stets vom Fuß bis zum Kopf betrachten könnte, so könnte ich mich unmöglich ewig daran satt sehen! — Und siehe, nach vielen bittern, bei zwei Jahre lang andauernden Kämpfen ward dieser weibliche Engel mir wirklich zum Weibe. Fürwahr in der ersten Zeit glaubte ich es mir selbst kaum, daß ich im Ernste der Glückliche sei, der nun mit vollstem Rechte zu diesem Engel sagen könne: Mein geliebtes Weib! — Denn ich war zu glücklich; — aber siehe, nach ungefähr zwei Jahren war mir dieser Engel etwas so Gewöhnliches, daß es mir nicht selten eine bedeutende Selbstverleugnung kostete, wenigstens Anstands und Ehren halber bei ihm zu Hause zu bleiben. Ich war dir Anfangs auch in meinem Herzen so eifersüchtig, daß ich mit einem wirklichen Engel des Himmels aufbegehrt hätte, wenn sich dieser gewagt, meinem überhimmlischen Ideale sich zu nähern; aber nach zwei Jahren, muß ich dir zu meiner eigenen Schande aufrichtig gestehen, war ich nicht selten recht froh, wenn dann und wann mein Ideal des Himmels einige Besuche erhielt, damit ich dabei die Zeit gewann, ein wenig in die göttliche freie Natur hinaus zu wandeln. — Und siehe, damals schon dachte ich mir: Mein Gott und mein Herr! wenn es dereinst mit dem Himmel auch eine solche Bewandtniß haben sollte, so wird es eben nicht dem Bedürfnisse des Menschen entsprechen; — dennoch aber dachte ich mir dabei: Wenn der Himmel auch ein ewiges Einerlei sein sollte, so wird aber doch Gott die Gefühle des unsterblichen Geistes also moduliren, daß ihm dann das ewige Einerlei dennoch eine ewige unaussprechliche Wonne bereiten wird. — Und jetzt habe ich auch den wirklichen Himmel verkostet, und ich sage dir, es geht mir um kein Haar besser; im Gegentheile noch um's sehr Bedeutende schlechter, als es mir mit meinem irdischen Himmel gegangen ist. Wenn mir der Herr das fatale Gefühl der Langweile, und besonders bei dieser ewigen Aussicht des Einerlei, nicht aus meinem Leibe schafft, so wäre es mir wirklich viel lieber, wenn Er mich wieder auf die Erde zu einem ewigen Holzhacker möchte werden lassen; — denn, lieber Freund, noch einmal gesagt, das Gefühl bezüglich der ewigen Dauer alles Dessen, was man hier genießt, und nicht die allerleiseste Abwechslung dabei, ist etwas Entsetzliches! — Nun urtheile nach dieser meinen Nothrede, und thue da mit uns, was du willst; zu der Tafel aber lasse ich mich nicht mehr bringen, da kannst du schon machen, was du willst; — eher will ich noch ewig in diesem Garten herum schwärmen, und wenn es mich hungert, mir dann von den Bäumen selbst eine Sättigung herunterlocken; aber wie gesagt, nur zu der Tafel nicht mehr! — Ich muß dir auch sagen, daß mir die Rückerinnerungen an das thätige Leben auf der Erde fürwahr hier noch ein größeres Vergnügen schaffen, als die ganze himmlische Tafel, mit Ausnahme, versteht sich von selbst, der Anschauung der göttlichen Dreieinigkeit, worüber sich zwar freilich auch Etwas sagen ließe; aber der Gegenstand ist zu heilig, und wir sind nicht würdig, uns über denselben näher auszusprechen; — daher beurtheile nur Dieses, und handle darnach! —

## 124.
### (Am 4. Februar 1843, von 4¾—7½ Uhr Abends.)

Der Tafeldiener spricht: Mein lieber Freund! ich verstehe dich gar wohl, was du mir sagen willst; aber nur begreife ich nicht, warum du bei deinem Leibesleben dir von dem Himmel keine andere Vorstellung machtest, und hast doch nicht selten die Briefe des Paulus gelesen. Sage mir, was dachtest denn du dir dabei, als du lasest: „Wie der Baum fällt, so auch bleibt er liegen?" — Du zuckst nun mit den Achseln und weißt nicht, was du mir antworten solltest; ich aber sage dir, daß der Baum gerade eben deinen Glauben bezeichnet, und besagt mit anderen Worten nichts Anderes, als: Wie du glaubst, so wird es dir werden! — Denn wie der Glaube ist, also ist auch die Erkenntniß; — wie die Erkenntniß, also auch die Anregung zur Thätigkeit aus derselben; wie aber die Anregung zur Thätigkeit, also auch die Liebe, welche aber ist das **eigentlichste Leben des Geistes**. — Siehe, also habt ihr Alle an einen Himmel geglaubt, wie er nun vor euch ist, und handeltet auch redlich darnach, um diesen Himmel zu erlangen; und wie also der Baum nach der Fällung aus dem irdischen Leben in's geistige Innewerden zufolge gefallen ist, also liegt er auch. — Ich kann euch unmöglich einen anderen Himmel geben, als den ihr euch selbst gegeben habt; denn es steht ja in der Schrift: „Das Reich Gottes kommt nicht mit äußerem Schaugepränge, sondern es ist innen in euch." — Also ist auch dieser gegenwärtige Himmel eine Ausgeburt eueres in eurem Inwendigsten begründeten Glaubens. Was wollt ihr demnach nun machen? Könnt ihr euren Glauben aus euch bringen? Könnt ihr etwa gar Lutheraner werden, oder gar reine Evangelische? — Der Gast spricht: Lieber Freund! Davor solle uns die h. Dreieinigkeit bewahren; denn Solches könnte uns am Ende noch gar in die Hölle bringen! — Der Tafeldiener spricht: — Ja nun, was wollt ihr denn hernach? — Es bleibt für euch demnach nichts Anderes übrig, als euch für alle ewigen Zeiten der Zeiten hier in der vollkommensten Ruhe zu verhalten. — Der Gast spricht: Lieber Freund, wie wäre es denn, wenn wir wieder dort hinab zurückkehren müßten, wo wir nach unserem Tode alsogleich angelangt sind? — Dort wäre es mir viel angenehmer, und ich wollte daselbst ja Alles thun, was mir nur immer möchte anbefohlen werden. — Kurz und gut gesagt, gegen eine nur mäßige Kost möchte ich alle Arbeiten zum Frommen Anderer verrichten; Solches wäre mir, wie ich empfinde, um's Unbegreifliche angenehmer, als das ewige Sitzen hier. — Der Tafeldiener spricht: Ja, ja, mein lieber Freund, solches Alles begreife ich eben so gut, als du, aber nur begreife ich nicht, wie ich dir schon früher erwähnt habe, warum du auf der Welt zu keiner bessern Vorstellung des Himmels gelangen mochtest, und das zudem noch, da du dich doch nicht selten in einer ziemlich lang gedehnten Messe in dir selbst ganz entsetzlich gelangwellt haſt, und paßteſt nicht ſelten mit großer Sehnſucht auf das: „Ite missa est." — Der Gaſt ſpricht: O lieber Freund, ich geſtehe es dir, du haſt es auf ein Haar errathen; alſo iſt es mir gar oft gegangen, ich habe ſolchen Fehler auch allzeit treulich gebeichtet, und konnte ihn aber dennoch nicht aus mir hinaus beichten. — Der Geiſtliche hat mir Solches als eine böshafte Wirkung des Teufels erklärt, und ich bemühte mich mit großer Selbſtverleugnung das h. Meßopfer mir ſo angenehm als möglich vorzuſtellen; aber leider war alle meine Mühe vergeblich. — Ich betete zwar alle Gebete aus einem guten Meßbuche, und unterhielt mich daher während der Meſſe ſo gut und ſo andächtig, als es mir nur immer möglich war; aber ich konnte es nicht dahin bringen, daß es mir am Ende leid geweſen wäre, wenn das Meßopfer zu Ende war, ſondern allzeit war ich ſo ganz heimlich genommen froh, wenn ich wieder aus der Kirche kam. In Sommertagen, wenn es eben nicht zu heiß war, und zugleich auch noch eine gute Chormuſik das Meßopfer begleitete, da ging es noch an; aber lieber Freund, im Winter, da hab' ich es, ich muß dich aufrichtig verſichern, nicht ſelten für eine Art ſündenreinigendes Fegfeuer betrachtet; alſo am allerwenigſten für einen himmliſchen Grad. Daß ich mir aber auf der Erde dergleichen Einerlei erträglich vorſtellte, und ſo auch die von mir geglaubte Monotonie des Himmels, wie ſie uns gelehrt wurde, dürfte wohl darin ſeinen Grund gehabt haben, daß ich mich mit dergleichen monotonen Vorſtellungen aber dennoch in der durch allerlei Erſcheinlichkeiten und eigene Thätigkeiten ſtets abwechſelnden Welt befand. — Allein hier, wo aller dieſer Wechſel wie mit einem Schlage vernichtet iſt; hier, wo es keine Nacht giebt, nichts zu thun, ein ewiger Müſſiggang, ein fortwährend gleichartiger Anblick, ſiehe, da fällt einem erſt das eigentliche Schale auf, und daher bitte ich dich, rede du für uns mit Abraham, Iſaak und Jakob, ſie ſollen uns entweder was zu thun geben, oder uns wieder, wie ſchon früher bemerkt, hinab laſſen in die untere Gegend, allda wir vielleicht doch möchten etwas zu thun bekommen; denn alſo halten wir es auf keinen Fall aus. — Der Tafeldiener ſpricht: Aber was verlangſt du; was willſt denn du hier thun, was unten? Habt ihr nicht auf der Erde ſchon geglaubt und geſagt: Der Herr Gott Zebaoth iſt ein allmächtiger Gott, und bedarf des Dienſtes der Menſchen nicht; nur auf der Welt laſſe Er ſie aus Seiner großen Erbarmung heraus arbeiten, damit ſie ſich den Himmel verdienen möchten? — Hier in Seinem Reiche aber hat es dann mit jeder Arbeit ein Ende! — Siehe, das war ebenfalls euer Glaube; was willſt du aber hier neben der göttlichen Allmacht thun? Wird dieſe wohl deines Dienſtes bedürfen? — Der Gaſt ſpricht: O lieber Freund, glaube es mir, ich erkenne nun meinen gewaltigen Irrthum, und geſtehe es dir offen, daß wir uns ſammt und ſämmtlich allhier in einem förmlichen Strafhimmel befinden; denn aus dieſer deiner Frage bin ich es nun vollkommen inne geworden. Wenn der Herr uns auf der Erde aus purer Erbarmung hat arbeiten laſſen, um uns einen Himmel zu verdienen, ſo ſehe ich es wahrhaftig nicht ein, warum Seine Barmherzigkeit, Seine unendliche Liebe und Güte gerade im Himmel ein Ende nehmen ſolle. Lieber Freund, ich kenne es dir an der Stirne an, daß du was Anderes im Hintergrunde haſt; wir bitten dich darum Alle inſtändigſt, halte uns nicht länger an, und thue kund den wahrhaftigen Willen Gottes! — Wir wollen ja Alles thun und uns in Alles fügen; aber nur zu dieſem im buchſtäblichen Sinne des Wortes überaus langen und ſomit auch überaus langweiligen Tiſche bringe uns nicht mehr; denn fürwahr, ich für meine Perſon möchte lieber ſterben, wenn es möglich wäre, und ſomit auch zu ſein aufhören, als zu ſein gleich einem gefräßigen Polyppen auf dem Grunde dieſes unermeßlichen Lichtmeeres! — Der Tafeldiener ſpricht: Lieber Freund und Bruder! Siehe, jetzt erſt biſt du reif, und ich kann dir und euch Allen die Wahrheit kund thun, — und ſo höret es denn: Dieſer Himmel, den ihr hier ſehet, iſt lediglich nichts Anderes, als eine Erſcheinlichkeit eueres irrthümlichen Glaubens; die Dreieinigkeit, die ihr ſehet, ſtellt den Culminationspunkt eueres Irrthums dar; wie habt ihr es je denken können, daß drei Götter am Ende doch Ein Gott ſein ſollen?! — Daß ein jeder dieſer drei Götter etwas Anderes verrichte; und dennoch ſollen die Drei ganz vollkommen einer Weſenheit und Natur ſein? — Ferner, wie habt ihr euch können einen müſſigen Gott vorſtellen, der doch das allerthätigſte Weſen von Ewigkeit her war? — Sehet, aus dem Grunde habt ihr euch dann auch ein müßiges ewiges Leben vorgeſtellt, ohne zu bedenken, daß das Leben eine Thatkraft iſt, welche Gott allen Seinen lebendigen Geſchöpfen eingehaucht hat aus Seiner ewigen Thatkraft heraus. — Hat der Herr auf der Erde nicht gelehrt, daß Er und der Vater vollkommen Eins ſind? — Hat Er nicht geſagt: „Wer Mich ſieht, der ſieht auch den Vater?" — Hat Er nicht auch geſagt: „Glaubet ihr, daß Ich im Vater und der Vater in Mir iſt? — Sehet, ſolches Alles hätte euch ja doch gar leicht auf den Gedanken bringen können, daß der Herr nur Einer iſt, und alſo auch nur einer Perſon; aber nicht alſo ein Dreigott, wie ihr Ihn euch vorgeſtellt habt. — Ihr ſagt mir hier freilich wohl: Lieber Freund, du weißt ja, wie da unſerem Glauben die Feſſeln angelegt waren; wir vermochten ja unmöglich etwas Anderes zu erkennen, als Das nur, was uns die Kirche unter allerlei Androhungen von ewigen Strafen in der Hölle und im Gegentheil auch wieder unter einer ſtets unbeſtimmten Anlobung des Himmels gelehrt hat, — und daß ſie allzeit hinzugeſetzt haben: Kein Auge hat es geſehen, kein Ohr gehört, und in keines Menſchen Sinn iſt es gekommen, was Gott Denen bereitet hat, die Ihn lieben! O — Freunde und Brüder! Solches Alles weiß ich gar wohl, daß ihr betrogen und geführt waret in eine große Irre; darum auch iſt der gegenwärtige euch erlöſende Augenblick gekommen, in welchem ihr erſt den wahren Gott und den wahren Himmel ſollet erkennen lernen. — Ihr habt in dem Worte des Herrn geleſen, unter welchen Formen Er das Himmelreich dargeſtellt hat! wenn ihr welch' immer für eine Form nur einigermaßen genau betrachten wollet; ſo muß es euch ja wie ein Blitz in die Augen ſpringen, daß der Herr niemals ein müſſiges, ſondern ein unter allerlei Formen nur überaus thätiges Himmelreich verkündiget hat. — Alſo wendet euch denn nun auch an den alleinigen **Herrn Jeſum Chriſtum**, denn Er iſt der **alleinige Gott und Herr Himmels und der Erde.** — Wendet euch aber in euerer Liebe zu **Ihm**, und ihr werdet alsobald in Ihm und aus Ihm in euch die wahre Bestimmung des ewigen Lebens finden und dann allerklarst erschauen. — Diese Dreieinigkeit aber muß in euch völlig untergehen, auf daß ihr die wahre Dreieinigkeit, welche da ist die **Liebe, Weisheit** und daraus **ewige Thatkraft** in dem **alleinigen Herrn Jesus**, erkennet! — Denket nicht, daß bei der Taufe Christi eine göttliche Dreipersönlichkeit geoffenbart ward; denn solches Alles war ja nur eine Erscheinlichkeit, vom Herrn zugelassen, damit die Menschen dadurch sollten in dem **Einen** Herrn die volle Allmacht und die volle Göttlichkeit erkennen. Denn damals hat wirklich die Weisheit Gottes als Sein ewiges Wort aus der ewigen Liebe hervorgehend das Fleisch angenommen, und hieß Gottes Sohn, welches eben so viel besagt, als: Die Weisheit ist die Frucht der Liebe, und geht aus derselben hervor, wie das Licht aus der Wärme, — und die ersichtliche Gestalt des Geistes Gottes über dem Sohne bezeichnete erscheinlich nur, daß die ewige unendliche Kraft Gottes zwar also wie die Weisheit aus der Liebe gehend, aber dennoch durch die Weisheit wirket, also wie die Wärme der Sonne im fortgepflanzten Lichte die Wirkungen hervorbringt. — Wenn ihr nun dieses Alles begreifet, so werdet ihr es ja auch leichtlich begreifen, daß in dem Herrn, weil das gesammte unendliche Licht der Weisheit, also auch die gesammte unendliche Liebe, wie aus den Beiden die gesammte unendliche göttliche Thatkraft vorhanden sein mußten. — Denn also spricht ja auch Johannes: In Christo wohnt die Fülle der Gottheit, und spricht eben auch: Im Anfange war Gott; Gott war das Wort, und das Wort war bei Gott; das Wort ist Fleisch geworden, und hat unter uns gewohnt. — Ihr saget zwar, es stände also: Im Anfange war das Wort, Gott war das Wort; denn das Wort war bei Gott, und Gott war im Worte. — Solches ist einerlei; denn Wort und Gott ist Eines und Dasselbe, wie Sohn und Vater. Oder wenn ihr saget: Wort und Gott, welches ebenfalls Eines ist, wie Sohn und Vater; da ist nicht Eines früher denn das Andere; denn Vater und Sohn, oder Gott und das Wort oder Liebe und Weisheit sind von Ewigkeit her vollkommen Eins; — daher möget ihr auch den Text aus Johannes drehen, wie ihr wollet, so hat sein Zeugniß immer einen und denselben Sinn, nämlich, daß der Herr Einer ist, sowohl als Vater, als Sohn und als Geist! — Ihr saget, wie demnach Solches zu verstehen wäre, da der Herr die Sünde wider den Vater und den Sohn als nachläßlich darstellte, aber die Sünde wider den h. Geist nicht? — Solches ist ja doch leicht begreiflich; — wer da kämpfet gegen die göttliche Liebe, den wird die göttliche Liebe ergreifen, und wird ihn zurecht bringen, und wer da kämpfet wider die göttliche Weisheit, dem wird die göttliche Weisheit das Gleiche thun; — sage mir aber, so es einen Thoren gäbe, der da möchte gegen die unendliche göttliche Macht und Kraft sich im Ernste auflehnen, was kann wohl dessen Loos sein, als daß ihm die göttliche unendliche Kraft ebenfalls ergreife und ihn verwehe hinaus in die Unendlichkeit, auf welcher er einen gar verzweifelt langen Rückweg haben wird, um sich wieder **möglicher Weise** der Liebe und Erbarmung

Gottes zu nähern. — Siehe, also thut ja alles Dieses nur immer einer und derselbe Herr, und erweiset Sich jedem Menschen, wie der Mensch will. — Wer es demnach mit Seiner Kraft aufnehmen will, dem wird es der Herr auch zu verkosten geben, wie da schmecket Seine Allmacht gegen die Ohnmacht eines Geschöpfes! — Denke dir aber ja nicht, daß der Herr solch' einen thörichten Kämpfer verdamme und vernichte; denn solches Alles thut der Herr aus Seiner unendlichen Liebe, damit Niemand verloren gehe. — Solches nun erwäget in euch, und Ich will dann wieder kommen und euch führen, dahin, wie ihr es in euch werdet erkannt und gefunden haben! —

## 125.

(Am 6. Februar 1843, von 4¼—6 Uhr Abends.)

Nun sehet auch ihr! Die Tafeldiener entfernen sich, und unsere Gesellschaft steckt die Köpfe zusammen; — Solches besagt im Geistigen: Eines Sinnes werden? Was deliberiren sie wohl jetzt? — Nur eine kleine Geduld, wir werden es alsobald vernehmen. — Derjenige, der früher mit dem Tafeldiener zumeist gesprochen hat und einst auf der Welt ein Landmann war, Dieser wird sich auch jetzt bald hervor thun, und wird dieser ganzen Gesellschaft seinen Vorschlag vernehmen lassen. Ihr möchtet ihn wohl schon vernehmen; ich aber sage euch: Solches kann im Geiste nicht also plötzlich geschehen. Das Innewerden des Geistes in seinem reinsten und vollkommensten Zustande ist zwar für eure Begriffe unglaublich schnell; aber das Innewerden eines unvollkommeneren Geistes ist dafür um desto mühevoller und langsamer. Ihr fraget: Warum so denn? - Solches ist doch sehr leicht zu begreifen; weil der Geist nichts hat, nach dem er greifen könnte, sondern all' sein Eigenthum ist nur sein Inneres. Der vollkommene Geist hat auch das vollkommene Gute und Wahre in einer endlos großen Ueberfülle in sich; daher ist auch sein Innewerden in all' dem geistig reell Wahren und Guten ein unglaublich schnelles. Der unvollkommenere Geist aber hat nichts in sich denn Irriges, wenn er nun im Guten und völlig Wahren einen Fortschritt machen soll, so muß er zuerst nach seinem Irrthümlichen greifen, dasselbe in sich als Irrthümliches erkennen, dann das Irrthümliche aus sich hinaus schaffen und dadurch dann in eine große Armuth versinken, damit er ein wahrhaftiger Armer im Geiste wird. — Durch diese Armuth oder völlige geistige Begriffsleere wird dann erst der göttliche Funke, welcher da ist das Liebthätigkeitsgute, frei, fängt sich an stets mehr und mehr auszudehnen, und sonach die frühere geistige Leere mit einem neuen Lichte auszufüllen; — in diesem Lichte dann erst kommt der Geist zu einem stets vollkommener werdenden Innewerden. — Und so sehet denn, daß es unserer Gesellschaft eine ziemliche Mühe kostet, dieses geschauten Himmelsbildes flott zu werden; sie sehen noch immer alles Das, was sie im Anfange geschaut haben. — Solches aber beurkundet, daß sie ihr Innewerden von rein Wahrem und Gutem noch nicht um Vieles geändert haben. Ihr möchtet nun wohl wissen, was davon der Grund sein dürfte, indem der Tafeldiener, wie ihr zu sagen pfleget, dieser ganzen Gesellschaft die Wahrheit doch ganz tüchtig unter die Nase gerieben hat? — Ich sage euch: Da kommt es oft auf einen kleinen Punkt an; denn alle diese katholischen Himmelshelden sind im Grunde nichts als blinde Skeptiker. Der Skepticismus aber ist bei dem Menschen Das, was der Sportenkäfer den Bäumen ist; es bedarf nicht mehr, als eines einzigen nicht völlig stichhaltenden Punktes. Dieser Punkt wird dann zu einem sich außerordentlich reichlich reproducirenden schädlichen Wahrheitsinsekte, das am Ende ganze große Wälder von Bekenntniß- und Erkenntnißbäumen verderbet. — Ihr fraget hier, und saget: Lieber Freund, worin besteht denn dieser gefährliche Punkt bei dieser Gesellschaft? — Ich sage euch: Dieser Punkt ist an und für sich zwar kaum beachtenswerth; aber der Skeptiker, der alle Fasern des Lebens- und Erkenntnißbaumes benagt, setzt diesen unbedeutenden Punkt unter ein überaus vergrößerndes Mikroskop, und entdeckt dann in diesem unscheinbaren Punkte ganze Berge von Unebenheiten, welche sich dann mit der natürlich geschauten Oberfläche des lebendigen Holzes freilich wohl nicht vereinbaren lassen. Die Ursache aber liegt darin, weil diese Skeptiker mit ihrem Verstandesmikroskope nun beständig auf diesem unbedeutenden Punkte herum reiten; aber Keinem fällt es bei, das Mikroskop ihres Verstandes über die Grenzen dieses Punktes zu richten, auf daß sie dadurch erschaueten, wie sich dieser ihnen gar so uneben vorkommende Punkt mit dem anderen Lebensholze verbinde. — Damit ihr aber nun sehet, worin dieser Punkt besteht, so mache ich euch darauf aufmerksam, daß nämlich der Tafeldiener dem Außen nach die angeführten Schrifttexte etwas durcheinander geworfen hat. — Eine Korrectur habt ihr gleich während der Unterredung vernommen; der Tafeldiener aber hat scheinbarer Weise einen Text aus dem Paulus genommen, und ihn vom Johannes ausgesagt. Da aber der Redner dieser Gesellschaft und noch Einige in der Schrift so ziemlich bewandert sind, so ist ihnen Solches bald aufgefallen, und das ist denn auch zu allermeist der Grund, warum sie ihre Köpfe zusammengesteckt haben; — und unser Redner hat ihnen alsogleich heimlich bemerkt, und gesagt: Meine lieben seligen Freunde? Wenn dieser Tafeldiener so in der göttlichen Wahrheit recht zu Hause wäre, da hätte er doch wohl nicht leichtlich den Paulus mit dem Johannes verwechselt; so aber hat er offenbar Etwas von Johannes ausgesagt, was nur der Paulus gesprochen hat, — und dieser Punkt ist mir genug zu glauben, daß dieser unser Tafeldiener in der eigentlichen göttlichen Wahrheit nicht zu Hause ist; und so dürfte es wohl mit Allem, was er gesprochen hat, einen sehr bedeutenden Anstand haben. — Ich bin daher der Meinung, daß dieser Himmel zwar vollkommen ein wahrer Himmel ist; nur was es da mit der Tafelgefangenschaft nach der Erzählung und Beweisung eben dieses Tafeldieners für eine Bewandtniß hat, da meine ich, Solches sei ebenfalls auch nur eine stark in den blauen Dunst gegriffene Muthmaßung desselben. — Wir sind frei, und können zur Tafel gehen, wann wir wollen; können uns aber auch in diesem sehr großen Garten herum bewegen, wie wir wollen, — und ich bin der Meinung, jener überaus große und herrliche Palast dort hinter der großen und langen Tafel wird uns wohl auch zur Besichtigung und vielleicht gar zur Bewohnung frei stehen; denn der Herr hat ja gesagt: „In Meines Vaters

Reiche sind viele Wohnungen!" — Also kann es ja auch in diesem überaus großen Palaste eine Unzahl von Wohnungen geben; oder es kann noch gar wohl eine Unzahl von solchen Palästen weiterhin vorhanden sein. Daher meine ich, wir sollten unseren in der h. Schrift bewanderten Tafeldiener gar nicht mehr abwarten, sondern uns nach unserem freien Gutdünken und Wohlbehagen alsogleich gegen den großen Palast hinziehen. Denn hier sind wir ja nicht mehr im Stande zu sündigen, sonach können wir ja auch thun, was wir wollen; denn es ist doch sicher besser, mit klarem Bewußtsein schon im Himmel zu sein, als nach der etwas stark gesuchten Meinung unseres Tafeldieners in einen wahrhaften Bauernhimmel zu kommen. Sollte das nicht der richtige Himmel sein, was könnten wir wohl dafür, wenn uns auf der Welt nie ein anderer gezeigt worden ist. — Und wenn es, wie wir es auf der Welt gelernt haben, hier überaus gerecht zugehen soll, was auch unbezweifelt sicher der Fall ist, so möchte ich denn doch wohl einsehen, aus welchem Grunde wir eine Zeit lang mit einem falschen Himmel gefoppt werden sollten; — denn wir haben ja doch allzeit auf einen rechten und wahrhaftigen, nicht aber auf einen Fopp- und Scheinhimmel geglaubt. Solches wäre ja auch wahrhaftig sogar infam von uns, so wir es Gott zumuthen sollten, daß Er uns mit diesem Himmel nur foppe und zum Besten habe; — und so denn ziehen wir uns nur ganz muthig vorwärts! — Sehet ihr nun, wie dieser Punkt von einem Sportenkäfer den ganzen früheren Wald von guten Erkenntnissen angegriffen hat; und unsere Skeptiker sind wieder ganz in ihren früheren Irrthum übergegangen. — Ihr fraget hier freilich, und saget: Ja warum hat denn der Tafeldiener Solches gethan? Ich sage euch: Der Tafeldiener hat im geistigen Sinne richtig gesprochen; aber unsere irrthümlichen Skeptiker haben ihr Verstandesmikroskop nicht über den Zweifelspunkt weggerückt, damit sie die guten Nebenverbindungen hätten zu erkennen vermocht. — Ihr werdet bemerkt haben, daß der Tafeldiener den Text des Apostels Paulus nicht völlig ausgesprochen, und den Begriff „wesenhaft" weggelassen hat. — Sehet, das ist ein gar wichtiger Verbindungspunkt. — Dieser Verbindungspunkt aber ist es ja eben auch, der dieser ganzen Gesellschaft mangelt; und solcher Verbindungspunkt besagt eben die thätige Liebe aus dem reinen Glauben an den alleinigen Herrn. — Nun sehet weiter, der ganze Johannes, welcher besagt das innere lebendige Wort oder die Liebe zum Herrn, faßt sich im himmlischen Sinne in dem vom Tafeldiener ausgesprochenen Texte zusammen und giebt das richtige Licht hinsichtlich des Herrn allein; — Paulus aber faßt dieses Licht lebendig in sich auf, welches ist die Liebe des Herrn im Johannes; aus dem Grunde spricht dann auch Paulus: „Nun lebe nicht mehr ich, sondern Christus lebt in mir!" — Also ist der vom Tafeldiener angeführte Text vollkommen aus dem ganzen Johannes, und kann nicht vom Paulus sein, weil dieser ganzen Gesellschaft noch das Wesenhafte der Liebe zum Herrn mangelt. — Was den ferneren Verfolg dieser wichtigen Abhandlung betrifft, wollen wir an der Seite der Gesellschaft nächstens betrachten. —

## 126.
(Am 7. Februar 1843, von 4¼—7¼ Uhr Abends).

Nun sehet, die gesammte Gesellschaft setzt ihren Entschluß in's Werk, und zieht sich längs der Mauer hin gegen den Palast. — Aber nun gebet Acht, es wird sich sobald eine Hauptscene erheben; denn diese Gesellschaft wird bald auf eine Kluft stoßen, welche sich ganz gegen die Tafel hinzieht. Ueber diese Kluft wird Niemand im Stande sein seine Füsse zu setzen; wenn aber Jemand in die Kluft hinabsehen wird, so wird ihm da ein ganz entsetzlich tiefer und finsterer Abgrund entgegen starren. — Nun sehet, die Gesellschaft nähert sich schon diesem besagten Punkte. Der beredte Anführer ist der Erste; — noch wenige Schritte, und sehet er prallt schon zurück und schreit: Aber um Gotteswillen, was ist denn das? — Da sehet nur einmal her; das ist ja ein Abgrund, wie schnurgerade in die Hölle hinab! — Nein, wenn ich mit unserem Tafeldiener wieder zusammen komme, dem will ich's aber doch auf eine allerverständigste Weise bekannt machen, wie gründlich er in dieser himmlischen Geographie bewandert ist. Hat er nicht früher erklärt, als er hinter mir noch an der Tafel den Wolkenboden etwas aufgerührt hatte, daß dieser große Gartenboden allenthalben gleich fest ist? — Und nun sehen wir zu unserem größten Erstaunen diese ganz entsetzliche Kluft hier! — Ein Anderer aus der Gesellschaft tritt zum Redner hin, und sagt mit ganz weise thuender Miene: Bruder, werde nicht so laut, denn sonst könnte dir der Tafeldiener auch sagen, daß du ganz schwach in der heiligen Schrift bewandert bist. — Siehe, da weiß ich mir wieder besser Rath zu schaffen; das ist sicher diejenige Kluft, durch welche einst der reiche Prasser in der Hölle mit Abraham im Himmel gesprochen, und hat ihn um einen Tropfen Wassers gebeten und noch um anderes Mehreres. — Diese Kluft ist aber demnach sicher zu einem ewigen Gedenkzeichen belassen worden. — Und da wir über diese Kluft nicht hinüber können, was für uns selige Geister freilich etwas sonderbar klingt, so gehen wir wieder unseren Weg zurück und schleichen uns so ganz unvermerkt wieder zur Tafel hin. — Der frühere Redner spricht: Bruder, du hast nicht Unrecht; es wird sicher also sein, und so bin ich auch wie wir Alle entschlossen, deinem Rathe zu folgen. — Nun sehet, die Gesellschaft wendet sich wieder um, und zieht sich zurück. Aber sehet hier einen abermaligen sehr fatalen Umstand; — es hat sich auch hinter ihnen eine Kluft gebildet, und so steht nun unsere arme Gesellschaft wie zwischen zwei Feuern, und hat kaum eine einige Klaftern breite Landzunge, auf welcher sie sich hin zur Tafel bewegen kann. — Aber nun höret unseren Hauptredner, was er da spricht beim Erblicken der zweiten Kluft; seine Worte lauten: Oho, um des Herrn willen! Was ist denn das für eine himmlische Spitzbüberei? — So geht's im Himmel zu? — Das ist nichts Anderes, als eine geheime Bosheit von unserem löblichen Tafeldiener; der wird von irgend einem heimlichen Versteck aus unsere Unterredung belauscht haben, hat dann durch was immer für ihm zu Gebote stehende geistige Zaubermittel diese Abgründe gebildet, und wir stehen jetzt da, wie ein Sprichwort auf der Erde gesagt hat, gleich den dummen Ochsen am Berge. — Er läßt sich aber auch gar nicht blicken; ich meine, er muß den Braten von unserer Seite schon von ferne riechen. — Wahrhaftig wahr, wenn der Schlingel jetzt daher käme, ich könnte mich sogar mit meinen himmlischen Armen an ihm vergreifen! — Diese zwei Abgründe hier, es ist ja etwas Entsetzliches! — Wenn wir nicht so vorsichtig wären, so läge sicher schon Einer oder der Andere, Gott weiß wo da unten! — Meine lieben Freunde, spricht er weiter, und nun himmlischen Brüder und Schwestern! — Ich habe es zuerst ausgesprochen und bleibe auch ganz fest dabei, daß Dieser ganze Himmel nichts Anderes, als eine Fopperei ist. — Der Tafeldiener hat uns Alle gefoppt; mit unserer Spazierreise sind wir gefoppt, und somit sind auch alle unsere irdischen himmlischen Hoffnungen gefoppt; es ginge jetzt nichts ab, als noch so ein kleiner Abgrund über die Quere, und wir Alle säßen im allerschönsten himmlischen Pfeffer! — Ein Anderer spricht zu ihm: Bruder, Bruder, rede nicht so laut! Hast du nicht gehört auf der Erde das alte Sprichwort: „Wenn man den Wolf nennt, so kommt er gerennt?" — Hat sich unser Tafeldiener schon diesen Doppelspaß mit uns erlaubt, so könnte es ihm auch sehr leicht beifallen, auch noch einen Strich über unsere Tafelrechnung zu machen; daher ist meine Meinung, wir sollten uns ganz ruhig und demüthig auf dieser Landzunge hin zur Tafel ziehen; — sonst könnte es sehr leicht geschehen, daß uns Allen hier ein kleiner himml. Hungerarrest gegeben würde. — Denn ich bin der Meinung: Wenn man im Himmel so ganz eigentlich auch nicht sündigen kann, so aber dürfte eigenmächtig zu handeln vielleicht doch wohl auch nicht ganz Recht sein; und so wäre es ja leicht möglich, daß es im Himmel für himmlisch ungehorsame Geister auch vielleicht eine Art himmlischer Strafen gebe, für die freilich wohl kein Sterblicher etwas weiß, weil, wie du und ihr Alle wisset, wir auf der Erde eben vom Himmel durchaus nichts Bestimmtes je haben erfahren können, und müssen daher erst hier mit den Einrichtungen desselben näher vertraut werden. Ich bin der Meinung, wir sollten hier im Angesichte der allerheiligsten Dreieinigkeit eine kleine Reue erwecken, damit uns solch' unser Vergehen möchte verziehen werden. Der Hauptredner spricht: Lieber Bruder! Du hast eben nicht Unrecht; aber mir kommt es hier vor, wie da einmal die alten Römer von einer sogenannten Scylla und Charybdis fabelten, und so bin ich der Meinung, bei dieser Gestaltung des Himmels wird auf keiner Seite gar viel zu gewinnen sein. Müssen wir hier verbleiben, so steht uns offenbar ein ewiger Hunger bevor, und gelangen wir zum Tische, so heißt es allda wieder ewig sitzen bleiben und ewig essen und trinken; — daher meine ich, wer von euch Lust hat wieder zur Tafel zurück zu kehren, der versuche immerhin sein Glück, vorausgesetzt, daß er auf keine Querkluft stößt, ich aber bleibe hier, und gehe eher um keinen Schritt weiter, bis nicht der Tafeldiener, wie er es versprochen hat, hierher kommt und mir die genügendste Auskunft über diese unsere Verkluftung giebt. — Nun seht, ein Theil fängt an längs der Zunge sich fort zu bewegen, und geht auch ohne Anstand weiter. Jetzt aber kommt auch unserem Hauptredner ein nachträglicher Appetit der anderen Gesellschaft nachzuziehen; er fängt nun auch an mit der bei ihm verbliebenen Gesellschaft sich vorwärts zu bewegen. Aber sehet, er findet auch richtig den zum Voraus berechneten Querstrich, über den er nicht zu springen vermag; — aber nun höret, wie dieser Himmelsbewohner aus allen Kräften über diese himmlische Einrichtung loszuziehen anfängt, und spricht: Nun, da haben wir's! Wie ich mir's gedacht habe, das ist ja ein Himmel, wie man sich ihn nicht besser wünschen kann. Meine lieben Brüder und Freunde, sind das die sogenannten himmlischen Freuden? — Ich muß es aufrichtig gestehen, so lange ich auf der Erde gelebt habe, kann ich mich nicht erinnern, mich je in einer größeren und allerfatalsten Verlegenheit befunden zu haben, als gerade jetzt im Orte der Seligkeit. Nein, wenn ich nun allerklarst zurück denke, was Alles ich auf der Erde gethan habe, um diesen Himmel mir zu verdienen, wie oftmal ich gefastet habe, wie viel hundert ja tausend Rosenkränze gebetet, wie viele Messen gezahlt, und bei wie vielen selbst allerandächtigst zugegen gewesen, wie viele Arme als selbst ein armer Bauer ich durch mein ganzes Leben hindurch gespeist habe! — Ja, ich muß es aufrichtig gestehen, daß ich mir auf der Erde für diesen Himmel förmlich die Haut vom Leibe habe ziehen lassen, und nun genieße ich und ihr Alle den viel versprechenden Lohn, — nämlich auf diesem von drei Abgründer begrenzten Quadratfleck, von welchem aus wir zwar wohl die h. Dreieinigkeit anschauen können bis zum Augenvergehen; dabei aber dürfen wir uns nicht einmal rühren, sonst liegen wir bald drunten, Gott weiß, wo! — Es ginge jetzt nichts ab, als daß noch dieses Bischen himmlisches Landquadratel nach und nach sich so in den Abgrund hinunter zu senken beginnen möchte, da bliebe uns doch bei Gott nichts Anderes übrig, als entweder auf gerad' oder ungerad' mit hinab zu sinken, Gott weiß, wohin; oder wir müßten uns nolens volens auf die Mauer hinauf begeben und auf derselben zwischen zwei Abgründen reiten, vorausgesetzt, wenn die Mauer nicht etwa auch einen Mitrutscher machte. — Nein, lieben Freunde! wann ich jetzt zurück denke, welchen wahrhaftigen Millionenweg uns, wie wir in der geistigen Welt angekommen sind, der Priester mir schon immer etwas verdächtiger Weise geführt, und welche Anstrengung es uns gekostet hat, bis wir die goldene Himmelspforte erreicht haben, da möchte ich gerade vor lauter Aerger zerspringen; denn dort unten ist es uns ja doch um eine ganze Million besser gegangen denn hier! — Sehet, so eben zupft ein Anderer unseren Redner, und zeigt ihm mit dem Finger hin auf die Querkluft, und macht ihn eben darauf aufmerksam, wie so eben ein bedeutendes Stück sich hinab gesenkt habe; — unser Hauptredner zieht sich etwas zurück, und spricht in einem sehr verlegenen Tone: Nun, was hab' ich denn gesagt, es wird noch sicher zur Mauerreiterei kommen! — Fürwahr, wenn ich nicht mit Bestimmtheit wüßte, und das zwar zu Folge meines eisenfesten Glaubens, daß man vom Himmel denn doch sicher nicht mehr etwa gar in die Hölle hinab geworfen werden kann, so müßte ich bei diesem meinem armseligen himmlischen Leben behaupten, es ist hier Alles zu einer solchen löblichen Fahrt auf das zweckmäßigste vorbereitet. Ich meine, wir sollten uns lieber alsogleich über die Mauer hermachen, denn man kann denn doch nicht wissen, wie viel Flächenraum eine allfällige zweite Einbruchsportion haben könnte; sind wir aber auf der Mauer, da rutschen wir längs derselben noch rückwärts fort, bis wir aus diesem fatalen Quadrate draußen sind, und sehen dann bis zur Ausgangspforte des Himmels zu gelangen, durch welche wir dann den uns schon bekannten Millionweg wieder zurück machen werden. — Gott gebe uns nur so viel Erbarmung und Glück, daß uns die Mauer keine Fatalitäten spielt; — und so bin ich der Meinung, werden wir uns noch wohl mit heiler Haut aus dieser Verlegenheit zu ziehen im Stande sein. — Sehet, auf diese Rede zieht sich Alles eilig zu der Mauer. — Die Mauer wäre erreicht, aber sie ist unglücklicher Weise doch etwas zu hoch, daß sie erstiegen werden könnte; daher legt unsere Gesellschaft nun ganz natürliche Leitern an und nimmt gewisser Art die Mauer mit Sturm ein. — Sie hätten sich glücklich hinauf gebracht; wie aber der letzte Mann hinauf gezogen ward, da fing die Mauer an sich einzubiegen, und unser Hauptredner spricht: Lieben Freunde, den Muth nicht verloren; Gott dem Herrn alle Ehre! Nun soll's gehen, wo es hingehen will; jetzt ist mir schon Alles Eins! — Denn ich ersehe es jetzt ganz klar, daß mit der alleinigen Ausnahme der göttlichen Dreieinigkeit, die wir noch immer sehen, dieser ganze Himmel eine reine Lumperei ist; denn unser ehrsamer Tafeldiener läßt sich gar nicht mehr blicken, obschon er uns Solches ganz treu versprochen hat, und läßt uns jetzt in dieser allergrößten himmlischen Noth sitzen. — Und da seht nun, unser halb hängendes Stück Mauer hat sich nun auch losgerissen, und wir fahren damit hinab, Gott weiß, wohin! — Nun fahren aber auch wir mit und belauschen unseren Redner noch während der Fahrt. — Seine Gesellschaft macht eine ganz verzweifelte Miene; nur unseren Redner will sein guter Humor noch nicht verlassen. Er tröstet daher seine mitfahrende Gesellschaft, so gut er nur immer kann, und spricht: machet euch nichts daraus, lieben Brüder; der Herr will ja immer des Menschen Allerbestes. Wir können nicht wissen, für was diese Fahrt gut ist; vielleicht werden wir jetzt bei dieser Gelegenheit eine wahrhafte überaus geistig interessante Himmelsreise machen, werden vielleicht bei dieser Gelegenheit mit dem sicher viel tiefer unten liegenden gestirnten Himmel eine nähere Bekanntschaft machen, — und vielleicht trifft sich's, daß wir gar auf eine fremde schöne Welt stoßen. — Ich sage dabei: Des Herrn Wille geschehe! Todtschlagen können wir uns nicht; es wird uns vielleicht besser gehen, als in dem Himmel da oben. Es wäre freilich sehr fatal, wenn wir so etwa gar die ganze Ewigkeit hindurch fallen müßten, aber Solches ist doch wohl kaum anzunehmen; denn da müßte selbst die von uns Allen noch immer sichtbare Dreieinigkeit bloß eine geistig meteorische Erscheinung sein. — Wir müssen aber schon schön tief unten sein; denn das ganze Bild der Dreieinigkeit wird schon ganz verzweifelt klein. Nein, lieben Freunde, fürwahr, es sei wie es denn wolle, aber ich bin doch ganz entsetzlich neugierig, wohin wir mit der Gelegenheit dieser geistigen Luftreise kommen werden. — Sehet, Einer aus der Gesellschaft bemerkt dem Redner so eben, daß er zu unterst in großer Tiefe ein unermeßliches Gewässer entdecke; der Redner bemerkt denn Solches auch und spricht: Bei solcher Unterlage wird uns unser Stück Mauer sicherlich keinen bedeutenden Schutz gewähren; aber ich mache mir einmal gar nichts daraus, denn unter solchen Bedingungen bin ich wahrlich alles Lebens satt! — Und so geschehe denn, was wolle; Wasser oder kein Wasser, das ist mir gleich! — Und nun sehet, die ganze Gesellschaft erreicht nun die Oberfläche des Wassers, und ihr Stückchen Mauer verwandelt sich in einen Nachen; und die ganze Gesellschaft befindet sich nun unbeschädigt in diesem Nachen. Ein Wind fängt an zu wehen; der Nachen bewegt sich über die Wogen. Und nun sehet, in der Richtung zwischen Morgen und Mittag taucht so eben wie aus den Fluthen emporsteigend ein herrliches und weit gedehntes Land auf, und unser Redner spricht zu seiner Gesellschaft: Ich habe es euch ja gesagt, daß wir an dem obigen Himmel nicht viel verloren haben. — Gott dem Herrn alles Lob und allen Dank für diese wunderbare Rettung! — Auch unserem sauberen Tafeldiener sei's verziehen; — wenn ich aber wieder einmal mit ihm zusammen kommen sollte, so will ich ihm denn doch eine kleine Lection in dem jüdischen Levitendienste geben! — Nun sehet, der Nachen naht sich dem Lande; aber seht noch genauer, dort am Ufer erwartet so eben unser wohlbekannter Tafeldiener unsere schnellsegelnde Gesellschaft. Auch unserem Redner muß er anfangen bekannt zu werden; denn er sendet ganz erstaunte Blicke an's Ufer. — Was da weiter folgen wird, werden wir das nächste Mal in Augenschein nehmen! —

## 127.
(Am 8. Februar 1843, von 4—6¾ Uhr Abends.)

Nun sehet, nachdem sich das Fahrzeug stets mehr und mehr dem Ufer nähert, so erkennt auch unser Hauptredner seinen sich wohl gemerkten Tafeldiener stets mehr und mehr, und wendet sich darum an seine Gesellschaft und spricht zu ihr: Da seht einmal hin; wenn das nicht unser sauberer Tafeldiener ist, so ist unsere feuchte Unterlage kein Wasser. O, er ist es; sein ganzes Benehmen, sein Gesicht, seine langen blonden Haare; kurz und gut, je näher wir ihm kommen, desto ungezweifelter erscheint er meinem Auge als Solcher zu sein! Wenn ich jetzt nur so eine kleine Allmacht hätte, ich wollte ihm doch so recht nach meiner Herzenslust ein kleines Donnerwetter auf den Hals schicken. Kann ich aber schon Solches nicht, so sollen ihn doch wenigstens, wenn wir völlig beisammen sein werden, einige ausgesuchte Zungenblitze aus meinem Munde treffen; denn das glaube ich denn doch nicht, daß in diesem Geisterreiche, d. h. dort oben in dem verdächtigen Himmel, und da unten auf diesem Lande zwei sich auf ein Haar gleichsehende Geister sich vorfinden sollten. Wir wollen daher auch nichts dergleichen thun, als wenn wir ihn schon einmal gesehen hätten, sondern nur abwarten, was er vielleicht selbst bei unserer völligen Annäherung an's Ufer reden wird. — Sollte er etwa nichts Dergleichen thun, so werde dann schon ich mir mit ihm erkundlich zu schaffen machen, und sicher heraus bringen, ob er der Tafeldiener ist oder nicht. — Ein Anderer aus der Gesellschaft aber spricht zum Hauptredner: Höre Freund, ich setze den Fall, es ist dieser offenbar auf uns harrende Geist der uns bekannte Tafeldiener, da bin ich einer ganz anderen Meinung, als du, mein lieber Freund und Bruder. — Siehe, es war ja ohnehin dein und unser Aller Wille, aus dem obigen Sitz-, Freß- und Gaff-Himmel zu kommen; der Tafeldiener hat dir meines Wissens Solches auch zugesichert. Daß er gerade oben nicht mehr zu uns gekommen ist, das wundert mich gar nicht; denn erlaube mir: Nr. 1 hast du gleich bald nach seinem Weggehen von uns hinsichtlich des fälschlichen Textes über ihn loszuziehen angefangen, Nr. 2 hat Keiner von uns aus eben dem Grunde seinen Vorschlag, wie wir uns hätten verhalten sollen, berücksichtiget. Daß er uns darob hat ein wenig zappeln lassen, und in eine freilich wohl überaus starke Verlegenheit gesetzt, das finde ich hinsichtlich unserer wahrhaften Brutalität gegen ihn für nichts mehr und nichts weniger als vollkommen billig. — Da wir aber so höchst wunderbar und überaus wohlbehalten gerettet worden sind, und das sicher durch Niemanden als durch ihn, so bin ich der Meinung, wir sollten mit unserem Donnerwetter, unserer Zungenblitzerei und der Erkundigungsschlauheit so hübsch sein zu Hause bleiben; denn sonst könnte es ihm etwa einfallen, unserer noch einmal zu vergessen, und dieses uns nun sehr nahe Land ebenfalls so locker zu machen, als wie das dort oben im Himmel. — Der Hauptredner spricht: Mein schätzbarster Freund und Bruder! Du hast im Ernste nicht Unrecht; ich war nur ein wenig hitzig; aber deine Rede hat mich jetzt vollkommen nüchtern gemacht. Es könnte dieser Tafeldiener ja sehr leicht ein verkappter Engel sein, obschon ich bei ihm noch keine Flügel gesehen habe, welche er wohl sehr leicht unter dem Kleide verborgen haben kann. Und wenn er so Etwas wäre, die heilige Dreieinigkeit stehe einem bei, da müßten wir doch schön ganz entsetzlich das Kürzere ziehen; denn so ein Engel soll ganz entsetzlich stark sein. Ich habe mir's einmal von einem recht frommen Geistlichen erzählen lassen, daß so ein Engel mit seiner überaus großen Stärke die ganze Erde gar leicht mit einem großen Flammenschwerte auf einen Hieb entzwei hauen könnte. Wenn wir ihm daher hier etwas grob entgegen kämen, wie leicht möglich wäre es da wohl, daß er unter seinem Rocke nebst seinem Flügelpaare auch so ein wohlgenährtes flammendes Schwert besäße; ich will nicht weiter reden, was er damit gegen unsere entsetzliche Schwachheit Alles auszuführen im Stande wäre. — Der Andere spricht: Ja, ja, lieber Freund und Bruder, in diesem Punkte hast du wieder ganz Recht; wenn er auch in der h. Schrift nicht eben zu sehr bewandert zu sein scheint, so kann er aber deßwegen doch ein wirklicher Engel sein; und so denn wollen wir uns ihm ja ganz demüthigst nahen. — Ein Dritter aus der Gesellschaft bemerkt und sagt: Höret Brüder! Drei Köpfe und sechs Augen sehen mehr als einer mit zwei Augen. Ich bin der Meinung, wir sollten auch hinsichtlich der h. Schrift und der Textverwechslung, oder vielmehr der Namenverwechslung bei der Kundgabe eines Textes durchaus kein Aufhebens machen; denn was wissen denn wir, wie die himmlischen Geister und ganz besonders die Engel das göttliche Wort inne haben, wie sie es lesen und wie sie es verstehen. Es könnte ja auch sehr leicht sein, daß der Johannes Solches von Christo ausgesagt habe, hat es aber entweder selbst nicht aufgezeichnet, oder es ist durch die vielen Ueberlieferungen also wie ein ganzer Brief des Paulus meines Wissens für die Welt rein verloren gegangen; im Himmel aber wird dergleichen sicher nicht verloren gehen. — Also meine ich, wie schon gesagt, wir sollen in dieser Hinsicht mit unserer Unwissenheit eben nicht zu viel Rühmens machen; denn ich war auf der Welt, wie ihr wißt selbst ein Geistlicher und sogar Doctor der Theologie, und habe als Solcher in dem h. Buche wohl manche Lücken gefunden, habe mich aber damit vertröstet: Wären dergleichen sicher abgängige Stellen für das Heil der Menschen unumgänglich nothwendig, so hätte es der Herr auch nie zugelassen, daß sie wären verloren gegangen, und ferner dachte ich dabei, daß sich dergleichen Stellen einst im Himmel zu einem höheren geistigen Zwecke allerreinst vorfinden lassen werden. — Sehet, der Hauptredner und auch alle Andern sind mit diesem Vorschlage völlig zufrieden. — Nun aber ist auch unser Fahrzeug völlig an's Ufer gestoßen, und die ganze Gesellschaft über hundert Köpfe stark begiebt sich auf's Land, und der ihrer harrende Tafeldiener geht der ganzen Gesellschaft mit offenen Armen entgegen. Unser Hauptredner geht überaus ehrerbietig zu ihm hin und sagt: Bist du es, oder bist du es nicht? — Der Tafeldiener spricht: Ja, ich bin es, — und wir sind hier wieder zusammen gekommen, wie ich es dir schon oben habe zu erkennen gegeben. — Du hast mit deiner Gesellschaft die von mir vorgeschlagenen Bedingungen nicht gehalten; also konnte auch ich die meinigen nicht halten nach dem Maße, als ich es dir habe zu erkennen gegeben, und das zwar aus diesem Grunde, weil du dein Maß verrückt hast. Dennoch aber wollte ich dich frei machen von deinem Irrhimmel; — also mußte ich denn nach deinem verrückten Maße auch einen verrückten Weg einschlagen, um dich und diese ganze Gesellschaft aus dem Scheinhimmel zu bringen. — Du fragst mich nun, was denn ein solcher sonderbarer Weg in seiner höchst wunderbaren Weise bezeichne? und fragst noch ferner, was der offenbare Widerspruch zwischen der von mir dir an der Tafel gezeigten Festigkeit und dem dann aber doch bald erfolgten örtlichen förmlichen Einsturze des Himmels bezeichne? Denn im naturgemäßen Sinne wäre Solches eine offenbare Prellerei. Ich sage dir, solches Alles hat einen mit euerem Inwendigen ganz vollkommen übereinstimmenden Sinn; denn als ich dir noch an der Tafel deines Himmels Festigkeit zeigte, da zeigte ich dir nichts Anderes, als deine noch feste Begründung in der Irrthümlichkeit deines Himmels. — Da du aber in deiner Nähe das Unzulängliche und völlig allerwiderlichst Thörichte deines Himmels zu verspüren anfingst, da hobest du dich vom Centrum deines Irrthums und flohst mit Vielen, die heimlich auch von mir angeregt deiner Ansicht waren; — an weiter Grenzmarke deines Irrthums zeigte ich dir Alles, was dich noch an deinen thörichten Himmel fesselte. Solches hättest du beachten sollen, du aber bliebst noch selbst an der Grenze deines Irrthums fest an selbem hängen, und mochtest nicht begreifen, was ich zu dir gesagt habe; darum wolltest du denn auch in deinem Irrthume vorwärts schreiten. Nicht ich, sondern das Wort, das ich zu dir geredet habe, hat aber trotz deines Fortschreitenwollens deinen Irrthum gelockert, und zerriß ihn an mancher Stelle, durch welche du gar leicht den völligen Ungrund deines Scheinhimmels zu erschauen vermochtest. Ja am Ende hat dich mein Wort ganz gefangen genommen; — die noch zu Schwachen trennte es durch eine neue Kluft von dir, und du warst somit, wie besagt, vollends ein Gefangener. Da dadurch dein Irrthum stets mehr und mehr einzusinken begann, so flohst du mit deiner Gesellschaft auf die Mauer; diese Mauer war das in dir zwar haftende, aber in allen Theilen gänzlich unverstandene göttliche Wort; daher hatte sie für dich und deine Gesellschaft auch keine Tragfestigkeit. Sie trennte sich scheinbar, und fiel mit euch herab in die Tiefe, d. h. das Wort, welches bis jetzt nur euren Verstand beschäftigte, fiel zu einem kleinen Theile in die lebendige Tiefe eures Herzens. Ihr ersaht da gar bald ein großes Gewässer unter euch, welches euch zu verschlingen drohte; aber dieses Gewässer war nichts Anderes, als die erschauliche Erkenntnißweisheit, welche in diesem geringen Theile des Wortes, das in deine Tiefe fiel, verborgen ist. Mit dieser Wortmauer in deinem Herzen erreichtest du bald das große lichte Erkenntnißmeer; und das Wort ward dir, wie euch Allen, zu einem sicheren Träger über die unendlichen Fluthen der göttlichen Weisheit, welche da verborgen ist auch nur in diesem kleinen Worttheile. Als du in dir das Wort heimlich stets mehr und mehr aufnahmst, so trug dich dasselbe nach dem Grade deiner Aufnahme einem festen Lebensufer näher und näher; — und nicht eher hättest du dasselbe erreicht, als bis dieses Wort über dem Eigendünkel deines Herzens völlig gesiegt hätte. — Das Wort aber hat gesiegt, und so bist du mit demselben auch an's feste Ufer gestoßen. Denke nur zurück an alle die lächerlichen Faseleien, welche zwar sammt und sämmtlich deiner gutmüthigen Außenhaut entsprossen sind, und du wirst das Unhaltbare und Leere aller deiner Begriffe über Gott und Himmel gar leicht erschauen. Nun aber bist du auf dem ersten wahren Grunde des Wortes; daher forsche auch auf diesem Grunde, und du wirst sammt deiner Gesellschaft Gott und den Himmel von einem ganz anderen Gesichtspunkte zu erkennen anfangen. — Siehe dorthin, zwischen Morgen und Mittag steht ein großer Palast. Dahin sollt ihr euch begeben; alldort werdet ihr Alles antreffen, wessen ihr bedürfet. — Und unser Hauptredner spricht: O — lieber himmlisch hochgeschätzter Freund! Möchtest du denn nicht so gut sein und uns dahin begleiten? — Der vermeintliche Tafeldiener spricht: Solches ist nicht vonnöthen; denn ihr werdet bis dahin den Weg nicht verfehlen, ich aber will voraus ziehen so schnell wie ein Gedanke, und will euch dort empfangen und einführen! — Dort erst werden wir einige Worte über Johannes und Paulus näher beleuchten; und es wird sich zeigen, wer aus uns Allen der Wortkundigste ist. Also befolget meinen Rath, und ziehet dahin, Amen! — Sehet, der vermeintliche Tafeldiener ist plötzlich entschwunden, und unsere Gesellschaft fängt an den vorbezeichneten Weg freilich wohl noch so ziemlich verblüfft zu gehen; — wir aber wollen ihr auch folgen und Zeugen sein, was alles Denkwürdiges sich mit ihr noch zutragen wird. —

## 128.

(Am 9. Februar 1843, von 4¾ bis 7 Uhr Abends.)

Unser Hauptredner spricht zu seiner Gesellschaft: Nein, aber das ist doch sonderbar! Bis jetzt habe ich geglaubt, die Geister können nur den Menschen auf der Erde so plötzlich unsichtbar werden; aber daß Geister Geistern eben also könnten unsichtbar werden, das ist mir etwas ganz Funkelnagelneues. Frage jetzt nun, wer da fragen kann, wie dieser unfehlbar sicher nichts Anderes als ein Engel seiender Geist also schnell sich unseren Blicken entwand, und ein Anderer gebe ihm auf diese Frage Bescheid. Bei meinem armen Leben, ich bin der Meinung, man könnte auf der Erde eher einen Biß in den Mond machen, als auf diese Frage eine Antwort finden. — Ein Anderer entgegnet ihm, und spricht: Lieber Freund, sich', das finde ich wieder nicht so sonderbar; denn ich habe auf der Erde zu öfteren Malen gehört, daß die Engelsgeister mit Blitzesschnelle reisen können. Wenn demnach dieser sichere Engelsgeist sich nun unseren Blicken so schnell entwand, so ist Solches ja nichts Anderes, als eine sichtbare Bestätigung Dessen, was wir auf der Erde schon zu öfteren Malen gehört haben. — Ein Dritter spricht: Lieben Freunde, es ist Alles recht, was da die Engelschaft unseres vorigen Tafeldieners betrifft; aber zu einem so schnellen Fortfluge hätte er ja doch zuerst müssen seine Flügel flott machen, und so lange ich bei einem Engel keine Flügel sehe, glaube ich es noch immer nicht, daß er ein Engel ist. Denn es sollen ja von allen frommen Menschen auf der Erde die Engel allzeit mit Flügeln versehen erschaut worden sein, und Niemand konnte dieß, außer nur im Zustande einer sogenannten geistigen Verzückung; also allzeit nur mit geistigen Augen. — Wenn aber die frommen Menschen die Engel Gottes allzeit beflügelt erschauten, warum sollen denn wir Solches nicht, da wir nun doch selbst sicher völlig Geister sind? — Der erste Hauptredner spricht: Mein lieber Freund, da muß ich dir offenbar sagen, dieses Begehren beruht wohl auf einer sehr bedeutenden Geistesschwäche; denn was die Flügel betrifft, so weiß Solches ja jeder Mensch, daß diese nichts Anderes als nur die große Schnelligkeit bezeichnen, und sind somit bloß ein sinnbildliches Attribut, und es kann demnach ein solcher Geist gar wohl ein Engel sein, ohne gerade darum ein sichtbares Flügelpaar zu haben. — Das Auffallende, wie ich gesagt habe, ist nur Das, daß ein Geist dem andern unsichtbar werden kann; mich beirrt sogar Das nicht, daß wir als Geister nicht so schnell vorwärts zu kommen im Stande sind, wie unser Tafeldiener; denn dazu wird wohl auch eine gewisse Uebung nothwendig sein, und mit der Uebung wird man in Allem ein Meister. — Aber, wie ich sage, das Unsichtbarwerden geht mir nicht aus dem Sinn. — Lassen wir aber Das; wenn wir etwa noch einmal, wie er gesagt hat, mit ihm zusammen kommen dürften, da wird er es uns wohl aufklären. Beschauet aber dafür lieber diese gar wunderschöne Gegend; fürwahr diese ist mir schon um's Tausendfache lieber, als unser früherer hoher Himmel. Da möchte ich mich schon ansiedeln und so irgend dort auf den Bergen einen recht behaglichen Landmann machen. — Seht nur einmal den herrlichen Graswuchs, diese wunderschönen Blumen, die schönen Baumalleen, wie es scheint, von edelster Fruchtgattung, und die kleinen Bächlein; und da seht nur vorwärts hin, wie diese herrliche große Ebene mit den herrlichsten Gebirgsgruppen umlagert ist, und wie diese Berge durch die Bank mit den wunderschönsten palastähnlichen Gebäuden geziert sind, und wenn mich mein Auge nicht täuscht, so entdecke ich auf den uns zunächst liegenden Bergen auch lebendige Wesen in weißen Kleidern vor den Palästen lustwandelnd. Das laß ich mir gefallen; diese Gegend schaut doch beiweitem eher einem Himmel gleich, als derjenige Himmel, in dem wir uns als ewige Freßpolypen hätten befinden sollen. Ja es ist eine helle Pracht; man sieht zwar hier von der Dreieinigkeit nichts, dafür aber erleuchtet eine herrliche Sonne diese Gegend, und ich muß es euch aufrichtig gestehen, was da den Anblick der Dreieinigkeit betrifft, wenn ich so recht aufrichtig spreche, so kann ich denselben beim Anblicke dieser Herrlichkeiten eben so leicht entbehren, als wie ich denselben auf der Welt habe entbehren müssen; — aber dafür kommt mir eine andere Idee: Wenn man hier so irgendwo mit Christo dem Herrn zusammen kommen könnte, und zwar so gestaltig, wie Er einst auf der Erde gelebt und Seine Apostel gelebt hat, das wäre so für mich genommen zu allen dem wohl der allerhöchste Genuß; denn ich muß euch noch Eins von mir aus offen gestehen, der Anblick der göttlichen Dreieinigkeit ist wohl an und für sich sehr erhaben, aber ich müßte wirklich vom Grunde meines Herzens aus ein infamer Lügner sein, wenn ich von mir aus nur ein Haar groß behaupten könnte, daß mich dieser Anblick irgend liebwarm gemacht hätte. Ich habe mich wohl gezwungen, was es nur immer möglich war, aber ich konnte es nicht dahin bringen, alle die drei Personen gleichmäßig mit Liebe zu umfassen; denn liebte ich den Vater, so konnte ich nicht auch zugleich den Sohn lieben, und wenn ich Dessen in mir gewahr wurde, so kam mir der Gedanke, als könnte Solches sowohl der Vater als der Sohn nicht günstig aufnehmen; wollte ich den Sohn allein lieben, so dachte ich nur, ob Solches wohl dem Vater recht sei? Den h. Geist als eine Taube zu lieben, da muß ich aufrichtig gestehen, da kämpfte ich mit meinem Herzen vergeblich! Denn in diesem Falle hätte ich ein Stück Holz eben so gut lieben mögen, als diese dritte göttliche höchst unpersönliche Person. Der h. Geist also wurde von meiner Bitte am wenigsten betheiligt; und das darum, weil ich es nie so weit habe bringen können, Seinen Grund einzusehen und aus Ihm Etwas zu machen! — Vater und Sohn, die waren meinem Herzen stets näher, und wenn es nur nicht Zwei gewesen wären, sondern entweder der Eine oder der Andere für Sich allein, so hätte ich entweder den Einen oder den Anderen ganz entsetzlich zu lieben vermocht; — ich habe mir öfter gedacht, freilich wohl so ganz heimlich: Wenn Sich nur Christus einmal von Seinem hohen Throne irgend wohin begeben hätte, wo Ich Ihn so allein erwischt, da hätte ich mich so recht zu Tode geliebt an Ihm; aber mit der Liebe zu diesem unzugänglichen Lichte, d. h. ich will damit sagen mit meiner viel zu kurzen Liebe habe ich mich, wie gesagt, weder dem Vater, noch dem Sohne in Ihrem unzugänglichen Lichte nähern können. Ueberhaupt finde ich es für die Natur ganz widernatürlich, ob es jetzt eine geistige oder eine leibliche ist, sich mit seiner Liebe so irgend wohin in die Unendlichkeit hinein zu verlieben, denn die **Liebe fordert einen erreichbaren Gegenstand**; etwas ewig Unerreichbares zu lieben aber möchte ich als eine allerbarste Tollheit erklären. — Als ich noch auf der Erde war, da habe ich mir einmal vorgenommen, ob ich mich nicht in einen recht schönen Stern verlieben könnte? Ich betrachtete diesen Stern zu dem Behufe längere Zeit hindurch, und preßte dabei mein Herz, so gut es nur immer ging; aber meint ihr, ich wäre im Stande gewesen, eine wirkliche Liebe zu diesem Sterne in mir zu erwecken, welche da gliche etwa der Liebe zu einem guten Freunde oder zu einer liebenswürdigen Freundin? O — Solches war ich nimmer im

Stande! Also ging es mir auch mit der Liebe zu der Dreieinigkeit, und um nicht viel besser mit der Liebe zum heiligsten Altarssacramente; denn so oft ich auch immer zur Communion gegangen bin, und darauf mein Herz erforschte, ob es mehr am Sacramente, oder mehr an meinem Weibe und meinen Kindern hinge, so muß ich es zu meiner Schande bekennen, daß meine Liebe zu meinem Weibe und zu meinen Kindern um's Unvergleichliche stärker war, als die zum h. Sacramente; — und so konnte ich die Dreieinigkeit, wie das heiligste Altarssacrament niemals recht mit meinem Herzen ergreifen, sondern nur stets mit einer gewissen geheimnißvollen Heiligscheu näherte ich mich allem Dem, ja ich brachte es am Ende gar so weit in dieser geheimnißvollen Heiligscheu, daß ich die natürliche Liebe des Herzens gegen Gott als eine förmliche Sünde ansah. Nur mit Christus war es eine Ausnahme; wenn ich Seine heiligen Evangelien las, da stellte ich Ihn mir immer wie gegenwärtig vor, und habe mir dabei bei meinem armen Leben auch allzeit gedacht: Wenn ich die Gnade hätte, welche den Aposteln zu Theil geworden ist, fürwahr, da wäre ich selbst ein Apostel geworden, und hätte mit der geringsten Mühe von der Welt, aus beiweitem überwiegender Liebe zu Ihm Weib und Kinder verlassen! — Ja, ich muß euch auch sagen, daß ich im Grunde, wenn ich so recht nachdenke, Alles nur aus Liebe zu dem evangelischen Christus gethan habe; wozu mich freilich wohl einige glückliche Träume von Ihm am meisten lieblichst genöthiget haben. — Aber was dann wieder die h. Dreieinigkeit betrifft und das heiligste Altarssacrament, da blieb ich unwillkürlich ein immerwährender Andachtsmärtyrer meines Herzens; denn für diese zu außerordentlich geheimnißvollen allerunbegreiflichsten göttlichen Erhabenheiten, war mein Herz wie von einem ewigen Nordpoleise umlagert. — Lieben Freunde, ich will aber dieses Bekenntniß etwa Niemanden aufdringen, sondern ich habe nur in dieser freien Gegend auch meinem Herzen einmal eine rechte Luft verschafft. Ihr könnet dasselbe thun; denn bis wir erst den angezeigten Palast werden erreicht haben, wird noch eine kleine Zeit verstreichen. — Mehrere aus der Gesellschaft melden sich, und sagen: Lieber Freund und Bruder, wir geben dir die getreueste Versicherung, daß es uns in dieser Hinsicht nie um ein Haar besser ging; wir glaubten wohl Alles pflichtmäßig und waren nicht selten von einer geheimnißvollsten Heiligscheu bei diesen außerordentlichen göttlichen Dingen völlig dumm, und fanden auch dann im evangelischen Christus unsere völlige Beruhigung. Aus dem Grunde waren wir auch nicht selten für die allerseligste Mutter Gottes und auch für manch' andere Heilige mehr in unserem Herzen entzündet, als für die allerhöchste göttliche Erhabenheit, welche wir wohl fürchteten, und das nicht selten bis zu einem Verzweiflungsgrade; aber mit der Liebe zu Dem, was man gar so erbärmlich fürchtet, hat es wohl seine gewiesten Wege. Ob wir in dieser Gegend wohl auch die seligste Jungfrau Maria und irgend einen anderen Heiligen werden zu sehen bekommen, Solches ließe sich auch fragen; denn im Himmel oben, in dem wir uns befanden, war bei der allergrößten Aufmerksamkeit nicht die leiseste Spur davon zu entdecken. — Du, lieber Freund, der du sonst immer die besten Einfälle hast, kannst uns in dieser Hinsicht wohl auch Etwas zum Besten geben. —

Der Hauptredner spricht: Meine lieben Freunde, in diesem Punkte glaube ich, sollten wir hier nicht viel Fragen thun, sondern uns lediglich bestreben, Nr. 1 sobald als möglich unsern angezeigten Palast zu erreichen, um alldort die versprochene Aufklärung über das von mir und uns Allen nicht verstandene Wort Gottes, besonders was den Paulus und Johannes betrifft, zu erhalten, und Nr. 2 dürfen wir uns Alle zum Grundsatze machen, weil die göttliche Dreieinigkeit für uns unsichtbar geworden ist, uns somit wieder an unseren evangelischen Christus zu halten; denn dieser Ort hat mit Seinem Ausspruche: „In Meines Vaters Reiche sind viele Wohnungen" — eine beiweitem größere Aehnlichkeit mit dem Himmel, als der obige, da wir respective nur eine einzige Wohnung sahen. Aber nun nichts mehr weiter; denn sehet, unser vermeintlicher Tafeldiener kommt uns ja schon wieder entgegen, also gehen wir ihm auch nur ganz still und ruhig entgegen.

## 129.

(Am 10. Februar 1843, von 4³/₄—7 Uhr Abends.)

Sehet, sie sind beisammen, und unser vermeintlicher Tafeldiener fragt auch schon unseren Hauptredner, wie ihnen diese Reise hierher behagt hat, und was Alles sie wohl unter einander für Bemerkungen gemacht haben dürften. — Unser Hauptredner spricht: Lieber Freund und Bruder von sicher ganz besonders hoher Art! Ich sage dir, ein altes Sprichwort sagt: „Viel Lärmens und wenig Wolle!" — Also war es auch mit uns. Wir haben viel eitles Zeug mit einander geschwätzt, welches aber zusammen genommen auf die Wage der Wahrheit gelegt sicher ein ganz erbärmlich geringes Gewicht haben dürfte; daher wird es auch meines Erachtens gar nicht vonnöthen sein, dir, der Du unsere Thorheit von unseren Stirnen herab lesen kannst, unser läppisches Zeug zu wiederholen, bis auf Eines, welches zwar wohl ich ausgesprochen habe, aber damit gar nicht sagen will, daß es darum etwas Gewichtiges sein solle, sondern es soll gewichtig sein bloß seiner selbst willen. — Der vermeintliche Tafeldiener fragt den Hauptredner und spricht: Worin sollte denn dieß seiner selbst wegen Gewichtige bestehen? — Siehe, wir haben noch ein Stück Weges bis zum Palaste hin; also kannst du mir Solches ja wohl kund geben. Unser Hauptredner spricht: Lieber Freund und Bruder! wenn du mich so recht geduldig anhören möchtest, da hätte ich fürwahr eine recht große Lust, so recht von meinem innersten Gefühlsgrunde kund zu geben, worin eigentlich dieses sowohl für mich, wie auch für die ganze Gesellschaft am meisten Gewichtige besteht. Du winkst mir zu und sprichst, daß ich reden solle; also will ich denn auch ohne Zurückhalt auspacken, was ich nur immer in mir finde. — Solche Ideen hatte ich wohl auch schon auf der Erde ganz heimlich; sie waren aber eigentlich nichts Anderes, als eine flüchtig vorüberziehende Phantasie und mußten meinem katholischen Glauben allezeit wieder den geziemenden Platz machen. — Also aber waren und sind jetzt noch mehr, als damals, diese meine Phantasien beschaffen: Nr. 1 war mir die unbegreifliche Dreieinigkeit stets endlos hoch gestellt, daß ich da schon machen konnte, was ich nur immer wollte, so konnte ich aber alles Dessen ungeachtet dennoch nie die Liebe meines Herzens zu eben dieser unbegreiflichen Liebe meines Herzens zu eben dieser unbegreiflichen Dreieinigkeit völlig erheben. Ich hatte wohl eine erbärmliche Furcht verbunden mit einer unglaublichen Heiligenscheu. Das war aber auch Alles, was ich gegen dieses dreieinige allerhöchste Wesen empfand; mehr war es unmöglich meinem Herzen abzugewinnen. Wenn ich aber dabei bedachte, daß man Gott über Alles lieben solle, und das aus allen Lebenskräften, und fragte mich dabei: Ist Solches wohl bei dir der Fall? Liebst du im Grunde dein Weib, deine Kinder und so manche deine Freunde in deinem Herzen nicht offenbar mehr als die allerheiligste Dreieinigkeit? — so bekam ich aus mir selbst allzeit die unzweideutigste Antwort, daß ich nämlich mein Weib, meine Kinder und so manche Freunde um's überaus Bedeutende mehr liebte, denn die allerheiligste Dreieinigkeit. — Ja ich muß dir noch ganz offen hinzu bemerken, daß ich es eigentlich gar nicht begreifen konnte, wie es einem Menschen möglich sein könnte, eben diese Dreieinigkeit zu lieben; denn je mehr ich meine Liebe ins Große auszudehnen anfing, desto mehr wurde ich in mir gewahr, daß der Mensch für das gar zu Große nicht einmal liebefähig ist. Ich habe Solches auch durch allerlei Gedankenbeispiele an mir versucht. — Einmal dachte ich mir: Könntest du wohl ein allerschönstes Weib lieben, wenn sie etwa zweimal so groß wäre als ein Kirchthurm? — Ich stellte mir ein solches Weib in meiner Phantasie auch so lebhaft als nur immer möglich vor; und weiß der Himmel, wie es geschah, hat Solches meine Einbildungskraft oder irgend ein Geist gethan, kurz und gut, ich erblickte wirklich eine Erscheinung von einer solchen immens großen Weibsgestalt. So viel ich mich zu erinnern weiß, war diese Gestalt verhältnißmäßig wahrhaft schön zu nennen; aber anstatt daß sich in meinem Herzen irgend eine Liebe geregt hätte, hat sich nur ein wahrhaft höllischer Schreck desselben bemächtigt, und ich habe dadurch practisch erfahren, daß des Menschen Herz gar zu große Dinge nicht zu lieben vermag, sondern es entsetzt sich vor ihnen also wie ein schüchternes Kind, wenn es zum ersten Male einen recht gepanzerten Helden erblickt. — Also habe ich auch mein Herz gefragt, ob ich wohl einen Berg oder die ganze Erde zu lieben vermöchte? Ich versuchte auch dafür mein Herz zu erwecken; aber es erging mir dabei wie einem eben nicht zu starken und kräftigen Menschen, so er selbst eine unmäßig große Last aufheben sollte. Ich stellte mir bei diesem Liebesversuche wohl so manche große Helden vor, und fragte mich: Diese müssen doch die ganze Erde ganz heiß geliebt haben, weil sie um ihren Besitz so wüthend gekämpft haben? — Aber da sagte mir mein Herz: Diese Helden haben nicht die Erde geliebt, sondern nur ganz allein sich selbst; sie wollten nicht Väter, sondern nur Herren und Herrscher der Erde sein. — Als ich Solches fand, da fand ich meinen Grundsatz um noch mehr bekräftigt, und ersah noch klarer daraus, daß der Mensch das für sein Verhältniß zu Große nimmer mit Liebe zu umfassen vermag. Also wollte ich mich auch einmal in einen Stern verlieben. Auch dieses ging nicht; denn er war mir zu weit, und ich kam mir bei dieser Liebe gerade so vor, als ein Fisch außer dem Wasser, der wohl beständig nach dem Wasser schnappt, aber trotz allem Dem dennoch keinen Tropfen in seinen Rachen bekommt. — Mit dergleichen sonderbaren Liebesexempeln habe ich mein Herz vielfach auf die Probe gestellt, aber ich ging allzeit leer aus. Also ging es mir denn auch, wie gesagt, mit der Liebe zu der allerheiligsten Dreieinigkeit um kein Haar besser; im Gegentheile noch um Vieles schlechter. Denn vor den bisher erwähnten Liebesproben hatte ich doch bis auf die riesenhafte Weibserscheinung keine Furcht; was aber da die Dreieinigkeit betrifft, so fürchtete ich dieselbe stets ganz unaussprechlich, da ich dieses allerhöchste Wesen durch meinen Glauben nur als einen unerbittlich gerechtstrengen Richter kannte, der den Menschen nur durch das kurze Leben auf der Erde gewisserart zufolge eines fortwährenden strengen Bußlebens gnädig ist. — Ist aber der Mensch einmal gestorben, so hat denn auch diese spärliche Gnade auf ewig aufgehört, und es harret des Sünders nichts als die ewige Verdammniß und, wenn es ein wenig nur besser geht, ein ganz furchtbar entsetzliches Fegfeuer; — vom Himmel ist vor dem jüngsten Gerichte aber ohnehin keine Rede. — Wann aber dieses allenfalls eintreffen sollte, darüber soll die Weisheit sogar alle Engel sitzen lassen. — Es wird hinterdrein freilich wohl eine lange Seligkeit verheißen, und zwar auf die Weise, wie wir sie vor nicht Langem verkostet haben. — Wenn du, lieber Freund, nun dieses Alles zusammen fassest, und zwar für's Erste die ganz eigenthümliche, allergeheimnißvollste, unbegreiflichste Wesenheit der Dreieinigkeit Gottes, für's Zweite die unaussprechliche und unerbittlichste Richterstrenge dieses Wesens, für's Dritte die Hölle, das Fegefeuer, das jüngste Gericht und zu allem Dem noch viertens hinzufügest den ewigen Gaff- und Freßhimmel, vergesellschaftet mit einer ewigen Ruhe, so möchte ich doch das Herz kennen, welches selbst bei der größten Anstrengung und Nothzüchtigung seines Gefühls solch' ein Wesen Gottes mit der allerverheißensten Liebe umfassen könnte. Mit Nr. 1, lieber Freund, wäre ich fertig; — jetzt kommt ein nicht viel besseres Nr. 2, — und das ist das nicht um viel weniger geheimnißvollste, allerheiligste Altarssacrament. Ich will dich bei dieser Gelegenheit nur auf einen dummen Gedanken von meiner Seite aufmerksam machen; siehe, unsere Lehre zeigt uns in der Hostie unfehlbar und unwiderlegbar die vollkommene Gottheit. Nun aber giebt es doch eine Menge Kirchen und in einer jeden Kirche eine Menge Hostien. — Wenn z. B. entweder mehrere Priester zu gleicher Zeit die Messe gelesen haben und nicht selten fast Alle zugleich aufwandelten, — Freund! da kostete es mich nicht selten einen bedeutenden Kampf; denn ich mußte mir doch unter einer jeden Hostie das eigentliche göttliche Wesen vorstellen, und das vollkommen und nicht getheilt. — Wie ging es mir aber bei dieser Vorstellung? — Fürwahr, ich konnte mich von mehreren Göttern nicht erwehren, und besonders wenn ich noch hinzu dachte und auch zugleich mit meinen Augen ansah, daß in dem ausgesetzten Hochwürdigsten ein vollkommener Gott Sich befand, dann ein gleicher vollkommener auch wieder bei der Wandlung von mehreren Priestern gezeigt wurde, wozu ich mir noch auch ein volles Communion-Ciborium von über hundert Göttern nothwendig vorstellen mußte. — Nun denke dir, wie es mir da gar so oft gegangen ist, besonders wenn ich eben diese Hostie habe mit meiner Liebe erfassen wollen. — Beim Anblick der Vielen konnte ich mir doch unmöglich Einen vorstellen; und somit war ich auch genöthigt, fast gar Keinen zu lieben. Am besten ging es mir noch allzeit bei dem in der sogenannten Monstranz; denn der hielt Sich noch am längsten auf. — Solches aber wäre noch das weniger Dumme von meiner Seite; aber ein anderer Umstand hat sich da allzeit meines Gemüthes bemächtigt, und den konnte ich unmöglich verdauen; ich bitte dich aber, so ich dir ihn kund geben werde, daß du mich darüber nicht gar zu weidlich auslachst. — Siehe, dieser Umstand bestand darin, wenn ich so eine vollkommene Gotthostie ansah, da kam mir nicht selten dieser verzweifelte Gedanke, daß ich mich nämlich fragte: Wenn das der vollkommen wahre Gott ist, wie mich der Glaube lehrt, wie steht es hernach mit dem eigentlichen Gott im Himmel aus? — Muß Er da allzeit vollkommen herabsteigen, oder bleibt der Vater derweil im Himmel, und steigt bloß der Sohn herab, oder verrichtet diesen Dienst der heil. Geist? — Ich habe mich darüber sogar einige Male angefragt, bekam aber nie eine andere Antwort, als daß alles Solches ein undurchdringliches göttliches Geheimniß sei, und daß darüber nachzudenken schon beinahe eine der allergrößten Sünden ist, welche gar leichtlich zu einer Sünde im h. Geiste wird. — Auf eine solche Antwort habe ich dann gleichwohl meine dummen Gedanken so viel als nur immer möglich zurückziehen müssen; denn ich sah es nur zu gut ein, daß man darüber auf der Welt nie in's Klare kommen wird, darum ich mich denn auch allzeit mit der geistigen Welt vertröstet habe. — Ich habe freilich wohl dabei über die Worte Christi nachgedacht, der da nur gesagt hat, Solches sei Sein Leib, aber nicht Seine Gottheit. Jedoch auch Dieses nützte mir wenig; am besten kam ich noch daraus, wenn ich mir darunter ein lebendiges Brod aus den Himmeln vorstellte, welches dem gläubigen Menschen eine Speise zum ewigen Leben abgeben kann, — und lebte mit diesem Glauben, so gut es nur immer ging, bis zu meinem irdischen Ende. — Das wäre nun, lieber Freund, meine Phantasie Nr. 2. — Nr. 3 hatte ich freilich wohl noch eine andere, und diese war der evangelische Christus. Da muß ich dir wohl aufrichtig gestehen, in Diesen war ich fortwährend gleich einer Magdalena förmlich verliebt; — und als ich so einige Träume von Ihm hatte, und mir so manche Scenen aus Seinem Wandel vorführte, da muß ich dir sagen, ward mein Herz allzeit entflammt. Ich weiß auch nicht, wie es kam, ich konnte schon thun, was ich nur immer wollte, und ich war nicht im Stande, Ihn trotz der katholischen Lehre für einen unerbittlichsten Richter anzusehen; denn die Scene mit dem Schächer am Kreuze, dann wie Er noch sterbend am Kreuze für Seine Beleidiger den Vater um Vergebung bat, ferner die Geschichte vom verlornen Sohne, die Geschichte vom barmherzigen Samaritan, die Geschichte vom Zöllner und Pharisäer im Tempel, die von der Ehebrecherin, und dergleichen noch eine Menge waren allzeit wie eine starke Mauer, gegen welche all' mein katholischer Richterglaube nichts auszurichten vermochte. Und so dachte ich mir denn auch nach meiner Art einen Himmel, und diesen zwar also: Wenn der Himmel allenfalls wie eine recht herrliche Gegend auf der Erde wäre, in welcher man aber das unaussprechliche Glück hätte, mit Christo allein zusammen zu kommen, von Ihm belehrt zu werden und von Ihm auch gleich einem Jünger eine liebthätige und liebersprießliche

Beschäftigung zu bekommen, so wäre das doch ein Himmel, den sich kein sterblicher Mensch schöner, seliger und erhabener zu denken vermöchte! — Ich habe mir auch öfter gedacht: Wenn es möglich wäre, daß ich Christum also haben könnte, wenn auch nur zuweilen, so wäre mir die allereinfachste Hütte der allerhöchste Himmel! — Ja ich habe mir auch nicht selten gedacht: Wenn ich nur dich, mein herzallerliebster Christus, hätte, so fragte ich weder nach einem Himmel, noch nach einer glückseligen Erde! — Siehe, lieber Freund und Bruder! das sind so meine Phantasien; Gedanken sind ja zollfrei, und kann deßwegen noch Alles sein, wie es Gott will! — Du magst nun darüber denken, was du willst; kannst du zu unserer Belehrung daraus Etwas brauchen, so ist Solches wohl und gut, wo aber nicht, da geschehe, wie allzeit, des allmächtigen dreieinigen Gottes Wille! — Der vermeintliche Tafeldiener lächelt unsern Hauptredner an, und sagt zu ihm: Höre, mein geliebter Freund! Deine Phantasien sind besser, als du glaubst; besonders aber, was deine dritte Phantasie betrifft, so ist sie unstrittig die beste. — Siehe, es ist wahr, in der Gottheit liegen wohl ewig unerforschliche Dinge und Verhältnisse, Wege und Rathschlüsse, welche nie ein geschaffenes Wesen begreifen wird; aber was deine Liebe zu Christo betrifft, so soll dir darüber gar bald ein helles Licht werden. So viel kann ich dir im Voraus sagen, daß dir und deiner ganzen Gesellschaft sicher ehestens dein Phantasiehimmel zu Theil wird! — Da wir aber nun schon vor der Thüre dieses Palastes stehen, so gehen wir in denselben; allda sollst du das Nähere erfahren. —

### 130.
(Am 11. Februar 1843, von 4¼—6½ Uhr Abends.)

Nun sehet, unsere Gesellschaft staunt schon vor dem Thore; denn dasselbe ist wie von blankem Golde, und die Rahmen des Thores sind besetzt mit Diamanten und Rubinen. — Der Hauptredner spricht sobald zu dem vermeintlichen Tafeldiener: Aber lieber Freund! Das ist denn doch des Guten etwas zu viel; — wenn ich mich so recht auskenne, so möchte ich beinahe behaupten, der Werth dieses Thores, nach irdischem Maßstabe berechnet, möchte ja doch wahrhaftig alle Schätze und Reichthümer der gesammten Erde übertreffen. — Denn für's Erste ist das Thor selbst gering gemessen bei drei Klaftern hoch, und ist dabei überaus massiv. Ich übergehe dessen Goldwerth; aber die faustgroßen Diamanten und Rubinen, o du Heil der Welt! — Da könnte ja ein allerreichster Kaiser sich nicht Einen anschaffen; und da sitzen gleich mehrere Hunderte! Wozu ist denn hier wohl eine so entsetzliche Verschwendung? — Der vermeintliche Tafeldiener spricht: Lieber Freund, laß das gut sein; bei Gott findet keine Verschwendung Statt. — Hast du je gezählt alle die Sterne des Himmels, die da alle glänzen mit eigenem Lichte, und jeder aus ihnen um mehr denn als das Millionfachste größer ist, als diejenige Erde, die du bewohnt hast? Möchtest du da nicht auch sagen: Wozu eine solche Verschwendung an Sonnen im unermeßlichen Weltenalle? — Siehe, der Herr ist reich genug, und Seine Schätze sind unermeßlich; daher ist diese kleine Verzierung hier auch nicht im Geringsten als irgend eine Verschwendung anzusehen, wohl aber ist diese Verzierung des Eingangsthores ganz zweckmäßig und bedeutungsvoll, und zeigt dir, wie viel Glaubenswahres und Liebegutes in dir ist. — Das goldene Thor aber bezeichnet deinen Lebenswandel zufolge deines Glaubenswahren und Liebthätigkeitsguten; und so laß uns denn durch das Thor eingehen in den Palast. — Sehet, nun gehen sie völlig hinein; — gehen aber auch wir mit, damit wir gleich bei der Hand sind, wenn sich nun sogleich eine wichtige Scene darstellen wird. Sehet nun unseren Hauptredner an, wie er ganz verblüfft um sich herum schaut, und mit ihm auch seine ganze Gesellschaft; warum denn etwa Solches? — Ihr könnt es leicht errathen: weil unser guter Hauptredner nun vom ganzen Palaste nichts mehr ersieht, sondern befindet sich an der Seite des vermeintlichen Tafeldieners unter einem großen zehnsäuligen Tempel, da die Säulen aus lauter Diamant bestehen, die Fußgestelle von Gold, die Kapitäler von durchsichtigem Golde, das Dach von Rubinen und der Boden von lauter Amethystplatten; und über den Tempel hinaus nach allen Seiten hingeschaut ist allenthalben eine endlos weit ausgebreitete Ebene, welche hier und da mit ähnlichen Tempeln verzierten Hügeln unterbrochen ist. — Die Ebene selbst aber ist allenthalben bewachsen mit den herrlichsten Fruchtbäumen aller erdenklichen Art; und Alles ist sowohl geordnet, als hätte solches Alles ein allerberühmtester Kunstgärtner angelegt. — Hören wir aber nun unsern Hauptredner, was er da spricht und welche Antwort er dem vermeintlichen Diener auf die Frage giebt, wie ihm nämlich das Innere des Palastes gefalle? — Hört, also lautet seine Antwort: Aber lieber Freund und Bruder, was ist denn das schon wieder für eine neue himmlische Fopperei?! — Ich habe mir in meiner Phantasie schon die herrlichen Zimmer des Palastes ausgemalt, und kaum beim Thore desselben hinein getreten, war der ganze Palast wie weggeblasen! — Und an der Stelle des Palastes steht nun hier dieser freilich wohl unaussprechlich herrliche Tempel, und um denselben nach allen Richtungen endlos weit herum ist anstatt der von mir schon auf das Allerrarste ausgemalten Palastzimmer diese Gegend von unnennbarer Herrlichkeit zu erschauen. Nein, das kommt mir schon wieder nicht ganz richtig vor; wer Sich Solches erklären kann, der muß wenigstens zehntausend Jahre vor dem Adam geboren worden sein! — Denn von den Kindern Adams dürfte wohl keines dieser Erscheinung gewachsen sein. — Sage mir aber, mein lieber Freund und Bruder! kennst du dich dabei aus? — Der vermeintliche Tafeldiener spricht: Sei dessen unbesorgt; ich will dir nur ein Gleichniß geben, und du wirst aus demselben gar bald in's Klare kommen, und so habe denn Acht! — Wenn du noch auf der Erde wandelnd je ein Samenkorn betrachtet hast, so wirst du dasselbe allzeit in seiner einfachen Gestaltung erschaut haben; du nahmst aber das Samenkorn und legtest es in das Erdreich. Gar bald verfaulte das Samenkorn in der Erde; aber an der Stelle des Samenkorns entwuchs dem Boden eine herrliche Pflanze, welche beinahe alle deine Sinne zu gleicher Zeit in Anspruch nahm. — Da sagtest du: Mein Gott, wie ist doch Solches möglich? — War das denn schon Alles in dem früheren Samenkorne vorhanden? — Also fragtest du, und dein Gefühl und dein Verstand sagte dir: Wie hätte es sich wohl also gestalten können, wenn nicht ein solcher Grund im Samenkorne schon

14

vorhanden gewesen wäre? Und du fandest demnach die innere Pracht eines Samenkornes beiweitem größer, denn die frühere äußere, nackte des Samenkorns. — Nun, mein lieber Freund, hat der große Lehrer der Menschheit nicht auch einmal das Himmelreich mit einem Senfkorne verglichen? — Du sprichst: O ja, das weiß ich sehr gut. Nun stehe, das Senfkörnlein ist das Wort in seiner Außen- oder Buchstabenform; wenn aber dieses Wort in das Erdreich des Herzens gelegt wird, so geht es auf, und wird zu einem förmlichen Baume, unter dessen Aesten die Vögel des Himmels wohnen. Was ist wohl der Baum? Der Baum ist die innere geistige Erkenntniß des äußeren Wortes, und die Vögel bezeichnen das Himmlische, somit den Urstand, woher das Wort gekommen ist. — Also besagt das ganze Wesen des Baumes die Weisheit, welche aus der Liebe hervorgeht, und daß solche Weisheit allein nur im Stande ist, Himmlisches zu erkennen. Wenn der Baum zu seiner Reife kommt, wird er da nicht abgeben einen tausendfachen Samenreichthum? Wenn du aber nun solchen Samenreichthum abermals in dein Erdreich streuest, wird da für dich nicht schon eine große Ernte erwachsen, da du statt Einem tausend solche Bäume wirst deinem Boden entwachsen sehen? — Du sprichst: Ja wohl, Solches wird ganz sicher sein; hast du aber solche unberechenbare Fälle gemerkt im ersten einfachen Samenkorne? — Siehe, also verhält es sich ja eben auch mit dem Himmel. Du kannst nicht irgend wohin in einen Himmel kommen, sondern du mußt dir deinen Himmel selbst bereiten. Der Same zum Himmelreiche ist das **Wort Gottes**; wer dasselbe in sich aufnimmt und darnach thätig wird; der hat dieses himmlische Samenkorn in sein Erdreich gelegt, und der **Himmel** wird aus ihm gleich einem Baume erwachsen. — Nun höre weiter! — Da wir an das Thor des Palastes kamen, da sahst du dasselbe geziert mit Diamanten, weil du das Wort in dir aufgenommen hast, und mit Rubinen, weil du nach dem Worte bist thätig geworden. Das waren somit noch lauter äußere Samenkörner; der ganze Palast aber stellte dein gesammtes Leben dar, und sonach das Thor mit den Diamanten und Rubinen, daß du in dich selbst mittelst des Wortes Gottes dir den Eingang verschafft hast. Wir gingen durch das Thor; — was will das sagen? — Siehe, nichts Anderes, als: Wir sind eingegangen in dein und euer Aller Inneres, oder wir sind eingegangen in des Wortes inwendigen Sinn. Das Wort aber ist nicht etwa ein leeres Wort, und ist nicht nur also wahr, als so Jemand sage: Eins und Eins sind Zwei, — sondern das Wort ist wesenhaft wahr; und solches Alles, was du hier erblicktest, und noch unendlichfach Mehreres und Tieferes ist schon also in dem göttlichen Worte geschaffen vorhanden, wie da in einem einzigen Samenkorne eine zahllose Menge von Pflanzen oder Bäumen nebst ihren Früchten schon geschaffen vorhanden ist, — nur mit dem Unterschiede, daß ein Samenkorn immerwährend dasselbe von sich giebt, was es in sich trägt, ohne eine besondere Formveränderung, während das Wort Gottes als Same des Himmels sich in einer unaussprechlichen Manigfaltigkeit ausspricht. — Warum? — Weil das Wort Gottes ein vollkommener Same ist. — Ich meine nun, mein lieber Freund, wenn du

Dieses recht beachtest, so wirst du wohl mit der leichtesten Mühe diese gegenwärtige Erscheinung begreifen. — Unser Hauptredner spricht: O lieber Freund! mir und sicher uns Allen fängt nun an ein ganz gewaltig und völlig neues Licht aufzugehen; — wenn ich aber nun zurückdenke auf meine früheren Himmelsbegriffe, so kommen mir dieselben gerade also vor, als wenn ich manchmal auf der Erde am hellen Mittage zurückdachte auf das Traumgebilde der Nacht. — Welch' eine Fülle muß im ganzen Worte des Herrn sein, wenn nun Solches schon der erste Trieb aus dem Senfkörnlein weiset? — Ja, jetzt begreife ich auch den Text, der da lautet: Das Reich Gottes kommt nicht mit äußerem Schaugepränge, sondern es ist inwendig in euch. — Ja, es wird mir jetzt gar Manches klar; ich fange auch an zu begreifen, aus welchem Grunde du im obigen wahrhaftigen Scheinhimmel scheinbar einen Text des Apostels Paulus in den Johannes übertrugst; — der Paulus ist wohl auch eine Pforte, an welcher die Samenkörner des Wortes Gottes in der größten Prachtfülle angebracht sind; aber im Johannes, ja im ganzen Johannes leuchtet nun die **Fülle der Gottheit in Christo wesenhaft** hervor! — Ich meine, Paulus spricht Solches wohl in einem Texte aus; Solches kommt mir vor wie ein Same; Johannes aber spricht Solches in der Fülle aus, und das ist schon eine Pflanze. — Habe ich Recht? — Der vermeintliche Tafeldiener spricht: Ja, du hast Recht, und siehe, was du siehst, ist wohl der erste Trieb; willst du das völligere Gedeihen dieses ersten Triebes erschauen, so gehe immer tiefer in deine dritte Phantasie ein, und du wirst bald die Früchte dieser herrlichen Anpflanzung in voller Reife ernten! — Unser Hauptredner spricht: Ja, lieber Freund, ja, du hast vollkommen Recht; es geht hier wahrlich mir nichts mehr ab, als mein alleiniger von mir über Alles geliebter Christus! — Wenn ich nur Den einmal in meine Hand bekäme, da möchte ich meinem Herzen doch Luft machen, wie sich nicht leichtlich Jemand zu denken vermöchte. — Der vermeintliche Tafeldiener spricht: Bleibe nur in dieser Verfassung; denn ich sage es dir: Du bist dieser Luftmachung näher, als du glaubst! — Wahrlich, wenn du Christum recht ergreifen wirst, so wird Er auch bei dir sein! —

## 131.
(Am 13. Februar 1843, von 4¼—6 Uhr Abends.)

Unser Hauptredner spricht: Lieber Freund und Bruder! Diese deine letzten Worte klingen wohl an und für sich überaus tröstend; nur möchte ich dagegen bemerken, daß es da mit dem rechten Ergreifen Christi sicher so lange einen etwas verdächtigen Umstand haben werde, bis Er nicht da stehen wird vor mir. — Denn was da mein Herz betrifft, so habe ich Ihn schon gar lange, wie auch diese ganze Gesellschaft mit demselben ergriffen; aber trotz dem wollte sich der liebe Christus wesenhaft von uns nicht ergreifen lassen, und so brennen wir jetzt auch Alle für Ihn, und möchten Ihn ja ergreifen und Ihn dann vor lauter übermäßiger Liebe ewig nimmer auslassen, aber nur fehlt zu dieser für uns allerseligsten Unternehmung nichts mehr und nichts weniger, als eben der zu ergreifende **Hauptgegenstand Selbst**! — Gut wäre es, lieber

Freund, ja übergut, Christum aus allen Kräften zu ergreifen, ja mein ganzes Wesen und meine Hände sind seligst lüstern darnach; aber nur da soll Er sein, oder Sich wenigstens in dieser Gegend irgendwo auffinden lassen. — Fürwahr, wenn es auf mich ankäme, so würde ich mir gar nichts daraus machen, aus Liebe zu Christo noch aus tausend solchen Himmeln hinausgeworfen zu werden; und mit dem obern Himmel hätte es wohl gar schon seine geweisten Wege. — Wenn ich aber demnach nur versichert wäre, bei der tausendmaligen Hinauswerfung aus den Himmeln gerade zu den Füßen Christi geworfen zu werden; aber wenn man dessen nicht vollends ganz sicher ist, so gleicht meine Liebe zu Christo noch immer mehr oder weniger einem vergeblichen Umsichherschnappen nach dieser allerseligsten Lebensluft, als wenn man sich in einer solchen Sphäre befinden möchte, da entweder gar keine oder nur sehr wenig Lebensluft vorhanden ist. — Der vermeintliche Tafeldiener spricht: Hast du denn hier zu wenig Luft zum Athmen, weil du also sprichst, als müßtest du nach der Lebensluft schnappen? Unser Hauptredner entgegnet: Mein lieber Freund und Bruder, ich will doch nicht meinen, daß du mich unrecht verstehen solltest; denn es giebt eine zweifache Lebensluft, d. h., lieber Freund und Bruder, nach meinem Verstande gesprochen. — Eine Lebensluft, die hier in reichlicher Fülle vorhanden ist, ist die für den Lebensbedarf der Lunge; diese meine ich aber nicht. Das Herz aber ist auch ein höher athmendes Wesen, d. h. wie ich es denn verstehe; es athmet nämlich Liebe aus, und will daher auch wieder Liebe einathmen. — Siehe, als ich noch als ein Mensch auf der Erde lebte, da ward ich, wie schon einmal bemerkt, in ein weibliches Wesen gar sonderheitlich stark verliebt. — Für meine Lunge hatte ich in diesem Umstande wohl überall Luft genug zum Einathmen; wenn ich aber nicht in der Nähe dieses meines geliebten Gegenstandes mich befand, da war es mir dennoch trotz der Fülle der Lungenluft zum Ersticken; befand ich mich aber wieder in der vollen Nähe meines geliebten Gegenstandes (du mußt es mir nicht verargen, wenn ich mich hier vielleicht eines unpassenden Ausdruckes bediene), da wäre mir die Luft, wenn es nicht anders hätte sein können, sogar eines Abtrittes zu einem wohlduftenden Aether geworden. Siehe, gerade also geht es mir auch hier, und sicher dieser ganzen Gesellschaft nicht um ein Haar besser, denn mir. Ich sage dir: Räume alle diese himmlischen Herrlichkeiten hinweg, und setze an diese Stelle, wo nun dieser Prachttempel sich befindet, eine ganz gemeine Bauernhütte her; gebe mir statt dieser weichen Prachtkleider eine ganz ordinäre Bauernjacke, und schaffe für all' diese üppigen Fruchtbaumalleen ganz dürftige Bäume und etwa ein mäßiges Korn- und Weizenfeld hinzu; aber stelle Christum zu allem Dem, so wirst du mich glücklicher machen, als wenn du mir noch tausend endlos herrlichere Gebiete zu dieser Aussicht hier hinzufügen möchtest. Ja, ich will dir noch mehr sagen, was da mein Herz betrifft; wenn ein solches Verhältniß möglich wäre, so wäre ich mit Christo auf dem armseligsten Erdwinkel, wenn dieser schon aussehen möchte wie eine Vorhölle oder gar die eigentliche Hölle selbst, noch um's Unaussprechliche glücklicher und seliger, als ohne Seine sichtbare menschlich wesenhafte Gegenwart in dem allererhabensten und allerwundervollsten Himmel! — Ich meine, lieber Freund

und Bruder! das wird etwa doch klar genug gesagt sein. — Unser vermeintlicher Tafeldiener spricht: Mein geliebter Freund, ich habe dich ganz gut verstanden; nur kommt es mir vor, daß du deine Liebe zu Christo mit deiner sinnlichen Weltliebe zu parallelisiren scheinst. Da meine ich, es muß die Liebe zum Herrn doch ganz anders gestaltet sein, als wie die zu einer angehenden Braut; — und da meine ich denn: So lange du solche Liebe nicht scheiden wirst in deinem Herzen, wirst du auch Christum nicht recht lieben; — so lange du Ihn aber nicht recht lieben wirst, da meine ich, wird Sich Christus auch bedenken dir zu erscheinen, oder völlig zu dir zu kommen. — Unser Hauptredner spricht: Mein lieber Freund, das ist viel leichter gesprochen, als gethan; gebe in mein Herz noch eine zweite Liebe hinein, die des Herrn sicher würdiger sein wird, als diese da ist, in der ich jetzt lebe, und ich will diese alsogleich fahren lassen. — Ich meine aber, wenn ich nun alle meine Liebe in mir vereiniget habe, auch diejenige, die ich einst zu meinem Weibe hatte, und habe all' diese vereinigte Liebe heimlich schon gar lange allein dem Herrn zugewandt, so zwar, daß ich nun aus dem innersten Grunde meines Lebens sagen kann: Ich habe für Christus Alles, was ich nur immer hatte, hergegeben; da kann ich ja vor der Hand doch nicht mehr thun. Wenn aber all' diese Liebe des Herrn ganz rein unwürdig ist, so habe ich dir ja eben gesagt: mir ist sie in jedem Augenblicke für eine des Herrn würdigere feil; — das aber kann ich beinahe unmöglich glauben, daß der Herr mit einer andern Liebe von unserer Seite will geliebt sein, als gerade mit derjenigen nur, die Er Selbst in unser Herz gelegt hat. — Wenn ich aber zurück denke an alle die Lieblinge des Herrn aus Seinen irdischen Lebzeiten heraus, so hat Er aber allda dennoch diejenigen am liebsten gehabt, welche sich mit der ganz gewöhnlichen kindlichen Herzensliebe zu Ihm genähert hatten. Also war der Johannes, der den Herrn sicher gar oft kreuz und quer abgeküßt und selbst noch beim letzten Abendmahl sich förmlich verliebter Maßen an Seine Brust hingelegt hatte, Sein Liebling. — Dasselbe war auch der Fall mit der Maria, einer Schwester der Martha, und nicht weniger mit der Magdalena, die doch förmlich in Ihn verliebt war; welch' Letztere eben dieser ihrer großen Liebe zufolge Ihn nach der Auferstehung zuerst ersah. — Und das alleranschaulichste und handgreiflichste Beispiel hat der liebe Herr Christus ja bei der Gelegenheit gegeben, als man die kleinen Kindlein zu Ihm brachte, da Er gesagt: „Laß't die Kleinen, und wehret ihnen nicht, zu Mir zu kommen; denn Solcher ist das Himmelreich!" — Siehe, die Kindlein wußten sicher nichts von einer höheren, des Herrn würdigeren Liebe, sondern mit der ganz kindlich natürlichen Liebe umfaßten sie den allmächtigen Herrn Himmels und der Erde; und dennoch sagte der Herr darauf zu Seinen Aposteln und Jüngern: „Wenn ihr nicht werdet wie diese Kindlein hier, so werdet ihr nicht in das Reich der Himmel kommen!" — Siehe, lieber Freund, Solches giebt mir nun den vollen Muth, den Herrn mit meiner natürlich kindlichen oder kindischen Liebe zu lieben; und wer weiß, ob Ihm diese meine zwar an und für sich höchst einfache Liebe dennoch nicht, von meiner Seite aus betrachtet, angenehmer sein möchte, als vermöchte ich Ihn mit der allerreinsten Seraphsliebe zu lieben. Ich möchte Ihn ja auch wohl mit der Seraphsliebe lieben, wenn ich sie hätte! — Wahrlich, ich würde sicher in dieser Hinsicht mein Herz zu keiner Liebesparkammer machen; so aber muß ich auch mit dem lieben Apostel Petrus ausrufen: Mein lieber Christus! siehe, Gold und Silber habe ich freilich in meinem Herzen nicht; aber was ich habe, das möchte ich dir wohl Alles geben, wenn ich Dich nur hätte! — Unser vermeintlicher Tafeldiener öffnet Seine Arme, breitet sie weit aus und spricht zu unserem Hauptredner, wie durch ihn auch zur ganzen Gesellschaft: Mein geliebtester Freund und Bruder! Ich habe dir ja gesagt: Erfasse du nur Christum recht, so wird Er auch da sein! — Du hast Ihn erfaßt, und so ist auch das eingetroffen, was ich dir gesagt habe; — denn Christus hat sich dir genaht, und du sollst fürder ewig nicht mehr aus Seiner Gesellschaft kommen, — und so denn magst du deinen Christus nach deiner Herzenslust umfassen! — Unser Hauptredner fragt den noch immer vermeintlichen Tafeldiener in seinem Gemüthe höchst liebeaufgeregt: O lieber Freund, wo, wo ist Er denn, auf daß ich und meine ganze Gesellschaft hinfallen möchten zu Seinen Füßen? — Und der vermeintliche Tafeldiener spricht: Freunde, Brüder! Hier steht Er vor euch; Ich bin es, Den ihr in euren Herzen gesucht habet! Aber Ich war schon lange eher bei euch, und habe euch gesucht und hierher gebracht. Also kommt denn her, und Ich will euch führen dahin, da Ich wohne unter Denen, die Mich also lieben, wie ihr Mich liebet; — denn wahrlich, Ich frage nicht nach Gold und Silber; aber nach der kindlichen Liebe zu Mir frage Ich! — Will ich Pracht und Glanz, Solches, Meine lieben Freunde und Brüder, steht wohl ewig in Meiner Macht, die ganze Unendlichkeit damit wunderprachtvollst auszuschmücken. — Ich aber bin ein wahrer Vater zu euch, Meine lieben Kindleins, und daher sind Mir euere Herzen auch mehr in all' ihrer kindlichen Einfachheit, denn alle Pracht der Himmel! — Und so denn folget Mir! — Nun sehet, wie sich jetzt plötzlich Alles verändert hat; unsere Gesellschaft umfaßt den Herrn, liebt Ihn und drückt ihre Herzen hin an den Vater, wie es die Kinder thun, wenn sie lange ihre guten Eltern nicht gesehen haben; — und der Herr führt sie wie ein guter Vater, und lehrt sie unterwegs Selbst Seine Wunder kennen. — Sehet, welche Seligkeit nun aus unseren Gesellschaftsangesichtern strahlet! — und unser Hauptredner macht noch einen Ausruf: O welche Reise ist das, wo der heilige Vater Seine Kinder hinführt, da Er wohnet! —

## 132.

(Am 14. Februar 1843, von 4¼—6 Uhr Abends.)

Ihr fraget hier wohl, ob wir uns diesem Zuge noch weiter anschließen sollen? — Ich sage euch, auch dieses ist nothwendig, und müßt ihr Dieses ebenfalls vom Anfange bis zum Ende sehen; — denn jetzt ist unsere Gesellschaft zu überaus selig überrascht, und ist von der Liebe des Herrn zu sehr gefangen genommen. Erst am rechten Orte und an rechter Stelle wird diese erste Aufsprudlung des Liebegefühls geordnet werden, und da wird auch noch unser Hauptredner sich bei der besten Quelle um so Manches erkundigen. Denn Solches ist namentlich allen besseren römischen Katholiken eigen, daß sie aus dem Grunde überaus lichtdurstig im Reiche der Geister und somit auch jetzt in dem wahren Himmel anlangen; daher auch tausend Fragen für eine haben, um sich in all' ihren Winkeln Licht zu verschaffen, welche bei ihrem Leibesleben stets in großer Finsterniß gehalten worden sind. Sehet, wir sind dem rechten Platze schon ziemlich nahe; unser wohlbekanntes Kleinhügelland lächelt uns schon wieder entgegen, und die Sonne des Himmels steht hier gar nieder, und leuchtet ein wunderherrliches röthliches Licht, auch unsere Gesellschaft bemerkt Solches, und verwundert sich über die Einfachheit dieser vor ihnen stehenden Gegend. — Nun sehet, da ist ja das uns schon bekannte Häuschen, und auch seine Bewohner sind uns schon bekannt. — Sehet wie sie überaus liebefreundlichst und voll der höchsten Wonne dem Vater und der ganzen Ihm folgenden Gesellschaft entgegen eilen. Der Vater empfängt sie ebenfalls mit offenen Armen, und spricht zu ihnen: Sehet her, um wie Vieles Ich schon wieder reicher geworden bin! Jeder Arbeiter ist seines Lohnes werth; sehet, also habe auch ich gearbeitet, und bringe Meinen Lohn mit Mir. Neue Brüder und neue Schwestern bringe Ich hierher, und sie sollen so wie ihr um Mich sein, damit Mein Wort erfüllt werde ewig, welches lautet: „Wo Ich bin, da sollen auch Meine Diener sein; und die Mich lieben, sollen bei Mir wohnen!" — Hier wendet Sich der Herr zu unserem früheren Hauptredner, und sagt zu ihm: Nun, Mein geliebter Freund, Bruder und Sohn! siehe, dahier ist so Mein Plätzchen; wie gefällt es dir? — Unser Hauptredner faßt sich, und spricht: O Herr! wie kannst du mich um so Etwas fragen? Da könnte wohl ich eher fragen, wie es dir hier gefällt? — Denn was mich betrifft, so wird es mir dort wohl ewig unendlich am allerbesten gefallen, wo Du bist und wohnst, und wo es Dir am allerbesten gefällt. — Wahrlich, hier sieht es ja nahe ganz also aus, wie es bei uns armen Landleuten auf der Erde einmal ausgesehen hat; und nur was für eine herrliche Aussicht man da genießt! Da unten diese endlos weit gedehnte Ebene, mit welcher unaussprechlichen Pracht ist sie geziert! Städte, und ungeheuer prachtvolle Paläste giebt es ja in einer ganz entsetzlichen Unzahl; und dieses herrliche Hügelland mit den niedlichen kleinen Wohnhäusern scheint dort nach vorwärts hin auch ewig kein Ende nehmen zu wollen. Wie kommt es aber, daß diese Ebene da unten dennoch so unaussprechlich prachtvoller erscheint, als dieses Hügelland? — Aber ich bin noch ein armseliger Tropf; ich merke erst jetzt, daß ich mich schon wieder in tausend Fragen verloren habe, daher vergebe mir! — Der Vater nimmt unseren Hauptredner bei der Hand, und spricht zu ihm: Siehe, in dieser Gegend da unten wohnen gewöhnlich Menschen, welche durch den alleinigen Glauben an Mich ein vollkommen gerechtes Leben geführt haben. Darunter sind zu allermeist die sogenannten Protestanten, und noch andere christliche Secten. — In dem weiteren Hintergrunde aber wohnen Heiden, die auf der Welt ihrem Glauben zufolge ein gerechtes Leben geführt, und erst hier den Glauben an Mich angenommen haben. — Dort mehr in jenem Hintergrundstheile, der sich so zwischen Mittag und Abend hinzieht, ist die Wohnung derjenigen katholischen Christgläubigen, welche sich theils römische, theils aber griechische Katholiken nennen, sich aber hier nicht völlig ohne Beschädigung ihres Lebens und ihrer Freiheit haben von ihren Irrthümern zu reinigen vermocht. — Diese sind darum nicht etwa unselig, sondern sie genießen auch eine große Seligkeit; auch sind sie nicht wie etwa an ihre Gegend gebannt, sondern können nach einer tieferen Innewerdung des eigentlichen Grundwahren auch weiter vorwärts gelangen. — Du möchtest wohl wissen, worin solch' ein Irrthum besteht? — Stehe, ein solcher Irrthum besteht darin, wenn entweder Jemand aus Gottesfurcht den Glauben wie genöthigt annimmt, und dann diesem Glauben getreu lebt; kann aber Gott nimmer so recht liebend erfassen, weil er Ihn zu sehr fürchtet. — Diese übertriebene Gottesfurcht ist sonach der kleine Irrthum, und dieser ist unbeschädigter Maßen des Lebens und der Freiheit nicht zu leicht hinaus zu bringen. — Du denkst dir freilich: Wie kann der Allmächtige Solches sprechen? — Siehe, wo es sich um die völlige Freiheit eines Wesens handelt, da muß Ich Selbst mit Meiner Allmacht hübsch daheim bleiben; denn würde Ich diese gebrauchen, so wäre es mit einem Solchen augenblicklich gar, und ich würde dann statt frei lebender, denkender, wirkender und handelnder Kinder lauter gerichtete Maschinen haben, die sich stets unerbittlich gezwungen, aber nimmer freiwillig nach Meinem Willen bewegen würden. Ich kann daher nur da von Meiner Allmacht Gebrauch machen, wo sie für's Erste im höchsten Grade nothwendig ist, und dabei aber für's Zweite dennoch nie den freien Geist in seinem Erkennen und Wollen beschränkt. So will Ich dir gleich ein Beispiel geben, auf welche Weise Ich von Meiner Allmacht Gebrauch mache. — Was die naturmäßige Welt betrifft, und was überhaupt die Gestaltung aller Geschöpfe anbelangt, so sind sie Werke Meiner Allmacht. Wenn dann die freien Geister zufolge Meines Wortes und des darnach geführten Lebenswandels das Leben aus Mir in sich aufgenommen haben, so wirket Meine Allmacht, daß alles Das, was die frei gewordenen lebendigen Geister als nutzbringend Gutes und Wahres in sich erkennen, sie alsogleich reell ihrem freiwilligen Gebrauche im reichlichsten Maße augenblicklich erschauen, und davon eben sogleich den freien Gebrauch machen können. — Diese untere Gegend ist zumeist ein solches Werk Meiner Allmacht, und entspricht in Allem dem Glaubenswahren und daraus hervorgehenden Nutzwirkenden, wie solches sich im Inwendigsten dieser seligen Geister vorfindet; — und also ist es der Fall allenthalben, wo du deine Augen nur immer hinwenden willst, entweder über den ganzen endlosen Mittag, oder über den ganzen Abend hin. — Du fragst hier in deinem Gedanken: Ist denn Solches nicht auch der Fall mit diesem ewigen Morgen? — Nein, dieser steht unter einem ganz anderen Verhältnisse, und ist in all' seinen Theilen vollkommen unveränderlich fest also, wie eine jede naturmäßige Welt fest ist — und die unerschütterliche Festigkeit des Morgens steht als inwendige ewige Grundfeste gegenüber der äußeren naturmäßigen Festigkeit. Der Grund davon aber liegt darin, weil für's Erste Ich Selbst in Meinem Wollen ewig unveränderlich bin; und was Ich einmal bestimmt gestaltet habe, das bleibt auch ewig also unveränderlich und bestimmt, wie unveränderlich und bestimmt Ich Selbst in Meinem ewigen Wollen bin. Für's Zweite aber ist diese Gegend darum eine unveränderlich feste, weil Meine Kinder, die hierher zu Mir kommen, zufolge ihrer großen Liebe zu Mir in ihrem Wollen und in ihrem Erkennen vollkommen Eins sind mit Mir, — oder mit anderen Worten gesagt: weil sie sich völlig bis auf den letzten Tropfen gedemüthiget, und zufolge ihrer Liebe zu Mir ihren Willen völlig hintan gegeben, und an dessen Stelle Meinen ewig lebendigen in sich aufgenommen haben. — Daher auch wollen sie hier nichts Anderes, als was Ich will. Mein Wille aber ist eine allerklarste, ewig festbestimmte Darstellung des Guten und Wahren; daher ist denn auch diese Gegend, in der Ich mit den Meinen wohne, eine vollkommen unveränderlich feste, und ist in ihr nirgends eine Täuschung. Was du hier ansiehst, das ist auch vollkommen so wie von Innen, also von Außen. Alle die Pflanzen, die Bäume, die Früchte, die Getreidefelder sind hier nicht bloß erscheinliche Entsprechungen, sondern sie sind vollkommene bestimmte Realitäten. Wenn du hier von einem Orte zum andern gehst, so kannst du deine Schritte zählen, und du wirst hin und her dieselbe Entfernung finden. — Du fragst Mich wohl, ob diese Festigkeit mit der Festigkeit der Welt etwas gemein hat? — Die Festigkeit dieser Himmelswelt hat mit der Festigkeit der materiellen Welt durchaus nichts gemein; denn die Festigkeit der Welt ist ebenfalls nur eine scheinbare, und dauert für einen betreffenden Geist nur so lange, als derselbe ein Bewohner der Materie ist, hat er aber die Materie verlassen, dann vergeht für ihn auch derselben Festigkeit. — Aber nicht also ist es hier; denn diese Festigkeit ist eine wahre Festigkeit, und ist unveränderlich und unzerstörbar für alle Ewigkeiten der Ewigkeiten, weil sie ist ein vollkommener Ausdruck Meiner ewigen Vaterliebe! — Du fragst, wie weit diese Gegend wohl geht? — Mein lieber Freund, Bruder und Sohn! Diese Gegend, wie du sie gegen den Morgen hin erschauest, hat fürder ewig nimmer ein Ende, und ist sonach so groß, daß, wenn auf allen unendlich vielen Weltkörpern ewig hin Menschen geboren werden, und alle kommen möchten in diese Gegend, so würden sie nach dem Verlaufe von tausend Ewigkeiten im Verhältnisse zu der Größe dieser Gegend noch nicht mehr betragen, als ein Sandkörnchen beträgt im Verhältnisse zu der Unendlichkeit des ewigen Raumes. — Du fragst Mich nun wohl, wie Ich solches Alles übersehen kann, und ob Diejenigen, so von hier endlos weit gegen den tieferen Morgen hin wohnen, Mich wohl je zu sehen bekommen? — Mein lieber Freund, Bruder und Sohn! auch Solches will Ich dir sagen; denn Meinen Kindern soll nichts vorenthalten sein! —

## 133.

(Am 16. Februar 1843, von 4³/₄—7 Uhr Abends.)

Da sehe einmal empor, und betrachte diese von hier aus gar nieder stehende Sonne; in dieser Sonne bin Ich ureigenthümlich vollkommen zu Hause. Diese Sonne befindet sich im ewigen unverrückten Centrum Meines göttlichen Seins. Die Strahlen, die aus dieser Sonne ausgehen, erfüllen in ihrer Art die ganze Unendlichkeit, und sind in sich selbst nichts Anderes als Mein Liebewille und die aus demselben ewig gleichfort ausgehende Weisheit. Diese Strahlen sind demnach allenthalben vollkommen lebendig, und sind allenthalben vollkommen Meiner Wesenheit. Wo immer demnach ein solcher Strahl hinfällt, da bin Ich Selbst also wie in der Sonne ganz vollkommen gegenwärtig, nicht nur allein wirkend, sondern auch persönlich; und diese Persönlichkeit ist demnach auch allenthalben eine und dieselbe. Wo du nur immer hingehen willst, da wirst du Mich auch allenthalben vollkommen zu Hause antreffen. Gehe in welches dieser dir sichtbaren kleinen Wohnhäuser du nur immer willst, und du kannst versichert sein, daß du Mich in einem jeden als einen vollkommenen Hausherrn antreffen wirst. — Du sagst zwar jetzt: Auf diese Weise sei Ich denn doch nicht der eigentliche Grund-Christus, der da auf der Erde gewandelt und gelehrt hatte, sondern bin nur ein lebendiges und vollkommenes Abbild Desselben und wohne an und für sich dennoch im unzugänglichen Lichte. Du sagst noch ferner: Wenn es sich mit der Sache also verhält, so kommt da ja offenbar eine Vielgötterei heraus. — Höre, mein lieber Freund, Bruder und Sohn! Du denkst in dieser Hinsicht noch naturmäßig; wenn du aber erst vollends inwendig geistig denken wirst, so wird dir diese Sache ganz anders vorkommen. — Damit du aber aus deinem naturmäßigen Denken desto leichter in das Geistige eingehst, so will Ich dich durch naturmäßige Beispiele dahin leiten. Siehe, auf der Welt sahst du auch nur eine Sonne, wenn du aber gegen die Sonne einen Spiegel hieltst, so war dieselbe Sonne auch im Spiegel, und du kannst unmöglich behaupten, daß die im Spiegel vorhandene Sonne eine andere war, als diejenige, die am Himmel leuchtet. Wenn du aber mehrere tausend solcher Spiegel aufgestellt hättest, hättest du da nicht in einem jeden Spiegel eine vollkommene Sonne erblickt, welche ein eben so starkes Licht und eine ganz gleiche Wärme dir verspüren ließe? — Du sagst, Solches müsse allerdings der Fall sein. — Ich will dir aber ein noch stärkeres Beispiel geben. — Du wirst schon öfter auf der Erde von der Wirkung der sogenannten großen Hohlspiegel gehört haben; du sprichst: O ja, ich war selbst einmal im Besitze eines Solchen. — Wenn du die Strahlen der Sonne mit einem solchen Spiegel auffängst, so werden sie in ihrer Wiederstrahlung aus dem Spiegel oft um's mehr als Tausendfache heftiger wirkend, denn die eigentlichen Strahlen aus der wirklichen Natursonne. — Wenn du auch von solchen Spiegeln mehrere Tausende der Sonne gegenüber aufstellst, so wirst du auch bei dieser Gelegenheit von einem jeden einzelnen dieselbe heftige Wirkung wahrnehmen. Solches ist ganz sicher und vollkommen wahr; — was wirkt denn aber aus all' diesen Spiegeln? — Siehe, nichts Anderes, als stets eine und dieselbe Sonne, welche du durch diese bedeutende Spiegelanzahl vervielfältiget hast. — Nun aber frage Ich dich: Ist durch diese Vervielfältigung wohl im Ernste die Sonne vervielfältiget worden, oder ist nur die Wirkung derselben also vervielfacht worden? — Du sagst nun: Allerdings nur die Wirkung. — Gut, sage Ich dir. — Wie viel Sonnen aber hattest du demnach in deinen Spiegeln? — Du sprichst: Dem Spiegel nach genommen so viele, als da Spiegel waren; aber so ganz eigentlich der Sonne nach genommen hatte ich nur immer eine und dieselbe. — Nun siehe, was da dieses naturmäßige Beispiel zeigt, das stellt sich hier in der größten lebendigen Wirklichkeit und Fülle dar. — Du sagst zwar in dir: Solches sehe ich jetzt wohl ein; wenn man aber dessen ungeachtet jede Spiegelsonne untersuchen und ihr näher kommen wollte, um eben die Sonne in ihrem eigenthümlichen Wesen kennen zu lernen, so werden einem dabei aber dennoch all' die Spiegelsonnen nichts nützen, und der Sonne eigentliche Wesenheit bleibt dem forschenden Auge dennoch völlig fremd. — Solches ist richtig; was hättest du aber sammt der Erde dabei gewonnen, wenn sich die eigentliche Sonne der Erde und dir also genähert hätte, wie du sie dir mittelst des Spiegels genähert hast? — Siehe, da wäre wohl die ganze Erde sammt dir augenblicklich wie ein kleiner Wassertropfen auf einem weißglühenden Eisen aufgelöst worden; — was hätte dir dann die Annäherung der wirklichen Sonne genützt? — Siehe, beiweitem mehr ist Solches mit dieser Meiner Sonne der Fall. Sie muß ewig in einem unzugänglichen Centrum stehen, dem sich kein Wesen über die bestimmte Ordnung nahen kann; denn jede Annäherung über das bestimmte Maß würde jedem Wesen die völlige Vernichtung bringen. — Solches wurde auch dem Moses gesagt, als er Gottes Angesicht schauen wollte; denn unter Schauen mußt du hier nicht das Wahrnehmen mit den Augen verstehen, sondern das sich völlige Nahen dem Grundwesen der Gottheit. — Siehe nun, wenn Ich aber Einer und Derselbe bin, wie Ich bin in der Sonne, und bin aber vor dir also, daß du dich Mir vollkommen nahen kannst, wie ein Bruder dem andern; — ist Solches nicht mehr werth, und ist das nicht mehr Liebe und Erbarmung, als, so du dich wirklich nahen könntest dieser Sonne, von ihr aber dann bei deiner Annäherung völlig vernichtet zu werden? — Ferner, wie unvollkommen glücklich wärest du und Ich, wenn es Mir nicht möglich wäre, Mich Selbst als Vater überall hin in Meiner ganzen Fülle persönlich wesenhaft zu versetzen, wo immer nur Meine Kinder sind. — Siehe, der Himmel ist unendlich; wäre Mir eine solche wesenhafte, meiner Einheit völlig unbeschadete endlose Vervielfachung nicht möglich, wie verwaist wären da Meine Kinder, und wie allein dastehend wär' Ich Selbst mitten unter ihnen?! — Daß Ich aber vollkommen Derselbe bin, und habe dasselbe lebendige göttliche Bewußtsein und alle die göttliche Liebe, Weisheit und Machtfülle, Solches kannst du ja daraus entnehmen, daß Ich für's Erste dich persönlich wesenhaft hierher geführt, und habe dir gezeigt auf diesem Wege die Macht Meiner Liebe, Meiner Weisheit und Meines vollkommenen göttlichen Wollens. Wenn dir dieses Alles noch nicht genügen sollte, so denke dir, was du willst, und Ich will es, daß es alsogleich als erschaffen vor dir erscheine. — Siehe, du wolltest eine dir bekannte Erdgegend. Da siehe hin vor dir; Ich habe sie schon dir sichtbar und fühlbar geschaffen! — Du sprichst jetzt: Wahrlich, Solches kann nur der alleinige Gott thun! — Gut, sage ich dir; also wirst du aber auch einsehen, daß Ich, der Ich hier vor dir stehe, und dir enthülle die Wunder Meines Seins, vollkommen Derselbe bin, der Ich dort urwesentlich ewig bin in jener Sonne! — Du sprichst: Ja, Solches glaube ich nun völlig; aber wenn ich nun zu einem andern Hause ginge, Du aber hier bliebest, und ich träfe dort offenbar ein zweites Wesen mit Dir eines und desselben Ursprunges; wird Dasselbe wohl vollkommen mit Dir Eins sein, und wird es Dir gleichen in Allem? — Ich sage dir: Das kommt von deiner Seite nur auf einen Versuch an; — Ich will denn machen, daß du gedankenschnell dort in tiefer Ferne von hier dich bei einem Hause, wie das da ist, befindest; und Ich aber werde hier verweilen, und deine Gesellschaft soll dir davon Zeugniß geben bei deiner Rückkunft; und du magst es Mir dann kund geben, ob du Mich dort vollkommen wiedergefunden hast oder nicht? — Und so denn sei dort! — Nun siehe, Mein lieber Freund, Bruder und Sohn! Du bist nun hier, wie du siehst, im tiefen Morgen; das kannst du erkennen, wenn du dich nach allen Seiten umsiehst, und nichts Anderes mehr erblickest, auch deine Gesellschaft nicht, als nur den endlos weit gedehnten Morgen mit seinen Wohnungen. — Sage Mir nun, bin Ich hier nicht ganz Derselbe? — Siehe, also muß es ja sein; und wäre es nicht also, da wäre sogar nie Etwas erschaffen worden, und kein Mensch wäre als Solcher denkbar! Denn das Leben eines jeden Menschen ist ja eben auch nur ein Mir vollkommen ebenbildliches; und wenn ein Mensch nach Meinem Worte gelebt hat, oder wenn Millionen also gelebt haben, kann da nur Einer aus ihnen sagen: Christus lebt in mir? Oder können das nicht alle zahllosen Gerechten sagen? — Wenn aber Alle Solches sagen können, bin Ich darum ein getheilter Christus in ihnen, oder ein ewig ungetheilter? Ich bin ewig immer Einer und Derselbe in eines jeden Menschen Herzen, und wenn Millionen und Millionen ihre Herzen mit Mir erfüllt haben, und zwar ein Jeder für sich vollkommen, so hat deßwegen nicht ein Jeder für sich einen eigenthümlichen anderen Christus, sondern in eines Jeden Herzen wohnt Ein und derselbe Christus vollkommen! — Nun, was sagst du jetzt? — Bin Ich hier nicht vollkommen Derjenige, als den du Mich dort bei deiner Gesellschaft verließest? — Du sprichst: Ja Herr! Du bist ganz vollkommen Ein und Derselbe, und ist da kein Unterschied weder in der Gestalt, noch im Worte und in deinem göttlichen Wollen; — und ich kann mir nichts Anderes denken, als wärest Du in gleicher Schnelligkeit mit mir hierher gezogen! — Ja, also erscheint es dir wohl; aber, wie Ich dir gesagt habe, daß dir bei deiner Zurückkunft deine Gesellschaft über Meine dortige beständige Gegenwart Zeugniß geben wird, also wirst du es auch alsogleich erfahren. Ich sage dir daher: Sei wieder dort! — Nun siehe, du bist ja schon wieder hier; nun sage Mir, wie du Mich denn dort gefunden? — Du sprichst: Du warst ja ganz Selbst dort, wie Du hier bist, und war nicht der allerleiseste Unterschied. Ich sage dir: Das ist richtig; aber nun frage auch deine Gesellschaft, ob Ich Mich unterdessen von hier entfernt habe? — Siehe, die Gesellschaft spricht: Nicht im Geringsten; im Gegentheile hat der Herr zu uns gesprochen, wie es dir nun ergeht. — Nun siehe, du machst jetzt große Augen, und verwunderst dich darüber; — Ich sage dir aber, daß Solches nichts weniger als wunderbar ist, sondern es ist ganz vollkommen geordnet. Wenn du auf der Welt ein Optiker gewesen wärest, so wäre dir Solches noch anschaulicher begreiflich. — Wie kommt es denn, daß mehrere Menschen für sich einen und denselben Gegenstand nur vollkommen als Einen erschauen, und dennoch sieht ein jeder Einzelne nur den Seinigen? — Siehe, das liegt im Auge des Menschen; — von dem Gegenstande gehen nach allen Richtungen die Strahlen hin, und ein Jeder nimmt das Strahlenbild in sein Auge auf und ein Jeder beschaut dann nur in sich dieses aufgenommene Strahlenbild, welches in Allem vollkommen ähnlich dem beschauten Gegenstande. Ist deßwegen der Gegenstand vervielfacht oder zerrissen worden, wenn ihn Jeder als denselben in sich erschaut? — Du sprichst: Mit nichten; — siehe, also ist es auch hier der Fall lebendig, was auf der Welt nur naturmäßig, und somit auch todt erscheinlich ist. — Du sollst aber dieses Wunder noch tiefer beschauen; zuvor aber mußt du dieses bis jetzt dir Kundgegebene als ein wahres Himmelsbrod ein wenig verdauen. Ich aber will unterdessen in diese Meine Wohnung gehen, allda durch Meine Diener Meinen Tisch bestellen lassen, damit du sammt deiner ganzen Gesellschaft zum ersten Male vollkommen mit Mir zu Tische sitzen sollst und genießen allda das Brod deines wahren himmlischen Vaters! — Und so verharre du denn ein wenig hier, bis Ich wieder komme und dich führe in Mein Haus! —

## 134.
(Am 17. Februar 1843 von 5¼—7½ Uhr Abends.)

Ihr fraget nun wohl auch: Sollten wir auch diese Einladung abwarten? — Das ist doch ganz in der Ordnung; denn solches Alles geschieht hier ja zu einer Unterweisung, daher müßt ihr in dieser Sache bis zum völligen Ausgange beiwohnen. Unter völligem Ausgange müßt ihr hier verstehen einen vollkommenen Eintritt in die göttliche Ordnung. — Aber nun sehet, der Herr kommt schon aus der Wohnung, und winkt unserer Gesellschaft zu kommen. Ihr fraget hier: Werden diese wohl Alle Platz haben in dieser Wohnung? — Ich sage euch: Sorget euch dessen nicht; denn da kommt euer Sprichwort: „Friedliche Schafe haben viele Platz in einem Stalle," — in eine buchstäbliche Anwendung. Also haben auch gut geordnete Dinge viele Platz in einem engen Raume. — Die Gesellschaft aber bewegt sich schon in die Wohnung; also folgen wir ihr auch nach. — Sehet nun, wie sie Alle recht bequem untergebracht sind, und das zwar in einem Zimmer; und der Herr, wie ihr sehet, hat Sich Selbst mit einer Schürze umgürtet, und macht einen Tafeldiener! — Was wird denn auf den Tisch getragen? — Sehet, wir haben ja das leibhaftige Abendmahl vor uns; es ist ein gebratenes Lamm, und Brod und Wein; — und nun sehet, wie der Herr ihnen auch hier das Brod bricht und einem Jeden ein gutes Stück vorlegt, und ihr seht auch den Wein in einem Kelche, und sie Alle trinken aus dem Einen Kelche. — Seht aber nun auch, wie lebenskräftig unsere Gesellschaft auszusehen anfängt, und welch' eine liebedankbare Freude aus dem Angesichte eines jeden Gastes dem Herrn entgegen lächelt! — Wie ihr aber zu sagen pfleget: „Die kurzen Haare sind bald gebürstet," — also wird auch hier keine ewige Tafelsitzung gehalten; und der Herr spricht: Nun, Meine lieben Freunde,

Brüder und Kinder, ihr habt euch nun zum ersten Male in Meinem Reiche gestärkt; ihr wißt nun auch, wie Ich allhier fortwährend, wie auch allenthalben wesenhaft kräftig zu Hause bin! So wollet denn nun mit Mir wieder hinaus treten, und Ich will euch völlig erwecken für eure wahre ewige Bestimmung. — Nun denn, wir sind hier vor dem Hause versammelt; also wollet denn vernehmen Meinen Willen! — Ihr habt schon auf der Erde vernommen, daß Meine Ernte groß ist; aber es giebt noch wenig Arbeiter auf Meinem großen Erntefelde. Hier ist somit der Ort, wo ihr Meine wahrhaftigen Arbeiter und Mitarbeiter für die Einbringung Meiner Ernte werden sollet, und zwar auf die Weisung, wie es schon gar viele eurer Brüder geworden sind. Sehet einmal daher! Ihr werdet gar bald all' die Geräthschaften, die zu einer guten Haushaltung gehören, erkennen: einen Pflug, eine Egge, Haue und Piken, dahier Sicheln und Weingartenmesser; — und da sehet auch hin nach allen Seiten die großen Aecker, und dort die Weingärten. Da sehet mehr gegen den Morgen hin einen förmlichen Wald von lauter edlen Fruchtbäumen, — sehet, das ist das von euch zu bearbeitende Feld; aber nicht etwa auf die Art, wie ihr Solches gethan habt auf der Erde, sondern hier im inwendigsten und somit allerlebendigsten Sinne. — Ihr werdet hier weder pflügen, noch eggen, noch werdet ihr das Getreide schneiden, noch den Weingarten bearbeiten, und die Früchte einsammeln; sondern alles Solches ist hier nur eine wahrhafte inwendige Entsprechung für das Liebewirken, das ihr von hier aus an den Brüdern auf der Erde verüben sollet. Aber nicht nur an den Brüdern der Erde allein; denn hier will Ich mit euch im weitergedehnten Sinne sprechen, und sage daher: Ich habe noch gar viele Heerden, die nicht im Schafstalle der Erde wohnen, sondern die da leben nach ihrer Art auf zahllos vielen anderen Erd- und Weltkörpern. Diese Alle müssen in diesen Schafstall des ewigen Lebens geführt werden; — darum gebe Ich euch nun Meine Kraft in der Fülle, damit ihr durch diese allenthalben, dahin Ich euch beschicken werde, vollkommen also wirken könnet, als wirkete Ich Selbst. Ich könnte wohl alles Dieses Selbst wirken; aber Ich theile euch darum alle solche Wirkung zu, damit dadurch euere Seligkeit an Meiner Seite sich fortwährend von Ewigkeit zu Ewigkeit mehren solle! — Daher sollet ihr, wenn Ich Einen oder den Anderen von euch zu irgend solch' einem großen Zwecke dahin oder dorthin senden werde, auch Mir gleich vom innersten Grunde aus schauen können alle noch so auswendige naturmäßige Welt; und sollet sie beschauen können vom innersten Grunde aus bis zur äußersten Rinde, und also auch umgekehrt bis zum innersten Grunde vollkommenst. — Was ihr bei solch' einer Sendung zu wirken haben werdet, dessen werdet ihr allzeit allervollkommenst inne werden. — Also habe Ich euch nun eure große Bestimmung angezeigt, in welcher ihr im allervollsten Maße nach Meiner Liebe, Weisheit und Ordnung thätig sein könnet; und somit berufe Ich euch auch, und mache euch zu den wahrhaftigen Engeln Meines Reiches, und somit zu den wahrhaftigen Einwohnern Meiner heiligen Stadt, welche ist das **ewige Jerusalem!** — Und also seien euch denn eure innersten Augen aufgethan, damit ihr sehet, wie groß und wie herrlich Der ist, der nun mit euch redet, und Der bei euch bleiben wird ewig! — Sehet nun hin dort gegen Morgen, und saget Mir, was ihr dort erschauet? — Der Hauptredner spricht: O Herr! Du mein allergeliebtester Jesus Christus! Du wahrhaftiger endlos liebevollster Vater, der du heilig bist, überheilig! was erschauen da meine Augen?! welche unendliche Glorie, und in dieser Glorie eine unendliche Stadt! Und die Stadt scheint nimmer ein Ende zu haben; — und die Sonne, die herrliche Sonne, sie leuchtet mitten über der Stadt stehend, und die Stadt leuchtet selbst gleich wie die Sonne! — Und nun sehe ich auch wieder meinen alten gestirnten Himmel, und schaue, o mein Gott und mein Herr! in die endlosen Tiefen deiner Schöpfungen; — ja das will ich mir einen Himmel heißen! — Dahier ist es wohl buchstäblich wahr: Solches ist nie in eines Menschen Sinn gekommen, was du, o heiliger Vater, Denen bereitet hast, die Dich lieben! — Ja, welche endlosen Seligkeiten der Seligkeiten schaut nun mein unsterbliches Auge hinaus! O Du liebevollster, heiliger Vater! darf ich Dich umarmen, und Dich lieben nach aller möglichen Macht meines Herzens? — Der Herr spricht: Mein lieber Freund, Bruder und Sohn! Siehe, hier bin Ich ja vor dir; liebe Mich, wie du Mich nur immer lieben kannst; denn darum habe Ich dich ja erschaffen, daß du Mich allerseligst lieben sollst, und damit du Mir seiest ein liebes allertheuerstes Kind, das Ich nun auch in aller Meiner göttlichen Vaterfülle lieben kann! — Nun aber lasset uns hinziehen in Meine Stadt; und fraget nicht, was mit diesen Wohnungen hier geschehen solle; denn diese Wohnungen sind Entsprechungen der wahren Demuth, welche hervorgeht aus der reinen Liebe zu Mir. Diese Wohnungen werden bleiben, und wir werden sie gar oft besuchen; aber da Ich schon Meine große Amtskanzlei in der Stadt habe, so müssen auch Meine Engel allort sein, wo ihrer ihre große Haupt-Liebthätigkeits-Bestimmung harret. — Ihr fraget Mich zwar noch, wer nun noch diese Hütten so ganz eigentlich bewohnen wird? — Seht, Meine lieben Freunde, Brüder und Kinder, haben ja doch auch schon auf der Erde die Stadtbewohner zumeist eine oder mehrere Landwohnungen, welche ihnen zur Erholung gar wohl dienstlich sind. Warum sollten denn wir Solches nicht haben? — Daher sage Ich euch: Wir werden hier allzeit, wenn wir große Thaten vollzogen haben, uns eine gehörige Recreation machen; — und so denn ziehen wir zur Stadt! — Nun seht, der Herr Selbst führt unsere Gesellschaft in die heilige Stadt; und wie man hier gewöhnlich unversehens sehr geschwind vorwärts kommt, so nähern auch wir uns schon dieser Stadt aller Städte in der ganzen Unendlichkeit. — Und sehet, wie aus dem Thore der heiligen Stadt Gottes eine zahllose Menge dem in die Stadt ziehenden Herrn entgegeneilt! — Sehet ihr auch vorn die euch wohlbekannten Freunde des Herrn, nämlich Seine Apostel, und sehet auch vom Abraham abwärts alle die Väter und Propheten! Höret den großen Jubel, welcher aus dieser seligen Schaar dem Herrn entgegentönt; — und wie Alle überselig ihre Arme ausbreiten, um den Herrn mit der heißesten Liebe zu empfangen, und welche Freude sich aus jedem Gesichte über die neu gewonnene Schaar ausspricht! — Nun sehet, die Schaaren haben sich erreicht; und werden nun allesammt von einer großen Glorie umflossen, und diese Glorie geht aus vom Herrn und theilt sich Allen mit. — Was saget ihr wohl nun zu dieser Scene? — Gehen wir aber jetzt nur weiter vorwärts; sehts, der Herr läßt nun Alle vor Sich in die Stadt eingehen, und Er folget Seinen Kindern, wie ein ganz einfacher Hirte Seinen Lämmern! — Nun sind auch wir in der Stadt; — sehet nur die unendliche durch kein menschliches Wort beschreibliche Majestät und Herrlichkeit, welche wir hier diese Gasse entlang links und rechts erschauen. Alles ist von der Glorie des Herrn umflossen; heilige Lüfte wehen durch all' die Straßen und Gassen, und diese Lüfte sind das Leben, welches hier in der unendlichen Fülle ausgehet vom Herrn! — Aber nun sehet, der Herr bleibt vor einer großen Wohnung stehen, und spricht zu unserer Gesellschaft: Hierher, Meine Geliebten! Das ist die Wohnung und unser großes Amtshaus; hier wollen wir einziehen! — Nun sehet, sie ziehen hier wieder dem Herrn folgend ein; — und sehet die vielen großen und herrlichen Gemächer, sie sind vollkommen bereitet zum Empfange unserer neugewordenen Fürsten des Himmels! — Und sehet nun, wie ihnen der Herr anzeigt eine lichte Tafel und spricht: Auf dieser Tafel werdet ihr allzeit Meinen Willen erschauen. Und nun legt der Herr ihnen Seine Hände auf, und erfüllet sie vollkommen mit dem allmächtigen Geiste Seiner Liebe; — und sehet, wie sie nun mit einander über die unendlichen göttlichen Verhältnisse der Dinge sprechen als wie die allerreinst vertrautesten Freunde und Brüder! — Nun habt ihr geschaut die wahre Bestimmung des Menschen in dem aller= eigentlichsten wahren vollkommenen Himmel, und habt auch gesehen, welch' ein Ende es mit unserer Gesellschaft nahm. — Doch müßt ihr euch nicht etwa denken, Solches ist fortwährend der Fall mit Jenen, welche sich da befinden in dem Scheinhimmel; — sondern nur mit jenen Wenigen, welche den Herrn schon bei ihren Leibesleben ihrem Inwendigen nach trotz aller der irrigen Begriffe, welche sie gelehret wur= den, einzig und allein über Alles geliebt haben. — Wie es aber mit so manchen Anderen ergeht, wollen wir nach dem Willen des Herrn noch abermals mit eigenen Augen betrachten, und daher verlassen wir nun wieder diese heilige Stadt und begeben uns schnellreisend wie= der in den römisch katholischen geistigen Kirchenstaat. — Se= het, ich habe es kaum ausgesprochen, und wir stehen schon wieder einem Kloster sehr nahe; — ihr fraget und saget: Lieber Freund, ob schon es uns unendlich leid ist, daß wir so plötzlich die endlos herrliche Stadt Gottes haben verlassen müssen, so möchten wir aber dennoch, weil wir uns schon wieder hier befinden, sobald erfahren, welch' ein Orden in diesem Kloster zu Hause ist? — Meine lieben Freunde und Brüder! hier werden wir zuerst ein weibliches Kloster kennen lernen, und zwar eines von den Karmeliterinnen; ihr werdet dadurch so Manches in die lebendige Erfahrung bringen, welch' eine Bewandtniß es hier mit so einem Kloster hat. — Doch denket zuvor selbst über so Manches dieses Ordens nach; damit ihr dann desto leichter erschauet, in wie weit dieser Orden dem Herrn angenehm, und in wie weit unangenehm ist. — Und somit lassen wir es auch für heute gut sein! —

## 135.

(Am 18. Februar 1843 von 4½—6½ Uhr Abends.)

Ihr fraget und saget: Werden wir aber hier wohl vorgelassen werden? — Denn wenn es hier mit diesem Orden so zugeht, wie auf der Erde, so wird daraus für unsere Erfahrungen eben nicht gar viel Ersprießliches hervorgehen. — Meine lieben Freunde und Brüder! Es geht hier noch eben also zu, wie auf der Erde. Solches wird uns aber gar wenig beirren; denn in dieser Hinsicht sind wir über alle Schmarotzerfliegen, und nichts kann uns hindern, sich allenthalben den tiefen Geheimnissen schnurgerade auf die Nase zu setzen, und so werden wir's denn auch hier machen, uns in dieses Kloster ganz verborgen hineinschleichen und dann alles Mögliche beschniffeln. — Und so denn gehet nun mit mir, und sorget euch um nichts. Diesen Wesen werden wir noch gar lange völlig unsichtbar bleiben; denn Solches müßt ihr wissen, daß die Engelsgeister entweder aus dem dritten Himmel selbst, oder im Wollen des dritten Himmels für die Geister der untern Himmel so lange völlig unsichtbar bleiben, bis die Geister der untern Himmel ihrem Inwendigen nach nicht selbst das Wesenhafte der Liebe zum Herrn aufgenommen haben, und zwar zuerst der Einsicht nach, und dann der Liebthätigkeit nach. — Also können auch wir darum in dieses Kloster ohne weitere Besorgniß treten und es wird uns Niemand erschauen; — mich nicht, weil ich ein Bürger der heiligen Stadt bin, und euch nicht, weil ihr für's Erste in meiner Sphäre seid, und seid ihr denn nach dem Wollen des obersten Himmels, welcher ist das Wollen des Herrn! — Sehet, wir sind schon im sogenannten Refectorio, oder verständlicher, wir sind im Speisegemache. — Sehet, so eben werden einige Schüsseln von sogenannten Erzfastenspeisen aufgetragen; die Speisen stehen auf dem Tische, und nun kommen, wie ihr sehet, unsere Klosterdamen. — Sind sie nicht noch eben also kostümirt, wie auf der Erde? — Ihr saget: Wir haben zwar noch nicht die Gelegenheit gehabt, eine solche Klosternonne in völliger Nähe zu betrachten; aber sie sind vollkommen also gekleidet, wie wir sie zufolge guter bildlicher Darstellungen gesehen haben auf der Erde. — Nun sehet aber, sie begeben sich zum Tischgebet; — worin besteht aber dieses? Wie ihr es selbst gar leicht hören könnt, besteht es in einem wohlgenährten Rosenkranze, und zudem noch nachfolgend in einigen lateinischen Pronunciationen aus den Psalmen und aus den Kirchenvätern, welche aber auch hier von keiner dieser Klosterdamen verstanden werden. — Sehet, die Oberin setzt sich zu Tische; die Anderen machen vor ihr eine bodentiefe Verbeugung, und stehen dann wieder neben ihren Stühlen auf. Die Oberin giebt das Zeichen zum Niedersitzen; und sehet, die Oberin hat ein Glöckchen an der Seite, sie läutet so eben, und das ist das Zeichen, daß die Damen nun in die Schüssel greifen dürfen. Aber dort vorn sehet ihr Eine stehen; diese darf jetzt nicht essen, sondern muß den Essenden die Leidensgeschichte des Herrn vorlesen. — Nun haben unsere Damen ihr körperliches Mahl beendet, und die Oberin läutet wieder. Damit will sie sagen, daß sie nun wieder Alle aufstehen sollen. Sie stehen auf, verbeugen sich aber-

mals bodentief der Oberin, dann aber knien sie wieder nieder, und es
wird das Dankgebet verrichtet, bestehend abermals aus einem wohlgenährten Rosenkranze. Diesem folgen stille hundert Ave Maria; sind diese
auch im Verlaufe von etwa drei Viertelstunden herab gebetet, so werden
wieder die lateinischen Gebete nachgebetet. Wenn sie nun fertig sind,
so gehen sie hin vor das Kruzifix, legen sich vor demselben förmlich
auf den Boden nieder; dann gehen sie hin zum Bildnisse der Maria,
thun dasselbe, dann zum Bildniße des Joseph, wieder dasselbe
thuend, hierauf zum Bildniß ihrer Ordensstifterin, der Theresia,
thun abermals dasselbe, und nun erst gehen sie zu der Oberin
als zur Theresia in corpore, und thun abermals dasselbe. Nun
heißt die Oberin sie Alle aufstehen, und kündiget ihnen an, daß
sie sich zum Chorgebete in einer Stunde bereit halten sollen; unterdessen
aber sollen sie in ihren Zellen die ihnen vorbestimmten Chorgebete über-
lesen, damit sie dann im Chore ohne Störung vor sich gehen, welche
leichtlich ein kleines Aergerniß und somit auch eine läßliche Sünde erzeugen könnte; denn (setzt die Oberin noch hinzu) siebenmale sündigt
ohnehin der Allergerechteste vor Gott im Tage; wie sehr muß er sich da
wohl hüten, um nicht acht oder noch mehr Male zu sündigen. — Aber
Eine der Klosterfrauen bittet die Oberin nun um die Erlaubniß, mit
ihr ein Wort sprechen zu dürfen; — und weil gerade jetzt nicht das
strenge Silentium vorgeschrieben ist, so gestattet die Oberin der fragenden Dame Solches. (Fragen aber heißt in diesem Kloster so viel, als
etwas freimüthiger bitten.) Was lauter wird etwa wohl diese Dame
fragen? Wir wollen die Sache anhören; höret, sie spricht: Allerwürdigste Braut Christi! So lange wir leiblich gelebt haben auf der Erde,
so lange auch war uns des nach dem Tode zu gewinnenden Himmels
wegen das strenge Klosterleben genehm; da wir aber nun schon eine geraume Zeit das Irdische mit dem Ewigen vertauscht haben, und wir
noch immer auch in diesem ewigen Leben das überstrenge Klosterleben
fortführen, und von dem Himmel wirklich noch gar nichts verspüren, so
fragt es sich, ob dieses Klosterleben hier ewig nimmer ein Ende nehmen
wird? Denn müßten wir immer in dieser strengen Clausur verbleiben,
so wäre das doch etwas Entsetzliches! — Die Oberin spricht: O du
ungehorsames Kind! Wie hast du dein Herz so sehr vom Teufel einnehmen lassen können, daß du darob dich einer solch entsetzlichen Frage
hast können ermächtigen? Weißt du denn nicht, daß vor dem jüngsten
Tage Niemand in den Himmel kommen kann, und daß durch die Für-
bitte der heiligsten Jungfrau Maria, der h. Theresia und in der Mitte
dieser Beiden des h. Joseph Christus der Herr darum unserem Orden,
weil er der allerstrengste ist, das Fegfeuer nachgelassen und uns dafür
zur völligen Reinigung die Gnade verliehen hat, selbst nach unserem
Leibesleben für die im selben begangenen läßlichen Sünden und Todsünd-
flecken Seiner allerhöchsten Gerechtigkeit genug zu thun und uns völlig
zu reinigen? Daher muß hier die Ordensregel unserer erhabenen Stif-
terin auf das Allerstrengste beobachtet werden; sonst dürfte es auch geschehen, daß ein solch ungehorsames Kind, wie du bist, am jüngsten
Tage vor dem unerbittlichst allerstrengsten und gerechtesten Richter das
Urtheil vernehmen möchte: „Weiche von Mir, du Verfluchte; denn Ich

habe dich nie als Meine Schwester erkannt!" — Nun sehet, diese Worte der Oberin haben unsere arme Fragestellerin wie tausend Blitze auf einmal getroffen; sie fällt vor ihr nieder, und bittet sie um eine wohlgemessene Züchtigung; und die Oberin spricht: Ja, eine wohlgemessene Züchtigung hast du verdient; aber ich will dich für dießmal nur mit einem Backenstreiche, und dann mit einem eintägigen Fasten zurecht weisen. Doch sollst du keinen Augenblick säumen, den Beichtvater rufen zu lassen, und ihm deine teuflische und vor Gott höchst verdammliche Rede an mich genau und allerreumüthigst kund geben, und dann die Bußwerke, die er dir aufgeben wird, zu Ehren der h. Dreieinigkeit, zu Ehren der fünf Wunden Jesu Christi, zu Ehren Seines bitteren Leidens und Sterbens, zu Ehren Seiner allerheiligsten Jungfrau Mutter Maria, zu Ehren des h. Joseph und zu Ehren der h. Theresia zehnfach verrichten; — und nun erhebe dich und empfange meinen Backenstreich. — Sehet, unsere Dame erhebt sich, hält sobald der Oberin demüthigst den Backen hin, und diese giebt ihr zur Vertreibung des Teufels, wie ihr sehet, durchaus keine spaßhafte, sondern eine möglichst wohlgenährte, beinahe Schwindel erregende Ohrfeige. — Unsere Dame weint darauf bitterlich, danket der Oberin für diese Züchtigung, und begiebt sich, wie ihr sehet, mit den anderen Schwestern aus dem Refectorio in ihre Zelle. — Was da weiter geschehen wird, darüber wollen wir nächstens unsere Beobachtungen anstellen! —

## 136.
(Am 20. Februar 1843, von 4½—6 Uhr Abends).

Da sie in ihrer Zelle anlangt, giebt sie mit einem Glöcklein alsbald das Zeichen, daß die Klosterwärterin zu ihr in die Zelle kommen solle. Was wird sie ihr etwa wohl zu sagen haben? — Es handelt sich hier um nichts Anderes, als um die einfache Bestellung des Beichtvaters, damit sie noch vor dem Chorgebete sich reinige von der Sünde, welche sie vor der Oberin begangen hatte. Die Klosterwärterin besorgt alsogleich dieß Geschäft und unsere Dame begiebt sich sobald hinab in das Beichtkabinet, kniet sich zum Beichtgitter hin, und erwartet da den Beichtvater. — Nun gehen wir hin, und wollen da einmal eine Beichte belauschen. — Was sie beichten wird, das wissen wir; aber was der Beichtvater ihr darauf sagen wird, das wissen wir noch nicht, wollen es daher erst erfahren. — Der Beichtvater kommt nun an's Gitter und legt sein Ohr an dasselbe. Nun hat sie gebeichtet, und er spricht zu ihr: Höre du, mein liebes Beichtkind, wenn du deine Ordensregel, wie sie auf der Erde bestanden ist, vor dein Gemüth stellest, so hast du mit deiner Aeußerung dich offenbar versündiget; aber nicht gegen die Ordnung Gottes, denn diese gab dir ja Solches zu denken, sondern gegen die Ordnung des Klosters, welche dir Solches zu denken verbietet. Für den Fehler gegen die Ordnung des Klosters hast du auch von deiner Vorsteherin die wohl zugemessene Züchtigung erhalten, und hast dich nach derselben der weiteren Anordnung bis hieher gefügt. — Hier handelt es sich um Vergebung deiner Sünde von der göttlichen Seite; Gott aber hat in all' Seinem Worte niemals eine solche Klosterordnung zu einem Gesetze gemacht. — Menschensatzungen, und wären sie mehrere tausend Jahre gäng und gebe, hat Gott nie als die Seinigen sanctionirt, und stehet es nicht an, ob Jemand sich gewisserart nothgedrungen vergeht gegen die Satzungen der Welt; — und somit habe ich dir hier von der göttlichen Seite auch nichts zu vergeben. — Unsere Dame spricht zum Beichtvater: Hochwürdiger Priester! Der Du hier vor mir am Richterstuhle der göttlichen Gerechtigkeit sitzest, wie magst du sagen, daß unser Klosterorden und desselben Regel keine göttliche, sondern eine Menschensatzung ist? — Sieh, wenn ich Solches unserer Oberin kund gebe, so laufen wir Beide Gefahr, auf das Empfindlichste gestraft zu werden; — mich wird man als eine vom Teufel Besessene behandeln, dich aber als einen offenbaren Ketzer entweder excommuniciren, oder wohl gar in den vollkommenen Kirchenbann legen; — daher erkläre dich deutlicher, was du damit sagen willst. — Der Beichtvater spricht: Höre du, meine liebe Schwester, wer Christum den Herrn als den alleinig wahren Gott Himmels und der Erde über Alles liebt, der fürchtet weder die Excommunication, noch den Kirchenbann. Siehe, auf der Erde lachen gegenwärtig die Menschen, welche am Weltlichen hängen und noch von Christo wenig oder gar nichts wissen, über solche kirchliche Eigenmächtigkeit. Warum lachen sie denn? — Weil sie in dieser Eigenmächtigkeit keinen Schaden für ihr Gewerbsleben erschauen. Warum sollen denn Diejenigen nicht lachen, welche Christum wahrhaft lieben? — Denn diese werden doch wohl noch einen beiweitem geringeren Schaden von Seite dieser kirchlichen Eigenmächtigkeit zu besorgen haben. Hast du nie gehört, was Christus einmal im Tempel zu der Ehebrecherin gesagt hat, als Ihm die Pharisäer und Schriftgelehrten sie nach dem mosaischen Gesetze als vollkommen der Steinigung würdig vorgeführt haben? — Unser Beichtkind spricht: Solches weiß ich wohl; aber was willst du damit sagen? — Ich will dir damit nichts Anderes sagen, spricht der Beichtvater, als daß Christus in Seinem Urtheile beiweitem gelinder ist, denn Seine Priester und Schriftgelehrten. Diese haben unsere Ehebrecherin ohne die geringste Gnade und Erbarmung der öffentlichen Steinigung als vollkommen würdig erkannt; Christus aber sagte zu ihnen: „Wer von euch ohne Sünde ist, der werfe den ersten Stein auf sie!" — Siehe, solche Rede hat unsere Pharisäer und Schriftgelehrten wie ein Blitz getroffen; denn es war auch ein anderes Gesetz, welches die obere Priesterschaft sündenfrei haben wollte, und für dieses Gesetz wußten die Pharisäer und Schriftgelehrten eben so gut, als für das Gesetz gegen die ehebrecherischen Weiber. Zugleich aber wußten unsere Pharisäer und Schriftgelehrten, daß sie selbst die Sünde des Ehebruchs in jeder Hinsicht, sowohl in geistiger als in leiblicher, begangen haben. Darum auch erschreckte sie diese überaus eindringliche Antwort so sehr, daß sie sich sammt und sämmtlich unserer Ehebrecherin ganz vergessend, behende davon gemacht hatten; denn sie wollten für dießmal Christum nicht mehr reizen, weil sie befürchteten, Er möchte ihre Schmach den vielen gläubigen Juden kund thun, welche sie dann ergriffen und auch also behandelt hätten, wie das Gesetz Mosis für diesen Fall die scharfe Bestimmung hatte. Was geschah aber mit unserer Ehebrecherin? Die stand nun allein da; — hat sie der Herr etwa verdammt? — O nein; Er fragte sie, und sagte: Haben dich denn Diejenigen, die dich hierher gebracht, nicht verdammt? — Und unsere Ehebrecherin spricht: Nein, o

Herr! es hat mich Niemand verdammt. — Und Er spricht zu ihr: Also verdamme auch Ich dich nicht; gehe aber hin, und sündige hinfort nicht mehr! — Nun, was sagst du zu dieser Handlungsweise des Herrn? — Unsere Dame spricht: Ich kann hier unmöglich etwas Anderes sagen, als daß der Herr sicher barmherziger und gnädiger ist, als alle besten Menschen der Erde zusammen genommen. Der Beichtvater spricht: Nun gut, meine liebe Schwester, wenn du den Herrn also erkennst, da wirst du doch auch wohl erkennen, daß meine Belehrung eine vollkommen giltige ist. — Wenn des Herrn Güte sich bei der Ehebrecherin schon nicht an das mosaische Gesetz hielt, welches doch von Ihm ausging, um wie viel weniger wird Er Sich an eine Klosterregel binden? — Denn siehe, der Herr ist vollkommen frei, und kann thun, was Er will; und so Ihn Jemand fragen wird: Herr, was thust du? — so wird Er ihm keine Antwort geben. — Ich aber bin hier als ein Beichtvater zu dir gesandt vollkommen in Seinem Namen, und trage daher auch Seinen Namen. Wenn ich thue nach und in diesem Namen, sage mir, wen habe ich da wohl zu fürchten? — Du sprichst: Den Herrn sicher nicht, so du vollkommen in Seinem Namen handelst. — Nun, wenn ich Den nicht zu fürchten habe, sollte ich da etwa dein Kloster oder die kirchliche Eigenmächtigkeit fürchten? — O siehe, Solches ist bei mir mit nichten der Fall; und so denn sage ich dir: Wenn du eine wahre Liebe zum Herrn hast, so sollst du auch aus dieser Liebe hinaus Etwas wagen, nämlich daß du nun hingehst und sagst deiner Oberin, was ich dir gesagt habe; — und sage ihr dann auch, daß sie sich mit dir nach meinem Willen alsogleich hierher begeben solle. — Unsere Dame spricht: was sie denn für eine Buße als Genugthuung verrichten solle? — Der Beichtvater spricht: Nichts Anderes, als Das, was ich dir so eben gesagt habe. — Unsere Dame steht nun auf, und da unsere Oberin zufolge des längeren Ausbleibens einige Bedenklichkeiten in sich zu nähren anfing, so kommt sie selbst unserer Dame schon an der Schwelle des Beichtkämmerleins entgegen, und unsere Dame erzählt ihr da, was ihr der Beichtvater gesagt hat; — und die Oberin schlägt darüber die Hände über dem Kopfe zusammen und spricht zu unserer Dame: Siehst du, welch' eine Sünde du begangen hast! Die Gnade Gottes ist gänzlich von dir gewichen, und ein Teufel hat die Gestalt eines Lichtengels angenommen, und sich als Beichtvater in den Beichtstuhl gemacht, und gab dir solche verdammliche Lehre, und verlangt, daß sogar ich mich mit ihm in eine Unterredung einlassen soll, damit durch mich, die ich die Seele des Klosters bin, das ganze Kloster hinab gezogen würde in die ewige Verdammniß. Ja, ich habe mir's wohl gar oft gedacht, daß du solch' ein Unglück über dieses heilige Haus Gottes bringen wirst. Nun ist kein anderes Rettungsmittel da, als daß wir uns allerkräftigst vereinigen, und unsere große Noth der allerseligsten Jungfrau Maria, dem h. Joseph und der h. Theresia vortragen. Erhören uns diese nicht, so sind wir verloren; denn hier ist bei Gott keine Gnade und Erbarmung mehr! — Unsere Klosterdame spricht zur würdigen Frau: Sagen hochwürdige Mutter, was Sie wollen, so aber glaube ich nach der Belehrung des allerehrwürdigsten Beichtvaters nun keinem Ihrer Worte mehr, und bin bereit, wenn es hier möglich ist, eher noch einmal zu sterben, als über die Belehrung dieses würdigen Beichtvaters nur die allergeringste schiefe Meinung in mir zu hegen. — Hier will die würdige Frau unserer Dame aus lauter klösterlichem Eifer einen mörderischen Schlag auf den Mund versetzen; aber unser Beichtvater ist so keck, reißt das Beichtgitter auf, wozu er auch eine hinreichende Kraft besitzt, und entreißt unsere Dame solcher Mißhandlung. Was da ferner geschieht, wollen wir das nächste Mal vernehmen. —

## 137.

(Am 9. Februar 1843, von 4¾ bis 7 Uhr Abends.)

Da aber die Priorin Solches geschehen sieht, da macht sie sobald ein Kreuz um das andere, nimmt ihre Zuflucht zu einem Weihbrunnkessel und sprengt das Weihwasser thätig nach unserem Beichtvater und nach unserer Dame; auch ruft sie mit aller Kraft all' die Schwestern zur thätigen Mithilfe. — Diese kommen auch sobald herbei, starren unseren Beichtvater an und können durchaus nichts Teuflisches an ihm entdecken. — Nun macht die Vorsteherin ein großes Kreuz vor sich hin, nähert sich dem Beichtvater und der Dame, will sich mit Gewalt ihrer bemächtigen, und spricht mit gellend lauter Stimme: Du abscheulicher höllischer Teufel! der du die verfluchte Keckheit hattest durch Lug und Betrug dich in der Gestalt eines Lichtengels in unser Heiligthum herein zu schwärzen, ich befehle dir im Namen der heiligen Dreieinigkeit, der allerheiligsten Jungfrau Maria, des h. Josephs und der h. Theresia, daß du auf der Stelle entweichest von diesem heiligen Orte und alsbald zurückkehrest in deine ewige Verdammniß und in dein höllisches Feuer, und brennest dort ewig und ewig! — Nun sehet, unser Beichtvater läßt sich durch diesen schrecklich exorcistischen Bannfluch nicht im Geringsten irre machen, und spricht: Höre, du blinde Vorsteherin dieser armen Heerde, du nanntest mich einen Teufel und hast mich auch darob ganz gehörig verdammt; sage mir, ob ich als dein vermeintlicher Teufel mit dir und mit dieser Schwester hier etwas Aehnliches gethan habe? — Ich habe dieser Schwester nur Das gesagt, was hier im Reiche der Geister die volle **Wahrheit** ist, und dich durch sie rufen lassen, damit auch du als Vorsteherin in der göttlichen Wahrheit näher unterrichtet würdest. Anstatt aber mich anhören zu wollen, hast du gleich das glühendste Richterschwert ergriffen, und wolltest diese arme Schwester entweder, so es dir möglich wäre, mit einem Streiche todtschlagen, oder sie wohl gar alsogleich der Hölle überliefern. Ich als dein Teufel erbarmte mich der armen Schwester und rettete sie durch meine Macht von deiner Wuth; dafür aber hast du mich exorcistisch in den höllischen Bannfluch gethan. — Wenn wir nun unsere Herzen einander gegenüber halten, so wäre da eine gar große und wichtige Frage zu beantworten, in welchem sich wohl mehr der wahren Nächstenliebe vorfinden möchte, ob in deinem himmlisch sein wollenden, oder ob in meinem teuflisch sein sollenden? — Ich sage dir aber: Mit deiner Herrschaft über diese arme blinde Heerde hat es nun ein Ende! — Die Theresia hatte auf der Erde diesen Orden wohl gestiftet; aber zu ihrer Zeit und in ihrer Regel war eine wahre Nächstenliebe ihr Grund, und Liebthätigkeit die Hauptordensregel, so wie die nothwendige Reinheit des Herzens, welche Regel die Theresia in den gestifteten Orden einführte. — Und also war dieser Orden unter solchen Bedingungen dem Herrn auch genehm; aber deine Regel, verbunden mit der allerstrengsten Clausur und dem vielfältigen für euch Alle zumeist unverständlichen Lippengebete dem Herrn ein Gräuel und durchaus in keinem Theile genehm, besonders aber, wenn sich, wie es eben bei dir der Fall ist, eine wahre tyrannisch despotische Herrschsucht, vermählt mit dem blindesten Wahne, in den Orden eingeschlichen hat! — Habt ihr auf der Welt wohl je gehört, daß es in der geistigen Welt auch nach dem Leibestode Klöster und solche klösterliche Clausuren giebt? — So viel ich weiß, habt ihr nur geglaubt, nach dem Tode des Leibes entweder bis zum jüngsten Gerichte in einen süßen Seelenschlaf überzugehen, oder in das Paradies zu kommen, wohl auch alsogleich in den Himmel. Wenn ihr aber unwidersprechbar Solches geglaubt habt, wie ist demnach denn dieses Kloster entstanden? — Sehet, ihr stehet auf diese meine Frage stumm da, und wisset mir kein Wort zu erwiedern. Diese nämliche Frage hatte zuvor auch diese arme Schwester an dich Vorsteherin gerichtet; da du ihr so wenig wie mir eine Antwort zu geben vermochtest, so erbranntest du dafür in dem heftigsten Zorne und gabst der Fragenden eine betäubende Maulschelle. — Nun aber sage ich dir, woher dieses Kloster rührt; — es rührt von deiner herrschsüchtigen Begründung, und so hast du nur zufolge deines blinden Wahnes durch Lug und Trug für dich und diese armen Schwestern auch hier in der geistigen Welt solche Clausur errichtet. Daher ist diese Clausur auch nur eine Trug-Clausur und Gott dem Herrn sicher in keinem Theile angenehm; und ich habe dazu die Macht trotz dem, daß ich als ein wahrer Beelzebub vor dir erscheinen muß, diese Clausur für alle diese armen Schwestern aufzuheben und sie allesammt frei hinaus zu führen, dich allein aber zu belassen in dieser deiner Clausur so lange, bis du in dir selbst nicht reuig inne wirst, daß solch' eine Clausur eine irrige Begründung des Geistes und in ihr nicht ist weder irgend eine Wahrheit, noch irgend etwas Gutes. Damit aber du und alle die armen Schwestern erkennen möchten, daß ich vollkommene Macht habe Solches zu thun, und das nicht vom Beelzebub, den du Oberstin besprengt hast mit deinem Weihwasser, sondern unmittelbar von Gott aus, so zeige ich euch Allen für's Erste an, daß diese von mir gerettete Schwester eben die Theresia selbst ist, welche von Mir aus zu euch gesandt ward, um euch von euerem Wahne zu befreien, für's Zweite aber zeige ich euch an, daß Ich Selbst der nämliche bin, den die Theresia so sehr liebte! — Wollt ihr Solches nicht glauben, so leget gleich einem Thomas eure Hände in meine Wundmale! — Und nun siehe, du Oberin dieses Klosters, du hast Mich verdammt in deiner großen Blindheit. Siehe, auch Ich hätte Macht dich zu verdammen; aber damit du siehst, daß Ich besser bin, wie dein Orden, so verdamme Ich dich nicht, sondern belehre dich und zeige dir den Weg zu Mir. Doch jetzt kannst du nicht Mir folgen, sondern dann erst, wenn du dein trügliches Kloster hier vom Grunde aus wirst niedergerissen haben. — Nun sehet, all die Schwestern fallen vor dem Herrn nieder, und loben und preisen ihn ob Seiner großen Liebe und Erbarmung, und flehen zu Ihm um Gnade für die Oberin; — und der Herr spricht: Es sei, um was ihr gebeten habt; aber die Oberin hat noch ihren freien Willen, und wird ihn ewig behalten. Will sie das Kloster niederreißen, so mag sie mit euch ziehen; will sie es aber behalten, so werde Ich es ihr auch nicht um eine Secunde eher nehmen, als bis sie es Mir freiwillig abtreten wird. — Sehet, die Oberin steht wie ganz versteinert vor der Gesellschaft der Schwestern, und weiß nicht, was sie nun thun soll; denn sie hält bei sich diese Scene noch immer für einen außerordentlichen Teufelsspuk. Und der Herr spricht zu ihr: Wie denkst du denn in dir? — War es denn nicht ein Glaubenssatz bei euch, daß der Satan vor dem Namen Jesu Christi fliehen müsse, und daß sich vor diesem Namen alle Knie beugen müssen im Himmel, auf Erden und unter der Erde? — Wenn aber schon der Satan eine solche gewaltige Furcht hat vor dem Namen Jesu, wird er Ihn wohl selbst aussprechen, oder sich wohl gar in Seine Gestalt umwandeln? — Siehe, wie groß deine Thorheit ist! — Du aber bist für ein reineres Licht noch nicht reif, und wirst so lange nicht reif sein, bis du nicht den letzten Stein dieses Klosters in dir vernichten wirst. Ich sage dir aber auch noch hinzu, daß du dich allein an Mich zu wenden hast, so du je aus deiner Clausur möchtest befreit werden. Auf deinen jüngsten Tag wirst du vergeblich warten; denn dieser ist und dauert für alle Menschen fortwährend; er ist für die Liebegerechten ein Tag der Auferstehung zum ewigen Leben, welches ist die vollkommene Wiedergeburt des Geistes; er ist aber auch ein Tag des Gerichtes für alle Jene, die Mich nicht im Geiste und in der Wahrheit und somit in aller Liebe in sich aufnehmen wollten. — Nun weißt du, wie du daran bist; lehre dich darnach, so wirst du deinen jüngsten Tag zum ewigen Leben erreicht haben, sonst aber wird dir diese Sonne, welche diesen Tag erleuchtet, wohl Ewigkeiten hindurch nicht mehr aufgehen! — Hier wendet Sich der Herr zu den Schwestern, und heißt sie alle Ihm folgen; — wie ihr aber im Geiste sehen könnet, so wirft sich endlich auch die Oberin wie verzweifelnd vor Ihm nieder, und bittet Ihn, daß Er sie, nachdem sie Ihn nun erkannt habe, nicht doch so ganz allein zurücklassen solle, — und der Herr spricht zu ihr: Siehe hier Meine liebe Schwester, die Theresia; Ich will, daß sie bei dir verbleibe, und dir helfe dein Kloster zerstören. Und sehet, die Theresia hebt sobald mit aller Liebe die Oberin auf, führt sie zurück, und zeigt ihr die wahren Wege des Herrn. Der Herr aber ziehet mit Seinen unschuldigen Lämmern dem ewigen Morgen zu! — Es wird auch nicht lange dauern, daß unsere liebe Jüngerin des Herrn ihre noch blinde Schwester von ihrer Clausur befreien wird. — Jedoch wird diese nicht sobald in den Morgen, sondern in den Mittag oder in den zweiten Himmel gebracht werden. — Und so habt ihr wieder gesehen eine andere Art und Weise der Befreiung aus einem irrthümlichen geistigen Seltgkeitsorte, welcher freilich wohl einer von der besseren Art war; es giebt aber deren in dieser Art noch eine große Menge, mit denen es um Vieles schwerer geht. — Nächstens wollen wir ein männliches Kloster der Art in Augenschein nehmen, und es soll ebenfalls eines der strengsten sein; — und ihr werdet daraus ersehen, mit welchen Schwierigkeiten allda das Leben zu kämpfen hat, wo die Fluth falscher Begrünbungen die Saat desselben völlig erstickt hatte. — Daher sollte sich ja Niemand in Etwas begründen, sondern sollte allein die Liebe zum Herrn und seinem Nächsten als die alleinige Richtschnur des Lebens nehmen; denn die Liebe ist ein gutes Erdreich, auf dem der Same des Lebens bestens fortkommt, wird aber dieses Erdreich zuvor mit Unkraut besäet, so wird dann auf demselben der gute Same gar mühsam fortkommen. — Solches werden wir beim nächsten Beispiele klar ersehen; — und somit gut für heute! —

## 137.
(Am 24. Februar 1843, von 4—7¼ Uhr Abends.)

Zu dem Behufe wollen wir denn dieses weibliche Kloster verlassen und uns etwas vorwärts bewegen. Sehet, dort mehr zwischen Mittag und Abend befindet sich schon ein solches Kloster, welches auf den ersten Augenblick als Solches zu erkennen ist. — Sehet eine pomphafte Kirche mit zwei gewaltigen Glockenthürmen, und zu beiden Seiten der Kirche das Klostergebäude mit etwas kleinen Fenstern; und wie ihr noch sehet, so ist das ganze Klostergebäude sammt der Kirche mit einer tüchtigen Mauer umfangen. Ihr möchtet wohl wissen, was für ein Orden sich da innen befindet? — Ich sage euch: Einer der strengsten, und zwar namentlich der Orden der sogenannten barfüßigen Augustiner. Dieser Orden war einmal ein recht angesehener Büßerorden, und zwar nach der Ordnung des Kirchenlehrers Augustinus, welcher bekannter Maßen sich sehr angelegen sein ließ, das Wesen der Dreieinigkeit unter einem confirmirten Begriffe darzustellen. Dieser eines Theiles sehr emsige Christ ist im Ernste sogar vom Herrn Selbst gewarnt worden, seiner Dreieinigkeitsforschung nicht weiter nachzuhängen; aber dessen ungeachtet verband er sich fest mit dem römischen Bischofe, und stimmte mit der zu Nicäa ausgeheckten dreipersönlichen Dreieinigkeit vollkommen fest überein, und suchte dann eben dieses Dreieinigkeitsbild durch seine sonst tüchtige Weltweisheit so viel als möglich kirchlich rechtskräftig zu machen, und wurde daher auch zu der Ehre eines Kirchenvaters und eines Kirchenlehrers erhoben. Es war freilich wohl etwas sonderbar, daß sich solche Kirchenlehrer auch Kirchenväter nennen ließen, indem sie doch das Evangelium hatten, in welchem von Christo der alleinige rechte und wahre Vater aller Menschen und somit auch so mehr Seiner Kirche bestimmt ward; allein da der Augustinus seine Forschungen nicht aus Eigennutz, sondern redlicheren Sinnes that, so ward ihm Solches auch nicht angerechnet; und er fand in der geistigen Welt, zum Theil aber schon für sich auch in der naturmäßigen seinen Irrthum, und wurde daher vom Herrn auch alsbald aufgenommen und besseren Weges geleitet. Zufolge seiner irdischen besseren Erkenntniß aber hat er schon bei Lebzeiten eine kleine Schule ganz im Geheimen um sich gehalten, welche sich einer besseren, und daher auch lebendigeren Erkenntniß des dreieinigen Gottes zuwandte. Augustinus hatte zu dem Behufe auch die Bekanntschaft mit dem innern lebendigen Worte gemacht, und hat den Weg kennen gelernt, auf welchem man sich Diesem nahen kann. Dieser Weg war die entschiedenste Demuth, die völlige Hintansetzung der Welt, und dafür die Ergreifung des Herrn in der Liebe. — Solche Schule hat sehr bedeutenden Zuspruch bekommen, troß dem sie so geheim als möglich gehalten ward; sogar der römische Bischof selbst erhielt Kenntniß davon, war öffentlich nicht dawider, und schloß sich selbst dieser Schule an. Er sah bald ein, daß die öffentliche Lehre nicht mit dieser übereinstimmt; konnte aber nun auch nicht mehr wider den Strom schwimmen; — damit aber solche Schule nicht zu Grunde ginge, welche für dieselbe Zeit ein gar wichtiger Fund war, so gestattete er dieser Schule aber dennoch eine freiere Ausübung, und nannte sie die Schule der wahren Priester, welche mit der Zeit den Namen Scholastiker bekamen. Freilich waren diese Scholastiker nicht identisch zu halten mit jenen altegyptischen Scholastikern, welche sich mit dem zauberhaften Mysticismus befaßten, sondern sie waren viel mehr Scholastiker nach dem inneren Sinne des Wortes. Sie machten sich daher auch ein anderes Bild von der Dreieinigkeit, und dieses bestand aus einem Auge in einem Dreiecke, welches sich in einem sonnenartigen Strahlenkranze befand. — Wenn schon diese Darstellung eben auch nicht vollkommen entsprechend richtig war, so wurde aber dadurch Gott dennoch in einer Einheit dargestellt, und das Auge stellte die Sonne des Herrn dar, in welcher Er Sich befinde in Seiner ewigen Liebe und Weisheit, und Solches darum, weil auch das menschliche Auge Beides in sich begreife; denn aus dem Auge schaue die Liebe, und aus dem Auge geht auch das Licht hervor. — Die drei Ecken der Figur, in deren Mitte sich das Auge befand, stellten die drei Grade vor; innerhalb welcher sich das Göttliche als Inwendigstes ausspricht; und diese drei Grade waren entsprechend den drei Ecken also eingetheilt, daß die zwei unteren bezeichneten Naturmäßiges zur Linken und entsprechend Geistiges zur Rechten, die obere Ecke aber bezeichnete Himmlisches. — Was dann die Ausstrahlung vom Auge in all' diese 3 Ecken betrifft, so ward dadurch angedeutet das Einfließen des Herrn durch und in allen diesen drei Graden. Das Ueberströmen der Strahlen über diese Figur hinaus bezeichnete die unendliche Macht und Unerforschlichkeit des göttlichen Wesens; — und sonach war diese Darstellung als eine ziemlich gelungene Hieroglyphe des dreieinigen Gottwesens zu betrachten. — Nach solcher Regel war denn auch der Orden der barfüßigen Augustiner gestellt. — Ihr fraget zwar, warum denn diese sogenannten Neu-Scholastiker das Wesen des dreieinigen Gottes sich nicht noch vollkommener darstellten, und warum ihnen Solches der Herr nicht angezeigt hat? — Solches rührt daher, weil alle Diese daneben dennoch in etwas Falschem zufolge der früheren persönlichen göttlichen Dreieinigkeit waren. — Ein Theil dieser Scholastiker ging dann ohnehin in eine bessere Erkenntniß über, und hat sich darum auch unter den Schuß der griechischen Kirche begeben, allwo er dann sich als eine förmliche Secte unter dem Namen der Unitarier ausbildete; aber unter dem römischen Bischofe blieb es immer bei der ersten Regel, und das zwar unter der strengen Clausurverschwiegenheit, welche Verschwiegenheit mit der Zeit so weit ging, daß selbst die Eingeweihten mit einander nur sehr wenig Worte wechseln durften. Ein Jeder für sich durfte wohl mit dem innern Worte sprechen; aber dasselbe einem Andern mitzutheilen war nicht gestattet. — Und so verkümmerte sich mit der Zeit auch dieser gute Orden, und stand bei so manchen nachfolgenden Hierarchen in keinem bedeutenden Ansehen. Es entstanden diesem Orden zufolge dann auch noch andere ähnliche Orden, die sich aus solchem guten Grunde von der Welt streng absperrten; sie konnten aber alle zusammen nichts ausrichten, für's Erste, weil sie dabei dennoch von der äußerlichen kirchlichen Ordnung befangen waren, und für's Zweite, weil sie Solches wohl unter sich unter der strengen Clausur treiben, aber in der ihnen zugewiesenen pfarrlichen Seelsorge dennoch keinen nützlichen Gebrauch davon machen durften. — Also bildeten sich noch gar viele Orden, und waren anfänglich alle im guten Grunde und nahe sammt und sämmtlich mehr oder weniger Anhänger des inneren Scholasticismus; aber mit der Zeit ging dieser fast gänzlich verloren, und es blieb nichts übrig, als bloß nur die äußere Form; — und da mit der Zeit auch einige Orden sehr zu Gunsten des römischen Episcopats zu handeln angefangen haben, so wurde ihnen dadurch von Seite desselben auch so manche sehr bedeutende äußere Begünstigung zugetheilt. Daraus entstanden dann gar bald Herrnstifte und Herrnorden; und da sich alle diese Orden dann besser befanden, als diejenigen, welche noch mehr bei ihrer Grundregel verblieben sind, so machte das auch die kleinen Orden stutzen, und sie begannen dann ebenfalls mehr zu Gunsten Roms zu handeln und wurden dann auch stets mehr und mehr begünstigt. — Auf diese Weise verlor sich bis auf diese Zeit alles Innere aus den Orden, und an dessen Stelle trat eine fälschliche Begründung; und in einer eben solchen Begründung erschauen wir hier dieses Kloster, welches nichts als allein nur noch den Namen seines ursprünglichen Gründers führt, welches ihr gar leicht aus Dem erkennet, daß gleich ober dem Hauptkirchenportale sich die dreipersönliche Dreieinigkeit befindet, und unter dieser erscheint wie von den Wolken gedrückt das sogenannte Auge Gottes, welches so viel besagt, als daß das Irrthümliche über das Wahre gesiegt hat. — Die Mönche gehen zwar wohl noch barfuß einher, und sind noch mit derselben Kleidung bedeckt; — wenn ihr aber die innere Scholastik sehen wollet, so besteht diese in nichts Anderem, als bloß nur in Dem, daß sie, nämlich die Mönche, sich dem Außen nach so tragen und geberden, wie sich dereinst die wirklichen Augustiner getragen und geberdet haben. Fraget ihr aber Einen, warum er Solches thue, so werdet ihr entweder gar keine Antwort bekommen, oder wenn ihr schon eine Antwort bekommet, so wird solche also lauten: Solches thun wir als beständige Büßer des Himmels willen; denn das Himmelreich leidet allzeit Gewalt, und die es nicht mit Gewalt an sich reißen, werden es nicht bekommen. — Aus Diesem aber könnt ihr gar leicht erkennen, was das eigentliche Motiv des strengen Lebens, wenn es noch gut geht, ist. Sie thun Alles des Himmels willen; sie lieben auch und fürchten den Herrn, aber nicht Seiner Selbst, sondern nur des Himmels und der Hölle wegen. Würde der Herr ihnen die Hölle wegnehmen und ihren geträumten Müßigkeits-, Wohllebens- und Gaffhimmel in einen Arbeitshimmel verwandeln, so würden sie über ihr strenges Büßerleben gar bald ein gutes Kreuz machen. Also geht es, wie gesagt, noch in besserem Maßstabe genommen; aber bei gar Vielen ist die strenge Ordenshaltung nichts als ein politischer Weg, um auf demselben sich bedeutender zeitlicher Vortheile zu versichern und derselben gar wohl habhaft zu werden. Und das ist sogar eine Handlungsweise höllischer Art, und dem Herrn ein Gräuel. Diese Art werden wir nicht hier antreffen; denn diese sind entweder im tiefen Abende, oder, wenn es gar schlecht geht, auch wohl gar in der Hölle zu Hause. Hier aber werden wir demnach nur die strengen Himmelsbewerber antreffen, welche sich den Himmel durch die strenge Beobachtung ihrer Ordensregel wie Tagwerker verdienen wollen. Daß das Kloster auch hier als solches erscheint, das bringt ebenfalls der materielle Glaube an das jüngste Gericht zuwege; und ihr werdet solchem Glauben zufolge auch alle Abarten in diesem Kloster antreffen, welche aus der Begründung herrühren, wie nämlich die Seele nach dem Tode zufolge einiger unverstandener altscholastisch-mystischer Begriffe fortlebe, nämlich entweder in der sogenannten Psychepanichia, d. i. allgemeiner Seelenschlaf, oder in einem unthätigen Paradiesleben, mitunter wohl auch in einem sobald nach dem Tode erfolgten Himmel. — Wie sich alles Solches artet, werden wir nächstens zur Beschauung bekommen; — und somit gut für heute! —

## 139.
(Am 25. Februar 1843, von 4—6½ Uhr Abends.)

Ihr saget jetzt, und fraget mich: Lieber Freund und Bruder! Siehe, das Kloster ist allenthalben verschlossen; werden wir durch die verschlossenen Thüren gehen, oder werden wir uns die Thüren öffnen lassen. — Lieben Freunde und Brüder, wir werden hier weder das Eine noch das Andere thun; denn das Kloster erscheint nur von einiger Ferne also verschlossen, und besagt dadurch, daß die darin Wohnenden schwer zugänglich sind, weil eben dieses verschlossene Kloster eine solche in sich verschlossene Begründung solcher Geister nach Außen erscheinlich darstellt. — Wenn wir uns aber diesem Kloster nähern, in seine Sphäre treten, und somit auch erscheinlich eingehen werden in die Begründung seiner Bewohner, so werden wir es alsobald eröffnet erschauen; — und so denn treten wir näher, damit ihr euch von Allem selbst überzeuget. — Nun sehet, wir befinden uns schon in der Sphäre des Klosters, und die Pforten desselben sind uns aufgethan. — Ihr saget hier zwar: Lieber Freund und Bruder, wir können noch nicht recht einsehen, wie Solches vor sich geht; geschieht das durch den Willen der inwohnenden Geister, oder ist zu diesem Zwecke irgend eine geisterhafte Maschine angebracht, vermöge welcher durch einen einfachen Druck alle Thüren plötzlich geöffnet werden? — Lieben Freunde und Brüder, Solches ist hier mit nichten der Fall; — damit ihr aber den eigentlichen Grund einsehet, so will ich euch in solche Erkenntniß durch ein leichtes Beispiel führen. — Es befindet sich in einer Gesellschaft ein sogenannter Weltweiser, den ihr mit dem Ausdrucke „Philosoph" bezeichnet. Dieser Mensch ist höchst einsylbig, oder er redet gar nichts, warum denn? Weil er für's Erste seine Perlen nicht den Säuen vorwerfen will, und für's Zweite, weil er so manche seiner Ideen selbst für schlüpfrig erkennt, und sich daher mit denselben nicht an das Tageslicht getraut; und das zwar darum, um einerseits nicht etwa von seinem Gelehrten-Ruhme leichtsinniger Weise etwas zu vergeben, anderseits aber auch aus Furcht vor irgend einem ihm noch unbekannten polizeilich und politisch lauschenden Ohre, durch welches er sich leichtlich so manchen Unannehmlichkeiten aussetzen könnte. — Damit also der Mann weder im Einen noch im Andern gefährdet wird, so verschließt er sich, begiebt sich in seinen förmlichen Seelenschlaf, oder in sein geistiges Weisheitsparadies, oder in seinen stoischen Himmel, lauscht aber in diesem Zustande überaus sorgfältig herum, ob sich in der Gesellschaft nicht etwa ein ihm verwandter Geist hören läßt; hat er einen solchen gefunden, da wird er sobald vertraulich, und fängt an ein Pförtchen um's andere seines Klosters aufzusperren. Findet er aber gar Einen oder Mehrere, die völlig in seine Ideen eingeweiht und somit auch eingegangen sind, da werden sobald alle Pforten seines Klosters auf einmal aufgethan; und unser Mann wird es nicht ermangeln lassen, der ihm entsprechenden und von seinen Ideen begeisterten Gesellschaft den gebührendsten Beifallstribut zu zollen. — Wir sind hier zwar nicht im Ernste in die Ideen und falschen Begründungen dieses Klosters als eingehend zu betrachten; dessen ungeachtet aber werden wir zufolge unserer Annäherung geistig als Solche betrachtet, und das zwar von Seite des Klosters. — Ihr fraget hier zwar, ob uns diese Klostergeister wohl sehen? — Ich aber sage euch: im Grunde wäre Solches einerseits gar nicht nöthig, weil es hier sich lediglich nur darum handelt, um euch über diese Verhältnisse eine Kunde zu verschaffen, und wir zu dem Behufe überall ungehindert eintreten können, wo wir wollen, und können da im Verborgenen alles Mögliche belauschen. — Da es sich aber hier um eine fühlbarere Innewerdung für euch handelt, so ist es auch nothwendig, daß wir uns den Einwohnern dieses Klosters sichtbar machen. Aus diesem Grunde hat uns denn das Kloster auch sich annähern gesehen, und die Pforten stehen für uns offen, und wir können somit auch ungehindert eintreten. — Wir wollen zuerst in die Kirche gehen und uns in derselben ein wenig umsehen, was alles sich dort Merkwürdiges unseren Blicken darstellen möchte. — Nun sehet, wir sind schon in der Kirche; was erblicket ihr? — Ihr saget: Merkwürdig, das ist ja eine Kirche, die man nur überaus prachtvoll nennen kann! — Die herrliche Bauart, die Höhe und die wirklich meisterhaften Gemälde, mit denen die Wände bemalt sind, sind im Ernste Staunen erregend; und der Hochaltar ist, was man sagen kann, ein vollendetes Meisterwerk der Sculptur. Auch das Hauptgemälde der Dreieinigkeit zeichnet sich durch den erhaben sanft gehaltenen Charakter wahrhaft großmeisterlich aus; — denn fürwahr, das freilich wohl irrige Bild der Dreieinigkeit haben wir noch nie meisterlicher gemalt gesehen, wie hier. Merkwürdig ist die bildliche Darstellung dadurch, daß der Vater und der Sohn die Köpfe beinahe ganz fest aneinander halten, darum die Köpfe denn auch in dem licht gehaltenen Dreiecke sich befinden, und über den zwei Köpfen auf der obersten Ecke die Taubengestalt des h. Geistes also angebracht ist, daß die Taube auf diesem obersten Dreiecke zu sitzen scheint, und ihren Kopf hinabneigt zwischen die beiden Köpfe. — Dann ist noch bemerkenswerth, daß unter der Dreieinigkeit Schaaren und Schaaren auf Wolken knieend und betend abgebildet sind, — und wir erblicken unter diesen Seligen beinahe Niemanden, als die alten Propheten, die Apostel des Herrn, Mariam und Joseph gleich unter der Dreieinigkeit, dann eine Menge uns wohlbekannter Märtyrer, nach Denen aber lauter Päpste, Cardinäle, Bischöfe und Prälaten, einige berühmte Mönche, Kaiser, Könige, Fürsten, Grafen und Ritter, deßgleichen auch weibliche Selige; aber nicht ein seliger Landmann ist unter diesen zu erblicken! — Ihr sehet gut, aber doch habt ihr noch nicht Alles gesehen; — da sehet nur ganz hinab an's unterste Ende der Tafel, da werdet ihr den Erdboden gemalt erblicken und eine Menge elender Landleute, welche ihre Hände zu diesen Seligen um Hilfe flehend empor halten. — Und sehet noch etwas tiefer, da zeigt sich sogar das Fegefeuer und eine zahllose Menge armer Landseelen streckt ihre Hände über den leckenden Flammen empor, um die Hilfe zu den Heiligen im Himmel flehend; — und dort zur linken Seite des Bildes ist gleich ober der Erde eine ziemlich dunkel gehaltene Wolke gemalt und von der Erde ist eine Leiter an dieselbe angelehnt. Zu Ende dieser Leiter werdet ihr ein doppeltflügeliges Thor erschauen nach der Form der Mosistafeln, hinter dem Thore unseren Petrus und den Erzengel Michael, und auf der Leiter könnt ihr auch einige Wenige im Aufsteigen begriffen erschauen; Einige aber auch häuptlings von dieser Wolke vom Ende der Leiter herabstürzend. — Im Hintergrunde dieser dunkelgehaltenen Wolke erblicket ihr wohl auch einige knieende Selige; das sind die sogenannten Allerheiligen. — Sehet, sonach geht unserem Bilde nichts ab, als bloß nur die Hölle; da aber diese außer aller Gemeinschaft, und somit auch außer allem Gedächtnisse aller dieser Seligen steht, so kann sie auch nicht einen Theil dieses Bildes ausmachen. Also hätten wir das Hauptaltarblatt von oben bis unten genau besehen; — was fällt euch denn sonst noch auf? — Ihr saget: Das schöne Tabernaculum, welches eine Gruppe von lauter künstlich zusammen gestellten Seraphköpfen bildet; dann das Tabernakel-Portalchen, den auferstandenen Christus darstellend, und wenn wir übrigens recht sehen, so ist dieser Christus halb durchsichtig, und man erschaut auf Seiner Herzensseite statt des Herzens eine recht prachtvolle Monstranze mit dem Sanctissimum durchschimmern. — Ja, so ist es auch; wie bildlich, also auch werkthätig. Die Liebe Christi stellt nun dar die Liebe zum Golde, Silber und Edelsteinen; und das Brod des Lebens hat sich mit diesen Hauptinsignien der Welt umkleidet. — Wenn du nun, guter Freund und Bruder, uns die Sache nur noch ein wenig deutlicher erklären möchtest, so könnte uns das durchaus nicht schaden. — O ja, Solches kann ich ja thun; — fraget euch: durch was müßte man denn hier gehen, wenn man zum Brode des Lebens gelangen wollte? — Zuerst durch den edelsteinernen Christus; dieser bezeichnet aber nichts Anderes, als das todte Mauerwerk der Kirche, oder die gemauerte Kirche. — Wer nicht in diese eingetauft und eingefirmt ist, der kann nicht zu dem kirchlichen lebendigen Gnadenschatze gelangen; wer sich aber einmal in der gemauerten Kirche also befindet, der vergesse dann ja des Goldes und des Silbers nicht; denn aus Silber und Gold sind die Schlüssel Petri. — Bringt Jemand Silber und Gold, so wird er auch zum Brode des Lebens zugelassen. Ihr müßt zwar nicht denken, als müßte man für die Communion zahlen; denn die kleine Hostie bekommt ein jeder Communicirende, so oft er nur immer beichten will, umsonst. Aber will Jemand auch die vollkommene Wirkung der großen Hostie für sich gewinnen, da muß er zahlen, und das eine Segenmesse noch obend'rauf, muß zur Abhaltung mehrerer Segenmessen, wenn diese nach seinem Tode regelmäßig sollen fortgehalten werden, eine glänzende Stiftung machen; und will er die abgehaltenen Segenämter noch kräftiger wirkend haben, so müssen sie noch dazu bei den privilegirten Altären abgelesen werden. — Ich meine, aus diesem Wenigen werdet ihr ohne viele Mühe leicht ersehen können, wie man zu unserem erschauten Sanctissimum nur durch Silber, Gold und Edelsteine gelangen kann. Auf der Welt bezeichnet zwar Dieses, nämlich Gold, Silber und Edelsteine eine Ehrung Gottes und heißt: Omnia ad majorem Dei gloriam! — Hier aber wird dieses anders verstanden und also übersetzt: Alles zu unserem größeren Ansehen, zu unserer Verherrlichung und zu unserem stets wachsenden priesterlichen, reicher werdenden Vortheil; oder noch verständlicher: Lasset uns Herren sein auf der Welt und ein jeder Kaiser neige sein Haupt unter unsere Fußsohlen. — Es ließe sich hier wohl sehr gewaltig fragen, wo denn so ganz eigentlich unter dem Golde, Silber und Edelsteinen die wahre christliche Demuth und Verachtung der Welt ruhet; wo die Nächstenliebe, wo die Selbstverleugnung und wo: „Nehmet ein Kreuz und folget Mir nach?" — Denn unter diesen goldenen, silbernen und edelsteinernen Aspecten hätte der Herr ja sagen müssen: Nehme dein Gold, Silber und Edelsteine, und folge also glänzend reichbeladen Mir nach. Auch Petrus hätte nicht sagen sollen: „Gold und Silber habe ich nicht." Und wieder hätte der Herr zum reichen Jünglinge nicht also spärlich (bitter) reden sollen, und am Ende noch gar dazu sagen, daß ein Kameel leichter durch ein Nadelöhr ginge, denn ein Reicher in den Himmel. — So ist denn Alles verkehrt und zerstört; und die Kirche, welche sich die alleinseligmachende nennt, hat vom Christenthume kaum noch den Namen. — Wer sich im Zeugnisse, oder in einer anderen Urkunde nur „katholisch" bezeichnet, braucht das Wort „christlich" gar nicht hinzuzusetzen; setzt aber Jemand das „christlich" allein, so wird er für eine Art Kleinketzer gehalten, und kann sich sogar kleinen Unannehmlichkeiten aussetzen. — Jedoch lassen wir nun alles Dieses bei Seite; denn die Folge solcher groben Irrthümlichkeiten liegt ja nun klar und offen vor euren Augen, — und indem ihr den wahren Himmel kennet, so wird es euch hier sicher nicht schwer fallen, den großen Abstand zwischen hier und dort auf den ersten Augenblick zu erkennen. — Ihr fraget zwar, warum denn der Herr solcher Irrthümlichkeit nicht ein baldiges und völliges Ende mache, und warum Er Solches schon ursprünglich zugelassen habe? — Ich aber sage euch, daß des Herrn Wege allzeit unergründlich und Seine Rathschlüsse ewig unerforschlich sind, und es genüge euch, daß ihr wisset, wie unendlich gut der Herr ist, von welch großer Geduld und Erbarmung, und wie Er als die allerhöchste Liebe und Weisheit gar wohl und alleruntrüglichst versteht, alle Gewächse zu ihrer Reise zu führen; und, wann sie reif geworden sind, so weiß Er es, sie für Seine ewig liebevollsten und weisesten Zwecke allertauglichst und allerbest zu benutzen. — Ihr könntet eben so gut fragen, warum der Herr auch so viel Unkraut und reißende und giftige Thiere auf die Erde gesetzt hat, wovon ihr nirgends einen Nutzen erschaut? — Ich aber sage euch: In allem Diesem geht der Herr Seine unergründlichen Wege, und folget allzeit Seinem Rathschlusse; und uns genügt es lebendigst zu wissen, daß Er ein unendlich guter Vater ist. Und wissen wir Das, da wissen wir auch, daß Er nichts eines argen Zweckes wegen geschaffen hat, sondern daß Er Alles zu dem unaussprechlich besten Ziele lenket und ewig lenken wird! — Ihr fraget, ob wir nun auch die übrigen Kirchentheile besuchen und besichtigen sollen? — Solches ist nicht vonnöthen; daher begeben wir uns in das eigentliche Kloster und machen da unsere Betrachtungen. — Sehet, da kommt so eben ein recht freundlicher Augustiner aus der sogenannten Sacristei. Er grüßt und winkt uns, zu ihm zu kommen; — also folgen wir auch Seinem Winke! —

## 140.

(Am 27. Februar 1843, von 4¼—6¼ Uhr Abends.)

Was lauter uns etwa Der doch sagen wird, und was lauter Alles zeigen? — Nichts Anderes, als was uns zu sehen nothwendig ist. — Wir sind bei ihm; und so höret denn, was er zu uns spricht und wie er uns empfängt. — Also aber lauten seine Worte: Seid mir tausendmal willkommen, liebe Freunde und Brüder, im Namen der geheimnißvollen Dreieinigkeit, im Namen der seligsten Jungfrau Maria, des h. Joseph und unseres h. Kirchenpatrons Augustinus, der da war ein wahrer Apostel und Nachfolger des Herrn Jesu Christi! — Darf meine knechtliche Geringfügigkeit an euch nicht die Frage thun, welche fromme Absicht euch in diesen Gott allein wohlgefälligen Tempel geführt hat? Seid ihr etwa auch aus meinem Orden hier neu Angekommene, oder habt ihr euch etwa als fromme geistige Büßer zur Nachlassung der läßlichen Sünden hierher verfügt, um dadurch dem Fegefeuer zu entgehen; suchet ihr etwa hier die ewige Ruhe und das ewige Licht oder das wahrhaft geistig lebendige Brod der Engel, oder wünschet ihr etwa gar in die höheren Geheimnisse der Dreieinigkeit eingeweiht zu werden. — Kurz, wenn Eines oder das Andere euch hierher geführt hat, so könnt ihr für Eines wie für das Andere die allergenügendste Befriedigung finden; — denn Solches werdet ihr sicher wissen, daß außerhalb dieser Kirche kein Heil, und nirgends eine Seligkeit zu erlangen ist. Denn Christus der Herr hat Seine Kirche also gegründet, daß Er allein dem Petrus die Schlüssel zum Himmelreiche übergab. — Unsere Kirche ist auf dem Felsen Petri erbaut, also von Petro gegründet und ihr von ihm für alle Zeiten der Zeiten die Macht gegeben, selig zu machen oder zu verdammen. — Denn daß der Kirche auch das Verdammungsrecht von Christo eingeräumt ist, erhellt ja klar aus jenen Texten, wo es einmal heißt: „Ihr werdet auf den Richterstühlen sitzen und mit Mir richten die zwölf Stämme Israels;" — und wieder heißt es: „Was ihr lösen werdet auf der Erde, das soll auch im Himmel gelöset werden, und was ihr binden werdet auf Erden, das soll auch im Himmel gebunden sein," — und wieder heißt es noch: „Nehmet hin den h. Geist, denen ihr die

Sünden vergeben werdet, denen sollen sie vergeben sein auch in dem Himmel, und denen ihr die Sünden vorenthalten werdet, denen sollen sie auch im Himmel vorenthalten sein." — Und also stehen noch einige solche Texte, wo der Herr dem Petrus auf Erden alle Gewalt über das menschliche Geschlecht gegeben hat; und ist demnach nicht dem geringsten Zweifel unterworfen, daß nur die römisch-katholische, von Petro selbst gegründete Kirche nach dem unwandelbaren Rathschlusse Gottes die alleinseligmachende ist. — Wenn ihr Zweifelsohne auch aus dieser Kirche seid, so könnt ihr hier auch nur einzig und allein die Pforte des Himmels finden, seid ihr aber nicht aus dieser Kirche, so werdet ihr auch gar leichtlich schließen, welch' ein Loos hier eurer harret; denn es lautet ebenfalls in der Schrift: Wer nämlich nicht an diese Kirche glaubt und nicht in ihr getauft wird, der soll verdammt werden. — Nun aber spreche ich mit ihm: Höre, lieber Freund, du hast uns jetzt um Verschiedenes gefragt, und uns auch die gewichtigsten auf eure Kirche Bezug habenden Texte aus der Schrift kund gethan; dessen ungeachtet aber muß ich dir schon zum Voraus die Versicherung geben, daß wir für's Erste in keiner der zufolge deiner Fragen bestehenden Absicht hierher gekommen sind, und für's Zweite, daß die von dir ausgesprochenen Texte uns nicht im Allergeringsten angehen. — Du machst jetzt wohl ein etwas verblüfftes Gesicht, und denkest bei dir, was wir denn hier machen, so wir in keiner von dir ausgesprochenen Absicht hierher gekommen sind, und negiren sogar hinsichtlich auf unsere Bezüglichkeit die von dir ausgesprochenen und die römische Kirche als die Alleinseligmachende manifestirenden Texte? — Aber siehe, es ist denn einmal also und nicht anders; — wie wäre es denn, wenn wir bloß nur in rein wissenschaftlicher Hinsicht hierher gekommen wären, um von euch so Manches zu erfahren und bei euch so Manches zu sehen? Sollten wir in dieser Absicht dir nicht auch willkommen sein? — Der Mönch spricht: Meine schätzbaren Freunde, habt ihr denn auf der Erde nie gehört, daß in der geistigen Welt die Wissenschaft keine Früchte mehr trägt, sondern allein nur der römisch-katholische Glaube, wenn er lebendig war durch die guten Werke? — Ich spreche: O ja, Solches haben wir zu öfteren Malen gehört; wir haben aber auch gehört, daß in der geistigen Welt einem über alle die irdischen Zweifel Licht werden solle, und ein solches Licht kann man ja dann wohl auch eine geistige Wissenschaft nennen, welche ist ein helles Innewerden in den göttlichen Geheimnissen. — Und wenn ferner es in der geistigen Welt, wie ehedem in der naturmäßigen, gemauerte Klöster und Kirchen giebt, die mit allerlei Kunstgegenständen verziert sind, warum sollte es denn in der geistigen Welt keine Wissenschaft geben, die an und für sich doch schon auf der Welt offenbar geistiger war, als das Mauerwerk eines Klosters, einer Kirche und all' das Schnitz- und Bilderwerk in ihr? — Der Mönch spricht: Höret ihr! wie ich aus eueren Worten vernehme, so scheint ihr mit ketzerischen und verdammlichen Gesinnungen angefüllt zu sein; denn wer alles Das, was zum allerhöchsten Dienste Gottes gehört, nicht für rein geistig, sondern für materiell betrachtet, der legt es ja schon offen an den Tag, daß er in Wort und That ein allzeit in die Grundhölle verdammlicher Ketzer ist. — Wenn bei euch das völlig der Ernst ist, was ihr hier ausgesprochen habt, da wird es wohl nothwendig sein, euch für alle Ewigkeiten aus diesem reinsten Tempel Gottes in die ewige Grundverdammniß hinaus zu stoßen; denn es heißt: „Einen ketzerischen Menschen sollst du fliehen," — und wieder heißt es: Einen solchen Ketzer sollt ihr aus der Gemeinde stoßen und ihn nach Paulus dem Teufel übergeben. — Wißt ihr denn nicht, daß Derjenige, der da über die Einrichtungen der alleinseligmachenden Kirche loszieht, die allerderbste Sünde gegen den h. Geist begeht, welche Sünde ewig nimmer nachgelassen werden kann? — Daher erkläre dich deutlicher in diesem heiligen Orte, damit dich nicht die ewige Verdammniß treffe; denn wahrlich uns, den reinen Dienern Gottes ist es angenehmer, daß die ganze Welt verdammt würde, als daß die Heiligkeit des Himmels nur durch den kleinsten Sünder solle befleckt werden. Hier hat alle Gnade und Erbarmung ein Ende; wer nicht in dem wahren Sinne der Kirche rein ist, wie die Sonne am Himmel, der soll auch ewig nimmer in das Reich Gottes eingelassen werden. — Nun spreche ich zu ihm: Lieber Freund, du hast das Wort Gottes sicherlich nicht von der gelindesten Seite aufgefaßt, sondern wohl von der allerrichterlich schärfsten. — Ich möchte aber dir nun eine Frage stellen, und du kannst mir dann auf dieselbe eine Antwort geben; aber nur mußt du mich in Voraus versichern, daß du mir die Antwort nicht schuldig bleibst. — Der Mönch spricht: Wenn sie nicht von rein teuflischer Art ist, so will ich dir wohl antworten; Solches weißt du aber, daß man dem Teufel keine Antwort schuldig ist. — Ich spreche zu ihm: Nun wohl denn. Ich werde dir eine Frage setzen; kannst du mir erweisen, daß diese vom Teufel ist, so magst du mit deiner Antwort wohl zu Hause bleiben; kannst du mir aber Solches nicht gründlich erweisen, so kommst du nicht eher von dieser Stelle, als bis du mir wirst geantwortet haben. — Hüte dich aber vor jeder Lüge, denn diese könnte dir theuer zu stehen kommen. — Also aber lautet meine Frage: Wie kannst du mir aus der h. Schrift erweisen, daß die römisch-katholische Kirche im Ernste der Apostel Petrus gestiftet hat? — Meines Wissens steht davon in der ganzen gegenwärtigen h. Schrift nicht die allerleiseste Erwähnung. — Daß ein Paulus in Rom gelehrt hat und gepredigt das Evangelium des Herrn, Solches ist allbekannt; daß aber Petrus im Ernste in Rom das Papstthum gegründet habe, kann ich mich durch die ganze h. Schrift nicht mit einer Sylbe erinnern. — Willst du mir dein kirchliches Verdammungsrecht anbinden, so mußt du es mir zuvor beweisen, ob die römische Kirche im Ernste von Petrus gegründet ist, dem der Herr ein Solches Recht übergeben hatte. Kannst du mir aber Solches nicht beweisen, und das zwar aus der Schrift, so sollst du mit mir einen harten Kampf zu bestehen haben. — Seht, unser Mönch macht ein ganz erbärmliches Gesicht, und sinnt von einem Winkel in den andern nach irgend einer giltigen Antwort. Daher denkt er nun auf eine pfiffige Ausrede; aber sie wird ihm wenig nützen. — Und so bedeutet er uns nun, daß wir ihn hören sollen, und so wollen wir ihn denn auch hören. Er spricht: O ihr abscheulichen Teufel, das ist ja die allerhöllischeste Frage, und ist so ungeheuer ketzerisch und so sehr wider den h. Geist, daß für solch' einen Ketzer tausend der allerabscheulichsten Grundhöllen, mit der tausendfachen ewigen

Verdammniß noch viel zu gut wäre! Auf eine solche Frage sollte ich antworten, auf daß mich dann alle Teufel auf einmal holen möchten? Das werde ich wohl sein bleiben lassen. — Die römische Kirche sollte nicht von Petro gegründet sein, der doch in Rom selbst drei volle Jahre lang gelehrt, seinen Stuhl aufgerichtet und dort auch den Märtyrertod auf einem umgekehrten Kreuze genommen hat?! — Zudem befindet sich sein unverweslicher Leichnam noch heutiges Tages in der h. Gruft seiner Kirche in Rom, und sein Stuhl ist noch heutiges Tages des Papstes mächtiger Thron; und du höllischer Teufel kannst mir eine solche Frage geben, und getraust dich mir, einem reinen Diener Gottes, einen gesalbten Priester, so ganz keck in's Gesicht zu treten? Ich beschwöre dich nun im Namen des dreieinigen Gottes, der seligsten Jungfrau Maria, des h. Josephs und im Namen aller heiligen Apostel, Jünger, Märtyrer, im Namen aller anderen Heiligen und im Namen der sämmtlichen römisch-katholischen allein seligmachenden Kirche, daß du abscheulicher Teufel mit deiner höllischen verdammten Gesellschaft diesen heiligen Ort fliehest; sonst rufe ich alle meine Brüder herbei, welche dahier ruhen im Paradiese und im Himmel sind, daß sie dich und deine verdammlichen Gesellen mit drei hochgeweihten Kruzifixen und mit anderen hochgeweihten kirchlichen Insignien so lange herum hetzen und veriren sollen, bis dir dieser Ort martervoller wird, als die allerunterste Hölle selbst. — O du verdammter Teufel du, du abscheulicher Teufel, du unchristlicher Teufel, du Betrüger aller Menschen, du Auswurf des siebenten Tages der Schöpfung, du ewig verdammte Creatur Gottes, weiche, weiche, weiche von hier! —

## 141.

(Am 1. März 1843 von 4³/₄—7³/₄ Uhr Abends.)

Nun spreche ich: Höre, mein lieber Freund, dein außerordentlich unbarmherziger Exorcismus hat sicher keine kirchliche Gewalt; denn wie du siehst, so stehen wir alle deine drei unterstöhllischen Teufel noch ganz unversehrt und vollkommen schußfest vor dir; du kannst auch im Voraus versichert sein, daß wir auch vor deinem ganzen Convente, vor tausend Kruzifixen und vor hundert Eimern geweihten Wassers nicht fliehen werden. Denn so lange wir von deiner Seite aus nicht den wahren Grund erfahren, und das aus der Schrift belegt, daß deine allein seligmachende Kirche von Petro gestiftet ist, so lange weichen wir auch nicht um ein Haar von hier; im Gegentheile sind wir nun sehr stark geneigt, noch tiefer in dein Kloster vorzudringen, und uns durch keine exorcistische Gewalt davon abhalten zu lassen. — Zu diesem Behufe fordere ich dich sogar auf, uns Dienst zu erweisen und uns zu führen in die Gemächer deiner eben so unsinnigen Brüder, wie du selbst Einer aus ihrer Mitte bist. — Der Mönch spricht, indem er zuvor drei Kreuze über sich macht: Gott stehe mir bei! Ich habe oft gehört, daß die Anfechtungen des Teufels in der geistigen Welt noch um's Tausendfache ärger sind, denn in der natürlichen, und daß man in der geistigen Welt wirklich erst von der großen Gewaltthätigkeit des Teufels einen wahren Begriff bekommt; und was ich darüber in den heiligen Büchern, welche verschiedene fromme und gottesfürchtige Menschen geschrieben, gelesen habe, das steht nun buchstäblich vor mir. Ich sage dir aber, du ewig abscheulicher Teufel, du fortwährender Betrüger Gottes und alles menschlichen Geschlechtes, meinst Du, Gott läßt Sich betrügen? — Da irrst du dich; so wenig Sich aber Gott betrügen läßt, so wenig lasse ich mich als ein allzeit getreuer Diener Gottes von dir betrügen, und ehe ich dir nachgeben werde, eher will ich mit der Hilfe Gottes und mit der Hilfe der allerseligsten Jungfrau Maria dir so lange Widerstand leisten, bis dich alle Geduld, mit mir noch länger zu kämpfen, verlassen wird. — Daher kannst du thun, was du willst; mich wirst du nicht meiner Kirche abtrünnig machen. Hast du denn nicht gehört, was die Kirche verlangt zufolge der ihr von Christo ertheilten Gewalt, nämlich, daß man ihr unbedingt Alles glauben müsse, was sie zu glauben vorstellt, ohne zu fragen, ob Solches irgend geschrieben oder nicht geschrieben steht, welches auch eine ganz allerbilligste Forderung von der Kirche ist? — Denn wenn die Kirche im Besitze des h. Geistes ist, und der aus der Kirche spricht, wer sollte dem nicht glauben, wenn er übrigens ein aufrichtiger und wahrer Christ ist? — Wenn man aber so fragen wollte, wie du fragst bei jeglichem Ausspruche der Kirche, da müßte man ja auch fragen: Wo stand denn das ehedem geschrieben, was Moses und die Propheten von Gott ausgesagt haben? — Siehe, du schmutziger Teufel, was diese ausgesagt haben, ging aus vom h. Geiste, und darum blieb und bleibt es eine ewige Wahrheit. — Also aber hat ja auch die Kirche den h. Geist; dieser aber ist nicht beschränkt auf Das nur, was schon **vorher** geschrieben ist; — sondern Er kann allzeit frei reden und lehren, und die Kinder der Kirche haben Solches als eine allzeit unwiderlegbare Wahrheit anzuerkennen. — Wenn demnach die Kirche geschichtlich kund thut, daß Petrus wirklich in Rom gelehrt, daselbst seinen Stuhl aufgerichtet hat und dort auch des Kreuztodes gestorben ist, so ist Solches ja eine verbürgte Wahrheit, weil es die Kirche im Vollbesitze des h. Geistes kund giebt. — Da hast du nun deinen verlangten Beweis, und entferne dich deinem eigenen Ausspruche nach! — Ich wäre zwar nicht schuldig gewesen, dir diese Belehrung zu ertheilen; ich habe es aber dennoch gethan, um dir dadurch eine größere Verdammniß zu bereiten. — Nun spreche ich: Gut, mein Freund und im Ernste trübseligst finsterer Bruder! Ich frage dich, da du mir den kirchlichen h. Geist so evident darstellest, wie es denn möglich ist, daß Sich der h. Geist hinsichtlich dieser petrinischen Angabe bei den verschiedenen kirchlichen Geschichtspropheten, die doch sicher sammt und sämmtlich deiner Aussage zufolge aus dem h. Geiste gesprochen und geschrieben haben, in eben dieser geschichtlichen Aussage über das Dasein Petri in Rom so gewaltig hat irren können? Denn du hast zuvor Petri Anwesenheit in Rom auf drei Jahre lang festgesetzt; ich kann dich aber versichern, daß mir in dieser Hinsicht kein geschichtlicher Buchstabe, der über Petrus geschrieben worden, unbekannt ist. — Wenn du übrigens in dieser Kirchengeschichte nur einigermaßen bewandert bist, so wirst du die Varianten von vier und zwanzig Jahren bis hinab zu deinen drei Jahren doch sicher entdeckt haben; also wird auch das Sterbejahr dieses Apostels zu Rom höchst verschieden angegeben, und man muß von Glück sprechen, wenn man in dieser Angabe nur eine Variante von einem Jahre entdeckt. Daß diese meine Aussage richtig ist, kannst du aus den verschiedenen Geschichtsschreibern ersehen; denn euere Bibliothek ist zum größten Glück im Besitz aller dieser Aussagen. Nun aber sage mir, derwelchen schenkst du denn vollkommen deinen Glauben? — Der Mönch spricht: Das ist schon wieder eine verteufelt fanglustige Frage; was soll ich dir darauf für eine Antwort geben? — Ich sage dir: Der wahre gehorsame Christ glaubt Alles, und fragt nicht nach den geschichtlich unrichtigen Daten; — der Grübler aber, der ein Ketzer ist, der grübelt über Alles. Finden sich doch auch in der h. Schrift ähnliche Widersprüche vor; sollten wir sie darum nicht glauben? — Wenn du aber schon nicht weißt, wie der h. Geist spricht, so sage ich dir, daß dieser allezeit nach der innern Weisheit spricht, und solche Aussagen einen ganz anderen Sinn haben, welchen freilich kein Teufel versteht; aber wir Gottesgelehrten kennen diesen Sinn, und wissen, was wir glauben. Also habe ich dir auch diese Frage beantwortet, damit dir auch darob desto mehr Verdammniß werde! — Nun spreche ich: Gut, mein Freund; wenn Solches richtig ist, so sehe ich aber durchaus nicht ein, aus welchem Grunde es dem h. Geiste gefallen hat, vom Apostel Paulus Kunde in der Apostelgeschichte als getreu geschrieben zu geben, vom h. Petro, wie du ihn nennst, aber in dieser Hinsicht nichts zu erwähnen, da er doch zur Gründung der Kirche von Christo aus persönlich berufen ward. — Paulus ward nur berufen als ein Apostel für die Heiden; von Petro steht nirgends Etwas geschrieben, daß ihn der Herr ebenfalls für die Heiden berufen habe. Zudem wußte Petrus die Vortrefflichkeit des Apostels Paulus, und sah es nirgends für nothwendig an, allda einen Nachapostel zu machen, wo der Paulus irgend eine christliche Gemeinde gestiftet hat. Man weiß wohl aus der Schrift, und zwar vom Paulus selbst, daß er den Petrus einmal zurecht gewiesen habe; aber einen umgelehrten Fall weiß man durchaus nirgends. — Da aber Petrus als das erste sichtbare Oberhaupt der Kirche schon vom Paulus eines Irrthums überwiesen und darob zur Rede gestellt ward, daß ihm der h. Geist nicht den erforderlichen Dienst geleistet habe, besser gesagt aber, daß er sich wider den h. Geist ein wenig vergessen hatte, — so könnte man denn doch ja auch annehmen, daß dergleichen gar gewaltig abweichende geschichtliche Datas entweder ganz eigenmächtig aus der Luft gegriffen worden sind, oder man müßte auch hier den h. Geist einer Untreue beschuldigen. Ich weiß aber, daß Christus der Herr allen Aposteln eine gleiche Macht gegeben hat, ja selbst, als Er nach Seiner Auferstehung nach Angabe Johannis Petrum Ihm folgen hieß, da folgte Ihm auch sogar der Jünger Johannes; und als sich Petrus darüber aufhielt, da verwies es ihm der Herr, und sprach: Was geht das dich an, so Ich will, daß er bleibe? — Welches eben so viel sagen will, als daß er Mir dir gleich folge. Warum denn? Weil der Herr dadurch bestimmt hat anzeigen wollen, daß dieser Jünger in der Verfassung dem Herrn gleich dem Petro unwandelbar und beständig folgen solle. Also sollte er bleiben fortwährend trotz der Einwendung Petri in solcher dem Herrn folgenden Verfassung. Ferner weiß ich auch, daß der Herr einmal zufolge der angebrachten Beschwerde Seiner Apostel einen gewissen unberufenen Ketzer Johannes vertheidigt hat, und brachte dadurch die Gemüther Seiner eifersüchtigen Apostel wieder zur Ruhe. — Ferner wissen wir mit keiner Sylbe Etwas davon, daß Christus, noch irgend ein Apostel irgend eine Tempelerbauung anbefohlen hätte; und von einer nachträglichen Verordnung von Seite des h. Geistes wissen wir auch nichts. — Christus hat wohl gesagt: Prediget dieses Mein Evangelium allerorts; aber daß Er auch gesagt hätte: Errichtet Mir Bethäuser, davon steht nirgends auch nur die allerleiseste Erwähnung. — Wohl aber wissen wir, daß Er zu dem Weibe am Jakobsbrunnen gesprochen hat: „Es kommt eine Zeit, und sie ist schon da, wo die wahren Anbeter Gott im Geiste und in der Wahrheit anbeten werden, und wird dazu nicht benöthiget sein der Tempel zu Jerusalem, noch der Berg Garizim, sondern Solches wird man allerorts thun können im Geiste und in der Wahrheit." Wir wissen auch, daß der Herr den Betenden anbefohlen hat, sich ganz allein in ihr Kämmerlein zu begeben; den Aposteln aber sagte Er nicht: Sperret euch in die Klöster ein, sondern geht hinaus in alle Welt und prediget das Evangelium aller Creatur! — Wenn du aber deine kirchliche Gewaltmanifestation durch den h. Geist autorisiren willst, so strafest du Christum ja als einen offenbaren Lügner, oder als einen unvollkommenen Lehrer, der während Seines Lehramtes nicht wußte, was Alles für Seine Lehre nothwendig ist, und hat es somit erst gewisserart verdächtiger Weise zufolge lauter widersprechender historischer Daten nachträglich ausbessern müssen. Er hat nicht eingesehen, daß zur Ausbreitung Seiner Lehre Klöster und Kirchen nothwendig sein werden; Er hat nicht eingesehen, daß Petrus in Rom wird müssen Seine Kirche gründen, und damit der Zeit ein ungeheures Bethaus und ein noch ungeheureres Wohnhaus für seine Nachfolger wird erbauen lassen. — So kann auch Christus nicht eingesehen haben, daß mit der Zeit Seiner Kirche große Rangordnungen unter seiner Priesterschaft zur Ausbreitung Seiner Lehre nothwendig sein werden; denn hätte Er Solches während Seines Lehramtes eingesehen, wie hätte Er da wohl bei der Gelegenheit den Aposteln, als sie Ihn um die Primität fragten, eine der gegenwärtigen kirchlichen Ordnung schnurgerade zuwiderlaufende Antwort geben können, da Er sagte: Nur Einer unter euch ist der Meister. Dieser bin Ich; ihr aber seid Alle Brüder untereinander! — Seine Unwissenheit geht demnach aber noch weiter; wer weiß Solches nicht, daß Er sagte: „Niemand ist gut, denn Gott allein! Ihr sollet Niemanden Vater nennen; denn nur Einer im Himmel ist euer Vater. Also ist auch Niemand heilig, denn Gott allein. — Nun aber ist jeder Apostel heilig, und der Nachfolger Petri ist sogar ein heiliger Vater!! — Wenn du, mein lieber Freund, Solches recht bedenkest, so mußt du bei der allgemeinen Billigung deiner kirchlichen Ordnung Christum ja doch nothwendig solcher dir kund gegebenen Schwächen beschuldigen und, wenn du an Seine Gottheit glaubst, auch sagen: Gott sieht auch erst wie ein schwacher Mensch nach und nach ein, was das Bessere ist, und ist auch genöthiget, Seinen Geschöpfen nachzugeben auf die Gefahr Seiner ewigen Wahrheit und unendlichen Weisheit. — Wir wissen wohl, daß der Herr die jüdische Kirche durch Moses und durch die Propheten als eine vorbildende und in allen Theilen auf den Herrn Bezug habende gegründet hat; Solches aber that er buchstäblich durch Moses kund. — Daß aber der Herr bei Seinem Erscheinen in der allerhöchsten Person Christi abermals eine ceremonielle und bildliche Kirche gegründet habe, davon that Er nie eine allerleiseste Erwähnung, sondern stellte als die Grundfeste Seiner Lehre nichts als die alleinige Nächstenliebe auf, und dieser als unentbehrlichen Vorgrund die Liebe zu Gott, indem Er doch ausdrücklich sagte: „Liebet euch untereinander, wie Ich euch geliebt habe und noch liebe, so wird man daraus erkennen, daß ihr wahrhaftig Meine Jünger seid." — Also sagte Er auch, daß Seine Apostel und Jünger Niemanden verdammen sollten, und Niemanden richten, auf daß sie nicht verdammt und gerichtet würden. — Ja, der Herr sagte sogar von Sich Selbst aus, daß Er nicht gekommen sei, um die Welt zu richten, sondern selig zu machen und zu suchen, das da verloren ist. — Wie habt ihr denn dieser ausdrücklichen Lehre Christi demnach schnurgerade entgegen euch zu Richtern aufwerfen können, und habt euch sogar das zeitliche und ewige Verdammungs- und Todesurtheil zugeeignet? — Könnte etwa auf euch in dieser Hinsicht nicht derjenige Text Christi in Anwendung gebracht werden, wo Er, in Sich erregt spricht zu Denjenigen, die da zu Ihm sagen möchten: Wir haben in deinem Namen gepredigt, geweissagt und Teufel ausgetrieben. — „Weichet von Mir ihr Thäter des Uebels, Ich habe euch nie gekannt; denn ihr seid es, die da allzeit widerstreben dem heiligen Geiste!" — Ich sage dir demnach, beurtheile diese meine Worte genau in dir, und gebe mir darüber Antwort; siehe aber zu, daß du mir mit keiner exorcistischen Ausflucht mehr kommst, sonst werde ich dir die Macht eines anderen Exorcismus zeigen, welche dir deine blinden Augen öffnen wird, und du erschauen wirst den Abgrund, der deiner harret, wenn du in deiner Thorheit noch fernerhin hartnäckig verharrest. Siehe, der Herr hat Sich eurer erbarmt und mich zu eurer Rettung hierher gesandt. Wollet ihr mich hören, so sollt ihr gerettet sein; wo aber nicht, so habe ich auch die Macht, euch jählings dahin zu werfen, da für euch der rechte Platz vom Herrn aus bestimmt ist. — Sehet, der Mönch fängt an ganz gewaltig zu stutzen, und weiß sich nun nicht mehr zu rathen und zu helfen; daher kehrt er um, und zieht sich erschrocken zu seiner Gesellschaft zurück. Ziehen daher auch wir ihm nach, auf daß ihr dort selbst sehet, wie sich dergleichen Irrthümer in der geistigen Welt arten. —

## 142.

(Am 2. März 1843, von 4¾—7 Uhr Abends.)

Sehet, er geht dort in eine bedeutend große Halle; und wie ihr sehet, so kommen ihm auch schon eine Menge Mönchsbrüder entgegen. Mehrere fragen ihn, unsrer ansichtig, wer wir seien und was wir wollten? — Und er erwiedert ihnen ganz verstohlen: Fraget nicht; denn das sind schreckliche Wesen, welche durch eine sonderbare Zulassung uns in unserer seligen Ruhe allergewaltigst stören wollen. Ob der Mittlere der Luzifer selbst ist, oder sein erster Helfershelfer, das weiß ich nicht; aber so viel ist gewiß, daß er allen meinen allerkräftigsten kirchlich exorcistischen Mitteln Hohn sprach, und mir noch obendrauf etwas umschriebener Maßen mit der offenbaren Hölle drohte, so ich ihm nicht vermöchte buchstäblich aus der h. Schrift zu erweisen, daß Petrus ganz sicher die römische Kirche gegründet habe. Ja ich sage euch, ich habe alle meine Weisheit zusammen gesucht, und ihm die kräftigsten Beweise dafür geliefert; allein sie waren gegen seine Schlauheit gerade so wenig stichhaltend und wirkend, als da wäre ein Tropfen Wasser zur Löschung eines Hausbrandes. — Was kann man da mehr sagen, wenn man Einem aus der Schrift beinahe auf ein Haar beweist, daß, wenn die römische Kirche in ihrer bestehenden Ordnung vom heil. Geiste geleitet und erhalten wird, Christus entweder ein Lügner oder ein Wesen war, wenn schon der Gottheit entstammend, so aber doch in einer solchen Unvollkommenheit, daß eben dieser Seiner Unvollkommenheit zufolge nun die Gottheit für nothwendig erschaut, ganz allgewaltige Verbesserungen in der von Christo gegründeten Lehre nachträglich durch den h. Geist anzuordnen? — Kurz und gut, er beweist auf ein Haar, daß bei der gegenwärtig bestandenen kirchlichen Ordnung entweder die Lehre Christi vollkommen göttlichen Ursprungs ist, und unsere Kirche sei daneben nichts, als ein eigenmächtiges allerfinsterstes Heidenthum; ist aber unsere Kirche rechter Dinge, so ist Christus so viel wie Nichts, und ist Christus nichts, so fällt dieses Nichts auch auf unsere Kirche. — Da habt ihr das Entsetzliche! Wenn wir nur hier in diesem Reiche die heilige Inquisition hätten, und könnten solche ketzerische Geister wie die leiblichen Menschen auf der Erde peinigen, wir wollten ihnen schon ihre Ketzerei so heiß machen, daß sich die unterste Hölle dagegen schämen müßte. — Was ist aber hier zu thun, wo man keine Gewalt mehr hat? — Man muß hier erst im buchstäblichen Sinne solch' ein entsetzliches Kreuz auf den Rücken nehmen, und Christum ganz geduldig nachfolgen. — Sehet, er bewegt sich mit seinen Helfershelfern schon in den Saal herein; ich kann euch keinen anderen Rath geben, als bei jeglichem seiner Worte ein heimliches Kreuz zu machen, nichts zu reden und ihm ja auf keine Frage die allerleiseste Antwort zu geben. Fliehen wir daher hinter unser Refectorialcrucifix, und verhalten wir uns dort ganz ruhig! — Und Einer stelle sich hinter das Kreuz, und mache, daß dem Gekreuzigten Blutstropfen aus den Wunden entträufen, und dieser höllische Gast wird uns sicher nichts anhaben können. — Sehet, das ganze Gremium, etwa fünfhundert Köpfe stark, zieht sich hinter das Crucifix; und wie ihr sehet, so fängt auch so eben das Blut aus den Wunden des gekreuzigten Christusbildnisses an förmlich zu fließen, — die Mönche verhalten sich, als schliefen sie, und unser Haupturtheilssprecher befindet sich am meisten im Hintergrunde, — Ihr fraget mich wohl und saget: Lieber Freund, wie es uns vorkommt, so wird da wohl jede Mühe und Arbeit vergeblich sein, — ja, wir sind sehr stark der Meinung, daß diese sogar der bemoste Sandboden im äußersten stockfinsteren Abende nicht zurecht bringen wird; denn es ist gerade entsetzlich, wie diese Wesen die allertriftigsten Worte des Herrn schnurgerade als Worte des Satans betrachten. Ja, da mag der Herr persönlich erscheinen und ihnen predigen gegen ihren Unsinn, so werden sie Ihn für nichts Anderes halten, als für was sie dich halten; — und wird Er ihnen durch Wunderwerke die Wahrheit Seines Wesens bezeugen, so werden sie eben so gut wie die Pharisäer sagen: Er wirkt alles Dieses durch der Teufel Obersten. — Ja, meine lieben Freunde, eure Anmerkung ist ganz richtig, und es verhält sich im Ernste mit diesen Wesen also, wie ihr ausgesagt habt; — aber Solches ist daneben auch wahr, daß dem Herrn gar unendlich Vieles möglich ist, wovon sich alle unsere Weisheit nichts einfallen lassen kann. Und so werden wir denn auch hier einige Experimente machen, und es wird sich darauf bald zeigen, was sie bei diesen Wesen für Wirkungen hervorbringen werden; und so sehet! Dieses Trugcrucifix ist ein Hauptstützpunkt und eine Hauptschutzwehr für ihren Unsinn. Dieses wollen wir zuerst angreifen, es niederreißen und unter unseren Füßen vernichten. — Und so denn nähern wir uns demselben; — sehet, der Blutmaschinist weicht schon bei unserer Annäherung zurück, und ich sage: Du Trugbild, das da hervor gegangen ist aus der lange anhaltenden falschen Begründung dieser Wesen, werde zu nichte! Denn einen größeren Gräuel giebt es vor den Augen des Herrn nicht, als ein solches auf Ihn Bezug habendes Trugbild, durch welches tausend und tausend Menschenherzen mit dem allerfinstersten Wahne und mit dem scheußlichsten Unrathe des Todes erfüllt werden. Sehet, das Crucifix liegt schon völlig vernichtet wie eine schmutzige Spreu auf dem Boden, und sehet, die stummen Mönche fangen sich an einer nach dem andern zu erheben, und aus jedem Antlitze sprüht uns Wuth und Grimm entgegen; aber dennoch getraut sich Keiner seine Hand an uns zu legen. Es will auch Niemand ein Wort sprechen; dafür aber will ich ein Wort auf den im Hintergrunde befindlichen, uns schon bekannten Mönch richten. Und ich spreche nun zu ihm: Höre, du finsterer Geist im Hintergrunde! Trete hervor und gebe mir auf meine dir im Tempel gegebene Frage Antwort! — Der Mönch tritt, von großer Furcht gepeitscht, hervor, und will statt der Antwort mit einem Fluche ob der Vernichtung des Crucifixes entgegen kommen; aber nun sehet, gerade vor ihm macht der Boden eine klafterweite Spalte und er sieht hinab zur Hölle; — und ich spreche zu ihm: Siehe, du finsterer Geist, das ist dein Christenthum; was du hier siehst, dessen ist voll dein Herz. An der Stelle der über Alles sanften Liebe Christi, die noch am Kreuze blutend für die Thäter des Uebels den Vater in Sich um Vergebung bat, habt ihr nichts als Haß, Sectenwuth, Verdammniß, Gericht und Feuer in euch, und seid dadurch der Grundlehre Christi als die entschiedensten Antichristen schnurstraks entgegen. Ihr nehmet allen euren Bekennern des Lebens letzten Tropfen, und erfüllet ihre Herzen dafür mit dem Tode. — Statt des lebendigen Brodes, welches ist das wahrhaftige lebendige Wort Gottes, gebet ihr ihnen glühende Steine zu verzehren, damit Alle gleich euch voll Rache, Zorn, Wuth, Gericht und Verdammniß werden gegen alle Jene, die je der Vater Selbst hat ziehen und lehren wollen. Ja, ihr machet euch kein Gewissen daraus, um euren herrsch- und gewinnsüchtigen Völkerdruck zu bekräftigen, das Wort Gottes so viel als nur immer möglich aus der Gemeinde zu verbannen, und einen allfälligen Besitzer desselben sogar mit dem Ketzerfluche zu belegen und ihn zu verdammen. Anstatt des Wortes Gottes aber speiset ihr das Volk mit eurem Eigennutze, eurer

Herrschsucht; und euer Wahlspruch ist, jeden Funken besseren Lichtes dem Volke fern zu halten, während doch Christus der Herr ausdrücklich gesagt hat: „Seid vollkommen, wie euer Vater im Himmel vollkommen ist!" — Was soll ich mit euch machen? — Ihr, die ihr die Heerde des Herrn hättet weiden sollen, habt euch den Wolf scheuend in eine siebenfache Mauer verkrochen, und machtet am Ende statt getreuer Hirten selbst Wölfe aus dieser eurer Schlucht; und draußen stehen viele Tausende und tausendmal Tausende, die die Härte euerer Wolfszähne geschmeckt haben und euch laut schreiend anklagen vor dem Richterstuhle Christi. Was soll ich mit euch machen, die ihr allzeit das Wort Gottes mit Füßen getreten habt, weil es nicht taugte für eure unersättliche Herrsch- und Gewinnsucht? — Was soll ich mit euch machen, die ihr dreist genug vor dem Volke euch zu behaupten wagtet, und sagtet: Die Erde liegt zu unseren Füßen und Gott tragen wir in unseren Händen?! — Ich sage euch: Ein nachtheiligeres Zeugniß und zugleich ein treffenderes hättet ihr nimmer erfinden können, als eben dieses. Denn fürwahr, ihr habt die Völker sammt den gesalbten Kaisern und Königen, wo es sich nur immer hat thun lassen, noch allzeit mit euren herrschsüchtigen und gewinnlustigen Füßen getreten, und mit Gott in euren Händen triebet ihr Handel wie mit einer schlechten Waare; — aber dafür waren eure Herzen allzeit ledig Dessen, was Gottes ist, und waren dafür allzeit mit Dem erfüllt, was du finsterer Geist nun durch die gähnende Kluft zu deinen Füßen erschauest. — Was soll ich nun mit euch machen? — Fraget mich, wer ich bin, und ich werde euch antworten und sagen: Ich bin ein rechter Apostel des Herrn, und bin hierher gesandt, auf daß ich euch erwecken möchte in Seinem Namen; wie aber soll ich euch erwecken, da ihr voll seid des ewigen Gerichtes? Also frage ich euch noch einmal? Was wollt ihr thun? — Redet, oder dieser Abgrund verschlinge euch! — Höret nun; unser Mönch spricht und sagt: Im Namen aller dieser meiner Brüder bitte ich dich, wer du auch immer sein magst, daß du uns verschonen möchtest mit dieser deiner harten Prüfung; denn sind wir nach der Lehre Christi unseres Herrn, wahrhaftige Betrüger geworden, so waren wir es ja doch nicht eigenmächtig, sondern wir mußten sein, wie wir sind, und Niemand aus uns durfte anders reden und handeln, als wie es ihm zu reden und handeln gestattet war von der Kirche. — Waren wir Wölfe, so mußten wir es sein; und so, wenn du im Ernste eine höherer Bote sein sollst, wirst du es ja auch wohl wissen, wie es mit uns stand und noch steht, und wir sind hier noch eben so gefangen, wie auf der Welt. Daher, wenn es dir möglich ist, mache uns frei, und wir wollen ja auch das reine Wort Christi ergreifen! — Aber nur verdecke diesen entsetzlichen Abgrund vor uns. — Ich spreche zu ihnen: Willst du über diese Kluft, so mußt du im Geiste und in der Wahrheit das in dir ersticken, was du da siehst vor dir in dem Abgrunde; denn Solches ist eine Erscheinung gleich Dem, was du selbst im eigenen Herzen birgst. Daher erforsche dich, und ihr Alle, die ihr hier seid, thut Dasselbe; erwachet aus eurem Todesschlafe, damit ich, wenn ich wieder komme, euch gereinigt finde und lebendig, um euch zu führen aus diesem euren Gefängnisse des Todes. —

Es giebt aber in diesem Kloster noch Mehrere, und diese muß ich auch noch zuvor ermahnen; und wenn sie sich werden gefunden haben, dann erst will ich wieder kommen und euch vorzeichnen einen neuen Weg im Namen des Herrn. — Sehet, wie sie nun zu jammern und zu heulen anfangen; — wir aber wollen Solches nicht anhören, sondern uns sogleich zu den Paradiesmönchen begeben. —

## 143.

(Am 4. März 1843 von 4¾—7 Uhr Abends.)

Sehet, da gegenüber, diesem großen Klosterhof entlang, führt eine offenstehende Pforte in einen ziemlich großen Garten; dahin wollen wir gehen, und beschauen, was sich Alles in diesem Garten vorfindet. — Nun sehet, der Garten liegt schon vor unseren Augen ausgebreitet. Wie gefällt er euch? Ihr saget: Lieber Freund, fürwahr, man müßte ein Feind aller höheren Aesthetik sein, wenn man an diesem Garten kein Wohlgefallen fände. — Diese herrlichen Arkaden längs den bedeutend hohen Gartenmauern, die Wasserkünste, die herrlichen Säulentempel und dann die vielen prachtvollsten Blumen, und so eben auch die Obstbäume in der schönsten Ordnung angebracht, — man muß wirklich sagen, da ist Kunst und höherer Geschmack vereinigt und die Natur steht allenthalben wohl berechnet im schönsten harmonischen Einklange mit der Kunst, und dort erhebt sich über die Gartenmauer ein überaus herrlicher Palast, welcher, was seine Pracht betrifft, im Ernste nichts zu wünschen übrig läßt. Wir sind der Meinung, wenn die irgend in diesem Garten wohnenden Geister nur einigermaßen dieser prachtvollen Ausstattung entsprechen, so müssen sie an und für sich noch immer einen nicht ganz verdorbenen Sinn haben. Ja, ich sage euch, meine lieben Freunde und Brüder, also steht es wohl aus; aber nur müßt ihr solche Regel nie dabei vergessen: Wo unter Menschen viel Pracht ist, da ist auch viel Verschwendung, wo viel Verschwendung ist, da ist viel Herrschsucht darunter, wo viel Herrschsucht, da ist viel Eigenliebe, wo viel Eigenliebe, da ist viel Eigennutz; und daher ist die äußere Pracht nie ein günstiges Zeichen für Den, der ihr zugethan ist. — Sehet nur einmal auf eure Erde zurück; wer wohnt in den großen, prachtvollen Palästen? — Selten wer Anderer, als ein Reicher und Mächtiger; wem nützt diese Pracht? Niemanden, außer nur dem Inhaber selbst. Wie nützt sie ihm denn? — Sie nützt ihm mehrfach; für's Erste ist sie ein Aushängschild entweder von seiner Wohlhabenheit, oder von seiner staatlichen Macht, und stimmt die andere vorüberziehende Menschheit zu Ehrfurcht, und macht sie schüchtern, daß sie sich nicht leichtlich getraut, solch' einer großartigen Prachtwohnung in was immer für einer Angelegenheit zu nahen, — für's Zweite hält solche Pracht die arme Menschheit fortwährend ab, sich dem Inhaber zu nahen, und sich von ihm irgend eine milde Gabe zu erbitten, und für's Dritte ist solch' eine Pracht eine unversiegbare Quelle zur beständigen Ernährung des Hochmuthes, und dadurch auch der fortwährenden Verachtung der armen Menschklasse. So ist auch solche Pracht das beste Mittel, die arme Menschheit fortwährend in der gehörigen Blindheit zu erhalten. Ihr fraget, warum? — Weil der einfache Landmensch die Inhaber von solch' einer großen Pracht für Wesen höherer Art hält; und er kann sich beim Anblicke einer solchen Prachtgröße solchen Gefühles nicht erwehren. Ja, ich muß euch sagen: Wäre der sogenannte Petrusdom und der päpstliche Vatican nicht in einer beinahe die meisten menschlichen Begriffe übersteigenden Pracht und Größe erbaut, so würden gar Manche sich keine so große Gnade daraus machen, zum Pantoffelkuße des Papstes allergnädigst zugelassen zu werden; die blinden Ablässe aus einer Bauernhütte gereicht, hätten nie diese einträgliche Wirkung zuwege gebracht, als aus der irdisch wundervollen Pracht des Vaticans. — Ihr habt aber noch allzeit gesehen, daß was immer für eine Religion, wenn sie in's äußere Materielle überging, sich durch die äußere Pracht aufzuhelfen anfing, um noch auf eine Zeit lang sich die Blindheit der Menschen zum Nutzen machen zu können. Es läßt sich aber daneben fragen, ob solche Blendung der Menschheit je Etwas genützt hat? — Selbst der Tempel Salomons war im Grunde nichts Anderes als ein stummer Prophet, der durch sein Dasein von Salomons Zeiten her dem ganzen israelitischen Volke zeigte, wie es selbst vom Geistigen in's Materielle übergegangen ist, und wie am Ende im ganzen Tempel nichts mehr Gutes und Wahres anzutreffen war, und der Herr den Juden selbst vom Tempel das Zeugniß gab, daß sie das Bethaus zu einer Mördergrube gemacht haben! — Ja, in diesem Tempel sind Gräuel ohne Namen verübt worden; und soweit wurden die Menschen durch den Tempel geblendet, daß sie den Herrn der Herrlichkeit nicht erkannt haben, und haben sogar im Tempel Seine Kreuzigung beschlossen. — Auch der Judas ist im Tempel mit dem Gelde ausbezahlt worden, und warf am Ende selbst wieder dieses Blutgeld in den Tempel zurück, zu einem großen Zeugnisse, daß der Tempel schon von jeher eine Mördergrube des Geistes Gottes war. — Wenn ihr dieses Gesagte ein wenig betrachtet, so wird euch diese Pracht eben nicht in einem zu günstigen Lichte erscheinen; und wie es sich mit ihr verhält, werden wir bei der Annäherung des ersten Gartentempels sogleich eine kleine Verkostung machen. Da sehet nur einmal hin, es kommen uns schon zwei weiß gekleidete Mönche entgegen; — ihr fraget: Sind das etwa gar Dominikaner oder Zisterzienser? — O nein, meine lieben Freunde und Brüder, das sind bloß paradiesische Augustiner; denn im Paradiese ziehen sie die schwarzen Kutten aus, und legen dafür ganz weiße an. — Was sehet ihr denn dort so aufmerksam hin gegen den Palast? — Ich weiß schon, was euch in die Augen fällt, die dort herumspringenden Engel mit dem Flügelpaare aus weißen Federn verfertiget über den Schultern angebracht. — Ihr fraget freilich, ob sie wohl auch auffliegen können? — O nein, das können sie durchaus nicht; denn die Flügel sind ihnen nicht gewachsen, sondern nur ganz, wie ihr zu sagen pfleget, theatralisch künstlich angesetzt, und das Springen soll die Lebhaftigkeit dieser Engel darstellen, und wie dieselben bereit sind, diesen Paradiesinwohnern auf den leisesten Wink zu dienen. — Sehet, es rennt auch schon ein halbes Dutzend den zwei auf uns zugehenden Paradiesinwohnern nach; und ihr werdet bald sehen, daß dieses Paradieses Engel sogar mit Knitteln und Säbeln versehen sind, um allfällige ungebetene Gäste auf eine eben nicht sehr paradiesische Weise aus diesem Paradieſe zu treiben. Ihr fraget, wer denn ſolche Engel auf der Erde waren? — Habt ihr noch nie etwas von den ſogenannten Laienbrüdern gehört, beſſer geſagt: klöſterliche Hausknechte? — Sehet, auch hier ſind ſie dienſtbare Geiſter des Kloſters; damit ihnen aber ihr Dienſt beſſer gefällt, ſo werden ſie als Engel angezogen. Solches rührt Alles von der fälſchlichen Begründung her, in welcher dergleichen Menſchen das Zeitliche mit dem Ewigen verwechſelt haben. Die große Liebe und Erbarmung des Herrn aber beläßt dieſe Weſen ſo lange in ſolcher Begründung, ſo lange ſolche nicht leiſe in ſich angefangen haben inne zu werden, daß es mit dergleichen Situationen ſicher irgend einen fatalen Umſtand haben muß, weil ſie ſich für's Erſte mit all' dieſen ſchönen Früchten nie vollkommen ſatt eſſen können. Es kommt ihnen das Eſſen und Trinken beinahe ſo vor, als wenn ſie im Traume äßen und tränken. Für's Zweite ſehen ſie hier oder ihnen wohl fortwährend weiße Wolken ziehen; woher aber dieſe Wolken das Licht haben, können ſie nicht erſchauen, und für's Dritte fällt es ihnen mit der Zeit auf, daß ſie, wohl wiſſend in der geiſtigen Welt zu ſein, nirgends einen Heiligen, auch nicht die Mutter Gottes Maria, alſo auch keinen Petrus und keinen Erzengel Michael zu Geſichte bekommen. Ein vierter für ſie ſehr fataler Umſtand iſt noch dieſer, daß, ſo ſie über dieſe Gartenmauer, welche gewöhnlich mit Leitern erſtiegen wird, hinweg ſchauen, ſie nichts als unfruchtbare Steppen erſchauen, und bloß allein nur ihr Garten fruchtbringend iſt; — und fünftens iſt auch dieſer Umſtand für ſie nach und nach erwecklich wirkend, daß ihre Kloſterkirche außer ihnen von Niemand Anderem beſucht wird. Und ſo giebt es noch mehrere ſolche Stupfmittel, durch welche der Geiſt aufmerkſam gemacht werden kann, daß es mit ſeinem Paradieſe irgend ein ſogenanntes Niſi haben muß. Dieſe Paradieſinwohner haben freilich wohl noch den Kloſterhimmel vor ſich, den wir erſt ſpäter werden kennen lernen; aber der Himmel hat noch bedeutende Bedenklichkeiten. Daher müſſen die Himmelsbewohner auch ſehr politiſch ſein und die Mißlichkeit des Himmels ſo geheim als möglich halten; denn ſonſt würde es mit dem Paradieſe, das auch für den Himmel ſorgen muß, bald gar kläglich ausſehen, und unſere munteren Engel würden nicht den bedeutend großen Garten mehr bearbeiten. Denn Das müßt ihr wiſſen, daß der Herr Solches aus gutem Grunde zuläßt, daß dieſe Menſchengeiſter hier ſo gut wie auf der Erde mit dem Fleiße ihrer Hände und im Schweiße ihres Angeſichtes ſich das Brod erwerben müſſen; ſie müſſen alſo arbeiten, wenn ſie etwas eſſen wollen. — Doch ſehet, unſere Paradiesbewohner nähern ſich uns; daher ſind wir nun ſtille, und ihr habet Acht auf den Empfang! — Sehet, ſo eben winkt ein Paradiesmann zweien mit Knitteln verſehenen Engeln, ſich an ſeine Seite zu begeben, damit er ſich uns unter ſicherem Geleite nahe, und der andere Paradiesmann macht mit vier beſäbelten Engeln den nachtrabenden Schutz für den Vortrab, ſollte derſelbe etwa zu ſchwach gegen den Feind ſein. — Nun habet Acht; der erſte Paradiesmann öffnet ſchon ſeinen Mund und fragt uns: Wo kommt ihr her, von Oben oder von Unten? — Ich ſage: von Oben. Er fragt uns: Wo iſt Oben? — Ich zeige ihm mit der Hand auf die Bruſt und ſage: Da hier im Herzen, in der alleinigen Liebe zum Herrn, iſt von

Oben! — Er spricht: Was schwätzest du für ein albernes Zeug? Weißt du nicht, wo der Himmel ist, und weißt du nicht, daß du dich hier im Paradiese Gottes befindest: Ich sage zu ihm: Ich weiß, wo der Himmel ist, und kenne sehr wohl das Paradies; aber dieses Paradies hier und deinen Himmel erkenne ich nicht als ein Paradies und als einen Himmel, sondern ich erkenne Solches nur nach der Wahrheit, und in dieser ist dieser Himmel und dieses Paradies nichts als eine Ausgeburt deiner und eurer Allerweltlichen Thorheit. — Er spricht: Was ist das für eine Rede. So reden Die, welche von Oben kommen? — Nein, warte du nur ein wenig, wir werden dir ganz handgreiflich zeigen, wo es unten ist. Kommt her, ihr Engel Gottes und nehmet alsogleich diese drei höllischen Galgenschlingel in den sicheren Empfang, und bringet sie dorthin, ihr wißt schon, welchen Ort ich meine, nämlich in die Schule, wo sie das Oben und Unten sollen unterscheiden lernen. — Sehet, die Engel umfangen uns, und wir wollen uns dießmal nicht wehren, sondern uns von ihnen einführen lassen. — Erst, wenn sie über uns ein ganz menschenfreundliches Urtheil werden geschöpft haben, dann erst werden wir uns ein wenig zu rühren anfangen; denn solches Alles gehört zur Sache. Ihr würdet ohnedieß keine vollkommene Kenntniß von dieser geistigen Situation haben, und diesen Geistern könnten wir auf einem anderen Wege nicht leichtlich zukommen und sie dann zu ihrem eigenen Besten ihres Wahnes überführen. — Daher lassen wir uns, wie gesagt, unterdessen nur ganz gutmüthig einführen, damit ihr daraus auch ersehet, auf welch' endlos manigfaltige Weise der Herr Seine Diener fortwährend liebersprießlich zu beschäftigen weiß. —

## 144.

(Am 6. März 1843, von 4½—5¾ Uhr Abends.)

Die zwei himmlischen Mönche (denn ihr müßt Solches verstehen, daß, wenn es heißt „himmlisch", es hier so viel, als „im Paradiese seiend" bezeichnet) gehen voraus, und die Engel gehen mit Knitteln und Säbeln hinter uns einher. — Ihr fraget, wo lauter hin sie uns etwa doch führen werden? — Sehet nur dort ziemlich gegen Norden hin, in der Ecke der großen Gartenmauer ist ein schmutziger Thurm, versehen mit einer schwarzen Thüre. Dort werden sie uns hinein practiciren; was da ferner geschehen wird, wird die eigene Erfahrung lehren. Höret aber ein wenig zu unterwegs, worüber sich die zwei Paradiesmönche besprechen. Der Eine sagt so eben: Was meinst du, wenn diese drei Vagabonden etwa doch Abgesandte wären von irgend einem besseren Orte, als da dieser ist, in welchem wir uns nie satt essen können; sollte man in diesem Falle sie nicht hören und sich näher erkundigen, woher sie so ganz eigentlich sind? — Denn unsere Frage, die wir an sie gerichtet haben, ob sie gekommen sind von Oben, oder von Unten, war zu vorschnell; — wir sind, wie man zu sagen pflegt, mit der Thür in's Haus gefallen. — Ich setze nun den Fall, sie wären im Ernste von Oben, und wir würden hier in diesem Paradiese höchst unparadiesisch mit ihnen verfahren, so könnte uns so etwas sehr theuer zu stehen kommen. Meine Meinung wäre demnach diese: Anstatt sie in den Zwangsthurm zu treiben, sie lieber dort gegen Mittag hin in den Freiheitsthurm zu bringen, der nach Außen überall offen steht, und nur nach innen herein verschlossen ist. — Der Andere spricht: Lieber Freund und Bruder, ich meine doch, du wirst nicht hier im Paradiese gar ein Ketzer werden wollen. Wir wissen wohl, daß der Herr auf der Erde ohne Herrlichkeit gewandelt ist, auch war Solches der Fall mit den ersten Verkündern und Ausbreitern Seiner Lehre; du weißt aber ja, daß in dieser Zeit die Kirche des Herrn eine dürftige und eine leidende war. Nach der großen Kirchenversammlung zu Nicäa aber hat sie über alle Heiden im weiten Umkreise gesiegt; daher hat sie denn auch aufgehört, eine dürftige und leidende zu sein, und ward dafür eine triumphirende, eine reiche Kirche, ja eine Kirche voll Glanz, Herrlichkeit, Ansehen, Macht und Gewalt. — Wenn der Herr dann auf der Erde Seine Kirche und Seine Diener mit solcher Herrlichkeit ausstattet, um wie viel mehr wird Er Solches hier im Reiche der seligen Geister thun; — wenn Er demnach höhere Boten zu uns senden wird, da kannst du ja doch mit der größten Zuversicht erwarten, daß dergleichen Boten nicht in der Gestalt solcher wahrhaftiger Gassenreißer erscheinen werden, sondern mit großer Pracht und himmlischer Majestät. Denn es heißt ja in der Schrift, daß der Herr mit großer Macht und Herrlichkeit auf den Wolken des Himmels einher ziehen wird; wie sollten demnach solche Gassenreißer Abgesandte Gottes sein? — Verkappte Boten der Hölle ja; aber nicht höhere Boten des Himmels. — Daher nur rechts hinüber in den Zwangthurm mit ihnen, der da gebaut ist aus lauter hochgeweihten Steinen, und es wird sich sogleich zeigen, wessen Geistes Kinder sie sind; denn solch' ein geweihter Stein soll den Teufel um's Tausendfache ärger brennen, denn die unterste Hölle. — Der Andere erwiedert: Gut, thue du, was du willst, ich aber bleibe bei meiner Idee. Wenn es am Ende schief aussehen wird, da kannst du Alles auf dich nehmen; und so denn mache, was du willst, ich will dir in deinem Plane nicht hinderlich sein. Siehe der Thurm befindet sich schon in unserer Nähe; hier übergebe ich dir den Schlüssel; denn an dieser Expedition will ich durchaus keinen Theil haben. Ich aber habe es schon einigemal bei mir erwogen, daß wir in der römischen Kirche mit dem Verdammen allzeit eher fertig sind, als mit dem Segnen; und da denke ich so manchesmal bei mir über den Text des Herrn, da Er Seine Apostel und Jünger vor dem Verdammen und Richten auf das Eindringlichste gewarnt hat. — Aus dem Grunde habe ich mir denn auch heimlich vorgenommen, Niemanden mehr zu verdammen und zu richten; und so will ich auch solche Vornahme an diesen Dreien für mich zuerst vollkommen geltend machen, und sage dir daher noch einmal: Thue du, was du willst; ich aber will durchaus keinen Antheil an deiner Handlungsweise haben. — Der Andere spricht: Also übernehme ich denn den Schlüssel, und will üben die göttliche Gerechtigkeit; denn groß ist die Liebe des Herrn, aber Seine Gerechtigkeit steht über derselben, und fordert sogar das Blut des Sohnes Gottes. — Daher laß mich die Gerechtigkeit pflegen! — Der Andere erwiedert dem Gerechtigkeitspfleger ganz kurz: Ich meines Theils weiß aus der Schrift wohl, daß der Herr den Aposteln und den Jüngern kein anderes Gebot, denn das der Liebe gab, auch weiß ich,

daß der Herr einmal einen ungerechten Haushalter zum nachahmungs-
würdigen Beispiel aufführt, — auch spricht Er einmal, daß Er über
einen reumüthigen Sünder mehr Freude hat, denn über 99 Gerechte,
und daneben aber weiß ich durchaus nicht mich eines so gewichtigen Textes zu entsinnen, in welchem der Herr die strenge Gerechtigkeit so recht
evident herausgestrichen hätte. Die Scene entscheidet sich am Ende recht-
fertigend für den Zöllner; und der gesetzesgerechte Pharisäer wird geta-
delt! Wenn ich Solches bedenke, da hat die zu schroffe Gerechtigkeit von
unserer Seite sehr viel verloren in meinem Gemüthe. Uebrigens, wie
gesagt, thue, was du willst; — der Thurm ist hier, die Drei sind auch
hier. Den Schlüssel hast du in deiner Hand; somit trete ich zurück. —

## 145.
### (Am 8. März 1843, von 4¼–6 Uhr Abends.)

Sehet, der mit dem Schlüssel versehene Mönchsgeist als Einwohner
dieses himmlischen Paradieses öffnet die Thüre, und weiset uns hinein
zu gehen. Was meint ihr wohl, sollen wir dieser Weisung folgen oder
nicht? — So mancher Katholik würde sagen: Der Gehorsam fordere
Solches; allein weil ein anderer Grundsatz so lautet, dem zufolge man
Gott mehr denn den Menschen gehorchen muß, so werden wir auch hier
dieser Weisung nicht folgen, sondern hübsch sein draußen bleiben, und
ich werde mir noch obend'rauf die Freiheit nehmen, diesen Thurm durch
eine leise Berührung mit meiner rechten Hand augenblicklich in den nichtigsten Staub zu verwandeln. — Aber da der Schlüsselinhaber mit folgenden Worten uns droht, sagend nämlich: „Wenn ihr euch nicht augenblicklich hinein begebet, da will ich alsogleich gewaltsame Hand an
euch legen lassen," — so müssen wir uns schon auch dem Thurme
nahen, und zwar in so weit, daß ich ihn werde mit meinem Finger erreichen können. — Nun sind wir am Thurme; und seht, er befindet sich
nicht mehr! — Aber nun sehet auch unseren Einsperrer an, was für ein
erbärmlich erstauntes Gesicht er schneidet; — und der andere Besserge-
sinnte naht sich ihm und spricht: Nun, mein lieber Bruder, was sagst
du denn zu dieser Erscheinung? Konnte der Teufel wohl so was zuwege
bringen? — Der Andere spricht: Ja, mein lieber Bruder, die Sache
kommt mir außerordentlich räthselhaft vor. Bis jetzt hat diesem Thurme
kein Satan etwas anhaben können; ja, er stand ja da als eine wahrhaftig unüberwindliche Burg Gottes, und alle Ketzer und Diener des
Teufels als Widersacher der allein seligmachenden Kirche haben darin
ihr verdammliches Asyl gefunden, und noch nie hat es ein Teufel gewagt, sich diesem Thurme zu nahen. — Und da siehe, dieser Frevler,
oder was er ist, hat den Thurm nur mit einem Finger berührt, und im
Augenblicke war keine Spur mehr vom Thurme. — Ich sehe nun kein
anderes Mittel, als diese Drei, so gut es nur immer gehen kann, hinaus zu bringen aus diesem heiligen Paradiese; denn sonst rührt er uns
noch etwas Anderes an, und vernichtet es eben so, wie diesen Thurm.
— Ich muß es wahrhaftig bekennen, Gott der Herr ist fürwahr ein
räthselhaftes Wesen; und wenn man glaubt das Beste gethan zu haben,
so macht Er alles Solches sobald zu Schanden. — Also hat Er eine

Kirche um die andere gegründet, und wenn sich so eine Kirche recht ausgebildet hat, um so, wie man zu sagen pflegt, auf dem Schnürl Gott zu dienen, da kommt Er und schneidet gleich einer heidnischen Parze das Schnürl mitten auseinander und der ganze kirchliche Plunder fällt über den Haufen, und nichts bleibt von ihm übrig, als höchstens der Name, allenfalls so, wie der der Stadt Babylon, da man nicht einmal mehr den Ort ausmitteln kann, wo einst diese große Weltstadt gestanden ist. Ich meiner Person nach will mit diesen drei Wesen nichts mehr zu schaffen haben. — Willst du dich noch ferner mit ihnen abgeben, so magst du es ja thun; ob du aber mit ihnen Etwas ausrichten wirst, daran zweifle ich sehr. — Meines Erachtens wäre über diese Erscheinung wohl ein allgemeines Concilium das beste Mittel; aber wie dasselbe zusammen berufen, so lange diese Drei da sind? — Der Andere spricht: Ich meine, Solches wird nicht vonnöthen sein; denn sind diese Drei offenbar von Oben, wozu sollte da unser Concilium gut sein? — Sie werden unser Concilium ebenso gut auseinander stäuben, wie den Thurm. Das „von Unten sein" von Seite dieser Drei aber lassen wir für dießmal hübsch bei Seite sein; denn es heißt, daß den Felsen oder die Kirche Petri die höllischen Mächte nimmer überwinden sollen. — Was käme aber am Ende heraus, wenn wir in einem Concilium das Urtheil dahin leiten würden, daß diese Drei Abgesandte der Hölle sind, und haben dennoch trotz dem Zeugnisse Christi diesem Thurme ein Ende gemacht; — so würden wir dadurch nichts Anderes sagen, als daß unsere alleinig seligmachende Kirche durchaus nicht von Petro und von Christo gegründet ist. — Und dieses Zeugniß wäre doch sicher beiweitem ärger, als die ganze Zerstörung dieses Thurmes. Bekennen wir aber im Gegentheile, daß Solches der Herr zufolge Seines unerforschlichen Rathschlusses an uns gethan hat, so schaden wir uns dadurch nicht im Geringsten; denn dem Herrn steht es ja frei, zu thun, was Er will, und Alles, was Er thut, wird sicher wohl gethan sein. — Der Gegner spricht: Du hast Recht, und ich kann dir nichts dagegen einwenden; aber was werden unsere anderen seligen Brüder und die vielen dienstbaren Engel zu dieser Geschichte sagen, wenn sie dieselbe erfahren werden? — Daher dürfte es denn doch nothwendig sein, ihnen sobald die Nachricht davon zu ertheilen; denn sonst werden wir in einem sonderbaren Lichte vor ihnen erscheinen. — Der Andere spricht: Da bin ich wieder einer ganz anderen Meinung; kümmern wir uns gar nicht um Das, was unsere Brüder sagen möchten, sondern lassen in Gottes Namen diese Drei, so lange sie noch hier sind, machen, wie es ihnen gut dünkt, und wir waschen uns dabei die Hände. Unsere Brüder aber sollen selbst einen Versuch machen, wie es sich thut, gegen einen reißenden Gebirgsstrom zu schwimmen. — Nun rede ich zu dem besseren Mönche, und sage: Höre, Freund, deine Rede ist mir nicht widerlich; und du bist darum dem Reiche Gottes näher denn so mancher Andere. Hast du auch wenig Werke, die dir hierher gefolgt wären, so hast du aber dennoch um einen starken Funken mehr Lichtes, denn die Anderen. Es soll dir darum hier Gelegenheit werden, das Werkthätige, das dir zum Reiche Gottes mangelt, einzuholen; daher laß sobald alle die Scheinseligen dieses Paradieses hier zusammen kommen. — Unser besserer Mönch spricht: Lieben Freunde, Solches kann hier alsogleich geschehen; denn durch einen Ruf und Wink werden sobald Alle sich hierher begeben. — Ich spreche: Also mache den Wink, und laß den Ruf erschallen. — Unser Mönch thut nun Solches, und sehet, schon strömt eine große Menge von allen Seiten herbei; und sehet, wie Einige die Hände über dem Kopf zusammenschlagen, da sie des Thurmes nicht mehr ansichtig sind, und die erste allgemeine Frage lautet: Um des dreieinigen Gottes willen, was ist denn hier geschehen?! Welcher Frevler hat Solches gethan? — Unser besserer Mönch antwortet mit ziemlich lauter Stimme und spricht: Höret, Brüder, ich sage euch, fraget nicht darum, denn die drei Mächtigen stehen noch unter uns; der Mittlere, den wir in den Thurm verdammlicher Maßen sperren wollten, hat denselben kaum mit einem Finger angerührt, und schneller als da ist ein Augenblick ward der Thurm vernichtet. — Wir wissen aber, daß die Macht des Satans Solches nimmer verüben kann; daher seid klug, damit uns nicht ein noch größeres Uebel zu Theil werde. — Sehet, ein oberster Vorsteher dieses paradiesischen Mönchsgremiums nähert sich uns ganz furchtsam, und stellt so eben die Frage an uns, und spricht: Wir und alle guten Geister loben Gott den Herrn; wenn ihr ebenfalls gute Geister seid, so saget uns an euer Begehren! — Ich spreche: Siehe, mein Begehren ist ein ganz einfaches, und besteht in nichts Anderem, als daß du mir kund geben sollst, bei welcher Gelegenheit Petrus die römische Kirche gestiftet hat, und bei welcher Gelegenheit das sämmtliche Mönchswesen? — Solches aber mußt du mir aus der Schrift beweisen; denn jeder andere Beweis wird von mir verworfen. — Nun sehet, wie dieser Prior ein ganz erbärmliches Gesicht schneidet und sogleich ganz heimlich ein Kreuz über sein Gesicht macht, und spricht ganz heimlich zu seinen Nachbarn: „Gott stehe uns bei; wir stehen im Angesichte der obersten höllischen Dreieinigkeit! Das ist der Luzifer, der Satan und Leviathan! — Solches ist sicher. Aber die Frage ist an uns gestellt; was werden wir darauf antworten? — Schweigen wir, so zerstört uns diese Dreieinigkeit. Gott stehe uns bei, unser ganzes Kloster, unser Paradies und unser Himmelreich, und führt uns am Ende schnurgerade in die Hölle! Antworten wir ihm aber, so haben wir uns so gut als der Hölle verschrieben. Fürwahr, Gottes Fügung nimmt in dieser Welt einen so sonderbaren Zuschnitt, daß man nicht einmal im Paradiese und im Himmel so recht weiß, wie man daran ist. — Da ich aber aus der Schrift durchaus der römischen Kirche apostolische Autorität nicht erweisen kann, so wird es am besten sein, ich sage zu ihm: wie es auch wahr ist: Höre, Freund, Solches weiß ich nicht; ich glaubte wohl, daß die römische Kirche von Petro gegründet ist, und ersah Solches wohl auch aus einer geschichtlichen Tradition, der zufolge dieser Apostel etliche und zwanzig Jahre in Rom solle zugebracht haben, — ob aber solche Tradition authentisch ist, oder nicht, das wird der liebe Herrgott sicher besser wissen, als ich. Ich war einmal ein römischer Katholik, und glaubte, lehrte und handelte im Geiste dieser Kirche, und glaube darum nicht gefehlt zu haben. — Verhält sich aber die Sache anders, so magst du darüber uns selbst berichten. — Ich werde nicht abgeneigt sein, dich zu hören; und so magst du reden. Bist du ein guter Geist, so wirst du nichts Böses wollen, bist du aber ein böser Geist, da denke, daß Gott noch mächtiger ist als du; — und somit rede, was du zu reden hast. —

## 146.

(Am 9. März 1843 von 4—6 Uhr Abends.)

Ich spreche zu ihm: Für diesen Augenblick hast du dich vortheilhaft aus der Schlinge gezogen; und da du selbst eingestehst, auf meine Frage nichts antworten zu können, so will ich solche Nichtantwort auch als Antwort ansehen. — Nun aber habe Acht, ich will dir eine zweite Frage geben; vielleicht findest du auf diese eine Antwort in dir. — Da du der Schrift kundig, auch bei deinen Lebzeiten auf der Erde nicht hast erfahren können, ob der Apostel Petrus je wirklich in Rom gelebt und die römische Kirche gestiftet hat, so möchte ich aber dennoch von dir erfahren, aus welchem Grunde dir bei deinen Lebzeiten eingefallen ist, dich für's Erste emsigst um das klösterliche Priorat zu bewerben? Und warum du, als du im Wege aller schlauen Mittel dir das Priorat erschlichen hast, sogar dann einigemal an das kirchliche Oberhaupt dich verwendet hast, dich entweder zu einem Klostergeneral, oder wenn es möglich wäre, zu irgend einem Bischofe zu machen? — Siehe, das ist eine wichtige Frage, und du wirst mir darauf um so sicherer eine Antwort geben können, da du solches Alles an dir erfahren hast, und es dir auch noch ganz lebendig vor den Augen deiner Erinnerung schwebt. — Nun sehet, unser paradiesischer Primus macht ein ganz verdutztes Gesicht, sucht in allen seinen Winkeln eine pfiffige Antwort und, wie ihr es leicht aus seiner verlegenen Physiognomie entnehmen könnet, findet er eben nichts Dergleichen in sich, und fühlt sich sehr stark genöthigt, nolens volens mit der Wahrheit hervor zu treten. — Wenn diese ihm auch allenfalls solche Umstände auf der Zunge machen sollte, wie eine allzuwarme Speise, so nützt Solches dennoch nichts; er entschließt sich daher die Wahrheit zu reden, folge darauf, was nur immer wolle. — Sehet, er öffnet den Mund; und so höret denn, was er hervor bringen wird; er spricht: Lieber Freund, woher du auch immer sein magst, ich sage es dir offen heraus, daß ich solches Alles im buchstäblichen Sinne meiner selbst willen gethan habe; und warum that ich Solches? Weil ich bei der genauen Bekanntschaft mit den Grundsätzen der römisch-katholischen Kirche nur gar zu gut erschaute, um was es sich in ihrem christlichen Theoremen so ganz eigentlich handle, nämlich um nichts Anderes, als allein nur um die Weltherrschaft; und um solche zu erlangen, muß man sich ein Ansehen, und durch das Ansehen Schätze und Reichthümer verschaffen können. Was aber dabei das reine Christenthum für ein Gesicht macht, um das, das wirst du selber wissen, hat man sich in der römischen Kirche noch nie bekümmert; — und wenn ich mich nicht irre, dauert solch' ein für das Christenthum unkümmerlicher Zustand in eben dieser römisch-katholischen Kirche seit den Zeiten Karl des Großen, welcher meines Wissens den Bischof von Rom mit einer Länderei beschenkte, und aus ihm somit einen weltlichen Herrscher machte. — Seit diesen Zeiten hat man das

Christenthum in seiner reinen Sphäre als zur kirchlichen Sache ganz unpassend nur im Geheimen angesehen, weil es in seiner Echtheit dem weltlichen Ansehen schnurgerade entgegen gesetzt ist; behielt darum bloß den Namen, und modelirte dann die Lehre also, daß sie sich mit dem weltlichen Ansehen nothwendiger Weise vertragen mußte. — Ich muß dir noch dazu sagen, daß ich nicht selten bei der heimlich näheren Betrachtung des Papstthumes mich allzeit ganz lebhaft des Daniel'schen Gottes Mäusim erinnert habe, dem man Gold, Silber und Edelsteine opfern wird, und in dem keine Frauenliebe sein wird; aber was nützte mir alle diese meine Betrachtung? — Ich war einmal als ein dummer Ochs in's Joch gespannt; wer hätte mich ausspannen sollen? — Solches aber ist doch sicher, daß die vorderen Ochsen am Wagen weniger zu ziehen haben, als die mehr rückwärts am Wagen angespannt sind; und ich war froh, Solches einzusehen, und darum zu trachten in ein mehr vorderes Joch gesteckt zu werden, und somit mehr ein Parade- denn ein Zug-Ochs zu sein. Hätte ich wohl anders handeln sollen? — Ich hätte wohl anders handeln mögen, wenn mir Gott nicht eine so empfindsame Haut gegeben hätte. Aber zufolge der außerordentlichen Empfindsamkeit meiner Haut, und zufolge des stets erfrischten Anblickes der vielen brennenden Scheiterhaufen machte ich den Klugen, und that im Grunde gar nichts; denn ich dachte mir: Wahrhaft christlich Gutes zu thun im Sinne des göttlichen Stifters ist bei solchen Umständen so gut als rein unmöglich; ich thue daher lieber nichts, mache die äußere Dummheit, so gut es geht, mit, und suche mir, wo es sein kann, dieselbe wenigstens zu einem zeitlichen Vortheile zu machen. Ich wußte wohl, daß es gefehlt ist, wenn an der Lehre Christi etwas Authentisches sein sollte; aber dabei dachte ich mir wieder: Wenn der Herr irgend diese Lehre, wie sie in den Evangelien steht, gegründet hat, so wird Er wohl auch Seine Gründe haben, warum Er diese Seine einfache und höchst reine Lehre also hat ausarten lassen. Dazu dachte ich noch öfter an Paulus, der seine Gemeinden aufgefordert hatte, der weltlichen Macht unterthan zu sein, ob sie gut oder böse ist; denn es besteht nirgends eine Macht, außer daß sie seie von Gott. Ist es demnach Unrecht, was diese Kirchenoberhäupter thun, so mögen sie es einst verantworten; ich aber werde thun, was einst Pontius Pilatus gethan hat, da er die Kreuzigung Christi nicht hintertreiben konnte, und der Herr als das allervollkommenste Wesen wird es sicher auch einsehen, daß unsereiner mit der allerbeschränktesten Macht nicht gegen den allgemeinen Weltstrom zu schwimmen vermag. Siehe nun, lieber Freund, woher du auch immer sein magst, das ist die Antwort auf deine Frage; und du kannst mir jetzt auf der Stelle die Haut abziehen, so wirst du keine andere aus mir bekommen können. — Nun spreche ich: Gut, mein lieber Freund, du hast nichts zurück behalten, sondern mir im Ernste Alles kund gegeben, was du deiner Erinnerung zufolge in dir gefunden hast. — Aber nur möchte ich von dir noch erfahren, aus welchem Grunde du denn hernach in dieses Paradies gekommen bist? Denn wenn du in dir von der totalen Fehlbarkeit der römischen Kirche nach deiner Aeußerung überzeugt warst, so mußtest du ja doch auch überzeugt sein, daß ihre Lehre über das Fortleben der Seele nach dem Tode eben so falsch sein muß, als alles Andere. Dazu muß ich dir noch sagen, daß aus eben dieser katholischen Kirche gar Viele hier angelangt sind, die alsbald in das wahre Reich Gottes gelangten, — und noch muß ich dir dazu bemerken, wenn die katholische Kirche auch wirklich in einem völligen Wider-Christenthume sich befand, so weiß ich mich aber doch nicht zu entsinnen, ob sie die Nächstenliebe und die Demuth je untersagt hat; daher möchte ich von dir noch erfahren, wie es demnach kam, daß du, wie schon voraus bemerkt, in dieses Paradies gekommen bist. — Unser Primus spricht: Lieber Freund, woher du auch immer sein magst, diese Frage zu beantworten, wird von meiner Seite wohl sicher etwas schwer halten; denn im Ernste gesprochen, den Grund, der mich hierher gebracht hat, kenne ich so wenig, als den Mittelpunkt der Erde. Denn wenn ich dir so ganz aufrichtig gestehe, so habe ich bei meinem Leibesleben auf die Unsterblichkeit der Seele nach dem Tode mit vielen Anderen Verzicht geleistet. Wenn man aber auf das geistige Leben nach dem Tode Verzicht leistet, so bleibt einem auf der Welt ja doch nichts Anderes übrig, als zu leben nach dem alten römischen Spruche: Ede, bibe, lude; post mortem nulla voluptas! — Also habe ich auch auf der Welt gelebt, um zu essen und zu trinken, und um eben des Essens und Trinkens willen alle die Weltspielereien mitzumachen. — Als aber mit der Zeit der immerhin fatale Leibestod über mich gekommen ist, von dem ich mir bei meinen Lebzeiten so viele nutzlose Gedanken gemacht habe, da erst erfuhr ich's, daß dieser Leibestod durchaus keine ultima linea rerum ist, sondern daß ich nach der mir noch bis auf den gegenwärtigen Zeitpunkt unbekannten Ablegung meiner irdischen Hülle gerade also fortlebe, als wie ich ehedem auf der Erde gelebt habe; nur mit dem alleinigen Unterschiede, daß ich hier statt in den schmutzigen Klosterzellen in diesen hübschen Gartensalons meine Zeit zubringe, und statt einer schwarzen eine weiße Kutte trage, nicht mehr Messe lese, sondern mich hier befinde, wie eine mit Vernunft begabte Blattlaus, und bin im buchstäblichen Sinne ein fructus consumere natus. — Daß hier noch diese weltlich klösterlichen Regeln beobachtet werden, ist an und für sich eben so unerklärlich, als alles Andere. Wir stellen uns hier vor, glücklich zu sein; fürwahr wir sind es bloß durch unsere wieder gefundene und angewohnte, ein wenig cultivirte Klosterregel. — Nimmst du uns Dieses weg, so sind die Feldmäuse glücklicher, als wir. Ich muß dir daher zu allem Dem noch hinzu gestehen, daß wir sammt und sämmtlich hier mehr oder weniger durchaus nicht wissen, warum wir hier sind. — Weißt du etwas Besseres, so gebe es uns kund, und wir wollen auch das mißliche Gewisse recht gerne mit diesem ungewissen Scheine vertauschen. — Thue mit mir und mit uns Allen, was du willst; nur mit der Hölle und mit noch mehr Fragen verschone uns; denn jetzt habe ich dir Alles gesagt, und du könntest mir jetzt schon Fragen geben, wie viel du wolltest, so werde ich auf jede gleich einem Steine zu antworten wissen; denn wo nichts ist, da kann der Tod nichts nehmen! —

## 147.
(Am 10. März 1843, von 5¼—7¼ Uhr Abends.)

Nun spreche ich: Höre, lieber Freund, ich meine, so stumm als ein Stein bist du nicht, und daher wirst du mir schon noch eine Frage zu beantworten im Stande sein. — Ich will diese Frage auch so einfach als nur immer möglich geben; und so höre denn: Hast du während deiner ganzen geistlichen Amtsführung nie über Christum nachgedacht, und ist es dir nie vorgekommen, als könntest du Ihn so recht aus allen deinen Kräften lieben? — Siehe, das ist eine einfache Frage, welche du beinahe mit Ja oder Nein beantworten kannst; nur muß dabei die lebendige Wahrheit zu Grunde liegen. Der Primus spricht: Lieber Freund, woher du auch immer sein magst, auf dergleichen Fragen kann ich dir schon noch antworten, und wenn du deren auch noch mehrere stellen würdest; — aber nur über die römische Kirche sollst du mich nicht mehr fragen; denn ich bin über die Maßen froh gleich einem verabschiedeten gemeinen Soldaten, daß ich hier mit ihr nichts mehr zu schaffen habe. Aber was Christum betrifft, da will ich mit dir reden, so lange du es nur immer willst; und so sage ich dir zur Antwort auf deine Frage, daß ich bei mir selbst gar oft über Christus nachgedacht habe, und empfand es auch in mir nicht selten, daß ich eben kein schlechter Apostel sein dürfte, wenn ich das Glück hätte mit Christo also umzugehen, wie der Apostel Petrus mit Ihm umgegangen ist; ja, ich muß dir sagen, Christus wäre die einzige göttliche Person, die ich aus allen meinen Kräften lieben könnte, so Sie im Ernste irgendwo vorhanden sein sollte. Daß ich während meiner ganzen geistlichen Amtsführung eben ämtlicher Maßen mich am allerwenigsten mit Christo habe abgeben können, Solches wird dir ohnedieß bekannt sein, wie gestaltet und warum; denn bin ich als Klosterchef zu irgend einer höheren geistlichen Behörde berufen worden, oder wohl gar zu einem Bischofe, wie einmal sogar nach Rom, so war bei solch' einer Zusammenkunft von Christo nie die Rede, sondern lediglich nur, was in dem Kloster eingeht, wie das Vermögen der Kirche verwaltet wird, und wie ich es anstellen müßte, falls das Kloster zu wenig eingetragen hat, um die kirchlichen Renten zu erhöhen; — und als ich einmal sogar nach Rom beordert ward und mir dachte, ich werde dort über Christum ein höheres Licht empfangen, so war aber davon dennoch keine Spur! Ich wurde nur haarklein ausgefragt, wie es mit den kirchlichen Renten stehe, und ob noch keine bedeutende Stiftungen erloschen sind, und falls einige erloschen sein sollten, was da mit den Stiftungskapitalien geschieht? — Als ich darauf zur Antwort gab, mit dem Erlöschen der Stiftungen hat es bei uns seine geweisten Wege; was da die ganz alten Stiftungen sind, so sind diese schon lange dem allgemeinen klösterlichen Kirchenvermögen einverleibt worden, und von neueren Stiftungen ist in dieser etwas zu sehr aufgeklärten Zeit eben keine zu sehr bedeutende Rede mehr. Man muß sich mit einfachen Legaten begnügen, und mit einigen bezahlten Seelenmessen; aber von den sogenannten ewigen Stiftungen ist, wie gesagt, jetzt keine Rede mehr.

— Auf solch' eine Aeußerung von meiner Seite wurde zuerst von einem Cardinal ein derber Fluch allen Ketzern und Protestanten gedonnert, und mir ward nichts Anderes gesagt, als daß ich durch scharfe Predigten und Beichtstuhlermahnungen die Menschen dahin stimmen sollte, daß sie sich für's Erste nicht irgend von den sogenannten Protestanten aufklären lassen, und für's Zweite zur Gewinnung des Himmels sich durch reiche Stiftungen der alleinseligmachenden Kirche auf immer einverleiben sollten. — Nach solcher Ermahnung ward mir ein ganzes Compendium von einigen hundert Stücken vollkommenen Ablässen überreicht, welche ich sammt und sämmtlich ehemöglichst an Mann bringen sollte, und zwar einen Ablaß im Betrage von wenigstens **zehn Thalern**. — Mir ward ein gratis vollkommener Ablaß mitertheilt; aber mit der Bedingung, daß dieser erst dann für mich in die Wirksamkeit tritt, wenn ich für all' die anderen Ablässe den Betrag werde nach Rom eingesendet haben. — Ich wollte bei dieser Gelegenheit mich noch um manches Religiöse erkundigen; allein man deutete mir zu schweigen, und Einer aus dem Gremium sagte mir nur so im Vorbeigehen: Bedanke dich allerdemüthigst für solche hohe Gnade von Seite des obersten Statthalters Christi, und gehe dann deine Wege; verlaß Rom sobald als möglich, damit du desto eher nach Hause kommst, um allort den Willen des heil. Vaters zu erfüllen. — Ich befolgte auch seinen Rath; mir ward darauf sogar die Gnade zu Theil, zum Pantoffelkuße hinzugelassen zu werden, aber mit dieser Gnade auch der Bescheid, mich ja nicht mehr über 24 Stunden in Rom aufzuhalten. Aus dieser Darstellung kannst du sehr leicht entnehmen, um welch ein Christenthum es sich allda gehandelt hat. Fürwahr, hätte ein Cardinal nicht das Wort „**Statthalter Christi**" ausgesprochen, so wäre ich in Rom gewesen, ohne bei dieser obersten Behörde den Namen **Christi** vernommen zu haben, außer auf dem Wege der kirchlichen Ceremonie. — Dieser Besuch Rom's hat mir auch zugleich den letzten Tropfen meines Unsterblichkeitsglaubens, und somit auch meines Christussinnes ausgesogen. — Als ich mit meinen Ablässen wieder in meinem Kloster ankam, übergab ich dieselben meinen Klosterbrüdern zur Disposition. Sie haben auch meines Wissens glücklich alle angebracht; nur haben sie dabei eben auch meines Wissens ziemlich handeln lassen, und da ich mich darüber ausgewiesen habe, daß ich hinsichtlich der moralischen Veräußerung der Ablässe eine gewisse Noth hatte, so ließ auch Rom handeln, und begnügte sich mit einer geringeren Summe. — Und siehe, das ist nun Alles, was ich dir auf deine Frage zu antworten vermag. — Was dann meine Liebe zu Christo betrifft, so wirst du aus dieser meiner Aeußerung selbst leicht abnehmen können, daß, wenn auf dergleichen kirchliche Manipulationen Christus bis auf den letzten Tropfen hinaus gearbeitet wird, und der Mensch besonders im Priesterstande am Ende allen Glauben verliert, — es dann auch mit der Liebe zu Christo seine geweisten Wege hat. — Ich will damit freilich nicht sagen, als möchte ich Christum nicht lieben, wenn Er irgendwo wäre. Ja ich könnte Ihn sogar über Alles lieben, indem Seine Lehre wirklich das Allerreinste und Beste ist, was sich nur je ein sterblicher Mensch denken kann. — Aber das „**wenn**" ist das Allerfatalste dabei; — ich kam hierher und lebe nun hier, wie ich schon ehedem bemerkt habe, ohne zu wissen, wie, wo und warum, — indem ich doch auf der Welt die Unsterblichkeit der menschlichen Seele gänzlich habe fahren lassen. Hier habe ich bis jetzt auch von Christo nichts mehr erfahren, als was ich auf der Erde von Ihm erfahren hatte; und somit stellt sich zwischen mir und Christo immerwährend das fatale „wenn". — Bringe Dieses aus mir, und du sollst an mir einen Jünger Johannes oder die Magdalena haben. — Nun spreche ich: Gut, mein Freund; du hast mir auf meine kurze Frage eine sehr gedehnte Antwort gegeben, — so will ich denn nun dir und euch Allen Etwas sagen; werdet ihr Solches beachten, so könnt ihr den Weg zum wahren ewigen Leben betreten, wo nicht, da steht euch auch eben an der Stelle, wo der Thurm verschwunden ist, bereits der Weg zum ewigen Tode offen! — Und so höret denn: **Christus Jesus ist der alleinige Gott und Herr aller Himmel und aller Welten!** Er ist in Sich allein Seiner ewigen unendlichen Liebe zu Folge der Vater, und Seiner unendlichen Weisheit zu Folge der Sohn, und Seiner ewigallmächtigen unantastbaren Heiligkeit zu Folge der heilige Geist Selbst; wie Er es auch Selbst von Sich ausgesagt hat, daß **Er und der Vater Eines ist**, und wer Ihn sieht, auch den Vater sehe; und daß der heilige Geist von Ihm ausgehe, wie er es gezeigt hat, da Er Seine Apostel anhauchte und zu ihnen sprach: Nehmet hin den heiligen Geist! — Das ist für euch der erste Glaubensartikel, ohne welchen Niemand in's ewige Leben gelangen kann; denn es heißt auch in der Schrift: Wer nicht glaubt, daß Christus ist der Sohn des lebendigen Gottes, Welcher ist die Liebe des Vaters, der wird nicht selig. — Ich aber sage euch: **Werdet ihr nicht den Vater, wie den Geist im Sohne Christus ergreifen, so werdet ihr nicht zum Leben eingehen.** — Stoßet euch nicht an dem Texte, da es heißt: „Der Vater ist mehr denn der Sohn"; — denn Solches besagt, daß die Liebe als der Vater in Sich ist das **Grundwesen Gottes,** und aus Ihr ewig hervor gehet das Licht und der ewig mächtige Geist. — Solches sei für euch der zweite Glaubensartikel. — Der dritte Glaubensartikel aber lautet also: **Seid vom ganzen Herzen demüthig, und liebet Gott im alleinigen Christo über Alles,** euch untereinander aber also, wie Jeder sich selbst; und ein Jeder von euch sei der Anderen willen da, und trachte wie möglich als der Geringste Allen zu dienen. — Wenn ihr diese drei Glaubensartikel vollkommen in euch werdet aufgenommen haben, dann erst wird euch der Weg zum ewigen Leben gezeigt werden. Von der Erde habt ihr keine anderen als nur lauter arge Trugwerke mit hierher gebracht, und sie sind hier allenthalben vor euch erscheinlich. Sie hatten keinen Grund; daher werden sie auch gar bald vor eueren Augen zunichte werden und vergehen wie eine Ephemeride, sobald eure eigene innere Nacht über euch herein brechen wird. Darum aber habe ich euch nun im Namen des Herrn einen neuen Samen gegeben; pflanzet ihn in euer Herz, auf daß er zu einer fruchtbringenden Pflanze wird. Diese Frucht wird euch erst dann eine lebendige Stärkung werden; ihr Geist wird entflammen euere Liebe, und diese Flamme wird euch erleuchten den neuen Weg, der da führet zum ewigen Leben! — Nun sehet, diese sämmtlichen Paradiesmönche fangen an sich auf die Brust zu schlagen, und schreien: Welch' ein Abgrund unter uns, welch' eine Tiefe über uns! — Herr, sei uns großen Sündern barmherzig! — Schließe zu den Abgrund, und verdecke die Tiefe über uns; denn wir sind nicht würdig auch nur eines Funkens deiner Gnade! Vernichte uns, denn der Vernichtung sind wir werth; aber nur laß uns nicht leben, auf daß wir von dir möchten verdammt werden! — Sehet, also gehen diese etwas leichter in sich, als die früheren. Belassen wir sie aber nun in dieser Stimmung, und begeben uns in den klösterlichen Himmel, allda ihr dann im buchstäblichen Sinne erfahren werdet, daß das „medium tenuere beati" hier seine Realität hat; denn der Himmel hier wird schlechter sein, als der Seelenschlaf. —

## 148.

(Am 27. Februar 1843, von 4¼—6¼ Uhr Abends.)

Ihr fraget hier wohl, und saget: Lieber Bruder und Freund! Wo ist wohl hier dieser Himmel? — Ich sage euch: Wir werden gar nicht weit zu gehen brauchen, um seiner ansichtig zu werden. Da sehet nur einmal vor uns den tüchtigen Palast, und sehet dort in der Mitte über eine Stiege ein kleines Pförtchen gerade in der Mitte des Palastes angebracht. Das ist der Eingang zum Himmel; denn Solches müßt ihr ja wissen, daß der Himmel und das Paradies nicht so weit auseinander entfernt sind. Ihr fraget zwar nach Petrus und Michael, ob sich auch diese hier einfinden? — Sie werden nicht mangeln; aber sie sind nicht vor, sondern hinter der Thüre. Wir wollen hier nicht gewaltsam in den Himmel dringen, und so werdet ihr bei unserem Anklopfen sogleich des Petrus und des Michael gewahr werden. Und so gehen wir denn an das Pförtlein, und klopfen dort an, damit uns in den Himmel der Einlaß werde. — Wir sind an Ort und Stelle; so gebet denn Acht, welch' eine Frage wir durch das verschlossene Pförtlein vernehmen werden, wenn ich anklopfen werde. — Und so denn klopfe ich an; und hört, der Petrus ist schon gegenwärtig, und fragt: Woher? — Von Oben oder von Unten? — Ich spreche: Von Oben. — Der Petrus spricht: Wie der Name? — Ich spreche: Bote des Herrn! — Der Petrus fragt weiter: Was für eines Herrn? — Ich spreche: Ich kenne nur einen Herrn, nämlich Jesum Christum! — Der Petrus spricht! Du bist ein Lügner; wie kann dich Christus von Außen her gesandt haben, nachdem Er doch nur hier im Himmel wohnt und sitzet zur rechten Hand des Vaters? Wärest du also von Ihm ausgesandt, so müßtest du doch hier vom Himmel ausgesandt sein. — Du aber kommst mit fremder Stimme von Außen her; somit bist du ja ein Lügner und Betrüger, und ein allerderbster Sünder wider den heil. Geist; daher marsch mit dir hinab in die Hölle, und mit Jedem, der mit dir ist! — Ich spreche: Höre du blinder Himmelswächter, du trügst dich gar gewaltig; weil du mich aber fragtest, woher und wessen Namens ich bin, so frage ich auch dich, wer du bist, darum du dir sogleich das Verdammungsurtheil anmaßest, während Solches der Herr doch allen Seinen Aposteln auf das Eindringlichste widerrathen hat. — Der Petrus spricht: Ich bin Petrus, ein Fels, auf welchen Christus Seine Kirche gebaut hat, und diese Kirche werden solche Boten von Unten, wie du bist, nicht überwältigen; daher harrest du umsonst auf den Einlaß. — Ich spreche zu ihm: Für was würdest du mich denn dann halten, wenn ich denn doch trotz deiner himmlisch petrischen Gewalt diese Thüre einbrechen und mich vollends bemächtigen würde deines Himmels? — Der Petrus spricht: O du abscheulicher Teufel aller Teufel! versuche nur einmal an die Schnalle zu greifen, du wirst es bald verspüren, wie heiß diese ist; ich kann dich aber schon in Voraus versichern, daß dir diese Schnalle eine bedeutend größere Qual in einem Augenblicke verursachen wird, als tausend Jahre in der untersten Hölle. — Ich spreche zu ihm: Höre, das kommt nur auf einen Versuch an; und so denn greife ich deine gefährliche Schnalle an, und siehe, die Thüre ist eröffnet, und ich kann dich versichern, daß ich für's Erste gar keinen Schmerz empfand, und für's Zweite habe ich dein Pförtlein überwältigt, und frage dich darum nun Angesichts, für wen du mich hältst, da ich deine Felsenpforte mit meiner Pforte überwältiget habe? Nun rede! — Der Petrus spricht: Was soll ich Angesichts eines solchen Freulers reden, der die heilige Wohnung Gottes und Seiner Heiligen höhnend mit seinen allerabscheulichsten Füßen tritt? — Ich spreche: Also redest du als Petrus zu mir? Weißt du nicht, daß Christus Seinen Aposteln befohlen hat, daß sie sanft gleich den Tauben sein sollen? Und du bist hier so derb als ein Kettenhund! Wenn du wirklich der Petrus bist, so wirst du wohl wissen, daß der Herr Seinen Aposteln und Jüngern nichts so sehr anbefohlen hat, als die wahre Demuth des Herzens, die größte Sanftmuth des Gemüthes, und die vollkommene Liebe des Nächsten. Wenn ich dich nun als ein vermeintlicher Teufel dessen erinnere, bin ich demnach als Solcher der göttlichen Wahrheit nicht näher denn du, der du dich doch für den Petrus hältst, und wähnest ein Taglöhner des Himmels zu sein? Aber das Wort des Herrn ist dir fremder in seiner Werkthätigkeit, als der Mittelpunkt der Erde; daher fordere ich dich noch einmal auf, mir bei dem lebendigsten Namen des Herrn die vollkommene Wahrheit zu gestehen, und mir kund zu geben, wer du seiest? — Der Pseudo-Petrus spricht: Höre du abscheulicher Teufel, du bist keiner Antwort werth; und verläßt du nicht augenblicklich diese Stelle, so rufe ich sogleich alle himmlischen Mächte zusammen, und zwar zuerst alle Heiligen. Wirst du vor denen noch nicht fliehen, so rufe ich alle Engel, und wirst du dich auch denen widersetzen, so rufe ich die allerseligste Jungfrau Maria und den hl. Joseph, und solltest du vor Denen etwa auch noch nicht fliehen wollen, so rufe ich die Dreieinigkeit Selbst; und dann wird sich wohl zeigen, wer da mächtiger ist, du oder die heilige Dreieinigkeit! — Daher mache nicht Säumens, und fahre lieber gutmüthig hinab zu deiner verfluchten Hölle; denn wenn du es darauf ankommen läßt, daß alle die himmlischen Mächte über dich kommen werden, so wirst du mit glühenden Ketten geknebelt sammt deinen Spießgesellen mit vertausendfachter Qual hinabgeworfen werden in die unterste aller Höllen, allda du in solcher vertausendfachter größerer Qual ewig brennen, sieden und braten wirst. — Ich spreche zu ihm: Höre, wenn du mir auf meine

Frage, die von der wahren Liebe des Herrn begleitet ist, solche Antworten giebst, und mir sogar drohest mit allen deinen himmlischen Mächten, da muß ich mir schon die Freiheit nehmen, mit meinen Spleßgesellen ohne deine Erlaubniß in deinen Himmel einzudringen, und mich dazu überzeugen, ob da all' deine himmlischen Mächte ernstlich im Stande sein werden, — mir deine Drohung angedeihen zu lassen. — Nun höret, auf diese meine Aeußerung erhebt der Petrus ein ganz jämmerliches Geschrei und stellt uns den Michael entgegen; er aber rennt zurück und ruft alle die himmlischen Mächte auf einmal zu Hilfe. Wir aber geben dem Michael einen kleinen Stupfer, und sehet, auch er rennt dem Petro nach, und die Treppe ist frei. Gehen wir daher nur schnurgerade hinauf; ihr werdet euch sogar überzeugen, daß Petrus und Michael sammt den anderen himmlischen Mächten sich aus lauter himmlisch bescheidener Politik so hübsch in den Hintergrund des Himmels begeben werden. — Nun sehet, da sind wir ja schon, und der Himmel in einem eben nicht zu sehr ausgedehnten Maßstabe steht vor unseren Augen offen, wie er in der irrigen Begründung dieser Himmelsbewohner vorhanden ist. Was sagt ihr zu diesem Himmel? Wie ich sehe, so zucket ihr ganz gewaltig mit den Achseln, und saget: Nein, soll das auch ein Himmel sein? — Da hätten wir uns aus dem früheren Paradiesgarten doch beiweitem eher einen Himmel heraus geschaut, als aus diesem höchst baßentheatralischen Coulissentandelmarkt. Fürwahr, so dumm hätten wir uns diese Himmelsbewohner denn doch nicht vorgestellt. Wenn sie allenfalls noch eine Petruskirche zu Rom zu einem Himmel maskirt hätten, so wäre Solches noch für einen gewissen Grad von Blindheit verzeihlich; aber diese höchst plumpe und gemeine Darstellung würde auf der Erde kaum die Ehre haben, daß sie den allerdummsten Bauernkindern einen Beifall abnöthigen möchte, und würde daher von einem nur etwas besseren Menschentheile über Hals und Kopf ausgepfiffen. — Wie es sich hier zeigt, so stellen die höchst gemeinen zusammengesteckten Tische gewisserart im Parterre des Himmels den Tisch Abrahams, Isaaks und Jakobs dar; und vorn befindet sich statt einer Plastik nur ein schlecht gemaltes Bild, Abraham, Isaak und Jakob darstellend; und was auf dem mit Wolken-Coulissen bestellten Podium dieses Himmelstheaters die Dreieinigkeit betrifft, so ist diese ebenfalls wie aus grobem Pappendeckel geschnitten, und dann grob und höchst unkünstlerisch bemalt mit einem sichtbaren plumpen Nagel an den Hintergrund befestiget; — und diese Patzerei von den die h. Dreieinigkeit tragenden Cherubimen und Seraphimen! — Das Beste ist noch das große runde, mit gelbem Glase versehene Fenster hinter der Dreieinigkeit. — Ja meine lieben Freunde, ihr habt ganz recht gesehen, und möchtet aber nun auch wissen, warum es hier mit dem Himmel gar so kläglich aussieht? — Ich sage euch: Solches hat Alles seinen guten Grund; und ihr habt schon im Garten vernommen, wie dort für die Möglichkeit des Himmels gehörig Sorge getragen werden muß, damit die Paradiesinwohnerschaft nicht zu einem allfälligen Aufstande gereizt werde, und zwar besonders von Seite der dienstthuenden Engel. — Solches ist jedoch hier weniger zu berücksichtigen; denn ein Trug zieht immer den andern nach sich. Wir werden aber bei der nachfolgenden Betrachtung schon ganz klärlichst dahinter kommen, warum sich dieser Himmel so höchst plump und materiell gestaltet; daher wollen wir auch Solches mit der Gelegenheit uns eigen machen. Denn das könnt ihr schon im Voraus annehmen, daß die Clausur auch einen sehr clausirten Himmel hat. — Da aber in einem solchen Kloster gewöhnlich zwei Parteien wohnen, nämlich die wirklichen Mönche und die hausknechtischen Laienbrüder, daher wird auch dieser Himmel, nach welchem die Mönche durchaus keinen Appetit haben, zumeist von den Fratribus in Empfang genommen, welche mit ihm, wenn sie nur gehörig zu essen haben, auch völlig zufrieden sind, weil sie sich zufolge ihrer außerordentlichen Laiheit nie einen besseren haben vorzustellen vermocht; denn sie gehören zu jener höchst finsteren katholischen Classe, welche ein ganz schlecht geschnitztes und gemaltes Bild für viel wunderwirkender hält, als ein ästhetisch meisterhaftes. — Daher werdet ihr auch schon gar sicher beobachtet haben, daß die sogenannten wunderthätigen Gnadenbilder zumeist die allerbarsten Caricaturen sind. Also wäre für diese Himmelsbewohner ein solcher Himmel, wie wir jüngst einen geschaut haben, viel zu schön; daher aber auch beiweitem nicht so wahrhaft und allmächtig wirksam. Kurz, wir wollen uns hier in keine weitere Zergliederung dieses Himmels vor der Hand einlassen; denn er wird uns mit der nachträglichen successiven Enthüllung dieser Himmelsbewohner ohnedieß noch ganz klar und ausführlich auseinander gesetzt werden. — Ihr werdet hier noch im buchstäblichen Sinne eine sogenannte himmlische Komödie aufführen sehen; denn Solches werden diese Bewohner bald angehen, um uns aus ihrem Himmel zu treiben, und wir werden bei der nächsten Gelegenheit einer solchen Komödie beiwohnen. —

## 149.

(Am 13. März 1843, von 5¼—6¾ Uhr Abends.)

Ihr sehet diesen Himmel noch in seiner vorigen Eingeschrumpftheit; aber da die Bewohner dieses Himmels sogar nebst ihrer falschen Begründung auch etwas böse geartet sind, so fangen sie nun nach einiger Ueberlegung an sich über uns aufzublähen, und solches Aufblähen werden wir bald an diesem ganzen Himmel erschauen. — Ihr fraget zwar, wie Solches möglich, nachdem zuvor die Bewohner dieses Himmels sich aus lauter erbärmlicher Furcht vor uns verkrochen haben? — Solches ist ja schon in der Natur eines jeden noch stark naturmäßig gestunten Menschen, daß da die Furcht wie nicht selten auch so manche Traurigkeit nichts Anderes ist, als ein Same für einen bald daraus erwachsenden Zorn, und endlich auch sogar von einer verzweifelten Zornwuth-Tollkühnheit; — denn Solches könnt ihr am leichtesten bei den Kriegern, die gegen den Feind in's Feld ziehen, gewahren, da sie ebenfalls mit großem Zittern und Zagen dem Feinde entgegenziehen; sind sie an den Feind gestoßen und haben da einige wohlgenährte Salven bekommen, so geht ihre Furcht sobald in einen Glühzorn über, und werden sie mit dem Feinde gar handgemein, da verdrängt die Zornglut ein flammender Grimm, bei welcher Gelegenheit sich ein solcher ehedem furchtsamer Krieger wüthend in die größten Gefahren stürzt. Der gleiche Fall ist es auch bei so manchen Trauernden; — so sie die effective Ursache ihres leidenden Zustandes ergreifen könnten, und hätten dazu eine hinreichende Macht, da dürfte es demjenigen Gegenstande, der da der Grund einer solchen Trauer war, fürwahr nicht am Besten ergehen; — ich könnte euch sogar viele Tausende und Tausende zeigen, die in ihrer eitlen Trauer sogar dem Herrn auf das Gräuelhafteste geflucht haben; darum hat auch der Herr auf der Welt die Trauer nie gut geheißen, außer einer Trauer über den eigenen Zustand, wenn er nicht also ist, wie es die Ordnung des Herrn erheischt; d. h. es muß in diesem Falle die Trauer gleich sein einer wahrhaftigen Reue des Herzens, und muß eine natürliche große Liebe zum Herrn zum Grunde haben, — oder der Trauernde muß trauern in aller Sanftmuth seines Herzens. Solches aber ist dagegen auch wieder sicher, daß Derjenige, der den Herrn wahrhaft liebt, gar wenig Grund zu trauern haben wird; denn die Trauer ist im Grunde nur ein Schmerz über den Verlust einer Sache, oder eines Gegenstandes. So aber Jemand den Herrn hat, was kann der wohl verlieren, was ihm einen Schmerz bereiten sollte? Ihr wisset aber aus der Schrift, daß da viele Weiber bei der Kreuzigung des Herrn dem schwer gemißhandelten Heilande der Welt gefolgt sind, und haben Ihn beweint und betrauert; Er aber hat ihre Traurigkeit nicht gut geheißen, sondern verwies sie ihnen vielmehr, und gab ihnen zu verstehen, daß sie vielmehr über sich, also über ihre Sünden und über ihre Kinder weinen sollten. — Wie es sich aber mit der Trauer verhält, also verhält es sich auch mit der Furcht, welche nichts ist, als ein klägliches Bewußtsein der eigenen Ohnmacht und Schwäche. — Wenn aber Jemand den Herrn hat in seiner Liebe und somit auch sicher in seinem Vollvertrauen, wie sollte der sich wohl vor Etwas fürchten? — Also ist die Furcht immer eine Folge eines nicht reinen Gewissens, und dann, wie gesagt, des Bewußtseins der eigenen Ohnmacht und Schwäche. — Wenn wir nun von dieser Definition auf diese unsere Himmelsbewohner übergehen, so werden wir sie ebenfalls also finden, daß sie ganz genau in diese unsere Definition passen werden. Aus diesem Grunde sehet ihr auch nun diesen Himmel an, und ihr werdet gar leichtlich entdecken, daß sich alle diese himmlischen Gegenstände nach und nach zu vergrößern anfangen, damit wir von dieser Erscheinlichkeit einen Respect bekommen sollen. — Solches Vergrößern liegt in dem Anschwellen der Gemüther dieser Himmelsbewohner zu Grunde; — und so sehet nur hin, wie das ganze himmlische Theaterpodium sich nach allen Seiten auszudehnen anfängt. — Die früheren kaum faustgroßen Köpfe der Cherubime und Seraphime haben bereits schon einen Durchmesser von einer Klafter; die Dreieinigkeit ist bereits schon so groß, daß ihr sie auf zehn Meilen auf der Erde noch recht gut ausnehmen könntet, der früher ganz seichte Hintergrund dieses Podiums scheint schon beinahe eine Tiefe von zwanzig Meilen zu haben, und die früheren Wolken-Coulissen erscheinen jetzt, wie ihr sehet, als ungeheuer schwere Gewitterwolken auf der Erde, so ihr solche dann und wann geschaut habt, wie sie sich auf der Erde vom Morgen und Abend gegen einander aufzuthürmen anfingen. — Aber nun sehet auch auf unser Partere, wie sich auch dieses außerordentlich in gleichem Maße erweitert hat,

und wir nun daſtehen wie drei Punkte, die man in einem ſo großen
Raume kaum bemerkt. Wie gefällt euch dieſe Geſchichte? — Ihr ſaget:
Fürwahr, dieſe Metamorphoſe oder vielmehr dieſe echt theatraliſche
Phantasmagorie iſt noch das Beſte und Sehenswürdigſte dieſes ganzen
Himmels; obſchon man dabei ſo ganz nüchtern ſagen muß, daß einem
bei dieſer außerordentlichen Vergrößerung der Gegenſtände ſo ein wenig
unheimlich zu Muthe wird, oder wie man ſo auf der Erde zu ſagen
pflegt, die Sache hört auf ein Scherz zu ſein. — Gut geſagt; ich habe
es euch ja geſagt, daß euch die Komödie etwas überraſchen dürfte. Aber
die eigentliche Komödie hat noch nicht angefangen; dieſe Erſcheinlichkeit
bis jetzt iſt gewiſſerart nichts Anderes, als das Aufziehen des Vorhan-
ges auf den zu allermeiſt überaus ärgerlichen Theatern auf der Erde. —
Wann ihr auf dieſem Himmelstheater erſt die handelnden Perſonen erſchauen werdet, da werdet ihr noch ganz anders große Augen machen.
Aber, wie geſagt, ihr müßt auch aus allem Dem, das da noch kommen
wird, eben nichts machen. Denn alles Solches geht aus den
gänzlich leeren Trugkünſten dieſer Geiſter hervor. Sehet jetzt nur wieder auf das Podium hin, welch' eine außerordentliche Ausdehnung in
die Breite und in die Höhe es bekommen hat, ja es hat gegenwärtig
eine ſcheinbare Höhe, als etwa von eurer Erde bis zum Monde hin,
d. h. der Erſcheinlichkeit nach; jetzt iſt es aber auch ſchon in ſeiner völligen Aufgeblähtheit da, und es wird ſich daher im Hintergrunde auch
ſobald ein Comödiant zeigen. — Sehet nur hin; er kommt mit einem
Fuße ſchon hinter der Couliſſe hervor. Seht, nun iſt er ſchon ganz
zu ſehen; aber ich bemerke ja, daß ihr euch ſogar ein wenig zu entſetzen
anfanget. Was iſt es denn? — Ihr ſaget: Höre, Freund, das iſt ja
eine unmenſchliche Menſchengeſtalt. Fürwahr, wenn ſolch' ein Rieſe irgend auf der Erde ſtünde, ſo ginge es ſogar dem Monde ſchlecht; wir
können ja nicht einmal ſeine entſetzliche Größe trotz ſeiner großen Entfernung im Hintergrunde auf einmal überſchauen, und nur das unſinnig
große Schwert, was er in der Hand hat! Fürwahr, mit dieſem könnte
er doch mit der geringſten Mühe von der Welt die ganze Erde wie einen
Apfel entzwei hauen. — Freund und Bruder, wenn der ſich etwa uns
nahen ſollte, da wären wir faſt der Meinung, daß es vielleicht beſſer
ſein dürfte, ſich eher noch aus dieſem etwas zu großartigen Staube zu
machen, als bis uns dieſer wahrhaftige Siriuskomödiant mit ſeinem
ſehr Ehrfurcht einflößenden Schwerte ergreifen möchte. — O meine lieben Freunde und Brüder, das muß euch durchaus nicht furchtſam machen;
denn hier im Reiche der Geiſter haben wir Diener des Herrn nicht ſelten noch ganz andere Geſechte zu beſtehen, als dieſes da iſt, wovon ihr
ſelbſt nur erſt kaum den erſten Anfang erſchauet. Wartet erſt, bis dieſe
Helden ſich mehr gegen den Vordergrund mit allerlei Waffen verſehen
ziehen werden; dann erſt werdet ihr das Rieſenhafte dieſer Theaterhelden
erſchauen. Ihr ſeht nun auch unſeren vormals kleinen Abrahams-Tiſch
in ähnlicher Weiſe ausgedehnt; — ſo werdet ihr auch ſehen, wie ſich
gar bald, unſerer unbekümmert, einige rieſenhafte Tafeldiener zeigen
und dieſen Tiſch mit verhältnißmäßig großen rieſenhaften Früchten
beſtellen werden, worauf dann bald ähnliche Rieſengäſte ſich zum Tiſche
ſetzen werden, und ihr werdet da Meiſterſtücke in der Freſſerei ſehen, in-

dem ihr da im buchstäblichen Sinne des Wortes und der Bedeutung nach wahre Weltenfresser vor euch erschauen werdet. — Für heute aber begnüget euch mit dem bisher Geschauten; nächstens soll erst die Hauptkomödie folgen, und somit gut für heute! —

## 150.

(Am 20. März 1843, von 4¼ bis 5½ Uhr Abends.)

Sehet, die Tafeldecker sind schon hier, und zwar ein jeder für sich in einer gleichen Ausdehnung, wie unser erster Coulissenheld. Sehet, wie vier solche Tafeldecker den eben nicht gar zu zierlichen Tisch Abrahams mit einem Tischtuche überdecken, welches der Erscheinlichkeit nach groß genug wäre, um euer ganzes Planetensystem sammt der Sonne gleich einigen unbedeutenden Aepfeln einzubinden, und zu Markte zu tragen. Nun werden aber Früchte auf den Tisch gelegt, bestehend aus euch der Form nach bekannten Erd-Obstarten, als: Birnen, Aepfeln, Pflaumen u. dgl. m.; auch wird eine Art Brod hinzugelegt, und bei jedem Theile, welcher bestimmt ist für eine Person, auch ein Becher, welcher der Erscheinlichkeit nach ungefähr die dreifache Portion des Erdmeeres fassen dürfte. Ihr fraget, wie Solches doch wohl um des Herrn willen möglich ist. — Ich aber sage euch: Den Geistern unter sich ist Solches gar leicht möglich; denn Solches werdet ihr schon oft bei euch erfahren haben, so ihr euere Phantasie nur ein wenig gebrauchen wolltet, daß es euch ein Leichtes war und noch ist, sich z. B. die Gestalt irgend eines euch wohlbekannten Thieres oder eines anderen Dinges in einem so ungeheuer vergrößerten Maßstabe vorzustellen, daß ihr euch darob am Ende beinahe selbst entsetzen mußtet. — Nun sehet, was euch auf der Erde bloß in der Phantasie eures Geistes möglich war, und jedem Menschen möglich ist in seiner Art, das ist hier im Reiche der Geister auch jedem Geiste der Erscheinlichkeit nach möglich. Solche Erscheinungen aber werden hier Trugkünste genannt, deren sich vorzugsweise die bösen Geister bedienen, wenn sie irgend eine geheime Tücke ausführen wollen. — Da aber auch diese Geister in Falschem und daraus auch in so manchem Argen sind, so können sie sich auch einer freilich wohl mehr unschädlichen Trugkunst bedienen, um damit uns als vermeintliche Feinde zu erschrecken; allein so sie sich gar bald überzeugen werden, daß wir uns vor ihrem Truge nicht entsetzen, da wird auch ihre Kunst gar schnell wieder in ihren vorigen Stand zusammenschrumpfen, und sie werden dann zu keiner zweiten mehr ihre Zuflucht nehmen. — Und nun sehet hin; die Gäste kommen schon von allen Seiten her an den Tisch, und greifen mit ihren übermäßigen Riesenhänden nach den kolossalen Früchten und führen dieselben zum schaudererregenden Munde, welcher der Erscheinlichkeit nach groß genug ist, um beinahe eine Erde gleich einer Erdbeere aufzunehmen. Ihr wundert euch aber nun, wie für euer Auge Solches möglich ist, diese phantastische Trugerscheinung bei all' ihrer entsetzlichen Größe mit der größten Leichtigkeit zu überschauen? Solches kommt daher, weil diese erscheinliche Größe für's Erste durchaus keine Größe ist, sondern nur ein Trug; wir aber sind vom Herrn aus im hellsten Lichte; daher kann sich vor uns auch nichts so groß darstellen in seiner Trüglichkeit, daß wir es nicht vermöchten alsogleich in all' seinen falschen Theilen mit einem Blicke zu überschauen. Zudem hat für's Zweite Solches auch noch einen andern Grund, und dieser ist folgender, daß diesen Geistern gegenüber auch unsere erscheinliche Gestalt in der Fülle der Wahrheit sich eben in dem Maße vergrößert, als sich da vergrößert dieser Geister Trugsinn. Solches ist somit also zu verstehen. Nun aber habet Acht auf das uns schon bekannte theatralische Trughimmels-Podium. Sehet, wie hinter den Wolken nun eine Menge geharnischter Riesenkrieger hervortritt, und wie der Anführer mit einem Cruzifixe vorausgeht, welches in eben dem Maße kolossal ist, als der dasselbe tragende Anführer selbst. — Aber nun habet auf eine noch andere Erscheinung dabei Acht; denn sehet, so eben wird der Riesen-Christus vom Kreuze herab auf uns zu reden anfangen; höret, er redet schon, und spricht zu uns: Hinaus aus dem Himmel mit euch Verfluchten; denn ihr habt allzeit dem hl. Geiste meiner allein seligmachenden römisch-katholischen Kirche widerstrebt, und waret allzeit mir über Alles verhaßte Ketzer. Daher hinaus mit euch in die äußerste Finsterniß; denn für euch ist hier in dem Himmel kein Platz, und ich habe euch noch nie erkannt. Zwinget mich nicht Gewalt zu brauchen; denn werde ich Solches thun müssen, da wird die unterste Hölle euer Antheil sein. — Wenn ihr ehedem meinem Apostel Petrus nicht geglaubt habt, so werdet ihr doch mir glauben, so ich vom Kreuze zu euch rede! — Ihr staunet hier wohl ein wenig; ich aber sage euch: Laßt euch von dieser Erscheinung nicht bestechen. Denn sehet, das Kreuz und die Figur auf demselben ist hohl; der Träger aber, wie ihr leicht bemerken könnt, hält das Kreuz auf seinen Mund und redet in dasselbe durch eine Oeffnung, welche sich dann im Munde der Christusfigur am Kreuze ausmündet. Darum kommt die Stimme auch wie aus dem Munde des Heilandes am Kreuze hervor, und ist somit ebenfalls ein eitel bösartiger Trug, weil dadurch das Menschliche des Herrn gestaltlich zu einem Trugmittel gebraucht wird; aber dessen ungeachtet ist dieser Trug nicht völlig grundböse, da dem handelnden Anführer ein grundböser Wille mangelt. — Ihr sehet auch, daß er sich eben nicht zu weit mit seinem redenden Cruzifix vorwärts getraut; und das ist schon ein Zeichen, daß ihm diese Kunst keinen großen Segen bringen wird, daher kehrt er sich nun zu den Kriegern, und giebt ihnen einen Wink, durch ein gewaltiges Geschrei zu schrecken zu versuchen. Und so denn fangen sie auch an, große Bewegungen zu machen und mit ihren Schwertern gewaltig an einander zu schlagen, und machen Miene, als wenn sie gegen uns ziehen wollten; allein sie bemerken auch, daß wir uns durchaus nicht erschrecken wollen, und so ziehen sie auch sammt dem Anführer wieder hinter die Coulissen zurück. Unsere Tafelgäste sehen auch, daß wir uns vor ihrer großartigen Mahlzeit nicht zu sehr entsetzen; daher fängt auch Einer nach dem Andern an, sich von der Tafel zu verlieren. Aber noch ist die Komödie nicht aus; sogleich wird ein zweiter Act beginnen, und wer da von euch ein Zoolog ist, der wird an diesem Acte viel Interesse finden; denn ich sage euch voraus, unsere Himmelbewohner werden jetzt das Aeußerste wagen und sich uns als allerlei riesige Thiere vorstellen. Wir aber wissen Solches; daher werden wir uns auch vor ihnen in solchem Zustande nicht erschrecken. —

## 151.
(Am 21. März 1843, von 5¼—6¼ Uhr Abends).

Da sehet hinauf, so eben kommt ein wohlgenährtes Krokodil zum Vorschein, und das zwar in proportionirlicher Größe mit den übrigen Gegenständen. Es sperrt den Rachen weit auf, als wollte es eine halbe Schöpfung verschlingen; aber da ihm nichts in den Rachen fliegt, so macht es denselben wieder ganz bescheiden zu. — Seht, dort weiter im Hintergrunde treten mehrere Tiger, Hyänen, Löwen, Leoparden und Bären hervor, noch weiter im Hintergrunde sehet ihr allergewaltigste Riesenschlangen hervorkriechen. — Nun sehet, wie alle diese Thiere mit den furchtbarsten Sätzen und grimmigsten Windungen gegen einander fahren, als wollten sie sich jählings in Stücke zerreißen, — und sehet, dort ganz in einem Winkel guckt ein großer Affenkopf hervor und beobachtet uns, ob wir uns noch nicht geschreckt haben; allein wir erschrecken uns nicht, und so fängt auch dieses Thiergefecht an sich zurückzuziehen. — Ihr fraget wohl, wie eine solche Metamorphose möglich ist? — Ich sage: Eine solche Metamorphose ist einem guten Geiste bei sich selbst zwar unmöglich; dessen ungeachtet aber kann er durch die Kraft des Herrn in ihm solche Bilder durch seinen Willen außer ihm also hervor rufen, daß sie dann eben also in die Erscheinlichkeit treten, als wären sie wirklich vorhanden. Solche Darstellungen werden im Reiche der Geister Täuschungen des Gesichtes genannt; jedoch ist Solches bei diesen vor uns gegenwärtigen Erscheinungen nicht der Fall. Denn Geister, welche irgend etwas Bösartiges in sich haben, können außer ihnen keine zweckmäßige Gesichtstäuschung hervorrufen; wohl aber können sie das Bösartige im äußersten Falle aus ihnen also hervortreten lassen, daß dann dieses Bösartige gestaltlich ihr Aeußeres wird. — Und so ist's denn auch bei diesen Geistern hier der Fall; und so habet ihr die Gelegenheit gehabt, das Rohe und Bösartige dieser Geister gestaltlich zu schauen. — Sehet, also verhalten sich hier die Sachen. — Hier ist zwar einerseits Alles Trug und eitel Falsches; aber nach eurem eigenen gar alten biblischen Spruche: „Dem Reinen ist Alles rein", ist auch in all' diesen Trugerscheinungen für uns gar nichts Trügendes; denn eben durch diese Erscheinungen zeigen die Geister ihr ganzes Inneres, und da ist Keinem möglich etwas Anderes hervor zu bringen, als gerade Das nur, was seinem inneren Lebensgrunde vollkommen entspricht. — Zuerst habt ihr den falschen Petrus kennen gelernt; das besagt, daß die ganze Apostolität eurer Kirche auf einem ganz falschen Petrus basirt ist; daher werdet ihr auch in mehreren Tausenden solcher Klöster allzeit einen solchen falschen Petrus antreffen. — Wie es aber mit dem Petrus geht, so geht es mit all' dem Andern. Ihr habt den Himmel zuerst nach eurem eigenen Geständnisse in der äußersten schmutzigsten Lächerlichkeit gefunden; betrachtet dagegen den echt heidnischen Tandelmarkt euerer Bethäuser, und ihr müßt dabei noch gestehen, daß dieser Himmel in seiner Entsprechung viel zu gut ist für dergleichen Thorheiten. — Was da betrifft den höchst schmutzigen Abrahamstisch, so ist er ja ein getreues Bild des Tisches des Herrn in euren Bethäusern; allda nicht selten, nota bene für's Geld noch dazu, für kranke Hunde, Ochsen, Kühe, Pferde, Schafe, Schweine und noch allerlei andere Thiere von allerlei schändlichen Handlungen dem Herrn ein wohlgefälliges Opfer dargebracht wird. An diesem Tische wird das Brod des Herrn ausgetheilt, welch' ein nur einigermaßen erleuchteter Geist kann sich einen noch größeren Unsinn denken? — Gleicht ein solcher Tisch des Herrn nicht einem wahrsten Schweinstroge, in welchem ebenfalls nur den Schweinen ein Futter gereicht wird? — Und gleicht Der, so er eben aus diesem Troge ißt, nicht eben auch einem Schweine? — Ja fürwahr, der Eine ist ein Schwein, und der Andere mengt sich unter das Futter der Schweine, und ist selbst Schuld daran, so er von den Schweinen gefressen wird. — Der Herr aber hat Sein Wort mit den Perlen verglichen, die man nicht den Schweinen vorwerfen soll, also meine ich denn auch, es wird aus einem solchen Schweinstroge nicht zu viel des lebendigen Brodes zu erschnappen sein; — und so werdet ihr es auch mit Leichtigkeit einsehen, daß unser Abrahamstisch, wie wir ihn zuerst gesehen haben, noch viel zu gut ist, um die volle Schändlichkeit so manches Tisches des Herrn in euerer Kirche darzustellen. Der Grund aber liegt darin, weil diese Laienmönche in ihrem Innern sich unter dem weltlichen Tische des Herrn nothgedrungen etwas Besseres vorstellten, als er an und für sich wirklich ist; denn sie hatten davon ja keine Ahnung, daß der Tisch Abrahams, Isaaks und Jakobs nichts Anderes als die reinste Liebe zum Herrn bezeichnet, und aus dieser heraus alle ersprießliche Werkthätigkeit in Beziehung auf das geistige Wohl der Brüder. — Wie demnach aber der Tisch, so auch der Himmel; denn da sich der eigentliche Himmel um's Geld nicht erkaufen läßt, während ihn eure Kirche doch fortwährend fest tarirt verkauft, so ist demnach auch dieser Batzenhimmel ja ganz wohl entsprechend, und muß also aussehen wie das Mittel, durch das man ihn an sich gebracht hat. —

## 152.

(Am 22. März 1843 von 4—5¾ Uhr Abends.)

Wenn ihr nur so ein wenig nachdenket, so kann es euch unmöglich entgehen, daß das eigentliche Himmelreich des Herrn als das Grundleben des Geistes in sich unmöglich anders erreicht werden kann, als so nur, wenn der Mensch in sich, das heißt in seinem Geiste die vom Herrn vorgezeichneten Bedingungen zur Erlangung eben dieses Lebens werkthätig erfüllt, d. h. er muß dieses Leben zuvor in sich finden, und hat er es gefunden, dann erst muß er es stärken und kräftigen nach der vorgeschriebenen Ordnung des Herrn, der allein es nur wissen kann, was zur Erreichung des reell bestimmten geistigen Lebens vonnöthen ist. — Wenn nun aber Jemand will durch thörichte, weltlich eigennützige, dazu noch allerschmutzigste und vollkommen todte Mittel sich das Himmelreich erkaufen, welches, wie schon bemerkt, das eigentliche, vollkommen ausgebildete bestimmte Leben des Geistes ist, — so ist solch' eine Handlung ja doch beiweitem noch thörichter und unsinniger, als so da Jemand einen Acker, der überaus steinig ist, mit Weizenkorn besäet hätte; da aber das Weizenkorn nicht aufgehen möchte, er dann noch mehr Steine auf den Acker führen würde, um dadurch das Weizenkorn aufgehen zu machen. — Muß aber nicht der vernünftige Ackersmann seinen Acker vorher in ein gutes Erdreich verwandeln, dann dasselbe düngen und sodann erst das edle Weizenkorn in die Furchen legen, auf daß es dann bald erkeime und aufgehe, und bringe viel Frucht? — Solches muß doch ein jeder nur einigermaßen in der Landwirthschaft bewanderte Landmann zugestehen. Wenn aber schon das Weizenkorn nur unter dieser allein wahren Bedingung fruchtbringend wird, und auf keine andere Weise demselben der Segen abgenommen werden kann, wie solle demnach der viel edlere Lebenssame des Geistes auf einem allerwidersinnigsten Acker zur lebendigen Frucht des ewigen Lebens erwachsen? — Ich will euch ein noch anschaulicheres Beispiel geben, aus welchem ihr diesen überaus wichtigen Punkt noch heller erschauen sollet. Um aber dieses Beispiel in der Fülle der Klarheit zu verstehen, wollen wir einige Punkte demselben vorsetzen, durch welche die Richtigkeit des bevorstehenden Beispiels wahrhaft mathematisch richtig dargestellt werden soll; und so höret denn! — Ihr wißt, daß sich ungleichartige und ungleichnamige Größen nicht zusammen zählen und vermehren lassen; wer da einen Seckel Geld hat von etwa tausend Groschen, wird er dadurch das Geld wohl vermehren, wenn er zu diesem Gelde tausend Steine hinzulegt? — So Jemand besitzet ein Haus, wird er dadurch zum Besitze eines zweiten und größeren Hauses gelangen, so er in der Absicht sich eine Menge Meublen bei einem Schreiner anschafft? — So Jemand zehn Schafe in einem Stalle hat, wird er dadurch mehrere Schafe bekommen, so er sich noch einen leeren Stall hinzu baut? — Also ist es doch erschaulich, daß zur Vermehrung eines und desselben Dinges oder Gegenstandes mehrere gleichartige Dinge und Gegenstände vonnöthen sind. — Da wir um Dieses wissen, so stelle ich euch nun das Beispiel auf: — Es sei irgend ein thörichter Mann, der aber den sehnlichen Wunsch hat, Kinder seiner Zeugung zu haben, um sich dadurch in seinen Kindern fortleben zu sehen; da er aber dabei ein thörichter Mann ist, der nicht weiß, woher und wie die Kinder gezeugt werden, so wendet er sich an einem falschen Freund, und fraget ihn um Rath, wie Solches anzustellen sei. Da aber der habsüchtige falsche Freund die Thorheit unseres Mannes merkt, welcher ein vermöglicher Kauz ist, da gedenkt der falsche Freund und spricht zu sich selbst: Im Trüben ist gut fischen, — die Thorheit dieses Mannes will ich mir auf die lustigste Weise zu Nutzen machen; und da er Solches beschließt, spricht er zum thörichten Manne: Höre, guter Freund, Solches, das du willst erreichen, ist sehr schwierig und mit vielem Kostenaufwande verbunden; jedoch, wenn es dir vollkommen Ernst ist, so will ich dir eine solche Gelegenheit wohl verschaffen, und dich dann unterweisen, wie du es anzustellen hast; aber das setze ich zur Hauptbedingung, daß du mir in Allem ungezweifelt folgst. Wirst du mir folgen, so wird dir dein beabsichtigtes Werk wohl gelingen; wo aber nicht, so bist du für Zeiten der Zeiten verloren! — Nach solcher Voräußerung des falschen Freundes betheuert ihm der thörichte Mann und spricht: Da ich weiß, daß du allein ein so kenntnißreicher Mann bist, so will ich

18*

mich dir auch ganz anvertrauen; gebe mir nur das Mittel an die Hand und mir soll es nicht zu theuer werden. — Was thut aber nun unser falscher Freund? — Höret! Anstatt dem thörichten Manne zu geben ein lebendiges Weib, verkauft er ihm um theures Geld eine todte hölzerne Bildsäule und spricht zu ihm: Lege diese in ein Bett und hauche sie fleißig an; so du dich ebenfalls zu ihr in das Bett legst, da wirst du mit der Zeit unfehlbar zu einer reichen Nachkommenschaft kommen. Unser Mann nimmt nun solche Bildsäule und trägt sie nach Hause, legt sie alsogleich in sein Bett und sich auch sobald zu der Bildsäule, und fängt diese an anzuhauchen. Solches thut er ein Jahr lang fort, aber noch will sich kein Nachkomme zeigen; darum geht er zum falschen Freunde und fragt ihn um die Ursache. Dieser aber spricht: Was fällt dir Thörichtes ein? Wer wird wollen in einem Jahre schon lebendige Früchte haben, nachdem doch ein Baum in die Erde gesetzt selbst erst nach mehreren Jahren anfängt Früchte zu tragen? — Er aber preiset ihm zur Erreichung solches Zweckes noch allerlei andere Mittel an, welche bei ihm, als dem falschen Freunde, käuflich zu haben sind. — Der thörichte Mann kauft sie ihm auch nach den bestimmten Preisen ab, und gebraucht sie nach der falschen Vorschrift; — aber es kommt alles dessen ungeachtet keine lebendige Frucht zum Vorschein, und wieder erkundiget sich der thörichte Betrogene beim falschen Freunde um die Ursache des Nichtgelingens. — Der falsche Freund schiebt da die Ursache gar pfiffig geheimnißvoll weise thuend auf allerlei arglistig ersonnene Umstände und beschwichtigt ihn so lange, bis den thörichten Mann sogar zu Folge des herangerückten Alters alle wirkliche Zeugungskraft verlassen hat; — und unser falscher Freund vertröstet den thörichten Mann damit, daß eine lebendige Nachkommenschaft ihm sicher dann folgen werde, wenn er das zeitliche Leben verlassen wird, und giebt ihm dazu noch Schutzmittel an, was er mit der Bildsäule am Ende seines Lebens thun solle, damit ihm aus dieser eine ganz sichere lebendige Nachkommenschaft werde. — Und sehet, der Thor stellt sich am Ende sogar mit dieser Verheißung zufrieden! — Also hätten wir nun das Beispiel; — es fragt sich aber, wie haben wir es zu betrachten, damit uns aus ihm das bedungene Licht werde? — Ich sage euch: Solches wird nun überaus leicht folgen. Nr. 1 ist es doch ersichtlich, daß sich das Leben nur wieder im Leben und nicht in einer todten Materie zeugen läßt; also muß der Mann doch ein lebendiges Weib haben, aber nicht eine todte Bildsäule aus Holz. — Jetzt aber kommt Nr. 2. Betrachtet ihr euch nun als Menschen, in denen das wahre Himmelreich sollte gezeugt werden, und das zwar mit der heiligen Braut des Lebens, welche da ist das Wort Gottes lebendig, und heißet die Kirche des Herrn. — So aber die Kirche ist eine hölzerne und todte Bildsäule, in der kein Leben ist, aber von den habsüchtigen falschen Freunden, welche sich Priester Gottes nennen, dennoch um's Geld trüglicher Weise als lebendig und zur Zeugung des Lebens einzig und allein tauglich verkauft wird, während das Leben doch nur durch das Leben kann gezeugt werden, da ist ja doch solch' eine Kirche ein allerschnödester Betrug, daß man sich keinen größeren denken kann; — und daß die Anhänger solch' einer Kirche doch sicher nicht minder allerblödsinnigste Thoren sind, als unser Mann im Beispiele, muß doch einem jeden nur einigermaßen helleren Denker auf den ersten Blick sonnenklar in die Augen springen. — Hat nicht Paulus mit großer Erregtheit seines Gemüthes geprediget, der da ein anderes Evangelium predigen möchte, als allein das nur, was der Herr geprediget hat, nämlich den Herrn Selbst, der da gekreuziget worden ist, also Jesum Christum im Geiste und in der Wahrheit werkthätig, der da spricht: Wer nicht wiedergeboren wird, der wird nicht in das Reich der Himmel eingehen!?" — Nun betrachtet aber eine Kirche, die aus Steinen erbaut ist; eine Kirche, deren Hauptmotto Gold und Silber ist; eine Kirche, die einen Himmel verspricht, den sie selbst nicht im Geringsten kennt, — eine Kirche, die ihre thörichten Gläubigen zur Erlangung eines noch thörichteren Himmels mit allerlei geheimnißvollen Mitteln, um's Geld noch dazu, plagt, treibt, richtet, und noch obendrauf fleißig verdammt; und ihr müßt bei der Betrachtung solch' einer Kirche die hölzerne Bildsäule im Bette unseres thörichten Mannes ja ebenfalls auf den ersten Blick unwiderlegbar erkennen; da dem Manne am Ende nichts übrig bleibt, als der lebendige Wunsch, lebendige Nachkommen zu haben, ohne jedoch sich solcher je erfreuen zu können. — Sehet, also stehen die Actien des Lebens auf der Welt, nicht nur allein in euerer katholischen, sondern auch in jeder anderen sich ebenfalls für katholisch haltenden Sectenkirche. — Wenn ihr nun nach diesem Beispiele unseren vorliegenden Himmel betrachtet, so werdet ihr ihn ebenfalls sicher auf den ersten Augenblick als vollkommen entsprechend erschauen; denn da er eine Frucht ist aus einer Kirche, die da gleich ist einer todten Bildsäule, so ist auch alles Dasjenige, was das eigentliche Leben in sich selbst sein soll, ebenfalls nur eine plumpe todte Plastik, und nichts als die Ausgeburt eines thörichten, betrogenen und somit auch unmöglich lebendig erfüllten Wunsches. Daß aber ein solcher Himmel von keinem Bestande sein kann, kann ja daraus sehr leicht ersehen werden, so ihr bedenket, daß er nichts Anderes ist, als eine Trugplastik des Geistes, der wohl das Leben hätte zeugen mögen, aber dasselbe nicht zeugen konnte, weil ihm dazu das lebendige Mittel mangelte. Da wir nun aber Solches wissen, und diesen Himmel entsprechend kennen, so können wir uns nun auch schon über die nähere Entwicklung und Enthüllung desselben hermachen, bei welcher Enthüllung euch noch so manches Trugräthsel klar werden wird. —

## 153.

(Am 23. März 1843, von 4½—5¾ Uhr Abends.)

Ihr saget: Solches sehen wir jetzt wohl ein, wie sich die Menschen dieses Himmels haben vergrößern und verwandeln können; aber so ganz klar ist es uns daneben dennoch nicht, wie sie auch ihren Himmel mit sich selbst vergrößert haben, da er doch unserer Erscheinlichkeit nach sich ganz außer ihnen befindet, und sie auf demselben und in demselben herum gehen als wie auf einer natürlichen Unterlage. — Höret, lieben Freunde und Brüder, Dieses ist eben so leicht zu verstehen und zu fassen, als das Andere; denn der ganze Himmel ist nichts als eine irrige

Vorstellungsweise dieser Geister, und wächst dann in derselben Form mit ihnen selbst zu solch' einer Ausdehnung, wann immer sie sich selbst aufblähen. Damit ihr aber auch Solches ganz gründlich verstehet, so will ich euch ein ganz begreifliches irdisches Beispiel geben. — Es befindet sich ein Mensch in irgend einer Gesellschaft, in der ein bestimmter Gegenstand erörtert wird. Dieser Mensch hat zwar von diesem Gegenstande nicht die leiseste Idee; damit er aber dennoch nicht wie ein Ignorant dastehe, so combinirt er sich einen ganz grundfalschen Satz, der auf Alles eher paßt, als auf den zu erörternden Gegenstand. Es kommt an ihn die Reihe, sich darüber auszusprechen. Er spricht sich wirklich aus; aber für seinen Ausspruch wird er mit einer allgemeinen Lache seines Irrthums überwiesen. Was geschieht aber dadurch? — Ehedem hat dieser Mann selbst seinem Satze kein großes Zutrauen geschenkt; denn er sagte ganz heimlich bei sich selbst: Der zu erörternde Gegenstand ist mir zwar so fremd wie der Mittelpunkt der Erde. Was die Anderen darüber gesagt haben, scheint eben so unverständlich zu sein, wie meine Unwissenheit selbst; demnach kann ich ja auch irgend einen Satz aufstellen bloß nur darum, damit ich doch auch Etwas gesagt habe. — Sehet, bis jetzt ist unser Mann ganz bescheiden, und gar wohl erträglich; aber die Lache der Anderen hat sein Ehrgefühl beleidigt, und nun fängt er erst an über seinen aufgestellten Satz nachzudenken, findet ihn in seinem Selbstgefühl immer richtiger, vielbedeutender und treffender. Bei solcher Auffindung der in dem Satze zu Grunde liegenden Vortrefflichkeit, die er zwar freilich wohl im Ernste nicht verbürgen kann, wird er erbost, fängt an seine Idee immer höher und höher zu stellen, und sucht am Ende sich an der ganzen ihn vorher belachenden Gesellschaft zu rächen. Er fängt ihnen an zu beweisen, daß solche Hohlköpfe ihn gar nicht verstanden haben; ja er stellt es ihnen pomphaft kräftig dar, daß sie kaum in hundert Jahren dahin gelangen werden, um nur einen kleinen Theil von Dem gründlich aufzufassen, was er nun nur so ganz leicht hingeworfen habe. Es nähert sich ihm aber Einer, und spricht zu ihm: Höre Freund, dein Termin von hundert Jahren ist viel zu kurz; denn ich habe nach einigem tieferen Nachdenken die außerordentliche Tiefe deines Satzes freilich wohl nur wie durch einen Schleier ahnend erschaut, und daher meine ich, dergleichen Tiefsinn wird erst in tausend Jahren an's Licht treten können. Eine ähnliche Eloge macht ihm insgeheim auch noch ein Zweiter; — nun aber ist es auch aus, denn unser Mann fängt jetzt erst selbst an über seine unendliche Weisheit zu staunen, bläht sich nun ganz entsetzlich auf, und sieht die anderen Gäste und deren Sätze als pure Mücklein gegen den seinigen an, und erhebt sich am Ende so hoch, daß er zu ihnen spricht: Mit Köpfen, die noch wenigstens um tausend Jahre zurück sind, kann sich unser Einer über einen Gegenstand doch unmöglich mehr in eine weitere Erörterung einlassen, indem er nun gar wohl voraussetzen kann, daß dieser eine von ihm aufgestellte Satz von ihnen in tausend Jahren nicht begriffen wird. — Sehet, dieses Beispiel ist ganz klar, und ist so zu sagen aus euerem tagtäglichen Leben gegriffen, und zeigt ganz unverkennbar, wie ein Unsinn sammt dem Unsinnsinhaber sich aufblähen und vergrößern kann; und wenn die Sache von Seite der Gegenpartei freilich wohl etwas arglistiger Weise gut gehandhabt wird, so wird solch' ein Unsinn am Ende zu einer fixen Idee, und sonach zu einer wirklichen geistig begründeten falschen Ausgeburt. — Wie aber Solches also auf der Erde schon der Fall ist, so ist das noch ersichtlicher und lebendiger hier im Reiche der Geister. Diese Himmelsbewohner hier haben vor unserer Erscheinung auf ihren Himmel eben keinen gar zu großen Werth gelegt; wären sie nicht von Seite des Paradieses gehörig gefüttert worden, so hätten sie diesen Himmel schon lange über den Haufen geworfen. Da wir aber gekommen sind, und haben sie sammt ihrem Himmel zu verdächtigen angefangen, da haben sie sich zwar Anfangs zurückgeschreckt, weil sie gesehen haben, daß wir uns mit ihrer Dummheit nicht alsogleich haben abspeisen lassen wollen, da sie aber dadurch sich in ihnen selbst haben beschämt empfunden, da fing denn auch gar bald in einem Jeden gleichen Maßes der Ehrgeizkitzel an zu wachsen, und ihre himmlische Vorstellung oder dieser ihr Himmel wuchs dann mit ihnen. — Nun erst ersahen sie selbst das Außerordentliche ihrer Vorstellung; und daher haben sie auch schon zwei Podien- und ein Freß-Manöver gegen uns aufgeführt, um uns dadurch die Großartigkeit ihres Himmels zu zeigen. Da wir uns aber bis jetzt gewisserart gutmüthig nicht haben abschrecken lassen, und behaupten noch fortwährend unseren Platz, so sinnen diese Himmelsbewohner nun auf eine wirkliche thatsächliche Rache. — Auch dieses Manöver müssen wir ihnen ausführen lassen; dann erst werden sie für ein Wort von mir aufnahmsfähig werden. — Ihr aber werdet daraus das gar überaus Wichtige ersehen, wie die Schule für allerlei falschbegründete Geister beschaffen sein muß, um sie nach und nach auf den rechten Weg des Lebens zu bringen. — Der Grundsatz lautet also: Kein Geist kann zufolge seiner Freiheit eher gefangen werden, als bis er sich selbst gefangen hat. — Darum müssen aber auch diesen Geistern hier alle jene Gelegenheiten zugelassen werden, durch welche sie ihrer Freiheit unbeschadet dennoch gewisserart aus sich selbst genöthiget werden, in ihr eigenes Garn zu rennen. Wenn sie da allzeit sicherer Maßen keinen Ausweg mehr sehen, so müssen sie sich ergeben, welches gerade so viel heißt, als: So auf der Erde einem Gelehrten ein irriger Grundsatz von allen Seiten her mathematisch richtig widerlegt wird, so muß er endlich seine Waffen strecken, und seines Geistes Kind einer besseren Erziehung anvertrauen. — Wie aber Solches im buchstäblichen Sinne vor sich geht, und das hier im absoluten Reiche der Geister, werdet ihr nach dem bevorstehenden Rachemanöver so gut wie sonnenhell erschauen. — Ja, meine lieben Freunde und Brüder, in dem endlos großen Reiche der Geister giebt es Scenen, von denen sich keine menschliche Vorstellung nur den allerleisesten Begriff machen kann. Wenn ihr, so es dem Herrn genehm wäre, erst zu einer Totalanschauung gelangen könntet, und da sehen, wie die vielerlei Menschen von der Erde, und dann erst die Menschen von den zahllosen anderen Weltkörpern auf den Weg der Wahrheit geleitet werden, und somit alle die groß milliardenmal Milliarden Scenen erschauen, — ihr würdet darob das Leben verlieren; denn ich sage euch: Großartiger, weiser und wunderbarer zeigt sich der Herr nirgends, als in dieser unendlich höchst verschiedenen Führung des geistigen Lebens, und dennoch hat Seine Weisheit allenthalben die untrüglichsten Wege, alle diese endlosen Verschiedenheiten, wie ihr zu sagen pfleget, unter ein Dach zu bringen. — Doch harren wir auf unsere Scene; da werden wir noch so Manches kennen lernen. —

## 154.

(Am 24. März 1843 von 4½–6 Uhr Abends.)

Nun sehet aber auch hin auf unser himmlisches Podium, das Gewölb verfinstert sich und die große lichte runde Oeffnung im Hintergrunde der nun sich ebenfalls verfinsternden Dreieinigkeit verengt sich mehr und mehr, und wie ihr bald sehen werdet, so wird von dieser ganzen Lichtöffnung kaum ein kleinwinzigstes Löchelchen übrig bleiben. Achtet nur recht wohl auf Alles, was da zum Vorschein kommen wird. — Seht, nun herrscht schon eine völlige Finsterniß in diesem ganzen Himmelsraume und die Ränder der Wolken werden wie glühend; — auch könnt ihr schon ein fernes dumpfes Rollen eines mächtig scheinenden Donners vernehmen. Nun wird auch schon die kolossale Dreieinigkeit im fernen Hintergrunde wie zornglühend, und aus dem Munde der Cherube fängt es an zu blitzen; das Ungewitter zieht sich näher, hinter den Wolken brechen Flammen hervor und fliegen kreuzweis gleich mächtigen Blitzen den weiten Raum entlang durcheinander. — Immer feuriger und donnernder wird die Scene; wie ihr sehen und bemerken könnet, so stürzen auch schon mächtige Flammenbündel unter großem Gekrache gleich einem Hagel hervor in dieses himmlische Parterre; — und wo ein solches Flammenbündel hinfällt, zündet es die berührte Materie, und stets mehr vorwärts greift ein wüthendes Feuer. Was saget ihr zu dieser Scene? — Ich habe es mir wohl gedacht, daß es euch in eine kleine Beklemmung stürzen wird, da ihr es für räthlich findet, diesen dritten Act solch' eines ganz verzweifelten himmlischen Schauspieles nicht bis zum Ende abzuwarten. Ich aber sage euch: Es liegt in unserer Macht, diesem Feuer sobald Einhalt zu thun, als wir es nur immer wollen; daher haben wir uns vor diesem Feuer auch nicht im geringsten zu fürchten. Was wir aber dabei thun können, thun werden und sogar thun müssen, wird darin bestehen, daß wir diesem Feuer mit einem Gegenfeuer begegnen und dieses Gegenfeuer wird unsere Gegner ganz empfindlich zu brennen anfangen. Da aber die Gegner Solches verspüren werden, so werden sie hervorbrechen und dem Feuer zu entfliehen suchen; — das Feuer aber wird sie gefangen nehmen und verzehren in ihnen ihre Bosheit; sodann erst werden sie fähig werden Worte von uns zu ihrem Heile anzunehmen. — Und so sehet, ich winke nun mit meiner Hand, und sobald stürzen eine zahllose Menge weißer Flammenbündel durch die dunkelrothen hin auf das himmlische Theaterpodium; und sehet Alles geräth in einen dampfenden Brand, und hört ihr das Geheul unserer Himmelsbewohner? — Und sehet, wie sie schon schaarenweise durch die Flammen hervorstürzen und um Hilfe rufen; aber, wie ihr wieder sehen könnet, ein jeder Fliehende wird von einer Flammensäule umfaßt, und kann derselben nicht entrinnen. Jetzt ist schon das ganze Podium voll und die ganze sehr zahlreiche brennende Truppe stürzt sich herab in's Parterre, und hier könnt ihr aber auch bemerken, daß zwischen den noch forthin gischenden Blitzen ganze wolkenbruchähnliche Wasserströme sich herab ergießen und unseren vom Brande ergriffenen Himmelsbewohnern eine bedeutende Linderung verschaffen. — Ihr saget hier wohl: Lieber Freund und Bruder, das ist ja eine ganz entsetzliche Heilart; — ich aber sage euch: Sie muß eben also sein, wenn diese stark Kranken sollen geheilt werden; denn dergleichen Wesen gehören in geistiger Beziehung zu den Gichtbrüchigen, und dieses Uebel kann nur durch ein tüchtiges geistiges Feuerdampfbad geheilt werden. Habet ja doch auch ihr auf der Erde Dampfbäder, die besonders für gichtische Krankheiten heilsam sind; warum sollte es denn im Reiche der Geister in solchen Fällen nicht auch entsprechend ähnliche geistige Dampfbäder geben? — Ich sage euch: Auf der Erde giebt es nicht eine Erscheinung, welche nicht auch entsprechend im Reiche der Geister anzutreffen wäre. — Also ist auch diese Erscheinung beiweitem nicht so fremdartig, als ihr es euch Anfangs möget gedacht haben, nur müßt ihr dieses Feuer nicht euerem irdischen Feuer gleichsetzen; denn hier bezeigt das Feuer, wenn es zur Erscheinlichkeit kommt, nichts als einen großen Eifer. Wie ihr gesehen habt, so wollten dieses Himmels Bewohner uns durch ihren großen Eifer, der eine Ausgeburt ihres Falschen und daraus hervorgehenden Argen war, gleichsam an uns Rache nehmend, in die Flucht treiben. — Da aber des Himmels Art zu wirken nicht ist Gleiches mit Gleichem vergelten, sondern nur Gutes thun Denjenigen, die uns zu verderben suchen, und zu segnen Diejenigen, die uns fluchen, so kamen wir ihnen auch nicht mit einem ähnlichen Gegenfeuer entgegen, sondern mit einem in eben dem Maße erhöhten Liebefeuer, als in welchem Maße sich ihr Zornfeuer gegen uns ergossen hat; und das heißt dann wahrhaftige Brandkohlen über dem Haupte unserer Gegner sammeln. Solches werden sie auch bald einsehen, indem sie das lebendige Wasser, von unserer Seite über sie sich ergießend, hinreichend überführen wird. — Nun sehet aber, die ganze Menge dieser Himmelsbewohner über tausend Köpfe stark, schrumpft nun in ihre vorige Gestalt zusammen, welches bezeugt, daß sie in ihrem Eifer nun eine gerechte Demüthigung überkommen haben. Auch der ganze ehedem noch sehr stark aufgeblähte Himmel schrumpft nun auch gleichen Maßes zu seiner vorigen Gestalt zusammen; das Feuer erlischt, und unsere Himmelsbewohner stehen nun völlig nackt vor uns, und wie ihr auch bemerken könnet, so fängt sie auch eine wohlthätige Scham an zu ergreifen, welche allzeit ein sicheres Zeichen ist, daß der Besiegte in sich anfängt seine Thorheit und das mit derselben verbundene Unrecht einzusehen. Nun aber sind sie auch reif, um ein Wort von mir williger anzuhören, als Solches zuvor der Fall war; — und so will ich denn auch alsogleich folgende Frage an den am meisten im Vordergrunde stehenden ehemaligen falschen Petrus richten, und spreche somit: Siehe, du angeblicher Petrus, wir sind noch hier; denn alle deine himmlischen Mächte und Kräfte vermochten nichts gegen uns auszurichten. — Da Solches doch vor dir, wie vor deiner ganzen Gesellschaft allteraugenscheinlichst der Fall ist, so sage mir nun, für was du mich nun hältst? Bin ich von Unten, oder bin ich wohl von Oben her? — Der Pseudo-Petrus spricht: Höre mich nun an! Ich und diese ganze Gesellschaft waren und sind noch von einer großen Irre befangen; wir sehen es aber nun klar ein, daß es mit diesem höchst verzweifelten Himmel, in welchem wir nun Alle sehr bitter hergenommen worden sind, seine überaus stark geweisten Wege haben müsse, und sehen es auch ein, daß, wenn sich dergleichen Scenen in diesem sehr geweisten Himmel zu öfteren Malen wiederholen sollten, er eben so gut als eine Hölle primo loco angesehen werden kann, — und wenn allenfalls schon Dieses nicht, so doch wenigstens für ein wohlgenährtes Fegfeuer. Daher aber bitte ich dich nun im Namen aller meiner Brüder, befreie uns, so es dir möglich ist, aus diesem überaus fatalen Himmel! Ich lege mit dieser Bitte auch wohl erkennend meine falsche Petrusschaft zu deinen Füßen nieder, und erkenne dabei aus dem Grunde meines Herzens, daß ich nicht nur nicht für einen Petrus tauge, noch getaugt habe, sondern daß ich noch viel zu schlecht und auch zu dumm bin, um nur den letzten Sauhalter auf irgend einer nur um's Kennen besseren geistigen Trift abzugeben; vorausgesetzt, daß es auch irgendwo in dieser Gegend eine ähnliche Beschäftigung giebt. — Ich bitte dich um nichts als bloß nur um die Befreiung aus diesem echten Pappendeckelhimmel; und wo du mich und uns Alle dafür nur immer hinstellen willst, wollen wir vom ganzen Herzen gern auch für die magerste Kost dem Herrn dienen. Nur mit dem Fegefeuer und mit der Hölle verschone uns; denn wie sehr dieses Feuer brennt, haben wir entsetzlicher Weise, wenn auch überaus kurz andauernd, aber doch für ewige Zeiten denkwürdig empfunden. — Nun spreche ich: Nun gut, diese Sprache gefällt mir besser, denn die frühere; werdet daher bekleidet, und folget uns in das Paradies, allda schon mehrere eurer Brüder auf eine ähnliche Erlösung harren. — Nun sehet, die Nackten sind plötzlich mit lichtgrauen leinenen Röcken bekleidet worden; — und da wir jetzt diesen Platz verlassen, so ziehen sie uns, das erste Mal ernstlich Gott lobend und preisend nach. — Ihr saget: Diese leinenen Röcke sehen ja aus, wie barste militärische Zwilchkittel, und die ganze Geschichte hat das Aussehen, als wie ein armseliger militärischer Transport. — Ja, meine lieben Freunde, die Kleidung richtet sich hier nach der Erkenntniß des Wahren und des daraus gehenden Guten; — wie viel Wahres und Gutes aber bei diesen Geistern zu Hause war, habt ihr ja aus ihrem Himmel und aus ihrer Handlungsweise klärlichst entnehmen können, daher sind diese Kleider auch vollkommen ihrem Zustande angemessen. Was aber da nun ferner geschehen wird, werden wir bei der nächsten Gelegenheit gar leichtlich erschauen. —

## 155.
(Am 27. März 1843, von 6½—7¾ Uhr Abends.)

Sehet, wir befinden uns schon wieder in unserem Paradiese; wie ihr euch leicht überzeugen könnet, so ist es noch das alte, wie wir es vorher gesehen und verlassen haben. — Und sehet dorthin in die Mitte des Paradieses; alldort harren unsrer die früheren Paradies-Einwohner, und zwar in einer viel demüthigeren und nachdenkenderen Stellung, als da die erste war, als wir zu ihnen aus dem Kloster kamen. Unsere

Himmelsbewohner folgen uns ebenfalls demüthig; und so gehen wir mit diesem neuen Fange schnurgerade auf die früheren Paradieseinwohner los. — Sehet, unser früherer Vorsteher dieses Paradieses und die zwei ersten Redner machen schon von weitem sehr große Augen, da sie uns die ganze himmlische Gemeinde folgen sehen; — denn auf eine Eroberung des Himmels waren sie eben nicht zu sehr gefaßt, und haben dieselbe bei sich für einen heimlichen Probirstein für uns gelassen, nach welchem sich die vollgiltige Wahrheit unserer allfälligen Sendung erweisen sollte. Da aber nun der ganze Himmel gedemüthiget und besiegt hinter uns einherzieht, so sagt so eben der Prior zu seiner Gesellschaft: Höret Freunde, bei solchem Umstande bekommt die Sache freilich wohl ein ganz anderes Gesicht. Diese Drei sind bestimmt von einer uns noch unbekannten göttlichen Macht hierher gesandt; das ist nun so klar, als eine Sonne um die Mittagszeit auf der Erde. Aber was wir nun anfangen sollen bei dieser ganz entsetzlichen Gewißheit, das ist eine ganz andere Frage. — Wie ist unser Gewissen bestellt? — Wie verhält sich unser früheres Benehmen gegen diese hohen Boten? — Das ist wieder eine ganz entsetzlich andere Frage. — Kommen wir nach ihrem allfälligen sicher richterlichen Ausspruche entweder, wenn es gut geht, in's Fegfeuer, oder, der Herr stehe uns bei! — etwa gar in die Hölle? — Höret Freunde, das ist eine noch ganz andere entsetzlicher verzweifelte Frage! — Sie nahen sich uns auch mit ganz entsetzlich ernsthaften Gesichtern, aus denen für uns wahrlich nicht viel Tröstendes herausschaut. Wenn ich aber auch nur zurück denke, wie unser priesterliches Leben auf der Welt beschaffen war, und bedenke, wie wir, das Evangelium des Herrn wohl kennend, aber auch nicht mit einer Sylbe dasselbe im wahren christlichen Sinne werkthätig unter uns walten haben lassen, und wie wir im buchstäblichen Sinne des Wortes und der Bedeutung allzeit dem reinen göttlichen Geiste entgegen gearbeitet haben; o Brüder, da möchte ich nichts so sicher je getroffen haben, als nun diese Behauptung von mir aus sicher ist, daß uns sammt und sämmtlich bei den höchst traurig waltenden Umständen nichts als die pure, nackte, allerheißeste Hölle erwartet! — Ich möchte beinahe auszurufen anfangen, daß die Berge über uns her fallen sollen, damit wir nicht länger das Angesicht solcher erschrecklichen Richter ansehen dürfen! — Der andere bessere Redner wendet sich an den Prior und spricht: Höre Freund und Bruder, ich meine, wir sollten hier nicht vorzeitig zu verzweifeln anfangen; denn dazu wird es noch immer Zeit genug sein, wenn wir einmal im Ernste verdammt sind. — Es ist uns aber ja ein altes Sprichwort bekannt, welches also lautet: „Ein gutes Wort findet auch ein gutes Ort! — Also verlassen wir uns auf unsere Bitte und auf unsere möglichst größte Demüthigung, und verzweifeln nicht zu vorschnell an der großen Erbarmung des Herrn, — und wer weiß, ob diese drei Boten uns nach der allerentsetzlichsten und allerunerbittlichsten Strenge richten werden; denn wenn sie von Gott ausgesandt sind, so werden sie sicher besser und sanfter in ihrem Urtheile sein, als wir es je waren gegen die vermeintlichen Sünder gegen unsere alleinseligmachend sein wollende Kirche. — Der Prior spricht: O lieber Freund und Bruder, deine Tröstungen schmecken freilich so süß wie Honigseim und die allerbeste Milch; aber wenn ich mich dabei auf die Worte Christi im Evangelium erinnere, welche Christus der Herr also ausspricht, und zwar gegen die falschen Propheten und somit Namenchristen und Namenpriester: „Gehet und weichet von Mir, ihr Verfluchten, in das ewige Feuer, welches dem Teufel und seinen Engeln bereitet ist; denn Ich kenne euch nicht, ihr Thäter des Uebels, ihr habet allzeit dem h. Geiste widerstrebt!" — Freund, was sagst du zu diesem Texte? — Der Andere spricht: Ja, Brüder, der Text ist über alle Maßen schrecklich, und für uns auch vollkommen anpassend wahr; ich muß dir dagegen auch noch bekennen, daß ich mich nun für die Hölle nicht im geringsten für zu gut fühle. Wenn der Herr im Ernste nicht barmherziger sein wird, wie wir es auf der Welt zu allermeist waren, da dürfte dieser Text allerschrecklichster Maßen wohl seine allergerechteste Anwendung finden; denn es heißt: Seid barmherzig, so werdet ihr Barmherzigkeit finden. — Da aber liegt eben der Hund begraben; denn mit der Barmherzigkeit, da hat es bei uns auf der Welt seine ganz entsetzlich geweisten Wege gehabt. — Wenn ich nun nur bedenke, mit welcher Leichtigkeit, mit welcher Siegesfreude wir so oft von den Kanzeln ganze Völker zur Hölle verdammt haben, da fängt es mich selbst an ganz gewaltig zu bangen, und mit meiner früheren an dich gerichteten Tröstung fängt es nun an bei mir selbst hohl zu werden. Ein Dritter spricht: Freunde und Brüder, ich verstehe euch ganz; wir sind verloren! Daher meine ich, wir sollten uns vereinen und gerade zu dem Hauptboten hingehen, der da in der Mitte ist, und sollten ihn um nichts, als nur um einen nicht zu allerheißesten Grad der Hölle bitten, und sollten ihm dadurch auch den entsetzlichen richterlichen Ausspruch ersparen, und das zwar in der alleinigen Rücksicht dessen, daß wir auf der Erde doch zu allermeist durch die kirchliche Gewalt so und nicht anders zu handeln genöthiget waren. — Wir haben demnach auch die kirchlichen Vorschriften erfüllt, ob sie recht oder nicht recht waren; daher meine ich, wenn wir Solches auch mit dem Bewußtsein, daß es nicht dem Worte Gottes gemäß war, auf der Welt geleistet haben, und haben dadurch nicht Gott, sondern dem Mammon gedient, so aber haben wir doch auch nicht leichtlich anders handeln können. — Freilich hätten wir lieber sollen den Märtyrertod erleiden, als wider Christum handeln; aber dazu war ja unser Glaube eben durch unsere Kirche zu schwach, als daß wir so etwas hätten an uns sollen bewerkstelligen lassen. — Also meine ich denn auch, daß wir darum nicht der allerschärfesten Hölle uns schuldig gemacht haben. Gott sei alle Ehre und Sein Name werde allezeit über Alles hoch gepriesen! — Ich meine, Er wird mit uns ja doch nicht das Allerschlimmste vorhaben und so erwarten wir denn mit der allerdemüthigsten Ruhe, was der Herr über uns beschließen wird! — Sehet nun, die ganze Gesellschaft ist mit ihm demüthigst einverstanden; und da dadurch Alle sich gehörig erniedriget und gedemüthiget, und so auch unter sich ihre Schuld erkannt haben, so wollen wir uns denn ihnen nun auch völlig nahen, und mit ihnen eine gerechte Bestimmung treffen. Seid aber an meiner Seite nun auch vollkommen ernst; denn es klebt noch so Manches in dieser Gesellschaft, was von ihr ganz ernstlich zuvor entfernt werden muß, ehe sie für eine höhere Bestimmung tauglich werde. —

## 156.

(Am 28. März 1848, von 5—6³/₄ Uhr Abends.)

Wir wären nun schon auf gute Redeweite bei der Mönchgesellschaft; und so will ich denn auch sogleich meine Fragen an diese Gesellschaft erneuern, damit wir daraus ersehen, in wie weit sich eben diese Gesellschaft zufolge unserer früheren Besprechung mit ihr gefunden hat. Ihr fraget zwar: Muß Solches in dieser geistigen Welt auch allzeit wörtlich abgemacht werden, oder steht es nicht Geistern von deiner Vollkommenheit zu, solche trügliche Geister ohne Wortwechsel auf den ersten Augenblick zu erkennen, wie sie inwendig beschaffen sind? — Ich sage euch: Solches steht jedem Geiste des obersten Himmels zu, und er kann somit auch jeden unvollkommenen Geist auf den ersten Blick durch und durch schauen; — aber dadurch ist dem unvollkommenen Geiste nicht viel geholfen, und es ist nahe derselbe Fall, als so auf der Erde irgend ein Verbrecher eingefangen würde. Das Gericht ist zwar durch Zeugen beim ersten Verhöre völlig überzeugt, daß das eingefangene Individuum sich eines gewissen Verbrechens schuldig gemacht hat; dessen ungeachtet aber kann es den Verbrecher dennoch nicht zur gesetzlichen Strafe verurtheilen, und das so lange nicht, als bis sich der Verbrecher nicht selbst seines Verbrechens entäußert hat. — Das Wort aber ist das alleinige Mittel der inneren Entäußerung; oder der Mensch, wie der Geist, giebt sich durch das Wort der äußerlichen Beschaulichkeit preis, also wie er beschaffen ist in seinem Inwendigen. Daher nützt auch hier die alleinige Erkenntniß von meiner Seite hinsichtlich der innern Beschaffenheit dieser Geister allein für sich genommen so gut als nichts; aber ich kann zufolge dieser Erkenntniß die Geister also zur eigenen Aeußerung leiten, daß sie wie nothgedrungen mir nicht ausweichen können, und müssen daher ihr Inwendigstes eben durch ihr Wort nach Außen kehren, und es der allgemeinen Beschaulichkeit preis geben. — Dadurch wird denn auch die Stelle in der Fülle der Wahrheit ersichtlich, da es heißt: „Von den Dächern wird man es laut verkündigen;" — und wieder heißt es, wie der Paulus spricht: „Wir müssen Alle vor dem Richterstuhle Christi offenbar werden;" — welches Alles so viel besagt, als: Alles muß durch das Wort offenbar oder entäußert werden; denn das Wort ist der eigentliche Richterstuhl Christi; und „vom Dache laut verkündigen" besagt, daß sich ein Jeder durch sein eigenes Wort wird richten, oder besser gesagt, sein Inneres völlig entäußern müssen; denn wie das Dach sonst ein Schutzmittel des Hauses ist, so ist auch geistig genommen das Wort dasjenige eigenliebige und eigenschützende Mittel, durch welches der Mensch bei seinem Leibesleben sich so gut als möglich vor allen von Außen her auf ihn einwirkenden Ungewittern beschützt. Da aber in diesem Sinne das Eigenwort in geistiger Beziehung gleich ist einem Hausdache, hier aber in der geistigen Welt durchaus keinen Schutz mehr gewähren kann, so heißt: „Vom Dache laut verkündigen" durch das eigene Wort sich aller der inwendigen Schalkheit entäußern. Ihr habt schon dergleichen Entäußerungen eine Menge gehört; dessen ungeachtet aber wird euch das Fernere nicht überflüssig sein. Ich will daher meine schon vorbestimmte Frage aus dem euch nun bekannt gegebenen Grunde an diese Mönchsgesellschaft richten, und ihr werdet daraus ersehen, welch ein arger finsterer Kern noch in ihr verborgen liegt. Und so habet den Acht; ich will nun meine Frage setzen, und spreche demnach: Nun, wie ihr sehet, bin ich nach der Ueberwindung eures Himmels wieder hierher gekommen; wie steht es nun aus mit eurer innern Erkenntniß und mit eurer Demüthigung darnach? Haltet ihr euch noch für wirkliche Diener des Herrn, oder haltet ihr euch vielmehr als eigenwillige betrogene Betrüger des Volkes? — Der Prior spricht: Wir haben uns geprüft, und uns vollkommen der höllischen Strafe würdig befunden; da wir bei guter Betrachtung völlig erkannt haben, daß du ein wahrer Bote der göttlichen Gerechtigkeit und dazu mit einer Macht ausgerüstet bist, von welcher alle unsere Mauern und Thürme wie nichtige Spreu zerfallen. — Wir sind und bleiben dem Herrn ewige Schuldner, und ein Jeder von uns trägt so viel von dieser Schuld auf seinem eigenen Nacken, daß sie ihm zufolge der göttlichen Gerechtigkeit ewig nimmer vergeben werden kann. Wir haben daher mit dir nichts Weiteres mehr zu reden, sondern bitten dich, wenn es dir möglich ist, nur um so viel göttliche Gnade und Erbarmung, daß du uns ob unserer Schuld nicht in den allerbittersten und allerschmerzlichsten Grad der Hölle verdammest. Wäre hier zu beichten möglich, so wollten wir hundert Jahre lang beichten, um dadurch die Lossprechung von unserer Schuld nach dem Grade der mit der Beichte verbundenen Buße zu erlangen; aber da hier Solches nicht mehr möglich ist, und wir nach Paulus da liegen, wie wir gefallen sind, so bleibt uns ja nichts Anderes übrig, als allerschrecklichst und traurigst das Verdammungsurtheil von dir zu erwarten. — Nun spreche ich: Also mit der Beichte, meint ihr, wäre es wohl möglich, sich von den Sünden los zu machen? — Wenn euer Glaube dahin geht, da saget mir doch, bei welcher Gelegenheit denn der Herr auf der Erde die Beicht als ein sündenvergebendes Mittel eingesetzt hat? — Der Prior spricht: Lieber Freund! Solches wirst du doch wissen, wie der Herr Seinen Aposteln die Macht zu lösen und zu binden eingeräumt hat; da ist ja doch sonnenklar erwiesen, daß der Herr die Beichte eingesetzt hat, und dazu spricht auch ausdrücklich der Apostel Jakobus: „Bekennet euch einander euere Sünden." — Wenn man dieses Alles, wie noch so manches Andere betrachtet, so ist es ja doch unmöglich in eine Abrede zu bringen, als hätte der Herr die Beichte nicht als ein sündenvergebendes Mittel offenkundigst eingesetzt. — Nun spreche ich: Höre, Freund und Bruder, wenn du das Wort Gottes so verstehst, da ist es kein Wunder, daß du dich hier im Grade der Verzweiflung befindest. — Sage mir, welche Thorheit könnte wohl größer sein, als diese, so da wären zwei gegenseitig feindselige Menschen, also zwei gegenseitige Sünder oder Schuldner; einem Jeden aus diesen Zweien aber würde mit der Zeit dieser sündige Zustand gewissentlich zu drücken anfangen. Damit sich aber ein Jeder dieses lästigen Zustandes entledigen möchte, da ginge er zu einem anderen Menschen hin, und möchte sich seines lästigen Zustandes dadurch entledigen, so ihm dieser ganz fremde Mensch, den die gegenseitige Feindseligkeit der Beiden nicht im geringsten

angeht; sage mir, wenn nun ein solcher fremder Mensch, den die ganze
Schuld nicht im geringsten angeht, sich einer solchen Schuldentilgung
preisgiebt, was ist er da wohl? Ist er da nicht ein allergröbster Betrüger? — Du bejahst mir Solches in deinem Gemüthe. — Gut; es
soll dir aber die Sache noch klarer werden. Nehmen wir an, der A
wäre dem B tausend Pfund schuldig; der A aber, statt dem B die tausend Pfund getreulich zurück zu bezahlen, läßt sich von einem betrügerischen C verleiten, an Diesen, dem der A nie einen Heller geschuldet
hatte, die Schuldforderung des B statt mit tausend Pfund bloß pr.
hundert Pfund völlig zu tilgen. Was wird wohl der B zu dieser
Schuldtilgung sagen, und wird dadurch wohl der A aufhören, dem B
schuldig zu sein? — Ich meine, Solches — können sogar die höllischen
Geister nicht behaupten. Also können wir vom Herrn um so weniger
Solches behaupten, der doch in Sich die allerhöchste Liebe und Weisheit ist. — Daher werden deine angeführten Texte über die sündenvergebende Gewalt schon müssen einer anderen Erklärung unterworfen werden; denn mit deiner früheren kommst du auf keinen Fall auf. Ich
will dir aber darum eine kurze Frist gönnen, damit du dich darüber gehörig erforschen und mir dann kund geben sollst, wie du diese Sache
gefunden hast; aber über sieben Minuten sollst du nicht verweilen. Und
so denn erforsche dich im Geiste und in der Wahrheit, Amen. —

## 157.

(Am 29. März 1843, von 5¼—7 Uhr Abends.)

Sehet, unser Prior hat seine Erforschung schon gemacht, und beginnt
soeben sich darüber vor uns zu entäußern. Also höret denn; er spricht:
Lieber Freund, ich habe deine Beispiele und deine Frage in aller meiner
Tiefe wohl erwogen, und kann dir darüber nichts Anderes sagen, als daß
du vollkommen Recht hast; denn ich sehe jetzt zum ersten Mal in meinem
zweifachen Leben, daß die Beichte ein allergrößter Mißgriff sowohl
in die göttlichen, als wie in die gegenseitig brüderlichen Rechte ist; denn
man kann sich im Ernste nichts Tolleres denken, als wie ich es jetzt einsehe, als daß sich zwei gegenseitige Schuldner dadurch zufrieden stellen
müssen, und ein Jeder gegenseitig schuldlos wird, so ein Dritter, den
weder des Einen noch des Andern Schuld im geringsten angeht, Einem
oder dem Anderen die Schuld nachläßt; oder wenn gar ein Dritter zu
Folge der Annahme eines geringen Betrages natürlich auf die ungerechteste
Weise von der Welt einen Schuldner dahin überzeugend bestimmen will,
daß er dadurch dem Gläubiger die bedeutend größere Schuld vollkommen
abgetragen hat. — O Freund, das ist mir nun so klar, als diese überaus durchsichtige Luft hier; — aber nun kommt eine andere Frage. —
Wenn es überzeugend und ungezweifelt also ist, welches Loos erwartet
da am Ende alle die thörichten Beichtväter, und welches die Beicht-
kinder? — Wenn ich bedenke, daß Das in meiner Kirche gerade die
allerhauptsächlichste „Conditio sine qua non" ist, da fährt's mir nun
eiskalt und wieder höllisch heiß durch mein ganzes Wesen. — Wie aber
war es denn um Gottes unseres Herrn Willen möglich, daß dieser aller-
entsetzlichste Unsinn so tiefe und unausrottbare Wurzeln hat schlagen kön-

nen? — O Freund, ich will ja für meine Thorheit gern in der Hölle büßen; aber laß mich zuvor nur auf drei Jahre lang mit einem unsterblichen Leibe zur Erde gelangen. Ich will da der Kirche ein Licht anzünden, das für ihren Unsinn beiweitem gefährlicher werden sollte, als ein weißglühendes Stück Eisen einem Wassertropfen; denn ich weiß nur zu gut, mit welcher entsetzlichen Hartnäckigkeit die Hohepriesterschaft dieser Kirche auf diesem allerunsinnigsten Betruge reitet, und sehe es auch ein, wie gar nie sie auf dem gewöhnlichen natürlichen Wege diesen Unsinn wird fahren lassen. Daher möchte ich, wie gesagt, mit einem unsterblichen und unzerstörbaren Leibe hinab, um diesem und noch so manchem andern nicht minder zu beachtenden Unsinne dieser Kirche ein Ende zu machen. — Nun spreche ich: Lieber Freund und Bruder, dessen hat der Herr nicht vonnöthen; erfasse aber die Sündenvergebung hier aus dem wahren Gesichtspunkte, und es werden sich dir millionenfache Gelegenheiten darbieten, dieselbe hier um's Unaussprechliche besser und dienlicher in eine ersprießliche Anwendung zu bringen, als wenn es dir gestattet wäre, tausend Jahre auf der Erde mit aller Wunderthätigkeit dagegen zu wirken. Denn die Erde ist nicht ein Ort der Reinigung, sondern nur ein Ort der Prüfung des freien Willens, und da ist denn auch Alles frei; guter Sinn und Unsinn, Satan und Engel können neben einander einher gehen. — Damit aber der Wille des Geistes sich in seiner Freiheit üben kann, so müssen auf einem Weltkörper auch allerlei Reizungen vorhanden sein, welche unablässig dahin wirken, den Menschen von der Wahrheit abzuziehen und ihn in's Falsche zu leiten, wodurch dann ein jeder Mensch, wie ganze Gesellschaften einen beständigen Kampf zu bestehen haben, durch welchen die Lebenskraft geübt und die Freiheit des Willens irgend eine bestimmte Richtung annehmen muß. — Wolltest du demnach deine Absicht auf einem Weltkörper, wie in einer kirchlichen Gesellschaft, in eine hellleuchtend wirkende Werkthätigkeit bringen, so müßtest du für's Erste alle Reizungen des Fleisches aufheben, und zwar den Geschlechtsreiz, dann das lebendige Gefühl und dann daneben auch alle Bedürfnisse des leiblichen Menschen rein vernichten. Wenn du aber Solches thätest oder thun könntest, was wird dann wohl der Mensch auf einem Weltkörper sein? — Siehe, aus diesen lebendigen Reizungen aber geht ja für's Erste das menschliche Geschlecht selbst hervor, und sonach auch aller Thätigkeitstrieb des hervorgegangenen Menschengeschlechtes. Wenn es dir nun sicher klar sein wird, daß die Ausrottung des Falschen und damit verbundenen Argen bei den Menschen auf den Weltkörpern im Vollmaße genommen auf keine andere Weise denkbar möglich ist, als durch die Ausrottung des menschlichen Geschlechtes selbst, so wirst du doch auch einsehen, daß dein vermeintliches dreijähriges wunderthätiges Sein auf einem Weltkörper noch beiweitem weniger fruchten wird für die Gegenwart sowohl, wie noch viel weniger für die Zukunft, als da gefruchtet hat zur völligen Neuerung all' des Falschen und Argen nota bene für's Erste das allerwundervollste Dasein des Herrn Selbst, und nach Ihm noch so vieler mit Seinem Geiste erfüllter Apostel und Jünger. Ich will dir aber sagen, warum du eigentlich auf die Erde möchtest. Siehe, es sind zwei Gründe; der Hauptgrund heißt Rache, und der andere Grund, um dadurch ganz irriger

Weise und durch ein falsches und schlechtes Mittel dem Herrn für deine eigene Thorheit eine noch beiweitem thörichtere Genugthuung zu leisten. Daher stehe du von deinem Vorhaben nur ganz lebendig ab, und laß statt der Rache in deinem Herzen die wahre Nächsten- und Bruderliebe aufkeimen, und du wirst dann bald in dir klärlichst erschauen, auf welch' eine viel zweckmäßigere Weise man hier im Orte der eigentlichsten Reinigung nach dem allerhöchst weisen Liebeplane des Herrn den Thorheiten der Welt begegnen kann. Da du, wie ich es ersehe, Solches auch sammt deiner ganzen Gesellschaft begreifest und einsiehst, so muß ich dich nun darauf aufmerksam machen, daß du mir die eigentliche Antwort über die sündenvergebenden Texte in der Schrift noch schuldig bist; und wir können eher keinen weiteren Schritt vorwärts thun, als bis diese Sache nicht völlig lebendig erörtert wird. Und so denn mache dich nur an die Beantwortung, und zwar zuerst an die in der Schrift vorkommende Lösungs- und Bindungsstelle im 18. Verse des 18. Capitels Matthäus, wie gleichlautend auch im 23. Verse des 20. Capitels Johannis; — wirst du Solches beantwortet haben, dann erst gehen wir auf Jacobum über. Und so denn rede! — Der Prior spricht: O lieber erhabener Freund! In diesem Punkte wird es mir allernnaussprechlichst schwer gehen, und du wirst es mir nicht verargen, so ich dich darum allerdemüthigst bitte; denn von mir wirst du in dieser Hinsicht wohl schwerlich je eine genügende Antwort bekommen können, indem ja selbst der Tod nichts nehmen kann, wo nichts ist. — Nun spreche ich: Siehe, ich habe es ja gewußt, daß es auf Das hinausgehen wird. Du wolltest auf die Erde deine Kirche bessern gehen; sage mir, auf welche Art du das wohl angestellt hättest, so dir zu einer solchen Unternehmung das Allernöthigste und Allerwesentlichste mangelt? — Der Prior spricht: O erhabener Freund, wahrlich, meine Thorheit wächst wie ein wucherndes Unkraut auf einem gedüngten Boden; ich sehe jetzt auf diese deine Frage und Erörterung, daß ich nicht einmal für einen Sauhalter tauge, geschweige erst zu einem wunderthätigen Kirchenverbesserer. — O sage mir doch, wie viel des allerbesten Unsinns steckt noch in mir? — Ich spreche: Ich sage dir, es ist noch eine tüchtige Portion; aber die Beantwortung meiner Frage wird in dir Wunder thun. Daher habe Acht, wie ich sie dir nun beantworten werde; und so höre denn. — Ich will dir den Johannes darlegen, da dieser die Erleuchtung des h. Geistes voraussetzt: „Nehmet hin den heiligen Geist; Denen ihr die Sünden vergeben werdet, denen sollen sie auch im Himmel vergeben sein; Denen ihr sie aber vorenthalten werdet, denen sollen sie auch im Himmel vorenthalten sein." — Also lautet der Text; wie ist aber sein Verständniß? — „Nehmet hin den h. Geist" — heißt so viel, als: Werdet erleuchtet mit Meiner Wahrheit; — und heißt tiefer noch: Folget Mir in Allem nach! — und am allertiefsten heißt es: „Liebet euch unter einander, wie Ich euch geliebt habe! — Denn daraus wird man erkennen, daß ihr Meine wahrhaftigen Jünger seid, so ihr euch unter einander liebet." — Siehe, das heißt: Nehmet hin den h. Geist, denn der Herr hat kein Gebot, als das der Liebe gegeben; also kann Er auch unmöglich einen anderen Geist, als den der Liebe nur bieten und geben. Versteh'st du diesen Text? — Du bejahst es mir in deinem Herzen; gut, so wollen wir weiter. — „Denen ihr die

Sünden vergeben werdet, denen sollen sie auch vergeben sein im Himmel" — heißt so viel, als: Wenn wer immer aus euch nach Meinem Geiste der Liebe und Weisheit seinem Bruder die Schuld, welche dieser Bruder gegen ihn hat, erlassen wird, so will auch Ich eben diese Schuld nicht nur dem schuldigen Bruder, sondern auch dem Erlasser der Schuld jegliche Schuld von Mir nachlassen. Wenn aber Jemand im Gegentheile, was der zweite Theil des Textes besagt, seinem Bruder die Schuld nicht erlassen wird, so will aber Ich dafür auch dem Gläubiger seine Schuld vorenthalten; — wenn aber der Gläubiger sich Dem, der gegen ihn gesündigt hat, versöhnen will, der Schuldner aber will die Versöhnung nicht annehmen, da werde auch Ich gegen den Schuldner unversöhnlich bleiben, so lange er sich mit seinem Gegner nicht versöhnen wird. — Siehe, das ist die im Himmel allein giltige Erklärung dieser Texte. Was aber diejenigen Sünden betrifft, welche ein Mensch wider Gott und dann wider seinen eigenen Geist begeht, so kann diese Sünden ja doch Niemand vergeben, als Derjenige nur, gegen Dessen heilige Ordnung sie begangen wurden; und die Sünde gegen den eigenen Geist kann doch auch sicher Niemand Anderer vergeben oder nachlassen, als eben der eigene Geist selbst, d. h. durch den vollernstlichen Willen, sich selbst aus Liebe zum **Herrn** zu verleugnen und solche Sünde fürder nimmer begehen zu wollen. — Was aber eine Sünde schnurgerade wider den göttlichen Geist betrifft, der an und für sich die auswirkende Liebe des Herrn ist, da wird es etwa doch klar sein, wenn Jemand sich dem allerhöchsten wirkendsten Gnadenmittel eigenmächtig entgegenstellt, daß sich dann sehr bedeutungsvoll fragen läßt: durch welches Mittel solle Der wohl rettbar sein, so er gegen das Allerhöchste über das **keines** mehr ist, allerfreventlichst ankämpft? — — Siehe, das ist demnach die völlige bedeutungsvolle Erläuterung der sündenvergebenden Texte, welche gleichbedeutend in aller Kürze in dem erhabensten Gebete des Herrn allerklärlichst dargelegt ist, allda es unwiderruflich heißt: „Vergieb uns unsere Schuld, so wie wir vergeben unseren Schuldigern;" — und heißt nicht: Vergieb uns unsere Schuld nach dem Grade unserer Bußwerke, also wie wir gebeichtet, genug gethan, dann communizirt haben und wie uns der Beichtvater von unseren Sünden losgesprochen hat. — Und noch in einer anderen Stelle wird dadurch von einer allgemeinen Sündenvergebung gesprochen, da es heißt: „Seid barmherzig, so werdet ihr Barmherzigkeit erlangen;" — welches wieder nicht heißt: Beichtet, so werden euch die Sünden erlassen. — Und im verlorenen Sohne zeigt der Herr doch mit dem Finger, welches das allergiltigste Mittel ist, um zur Vergebung seiner Sünden zu gelangen; nämlich durch die wahre liebthätige, demüthige und liebeerfüllte Umkehr zu Gott, dem allerbesten und allerliebevollsten Vater aller Menschen! — Verstehst du Solches? — Du bejahst es mir; also wollen wir uns auf den Jakobus wenden. —

## 158.

(Am 30. März 1843 von 4³/₄—6¹/₄ Uhr Abends.)

Was den Jakobus betrifft, so sagt er mit nichten, daß die Gemeinde sollte ihre allfälligen Sünden einem Aeltesten der Gemeinde beichten, sondern er will dadurch nur Das sagen, daß da kein Bruder in der Gemeinde vor dem andern etwas insgeheim haben solle, und soll nicht wollen von der ganzen Gemeinde für besser gehalten werden, als er im Grunde wirklich ist. — Und das ist der Grund, warum der Jakobus anempfiehlt, aber durchaus nicht bestimmt gebietet, daß man sich gegenseitig die Sünden oder Fehler bekenne solle. — Wenn aber alles Dieses unwiderlegbar der Fall ist, was ist demnach die Ohrenbeichte in der katholischen Kirche? Ich sage dir: Sie ist nichts Anderes, als eine zinstragende Sünden-Bank, wo die Menschen ihre Lebensobligationen und Schuldscheine versetzen, und durch dieses Versetzen sie auch durch den kirchlichen Wucher doppelt zinserträglich machen, einmal ein Jeder für sich, der durch die Beichte sich zwar den Augen seiner Brüder und Nebenmenschen entzieht, auf daß sie ja nicht wissen sollen, wer er so ganz eigentlich seinem Inwendigen nach ist, — und ihn somit wenigstens nach der Beichte sogleich wieder für einen grundehrlichen Menschen ansehen sollen; während er doch nach der Beichte auf ein Haar derselbe Mensch bleibt, wie er vor der Beichte war. — Also werden alle gebeichteten Sünden auf diese Art nur aufbewahrt, und jeglicher Eigenthümer bekommt sie hier in so weit gut verzinst zurück, da er auf diese Weise erstens sich selbst und dann alle seine Nebenmenschen betrog; — sich selbst, weil er sich nun nach einer jeden Beichte für einen vollkommen der göttlichen Gnade würdigen Menschen ansah, und zu dem Behufe auch allzeit ein gewissenerleichterndes Wohlgefallen an sich selbst hatte, — seine Nebenmenschen aber betrog er dadurch, daß diese nie wußten, wie sie so ganz eigentlich mit ihm daran sind, und ihn daher auch nothgedrungen für viel besser ansehen mußten, als er es von jeher war. — Das sind also die Zinsen, und sie heißen: **Doppelter Betrug**; und dieser Betrug wird noch zu einem Hauptbetruge, welcher darin besteht, daß der also Beichtende in den Wahn geräth, sich vor dem Herrn vollkommen gerechtfertigt zu haben. — Ich kann dich versichern, wenn Judas, der Verräther, eine christliche Gemeinde gestiftet hätte, sie wäre sicher besser ausgefallen, als diese, welche nicht aus dem Christenthume, sondern nur aus dem Heidenthume dadurch hervor gegangen ist, daß man das Heidenthum mit dem Christenthume nur ein wenig gesalzen hat. Denn wie bei einer Speise das Salz den kleinsten Theil ausmacht, so macht auch in diesem Heidenthume das Christenthum den allerkleinsten Theil aus. Das wäre zwar noch zu passiren, wenn es nur gut wäre; aber es ist das Salz selbst schal, wie soll es demnach das reine Heidenthum zu einem Christenthume würzen? — Das Heidenthum hatte viele Götter; darum mochte es auch mit der neuen Würze nicht bei dem Einen Gotte verbleiben, sondern machte vollkommen drei aus Ihm, und nach diesem dreigetheilten Gotte vergöttlichte es dann aber auch die Menschen, welche auf der Erde gelebt haben, um dadurch einen Ersatz für seine abgenützten Halbgötter und Hauslaren zu bekommen. — Das alte Heidenthum war den Priestern überaus einträglich; das reine Christenthum aber war solcher Gewinnsucht schnurgerade entgegen, nachdem es doch ausdrücklich heißt: „Umsonst habt ihr's empfangen, umsonst sollt ihr es auch wieder weiter geben." — Solches konnte das Heidenthum nicht brauchen, daher machte es lieber ein Sündenregister; und weil nach dem mosaischen Gesetze zu wenig gesündiget ward, so gab es noch eigenmächtige schwer zu haltende Gesetze hinzu, construirte dann zu dem Sündenregister und dem sehr zahlreichen Gesetzbuche die sündenvergebende Beichte, und leitete durch diese Beichte die Menschheit auf allerlei einträgliche Bußwerke hin, durch welche dann das alleinseligmachende Pontificat mit Hilfe noch anderer einträglicher gottesdienstlicher Ceremonien sich zu einem solchen Weltglanze empor gearbeitet hat, vor welchem alle Könige bebten! — Damit aber dieses alleinseligmachende Pontificat sich noch unabhängiger und also auch unumschränkter wirkend aufstellen konnte, so wußte es durch ein vortreffliches Mittel sich ein stehendes mächtiges Heer über eine Million stark zu bilden, welches allerorts die Burgen, Festungen, Städte und Länder der Kaiser, Könige und Fürsten unüberwindlich besetzte, und somit alle Reiche sich botmäßig und zinspflichtig machte. Das Heer sind alle die Priester und Mönche, und das Mittel ist der Cölibat. Auf diese Weise war die heidnische Kirchenmacht unüberwindbar begründet; — da aber doch jeder Herrscher, so er wissen will, wie es mit seinen Unterthanen stehe, geheime Kundschafter haben muß, so waren solte geheime Kundschafter auch dem Pontificate überaus nothwendig. Wer sind aber diese Kundschafter? Siehe, das gesammte Priesterthum; — und wie heißt das Mittel, durch welches alle die geheimen Gesinnungen ausgekundschaftet wurden und noch werden? — Es ist kein anderes, als die Beichte; — und siehe, das ist auch der zweite Gewinn, und das für die Beichtiger, also für das gesammte finstere Priestervolk. — Und worin besteht dieser Gewinn? — Ich sage dir, er besteht in nichts Anderem, als daß für die Kirche alle die Beichtenden ganz als eigenthümlich zu Gute geschrieben werden, zugleich aber auch noch in dem damit nothwendig verbundenen eigennützigen Menschenbetruge, durch welchen sie in den Wahn gebracht werden, so oft vor Gott gerechtfertiget zu sein, als wie oft sie nur immer gebeichtet haben. — Und mit eben solchem Gewinne ausgerüstet steht nun ihr dahier; und es läßt sich nun abermals eine neue Frage setzen, welche also lauten soll: Was werdet ihr nun zur Verringerung oder wohl gar zur gänzlichen Tilgung solch' eines allerbarsten Höllengewinnes vorbringen? Denn das muß ich euch sogleich hinzubemerken, daß durch ein pures unvermitteltes Erbarmen von Seite des Herrn ewig Niemand zum Leben eingehen kann; denn wer nicht hat, dem wird noch genommen werden, was er hat. — Sehet, das ist die wichtige Frage, welche ihr noch zu erörtern habt. Ich gebe euch dazu ebenfalls eine Frist; könnt ihr Etwas hervor bringen, das hier im Reiche der nackten Wahrheit und völlige Untrüglichkeit angenommen werden kann, so ist es wohl und gut, könnt ihr aber Solches nicht, so habt ihr schon in euch, was euch richten wird. — Glaubet es mir, nicht der Herr und nicht ich werden euch richten, sondern das Wort, das der Herr geredet, wird euch in euch selbst richten, da ihr doch, wie ihr nun aus dieser meiner Erklärung gar deutlich habt entnehmen können, demselben allzeit schnurgerade entgegen gehandelt habt; daher denn auch dasselbe in keinem Punkte für euch, sondern nur eben schnurgerade wider euch sein muß. — Der Prior spricht: Ja, also ist es. Nun ist das Urtheil für die Hölle schon so gut wie fertig; denn was sollte ich für meinen Vortheil nun hervorbringen? Ich kann nichts Anderes sagen, als: Herr, sei uns armen blinden Thoren und allergröbsten Sündern gnädig und barmherzig! — Ich sehe nichts als nur die überschwengliche Fülle meiner Schuld vor mir; und dazu bedarf es wirklich keiner Frist, und es kommt am Ende auf nichts Anderes, als auf Das nur hinaus, daß wir länger in der peinlichen Lage verbleiben müssen, zu erwarten das schreckliche Urtheil, welche Erwartung mir und sicher uns Allen schon jetzt peinlicher vorkommt, als da das Feuer der Hölle selbst sein muß. — Daher bitte ich dich auch, halte uns nicht länger mehr hin, sondern gieb uns dahin den Stoß, wohin wir gehören. — Ich spreche: Hier waltet nicht meine Willkür, sondern die göttliche Ordnung! Daher hast du dich auch derselben zu fügen, willst du nicht eigenmächtig für ewig zu Grunde gehen; — darum sage ich dir noch einmal, daß du reden sollst in dem dir gegebenen Punkte. Denn ich sehe in dir noch ein Vorwort für die Beichte, und so lange dieses nicht aus dir ist, kannst du diese Stelle nicht verlassen; daher beachte die Frist, und rede dann, Amen. —

## 159.

(Am 31. März 1843, von 5—6½ Uhr Abends.)

Unser Prior hat bereits in dieser neuen kurzen Frist alle Winkel seines Wesens durchsucht, und hat, wie ihr bald aus seinem Munde vernehmen werdet, glücklicher Weise ein Vorwort für seine Sache gefunden. — Wir wollen ihm daher auch sogleich die Gelegenheit bieten, in welcher er sich seines vorgefundenen Vorwortes entäußern soll, und somit spreche ich zu ihm: Freund und Bruder! Ich sehe, daß du einen Fund gemacht, der im günstigsten Falle wohl ein allerredlichstes Beichtwesen entschuldigen kann; ob aber dieser Fund auch dir zu Gunsten gerechnet werden kann, das ist eine himmelhoch andere Frage. — Der Prior sagt: Ich muß zwar hier auch eben so aufrichtig, wie in allem Anderen, über diesen Punkt in meiner Beziehung gestehen, daß er besonders hinsichtlich der Beichte mir auf der Welt zu allermeist tröstend war. Ob aber diese Tröstung von mir aus rechtlich oder widerrechtlich angenommen war, das ist wieder eine andere Frage. — Der Punkt selbst aber ist das Gleichniß vom ungerechten Haushalter, der sich in seiner Stellung, wenn man es so recht genau betrachtet, fast gerade so verhält, wie ein Beichtvater zu seinen Beichtkindern. — Der Herr lobte den ungerechten Haushalter und sagte sogar zu Seinen Jüngern, daß auch sie sich auf gleiche Weise Freunde machen sollten am ungerechten Gute, damit diese dann, wenn der Herr von seinem Haushalter Rechenschaft fordern wird, ihn in ihre himmlischen Wohnungen aufnehmen möchten. Siehe, das ist aber auch Alles, was ich zu meinen Gun-

sten habe finden können. Ich denke auch, daß viele von meinen Beichtkindern vom Herrn sind aufgenommen worden, und werden sich in den
himmlischen Wohnungen befinden. — Ich war freilich ein ungerechter
Haushalter; am ungerechten Gute des göttlichen Wortes habe ich mich
versündiget, zum Nachtheile des großen Hausherrn habe ich mit diesem
unschätzbaren Gute gewirthschaftet, welches für mich im höchsten Grade
als ein ungerechtes Gut betrachtet werden kann, da ich es in buchstäblichen Sinne des Wortes in den schändlichsten Mammon verwandelt
habe. — Wie oft habe ich den allerbarsten Schuldnern gegen den Herrn
ihre Schuld auf der Beichttafel ausgelöscht, ließ ihnen das Hauptcapital
völlig nach, und nur das läßliche kleine Capital ließ ich den Schuldnern
noch übrig, als welches bloß die läßlichen Sünden als zurückgebliebene
Makeln von den großen betrachtet werden. Diese allein wurden einer
eigenen Bußläuterung überlassen; nebstbei aber dennoch auch an läuternde
Mittel angewiesen, durch welche der läßliche Schuldner gar leicht ohne
alle Mühe seiner läßlichen Schuld los werden konnte. Daß die Kirche
eigenmächtig solche Mittel angeordnet hatte, welche nicht nur ich, sondern
ein jeder Priester in ähnlichen läßlichen Schuldfällen zu gebrauchen
streng angewiesen ward, dafür kann ich wohl so wenig, als jeder Andere
meines Gleichen. — Hier hast du nun Alles, was ich dir geben kann;
deine Weisheit wird besser denn all' mein Verstand diese Sache beurtheilen. — Nun spreche ich: Nun, lieber Freund und Bruder, ich habe
dein Vorwort vernommen, und sage dir, daß es für die Sache der Ohrenbeichte wohl taugt; aber wie? Das ist eine ganz andere Frage, und
dieses will ich dir alsogleich kundgeben. — Wenn der Beichtiger im
wahren Sinne voll Liebe ist in seinem Herzen, und benützt die Gelegenheit der Beichte also, daß er dem Beichtenden zeigt, wann und
auf welche Weise ihm allein vom Herrn die Sünden nachgelassen werden, und zeigt ihm, daß die Beichte an und für sich ohne
die Beachtung der freundlichst angerathenen Mittel und deren völlige
Beobachtung gänzlich wirkungslos ist, und im Gegentheile einen
Sünder, wenn er in der Beichte die völlige Nachlassung seiner Sünden
glaubt, nur noch verstockter und unverbesserlicher macht; —
und wenn der Beichtiger dem Beichtenden noch dazu allerfreundlichst und
liebevollst den Rath ertheilt, daß er allersorgfältigst und vollernstlichst
dahin trachten solle, daß er durch Vermeidung all' seiner bekannt
gegebenen Sünden sich auf den Wegen, welche das Evangelium vor-
zeichnet, unabwendbar fortbewegen soll, auf welchen Wegen er
allein zur **Wiedergeburt des Geistes** gelangen kann, und der Beichtende dem Beichtiger darauf die aufrichtigste Versicherung giebt, daß er
alles Mögliche aufbieten wird, um dem Rathe des Beichtigers vollkommen zu genügen, und der Beichtiger dem Beichtenden auf solch' eine ersichtlich lebendige Zusicherung im Namen des Herrn die bekannt gegebenen Sünden nachläßt, — so ist er ein rechter Beichtiger, und
kann in dem Falle als ein ungerechter Haushalter angesehen werden. — Du fragst hier freilich wohl bei dir selbst, wie möglich denn in
diesem Falle ein Beichtiger noch ein ungerechter Haushalter sein kann?
— Solches kannst du zum Theil aus dem schon von mir kund gegebenen Verhältnisse ersehen, dem zu Folge Niemand zwischen zwei gegen-

ſeitigen Schuldnern das Recht hat, die Schuld zu tilgen, außer ſo ein Dritter zwiſchen die zwei Schuldner tritt, und ſo mit der Lehre der Liebe wieder vereint, und für einen armen Schuldner an einen Gläubiger aus ſeiner Caſſe liebthätigſt die Schuld bezahlt; — aber wohlgemerkt, mit dem Beiſatze, daß mit ſolcher liebthätiger Schuldtilgung **beide Theile völlig brüderlich freundlich einverſtanden ſind.** — Und im zweiten Falle iſt die ungerechte Haushalterſchaft eines ſolchen redlichen Beichtvaters noch ganz vorzüglich aus dem Texte der Schrift zu erſehen, wo der Herr zu Seinen Apoſteln und Jüngern ſpricht: „So ihr aber Alles gethan habt, da ſaget und bekennet: **Wir ſind unnütze Knechte!"** — Ich meine, daß es in dem Falle nicht mehr nöthig ſein wird, dich noch tiefer belehren zu müſſen; denn wenn du an das Evangelium nur noch einen Funken lebendigen Glaubens haſt, ſo muß dir das bereits von mir Geſagte als eine ewig unumſtößliche Wahrheit völlig einleuchtend ſein. — Du ſagſt mir jetzt in deinem Gemüthe: Mir iſt dieſes Alles nun nur zu klar; aber was ſoll jetzt mit mir und uns Allen geſchehen, da wir ſammt und ſämmtlich nicht können als ungerechte Haushalter angeſehen werden, indem wir, wie wir hier ſind, wohl nie in dieſem reinſten Sinne im Beichtſtuhle geſeſſen ſind? — Ich ſage dir aber: Der Weg iſt ſchon geöffnet, und es ſoll dir gar bald die Gelegenheit werden, hier im Reiche der Untrüglichkeit einen beſſer gearteten ungerechten Haushalter zu machen, als du ihn auf der Erde gemacht haſt, allwo dir Licht und der lebendigſte Glaube im vollkommenſten Maße fehlten. Siehe hinter uns den ganzen betrogenen Laientroß, ſiehe die große Menge der Laien in dieſem Paradieſe; dann ſtehe ferner die bedeutende Menge der Seelenſchläfer in dieſem Kloſter eurer falſchen Begründung! Gehe hin und predige ihnen das wahre Evangelium; bringe ſie Alle hierher, und du wirſt dadurch den erſten Schritt thun, um ein wahrhaftiger ungerechter Haushalter im Reiche Gottes zu werden. — Der Prior ſpricht: O du göttlicher Freund und Bruder! wäre es denn wohl noch möglich, daß ich der Hölle entrinnen könnte?! — Ich ſpreche: Wer hat dich denn zur Hölle verdammt? Meinſt du, die Boten der ewigen Liebe werden Solches thun? Wenn du dich ſelbſt nicht verdammſt durch deinen unbeugſamen Sinn, und wenn du, wie ich es ſehe, Liebe zum Herrn in dir empfindeſt, wo iſt wohl da Derjenige, der über alles Das die Macht hätte dich zur Hölle zu verdammen? Meinſt du, der Herr ſendet Seine Boten der Verdammniß wegen? O da biſt du noch in einer großen Irre! — Der Herr ſendet Boten nur der Erlöſung, aber ewig nie der Verdammniß willen! — Daher kümmere dich nicht mehr um Thörichtes, ſondern mache deine Liebe zum Herrn hell auflodern, und gehe hin in ſolcher Liebe zu deinen Brüdern und führe ſie alle aus ihren Gefängniſſen hierher; und du wirſt dann erſt erfahren, wie der Herr Seine Kinder richtet. — Glaube mir, **der Herr iſt auch in der Hölle pur Liebe**; und nicht ein arger Geiſt iſt darinnen, der nicht, ſo er nur **will**, berechtiget wäre, als ein verlorner Sohn zum **Vater** zurückzukehren! — Wenn aber Solches der allergewiſſeſte und alleruntrüglichſte Fall iſt, ſo wirſt du wohl auch aus deiner Liebe zum Herrn ſchließen können, daß dich Seine Allmacht nicht für die Hölle erschaffen hat; — daher gehe nun, und thue, was ich dir gesagt habe, auf daß dir bald eine Löse werde! —

## 160.
(Am 3. April 1843, von 5 bis 6½ Uhr Abends.)

Sehet der Prior geht, um zu holen Diejenigen, die wir ehedem jenseits der flammenden Kluft verlassen haben. Ihr fraget wohl, ob über diese Kluft schon irgend eine Brücke gemacht ist, über welche sich die Seelenschläfer zu uns hierher werden begeben können? — Ich sage euch: In dieser Hinsicht ist zwar bis jetzt noch nichts geschehen, weil unsere Seelenschläfer nach unserer Entfernung mit sich selbst haben ein Mitleid zu tragen angefangen, welches aber eben für den Menschen in Beziehung auf das geistige Leben von einer äußerst schlechten Wirkung ist; denn in dem Eigenmitleide rechtfertigt der Mensch sich selbst, schiebt alle Schuld wo anders hin, und stellt sich sonach als ein schuldloser und zugleich aller Erbarmung würdiger Mensch dar. Da Solches eben bei unseren Seelenschläfern, wie schon bemerkt, der Fall ist, so kann auch über die Kluft noch keine Brücke sein, über welche sie zu uns hierher gelangen könnten. — Solches dient aber auch für unseren Prior zu einer starken Probe; und es wird sich zeigen, was diese Seelenschläfer-Brüderschaft bezüglich ihres mißlichen Zustandes auf ihn für eine Wirkung machen wird. — Ihr möchtet wohl Zeugen von seiner Handlungsweise sein, ich aber sage euch, Solches ist vor der Hand durchaus nicht nothwendig; denn wir werden seiner noch früh genug wieder ansichtig werden, da er sicher unverrichteter Dinge hierher gelangen wird. Wir aber wollen uns dafür unterdessen lieber an einen anderen Mönchsbruder wenden und da sehen, welche Wirkung unsere Bearbeitung des Priors auf ihn gemacht hat. Wir brauchen nicht zu sagen: Komme her und enthülle dich uns; denn ihn selbst drückt der Schuh, und so kommt er, wie ihr sehet, eben in der Absicht zu uns und stellt so eben folgende Frage an mich, sagend nämlich: Guter Freund und Bruder! Ich habe deiner Belehrung über die Beichte vom Anfange bis zum Ende mit der größten Aufmerksamkeit und innern Würdigung zugehört, und daraus entnommen, daß leider diese Hauptfunction in der katholischen Kirche zumeist ein allerverkehrtester Mißbrauch des göttlichen Wortes ist, und man kann deiner ausgesprochenen reinen Wahrheit füglicher Maßen nichts einwenden; aber dessen ungeachtet, daß wir hier auch Solches einsehen, besteht diese Function in eben dieser Kirche, wie sie seit Jahrhunderten bestanden ist und auch fürder bestehen wird, dennoch fort. — Wenn demnach aber eben diese Function sowohl für den Beichtiger, wie auch für den Beichtenden von einem so entschieden großen Nachtheile ist in Hinsicht auf dieses ewige Leben des Geistes, so läßt sich denn da doch wohl mit dem besten Gewissen von der Welt die gewichtige Frage aufstellen, warum der allgerechte liebevollste allerhöchstweiseste allmächtige Herr und Gott Himmels und der Erde so einen Gräuel eben in Seinem Weingarten duldet? — Denn ich muß dir zudem noch offen bekennen, daß eben durch diese Beichte gar so manche Menschen auf der Erde sichtbarer Maßen große Lieblinge des Herrn waren, und Er Sich ihnen auch zu verschiedenen Malen leibhaftig geoffenbart hat; und so viel ich mich entsinnen kann, so hat Sich der Herr zu keinem dieser Seiner Lieblinge über diese Function unbilligend geäußert; — im Gegentheile weiß ich mehrere Fälle, wo eben auf diese Weise der Herr durch Seine Lieblinge den anderen Menschen kund gethan hat, daß sie also für ihre begangenen Sünden, reumüthigst beichtend, wahre Buße zur Vergebung ihrer Sünden wirken sollten, — und ich weiß auch mehrere Fälle, wo Menschen, welche diesen Rath vollkommen beherziget haben, nach einer solchen im vollsten Ernste vorgenommenen Beichtfunction im Geiste und in der Wahrheit völlig wiedergeboren worden, und dann von dem Augenblicke an wahre hochachtbare Freunde des Herrn geblieben sind. — Wenn es aber dennoch mit dieser Function auf diesem Fuße steht, wie du uns Alle vorhin belehrt hast, da muß ich dir offen bekennen, daß mir die Leitung des Menschengeschlechtes auf der Erde von Seite des Herrn ein unauflösliches Räthsel ist. — So viel ich mich recht wohl erinnern kann, so ist die Beichte ja ohnehin also gestellt, daß der Sünder nur dann durch diese Bußfunction die Vergebung seiner Sünden überkommt, wenn er mit dem allerernstlichsten Vorsatze dieselben dem Priester kund giebt, daß er sie als erkannte Fehltritte seines Lebens allerwahrhaftigst bereut und in der Zukunft vorsätzlich ernstlich nimmer wieder begehen will. — Wenn diese Bedingung von Seite des Beichtenden nicht erfüllt wird, so wird Solches ja ohnehin möglichst oft von den Kanzeln bekannt gegeben, und namentlich vor den allgemeinen Beichtzeiten, daß da Niemand wie gesagt, ohne die völlig erfüllten Bedingungen die Nachlassung seiner Sünden erhalten kann. Also wird auch sowohl von den Kanzeln, wie in den Beichtstühlen allersorgfältigst geprediget und gelehrt, daß da Niemanden eine Sünde von Seite des Herrn nachgelassen werden kann, wenn der Beichtende nicht zuvor sich mit allen seinen Schuldnern aus dem innersten Grunde seines Herzens verglichen hat. — Wenn irgend vielleicht ein größerer Unfug mit dieser Function getrieben wird, als es die allgemeine kirchliche Regel haben will, daß eben diese Function in solchem reinen Sinne gehandhabt werden soll, so kann solch' ein Unfug ja doch nicht der Allgemeinheit zur Last gelegt werden. — Sieh' ich will in dieser Sache durchaus nicht das berühren, ob von Seite der Kirche die Forderung des Herrn laut der bekannten Texte richtig oder unrichtig aufgefaßt worden ist; aber das ist denn doch sicher, daß es der Herr eben nicht für gar so unbillig wenigstens auf der Erde ansehen muß, weil Er diese Function für's Erste hat aufkeimen lassen, und für's Zweite diesen aufgekeimten Baum noch immer in Seinem Weingarten duldet, und dieser Baum Ihm auch bekannter Maßen stets eine reichliche Ernte abwirft; — denn das ist einmal gewiß: Wenn Jemand krank ist, so soll er zu einem Arzte gehen, demselben sein Uebel anzeigen, auf daß es der Arzt dann in der Wurzel erkenne, und den Leidenden dafür ein wirksames Heilmittel biete. Wenn aber Solches leiblicher Maßen wohl Niemand unbillig finden kann, indem man doch auch sagen könnte: Dem allmächtigen Herrn allein steht es zu, alle Krankheiten zu heilen, was Er auch sicher thut nach Seiner Ordnung, so der Leidende im lebendigen Vertrauen auf den Herrn die Mittel von dem wohlerfahrnen Arzte als vom Herrn gesegnet gebraucht; —

wenn also, wie gesagt, Solches für den Leib gilt, da sehe ich wirklich nicht ein, warum es gleichermaßen nicht auch für die kranke Seele des Menschen gelten sollte. — Sind wirkliche leibliche Unterärzte an der Seite der göttlichen Liebe und Allmacht nicht als überflüssig anzusehen, aus welchem Grunde sollen denn geistige Unterärzte an der Seite der göttlichen Liebe und Erbarmung überflüssig sein? Zudem sind die Menschen gegenseitig ja vom Herrn angewiesen liebthätig zu sein. — Wenn es durchaus sicher nie als gefehlt betrachtet werden kann, wenn man die Nackten bekleidet, die Hungrigen speiset, die Durstigen tränket, die Betrübten tröstet, die Gefangenen erlöset u. dgl. m., und der Herr Selbst in dem Beispiele, wer der wahre Nächste ist, dem Erschlagenen durch den barmherzigen Samaritaner Hilfe gesendet hat; wie sollen demnach geistige Werke der Erbarmung und Liebe des Herrn von Seite Seiner geistigen Unterärzte in ihrer Art, wie sie bestehen, dem Herrn ein Gräuel sein? — Und sind sie schon nicht gerade, wie sie sein sollten, als vollkommen entsprechend diesem reinsten Reiche der Wahrheit, so können aber ja dennoch wir spät nachfolgenden Diener dieser kirchlichen Hauptregel nicht umhin, so wir diese Regel, wie sie ist und besteht, zur Vergebung der Sünden und Besserung der Menschen gebraucht haben. — Ich meine aber, einen absoluten Gräuel hätte der Herr auf der Erde schon lange ausgemerzt; da er aber dennoch sicher in keinem schlechten Sinne besteht, so möchte ich, wie schon Anfangs erwähnt, von dir in dieser Hinsicht ein etwas helleres Licht überkommen. — Nun spreche ich: Mein Freund und Bruder, deine Frage ist wichtiger und bedeutender, als du sie dir selbst denkst; und um sie gehörig zu beleuchten, gehört mehr Licht dazu, als du es gegenwärtig noch zu ertragen vermöchtest. Vorläufig aber will ich dir nur so viel sagen, daß die Führung des Herrn viel wunderbarer und außerordentlicher ist, als du davon in Ewigkeiten nur den allerkleinsten Theil wirst zu fassen im Stande sein. — Siehe, in Anbetracht auf den Herrn giebt es nirgends einen Irrweg; jeder ist dem Herrn wohlbekannt, und jeder geht von Ihm aus als ein Lebensband. Aber du wirst doch auch einen Unterschied machen zwischen einem geraden und einem krummen Wege? — Daß Sich der Herr auch auf dem krummen Wege zurecht findet, das liegt sicher außer allem Zweifel; daß aber der Mensch auf einem krummen Wege nicht sobald an's Ziel gelangt, als auf einem geraden, das wird wohl auch außer Zweifel liegen. Wenn ein Weg viele Seitenwege hat, welche vom Ziele ablenken, und man nicht selten zufolge eines solchen Abweges die ganze Erde vielfach umwandeln kann, bis man an das gerechte Ziel kommt, (solches wird auch nicht so schwer zu begreifen sein) — so ist es doch klar, daß es dem Herrn nicht einerlei sein kann, ob Jemand auf solchen Seitenwegen sich Ihm naht, oder ob er sich auf dem kürzesten Wege zu Ihm begiebt. Du sagst zwar hier in deinem Innern: „Solches Alles ist richtig;" aber dessen ungeachtet siehst du nicht ein, wie die Beichte in dieses Beispiel hinein paßt, indem du sie ebenfalls für einen allerkürzesten Weg ansiehst. — Ich sage dir: Es ist allerdings nicht in Abrede zu stellen, daß diese Function nicht selten für so manche Menschen ein kürzester Weg war; wie aber? — Weil der Herr solch' einem Menschen, der es mit der Besserung seines Lebens ernst nahm, entgegen kam, und leitete ihn dann Selbst auf den geraden und kürzesten Weg; — Solches aber ist noch kein Grund, um dieser Function ein billigendes Wort zu halten. Es giebt auch Tausende und Tausende aus den Heiden, denen der Herr ebenfalls entgegen kommt, und sie nach Seiner Art führt auf den geraden Weg; Solches ist eine ledige Erbarmung des Herrn. — Weil Sich aber der Herr solcher Heiden erbarmt, sollte man darum dem Heidenthume ein Vorwort sprechen? — Ich aber habe ja ohnehin gezeigt im Verlaufe meiner Belehrung, wie eine Beichte beschaffen sein solle, wenn sie vom Herrn aus als billig und sogar anempfohlen betrachtet werden kann. Ich habe gezeigt den ungerechten Haushalter, worin der Herr einzig und allein vorgesehen die bestehende katholische Beichte billiget. Ist demnach der Beichtiger gleich dem ungerechten Haushalter und thut seine Function in dieser alleinig wahren und zu billigenden Scene, so ist denn die Beichte auch evangelisch, also ein Zweig an dem wahren Baume des Lebens. — Ist sie aber nur ein eigenmächtiges priesterliches Gericht, so ist sie ein getrennter Zweig vom Baume des Lebens, der keine Früchte tragen kann. — Daß von Seite der katholischen Gemeinde unter der Leitung des römischen Bischofs schon gar viele dem Herrn wohlgefällige Früchte getragen worden sind, und daß diese Funktion nicht selten eine gute Demüthigung für die Menschen ist, das wissen wir viel besser als du; denn wäre Solches nicht der Fall, da kannst du wohl versichert sein, daß der Herr einem reinen Unfuge allzeit gar wohl zu steuern versteht; — wie Er es auch zu Zeiten der verschiedenartigen kirchlichen Reformation gethan hat, indem in dieser Zeit eben diese Function auf den Grad der unsinnigsten Ausartung gediehen ist. Aber aus allem Dem geht für dieses Reich der reinen Wahrheit noch keine vollkommene Billigung hervor. — Wenn der Beichtiger sagt, daß nicht er, sondern der Herr allein die Sünden vergeben kann, und betrachtet sich dabei nur als ein liebthätiges Werkzeug, welches dem geistig Bedrängten eben in der Beichte, wie auch auf der Kanzel, die reinen Wege zum Herrn zeigt, so ist er ein rechter Beichtiger, d. h. er ist als solcher ein liebeerfüllter, wahrhaftiger Menschenfreund, dem das geistige Wohl seiner Brüder über Alles am Herzen liegt. Wenn er aber spricht: Ich habe die Gewalt dir die Sünden zu erlassen oder vorzubehalten, und es hängt von mir ab, dich in die Hölle oder in den Himmel zu bringen, so maßt er sich die göttliche Gewalt an, macht seinem Bruder dadurch Gott entbehrlich, zerreißt dadurch das Band zwischen Gott und dem Menschen und macht aus dem Menschen entweder einen verzweifelten Verächter alles Göttlichen, oft einen verzweifelten Bösewicht, der sich mit der Zeit über Alles hinaussetzend endlich gar nicht mehr scheut alle möglichen Gräuel ohne den geringsten Gewissensdruck zu verüben; oder er macht aus dem Menschen entweder einen Gleißner oder einen gewissensruhigen Nachbeichtschläfer, der sich nach der Beichte um kein Haar anders befindet, als er sich vor der Beichte befunden hat, indem er glaubt, in der Beichte seinen alten Sündensack ausgeleert zu haben, und sich am Ende auch noch allerunsinnigster Maßen vorstellt, daß er wegen der nächsten Beichte im Ernste wieder etwas fündigen muß, damit er Etwas zu beichten und der Priester ihm gewohnter Maßen wieder Etwas nachzulassen hat. Wenn also, wie gesagt, es sich mit dieser Function also verhält, sage mir, ist sie da wohl zu billigen? Du verneinst Solches in deinem Innern; also sage auch ich dir, daß deine Frage Nr. 1 als völlig überflüssig anzusehen ist, wenigstens für diesen gegenwärtigen Standpunkt; für's Zweite ist sie eben dadurch beantwortet. — Der Verfolg aber wird euch Allen erst in dieser Hinsicht ein mächtigeres Licht anzünden. —

## 161.
(Am 4. April 1843, von 5¼—6¾ Uhr Abends.)

Und da sehet ihr nun hin: Unser Prior kommt mit einem ganz verzweifelten Gesichte unverrichteter Dinge so eben wieder aus dem Kloster zurück, und naht sich uns mit großer zweifelvoller Bangigkeit seines Gemüthes. Er wird sich vor uns auch sogleich zu entäußern anfangen; daher habet nur Acht darauf; denn daraus werdet ihr wieder um einen tüchtigen Schritt tiefer in die göttlichen Führungen eingeweiht werden. — Der Prior ist bereits gegenwärtig, und fängt an seinen Mund zu öffnen. — Also hören wir; denn er spricht: O Freund und Bruder! Was für eine Bewandtniß es vorerst mit deiner und dann auch mit dieser meiner Sendung hat, das wird wohl der Herr am besten wissen; aber ich werde auf keinen Fall klug daraus. — Denn siehe, ich kam nach deiner Beheißung hinüber zu unseren seelenschlafenden Brüdern, und wollte sie eben auch nach deiner Beheißung hierher führen; aber was für eine Entsetzlichkeit mußte ich da gewahr werden?! Siehe, zwischen mir und ihnen, die da heulten und wehklagten, war eine breite Kluft, aus welcher helle Flammen hervorschlugen, hinter diesen Flammen waren meine Brüder fortwährend bemüht, irgend darüber zu kommen; aber es war umsonst. — Ich suchte Gegenstände über die Kluft zu legen, um ihnen dadurch eine Nothbrücke zu machen; allein was immer ich über die Kluft legte, ward alsbald von den Flammen ergriffen und jählings verzehrt. Da ich also bei aller meiner Anstrengung und bei meinem besten Willen deiner Beheißung nicht zu entsprechen vermochte, so dachte ich mir, da das Unmögliche doch Gott Selbst von Niemanden verlangen kann, so kann Solches auch um so weniger ein von Ihm abgesandter Bote verlangen; denn über diese Kluft eine Brücke zu machen, die dem schauerlichen Elemente Trotz bieten würde, war mir allerreinst unmöglich. — Und so kehrte ich denn nothgedrungen unverrichteter Sache wieder also zurück, wie ich abgesandt wurde, und dachte mir, entweder habe ich deine Sendung nicht verstanden, oder du hast mir mit dieser Sendung einen handgreiflichen Beweis an mir selbst erfahren lassen, dem zu Folge ich ersehen sollte, wie völlig untauglich und ungeschickt ich zum Reiche Gottes bin; — und ist es denn, wie es wolle, dachte ich mir ferner, eine nachträgliche Beleuchtung von deiner Seite wird hier wohl schier am allereigentlichsten Platze sein. Also bin ich denn wieder hier, und habe dir kund gethan, wie es mit der Sache steht; du aber magst thun, was du willst. Das sehe ich klar ein, daß wir Alle dir nicht zu widerstreben vermögen; und wärest du auch kein Bote von Oben, so müßte sich aber unsere geringe Kraft dennoch von der deinigen unterjochen lassen, weil sie ihr nirgends auch nur im Allergeringsten zu opponiren vermag. Ich muß dir noch hinzu bekennen, daß ich beim Anblicke des großen Jammers meiner Brüder an deiner göttlichen Sendung nahe zu zweifeln angefangen habe; doch dachte ich mir wieder dabei, man müsse das Ende abwarten und dann erst urtheilen. Daher warte ich auch hier nun deine verheißene Lösung ab, und will nach derselben erst ein Urtheil in mir selbst fällen, daraus mir klar wird, in was für Händen ich mich befinde. — Nun spreche ich: Das kommt mir wirklich etwas sonderbar von deiner Seite aus betrachtet vor, daß du über deine feurige Kluft keine Brücke hast errichten können, nachdem sich doch das Oberhaupt der Kirche den sehr bedeutungsvollen Titel: „Pontifex maximus" beilegt, dem zufolge sonach doch auch sicher alle unter seinem Scepter stehenden Priester pontifices minores sind, und du als eben ein solcher pontifex minor, der du bei deinem Leibesleben gar viele Seelenmessen gelesen hast und dadurch in der Meinung warst, den abgestorbenen Seelen Brücken vom Fegfeuer in das Paradies zu bauen, nun nicht im Stande bist, über die sehr schmale Kluft eine kleine Brücke zu bauen. — Der Prior spricht: Lieber Freund und Bruder, mir geht schon ein kleines Licht auf; und wenn ich mich nicht irre, so hast du mit dieser Beheißung ein wenig anrennen lassen, damit ich daraus ersehen sollte, welch' eine Bewandtniß es mit unseren Seelenmessen hat, wie auch mit allen anderen allzeit zu bezahlenden Sterblichkeitsfunctionen. — Nun spreche ich: Ja, lieber Freund und Bruder, dießmal hast du den Nagel auf den Kopf getroffen; weißt du, was das alleinige Erlösungsmittel ist und somit auch die alleinige Brücke vom Tode zum Leben? — Du bedeutest mir, Solches nicht völlig zu erschauen; ich aber sage dir: Blicke hin auf den Herrn! Was wohl hat Ihn bewogen, das gefallene Menschengeschlecht der Erde zu erlösen und somit jeglichem Bewohner der Erde eine ewig haltbare Brücke vom Tode zum Leben zu bauen? — War es nicht Seine ewige göttliche Vaterliebe? — Du bejahst mir Solches; gut! — ich sage dir aber noch Etwas hinzu: Wenn ein König auf der Erde irgend Gefangene hätte, Jemand aber möchte diesen Gefangenen helfen; die Gefangenen sind aber in einer starken Festung verwahrt, zu der Niemand als nur der König den Schlüssel hat. — Dieser Mensch aber, dem es um die Gefangenen bange ist, hat in die Erfahrung gebracht, daß der König durch nichts als lediglich nur durch eine große Demüthigung vor ihm, und dann durch eine große alles Andere auf die Seite setzende Liebe zugänglich ist; — da wir nun Solches wissen, so frage ich dich: Wie wird es dieser Mensch denn anstellen müssen, um den Gefangenen einen Ausgang aus ihrer Gefangenschaft zu bereiten? — Siehe, ich will es dir kund geben. Er wird zuerst durch die Liebe zu den Gefangenen dahin bestimmt werden, einen sehnlichsten Wunsch zu haben, sie frei zu wissen; — siehe, das ist der erste Brückenkopf. Hat er diesen Brückenkopf errichtet, so wird er bedenken, daß ein König, der einzig nur durch Demuth und Liebe zugänglich ist, ein überaus edler, guter und gerechter Fürst sein müsse, und hat er Solches bedacht, so wird er ebenfalls alle seine Demuth und Liebe auf einen Punkt zusammenziehen und sie dem

Könige zum Opfer bringen. Wenn er Solches gethan hat, so hat er den zweiten Brückenkopf vollendet. Da aber dann der überaus edle, gute und gerechte König ein solches Opfer sicher allerwohlgefälligst aufnehmen und unserem Brückenbauer mit einer noch viel größeren Liebe entgegen kommen wird, als möglicher Weise dieser zu ihm kam, so wird da dann doch etwa klar sein, daß die Liebe des Königs gar sicher sich mit der Liebe des Brückenmachers zu einem Zwecke vereinen wird, und die Brücke über den Festungsgraben wird erbaut sein, der König selbst wird kommen, das verschlossene Thor der Festung öffnen und alle die Gefangenen frei machen, und wird sie heraus führen aus der großen Schmach in das Land der Herrlichkeit! — Nun, da wir dieses Bild noch hinzu gefügt haben, so wird es dir etwa doch klar sein, aus welchem Stoffe und wie eine Brücke erbaut werden muß, welche das Feuer des Eigennutzes, der Eigenliebe, der Selbstsucht, des Neides und der Zwietracht nicht zu zerstören vermag. — Du sprichst nun: Ja, ich erkenne es, es ist die Liebe des Nächsten und die Liebe zu Gott in Eins vereiniget. — Gut sage ich dir; also gehe hin und baue aus diesem Stoffe eine Brücke, und du kannst versichert sein, daß diese Brücke ein wahrer unzerstörbarer Felsen wird, welcher jeder Höllenmacht trotzt; — also wird er auch sein der wahre Schlüssel, mit welchem du, wie Jeder aus euch, alle Gefängnisse werdet öffnen und die wahren Pforten des Himmels aufthun können. Du hast auf der Welt zwar viele Messen gelesen und andere kirchliche Functionen zur Wohlfahrt der verstorbenen Menschen verrichtet; aber du bautest überall dadurch auf Sand, und dein Baumaterial war selbst nichts als Sand, indem du nicht die Liebe zum Grunde hattest bei all' diesen Functionen, sondern lediglich nur den kirchlichen Erwerb. — Was davon und daraus für deine Brüder Ersprießliches hervorgegangen ist, hast du dich eben selbst überzeugt; denn deine materiellen Brückenversuche entsprachen deinen kirchlichen Functionen. Nun aber gehe hin und baue eine Brücke aus dem lebendigen Felsen Petri, welcher ist die Liebe und ihr lebendiges Licht, und du wirst sicher eines anderen Erfolges gewahr werden, als es zuvor der Fall war. — Glaube aber, daß nicht du, sondern nur der König allein die Gefangenen frei machen kann, so wird es auch geschehen, wie die aus deiner Liebe heraus lebendig glaubest; — und also gehe denn wieder im Namen des Herrn, Amen! —

## 162.

(Am 6. April 1843, von 5¼—6¾ Uhr Abends.)

Sehet, unser Prior bewegt sich bereits wieder zu den Seelenschläfern. Dießmal aber muß auch ich mein den Seelenschläfern gemachtes Versprechen halten, und zu ihnen kommen; daher gehen wir dem Prior nach, damit ihr sehet, was da geschehen wird. — Sehet, wir sind sammt dem Prior auch schon an Ort und Stelle; daher geben wir hier etwas im Verborgenen Acht, was Alles unser Prior mit den Seelenschläfern machen wird. — Er ist nahe an der Kluft, und beginnt so eben seine Anrede. Habet also Acht; denn er spricht: Lieben Brüder! Ihr wisset, was uns stets getrennt hat in unserem Convente; es war nichts als eine

Meinungsverschiedenheit über den Zustand nach dem Tode des Leibes der Seele. — Ihr behauptetet, die Seele muß bis zum jüngsten Gerichtstage in irgend einem unthätigen, sich kaum bewußten Schlafzustande verweilen, und beriefet euch zu Gunsten dieser euerer Meinung auf verschiedene Kirchenlehrer; wir aber, die wir draußen sind, waren euerer Meinung schnurgerade entgegen, und zeigten euch, wenn Solches der Fall ist, daß die Seele nach dem Tode des Leibes sich in irgend einem thatlosen, sich kaum bewußten Schlafzustande befindet, daß solchergestalt alle unsere zum Wohle der Seele gerichteten kirchlichen Functionen so gut wie ein eitel leerer Trug sind, da sich bei solchem Zustande der Seele nach dem Tode weder ein Fegfeuer, noch irgend ein Grad der Hölle denken läßt. — Trotz all' dieses unseres Gegenbeweises habt ihr aber dennoch mit großer Heftigkeit euere Meinung behauptet, und so war zwischen euch und uns fortwährend eine heimliche feurige Kluft, aus welcher fortwährend bei jedem Versuche zu euch eine Brücke zu machen, dieselbe allzeit zerstörende Flammen emporschlugen. Was sich in der Welt zwischen uns nur als eine moralische Meinung beurkundete, das beurkundete sich hier in erschaulicher Thatsächlichkeit. — Nun aber will ich euch etwas Anderes kund thun; ihr wisset so gut wie ich von dem mächtigen Boten, der da zu uns gekommen ist, um uns Alle aus unserem alten Irrwahne zu befreien. Dieser Bote hat mir übersonnenklar gezeigt, wie irrig und thöricht wir in Allem daran sind, und zeigte mir einen neuen Weg zu gehen, und dieser Weg ist kein anderer, als die alleinige Liebe zum Herrn Jesus Christus, der der alleinige Gott ist aller Himmel und aller Welten, und der in Seinem Worte von Sich Selbst ausgesagt hat, daß Er und der Vater **Eines** sind, und wer Ihn sieht, auch den Vater sieht; und ferner noch ausgesagt hat: Wer sein Wort hört und nach demselben lebt, der hat das ewige Leben in sich, und wer ebenfalls an Ihn glaubt, daß Er ist der eingeborne Sohn aus Gott, der wird ewig nimmer einen Tod schmecken! — Dieß also ist der Weg, ja ein ganz neuer Weg, den uns der Bote angegeben hat; wenn wir sonoch diesen Weg befolgen, diesen Weg wandeln und auf diesem Wege, also in dem alleinigen Herrn Jesu Christo, als wahre Brüder uns vereinigen, so wird diese nichtige Kluft zwischen euch und uns sobald eine gute Brücke bekommen, über welche wir sammt und sämmtlich in das Reich der göttlichen Erbarmung des alleinigen Herrn Jesu Christi werden gar wohl behalten gelangen können. Erkennet euch daher; werfet euer altes, trügerisches Schlafgewand von euch und wendet euch sammt mir an den alleinigen Herrn Jesum Christum, so wird Er, dem kein Verhältniß in der ganzen Unendlichkeit und Ewigkeit unbekannt ist, Sich nach Seiner unendlichen Liebe euerer erbarmen und sobald eine Brücke haltbarer Art über diese Kluft errichten, über welche ihr überaus wohlbehalten werdet wandeln können. Die Flammen in der Tiefe aber werden sicher auch sobald erlöschen, sobald ihr mit mir und somit auch mit allen anderen unseren Brüdern im Glauben und in der Liebe an den alleinigen Herrn Jesum Christum Eins werdet. — Nun hat der Prior ausgeredet, und Einer jenseits der Kluft erwiedert ihm: Guter Freund und Bruder! Deine Rede ist zwar löblich und voll guten Sinnes; was aber kann uns solches Alles nützen, da du doch wissen mußt, daß kein Mensch nach dem Tode des Leibes etwas Verdienstliches zum ewigen Leben wirken kann, und daher hier auch aller Glaube und alle Liebe so gut wie vergebliche Gedanken des Geistes sind. Daher können wir dich gegenüber schon in Voraus versichern, daß uns Allen deine an und für sich zwar gute Meinung hier gar wenig mehr fruchten wird. — Nun spricht wieder der Prior: O lieben Freunde und Brüder, in eurer vermeintlichen Verdienstlichkeit um's ewige Leben liegt eben der für euer und unser Heil verderbliche Knoten begraben. — Hat nicht der Herr, wie es mir der Bote gar deutlich gezeigt hat, zu Seinen Aposteln und Jüngern gesagt: „Wann ihr aber Alles gethan habt, dann saget: Wir sind unnütze Knechte gewesen." — Abgesehen aber von diesem Texte, saget mir, ihr lieben Brüder und Freunde, was Verdienstliches kann das ohnmächtige Geschöpf wohl gegenüber dem allmächtigen Gotte, thun? — Wer aus euch hat je einen Grashalm oder auch nur eine Blattmilbe mit seiner Verdienst wirken wollenden Kraft erschaffen? Wer von euch Allen war bei der Erschaffung aller Welten und Himmel dem Herrn auch nur als ein geringster Handlanger dienend zugegen? — Was haben wir bei dem großen Werke der Erlösung mitgewirkt, auf daß wir dann sagen könnten, wir haben Gott dem Allmächtigen zu Hilfe etwas Verdienstliches geleistet? — Was haben wir denn gethan zuvor, als wir das erste Leben vom Herrn empfangen haben? — Was Verdienstliches kann wohl ein schwaches Kind seinen Eltern thun, damit es dann zu ihnen sagen könnte: Gebet mir meinen verdienten Theil. — Sehet, also waren wir nicht nur völlig unnütze Knechte allzeit vor dem Herrn, sondern wir wähnten noch als allerbarste irrwahnige Faulenzer gegenüber dem Herrn etwas Verdienstliches gethan zu haben. O Freunde, o Menschen, o Brüder und Sitten! wie weit haben wir uns in solchem Irrwahne vom Ziele der ewigen Wahrheit entfernt! Hätten wir lieber auf der Welt geglaubt und das für die Welt angenommen, was wir auch hier angenommen haben, da stände es nun besser für uns, als es bis auf den gegenwärtigen Zustandspunkt noch steht; — da wir aber uns nicht mehr in's Zeitliche zurück versetzen können, so ist es aber nun in diesem unseren geistigen Zustande fürwahr die allerhöchste Zeit, welche Ewigkeit heißt, diesen großen Irrwahn einzusehen, und in unserem Innersten vor dem Herrn diese unsere allergrößte Schuld allerreumüthigst zu bekennen, der zufolge wir so lange in dem Wahne gestanden sind, je etwas Verdienstliches vor Gott zu unserem eigenen Seelenwohle gewirkt zu haben. — Brüder! Schlagen wir uns auf die Brust, und sagen einmal lebendig: O Herr! Das Alles ist unsere alleinige größte Schuld, der zufolge wir nie aufhören werden Dir, o heilige Liebe, ewige Schuldner zu sein! — Brüder, ich bin überzeugt, wenn ihr Solches lebendig in euch empfinden werdet, wie ich es nun allerklarst in mir empfinde, so werdet ihr sicher in einen andern Zustand übergehen, und das über eine Brücke, von welcher wir bis jetzt Alle noch keine Ahnung haben. Sprechet aber nun auch in eueren Herzen mit mir, und saget es laut: O du allmächtige heilige Liebe, du allerbarmherzigster Herr und Vater in Jesu Christo! Wir bekennen nun unsere alte große Schuld vor dir; wir sagen hier, daß wir allzeit nicht für unnütze, sondern die allerschlechtesten Knechte vor dir waren, und bekennen, daß all' unsere vermeinte Verdienstlichkeit von unserer Seite dir, o heiliger Vater, gegenüber ein Gräuel sein mußte, bitten dich aber dennoch hier in unserer äußersten und größten Noth, daß du uns gnädig und barmherzig sein möchtest! — Laß uns hier zu wahren Brüdern werden, die sich allzeit durch deine Gnade und Erbarmung lieben möchten und dir geben in jeglichem Zustande alle Ehre, alles Lob und allen Preis! Und wir bitten dich auch aus dem Grunde unseres Herzens, daß du, o heiliger Vater, uns nur diese allerhöchste Gnade verleihen möchtest, daß wir allergrößten Sünder vor dir dich, o ewige Liebe, aber dennoch aus allen unseren Kräften lieben dürften! — O Brüder, sprechet Solches lebendig in euch, und saget am Schlusse hinzu: O Vater! Was wir gebeten haben, haben wir zwar aus unserem Willen gebeten, wir bitten dich aber darum, daß du dich ja nicht etwa nach unserem Willen unserer erbarmen sollest; denn nur dein Wille allein ist heilig, und daher geschehe auch nur allein dein allerheiligster Wille! — Sehet, diese Rede des Priors hat unsere Seelenschläfer ganz umgestimmt; darum sie auch ihre Kleider auszlehen, und stehen nun nackt vor uns. Aber da sehet nun auch zum Thore des Refectoriums; seht, es kommt so eben ein ganz schlichter Mann herein. Wisset ihr wer der Mann ist? — Ihr könnet es schon wissen; es ist Derjenige, an Den sich der Prior gewendet hat! — Jetzt aber wird auch erst die allgemeine Hauptscene vor sich gehen; daher dürfet ihr hier mit Recht noch gar überaus Großes erwarten. —

## 163.
(Am 7. April 1843, von 5³/₄—6³/₄ Uhr Abends.)

Sehet, der schlichte Mann geht auf unseren Prior zu; dieser entdeckt Ihn auch so eben, und geht, wie ihr sehet Ihm entgegen, und richtet auch alsbald die Frage an Ihn: Lieber Freund und Bruder: Sei mir tausendmal gegrüßt und willkommen; du bist mir zwar noch wie ein Frembling, und ich kann mich nicht entsinnen, dich je unter meiner Gesellschaft gesehen zu haben. Aber ich bin ein guter Menschenkenner schon auf der Erde gewesen, und habe davon auch einen freilich wohl nur sehr geringen Theil mit herüber genommen, d. h. freilich wohl nur durch die allerhöchst unverdiente Gnade und Erbarmung des Herrn; daher aber erkenne ich dennoch, daß du ein Mann von sehr edler Gesinnungsart sein mußt, und so will ich dir auch sogleich mein Bedürfniß kundgeben. Siehe, wir waren Alle priesterlichen Standes auf der Erde; — wie es aber auf der Welt schon zugeht, so waren wir im Angesichte des Herrn sicher Alles eher, als Priester. — Wir thaten zwar maschinenmäßig unsere vorgeschriebenen gottesdienstlich sein sollenden Ceremonien; wie viel aber im Ernste Gottesdienstliches daran war, davon sind wir durch einen Boten vom Herrn aus so eben auf das Sonnenklarste überwiesen worden. — Kurz und gut, wir waren bis jetzt und sind es im allergrößten Theile noch von uns selbst gefangene Irrthümlinge, die sich in allem möglichen Falschen begründet haben, und desselben aus uns selbst nie wären los geworden, so sich des Herrn unendliche Liebe nicht unserer grenzenlosen Armuth erbarmt hätte. Ueber diese Kluft stehst du noch den gefährlichsten Theil meiner Brüderschaft; — der Bote des Herrn hat mich zu eben dem Behufe hierher abgesandt, diese armen Brüder aus dieser Gefangenschaft hinauszuführen. Ich that bereits schon alles Mögliche, um mit ihnen diesen segensreichen Zweck zu erreichen; allein noch immer will sich über die Kluft kein Uebergang zeigen. Ich weiß aber, was mir der Bote des Herrn aufgetragen hat, und bin auch in meinem innersten Gefühle vollkommen überzeugt, daß ich diesen armen Brüdern von ganzem Herzen gern helfen möchte, wenn es mir anders nur möglich wäre. — Der Bote des Herrn hat mich freilich bei diesem Geschäfte auf die alleinige Hilfe des Herrn verwiesen. O lieber Freund und Bruder, ich bin wohl bis in meine innerste Lebensfiber überzeugt, daß der Herr diesen Brüdern, wie auch mir, wie Niemand mehr in der ganzen Unendlichkeit helfen kann; aber Solches weiß ich auch, daß ich solch' einer Hilfe von Seite des Herrn zu sehr allerunwürdigst bin. — Wenn du daher zur Rettung dieser Armen mir auch etwas behilflich sein möchtest und könntest, da bin ich überzeugt, daß du gewiß ein gutes Werk an den allerdürftigsten Brüdern gethan hast; und ist es uns gelungen, im Namen des Herrn die Armen über die schauerliche Kluft zu bringen, so will ich mich sammt dir vor dem Herrn zum ersten Male im Geiste und in voller Wahrheit in den Staub meiner Nichtigkeit hinwerfen und sagen: O Herr, du allergnädigster und bester Vater! ich danke dir für diese unermeßliche Gnade, die du mir dadurch erwiesen hast, daß ich nun einsehe und aus dem Grunde meines Herzens sagen kann: O Herr! ich habe nichts, sondern nur du hast Alles gethan; ich aber bin dein allerschlechtester und nutzlosester Knecht. — Der schlichte Mann spricht: Nun gut, Mein lieber Freund und Bruder, ich habe dich aus dem Grunde verstanden; was sollen wir aber hier machen? — Sollten wir etwa Balken oder Läden darüber legen? — Der Prior spricht: O lieber Freund und Bruder, einen solchen Versuch habe ich schon gemacht, aber das grimmige Feuer da unten zerstört sobald Alles, was man darüber legt; denn sieh' nur hinab, es ist ja gerade zum Verzweifeln schauderhaft anzusehen, welche ungeheure Gluth= und Flammenmasse da unten wüthet! Ich meines Theils getraue mich gar nicht mehr in die Nähe. — Der schlichte Mann spricht: Nun gut, Mein lieber Freund und Bruder, so will denn Ich hinzugehen, und sehen, wie es da mit dem Feuer steht; — siehe, Ich bin bei der Kluft, und Ich muß dir offen gestehen, bis auf einige Fünklein sehe Ich im Ernste nichts Feuriges mehr. — Hier geht der Prior auch hinzu und überzeugt sich davon; als er aber in die Kluft hinab blickt, da hebt er seine Hände hoch empor, und schreit zu den andern Brüdern hinüber: O Brüder, tretet näher dieser Kluft, und überzeugt euch selbst, wie unendlich gnädig und barmherzig der Herr ist! — Nur kaum einige Fünklein mehr sind in der Tiefe; werft euch nieder, dankt es dem alleinigen Herrn! Er allein hat diese schauerliche Gluth erstickt; ersticket aber auch ihr mit den Thränen eurer Reue und eures größtmöglichen Dankes gegen Ihn, den heiligen allmächtigen Helfer aus jeder Noth, diese Fünklein, und seid vollkommen überzeugt und versichert, so uns der gute, heilige, liebvollste Vater so weit geholfen hat, so wird Er uns auch sicher noch weiter helfen. — Da sehet nur her, hier ist ein guter, lieber Bruder zu uns gekommen. Noch weiß ich nicht, woher und wer er ist; aber so viel ist gewiß, daß ihn der allerbarmherzige Herr Jesus Christus gesendet hat, damit er mir zu euerer Rettung behilflich sein möchte, denn Solches erkenne ich ja aus seiner großen Bereitwilligkeit. — Sehet, die bereits nackten Brüder jenseits der nunmehr gluthlosen Kluft werfen sich auf die Anrede des Priors tief ergriffen abermals auf ihre Angesichter nieder und danken Gott für so viel Gnade und Erbarmung; — und der Prior fragt nun den schlichten Mann, was er meine, ob sich's mit Balken und Bretern nun wohl für eine Brücke thäte? — Der schlichte Mann aber spricht: Ich meine, wenn der Herr schon die Gluth ohne dein Hinzuthun also gelöscht hat, so dürfte es wohl auch geschehen, daß zur rechten Zeit, wenn du ein rechtes Vertrauen hättest, sich ebenfalls diese Kluft also wieder verengen möchte, wie sie allenfalls ehedem entstanden ist. —

## 164.

(Am 8. April 1843, von 4¼–6¼ Uhr Abends.)

Der Prior spricht: O lieber und allerschätzbarster Freund und Bruder! Dieser unschätzbar herrliche Gedanke ist auch der völlige Meister meines Gefühles geworden. Ich sehe die sichere Vollendung im Herrn nur gar zu gründlich ein; aber Solches sehe ich auch daneben allzeit ein, wie endlos unwürdig wir Alle zusammen solch' einer außerordentlichsten heiligen Hilfe sind. — Der schlichte Mann spricht: Lieber Freund und Bruder! Ich sage dir: Das ist aber an dir und deinen Brüdern auch das Beste, so ihr das lebendig einsehet; — denn so lange Jemand glaubt, daß er Etwas thun könne, oder daß er der göttlichen Gnade und Erbarmung würdig sei, so lange auch darf er darauf rechnen, daß ihn der Herr wird harren lassen, bis sich nicht all' solcher thörichte Wahn in ihm verzehren wird. So er aber zu deiner gegenwärtigen inneren Ansicht kommt, daß er **Nichts** ist und **Nichts** vermag, sondern daß der **Herr ist Alles in Allem**, der Erste und der Letzte, das Alpha und das Omega; dann erst giebt er sich dem Herrn freiwillig ganz hin, und der Herr ergreift ihn da und führt ihn den gerechten Weg. — Und so meine Ich denn nun auch in dieser deiner Hinsicht: Lege du alle deine Liebe zu deinen Brüdern und alle deine Sorge um sie vor die Füße des Herrn, umfasse dieselben mit deinem Herzen über Alles heißliebend und du wirst dich sicher überzeugen, daß der Herr gerade da thätig zu werden beginnt, wo der Mensch aus seiner demüthigen inneren Erkenntniß alle seine nichtige Thatkraft und überschwache Willensmacht dem Herrn liebend übertrug; — denn es ist Solches ja schon unter den Menschen der Fall, die da haben ein weltlich Oberhaupt unter sich. So lange Jemand sein Vermögen selbst verwalten will, so lange wird sich das leitende Oberhaupt um ihn nicht kümmern und nicht nachforschen, wie er sein Vermögen verwaltet; hat aber Jemand seine Schwäche in der Verwaltung seines Vermögens eingesehen, nimmt dann sein gesammtes Vermögen, geht damit zum redlichen Oberhaupte, zeigt ihm Solches an und bittet zugleich in aller aufrichtigen Liebe und gehorsamen Demuth seines Herzens, daß das Oberhaupt sein Vermögen übernehmen und sonach gänzlich für ihn sorgen möchte, da wird dann das Oberhaupt auch das Vermögen übernehmen und es geben in die Hofbank, und der redliche schwache Bittsteller wird pünktlichst und reichlichst seine Interessen erhalten. Solches ist also, wie gesagt, auf der Welt schon gar vielfach der Fall unter den Menschen, wenn schon freilich wohl in einem beiweitem unreineren und liebloseren Sinne. Wenn aber schon die thörichten Menschen auf der Welt ihr materielles Vermögen so gestaltet gut an Mann zu bringen verstehen, und sich dadurch eine sorglose Lebensrente verschaffen, um wie viel mehr solle da erst der beiweitem weisere Geistmensch einsehen, wer der allervollkommenste Verwalter und Sorger für alle die Lebensbedürfnisse des geistigen Menschen ist, so dieser Ihm zuvor alle seine Lebenskapitalien völlig übergeben hat. — Zudem spricht Sich ja auch noch obendrauf der Herr in dem Evangelium offenkundig aus, zu Wem alle die Mühseligen und Beladenen kommen sollen, um die rechte Erquickung zu finden, und auf Wem sie alle ihre Sorgen übertragen sollen. — Wenn du Dieses so recht überlegst, so wirst du auch gar leicht und gar bald finden, daß deine Sorge für diese deine Brüder bei aller deiner Liebredlichkeit ein wenig eitel ist. Du möchtest es durch die völlige Erlösung deiner Brüder wenigstens so weit bringen, daß du vor dem Herrn sagen könntest, auch du seiest ein allernutzlosester Knecht gewesen. — Siehe, so gut zwar die Sache an und für sich klingt, so liegt aber im Anbetracht auf den Herrn und auf deine Verdienstlichkeit dennoch etwas Eitles daran; denn du willst dadurch eigenthätig dem Herrn zwar einen guten Dienst erweisen, nachdem erwiesenen Dienste aber dennoch thun, als hättest du keinen Dienst gethan, um dadurch dir bei dem Herrn ein Lob zu bereiten. — Ich aber sage dir, daß es in diesem Reiche noch gar Viele giebt, die da sagen: Ich bin der Letzte und Allergeringste vor Gott; die aber Solches von sich aussagen und bekennen, möchten eben dadurch sich bei dem Herrn in eine besondere Gunst setzen, um zufolge des Ausspruches des Herrn Selbst in dem Evangelium wohl gar die Ersten und Größten im Reiche Gottes zu werden. Der Herr aber spricht auch auf einem anderen Orte: Wenn ihr nicht werdet wie diese Kindlein, so werdet ihr nicht eingehen in das Reich Gottes. — Wie und warum denn aber? — Siehe, weil die Kindlein wirklich die Geringsten und Kleinsten sind, indem sie alle ihre Sorgen auf den alleinigen Vater übertragen. Wo ist wohl das Kind, das da sorglich zu seinen reichen Eltern sagen möchte: Was werden wir essen und trinken, und wovon werden wir uns bekleiden? — Siehe, solche Sorge ist den Kindlein fremd; wenn es sie hungert und dürstet, so laufen sie zum Vater und bitten ihn um Brod und um einen Trank, und der Vater giebt es ihnen. Sie bitten ihn sogar nie um ein Kleid; wenn es ihnen aber kalt ist, das merkt der Vater gar wohl, und giebt ihnen nicht nur ein warmes, sondern auch ein schönes, stattliches Kleid, weil sie seine lieben Kindlein sind. — Also siehe nun, Mein lieber Freund und Bruder, gieb auch du dich so ganz dem Herrn hin, und sei versichert, Er wird dich sicher nicht weniger versorgen mit Allem, was dir Noth thut, und das sicher um Vieles eher und um's Unaussprechliche besser, als da ein irdischer Vater reichsten Standes seine Kinder versorgt und ihnen alles Nöthige giebt. — Der Prior spricht: Höre, lieber Freund und Bruder, so schlicht und einfach du sonst auch aussiehst, so muß ich dir aber dennoch bekennen, daß diese deine Worte noch um's Unvergleichliche erhabener und wesenhaft wahrer klingen, als die des von mir dir früher erwähnten himmlischen Boten des Herrn. — Ja, du hast mir jetzt nicht nur die lebendigste Wahrheit aller Wahrheiten gezeigt, sondern ich muß dir offenbar gestehen: Diese deine Worte haben mich mit einem so lebendigen Troste erfüllt, daß ich mir darob aus lauter demüthigster Dankbarkeit und Liebe gegen den unaussprechlich liebevollsten himmlischen Vater wie gänzlich vernichtet vorkomme. — Die Worte des erhabenen Boten des Herrn waren für mein Gefühl wie eine rauhe Feile, mit welcher er (ewig Dank der göttlichen Erbarmung!) mir meine vielen und allergrößten Irrthümer herab gefeilt hat; auch waren sie nicht selten wie ein scharfes Schwert, welches einen durch und durch schmerzlichst verwundet, obgleich dadurch das Irrleben erzeugende Blut hinaus gelassen wird. — Deine Worte aber, o Freund und Bruder, sind dagegen wie ein allerheilsamster, lieblichster Balsam; o ich kann es dir gar nicht beschreiben, wie gar unaussprechlich wohl mir bei jedem deiner Worte geworden ist! — Ich bin nun auch so weit gekommen, daß ich dich aufrichtigst und allerlebendigst versichern kann, um aus meinem innersten Gefühle heraus lebendigst zu sagen: O Herr, du allmächtiger, überheiliger, überguter Vater, nun geschehe für mich und für alle diese meine armen Brüder dein allein allerheiligster Wille! Alle meine Sorge und all' meinen Willen lege ich dir zu deinen allerheiligsten Füßen; und was du mit mir machen, was du mir geben willst, in allem Dem auch geschehe dein allein heiliger Wille! — O du himmlisch lieber Bruder du! Du mußt sicher noch ein größerer Freund des Herrn sein, als da ist der frühere erhabene Bote. Du mußt mir aber vergeben; denn diese deine Rede hat mich mit einer solchen Liebe auch zu dir erfüllt, daß ich nicht umhin kann, dich zu umarmen und dir dadurch meine Dankbarkeit für deine himmlische Lehre durch meine allerwärmste Bruderliebe abzustatten. Fürwahr, so wenig ich den allerliebevollsten heiligen Vater ewig je werde zu lieben aufhören, so wenig werde ich auch je in meinem Herzen deiner vergessen! — Der schlichte Mann spricht: Ja, Mein lieber Bruder und Freund, komme her und liebe Mich, denn das ist ja des Herrn Wille, daß sich alle Brüder im Herrn lieben sollen! — Sehet, wie nun unser Prior auf den noch unbekannten schlichten Mann hinstürzt, Ihn umfaßt und nach aller Kraft an sein Herz preßt, und der schlichte Mann denselben Act dem Prior ebenfalls noch lebendiger erwiedert. — Was meint ihr wohl, ob Solches ein günstiges oder ein ungünstiges Zeichen für den Prior ist? — Ich sage euch, solch' ein Zeichen ist von jeher günstiger Art; denn das liegt von Ewigkeit so ganz eigenthümlich im Charakter des Herrn, daß Er sammt uns allen Seinen himmlischen Boten an einen zurückgekehrten verlornen Sohne die allergrößte Freude hat. — Nun hat sich aber auch, wie ihr sehet, unser liebendes Paar wieder ausgelassen, und der schlichte Mann spricht nun zum Prior: Mein lieber Freund und Bruder, da siehe nur einmal hin, wie es Mir vorkommt, so hat sich während unseres Gespräches und während unserer brüderlichen Liebesumarmung die ganze Kluft verloren, und ich meine, es wird nun gar nicht mehr schwer werden, die armen Brüder herüber zu holen; — daher gehen wir nun hin, und zeigen ihnen Solches an. — Nun gehen die Beiden hin zu den nackten Seelenschläfern, und diese erheben sich und schauen mit erstaunten und dankbarst freudigen Augen hin, da ehedem die schaurige Kluft war. — Der schlichte Mann spricht zu ihnen: Sehet, die Kluft ist nicht mehr; daher folget uns unbesorgt. — Die Nackten aber sagen: O lieber Freund und erhabener Bruder, wir sind nackt, und getrauen uns also kaum auf die hellere Stelle dieses unseres ehemaligen Refectoriums. — Der schlichte Mann spricht zu ihnen: Sorget euch nicht um ein Gewand; denn Derjenige, der sich eurer erbarmt hat und zunichte gemacht diese Kluft, der hat auch schon für gerechte Kleidung gesorgt. — Sehet dort in der Mitte dieses Gemaches am Tische werdet ihr finden, was euch Noth thut; daher gehet und folget uns. — Sehet, nun gehen sie hervor; und der Prior, von zu großer Liebe für diesen seinen lieben Bruder ergriffen, spricht zu Ihm: Nein, lieber himmlischer Freund und Bruder, für diesen deinen Liebesdienst kann ich dich nicht uns gleich einher gehen lassen, sondern ich bitte dich, laß dich tragen von mir! — Der schlichte Mann spricht: Mein lieber Bruder, laß das gut sein. Denn wenn es darauf ankäme, so könnte Ich wohl eher dich sammt allen deinen Brüdern tragen, so weit du nur wolltest, als daß du Mich trügest auch nur zu dem Tische hinüber. Daß du Mich aber nun trägst in deinem Herzen, o Bruder, das ist Mir lieber ums Unaussprechliche, als so du Mich tragen möchtest und vielleicht auch getragen hast in deinen Händen. Du fragst mich wohl, wie Ich es mit dem „Vielleicht" meine? — Ich sage dir aber: Kümmere dich nun nicht mehr darum; zu seiner Zeit wird dir schon Alles klar werden. Daher laß uns nun gehen zum Tische hin, damit diese unsere Brüder dort ihr gerechtes Gewand nehmen. — Und der Prior spricht: Ja, ja, lieber Bruder, wie es dir recht ist, so ist es auch mir im vollkommensten Maße. — Das „Vielleicht" geht mir freilich noch ein wenig herum in meinem Kopfe; aber es sei auch Dieses dem Herrn zu Seinen allerheiligsten Füßen gelegt, und somit geschehe Sein und Dein Wille. — Sehet nun gehen sie allesammt an den Tisch, und wie ihr auch bemerken könnt, so sind alle die armen Brüder auch schon ohne Kammerdiener bekleidet. Ihr Kleid sieht zwar freilich noch nicht ganz himmlisch aus; aber es ist ein Kleid der Gerechtigkeit, und entspricht der Liebe zum Herrn in ihnen. — Was weiter, wird die Folge zeigen. —

## 165.

(Am 10. April 1843, von 5½—7¼ Uhr Abends).

Der schlichte Mann fragt unseren Prior, was nun mit den also gekleideten und geretteten Brüdern zu geschehen hat? Und der Prior spricht: Lieber Freund und Bruder! Die Aufgabe an mich von Seite des erhabenen Boten des Herrn lautet, sie nun Alle hinaus in den Garten zu führen, welcher ehedem unser fälschliches klösterliches Paradies bildete, allwo sie dann sicher von dem Boten eine fernere Anweisung bekommen werden, welchen Weg sie von dort angefangen haben einzuschlagen. Das ist's, was ihnen noch bevorsteht, und wofür ich Sorge tragen sollte, daß sie nämlich zu dem Behufe in den Garten kämen. Der schlichte Mann spricht: Nun, diese Aufgabe wird wohl leicht zu lösen sein, und du wirst meiner dabei nicht vonnöthen haben. Der Prior aber spricht: O lieber Freund und Bruder, thue Alles, was du willst; aber darum bitte ich dich, daß du mich nicht verlässest. Denn ich muß dir aufrichtig sagen, daß ich ein Gefühl habe, welches mir sagt, wenn Du mich verließest, so wäre es mir, als hätte mich mein eigenes Leben verlassen! — Daher wirst du mich nicht verlassen, und wäre die Aufgabe noch einmal so leicht zu lösen, als sie es ist; denn du hast bis jetzt Alles also günstig geleitet, und hast mir und diesen armen Brüdern im Namen des Herrn sichtbar geholfen bis auf diesen Punkt, da wir jetzt noch stehen. — Also hilf im Namen des Herrn mir und diesen armen Brüdern nun auch völlig bis zum Schlusse; darum bitte ich dich, lieber Freund und Bruder, aus dem inneren lebendigen Grunde meines Herzens. — Der schlichte Mann spricht: Ja, mein lieber Freund und Bruder, es wäre in diesem Falle schon Alles recht; aber nur ein einziger Umstand ist dabei zu beachten, nämlich: der Himmelsbote hat dir diese Aufgabe zu lösen aufgegeben, wenn ich aber nun mit dir zu ihm hinauskomme und der Bote alsbald ersieht, daß nicht du, sondern nur Ich deine Aufgabe gelöset habe. Sage mir, bist du im Voraus versichert, daß er sich darum mit dir zufrieden stellen wird? Kannst du Mir die Versicherung geben, daß Ich dir nicht schade, so Ich mit dir hinausziehe, da will Ich es ja recht gern thun, was du verlangst; aber schaden möchte Ich Dir doch in keinem Falle, ja dich nicht einmal in eine große Verlegenheit setzen vor dem Angesichte des Himmelsboten. Was meinst du nun wohl in dieser Hinsicht? — Der Prior spricht: O lieber Freund und Bruder, wenn es nichts Anderes als Das nur ist, da gehe du ganz keck weg mit mir hinaus; denn ob du auch nicht mit mir hinaus gegangen wärest, so hätte ich es ja ohnehin selbst augenblicklich dem erhabenen Boten angezeigt, wie nur Du ganz allein diese mir gestellte Bedingung gelöset hast, und ich dabei kaum als ein nicht nur fünftes, sondern gutweg zehntes Rad am Wagen zu betrachten bin. Also wirst du Solches wohl nicht als einen Widergrund annehmen, um deßhalb nicht weiter mit mir zu gehen. Was meinen Nutzen oder allfälligen Schaden anbelangt, da hat es seine geweisten Wege; denn wenn es auf mich ankommt, für wahr, da gehe ich, wenn es möglich wäre, für dich in die Hölle sogar, geschweige erst, daß ich mir aus Liebe zu dir nicht sollte etwa ein paar scharfe Worte von Seite des Himmelsboten gefallen lassen. — Der schlichte Mann spricht: Gut, lieber Freund und Bruder, in dieser Hinsicht wären wir im Reinen; aber jetzt kommt ein anderer noch viel wichtigerer Punkt. Ich kenne die scharfe Genauigkeit deines Himmelsboten, und weiß, daß er im Namen des Herrn nicht um ein Atom mit sich handeln läßt, und aus diesem Grunde ist mir nun gerade etwas Wichtiges eingefallen. Siehe, es könnte sehr leicht geschehen, daß der Himmelsbote alle diese nun frei gemachten Brüder vermöge seiner großen Macht alsbald wieder in ihren vorigen Zustand zurück treiben möchte, weil nicht du, sondern nur Ich an ihnen deine dir vom Himmelsboten gegebene Bedingung gelöst habe. Soviel aber kann Ich schon machen, daß es der Bote nicht erfahren soll, daß ich diesen deinen armen Brüdern geholfen habe. Bei solchen Umständen kommst du dann als ein vollkommen gerechtfertigter Mann vor den Boten hin, der da seine Aufgabe nach seiner Weisung vollkommen gelöset hat. — Der Prior spricht: O lieber Freund und Bruder! Eher als ich mir etwas zuschreiben sollte, dessen ich nicht im allergeringsten theilhaftig sein kann, da will ich ja doch um's Vielfache eher und lieber in die Hölle, — ich aber will ja selbst vor dem Boten offen gestehen, daß nur dem Herrn und dir das Gelingen meiner Sendung allerdankbarst zuzuschreiben ist. Und sollte sich der Bote damit nicht zufrieden stellen, und darum die armen Brüder von Neuem wieder in ihrer nun erhaltenen Freiheit beeinträchtigen, so will ich mich vor ihm alsogleich in den Staub hinwerfen, und ihn allerdemüthigst bitten, daß er anstatt dieser Brüder mich ganz allein im Namen des Herrn züchtigen solle, wie er es nur immer will; ich will ja gern alle Schuld auf mich nehmen! — Der schlichte Mann spricht: Lieber Freund und Bruder, du gefällst Mir im Ernste überaus wohl; diesen zweiten Punkt hätten wir auch gelöst, und er soll Mich nicht abhalten mit dir hinaus zu gehen. — Aber nun ist nur noch eine dritte Klippe; kannst du auch über diese hinausspringen, dann soll Mich nichts mehr abhalten, dir zu gewähren deinen Wunsch. — Siehe, hier im Reiche der Geister ist das schon allgemein unabänderliche Regel und Sitte, daß die vollkommeneren Geister des oberen Himmels, zu denen auch Ich gehöre, Alles im Augenblicke lebendig erfahren, was nur immer irgend in Beziehung auf den Herrn wo immer gesprochen und verhandelt wird; und da habe ich denn auch das gute Gleichniß von Seite des Boten vernommen, in welchem er den Herrn als König darstellte, der allein durch eine außerordentliche Liebe und Demuth zugänglich ist. In diesem Gleichnisse sagte der Bote, daß nur der Herr allein die Schlüssel zum Gefängnisse hat, und sonach auch nur Er allein das Gefängniß eröffnen, oder die Brücke über die Kluft zu bauen vermag und bauen kann, da Niemand Anderer dieses Recht hat. Du hast zwar wohl in der Fülle deines Lebens und der Wahrheit den Herrn angerufen, daß Er dir und den armen Brüdern helfe; — während du aber im besten Vertrauen die Hilfe vom Herrn erwartetest, kam Ich wie zufällig in das große Gemach, und wie Ich zu dir kam, so fingst du Mir sobald an deine Noth zu klagen. Du dauertest Mich, und da du Mich auch gar herzlich ersuchtest, dir zu helfen, und Ich dir darum auch nach Meiner Kraft geholfen habe, so fragt es sich hier, ob solche Hilfe der Bote wohl annehmen wird zufolge seines dargestellten Gleichnisses? — Denn es hätte ja offenbar, verstehe wohl, der erhabene König selbst kommen und dir helfen sollen; — wie ist die Sache nun zu betrachten? — Wird dir der Bote nicht etwa sagen: Warum hast du beim Anblicke dieses Freundes und Bruders das Vertrauen zum Herrn in so weit fahren lassen, daß du diesen Freund und Bruder hast mögen zur Hilfleistung auffordern, indem du aus dem Gleichnisse wohl hättest erkennen und sehen müssen, daß zu solch' einer Erlösung aus dem Gefängnisse Niemand außer dem Herrn die gerechten Schlüssel besitzt? — Der Prior spricht: O lieber Freund und Bruder, das ist freilich eine etwas andere Frage, bei deren gerechter Beantwortung mir sicher sehr heiß zu Muthe wird; aber weißt du was, ich bleibe einmal bei der Wahrheit. Ich habe Niemanden außer den Herrn angerufen; in meiner möglich vollkommensten Hingebung zum Herrn kämst du daher. Kann ich es nun anders denken, anders machen und anders glauben, als daß der Herr durch Seine unendliche Erbarmung veranlaßt, dich vollkommen in seinem Namen mir zu Hilfe gesendet hat? — indem ich es doch zufolge meiner gar zu großen Unwürdigkeit wohl ewig nie hätte verlangen können, daß der allerheiligste Herr Himmels und der Erde Selbst hätte kommen und mir Allerunwürdigstem helfen sollen! — Ihm sei aber darum dennoch alles Lob, aller Preis und alle Ehre, indem doch nur Er durch deine Sendung mir und diesen Brüdern geholfen hat! — Also will ich auch vor dem Boten reden, und der soll dann im Namen des Herrn mit mir machen, was er will; denn ich will Alles über mich nehmen. — Der schlichte Mann spricht: Nun gut, ich sehe, daß du einen vollkommen getreu redlichen Liebewillen hast, und so soll Mich denn nun auch nichts mehr abhalten, mit dir und diesen deinen Brüdern hinaus in den Garten zu ziehen; aber wenn dann der Bote allenfalls dich darum irgend wohin hart verurtheilen möchte, was werde dann wohl Ich thun an meiner Stelle? — Der Prior spricht: Lieber Freund und Bruder, in dieser Hinsicht ist mir gar nicht bange; ich werde dir freilich wohl nicht helfen können, es wird aber auch dessen ganz überaus sicher nicht vonnöthen haben. Denn du bist Einer, der sicher keiner geschöpflichen Hilfe vonnöthen hat, indem er als ein Bewohner des obersten Himmels ohnehin mit der Fülle der göttlichen Kraft ausgerüstet ist; — im Gegentheile aber bitte ich im Namen des Herrn nur dich, wenn es mir etwa gar zu schlecht gehen sollte, daß du mir dann helfest, so wie jetzt im Namen des Herrn. — Der schlichte Mann spricht: Nun gut, ich will auch dieser deiner Bitte vor dem Herrn gedenken; und so laß uns denn hinausziehen. —

## 166.

(Am 11. April 1843, von 4¼—6 Uhr Abends.)

Nun aber gehen auch wir, damit wir ebenfalls zur rechten Zeit an Ort und Stelle sind. Denn diese Gesellschaft wird eben nicht zu viel Zeit brauchen, um zu den Andern in den Garten zu gelangen; daher müssen wir nun auch auf Eins dort sein. — Sehet, wir sind auch schon da, wo wir sein müssen; der Herr weiß es wohl, daß wir auch darinnen Zeugen waren, was sich Alles mit den Seelenschläfern zugetragen habe, aber sonst weiß es Niemand. — Ihr fraget zwar, und saget: Diese da, die unterdessen im Garten zurückgeblieben sind, werden es doch wohl wissen, daß wir abwesend waren. — Sehet, in dieser Hinsicht ist es im Reiche der Geister freilich wohl ein Bischen anders wie in der Welt. In der Welt ist euere Erscheinlichkeit mit euerer Individualität allerengst verbunden, und ihr könnt euch Niemanden anders zeigen, als so ihr persönlich ihm zu Angesichte stehet; — aber, wie gesagt, allhier ist das durchaus ein wenig anders. Es giebt zwar wohl seltene Fälle auch auf der Welt, die dieser Erscheinlichkeit ähnlich sind, aber dennoch nur in sehr unvollkommenem Maßstabe. Die sogenannten Doppel-, Drei-, Vier-,

Fünf-, Sechs- und noch mehr Gänger sind etwas Aehnliches, da nämlich ein und derselbe Mensch, wie er leibt und lebt, entweder sich selbst noch einmal sieht, oder er wird von Jemand Anderem auf einem ganz anderen Orte gesehen, manchesmal sogar auch gleichzeitig an mehreren Orten, ohne sich jedoch individuell auf einem dieser Orte in der Wirklichkeit zu befinden. — Dieß ist somit ein ähnlicher Fall, der dieser gegenwärtigen geistigen Erscheinlichkeit um Vieles ähnlicher ist denn der frühere, kommt um Vieles häufiger und gewöhnlicher vor, wird aber eben seiner Häufigkeit wegen zu wenig beachtet, sonach denn auch zu wenig beurtheilt und in der Tiefe gründlich verstanden. Und dieser Fall ist folgender: Wenn sich ein Mensch in seiner Wirklichkeit irgendwo befindet, so kann es geschehen, daß auf hundert, ja tausend verschiedenen entlegenen Punkten seine Bekannten zu gleicher Zeit an ihn denken, und keiner aus Allen, die an ihn denken, stellt sich ihn anders vor, als er wirklich ist seiner Form, Gestalt und Beschaffenheit nach. Nun fraget euch: Wie haben denn alle diese Tausende also an ihn denken und ihn sonach in ihrem Geiste vervielfältigen können, während er doch im Grunde nur einmal vorhanden ist? — Der Grund liegt darin, weil dem Geiste nach ein Jeder den Andern nicht nur einfach, sondern zahllosfach bildlich in sich trägt, gleich also, als wie zwei sich gegenüber gestellte Spiegel ebenfalls dem Bilde nach sich zahllosfach abspiegeln können; d. h. sie können sich dem erscheinlichen Bilde nach zahllosfältig gegenseitig aufnehmen. Die ersten zwei gegenseitigen Abspiegelungen werden am lebhaftesten sein und zugleich auch die größten; alle nachfolgenden werden successive kleiner und auch stets weniger lebhaft. — Wenn ihr nun dieses Vorangeschickte ein wenig fasset, so wird es euch gar nicht schwer werden, die Erscheinlichkeit hier im reinen Reiche der Geister zu verstehen; denn was ihr bei euch ausgebildete Gedanken nennet, das sind hier wie vollkommen äußerlich ausgeprägte Erscheinungen. Die erste Ausprägung ist die lebhafteste und am wenigsten vergängliche; spätere Ausbildungen oder die sogenannten Nachgedanken, die ihr allenfalls als flüchtige Erinnerungen kennet, sind nicht mehr stichhaltend, und außer einem festen Willen des sie in sich tragenden Individuums auch nicht in die Erscheinlichkeit tretend. Wir aber sind erst vor diesen Gartenbewohnern gestanden und haben mit ihnen die allerwichtigsten Dinge verhandelt; sonach waren wir auch und sind es noch, die Hauptgedanken oder die Hauptreflexionen in ihnen, aus diesem Grunde sie uns auch fortwährend gesehen haben, ohne daß wir mit unserer Hauptindividualität vonnöthen gehabt hätten, beständig vor ihnen zu sein. — Eine Haupteigenschaft dieser Erscheinung aber liegt darin, daß diese Erscheinlichkeit für Denjenigen, der sie aus seinen Hauptgedanken hervorgerufen hat, auch sprech- und somit jeder Unterredung fähig ist. Ihr fraget, wie Solches möglich? — Auch für diesen Fall giebt es schon Erscheinlichkeiten auf der Welt, die mit dieser eine Aehnlichkeit haben. So kann z. B. Jemand einen Traum haben, daß er mit seinem bekannten Freunde Dieß und Jenes gesprochen und der Freund ihm gegenüber auch Dieß und Jenes gesagt habe. Kommt er im wachen Zustande hernach zu seinem Freunde, so weiß der Freund sicher keine Sylbe, was sein vollkommenes Ebenmaß im Traume seines Freundes gesprochen hat; und dennoch war die Sprache des Träumers und des im

Traume gesprochen habenden Freundes so gestaltet, daß der Träumer nicht wußte, was ihm sein geträumter Freund sagen wird, als bis der geträumte Freund wirklich erst den Mund geöffnet hat. — Das wäre somit eine ähnliche Erscheinlichkeit. — Eine zweite ähnliche Erscheinlichkeit ist auch die der Doppel- und Mehr-Gänger, bei welcher Gelegenheit ebenfalls nicht selten die erscheinlichen Nachtypen der Hauptindividualität mit Denen Worte wechseln, Denen sie erscheinen. — Bei dieser Gelegenheit aber tritt die Aehnlichkeit mit dieser reingeistigen Erscheinung schon etwas bestimmter hervor; denn in dieser Sphäre weiß nicht selten das Hauptindividuum, wenn schon wie in einer dunklen Ahnung von dem, was es irgendwo in seiner ledigen geistig nach plastischen Erscheinlichkeit gesprochen habe. — Ihr saget hier freilich: Diese Erscheinlichkeit hängt nicht vom Hauptgedanken Dessen ab, dem sie zu Gesichte kam. — Das ist freilich wahr; daher sind aber diese Erscheinungen auch nur als ähnliche, aber nicht als völlig identische angeführt. Sie haben in der eigentlichen Tiefe wohl einen und denselben Grund; aber die Ausbildung muß natürlich allda um Vieles verhüllter erscheinen, als hier, wo Alles offen und klar rein geistig vor uns steht. — Solches aber könnt ihr zur leichteren Verständlichkeit euch noch hinzu merken, daß die Erscheinlichkeiten als abgesondert von den Hauptindividuen auf zweifache Art bewirkt werden können: Nr. 1 auf die schon oben bekannt gegebene Art, Nr. 2 aber auch durch den festen Willen Dessen, der irgend außer seiner Hauptindividualität erscheinlich auftreten will. — Auf diese zweite Art läßt sich, die Sache tiefer fassend, auch das Wesen der sogenannten Doppel- und Mehrgängerei näher bestimmen; jedoch kann Solches auf der Welt nie genau ausgeprägt werden, indem das Geistige doch unabänderlich selbst bei den besten Verhältnissen mit der Materie im Conflicte steht. — So gäbe es auch noch eine dritte ähnliche Art solcher Sprecherscheinlichkeit bei den sogenannten Monologisten, die sich irgend ein Individuum fixirt sprechend vor sich hinstellen, und dann mit demselben, wie ihr zu sagen pfleget, con amore Worte wechseln. Dieser Fall paßt beinahe am meisten hierher; unterschiedlich ist darin nur das, daß für's Erste die fixirte Person bei den Monologisten nicht in die wirkliche Erscheinlichkeit tritt, und daß für's Zweite diese fixirte Person im Grunde doch nur das spricht, was ihr der Monologist gewisserart, wie ihr zu sagen pfleget, in's Maul streicht. — Hier aber redet die Erscheinlichkeit ganz dem Hauptindividuum identisch; der Grund liegt darin, weil die Erscheinlichkeit keine phantastische mehr ist, sondern sie ist der hervorgerufene lebendige geistige Ausdruck des Hauptindividuums. — Im Grunde des Grundes aber ist sie formell die Bruder- oder Nächstenliebe, welche nirgends außer im Herrn den Grund hat. — Nun aber steht, zufolge der Liebe des Herrn in einem jeden Geiste, ein jeder Geist in unablässigem Rapporte mit dem Herrn selbst, und somit auch Alles, was in jedem Geiste ist. — Wenn wir nun vor einem andern Geiste, wie es hier der Fall ist, alsonach nicht in der Hauptwirklichkeit, sondern bloß nur erscheinlich sprechend auftreten, so ist dieses Auftreten lebendig im Herrn consignirt. Wie ich hernach etwas denke, so geht solches Denken alsobald durch den Herrn in unser zweites oder auch hundertstes erscheinliches Ich über; und dieses zweite erscheinliche Ich thut und spricht dann gerade also, als wenn wir selbst hauptwesenhaft thätig und sprechend zugegen wären; und wir können demnach als Hauptindividualitäten auch Alles bis auf den letzten Tropfen wissen, was unsere erscheinlichen Ebenmaße gehandelt und gesprochen haben. — Solches kommt euch freilich wohl etwas stark wunderbar vor; aber es ist in dem vollkommenen Reiche des Lebens, da eines jeden Geistes lebendige Thatkraft vielseitig in Anspruch genommen wird, auch lebendig also. — Sagen doch bei euch so manche sorglich thätige Menschen: Wenn ich nur überall selber zugleich zugegen sein könnte, wenn ich mich nur zertheilen könnte! — Diese Sprache, dieser Wunsch und dieser oft sehr starke Gedanke ist mehr als ein deutlicher Beweis, daß es im Reiche des Geistes möglich sein muß, sich auf obbesagte Art wirkend zu zertheilen, ohne dadurch in seiner Hauptindividualität als Einheit nur die geringste Theilung zu erleiden. Denn was nur immer dem Geiste möglich zu denken ist, das ist im Reiche der Geister auch vollkommen reell ausgebildet vorhanden; nur mit dem Unterschiede: bei den unvollkommenen Geistern unvollkommen, bei den vollkommenen aber vollkommen als Ebenmaß zu dem Allervollkommensten im Herrn. — Ich meine, es wird nicht mehr nöthig sein, für diesen Fall mehrere Worte zu gebrauchen; der Verständige wird wissen, was damit gesagt ist, für den Unverständigen aber würde auch noch tausendfach mehr nicht genügen. — Nun aber kommt auch schon unsere Gesellschaft aus dem Kloster; daher bereiten wir uns auf ihren Empfang vor! —

## 167.
(Am 12. April 1843, von 4¾—6¾ Uhr Abends.)

Sehet, so eben naht sich aber auch der frühere Redner wieder zu mir, und fragt mich, nachdem er einen fremden Mann neben dem Prior erblickt, wer dieser Mann ist, und was es mit ihm für eine Bewandtniß hat? — Ihr würdet diese Frage wohl auf den ersten Anblick eben von nicht so sehr großer Bedeutung seiend ansehen; aber wenn ihr bedenket, um was es sich hier handelt, nämlich um die Wahrheit, so wird euch die Frage sicher inhaltsschwerer vorkommen, als sie bei ihrem ersten Lautwerden erscheint. Sollte man nun alsogleich dem Fragsteller die Wahrheit in's Gesicht binden? Sollte man ihm eine ausflüchtige Antwort geben? Sollte man ihm gar keine Antwort, oder nur eine halbe geben? Oder sollte man ihn auf die Wartbank hinweisen, und ihm die Antwort auf die Löse bescheiden? — Sehet, das sind lauter sehr achtbare Punkte, von welchen die Frage dieses Mönches umstellt ist. — Wir wollen aber sehen, wie sich der Fragesteller wird abfertigen lassen; und so spreche ich denn zu ihm: Höre, lieber Freund und Bruder, es ist hier nicht der Ort, dir zu sagen, ob du mit dieser deiner Frage zu früh oder zu spät an's Licht getreten bist. Die Frage selbst ist billig von dir gestellt; aber es wäre der göttlichen Ordnung zufolge unbillig von mir, dir eher darüber eine Antwort zu geben, als bis du deinem Innern nach fähig wirst, eine solche Antwort zu ertragen. — Denn siehe, gewisse Antworten hier im Reiche der Geister sind von einer solchen Beschaffenheit, daß sie dem Fragesteller das geistige Leben kosten würden, wenn sie vor der Zeit an ihn gelangen möchten; daher kann ich dir für dießmal auf deine Frage auch nichts Anderes sagen, als: Gedulde dich in aller Demuth und Liebe zum Herrn, und du wirst zur rechten Zeit den rechten Aufschluß über den Fremden erhalten. Doch nun nichts mehr weiter davon; denn wie du siehst, die ganze Gesellschaft unter der Anführung dieses Fremden und des Priors ist uns nahe, und ist schon so gut wie vollends hier. — Der Mönch bemerkt: Ja, lieber hoher Freund und Bruder! Dein Bescheid ist völlig leuchtend klug für dich; aber was mich betrifft, da muß ich mich freilich wohl mit meiner eigenen Dunkelheit begnügen. — Aber dessen ungeachtet hast du mir wider mein Erwarten viel gesagt; denn ich habe, — wie ich dir schon einmal, wenn schon etwas verhüllt, bemerkte, daß ich in der Beurtheilung so mancher Dinge ziemlich scharfen Geistes war, — aus deiner Antwort gar tüchtig herausgefunden, daß hinter dem Fremden etwas ganz Besonderes stecken müsse. Denn wäre Solches nicht der Fall, da hätte ich wirklich keinen Grund in dir zu suchen, dem zufolge du mir eine ausweichende Antwort geben müßtest. Wäre dieser Fremde dir gleich nur bloß ein Bote aus den Himmeln, so würde mir seine Bekanntschaft wohl sicher eben so wenig lebensgefährlich sein, als die deinige. Er muß darum sicher um sehr Bedeutendes mehr sein und höher stehen, denn du, weil du ihm schon ein solches Zeugniß giebst. — Zudem merke ich auch bei der Annäherung dieses Fremden einen sonderbaren bis jetzt noch nie empfundenen Zug in mir, und dieser Zug sagt mir, wie in einer leisen Ahnung, dieser Fremde ist dem Herrn überaus nahe, und Keiner dürfte dem Herrn näher, denn Dieser sein. Habe ich Recht oder nicht? — Ich spreche zu ihm: Lieber Freund und Bruder! Ich kann dir hier nichts Anderes sagen, als: Sei demüthig, und halte dich ausschließend an die Liebe des Herrn, so wirst du nicht verloren gehen. Sei nicht vorlaut; denn es braucht jede gute Sache ihre Zeit. Wer zu früh die Früchte vom Baume des Lebens und noch früher die vom Baume der Erkenntniß pflückt, der schadet sich zweifach; für's Erste bekommt er eine unreife Frucht, an welcher er sich nicht sättigen kann, wohl aber in seiner Gesundheit nur benachtheiligen kann, und für's Zweite verdirbt er dadurch auch den Baum, da er ihm durch die zu frühe Beraubung der Früchte die Gelegenheit nahm, den segenvollen Vorrath seiner Säfte in Früchte nieder zu legen, und dadurch selbst für eine nächste Befruchtung sich tauglich zu erhalten. Solches wirst du auch einsehen, indem du meines Wissens auf der Erde ein guter Baumgärtner warst. — Der Mönch spricht: Ja, Solches sehe ich jetzt recht gut ein; daher will ich nun auch still sein wie eine Maus, wenn sie die Katze wittert. Nun sehet, unsern Mönch hätten wir beruhiget; und das ist gut. Ihr möchtet aber vielleicht glauben, dieser Mönch sei der einzige Pfaffeus dieser Gesellschaft; o dergleichen giebt es noch mehrere. Das ist aber auch noch ein Ueberbleibsel der priesterlichen Weltheit, welche nicht selten solchen römisch-katholischen Priestern eigen ist, und ganz besonders so manchen Klostersecten. Aber diese Weltheit muß auch noch hinaus; denn hier zu Lande kann man dieses Alles nicht brauchen; denn die Liebe muß ganz rein sein. — Eine Liebe aber, an der noch ein gewisser Grad von Schlauheit haftet, ist nicht rein; denn Solches könnt ihr schon auf der Welt ersehen. Nehmet ihr z. B. an, irgend ein sonst wohl gesittetes und gut erzogenes Mädchen wird von einem sie sehr interessirenden schätzbaren jungen Manne geliebt; sie aber, um vollends seiner Liebe sich versichert zu wissen, wendet allerlei schlau ausgedachte Auskundschaftsmittel an, durch welche sie sich heimlich überzeugen will, wie es so ganz eigentlich mit der Innigkeit der Liebe ihres Geliebten stehe. Wenn ihr dieses Beispiel so natürlich weg betrachtet, so werdet ihr sagen: Das Mädchen handelt redlich; denn ihre Handlung ist doch der sicherste Beweis, daß sie ihren jungen Mann überaus stark liebt und ihr somit überaus viel an ihm gelegen ist. — Gut, sage ich; wir wollen diese Liebe ein wenig näher prüfen und daraus ersehen, ob sie wirklich probhaltig ist. Nehmen wir an, der junge Mann erfährt die Schlauheit seiner Gewählten, und denkt bei sich: Wie ist denn deine Liebe beschaffen, daß du über mich heimliche Kundschafter aufstellst? — Ich habe Solches noch nie gethan; denn ich vertraute völlig deinem Herzen. — Aus welchem Grunde solltest du mich denn für treubrüchiger halten, als ich dich? — Warte ein wenig, ich will deiner Liebe auf den Zahn fühlen und machen, als hätte ich noch mit einer Anderen ein Wesen; und es wird sich da gleich zeigen, wie deine Liebe beschaffen ist. Liebst du mich, wie ich dich, so wirst du dich nicht stoßen an mir; liebst du mich aber nicht also rein, wie ich dich liebe, so wirst du dich dann von mir abwenden und dein Herz statt mit Liebe nur mit Zorn gegen mich erfüllen. Nun sehet, dieser Mann thut deßgleichen, und was läßt sich wohl leichter denken, als daß die schlaue Geliebte Solches bald erfährt. Was ist aber nun der Erfolg? Hören wir sie ein wenig an; denn wovon das Herz voll ist, davon geht auch der Mund über, und ihre Worte möchten wohl also lauten: Da haben wir's! O ich habe eine sehr gescheite Nase; es ist, wie ich mir's gedacht habe. Dieser Betrüger meines Herzens, dieser ehrlose Mensch hat mich für eine dumme Gans gehalten, und glaubte, mit einem so armseligen Wesen wird er wohl gar leicht fertig werden; aber das arme Wesen ist nicht so dumm, als sich der betrügliche ehrlose Mensch denkt, sondern es ist um eine ganze Million gescheiter, und hat auf diese Weise das ganze schändliche Wesen des klug und gerecht sein wollenden Mannes heraus gebracht. Nun aber komme du untreues ehrloses Bild eines Mannes mir nur; ich will dir eine Gegenliebe zeigen, an welche du gar lange gedenken sollst. — Sehet, wozu war Der ihre Schlauheit gut? — Ich sage, zu nichts, als daß sie sich in der ehemaligen Achtung ihres Bewerbers um sehr Vieles herabgesetzt hat. Was wird wohl geschehen, wenn der junge Mann wieder zu ihr kommt? Höret selbst zu; er soll so eben zu ihr kommen, und der Empfang von ihrer Seite soll auch sogleich folgen. — Er kommt so eben zu ihr, und geht ihr mit der alleraufrichtigsten Liebe entgegen; wie aber geht sie ihm entgegen? — Sehet an die große Kälte, und daneben gleich wieder einen ganzen großen Kalkofen voll gluthbrennender Eifersucht. Er erstaunt sich ganz außerordentlich über dieses ihr Benehmen, und spricht zu ihr: Höre, dieses Dein Benehmen befremdet mich ungemein; worin liegt wohl der Grund davon? Sie spricht: Eine ehrsame Jungfrau ist einem im höchsten Grade unehrsamen Manne keine Antwort pflichtig, und kann ihm nichts Anderes sagen, als daß es von seiner Seite um so infamer ist, daß er als ein Liebetrüger und falscher Herzenbeschleicher es noch wage sich zu begeben dahin, da für ihn kein Ort mehr ist; dahin, da er zufolge seines aller-

treulosesten Betragens gänzlich unwürdig sich zu nahen gewagt hat. —
Er spricht: Was lauter muß ich hören? War deine Liebe zu mir auf
solchem Fuße? War sie Mißtrauen statt Liebe? — Wahrlich, hättest
du mich je vollkommen aufrichtig geliebt also, wie ich dich geliebt habe,
da hättest du mir, wie ich dir getraut, und hättest keine geheimen Kundschafter über mich aufgestellt, da ich keine über dich aufgestellt habe. Ich
aber habe Solches erfahren und darum deine Liebe zu mir auf eine Probe
gestellt; — und siehe, deine Liebe hat die Probe nicht bestanden. Du
hast mich nie geliebt, sondern wolltest eigenliebig nur allein von mir geliebt sein; nur dein Bild wolltest du in mir verehren, während mein Bild
in dir ein Gegenstand deiner Mißachtung war. — Siehe, mit solcher
Liebe kann mir wahrlich ewig nie gedient sein! Ich aber gebe dir nun
eine Frist; erforsche in dieser dein Herz, ob du lieben kannst, wie ich dich
geliebt habe und noch liebe? — Kannst du Solches, so will ich dich
nicht aus meinem Herzen bannen, sondern dich behalten gleich wie ehedem. Kannst du aber Solches nicht, so sollst du mir aber auch nach
der abgelaufenen Frist zum letzten Male Angesichts stehen. — Was wird
nach dieser sehr bedeutungsvollen Anrede unsere Jungfrau thun? — Hier
sind zwei Wege offen; ist ihr beleidigter Hochmuth durch die Weisheit
des Mannes besiegt, und die Jungfrau erkennt ihre Schuld, so wird die
Sache gut ablaufen; wächst aber der beleidigte Hochmuth, so wird die
Sache auch sicher eine schlimme Wendung nehmen, welche bei ähnlichen
Fällen allzeit häufiger ist, als die gute. — Weil das mit eben nicht zu
viel Liebe erfüllte weibliche Herz sich nun durch die Weisheit des Mannes geschlagen fühlt, so fängt es gewöhnlich für's Erste an, seinen Werth
immer höher und höher anzuschlagen, und für's Zweite anstatt auf Versöhnung nur auf eine tüchtigere Rache zu sinnen. — Ich meine, dieses
Beispiel wird euch hinreichend überzeugen, daß eine gewisse Schlauheit durchaus kein Theil der wahren reinen Liebe sein kann.
— Ihr saget hier zwar und fraget, wie denn aber hernach Solches zu
verstehen sei, da der Herr zu seinen Aposteln und Jüngern, denen Er das
alleinige Gebot der Liebe gab, aber dennoch hinzu sagte: „Seid klug oder
schlau wie die Schlangen, und einfältig wie die Tauben?" — O meine
lieben Freunde und Brüder, diese Klug- oder Schlauheit ist eine ganz
andere, und hat darin ihren Fuß, daß der Mensch sich von keiner Versuchung solle blenden lassen, als hätte ihn die Liebe und Gnade des
Herrn verlassen, sondern er soll sich über Alles Dieses aus dem innersten
Grunde seines Herzens hinwegsetzen und lebendig in sich selbst sagen: O
Herr! laß Du hier über mich kommen, was Dein heiliger Wille nur
immer für gut findet; und möge mir dieses Alles noch so sonderbar und
widersprechend vorkommen, so aber weiß ich dennoch, daß Du über alles
Das mein allerliebevollster und allerbester Vater bist, und ich will Dich
nur um so mehr lieben, je mehr Du Dich vor mir versteckest.
Denn ich weiß, daß Du mir allzeit nur um desto näher bist, je entfernter Du mir zu sein scheinst; — darum auch will ich Dich lieben stets
mehr und mehr aus allen meinen Lebenskräften! — Sehet, in diesem
Beispiele ist die besprochene Klugheit und Einfalt der Liebe in Einem
beisammen; aber dieses geht unseren Schlauen und Scharfsinnigen noch
sehr stark ab, und wird im Verfolge unserer Unterhandlung noch ganz
besonders müssen herausgehoben werden. — —

## 168.
(Am 13. April 1843, von 4½—7 Uhr Abends.)

Nun aber ist auch unser Prior mit seinem schlichten Manne hocherfreuten Angesichtes bei uns, und macht den schlichten Mann soeben auf mich aufmerksam, und spricht zu Ihm: Siehe, lieber Freund und Bruder, da zwischen den zweien unbedeutender erscheinenden Geistern ist eben der erhabene Bote. Der schlichte Mann spricht: Gut, mein Freund und Bruder, also gehe nur hin, und zeige ihm Alles an. — Der Prior spricht: Aber du, lieber Freund, wirst doch auch mitgehen? — Der schlichte Mann spricht: Gehe du nur voran; und wenn es Noth sein wird, da werde ich dir schon folgen. — Der Prior nimmt Solches an, gehrt nun zu mir her, und spricht: Lieber erhabener Bote des allerhöchsten Gottes aus den Himmeln, siehe, da sind Alle, die da gefangen waren; nicht Einer ist zurückgeblieben, im Gegentheil ist noch Einer mehr mitgekommen, als da ihrer gefangen waren. — Aber dieser Eine ist kein Gefangener, sondern diesem Einen habe ich nächst Gott dem allmächtigen Herrn die Rettung dieser gefangenen armen Brüder zu verdanken. — Nun spreche ich: Ja, mein lieber Freund und Bruder, wenn dieser Fremdling das dir anbefohlene Werk vollbracht hat, wie steht es dann mit deinem Verdienste? — Ich habe dir ja nur zur Bedingung gemacht, der zu Folge du allein mit der Hilfe des Herrn hättest sollen die Gefangenen frei machen; wie hast du denn können dich zu dem Behufe eines Fremdlings bedienen, ohne für's Erste darauf bedacht zu sein, wie du hättest wirken sollen, und für's Zweite, wer der fremde Mann ist, der dir geholfen hat? — Wenn du also handeln wirst, was wird man dir dann wohl ferner anvertrauen können? — Weißt du denn nicht, daß der Herr dir eine Kraft nicht darum verliehen, daß du damit faulenzen sollst, sondern daß Er dir die Kraft des Lebens nur zur gerechten Liebthätigkeit aus Seiner großen Erbarmung geschenkt hat? — Frage dich nun selbst, in welchem Lichte du also vor mir erscheinst? — Ich aber sage dir: Rechtfertige dich nun ordentlich vor mir; sonst nehme ich deine Handlung so gut als für völlig unverrichtet an, und setze dich am Ende selbst hinter die dir wohlbekannte Kluft, da du für Alle allein den Anblick der Flammen vertragen sollst, und dabei nachdenken, wie man auf den Wegen des Herrn recht handeln solle. — Der Prior spricht: Mein lieber Freund und Bruder, wenn es sonst nichts giebt, als das nur, so stecke mich nur geschwinde hinter die flammende Kluft; und sollte ich auch nach dem Erdmaße volle tausend Jahre hinter derselben ganz allein schmachten, dabei aber dennoch diese meine armen Brüder gerettet wissen, so will ich dennoch hinter den Flammen den Herrn loben und preisen über alle Maßen, darum Er meinen armen gefangenen Brüdern durch diesen liebevollen Fremdling so gnädig und barmherzig war! — Denn ich bin in mir überzeugt, daß ich deinen Rath gar pünktlich und das nicht gezwungen, sondern freimüthig von mir selbst aus befolgt habe. — Ich habe mich an den Herrn gewendet gemeinschaftlich mit den armen gefangenen Brüdern; und als unser Vertrauen in uns möglicher Weise den höchsten Grad zur Liebe und Erbarmung des Herrn erklommen hatte, da kam dieser Retter zu mir, und ich dachte mir: Deß bin ich wohl gewiß, daß ich ewig allerunwürdigst, um etwa gar eine persönliche Hilfe vom Herrn zu erwarten. Da aber der Herr dennoch endlos barmherzig ist, so hat Er mir sicher in Seinem allerheiligsten Namen diesen Mann zum Retter gesandt; dem Herrn alles Lob, alle Ehre, und allen Preis! Die Brüder sind gerettet, und das ohne mein allergeringstes Hinzuthun; nun aber kann mit mir geschehen, was da will. — Soll ich hinter die Kluft, da gieb mir nur gleich den Befehl dazu, und ich will jauchzend, den Herrn lobend, dahin eilen; und, wenn es möglich ist, für jeden Einzelnen zehnfach büßen! — Nun spreche ich: Gut, mein Freund und Bruder; ist das aber auch dein vollkommener Ernst? — Der Prior spricht: O Freund und Bruder, es kommt dabei ja nur auf eine Probe an; gieb mir nur den Befehl und du sollst dich sobald überzeugen, daß ich also handeln will, wie ich spreche und wie es der allerheiligste Wille des Herrn erheischt! — Nun spreche ich: Nun gut, also kannst dich dazu ja sogleich auf den Weg machen, und so gehe denn hin für deine Brüder! — Sehet, der Prior dankt mir für diesen Befehl, kehrt sich um, und geht schnurgerade wieder zurück, um hinter der Kluft seinen Posten einzunehmen; unterwegs aber geht er im Vorübergehen zu seinem schlichten Manne hin, und spricht zu Ihm: Lieber Freund und Bruder, du hast ehedem doch Recht gehabt; wie du siehst, so muß ich nun im Ernste selbst für diese meine geretteten Brüder hinter die heiße Kluft nachdenken gehen, wie man auf den Wegen des Herrn handeln solle. Aber ich gehe ja gern; denn wenn ich nur meine Brüder gerettet weiß, — an mir liegt wenig. Kann ich den Herrn wegen Seiner großen Liebe und Erbarmung nur loben und preisen und Ihn lieben über Alles nach meiner Kraft, da sollen mich die Flammen sehr wenig beirren, und so gehe ich denn im Namen des Herrn; wenn du aber zum Herrn kommst, da gedenke meiner! — Der schlichte Mann spricht: Ja, das kannst du versichert sein, daß Ich deiner nicht vergessen werde; gehe aber nur hin, und erfülle den Willen des Boten! — Sehet, nun geht er im Ernste jauchzend, den Namen des Herrn lobend dahin. — Ihr fraget nun wohl, wie lange er dort verweilen wird müssen? Ich aber sage euch: Sorget nicht um ihn; er wird gar bald wieder da sein; denn anstatt der Kluft wird er nur hohe Gäste des Himmels antreffen, die ihm ein neues Kleid anziehen werden. — Da sehet nur hin; er kommt ja schon wieder, und das schnurgerade auf mich los, mit einem weißen Gewande angethan und mit einer leuchtenden Krone auf dem Haupte. Er ist hier, und ich frage ihn: Lieber Freund und Bruder, ja was ist denn das? Ist das die Kluft? — Du kommst, anstatt hinter der Flammenkluft zu büßen, ja nun mit einem himmlischen Liebegewande angethan? — Der Prior spricht: O lieber Freund und Bruder, ich kann nicht im Geringsten dafür; — siehe, wie ich gerade in den traurigen Hindergrund unseres Refectoriums gehen wollte, da standen anstatt der feurigen Kluft drei glänzende Jünglinge, und sprachen zu mir: Bruder im Herrn, wir wissen, wohin Du willst; aber dahin ist nicht Deine Bestimmung, sondern es war nur eine letzte Probe für dein Herz, ziehe daher dein Gewand der ehemaligen Irrthümlichkeit aus, und ziehe dafür dieses neue aus der Liebe und Wahrheit an. — Ich sträubte mich, und sprach: O Freunde Gottes, solcher Gnade bin ich in Ewigkeit nicht würdig; aber es half all' mein

Sträuben nichts, ich wollte oder wollte nicht, das Kleid ward mir vom Leibe genommen, und dieses Kleid dafür in Blitzesschnelle angezogen, und nun stecke ich darin und schäme mich darum, weil ich so eines Kleides zu unwürdig bin! — Aber was will ich machen? Das Kleid ist einmal auf dem Leibe; und da ich kein anderes habe, so kann ich mich dessen nicht entblößen und dadurch zu einem ärgerlichen Gelächter vor meinen Brüdern stehen. — Ich denke aber, solches Alles läßt der Herr an mir geschehen, damit ich so recht durch und durch soll gedemüthiget werden. Darum aber sei Ihm auch alles Lob, alle Ehre und aller Preis ewig; denn nur Er allein, ja ganz allein ist gut, — auch in den Himmeln allein gut; — Nun spreche ich: Ja, lieber Freund und Bruder, wenn es also ist, da muß ich mich denn freilich wohl auch zufrieden stellen; aber nun will ich dir eine Frage geben, und diese mußt du mir beantworten. — Sage mir: Was würdest du wohl thun, wenn, setzen wir den Fall, nun der Herr zu uns käme? — Der Prior spricht: O Freund und Bruder, das wäre entsetzlich! Fürwahr, wenn Solches möglich wäre, da wäre es mir ja um's Millionfache lieber, entweder hinter der Flammen-Kluft in dem schmutzigsten Winkel zu stecken, oder doch wenigstens mich hier in dem allerdürftigsten Kleide zu befinden; — denn wenn der Herr mich in dieser Kleidung anträfe, und mich dann etwa gar fragen möchte: Wie kommst du sicher Allerunwürdigster zu diesem Kleide himmlischer Ehre? — Ja, Bruder, da wären wohl hundert Berge zu wenig, die mich dann sogleich bedecken sollten, um nicht länger solch' eine allergrößte und wohlverdiente Schmach vor dem Angesichte des Herrn zu ertragen. Wenn es dir aber möglich wäre, mir ein anderes Kleid zu verschaffen, so würdest Du mir sicher den größten Liebesdienst erweisen. Bekleide alle meine Brüder, die sicher würdiger sind, als ich, mit solchen himmlischen Gewändern; aber nur mich stecke so in rechte Lumpen hinein, und laß mich dann zu allermeist im Hintergrunde sein, wenn der Herr erscheinen sollte. Ich will Ihn da unbelauscht in der allergrößten Demuth anbeten, aber nur im Vordergrunde laß mich nicht sein; denn jetzt sehe ich es erst in diesem Kleide ganz klar ein, daß ich der Allerletzte aus all' meinen Brüdern bin! — Nun spreche ich: Lieber Freund und Bruder! Solches steht nicht bei mir, gehe aber hin zu deinem schlichten Manne; der ist so ein eigenmächtiger ex abrupto-Helfer im Namen des Herrn vollkommen, der wird Dich sicher wieder erhören, und dir geben nach deinem Verlangen. — Der Prior spricht: Ja, lieber Bruder und Freund, der ist schon mein rechter Mann. Ich muß Dir aufrichtig sagen: ich habe dich zwar sehr lieb, aber diesen Mann habe ich wenigstens um hundert Procent lieber, als dich, denn er ist viel sanfter, und er erhört einen auch lieber; daher will ich mich nach deinem Rathe auch sogleich in seine Arme werfen! — Seht, nun geht der Prior auch schon hin zu seinem schlichten Manne, klagt ihm seine Noth, und der schlichte Mann spricht zu ihm: Lieber Freund und Bruder, solches Begehren von dir ist mir über Alles lieb, daher geschehe dir auch nach deinem wahren demüthigen Verlangen; gehe aber hin, dort in der nächsten Gartenlaube wirst du schon ein anderes Gewand finden. — Seht, der Prior geht springend dahin, kommt aber sogleich wieder unverrichteter Dinge zurück, und spricht zum schlichten Manne: Aber lieber Freund und Bruder, das wäre ein sauberer Tausch! Statt eines meiner würdigen allerlumpigsten Gewandes fand ich ein strahlend blaues Kleid, welches an den Rändern mit hellleuchtendsten Sternen verbrämt war, und um die Mitte mit einem hellrothen Gürtel versehen, und war dazu noch so allerhöchst wohlduftend, daß ich bei dessen Anblicke und bei der Wahrnehmung seines Wohlgeruches mich wie auf einmal in alle Himmel entzückt zu sein fühlte! — Ich bitte dich darum, thue mir Solches nicht mehr an, denn ich könnte es nicht ertragen; laß mir aber eine allerordinärste lederne Bauernjacke finden, und wenn sie noch so zerlumpt und zerflickt sein sollte, so werde ich darin aber dennoch um's Unbeschreibliche glücklicher sein, als in diesem mich nun schon über Alles stark drückenden Kleide. — Der schlichte Mann spricht: Nun, so gehe in eine andere Laube dorthin, und du sollst das rechte Gewand finden. — Sehet, unser Prior springt schon wieder; dießmal kommt er aber nicht so schnell zurück, und so muß er schon ein rechtes Kleid gefunden haben. — Richtig; da seht nur hin, er kommt ja schon in einem wie grobgrauzwilchenen Kittel heraus, und ist voll Heiterkeit über diesen Fund, geht nun wieder schnell hin zum schlichten Manne, dankt Gott vor ihm für diese ihm groß vorkommende Erbarmung, und der schlichte Mann spricht zu ihm: Du stehst jetzt freilich für dich behaglicher in diesem Demuthsgewande; aber wenn der Herr kommen möchte, und dann sagen würde: Freund! wie kommst Du hierher, und hast kein hochzeitliches Gewand an? — Der Prior spricht: Lieber Freund und Bruder, wenn ich dann in die äußerste Finsterniß hinausgeworfen werde, so wird mir nichts mehr geschehen, als was da vollkommen recht und billig ist. Nur in den allerdürftigsten Winkel mit mir hin; da ist mein Platz! — Aber mich für den Himmel würdig zu denken, auch nur für den Allergeringsten unter Denen, die allenfalls in einem alleruntersten Himmel sind, soll wohl ewig mein letzter Gedanke sein. — Der schlichte Mann spricht: Nun gut; ich will dir jetzt etwas ganz geheim sagen. — Siehe, der Bote bearbeitet schon all' deine Brüder für die ganz nahe Erscheinung des Herrn, und Ich sage dir auch: Er wird ganz bald hier sein! Was wirst du nun thun? — Der Prior spricht: Lieber Freund und Bruder, um des allmächtigen Herrn willen führe mich doch nach deiner besten Einsicht in irgend einen allerletzten Winkel dieses Gartens hin, und wenn es dir nicht zu viel wäre, so verbleibe wenigstens nur so lange bei mir, bis der allmächtige Herr mit all' diesen Brüdern Seine heilige Sache wird geschlichtet haben; und sollte Er mich etwa hernach zu allerletzt aufsuchen wollen, so will ich mich also ganz allein auf mein Angesicht vor Ihm hinwerfen, und Ihn da um Seine göttliche Erbarmung anflehen. — Der schlichte Mann spricht: Wie steht es denn hernach mit deiner Liebe zum Herrn, da du dich vor Ihm gar so fürchtest? — Der Prior spricht: Was da meine Liebe zum Herrn betrifft, so ist sie wohl so mächtig, daß ich Alles für Ihn thun möchte, wenn ich nur was thun könnte; ich bin aber schon zufrieden, wenn ich Ihn nur, entfernt von Ihm, so ganz still in meinem Herzen lieben kann und darf! — In Seiner Nähe zu sein, bin ich aber ohnedieß ja nicht in alle Ewigkeiten würdig. — Ich darf nur auf mein allerbarstes Philisterleben auf der Erde zurückdenken, und was ich mir da nicht selten auf die Macht Gottes zu Gute that, so möchte ich vergehen vor Schande! Daher laß mich nur so geschwinde als möglich die für mich heilsame Flucht ergreifen. — Der schlichte Mann spricht: Lieber Freund und Bruder, ich will deiner gerechten Demuth durchaus nicht im Wege sein, daher folge mir schnell in jenen Winkel dorthin gegen Morgen; dort werden wir Beide am wenigsten belauscht sein, weil dieser Winkel mit so dichtem Laubwerke verwachsen ist, durch welches man doch nicht so leicht und so geschwinde durchsieht. — Des Herrn Auge ist zwar freilich allsehend; aber das thut vor der Hand nichts zur Sache. Gehen wir daher nur schnell hin, und wollen dort unsere demüthigen Betrachtungen halten, wie der Herr erscheinen wird; — wenn Er Sich nur nicht etwa zu uns zuerst verliert! — Der Prior spricht: Deß sei versichert, zu den Unwürdigsten geht der Herr nicht am ersten; daher werden wir völlig sicher sein. — Und so mögen wir denn gehen! —

## 169.

(Am 19. April 1843 von 4½ bis 6½ Uhr Abends.)

Nun sehet, unser Prior und sein fremder schlichter Mann erreichen soeben jene ziemlich dichte Laube, welche da besteht aus Feigenbäumchen, und treten hinter dieselbe. Jetzt aber gebet Acht; unser früherer Mönch nähert sich mir schon wieder ganz bescheiden, und fragt nun auch sogleich: Lieber Freund und Bruder, als erhabener Bote des Herrn, als Solchen wir dich nun Alle ungezweifelt erkennen, aber dabei nicht erkennen, wer jener fremde schlichte Mann ist, — sage uns daher, wer dieser Mann ist; denn ich habe ihn so recht tüchtig betrachtet, und ich muß dir offenbar gestehen, daß mir im Verlaufe meiner Betrachtung von Augenblick zu Augenblick heißer geworden ist um mein Herz, und gar viele von meinen Brüdern gaben mir von ihnen aus das Gleiche zu verstehen. Daher meine ich, daß hinter diesem Manne durchaus nichts Geringes stecken kann; er ist entweder der Petrus oder Paulus, oder etwa gar der Lieblingsjünger des Herrn! — Wenn ich nicht zu weit vom Ziele geworfen habe, so wolle mir Solches brüderlich gütig zu verstehen geben. Ich weiß zwar noch nicht, was im ferneren Verlaufe mit uns Allen geschehen wird, kommen wir in die Hölle, oder doch wenigstens in's Fegfeuer; aber das ist gewiß, diesen fremden schlichten Mann werde ich lieben, wo ich mich immer befinden werde in alle Ewigkeit, — und das aus dem Grunde, weil er gar so schlicht, einfach und liebevoll ist, was ich deutlich daraus abgenommen habe, als ich betrachtete, wie gar so herablassend und liebevollst brüderlich er mit dem Prior umgegangen ist, und seiner Schwachheit so weit nachgab und nachging, daß er ihn am Ende sogar vor der allfälligen schrecklichen Ankunft des Herrn in den Schutz nahm. — Ja, das will ich einen wahren Menschenfreund nennen. Einem auf der Welt beizustehen ist eine offene leichte Sache, weil da ein jeder Mensch in seiner vollkommenen Freiheit ist; aber hier im schauderhaften, unerbittlichen, aller Liebe, Gnade und Erbarmung nahe gänzlich ledigen Geisterreiche ist das ganz etwas Anderes, einen so edlen Freund zu finden, hinter dem man sich bei solch' einer entsetzlichen herannahenden Gefahr schützend verbergen kann. Daher bitte ich dich im Namen aller dieser Brüder noch einmal, daß du mir kund geben möchtest, wer dieser Mann sei; vielleicht würde er auch so gnädig und barmherzig gegen uns sein, uns dann zu beschützen und zu decken, wenn der Herr allerschrecklichst mit zornigem Richterantlitze erscheinen wird! — O Freund und Bruder, du kannst es sicherlich nicht erfassen und begreifen, was das für einen armen Sünder ist, vor dem unerbittlichen Richterstuhle Christi zu erscheinen! — Ich möchte ja lieber auf ewig mich in der größtmöglichsten Tiefe dieses Bodens vergraben lassen, als nur einen Augenblick lang das Angesicht des ewig unerbittlichen allgerecht gestrengsten Richters anzusehen. Daher thue uns diesen letzten Liebesdienst, wenn wir überhaupt eines solchen nur im geringsten Theile würdig sind, und wir wollen uns dann ja für ewig mit dem ausgesprochenen göttlichen Urtheile zufriedenstellen; aber nur vor dem Angesichte des unerbittlichen Richters laß uns verwahrt werden! — Nun spreche ich: Lieber Freund und Bruder, du verlangst seltene Dinge von mir, und bedenkest nicht, daß ich nicht der Herr, sondern nur ein Diener des Herrn bin; als Solcher ich nicht thun kann, was ich will, sondern nur, was da ist des Herrn Wille! Es ist aber dieser schlichte fremde Mann weder der Petrus, noch der Paulus, noch der Lieblingsjünger des Herrn, sondern Er ist Einer, der nicht ferne ist Denen, die du nanntest, und eben auch nicht ferne ist mir, wie dir. — Soviel genügt dir vor der Hand. — Daß du dich aber hinter Ihm sammt deinen Brüdern vor dem Angesichte des Herrn beschützen möchtest, das ist eine eitle Sache; meinst du, des Herrn Antlitz wird dich nicht treffen, wo du auch seiest? O da bist du noch in einer großen Irre! Wenn du aber völlig der Meinung bist, dich hinter dem Rücken jenes schlichten Mannes verbergen zu können, also, daß du nicht zu Gesichte bekämest das Angesicht des Herrn, da ziehe immerhin mit all' deinen Brüdern dem Prior nach, und es wird sich an Ort und Stelle ja zeigen, ob du sicher bist vor dem Angesichte des Herrn. Meinst du denn, der Herr wird auf diesen Platz hierher kommen, der da leer ist? Das wird Er nicht thun, sondern Er wird Sich schnurgerade dahin begeben, wo ihr seid, oder euch wohl gar schon erwarten hinter dem Laubwerke. — Nun spricht unser Mönch: O erhabener Freund und Bruder, du hast mir jetzt ganz entsetzliche Dinge in's Ohr gesetzt; wenn es also ist, da möchte ich doch wieder nicht zur Laube hin, sondern mich lieber ganz einsichtig oder höchstens mit noch einem Bruder in irgend einen allerschmutzigsten Winkel verbergen, dahin wegen der Schmutzigkeit der Herr etwa doch nicht allzubald Sein Angesicht wenden würde. — Nun spreche wieder ich: Lieber Freund und Bruder, auch das wird dir wenig nützen; denn der Herr wird dich dennoch finden, und wärest du auch in der Tiefe aller Tiefen begraben. Daher meine ich, du solltest lieber allhier bei deinen Brüdern verweilen, und dich fügen in den Willen des Herrn; und der Herr wird dich in deinem Gehorsame sicher gnädiger ansehen, als so du eigenmächtiger Weise dich thöricht vor dem Herrn verbergen möchtest, vor dem sich doch ewig Niemand verbergen kann. — Unser Mönch spricht: Wenn es also ist, so geschehe denn in dem allmächtigen Namen des Herrn Sein heiliger Wille; denn wir sind deiner Rede zufolge nun schon auf Alles gefaßt! — Nun spreche ich: Nun gut, da Solches bei euch der Fall ist, so lasset uns hinziehen, wohin der Prior mit dem schlichten fremden Manne gezogen ist; alldort wollen wir

als auf dem tauglichsten Plaße dieses Gartens des Herrn harren! —
Sehet, die Mönche, wie die Laienbrüder, begeben sich uns folgend allerdemüthigst, aber auch in aller Furcht ihres Herzens hin zu dem uns schon bekannten Laubwerke. — Wir sind nun an Ort und Stelle. Lassen wir ein wenig diese Gesellschaft allein vor dem Laubwerke harren; wir aber begeben uns dafür ein wenig hinter das Laubwerk, und wollen da ein wenig das Verhältniß unsers Priors in's Auge fassen. — Sehet, er fragt schon mit stark verlegener Stimme seinen schützenden Freund: Was um des Herrn willen hat denn das zu bedeuten, daß nun für mich entsetzlicher Maßen alle meine sonst lieben Brüder gerade jetzt zu diesem unseren Bergwinkel her gewandelt sind? Am Ende wird es doch noch also werden, wie du, lieber Freund, ehedem bemerkt hast, daß der Herr nämlich gerade da, wo ich mich verbergen werde, gar leichtlich zu allererst erscheinen wird. Lieber Freund und Bruder, wäre es denn nicht thunlich, daß wir diesen Platz mit einem andern vertauschen möchten? — Der schlichte Mann spricht: Was würde dir das aber auch nützen? Weißt du nicht, was der Apostel Paulus damit angezeigt hat, da er sprach: „Wir müssen Alle vor dem Richterstuhle Christi offenbar werden!" — Der Prior spricht: O lieber Freund und Bruder, diese schauerlichen Worte kenne ich nur gar zu gut! — Was ist aber da zu thun, da ich dessen ungeachtet dennoch meiner entsetzlichen Furcht vor dem Herrn nicht loswerden kann? — Nun spricht der schlichte Mann: Höre, mein lieber Freund und Bruder, da weiß Ich dir einen guten Rath zu geben. Du hast ehedem Mir bemerkt, daß du den Herrn über Alles lieben könntest, und wärest für ewig zufrieden schon, so du Ihn nur ein Mal im fernen Vorbeigehen zu Gesichte bekämest; du weißt aber auch, daß der Herr ein gar großer Freund Derjenigen ist, die Ihn lieben, und kommt ihnen unbekannter Maßen wohl allzeit schon mehr als auf dem halben Wege entgegen. Wie wär's denn demnach, wenn du anstatt deiner großen Furcht deine Liebe zum Herrn so recht ergreifen möchtest, und der Herr dir dann auch unbekannter Maßen, deiner etwas thörichten Furcht begegnend, entgegen käme? — Ich meine, Solches wäre füglich besser, als sich gar so thöricht zu fürchten vor Dem, Den man doch nur über Alles lieben soll. — Der Prior spricht: Ja, lieber Freund und Bruder, wie allzeit und ehedem, so hast du auch jetzt vollkommen Recht. O wenn ich nur den Herrn lieben darf, so ich Ihm mit meiner Liebe nicht gar zu schlecht bin, da will ich Ihn ja lieben über alle Maßen aus allen meinen Kräften; denn ich fühle es ja ganz lebendigst in mir, daß ich nun nichts als nur allein den Herrn unbeschreiblich und unaussprechlich zu lieben vermag! — Nun spricht der schlichte Mann: Siehe, Mein lieber Freund und Bruder, diese Sprache gefällt mir um's Unvergleichbare besser, als die frühere; daher will Ich dir nun auch ein kleines Geheimniß enthüllen. — Siehe, Der, Den du gar so sehr gefürchtet hast, und noch immer fürchtest, ist nicht fern von dir. — Sage Mir, würdest du den Herrn auch also sehr fürchten, wenn Er so ganz Mir gleich schlicht, einfach und voll Liebe vor dir erscheinen möchte? — Der Prior erwiedert: O allerliebster Freund und Bruder, in dieser Gestalt würde ich mich sicher nicht fürchten vor Ihm; aber was die Liebe betrifft, so glaube ich, daß mich dieselbe beinahe töbten könnte, wenn ich den Herrn so in

deiner Schlichtheit vor mir erschauen würde! — Der schlichte Mann spricht: Siehe, deine Furcht rührt aus einer irdisch grundirrigen Vorstellung vom Herrn, während der Herr deiner Vorstellung doch nicht im Allergeringsten entspricht. Deine Vorstellung war aber auch zugleich der Grund, daß du den Herrn nie so ganz liebend erfassen konntest. — Da aber jedoch aller Irre einmal ein Ende werden muß, so siehe her! Zuerst betrachte Meine Füße, an denen noch die Nägelmale sind; dann betrachte meine Hände, und lege gleich dem Thomas deine Hand in meine durchbohrte Seite, und du wirst daraus gar bald ersehen, daß man sich auch hinter dem dichtesten Laubwerke vor dem Herrn nicht wohl verbergen mag! — Sehet, nun erkennt der Prior in seinem schlichten Manne den Herrn, und fällt von der allmächtigsten Liebe ergriffen zu Seinen Füßen hin, und kann nichts reden, sondern er weinet und schluchzet; aber der Herr beugt Sich alsobald nieder, erhebt ihn und spricht zu ihm: Nun sage Mir, noch immer Mein Freund und Bruder, — bin Ich wohl so schauerlich und fürchterlich, als du dir Mich ehedem vorgestellt hast? — Der Prior spricht: O, Du mein allermächtigst geliebtester Herr Jesus! Wer hätte es sich je von uns auch nur zu denken getraut, daß Du auch im Reiche der Geister gar so unendlich unaussprechlich gut bist?! — O Herr, laß mich jetzt hinaus gehen und rufen aus allen Kräften so, daß es alle Enden deiner unendlichen Schöpfung vernehmen sollen, daß Du der allerunendlichst beste, liebevollste und heiligste Vater bist! — O Herr, wie unendlich selig bin ich jetzt, da ich Dich also habe kennen gelernt! — Ja, Du bist der Himmel aller Himmel und die höchste Seligkeit aller Seligkeiten! — Wenn ich nur Dich habe, und Dich ewig mehr und mehr lieben darf, so frage ich weder nach einem Himmel, noch nach irgend einer andern Seligkeit mehr! Laß mich hier eine Hütte erbauen, die groß genug ist, mich, meine Brüder, und Dich, o Herr, zu fassen; und ich gehe da mit keiner Seligkeit mehr einen Tausch ein! Aber Du, o allerliebevollster, heiliger Jesus, darfst uns ja nicht mehr verlassen; denn ohne Dich wäre ich nun ewig das unglücklichste Wesen! — Der Herr spricht: Mein Freund und Bruder, Ich kenne dein Herz, laß daher gut sein, was du wünschest, und gehe dafür hinaus zu deinen Brüdern und verkündige Mich, wie Ich Mich dir verkündiget habe. Ich aber werde dir sobald folgen, um auch zu erlösen dir gleich alle deine Brüder, und werde dann euch führen zu euerer wahren ewigen Bestimmung! — Und so denn gehe, und thue nach Meiner Liebe, Amen! —

## 170.

(Am 21. April 1843 von 4—6½ Uhr Abends.)

Sehet, unser Prior geht mit der höchsten Seligkeit erfüllt hinaus zu seinen Brüdern, wie ihm der Herr geboten hat; daher gehen auch wir ihm nach, um zu sehen wie er sein Amt verwalten wird. — Sehet, es geht ihm auch schon unser bekannter, redseliger Mönch entgegen, und fragt ihn mit ganz erschrockener Miene: Höre Bruder, wie ist es möglich, daß Du in dieser schauderhaftesten Epoche, in welcher wir Alle sammt Dir den unerbittlichen Richter erwarten, mit einem solchen überheiteren Angesichte aus deinem guten Verstecke zu uns kommen kannst? — Hat Solches dein schlichter Führer bei dir bewirkt, oder hast du dich selbst also überredet? — Sage mir und uns Allen, wie du zu dieser Fröhlichkeit gelangt bist? Dem Herrn sei alles Lob, alle Ehre und aller Dank, daß Er dir solche Fröhlichkeit zugelassen hat; aber wir armen Sünder hier stehen dafür eine desto größere Angst und Bangigkeit aus. Wenn doch auch uns ein wenig geholfen werden könnte, so wäre das wirklich etwas außerordentlich Ersprießliches für unser überaus geängstigtes Gemüth. Fürwahr, gar oft habe ich auf der Erde von der Kanzel dem Volke gepredigt, wie schrecklich es ist, vor dem Angesichte des unerbittlichen Richters zu erscheinen, und wie schrecklich, in die Hände des lebendigen allmächtigen Gottes zu fallen! — Es mögen auch gar viele meiner Zuhörer auf solche meine Predigten bis in's Innerste erschüttert worden sein; aber ich habe dabei ganz bestimmt am allerwenigsten solch' meine Predigt beherziget, und ließ mir, wie ihr wißt, darauf einen guten Bissen, wie auch ein gutes Glas Wein recht wohl schmecken. Hier aber kömmt es genau auf das Sprichwort an: Wer einem Andern die Grube gräbt, fällt am Ende selbst hinein; und so denn stecke ich auch über Hals und Kopf in dieser Grube und empfinde nun das allerstärkst lebendig, was ich bei meinen Lebzeiten den Anderen habe wollen empfinden machen durch meine Predigten. Daher bitte ich dich nun auch um so mehr, daß du mir und uns Allen eine kleine tröstende Mittheilung machen möchtest, wie es dir möglich ist, in dieser Lage, in der wir uns befinden, also heiter zu sein? — Der Prior spricht: So höre denn, mein geliebtester Bruder: Meine ehemalige und deine jetzige Furcht vor dem Herrn hat darin ihren Grund, daß wir den Herrn nie also haben wollten, wie er ist; — sondern wir machten Ihn Selbst zu dem schrecklichsten Wesen aller Wesen. — Wir haben somit den wahren Christus verloren, d. h. denjenigen Christus, verstehe Bruder, der noch am Kreuze blutend und sterbend Seine größten Feinde, Peiniger und Marterer segnete, und sie Selbst mit ihrer eigenen Unwissenheit entschuldigte; ja, den Christus, der den Missethäter, welcher sich zu Ihm gewendet hatte, plötzlich mit dem offensten Herzen aufnahm, und selbst denjenigen, der ihm am Kreuze schmähte, nicht verdammt hat, — und haben uns statt dieses wahren Christus einen Tyrannen-Christus gebildet, der fortwährend Rache brütet bis zum bestimmten, d. h. von uns bestimmten irrwahnigen Vergeltungstage, während wir doch gar leicht hätten bedenken können, daß der Herr, so Er an Seinen armseligen Geschöpfen hätte Rache nehmen wollen, nicht einer so langen unbestimmten Frist benöthigen würde, sondern hätte es mit ihnen machen können, wie Er es mit Sodoma und Gomorrha gemacht hat. — Ferner stellten wir uns Christum immerwährend in solch' unzugänglicher Erhabenheit vor, von welcher aus Er Sich Seiner Geschöpfe gewisserart gar wenig kümmere, sondern sie frei belasse bis zum Gerichtstage, da sie Sein Wort und Sein Gesetz haben; gedachten dabei aber ganz entsetzlich wenig, was der gute Hirt spricht, — und die Verheißung: „Ich bleibe bei euch bis an's Ende aller Zeiten", ging ebenfalls stumm an unseren Herzen vorüber, und wir begnügten uns anstatt der lebendigen Gegenwart Christi allein mit der todten ceremoniellen, durch welche wir den wahren Christus nur stets mehr und mehr einbüßten. — Wir versetzten Alles in die Materie; wir dünkten uns am Ende sogar tagtägliche Schöpfer Christi zu sein, und sündigten auf diese himmelschreiende Machtinhabung auf die göttliche Liebe und Erbarmung darauf los, daß es eine baarste Gräuelschande war! — Da uns der liebevolle Christus zeitlicher Maßen nicht so viel eingetragen hätte, als der allergestrengst gerechteste und unerbittlichste, so schoben wir auch Alles Seiner allergestrengsten Gerechtigkeit, anstatt als schwache Wesen Seiner ewigen Liebe und Erbarmung unter; — und wie wir Ihn also zeitlich erträglich und wohlzinspflichtig machten, also ist Er auch bis auf den gegenwärtigen Zeitpunkt für unser Gemüth geblieben. Meint ihr aber, der wahre Christus habe Sich darum wirklich verändert und also gestaltet, wie wir Ihn thörichter Weise in uns gestaltet haben? — O nein, meine lieben Brüder! Er ist, wie Er allzeit und ewig war, noch bis auf diese gegenwärtige Minute ganz derselbe übergute heilige Vater geblieben, und wird auch fürder ewiglich also verbleiben. — Er ist noch derselbige unendlich liebevolle Freund, der zu Allen spricht: Kommet her zu Mir, die ihr mühselig und schwer beladen seid, Ich will euch Alle erquicken! Er ist noch derselbe Christus, der da am Kreuze in Sich Selbst Seine Peiniger entschuldigte, und ihnen Alles in der Fülle Seiner göttlichen Liebe vergab. — O Freunde und Brüder! Ich möchte wohl sagen: Wenn je ein Erdenbürger eine große und schwere Sünde begehen kann, so ist wohl nicht leichtlich eine größere denn diese, so Jemand aus schändlichem irdischem Eigennutze die unaussprechliche Güte und Liebe des Herrn also verkennt, wie wir sie verkannt haben! — Sehet hin, und betrachtet die Geschichte des verlornen Sohnes; was that wohl dieser Erhebliches, daß er sich aussöhnen könnte mit seinem tiefgekränkten Vater? — Nichts, als daß er sich, durch die höchste schauderhafteste Noth getrieben und genöthiget, wieder nach Hause zu seinem Vater kehrte, um dort allenfalls der letzte Knecht zu sein. Was that aber der Vater? Er ging diesem zurückkehrenden Sohne schon auf den halben Weg entgegen; und wie dieser zu ihm kommend niederfiel, und ihm sein nothgedrungenes Begehren vortrug, hob ihn der Vater sobald auf, drückte ihn an seine heilige Brust, ließ ihm sogleich die herrlichsten Kleider anziehen und bestellte dazu noch ein großes Freudenmahl. — Saget mir, lieben Brüder, haben wir Christum je von diesem Gesichtspunkte aus betrachtet? Wir haben wohl auch den verlorenen Sohn gepredigt; aber wie? — Der verlorene Sohn mußte sich umkehren durch unsere Beichte, dann durch allerlei auferlegte Bußwerke, welche nicht selten ärger waren, als das Schweinfutter des verlornen Sohnes in der Fremde. Hatte sich ein solcher verlorner Sohn auch wirklich umgekehrt, so fand er aber dennoch anstatt des alleinig wahren guten Vaters nichts als uns, die wir ihn zur vermeintlichen Rückkehr bewogen haben, und bedachten dabei nicht, wer der Vater ist, und nicht wo er ist, und wohin sich der verlorene Sohn hätte wenden sollen! — Also haben wir gethan; aber nichts desto weniger hat Sich der gute heilige Vater verändert. Ihr seid sammt mir nichts als solche verlorene Söhne, die schon gar frühzeitig das vom Vater erlangte Gut auf der Erde vergeudet haben und verhurt; wir haben bis jetzt unsere Armuth außer dem väterlichen Hause schon eine geraume Zeit gar bitter empfunden. Kehren wir daher zurück und werfen uns ihm zu den Füßen; nicht daß er uns etwa solle ein köstliches Mahl bereiten und uns aufnehmen zu großen Ehren, sondern daß wir nur die Allerletzten sein dürften in Seinem Vaterhause, und dürften Ihn da lieben aus allen unseren lebendigen Kräften! — Der Mönch spricht: O Bruder! Was für Worte hast du nun geredet, und welch' einen himmlischen Balsam hast du dadurch in unsere Herzen gegossen! Ja, du hast die ewige Wahrheit gesprochen; — Den wir mit der größten Freude und mit der größten Liebe unseres Herzens erwarten sollten, den überguten heiligen Vater konnten wir so fürchten! — Ja, mein lieber Bruder, ich kann dich nun versichern, daß du mir auch alle Furcht vor dem Herrn so sehr benommen hast, daß ich mich nicht vor dem allerstrengsten Gerichte mehr fürchten möchte; denn ich weiß nur das, daß ich Ihn, den so unendlich allerliebevollsten Christus, lieben darf und kann. — Weil Er in Sich Selbst so unendlich gut und liebevollst ist, so fühle ich mich überall glücklich sein zu können, wo ich Ihn, den Liebevollsten, immer lieben kann. — Ich danke dir, lieber Bruder, auch im Namen aller dieser unserer Brüder, daß du uns solche herrliche Kunde überbracht hast, welche dir sicher jener liebe schlichte Mann eingegossen hat, und gebe dir dazu auch die allervollste Versicherung, daß ich und wir Alle den wahren Christus ewig zu lieben, ja über Alles zu lieben nie aufhören werden, weil Er in Sich und aus Sich so unendlich gut und liebevoll ist! Ja, wer Ihn also nicht lieben könnte, der müßte fürwahr ärger als der ärgste höllische Teufel sein. Wie ich mich ehedem gefürchtet habe einmal vor seinem Angesichte zu erscheinen, so soll das aber von nun an ewig mein heißester Wunsch sein, in meiner großen Unwürdigkeit den allerheiligsten Vater nur einmal wesenhaft zu Gesichte zu bekommen! — O Du mein Christus Du! Wie sehr liebe ich Dich jetzt, da ich Dich besser denn auf der Erde erkannt habe! Sei mir armen Sünder aber nur in so weit gnädig und barmherzig, und nehme mir diese meine Seligkeit nicht, die darin besteht, daß ich Dich lieben kann aus allen meinen Kräften allorts, wohin Deine Erbarmung und Dein heiliger Wille mich nur immer bescheiden wird. O Herr! ich verlange ewig nichts von Dir; denn ich bin ja nicht der allergeringsten Gnade werth. Nur lieben laß Dich von mir, und wenn es möglich ist, so laß mich in solcher Liebe zu Dir völlig vergehen! — Der Prior spricht: Mein lieber Bruder, sage mir, nachdem du dich in deinem Gemüthe also geändert hast, wie dir mein schlichter Mann, der soeben auch hinter dem Laubwerke hervor kommt, gefällt? — Der Mönch spricht: O liebster Bruder, dieser Mann gefällt mir schon seit seiner ersten Erscheinung gar überaus gut; Dem könnte ich folgen, wohin er nur immer wollte, und würde er mich stellen da oder dorthin auf die Anwartschaft des Herrn, so könnte ich mich wie ein Felsen auf einem Punkte eine halbe Ewigkeit lang festhalten, ohne meinen Platz nur um ein Haar zu verrücken. Das wäre überhaupt so ein Mann, dem ich um den Hals fallen könnte, und meine ganze Liebe über ihn schütten. — Der Prior spricht: Was würdest denn du dann thun, lieber Bruder, wenn sich dir der Herr aller Himmel und aller Welten in solcher Schlichtheit nähern würde? — Der Mönch spricht: O Bruder, um solch' ein Gefühl auszudrücken, da bin ich der Meinung, möchten wohl jedem noch so erhabenen höchsten himmlischen

Geiste die Worte in der Brust stecken bleiben! — Denn zu unerträglich groß wäre da, wenn auch nur eine augenblickliche Seligkeit! — Der Prior spricht: Bespreche dich darüber mit dem schlichten Manne selbst, der soeben Sich uns naht; dieser wird dir da den besten Aufschluß zu geben im Stande sein, wo mich, glaube es mir, Bruder, bereits auch alle Sprache im Stiche läßt. Ich sage dir: Gehe du, und gehet ihr Alle diesem schlichten Manne entgegen; der wird euch, wie mir, den wahren Weg zum Vater und auch den Vater Selbst zeigen! — Mehr vermag ich dir nicht zu sagen. — Nun öffnet aber der schlichte Mann Seine Arme, und spricht: Kindlein! kommt her in die Arme eures guten Vaters, denn Ich bin Der, Den ihr so sehr gefürchtet habt! — Ein allgemeiner Schrei geschieht von Allen, und Alle fallen vor Ihm nieder und weinen vor zu großer Liebe zu Ihm! Und Alles, was man von ihnen vernimmt, ist: O du guter heiliger Vater! So unendlich gut bist Du?! O daß wir Dich doch zu lieben vermöchten nur im geringsten Maße, wie du aller Liebe würdig bist! — Und sehet, der Herr beugt Sich zu ihnen nieder, richtet sie Alle auf, und spricht zu ihnen: Kindlein, höret nun und vernehmet Mein strenges richterliches Urtheil, welches also lautet: Folget Mir; denn Ich, euer alleinig wahrer, guter Vater, will euch Selbst führen an den ersprießlichen Ort eurer stets wachsenden Bestimmung in Meinem Reiche! — Aber nicht hier auf diesem Platze, da noch so Manches von euerem Sinnentruge erschaulich ist, sondern auf einem lebendig reinen Platze erst will Ich euch zeigen, was ihr ferner thun sollet, und wie ihr Mich sollet vollkommen im Geiste und in der Wahrheit lieben, und also in solcher Liebe als den alleinig ewig wahren Gott anbeten! Und so denn verlasset hier Alles, und folget Mir! Seht nun, wie der liebe Vater wieder ein Schöcklein verlorner Kinder heimführt, und wie sie Ihm, Seinen heiligen Namen lobpreisend, folgen! — Folgen aber auch wir ihnen, damit wir auch da die völlige Löse erschauen mögen. —

## 171.

(Am 24. April 1843, von 4³/₄—6³/₄ Uhr Abends.)

Sehet wir sind am Ufer des euch schon ziemlich wohlbekannten großen Gewässers, wie werden wir dießmal hinüberkommen? Ich sage euch: Bei solch' einem Anführer darf uns darum gar nie bange werden; denn Er versteht, das Wasser plötzlich also in festes Land zu verwandeln, daß ihr etwas Aehnliches noch nie erfahren habt. Daher seht nur hin, wie der Prior, zunächst an Ihm, Ihn fragt, und sagt: O Du ewige Liebe! Mein aller geliebtester Jesus Christus! was werden wir bei diesem endlos weiten Meere machen? — Der Herr spricht: Lieber Freund und Bruder in meiner Liebe, da werden wir darüber wandeln. — Der Prior spricht: O Du meine Liebe, wird uns das Wasser wohl auch tragen? — Der Herr spricht: Wie kannst du an Meiner Seite darnach fragen? Weißt du denn nicht, daß Mir alle Dinge möglich sind, und daß Ich auch ein Herr aller Gewässer bin? — Siehe, Ich will, daß aus diesem großen Gewässer alsbald festes Land werde, so lange bleibe als Solches und uns trage, bis wir Alle darüber kommen werden, wie wir aber die bestimmte Fläche des jenseitigen Festlandes werden erreicht haben, sodann soll das feste Land wieder aufthauen in sein wogend Element. Also geschehe! — Siehst du nun noch ein Wasser? — Der Prior spricht: O Du meine allmächtige, heilige Liebe! Du guter, heiliger Vater! Wie möglich ist denn doch Solches? Wie doch gar so schnell hat sich Alles verändert! Die schaurig wogende endlos weitgedehnte Fläche ist ein trockenes Land geworden, und wir können darüber wandeln ohne Furcht und Zagen! Wie sollen wir Dir darob danken, darum Du Dich so wunderbar allmächtig liebevoll vor uns ausgezeichnet hast? — Der Herr spricht: Mein lieber Freund und Bruder, der einzig und allein Mir theuere und werthvoll angenehme Dank ist ein Mich allzeit über Alles liebendes Herz; Ich sage dir: Kein Dankopfer, kein Dankgebet, kein Dankgelübde, keine Dankprozession, kein Te Deum laudamus, kein Jubelfest und keine große Dankceremonie ist Mir angenehm, sondern Ich habe davor einen Ekel, wie vor einem stinkenden Aase oder wie vor dem Moderfleische in den Gräbern, welches ist voll Gestank und Pestilenz: aber ein demüthiges, Mich allzeit liebendes Herz ist Mir ein unschätzbar köstlicher Edelstein in der unendlichen Krone Meiner ewigen göttlichen Macht und Herrlichkeit, — und ist Mir auch wie ein Balsamtropfen in Mein liebeheißes Vaterherz gegossen, der Mich erquickt über die Maßen, und die Freude Meiner ganzen unendlichen Gottheit um's für dich und vor dir Unaussprechliche erhöht! — Daher bleibe du in deiner Liebe zu Mir, und suche nichts Anderes, so bist du Mir Alles, was du sein sollst, und Ich werde dir auch Alles sein, was Ich dir nur immer als dein Gott, Schöpfer, und ewig liebevollster Vater sein kann! — Liebe ist das einzige Band zwischen Mir und dir; sie ist die allein wunderbar allmächtige Brücke zwischen Mir, dem ewig allmächtigen, unendlichen Schöpfer und dir, Meinem endlichen Geschöpfe. — Auf dieser Brücke kann Ich zu dir und du zu Mir kommen, wie da kommt ein lieber Vater zu seinen Kindern und die Kinder zu ihrem lieben Vater. — Die Liebe ist auch dein wahres Auge, wie sie in Mir das ewig alleinige wahre Auge ist; — mit diesem Auge ist es dir allein nur möglich Mich, deinen Gott und Schöpfer, also zu erschauen, wie da erschaut ein Bruder den andern, für jedes andere Auge bin Ich in dieser Meiner Wesenheit für ewig unerschaubar. Die Liebe ist ferner der rechte Arm an deinem Wesen, mit dem du Mich wie einen Bruder umfassen kannst. — Also ist die Liebe auch das rechte Ohr, welches allein Meine Vaterstimme gewinnt; und kein anderes Ohr wird Solches ewig je vermögen. — Die Liebe ist ein unendlich weitgestecktes Ziel, das nie ein Verstand und eine Weisheit erreichen kann; aber die Liebe fängt an diesem Ziele an, wornach der Verständige und Weise vergebens seine Segel spannt. Ja, die Liebe ist des Geistes inwendigste und allerschärfste Schauwaffe, mit dieser allein du in Meine göttlichen Wundertiefen blicken kannst, während der Verstand und die Weisheit nicht einmal den Saum Meines aller auswendigsten Kleides anzurühren im Stande sind. Daher bist auch selig du und deine Brüder, da ihr die Liebe in euch geführt, und hat nun dieses Gewässer zu einer festen Brücke umgestaltet, über welche Ich euch nun führen will als der alleinig wahre Führer und als euer alleinig wahrer Vater und

333

Bruder in eurer Liebe zu Mir, wie in Meiner Liebe zu euch. — Und so denn denke du ewig nimmer an eine andere Danksagung; denn deine Liebe ist Alles in Allem, wie Ich in Meiner Liebe zu dir und euch Allen Alles in Allem bin!" — Und so denn wollen wir uns nun vorwärts über diese Brücke bewegen; folget Mir daher! — Nun sehet, der Zug geht hurtig vorwärts; und ich kann euch versichern, obschon es euch vorkommt, als ginge man Schritt zu Schritt, daß wir uns dennoch mit einer für euch unbeschreiblichen Schnelligkeit vorwärts bewegen, und ist nun an der Seite des Herrn geistig und materiell genommen ausgiebiger ein Schritt, als wenn ihr in irdisch entsprechender Form Schritte von Sonne zu Sonne machen würdet. — Ihr müßt aber die Sache wohl verstehen, was für ein Unterschied es ist zwischen weltlichen und solchen rein geistigen Fortschritten; — Denn diese Bewegung hier deutet nicht nur auf ein erschauliches Vorwärtskommen hin, sondern die Bedeutung ist vielmehr also zu nehmen, wie derjenige, der sich durch die Liebe des Herrn leiten läßt, in seiner innern Erkenntnißsphäre eben auch in einem Augenblicke oder entsprechend in einem Schritte eine endlos unaussprechlich größere Erfahrung, und in der Wahrheit in einem eben solchen Schritte eine endlos größere und weit gedehntere allerhellste Beschauung macht, als ein Verstandes- und Weisheitsforscher in vielen tausend Erdjahren. — Noch verständlicher für euch gesprochen: Ein Schritt unter der Leitung des Herrn ist mehr werth, denn Millionen unter der Leitung eines noch so erleuchteten Geistes! Oder noch besser gesprochen: Ein Wort aus dem Munde des Herrn ist mehr werth, als alle Worte, die auf allen Weltkörpern eigenmündig von den Wesen sind gesprochen und geschrieben worden. — Mehr brauche ich euch in dieser Hinsicht doch wohl auch sicher nicht zu sagen. Wir aber sind unter der Zeit auch schon über unsere Gewässer gekommen; denn sehet euch nur ein wenig um, so werdet ihr sobald wieder statt des früheren festen Bodens unser unübersehbares Meer erschauen. — Und sehet, der Herr macht die Ihm Nachfolgenden eben auch darauf aufmerksam, und spricht zum Prior: Da steh' dich einmal um; stehe, wir haben unser Plätzchen schon erreicht. Wie gefällt es dir hier? — Der Prior spricht: O Herr und Vater! Du meine ewige Liebe! Wo Du bist, da gefällt es mir überall unaussprechlich wohl; ohne Dich aber wäre es hier, wie sicher überall, ewig zum Verzweifeln! — Der Herr spricht: Du hast wohl gesprochen; also ist es und nicht anders. Mit Mir vermöget ihr Alles, ohne Mich aber nichts; also ist es bei Mir auch allzeit gut sein! — Außer Mir aber giebt es nirgends ein Sein, das da wäre von Bestand; denn Ich allein nur bin der Weg, die Wahrheit und das Leben! Wer in Mir verbleibt durch die Liebe, und Ich in ihm, der hat das Licht, die Wahrheit und das Leben; daher folget Mir weiter, und Ich will euch einen andern Platz zeigen, und sehen, wie es euch dort gefallen wird. Werdet ihr dort Behagen finden, so könnt ihr euch dort eine Wohnstätte wählen; und wird es euch dort nicht gefallen, so wollen wir wieder einen andern suchen, — und so folget Mir! — Sehet, der Zug bewegt sich zwischen Morgen und Mittag hin, und dort hinter jenem leuchtenden Gebirge werden wir in einer unaussprechlich schönen Gegend wieder eine Station machen, allda unsere Gäste eine ziemlich starke Probe werden auszuhalten haben; denn es ist noch ein verborgener Knoten in ihnen, nämlich die Weiberliebe, welcher sie zu Folge des Cölibats entweder selbst feind waren, oder es doch wenigstens gezwungener Maßen sein mußten. Sie thaten zwar als Cölibateurs ihre Pflicht und Schuldigkeit, und nicht Einer aus ihnen hat sich auf der Erde je mit einem Weibe in fleischlich liebender Hinsicht abgegeben. — Es liegt aber eben darin nicht so viel Verdienstliches; denn der Ort auf der Erde, wo sie ihr Klosterleben hatten, war hinsichtlich der weiblichen Schönheiten in mehrfacher Hinsicht sehr stiefmütterlich bestellt, d. h. bezüglich der leiblichen oder fleischlichen Form, der Kleidung, der Sprache und noch so manchen anderen eben nicht weltlich ästhetischen Sitten zu Folge. Zudem haben sich zu diesen unseren Klösterern nur allzeit die alten Weiber zur Beichte begeben; denn für das jüngere Weibervolk war diese Klostersecte bekannter Maßen viel zu strenge; also konnte bei solchen Aspecten für's Erste eine anticölibatische Reizung wohl nicht leichtlich Statt finden, und der Sieg über dieselbe von Seite dieser Cölibateurs war dann doch auch nicht zu denjenigen zu rechnen, von welchen noch späte Generationen Sprache führen sollten; — daher müssen sie auch im Angesichte des Herrn noch diese Probe bestehen. — Ich sage euch: In dieser nächsten Station werden wir daher auch selige weibliche Geister zu sehen bekommen, bei deren Betrachtung euch selbst zu schwindeln anfangen wird. Dazu aber wird auch der Ort so himmlisch schön sein, wie ihr mit Ausnahme der heiligen Stadt bis jetzt noch keinen gesehen habt; und es wird sich dann gar bald auf die Wage stellen, wie die Liebe zum Herrn in diesen nun Geretteten bestellt ist. Doch Solches soll erst das nächste Mal der Gegenstand unserer Betrachtung sein. —

## 172.

(Am 25. April 1843, von 4¼—6¼ Uhr Abends.)

Wir befinden uns schon auf der Höhe des Gebirges, das wir ehedem in großer Ferne vor uns leuchtend erblickten; so sehet denn vorwärts dieses unbeschreiblich schöne Land, welches von diesem Gebirge aus etwas niederer gelegen, wie in einer endlosen Ausdehnung in der größten Pracht und wunderbaren Mannigfaligkeit zu erschauen ist. Herrliche breite Thäler mit abwechselnden Hügelreihen durchkreuzen sich nach allen Richtungen, und die schönsten Bäche durchfurchen die Thäler. Diese Bäche haben ein Wasser als ein durchsichtiges reinstes Gold, und dieses Wasser bewegt sich in wohl geordneter Lebhaftigkeit gegenseitig, und bildet, da ein Bach in den andern strömt, einen kleinen, wie ihr sehet, allzeit runden See, welcher von seiner kleinen wogenden Oberfläche das allerherrlichste Strahlenspiel entwickelt. Und sehet an dem Ufer solch' eines See's die allerherrlichsten Paläste mit röthlich blanksten Dächern, welche Dächer nicht die Bestimmung haben vor Regen zu schützen, sondern nur zufolge ihrer Durchsichtigkeit das Licht in den verschiedenartigsten Färbungen strömen zu lassen. Dann betrachtet das Gebäude eines solchen Palastes selbst, welche allerwunderbarste erhaben schönste Architektur ein jegliches sonderlich schmückt, und wie aus den vielen Fenstern und zwar aus jeglichem besonders eine andere Lichtfarbe strömt. Dann sehet um diese allerherrlichsten Paläste die wunderbar schönen Gartenanlagen, darin niedliche Bäumchen mit den herrlichsten Früchten in den schönsten Reihen zu erschauen sind; dann wieder leuchtende Blumen von nie geahnter Pracht; dazwischen allerlei herrlichste Gartensalons, welche zum Theil aussehen als wie kleine hängende Gärten, zum Theile wie Thürme mit den herrlichsten Kuppeln, zum Theile wie Tempel mit allerlei strahlenden Säulen, und bald gerundeten, bald in Pyramiden zugespitzten Dächern sich auszeichnend. Und sehet ferner noch die herrlichen Gartenumfassungen, welche aus den schönsten Arkaden und Laubgängen bestehen, und können durch und durch und über und über belustwandelt werden. Ferner betrachtet noch die allerniedlichsten Seefahrzeuge, und wie in denselben mehrere selige Geister dieser Gegend auf der Oberfläche des herrlichen Gewässers herum schaukeln und von einem Ufer zum andern hin schiffen. Behorchet aber auch die herrlichen Gesänge, welche schon von ferne her an unsere Ohren dringen; und sehet, allenthalben steht auf den Hügeln wie eine Kirche mit einem sehr hohen Thurme versehen, da ein jeder solcher Thurm ein Inhaber von dem herrlichsten Glockengeläute ist. So könnt ihr auch so eben euch davon überzeugen, wie solche Glocken tönen, indem gerade Behufs unserer Erscheinung mit allen Glocken geläutet wird. Diese Glocken tönen nicht wie irdische Glocken, sondern ihr Getön gleicht dem sanften Getöne eurer sogenannten Windleier; nur ist dieses Getön um's Unaussprechliche reiner, und hallt bei all' seiner sonstigen Zartheit dennoch über weite Fernen hin, und ihr könnt die tiefsten Töne in reinsten harmonischen Verhältnissen zu den höheren, wie umgekehrt, gar wohl bemessen. — Nun aber sehet auf den geraden Weg vor uns hin, welcher freilich wohl nicht aussieht wie eine Landstraße auf eurer Erde, sondern vielmehr wie ein mehrere Klaftern breites, allerherrlichstes mit Gold und glatten Edelsteinen durchwirktes Sammtband, zu beiden Seiten besetzt mit Bäumen, die stets voll der duftigsten Blüthen und zugleich auch allerwohlschmeckendsten reifen Früchte sind. Auf diesem Wege also werdet ihr erschauen, wie eine Procession, freilich ohne Fahne und Crucifix, aber dafür mit strahlenden Palmen in den Händen, sich uns entgegen zieht, und die weiblichen Wesen dazu noch mit Körbchen versehen, die mit allerlei himmlischen Früchten gefüllt sind, um die ankommenden Gäste alsogleich allerliebvollst und allergastfreundlichst zu bewirthen. — Sehet, die Procession kommt uns stets näher und näher, und die weiblichen Geisterengel eilen mit ihren Körbchen nun voraus, um desto eher bei uns zu sein. Zwei sind schon hier. Betrachtet einmal die unendliche Zartheit und die allerwundersamst herrlichst schönste Form; Alles ist in einer leuchtenden lichtätherischen Rundung an ihnen zu erschauen. Aus ihren Angesichtern strahlt eine wahrhaftigste himmlisch seligst heitere Freundlichkeit; und ihre überaus zarte Kleidung beurkundet den großen Unschuldszustand dieser Wesen. Aber sehet, immer mehr und mehr kommen heran, und stets herrlicher und herrlicher beurkunden sich ihre Gestaltungen. — Höret aber auch ihre himmlisch sanfte und allerwohlklingendste Sprache, und wie sie unsere Gesellschaft begrüßen, indem sie sagen: O kommet, kommet, ihr überherrlichen Freunde unseres allerheiligsten und liebevollsten Vaters, und erquicket euch an unseren Früchten, welche wir euch mit den liebepochendsten Herzen hierher gebracht haben. O wie glücklich sind wir, da uns wieder einmal das unendliche, allerseligste Glück zu Theil geworden ist, an euerer Spitze unseren über Alles guten und liebevollsten Herrn, Gott und Vater zu erschauen! — Nun sehet aber auch auf unsere Gesellschaft, wie diese anfängt überaus große Augen zu machen, und der Prior sich soeben zum Herrn wendet und spricht: O Herr, Du allgütiger, allbarmherzigster Schöpfer und Vater aller Wesen im Himmel und auf der Erde! Was ist denn das um Deines Willens willen?! Sind das auch Engelsgeister, die einmal auf der Erde gelebt haben, oder sind das die allerpursten Engel des allerhöchsten Himmels? — Denn so etwas unendlich wunderbar herrlich Schönstes ist nie noch auch nur in meine inwendigste Ahnung gekommen. Ich war auf der Erde ein fester Cölibatist; aber wenn mir in meinem allerhöchsten Cölibatseifer so etwas nur entfernt Annäherndes vorgekommen wäre, fürwahr, das hätte mich sogar in den schändlichsten Muhamedismus hinein versetzen können. Herr und Vater! Hier heißt es im buchstäblichen Sinne: Stehe uns bei, sonst sind wir verloren! vorausgesetzt, daß man hier auch noch verloren werden kann. — Der Herr spricht: Nun, mein lieber Freund und Bruder, haben wir einmal das rechte Plätzel gefunden? Wie Ich es merke, so scheinst du durchaus nicht abgeneigt zu sein, dir hier ein Wohnplätzchen sammt einer lieben himmlischen Braut auszusuchen; denn vom Verlorensein ist hier wahrlich keine Rede mehr, und du und alle deine Brüder könnet hier in Meiner Gegenwart nach Belieben wählen. Wenn du demnach hier zufrieden bist, so kannst du dir hier sogleich eine himmlische Braut aussuchen, und damit aber auch so ein Palästchen, und Ich werde dich und Jeden segnen, und werde dir, wie Jedem, dazu noch sein himmlisches Amt kundgeben. Siehe, das ist in aller Kürze Mein Antrag; jedoch unter der Bedingung deiner freien Wahl. — Der Prior, wie seine Brüder, sehen bald die Gegend, bald den Herrn, bald und beinahe am meisten die schönen himmlischen Bräute an; und der Prior kann darum auch nicht sobald mit einer Antwort fertig werden, und bespricht sich also bei sich: Hier wäre freilich gut sein an der Seite so einer himmlischen Braut, und in einem solchen allerherrlichsten Besitzthume, wo einem dazu noch mehr als im buchstäblichen Sinne die gebratenen Vögel in den Mund fliegen! — Fürwahr, himmlischer mir den Himmel vorzustellen, wäre doch die allerreinste Unmöglichkeit, die sich ein unsterblicher Geist in alle Ewigkeit vorzustellen vermag. — Fürwahr und noch dreimal fürwahr, wenn hier ein eigentlich guter Rath nicht theuer wird, so wird er es in Ewigkeit nicht. Wenn ich mir so denke, wie es einem ginge, wenn man so eine himmlische Braut umarmen würde, und sie unsterblich drückte an seine unsterbliche Brust, welche voll ist der himmlisch glühheißen Liebe, da wird's mir ganz schwindlich, und ich möchte überaus gern, ja ich möchte sogar unendlich gern vor dem Herrn mein kräftiges Ja aussprechen, vorausgesetzt, wenn es mit dieser unendlichen Herrlichkeit von allen Seiten her auch seinen entschieden festen Grund hat. — Wenn aber diese ganze Geschichte etwa nur eine Prüfung wäre? — Wenn man in diesen Apfel bisse gleich der Eva im Paradiese, und dem armen Adam hinzu, nach dem Bisse aber sobald aus

dieser Wundergegend sich vielleicht eine andere herausbildete, davor uns
Gott in alle Ewigkeit bewahren möchte; — da käme Einem doch so
ein himmlischer Zauberbiß noch um's Bedeutende theurer zu stehen; als
der allerbeste Rath in der Geschichte! — Ja wenn ich so bestimmt erfahren könnte, daß es damit wirklich einen ewig bleibenden Bestand
habe, da möchte ich, ich getraue es mir kaum zu denken, dennoch so
ganz heimlich das Ja für diesen himmlischen Antrag von Seite des
allerheiligsten, liebevollsten Vaters aussprechen. — Nun aber tritt der
andere uns schon bekannte Mönch zum Prior hin, und spricht: Aber
höre Bruder, wie lange wirst du den allerliebevollsten heiligen Vater
auf eine Antwort warten lassen? — Wenn es auf mich ankäme zu
antworten, so wäre ich mit mehreren Anderen schon lange fertig damit.
Ich sage dir: Nichts, als was mir mein innerstes Gefühl kund giebt,
und dieses lautet also: O Herr und Vater in aller Deiner unendlichen
Liebe und Erbarmung! Mit Dir und bei Dir ist überall, somit auch
hier in dieser himmlischen Wunderherrlichkeit überaus wohl und gut zu
sein. Bleibst Du hier, so werde ich mich hier allerseligst fühlen; —
bleibst Du aber als die allerheiligste Urquelle aller dieser Herrlichkeiten
nicht hier, und ist da noch keine bleibende Wohnstätte für Dich, so will
auch ich nicht hier bleiben, sondern wenn es dein heiliger Wille ist,
mit Dir weiter dahin ziehen, da du sagen wirst: Hier bin Ich zu
Hause! — Was meinst du Bruder, wäre das nicht eine rechte Antwort?
— Der Prior spricht: Ja Bruder, du hast mich aus einem Traume geweckt; du hast Recht. Also klingt es auch in meinem Grunde, und also
auch will ich reden vor dem Herrn; denn Er ist mehr denn alle diese
himmlischen Herrlichkeiten! —

## 173.
(Am 27. April 1843, von 4—6½ Uhr Abends.)

Nun wendet sich der Prior zum Herrn, und spricht: Höre mich
allergnädigst an, o Du allmächtiger liebevollster, heiliger Vater! Obschon
Du auf ein Haar klein siehst und weißt, wie es in mir nun aussieht,
so aber will ich dennoch reden vor Dir, weil Du es also wünschest. —
Was da deinen früheren liebevollsten, heiligen Antrag betrifft, so bin ich
jetzt in gar keinem Zweifel mehr, als möchtest Du mir und meinen
Brüdern Das nicht gewähren, so wir angenommen hätten Deinen Antrag;
denn Du bist ja überall die ewige Liebe, Treue, Wahrheit und Weisheit!
Es ist wahr, wenn ich diese rein himmlischen Engelswesen betrachte, da
Eines herrlicher und schöner ist, denn das Andere, und ist Jegliches in
seiner Art unübertrefflich, — und mein Herz dazu frage, ob es wohl zufrieden wäre mit solch' einer unendlichen Gnade von Dir, so muß ich
mir freilich auf die Brust schlagen, und sagen: O Herr! solch' einer unendlichen Gnade bin ich nicht im geringsten würdig; — denn zu himmlisch großherrlich wäre ein solcher Lohn für einen blutarmseligen, zusammengeschrumpften, cölibatistischen irdischen Faulenzer. — Denn fürwahr,
im von Dir aus gesegneten Besitze einer solch' rein himmlischen Ehe-
hälfte oder ewigen Lebensgefährtin müßten so allenfalls die Erdjahre,
wenn sie hier gäng und gebe wären, ja gerade so vorüber hüpfen, wie

muntere Heuschrecken an einem heißen Sommertage; und von einer Langweile für alle Ewigkeiten der Ewigkeiten könnte bei solchen nahe überhimmlischen Bewandtnissen wohl keine Rede sein. Aber, o Herr und Vater, ich sage ein großes **Aber!** Siehe, es ist schwer, vor Dir zu reden, besonders in solch' einem Falle, wo man sich von Dir aus in einer doppelten Klemme zu befinden wähnt; denn mit solch' einem Lohne sich dadurch unzufrieden gegen Dich stellend, wenn man denselben etwa einer höheren Seligkeit wegen ablehnen würde, kommt es mir wenigstens vor, daß man sich gegen Deine unendliche Güte offenbar gröblich versündigen müßte. — Denselben begierlichst und bereitwilligst annehmen würde eben so viel heißen, als sich desselben würdig fühlen, was bei unser einem doch ewig nie der Fall sein kann. Daneben aber dringt sich dann auch eine innere geheime Frage auf, die da wenigstens bei mir also lautet: Siehe, zwei Güter stehen hier vor dir, ein himmlisch herrliches, nämlich dieser Himmel, und ein unendliches, nämlich Du, o Herr, Selbst! — Wenn es dir, du armer Sünder, so klingt es in mir, zwischen diesen zwei Gütern zu wählen freistände, da muß ich offenbar bekennen, sei es jetzt Eigennutz oder sei es, was es wolle, da muß ich sagen: Herr, ich bleibe bei Dir, und lasse aus Liebe zu Dir diesen überaus herrlichen Himmel, und wenn es noch viel herrlichere gäbe, wie dieser da ist, sammt diesem alle fahren, freilich wohl vorausgesetzt, daß Dir, o Herr, so eine Wahl von meiner sündigen Seite angenehm ist; denn ich möchte dadurch vor Dir, o Herr und Vater, nicht an's Licht gestellt haben, als wäre ich mit solch' einem Himmel etwa unzufrieden. O das sicher ganz außerordentlich nicht, sondern ich würde Dich dafür nach aller meiner Kraft ewig loben, lieben und preisen als der Allerunwürdigste einer solchen unendlichen Gnade! — Aber, o Herr, es ist schon wieder das „**Aber**" hier; ich will damit nur so viel sagen: Wann Du, o liebevollster Vater, etwa nicht also, wie Du jetzt hier bist, für immer hier verbleiben möchtest; wenn man Dich vielleicht hier zu höchst seltenen Malen zu sehen bekäme, da möchte ich mit Dir doch um's Endlossache lieber in dem abgelegensten Winkel des ganzen unendlichen Himmels alle Ewigkeit zubringen, als hier nur eine Stunde ohne Dich, o Du heiliger, liebevollster Vater! — Nun spricht der Herr: Nun gut: Ich habe aus dem Grunde deines Lebens vernommen und ersehen, daß deine Liebe zu Mir gerichtet ist und du, wie auch deine Brüder Mir diese große himmlische Herrlichkeit zu einem angenehmen Opfer dargebracht, und sage euch demnach, daß ihr eben durch dieses Opfer euch dieses herrlichen Himmels würdig gemacht habt. — Für dich und deine Brüder ist hier die von Mir aus gesetzte Bestimmung; und daher könnt ihr auch nun sorglos wählen nach eurer freien Herzenslust. — Ein Jeder von euch hat zu übernehmen einen solchen herrlichen Palast, und zu nehmen ein ihm vollkommen wohlgefälliges Himmelsweib, und hat dann als Herr eines solchen Gutes keine andere Verpflichtung über sich, als für's Erste Mich als den Herrn und Vater ewig anzuerkennen und zu lieben, und dann aber die nicht selten hier anlangenden armen neuen Ankömmlinge aufzunehmen, zu bewirthen, zu bekleiden und sie durch liebevolle Unterweisung Mir, dem Vater, näher zu bringen. — Frage nicht, ob Ich beständig hier sichtbar, so wie jetzt, oder nicht sichtbar hier verbleiben werde;

denn ob ich sichtbar oder nicht sichtbar bin, so bin Ich aber dennoch allzeit vollkommen gegenwärtig. Und wenn du diese Sonne hier ansehen wirst, dann denke, darinnen wohnt dein Vater; und diese Sonne, welche so sanft diese Gegend erwärmt und Alles so herrlich erleuchtet, geht hier nie unter, und du wirst sie allzeit sehen und das Antlitz deiner Liebe nimmer abwenden von ihr. Was immer du Mich aber in der höchsten Liebe zu mir werkthätig ergreifen wirst, da werde Ich auch alsbald also wie jetzt bei Dir, wie bei deinen Brüdern, persönlich wesenhaft sichtbar sein. — In deinem neuen Hause in diesem Himmel aber wirst du eine weiße Tafel finden; diese beschaue von Zeit zu Zeit nach Umstand deiner Liebthätigkeit, so wirst du darauf allzeit Meinen Willen kundgethan erschauen. Das Weib aber, das Ich dir hier geben werde, liebe also wie dich selbst; sei Eins mit ihr, auf daß du mit ihr darstellest einen vollkommenen Menschen, welcher ist in dem vollkommenen himmlischen Wahren und Liebthätigkeitsguten. — In diesem Weibe wirst du fühlen die Macht deiner Liebe zu Mir, und das Weib die Macht Meiner Weisheit in Dir; und so werdet ihr sein wie Eins in Meiner ewigen Liebe und Weisheit. Der höchste Grad eurer Wonne aber wird dann sein, wann immer ihr in der Liebe zu Mir völlig Eins werdet. — Du sollst hier nicht sorgen um die Nahrung, noch um was immer für ein anderes Bedürfniß; denn für alles Das ist hier von Mir schon für alle Ewigkeiten gesorgt. Denn es ist ein Reich, welches Ich vom Anbeginn Denen bereitet habe, die Mich lieben; und es ist das große heilige Erbe an alle Meine Kinder, welches Ich ihnen bereitet habe am Kreuze! Daher nehmet es von Mir, als dem alleinigen Geber aller guten Gaben an, und genießet dessen übergroße Herrlichkeiten und Schätze fürder und fürder ewiglich. Ihr sollet nicht altern in diesem Reiche, sondern ihr sollet seliger und seliger werden, und kräftiger stets und jugendlicher, herrlicher! — Solches also ist euer wohlgemessenes, seliges Loos; daher gehet hin, wählet euch die ewigen Lebensgefährtinnen, damit Ich euch segne zur ewigen endlosen Seligkeit! — Sehet, unser Prior wird beinahe schwindelig bei dieser wonnevollsten Seligkeit; vor lauter Schüchternheit getraut er sich sammt seinen Brüdern kaum seinen Fuß von der Stelle gegen die harrenden himmlischen Jungfrauen zu setzen. Aber der Herr giebt den Jungfrauen einen Wink, und sie eilen hin, und eine jede reicht dem ihr Bestimmten einen Palmzweig hin. Mit der Annahme des Palmzweiges aber verwandeln sich auch die früher noch etwas ordinären Kleider der Mönche in entsprechende himmlische, und der Herr segnet sie nun, und sie Alle fallen auf ihre Angesichter nieder, und loben und preisen Ihn für solche unermeßliche Gnade. — Aber sehet, dort im Hintergrunde der Mönche und Laienbrüder, welche hier den Mönchen ganz gleich sind, steht noch ein Laienbruder ohne Weib und Palmzweig etwas traurig zusehend, wie da seine Brüder alle sammt und sämmtlich sind versorgt worden. Nur auf ihn ist um eine Jungfrau zu wenig bedacht worden, auch seine Kleider haben sich noch nicht verändert; daher er noch immer in seinem zwilchartigen Rocke erscheint. Was wird denn etwa mit Diesem nun geschehen? Wir wollen die Sache abwarten; denn der Herr wird seiner sicher nicht vergessen. — Sehet aber nun, der Herr spricht zu den himmlisch Vermählten: Also lasset euch, Meine lieben

Brüder, nach Hause geleiten von eueren himmlischen Ehegenossinnen, und
ein Jeder nehme an Ort und Stelle den vollkommenen Besitz des von
Mir ihm bereiteten ewigen Gutes! — Unsere nun himmlischen Eheleute
erheben sich, und der Prior bemerkt leidweslich unseren armen Laienbruder, wie dieser leer bei dieser Gelegenheit durchgefallen ist, und
wendet sich darob alsogleich an den Herrn, und spricht: O Herr, Du
allerliebevollster, bester Vater! Ich kann Dich nicht genug loben und
preisen für die Gnade, die Du uns Allen erwiesen hast; aber sieh', es
ist dort im Hintergrunde ein armer Bruder noch ohne Weib und Gewand, mich dauert er überaus. O Herr, wenn es Dir angenehm wäre,
so möchte ich ihm lieber mein Gewand und mein Weib abtreten, als ihn
so verwaist hier sehen müssen. Ich weiß zwar wohl, daß Deine unendliche Vatergüte für ihn schon bestens gesorgt hat; aber da ich auch
von Dir aus ein liebendes und mitleidiges Herz habe, so muß ich Dir
offenbar gestehen: Wenn ich diesen armen Bruder nicht mir gleich selig
wüßte, so möchte ich in Deinem allerheiligsten Namen lieber selbst
mehrere tausend Jahre auf alle diese Seligkeit Verzicht leisten, als ihn
nur einige Tage weniger selig zu wissen, denn mich selbst. — Der Herr
spricht: Möchtest du also wirklich dein Weib und dein Gewand und
dein himmlisch Gut an diesen Bruder abtreten? — Der Prior spricht:
Ja, o Herr! auf der Stelle, und wenn ich auch selbst allein zurück
müßte in mein früheres Blindkloster. — Der Herr beruft den armen
Laienbruder zu Sich und spricht zu ihm: Siehe, du bei dieser Gelegenheit etwas zu kurz gekommener Bruder dieser Gesellschaft, dein Bruder
hier hat dich also verwaist erblickt und sich deiner erbarmt also,
daß er dir seinen Theil aus Liebe zu Mir und dir abtreten will; bist
du damit zufrieden? — Der arme Laienbruder spricht: O Herr! was
mich betrifft, so bin ich schon überseligst zufrieden, wenn ich nur hier
auf diesem Punkte ewig darf sitzen bleiben, und, Dich lobend und preisend,
anschauen diese himmlischen Herrlichkeiten, und bin im allerhöchsten Falle
schon überseligst zufrieden, wenn Du, o Herr, mir gestatten möchtest zu
sein in aller dieser meiner Dürftigkeit auch nur als ein allergeringster
Diener im Hause eines der gegringsten meinen Brüdern, die Du, o Herr
und Vater, zu Deinen himmlischen Bürgern für ewig gesegnet hast; —
denn ich war ja auch auf der Erde der allerletzte im Kloster, der dem
Kloster wenig genützt hat, sondern alle meine Thätigkeit war nichts als
ein Almosen von Seite Deiner höheren Diener dieses Klosters, damit
es doch nicht gänzlich das Ansehen hatte, als sollten sie mich als einen
allerbarsten Faulenzer in ihrem Kloster bekleiden und ernähren. Also
hatte ich ja durchaus nie etwas Verdienstliches auch nur um den geringsten Lohn gewirkt; — wie sollte ich demnach hier einen diesen meinen
viel besseren Brüdern gleichen Lohn erwarten können? — Der Herr
spricht zum Prior: Nun, Mein lieber Freund und Bruder! was ist da
zu machen! Siehe dieser dein Bruder nimmt deinen Antrag auf keinen
Fall an; was willst du nun thun? — Der Prior spricht: O Herr und
Vater! Da laß mir an ihm meine erste Bruderpflicht üben im Himmel;
ich will ihn aufnehmen in das von Dir mir geschenkte Haus, ihn
dort mir gleich halten und ihn setzen wie zu einem Herrn über alle
die Güter, die mir nun Deine Liebe, Gnade und Erbarmung beschert

hat. — Der Herr spricht: Weißt du was? Da habe ich wieder einen ganz anderen Plan; — weil du und dieser dein Bruder euch gegenseitig aus Liebe zu Mir habt ganz und gänzlich gefangen nehmen lassen, so nehme auch Ich euch in Meiner Liebe gänzlich gefangen. Die Brüder hier, die sich schon mit ihren himmlischen Gattinnen in ihre Wohnungen zu ziehen angefangen haben, diese segnen wir; du, dein Weib und dieser Bruder aber ziehet mit Mir dorthin, wo Ich ewig in dem allerhöchsten Himmel unter meinen Kindern zu wohnen pflege! — Sehet, der Prior, sein Weib und der Bruder fallen vor der zu unendlich großen Entzückung vor den Herrn nieder; — der Herr aber stärkt sie, erhebt sie, und spricht: Nun, Meine Kindlein, folget Mir in Mein Haus! — Sehet, sie ziehen unbemerkt von den andern Brüdern dem ewigen heiligen Morgen zu; endlos weit gedehnte Reihen seliger Brüder begrüßen von allen Seiten diesen kleinen Zug, und preisen den Herrn ob Seiner unendlichen Güte, Liebe und Erbarmung. Ziehen aber auch wir ihnen nach, damit wir auch die Installation dieser drei neuen Himmelsbürger ersehen mögen! —

## 174.

(Am 28. April 1843 von 5—6¾ Uhr Abends.)

Ich merke, in euch steckt eine geheime Frage, welche also lautet: Bezüglich der höchst erfreulichen Wendung des Priors waltet eine kleine Dunkelheit ob, hinsichtlich welcher es sich darum handelt, die Sache des Priors vom eigentlichen wohlerleuchteten Hauptcentrum zu fassen und richtig zu begreifen. — Der Herr hat ehedem ohne irgend eine vorbestimmende Bedingung dem Prior das Weib und himmlisch Gut zugesagt, und ihn gleich den Anderen zu dem Behufe auch vollkommen gesegnet, ihm dabei auch ohne einen bedingenden Rückhalt seine Bestimmung und sein himmlisch amtlich Loos ganz bestimmt vorgezeichnet, also wie Er es all' den Uebrigen vorgezeichnet hat. Er hat ihm wie den Anderen die bestimmt göttlich himmlische Weisung gegeben, und zeigte es ihm auch gleich den Anderen an, daß Er allzeit persönlich wesenhaft Jedem sobald erscheinen wird, sobald Ihn Einer oder der Andere mit Aller Macht und Stärke seiner Liebe erfassen wird. In allen diesen himmlischen Verordnungen giebt der Herr dem Prior auch nicht den allerleisesten Wink, als hätte Er irgend eine sobald folgende höhere Absicht mit ihm. Wie kommt es denn nun, daß es auf einmal für den Prior mit der klar gesetzten Bestimmung ein Ende hat, und er und sein Weib bekommen ihr vom Herrn in diesem Himmel bestimmtes Gut nicht einmal zu sehen, sondern werden alsogleich vom Herrn in den allerhöchsten Himmel geführt. — Dieses ist etwas schwer zu begreifen, weil der Herr vorher, zufolge der bereitwilligen Annahme des Lohnes, sie Alle sammt dem Prior gesegnet, und somit durch diesen Segen Seinen göttlich festen Willen mit den Beseligten, d. h. mit dem freien Willen der Beseligten vollkommen übereinstimmend ausgesprochen hat. — Wenn Menschen so schnell einen Plan wechseln, so ist Solches wohl gar leicht aus der Unvollkommenheit ihrer Erkenntniß zu erklären; aber von der göttlich allerweisesten Seite ist Solches, wie gesagt, etwas schwer zu begreifen, da der Herr doch sicher ganz bestimmt weiß, was es ist, darüber

Er Sich höchst willensbestimmt ausspricht. — Lieben Freunde und Brüder, sehet, eure geheime Frage ist auf bedeutend tüchtige Doppelschrauben gestellt, aber dennoch läßt sich die Sache gar wohl ermitteln; denn darum ist auch eben diese Begebenheit also geleitet, damit ihr an derselben einen kleinen fruchtbringenden Anstoß nehmen sollet. — Wenn ihr aber zurück denket an jene Begebenheit noch im Kloster, da nach der Erlösung der seelenschlafenden Brüder hinter der Kluft unser Prior, wie kein Anderer neben ihm, seinen noch unbekannten Mann aus übergroßer Liebe und Dankbarkeit umfassen und ihn zum Tische hin tragen wollte, der schlichte Mann aber Solches ablehnte und im Verlaufe der Ablehnungsrede ein gewisses geheimnißvolles „Vielleicht" ausgesprochen hat, durch welches Er dem Prior gewisserart zu verstehen gab, als hätte dieser Ihn schon einmal in seinen Händen getragen, — so wird es bei einer gewissen näheren Betrachtung dieser Scene nicht gar zu schwer werden, diese jetzige Begebenheit zu begreifen. Die Sache mag euch wohl im Anfang etwas stutzen machen, aber bei uns im himmlischen Geisterreiche ist nicht immer da Eins, Zwei, Drei, wo es bei Euch auf der Erde ist: ihr dürftet aber auf der Erde dann und wann Siebzig, Dreihundert, Fünfzehn zählen, und das wird bei uns Eins, Zwei, Drei sein. — Noch mehr beleuchtet: Ein Mensch lebt auf der Erde in einem südamerikanischen Ländertheile, ein Anderer in einem Winkel von Sibirien. Diese Zwei werden doch so hübsch weit auseinander sein in naturmäßiger Hinsicht, aber nicht also in geistiger; denn da können sie füglich sein wie Eins und Zwei, also fest neben einander. — Betrachten wir aber nun, was der Herr dem Prior durch das ominöse „Vielleicht" bezüglich seiner Tragung im Grunde des Grundes hat sagen wollen, so wird uns unsere Sache sogleich zusammenhängender und klarer erscheinen. Was also wollte der Herr dem Prior damit gesagt haben? Höret! Der Herr wollte dem Prior dadurch gesagt haben, wie nun folgt: Du meintest auf der Erde Mich in deiner Brodesgestalt in deinen Händen getragen zu haben; da hast du Mich aber nicht getragen, aber du hast Mich mehrere Male ganz insgeheim in deinem Herzen getragen, und glaubtest aber nicht völlig Mich da zu tragen. — Ich aber sage dir, daß du Mich eben da dennoch allein richtig getragen hast. — Nun sehet, bei solchen Bewandtnissen setzte der Herr das noch unerklärte „Vielleicht", weil in dem Prior noch keine vollkommene Bestimmtheit bezüglich auf die unendliche Liebe, Erbarmung und Sanftmuth des Herrn vorhanden war, darum Er ihm auch zu verstehen gab, so es auf das Tragen ankäme, leichter und eher Er den Prior, denn der Prior Ihn tragen würde. — Nun aber habet wohl Acht! Es liegt zwischen den drei Ausdrücken: „führen", „ziehen" und „tragen" im Reiche des Geistigen ein bedeutender Unterschied, welcher darin besteht: Wenn die Menschen vom Herrn geführt werden, so überkommen sie dadurch das Licht des Glaubens, und gehen dadurch ein in den untersten Himmel. — Wenn die Menschen vom Herrn gezogen werden, so heißt das soviel, als: Die Liebe des Vaters hat sich über diese Menschen ergossen, und sie werden in die Liebe des Vaters aufgenommen, oder sie kommen in den zweiten Himmel, der da besteht aus dem Glaubenswahren durch das Licht der thätigen Liebe zum Herrn und daraus zum Nächsten. — Wenn es aber heißt: die

Menschen werden vom Herrn getragen, so drückt das schon einen vollkommenen kindlichen Zustand der Menschen aus, welche ganz und gar in die Liebe zum Herrn so sehr übergegangen sind, daß sie Ihm auch den allerletzten Tropfen ihrer wenn noch so gedemüthigten Eigenliebe in der allergrößten Selbstverleugnung zum Opfer dargebracht haben; wodurch sie dann auch die eigentlich allerwahrhaftigsten Kinder Gottes sind, darum sie von Ihm auch als Ihrem ewig allein wahren Vater in den allerhöchsten reinen Liebehimmel aufgenommen werden. — Wenn ihr nun diese Unterschiede ein wenig beachtet, und dazu die vom Herrn ausgesprochene so halbflüchtig genommene Tragungsverheißung setzet, so wird euch die von euch etwas beanstandete Erscheinung bezüglich der abgeänderten Bestimmung des Priors sicher nicht mehr so unvorbereitet erscheinen, als sie euch auf den ersten Augenblick erschien. Zudem aber hat der Herr in das vielsagende und vielumfassende „Vielleicht" auch schon diese Erscheinung mit hinein gesetzt, indem Er damit verhüllter Maßen nichts Anderes als Das hat sagen wollen: Ich werde dir eine Bestimmung geben vollkommen nach deiner freien Wahl, werde aber dabei bedacht sein auf deine einstige Mich — Tragung in deinem Herzen; Ich werde ganz unvorbereiteter Maßen unter deinem Gesichtspunkte dir eine kleine Gelegenheit am völligen Abschnitte deiner ewigen Bestimmung verschaffen, durch welche es sich von dir frei heraus zeigen soll, in wie weit du Mich getragen hast und noch trägst in deinem Herzen, und in wie weit Ich dich dann dafür auch tragen werde. — Ich aber will in solcher Periode Mein Auge ein wenig vor dir schließen, damit du ganz vollkommen frei aus dir handeln sollest. Nach der Handlung aber werde Ich dich erst ansehen und dich entweder segnen für deine himmlische Bestimmung, oder Ich werde dich auf Meine Hand nehmen und dich tragen als ein vollkommenes Kind als dein heiligster liebevollster Vater in Meine Wohnstadt! — Sehet nun hätten wir schon so ziemlich Alles beisammen, und brauchen daher nichts Anderes mehr, als die ganze Erklärung auf diese Begebenheit nur ganz oberflächlich anzupassen, und euere ganze Frage ist beantwortet. — Unser Prior hatte all' seinen Brüdern gleich die vollkommene Bestimmung primo loco erreicht, welche auch vom Herrn vollkommen klar ausgesprochen ward. — Warum denn? Damit der Prior in seiner Liebthätigkeitssphäre einen desto freieren Spielraum bekommen sollte, indem er durchaus auch nicht eine leiseste Ahnung hatte, welchen Plan der Herr noch mit ihm vorhabe. — Darum mußte sich aber denn auch wie zufällig ein armer vom Herrn schon gar lange zu dem Behufe auserlesener Laienbruder wie ganz stiefmütterlich behandelt im Hintergrunde vorfinden, welcher zwar an und für sich schon ohnehin für den obersten Himmel bestimmt war, aber hier sich noch unbewußter Maßen dennoch zu einem ganz tüchtigen Probirsteine der wahren Liebe zum Herrn und daraus zum Nächsten für den Prior hat müssen gebrauchen lassen. Der Herr wandte bei dieser Scene Sein allwissend und allsehend Auge ab, und überließ dem Prior die vollkommene freieste eigene Liebthätigkeitshandlung. Der Prior, der einstens den Herrn im Herzen getragen hat, ward in sich nun erst völlig daraus gestärkt, fand sich in der vollkommenen Liebe zum Herrn und in der völligsten Verleugnung seiner selbst. Da sieht ihn der Herr an, ändert Seinen geheimen ewig allerweisesten Plan nach der freien Handlung des menschlichen Geistes, und der Erfolg liegt vor unseren Augen, deß Näheres wir am erhabensten Orte und an der heiligsten Stelle gemeinschaftlich erfahren werden. —

## 175.
(Am 29. April 1843, von 5¼—7 Uhr Abends.)

Sehet da vor uns liegt schon wieder jenes wohlbekannte Hügelland mit den kleinen niedlichen Wohnhäusern; aber dießmal erscheint es in einem noch helleren Lichte wie die vorigen Male. Der Grund davon ist, weil die Liebe dieser Drei überaus mächtig und groß ist zum Herrn. — Sehet, wie der Herr Selbst in Seiner höchsten Schlichtheit diesen Dreien alle die Wunderherrlichkeiten des hauptmittägigen Himmels erklärt, und zeigt ihnen an, wer und woher alle die seligen Einwohner in dieser Gegend sind. Auf der Erde hätte solch' eine Erklärung auf unseren Prior sicher eine sehr ketzerisch aussehende Wirkung gemacht, da namentlich diese überaus herrliche und endlos weitgedehnte himmlische Gegend nahe von lauter Protestanten bewohnt ist. Aber jetzt ist er in einem ganz anderen Lichte, und kann über jede Aeußerung des Herrn Seine unendliche Güte, Liebe und Erbarmung nicht genug loben und preisen. — Wir sind bei dieser Gelegenheit auch schon wieder an unseren wohlbekannten Fluß gekommen; und der Herr, allda etwas innehaltend, spricht zum Prior, somit auch zu seinem Weibe und dem Laienbruder: Siehe, hier ist die Grenze zwischen Morgen und Mittag. Du kannst hier an Meiner Seite beide Gegenden schauen; aber Diejenigen, die hier wohnen, vermögen Solches noch nicht. Nur die von ihnen bewohnte Gegend mögen sie erschauen, und das in großer Klarheit; aber die Gegend des Morgens mögen sie nicht anders erschauen, denn als eine röthliche Glorie, welche über ein fernes überhohes Gebirge zu ihnen herabstrahlt. Da du aber nun die beiden Gegenden siehst, so sage mir, in welcher Gegend meinst du wohl, das Ich hierorts wohne? — Der Prior, sich ein wenig umsehend und am linken Ufer des Stromes eine große Stadt erblickend, spricht: O Du allerliebevollster Vater! Dort am Strome, sicher voll des lebendigsten Wassers, wird wohl Dein himmlisches Jerusalem stehen, von welchem geschrieben steht, daß sie ist die Stadt des lebendigen Gottes. — Demnach wäre es vielleicht nicht zu weit fehl geworden, wenn ich sage, Du wohnest in dieser heiligen Stadt; denn so etwas unnennbar heilig=großartig Erhabenes kann sich doch ja wohl sicher kein geschaffener Engelsgeist in Ewigkeiten mehr denken, wie da ist eben diese heilige Stadt! — Der Herr spricht: Mein lieber Sohn, Freund und Bruder! Du hast eben nicht so fälschlich gerathen; denn in solchen Städten, deren Zahl längs dieses ewig weit gedehnten Stromes kein Ende hat, pflege Ich nicht selten bei gewissen Gelegenheiten Mich einzufinden; aber so ganz eigentlich zu Hause bin Ich da mit nichten, außer in der Sonne, die du erstehst, durch welche Ich wohl in allen Himmeln gleicher Weise zu Hause bin! — Daher magst Du weiter rathen. — Der Prior spricht: So wirst Du, o Herr und liebevollster Vater, vielleicht wohl in einem

oder dem andern jener großen Wunderpaläſte zu Hauſe ſein alſo ſicht-
bar, wie jetzt; denn Du haſt ja Selbſt von einem großen Hauſe in den
Himmeln geſprochen, darinnen viele Wohnungen ſeien. Da aber in
einem ſolchen nahe unüberſehbar großen Palaſte doch auch ſicher ſehr
viele Wohnungen ſein werden, ſo könnteſt Du wohl etwa in einem
allergrößten unter den endlos vielen zu Hauſe ſein? — Der Herr ſpricht:
Ich ſage dir, Mein lieber Sohn, Bruder und Freund! Auch hier haſt
du die Sache eben nicht gar zu fälſchlich berathen; denn fürwahr, wie
in den Städten, alſo pflege Ich Mich auch bei großen Gelegenheiten
in dieſen großen Wohnhäuſern perſönlich weſenhaft einzufinden, aber
für beſtändig und für eigenthümlich bin Ich auch in dieſen großen Wohnhäuſern nicht anders wie in den Städten gegenwärtig; daher magſt du
dich noch einmal berathen. — Der Prior ſpricht: O heiliger, liebevollſter
Vater! Mir geht jetzt ein Licht auf, indem Du dich ſtets auf der Welt
nur den Kleinen und Unbedeutenden alſo liebevollſt und zutraulich genähert haſt, ſo wirſt Du vielleicht auch hier dort eine Wohnung haben,
da auf jenen Hügeln uns kleine niedliche Wohnhäuſer gar ſo gaſtfreund-
lich anlächeln. Da aber dieſe kleinen Wohnhäuſer alle ſich völlig gleichen,
ſo dürfte es mir wohl ſchwer fallen, aus den Vielen das eigentlich rechte
zu beſtimmen; und das nächſte beſte zu nehmen, das käme mir vor Dir,
o Herr, Deiner etwas unachtſam und unwürdig vor. — Der Herr ſpricht:
Mein Sohn, Bruder und Freund! Hier hat dein „Vielleicht" einge-
ſchlagen; denn ſiehe, da kannſt du wählen, das welche du willſt, und
es wird ſchon das rechte ſein. — Weißt du aber, daß du Mich auf der
Erde vielleicht einmal getragen haſt? — Möchteſt du Mir nun nicht
auch rathen, wie, wann und wo? — Der Prior ſpricht: O Herr! ich
kann mich auf dieſes „Vielleicht" erinnern, und harre nun mit großer,
ſeligſter Sehnſucht der Enthüllung deſſelben. Bezüglich der Tragung
Deines allerheiligſtens Weſens auf der Erde von mir wird wohl ſicher
nichts Anderes verſtanden ſein können, als daß ich dich unter den Ge-
ſtalten des Brodes und Weines in Meinen Händen getragen habe.
Hier kommt's mir vor, als wären die drei Bedingungen: „wie", „wann"
und „wo" erſchaulich ſicher; — ſonſt wüßte ich wahrhaftig nichts bezüglich Deiner Tragung Würdiges hervorzubringen. — Der Herr ſpricht:
Mein lieber Sohn, Bruder und Freund, ſieh hin auf die Stadt und
auf den Strom! Das ſtellt vor die Geſtalt des Brodes und des
Weines; — wie Ich in der Stadt zu Hauſe bin in Meiner urweſent-
lichen Eigenthümlichkeit, alſo in dem Brode und Weine. Siehe, alſo
hat es da mit der Tragung ein Häkchen und du haſt den Sinn der
Frage nicht getragen, und du wirſt daher ſchon müſſen das „Wie, wann
und wo" auf einen andern Punkt hinwenden. — Der Prior ſpricht:
O Herr und liebevollſter heiliger Vater! wenn ich mich da geirrt habe,
ſo weiß ich wahrhaftig nichts Anderes, als wenn ich mir denke, Du warſt
in Deinem heiligen Geiſte, wann ich in Deinem Namen zum Volke geprediget und Dein Wort geredet habe, in meinem Munde und auf
meiner Zunge; denn Dein Wort iſt ja doch ſicher Deine allerreinſte
Wohnung nach dem Zeugniſſe Johannis! — Der Herr ſpricht: Mein
lieber Sohn, Bruder und Freund, ſieh' hin auf die herrlichen Paläſte!
Siehe, dieſe ſind voll Klarheit, voll Lichtes und voll Lebens aus Mir!

— Aber wie Ich eben auch urwesentlich eigentlich in diesen Palästen zu Hause bin, also auch hast du Mich getragen mit deinem Munde und mit deiner Zunge. — Du hast aber gesehen, daß Ich allda nicht urwesentlich eigenthümlich zu Hause bin; also wird es auch da mit deiner Tragung ein Häkchen haben. Und es stellt sich heraus, daß du Mich weder über Band noch über Arm getragen hast; über Band als Freund und Nachfolger Meiner ersten Jünger, über Arm als Bruder, als der Kundgeber und Verkünder Meines Wortes. — Daher kannst du dich auch hier über das „Wie, wann und wo" noch einmal deutlicher ausdrücken. — Der Prior spricht: O Herr und liebevollster, heiliger Vater! ich ahne Größeres, und kaum getraue ich mir es auszusprechen. Es wird doch nicht etwa sein, als ich Dich als Knabe noch in meinem Herzen so herzinniglich liebte, daß ich darob oft vor Liebe in Thränen zerfloß, oder vielleicht auch in meinem Amte, da ich ebenfalls heimlicher Weise eine so mächtige Liebe zu Dir empfand, welche mich nicht selten vor lauter Entzückung förmlich krank machte, oder vielleicht in jenen Momenten, wo ich beim Anblicke meiner armen Brüder zu Thränen gerührt wurde, und ihnen auch mit Deiner Gnade, so viel es mir möglich war, helfend beisprang. — Habe ich Dich etwa einmal in einem solchen Zustande getragen, da wüßte ich aber dennoch nicht, derwelche aus allen diesen derjenige wäre, da Du Dich, o heiliger Vater, so tief herabgewürdiget, daß Du Dich hättest tragen lassen von mir. — Der Herr spricht: Mein lieber Sohn, Bruder und Freund! Sieh' hin nach den kleinen Wohnungen des Morgens; wie dort, so hier. Wohin du greifest, da greifst du auf den rechten Ort hin; — und siehe hier ist das „Wie, wann und wo" in Eins vereint. Wie trugst du Mich? — Siehe, allzeit in deiner Liebe zu Mir! — Wann trugst du Mich? — Siehe, allzeit in deiner Liebe zu Mir! — Wo trugst du Mich? — Siehe, überall und allzeit in deiner Liebe zu Mir; du trugst Mich somit allzeit im Herzen! — Wer Mich aber im Herzen trägt, der trägt Mich auch über Band und Arm; — wie aber im Arme und im Bande keine tragende Kraft ist, wenn sie nicht zuvor ausgeht vom Herzen, so kann Mich auch Niemand über Band und Arm tragen, wer Mich nicht trägt zuvor im Herzen. — Also ist demnach das „Vielleicht" vor dir enthüllt; denn ungewiß war es dir, wie, wann und wo du Mich trugst. — Nun aber ist das „Wie wann und wo" in Eins geschmolzen, und aus dem Freunde und Bruder ist ein **Sohn** geworden; darum sage Ich denn nun auch zu dir nicht mehr: Mein Freund, Bruder und Sohn, sondern allein: **Mein geliebter und liebeerfüllter Sohn,** folge Mir nun weiter auf jene Höhe zu den Wohnungen; allda wollen wir unter einem Dache beisammen wohnen und wirken ewiglich, Amen! —

### 176.

(Am 2. Mai 1843, von 4¾—6¾ Uhr Abends.)

Sehet, unser allererhabenster Führer zieht mit den Dreien hin auf die Höhe, welche, wie schon zuvor bezeichnet wurde, dießmal von einer noch stärkeren Glorie umflossen ist; und wie ihr sehet, so geht der erhabene Zug auch hurtig weiter. Aber nun sehet auch so ein wenig auf unsere Morgengegend hin, und da namentlich auf die Höhen der Hügel, und betrachtet dort, welch' eine zahllose Menge allerseligster Engelsgeister in mehr denn sonnenglänzenden Gewändern, dem Herrn mit ihren Händen freundlichst entgegen winkend, den neu Ankommenden zu verstehen giebt, wer Der ist, der die Drei nach Hause führt! — Psalmen ertönen von allen Seiten, und seligste Jubelrufe strömen uns entgegen; und das Alles, um ganz besonders den Neuangekommenen zu zeigen, was der Herr ist in seinem Hause! — Ihr saget und fraget hier zwar: Die Sache sieht so aus, als wenn der Herr aus Liebe zu diesen Dreien auf eine kurze Dauer den ganzen obersten Himmel verlassen hätte; und wenn Er nun nach Hause kehrt, sich alle diese himmlischen seligen Engelsheere über die Maßen seligst jubelnd freuen, daß der Herr und heilige, liebevollste Vater von einer solchen Ernte-Reise wieder heimkehrt. — Ich sage euch: Bei so gewissen Gelegenheiten hat Solches auch so einen Sinn; denn bei solchen Erlösungen macht es der Herr nicht selten wirklich also, als verreisete Er Sich aus dem Morgen, und nach einer solchen Verreisung ist er dann auch außer in der stets sichtbaren Gnadensonne persönlich wesenhaft in dem ganzen unendlichen himmlischen Morgenreiche nirgends zu erschauen. Dieser Zustand, in welchem während einer solchen Abwesenheit die seligsten Geister den Herrn nicht sehen, wird eine Wonneruhe genannt; denn in diesem Zustande werden alle die Seligen durch sich selbst wieder zu einer höheren Seligkeit vorbereitet, und die große Sehnsucht, mit welcher sie den Herrn erwarten, ist Dasjenige, was sie vorbereitet. Aus diesem Grunde aber sehen wir nun auch die ganze endlos weit gedehnte Morgengegend vor unseren Augen wie in Ein Leben übergegangen; denn von allen endlosen Räumen dieses Himmels strömen die Engelsgeister herbei, um den nun anlangenden Vater mit dem allerheißliebensten Herzen zu empfangen. — Nun aber richten wir auch einen Blick auf unsere überaus erstaunte Gesellschaft. Der Prior wendet sich zum Herrn, und spricht: O Du endlos heiliger und allerliebevollster Vater; — Was um Deines heiligen Willens wegen ist denn Das? — Sind das lauter allerhöchst selige Engelsregister, oder ist das Alles nur eine Erscheinlichkeit? Denn es ist ja doch beinahe kaum anzunehmen, daß bei der außerordentlich großen Bosheit der Menschen auf der Erde Deine allerhöchsten Himmel also bewölkert sein sollten. — Denn auf der Erde wußten wir aus dem Munde frommer in den reinen Geist verzückter Menschen, daß nur ganz entsetzlich außerordentlich Wenige in diesen allerhöchsten Himmel gelangen; etwas mehr in die zwei unteren Himmel, sehr Viele in den sogenannten Reinigungsort, und gar sehr außerordentlich Viele, — o Herr, behüte uns davor, — in die Hölle! — Da die Erde nur etwas über fünftausend Jahre das Menschengeschlecht trägt, so ist diese Erscheinung von der Unzahl der hier nun sichtbaren Geister nicht begreiflich; denn es sind ihrer hier ja nur nach einem oberflächlichen Augenmaße genommen so viele, daß sie Mann an Mann gestellt eine ganze Million von Jahren von Jahr zu Jahr abwechselnd und sich fortwährend neu ersetzend, die Erde also anfüllen möchten, daß zwischen ihnen sicher kein Apfel, der unter sie fiele, auf den Boden käme. O Herr und allerbester und liebevollster Vater! Das ist für mich ein ganz entsetzlich unbegreiflicher Anblick! — Es müßten nur auch in Deinem obersten

Himmel vollkommene Zeugungen Statt finden; sonst ist mir die Sache rein unbegreiflich. — Der Herr spricht: Ja, Mein lieber Sohn, Du wirst in Meinem Hause auf noch so manche Erscheinungen stoßen, die Dir noch viel unbegreiflicher vorkommen werden, denn diese; aber sie sind nichts weniger als etwa pure Erscheinungen, sondern die **allervollkommenste und allergediegenste Wahrheit**. Hier giebt es durchgehends keine Augentäuschungen, wie auch keine Spiegelfechtereien, sondern Alles, was Du hier siehst, ist vollkommen fest und handgreiflich wahr; denn im Reiche der Liebe ist Alles vollkommen truglos und in seine möglichst engste Schranke in sich vereint, daher sind auch diese Geister so gut, wie nun Du, **vollkommen wahre Wesen, und sind Alle sammt und sämmtlich Meine lieben Kinder!** Wenn Du den Maßstab von all' diesen Kindern allein auf Deine Erde ausdehnst, da dürftest Du mit Deiner Rechnung freilich wohl etwas zu kurz kommen; denn Meiner Kinder von der Erde sind freilich nicht so viele hier, und welche von da sind, diese sind **ausschließend Bewohner Meiner heiligen Stadt**. Wenn Du aber je auf der Erde bei einer heiteren Nacht den gestirnten Himmel betrachtet hast, so wirst Du Dich doch von der zahllosen Menge der Gestirne überzeugt haben; — und meinst Du, diese Gestirne seien bloß glänzende Punkte am unermeßlichen Himmel? — Siehe, das sind ebenfalls zahllose Welten, auf denen überall die gleichen Menschen wohnen, und erkennen Mich überall als den Herrn Himmels und ihrer Welt! — Siehe, **die Kinder der Erde sind Mir am nächsten**, weil Ich sie dort wesenhaft persönlich im Fleische zu Meinen ersten Kindern gemacht habe; und sie sind demnach hier nach Mir Diejenigen, welche da richten **die zwölf Geschlechter Israels**, welches in dieser allerhöchst himmlisch weitesten und geistig allerinwendigsten Bedeutung soviel besagt, als: Diesen Meinen Kindern ist es von **Mir** aus gegeben mit **Mir** zu beherrschen, zu erforschen und zu richten die Unendlichkeit und alle zahllosen Schöpfungen in ihr; und die Kinder aus den anderen Gestirnen stehen ihnen also zu Diensten, wie die Glieder eines Leibes zum Dienste des Willens im Geiste allzeit bereit stehen. Daher bilden diese Geister mit einem Meiner Kinder in großem Maßstabe der Liebethätigkeit nach genommen wie Einen Menschen, versehen mit allen zum Bedarfe seines Willens nothwendigen Gliedern. Demnach ist ein Kind von der Erde aus Mir gehend ein **vollkommener Wille von zahllosen anderen Geistern aus den Gestirnen**, die zwar an und für sich auch ein Jeder seinen eigenen Willen haben, und können thun nach ihrer freien wonnigen Lust, was sie wollen; dennoch aber geht in liebewirkenden Fällen der Wille Meiner Hauptkinder in sie Alle aus und ein, und dann sind sie zu Milliarden wie ein Mensch, dessen wirkender Willensgeist **eines Meiner Kinder** ist! — Solches verstehst du nun freilich noch nicht so ganz und gar, aber mache dir vor der Hand nichts daraus; denn in Meiner ewigen Wohnstadt giebt es noch gar viele Hochschulen, in welchen du noch so manches Neue wirst kennen lernen. Für jetzt aber begnüge dich auf deine Frage mit dieser Meiner Liebeantwort, und gehe nun mit Mir sammt deinem Weibe und deinem Bruder in diese Meine Hütte, die wir so eben erreicht haben; allda sollst du zuerst in

Meinem Reiche an Meinem Tische speisen, und genießen das ewig wahre Brod und das allerlebendigste Wasser, — und so denn gehet mit Mir in die Wohnung! — Sehet, Alle begeben sich hinein, und der Prior macht große Augen, als er in der Hütte diese goldene Einfachheit antrifft, versehen mit ganz ländlich ordinärem Hausgeräthe; — und der Herr fragt ihn: Nun, Mein geliebtester Sohn, wie gefällt dir Mein Hauswesen? — Der Prior spricht: O Herr, Du allerliebevollster, heiligster Vater. Da gefällt es mir gar überaus wohl; denn es steht doch wahrhaftig also aus, als wenn man sich auf der Erde in einer reinlichen friedlichen Keuschlershütte befände. Aber nur kommt es mir wirklich überaus wunderbarlich vor, wie Du, o allerbester, allerheiligster Vater, Dem doch alle himmlischen und weltlichen Herrlichkeiten zu eigen sind, Dich mit einer solchen einfachsten Behausung begnügen magst! — Fürwahr, das macht Dich ja noch um's Unaussprechliche liebenswürdiger und heiliger, als sich der allervollkommenste Geist nur im allergeringsten Theile davon vorzustellen vermag. — Der Herr spricht: Ja sieh', Mein geliebtester Sohn, bei Mir heißt es denn doch auch und das sicher mit Recht: Sapienti panca safficium! — Der Prior beugt sich vor lauter Liebe zur Erde, und spricht in gänzlicher Zerflossenheit seines Gemüthes: O Du allerbester, liebevollster, heiligster Vater! Nicht Sapientia, sondern: quam maxime aeterne sapientissimo! — Und das sind, o Herr und mein allerliebevollster, heiliger Vater, sicher nicht panca, sondern ebenfalls puam maxime immense multa! — Denn diese an und für sich einfachen und wenigen Sachen sind sicher in sich von so entsetzlich außerordentlicher, wunderbarer Bedeutung, daß ich davon wohl ewig kaum den geringsten Theil erfassen werde. — Der Herr spricht: Mein lieber Sohn! Stelle dich nur wieder gerade, und es wird sich nach dem eingenommenen Mahle an Meinem Tische schon gar bald zeigen, wie viel du von diesem Wenigen auf einmal wirst zu fassen im Stande sein. Mache aber mit der Mahlzeit kein großes Wesen; denn hier wirst du finden, wie im buchstäblichen Sinne des Wortes und der Bedeutung die kurzen Haare bald gebürstet sind. Denn von den sogenannten großen himmlischen Freßtafeln ist hier keine Rede, sondern hier speiset man ganz einfach, und lebt, so zu sagen, bei Brod und Wasser. Aber du wirst es an meinen Kindern gar bald entdecken, daß sie bei dieser einfachen Kost überaus gut aussehen. — Daher setze dich nur zum Tische; denn dieser ist schon mit Brod und Wasser versehen, und esse und trinke, so wie du Mich essen und trinken wirst sehen.

## 177.

(Am 8. Mai 1848, von 5³/₄—7 Uhr Nachmittags.)

Sehet nun, unsere erhabene Gesellschaft speiset, und unser Prior, wie auch die Anderen verwundern sich außerordentlich hoch über den unendlichen Wohlgeschmack dieses Brodes, und ebenso auch über den des lebendigen Wassers; und der Prior spricht in der größten Devotion: O Herr und allerliebevollster, heiliger Vater! Dieses Brod schmeckt ja gerade also, als wenn es zusammen gesetzt wäre aus den allerschmackhaftesten und allernährendsten Speisen der ganzen Erde, und das Wasser, als wäre es ein Auszug aus den allerbesten Weinen, die je irgend auf der Erde wachsen, wenn man hier eine solche Vergleichung machen darf und kann. — Der Herr spricht: Ja Mein lieber geliebter und geliebtester Sohn! Du hast nicht schlecht den Geschmack dieser einfachen Mahlzeit bemessen; denn siehe, wie aus der reinen Liebe in Mir alle guten Früchte auf der Erde, wie auf allen anderen Weltkörpern zum Vorschein kommen, und ihr Geschmack, ihr Wohlgeruch, ihre Tauglichkeit bezüglich der Ernährung, und dann ihre schätzbare Wirkung hervorgehen, — also wird auch dieses Brod als der erste Grundbegriff alles Dessen, was auf allen Weltkörpern vorkommt, dieses in liebeguter und brauchbarer Art ursächlich in sich enthalten. Denn aus diesem Brode stammt jedes Brod ab, weil dieses Brot ein wahrhaftiges lebendiges Brod ist, welches ist gleich meiner Liebe, die sich hier allen Meinen Kindern zur ewigen lebendigen Sättigung darbietet, — und das Wasser ist ebenfalls wie das Brod der Grund aller Dinge; denn es ist das Licht der Liebe, und ist somit der Mitgenuß für alle Meine Kinder ewig an Meiner Weisheit, d. h. alle Meine Kinder, die hier bei Mir sind, sind in Meiner Weisheit Tiefe und somit auch in aller Meiner Macht und Kraft! — Siehe, das ist das wahre lebendige Wasser, von dem Ich auf der Erde geredet habe zum Weibe am Jakobsbrunnen, daß Denjenigen ewig nimmer dürsten wird, der von diesem Wasser trinken wird! — Der Prior spricht: O Herr und allerliebevollster heiligster Vater! Dieses sehe ich jetzt ganz klar ein; fürwahr nach dem Genusse dieses Wassers fange ich an in die unbegreiflichen Tiefen Deiner Allmacht und Deiner Weisheit zu schauen, daß es mich wahrhaft erhaben seligst angenehm zu schauern anfängt. — Aber dieses möchte ich denn doch noch wissen, ob ich fürderhin nimmer mehr so ein Wasser werde zu trinken und so ein gutes Brod daneben zu essen bekommen? — Der Herr spricht: O Mein geliebtester Sohn, darum sei dir ja nicht bange; diese Speise und dieser Trank wird hier ewig nimmer ausgehen, und du wirst es allzeit in so reichlicher Menge haben können, daß du dich irgend eines Mangels ewig nie wirst zu beklagen haben. — Denn in diesem Meinem Reiche giebt es ewig unversiegbare Quellen, Flüsse, Ströme und Meere in endlos großer Menge; daher denn auch durchaus nicht zu befürchten ist, als sollte davon nicht ein Jeder in der hinreichendsten Menge haben. Siehe, Ich bin nur auf den materiellen Weltkörpern etwas ökonomisch, und halte da Meine wahrhaftigen Bekenner und Nachfolger so kurz als möglich; denn da der Mensch die Wege des Lebens werkthätig studiren muß, um sich auf diesen Wegen das ewige Leben eigen zu machen, da gehört kein voller Magen dazu. Denn ihr habt ja bei euern Studien ein altes Sprichwort: „Ein voller Bauch schlägt Alles in Wind und Rauch," — oder: „plenus venter non studet libenter." — Siehe, daher alsdann bin Ich auch aus höchst weisen Gründen etwas karg auf den Weltkörpern, dafür aber bin Ich dann hier die unendliche Freigebigkeit selbst; und es muß Alles in der allerhöchsten Reichlichkeit und Fülle ewig vorhanden sein. Auf den Weltkörpern sehe Ich nicht gern, so da Jemand spricht: Dieser Stein ist mein; hier aber will Ich euch ganze Sonnengebiete, wie ihr zu sagen pfleget, auf den Rücken hängen. Denn Ich habe dergleichen Schätze ja in endloser Menge; die ganze Unendlichkeit ist erfüllt von den größten Wunderwerken Meiner Liebe, Weisheit und Allmacht. — Warum sollte Ich da karg sein? Wenn auf der Erde ein tausend Klaftern großes Fleckchen tausend Thaler kostet, so gebe Ich hier um einen Thaler tausend Sonnen mit allen ihren Planeten her. Ich meine, dieser Umtausch wird doch von einiger Bedeutung sein. Darum denn sorge dich ja nicht, ob du immer Etwas zu essen und zu trinken haben wirst; denn bei so viel Grundstücken wird sich doch mit der leichtesten Mühe von der Welt ein ehrliches Stückchen Brod gewinnen lassen. — Der Prior spricht: O Du mein herzinnigst allerliebster Jesus! Für diese Deine Verheißung bin ich noch viel zu ungeheuer blöd und dumm; ich bin ja hier in diesem Häuschen so unendlich zufrieden und unaussprechlich selig, daß ich mir ja nicht ein Sonnenstäubchen mehr hinzu wünschen könnte. Dafür überlaß ich auch diese von Dir ausgesprochenen unendlichen Güter vom ganzen Herzen wem anderen viel Würdigeren, denn ich bin. Wenn ich nur die Versicherung habe, daß Du hier beständig zu Hause bist, da brauche ich für die ganze Ewigkeit nichts mehr, denn das Bewußtsein des ewigen Lebens in Deiner Gegenwart und die allerwunderbarst selige Anschauung Deiner Allmachts-Werke, dann dieses mir von Dir geschenkte Weibchen und dieser mein Bruder in meinem Mitgefühl, und nur so manchmal ein Stückchen Brod und ein kleines Schlüpferl von dem Wasser, da bin ich ja schon für die ganze Ewigkeit unaussprechlich seligst versorgt! — Der Herr spricht: Ja Mein lieber Sohn, das sehe Ich wohl; aber siehe, dieses Dein seliges Gefühl ist nur ein erster Anflug der eigentlichen wahren Seligkeit. Würdest Du hier bloß in aller Ruhe und Unthätigkeit dieses Alles genießen, so würdest Du mit der Länge der Dauer bei aller Anmuth dennoch übersättigt werden, und es würde Dich gar Vieles, was Dich jetzt erfreut, nicht mehr erfreuen. Darum habe ich für die stets wachsende Seligkeit dadurch schon von Ewigkeit vorgesorgt, daß ein jedes Meiner Kinder hier fortwährend eine wohl angemessene Thätigkeit und einen guten Wirkungskreis überkommt; daher auch kann jetzt, wie ewig vorhin, nicht von einem beständigen Bleiben in einer solchen Hütte die Rede sein. Wir werden daher selbst diese Hütte auf eine Dauer verlassen und uns in Meine Stadt begeben; allda wirst Du erst dein Eigenthum kennen lernen, wie mit demselben deine wahrhaftige ewige Bestimmung. Daher wollen wir uns nun auch wieder erheben und unsere Reise weiter fortsetzen. Die Heere der Geister aber, die du vorhin unser harrend erblickt hast, sind keineswegs der vollkommene summarische Inbegriff aller der Einwohner dieses ewigen obersten Morgenhimmels, sondern diese Heere gehören allein deinem künftigen Wirkungskreise an; — doch nicht hier, sondern in Meiner Stadt und in deinem eigenen Wohnhause in derselben sollst du das Nähere erfahren. — Sehet, der Prior sinkt fast in den Boden vor dem unendlichen Ausspruche des Herrn; aber der Herr stärkt ihn, und winkt nun allen Dreien Ihm zu folgen. Also folgen denn auch wir diesem erhabenen Zuge weiter. —

## 178.
(Am 4. Mai 1843, von 4¾—6½ Uhr Nachm.).

Sehet nun, wie alle die zahllosen Heere von seligen Geistern sich herbei an unsere Straße ziehen, und da gleichsam ein lebendiges Spalier bilden, welches, wie ihr in eurem Geiste leicht sehen könnt, sich in einer geraden Linie unabsehbar hin vorwärts zieht. Betrachtet euch die mannigfaltig himmlisch schönen Gestalten, welche sich zu beiden Seiten im Vorübergehen uns zu Gesichte stellen; denn in dieser Betrachtung könnet ihr Bewohner aller Gestirne besehen, nur müßt ihr euch dabei nicht denken, daß in dieser endlosen Reihe nun etwa Viele von einem Gestirne oder Planeten hier gegenwärtig sind, sondern von jedem Gestirne sind nur Zwei, nämlich ein männlich und ein weiblich Wesen. — Denn würden mehrere nur von jedem einzelnen Gestirne gegenwärtig sein, so wäre dieser wenn schon für euer Auge endlos weitgedehnte Raum, wenn auch geistig genommen, zu klein, um sie Alle zu fassen, und ihr möchtet sie dann nicht überschauen. — Ihr fraget hier: Nachdem eueres inneren Wissens zufolge sich auch auf so manchen großen Planeten und besonders Sonnen riesenhaft große Menschen vorfinden, so ist es hier zu verwundern, daß diese seligen Geister hier dennoch von ganz gewöhnlicher Größe sind; nur mit kleinen Unterschieden, wie allenfalls auf dem Erdkörper. Ich sage euch: Dahier, wo der Herr wohnt, ist nirgends ein Unterschied; wohl aber in anderen Himmelsgebieten, wo der Herr nur in seiner Gnadensonne gegenwärtig ist. — Dergleichen Himmelsgebiete sind für's Erste der erste oder unterste Himmel, in dem bloß die Weisheit und aus dieser hervorgehende Liebachtung zum Herrn wohnt, — und für's Zweite der Mittags- oder zweite Himmel, welcher da besteht aus Denen, die aus dem Glaubenswahren in der Liebe zum Nächsten und daraus zum Herrn sind. Jeder dieser zwei genannten Himmel ist an und für sich unendlich, und fasset alle die zahllosen Myriaden Geister, welche irdischer Maßen ehedem auf ihren Weltkörpern rechtlich gelebt haben; und dazu sind diese beiden Himmel noch so eingetheilt, daß in entsprechender Form die Planetargeister gerade an jener Stelle des Himmels ihre freien seligen Wohnungen haben, allwo sich naturmäßigerseits ihr Erdkörper befindet. Ihr müßt euch demnach dieses Himmel also vorstellen, daß sein geistiger Flächenraum ein endlos weitgedehnter und alle Sonnen und Planeten in sich wie einzelne Punkte fassender ist. — Ihr fraget freilich, wie Solches möglich, da es für's Erste drei geschiedene Himmel giebt, die Planeten aber ungeschieden, und zudem auch die Planeten und Sonnen so unter und übereinander gesteckt sind, daß sie darob unmöglich mit einer Fläche gewisserart planimetrisch übereinstimmen können; — wie sei demnach Solches zu verstehen? — Ich sage euch: Naturmäßig genommen wird das freilich wohl nicht so recht übereinander zu bringen sein; aber entsprechend geistig sicher auf das anschaulichste und klarste. — Dessen ungeachtet aber kann euch auch ein naturmäßiges Bild die Sache sehr aufhellen. Wir wollen versuchen, ob wir nicht eines aufzustellen im Stande sind, was da für unseren Zweck taugen möchte! und so höret denn! — Nehmet ihr z. B. eueren Erdkörper; der feste Boden und dessen bevölkerte Oberfläche bilde den ersten Himmel, die Region der Luft, namentlich die der Wolken, bilde den zweiten Himmel, die über den Wolken endlos weitgedehnte Aether-Region den dritten und obersten. So greifen alle diese drei Himmel in einander, sind aber dennoch von einander so abgesondert, daß aus dem unteren Himmel wohl Niemand in den zweiten und noch weniger in den dritten, wie auch vom zweiten in den dritten Niemand gelangen kann; wohl aber ist es umgekehrt der Fall. Auf einem jeden Erdkörper halten sich in diesen drei Regionen zahllose lebende Wesen auf. Auf dem Boden gröbere materielle, in der Wolkenregion geistigere und leichte, in der dritten Region ganz ätherisch leichte und völlig unsichtbare; und dennoch stehen diese drei Wesengattungen auf jedem Erdkörper in beständiger wechselseitiger Correspondenz. Nun hätten wir einen Theil des Bildes; ihr wisset aber auch, daß ein jeder sich frei bewegende Erdkörper von den zahllosen Strahlen anderer entfernter Weltkörper beschienen wird. Sehet, auf diese Weise nimmt er in seine drei Regionen oder seine drei Flächen Theile vom ganzen Universum auf. Durch diese wechselseitige Einwirkung steht er denn auch in steter Verbindung mit dem ganzen Universum, und der ganze Einfluß setzt sich dann auf einem und demselben Erdkörper in all' seinen drei Regionen wohl entsprechend in die stete Verbindung; das Aetherische bleibt in dem Aether, das Atmosphärische in der Atmosphäre und das Tellurische auf dem Erdkörper. Dadurch stehen aber die Atmosphären aller Sonnen und Planeten stets also gegen einander in wechselseitiger Entsprechung, daß sich das Aetherische fremder Planeten nur mit dem Aetherischen eures Planeten, das Atmosphärische mit dem Athmosphärischen und das Tellurische mit dem Tellurischen verbindet. Da wir nun solche Verbindungen ersichtlicher Maßen dargestellt haben, so können wir zur dritten Betrachtung unseres Bildes übergehen, und diese ist die entsprechend geistige. Vollkommen entsprechend Gleiches entspricht in geistiger Beziehung einer Fläche, die sich allenthalben durchaus gleich ist; demnach ist in der geistigen Erscheinlichkeit das naturmäßig oder tellurisch Gleiche aller Weltkörper wie eine endlos weitgedehnte Fläche, eben so das Atmosphärische, wie das Aetherische anzusehen. — Die Entsprechungen aber bestehen in der geistigen Welt nur aus dem Gemüthsleben der Menschen auf den Erdkörpern. — Ihr saget, daß das Tellurische in seiner endlosen Mannigfaltigkeit entspricht den vielen naturmäßigen Gestirnen; also ist es auch. — Auch das naturmäßige Gemüthsleben eines Menschen hat Entsprechung mit dem naturmäßigen Gemüthsleben der Menschen aller Gestirne; eben also ist es der Fall mit dem weisegeistigen, und eben also auch mit dem liebegeistigen Theile des Menschen auf euerem Erdkörper. — Nun sehet und habet Acht! — Der Mensch auf eurem Erdkörper ist gleichsam in seiner Art das **Centrum aller Menschen anderer Erdkörper, und das darum, weil der Herr auf der Erde Selbst ist ein Mensch dem Fleische nach geworden.** — Der erste oder unterste Himmel, welcher auch der naturmäßig geistige Himmel genannt wird, faßt selige Menschen eures Erdkörpers, und ein jeder solcher selige Mensch bildet eine gleiche Fläche, in welcher alle anderen Gestirnmenschen zu ihm sich also verhalten, wie die Linien, welche von einem Mittelpunkte ausgehen, oder von einem möglichst weitesten Kreise wieder in den Mittelpunkt zusammenlaufen. — Aber die naturmäßige Fläche ist und kann nicht sein eine ununterbrochen fortlaufende, sondern ist in sich allzeit wie erscheinlich abgeschlossen. Daher werdet ihr auch den naturmäßigen Himmel allzeit wie in einzelne, wenn schon zahllos viele Vereine getrennt erschauen. — Der zweite Himmel, welchen wir unter dem mittägigen kennen, ist schon concreter; hat aber dennoch in seiner endlosen Ausdehnung gewisse Zwischenräume, die sich wie endlos weitgedehnte Meere ausnehmen, über welche die diesem Himmel eigenthümlichen Geister nur unter einer höheren Leitung gelangen können. Betrachtet aber nun die dritte ätherische Abtheilung, in welcher naturmäßig alle zahllosen Weltkörper schwimmen. Diese ist allenthalben vollkommen concret; also ist demnach in entsprechender Form auch der höchste Liebehimmel also gestellt, daß er alle anderen umgiebt, sie trägt und leitet. Es wird nun gar nicht schwer sein, zu begreifen, daß mit diesem höchsten Himmel sich alles Andere am Ende wie concret verflachen muß, indem Alles von ihm werkthätig durchdrungen wird. — Daher haben die seligen Geister der Erde in diesem Himmel denn auch diesen unbegrenzten Wirkungskreis aus der Liebe des Herrn. Sie können sich allenthalben hin verfügen; überall ist für sie ein ebener Weg; für sie giebt es nirgends ein „Auf" und ein „Ab", wie ihr in entsprechender Weise auch nicht annehmen könnet, daß ein ätherisch leichter Mensch, auf welchen kein Erdkörper mehr eine Anziehung zu äußern vermag, sich im lichten Aethermeere irgend auf und ab leichter und schwerer bewegen könnte, indem er sicher nach jeder Richtung hin sich mit gleicher Leichtigkeit bewegen wird also wie ein Gedanke, dem das „Auf" und „Ab" doch auch hier sicher einerlei ist. Solches aber wird in entsprechend geistiger Weise eben genannt, und ist erschaulich wie eine unendliche Fläche, darum denn auch aller Welten Geister sich in dieser Fläche nothwendig sammt ihren entsprechenden Weltkörpern aufhalten und dann auch mit uns Centralgeistern aus dem Herrn in nothwendig dienlicher Verbindung stehen müssen. Das sei euch vorläufig eine gute Beantwortung auf eure Frage. Wenn aber mit unserer nächsten Betrachtung der Herr diese Seine Gesellschaft installiren wird in ihre ewige Bestimmung, da werdet ihr aus Seinem Munde alles Dieses in einem werkthätig noch viel helleren Lichte erschauen. — Es ist schwer, geistige Verhältnisse mit naturmäßigen mit der naturmäßigen Sprache in ersichtlich begreifliche Verbindung zu bringen; aber dessen ungeachtet vermag die große Liebe und Weisheit des Herrn allenthalben Wunder zu wirken. Daher werdet ihr auch hier den besseren Theil erst aus dem Munde des Herrn bekommen. — Nun aber nähern wir uns schon wieder der heiligen Stadt; daher wollen wir unsere Aufmerksamkeit auch dahin wenden.

## 179.

(Am 5. Mai 1843, von 4³/₄—6³/₄ Uhr Nachmittags.)

Sehet, wie dießmal noch reichhaltigere Schaaren im höchsten Glanze uns entgegen ziehen; und wenn ihr ebenfalls euere Ohren öffnen wollet, so werdet ihr auch große Gesangschöre vernehmen, wo das Wort in sich selbst als die höchst allervollkommenste Musik aller Musiken zu vernehmen ist. Ihr denket hier freilich wohl nach, wie Solches möglich? — Ich aber sage euch: Es ist nichts leichter möglich, wie auch nichts geistig ordnungsmäßiger, als eben die Musik des Wortes. — Warum denn? — Wenn ihr euer articulirtes Wort hier aufstellet, welches an und für sich nur die äußerste Rinde des eigentlichen wahren Wortes, welches ganz inwendig in dem äußeren Worte ist, so wird es mit der musikalischen Darstellung des Wortes wohl ein wenig schwer gehen; aber wenn ihr auf den eigentlichen Grund des Wortes zurückgehet, so werdet ihr die Sache ganz natürlich ordnungsmäßig finden. — Was aber ist der Grund des Wortes? — Der erste Grund ist natürlich, wie von Allem, so auch vom Worte die **Liebe**. Wie spricht sich aber die Liebe inwendig aus? — Die Liebe spricht sich stets mit einem begehrenden Zuge aus, das heißt, sie will Alles an sich ziehen! — Dieser edle Zug sieht nach allen Seiten um sich herum, und was seinem Auge begegnet, das ergreift er in der Art, wie es ist, und bemüht sich, den erschauten Gegenstand sich stets näher zu bringen und endlich gar mit sich zu vereinen. Dieser Zug wird bei euch die **Begierde** genannt. Was liegt denn eigentlich in dieser Begierde? Nichts Anderes, als sich stets mehr und mehr zu erfüllen mit Dem, was eben dieser Begierde vollkommen harmonisch zusagt. Diese Begierde ist aber somit auch eine fortwährend lebendige Empfindung, durch welche eben die Begierde in sich das Bedürfniß wahrnimmt, sich stets mehr und mehr zu erfüllen. — Nun habet Acht! Die Liebe zum Herrn und daraus zum Nächsten empfindet demnach das Bedürfniß nach dem Herrn und nach allem Dem, was der Herr ist. Böse Liebe aber ist, wie ihr wißt, in Allem das Gegentheil. — Wenn aber die gute edle Liebe in sich die stets wachsende Erfüllung mit Dem empfindet, was ihr ein einziges Bedürfniß ist, so fühlt sie in sich solche Sättigung, und diese Sättigung ist das sich wonniglich selbstbewußte Gefühl, welches eben durch seine Sättigung und die aus dieser Sättigung bewirkte Lebensthätigkeit das Licht der Liebe in sich selbst hervor bringt. — In diesem Lichte wird alles in sich Aufgenommene wie plastisch, und geht in harmonische Formen erhabenster Art über. — Aus dem Bewußtsein der Sättigung und aus der Anschauung der lebendigen Formen in sich geht dann erst jenes wonnige Gefühl hervor, welches ihr unter dem Begriffe: „**Die Seligkeit des ewigen Lebens**" kennt. — Nun gebet ferner Acht! — Wenn die lebendige Liebe einmal auf diese Weise gesättiget und in ihr Licht übergegangen ist, so findet sie dann ein zweites Bedürfniß, nämlich die **Mittheilung**; und diese Mittheilung ist dann gleich der **Nächsten- oder Bruderliebe**, welche aber nie eher vollkommen da sein kann, als bis der Mensch in seiner Liebe zum Herrn eben vom Herrn diese gerechte Sättigung überkommen hat. Daher ist auch die wahre Ordnung der Nächstenliebe nur diejenige, so Jemand seinen Bruder aus dem Herrn liebt; im Gegentheil aber, wenn Jemand den Herrn liebt aus seinen Brüdern, ist das dann eine umgekehrte Ordnung, welche mit der ersten Ordnung in keinem harmonischen Zusammenhange steht. Warum denn? — Weil es doch hoffentlich natürlicher ist, in Dem Alles ist, auch Alles zu suchen, als in Dem, da noch beiweitem nicht Alles ist, das vollkommenste Alles zu suchen. Oder noch deutlicher gesprochen: Es ist doch sicher geordneter, in Gott alle seine Brüder zu suchen, als in seinen Brüdern Den unendlichen Gott! — In Gott wird sogar ein jeder Alles finden, aber in seinem Bruder dürfte es wohl manchmal sehr stark im Zwielichte stehen, das allerhöchste Wesen Gottes zu finden. — Er findet es wohl auch; aber es ist ein großer Unterschied zwischen dem Finden und Finden. Diesen Unterschied könnet ihr irdischer Maßen also bemessen, als so ihr da hättet ein gutes Fernrohr. Sehet ihr am rechten Orte durch dasselbe, d. h. daß ihr das große Objectivglas nach Außen wendet, und die kleinen Oculargläser an's Auge setzet, so werdet ihr damit die Gegenstände, die ihr beschauet, auch in der natürlichen Vergrößerung finden; denn hier schauet ihr wie aus dem Centrum des Objectivglases Strahlenweite hinaus. — Wenn ihr aber das Fernrohr umkehrt, so werdet ihr zwar wohl auch diejenigen Gegenstände erblicken, welche ihr früher erblickt habet; aber diese Gegenstände werden um's eben so Vielfache verkleinert erscheinen, als sie ehedem vergrößert da standen, und ihr werdet euch eine ganz entsetzlich große Mühe nehmen müssen, wenn ihr nur einigermaßen entfernte Gegenstände werdet erblicken und dieselben völlig erkennen wollen. — Würdet ihr fragen, ob das geistig genommen gesündiget ist oder nicht? — O Nein! gesündiget ist es durchaus nicht; — denn wenn ihr durch ein umgekehrtes Fernrohr die Gegenden betrachtet, so werden sie euch auch gar schön und wunderlieblich vorkommen, nur wird es euch, wie gesagt, sehr viele Mühe kosten, sie nur einigermaßen zu erkennen als Das, was sie sind. Also ist es auch mit der Liebe zum Herrn aus dem Nächsten. Der Herr ist wohl in einem jeden Bruder, denn Er ist ja das Leben Selbst in einem Jeden; aber im kleinsten Abbilde also, wie der Mensch selbst des ganzen unendlichen Himmels kleinstes Abbild ist, oder der Mensch ist ein Himmel in kleinster Gestalt. — Wer aber aus dem Herrn den Bruder liebt, der schaut aus dem Centrum des Strahlenbrennpunktes vom Objective seines Fernrohres ausgehend alle seine Brüder liebend an, und sieht da in seinen Brüdern viel mehr, als was er ehedem gesehen hat. Ehedem sah und gewahrte er eigentlich vielmehr, daß in seinen Brüdern ein göttlicher Funke wohne, und sah somit eine Menge göttlicher Fünklein; jetzt aber sieht er in seinen Brüdern, daß der Herr in ihnen Alles in Allem ist, und statt der Fünklein sieht er jetzt große Sonnen in seinen Brüdern flammen, aus deren Lichte sich fortwährend neue herrliche Formen gleich wunderbaren Schöpfungen Gottes entwickeln! — Ich meine, Solches dürfte euch nun klar sein, und wir wollen daher jetzt sehen, wie wir unsere Wortmusik aus dem Allen heraus bekommen werden. — Ich sage euch, nichts leichter, als nun Das; nur eine Frage müssen wir noch voransenden, und diese ist: Was ist denn eigentlich die Musik in sich? — Die Musik, in irdischer Form nur betrachtet, ist nichts als ein durch Tonmittel für die äußeren gröberen Sinne vernehmbar gemachtes und gewisserart verkörpertes Darstellen des inneren harmonischen Gefühles. Wenn aber das also dargestellte innere harmonische Gefühl äußerlich dargestellt Musik ist, so wird doch etwa das Gefühl in sich selbst um so mehr die wahre Musik sein, da es der Grund der äußeren Musik ist. Wir Geister fühlen in unserer seligen Liebesättigung, und denken durch die aus dem Liebelichte in uns entstandenen Formen aus dem Herrn. Dieses Fühlen und Denken ist unsere allergrößte Seligkeit, weil sich eben darin das Leben des Herrn in uns ausspricht. Denket euch nun die Harmonie; der Herr ist in uns das Grundwort, also der Grundton, unsere Sättigung aus dem Herrn ist das zweite harmonische Intervall, das Licht aus dieser Sättigung ist das dritte harmonische Intervall, die Formen aus dem Lichte sind, was ihr Melodie nennt. — Ihr habt aber in eurer Musik, damit sie vollendeter und wohl zusammengreifendes Ganze sei, einen Contrapunkt, da ihr eine Melodie auf eine

lebendige Weise begleitet und diese Begleitung in sich selbst ebenfalls als
ein reines Thema aufgestellt werden kann. — Wir wollen sehen, ob sich
Solches auch in unserer Grundmusik vorfindet? — Ganz sicher; denn
was ist der gegenseitige Ideen- und Formenaustausch, oder der Austausch
unserer inneren, seligsten Gefühle anders, als ein wahrhaft himmlisch-
musikalischer Contrapunkt, da ein seliger Bruder die Seligkeit seines Bruders aufnimmt und dieselbe mit der Seligkeit der Anderen harmonisch
verbindet, auf welche Weise dann das selige in einander Ueberströmen und
Verbinden und wieder Lösen gleich wird einem nach eurer Art allerkunst-
vollst gebauten großen himmlischen Oratorium! — Versteht ihr nun
Solches? — Ihr fraget, ob man dergleichen Musik immer hört? —
Ich aber frage euch: Wann höret denn ihr auf der Erde eine Musik? —
Ihr saget: Wenn sich Musiker zu einem solchen Zwecke vereinen, und
dann nach dem vorbeschriebenen Zeichen anfangen ihren Tonwerkzeugen
die Töne zu entlocken. Gut, sage ich euch; also ist es auch mit der
Grundmusik in dem Himmel der Fall. — Bei solchen Gelegenheiten, wo
der Herr also wieder einzieht, wie jetzt, wird das selige Gefühl aller
himmlischen Geister auf das Höchste getrieben, und diese höchste Stufe
des allerseligsten Gefühles spricht sich wie die allerherrlichste Musik aus.
Im gewöhnlichen Zustande aber spricht sich das Wort also aus wie bei
euch; dessen ungeachtet aber hat dennoch jeder himmlische Geist hier das
vollkommene Vermögen in sich, Alles, wenn er will, in vollster Harmonie
in sich selbst zu vernehmen, wie auch Andere vernehmen zu lassen, was
er in dieser harmonischen Hinsicht denkt und fühlt. — So könntest du
A.... H. W. ein Tonwerk, was du auf der Erde nur einzeltönig
(successio) dichten und erfinden kannst, sogleich in dir selbst, wie mit
dem größtmöglichsten Orchester aufgeführt, vernehmen. — Ich meine nun,
daß euch bereits Alles klar sein dürfte; daher könnt ihr euch nun im
Geiste auch mit mir ein wenig vergnügen, wie die herrlichen Harmonien
aus den uns stets näher kommenden seligen Schaaren an unser Ohr
dringen. — Sehet aber nun auch unseren Prior ein wenig an, wie der
sich aus lauter überseliger Wonne nicht mehr zu rathen und zu helfen
weiß, und soeben den Herrn fragt, was Solches denn doch Alles zu bedeuten habe? — Der Herr aber spricht zu ihm: Mein geliebter Sohn,
habe nur noch eine kleine Geduld, und empfinde der Seligkeit ersten
Grad; an Ort und Stelle soll dir Alles klar werden. Wir wollen eher
die Stadt erreichen, und dann erst in der Stadt selbst das Weitere abmachen. Sieh' aber die erste kleine Schaar, die Mir entgegen kommt,
und rathe, wer diese sind, aus denen die Schaar besteht? — Der Prior
spricht: O Herr! woher sollte ich das aus mir nehmen? Daß es über-
selige Brüder und Engel sind, das ist gewiß; wer sie aber namentlich
sind, das könnte ich wohl nimmer errathen. — Der Herr spricht: Nun,
so will Ich dir es denn kund geben; das sind Meine Brüder. Die ersten
vorderen Zwei sind der dir sicher wohlbekannte Petrus und der Paulus,
hinter dem Petrus einhergehend siehst du Meinen lieben Johannes,
hinter dem Johannes siehst du den Matthäus und Lucas; der Markus aber folget uns, und war Derjenige, der euch zuerst von Mir gesandt aufsuchte, — und die noch mehr rückwärts Folgenden sind die an-

deren Apostel. — Doch nun nichts mehr weiter, sondern, wie gesagt, in der Stadt, Mein geliebter Sohn, wird erst die Enthüllung folgen! —

## 180.
#### (Am 6. Mai 1843, von 4¾—6¼ Uhr Nachmittags.)

Sehet, wir sind am euch schon bekannten Stadtthore, welches gemacht ist aus allen Edelsteinen, so wie die Mauer um die Stadt und die Häuser in der Stadt. Sehet in die Gasse, welche da genannt wird die **Hauptstraße, die Straße des Herrn**, und die Straße der **Mitte alles Lichtes**, wie in dieser Straße gar viele allerseligste Engelsgeister, wie Kinder angethan, uns von allen Seiten entgegenströmen. — Sehet, Alles ist voll des allerhöchsten Liebeweisheitsglanzes. Aber beschauet dagegen den Herrn, Der geht noch immer so einfach daher, wie wir Ihn vom Anfange gesehen haben; ein blauer Rock ist Alles, was Ihn ziert der äußeren Erscheinlichkeit nach. Aber auch Seine Brüder gehen Ihm gleich einfach einher, und wie ihr auch bemerken könnet, so trägt ein Jeder ein kleines Zeichen von dem, wie einen Orden am Rocke, das ihn auf der Erde wesentlich unterschied von einem andern seiner Brüder; wie auch was er auf der Erde als naturmäßiger Mensch zur Fristung seiner natürlichen Bedürfnisse für ein Gewerb trieb. — So werdet ihr bei dieser Gelegenheit den Petrus erschauen geziert mit zwei Schlüsseln, die über's Kreuz gelegt sind; unter den zwei Schlüsseln aber werdet ihr ein Fischernetz in kleinem Maßstabe wie aus kleinen Diamanten gewirkt erschauen. Die Bedeutung dieser beiden Insignien brauche ich euch wohl nicht mehr zu erklären. — Manchesmal bei besonderen Gelegenheiten bekommt so ein Apostel noch mehrere Insignien; so erblickt man auch manchmal ebenfalls als eine Bußzierde den Hahn, wie auch ein Schwert. — Sehet den Paulus an, der hat ein zweischneidig Schwert; unter dem Schwerte aber mit farbigen Diamanten gewirkt einen kleinen Teppich. Bei besonderen Gelegenheiten hat er auch noch ein röthliches Pferde wie einen Feuerstrahl, unter dem Pferde aber eine Rolle und einen Griffel; und so wie diese zwei ersten Apostel, so haben auch alle anderen bei solchen Gelegenheiten auf ihren Kleidern auf ihr irdisches Leben und Wirkung Bezug habende Insignien. Diese Insignien sind von sehr großer Bedeutung, und dienen ihren Inhabern im allerhöchst und tiefst geistigen Sinne dazu, wozu einst nur äußerlich vorbildlich in der jüdischen Kirche dem Hohenpriester seine Thumim- und Urim-Täfelchen gedient haben; denn auch hier sind die allerseligsten Geister nicht in einem stets gleich hohen Grade der innersten Weisheit aus dem Herrn, sondern darin findet auch hier ein Zustandswechsel Statt, welcher zu vergleichen ist mit dem Wirkungsstande und dem darauf erfolgten Raststande. Im Wirkungsstande ist ein Jeder nach Bedarf mit der tiefsten Weisheit des Herrn ausgerüstet; im Raststande aber bedarf Niemand solcher Tiefe, sondern auch hier einer gewissen Sabathsruhe in der stillen heimlichen Liebe zum Herrn. Aus dem Grunde denn auch in Wirkungsstande die Apostel, wie auch alle andere seligen Geister, mit ähnlichen Insignien versehen sind; nicht als ob sie nicht ohne dieselben aus dem Herrn möchten in die Fülle der Weisheit gesetzt werden, sondern weil

diese Insignien gewisserart die Wurzel anzeigen, wie auch das ursprüngliche Samenkorn, aus welchem alle ihre Weisheit aus dem Herrn hervorgegangen ist, — darum sie denn auch grundweise und wahrhaftige
Fürsten des Himmels heißen, und auch in aller Wahrheit sind. — Aber
nun sehet, wir befinden uns schon vor einem gar mächtig großen, überstark glänzenden Palaste. Der Herr hält vor dem majestätischen Thore
desselben, aus welchem schon wieder neue herrliche Lobgesänge entgegen-
hallen, und spricht zum Prior: Nun, Mein geliebtester Sohn, hier sind
wir in unserer unveränderlichen ewigen Wohnung zu Hause. Wie gefällt
es dir hier? Sage Mir, ob du eine große Lust hättest, hier zu bleiben?
— Der Prior spricht, in eine tausendfache Demuth versunken: O Herr,
du alleiniger, ewiger König aller Majestät und Glorie! Du Gott, heilig,
überheilig, du allmächtiger Schöpfer aller Himmel und aller Welten!
Als ich von dir in den früheren Himmel geleitet ward, da blieb in meinem Herzen aber dennoch so viel Raumes übrig, daß ich noch irgend
eines Wunsches fähig war; aber hier, wo Sich Deine unendliche Herrlichkeit in solch' einer nie geahnten endlosen Fülle darstellt, und ich vor
meinen Blicken wie zahllose Schöpfungen auf- und untergehend erschaue,
und Deine endlos weisen Pläne und Wege voll des allerhöchsten Lichtes
— da, o Herr! ist mein Herz vor Dir nicht mehr fähig zu reden,
— denn zu groß, zu herrlich und heilig bist Du, und ein unendliches Nichts bin ich vor Dir! — In der vorigen Himmelsgegend, da
hätte ich mich wohl noch zu wünschen getraut, etwa ein allergeringster
Hausknecht bei irgend einem seligen Bruder zu sein; aber hier, wo mir
Alles so unendlich heilig vorkommt, wo ich mich kaum zu athmen und
meinen allerunwürdigsten Fuß zu setzen getraue auf den Boden dieser
allerheiligsten Stadt, der ja einen beiweitem größeren Lichtglanz von sich
strömen läßt, als das Licht aller Sonnen zusammen genommen, und wo
mich die zu unendliche Majestät dieser heiligen Wohnungen und ihrer
Einwohner zufolge meiner gänzlichen Nichtigkeit ganz rein verzehrt, —
da bleibt mir, o Herr, kein Wunsch mehr übrig! — Wenn ich Dich aber
schon um etwas bitten dürfte, so wäre das dahin gerichtet, daß Du mich
wo hinaus in so eine ganz einfache Hütte möchtest verschieben lassen;
denn dieser zu endlosen Wonne und Seligkeit bin ich zu endlos unwürdig! — Der Herr spricht: Aber Mein lieber Sohn, dein größter Wunsch
war ja doch der, bei Mir zu sein; wenn Ich aber nun hier wohne, wie
magst du dich denn scheuen vor Meiner Wohnung? — Du hast dich
selbst ausgesprochen und gesagt: O Herr! wo Du bist, da ist überall
gut sein! Wenn Ich aber hier für ewig beständig vorzugsweise zu Hause
bin, soll demnach hier nicht gut sein zu sein? — Daher bedenke dich und
rede! — Der Prior spricht: O Herr, Du allerbester, allmächtiger, heiliger Vater! Mit diesem meinem Ausspruche wird es wohl ewig seine
Richtigkeit haben, wie auch damit, daß es hier nur zu unendlich wonnig
und selig zu wohnen wäre; aber nur das Einzige, o Herr, bemerke ich
hier, daß allhier lauter Fürsten wohnen, und keiner von ihnen hat irgend
einen Knecht und geringen Diener. Wenn es möglich wäre, so irgend
in einem allerletzten Winkel dieser heiligen Stadt so ein Dienstplätzchen
zu bekommen von der möglichst allergeringsten Art, vorausgesetzt, daß hier
dergleichen Dienstposten existiren, da möchte ich mir freilich hier vor allen

anderen Plätzen in der ganzen Unendlichkeit ein solches Plätzchen von Dir erbitten; aber in so einem Palaste, wie dieser da ist, vor dessem Thore wir nun stehen, da kommt mir schon der möglichst allergeringste Posten zu endlos groß, wichtig und heilig vor, als daß ich mich nur höchst entfernter Maßen demselben nähern könnte. — Der Herr spricht: Hast du denn nicht gehört, daß in Meinem Reiche Derjenige der Größte ist, welcher der Kleinste und Letzte sein will? — Wenn du demnach gar so möglichst klein hinaus willst, da bleibt Mir nichts Anderes übrig, als dich zum möglichst Größten hier zu machen. — Der Prior spricht: O Herr, Du allerbester, heiligster Vater! Wenn ich bestimmt wüßte, daß hier Derjenige im Ernste der Geringste und am wenigsten Bedeutende ist, der sich für den Vorzüglichsten und Größten hält, da mache mich nur geschwinde zum größten und glänzendsten Fürsten dieser Stadt, damit ich darob der Unbedeutendste und Allergeringfügigste werde! — Der Herr spricht: Mein geliebtester Sohn! Wer nach deiner Art groß werden will, der ist bei Mir wahrhaftig groß; — daher sage Ich dir aber nun auch: Nicht ein Diener, und nicht ein Knecht in diesem Wohnhause sollst du Mir sein, sondern dieses Haus habe Ich für dich errichtet zum ewig eigenthümlichen herrlichen Besitze. — Daher ziehe hier mit deinem Weibe und deinem Bruder an Meiner Seite ein; Ich will dich hier installiren und dir die Herrschaft über dieses ganze Haus einräumen. — Die Dienerschaft dieses Hauses hast du schon gesehen; sie besteht aus jenen seligen Geistern, die uns beim ersten Eintritte in dieses Mein Reich in zahllosen Heerschaaren entgegen gekommen sind. — Und so ziehe mit Mir ein, und Ich werde dir in diesem deinem Hause erst deine volle ewige Bestimmung enthüllen! —

## 181.

(Am 8. Mai 1843 von 5 bis 7 Uhr Nachmittags.)

Nun sehet da gerade vor uns eine breite glänzende Treppe, welche mit lauter wie von durchsichtigem Golde angefertigten Geländern versehen ist; — also diese Treppe führt hinauf in die mittlere Herrnwohnung. Unsere Gesellschaft bewegt sich nun hinauf, begleitet von den Aposteln; also folgen auch wir ihnen nach. — Hier sind wir schon am Eingangsthore in den großen Herrnsaal. Der Herr öffnet die Thüre, und wir Alle ziehen hinein in den Saal. Sehet, welche unendliche Pracht und Herrlichkeit in diesem übergroßen Herrnsaale anzutreffen ist! — Der Boden ist ebenfalls wie von durchsichtigem Golde, und wenn ihr deutlich auf denselben sehet, so werdet ihr aus diesem Golde allenthalben eine Schrift schimmern sehen. — Was etwa wohl diese Schrift besagt? — Ich sage euch: Nichts mehr und nichts weniger, als alle die Thaten, welcher unser Prior aus seiner wahren inneren Liebe verrichtet hat. — Dann sehet zu beiden Seiten des großen Saales fünf rothe leuchtende Säulen, welche also aussehen, wie weißglühendes Erz in einer viertelstundweiten Entfernung auf der Erde betrachtet, allwo es hellröthlich aussieht, und das zwar zufolge der Dichtigkeit der Luft, durch welche so ein Strahl sich durcharbeiten muß; nur ist natürlicher Weise, wie ihr es im Geiste hier erschauen könnet, das Leuchten dieser Säulen um's Unaussprechliche stärker. — Sehet aber nun auch auf die Fußgestelle dieser großen Säulen, wie sie allenthalben geschmückt sind ebenfalls wieder mit einer mehr denn alle Sonnen stark leuchtenden Schrift. Leset es und ihr werdet finden, daß darauf die zehn Gebote gezeichnet sind. Betrachtet aber die Schrift noch näher, und ihr werdet in einem jeden einzelnen Buchstaben eine kleinere Schrift entdecken, aus welcher Schrift der innere Sinn der Gebote erkannt werden kann. — Seht aber auch in die Höhe, und ihr werdet von einer jeden Säule einen weißglänzenden überherrlichen Bogen gegen die Mitte des hohen Platfonds strahlenförmig hin- und zusammenlaufen sehen. — Auf dem Punkte, wo die Bögen sich strahlenförmig ergreifen, seht ihr eine mächtig stark leuchtende Sonne, und mitten in der Sonne werdet ihr mit hellroth flammender Schrift das endlos viel bedeutende Wort Liebe gezeichnet finden. — Seht aber auch die Wände dieses Saales an, welche aus den allerkostbarsten Edelsteinen erbaut sind. Nähert euch einem Theile der Wand und betrachtet sie genau, und ihr werdet allenthalben eine Schrift entdecken, und zwar in der Mitte der Gesteine gleich kleinen Sternchen schimmernd; und wenn ihr nur ein wenig wollet zu lesen anfangen, so werdet ihr alsbald finden, daß diese Schrift das Wort Gottes enthält, und zwar im Buchstabensinne zuerst, etwas tiefer im Steine im geistigen, und noch tiefer und zumeist in der Höhe den himmlischen Sinn darstellend. Diese vier Wände enthalten nur die vier euch bekannten Evangelisten; die beiden langen Seitenwände den Mathäus und Lucas, die schmäleren Wände des Hinter- und Vordergrundes den Markus und Johannes. — Ihr möchtet wohl auch wissen, ob hier nirgends auch das alte Testament zu erblicken ist? — Hier in diesem Tracte nicht; aber was ihr gewisserart bei euch „zu ebener Erde" nennt, das ist alles gebaut aus dem alten Testamente, und was ihr bei euch auf der Erde die unsichtbare Grundfeste des Hauses nennt, das besteht aus der Urkirche der Erde. — Nun aber sehet auf den Vordergrund hin; allda werdet ihr eine herrliche Tafel gedeckt erschauen, ein wie gebratenes Lamm in der Mitte in einer goldenen Schüssel, ein Laib Brodes daneben und einen großen Kelch voll des herrlichsten Weines. — Sehet, nun spricht der Herr zum Prior: Mein geliebter Sohn, siehe hier eine andere Tafel; wie kommt sie dir vor? — Der Prior spricht: O Herr, Du allerliebevollster heiliger Vater! Obschon diese endlose Herrlichkeit dieses Saales mich zu Boden drückt, so bemerke ich aber dennoch, daß diese Tafel eine überaus starke Aehnlichkeit mit derjenigen hat, welche Du auf Erden vor Deinen bitteren Leiden mit Deinen lieben Aposteln und Jüngern gehalten hast. — Der Herr spricht: Mein geliebter Sohn, du hast recht gesprochen; denn also sprach Ich ja an der Tafel, daß Ich weder von dem Lamme, noch von dem Weine eher etwas mehr genießen werde, als bis es im Reiche Gottes, also in Meinem Reiche neu bereitet wird. — Siehe, hier ist es neu bereitet; hier wollen wir demnach dieses Mahl wieder mit einander halten, und dabei nicht mehr in die Traurigkeit, sondern in die allerhöchste Freude übergehen; daher setzet euch Alle mit Mir zu dieser Tafel, und zwar in der Ordnung, wie wir auf der Erde gesessen sind. Du fragst zwar hier auch nach dem Judas, ob dieser auch bei der Tafel sein wird? — Was meinst du wohl, ob sich der Verräther hierher schicken möchte? — Der Prior spricht: O Herr, Du allerliebevollster, heiliger Vater! Ich weiß wohl, daß Deine Gerechtigkeit so groß ist, als Deine Liebe, Gnade und Erbarmung; aber dessen ungeachtet, ich muß es Dir offen bekennen, würde es mir dennoch etwas hart geschehen, wenn ich diesen verlornen Apostel im Ernste für ewig missen müßte; denn Du hast ja selbst gesagt, daß dieser Eine verloren ging, damit die Schrift erfüllet werde. Dieser Text hat mich denn auch heimlich in Einsicht dieses unglücklichen Apostels stets mit einem kleinen Troste erfüllt; denn ich sagte zu mir: Der Judas mußte vielleicht, wenn schon nach seiner freien Wahl, auch also ein Dir dienendes Werkzeug sein, also ein Apostel der Todten, damit eben durch seinen Verrath Dein sicher von Ewigkeit vorbestimmter heiliger Plan in die allerheiligst herrlichste Ausführung kam! — Siehe, o Herr, Du allerliebvollster heiliger Vater! Solches flößte mir dann immer eine selige Hoffnung für den armen unglücklichen Apostel ein. Noch mehr aber ward ich allzeit dadurch beruhiget, wenn ich bedachte, wie Du am Kreuze den Vater in Dir für alle Deine Feinde um Vergebung batest; und da konnte ich denn den armen Judas trotz seines Selbstmordes nicht ausschließen. Dazu war ja auch doch offenbar an dieser seiner letzten That der nach der Schrift in ihn fahrende Teufel schuld. Daher also möchte ich wohl auch diesen Apostel, wenn schon nicht hier, so aber doch wenigstens irgendwo nicht im höchsten Grade unglücklich wissen. — Der Herr spricht: Höre Mein geliebter Sohn, es giebt nicht Einen, sondern zwei Judas Iskariot: — der Eine ist der Mensch, der mit Mir auf der Erde gelebt, und der Andere ist der Satan, der in seiner damaligen Freiheit sich diesen Menschen zinspflichtig gemacht hat. Dieser zweite Judas Iskariot ist wohl noch gar vollkommenst der Grund der alleruntersten Hölle, — aber nicht also der Mensch Iskariot; denn Diesem ward es vergeben, und in wie weit, brauchst du dich nur umzusehen. Denn Derjenige, der soeben mit deinem Bruder spricht und nun auch einen Liebeverrath begeht, indem er deinem Bruder schon im Voraus Meine große Liebe zeigt, ist eben derjenige Judas Iskariot, um den du besorgt warst. Bist Du nun zufrieden mit Mir? Der Prior, vor Liebe zum Herrn beinahe vergehend, spricht: O Herr, Du allerunendlichst liebevollster, allerheiligster Vater! Wahrlich wahr, ich habe Dich wohl allzeit für allerhöchst liebevoll und endlos gut mir vorgestellt; dessen ungeachtet aber hätte ich mir nie getraut zu denken, daß sich Deine unendliche Erbarmung, Gnade und Liebe auch bis zum Judas erstrecken sollte! — Denn auf der Erde hätte ich mich mit einem solchen Gedanken sicher für grob versündiget geglaubt; aber nun sehe ich, wie endlos weit Deine unendliche Güte, Gnade und Erbarmung alle menschlichen Vorstellungen übertrifft! — O Herr, was sollte ich denn thun, wie sollte ich Dich denn lieben, daß ich doch nur einigermaßen in meinem Herzen solcher Deiner unendlichen Liebe entsprechen könnte? — Der Herr umarmt den Prior, drückt ihn an Seine Brust, und spricht zu ihm: Siehe Mein geliebter Sohn, also wie du Mich jetzt liebst, giebst du Mir den größten Ersatz für Meine unendliche Liebe; daher gehe nun aber auch mit Mir an den Tisch, und esse und trinke das wahre lebende Abendmahl, damit du in diesem Genusse alle die Stärkung überkommst, welche dir, einem großen Fürsten in diesem Meinem Reiche, stets und ewig wachsend vonnöthen ist! — Sehet, nun setzen sie sich Alle zur Tafel, und an der rechten Seite des **Herrn** nimmt der Prior mit seinem Weibe und seinem Bruder Platz; zur linken Seite sehet ihr den Johannes, dann gleich nach ihm Petrus und dann den Paulus, und so auch die anderen Aposteln und Jünger. An der rechten Seite des armen Bruders des Priors sitzt der Judas, und nach ihm noch einige Andere, die ich euch hier noch nicht nennen will. Weiter herüber sehet ihr auch unseren Joseph und neben ihm die Maria; neben der Maria die Magdalena und noch andere, euch wohl bekannte weibliche Wesen. Daneben sehet ihr den Lazarus, den Nicodemus und noch einige große Freunde des Herrn. — Ihr fraget nun, da noch mehrere Stühle unbesetzt sind, ob sich darauf Niemand setzen wird? — Ja meine lieben Freunde und Brüder, ich muß auch mich zu Tische setzen, und ihr als noch irdische Geister dürfet nicht aus Meiner Sphäre; daher wird nichts Anderes übrig bleiben, als daß auch wir nach der geheimen Beheißung des Herrn die drei noch leer gelassenen Stühle in Beschlag nehmen, und so denn esset und trinket dort mir und allen Anderen gleich. Wenn ihr an dieser Tafel, wenn auch für eure Sinne unfühlbar, werdet gespeist haben, so wird euch ein inneres euren Geist sättigendes Gefühl sagen, daß ihr im Geiste an dieser Tafel gespeist habt. Es wird euch daraus eine große bedeutende Stärkung werden, welche ihr gar wohl empfinden werdet. — Scheuet euch aber nicht, sondern in euerer Demuth und Liebe genießet das Mahl des ewigen Lebens; und so denn folget mir ganz beherzt und unbedenklich zur Tafel! —

## 182.

(Am 9. Mai 1843, von 4—6 Uhr Nachmittags.)

Da wir uns nun bei der Tafel befinden, so wollen wir auch an dem hohen Schatze der Tafel Theil nehmen. Höret aber, was der Herr vor dem Mahle spricht, indem Er sagt: Meine geliebten Kindleins! Als Ich einst auf Erden nach Meiner Auferstehung zu euch kam, da fragte ich euch, indem ihr etwas hungrig waret, und eben nicht viel zu essen hattet: Kindlein, habt ihr nichts zu essen? — Da zeigtet ihr Mir etwas Brod und etliche Fische; Ich segnete euch die Fische und das Brod, und setzte Mich dann mit euch zu Tische und aß mit euch. Nun frage Ich euch nicht mehr, ob ihr zu essen oder nicht zu essen habt, sondern aus Meinem unendlichen Schatze und Vorrathe habt ihr in endloser Fülle ewig genug; aber soll darum dieses von Mir auf Erden ausgesprochene Wort für hier keine Geltung haben? — Ich sage euch: Diese Frage soll hier um so mehr eine vollkommene Geltung, denn auf der Erde haben; und Ich kann aus diesem Meinem Reiche allezeit diese höchst gewichtige Frage thun? — Ihr werdet Mir darauf antworten: O liebevollster Vater! Wir haben hier in Deinem großen Hause nur zu unendlich viel zu essen; Ich aber sage euch: Diese Frage soll von Mir aus nicht gestellt sein, als beträfe sie euch, sondern diese Frage soll also gestellt sein, daß sie von Mir aus durch euch hinab zu Meinen Kindern auf die Erde bringen und durch diese übergehen soll in die ganze Unendlichkeit; denn die Kinder auf der Erde sind nun in dem Zustande, als ihr waret sobald nach Meiner

Auferstehung. Sie sind voll trauriger Gedanken, und wissen noch nicht, was mit dem Herrn geschehen ist. Sie haben ebenfalls nur eine dürftige Nahrung, die da gleicht den Fischen und dem Brode, das ihr hattet. — Die Fische sind das alte, und das Brod das neue Testament. Wie aber diese Speise ist bei den Kindern auf der Erde zum Theil versalzen, zum Theil ausgetrocknet, so ist es hier unter uns um so mehr an der Zeit, uns nun öfter mit dieser Frage an diese Kindlein zu wenden, und sie zu fragen: Kindlein! habt ihr nichts zu essen? — Und sie werden uns ihren Vorrath vorweisen, und wir wollen ihnen diese Speise segnen zum guten lebendigen Gedeihen, wie Ich euch euere Fischlein und euer Brod gesegnet habe, und wollen uns dann mit ihnen zum Tische ihres Glaubens und ihrer Liebe setzen, und mit ihnen essen, d. h. wir wollen sie im Geiste und in der Wahrheit aus ihrem schwachen Vorrathe die wahren Wege zum ewigen Leben kennen lernen! — Sehet, hier ist die Mahlzeit; die Tafel gedeckt mit dem wohlbereitteten Lamme, Brode und Weine. Das Lamm eine Speise gleich Meinem Herzen, das Brod eine Speise gleich Meiner Liebe und Erbarmung, der Wein ein Trank aus Meiner unendlichen Weisheit Fülle. — Ihr genießet es mit Mir, und Ich habe nicht nöthig euch zu fragen: Kindlein, habt ihr Etwas zu essen? — Aber so ihr es genießet mit Mir, da gedenket der armen Kindlein auf der Erde und fraget sie aus Meiner höchsten Liebe in euch: Kindlein, Brüder und Schwestern! habt ihr Etwas zu essen? Und die Kindlein werden euch erwiedern: O Brüder! sehet uns an in unserer großen Armuth; ein wenig hartes Brod und etliche stark versalzene Fischlein ist all' unsere Habe! — Machet sie uns nur einiger Maßen genießbar. — Wenn ihr Solches vernehmen werdet, da kehret euch hin zu ihnen und bringet ihnen die lebendigen Ueberreste von dieser Tafel, d. h. gebet ihnen eine lebendige Erleuchtung; helfet ihnen reinigen ihr Gemach, damit Ich auch bei ihnen einziehen kann und sie dann Selbst fragen: Kindlein! habt ihr nichts zu essen? — Und wenn sie dann sagen werden: O Herr, Du liebevollster Vater! Siehe, ein wenig Brod und einige Fischlein haben wir, so werde ich dann zu ihnen sagen: Bringet Alles her, was ihr habet, und Ich will es euch segnen mit Meiner Liebe, Gnade und Erbarmung, und will euch geben nun ein lebendiges, inneres, geistiges Brod; so ihr dieses Brod essen werdet, und trinken von Meinem Weine, so werden dadurch euer hart gewordenes Brod und eure versalzenen Fische erweicht und gereinigt und euch also zu einer lebendigen Speise werden, an welcher ihr euch hinreichend sättigen werdet zum ewigen Leben. — Also Meine lieben Kinder, Brüder und Freunde, ist diese einst von Mir an euch gestellte Frage auch hier von der größten Wichtigkeit und von der allertiefsten Bedeutung! — Esset also nun mit Mir und trinket, und seid dabei in aller Liebe eingedenk Derjenigen, die noch in der Tiefe ihres Fleisches wohnen und nicht erschauen können Mein Reich, Meine Gnade, Meine Liebe und Erbarmung! — Sehet, nun zertheilt der Herr das Lamm, wie auch das Brod, und theilt es an Alle aus. Nun ist es ausgetheilt; wir haben unsere Portionen vor uns, danken wir dafür dem heiligen Geber so guter Gaben, und genießen dann in Freude und großer Liebewonne unseres Herzens dieß heilige Mahl des ewigen Lebens! — Sehet, Alle greifen nun nach dem dargereichten Mahle und verzehren dasselbe mit großer freudiger Rührung im Hinblick auf den allerliebevollsten heiligen Geber! Also greifen nun auch wir darnach und thun, was die Andern thun. — Wir zehren nun an dem heiligen Mahle des Lebens; — wie herrlich, wie wohlschmeckend, wie stärkend und belebend ist es! Mit jedem Schlucke empfinden wir, als würden unsere Blicke in die unendlichen Tiefen der göttlichen Gnade erweitert, und desto heller fängt die Flamme der ewigen Liebe in unsern Herzen an zu lodern! Mit dem Genusse des Fleisches enthüllen sich wunderbare neue große Gedanken Gottes in uns; mit dem Genusse des Brodes werden diese großen Gedanken zu einer endlos großen neuen Wirklichkeit, und mit dem Genusse des Weines strömt in die neuen Schöpfungen ein neues wunderbarst herrlichstes Leben über, und wir sehen in dem Gesammtgenusse eine Vollendung, von deren Größe, Erhabenheit, Herrlichkeit und Heiligkeit aus dem Herrn selbst unsere allergrößten himmlischen Gedanken und Gefühle wonnigst angenehm erschauern, und vor dem Herrn wie in ein Nichts herab sinken! — Was saget ihr, meine lieben Freunde und Brüder, zu dieser Mahlzeit? — Ihr seid, wie Ich merke, stumm vor der zu großen Enthüllung, welche euch sammt mir ward in diesem Mahle. Ich aber sage euch: Bei solchen Gelegenheiten geht es Niemanden aus uns auch nur um ein Haar besser; denn niemalen ist der Herr größer und unerforschlich wunderbarer, als eben in solchen Momenten, da er Sich am allermeisten herabläßt zu Seinen Kindern! — Er liebt zwar fortwährend alle Seine Kinder gleichmächtig, aber nicht immer läßt Er sie die große Macht Seiner Liebe in aller Fülle empfinden; in solchen Momenten aber läßt Er Solches zu. Daher sind aber auch seine Kinder von einer solchen Seligkeitsfülle durchdrungen, in welcher sie zwar von der größten Liebe zum Herrn ergriffen werden, aber zugleich auch die größte Demuth in ihren Herzen zu dem Herrn empfinden. — Nun aber ist, wie ihr sehet, die Tafel auch schon zu Ende, und der Herr wendet Sich an den Prior, und spricht zu ihm: Nun, Mein geliebter Sohn, wie hat dir Meine Mahlzeit geschmeckt? — Der Prior spricht ganz zerknirscht: O Herr, Du allerbester, allerliebevollster, allerheiligster Vater! Diese Deine Mahlzeit hat mir nicht nur unendlich allerseligst wohl geschmeckt, sondern ich bin dadurch mit einem neuen Leben erfüllt worden. — Nun ist mir Alles klar; ich sehe nun meine Bestimmung, und Deine unendlich wunderbaren Wege, auf welchen Du Deine Kinder zum Leben führest, sind enthüllt vor mir. — Ich weiß nun, was ich zu thun habe, und meine größte Wonne sehe ich wie einen klar vorgezeichneten Weg vor mir, wie ich zu gehen und zu wirken habe. Endlos groß ist zwar der Wirkungskreis, den Du mir allergnädigst als einem unwürdigsten Diener zugetheilt hast; aber ich sehe ja auch, wie Du nur allein Alles in Allem bist, und wie leicht mit Dir die größten Dinge zu vollenden sind! — Daher bin ich denn nun auch überseligst froh darüber, daß Du mir einen solchen Wirkungskreis ertheilt hast, und freue mich endlos darauf, wann es Dir wohl gefallen wird, mir den ersten Dienst thun zu lassen in Deinem Reiche! — Nur Eines, o Herr und allerheiligster liebevollster Vater, ist mir noch ein wenig unklar, nämlich hinsichtlich der Bewohnung dieses Hauses und hinsichtlich derjenigen Dienerschaft, die Du mir schon außer der Stadt in Deinem Reiche gezeigt hast. Soll wohl ich auch in diesem Deinem Hause wohnen, oder wird mir irgend eine andere Wohnung beschieden, und werden dann diejenigen seligen dienenden Geister auch in dem Hause wohnen, wo ich wohnen werde in dieser Stadt? — Der Herr spricht: Mein geliebter Sohn, siehe, die ganze Stadt ist im Grunde des Grundes Mein großes Wohnhaus; dessen ungeachtet aber ist dennoch eben dieser Theil, in dem wir uns hier befinden, gewisserart Meine Hauptresidenz, und Ich bin hier der vollkommenste Hausherr. Viele Geister wohnen in abgesonderten Häusern dieser Stadt, die schon bewohnt sind; aber noch gar endlich viele stehen leer, darum Ich dir denn auch gar leicht ein eigenthümlich Haus geben könnte. Allein Ich will Solches nicht, sondern Ich will dich behalten sammt deinem Weibe und deinem Bruder in dieser Meiner Hauptresidenz; also wie Alle, die da an der Tafel gespeißt haben, Bewohner dieser Meiner Residenz sind, und sind darum aus Mir die **Hauptgrundfesten Meines Himmels und die Hauptlenker Meiner Schöpfungen.** — Sonach denn verbleibe du auch hier für ewig bei Mir! — Was die Dienerschaft betrifft, so wohnt sie nicht in der Stadt, sondern ihre Wohnungen sind in den endlos weiten Umkreisen dieser Stadt; aber du hast sie Alle in dir. Den du willst, rufe in dir, und er wird da sein. Wenn Ich dich absenden werde auf eine oder die andere Welt, da rufe zu dir die Geister eben dieser Welt, und du wirst in der Sphäre dieser Geister ihre Welt und das Bedürfniß dieser Welt erschauen. Hast du Solches erschaut, dann rufe in deinem Herzen die Macht Meiner Liebe hervor, und wirke aus dieser dem Bedürfnisse einer oder der andern Welt wohl entsprechend. — Ich könnte dir auch alle die Sphären mit einem Blicke erschauen machen, aber du würdest dadurch eines mächtigen Grades der Seligkeit beraubt werden; daher sollst du deiner eigenen größtmöglichsten Seligkeit wegen eine Welt erst dann erschauen in all' ihrer von Mir ausgehenden Wunderfülle und Tiefe, wenn du auf einer oder der anderen Welt wirst aus Meiner Liebe heraus zu thun haben. — Siehe, hier aber gleich anstoßend an diesen Saal ist eine große Wohnung; in dieser wirst du nachbarlich wohnen mit allen diesen Meinen Kindern, Brüdern und Freunden. — Du möchtest zwar wohl auch wissen, wo denn so ganz eigentlich in diesem Hause Meine Wohngemächer sind? — Ich sage dir: Ich habe keine eigenthümlichen Wohngemächer in diesem Hause, die Ich als ein unmittelbarer Herr bewohnen möchte, sondern Ich wohne stets unter euch, bald bei Dem, bald bei dem Andern. Und dieser Saal ist unser Rathssaal; von da aus geht es allzeit an's Geschäft. — So werden auch soeben jetzt Mehrere zufolge Meiner ersten Tafelanrede zur Erde hinab gehen und dort an die Kinder Meine Frage thun; du aber sollst erst nach einer nächsten Mahlzeit ein gar wichtiges Geschäft überkommen. — Wenn du dich aber unterdessen manchmal mit Meinen Kindern aus dem alten Testamente besprechen willst, so laß dich nur hinab geleiten zu ebener Erde; da wirst du sie Alle antreffen. — Und somit segne ich dich, wie alle die hier Anwesenden, und durch sie die ganze Unendlichkeit, und hebe somit die Tafel auf! — Sehet, nun erhebt sich Alles von der Tafel, und Alles danket, und lobt den Herrn; und der Herr geht hin, umarmt einen Jeden und segnet ihn noch sonderheitlich! — Alles geht nun auch seiner neuen Bestimmung zu, und der Herr führt unseren Prior, sein Weib und den armen Bruder in die bestimmte Wohnung, und spricht zum armen Bruder: Siehe, du hast noch kein Weib; es ist aber eines schon auf dem Erdkörper für dich bestimmt. Wenn dieses hier ankommen wird, da sollst du mit demselben in die Ehe treten; unterdessen aber sei ein treuer Bruder aller deiner Brüder, wie du dann ein lieber Bruder aller deiner Brüder bist. — Nun ist die große Installation geschehen; — ihr habt gar Wunderbares bei dieser Führung mit angesehen. Bis hierher mußte ich euch führen; nun aber wird euch ein Anderer führen. — Daher möget ihr nun wieder aus Meiner Sphäre treten. — Ihr seid hinaus getreten, und sehet, da harret der Herr eurer am euch schon gar wohl besetzten Platze! —

### 183.
(Am 11. Mai 1843, von 4½—6½ Uhr Nachmittags).

Nun frage Ich, euer Hauptführer, euch wieder: Wie hat es euch behagt in der Sphäre dieses Meines Bruders? Ich sehe in euch die Antwort mit gar vielen Buchstaben geschrieben, und diese Antwort lautet: O Herr, Du allerliebevollster, heiligster Vater! In der Sphäre dieses Geistes haben wir ja doch Dinge geschaut, die von außerordentlicher und wichtiger Art waren, daß wir uns darüber gar nicht auszusprechen vermögen; haben wir auch nicht Alles gesehen, wie Deine Wege überall beschaffen sind, so haben wir aber doch dennoch einen so triftigen allgemeinen Ueberblick bekommen, wie Deine unendliche Liebe und Weisheit die verirrten Schafe sucht und findet, daß wir demnach füglich behaupten möchten, wir sind in der Sphäre dieses Geistes auf den Hauptpunkt einer allgemeinen Uebersicht geführt worden, von welchem aus wir alle die Geisterwelt von der unvollkommensten bis allervollendetsten Sphäre haben kennen gelernt, wofür wir Dir ewig nie genug werden danken können. Ja es kommt uns nun also vor, als könnte man das Wesen des geistigen Reiches unmöglich mehr triftiger durchgehen für die Kürze der Zeit bezüglich des umfassenden Anblickes und der Erfahrung, als wir in der Sphäre dieses Brudergeistes aus Dir es geschaut haben. — Ja, Meine lieben Kinder, Solches ist sicher richtig und wahr; ihr habt die Verhältnisse im vollen Lichte der Wahrheit geschaut. Aber dessen ungeachtet mache Ich euch auf Mein schon vor euerem Eintritte in die geistigen Sphären bekannt gemachtes Diorama aufmerksam, und dem zu Folge sage Ich euch, daß sich die Dinge in der Geisterwelt in der Sphäre eines jeden einzelnen seligen Geistes wieder ganz anders gestalten, und sind dann in dieser anderen Gestaltung wieder eben so gut und wahr, wie in der Sphäre eines früheren Geistes. — Solches muß auch im allervollkommensten Reiche der Engel Statt finden; sonst wäre ja ein Geist dem andern entbehrlich, und keiner würde dem Andern können eine neue übergroße Seligkeit bereiten. Da aber ein jeder Geist dann etwas Besonderes hat, und Ich es einem Jeden zulasse, daß sich das Seinige gestalte nach seiner Art, so hat dann auch die selige Freude eines Engels an der Seligkeit eines Anderen ewig nimmer ein Ende! Damit ihr aber Solches so recht tüchtig einsehen und begreifen möget, so will Ich euch Solches noch zuvor durch einige anschauliche Beispiele erhellen, bevor ihr euch wieder in die Sphäre eines zehnten Geistes begebet. — Nehmet ihr an, es wären in einem großen Saale hundert wirklich tief gelehrte Männer; diesen Männern würde ein sehr denkwürdiger Stoff, z. B. über die Strahlenbrechung des Lichtes zur Verarbeitung gegeben. Unter diesen hundert Gelehrten aber sind nicht Alle von gleichen Fächern Gelehrte, sondern der Eine ist ein berühmter Rechenmeister, der Andere ein Philosoph, ferner ein Naturforscher, ein Astronom, ein Botaniker, ein Zoolog, ein Mineralog, und wieder andere ein Geognost, ein tüchtiger Optiker, ein Geograph, andere wieder ein Geschichtsforscher, ein Archäolog, ein Dichter, ein Philolog, ein Psycholog, ein Anthropolog, ein Arzt; ein anderer wieder ein Theosoph, und so fort durch alle Stufen menschlicher Gelehrtheit. — Alle diese hundert Gelehrten haben sicher die schriftstellerische Eigenschaft, ihre Gedanken über das aufgegebene Thema wohl abgesonderter Maßen zu Papier zu bringen. Wenn aber nun alle diese hundert Gelehrten mit der Arbeit fertig sein werden, da nehmet dann eines Jeden Arbeit zur Hand und leset seinen aufgezeichneten Gedanken oder das bearbeitete Thema, und ihr könnt vollends versichert sein, es werden nicht Zwei darunter sich vorfinden, die dieses Thema auf eine und dieselbe Art bearbeitet hätten; denn ganz anders wird sich der Mathematiker, ganz anders der Dichter, ganz anders der Mystiker und ganz anders, wie gesagt, ein Jeder gegen den Andern ausdrücken, und wenn ihr recht aufmerksam die Ausarbeitungen durchgehet, so wird sich in eines Jeden Ausarbeitung sein Steckenpferd gar leicht erkennen lassen. — Wenn ihr aber dann gefragt würdet um das Urtheil, der welche aus all' diesen hundert Gelehrten das Thema der Wahrheit am angemessensten bearbeitet habe, so werdet ihr nichts Anderes sagen können, als: Wir finden, daß da ein Jeder für sich den Nagel auf den Kopf getroffen hat. Da ist Keinem in seiner Art etwas einzuwenden; es hat ein Jeder Recht. In der Hauptsache stimmen sie Alle überein; nur die Art der Darstellung ist nach der Liebe des Darstellers verschieden. — Gut sage Ich euch. — Sehet, wie die Gedanken über einen und denselben Gegenstand von vielen Menschen verschieden sind, also sind auch die Sphären der Engelsgeister verschieden; aber im Grunde des Grundes gehen sie doch alle auf eine und dieselbe Wahrheit hinaus. — Um die Sache aber noch anschaulicher zu machen, nehmen wir ein anderes Beispiel: Es wäre über einen Psalm Davids eine gute Musik zu setzen. Ein König eines Landes setzt einen großen Preis auf die bestmusikalische Bearbeitung dieser Aufgabe, und sobald machen sich an allen Orten die tüchtigsten Musiker an diese Arbeit. Nach abgelaufener Frist werden die Compositionen eingesendet; es sind vierzig Exemplare da. Der König als ein großer Liebhaber solcher klassischen Musik läßt nach einander von Tag zu Tag eine Composition um die andere aufführen; — gehet aber hin in diese Productionen und höret sie an, und wenn ihr sie alle werdet angehört haben, nachdem sie von lauter allertüchtigsten Componisten bearbeitet sind, wie wird da euer Urtheil lauten? — Ihr werdet sicher sagen: Fürwahr, da ist in seiner Art eine Arbeit so tüchtig und wunderschön wie die andere; aus einer jeden läßt sich der große Meister erkennen. Aber wie verschieden die Auffassung; wie verschieden die angebrachte musikalische Rhythmik, wie verschieden die Grundtonarten, wie verschieden die Instrumentirung und die Vertheilung des Gesanges, wie verschieden die Melodien, wie verschieden die Begleitungen derselben! In einer jeden ganz andere Bindungen und ganz andere Lösungen! — Gut, sage Ich euch; saget Mir aber nun auch, die welche Composition bei der natürlich bestmöglichsten Aufführung euch am meisten wohlgefiel? — Da werdet ihr im Grunde des Grundes nichts Anderes sagen können, als: Eine jede dieser Compositionen hat uns in ihrer Art überaus wohl gefallen; dennoch aber waren einige darunter, die uns gewisserart mehr befreundend vorkamen, denn manche und andere. — Wieder gut, sage Ich euch; was das „mehr befreundend" betrifft, das liegt in der Annäherung der Sphäre des Componisten zu der Feueren, an und für sich aber ist jede Composition voll Leben, Geist und Wahrheit. Diewelche wird aber dann den Vorrangspreis bekommen? — Ich sage euch: Wenn der geistreiche König Mir gleich gerecht sein will, so wird er seinen Beutel über die bestimmte Prämie hinaus öffnen müssen, und einem Jeden die ausgesprochene Prämie zukommen lassen. — Aus Dem aber könnt Ihr nun schon sehr bedeutend klar entnehmen, daß die Sphären der Engelsgeister sich eben so, nur natürlich in hellst beschaulicher Erscheinlichkeit, gestalten müssen, wie uns dieses zweite Beispiel gar klar gezeigt hat. Ueberall ist Wahrheit; aber weil nach dem verschiedenen Grade der Liebe auch das formende Licht verschieden ist, so sind auch die Formen anders, aber dennoch immer also gestellt, daß sie einer und derselben Grundwahrheit völlig entsprechen. — Damit ihr aber nicht denket, als ließe sich Dergleichen nur in diesen zwei gegebenen Beispielen erschauen, so will Ich euch zufolge Meiner sehr erfinderischen Eigenschaft noch einige andere auftischen. Nehmen wir an: Von zehn großen Malern sollte eine Morgenlandschaft geliefert werden. Die Landschaften sind fertig und geliefert; — gehet hin, und betrachtet sie, es ist eine schöner und wahrer als die andere. Eine jede drückt auffallend eine Morgengegend aus; aber keine steht der andern auch nur in einem Punkte gleich. — Sehet, das kommt daher, weil ein jeder Geist seine eigene von Mir aus wunderbarst gestellte Sphäre hat, durch welche er sich selbst und allen seinen Brüdern die größte Wonne und Seligkeit bereiten kann. Dazu ist noch eines jeden Geistes Sphäre unendlich, und in ihrer Art ewig unerschöpflich an den allermannigfaltigsten Wundergestalten; und so endlos wunderbarst mannigfaltig die Gestaltungen in der Sphäre eines Engelsgeistes auch sind, und ihr bei der Betrachtung der einen offenbar sagen müsset: Ueber diese unendlich wundervolle Mannigfaltigkeit läßt sich kein weiterer Gedanke mehr fassen! — Da sage Ich euch: gehet nur geschwinde in die Sphäre eines Andern über, und euer Urtheil wird gleich anders lauten, und ihr werdet da sagen: Ja, was ist denn Das? Da sind ja schon wieder ganz unerhört andere Formen; und Ich sage euch dazu: Also ist es der Fall mit dem geistigen Diorama. Das äußere Fensterchen ist gleich; aber nur hinein geguckt, und überall eine andere Welt! — Ich habe aber noch ein Beispiel vorräthig: Wenn ihr in der Schrift alle die Propheten, dann die Evangelisten, wie auch die Briefe des Paulus, die noch anderer Apostel und Jünger und am Ende noch die Offenbarung Johannes durchgehet, da werdet ihr doch offenbar sagen müssen: Da schreibt doch ein Jeder eine andere Sprache, bedient sich anderer Bilder und bearbeitet einen ganz anderen Stoff; selbst die vier Evangelisten stimmen sogar bei den geschichtlichen Thatsachen nicht mit einander überein. Der Paulus prediget in seinen Briefen weder ein noch das andere Evangelium; und die Offenbarung Johannis ist an und für sich schon so in wunderliche Bilder eingehüllt, daß man daraus nie völlig klug werden kann. — Nun frage Ich aber, weil in gewisser Hinsicht ein Jeder anders geschrieben hat: Derwelche hat denn dann recht geschrieben? — Die Antwort kann darauf wohl unmöglich eine andere sein, als diese: Ein Jeder schreibt eine und dieselbe Wahrheit, ein Jeder prediget **Mich, ein Jeder gebietet die Liebe, die Demuth, Sanftmuth und Geduld.** Die Thatsachen sind von Jedem ganz dieselben erzählt; wer sie im gerechten geistigen Lichte auffaßt, der wird darin die wunderbarste Uebereinstimmung finden. — Wenn ihr die verschiedenen Verse zusammen stellet aus allen Propheten und Evangelisten, so werden sie sein, im wahren Lichte betrachtet, wie **Früchte eines und desselben Baumes.** — Nun sehet, eben also auch wieder verhält es sich mit den Sphären der vollkommenen Geister. Ich könnte euch noch eine Menge Beispiele geben; aber vor der Hand genügen diese. — Da an Meiner Seite aber steht schon derjenige Geist, in dessen Sphäre ihr **alles Dieses thatsächlich erschauen** und am Ende sagen werdet: Fürwahr, ganz anders waren die Dinge in dieses Geistes Sphäre gestaltet; aber im Grunde des Grundes laufen sie dennoch auf Eines hinaus, und zeigen, daß der **Herr Alles in Allem**, also überall die **ewige und unendliche Liebe und Weisheit Selbst** ist. — Da ihr denn nun Solches in Voraus wisset, so begebet ihr euch in die Sphäre dieses zehnten Geistes, und habt da auf Alles abermals sehr wohl Acht, Amen. —

## 184.
(Am 12. Mai 1843, von Nachmittags 4¾—6¼ Uhr.)

Ihr befindet euch schon in seiner Sphäre, und somit will Ich euch auch alsogleich kund thun, daß ihr euch in der Sphäre Meines lieben Johannes befindet. — Und sonach haltet Euch an ihn; der wird euch gar viel Wunderbares und Erhabenes in seiner Art zeigen. — Der Johannes winkt euch, ihm zu folgen; also folget ihm denn auch! — Der Johannes spricht: Meine geliebten Brüder in unserem Herrn Jesu Christo, ihr habt mich zwar schon aus der Sphäre eines anderen lieben, seligen Brudergeistes gesehen; aber damals war es es noch nicht an der Zeit, euch in meine Sphäre aufzunehmen. — Da ihr aber nun durch meinen lieben Bruder Markus seid in so vielen wichtigen Dingen unterrichtet worden, so ist es nun auch an der Zeit, daß ihr in meiner Sphäre Erfahrungen machet, welche in ihrer Art euch ganz besonders in die **geheime Liebe des Herrn** mehr und mehr einweihen sollen. In all' den früheren Sphären habt ihr Erscheinungen geschaut, und aus diesen Erscheinungen erst mußtet ihr die Wahrheit finden. Sehet, das ist die erstere Art, wo der Mensch aus seinem Glaubenslichte zuerst die Formen erschaut, sie aber nirgends bis auf den Grund erfaßt, und sie erst dann versteht, wenn sie ihm im obersten Lichte der höchsten Liebe enthüllt werden. Aus diesem Grunde habt ihr auch in der Sphäre meiner neun vorhergehenden Brüder alle die Erscheinungen Anfangs also angeschaut, als ein Blinder die Farben. Ihr sahet mannigfache Formen und Handlungen, habet aber beim ersten Anblicke nichts von Allem verstanden, das ihr geschauet habet aus eurem Glaubenslichte; aber ein zweites viel tieferes Schauen ist Dasjenige, welches aus der Liebe geschieht. Allda sieht man nicht alsogleich, was schon da ist, sondern man sieht nur Das, was man in seiner Liebe erfaßt, und sieht dann das Erfaßte vom Grunde aus. — Aus dem Glaubenslichte ist man ein suchender Betrachter des schon Daseienden; aus dem inwendigen Liebelichte, welches da ist das eigentliche lebendige Licht des Herrn im Menschen, wird man aber selbst ein Schöpfer, und beschaut dann Dasjenige vom Grunde aus, was man geschaffen hat. Ihr denket euch wohl, als wäre demnach der frühere Zustand ein günstigerer, denn dieser zweite inwendigste, tiefste; ich aber sage euch: Solches ist irrig, denn je constantere Außenformen ein geschaffenes Wesen beschaut, desto unvollkommener ist es in seiner Art. Der Mensch in seinem naturmäßigen Leben auf dem Erdkörper ist zu allererst in einem solchen Schauen. Er vergnügt sich zwar an der Begaffung constanter Formen; aber wie verhält er sich zu ihnen in seinem Geiste? — Ich sage euch, wie ein allerverarmtester Bettler vor der Flur des Hauses eines hartherzigen Reichen. Er sieht auch die wunderbare reiche Pracht des großen Hauses des Reichen; aber wenn er in dasselbe eintreten will, so wird er von hundert dienstbaren Wesen dieses Hauses allerhärtest abgewiesen. Was hat der Arme nun beim Anblicke dieses Prachthauses gewonnen? Nichts als ein beklommenes schmerzendes Herz, welches zu ihm spricht: Für dergleichen Paläste zu betreten hast du keinen Fuß! — Sehet, gerade so verhält es sich mit dem Beschauer constanter Außenformen; welche Lust ist es wohl, sich vor einen Baum hinzustellen und zu beschauen seine Formen? — Wenn man aber an den Baum klopft, und möchte eingelassen werden, um zu schauen sein lebendiges, wunderbares Walten, so wird man allzeit hart abgewiesen, und es heißt: Nur bis zu meiner Oberfläche, bis zu meiner Außenform; von da aber um kein Haar mehr weiter! — Ihr könnt zwar einen Stein in euere Hand nehmen und ihn werfen, wohin ihr wollet; ihr könnt ihn auch zerstoßen und zermalmen, auflösen und gänzlich verflüchtigen, und dennoch ist der Stein euer Herr, und läßt euch nicht schauen in seine Geheimnisse. Also steht es mit allen Außenformen, welche sich einem Auge zur Beschauung darstellen; sie sind fortwährend Herren und Meister des Beschauers, und Dieser kann thun, was er will, so kann er nirgends den Einlaß bis auf den Grund bekommen. Daher müssen überall lang gedehnte Erklärungen und Erläuterungen hinzu gefügt werden, wenn der Beschauer nur irgend ein kleines Licht über die geschauten Dinge bekommen will. — In der Art sind denn auch die Formen in der Geisterwelt, wenn sie sich schon als daseiend in einer gewissen Bestimmtheit dem Auge des Beschauers darstellen. Der Beschauer sieht sie wohl, aber versteht sie nicht. Also habt auch ihr gar viele Formen in der Sphäre meines lieben Bruders geschaut; saget mir aber, ob ihr auch eine eher verstanden habt, als bis der Führer euch dieselben erleuchtet hat? — Hat sie aber der Führer auch also beschaut, wie ihr? — Sehet, das ist eine andere Frage; ich sage euch: Wenn er sie also beschaut hätte, so hätte er euch wohl schwerlich über das Eine oder das Andere ein gerechtes Licht verschaffen können; allein er hat sie aus sich beschaut, d. h. er hat sie aus dem Lichte des Herrn in ihm selbst geschaffen, und ihr sahet somit seine Schöpfungen! — Sie waren die vollkommenste Wahrheit in allen ihren Theilen; aber ihr verstandet sie nicht ohne seine Erläuterung. — Nun aber in meiner Sphäre werdet ihr eine ganz umgekehrte Erfahrung machen, welche ihr sogleich von diesem unseren ganz unförmlichen dunstähnlichen Standpunkte ersehen könnet. Sehet ihr irgend eine Form, eine Welt, einen Himmel, irgend ein Licht außer dem grauen Dunste, welcher uns von allen Seiten umgiebt? — Ihr saget: Liebster Freund und Bruder in der Liebe des Herrn! Außer uns, dir und dem grauen Dunste sehen wir nach allen Richtungen hin nichts. — Gut, sage ich euch, meine geliebten Brüder, — ihr brauchet auch durchaus nicht mehr zu sehen; denn gerade dieser Standpunkt ist nothwendig, damit ihr in das eigentliche wahre Grundschauen des Geistes könnet eingeweiht werden. — Ihr wißt, daß der Geist des Menschen ist ein vollkommenes lebendiges Abbild des Herrn, und hat in sich den Funken oder Brennpunkt des göttlichen Wesens. — So er aber Solches unleugbar in sich faßt, so faßt er ja auch das Alles des Herrn in sich; — er trägt somit das Unendliche vom Kleinsten bis zum Größten vollkommen göttlicher Weise in sich, oder er hat des Herrn Alles durch seine mächtige Liebe zu Ihm wie auf einen Punkt in sich vereint. Nun, wenn also, wozu demnach der Anschauung fremder außengestellter Formen? Heraus mit Dem, was Jeder von euch mir gleich in sich trägt, und wir werden dann gar bald Dinge wie aus uns geschaffen erschauen. Ihr fraget: Wie wird wohl Solches möglich sein? — Ich aber sage euch: Habt ihr noch nie euere Gedanken näher geprüft, und euere Wünsche neben den Gedanken? — Woher kommen denn die Gedanken? Die Antwort liegt einfach wie endlosfach im Brennpunkte Gottes in euch. — Sehet, in diesem mächtigen Brennpunkte ist die Fabrik euerer Gedanken und Wünsche gestellt; von diesem Brennpunkte aus denket ihr ursprünglich, und die Zahl euerer Gedanken ist unendlich, weil in dem göttlichen Brennpunkte in euch ebenfalls Göttliches in all' seiner Unendlichkeit vorhanden ist. — Ihr möchtet sagen: Wenn also, woher kämen denn hernach arge Gedanken? Ich aber sage euch, daß in diesem Brennpunkte durchaus keine argen Gedanken zu Grunde liegen, wie auch keine argen Wünsche; alle Gedanken sind da frei und makellos, nur die Wünsche sind unter die Botmäßigkeit des freien Willens eines jeden Menschen gestellt. — Denket ihr aus euch heraus, so werden eure Gedanken alle aus der Liebe entspringen, und ihr werdet in euch bald das selige Bedürfniß der fortwährenden Mittheilung gewahren, zufolge dessen ihr Alles mit euren Brüdern allerreichlichst theilen möchtet; dadurch werdet ihr dann aber auch Schöpfer von lauter guten Werken, die euch folgen werden. Aber da ein jeder Mensch auch den freien Willen hat, und dazu Vermögen, aus sich heraus auch äußere, also fremde Formen zu beschauen, so kann er mit seinem Willen und mit seiner seinem Willen unterthänigen Liebe diese fremden Formen ergreifen, und sie ihm eigen machen. — Sehet, diese fremden Formen werden dann als geraubte auch zu begierlichen Gedanken im Menschen, und diese, — weil sie nun aus der Eigenliebe entspringen, welche ist eine Raub- und Herrschliebe, weil sie sich aller fremden Formen für sich bemächtigen will und herrschen über Alles, wessen sie sich bemächtiget hat, — sind dann die eigentlichen bösen Gedanken. — Ihr saget ja selbst: Fremdes Gut thut kein gut; — das ist denn doch in der Hauptlebensfrage sicher die allergewichtigste Bedingung, und ein Jeder, der nicht auf seinem Grunde baut, der baut auf Sand. — Wie man aber auf eigenem Grunde baut, das soll euch meine Sphäre lehren. — —

## 185.

(Am 17. Mai 1843, von Nachmittags 4½—6¾ Uhr.)

Vermöget ihr hier Etwas zu denken? — Ihr bejahet Solches. — So denket euch denn einen Gegenstand, was immer euch beliebt; suchet nicht lange, sondern nehmet das nächste Beste. Wenn ihr aber den Gedanken habt, da haltet ihn fest und lasset ihn nicht weiter. Ihr habt einen Gedanken gefaßt; was ist sein Bild? — Ihr saget: Es ist ein einziger Stern, den wir uns jetzt denken. Gut, sage ich euch; stellet euch den Stern so recht lebendig vor, lasset ihn nicht aus, und saget mir dann, wie euch der Stern vorkommt? — Ihr sprechet: Je fester wir ihn fassen, desto größer und leuchtender kommt er uns vor. — Wieder gut, sage ich euch; fasset ihn noch tüchtiger und fixirt ihn mit den Blicken euter inneren Sehe noch fester. — Was sehet ihr jetzt? — Ihr saget: Lieber Freund und Bruder, es kommt uns vor, als finge der Stern an auseinander zu gehen, gleich einer Blüthenknospe im Frühjahre, sein Licht wird noch stärker und mächtiger, und es kommt uns vor, als gewänne der Stern an seinem Flächenraume, und ist schon meßbar. — Abermals gut, sage ich euch; — vertiefet euch aber nur noch inniger, machet eure Blicke groß und fest, und wollet fest in euch den Stern näher entwickelt haben, und saget mir, wie euch nach dieser Betrachtung der Stern vorkommt? — Ihr saget: Lieber Freund und Bruder, der Stern hat bereits Mondesgröße bekommen, und sein Licht blendet schon nahe die Sehe unseres Geistes! — Wieder gut, sage ich euch. Es ist also: Denn ich ersehe den Strahlenglanz eures Sternes ja schon aus euren Augen. Ich aber sage euch nun weiter: Lasset ja den Stern nicht aus, sondern betrachtet ihn inniger und inniger und fester und fester, und werdet mächtiger in eurem Wollen, so wird sich der Stern alsbald nach der Macht eueres Wollens und Schauens richten. Was erschauet ihr nun? — Ich sehe schon, wie ihr voll Erstaunens werdet; denn ihr sehet eueren Stern schon so erweitert und vergrößert vor euch, daß ihr mit leichter Mühe große erhabene Einzelnheiten desselben ausnehmet. Nun bemerket ihr schon sogar Bewegungen auf der Oberfläche dieses groß gewordenen Sternes. Ihr möchtet zwar schon im Voraus wissen, was diese Bewegungen sind und was sich da bewegt? Ich aber sage euch nichts; denn nun müßt ihr selbst Alles finden. — Fixirt eueren Stern nur noch fester und stärker, und mächtiget euer Wollen, und es soll sich sogleich zeigen, was diese Bewegungen sind und was sich da bewegt. Was habt ihr denn für Gedanken bei diesen erschauten Bewegungen? — Ihr saget: Wir denken dabei an Wolken und an ein wogendes Meer. — Ich sage euch: Haltet jetzt auf dem Sterne, den ihr nicht mehr verlieren könnet, auch diese Gedanken fest, und saget mir dann, was ihr erschauet? Ihr fraget nun: Lieber Freund und Bruder im Herrn! Wir erschauen nun im Ernste, wie über uns schon sehr nahe stehende Weltflächen Wolken hin und her ziehen, und zwischen den großen Landflächen entdecken wir noch größere Flächen wogenden Meeres. Wir sehen auch schon große Unebenheiten der weitgedehnten Ländereien, und ersehen leuchtende Inseln inmitten der großen Meeresflächen; aber weiter können wir noch nichts ausnehmen. — Gut, sage ich euch; ziehet euch nun die großen Ländereien und die großen Meeresflächen dieses eueres Sternes nur näher, und ihr werdet gleich Mehreres darauf erschauen. Ich merke schon aus euren Augen, daß ihr meinen Rath befolgt. — Nun, was erschauet ihr denn? — Ihr sprechet: Siehe da, das Land ist uns schon äußerst nahe gekommen; wir entdecken nun schon weitgedehnte Wälder, auch eine Menge zerstreuter Wohnhäuser von einer sehr seltsamen Form, auch große Flüsse. Und siehe, nun können wir auch schon kleine Bäche ausnehmen, und an den Ufern des großen Meeres entdecken wir auch hier und da wie Städte errichtet; auch Bewegungen auf der Oberfläche des Gewässers wie von allerlei Schiffen können wir entnehmen. — Nun gut; was meint ihr wohl, woher dieses Alles kommt? — Ihr sprechet: Lieber Freund und Bruder, wir wissen es nicht. — Ich aber frage euch: Woher kam denn der Stern? — Ihr saget: Diesen dachten wir, und hielten ihn dann fest in unseren Gedanken. — Nun, wenn der Stern aus euch kam, woher sollte denn seine Entwicklung anders kommen, denn von euch? — Denn als der Stern durch euer Festhalten größer und größer ward, so entwickelte er durch seine Größe in euch den mit der Begierde gefüllten Gedanken, an dem Sterne selbst eine Welt zu erschauen. Diesen Gedanken hieltet ihr dann unwillkürlich mit dem Sterne selbst fest, und waret dadurch Schöpfer alles Dessen, was ihr nun auf der weitgedehnten Oberfläche dieses Sternes erblicket. Ihr wisset aber, daß ohne Kraft und Gegenkraft ewig nie an eine Wirkung gedacht werden kann. Also sage ich zu euch, und frage euch: Warum konntet ihr denn einen Stern Anfangs denken? — Ihr sehet mich groß an; ich aber sage euch: Weil nicht nur ein, sondern gar viele Sterne in eurem Geiste in kleinster Abbildgestalt zu Grunde liegen. — Aus diesen vielen Sternen habt ihr ein Exemplar aus euch genommen und es euch stets näher und näher beschaulich vorgestellt. — Wie war aber die Vergrößerung dieses kleinsten Abbildes möglich in euerem Geiste? — Hier kommt es auf die Kraft und Gegenkraft an. — Die Kraft liegt in euch; die Gegenkraft ist geschaffen und ewig gefestet von Gott. Wenn ihr die Kraft in euch hervor rufet, was ist da wohl natürlicher, als daß diese in dem Augenblicke des Hervorrufens mit der entsprechenden Gegenkraft aus Gott nach euerem Wollen stets mehr und mehr zusammenstoßen muß? — Denn die Kraft liegt in euch; die Gegenkraft ist außer euch; und Alles, was ihr demnach in euch hervor rufet, muß dann in Gott seinen ewig vorbildlichen Gegensatz finden. Der Stern als Gegensatz ist erschaffen von Gott, wie er ist in seiner Ordnung, Form und Gestalt; dessen vollkommen ebenmäßiges Abbild aber ist auch als abgeleitete Kraft in euch gelegt, weil euer Geist selbst ein Abbild

Gottes ist. — Nun, wisset ihr aber, auf welche Weise alle Dinge beschauet werden? — Ihr saget: Durch das Licht. — Gut, sage ich euch; das Licht fällt auch irdischer Maßen genommen zum größten Theile hinaus in den unendlich großen freien Raum. Was erblicket ihr aber bei einem heiteren Tage in der wohlerleuchteten blauen Atmosphäre? — Ihr saget: Da erblicken wir nichts, außer die blaue Farbe der Luft. — Ich aber frage euch: Warum erblicket ihr da nichts? — Ihr saget: Weil es da keinen Gegenstand giebt. — Was verstehet ihr aber unter einem Gegenstande? Warum saget ihr nicht lieber Vorstand, als Gegenstand? — Ihr wisset nicht, was ihr sagen sollet; ich aber sage euch: Wenn ihr ein Ding beschauet nach seiner Form, so ist das Ding doch offenbar Etwas, das euch gegenüber steht, also ein Gegenstand. — Wenn aber Etwas zwischen das Ding und euch gestellt würde, als etwa eine Wand, ein Schleier, eine Wolke, so würdet ihr doch sicher sagen: Dieses steht uns vor dem Gegenstande, den wir beschauen möchten, und ist somit ein offenbarer Vorstand oder ein hindernder Vorgegenstand. Wenn ihr aber nun zufolge eines solchen Vorstandes den eigentlichen Gegenstand nicht erschauen möget, was wird davon wohl der Grund sein? — Sehet, nichts Anderes, als daß euch die vom Gegenstande zurückgeworfenen Strahlen nicht begegnen können, und somit auch nicht das in euch zu Grunde liegende Bild belebend hervorzurufen vermögen. — Wisset ihr, so ihr nicht in euch hättet die Sonne, und brenneten deren Millionen am Himmel, so möchtet ihr nicht eine erschauen! — Und hättet ihr nicht in euch die Erde und Alles, was in ihr und auf ihr ist vom Atome angefangen bis zur größten allgemeinen Form hinüber vollkommen, so könntet ihr nicht Eines der Dinge erschauen, und keines derselben denken und dasselbe im Worte aussprechen. — Und hättet ihr ferner nicht das ganze Universum in euch, da wäre sternlos der ganze Himmel für euer Auge. — Und hättet ihr also nicht in euch das geistige Reich der Himmel, und das ewige Leben aus dem Herrn, wahrlich, ihr könntet dasselbe weder denken, noch aussprechen. — Wie sich aber dieses Alles verhält, also ist es zu nehmen mit der Kraft und Gegenkraft. Auf der naturmäßigen Welt ruft der von Außen in euch fallende Strahl das in euch ruhende Ebenmaß hervor, und ihr erschauet durch die Wirkung der Gegenkraft und der Kraft in euch den also beschauten Gegenstand. — Wie geht denn Solches im Geiste vor sich? — Wie ist das rechte geistige Schauen bestellt? — Gerade umgekehrt. Ihr nehmet ein Abbild aus euch; dieses Abbild findet aber sobald seinen Gegensatz, als es in euch fest hervor gerufen wird. Je mehr ihr nun den in euch gefaßten Gegenstand festhaltet, desto mehr strebt dieser seinen ewig gestellten Gegensatz an, entwickelt ihn mehr und mehr, und macht ihn eben also auch stets beschaulicher. Wenn ihr, wie durch eueren vorliegenden Stern, es mit der inneren Beschauung so weit gebracht habt, daß er sich euch schon sehr ausgebreitet und enthüllt darstellt, so müßt ihr nicht denken, Solches sei etwa ein Werk einer leeren Phantasie. O nein! Das ist es nicht im geringsten, sondern es ist volle Wirklichkeit; aber nur ist sie euch noch unbekannt in ihrem Grunde, woher sie ist, und wo sie ruht. — Kann man denn Solches nicht erfahren? — O sicher; denn wo die Wirklichkeit ruht, da ruht auch ihr Name, ihre

Ordnung, ihr Wirkungskreis und ihr Standort! — Es heißt aber im Worte des Herrn: „Aus den Früchten möget ihr den Baum erkennen." — Wenn wir Solches wissen, da wird es doch wohl nicht schwer sein, auf die Wirklichkeit Dessen zu kommen, was sich nun vor eueren Blicken schon so nahe entwickelt hat. — Daher versuchet euch in der erhöhten Thätigkeit eueres Geistes; beschauet die vorliegende Welt genauer, bringet sie euch näher und näher, bis sie euch so nahe wird, daß ihr euere Füße auf den Boden derselben setzen möget. Ist Solches geschehen, so habt ihr euch mit diesem Gegenstande in eine lebendige Verbindung gesetzt; er wird euch zur Grundlage, und ihr werdet auf dieser Grundlage thätig werden können. Wenn ihr in dieser Thätigkeit es so weit werdet gebracht haben, daß ihr darin den mächtigen Zug der Liebe des Herrn in euch verspüren werdet, und diese Liebe heißer und heißer sich entzünden wird in helle Flammen übergehend, so wird dadurch eure Unterlage in allen ihren Theilen, da ihr nur immer hinblicken werdet, in selbst lebendige Formen sich auflösen nach der Art, wie sie in euch abbildlich vorhanden sind; und diese Formen werden dann rückwirkend die in euch zu Grunde liegenden belebend hervor rufen und euch selbst kund geben, Wer und wo euere Grundlage ist. — Sehet, also ist alles Erkennen eine Folge des vorhergehenden Erschauens; das Erschauen aber die Folge des Strahlens und Gegenstrahlens, oder die Folge der Kraft in euch und der Gegenkraft außer euch. — Wir haben unsere Welt uns auf diese Weise schon sehr nahe gebracht; also nur noch einen kräftigen Zug im Geiste, und wir werden uns sogleich mit unseren Füßen auf der aus euch hervorgehenden Welt befinden! —

## 186.
(Am 18. Mai 1843, von 5¾—7½ Uhr Nachm.)

Nun sehet, die Welt ist unter unseren Füßen; nun versuchen wir auch ein wenig auf ihr herum zu gehen. Ihr wundert euch jetzt wohl, daß euch diese Welt so gut trägt; und ihr schauet die herrlichen Ländereien, viele Berge mit Wäldern, die herrlichsten Fluren, Aecker und Gärten mit verschiedenartigen Wohnhäusern sehet ihr allenthalben herum. — Ihr saget: Aber Solches haben wir doch nicht gedacht! — Ich aber sage euch: Es hat Solches streng genommen auch nicht Noth; denn habt ihr mit der Kraft in euch die Gegenkraft angezogen, welche eigentlich der Grund der Kraft in euch ist, da giebt dann die angezogene Gegenkraft schon ohnehin Das, was sie in sich hat. Denn euere Kraft entspricht der Gegenkraft in allen ihren Theilen; durch die Wirkung der Gegenkraft, welche ihr in euch angezogen habt, aber werden die Theile der Kraft in euch entwickelt, und so ist der Act dieser scheinbaren Schöpfung aus euch nichts Anderes, als eine Entwicklung Dessen, was in euch ist. — Daher könnt ihr auch nicht so ganz eine Welt nach euerem Belieben erschaffen, sondern nur die hervor rufen, welche in euch zu Grunde liegt. Es brauchen daher auch nicht alle Theile einer solchen Welt von euch gedacht zu werden; ist die Welt gedacht und durch euren Willen und eure Liebe vollkommen entwickelt, dann kann sie sich unmöglich anders vorstellen, als wie sie bestellt ist urgründlich vom Herrn aus. Ihr seid demnach nicht etwa im Ernste Schöpfer dieser Welt; denn das Schöpfungsrecht kann nie ein Geschöpf überkommen. Aber die Fähigkeit das Geschaffene, welches endlos in euch vorhanden ist, aus euch hervor zu rufen auf die euch nun bekannt gegebene Art; Solches liegt in der Fähigkeit eines jeden vollkommenen Geistes. — Unvollkommene Geister haben zwar auch eine ähnliche Fähigkeit in sich; aber weil sie keine Festigkeit haben, so können sie auch das in ihnen zu Grunde Liegende nicht hervor rufen. Denn ein unvollkommener Geist ist ein unbeständiger Geist; er ist eine Wetterfahne und ein Rohr, das vom Winde hin und her geweht wird, und ist zugleich ein thörichter Baumeister, der sein Haus auf lockerem Sande baut. Darum denn kann auch ein unvollkommener Geist nichts Anderes, als nur Ephemeriden hervorrufen, die da gleich sind den vorüberfliehenden Augenliedbildern, welche ihr erschauen möget, so ihr in der Nacht euere Augen schließet, allda ihr erschauet ein chaotisches Gewirre, und mitten in diesem Gewirre verschiedenartige Zerrbilder, welche sich flüchtig entwickeln und wieder also flüchtig vergehen. — Aber nicht also ist es mit dem vollkommenen Geiste, der in seinem Centrum feststeht; was er hervorruft, ruft er in der Ordnung des Herrn hervor, und ruft nicht etwas Ungeschaffenes, also eine leere Phantasie, sondern ein urgeschaffenes Ding hervor. — Sehet, also stehen die Sachen; wir aber befinden uns nun auf dieser Welt, die ihr aus euch hervorgerufen habt, und wollen sie darum ein wenig überwandern und beschauen. — Sehet, da vor uns ist ein großer Garten mit einem sehr prachtvollen Gebäude, welches in der Mitte des Gartens steht, da wollen wir hinziehen; also folget mir! — Sehet, da ist schon das Gartenthor. Wie ich aber bemerke, so seid ihr ja sehr prachtliebende Bauherren; denn die Gartenmauer besteht aus lauter Edelsteinen und das Thor ist gediegenes Gold. Und da seht nur einmal hin, die Gartenwege sind alle mit gold- und silberdurchwirktem Sand überzogen; und die Fruchtbetten des Gartens sind zu auf das zierlichste mit kleinen Goldgeländern umfangen, und die Spangen der Geländer durchgehends mit unterschiedlichen herrlichen Edelsteinen besetzt. Nein wahrhaftig, das heißt doch verschwenderisch gebaut! — Sogar die in den höchsten Reihen gesetzten herrlichen Fruchtbäume sind mit den schönsten silbernen Geländern umfangen, und je in der Mitte eines jeden Bettes ist ein kleiner Springbrunnen angebracht, der sein Gewässer in die verschiedenartigsten Formen aus sich treibt. — Weil die Wege gar so herrlich bestellt sind, da müssen wir denn doch eine tiefere Promenade in den Garten machen. — Die Wege, wie ich merke, sind sogar wie Sofa's von unten gepolstert; ja es ist, wie ich sage, stets eine größere Verschwendung in euerer Baukunst zu erschauen. Wir hätten bereits schon eine tüchtige Strecke in dem Garten zurückgelegt; aber das Hauptwohngebäude scheint noch so ganz tüchtig im weiten Hintergrunde zu stehen. — Aber da vorne sehe ich ja gerade eine weltgedehnte Säulengallerie; die Säulen aus lauter geschliffenen Diamanten, die herrlichen Bögen über den Säulen aus lauter Rubinen, der Gang über den Bögen aus blankem Golde, die Gallerie aus reinstem durchsichtigsten Golde, und die Spangen der Gallerie aus allerfeinstem weißen Golde. Das will ich denn doch eine Pracht heißen! Und unter dem Gange zwischen den Säulen, also zu ebener Erde, sehe ich wie einen herrlichen Wasserkanal, über welchen die herrlichsten Brücken führen; und da sehet nur einmal hin, über dem Kanal ist ein überaus großer freier Platz, der Boden dieses Platzes ist eine Fläche aus feinstem durchsichtigem Golde, dort schon nahe an dem herrlichen Gebäude erschaue ich himmelanragende Säulen aus weißem Gesteine, und auf der Spitze einer jeden Säule flackert eine große dreifarbige Fahne aus Weiß, Roth und Grün. Fürwahr, je weiter man euer Bauwerk betrachtet, desto großartiger, kühner und erhabener wird es; und — das eigentliche Wohngebäude erst im Hintergrunde, das hat ja eine beinahe meilenweite Fronte aus drei Stöcken bestehend! Jedes Stockwerk hat ein Maß nach dem Auge geschätzt von **sechshundert sechs und sechzig Ellen; das ist die Zahl eines Menschen.** — Die Fenster sind hoch und breit; das Eingangsthor ist überhoch und überbreit, und ist verfertiget aus reinstem Golde, und aus den Fenstern, deren Fronte ebenfalls 666 zählt, strahlt aus der untersten Reihe ein weißes, aus der mittleren ein grünes und aus der obersten Reihe ein rothes Licht, — und das Dach dieses übergroßen Gebäudes bildet eine einzige ungeheure Pyramide. Es fehlt dem ganzen Garten und Gebäude nichts als Einwohner; — wo habt ihr denn diese gelassen, als ihr dieses herrliche Gebäude aufgeführt habt? — Ihr saget wohl: Lieber Freund und Bruder, du bist zwar ein großer Liebling des Herrn; aber bei dieser deiner Sprache guckt denn doch so eine kleine Fopperei heraus. Denn von so einer unermeßlichen reichen Pracht ist uns noch nie was auch nur im allertiefsten Traume vorgekommen, geschweige erst, daß wir da Baumeister eines solchen endlos herrlichen und allerreichlichst prachtvollsten Werkes sein sollten; — denn wenn wir so Etwas gebaut hätten, da müßten wir doch auch dabei gewesen sein. Aber davon haben wir nicht die leiseste Spur auch nur von einer allerleisesten Ahnung; — daher wird es bei uns auch einen sehr starken Haken haben hinsichtlich der Bewohner, welche allenfalls diesen unbeschreiblich allerprachtvollsten Palast bewohnen sollten. — Meine lieben Freunde und Brüder, ihr denket hier unrecht. Ihr habt dieses Werk freilich nicht erbaut, so wenig, als diese ganze Welt; aber ihr habt dieses prachtvolle Wohngebäude sammt dieser Welt aus euch hervor gerufen, und das will ja denn doch auch Etwas gesagt haben. Ihr sprechet aber ja nicht selten unter euch: Dieses und Jenes hat mich erbaut. — Was wollet ihr denn damit sagen? — Ich sage euch: Nichts Anderes, als: Dieses und Jenes hat aus meinem inneren Lebensgrunde eine Kraft erweckt, die mich belebt hat in dieser oder jener Art; — und diese Belebung bildete sich in mir zu einer erhabenen geistigen Form aus, und ich erkannte in dieser Form, daß der **Herr überall die allerhöchste Liebe und Weisheit Selbst** ist! — Mein Herz erbrannte in dieser Erkenntniß, und ich betete Gott darin an im Geiste und in der Wahrheit! — Das also ist eine rechte Erbauung; und nun sehet, da haben wir ja eine Form der Erbauung vor uns. In euch selbst habt ihr euch erbaut; die Erbauung ward zur Form, und ihr schauet in dieser Form der göttlichen Liebe und Weisheit unendliche Macht und Kraft, und das ist gleich einer großen Verwunderung, welche allzeit der Liebe vorangeht. — Warum denn? Welcher aus euch ist je in ein weibliches Wesen eher verliebt geworden, als bis er es gesehen und bewundert hatte? — Sehet, also ist es auch hier der Fall. Wer könnte wohl Gott lieben, wenn er Ihn nicht zuvor erkennte? Also das Erkennen geht der Liebe doch nothwendig voraus? — Wenn der Mensch das Wort Gottes hört und Seine Werke betrachtet, dadurch wird der Gedanke Gottes im Menschen hervorgerufen. Ist der Gedanke einmal hervorgerufen, so soll ihn der Mensch nicht mehr auslassen, sondern ihn ebenfalls fester und fester fassen; dieses Fester- und Festerfassen ist der **Glaube**. — Wenn nun der Mensch durch den festen Glauben, also durch das stets größere Fixiren des Gedanken Gottes in sich Gott Selbst zu einem lebendigen Gefühle gemacht hat, so betritt er mit seinen Füßen die Welt Gottes in sich. Er erschaut in dieser Welt Wunderdinge über Wunderdinge. Dieses Erschauen ist die wachsende Erkenntniß Gottes; — aber die Welt, die wundervolle, ist noch wesenleer, das Prachtgebäude hat noch keine Bewohner. Aber sehet, dort in der Mitte des Gebäudes, das nun vor uns steht, ist ein Opferaltar errichtet und — auf dem Opferaltare eine Menge frisches Holz gelegt; wir wollen es anzünden, und es soll sich dann sogleich zeigen, ob diese Welt wesenleer ist. Womit aber werden wir das Holz anzünden? — Ich sage euch: Das sehr merkwürdige Feuerzeug liegt in eurem Herzen; es heißt Liebe! — Diese wollen wir an den Altar hin tragen, und ihr werdet euch denn sobald überzeugen, daß im Menschen nicht nur die puren Gedanken Gottes, sondern auch die lebendigen Wesen wohnen! — Was würde es auch nützen, so Jemand sagte: Siehe hier meine Brüder, stehe da meine Schwestern, wenn er sie aber nicht liebete! — Liebt er sie aber, so liebt er sie doch sicher nicht draußen, sondern in seinem Herzen! — Und so denn sind sie für ihn auch nicht draußen, sondern sie sind in der Liebe seines Herzens. — Also zünden wir das Holz nur an, damit dieses Gebäude Einwohner bekomme! — —

## 187.

(Am 19. Mai 1843 von Nachm. 5½—7 Uhr.)

Ihr fraget: Wie werden wir Feuer unserem Herzen entlocken, damit wir mit demselben dieses Holz entzünden möchten? — O Brüder und Freunde! Welch' eine Frage von euch? — Ist denn nicht ein einziger Gedanke an **Jesum** hinreichend, um das Herz für ihn überhell aufflammen zu machen? — O Brüder und Freunde! Könntet ihr es fassen, was dieser Name aller Namen besagt, was er ist und welch' eine Wirkung in ihm; ihr müßtet ja augenblicklich in eine so mächtige Liebe zu Jesu übergehen, deren Feuer hinreichend wäre, ein ganzes Heer von Sonnen zu entzünden, daß sie darob noch um's Tausendfache heller flammen möchten in ihren endlos weiten Raumgebieten, als Solches bis jetzt der Fall ist. — Ich sage euch Jesus ist etwas so ungeheuer Großes, daß, so dieser Name ausgesprochen wird, die ganze Unendlichkeit von zu großer Ehrfurcht erbebt. Saget ihr: „Gott", so nennet ihr zwar auch das allerhöchste Wesen; aber ihr nennet Es in seiner Unendlichkeit, da Es ist erfüllend das unendliche All, und wirkt mit Seiner unendlichen Kraft von Ewigkeit zu Ewigkeit. — Aber in dem Namen Jesus bezeichnet ihr das vollkommene mächtige, wesenhafte Centrum Gottes, oder noch deutlicher gesprochen: **Jesus ist der wahrhaftige, allereigentlichste, wesenhafte Gott als Mensch, aus Dem erst alle Gottheit,** welche die Unendlichkeit erfüllt, als der **Geist Seiner unendlichen Macht, Kraft und Gewalt** gleich den Strahlen aus der Sonne hervor geht. — Jesus ist demnach der **Inbegriff der gänzlichen Fülle der Gottheit,** oder: In Jesu wohnt die Gottheit in Ihrer allerunendlichsten Fülle wahrhaft körperlich wesenhaft; — darum denn auch allzeit die ganze göttliche Unendlichkeit angeregt wird, so dieser unendlich heiligst erhabene Name ausgesprochen wird! — Und dieses ist zugleich auch die unendliche Gnade des Herrn, daß Er Sich hat gefallen lassen anzunehmen das körperlich Menschliche. Warum aber that er Dieses? Höret, ich will euch nun ein kleines Geheimniß enthüllen! — Vor der Darniederkunft des Herrn konnte nimmer ein Mensch mit dem eigentlichen Wesen Gottes sprechen; Niemand konnte Dasselbe je erschauen, ohne dabei das Leben gänzlich zu verlieren, wie es denn auch beim Moses heißt: „Gott kann Niemand sehen und leben zugleich!" — Es hat Sich zwar der Herr in der Urkirche, wie auch in der Kirche des Melchisedek, zu der sich Abraham bekannte, zwar öfter persönlich gezeigt, und hat gesprochen mit seinen Heiligen und Selbst gelehrt Seine Kinder; — aber dieser persönliche Herr war eigentlich doch nicht unmittelbar der Herr Selbst, sondern allzeit nur ein zu dem Zwecke mit dem Geiste Gottes erfüllter Engelsgeist. Aus solch' einem Engelsgeiste redete dann der Geist des Herrn also, als wenn es unmittelbar der Herr Selbst redete; — aber in einem solchen Engelsgeiste war dennoch nie die vollkommenste Fülle des Geistes Gottes gegenwärtig, sondern nur in so weit, als es für den bevorstehenden Zweck nöthig war. Ihr könnet es glauben: in dieser Zeit konnten auch nicht einmal die allerreinsten Engelsgeister die Gottheit je anders sehen, als ihr da sehet die Sonne am Firmamente; und keiner von den Engelsgeistern hätte es je gewagt, sich die Gottheit unter irgend einem Bilde vorzustellen, wie Solches auch noch unter Mosis Zeiten dem israelischen Volke auf das strengste geboten wurde, daß es sich nämlich von Gott kein geschnitztes Bild, also durchaus keine bildliche Vorstellung machen sollte. — Aber nun höret: Diesem unendlichen Wesen Gottes hat es einmal wohlgefallen, und zwar zu einer Zeit, in welcher die Menschen am wenigsten daran dachten, Sich in Seiner ganzen unendlichen Fülle zu vereinen, und in dieser Vereinung anzunehmen die vollkommene menschliche Natur! — Nun denket euch: Gott, Den nie ein geschaffenes Auge schaute, kommt als der von der allerunendlichsten Liebe und Weisheit erfüllte Jesus auf die Welt! — Er, der Unendliche, der Ewige, vor dessen Hauche Ewigkeiten zerstäuben wie lockere Spreu, wandelte und lehrte Seine Geschöpfe, Seine Kinder nicht wie ein Vater, sondern wie ein Bruder! — Aber das Alles wäre noch zu wenig; Er, der Allmächtige, läßt Sich sogar verfolgen, gefangen nehmen und dem Leibe nach tödten von Seinen nichtigen Geschöpfen! Saget mir: Könnt ihr euch eine unendlich größere Liebe, eine größere Herablassung denken, als diese, die ihr an Jesu kennet?! — Durch diese unbegreifliche That hat Er alle Dinge des Himmels anders gestaltet; — wohnt Er auch in Seiner Gnadensonne, aus welcher das Licht allen Himmeln unversiegbar zuströmt, so aber ist Er dennoch ganz derselbe leibhaftige Jesus, wie Er auf der Erde in all' Seiner göttlichen Fülle gewandelt hat, als ein wahrer Vater und Bruder, als vollkommener Mensch unter Seinen Kindern gegenwärtig, giebt all' Seinen Kindern alle Seine Gnade, Liebe und Macht, und leitet sie Selbst persönlich wesenhaft, endlos mächtig zu wirken in Seiner Ordnung! — Ehedem war zwischen Gott und den geschaffenen Menschen eine unendliche Kluft, aber in Jesu ist diese Kluft beinahe völlig aufgehoben worden; denn Er Selbst, wie Ihr wisset, hat uns dieses ja doch sichtbar angezeigt für's Erste durch Seine menschliche Darniederkunft, für's Zweite, daß Er uns nicht einmal, sondern zu öfteren Malen Brüder nannte, für's Dritte, daß Er mit uns aß und trank, und alle unsere Beschwerden mit uns trug, zum Vierten, daß Er als der Herr der Unendlichkeit sogar der weltlichen Macht Gehorsam leistete, zum Fünften, daß Er Sich hat von weltlicher Macht sogar gefangen nehmen lassen, zum Sechsten, daß er sich sogar durch die weltlich mächtige Intrigue hat an's Kreuz heften und tödten lassen, und endlich zum Siebenten, daß Er Selbst durch Seine Allmacht den Vorhang im Tempel, welcher das Allerheiligste vom Volke trennte, zerrissen hat! — Daher ist er auch der alleinige Weg, das Leben, das Licht und die Wahrheit; Er ist die Thüre, durch welche wir zu Gott gelangen können, d. h. durch diese Thüre überschreiten wir die unendliche Kluft zwischen Gott und uns, und finden da Jesum, den ewigen, unendlich heiligen Bruder! — Ihn, der es also gewollt hat, daß diese Kluft aufgehoben würde, können wir denn nun doch sicher über Alles lieben! — Daher, wie ich gleich Anfangs gesagt habe, genügt zur Erweckung unserer Liebe zu Jesu ja doch sicher schon ein einziger Gedanke; — nur Sein Name in unseren Herzen ausgesprochen sollte ewig genug sein, um in aller Liebe für Ihn zu erbrennen! — Daher sprechet auch ihr in euren Herzen diesen Namen würdig aus, und ihr werdet es selbst erschauen, in welcher Fülle das Feuer der Liebe aus euren Herzen hervorbrechen wird zu entzünden das Holz des Lebens, durch welches die Heiden genesen sollten an diesem neuen Opferaltare. — Solche Heiden, wie sie einst mein Bruder Paulus bekehrte, giebt es in dieser Zeit noch gar viele; ja es giebt Heiden, die sich Christen nennen, aber dabei ärger sind in ihren Herzen als diejenigen, die einst Moloch und Baal anbeteten. — Wenn das Holz auf diesem Altare wird zum brennen kommen, da erst werdet ihr in dieser aus euch selbst gerufenen Welt so Manches erschauen, das ihr bis jetzt noch nicht erschaut habet. — Denn ich sage euch: In der Welt der Geister giebt es unergründliche Tiefen. Kein geschaffener Geist könnte dieselben je ermessen; aber wir sind im Geiste des Herrn. Sein Geist lebt, waltet und wirket in uns, und in diesem Geiste ist uns keine Tiefe unergründlich; denn Niemand kann wissen, was im Geiste ist, denn allein der Geist. So kann auch Niemand wissen, was in Gott ist, denn allein der Geist Gottes. — Jesus, der vereinigte Gott in aller Fülle, aber hat uns erfüllt mit Seinem Geiste; und mit diesem Seinem Geiste in uns können wir auch bringen in Seine göttlichen Tiefen. — Also denket euch nun den Namen aller Namen, den Heiligsten aller Heiligkeit, die Liebe aller Liebe, das Feuer des Feuers; und das Holz am Altar wird brennen! — — —

## 188.

(Am 20. Mai 1843, von Nachm. 4½—6½ Uhr.)

Ihr habt es gethan, und — gedacht den Namen, der da **heilig, heilig, heilig** ist in euch! Und sehet, schon lodert eine herrliche Flamme auf dem Altare, verzehrend das Holz des Lebens als eine Nahrung zur Belebung der Wesen dieser Welt in euch. Nun sehet euch aber auch ein wenig um; blicket hinauf in die überaus herrlichen Gallerien dieses Prachtgebäudes, und saget mir, was ihr erschauet. — Ihr sprechet: O Freund und Bruder, da sehen wir ja eine übergroße Menge Menschen beiderlei Geschlechtes; ihre Formen sind herrlich und wunderbar schön, und sie sind gekleidet herrlicher denn die Könige der Erde. Wie ist Solches möglich? Sind diese auch in uns? — Lieben Brüder, ich sage euch: Wo eine ganze Welt ruht, da muß ja doch auch Das vorhanden sein, was die Welt trägt. — Ihr saget freilich: Giebt es denn wohl eine Welt von solcher Herrlichkeit im unermeßlichen Schöpfungsraume? — Ja wohl, meine lieben Freunde und Brüder! Ihr müßt andere Weltkörper nicht nach euerer Erde bemessen; denn diese ist ein **Bettelstübchen** nur gegen die Paläste der Fürsten. Ihr habt bei der naturmäßigen Darstellung der Sonne und einiger Planeten eueres Sonnengebietes sicher die Beobachtung gemacht, um wie Vieles prachtvoller und herrlicher diese eingerichtet sind, denn euere Erde; ich aber sage euch: Dieses Alles ist noch eine pure Bettelei gegen so manche Herrlichkeiten der größeren Weltkörper im unermeßlichen Schöpfungsraume. Auch selbst diese Welt, die ihr aus euch hervorgerufen habt und wir nun auf ihr herum gehen, ist noch beiweitem die herrlichste nicht. — Es giebt in dem Bereiche des Sternbildes **Orion**, **Löwe**, und im Sternbilde des großen Hundes Sonnenwelten, vor deren Herrlichkeit und unermeßlichen Pracht ihr beim kürzesten Anblicke schon vergehen würdet. Doch ihr möchtet wohl wissen, was das für eine Welt ist? — Wie werden wir aber Solches heraus bringen? — Fraget ihr einen Bewohner dieser Welt, so wird er euch höchstens mit einem fremden Namen bereichern; das wird aber dann auch Alles sein, was ihr davon erfahren möget. Sage ich es euch, so werdet ihr auch nicht viel mehr gewinnen. Ihr sollet es aber in euch finden; seid ihr Solches im Stande, so wird die Erkenntniß dieser Welt für euch in der geistig wissenschaftlichen Sphäre erst nützlich sein. Wie aber Solches anstellen? Das ist freilich eine andere Frage. Wir wollen aber Solches dennoch versuchen; ein Beispiel soll uns da den Weg zeigen. Und so habet denn Acht! — Wenn ihr Beispielsweise von irgend einem Punkte, da ihr euch befindet, irgend einen Gegenstand erschauet, der sich in einer mäßigen Entfernung von euch befindet, so könnt ihr leicht bestimmen, den welchen Gegenstand ihr erschaut habet; denn ihr könnt euch in diesem Falle, wie ihr zu sagen pflegt, orientiren. — Wollt ihr den Gegenstand näher beschauen, so braucht ihr nichts als entweder eine tüchtige Augenwaffe, oder eine allfällige Hinreise zu dem vorher beobachteten Gegenstande. Das wäre somit der natürliche Weg. — Wenn ihr euch aber gleich Anfangs bei einem merkwürdigen Gegenstande befindet, so wird es schon ein wenig schwerer zu bestimmen sein, von welchen äußeren Aussichtspunkten dieser Gegenstand wohlerkenntlich am vortheilhaftesten zu erschauen ist; — und habt ihr solche Punkte in der weiten Peripherie des merkwürdigen Gegenstandes in eurer Nähe auch wirklich aufgefunden, so werdet ihr denn doch genöthiget sein, diese Punkte alle zu bereisen, um von ihnen aus die Ueberzeugung einzuholen, wie sich euer naher Gegenstand von ihnen aus beschauen läßt. Habt ihr Solches gethan, so habt ihr dann schon sicher dieses Resultat überkommen, daß dieser Gegenstand sich hauptsächlich nur von einem Punkte am vortheilhaftesten ausnehmen und erkennen läßt. — Das wäre Alles klar und verständlich, saget ihr; aber unsere Welt, auf der wir sind, will uns noch nicht bekannt werden. — Macht nichts, meine lieben Freunde und Brüder, wir sind mit unserer Erörterung aber auch noch nicht am Ende; es wird schon zu rechter Zeit uns Alles noch klar werden. — Habet nur Acht auf den weiteren Verlauf meiner beispielsweisen Verhandlung. — Wenn ihr auf der Erde seid und schauet bei einer sternhellen Nacht den gestirnten Himmel an, und habet zugleich auch eine gute Sternkarte bei euch, so wird es euch eben nicht zu schwer werden, bald einen und bald den andern Stern beim Namen zu nennen; — habt ihr aber dadurch Etwas gewonnen? — Kennt ihr jetzt den Stern? — Oder werdet ihr ihn erkennen als einen schon von der Erde aus beobachteten, wenn ihr ihn selbst betreten würdet? — Ich sage euch: Solches wird eben so wenig der Fall sein, wie jetzt. — Ich setze aber den umgekehrten Fall, ihr befändet euch auf irgend einem von der Erde noch gar wohl sichtbaren Sterne, z. B. auf einem Sonnenkörper im Sternbilde der sogenannten Plejaden. Wenn ihr aber dann wieder zurück kommet auf euere Erde, würdet ihr da wohl mit Bestimmtheit angeben können, derwelche aus den etlichen neunzig Sternen dieses Sternbildes gerade derjenige ist, auf dem ihr euch befunden habet? — Solches, meine ich, wird auch etwas schwer sein, weil die Sterne dieses Sternbildes nur von eurer Erde gesehen eine solche Form bilden; in ihrer eigentlichen Stellung aber sind sie durch unermeßliche Räume von einander entfernt. — Und wenn ihr euch demnach auf einem oder dem anderen Sterne befindet, so werden die anderen, welche von eurer Erde aus gesehen dieses Sternbild ausmachen, sich unter ganz anderen Sterngruppen des gestirnten Himmels befinden, und ihr werdet es in der Wirklichkeit sicher ewig nicht herausbringen, die welchen Sterne von euerer Erde aus gesehen das Sternbild der Plejaden formirten. — Daher ihr denn auch nicht bestimmen können werdet, auf welchem Sterne dieses Sternbildes ihr euch befunden habt. — Ihr saget: Das ist wieder richtig; aber noch immer befinden wir uns auf einer fremden Welt. — Ich sage euch: Auch dieses ist richtig; sage euch aber noch hinzu, daß sich auf diese für euch gewöhnliche Beobachtungs- und Erkennungsweise diese Welt nicht wird erkennen lassen. — Wie werden wir denn hernach Solches entziffern? — Denn es hilft da weder Beobachtung, noch Mathematik, noch Sternenkarte und die allerbesten mathematischen Sehewerkzeuge. Solches ist richtig; aber dessen ungeachtet giebt es ein ganz einfaches Mittel, solch' eine Welt mit der leichtesten Mühe von der Welt zu erkennen. Ich werde auch im Verlaufe dieses meines begonnenen Beispieles nur so kleine Stößchen versetzen, und ihr werdet dadurch bald von selbst, wie ihr zu sagen pfleget, den Nagel auf den Kopf treffen. — Jetzt will ich euch das erste Stößchen versetzen; und so habet denn Acht! — Wißt ihr, woher euere Kinder sind? Wißt ihr, wo sich ihr geistiges und ihr seelisches Princip ehedem aufgehalten hat, als bis sie euch aus den Weibern sind geboren worden? — Ihr saget: Solches wissen wir durchaus nicht. — Ich frage euch aber wieder, und gebe euch dadurch ein neues Stößchen: Wie erkennet ihr aber demnach die gebornen Kinder als die eurigen und die Kinder euch als ihre Eltern? — Diese Frage soll euch schon so einen recht starken Wink geben; — ist es nicht die Liebe, die euch die Kinder giebt? Werden sie nicht in der Liebe empfangen? — Sehet, wenn das Kind zur Welt geboren wird, da umfaßt es die Mutter und der Vater sogleich mit großer Liebe; und das ist schon die erste Taufe. — Hat das Kind auch noch keinen Namen, so hat es aber dennoch ein Zeichen glühend in die Herzen der Eltern eingegraben, welches unerlöschlich ist. Dieses Zeichen ist nichts Anderes, als die Liebe; durch diese Liebe wächst die beiderseitige Erkenntniß und Bekanntschaft immer größer und entfaltet sich immer mehr und mehr, und wird am Ende so intim und stark und mächtig, daß ihr euer Kind unter jeder Zone sobald erkennen werdet, und das Kind wird dasselbe ganz sicher im Stande sein, besonders, wenn es nota bene in irgend einer kleinen Noth steckt. — Sehet, in eueren Kindern habt ihr auf dem Wege der Liebe eine beiweitem wunderbarere Welt für beständig kennen gelernt, als diese da ist, welche wir jetzt betreten, und ihr werdet das Merkmal nicht leichtlich vergessen und verlöschen aus eueren Herzen. — Wie gefällt euch dieses Stößchen? Könnt ihr den Nagel noch nicht auf den Kopf treffen? — Ich sehe, es will euch dieser Hieb noch nicht so ganz und gar gelingen; wir wollen daher noch ein Stößchen versuchen: Ihr kämet nach einem fernen Landgebiete des Erdtheiles Amerika, und alldort zwar in eine Stadt. Es ist euch Alles weltfremd, und ihr möget schauen, wie ihr wollt, und horchen, wie ihr wollt, so wird euch kein bekannter Strahl, außer der Sonne, des Mondes und der Sterne in die Augen fallen; und kein bekannter Laut wird eueren Ohren begegnen, und ihr werdet euch so fremd vorkommen, daß ihr euch beinahe selbst nicht kennet. Aber da ihr euch so in den Gassen herum treibet, kommt euch auf einmal ein Mensch unter, der euch so vom ganzen Herzen freundlich anblickt; — dieser Blick hat euch diese Gasse schon etwas freundlicher gemacht, und ihr werdet sie euch am meisten merken. Dieser Mann aber geht auf euch zu, spricht euch in eurer Muttersprache an, und die noch sehr fremde Gasse wird euch schon nahe ganz heimathlich vorkommen. Der Mann aber nimmt euch auf mit aller Liebe; ihr ziehet mit ihm in sein Haus. Dadurch ist diese ganze fremde Stadt euch auf einmal so heimlich geworden, daß ihr anfangt sie in euerem Herzen zu umfassen. Der Mann führt euch ferner in mehrere Häuser, allda ihr überall liebevollst und freundlichst aufgenommen werdet; und ihr seid in der fremden Stadt wie zu Hause. — In kurzer Zeit lernet ihr auch noch dazu die Landessprache kennen, und ihr seid wie Eingeborne. Die Gegenden dieser fremden Welt oder des fremden Erdtheiles werden euch ganz heimathlich ansprechen, und ihr seid so zu sagen in diesem Lande ganz zu Hause; und werdet ihr es auch auf eine Zeit verlassen, und dann wieder dahin kommen, so werdet ihr es sicher auf der Stelle erkennen. — Was ist aber das Kennzeichen, welches Merkmal hat wohl das Land, daß ihr es wieder so schnell erkennt? — Fraget die Liebe, und das freudige Gefühl eures Herzens, und es wird euch augenblicklich kund geben den Grund, auf welchem euere Erkenntniß dieses Landes ruht. — Auf diese Weise werdet ihr auch nun mit der leichtesten Mühe von der Welt nach kurzem Verlauf unserer Betrachtungen auf dieser Welt diese Welt selbst also erkennen, daß es euch eine Unmöglichkeit wird zu sagen: Wir kennen sie nicht! — Ich sage euch: Wie die Liebe Alles in Allem ist, so ist auch Alles aus der Liebe! — Wonach läßt sich wohl eine Frucht erkennen? Ihr saget: Aus der Form, Farbe und dem Geschmack. — Wessen Producte aber sind Form, Farbe und Geschmack? — Sie sind Produkte der Liebe. — Ihr erkennet am Geschmacke die Muskatellertraube; warum denn? Weil dieser Geschmack einem bestimmten Theile euerer Liebe entspricht. Also wollen wir denn auch hier sehen, welchem Theile unserer Liebe diese Welt entsprechen wird; und haben wir Das mit der leichtesten Mühe gefunden, so haben wir auch schon Alles. Das Wie, Wo und Woher wird sich dann von selbst künden. —

## 189.
(Am 22. Mai 1843 von Nachm. 4½—7½ Uhr.)

Ihr saget: Gut wäre es freilich, wenn man nur gleich wüßte, welchem Theile unserer Liebe, oder welcher Himmelsgegend derselben man eben diese Welt unterschieben sollte. — Ich aber sage euch, meine lieben Freunde und Brüder! Da ihr die Hauptsache schon durch meine Stößchen zum Dreivierteltheile aus euch gefunden habt, so wird es wohl nicht so schwer sein, auch das vierte Viertel durch allenfalls noch ein paar Stößchen zu finden. Ich will euch zu dem Behufe alsogleich eine Frage geben, deren Beantwortung ihr schon zum Voraus in euch habt; die Frage aber sei diese: Habt ihr nie etwas gehört von der sogenannten alten Astrologie? Ihr saget: O sicher; dergleichen Bücher finden sich noch heutigen Tages unter uns vor; aber auf dieselben wird man etwa doch nicht zu viel halten dürfen? — Ich sage euch: Auf die Art, wie ihr darauf zu halten pflegt, freilich wohl nicht; denn das wäre ein absurder Aberglaube, und wäre sündhaft, darauf zu halten. — Aber es hat jede Sache zwei Seiten, nämlich eine Licht- und eine Schattenseite. — Wir wollen uns daher nicht der Schatten- sondern der Lichtseite dieses alterthümlichen Mysteriums bedienen. Wie lautet aber diese: Ihr Name heißt: Kunde der Entsprechungen. Auf dem Wege der Entsprechung aber hat ein jedes Ding, eine jede Form und ein jedes gegenseitige Verhältniß der Formen, wie der Dinge, einen entsprechend geistigen Sinn; und so hatten einen solchen Sinn und haben es noch alle die Sterne und ihre Bilder. Wer demnach diese Bilder von dieser Lichtseite lesen und verstehen kann, der ist auch ein Astrolog aus dem Reiche der Geister des Lichtes, d. h. er ist ein wahrhaftiger Weiser, wie da auch die drei Astrologen aus dem Morgenlande wahrhaftige Weise waren, da sie erkannt hatten den Stern des Herrn, und haben sich führen lassen von ihm, und haben durch ihn gefunden den Herrn der Herrlichkeit! — Ich sehe wohl in euch so eben eine Frage, was da betrifft die eben erwähnten drei weisen Sternkundigen aus dem Morgenlande. Ich weiß, daß ihr darüber auch schon eine Erläuterung bekommen habt; aber Solches wißt ihr nicht, daß eben aus den Himmeln keine Kunde völlig enthüllt zu den

Menschen auf der Erde gelangen kann, sondern allzeit noch ist eine
jede Kunde mit einer Hülse umschlossen; denn ohne eine solche hülsige
Umschließung könnte keine Kunde aus den Himmeln, welche rein geistig
ist, zu den Menschen gelangen, so wenig, als da Jemand von euch im
Stande wäre, den für den Leib nur tauglichen ätherischen Nahrungsstoff
ohne Beigabe gröberer Materie in sich aufzunehmen. Denn das Brod,
das ihr esset, besteht aus lauter kleinen Hülschen, welche die Träger sind
des eigentlichen Nährstoffes. Wenn aber demnach euere schon empfangene
Kunde über die drei Weisen aus dem Morgenlande ebenfalls noch ein
wenig umhüllet ist, so können wir sie hier ebenfalls ein wenig enthüllen;
es kann aus dieser Enthülsung ja etwa auch so ein kleines Stößchen hervorgehen, und unsere Lichtseite der Astrologie, die wir eben
brauchen, wird uns stets anschaulicher. — Ihr habt so viel erfahren über
diese drei Weisen, als seien sie vorstellend dagewesen, den **Adam**, den
**Kain** und den **Abraham** bezeichnend. Solches ist richtig; aber würdet
ihr es ganz complet wörtlich nehmen, so würdet ihr dadurch eben so gut
noch in einer Irre sein, als wann ihr an das ominöse Himmelszeichen
glauben wolltet, in welchem nach der Kalenderrechnung ihr geboren seid.
Ihr saget: Das mag wohl sein; aber wie soll man denn hernach die
Sache nehmen, die doch hier und da zumeist kerzengerade ausgesprochen
ist? Ich sage euch: Wie man solche Sachen nehmen soll, wird sich sogleich klärlich darstellen. — Ihr habet doch auch allerlei handgreifliche
Gegenstände vor euch, als da sind aller Art Mineralien, Pflanzen, Thiere
und Menschen. Saget mir, wenn ihr diese Gegenstände also nehmet und
begreifen wollet, wie sie kerzengerade vor euch stehen, verstehet ihr sie dann?
— Ihr könnt wohl sagen: Siehe, das ist ein hoher Berg; er hat eine
sehr romantische Form, sein Gestein besteht aus Urkalk, auf seiner höchsten Spitze muß eine herrliche Aussicht sein, und in seinem Inneren werden vielleicht manche Metalle rasten. Wenn ihr Solches von dem Berge
ausgesagt habt, dann seid ihr aber auch schon fertig. — Um kein Haar
besser wird es euch bei den Pflanzen und Thieren gehen, da ihr nur Das
beurtheilen könnt, und das noch dazu überaus oberflächlich, was euch in
die Sinne fällt, oder was kerzengerade vor euch ist; aber was die innere,
höhere, geistige Ordnung betrifft, saget, mit welchem Maßstabe wollt ihr
diese bemessen? — Also stehen auch hier Adam, Kain und Abraham
unter dem Bilde der drei Weisen aus dem Morgenlande kerzengerade vor
euch, und zufolge der euch gewordenen Kunde aus den Himmeln. Aber
wie ihr das Reich der Mineralien, der Pflanzen und Thiere durchaus
noch nicht verstehet aus dem Grunde, also ist es auch der Fall mit den
drei Weisen aus dem Morgenlande. — Adam, Kain und Abraham waren zugegen; Solches ist euch gegeben worden zur Kunde über die Frage
hinsichtlich der Bedeutung der Weisen aus dem Morgenlande. — Wie
aber waren sie zugegen? — Sehet, das ist eine andere Frage. Diese
habt ihr nicht gestellt; daher blieb diese Frage auch eine Hülse über die
euch gewordene Kunde. — Nun aber ist es an der Zeit, diese Hülse zu
brechen, da wir zu unserem Zwecke die reinere Wahrheit gebrauchen; und
so wisset denn: Diese drei Weisen waren drei ganz gewöhnliche
Priester besserer Art aus den Gefilden Assyriens. Ihr wisset,
daß zur Zeit Salomonis die euch wohlbekannte große Königin des Assy-

rischen Reiches nach Jerusalem kam, um Salomons Weisheit zu hören. Also zu dieser Zeit schon war auch diesem heidnischen Volke durch seinen besseren Theil der Priester eine Prophezeiung gemacht worden, daß ihre Söhne einst einen Stern entdecken werden, welcher allen Völkern der Erde aufgehen wird. — Seit dieser Prophezeiung blieb denn auch immer ein Theil der besseren Priesterschaft dieses Volkes dabei stehen, und beobachtete fortwährend den gestirnten Himmel. Diese Priester reiseten zu dem Behufe auch nach allen Landen, wo in derselben Zeit sich irgend große Weise aufhielten und lernten von Solchen so manche tiefe Weisheit, besonders aber die Weisheit in der Kunde der Entsprechungen. — Zur Zeit der Geburt Christi war das Gremium dieser Priester ziemlich groß geworden; aber bis auf Drei ließen sich alle von der Gewinnsucht hinreißen, und dienten somit dem Mammon. Nur drei blieben bei der reinen Weisheit, verschmähten die Welt und ihre Schätze und suchten den Lohn ihrer geistigen Thätigkeit allein im Geiste und in der Wahrheit. — Was geschah denn zur Zeit der Geburt unseres hochgelobten und über Alles geliebten Herrn? — Sie entdeckten einen ungewöhnlich glänzenden Stern aufgehend, und beobachteten seinen Gang und die Sternbilder, unter denen er aufging und welche er passirte. Als sie so mit der inneren entsprechenden Bedeutung dieses Sternes beschäftiget waren und der Stern gegen die Mitte der Nacht gerade über ihren Zenith zu stehen kam, da erschienen ihnen drei Männer mit weißen Kleidern angethan, und sprachen zu ihnen: Kennet ihr den Stern? Und die Weisen sprachen: Wir kennen ihn nicht. — Die Männer aber, die da erschienen sind, sprachen zu den Weisen: Lasset euch anrühren von uns an eueren Stirnen und an eueren Brüsten, und ihr werdet sobald die große Bedeutung dieses Sternes erkennen. — Die Weisen aber sagten: Seid ihr etwa Zauberer aus Indien, daß ihr uns Solches anthun wollet? — Die drei erschienenen Männer aber erwiederten: Das sind wir mit nichten; denn wir wollen euch nicht die Macht der Hölle enthüllen, sondern die Kraft Gottes wollen wir euch zeigen, und euch führen dahin, da Sich der ewige Herr Himmels und der Erde niedergelassen hat in aller Seiner göttlichen Fülle. — Einer Jungfrau ward die endlose Gnade zu Theil; sie hat vom Herrn empfangen, und hat geboren ein Kind aller Kinder, einen Menschen aller Menschen und einen Gott aller Götter! — Sehet, Das wollen wir euch zeigen, und aus diesem Grunde lasset euch anrühren von uns! — Und die Weisen sprachen: Es sei denn, wie ihr wollet; aber zuvor saget uns, wer ihr seid? — Und der Eine aus den drei Erschienenen sagte: Habt ihr je etwas gehört, wie es war im Anfange der Welt? Sehet, ein Leib ward mir gegeben von Gott, den trug ich neunhundertunddreißig Jahre, und ward also geschaffen der erste Mensch dieser Erde; mein Name war Adam, der Erstling Gottes auf dieser Erde. — Nach diesen Worten ließ sich der Aelteste von dem Geiste Adams anrühren, und als der Geist den Aeltesten anrührte, ward er sobald unsichtbar; aber der Aelteste war erfüllt von dem Geiste Adams. — Und auf dieselbe Weise geschah es mit den beiden Anderen, und sie wurden erfüllt, der Aeltere mit dem Geiste Kains, und der Jüngere mit dem Geiste Abrahams, ohne jedoch dabei von ihrer eigenthümlichen Individualität nur im geringsten etwas zu verlieren; aber im Augenblicke dieser Handlung erkannten sie die große Bedeutung dieses Sternes und die Worte der Prophezeiung, welche geschehen wird, wie schon gesagt wurde zur Zeit der großen Königin dieses Landes. Daher machten sie sich auch sobald auf den Weg von ihrem Beobachtungsplatze, rüsteten ihre Kameele aus, und geboten ihren Knechten einzukaufen Myrrhen, Gold und Weihrauch. Denn Solches war im selben Lande die gebräuchliche Opferung einem neugebornen Könige; Myrrhen dem Kinde, Gold dem Könige, welcher bei ihnen hieß Mensch der Menschen, wie ein solches königliches Kind ein Kind der Kinder, — und Weihrauch opferte man dem Könige ebenfalls, weil der König als gesalbter Machthaber der Gottheit auf Erden angesehen ward. — Als solches Alles herbei geschafft war, da wurde auch sogleich die Reise angetreten, und der Stern war der Wegweiser, und die drei Geister waren die inneren Führer unserer bekannten drei Weisen aus dem Morgenlande. — Sehet in dieser Darstellung habt ihr euere Kunde enthüllet, und dennoch auch zugleich die innere Wahrheit mit, daß in eben diesen drei Weisen Adam, Kain und Abraham gegenwärtig waren; und Abraham, der sich gar lange schon auf diesen Tag in seinem Geiste gefreut hat, daß er ihn sehen möchte, wie es der Herr Selbst von ihm aussagte, hat ihn auch wirklich gesehen leiblich durch die Weisen, geistig in sich und himmlisch in dem erschauten Kinde der Kinder, Menschen der Menschen und Gott der Götter. — Aus dieser Darstellung aber könnt ihr auch zur Genüge ersehen, wie die wahre Astrologie beschaffen sein solle. Wir haben ebenfalls einen Stern erschaut von ganz ungewöhnlicher Art in uns, oder am Firmamente unseres Geistes. — Sind wir rechte Astrologen, so werden wir auch sicher mit der leichtesten Mühe unser letztes Viertelchen finden, und werden gar wohl erkennen, wo hinaus es so ganz eigentlich mit unserem Sterne will. — Es ist wahr, es liegen noch große Milliarden und Milliarden von Sternen und Welten in euch; aber aus diesen großen Milliarden hat sich Einer nur gelöst. Dieser steht vor uns, und liegt unter unseren Füßen gleichwie ein herrliches himmlisches Vaterland; aber wir fragen: Wo stehst du herrliche Welt in deiner großen Wirklichkeit? — Aus welcher Gegend der weiten Himmel traf dein mächtiger Strahl dein Ebenbild in uns, und stellte es hinaus, einen herrlichen Abglanz aus dir? Und wir wissen nicht, woher dein Strahl kam! — O Freunde und Brüder! Es klingt sonderbar solch' ein Fragen, wenn man das Werk unter seinen Füßen hat. Habt ihr nie etwas gelesen von einer großen Burg der Geister, wie von einer Burg der Seelen? — Sehet, darin liegen kleine Andeutungen von einer großen geheimen Wahrheit, die aber bis jetzt noch unentdeckt geblieben ist. Ich aber sage euch: Was zum Herrn will, muß auch den Weg zum Herrn gehen. — Ich sage euch noch gar gewichtig hinzu: Freuet euch hoch; denn der Herr hat aus Milliarden den Staub, die Erde, erkohren; sie ist die **Geburtsstätte der Geister**, welche zum Herrn wollen, aus allen endlosen Gebieten der Schöpfung geworden! — Nun haben wir nicht mehr weit; sehet an diese Welt, die nun unter eueren Füßen ist, ein altes Vaterhaus eueres Geistes! — — Große Pracht treffet ihr hier, und solche Prachtliebe habt ihr auch auf die Erde mit genommen. Aber der Herr mag nicht die Pracht;

darum hat Er die Erde gedemüthiget. — Wißt ihr jetzt noch nicht, wo hinaus es mit unserer Welt will? — Ja, ich sehe schon, ihr könnt die Astrologie noch nicht recht verdauen; ich werde euch aber nun auf Etwas aufmerksam machen. Es war zu allen Zeiten und bei allen Völkern gebräuchlich, daß sie sagten und auch hier und da ganz fest glaubten, dieser oder jener sei ihr Stern. Buchstäblich genommen hätte es freilich wenig Grund; aber geistig genommen hat es einen desto tüchtigeren; denn woher irgend ein Geist ist, von dorther hat er auch seine Liebe. Nun aber sind all' die Myriaden Gestirne entweder Vor- oder Nachwohnstätten der Geister. Wenn Solches der Fall, so ist es auch sicher klar, daß eines jeden Erdmenschen Geist aus einem Sterne als Vorwohnorte her ist; und dieser Stern ist der erste, der bei der inneren Beschauung auch sicher zuerst auftaucht. — Nun dürfet ihr einmal den gestirnten Himmel mustern und den wohlgefälligsten Stern betrachten; der euch am behaglichsten anstrahlen wird, bei dem bleibet. — Sehet, das wird der entsprechende sein, durch welchen dieser geweckt wurde. Darin liegt aber auch der Unterschied zwischen den Kindern der Welt, welche da sind von unten her, und sind Kinder der Erde; und zwischen den Kindern des Lichtes, welche sind von oben her, und sind Kinder der Sonnen oder Kinder des Lichtes, und demnach berufen, als Knechte so oder so gleich dem Herrn zu dienen und zu leuchten den Kindern der Welt, damit auch diese würden gewonnen zu den Kindern des Lichtes und wahrhaftigen Erben des ewigen Lebens, welches der Herr bereitet allen Seinen geschaffenen Geistern von Ewigkeit her, indem Er für sie gemacht hat im unendlichen Schöpfungsgebiete zahllose Schulen zur Gewinnung der Freiheit des Lebens, und hat ihnen selbst gesetzt auf dieser Erde ein heiliges Ziel in Seinem Kreuze, damit sie Alle würden wahrhaftige Kinder Seiner Liebe und allerseligste Erben Seiner Erbarmung und Gnade! — Ich meine, das vierte Viertel ist uns hoffentlich bekannt. Wenn wir uns aber auf dieser Welt erst ein wenig werden herum getrieben haben, da wird uns schon noch wie von selbst so manches Geheimniß klar werden, davon euch und aller Welt bisher noch eben nicht zu viel geträumt haben möchte. — Es hat aber der Herr nach Seiner Auferstehung noch gar Vieles mit uns, Seinen Erwählten, gesprochen, welches nicht aufgezeichnet ward; und wäre es auch aufgezeichnet worden, so hätte die Welt die Bücher vor der Menge und vor der Größe und Tiefe des Inhaltes nicht fassen können. Hier aber wird euch so Manches davon kund gethan; daher möget ihr wohl aufmerksamen Geistes sein, um in euch zu fassen das große Geheimniß des Lebens und die innere große Weisheit des Geistes! — —

### 190.
(Am 24. Mai 1843 von Nachm. 4¾–6¾ Uhr.)

Wir wollen nun einen weiteren Versuch und dadurch uns auch diese menschlichen Wesen hier ein wenig näher vertraut machen, um daraus zu entnehmen, wessen Geistes Kinder sie sind, und auf welcher Stufe innerer Geistesverwandtschaft wir mit ihnen stehen. — Sehet die Formen dieser Menschen ein wenig näher an, und ihr werdet gar bald daraus ersehen,

daß eben diese Menschen ihrer Form nach mit euch eine sehr bedeutende
Aehnlichkeit haben. Solche Beobachtung giebt uns einen bedeutenden
Wink, daß sie dem geistigen Vermögen nach auch so ziemlich ähnlich sein
müssen, weil ihre äußeren Formen Solches, wenn schon etwas oberflächlich, kund geben. Wie aber ihre innere geistige Beschaffenheit, als da ist
ihre Liebe und ihre Begierde, wie auch ihr Verständniß näher und klarer
beschaulich aussieht, wollen wir aus ihren Gesprächen abnehmen; denn
wovon das Herz voll ist, davon geht der Mund über, und der Herr hat
in eines jeden Menschen Herz den Trieb gelegt, dem zufolge er nie mit
Dem so ganz zufrieden ist, was er hat, sondern fortwährend nach etwas
Höherem trachtet. — Dieser Trieb hat, wie Alles, zwei Seiten, — eine
Licht- und eine Schattenseite. In der Schattenseite ist der Mensch blind,
und das Höhere, was er verlangt, ist niedriger, als was er hat; —
aber in der Lichtseite dieses Triebes verabscheut der Mensch alles Ge-
gegebene, und will durchaus nur das Allerhöchste, nämlich nichts mehr
und nichts weniger, als den Herrn Selbst! — Und so denn werden
wir auch sogleich vernehmen, wie diese Menschen hier durchaus nicht zufrieden sind mit Dem, was ihrer ist. Die unbeschreibliche Pracht ihrer
Wohnung, dieses Gartens, wie auch dieser ganzen Welt, um deren Besitz
euere Erdenkönige tausend Jahre Krieg führen würden, sehen diese Menschen
mit keinen anderen Augen an, als mit welchen ihr da ansehet auf euerer
Erde eine allergemeinste Keuschlerhütte, und haben daher fortwährend
größeres Verlangen nach etwas Erhabenerem, Großartigerem und beiweitem Würdigerem. Wir aber wollen sie doch selbst ein wenig behorchen,
um daraus zu entnehmen, was für Triebe in ihrem Geiste walten. —
Sehet, da vor uns befindet sich ein alter ehrwürdiger Greis, der soeben
bei der Gelegenheit, da das Opferholz auf dem Altare von selbst ist
brennend geworden, eine Rede an die Bewohner dieses Palastes halten
wird; — denn eine solche Erscheinung gilt den Bewohnern dieser Welt
als ein heimliches Wahrzeichen, aus welchem sie entnehmen, daß der Herr
ihren Wünschen nachkommen will. — Und so höret denn! — Er spricht:
Ihr Alle, die ihr dieses mein Stammhaus bewohnet, seid Zeugen, daß
auf unser Rufen eine heilige Flamme über den Altar gekommen ist, um
zu verzehren das wohlduftende Opfer. Gar Viele, die auf dieser Welt
leben, brachten Solches nicht, und halten es nur für Trug und Täuschung
der Sinne; wir unseres Hauses aber sind der alten Offenbarung getreu,
in welcher gesagt wird, daß Gott, unser Herr, ein einiger Gott ist, der
da gemacht hat diese Welt für uns zur Bewohnung, und hat uns gegeben den freien Willen entweder selig zu verbleiben auf dieser Welt im
Geiste fürder und fürder, oder sich zu erheben von dieser Welt in irgend
eine andere, allda Er ewig zu Hause ist unter Seinen Kindern. Wer
aus euch demnach die große Lust und Sehnsucht hat, den Weg dahin
anzutreten, der mag sich nun an den Herrn wenden, da Er Sein Ohr
zu uns gewendet hat, damit der Herr ihn umwandle und ihn setze auf
die Welt, da Er Selbst unter Seinen Kindern zu Hause ist. — Ihr
wißt, daß der Herr, unser einiger Gott, zweierlei Wesen gestaltet hat,
die sich selbst frei bestimmen können. Die erste Art sind wir Geschöpfe,
begabt mit freiem Willen und einem verständigen Gemüthe, auf daß wir
selbstthätig sein möchten zu unserer Freude und zu unserer großen Wohl-

fahrt; — aber diesen seinen Geschöpfen hat der Herr nur diese Welt leiblich wie geistig zur Wohnung eingeräumt für bleibend. Dieses angenehme Loos zu erreichen ist überaus leicht; denn wer da glaubt, daß der Herr ist ein einiger Gott Himmels und aller Welt, die wir betreten mit unseren Füßen, und giebt aus diesem Gedanken heraus dem Herrn der Herrlichkeit die Ehre durch Opfer und Anbetung auf die Art, wie desgleichen üblich ist auf dieser ganzen Welt, in so weit wir sie kennen, der hat sich, wie ihr Alle wißt, dieses angenehmen Looses würdig gemacht, — und die Umwandlung wird geschehen, wie uns Allen bekannt ist, auf die höchst angenehme und wohlthuende Art, auf welche überaus sich zu freuen ein jeder Bewohner dieser Welt das vollste Recht hat. — Wenn wir aber die zweite Art der Geschöpfe betrachten, deren freilich wohl viel weniger sein dürften, so finden wir an ihnen laut der Offenbarung, daß sie nicht nur Geschöpfe wie wir, sondern wahrhaftige Kinder des einigen Gottes sind. Diese Kinder sind in aller Machtvollkommenheit Gottes, und ihre Seligkeit ist gleich der Seligkeit Gottes; denn sie haben Alles, was Gott hat, sie thun Alles, was Gott thut, und Gott thut, was sie thun! — Ihnen ist Gott nicht mehr ein Gott also, wie Er uns ist ein ewig unzugänglicher, Den nie ein Auge schauen kann, das da ist ein Auge dieser Welt, sondern ihnen ist Er ein wahrhaftiger Vater, der allzeit unter ihnen ist, sie führet und leitet, und spricht mit ihnen, wie ich mit euch, und sorget für sie, bauet für sie und kocht für sie, daß sie ewig keine Sorge haben dürfen; und sie sind in ihrer Vollendung dann vollkommene Herren, wie ihr allmächtiger Vater über die ganze Unendlichkeit, und freuen sich ihrer unendlichen Machtvollkommenheit, die ihnen ist aus ihrem Vater! — Solch' ein Loos ist freilich wohl ganz etwas Anderes, als das unsrige; ja es ist gegen das unsrige unter gar keinem Verhältnisse mehr aussprechlich. — Sind wir Geschöpfe dieser Welt aber für ewig ausgeschlossen, auch zu erlangen dieses unaussprechliche Loos? — Was spricht darüber die Offenbarung, die wir haben bekommen bereinst in der Urzeit der Zeiten von einem mächtigen Geiste für alle Zeiten dieser Welt? — Also lautet sie mit kurzen Worten: Einen Altar erbauet euch in euerer Wohnung, und dieser Altar sei allzeit belegt mit wohlduftendem Holze über's Kreuz und über die Quere. So Jemand den einen Gott erkannt hat in seinem Glauben, der frage sein Herz, ob es entzündbar ist, so wird die Flamme des Herzens das Holz am Altare ergreifen und es verzehren unter hellen Flammen. In diesen Flammen wird der im Herzen Entzündete lesen die großen, heiligen, aber überschweren Bedingungen, durch welche er werden kann zu einem Kinde Gottes. — Nun frage ich euch: Welcher aus euch meinen Hausgenossen und Kindern mag die Bedingungen lesen in der Flamme, der trete herbei und lese! Hat Jemand die überschweren Bedingungen genehm gefunden, der lege nach der Offenbarung seine Hand an den Altar, und Gott der Allmächtige wird seinen Geist nehmen, ihn führen auf jene Welt, da Er wohnt, und wird gestalten den Geist zu einem neuen Menschen, der zwar nur auf eine kurze Zeit einen sterblichen, schmerzhaften Leib wird herum schleppen müssen, und wird sich müssen in diesem Leibe bis zum Tode demüthigen; und wann er schon wird durch und durch gedemüthiget sein, dann erst wird er sich müssen schmerzhaft völlig tödten lassen, um aus dem Tode erst dann zu erstehen zu einem wahren Kinde Gottes! — Nun sehet, es tritt ein Mann aus der Mitte der ganzen bedeutenden Menge, und liest aus der Flamme folgende Bedingung: Unzufriedener mit deinem seeligen Loose! Was willst du? — Du kennst bis jetzt keine Leiden, und nie hat ein Schmerz dein Wesen berührt. Der Tod ist dir fremd, und noch nie hat eine schwere Bürde deinen Nacken berührt. Bleibst du auf dieser Welt nach der ewigen Ordnung Gottes, so kannst du ewig nie fallen, verdorben werden und zu Grunde gehen. Was dein Herz wünscht und fühlt, hast du und wirst es allzeit haben. — Bist du aber mit Dem nicht zufrieden, und willst dahin ziehen, da die Kinder Gottes gezeugt werden, so wisse, daß dich Gott, dein Herr, mächtig durch allerlei große Leiden, Schmerzen und Trübsale wird bis auf den letzten Lebenstropfen durchprüfen lassen, bevor du durch den Tod umwandelt wirst zu einem Kinde! Wehe dir aber, wenn du die Prüfung nicht bestanden hast; da wirst du für die Eitelkeit dieser deiner Bestrebung ewig im Zornfeuer der Gottheit büßen müssen, und es wird mit dir nimmer besser, sondern stets ärger und qualvoller dein ewiger Zustand! — Du wirst aber auf dieser Welt, da die Kinder Gottes gezeugt werden, mit der vollkommensten Blindheit geschlagen sein, und nichts wird dir von allem Dem, was du nun hier erfährst, zum Behufe deiner ferneren Führung im Bewußtsein übrig bleiben; denn du wirst da genöthiget sein, ein **ganz neues mühe= volles und beschwerliches Leben zu beginnen**. Nichts wird dir somit bleiben, als allein für deine größte Gefahr die **Begierde des Lebens dieser Welt**. Du wirst dich nach allen ähnlichen Vollkommenheiten und Herrlichkeiten sehnen, große Anlagen und Fähigkeiten des Geistes wirst du klar gewahren müssen; aber in deinem schweren mühseligen Leibe wirst du keine ausführen können. Und wenn du aber dennoch alldort Mittel finden wirst, so Manches, wenn schon unvollkommenst, in's weltliche Werk zu setzen, darnach dein Geist seinem übriggebliebenen Triebe nach sich sehnen wird, so wirst du dich dadurch schon versündigen vor Gott; und wirst du davon nicht abstehen, so wird eine ewige Verdammniß in's ewige Zornfeuer Gottes dein Loos sein! — **Hier ist Dein von Gott aus, was Du hast**; dort auf jener Welt wirst du dir nicht einen Grashalm zueignen dürfen. Reichthum und große Pracht gehört hier zur Tugend, dort aber wird sie dir zum tödtlichen Laster gerechnet werden. **Hier darfst du wollen, und der Erdboden gehorcht deinem Winke**; dort aber wirst du dir die Nahrung im schmerzlichen Schweiße des Angesichtes mühsamst selbst suchen und bereiten müssen. Das sind die Bedingungen, die zu erfüllen deiner harren, so du dich zu einem Kinde Gottes aufschwingen willst. Es ist nicht unmöglich, daß du Gnade und Erbarmung bei Gott finden wirst, so du Ihn wirst **lieben über Alles**, und wirst sein wollen der Nichtigste und Geringste; und wirst ertragen alle Leiden und Schmerzen mit großer Geduld und völligster Hingebung in den Willen Gottes; aber es ist viel leichter möglich, daß du fällst, als daß du erstehest. — Daher besinne dich, und lege dann deine Hand auf den Altar, auf daß dir werde nach deinem Wollen! — Nun sehet, also verhält es sich mit der Sache. Wir wollen uns aber damit noch nicht begnügen, sondern diese Verhandlung noch ein wenig beobachten;

und euch wird daraus gar bald in euch selbst ein gewaltiges Licht aufgehen, und ihr werdet das Wo, Woher, und Wohin sehr klar zu begreifen anfangen. — —

## 191.
### (Am 26. Mai 1843, von 4½—6¾ Uhr Nachm.)

Unser Bewerber um die Kindschaft hat nun Alles gelesen, was in der Flamme geschrieben stand, und richtet seine Blicke nun wieder an den Aeltesten. Seine Frage ist sehr leicht zu errathen; ihr habt sie schon in euch. Daher braucht ihr sie nur herauszuholen, und wir werden sogleich unseren Bewerber um die Kindschaft also reden hören, wie ihr es in euch zuvor empfunden habt. Die Bedingungen sind schwer, und unser Kindschaftsbewerber erschauert vor ihnen; daher fragt er denn auch den Aeltesten, und spricht: Ich habe gelesen die Forderungen Gottes in der Flamme Seines Eifers. Ich sehe daraus den Vortheil dieses Lebens, und den großen Nachtheil eines höheren; darum meine ich, es wird klüger sein zu bleiben was man ist auf dieser unteren Stufe, als sich aufzuschwingen zu dem nahe Unerreichbaren. — Es mag freilich wohl für unser einen etwas Undenkliches sein, sich als einen Gott in einem Kinde Gottes zu fühlen; ja etwas unbegreiflich Erhabenes muß es sein mit einem Blicke in die unendlichen Tiefen der göttlichen Macht und Weisheit zu dringen. Ja etwas ganz unaussprechlich Seliges muß es sein, mit dem ewigen allmächtigen Schöpfer aller Ewigkeit und Unendlichkeit in einem stets sichtbaren allerliebfreundlichsten Verhältnisse zu stehen, und in Gott dem Herrn ein Mitherr zu sein aller Unendlichkeit; aber die Bedingungen, solche Größe zu erreichen, sind zu schauderhaft schwer, und sind also gestellt, daß da sicher unter gar vielen Tausenden kaum Einer den hohen Zweck seiner Unternehmung erreichen dürfte. Daher habe ich mich wohl besonnen, und werde vollkommen Verzicht leisten auf diese Unternehmung. Wer aber an meiner Statt Solches wagen will, dem werde ich nicht in den Weg treten; aber ich werde ihm kund geben, was ich gelesen habe in der Flamme. — Der ehemalige Bewerber um die Kindschaft hat seine Fragrede beendet, und der Aelteste holt soeben die Antwort aus uns; d. h. er wird das sprechen, was in uns schon gesprochen ist. Ihr könnt Solches freilich wohl noch nicht klar vernehmen in euch; aber in der Ordnung des Herrn ist es schon einmal also eingerichtet, daß die Rede eines Menschen ein Product ist alles Dessen, was da verborgen liegt in der Tiefe seines Lebens. Und wenn ein Mensch spricht, so wird er dazu gewisserart genöthiget durch die innere Anregung, welche hervorgeht aus allem dem Entsprechenden, was da verborgen liegt in der Tiefe seines Lebens. Da wir Solches nun aus uns geholt haben, so wollen wir denn nun auch vernehmen, was der Aelteste spricht. Höret, solche Laute entströmen seinem Munde, und solcher ist ihr Sinn: Mein Sohn! Du hast gelesen die große Wahrheit in der Flamme des göttlichen Eifers. Wahr ist Alles bis auf ein Häkchen, und kein Zeichen kam umsonst in der wallenden Flamme zum Vorschein; aber ein Zeichen, das da in der Mitte der Flamme über der inwendigen Gluth verborgen lag, hast du nicht gesehen. Siehe, wenn du dieses Zeichen zu all' dem

Gelesenen hinzufügest, so wird dir Alles in einem andern Lichte gezeigt werden. Siehe, dieses aber war das Zeichen, das du übersehen hattest: In der Mitte der Gluth, von allen Seiten mit der lebendigen Flamme umfaßt, stak ein Herz, und das Herz flammte, und dieses Flammen aus diesem Herzen bildete eben diejenigen Zeichen, die du gelesen hast. Liesest du diese Zeichen für sich, da sind sie schauerlich, überschauerlich; liesest du sie aber aus diesem Herzen, so sind sie gefüllt voll der seligsten Hoffnungen. Für sich allein sind sie ein Gericht, aus dem nirgends mehr ein freier Ausweg in ein besseres Leben zu erschauen ist; aus dem Herzen aber sind sie eine Erbarmung Gottes, in welcher Niemand ewig je verloren gehen kann, wer sich einmal in dem Herzen befindet. — Siehe, mein Sohn, es kommt Alles darauf an, ob du Gott lieben kannst oder nicht. Kannst du Gott lieben in aller Demuth deines Herzens, so bist du in diesem Herzen; kannst du aber Gott nicht lieben, dann bist du nicht im Herzen, sondern im Gerichte, und da ist es dann wohl besser, du bleibest hier im kleinen Gerichte selig, als daß du dich begeben möchtest zur Erstrebung der Kindschaft Gottes, aber dadurch dann gelangen in das große Gericht, von dem nach den Zeichen in der Flamme schwerlich je ein Ausweg zu finden sein wird. — Das sind die Verhältnisse in der Fülle der Wahrheit; fürwahr, wir wissen es aus dem Munde der Engel Gottes, daß eben Gott seiner Welt so viel Gnade, Erbarmung und Liebe bezeiget und bezeiget hat, als eben derjenigen, allda Er für Sich zeugt und erziehet Seine Kinder; denn Er Selbst hat alldort die Ordnung also eingerichtet, daß Er ihnen gleich ward zu einem Menschen, und trug für Seine Kinder alle möglichen Beschwerden, und wollte für sie aus unendlich großer Vaterliebe sogar seinem menschlich Leiblichem nach getödtet werden auf eine kurze Zeit durch die Hände Seiner eigenen Kinder! — — Siehe, mein Sohn, solches Alles ist uns wohlbekannt, und ist richtig; aber richtig ist es auch, daß der Herr unser Gott allda am meisten verlangen wird von Seinen Geschöpfen, zu handeln in Seiner Ordnung, allda Er für sie auch am allermeisten aus Seiner göttlichen Fülle gearbeitet hat. Nun weißt du Alles, was da noth thut, um einzugehen in das Reich der Kindschaft Gottes. — Daher magst du nun thun, was dir gut dünkt. Willst du die Bedingungen eingehen, so mußt du sie im Herzen eingehen, und du wirst nicht verloren sein; — denn Solches wissen wir auch, daß der Herr eher eine ganze Schöpfung zerstören würde, ehe Er ein Kind als vollkommen verloren gäbe! — Wenn du demnach im Herzen bist, so wird der Herr sorgen für dich als ein allerwahrhaftigster Vater. Willst du aber ohne das Herz die Bedingungen über dich nehmen, so wirst du nicht bestehen unter der Last der großen Prüfungen Gottes; denn für die, welche in Seinem Herzen sind, hat er kein Gesetz gegeben, denn allein das, daß sie Ihn lieben stets mehr und mehr. Welche aber außerhalb des Herzens sind, diese sind aber auch von Gesetzen über Gesetzen umlagert, welche schwer zu halten sind; und die Uebertretung eines einzigen zieht schon im Augenblicke der Uebertretung ein tödliches Gericht nach sich, in welchem es dann fortwährend schwerer und schwerer wird, die andere große Masse von Gesetzen zu halten. — Aus diesem kannst du nun mit voller Gewißheit beurtheilen, was da erforderlich ist zur

Erlangung der Kindschaft Gottes. — Darnach handle denn auch; denn du bist frei! — Nun wollen wir denn wieder unseren Bewerber betrachten. — Sehet, er bedenkt sich die Sache ganz ernstlich, und spricht abermals zum Aeltesten: Höre, du Vater dieses Hauses! mir ist nun ein Gedanke gekommen, und der Gedanke lautet also: Wenn ich hier den ernstlichen Entschluß fasse, nicht ein Kind des Herrn zu werden, sondern nur ein unterster Diener der geringsten Seiner Kinder, bloß aus dem Grunde, um auf diese Weise ganz geheim liebend dem allmächtigen Herrn einmal in eine Ihn sichtbare Nähe zu gelangen, so meine ich, Solches dürfte denn doch nicht gefehlt sein. Wird aber der Herr meines Grundsatzes eingedenk sein, und mich in solche Verhältnisse stellen, in welchen ich diesen meinen Grundzweck erreichen könnte? Wenn das der Fall ist, so will ich meine Hand auf den Altar legen. — Der Alte spricht: Deß kannst du vollends versichert sein; denn aus welchem Grunde da Jemand zur Kindschaft des Herrn gelangen will, aus eben diesem Grunde wird der Herr ihn auch werden lassen in jener Welt Das, durch was er erreichen kann, was da liegt im Grund seines Lebens. Willst du der Geringste sein, da wird dich der Herr tragen auf Seinen Händen; wer aber der Größte sein will, der wird den Herrn nicht zum Führer haben, sondern der Herr wird hinter ihm einher gehen, und wird belauschen seine Schritte und Tritte, und wann der Großseinwollende gelangen wird zu einem Abgrunde, und wird nicht frei umkehren, so wird ihn der Herr weder rufen, noch ziehen zurück vom Abgrunde, sondern ihm überlassen entweder frei umzukehren, oder sich frei hinab zu stürzen in den ewigen Abgrund. — Du aber hast in dir den demüthigsten Grund gefaßt; dieser Grund wird dein Leben und die Erbarmung vom Herrn unwiderruflich erwirken, — und so denn kannst du getrost deine Hand auf den Altar legen! — Sehet nun, der Bewerber spricht: Herr, Du Allmächtiger in Deiner Liebe, Gnade und Erbarmung! Aus keinem andern Grunde, denn aus der reinen Liebe nur will ich zu Dir; daher verlaß mich nicht in der Zeit meiner Schwäche, und sei du allein alle meine Kraft und Stärke! In welcher Gestalt immer ich in der neuen Welt auftreten werde, sei Deine Liebe mir das alleinige, ewige, mächtige Vorbild meines Lebens, nach welchem ich trachten will aus all' meiner von Dir mir verliehenen eigenen Lebenskraft. Verhülle mir ganz, was ich hier war und hier hatte, damit ich desto leichter erstrebe alle Niedrigkeit in meiner großen Liebe zu Dir; aber den Grund laß allzeit auftauchen in mir, auf daß ich kräftiger werde stets in der Liebe zu Dir! — Und so denn übergebe ich mich, o Herr, Deiner unendlichen Liebe, Erbarmung und Gnade! — Sehet, hier legt der Bewerber seine Hand auf den Altar; die mächtige Flamme ergreift ihn und im Augenblicke ist er nicht mehr unter den Bewohnern dieses Hauses. — Wo ist er denn aber nun hin? — Sehet, in dem Augenblicke ist er schon in die Seele einer leiblichen Mutter gelegt, die da empfangen hatte, und wird ausgeboren zu einem männlichen Kinde. Solches nimmt euch wohl ein wenig Wunder; ich aber sage euch: Ist es denn weniger wunderbar, daß die Geister euerer Sonne sichtbar vor eueren Augen ausgeboren werden von den Pflanzen eueres Erdkörpers, wie in den nachfolgenden Thiergattungen mannigfachster Art? — Solches sehr ihr doch täglich, und wundert euch wenig darüber, und doch ist dieser Prozeß viel verwickelter, größer und langwieriger, denn dieser der Uebersiedlung eines Geistes. Denn bei der Uebertragung der Sonnengeister handelt es sich um die Entwicklung eueres Leibes und eurer Seele, welches Alles wie ein tausendmal tausendfach zusammengesetztes erscheint; hier aber, d. h. von dieser Sonnenwelt, die eine Centralsonnenwelt ist, handelt es sich um die fertige Uebersiedlung eines Geistes, welcher in dem neuen Leibe seines Grundes zu Folge nichts Anderes zu thun hat, als in seiner Liebe eins zu werden mit der lebendigen Seele in der Liebe zum **Herrn**. Und diese Einung ist die erlangte Kindschaft des Herrn, aus welcher hervor geht ein neues Geschöpf, erstaunlich allen Himmeln; denn es ist ein Geschöpf aus der Ehe der Himmel und ein Geschöpf der Erlösung des Herrn, und dieses Geschöpf ist groß vor dem Herrn, und ist ein Kind des ewigen heiligen Vaters! — Sehet, das ist das nun enthüllte große Geheimniß auf der Erde. Daher seid auch ihr; aber nicht alle Menschen der Erde haben von da her ihren geistigen Ursprung, denn es giebt noch gar viele solche Geistersonnen im endlosen Schöpfungsraume. — Wir wollen aber noch eher uns in dieser näher umsehen, bevor wir in eine andere übergehen werden. —

## 192.
### (Am 27. Mai 1848 von 4³/₄—6½ Uhr Nachm.)

Wir haben hier nichts mehr zu thun, somit können wir uns auf unserer Welt wieder weiter bewegen; denn wenn man nur einmal eine Welt hat, also eine gute Unterlage, — so kann man dann auf derselben herum gehen, wie man will, und allerlei gute Erfahrungen machen. — Wohin aber sollen wir uns nun begeben? — Hier will ich nicht sagen: Dahin oder dorthin, sondern auch Solches sollet ihr bestimmen; aber auf Eines muß ich euch aufmerksam machen, und das ist, daß ihr eine einmal gefaßte Bestimmung hier oder dorthin zu gehen fest halten müsset, und es muß beim ersten Gedanken bleiben; denn hier kommt es nicht darauf an, daß da Jemand sagen möchte: Ich weiß nicht recht, und bin zweifelhaft, ob ich mich links oder rechts wenden solle, — da bei solchen Zweifeln diese Welt, die ihr betretet, sobald wieder vor euch verschwinden würde. Daher muß ein jeder Gedanke fest gehalten werden und kein zweiter den ersten verdrängen. — Im Geiste ist das durchgehends der Fall; denn wer da nicht fest ist, der ist nicht geschickt zum Reiche Gottes. Also wie der Herr Selbst spricht: Wer seine Hand an den Pflug legt und zurück sieht, der ist nicht geschickt zum Reiche Gottes. — Das will aber mit anderen Worten für unseren gegenwärtigen rein geistigen Zustand nichts Anderes gesagt haben, als daß man im Geiste bei gar keiner Gelegenheit sich wankelhaft benehmen solle. Der erste Gedanke muß auch der erste Entschluß und die erste vollkommene Festigkeit sein; denn wäre im Geiste Solches nicht der Fall, so stünde es schon lange gar schlecht mit aller Schöpfung. Nehmet ihr nur an, ein allergeringster Wankelmuth im Geiste Gottes, ein augenblickliches Zurückziehen Seines unbestechlichsten festesten Willens würde auch sogleich eine augenblickliche

Vernichtung aller Dinge nach sich ziehen. — Ihr saget zwar: Solches kann man sich freilich wohl gar leicht vom Geiste Gottes denken; ob aber für die Erhaltung der Dinge auch eine gleiche Festigkeit von Seite anderer Ihm nahe stehenden Geister vonnöthen ist, das ist nicht so klar. Ich sage euch aber: Es ist Eines so klar wie das Andere. Aus eben diesem Grunde kann nichts Unreines in das Reich Gottes eingehen; denn die Himmel sind das Centralregiment des Herrn. Sie sind in ihrer Art vollkommen Eins mit dem Willen des Herrn; und würde Jemand in den Himmel gelangen, der da nicht Eins wäre mit dem Willen des Herrn vollkommen, so würden Dieses sobald alle Schöpfungsgebiete wahrnehmen. Denn Solches würde allerlei Unordnungen in der Schöpfung hervorrufen, und tausend der grimmigsten Höllen würden in all' ihrer freien Wuth nicht einen solchen Schaden anrichten, als ein einziger unordentlicher Geist im Reiche Gottes! — So lange ihr unter der Führung anderer Geister bloß passive Betrachter der geistigen Verhältnisse waret, so lange konntet ihr freilich wohl mit eueren Gedanken wechseln, wie ihr wolltet; und es blieb dennoch Alles, wie ihr zu sagen pflegt, beim Alten. — Jetzt aber seid ihr active Betrachter der geistigen Verhältnisse, d. h. ihr betrachtet nicht Dinge, die in meiner Sphäre sind, also nicht auf meinem Grund und Boden, sondern ihr betrachtet nun als selbst Geister Dinge euerer Sphäre. — Ihr waret früher Gäste eines andern Bruders, und durftet euch nicht entfernen von ihm, wolltet ihr genießen in seinem Hause; jetzt aber bin ich euer Gast, und ihr könnt mich herum führen, wo ihr wollt. Aber, wie gesagt, es kommt darauf an, daß ihr euere Gedanken fest haltet, also euere Schöpfung fixiret; sonst stehen wir alle Drei sogleich wieder in unserem früheren Dunste. Als euch ehedem mein Bruder herum geführt hat in seiner Sphäre, da mußte er ebenfalls seine Schöpfung festhalten; sonst hättet ihr gar wenig zu sehen bekommen. Dieses aber ist dem reinen vollkommenen Geiste ein Leichtes, weil er seine Willenskraft vollkommen aus dem Herrn hat. Ihr habt eueren Willen zwar auch aus dem Herrn; aber er ist noch nicht fest und vollkommen genug, um ihn gleich den vollkommenen Geistern allenthalben fixiren zu können. — Darum aber sagte ich euch nun auch Dieses, damit ihr wißt, wie man im Geiste lebt und erhält den Schatz der Kraft seines Geistes. — Wenn Jemand auf dem Erdkörper lebt, und will sein Eigenthum erhalten, so muß man es wohl verwahren, damit nicht Diebe und Räuber es verderben und wegnehmen, was man besitzt. — Hier ist es eben also; Diebe und Räuber sind wankelmüthige, begierliche Gedanken im Geiste. Wer diesen nicht alsogleich feste Schutzmauern setzt, der verliert bald gar leicht das schöne Eigenthum seines Geistes. — Also sagte auch der Herr: Wer da hat, dem wird's gegeben, daß er in der Fülle haben wird; wer aber nicht hat, dem wird genommen, was er hat, oder er wird Das, was er hat, verlieren. — Was ist aber, das Jemanden genommen werden kann, das er nicht hat, und Jemanden gegeben werden, das er hat, um es dann zu besitzen in der Fülle? — Es ist des Geistes vereinte Willenskraft in dem Herrn; wer sie hat, der wird dadurch endlose Reichthümer finden in seinem Geiste, und dann im Besitze sein der Kraft und der Güter, und das ist ein Besitz in der Fülle. Wer aber diese mit dem Herrn vereinte Willenskraft im Geiste nicht hat, was wird dessen

Loos wohl sein, da es hier für Niemand einen andern Besitz giebt, als den höchst eigenen aus sich? — Ich sage euch: Das Loos eines solchen Geistes wird kein anderes sein, als die entweder plötzliche oder successive Verarmung; denn so Jemand von euch einen Rock haben will, ist aber selbst kein Schneider, so muß er zu einem Schneider gehen, damit ihm dieser einen Rock macht. Wenn es aber keinen Schneider gäbe, oder wenn man aus einem Orte alle Schneider vertriebe, und auch Niemand sich selbst einen Rock machen könnte, so dürfte es doch ein wenig künstlich hergehen, um zu einem Rocke zu gelangen. Seht, also ist es auch hier der Fall; der Herr schuf den Menschen nach Seinem Ebenbilde, und hatte ihn mit werkthätig schöpferischer Kraft ausgerüstet. Diese aber hat er nur wie ein Samenkorn in ihn gelegt. — Ihr saget aber selbst schon und wißt es aus der Schrift, da es heißt: „Und die Werke folgen ihnen nach." — Wenn also, so kann ein unfester, kraft- und werthloser Geist, der sich nie in irgend einer Festigkeit versucht hatte, ja doch im reinen Geisterreiche unmöglich anders als ganz leer ankommen. Wie Vieles aber daran liegt, daß der Mensch festen, unwankelhaften Geistes sei, zeigt der Herr bei verschiedenen Gelegenheiten. Er begünstiget Petrum wegen der Festigkeit seines Glaubens; wieder heißt Er den einen klugen Mann, der auf einen Felsen baut, — wieder spricht Er vom Johannes dem Täufer, daß er kein Rohr ist, das von dem Winde hin und her bewegt wird. — Gar oft spricht Er: Es geschehe dir nach deinem Glauben; dein Glaube hat dir geholfen! Also spricht Er auch offenbarlich aus, indem Er sagt: „Seid vollkommen wie euer Vater im Himmel vollkommen ist," wodurch Er ebenfalls sagen will, daß sie, nämlich zu denen Er gesprochen hat, einen Gott gleich festen Willen haben und sich durch nichts aus der festen Richtung ihres Geistes bringen lassen sollten. Also preiset er auch die Macht des festen Geistes mit folgenden Worten an: So ihr Glauben hättet wie ein Senfkörnlein groß, so könntet ihr zu diesem Berge sprechen: Hebe dich von hinnen und stürze in's Meer! — Es wird geschehen nach euerem Glauben. — Aus diesen wenigen angeführten Texten, dergleichen es noch eine Menge giebt, könnt ihr aber auch schon hinreichend klar entnehmen, worauf es vorzugsweise im Reiche der Geister ankommt. Ich sage euch aber noch hinzu, was euch vielleicht etwas sonderbar vorkommen wird, und dennoch ist es die unbestechlichste Wahrheit. Wenn die Menschen auf der Erde wüßten, worauf es ankömmt, um in ihrem Wollen zu effectuiren, so würde gar manches Wunderbare geschehen; aber die Menschen zum größten Theile wissen ja kaum, daß sie einen Geist haben, weil dieser bei ihnen schon lange von ihrer Materie aufgesogen worden ist. Woher sollen sie es dann wissen, was in ihrem Geiste liegt? — Euch aber, da ihr nun den Geist schon ein wenig habt kennen gelernt, kann ich es nun schon ein wenig kund geben, worauf es hauptsächlich ankommt, um eben aus dem Geiste mächtig, unfehlbar, bestimmt und wahrhaft wunderbar zu wirken. Worauf kommt es denn eigentlich an? — Höret, ich will euch dafür ein kleines Rezeptchen geben; — nehmet davon alle Morgen und Abende einen guten Eßlöffel voll ein, und ihr werdet euch überzeugen, daß dieses Rezept ein wahrhaftiges Wunder-Arkanum ist. — Die erste Spezies besteht darin, daß man sich gleich nach dem Erwachen mit dem Herrn durch die Liebe in Seinen Willen vereint; Solches muß auch Abends geschehen. Wenn dann Jemand Etwas möchte, so habe er Acht auf den ersten Gedanken, das ist die zweite Spezies. Diesen halte er nun augenblicklich fest, und vertausche ihn um alle Weltreichthümer nicht mehr mit einem zweiten. Hat er Solches gethan, dann bitte er den Herrn, daß Er Sich möchte mit Seiner unendlichen Stärke vereinen mit der Schwäche des eigenen Willens; erfasse den Herrn dabei abermals mit seiner Liebe, — das ist die dritte Spezies. Ist Solches in aller wankellosen Festigkeit geschehen, dann geselle er zu diesen drei Spezies noch eine vierte hinzu, und das ist der fixirt feste Glaube. — Wenn diese vier Spezies beisammen sind vollkommen, so ist die Wundermedizin auch schon fertig. — Wer es nicht glauben will, der wird in sich wohl schwerlich die Probe abführen können; wer es aber glaubt, der gehe hin und thue desgleichen, und er wird sich überzeugen von der vereinten Kraft des Herrn in seinem Geiste. — Dieses Geheimniß mußte ich euch hier mittheilen, weil es hier am rechten Platze ist. — Ihr wißt demnach nun auch, was ihr hier auf dieser unserer Welt zu thun habt, damit wir weiter kommen; ein Gedanke, eine feste Bestimmung, und wir werden den Ort vor uns haben, dahin wir wollen. Dieses Geheimniß aber, was ich euch nun kund gegeben habe, gilt für alle naturmäßige, wie für alle geistige Welt; denn es ist ganz dasselbe, welches der Herr und alle Seine Apostel und Jünger gelehrt hat, und zwar bei der Gelegenheit, da Er sagte: „Ohne Mich könnt ihr nichts thun; mit Mir aber, versteht sich von Selbst, Alles!" — Und weiter, da Er sagte: „Um was ihr immer den Vater in Meinem Namen bitten werdet, das wird er euch geben." — Hier hat der Herr in der Bitte keine Ausnahme gesetzt, indem Er sagte: „um was immer." — Also zeigte Er auch: Wenn Zwei oder Drei in Seinem Namen versammelt sind, so wird Er mitten unter ihnen sein; und um was sie da bitten werden, wird ihnen gegeben. — Der Verfolg dieser Weltbereisung wird jedoch, wie schon bemerkt, euch noch so manches verborgene Geheimniß lichten. — Der neue Ort aber steht schon vor uns; also wollen wir ihm uns nahen! —

### 193.

(Am 29. Mai 1843 von 4½—6½ Uhr Nachm.)

Ich sollte euch zwar fragen, wie euch dieser neue Ort gefällt. Allein da ich nun auf euerem Grund und Boden mit euch einher gehe, so kann ich Solches aus der guten Ordnung der Dinge wohl nicht thun, indem doch der Fremdling, so er zu einem Hausbesitzer kommt, denselben nicht fragen kann, wie ihm sein Eigenthum gefalle; wohl aber kann der Hausbesitzer solch' eine Frage an den Fremdling stellen. Doch ihr möget mich hier noch nicht fragen um Solches, da ihr selbst noch stark Fremdlinge in euerem Eigenthume seid; daher muß ich denn doch die Ordnung umkehren und euch die Frage geben, die ihr eigentlich mir geben solltet. Dieß wäre einerseits wohl gut; aber ich sehe einen anderen Haken, und dieser besteht in der noch sehr mangelhaften geistigen Beschauung in euch, derowegen ihr auf meine Frage eben nicht die ersprießlichste Antwort zuwege bringen dürftet. — Was wird denn da wohl zu thun sein? — Wir wollen gleich einen Mittelweg finden, auf welchem wir uns darüber verständigen werden, und dieser Weg wird darin bestehen, daß wir die Frage ganz weglassen und sodann zu einer beschaulichen Erörterung übergehen. — Nun sehet denn, dieser neue Ort ist fürwahr noch herrlicher um Bedeutendes, als es der erste war. Auf einer bedeutenden Berghöhe steht ein überaus prachtvollstes Gebäude; die Wände sind von lauter durchsichtigem Golde, die Säulengänge vor den Wänden bestehen aus diamantenen und Rubinensäulen, das Dach des überaus großen Gebäudes bildet eine Kaiserkrone, welche mit überaus großen, allerfeinsten Edelsteinen besetzt ist. — Vor der Ebene den Berg hinan bis zum ersten Säulengange führt eine überaus breite Stiege, deren Staffeln aus undurchsichtigem Golde angefertiget sind. Die Geländer beiderseits der Staffeln bestehen aus lauter Pyramiden, welche von Spitze zu Spitze mit Ketten von rothem Golde mit einander verbunden sind. In der Mitte einer jeden Pyramide ist ein weißer runder Sonnenstein eingefugt, welcher im Ernste einen unbeschreiblich schönen Glanz von sich wirft; und zwischen einer jeden Pyramide hinter der Kette steht ein prächtig ausgewachsener Pappelbaum, dessen Blätter wie mit Gold eingefaßte grüne allerfeinste Sammetstreifchen spielen, und ein Baum ist so groß wie der andere. Und zugleich bemerke ich auch, daß über die breite Treppe herab noch obendarauf drei bei einer Klafter breite Sammetstreifen, zwei von grüner und in der Mitte ein einzelner von der schönsten rothen Farbe, also gezogen sind, daß sie sich in den Staffeln gehörig fest anliegend staffelmäßig mit den Staffeln selbst einfurchen; und diese Treppe geht nicht in einem Zuge von Staffel zu Staffel fort, sondern wie ich bemerke, so hat sie von je dreißig zu dreißig Staffeln einen sehr geräumigen Absatz, über welchem sich obendarauf noch ein überherrlicher Triumphbogen angebracht befindet. Der Triumphbogen besteht, wie ich sehe, über die ganze Breite der Stiege aus je dreißig diamantenen Säulen, welche zu oberst mit Bögen aus dem überaus stark von selbst leuchtenden Sonnensteinen verfertiget sind. Ueber den Bögen aber ist erst eine Gallerie angebracht, auf welcher sich gar herrlich herumwandeln lassen muß; und wie ich bemerke, so ist die Gallerie abwechselnd aus lauter Rubinen und Smaragden erbaut. Fürwahr, das will ich doch eine wahrhaft sonnenkaiserliche Pracht nennen! — Und da sehet nur wieder noch einmal hin; der ganze vollkommen runde Berg, der da einer ziemlich flachen, aber zu oberst stumpfen Pyramide gleicht, ist an seinem Fuße von einem allerherrlichsten bei hundert Klaftern breiten Wasserkanale umgeben. Der ganze Kanal ist künstlich angelegt und durch und durch gepflastert mit dem feinsten weißen Marmor, und die beiden Ufer sind mit goldenen Geländern eingefaßt; die Wege zu beiden Seiten des Geländers sind blank gepflastert mit Jaspis, und der Weg ist an der Seite, welche vom Kanale abgewendet ist, mit den herrlichsten Fruchtbäumen besetzt. — Hier, wo die Treppe oder die Stiege über den Berg hinauf geht, ist eine über-

herrliche Brücke aus rothem Marmor angefertiget, und das künstlich
zierathirte Geländer besteht aus weißem Golde, und seine Zierathen sind
besetzt mit vielen und kostbaren Edelsteinen; aber das Herrlichste sind die
spitzigen Obelisken, aus der Mitte des Wassers im Kanale, eine jede bei
dreißig Klaftern hoch emporgehend. Der Obelisk ist aus Topas, und
in der Höhe schließt ein noch einmal so hoher Wasserstrahl empor und
fällt in zahllosen strahlenden Perlen wieder in den weiten Kanal herab.
— Und da sehet in's Wasser, wie dasselbe belebt ist von allerlei strah=
lenden Fischchen; fürwahr das ist eine große Pracht! — Wir wollen uns
aber nun über die Stiege hinauf begeben und unser prachtvolles Ge=
bäude auf dem Berge in einen näheren Augenschein nehmen. Ueber diese
Stiege geht es sich wirklich sehr bequem und sanft. — Da sehet nur
wieder einmal her; wir haben die erste Ruhestelle erreicht. Blicket nur
auf den Boden; sein Grund ist blau, und in diesem blauen Grunde sind
weißglänzende Sterne eingelegt, — und nun diese außerordentliche Rein=
lichkeit übertrifft ja Alles, was man sich nur denken kann! — Gehen wir
aber weiter; da sehet die zweite Ruhestelle. Diese hat einen grünen Bo=
dengrund wie aus einem Stück polirten Smaragde, und aus seiner Ober=
fläche erglänzen in der schönsten Ordnung rosenrothe Sterne. — Gehen
wir aber nur weiter; da seht die dritte Ruhestelle. Der Boden ist roth
wie Karmin, aber glänzend wie Rubin, und in der schönsten neuen Ord=
nung erglänzen auf seiner Oberfläche hellgrüne Sterne. Gehen wir aber
nur weiter; sehet, da ist schon die vierte Ruhestelle. Da sehet diesen
Boden an; er ist violett wie aus Amethyst, und in seiner Oberfläche er=
glänzen in der schönsten Ordnung sichtbare Sterne. Gehen wir nur wei=
ter; da ist schon die fünfte Ruhestelle. Da seht den Boden; er ist gelb
wie ein Topas, und von seiner Oberfläche erglänzen karminrothe Sterne.
Gehen wir aber nur weiter; da seht, wir sind an der sechsten Ruhestelle.
Der Boden ist dunkelgrün, und die Sterne, die von seiner Oberfläche er=
glänzen, schillern mehrfarbig wie geschliffene Diamanten. Gehen wir aber
nur weiter; da ist schon die siebente Ruhestelle. Da seht einmal diesen
Boden an; dunkelroth wie ein Sammet eines Kaisermantels, und dunkel=
orangegelbe Sterne glänzen beinahe unerträglich stark auf seiner Ober=
fläche, und geben dem rothen durchsichtigen Boden eine ganz sonderbar
geheimnißartige Beleuchtung. — Nein, ich muß es sagen, ich hätte eher
Alles erwartet, als eine solche Pracht in euch. — Es giebt noch eine
Menge solcher Ruheplätze über uns hinauf; es dürften deren wohl noch
bei drei und zwanzig sein. — Doch gehen wir nun Alle in einem Zuge
durch; denn ich bin beinahe schon müde geworden von der großen Pracht=
anschauung. — Wir haben nur einen schnellen Zug gemacht, und stehen
nun unter dem ersten Bogengange, welcher mit lauter diamantenen Säulen
unterstützt ist. — Betrachtet einmal diesen Gangboden zwischen den Säulen;
er bildet einen hellstrahlenden Regenbogen, und eine jede Farbenlinie ist
mit entsprechend verschiedenfarbigen hellglänzenden Sternen besetzt. Für=
wahr eine überhimmlische Pracht! — Und da sehet außerhalb dieses
Bogenganges, mehr dem Gebäude zu, erhebt sich eine allgemeine Rund=
treppe, bestehend aus dreißig Staffeln; diese sind aus lauter Smaragd,
und sind abermals eingelegt mit hellroth glänzenden Sternen, — und
seht, ober diesen dreißig allgemeinen Rundstaffeln befindet sich schon wieder

ein zweiter Bogengang, unterstützt mit Säulen von dem allerkostbarsten glänzenden Sonnensteine. Die Bögen über den Säulen sind aus lauter Rubinen, und das Geländer über den Rubinbögen aus grünem Golde. Und da seht den Boden an; dieser ist von himmelblauer Farbe wie aus gleichfärbigen Hyacinthen zusammengefügt, und ist abgetheilt in sieben Reihen nacheinander fortlaufender roth und grün glänzender Sterne. Wir sind durch diesen Bogengang durch; da sehet abermals eine Rundstaffelei, bestehend aus abermals dreißig Staffeln, über welche man an das weite Plateau des Berges gelangt, auf welchem das eigentliche Prachtgebäude erbaut ist. Die Staffeln sind ebenfalls aus Hyacinthsteinen angefertiget, und sind durch und durch ebenfalls mit roth und grün leuchtenden Sternen geziert. — Nun sind wir erst auf dem eigentlichen Hauptplateau, aber da seht einmal diese Pracht an! Das Plateau so eben und glänzend wie die Fläche eines geschliffenen Diamanten ist von azurblauer Farbe, und ist in den wunderbarst schönsten Reihen besetzt mit verschiedenfarbig hellglänzenden Sternen; und das Plateau hat von diesem Rande bis zum Hauptgebäude hin einen Durchmesser von noch hundert Klaftern. Fürwahr, diese Pracht ist beinahe unaussprechlich zu nennen! Aber jetzt seht erst einmal das Hauptgebäude an; es ist ein Rundgebäude aus drei Stockwerken bestehend, davon ein jedes eine Höhe von dreißig Klaftern hat, und die Wände bestehen aus lauter aneinander gereihten Säulen, und ein jedes Stockwerk erglänzt in einer andern Farbe, und die Stockwerke sind durch die herrlichsten Gallerien nach Außen hinaus von einander unterschieden. — Und da sehet, innerhalb der Säulenreihen ist erst eine continuirliche Wand erbaut von dem allerkostbarsten weißen von selbst leuchtenden Sonnensteine; und die Pracht, die Pracht! Die äußere Säulenwand besteht im ersten Stockwerke aus Smaragd; die Säulenwand des zweiten Stockwerks aus lauter Rubin, die Säulenwand des dritten Stockwerkes aus lauter Hyacinth. Wie herrlich bricht sich da das mächtige Licht der inneren continuirlichen Wand durch diese Säulenreihen der äußeren Wand! Man glaubt ja alle zahllosen Farbenabstufungen im hellsten Glanze zu erschauen. Fürwahr, da ist der Pracht zu viel auf einem Punkt zusammengedrängt. — Es hat zwar wohl dem Anscheine nach das Gebäude bei siebentausend Klaftern im Umfange, wobei das Auge einen hinreichenden Uebersichtsraum gewinnt; aber man wird bei dem überprachtvoll herrlichen Anblicke im Ernste wonnemüde. — Daher wollen wir uns auch sogleich in das Innere des Gebäudes für unsern Hauptzweck begeben, und sehen, wie es dort aussieht. —

## 194.

(Am 30. Mai 1843 von 4¼—6¼ Uhr Nachm.)

Da stehen wir schon am Eingangsthore; aber wie es mir und sicher auch euch vorkommt, so kommen wir gerade vom Regen in die Traufe. Da seht nur einmal an die kaum aussprechliche Pracht des Eingangsthores selbst! Es hat die volle Höhe des ersten Stockwerkes, also eine Höhe von nahe dreißig Klaftern, und eine Breite von zwölf Klaftern. Die Seitenpfeiler des Thores sind massive Diamantblöcke genau in's Quadrat gezogen, und die Flächen dieser beiden Pfeiler sind noch in drei

Reihen neben einander mit blauen, rothen und grünen Sternen vom hellsten Glanze geziert. Der Bogen dieses Portals ist gezogen aus dem kostbaren weißen Sonnensteine, und ist ebenfalls in der schönsten Ordnung geziert mit rothen, blauen und grünen Sternen. Ueber dem Portale, d. h. über dem Bogen desselben, ist noch ein massives allerfeinstes Rothgoldgeländer, und zu oberst der Handleiter des Geländers sind in gerechten Entfernungen runde Kugeln von dem allerfeinsten und kostbarsten weißen Sonnensteine gestellt, welche ein außerordentlich schönes weißes Licht von sich strahlen lassen. Die Thorflügel sind aus künstlich durchbrochenem feinsten Golde angefertiget, und sind mit Kreuzspangen aus weißem Golde überzogen, in welche Spangen auf das wunderbarst Zierlichste alle möglichen Gattungen der Edelsteine vom reinsten und schönsten Schliffe eingesetzt sind. — Das wäre also bloß das Thor; durch dieses gelangen wir in die wunderbar schöne Thorhalle, welche zu beiden Seiten mit dreifachen Gallerien, welche aus lauter weißen Säulen bestehen, geziert ist. — Die Gänge der Gallerien sind mit Geländern von Rubinen und Diamanten versehen. — Und sehet den Boden nur der unteren ebenerdigen Gallerie; er ist ein reiner Mosaikboden, in welchem ihr die herrlichsten Guirlanden von Blumen hellglänzend eingearbeitet erschauet, und die Farben der Blumen in den Guirlanden wechseln bei jeder Wendung und spielen wie ein künstlich gearbeiteter Regenbogen, d. h. wenn es einem Menschen möglich wäre, statt des Regenbogens einen allerverschiedenfarbigsten Blumenkreis zu setzen, die Blumen aber stets also ihre Farben wechselten wie ein wohlgeschliffener Brillant in den Strahlen der Sonne. — Ja, was saget ihr denn zu dieser unermeßlichen Pracht? Ist Das nicht mehr, als was ein menschlicher Geist auf einmal ertragen kann? — Aber gehen wir nur hinein in den Mittelraum dieses Gebäudes, von welchem uns schon ganze Ströme von Licht entgegen kommen. Sehet, es ist eine überaus große Rotunde; der Boden ist azurblau, und ist durchgehends besetzt mit den euch wohlbekannten Sternbildern eueres sichtbaren Himmels. Die Sterne glänzen aber beiweitem stärker, als die ihr zur Nachtzeit schauet von euerer Erde. — Die Wände dieser Rotunde bestehen ebenfalls aus drei übereinander gestellten mächtigen Säulenreihen; die unterste Reihe besteht aus lauter Rubinen, die mittlere Reihe aus lauter Smaragd und die oberste Reihe aus reinstem Hyacinthe. Jede Reihe ist mit weißen Bögen miteinander verbunden, über welchen allerprachtvollste Gallerien aus durchsichtigem Golde angefertiget sind. Hinter den Säulenreihen erblicket ihr eine continuirliche Wand von einem selbstleuchtenden lichtrosenrothen Steine aufgeführt, durch welche Mauerwand verhältnißmäßig große Fenster und Thüren auf die herrlichen Gallerien leiten. — Aber nun hebet euere Augen noch höher zum Plafond dieser Rotunde empor! — Sehet, er ist nichts Anderes als die wunderherrliche große Kuppe, welche wir schon von Außen her als eine großartige Kaiserkrone erschaut haben, besetzt mit den prachtvollsten und von selbst glänzenden Edelsteinen dieses Centralsonnen-Weltkörpers, welche Edelsteine nach der innern Rotunde herab ein wunderbares Licht verbreiten. Was steht aber da in der Mitte der Rotunde? — Sehet, es ist schon wieder ein Altar, und zwar aus einem Rubinstücke, in welchem in den schönsten Kreisen weißglänzende Sterne eingesetzt sind; und auf dem Altare er-

blicken wir abermals Holz quer übereinander gelegt. — Wir dürfen nicht
lange fragen: Wozu dieses? — sondern uns nur auf unseren früheren
Palast zurück erinnern, und die Antwort ist schon fertig. — Ich sehe
aber nun Etwas in euch, und dieses lautet also: Unaussprechlich verschwenderisch ist die endlos reiche Pracht dieses Palastes; fürwahr, wenn
so Etwas auf der Erde darstellbar wäre, so würden sich davor sogar die
größten Kaiser und Könige allzugering fühlen, um Herren einer solch'
endlosen Pracht zu sein, sondern sie würden solch' einen Palast zu einem
allgemeinen Tempel des Herrn ehrfurchtsvollst weihen. — Ja, also ist
fürwahr diese endlose Pracht selbst für den kühnsten Geist zur Beschauung völlig unerträglich; aber bei dieser Pracht vermissen wir denn schon
wieder gerade die Hauptsache, nämlich die Menschen. — Ohne Solche
ist die größte Pracht todt, und wir können ihr kein inneres Wohlgefallen
abgewinnen. Wir können wohl sagen: Unendlich groß ist die wunderbare
Macht und Weisheit des Herrn, der allein nur solche Herrlichkeiten gestalten kann; sollten wir sie aber genießen ohne Brüder und Schwestern,
da wäre uns die gemeinste Erdkeusche mit Brüdern und Schwestern um's
Unaussprechliche lieber. — Ja, meine lieben Brüder und Freunde, ihr
urtheilet zwar nach einem guten und richtigen Gefühle; wißt ihr aber
auch, worin Solches liegt, daß ihr allezeit eher die Wohnungen der
Menschen erschauet, als die Menschen in den Wohnungen selbst? —
Seht, das hat darin seinen Grund, weil ihr als noch naturmäßige Menschen um gute zwei Drittheile noch mehr an der Materie, als an dem
inwendigen Geistigen hänget; — diese Materie aber ist todt, weil gerichtet, damit sie sich formen lasse. Darum denn erschauet auch ihr aus
eurer naturmäßigen Sphäre Dasjenige, was mit ihr verwandt ist. Wollt
ihr das Lebendige sehen, da müßt ihr die zwei Drittel durchbrechen und
schon wieder in das Centrum der Liebe greifen, allwo das Leben zu Hause
ist; sodann wird das Holz auf diesem Altare zu brennen anfangen, und
wir werden uns sogleich überzeugen, daß die Hallen und Gemächer dieses
großen Palastes nicht so unbelebt sind, als es euch auf den ersten naturmäßigen Anblick vorkommt. — Ihr fraget hier, warum denn hier allzeit
die Entzündung des Holzes auf dem Altare zum Behufe der beschaulichen
Gewahrwerdung der Menschen, welche solch' einen Palast bewohnen, vonnöthen ist? — Ich sage euch: Um diesen Grund einzusehen, giebt es ja
auf der Erde schon eine Menge Beispiele. Ich will euch nur ein Paar
zeigen, und ihr werdet alsogleich klüger werden. — Seht an die große
Pracht eines Wintertages und auch einer hellen Winternacht. Die ganze
weite Oberfläche der Erde ist mit zahllosen Diamanten überstreut, welche
beim Lichte der Sonne wie zahllose Sterne wiederstrahlen und das Auge
des Beschauers vor übermäßigem Lichtglanze beinahe erblinden machen.
Die Aeste der Bäume sind mit lauter Diamantkrystallen besetzt, und zu
einer reinen Nachtzeit funkeln die Sterne am Himmel in vervielfachter
Glanzpracht; — aber wenn ihr hinschauet über diese von zahllosen
Diamanten schimmernde weite Fläche, so ist sie wie todt, denn das Leben suchet warme Gemächer, und mag sich nicht belustigen an dieser
kalten erstarrten Pracht. Wenn aber im Frühjahre der Sonne Strahl
nicht nur Licht, sondern auch Wärme zu spenden anfängt, da vergeht die
große Pracht der Erde; aber dafür ersteht aus den inneren Gemächern

das sich vor der kalten Pracht zurückgezogene Leben. Dieses Leben verzehrt die Pracht des Winters und umschafft sie neu in eine viel herrlichere. — Ihr brauchet bei diesem Beispiele nichts hinzu zu setzen, als das, daß die Wärme gleich ist der belebenden Liebe, welche Wärme hervor geht aus der Mitte der Sonne; so werdet ihr gar leicht verstehen, warum hier auf diesem Altare das Holz zuvor durch euere Liebe entzündet werden muß, bevor ihr die lebendigen Bewohner dieser Pracht erschauen möget. — Ein zweites Beispiel könnt ihr bei zwei Menschen auf der Erde noch werkthätiger erschauen. Sehet dort z. B. einen Palast; diesen bewohnet ein alles Menschengeschlecht verachtender Geizhals. Gehet hin; nicht einmal gar zu viele Fliegen werdet ihr um diesen Palast herum fliegen sehen, geschweige erst Menschen. — Warum sieht es denn hier so leer aus? — Weil keine Liebe im Hause ist. Gehet aber hin zu einem andern auch recht schönen Wohnhause; dieses bewohnt ein wohlhabender großer Menschenfreund. Sehet, da wimmelt es von Menschen, alt, jung, groß und klein; die Bäume sind belebt von Vögelein, die Dächer des Hauses von Tauben, der Hof vom Geflügel und anderen nützlichen zahmen Hausthieren; auch für die Fliegen giebt es immerwährend was zu naschen, und Alles, was ihr nur anschauet, ist fröhlichen und heiteren Muthes. Ja, warum denn hier so lebendig? — Weil im Hause die Liebe wohnt! — Die Wärme der Liebe ist fühlbar in weite Entfernung hin, und zieht Alles an sich. Ich meine, aus diesen zwei Bildern werdet ihr noch leichter erschauen, warum wir hier eher das Holz anzünden müssen, bevor sich um uns das Leben dieses Palastes wird zu sammeln anfangen. Erfasset somit euere Liebe zum Herrn und zu Allen, die aus Ihm hervor gegangen sind; und das Holz wird brennend werden, und wir werden gar bald umlagert sein von Tausenden der Menschen, die da allzeit bewohnen diese prachtvolle Wohnstätte. —

## 195.

(Am 31. Mai 1843 von 5³/₄—6³/₄ Uhr Nachm.)

Ihr habt gethan, was ich euch gerathen habe; und sehet, schon ergreift eine herrliche Flamme, die da glänzet wie ein Morgenroth, den Holzstoß auf dem Altare, und ein unbeschreiblich hoher Wohlgeruch erfüllt schon die überherrlichen Hallen und Gallerien dieses großen Palastes. Aber nun sehet auch hinauf auf die Gallerien, wie es von Menschen zu wimmeln anfängt; und Alles eilt herab in die große Rotunde! Sehet einmal diese Menschen an, von welch' unbeschreiblicher Schönheit sie sind! Die Weiber, als wären sie vom reinsten ätherischen Lichtstoffe geformt, und die Männer sehen wie Feuerflammen aus, so sie sich ergriffen hätten zu einer wunderherrlichen, liebernst-majestätischen Menschenform. — Nun sehet, es kommt aus der großen Menge dieser herrlichen Menschen schon wieder ein Aeltester hervor, und trägt wie einen Herrscherstab in seiner Hand. Seine Haare sind so weiß, wie frisch gefallener von der Sonne beschienener Schnee, und wallen in reichen Locken bis an den halben Rücken hinab. Sein Bart, ebenfalls so weiß, krauset sich bis über den Unterleib; seine Größe ist ehrwürdig erhaben vor der Größe der andern Menschen. Nach euerem Erdmaße dürfte er wohl bei sieben Schuh haben. — Ihr möchtet wohl wissen, warum er einen Stab trägt? Ist er vielleicht ein Herrscher oder sonst etwas Erhabenes vor seinen Mitmenschen? — Ich sage euch: Er ist bloß ein Aeltester, und hat das Ansehen eines Patriarchen; unter ihm stehen hier bei tausend solcher Paläste, wie wir einen schon vorher gesehen haben, und ist er somit auch ein Ausbund von Weisheit. — Wenn die Menschen in den untergeordneten Wohnungen irgend eines hohen Rathes bedürfen, so kommen sie zu ihm; aber er sendet niemals etwa Boten aus, um die Untergeordneten in einem oder dem anderen Fache der Weisheit zu unterweisen. Denn hier gilt der Grundsatz der vollkommenen Freiheit allein; und diese darf nie eigenmächtig weder durch Wort noch That gefährdet werden. Daher können hier die Bewohner der anderen untergeordneten Paläste in Berücksichtigung auf diesen Hauptpalast thun unter sich, was sie wollen; nur feindlich darf sich Niemand wagen in das weite Territorium dieses Palastes zu treten. Würde Solches geschehen, dann würde auch sogleich der mächtige Patriarchenstab in eine durch den Willen des Patriarchen mächtige Bewegung gesetzt werden; — dergleichen jedoch ist auf dieser Centralsonnenwelt nicht leichtlich denkbar, obschon es gerade nicht außer der Möglichkeit ist. Denn ein jedes untergeordnete Haus besitzt ebenfalls für's Erste alle erdenklichen Reichthümer, Pracht und Schätze aller Art; dazu hat noch ein jedes Haus für sich allzeit einen weisen Aeltesten, wie ihr schon Einen habt kennen gelernt, und somit ist von einer Feindseligkeit schwerlich je eine Rede. Ein einziger Umstand nur ist allda vorhanden, der manchmal ein wenig drohend auszusehen anfängt; und das ist die mächtige Weiberliebe der Bewohner dieser Centralsonnenwelt. — Die Weiber solch' eines Hauptpalastes sind, wie ihr sehet, aus so manchen Rücksichten um's Bedeutende schöner, als die der untergeordneten Paläste. Es verhält sich diese Sache beinahe also, wie bei euch auf der Erde, da auch, im letzteren Falle versteht sich von selbst, das Weibervolk eines gebildeten reichen Hauses, wie auch einer ganzen besseren Stadt schöner und reizender ist, als das des Landmannes, welches natürlicher Weise durch eine geringere Bildung des Geistes und durch die mannigfache Verkümmerung am Leibesreize durch die schwere Handarbeit jenem nachsteht. — Wenn bei euch so ein rüstiger Landmannssohn sich so in einem reichen, ansehnlichen und wohlgebildeten Stadtvaterhause ein Weib holen dürfte, da ließe er sicher sein Landweibervolk sitzen. Die Ursache, warum? ist mehr als mit Händen zu greifen. — Ein ähnlicher Fall kann sich denn auch hier ereignen, und das beinahe leichter, als auf der Erde. Wenn so die jungen männlichen Menschen zufolge ihrer Freiheit dann und wann so einen Hauptpalast besuchen und nicht selten allda der ätherisch weiblichen Schönheiten gewahr werden, dann fängt es sie an ganz gewaltig lüstern zu jucken, und sie möchten dann Alles auf's Spiel setzen, um sich in den Besitz einer solchen unaussprechlichen Schönheit zu setzen. — Es ist aber eine Frage, ob sie so Etwas nicht auf einem gerechten Wege erreichen können? Auch das können sie beinahe auf dieselbe Art, wie Solches auf der Erde nicht selten der Fall ist. Wie kann sich aber auf der Erde der Sohn eines sogenannten gemeinen Landmannes zum Besitze einer ausgezeichneten Tochter eines vornehmen Stadthauses verhelfen? — Durch geistigen Fleiß; — ein solcher Landjunker durchläuft mit allem Fleiße die wissenschaftliche Bahn, zieht dann durch seine eminuenten Fähigkeiten die Aufmerksamkeit des Landesherrn auf sich; dieser macht ihn dann zu einem hohen Beamten, und unser ehemaliger Bauernjunker kann nun ein bedeutender Herr mit dem ruhigsten Gewissen von der Welt in einem solchen vornehmen Hause anklopfen, und man wird ihm nicht den Riegel vor die Thüre schieben. Das ist ein Weg; ein anderer Landjunker wird in bedenklichen Zeiten zwar zum Soldatenstande genommen, welcher Stand freilich wohl für das Reich der Himmel sich in einem sehr umgekehrten, unvortheilhaftesten Maßstabe verhält. Aber wenn es eine allgemeine Noth erfordert, so kann er auch gerecht sein, also wie er es war zu Zeiten Davids. — Wenn dann ein solcher zum Soldatenstande gestellter Bauernjunker sich als Vaterlandsvertheidiger durch Tapferkeit und Umsicht auszeichnet, so wird er in kurzer Zeit von seinem Könige oder Kaiser selbst zur Würde eines Feldherrn erhoben, als Solcher er dann in gräflichen und fürstlichen Häusern anklopfen darf, und man wird dem Günstlinge des Kaisers mit offenen Armen entgegen kommen, der von seiner Geburt nichts als ein einfacher Bauernsohn ist. — Sehet, auf beinahe dieselbe Weise geht es auch hier. Auf dem einfachen Begehrungswege ist freilich wohl nichts zu erreichen; aber auf dem Wege des Verdienstes durch einen entschiedenen Grad von hoher Weisheit kann sich ein jeder Mensch der unteren Ordnung in den Besitz einer solchen ätherischen weiblichen Palast-Schönheit bringen. — Worin bestehen aber diese Verdienste? — Ihr dürfet nur die Pracht der Gebäude ein wenig betrachten, und ihr werdet doch gar leicht zu dem Schlusse kommen, und sagen: Wenn diese Gebäude von Menschenhänden aufgeführt werden, so müssen die Menschen im Fache der Kunst in baulichen Dingen, wie auch im Fache von allerlei Manufactureien überaus große Meister sein. — Ja, also ist es auch; was ihr immer hier sehet und antreffet, ist Alles ein Werk menschlicher Hände dieses Weltkörpers, und da sie des edlen Materials in großer Menge besitzen, so bieten sie auch alles Erdenkliche auf ihre Wohnstätten so wunderherrlich als nur möglich zu machen. Wenn dann Jemand aus seiner Weisheit etwas Tüchtiges erfunden und zuwege gebracht hat, bringt es dann vor den Rath der Aeltesten eines Hauptpalastes, und wird sein Werk als etwas Besonderes gewürdiget, so wird er mit der Würde eines Meisters in seiner Sache belehnt; — hat er dann dazu auch für den Glanz des Hauptpalastes Etwas durch sein Talent bewirkt und bewerkstelligt, so darf er dann schon mit dem besten Gewissen im Hauptpalaste anklopfen, und er bekommt ein ihm wohlgefälligstes Weib. — Das ist dann aber auch schon der höchste Lohn, den ein solcher Weisheitsmeister in seinem Fache erlangen kann. Er verlangt sich aber auch keinen höheren; und ich bin der Meinung, in so weit ich euch kenne, ihr gäbet für einen solchen Preis ein ganzes Kaiserthum her. — Einen solchen beglückten Weisheitsmeister in seinem Fache aber werden dann auch zufolge solch' einer Beglückung ganz außerordentliche Vortheile zuerkannt; fürs Erste bekommt er einen eigenen Grund und Boden, welchen für ein gewisses Territorium nur der Aelteste des Hauptpalastes zu verleihen hat. Auf diesem neuen Grunde kann er sich dann einen neuen Palast nach seinem besten Geschmack erbauen. — Wie bekommt er aber die Bauleute? Nichts leichter als das; denn zu solch' einem Begünstigten drängt sich Alles hin und sucht sich bei ihm verdienstlich zu machen, um dadurch in ihm einen begünstigenden Freund und Fürsprecher im Hauptpalaste zu gewinnen, was Einigen auch dann und wann zu Theil wird. — Aber eben bei solchen Gelegenheiten giebt es dann auch Mehrere, denen solche Begünstigungen aus so manchen Rücksichten nicht zu Theil werden können. Die Folge ist dann manchmal eine kleine Erbitterung, und zufolge solcher Erbitterung gesellen sich dann einige Glücks- und Begünstigungslüsterne zusammen und wollen das nicht selten mit Gewalt erreichen, was Andere durch ihr Verdienst erreicht haben. — Und da giebt es denn so einen kleinen Krieg, der aber allzeit für die Gewaltlinge fruchtlos ausfällt; denn der Palastälteste darf sich nur mit seinem Stabe zeigen, und die Gewaltthätigen sind in die Flucht geschlagen. — Ja, aber warum fürchten sich denn die Gewaltthätigen gar so sehr vor dem Stabe? — Weil der Stab das Symbol der Willenskraft des Weisen und Aeltesten des Palastes ist. — Ihr habet die Willenskraft der Menschen schon in der Sonne kennen gelernt, und zwar beim naturmäßigen Theile derselben. Diese Willenskraft habt ihr auch in ihrer Vollmacht dort ganz besonders in den Aeltesten gefunden. In dieser Centralsonne ist aber eben die Willenskraft noch entschiedener, und die Unterschiede derselben vom Hauptältesten bis zum gewöhnlichen Menschen herab sind eben so merklich, wie da die Unterschiede der Größen zwischen Centralsonnen, Planetarsonnen, Planeten und ihren Monden es sind; daher denn auch die Willenskraft eines solchen Hauptpalastweisen gar wohl bekannt ist unter all' den anderen Menschen, die in seinem Weisheits- und Willensterritorium wohnen. — Wie aber die Weisheit eines solchen Weisen schmeckt, das sollet ihr zu euerem größten Erstaunen sogleich erfahren. —

## 196.

(Am 1. Juni 1843, von 4½—6 Uhr Nachmittags.)

Sehet, er erhebt seinen Stab, welches so viel sagen will, als: Höret mich mit der gespanntesten und allertiefsten Aufmerksamkeit! — Nachdem, wie ihr sehet und in euch gar leicht merken könnet, sich alles Volk in die Aufmerksamkeit begab, so senkt der Aelteste seinen Stab, und spricht: Meine gesammten Kinder und Sprößlinge meiner Kinder! Ihr seid eingeweiht, und die Führungen des allerhöchsten Gottes, des allmächtigen Schöpfers und Lenkers aller Dinge, sind euch nicht unbekannt. Also ihr seid eingeweiht in die Worte unseres Propheten, der da einst ein großer Geist einher ging im Namen Gottes über die endlos weiten Triften unserer Welt, deren Ende noch Keiner ermessen hat, und Niemand aus uns weiß, in welche unbegreiflichen Tiefen der Schöpfung ihre Oberfläche dringt. Dieser große Geist allein überschritt die Welt von einem Ende zum andern; denn seine Bewegung war gleich der eines zackenden Lichtes, und seine Stimme rollte wie mächtige Donner, und unsere Welt erbebte bis in den innersten Grund, wenn er sprach! — Seine Worte sind unter uns geblieben, und wir haben sie aufbewahrt in unserer Sternschrift. Ihr möget gehen und stehen in diesem meinem Hause, wo immer ihr wollt, so wird euch diese Sternenschrift durch ihren hellen Glanz entgegenstrahlen, und allzeit von Neuem beleben eueres Geistes innere Weisheit. — Wie aber lautet aus den vielen Worten dieses Prophetengeistes ein mächtiger Wink, der hier um den Altar mit den Sternen gezeichnet ist? — Wer von euch kann sagen: Ich kann ihn nicht lesen; denn ich selbst ja habe euch Alle die Zeichen der Sterne lesen gelehrt? — Sehen wir aber hinauf in das endlose bläuliche Luftmeer, und ihr könnt dort allzeit von dem großen Schöpfer dasselbe gezeichnet finden, was unsere Hand hier nachgeahmt hat. — Wie lautet denn sonach dieser Wink? — Höret, ich will ihn euch wiederholen. „Inmitten des großen Hofes des Sternenpalastes errichte Du Aeltester dem Einigen Gotte einen Altar, und lege Holz quer übereinander darauf; das Holz aber sei makellos und vom besten Geruche. Doch sollst du dieses Holz nie mit einem weltlichen Feuer entzünden, sondern ein Feuer aus deinem Gemüthe soll dieses Holz zur Flamme bringen. Wenn das Holz aber durch das Feuer des Gemüthes wird flammend werden, dann gehe hin, und erforsche dich und die Deinen im Lichte dieser Flamme, ob Jemand deines Hauses fähig sei, zu betreten die Wohnstätte Gottes. Wer sich fähig fühlt, der trete zum Altare und lese in der Flamme die Bedingungen, die er zu erfüllen hat auf der Welt, die der große Gott für Sich nur und für Seine Kinder geschaffen hat. — Also lautet der Wink. Ihr wisset aber Alle, wie lange nach unserem genauen Zeitmesser das Holz schon auf dem Altare liegt, und Niemand aus uns vermochte es zu entzünden; denn uns Allen fehlte es beständig an der Kraft des Gemüthes. Wohl weiß ich, daß Niemand aus uns nach der Auflegung des Holzes den Altar des Herrn nur mit einer Fingerspitze angerührt hat, und dennoch ist wunderbarer Weise nun einmal das geheiligte Holz in den Brand gerathen. — Was sollen wir nun thun? — Ich sage euch: Prüfe sich ein Jedes, Mann oder Weib, wie sein Gemüth vor Gott dem Allmächtigen beschaffen ist? — Wer aus euch Allen hat den Muth, das allerhöchste Wesen Gottes zu erfassen mit seiner Liebe? Wer vermag Alles niederzulegen vor dem Altare und nichts zu behalten denn allein die Liebe seines Herzens zu dem allmächtig ewig großen Gott, der trete hervor und versuche zu lesen, was die Flamme zeigt. Fürwahr, wer Solches zu thun wird im Stande sein, der hat einen großen Weg vor sich, einen Weg von der größten Freiheit bis zur niedrigsten Knechtschaft, einen Weg von diesem vollkommenen Leben durch den Tod, einen Weg von diesem höchsten Lichtgrade in die größte Nacht, und durch dieselbe — einen Weg von der größten Seligkeit und Wonne, die wir Alle empfinden, in die größte Trübsal, in das größte Elend und in die größte Noth, einen Weg von unserem ununterbrochenen Wohlbefinden in und durch einen unerträglichen Schmerz, um auf diesem Wege unsicher zu gelangen in einer nirgends bestimmten Zeit zur Wohnung Gottes. Wohl Dem, der diese Wohnung je erreichen kann, wer da werden kann ein **Kind Gottes**! — Aber welch' ein Weg dazu! Leichter wäre es unsere Welt, so endlos groß sie auch sein mag, auszuforschen, als zu erreichen dieses allerhöchste Ziel. — So viel konnte ich euch Allen im Voraus sagen; wer aber den Muth hat, dem sei dadurch der Weg nicht abgeschnitten, denn wo der Herr, der Allmächtige, das Eine thut, da wird Er auch das Andere thun. — Nun sehet, also hat unser Aeltester gesprochen. Mit großer Sachkenntniß und tiefer Weisheit hat er seine Worte geführt; daher wollen wir nun Acht geben, welchen Effect sie bei seinen Kindern und Kindeskindern hervorgebracht haben. Meinet ihr wohl, daß sich bei seiner abschreckenden Reisebeschreibung Jemand entschließen wird, der den Weg zur Wohnstätte Gottes antreten möchte? — Sehet, kein männlich Wesen will sich dießmal hervorthun; aber dort sehet, ein gar wundersam schönes weibliches Wesen tritt hervor, und spricht zum Aeltesten: Zeuger meines Lebens durch die Kraft Gottes in dir! Meine Brust schwillt auf vor mächtiger Liebe zu dem einigen Gotte, ohne Dessen einmal mögliche sichtbare Gegenwart sich nie eine vollkommene Seligkeit denken läßt. Ich möchte zu Ihm, und möchte sein eine allergeringste Magd in einem Seiner kleinsten Häuser, deren Er sicher in endloser Zahl haben wird. — Mich schreckt der Weg nicht ab; wo und wie er zu finden ist, wird mir die Flamme weisen. Habe ich da die Gewißheit eingeholt, da laß mich denn auch ziehen nach dem Winke des mächtigen Propheten, der da zu allem Volke dieser endlos großen Welt geredet im Namen und in der Kraft des allmächtigen Gottes! — Der Aelteste spricht: So denn trete hierher vor mir, und kehre dein Angesicht zur Flamme und lies, was sie zu dir spricht. — Das weibliche Wesen tritt hin vor den Aeltesten, und liest aus der Flamme: „Dein Gott und dein Herr ist ein Gott voll Liebe und Erbarmung, und wird dir geben zu tragen ein sanftes Joch und eine leichte Bürde. Sei demüthig in deinem Herzen; vergiß dieser Welt große Pracht, und empfiehl dich dem allmächtigen Schutze des großen Gottes! Er wird dich Selbst unsichtbar auf Seinen eigenen Händen tragen durch ein kurzes materielles Leben bis zu Seiner Wohnung, allda du überkommen wirst die große Kindschaft, und wirst leben ewig in des allmächtigen göttlichen Vaters Hause. Hast du Muth in deiner Liebe zu diesem großen Gotte, so lege deine Hand auf den Altar!" — Der Aelteste spricht: Nun, meine Tochter, du hast die Bedingung der großen Gnade Gottes gelesen; was willst du nun thun? — Die Tochter spricht: Ich will nach meiner stets mächtiger werdenden Liebe zu meinem und zu deinem Gott, und werde ich dort sein, so will ich deiner gedenken, wenn es des Herrn Wille sein wird, auf daß auch du mit noch vielen Anderen mir folgen möchtest. Ich weiß wohl, daß auch diese Welt herrlich ist, und daß wir mit den reinen Geistern, die da einen feineren Leib angenommen haben, als da ist der unsrige, allzeit Gesellschaft pflegen können. Wir können erschauen mit leichter Mühe ihre hohe Seligkeit, und diese ist von der Art, daß sie uns die Seligkeit des natürlichen Lebens nicht trübt; denn viel haben die seligen Geister dieser Welt fürwahr nicht vor uns, außer daß sie sich nach ihrem Willen erheben können und machen schnellere Bewegungen, als wir sie im natürlichen Zustande zu machen im Stande sind, indem wir uns nicht erheben können gleich ihnen hoch empor in die Räume des starken Lichtes. — Nun aber bedenke, was es dagegen sagen will, ein Kind Gottes zu heißen und zu sein, welches mit einem Blicke mehr erschaut, als wir in zahllosen großen Zeitabsteckern. Darum will ich denn auch meine Hand auf den Altar legen! — Sehet, diese Tochter legt ihre Hand auf den Altar, und sie ist nicht mehr zu erschauen unter der Gesellschaft. Was aber wird nun die Gesellschaft thun? — Das wollen wir bei der nächsten Gelegenheit betrachten! — —

## 197.

(Am 9. Juni 1843, von 5—6¹⁄₂ Uhr Nachmittags.)

Sehet, so eben tritt wieder unser Aeltester hervor, und spricht zu all' den Anwesenden: Meine geliebten Kinder und Kindeskinder! Ihr wisset, woher wir diejenigen Steine nehmen, welche als selbstleuchtende Sterne gar köstlich eingelegt sind in die anderen kostbaren Bausteine. Es ist der Grund der großen Gewässer, welche gar tief sind, aus dem sie unsere wohlgeübten Wassertaucher holen. Also ist alles Herrliche, Große und Kostbare in schwer zugänglichen Tiefen verborgen; also sind auch wir oberflächlich wohl befähiget für tiefe Weisheit von Gott dem Allmächtigen erschaffen. Da wir einmal da sind, so empfinden wir unser Dasein unter gar keinen Schwierigkeiten; es läßt sich so ganz leicht in einem Zuge hindurch leben. — Wollen wir aber die in uns vorhandenen Fähigkeiten beleben, wollen wir in die Tiefe der Weisheit dringen, dann wird das Leben kein Scherz mehr, sondern es unterliegt dann einem großen Ernste und einem angestrengten Forschen nach Dem, was der göttlichen Weisheit entspricht. — Menschen, die den großen Schatz in der Tiefe ihres Lebensmeeres gefunden haben, werden dann ebenfalls wie das Meer selbst. Sie sind ihrem Außen nach wogend gleich anderen Menschen, und dieses Wogen spricht sich in mannigfacher weiser Thätigkeit aus. Der Unterschied zwischen der wogenden Thätigkeit geweckter und gewöhnlicher Menschen besteht darin, daß der in sich selbst Geweckte thut und handelt nach dem in ihm vorgefundenen ewigen Gesetze der göttlichen Ordnung; — der gewöhnliche Mensch aber handelt nach den von Außen her gegebenen Gesetzen, welche da entstammen dem lebendigen Gesetze Derer, die da in sich gefunden haben die innere Weisheit, welche in sie gelegt hat vom Urgrunde schon die allerhöchste Weisheit des Schöpfers. — Wenn aber demnach zwischen den selbst geweckten und den bloß äußerlich nachahmenden Menschen beinahe gar kein wesentlicher Unterschied zu erkennen ist, wie kann man demnach erforschen und aus der Erfahrung klar werdend sagen: Siehe, das ist ein Selbstgeweckter, und das nur ein bloß äußerer Nachahmer? — Meine geliebten Kinder und Kindeskinder! Seht Alle hin auf den Altar, allda noch die geheiligte Flamme lodert. Welcher aus euch hatte wohl Muth nach dem Vernehmen der Bedingungen zur Erlangung der Kindschaft Gottes seine Hand zu legen auf den Altar? — Als ich euch die Anforderungen aus meiner Weisheit gezeigt hatte, da bebtet ihr Alle, und ein Jeder schauderte vom Altare der Umwandlung zur Kindschaft Gottes zurück. Aber eine Jungfrau, — welche wohl die schlichteste in diesem meinen Palaste war, so daß da Niemand aus uns Allen ahnen mochte, daß in eben diesem gar schlichten jungfräulichen Wesen eine so tiefe Weisheit als vollkommen geweckt zu Grunde lag, (ihr Werk bürgt uns dafür) — zeigte uns Allen, wie diejenigen Menschen geartet sind und sein sollen, in denen die innere Weisheit geweckt ist durch die stille Selbstthätigkeit und Selbstforschung des eigenen Geistes. Wir sind Bewohner dieses Hauptpalastes, tiefe und innere Weisheit soll uns darob auszeichnen vor allen anderen gewöhnlichen Menschen; wie aber steht es mit unserer männlichen Weisheit, wenn sie zu Schanden ward vor einer schwachen Jungfrau? — Ja, wie steht es dann mit unserer Weisheit, wenn in den

Wohnhäusern untergeordneter Menschen sich ebenfalls so beherzte Weise vorfinden sollten, die da Muth genug besitzen in aller Demuth und Liebe zu Gott ihre Hände auf den Altar Gottes zu legen? — Ihr zucket mit den Achseln und machet mit dem Kopse und mit den Augen eine zweideutige Bewegung, ich aber sage euch: Fürwahr, unsere Weisheit ist gleich dem Schaume des Meeres, dessen Blasen auf ihre Oberfläche zwar auch ein schönes Farbenspiel schillern lassen; aber man darf so eine schillernde Blase nur anhauchen und sie ist sammt ihrem Farbenspiele wie aus dem Dasein völlig verschwunden. — Die Weisheit Solcher aber, die da gleichen der Jungfrau hier, die Muth genug besaß, um zu legen ihre Hand auf den Altar, ist gleich demjenigen herrlichen Gesteine im tiefen Grunde des Meeres, mit welchem wir wohl das Gemäuer unserer Wohnung in Sternenform zieren, und legen in die Figuration der Sterne des Propheten Worte; wir selbst aber sind kaum gleich den flachen Bausteinen, deren Oberfläche, aber nicht deren Inneres mit den strahlenden Steinen beschrieben ist. Wer aus euch kann diesen meinen Ausspruch wohl werkthätig widerlegen? Wer hat aus euch noch Muth, seine Hand zu legen auf den Altar, allda noch die Flamme lodert? — Ich sehe Keinen aus euch sich erheben und hervortreten, sondern ihr Alle ziehet euch zurück, und Niemand aus euch erwiedert mir Etwas. Was sollen wir denn thun, da noch die Flamme lodert? Ich will euch einen Rath geben, und dieser lautet also: Fallet Alle nieder auf euere Angesichter vor dem Altare Gottes, lobet und preiset den allmächtigen Gott, damit Er uns Alle wenigstens insoweit tiefer erwecken möchte, daß wir dadurch wenigstens Das erkennen möchten in der Tiefe unseres Lebens, wie viel uns noch abgeht, um zu werden, was da geworden ist unsere Schwester, unsere weise Jungfrau. Und sollten wir auch nimmer den hohen Muth überkommen, zu legen unsere Hände auf den Altar, so aber bitten wir doch Gott den Allmächtigen, Er möchte uns wenigstens auf dieser Welt insoweit durch Seine unendliche Weisheit beleben, daß wir dann allzeit als wahrhaft weise Vorbilder Denen vorwandeln könnten, die in großen Volksmengen diesem unserem Hauptpalaste allzeit unterthänig sind und sich's für das größte Glück schätzen, von diesem Hauptpalaste aus irgend eine Begünstigung oder gar eine Braut zu überkommen; — und wir sind, wie es sich jetzt gezeigt hat, bei aller unserer sonstigen Weisheit dumm genug, und geben, wenn es sich um eine Braut handelt, sicher allzeit die Weiseste her, während wir in der Meinung sind gerade diejenige herzugeben, welche für unseren Palast am wenigsten taugt. — Ist es aber auch recht, daß wir also thun? — Ich sage: In Hinsicht dessen, wie wir es thun, ist es unrecht; aber in Hinsicht dessen, wie der allmächtige Gott Himmels und der Erde Sich auch unsere Dummheit zinspflichtig machen kann, ist es vollkommen recht, was da geschieht, und ganz besonders bei solchen Brautgaben, wenn unsere Dummheit hinter's Licht geführt wird, und der allweise Gott eine Blume aus unserem Hauptpalaste hinwegnimmt, deren eben dieser unser Palast nicht werth ist, also wie wir selbst es nicht werth sind, daß da diese heilige Flamme noch in gleicher Stärke fortlodert auf dem Altare Gottes. Wie sehr ich aber in dieser meiner Rede an euch Alle Recht oder Unrecht habe, dafür spricht sehr gewaltig die große außerordentliche Wunderpracht dieser unserer großen Patriarchalwohnung. — Saget mir: Wer aus uns hat wohl je einen Stein herbeigeschafft, und wer je einen Bauplan entworfen? Sehet, das Alles ist ein Werk derjenigen Menschen in der flachen Ebene drunten, welche uns, d. h. unserer sein sollenden tiefen Weisheit liebewillig unterthänig sind. Wenn aber Solches unleugbar der Fall ist, so ist es gegenüber aber auch klar, daß in der tiefen Flachheit unserer großen Landschaften es Menschen giebt, denen wir nicht würdig sind in's Angesicht zu blicken. — Wenn demnach aber solche Menschen sich durch die Verdienste ihrer Weisheit unserem Palaste nähern, um sich zu erwerben eine bessere Braut, ist es dann nicht vollkommen recht und allerbilligst, daß ihnen, eben die Allerwürdigste zu Theil wird? Ja meine lieben Kinder und Kindeskinder, was Gott der Allmächtige thut, das allein ist wohlgethan; und also ist es um's Unvergleichliche besser, daß wir unsere Töchter den Freunden Gottes geben zu ihrer Freude, als daß wir sie ihnen vorenthalten, und sie behalten für unsere eigene große Dummheit. — Und so denn fallet sammt mir nieder vor dem Altare, und bittet um so viel Weisheit, daß ihr euch nicht heimlich schämen müsset vor Denen, die vor uns gering sein wollen; — und in der Flamme werden wir dann gar deutlich lesen, was uns zu thun übrig bleibt, um zu erreichen Dasjenige von Gott, das uns mehr frommen soll, denn unsere Dummheit. — Also geschehe es, Amen! —

## 198.

(Am 10. Juni 1843 von 4½ bis 6¼ Uhr Nachmittags.)

Nun sehet, die ganze zahlreiche Inwohnerschaft dieses Hauptpalastes fällt in einem Kreise auf ihr Angesicht vor dem Altare, auf welchem noch die Flamme lodert. Auch der Aelteste verabsäumt nicht, Solches zu thun. — Ihr möchtet wohl wissen, wie solche Menschen nun beten? Solche Menschen beten in ihrer Art also, wie ihr da betet in eurer Art. Sie beten zu Gott, dem allerhöchsten Herrn Himmels und der Erde; ihr Gebet ist eine Bitte, welcher der lebendige Wunsch innewohnt, daß ihnen der Herr Das geben möchte, um was sie Ihn bitten. Ihr betet nach euerer Art, wohlgemerkt, wenn ihr wahrhaft betet, in euerem Herzen, und begleitet euer Gebet ebenfalls mit dem Wunsche des Erhörens euerer Bitte, in welcher eigentlich das Gebet besteht. — Bei diesen Menschen aber ist das Gebet mehr ein Geberdengebet, denn ein inneres Herzensgebet; es ist ungefähr dasselbe, als so ihr arbeitet mit eurem Verstande und geberdet euch dabei unwillkürlich nach der Art euerer Gedanken. Also ist das Gebet dieser Menschen kein Gefühlsgebet, welches aus dem Herzen kommt, sondern ein Verstandesgebet, welches aus den Gedanken der Seele im Kopfe herkommt. Die Menschen überlegen in dieser Stellung ein Jeder nach dem Grade seiner Weisheit, was da wohl das Klügere wäre. Ihre Stellung dabei beurkundet nicht, wie bei euch, eine gewisse demüthige und zerknirschte Andacht des Herzens, sondern es ist nur ein Zeichen, daß sie in diesem Zustande sich gegenseitig nicht im Geringsten stören sollen; — ein Jeder überlegt ungestört bei sich das Klügere mit dem Wunsche, daß Gott der Allmächtige dasselbe möchte geschehen lassen. Hat Jemand nach seiner Art den weisesten Punkt gefunden, so mag er für sich dann auch ganz ruhig wieder aufstehen, und dann lesen

in der Flamme, inwiefern sein Weisheitspunkt in der Schrift der Flamme
sich wiederfinden läßt. Läßt er sich finden, so bleibt der aufgestandene
Beter schon stehen; — läßt sich aber sein Weisheitspunkt in der Flamme
nicht finden, so legt sich der Beter sogleich wieder auf sein Angesicht nieder, und betet, oder denkt vielmehr weiter nach, was in seiner Sphäre
wohl das Klügste sein dürfte. — Sehet, das ist das Gebet im Allgemeinen bei den Menschen dieses Weltkörpers; ganz besonders aber Derjenigen, welche den Patriarchalhäusern angehören. — Ihr saget hier freilich wohl: Warum wenden sich denn diese Menschen nicht lieber an den
**Herrn**, auf daß Er ihnen zeigete die rechte Klugheit? Denn das müssen
sie doch einsehen, das der Herr endlos weiser ist, denn all' ihr Verstand,
und daß Er ihnen auch das sicher geben kann und wird, um was sie Ihn
bitten. — Ich sage euch: Solches ist wohl richtig gedacht, insofern Jemand die großen Weltverhältnisse nicht kennt; aber wenn Jemand diese
kennt, so wird er allenthalben die heilige Ordnung des Herrn erkennen,
und wird sagen, daß auch diese Menschen in ihrer Art vor Gott vollkommen giltig beten, weil also zu beten ihre Ordnung ist. — Warum
denn aber. — Die Ursache wird sich gar leicht darstellen lassen; — und
so höret denn! — Diese Menschen erkennen und sagen: Wenn wir uns
zu Gott kehreten darum, daß Er uns gebe eine wahre Klugheit, so würden wir dadurch Gott einen Vorwurf machen, und einen großen Schimpf
anthun; denn wir würden dadurch ja vor Gott die Behauptung aufstellen, als hätte Er als der Allerweiseste und Allergerechteste uns trügen
wollen, und müssen wir daher die Klugheit, welche der Herr Gott Himmels und der Erde (die Bewohner dieses Weltkörpers, wie jedes andern,
nennen ihre Unterlage eben so gut Erde, wie ihr die eurige) in uns gelegt hat, in hohen Ehren halten, und sie benutzen nach Seiner Ordnung.
Wenn wir diese Klugheit in uns werden verbraucht haben, und sehen
dann das Bedürfniß nach einer höheren Klugheit ein, so erst steht uns
zu, Gott zu bitten um Das, was uns mangelt, indem wir es verbraucht
haben. — Sehet, in dieser Ordnung stehen die Menschen dieses Weltkörpers, und beten auch darnach. — Wem entsprechen sie aber in dem
Wesen des Menschen? — Sie entsprechen, nachdem sie Bewohner einer
Centralsonne sind, dem **Gehirne**; freilich wohl nur einem einzelnen Nerven in selbem, welcher Nerve zunächst dem Ausläufer des Sehnervens
ziemlich nahe an der Gehirnhaut liegt. — Darum denn ist auch ihre
Art und ihre Ordnung diese, daß sie zumeist mit Dem, was sie haben,
vollkommen zufrieden sind; ungefähr auf diese Weise, wie die Verstandesmenschen bei euch auch mit nichts so sehr zufrieden sind, wie mit ihrem
Verstande, indem ein Jeder glaubt den besten zu haben, und oft je weniger Verstand Jemand besitzt, er desto zufriedener mit demselben ist. —
Ganz anders verhält es sich freilich wohl mit dem Gefühlsmenschen, der
in seinem **Herzen** denkt; dieser erkennt, daß alles menschliche Verstan-
deswissen ein **pures Stückwerk** ist, und daß derjenige Mensch der ver-
ständigste ist und der weiseste, der es dahin gebracht hat, daß er in seiner
Demuth sagen kann: **Ich weiß nichts**; denn all' mein Wissen wiegt nicht
ein Sonnenstäubchen gegen die unendliche Weisheit Gottes auf. Ein
solcher Mensch hat dann erst den wahren Weisheitshunger überkommen, welcher ihn die große Speisekammer erst wird auffinden lassen,

welche der Herr so überreichlich ausgestattet hat. — Giebt es aber nicht auch in dieser unserer Centralsonnenwelt ähnliche Menschen? — O ja, wir haben bereits Zwei gesehen, und das sind diejenigen, welche da ihre Hände auf den Altar gelegt haben; denn die Hand auf den Altar legen besaget eben Solches, daß da ein Mensch seine große Armuth in sich aufgefunden hat, neben ihr aber auch ein hellschimmerndes Lämpchen, das da steht vor einer beschriebenen Tafel im eigenen Herzen, auf welcher mit deutlich leserlicher Schrift geschrieben steht: „Unsterblicher Geist! Demüthige dich in deiner Hoheit; entzünde dich in deiner Liebe zu Gott, und kehre also zu Ihm, der dich erschaffen hatte, zurück; alldort im großen Vaterhause wirst du es in endloser Fülle finden, was dir hier so sehr gebricht!" — Und sehet nun, wenn Jemand aus diesen Menschen solches Alles in sich gefunden hat, dann wird er ein stiller Weiser, und trachtet nach nichts Anderem sehnlicher, als zu gelangen auf den Weg, der da führt nach jenem Ziele, das er gefunden hat auf der erleuchteten Tafel in seinem Herzen. — Es hat zwar ein jeder Mensch dieses Weltkörpers ein solches Täfelchen in sich; aber nicht ein Jeder läßt das schimmernde Lämpchen vor demselben leuchten, sondern versetzt das Lämpchen zu allermeist in die Mitte seines Gehirns. Daher es denn auch kommt, daß aus den zahllos vielen Bewohnern dieses Weltkörpers nur gar Wenige dahin gelangen, daß sie legen möchten ihre Hand auf den Altar. — Aber wenn ihr einen Blick auf euere Erde zurückwerfet, so werdet ihr nahe dasselbe Verhältniß ohne angestrengtes Suchen mit leichter Mühe finden. Denket nur auf das Wort des Herrn, indem Er sagte: „Viele sind berufen, aber Wenige auserwählt." — Und ihr werdet die Auserwählten eines bedeutenden Ortes sehr leicht auf den Fingern abzählen können. Worin aber liegt der Grund? Weil Niemand, oder aus den Vielen nur höchst Wenige sich die Worte des Herrn gefallen lassen, welche da lauten: „Verleugne dich selbst, nehme das Kreuz auf deine Schulter, und folge Mir nach!" — Den Menschen auf dieser Centralsonnenwelt ist freilich wohl diese endlose Gnade nicht zu Theil geworden, daß ihnen der Herr Selbst den geraden und nächsten Weg mit eigenem heiligen Munde gelehrt und gezeigt, und ihnen auf diese Weise nicht nur ein schimmerndes Lämpchen, sondern eine ganze Centralsonne vor ihr Täfelchen hingestellt hätte, aber dessen ungeachtet stehen sie nicht außer der Möglichkeit, das Täfelchen des ewigen Lebens in ihren Herzen zu finden, und darnach ihr Leben einzurichten. Dazu leben sie auch lange genug, um Das in sich zu gewärtigen; — denn es giebt allda Menschen, die so alt sind wie ein halbes Menschengeschlecht auf eurer Erde. Zudem sind sogar die Geisterseelen der Abgestorbenen, wenn sie es wollen, derselben Uebersiedlung fähig, als wie sie es waren bei ihren Leibesleben, zwischen welchen beiden Leben bei den Menschen dieser Welt ohnehin kein gar zu bedeutender Unterschied obwaltet, indem sie sich allezeit sehen und sprechen können, so oft sie Solches nur wollen. — Wir aber haben nun auch genug, um die Art des Betens dieser Menschen einzusehen; — unsere Beter haben sich bereits erhoben um den Altar, und wir wollen darum ihrem ferneren Benehmen noch eine kurze Aufmerksamkeit spenden, und uns sodann wieder weiter begeben auf dieser unserer Welt. —

## 199.

(Am 12. Juni 1843, von 4½—6¼ Uhr Nachmittags).

Unser Aeltester erhebt wieder seinen Stab, und öffnet seinen Mund; — was wird er nun wohl sprechen zu seinen Kindern? — Selbst anhören wird auf diese Frage die beste Antwort geben; und so hören wir denn, wie er spricht. Seine Worte lauten: Meine lieben Kinder und Kindeskinder! Ihr habt euch versammelt vor dem Altare, auf dem noch die Flamme Gottes lodert. Ein würdig Lob habt ihr dem Allmächtigen dargebracht; darum spricht der Geist Gottes aus der Flamme zu uns: „Dem Großen bin Ich groß, dem Kleinen klein, dem Starken stark und dem Schwachen schwach; aber in dieser Schwäche ruht eine geheime Stärke, welche mächtiger ist, als alle Pracht der Großen. Wer barmherzig ist, dem bin ich barmherzig; wer Gutes thut, dem soll Gutes gethan werden. Dem Herrn bin Ich ein Herr; aber dem Diener ein Knecht. Der Weise mag nicht mit Meinem Lichte spielen; aber dem Einfältigen soll alle Flur Meiner göttlichen Fülle offen stehen. Der da ist voll Verstand, für Den wohne Ich im unzugänglichen Lichte; aber mit dem Thörichten vor der Welt und ihrem Glanze will Ich wie ein Bruder einhergehen. Die Kinder der Sonne haben große Macht, ihr Hauch ist stärker, denn der kleinen Erdkörper größter Sturm, und vor ihren Gedanken beugt sich ihre Welt und treibt neue Flammen aus ihren weiten Triften. Die aber Meine Kinder sind und sein wollen, müssen schwach sein, und ihre Schwäche muß erst eine Kraft werden in Mir. Die Kinder der Sonne mögen Mich anbeten in ihrem Lichte; aber Meine Kinder beten Mich an in ihrem Feuer. — Die Kinder der Sonne sind, was sie sind; aber Meine Kinder dürfen nicht bleiben, was sie sind, sondern sie müssen verzehrt werden, damit sie in ihrer Verrichtung Das erst werden, was sie sein sollen. — Was wollet ihr Kinder der Sonne? — Ihr habt eueren gutgemessenen Theil; wollt ihr mehr, soll euch auch mehr gegeben sein, — wollt ihr eine größere Seligkeit, wie könnt ihr wohl mehr verlangen, als was euch wird nach euerer Erkenntniß und nach euerem Wollen? — Wollt ihr aber Meine Kinder werden, da müßt ihr nicht gewinnen, sondern nur Alles verlieren wollen; — denn wie euer Loos als Kinder der Sonne ein solches ist, daß ihr euch schmücken könnet mit ewig wachsenden Schätzen und Reichthümern, so ist andererseits das Loos Meiner Kinder stets ärmer zu werden, und das in so weit, daß sie nicht einmal das eigene Leben als ihnen eigen betrachten dürfen. — Und ihre Liebe, welche der Grund ihres Lebens ist, müssen sie stets bereit sein zahllosen Brüdern zu spenden. — Was ihr besitzet, ist euch gegeben zum ewigen unumschränkten Eigenthume; Meine Kinder aber dürfen nichts besitzen, nicht einmal einen eigenen Tisch führen, sondern Alles, was ihnen Noth thut, haben sie nirgends denn bei Mir in Meinem Hause zu nehmen. Ihr seid mächtige Herrn euerer Welt; Meine Kinder aber müssen sein arme Knechte, sie müssen arbeiten mit ihren Händen. Wenn sie sich aber Etwas erarbeitet haben, da dürfen sie es nicht behalten als ein Eigenthum, sondern es sobald einbringen in Mein Haus, allda Ich es dann erst Jedem gebe, was er liebegerechter Maßen nothwendig bedarf. Ihr wohnet in Palästen, die an Glanz und großer Pracht alles Erdenkliche überbieten; Meine Kinder aber müssen

Hütten bewohnen, vor deren Niedrigkeit und gänzlicher Glanzlosigkeit euch schaudern würde. Aber Meine Kinder sind dennoch Meine Kinder, und sind bei Mir allzeit und thun allzeit nach Meinem Willen, welcher endlos mächtig ist den Mächtigen, aber auch endlos sanft den Kleinen und Schwachen. — Wollt ihr Meine Kinder werden, so müßt ihr Solches bedenken und alle Vortheile eures Lebens auf ewig fahren lassen. — Selbst euer Leben mit seinem klarsten Bewußtsein muß Mir geopfert werden; — nichts dürfet ihr behalten, als eure gänzlich ausgeleerte Wesenheit. — Denn also, wie ihr seid, seid ihr wohl auch Gefäße des Lebens, welches ausgeht aus Meinem Lichte; aber als Meine Kinder müßt ihr zur Wohnstätte Meines eigenen ewigen Geistes werden, und dieser kann nicht wohnen in der Flüchtigkeit eures Lichtes, sondern nur in der großen Festigkeit, welche gediegen genug ist, um zu widerstehen dem allmächtigen Feuer Meines eigenen ewigen Liebelebens. — Euch ziert ein mächtiger Willensstab, und wenn ihr ihn erhebet, da bebt euere große Welt unter der großen Zwangsmacht eueres Willens; Meine Kinder aber müssen ein schweres Querholz auf ihre Schultern lagern, welches sie zu Boden drückt und ihnen gibt den Tod, über welchen ihre kleine Welt mächtig jubelt. Erst aus diesem Tode können sie erstehen, werden Mir gleich und thun dann, was Ich thue; nicht aber um zu herrschen gleich euch, sondern um zu dienen Allen mit der größten Liebe, Sanftmuth und vollsten Ergebung in Meinen Willen. Meint ihr, dieß ist etwas Geringes, sich zu ergeben ganz in Meinen Willen? — Höret und vernehmet es! — Sich zu ergeben vollkommen in Meinen Willen, will mehr sagen, als so Jemand aus euch die ganze unendliche Schöpfung in seine Faust fassen möchte und spielen damit wie mit kleinsten Sandbröckelchen; ja es will mehr gesagt haben, als so ihr hinginget an jene weiten Triften euerer Welt, allda aus unermeßlich weiten Klüften die allerhöchste Glühkraft der Flammen unaufhörlich wüthet, und möchte sich Einer allda hinabstürzen in den Krater und in sich schlürfen mit einem Zuge die endlose wüthende Gluth- und Flammenmasse, — und dennoch müssen Meine Kinder Meinen unendlich ewig mächtigen Willen bis auf den letzten Tropfen vollkommen in sich aufnehmen, bevor sie vollkommen Meine Kinder werden können. — Ihr beurtheilet und kennet die unendliche Macht Meines Willens; wer aus euch kann sich Meinem Willen gegenüberstellen und sagen: Herr! laß mich kämpfen mit Dir? — Wird nicht ein leisestes Fünklein ihn sobald vernichten, als wäre er nie da gewesen? — Ja, ein leisestes Fünklein Meines Willens reicht hin, zahllose Sonnenwelten in's Nichts zu wandeln, als da ist diese, die ihr bewohnet. Wenn ihr aber Solches nach euerer Beurtheilung klärlichst erschauet, was wohl werdet ihr dazu sagen, so Ich es euch aus Meinem Feuer kund gebe, daß es eine Aufgabe ist und eine unerläßliche Bedingung, daß sich Meine Kinder Meinen Willen müssen vollkommen unterthan machen? Um aber diese für euch unaussprechlich große Aufgabe zu lösen, müssen Meine Kinder oder Diejenigen, welche Meine Kinder werden wollen, in ihrer Freiheitsprobeperiode fortwährend die Last Meines Willens tragen lernen, und müssen sich durch das Feuer Meines Eifers unter vieler Angst und Qual gänzlich verzehren lassen, damit sie dadurch dem endlosen ewigen Feuer Meines Willens für ewig verwandt werden; — und gar Viele, welche diese Probe in ihrer gesonderten Freiheitsperiode nicht bestanden haben, werden sich dann nach ihrer Umänderung gefallen lassen müssen, für euch undenklich lange Zeitperioden sich im Feuer Meines Willens zu reinigen, und sich dasselbe mit schwerster Mühe angewöhnen, bevor sie zur größten Geringheit unter Meine vollkommen Kinder werden können aufgenommen werden. — Was wollt ihr nun? Wollt ihr bleiben, oder wollt ihr im Ernste Meine Kinder werden? — Sehet, noch lodert der kleine Funke Meines Willens am Altare; wollt ihr bleiben, so bleibet, wollt ihr aber zur Kindschaft gelangen, so leget euere Hände auf den Altar!" — Sehet, also hat unser Aeltester aus der Flamme Allen vorgelesen; was aber sprechen nun die Kinder auf diese Vorlesung? — Sie sprechen: Großer Gott! Es muß freilich wohl etwas Unendliches sein, ein Kind von Dir zu werden; aber wenn Dein Wille noch heftiger ist, als die endlose Gluth, welche unsere Welt trägt in ihren weiten Schlünden, wer mag demnach solche ertragen und leben dabei? — Daher laß uns bleiben, was wir sind, und laß Dir allzeit ein Opfer bringen von unserer Weisheit! Nehme daher die Schreckensflamme auf Deinem Altare wieder zurück, und laß uns ziehen und leben in unserem Frieden! — Aus der Flamme ertönt nun ein Wort: Also geschehe nach euerm Wollen. Dennoch aber soll allzeit das Holz auf dem Altare liegen; denn Ich will die Wege erhalten, auf denen Meine große Liebe und Erbarmung wandelt. Wisset aber, daß es bei Mir ein Leichtes ist, das euch schwer dünkt, und etwas Hartes, was euch leicht dünkt. Euch ist zwar lieber euere herrschende Freiheit; aber Ich habe dennoch allein nur Mein Wohlgefallen an der Einfalt und dienlichen untergeordneten Knechtschaft Meiner Kinder, — denn es giebt keinen Herrn, dem da ein anderer Herr lieber wäre, denn sein eigener Knecht, der ihm allzeit ist ein getreuester Diener. — Daher giebt der eine Herr dem andern nur den bedungenen Pflichttheil; aber der Knecht wird belohnt von seinem Herrn. Meine Kinder aber sind auch Meine Knechte; daher haben sie auch Meinen Lohn als Knechte und Mein Erbe als Kinder! — Solches bedenket allzeit; und wenn einmal wieder das neue Holz auf euerem Altare wird zu flammen anfangen, so bedenket, daß ein Vater besser ist, als ein Herr! — Nun aber ziehet in eueren Frieden, und die Flamme Meines Willens erlösche, damit der euere herrsche auf euerer Welt! — Jedoch bis hin nur zu jenen Gebieten, da mein Wille lodert aus endlosen Tiefen heraus; dahin wage sich Keiner. Denn nur der fruchtbare Boden bleibe euch unterthan; aber die Flamme sei Mein. Amen! — Nun sehet, die Flamme am Altare ist erloschen; der Aelteste senkt seinen Stab, und die gesammte Bevölkerung dieses Palastes zieht hinaus in's Freie, um sich nach dieser großartigen Lection neu zu stärken. Wir aber ziehen auch wieder hinaus, und von da fürbaß zu einem anderen Orte. —

## 200.

(Am 16. Juni 1843, von 4½—6½ Uhr Nachmittags.)

Da wären wir nun schon wieder auf unserem wohlbekannten Prachtplateau; sehet, es hat sich noch nicht verändert. — Ihr möchtet gern die vor uns hinaus gewanderten Bewohner dieses Palastes sehen, wo sie sich denn nun aufhalten? — Gehet nur auf den Rand des Plateaus, und ihr werdet die schönen Bewohner gar bald erschauen, wie sie sich vergnügen, einige in den euch bekannten Rundgallerien, einige auf den Triumphbogen über unserer bekannten Treppe; und da sehet, eine ganze Legion schwärmt schon unten am Kanale herum. — Ihr fraget, wie so schnell sich diese Menschen allorts hin verfügen können? — Ich aber sage euch, daß Solches hier gar leicht möglich ist. Für's Erste sind ihre Leiber viel leichter, denn die eurigen auf der Erde; dazu ist meist allen Sonnenbewohnern eine bedeutende Willenskraft eigen, der zufolge sie so Manches ausführen können, was da den Erdbewohnern sicher unmöglich ist. — Und so können sie sich denn auch über ihrem Weltboden mit einer bedeutend größeren Schnelligkeit bewegen, als es euch begreiflich ist. — Diese Eigenschaft ist aber für die Bewohner einer Welt von solch' immenser Größe auch von großer Nothwendigkeit; denn wenn sie sich nur so schnell wie ihr auf der Erde bewegen würden, was würden sie da wohl ausrichten bei so manchen Gebietsbereisungen, allda oft ein einzelnes Kreisgebiet, wie das da ist dieses Palastes, einen größeren Flächenraum hat, als wie groß da ist der hunderttausendfache Flächenraum eueres Erdkörpers. Centralsonnenkörper unterscheiden sich dadurch von den Planetarsonnen, daß sie nicht so wie diese bewohnbare Gürtel haben, sondern nur bewohnbare große Gebiete, die man allenfalls Oasen nennen könnte. Wie viel solcher Oasen auf einer Centralsonne vorkommen, deren Umfang mehrere Billionen Meilen eures Maßes beträgt, dürfte sich verständlicher Weise kaum bestimmen lassen; aber so viel könnet ihr mit Sicherheit annehmen, als es da giebt in solch' einem Sonnengebiete Planetarsonnen und Planeten um dieselben, welche Planetarsonnen mit ihren Planeten freilich wohl alle sammt und sämmtlich zu dieser einen Centralsonne halten müssen. — Sind diese übergroßen Kreisgebiete, deren es also eine Unzahl giebt, von einander abgemarkt, oder nicht? — Sie sind sehr scharf von einander abgemarkt; — wodurch denn? — Zumeist durch endlos weitgedehnte Feuerkraterreihen, hier und da auch durch überaus hohe Gebirge, deren Spitzen, wenn sie von der Erde ausgingen, gar leichtlich eueren Mond in seiner Bahn beirren dürften; haben manchmal auch noch einen größeren Flächenraum auf ihrer Höhe, als etwa die halbe Oberfläche eurerer Erde. — Daß die Füße solcher Berge einen noch sehr bedeutenderen Umfang und Durchmesser haben werden, könnt ihr euch leicht von selbst vorstellen. — Noch eine dritte Art Begrenzung solcher Kreisgebiete sind hier und da entweder große und breite Ströme, oder auch überaus große Weltmeere, welche von einem solchen großartigen Wasserinhalte sind, daß euere Erde, wenn sie hineinfiele, sich gerade so ausnehmen würde, und in dem Meere gerade einen solchen Unterschied veranstaltete, als so ihr in das Meer euerer Erde möchtet eine Perle hineinwerfen. Es ist aber auch nothwendig, daß auf einem Weltkörper, auf dem es ortweise gar so überaus feurig zu Werke geht, auch große Löschapparate vorhanden sind. Hier und da entdeckt man auf diesem Weltkörper auch weitziehende und sehr breite Lichtwasserströme. Das Wasser solcher Ströme ist nicht durchsichtig und um sehr Bedeutendes schwerer, als ein anderes gewöhnliches durchsichtiges Wasser. — Diese Lichtfluthung aber kann mit nichts Aehnlichem auf euerer Erde verglichen werden, da sie allein nur solchen Sonnenkörpern eigen ist. Die Bewohner sammeln dieses Lichtwasser in gewisse Formen, allda es dann bald stockt und zum sogenannten selbstleuchtenden weißen Steine wird. Es ist mit diesem Wasser in dieser Hinsicht beinahe ein ähnlicher Fall, wie mit eurem Erdenwasser, welches auch bald in salzigen Krystallen erstockt, wenn es von der Gesammtmasse abgeschlossen wird; aber an und für sich im Strombette stockt dieses Lichtwasser nicht, indem es eben alldort aus seinem Bette die stets erweichende Nahrung bezieht. — Wohin ergießt sich denn gewöhnlich ein solches Gewässer? — Ein solches Gewässer entspringt Nr. 1 gewöhnlich aus den vielen mit großen Feuerkratern versehenen Bergen, sammelt sich da zu einem nicht selten viele tausend Meilen breiten Strome, durchfließt dann oft ein Gebiet, dessen Länge nicht selten bedeutender ist, als allenfalls die Entfernung der Erde bis zu eurer Sonne, und ergießt sich dann manchmal in ein anderes großes Wassermeer, zumeist aber in hier und da große ausgebrannte Feuerkrater, füllt diese nach und nach aus, macht mit der Zeit aus den übergroßen und übertiefen Schlünden ein ebenes Land, welches einen für euch unbeschreiblichen Glanz verbreitet. Mit der Zeit aber stockt es auch gänzlich, und kann als fruchtbares Land gebraucht werden. Aus solchen Stellen wird dann auch hier und da der weiße Baustein gebrochen, welcher von selbst leuchtet und gewöhnlich zu Bogen über den Säulen, wie auch zu continuirlichen Wänden eines Gebäudes benutzt wird; — jedoch hat der gebrochene und dann beschnittene Stein nicht den Werth, als der aus dem Stromwasser frisch gegossene, weil er minder leuchtet, als der gegossene. — Das wären demnach die Begrenzungen unserer Kreisgebiete; — können aber diese Begrenzungen oder Abmarkungen der Kreisgebiete nicht überschritten werden? — Dieses ist hier wohl nicht leichtlich der Fall; denn für's Erste ist ein solches Kreisgebiet schon so unendlich groß, daß darauf millionenmal Millionen Menschen überaus wohl versorgt und höchst räumlich bequem leben können, und hat auf seiner Oberfläche zahllose Herrlichkeiten und Wundermannigfaltigkeiten, daß die Bewohner eines solchen Kreisgebietes ihr ganzes Leben lang daran hinreichend zu schauen, zu studiren und geistig zu genießen haben, und kümmern sich dann um ein nächstes Gebiet fast noch weniger, als Ihr euch kümmert auf eurer Erde, wie es in einem fremden Planeten aussieht, besonders wann ihr auf derselben recht wohl versorgt seid. — Auch wissen gar viele der Bewohner eines solchen Kreisgebietes, so lange sie in ihrem Leibe leben, nicht, daß es noch andere Gebiete giebt, sondern sind vielmehr der Meinung, wenn sie zu einer oder der andern unübersehbaren Kreisgebiet-Abmarkung kommen, daß diese entweder als Feuer, oder als Wasser, Gebirge, oder als Lichtfluthung schon ewig fortdauert. — Sehr bedeutende Weise wissen es wohl aus den Gesprächen mit den Geistern, daß auf dieser ihrer Welt es noch gar zahllos viele bewohnbare Kreisgebiete giebt; aber Solches wissen sie nur unter dem Siegel einstweiliger strenger Verschwiegenheit, und theilen es nur ebenfalls Jenen mit, welche da in die tieferen Geheimnisse der göttlichen Weisheit wollen eingeweiht werden. Es giebt hier und da wohl recht große Freunde von hohen Bergen, die sie gern besteigen, wenn sie sich nur einigermaßen besteigen lassen; aber was da diese überaus hohen Grenzgebirge betrifft, da lassen sich auch die größten Gebirgsfreunde den Appetit vergehen. Denn für's

Erste sind sie ihnen denn doch ein wenig zu hoch, dann hier und da auch zu steil; und die höchsten Kuppen kommen nicht selten schon zu nahe dem ätherischen Lichtstoffe zu stehen, in welchem selbst ihre Feuerleiber noch weniger aushalten dürften, als eure Fleischleiber auf jenen Höhen euerer Erde, welche ebenfalls schon so ziemlich in den Luftätherstoff hineingreifen. — Zudem sind auch diese hohen Grenzgebirge zumeist in überaus stark leuchtende Wolken gehüllt, welche diesen Bewohnern in großer Nähe durchaus nicht zusagen, weil sie in ihrer Nähe ein zu grelles Licht von sich werfen, durch welches das Gesicht der Menschen so sehr geblendet wird, daß sie dann nichts mehr ausnehmen mögen, was sie umgiebt. — Sehet, also denn weiß der Herr allenthalben Seine freien Geschöpfe in den gehörigen Schranken zu halten. — Es möchte freilich wohl Einer oder der Andere sagen: Ja, was würde denn das machen, wenn auf solch' einem Kreisgebiete Menschen von verschiedenen Gebieten zusammen kommen könnten? — Darauf kann ich nichts Anderes sagen, als: Die Weisheit und Ordnung des Herrn geht durchaus tiefer allenthalben, als sie ein Mensch mit seinem geringen Verstandespfunde ermessen kann. Man könnte aber auch sogar auf eurer Erde fragen, warum sich auf diesem kleinen Weltkörper die Nationen, welche auf ihm leben, nicht also bunt durcheinander mengen wollen, wie das Gras und Kräuterwerk auf einer Wiese? — Ihr werdet mir zur Antwort geben: Weil die Nationen verschiedene politische und moralische Verfassungen haben, welche sich durchaus nimmer vergleichen können. Es kann zwar jede für sich in ihrer strengen Ordnung gar wohl bestehen; aber alle auf einem Haufen beisammen würden eine noch viel gräßlichere Disharmonie bewerkstelligen, als so man alle Pfeifen einer Orgel möchte zu gleicher Zeit tönen machen. — Die Antwort ist gut; aus ihr aber könnt ihr auch gar leicht entnehmen, wie es auf einem solchen immensen Weltkörper zuginge, wenn auf ihm die großen Nationen sich also berühren könnten, wie sich die kleinen Nationen der Erde allenfalls berühren können. Mehr brauche ich euch in dieser Hinsicht nicht zu sagen; — damit ihr aber Solches noch gründlicher verstehen möget, wollen wir auch dießmal sogleich auf ein anderes Kreisgebiet übergehen, und ihr werdet da einen sehr bedeutenden Unterschied, von diesem Kreisgebiete aus betrachtet, finden. — Und so denn machen wir uns auf die Reise nach der Richtung eueres Wollens. —

## 201.

(Am 19. Juni 1843, von Nachmittags 4¾—7 Uhr.)

Ich merke schon den Zug, dahin ihr wollt; und so gehen wir auch schon diesem Zuge nach. — Sehet, links und rechts in diesem Kreisgebiete, das wir noch betreten, welche endlose Pracht und Herrlichkeit da von allen Seiten strahlt! — Paläste und Wohnungen von nie geahnter Herrlichkeit, Größe und Majestät! — Ihr fraget zwar: In diesem Lande erdrücken einen wohl die großartigsten Herrlichkeiten; aber wie mag es wohl kommen, daß wir allda außer den Fischen in dem Kanale, welcher um den Palastberg ging, noch kein anderes vierfüßiges größeres Thier entdeckt haben? — Meine geliebten Freunde und Brüder, außer den Fischlein, wie auch sehr sparsamen Vöglein werdet ihr in dieser Centralsonne durchaus kein anderes Thier entdecken. Dergleichen Thiere sind nur in den Planetarsonnen, und in ihren Planeten und Monden vorhanden, weil eben diese gewisserart stufenweise abwärts mehr und mehr vom Auswurfe solcher Centralsonnen gebildet sind, wodurch, wie ihr Meines Wissens schon gar oft erfahren habt, das Leben eine härtere Durchkämpfung machen muß, um zur gehörigen Gediegenheit und Reinheit zu gelangen; und ihr könnt euch dieses Verhältniß merken: Je mehr Feuer eine Welt in sich birgt, desto weniger der harten und groben Materie, welche dem Leben nicht förderlich, sondern hinderlich ist. Je weniger Feuer aber eine Welt in sich birgt, desto grobmaterieller ist sie auch, und das Leben hat einen härteren Kampf durchzumachen, um zu seiner stets constanten Freiheit und Reinheit zu gelangen. — Warum denn? — Wie läßt sich Solches wohl sichtlicher Maßen erweisen? — Solches könnt ihr schon auf der Erde ganz klar, und zwar bei den Menschen selbst erschauen. Menschen, die voll Liebe zum Herrn und zu ihren Brüdern sind, gleichen den Welten, die da voll inneren Feuers sind; wie leicht solche Menschen zum inneren wahren Leben gelangen, lehrt euch vielfache Erfahrung und das eigene Wort des Herrn Selbst, da Er spricht: „Mein Joch ist sanft und Meine Bürde ist leicht." — Menschen aber, die wenig Feuer besitzen, also mehr lau sind, brauchen schon eines bedeutenden prüfenden Stoffes bis sie geweckt werden und das Leben finden in sich; und es geht eben nicht zu geschwinde mit ihnen, weil sich ihre Materie noch immer als ein wahres Löschmittel gegen das Feuer des Lebens dazwischen mengt und so das baldige Erwachen des Geistes hindert. — Wieder nehmen wir einen andern Menschen, der bezüglich der Liebe zum Herrn ganz kalt ist; dieser gleicht schon einem Planeten, und da gehört schon sehr viel Anstoßes und Triebes, bis dieser in eine geregelte Lebensbahn kommt und sich nur nach und nach von auf ihn von Außen her wirkenden Strahlen beleuchten und erwärmen läßt. — Warum denn Solches? Weil so ein Mensch sich ganz im Grobweltlichen zuvor begründet hat, und aus diesem sehr schwer in's Reingeistige übergeht. Wieder giebt es Menschen, die man als vollkommen feuerlos gleich lange ausgebrannten Vulkanen annehmen kann. Diese Menschen haben demnach auch gar nichts Geistiges mehr an sich, und gleichen den Monden, die auch beinahe aller atmosphärischen Luft wenigstens auf der einen Seite gänzlich ledig sind. — Sie kehren ihrem Planeten stets die unwirthlichste Seite zu, und wenden die wirthlichere stets von selbem ab; also ebenfalls ähnliche Menschen. Sie sind nicht aufnahmsfähig für ein höheres Leben, welches noch den Planeten umgiebt; daher haben sie auch nur eine Richtung und diese ist ihre eigene Selbstsucht. Wenn sie sich schon auf ihrer karg wirthlichen Seite manchmal dem Lichte zuwenden, so verzehren sie dasselbe aber dennoch nur zu ihrem materiellen Erprießen; aber nimmer zur Belebung und zur Bildung des geistigen Lebens, welches sich in der liebthätigen Wechselwirkung durch die Sphären ausspricht, in denen jedes geistige Leben wirksam ist. — Solche Menschen haben nur eine halbe Sphäre, und diese ist gleich der Eigenliebe, indem sie allzeit abgewendet ist von der Sphäre des Nächsten. Sie laufen zwar mit dem besseren Theile der Menschheit mit, halten sich aber dennoch stets gehörig fern von derselben, auf daß sie ja nichts verlieren möchten von ihrem

materiellen nichtigen Reichthume, und haben in ihrem Thun und Lassen
eine stets schwankende Bewegung, durch welche sie jeder Gelegenheit ausweichen, allda sie liebthätiger Maßen könnten in Anspruch genommen
werden. Wie schwer solche Menschen zum innern Leben gelangen, spricht
der Herr ebenfalls bei der Gelegenheit des Ereignisses mit dem reichen
Jünglinge, der auch zum Herrn kam, um sich durch Sein Licht zu bereichern doppelt, irdisch und geistig; aber Alles zusammen dennoch im fest
materiellen Sinne. — Es könnte leichtlich Jemand fragen, warum denn
hier gerade ein reicher Jüngling, und warum nicht lieber irgend ein alter
Geizhals im evangelischen Beispiele aufgenommen oder zugelassen ward?
— Sehet, es muß Alles seinen vielseitig entsprechenden Grund haben;
also ist ja auch ein jeder Mond ein Weltenjüngling, und zudem spricht
sich auch das Wesen des Eigennutzes in einem Jünglinge allzeit lebendiger aus, denn in einem Greise. Denn unter tausend Greisen dürftet
ihr kaum zehn von geizig eigennütziger Art treffen; diese können verglichen
werden mit den fernstehenden Planeten. Aber unter tausend Jünglingen
werdet ihr ebenfalls kaum zehn finden, welche sich nicht vom Eigennutze
lenken und treiben lassen. Betrachtet nur einen Jüngling, was Alles er
thut und unternimmt seiner eitlen Weltversorgung wegen! — Der Eine
rennt sich die Füße ab, um irgend eine reiche Partie zu machen; der Andere studirt sich zu Tode, um es einst, versteht sich bald möglichst zu
einem ansehnlichen Beamten zu bringen. Ein Anderer verlegt sich auf
allerlei Kriechereien, um dadurch seinem schwächeren Talente zu überhelfen;
— und so setzt der Eine wie der Andere fast durch die Bank alles Göttliche und Geistige völlig zur Seite, und läßt sich wie eine Windfahne
gebrauchen, um nur irgend ein irdisches Ziel dadurch zu erhaschen. Sehet,
aus diesem Grunde wird denn auch im Evangelium ein Jüngling, und
zwar ein reicher Jüngling zugelassen und aufgeführt; ein Jüngling, weil
er zumeist von solchen eigennützigen Interessen beseelt ist, reich aber, weil
ein Jüngling eben die größte Tüchtigkeit zum Reiche Gottes zu gelangen
in sich hat, so er sich selbst verleugnen möchte und treten in die Fuß-
stapfen des Herrn. — Ich meine, aus diesem Beispiele werdet ihr mein
aufgestelltes Verhältniß gründlich begreifen können; und es kommt allezeit
darauf an, je mehr Feuer und daraus hervorgehender Wärme oder Liebe
zu Gott und zu allen nächsten Brüderschaften, desto weniger Materie oder
desto weniger des Todes, und somit desto mehr des Lebens in sich haltend. Im Gegensatze aber dann auch stufenfolglich: Je mehr Materie,
desto weniger Feuer, und somit auch desto weniger wahren Lebens vorhanden ist. Aus diesem Grunde denn auch auf einer solchen Centralsonne, deren ganzes Wesen nahe ein pures Feuer ist, auch das materielle thierische Leben bis auf einige Unbedeutenheiten völlig mangelt. —
Da wir nun Solches wissen, so können wir auch mit einem desto lebens-
freieren Gemüthe unsere Bahn verfolgen. — Da sehet nur einmal vorwärts hin; wir stehen am Ufer eines euch schon vorhinein bekannt gegebenen Lichtstromes, über welchen wir, um in ein anderes Kreisgebiet
dieses Landes zu gelangen, werden unsere Schritte setzen müssen. — Ihr
saget, mit euren geistigen Augen diese endlos stark strahlende unübersehbare Stromoberfläche betrachtend, in euerem Gemüthe: Wie werden wir
über dieses Sonnengluthmeer mit wohlerhaltenen Füßen und unerblindeten

Augen gelangen können? — Ich sage euch aber, wie ich euch schon einmal gesagt habe: Für den Geist darf nie eine Bedenklichkeit vorhanden sein; festes Wollen und unerschütterliches Vertrauen muß die ewige Richtschnur des Geistes sein. Daher bedenket auch ihr euch nicht, sondern wollet und vertrauet, so wird uns dieses Element nach unserem Wollen und Vertrauen dienstbar sein müssen. — Nun ihr wollet und vertrauet, und die strahlenden Fluthen tragen uns ganz wohlbehalten mit Blitzesschnelle in ein anderes fernes Weltgebiet hin. — Sehet, dort in noch tüchtiger Ferne taucht schon ein festes Ufer über den strahlenden Wogen empor; himmelanstrebende Berge, mit grün leuchtenden Wäldern besetzt, sind die ersten Trophäen eines weiten bewohnbaren Kreisgebietes, die da unsere Augen überaus angenehm und erhaben herrlich begrüßen. Wird es wohl steil sein über dieses Gebirge zu gehen? — Wann fragt denn ein Geist über die Steile eines Gebirges auf einer Welt, dem die Bahnen zwischen Welten selbst offen stehen? — Also werden wir wohl auch über diese Steile ohne ein lästiges Müdewerden mit der allerleichtesten Mühe gelangen. — Wir sind am Ufer, und somit auch schon am Fuße des Berges. — Sehet den Boden, wie sanft bekleidet er ist mit einem überweichen Grase, und welche höchste Reinheit er uns zur Beschauung darbietet! Ist es nicht eine Lust, auf solch' einem Boden unter den überherrlichen grünstrahlenden Bäumen zu wandeln? Ja fürwahr, das ist schon an und für sich himmlisch herrlich! — Ihr möchtet wohl wissen, ob diese Bäume Früchte tragen? Diese Bäume tragen keine Früchte; aber ihr grüner Strahl verbindet sich mit dem weißen Strahle des Stromes, und macht den weißen Strahl dadurch intensiver, lebendiger und in endlos weite Ferne hin wirkender, und ist beinahe dasselbe, als so Jemand mit dem weißen Lichte seines **Glaubens** das mit demselben verbundene grüne Licht der **Hoffnung** betrachtet, und daraus ersieht, daß der Glaube dadurch **gesättigter** und auch **lebendiger** wird; denn ein Glaube ohne Hoffnung wäre ein unerträgliches Licht. — Es geschieht aber durch die Vereinbarung dieser zwei Lichter auch zugleich eine **Zeugung der Liebe**; denn wer da glaubet und hofft, der fängt auch an bald zu **lieben** Den, auf den er glaubt und auf den er vertraut. — So ist auch hier diese überweitgedehnte grünstrahlende Waldstrecke dieses großen Gebirges vor uns eine Sättigung des weißen Stromlichtes; und sehet euch nach der Fluthung des Stromes abwärts ein wenig um, da werdet ihr auch die beiden Lichter in ein **rothes** übergehen sehen, welches ebenfalls so viel besagt, als daß sich im Verfolge des Glaubens und Vertrauens die Liebe zu entwickeln anfängt. Aehnliches kann euch auch die Betrachtung eines jeden Regenbogens zeigen, darum er auch ein wahrer **Bogen des Friedens** genannt werden kann; es versteht sich von selbst, in geistiger Beziehung. — Indem wir aber nun Solches wissen, so können wir uns ganz wohlgemuth über die sanft aufsteigende Waldflur zu bewegen anfangen. —

## 202.

(Am 21. Juni 1843, von Nachmittags 6¾—7¼ Uhr.)

Sehet, es geht den Berg hinan nicht so steil, als es von Außen her das Ansehen hatte; denn solche Berge sehen nur von einer gewissen

Entfernung sehr steil aus, in der Wirklichkeit sind sie es beiweitem nicht, was sie zu sein scheinen. Sie nehmen aber eine desto größere Fläche ein, weil sie nur ganz gemächlich aufsteigen; und das ist aber auch nothwendig, damit aus solcher weitgedehnten Waldfläche ein hinreichendes Quantum des grünen Lichtes, in das weiße Licht des angrenzenden Lichtstromes überströmend, aufnehmen kann den ätherisch sättigenden Theil. Denn das weiße Licht des Stromes ist noch gänzlich rein ätherisch, oder wenn ihr es leichter verstehet, es ist in sich selbst im Aether, der noch nichts Anderes in sich aufgenommen hat; aber dessen ungeachtet in ungetheilter Weise Alles in sich enthält, gleichwie allenfalls das Wasser ein Träger Dessen ist, was die Erde nur immer aufzuweisen hat. — Der grüne Lichtäther aber ist gewisserart hungrig, nachdem er sicher alle anderen ätherischen Stoffe verzehret bis auf den grünen, der darum auch ein ausstrahlender ist; zufolge seines Hungers aber bekommt er eben durch die weiße Farbe des Lichtäthers, welcher dem Strome entstammt, die **vollkommene Sättigung**, welche sich dann durch die röthliche Färbung ausspricht. — Aehnliches könnt ihr auch gar wohl vielfach auf euerer Erde finden; ihr dürft euch nur an die meisten Baumfrüchte, wie auch an so viele Blumen hinwenden. — Wie sieht da Alles im unreifen Zustande aus? Grün; aber dieses Grün als eine hungrige Farbsubstanz sättiget sich fortwährend mit dem weißen Lichte der Sonne, — und wie spricht sich dann die völlige Sättigung, welche das eigentliche Reiffein der Früchte bezeichnet, aus? — Gewöhnlich zu allermeist in einer mehr oder weniger gerötheten Farbe, oder doch wenigstens sicher in einer solchen, welche der rothen Farbe zunächst entstammt oder wohl gar in dieselbe übergeht. — Auf der Erde aber ist dieses Alles nur unvollkommen vorhanden, während es auf einem Centralsonnenkörper im thätigsten Maße zur Erscheinung kommt. — Ihr saget wohl: Wie kommt es denn aber, daß bei uns auf der Erde gar viele Früchte in ihrem Reifwerden und vollkommenen Reiffein in die vollkommene blaue Farbe übergehen? Desgleichen giebt es auch eine Menge blauer Blumen, und wir wissen nicht, auf welche Weise solche blaue Farbe von der rothen abgeleitet werden kann. — Ich sage euch: Betrachtet nur einmal so ganz vollkommen eine solche blaue Frucht, und ihr werdet es bald gewahr werden, daß die blaue Farbe nur ein äußerer leicht abwischbarer Anhauch ist; die Hauptfarbe aber ist dennoch die rothe. Wenn ihr mit einem überaus sehr feinen Glasstaube eine rothe Fläche überstäuben möchtet, so wird euch die Fläche sobald nicht mehr roth, sondern bläulich vorkommen. Um aber die Sache noch besser zu erschauen, dürft ihr aus einer solchen blauen Frucht nur den Saft herausnehmen, und ihr werdet daraus gar leicht die Erfahrung machen, daß der Grund vom Blau vollkommen roth ist. Noch deutlicher aber zeigt euch eine Morgen- oder Abendröthe, wie allda die blaue Farbe der Luft bei einer gewissen Strahlenbewegung gar leicht in die rothe übergeht. Darum kann denn auch die blaue Farbe für nichts Anderes, als nur für eine dunstige Umhüllung der rothen angesehen werden. — Noch deutlicher werdet ihr Solches ersehen, wenn ihr z. B. eine doch sicher vollkommen blaue Kornblume mit einem Mikroskope betrachtet, allwo ihr aus den tausend aneinander gereihten Kryställchen gar häufig die vollkommen rothe Farbe werdet hervorblitzen sehen. — Ich meine, wir haben genug, um einzusehen, daß sich die Sättigung zwischen Grün und Weiß allzeit so gut durch die rothe Farbe ausspricht, wie sich die durch den Glauben genährte und gesättigte Hoffnung vollkommen in der Liebe ausspricht, deren entsprechende Farbe eben das Roth ist. — Ihr solltet zwar die Sache nun wohl verstehen und einsehen; aber ich erschaue soeben in dieser Beziehung noch eine kleine Lücke in euch, welche wir während unserer Gebirgsbesteigung ja noch gar leicht ausfüllen können. Wie gestaltet aber stellt sich diese Lücke dar? — Sehet, ihr versteht noch nicht, wie obige erklärte gegenseitige Lichtfarbensättigung dem entsprechend verwandten Glauben, der Hoffnung und der Liebe entspricht. — So habet denn Acht; wir wollen die Sache gleich näher beleuchten. — Die weiße Farbe entspricht dem Glauben; wie aber die weiße Farbe als allerfeinstätherischer Stoff alle anderen Stoffe oder Farben in sich trägt, also trägt auch der Glaube in feinster geistiger Substanz schon alles Unendliche des Reiches Gottes und des göttlichen Wesens selbst in sich. Ein jeder Mensch aber ist gleich diesem mit grünstrahlenden Bäumen bewachsenen Berge, von welchem die grüne Hoffnungsfarbe beständig ausstrahlt; und ihr werdet nicht leichtlich auf der ganzen Erde einen hoffnungslosen Menschen finden, während es eine Menge glaubens- und lieblose giebt. Die Hoffnung aber verzehrt sich beständig, und gelangt nie zu irgend einer Kraft, wenn sie nicht eine gerechte Nahrung bekommt, was ihr aus einer Menge moralischer und naturmäßiger Beispiele auf euerer Erde zur Uebergenüge erschauen könnet. — Als moralische Beispiele können euch alle erdenklichen Grade und Arten der Verzweiflung hinreichend belehrend dienen; denn eine jede Verzweiflung hat sicher ihren Grund in der sich selbst völlig aufgezehrten Hoffnung. — Naturmäßige Beispiele sind noch mehrere vorhanden. — Setzet einmal einen Blumentopf auf längere Zeit in einen vollkommen finsteren Ort; beschauet ihn dann etwa nach einem Vierteljahre, und ihr werdet nur gar zu klar finden, wie sehr da die grüne Farbe in eine weißlichtblaßgelbe, also in die völlige Farbe des Todes übergegangen ist. — Es versteht sich von selbst, daß man hier nur die Farbe der belebten Pflanzenwelt, aber nicht die Farbe der Mineralien verstehen muß, da in den Mineralien diese Farbe wie vollkommen gefangen ist, und einem in der Hoffnung abgestorbenen Menschen gleicht, wo ebenfalls seine Hoffnung mit ihm selbst gefangen genommen ward; — aus welchem Grunde denn auch solche Menschen jenseits zumeist in einer dunkelgrünen Farbe zum Vorschein kommen, welche nach und nach durch die Einsicht, daß ihre entsprechende Hoffnung nicht realisirt werden kann, entweder in die schimmelgraue oder gar vollkommen schwarze übergeht, welch' letzte Farbe aber eigentlich gar keine Farbe mehr ist, wie auch gar kein Licht, sondern es ist der vollkommene Mangel an Allem. Also ist hier darum nur von der lebendigeren Pflanzenfarbe die Rede. Es strahlt freilich wohl die grüne Farbe ihr Grün aus und verzehret Alles Andere des ätherischen Farbenthums; das eben aber ist ja auch das Charakteristische der Hoffnungen. Die Hoffnung verzehrt ja ebenfalls Alles mit großer Begierlichkeit, und wir können uns keinen größeren Vielfraß vorstellen, als eben die Hoffnung. Was hofft oft nicht Alles übereinander und durcheinander der Mensch, und malt sich das Gehoffte mit seiner Phantasie in den allerbuntesten Farben aus; es versteht sich Dasjenige, was er hofft. Alle diese Gemälde verzehrt er nicht, und kommt er in den Zustand, daß ihm sogar seine Phantasie kein Gemälde mehr zu liefern im Stande ist, dann ist er aber auch schon am allertraurigsten daran; denn da beißt er in seine eigene Hoffnung hinein und verzehrt sie. Das ist dann der Blumentopf im vollkommen finsteren Orte. Wie aber kann die Hoffnung gesättiget werden? Setzet den Blumentopf nur wieder an's weiße Licht der Sonne, aber nicht zu jäh, so wird er wieder zu grünen anfangen. — Warum denn? — Weil er außerordentlich hungrig nach einer reellen Sättigung geworden ist. — Gehen wir auf den entsprechend moralischen Theil über; wer wohl läßt sich lieber trösten, als ein Betrübter, also in seiner Hoffnung getäuschter Mensch? — Oder wer sucht begieriger einen reellen Trost, also eine moralische Sättigung seiner verhungerten Hoffnung, als eben ein solch' nahe hoffnungslos gewordener Mensch? — Bringet ihn an den Strom des Lichtes, und er wird da in vollsten Zügen in sich aufnehmen, was ihm vorerst am meisten zusagt. Aus dem aber kann auch gar klar ersehen werden, wie die Hoffnung durch den Glauben stets mehr und mehr, und endlich vollkommen realisirt gesättiget werden kann. — Ein hungriger Mensch ist traurig; wollt ihr ihn heiter machen, so sättiget ihn, und in seiner Sättigung wird ihm alle Hungertraurigkeit vergehen, es wird sich eine Heiterkeit seines Gemüthes bemächtigen, und in dieser Heiterkeit wird er mit der größten dankbarsten Liebe seine Gastfreunde erfassen. — Sehet, gerade also geht es dem nach Wahrheit oder nach der Realisirung seiner Ideen hungernden Menschen. Bringet ihn an den wahren Strom des Lichtes, und er wird sich gar bald mit demselben verbinden und sich sättigen nach seiner Herzenslust und nach seinem Bedürfnisse. Und wenn er gar leicht und gar bald gewahren wird, daß diese Sättigung eine wahrhaftige ist, welche für all' seine noch leeren Ideen als vollkommen sättigend taugt, so wird er ebenfalls gar bald heiteren Muthes werden und den großen Gastgeber gar ehestens mit großer Gluth seiner Liebe ergreifen; welche Liebe an und für sich schon eine vollkommene Sättigung ausdrückt, oder in der Liebe ist Alles des Glaubens und Alles der Hoffnung in der vollkommen realisirten Reife und Sättigung vorhanden. — Und so ist die Liebe einerseits die durch den Glauben vollkommen gesättigte Hoffnung; anderseits aber ist sie aus eben dem Grunde, weil sie die Hoffnung und den Glauben als gesättigt in sich schließt, auch der Urgrund von Beiden. — Ihr saget: Wie kann denn das sein? Ich meine, etwas Natürlicheres und leichter Begreiflicheres dürfte es wohl kaum geben, als eben Das. — Woher kommt ein Baum? Ihr saget: Aus einem Kerne. Woher kommt denn der Kern? Aus dem Baume saget ihr. Nun, wenn also, so wird etwa doch der Kern Alles, was da ist des Baumes, der aus ihm hervor geht, eher grundursächlich in sich fassen müssen. Wenn aber der Baum sich wieder in einem neuen Kerne erneuen will, so muß er auch wieder sein Alles in den Kern niederlegen. — Ihr möchtet freilich wohl wissen ob der Herr eher den Baum oder den Kern erschaffen hat? — Ich meine, dieses Geheimniß müsse sich beinahe mit den Händen greifen lassen. — Hätte der Herr den Baum eher erschaffen als den Kern, da könnt ihr versichert sein, daß Er Solches auch gegenwärtig thäte; denn Er ist in seiner Handlungsweise durchaus nicht veränderlich, und Er thut nicht heute so, und morgen anders, und ihr würdet in diesem ersten Falle fortwährend wie durch einen Zauberschlag plötzlich entstandene Bäume erblicken. — Ihr aber sehet einen jeden Baum fortwährend nur nach und nach stets mehr und mehr auswachsen und sich entwickeln. Dieser Act aber zeigt ja mehr als mit zehn Sonnen auf einmal beleuchtet, daß der Herr nicht nöthig hatte einen fertigen Baum zu erschaffen, sondern das Samenkorn nur; und wenn dasselbe in die Erde kommt, da entwickelt es sich, und es wird dann in dieser Entwickelung eine vollendete Form Dessen, was der Herr in eben das Samenkorn gelegt hat. In dem Samenkorne aber liegt schon wieder die Fähigkeit, sich am Ende selbst wieder zu finden, und der Baum selbst und seine ganze Activität ist dann nichts Anderes als ein zweckmäßiger Prozeß vom Kerne zum Kerne; und es ist meiner Meinung nach doch viel richtiger und klüger anzunehmen, daß eine Linie ein Product ist von vielen aneinander gereihten Punkten, und wird darum auch von zwei Endpunkten begrenzt, als daß man so ziemlich stark thörichter Weise annehmen möchte, der Punkt sei ein Product einer zusammengeschrumpften Linie und sei zu beiden Seiten (N. B. deren es eine zahllose Menge hat) von zwei Linien begrenzt. — Ich meine, aus diesem Wenigen werdet ihr gar leicht einsehen, daß der Herr das Samenkorn eher, als den Baum erschuf; d. h. Er erschuf zwar beide zugleich, aber den Baum legte Er zu gleicher Zeit unentwickelt in das Samenkorn. Eben also ist auch sicher die Liebe der Urgrund von Allem, und Alles muß dann endlich wieder in diesen Grund zurückkehren, wenn es nicht zu Grunde gehen will. Bei dieser Gelegenheit aber haben wir auch die Höhe unseres Berges erreicht, und so wollen wir uns auch sogleich tiefer in unser neues Kreisgebiet wagen. —

## 203.

(Am 23. Juni 1843 von Nachm. 4¾—7 Uhr.)

Da sehet nur einmal hin in die etwas tiefer gelegene unübersehbar große Ebene, die nach links und rechts, so weit nur immer das Auge reicht von diesem bewaldeten Gebirge begrenzt ist. — Was erblicket ihr in dieser Ebene? Sicher nichts Anderes, als ich; in einer sehr tüchtigen Entfernung ragt eine staffelförmige Rundpyramide überaus hoch empor. Man kann von dieser Entfernung außer einem Brillantglanze noch nichts Näheres ausnehmen; aber dessen ungeachtet verspricht schon dieser erste Anblick etwas unerhört großartig Erhabenes, darum wollen wir denn auch hurtig darauf lossteuern, um uns so bald als möglich in der völligen Nähe dieses erhabenen Prachtwerkes zu befinden. — Sehet, wir haben zwar keinen abgetretenen Weg, noch weniger eine Fahrstraße dahin; aber wenn ich diesen herrlichen Boden betrachte, welcher viel zarter und feiner aussieht, als der allerfeinste Seidensammetstoff, da meine ich, braucht es keines abgetretenen Weges, sondern nur die Beobachtung der geraden Linie, und wir werden uns geistig schnellen Schrittes sobald dort befinden, wo wir sein wollen. Wißt ihr aber auch, was geistig genommen die gerade Linie bezeichnet? Die gerade Linie bedeutet oder bezeichnet den unwandelbar festen Willen, welcher durch keine noch so widrige Erscheinung auf was Anderes abzulenken ist; und eben diese gerade Willenslinie soll auch hier gemeint sein. — Ihr fraget zwar in euch, ob wir denn bei diesem Wege noch auf Hindernisse stoßen sollten, die uns die Erreichung des Zieles erschweren dürften? — Das wird sich Alles auf dem Wege zeigen; bis jetzt ging es noch gut, und wir haben im Verlaufe unseres Gespräches schon eine so ziemliche Strecke zurück gelegt, und so ich hinblicke, da dieses außerordentliche Bauwerk sich befindet, da kann ich schon so Manches genau ausnehmen, was ich ehedem von der Gebirgshöhe nicht im Stande war. So kann ich nun schon recht gut ausnehmen, daß dieses außerordentliche Bauwerk aus zwölf Abtheilungen besteht, die fast in der Art sich übereinander erheben, als wenn ihr auf der Erde ein ausgezogenes Fernrohr natürlich von der allerriesenhaftesten Gattung perpendicular aufgestellt hättet, welches Fernrohr eben auch zwölf Züge haben müßte; — und wenn ihr die Sache so recht betrachtet, da werdet ihr bald mit leichter Mühe entdecken, daß ein jedes dieser zwölf Stockwerke aus lauter aneinander gereihten Säulen besteht, und sehet ein jedes Stockwerk in einer anderen Farbe erglänzend. Aber wozu sich die Augen in die Ferne hin verderben? — Wir werden das ganze Werk in der vollen Nähe ohnehin von Angesicht zu Angesicht betrachten können; daher gehen wir nur hurtig darauf los. — Aber ich merke, daß ihr eure Augen auf einen nicht mehr fern von uns abstehenden ziemlich hohen Wall richtet. — Das hätte ja so einen Anschein von einem bedeutenden Wegbindernisse und eines Abschnitzels von unserer geraden Linie, da einen Mauerbrecher wir nicht bei uns haben. Wenn die Mauer dieses Walles nach irdischem Maßstabe kerzengerade aufsteigt, und unterhalb kein Thor angebracht ist, da dürfte es freilich wohl einen kleinen Haken haben, die gerade Linie fortwährend beizubehalten, und doch dürfen wir sie nicht verlassen; denn im Geiste nur um eine Linie auf die Seite gerückt, will so viel sagen, als mit einem Augenblicke diese ganze schöne Welt aus unserem Gesichtskreise verlieren. — Aber wir sind ja noch nicht an der Mauer; daher den Muth nicht verlieren, und es wird sich die Sache vielleicht besser machen, als wir es erwarten. — Ich bemerke aber nun auch vor dem Walle große und weitgedehnte Baumreihen, aus denen allerlei Säulen und Pyramiden emporragen. Es könnte da wohl sehr leicht geschehen, daß wir bei unserer geraden Linie auf einen Baum oder auf eine Säule stoßen, und wären demnach genöthiget, eines solchen Hindernisses wegen ein wenig von der geraden Linie abzubeugen. — Ihr saget: Wie wäre es denn, so wir uns geistiger Maßen in die Luft empor schwingen möchten, und durch diese am leichtesten in gerader Linie hinziehen zu unserem großartigen Ziele? — Ich sage euch: Auch dieses könnten wir thun; aber dadurch setzen wir uns einer doppelten Gefahr aus, diese unsere Welt sobald aus unserem Gesichtskreise zu verlieren, für's Erste, weil ein solcher Aufschwung eben auch eine Verletzung der geraden Linie ist, — und für's Zweite dürfen wir ja so lange nicht unsere Füße von diesem Boden trennen, so lange wir diese Welt beschauen wollen. Denn trennen wir unsere Füße vom Boden, so sinkt die ganze Welt unter uns in ihre erste unkenntliche Sterngestalt zurück; — daher bleibt uns nichts Anderes übrig, als allen vorkommenden allfälligen Hindernissen mit fester Stirne zu begegnen. — Nun sehet, die Baumreihen hätten wir bereits erreicht.

So weit, als mein Auge in diesen Alleewald hineindringt, geht es überraschend geradlinig aus; aber dort recht tief darin erblicke ich Etwas wie einen aufgerichteten Altar, und dieser Altar steht meines Erachtens gerade in der Mitte dieser Allee. Es macht aber nichts, nur mit fester Stirne darauf los, und es muß sich der Weg machen gerade also, wie wir ihn haben wollen; denn es wäre für einen Geist doch wohl traurig, wenn er sich von naturmäßigen Hindernissen sollte den Weg verrammen lassen. — Nun da sind wir schon am Altare; fürwahr, dieses erste Monument zeigt schon, wenn auch noch in einem entfernten Maßstabe, von welch' einer unbeschreiblichen Pracht erst das Hauptwerk sein muß. — Sehet dieser Altar hat etwa eine Höhe von einer Klafter; er besteht aus lauter Rundstäben, welche von einem überaus glänzendem Materiale angefertiget sind, welches aber sicher auf keinem anderen Weltkörper in dieser Eigenthümlichkeit vorkommt. Da sehet nur einmal die Stäbe an; sie sehen ja nicht einmal fest aus, sondern haben das Ansehen, als wären sie lauter abwärts schießende Wasserstrahlen, welche aber ohne sogenannten Seitenspritzer abwärts in goldene Trichter schießen; denn die flammende Strahlenbewegung in diesen Rundstäben zeigt beinahe Solches an, als wären diese Stäbe nichts als nur runde Wasserstrahlen, welche etwa durch eine Mittelsäule von irgendher zuerst aufwärts, und hier, wie wir es sehen, nach den Regeln der Wasserbaukunst abwärts fallen. Um sich aber zu überzeugen, greifen wir mit den Händen nach den Stäben; — sehet, das Ganze ist nur eine Eigenthümlichkeit des Materials. Dieses hat in sich solche flammende Bewegung, daß es scheint, als wäre es ein reinstes fließendes Wasser; an und für sich aber ist es fest, als wäre es ein Diamant. — Und da sehet über den Stäben die herrlich eingeländerte Rundtafel, wie sie strahlt, als hätte man im Ernste eine kleine Sonne auf diese aneinander gereihten Stäbe gelegt, welche sich zu unterst in goldene Trichter einmünden, welche Trichter aber ebenfalls wieder in eine roth und blau schillernde allerherrlichste runde Krystallplatte eingeschichtet sind. Fürwahr, diesen Altar auf diesem schönen Rundplatze, welcher von den allerherrlichsten Bäumen in der schönsten Ordnung umfriedet ist, deren Aeste zu oberst wie riesige Arme zusammen greifen, zu sehen, ist an und für sich schon so etwas Bezauberndes, daß man es mit der größten Zufriedenheit eine geraume Zeit betrachten möchte, wenn man noch dazu den überherrlichen grünen Sammetboden bedenkt, und die Stämme der Bäume, welche das Ansehen haben, als wären sie lauter mächtige blaue halbdurchsichtige Rundsäulen, an denen nicht der allerleiseste Makel zu entdecken ist. — Was sagt ihr denn zu dieser ersten Pracht? — Ich muß es aufrichtig gestehen, daß mich diese erhabene Einfachheit mehr anspricht und fesselt, als alle schon vorher geschauten Herrlichkeiten dieser Welt. Wir vergessen bei der Betrachtung dieser Herrlichkeit aber ja ganz, daß wir noch weiter zu gehen haben; — aber die gerade Linie, wie werden wir diese heraus bekommen? — Sollten wir etwa diesen überherrlichen Altar möglicher Weise niederrennen? Fürwahr, so Etwas wäre beinahe nicht über's Herz zu bringen, und besonders, wenn man obendrauf noch bedenkt, daß so ein Werk viele Arbeit und vielen Fleiß von Menschenhänden dieser Welt vonnöthen hatte, und daß es sicher zu einem von dieser Menschheit geheiligten Werke dasteht; und dazu ist noch das Zerstören überhaupt am allerentferntesten von der göttlichen Ordnung abstehend. Was werden wir demnach hier thun? — Ihr saget: Als Geister durch die Materie rennen, was wird es denn sein? Ist doch der Herr auch durch die verschlossene Thüre zu Seinen Aposteln gekommen. — Ich sage euch: Das ist zwar wahr; aber wir sind nicht Herren, sondern Diener und Knechte des Herrn, diese aber dürfen nicht Alles thun, was der Herr gethan hat, außer der Herr wollte es. Daher weiß ich mir nun schon einen Rath; wir werden uns an den Herrn der Herrlichkeit wenden, und zwar in der Liebe unseres Herzens, und ich bin überzeugt, es wird sich die gerade Linie gleich herstellen. — Nun sehet, ich habe Solches gethan und ihr nun in mir; und sehet, da eilt schon aus dem Hintergrunde ein männlich Wesen hervor, rührt soeben den Altar an, und dieser theilt sich bei der Mitte wie auseinander gehend, und wir können nun unsere Linie weiter verfolgen. — Ihr fraget nun wohl, ob dieser Altar im Ernste solch' eine mechanische Vorrichtung habe, daß er für ähnliche geradlinige Reisezwecke allzeit auf gleiche Weise theilbar ist? — Ich sage euch: Für den Herrn ist Alles in einem allerzweckmäßigsten Maße eingerichtet, die Menschen dürfen eine Sache noch so fest mit einander verbinden, der Herr aber ist der Werkmeister des Stoffes. Der Mensch weiß wohl für die Glieder seines Werkes, und wie diese zu trennen sind; aber der Herr kennt die Glieder des Stoffes, und weiß auch, wie diese zu trennen sind. Daher braucht ihr zur Beobachtung der geraden Lebenslinie nichts als die stets wachsende Liebe zum Herrn, und ihr werdet durch Felsen, Feuer und Wasser also wandeln können, als hättet ihr mit gar keinem Hindernisse zu kämpfen. Ich aber mache euch noch obendrauf aufmerksam: Habet recht wohl Acht auf alle die Erscheinungen, die uns auf diesem Wege aufstoßen werden, und ihr werdet am Ende so manche Verhältnisse eurer Welt darin wie in einem großartigen Zauberspiegel erkennen. — Nun aber steht vor uns schon wieder eine überaus weitgedehnte offene Allee in gerader Linie, und wir können daher wieder mit gutem Gewissen vorwärts schreiten. — Ihr möchtet wohl gern wissen, was nun mit dem getheilten Tempel geschehen wird? Wird er sich wieder ergreifen, oder wird er also getheilt verbleiben? Ich aber sage euch: Verstehet mich wohl, und lasset Das, was hinter uns ist, denn wir haben vor uns noch gar Vieles und beiweitem Größeres; wann wir aber am Hauptziele sein werden, dann werden wir ohnehin von der Höhe einen allgemeinen Ueberblick erhalten. Und so lasset uns weiter ziehen. —

## 204.

(Am 24. Juni 1843, von 4¼—6½ Uhr Nachm.)

Die vor uns liegende offene Allee ist zwar etwas enger, als die vorhergehende, allein diese Erscheinung ist für den Fortschritt auf unserer geraden Linie nicht im Geringsten hinderlich, sondern gerade nur das Gegentheil, denn je enger irgend eine Gasse wird, desto leichter ist ja die Mitte derselben zu beobachten, und in der Mitte geraden Richtung fort zu gehen. Solche Erscheinung hat ja aber darin ihren Grund, daß alle diese Alleen strahlenförmig von dem Centrum des Hauptgebäudes heraus bemessen und angelegt sind; und könnten wir von der Höhe herab gerade über dem Hauptgebäude blicken, so würden wir diese ganze Prachtanlage wie eine ausstrahlende Sonne erblicken. — Und sehet, das ist schon ein gutes Zeichen; also ist ja die gerade Linie schon bedungen, wir dürfen dieser nur folgen, und es kann sich gar nicht fehlen, daß wir baldmöglichst das Hauptziel erreichen. — Wir sind schon, wie ihr sehet, gut über die Hälfte dieser zweiten Allee geschritten, und es läßt sich darum schon recht gut das vorliegende Ende erschauen; aber ich bemerke schon soeben wieder hinter dem Abschlusse dieser Allee ein neues Hinderniß glänzen, welches uns von der geraden Bahn ein wenig ablenken möchte. Wir aber wollen dieses vorliegenden zweiten Hindernisses kaum mehr gedenken; denn wie das erste, wird auch dieses zweite uns den gerechten Platz machen müssen. — Was aber ist etwa, das uns da entgegenstrahlt? — Nur einige beschleunigte Schritte noch, und da sehet einmal hin, ja fürwahr, da kann man sich beim ersten Anblicke ja nicht einmal genug fassen; denn zu groß ist die Pracht dieser Allee-Verzierung. Was wären da auf der Erde alle noch so kunstvoll ausgedachten Wasserkünste und Feuerwerks-Evolutionen! — Da sprüht es ja nur von erhabener Pracht und Herrlichkeit. — Sehet, die Platte, welche dieses zweite große Baumrondeau wie in einem Stücke überpflastert, sieht doch gerade so aus, als eine kleinwellige Oberfläche eines allerreinsten Wassers, und dennoch ist die Fläche vollkommen eben und überaus fest. Das Sonderbarste bei dieser ganzen Geschichte ist nur das, daß man durch eine merkwürdige Strahlenbrechung wirklich in seinem Gesichte so sehr getäuscht wird, daß man die Oberfläche dieser Pflasterung wie fort und fort wellend erschaut, und jede Wellenwendung erstrahlt in einem anderen Lichte; das will ich denn doch ein brillantes Strahlenspiel nennen! — Und in der Mitte dieses weiten Baumrondeau's ist eine Säule aufgestellt, und diese hat gerade das Ansehen, als so man bei euch auf der Erde eine Wasserhose erschauen möchte. — Seht nur, wie sich ein förmliches Wasser wie in Wirbelkreisen sprudelnd auf und ab zu treiben scheint, und ein jeder Wirbel erstrahlt fortwährend abwechselnd in tausend Farben; und sehet und fühlet diese Säule an, sie ist bei all' dieser scheinbaren Lebendigkeit fest wie ein Diamant. Fürwahr, wer diese Materialszusammensetzung und Bearbeitung solch' einer Zierde nicht für ziemlich stark wunderbar hält, von dessen Munde möchte ich doch selbst vernehmen, was ihm ein Wunder däucht. — Und da seht noch ganz hinauf zur Spitze dieser Säule, wie sie dort in überaus strahlende Aeste gleich einer Trauerweide ausläuft, und anstatt der Blätter allerlei strahlende Zäpfchen herabhängen läßt. — Ja, was sagt ihr denn zu dieser Pracht? — Fürwahr, ihr seid mit Recht stumm; denn für's Gefühl läßt sich dergleichen nicht beschreiben, und man muß zufrieden sein wenn man nur einen höchst matten Schattenriß davon selbst mit der größten und glühendsten Sprachfertigkeit hat entwerfen können. — Es wäre sonst Alles recht, wenn sich diese ganze herrliche Geschichte nur nicht in der Mitte unserer Wandellinie befände. Was meint ihr wohl, wird sich auch diese Allee-Zierde also wie die vorhergehende theilen lassen? — Bei der ersten könnte man noch eher versucht werden zu glauben, die ganze Sache beruhte auf künstlich mechanischen Grundsätzen, und war darum auch leicht auseinander bewegbar; aber bei dieser höchst kolossalen Zierde dürfte wohl ein jeder Mechanismus zu kurze und zu schwache Arme bieten, um diese gar mächtige Säule nach der vorerst geschauten Art zu entzweien. — Was sollen wir denn nun thun? Ihr saget: Derjenige, der das erste Hinderniß getheilt hat, der Herr nämlich, wird auch mit diesem zweiten sicher gar leicht fertig werden. — Ihr habt recht geantwortet; aber es muß dabei Etwas beobachtet werden, was ihr bisher noch nicht kennet, und so höret denn: — Der Herr ist zwar überall der allmächtige Helfer und Besieger aller Hindernisse; aber Er muß auch nach dem Grade und Maße des Hindernisses zu Hilfe gerufen werden, sodann erst wird es geschehen, was da geschehen soll. — Ihr saget hier freilich: Ja, warum aber das? So wir den Herrn um Hilfe auflehen, da wird Er uns wohl nicht weniger helfen, als wir es vonnöthen haben. — Ich aber sage euch: Ihr habt in einer Hinsicht zwar wohl Recht; aber nur in so weit, als ihr daneben irriger Weise anzunehmen genöthiget seid, dem Herrn sei wenig oder gar nichts daran gelegen, wie euer eigenes Erkenntnißvermögen bestellt ist. So etwas aber anzunehmen, meine ich, dürfte doch ein wenig zu thöricht sein. Der Herr aber will ja vor Allem die Selbsterkenntniß der Kinder erheben; daher läßt Er auch Alles von ihnen eher beurtheilen und bemessen, also auch ihre Noth, auf daß sie Ihm dann dieselbe nach ihrem Erkenntnisse vortragen sollen und Er ihnen dann helfe nach ihrem eigenen Erkenntnisse und Verlangen. Aus diesem Grunde aber, meine lieben Brüder und Freunde, soll da auf der Erde auch Niemand ein sündiges Hinderniß auf der eben sein sollenden Bahn seines Lebens mit einem leichtfertigen Maßstabe bemessen; sonst muß er sich selbst zuschreiben, wenn ihm nach vielen Gebeten nicht die völlige erwünschte Hilfe wird. Denn der Herr ist zwar überaus liebevollst gut und freigebig mit Seiner Gnade und Erbarmung, aber dabei dennoch stets im vollkommensten Grade respectirend die freie Thätigkeit des Geistes in jeder Beziehung, sowohl in der Willens- als in der Erkenntnißsphäre. Unter uns aber gesagt, thut ein jeder Mensch für sich genommen besser, wenn er in Anbetracht seiner selbst, wie ihr zu sagen pfleget, aus einer Mücke einen Elephanten macht, als umgekehrt, und es wird dann sein, daß Derjenige, der von solch' einem Standpunkte aus um Vieles bittet, auch viel empfangen wird; wer aber um Weniges bittet, der erwarte ja nicht, daß ihm der Herr ein unerkanntes und unverlangtes Plus auf den Rücken nachwerfen wird. — Thut ihr ja auch das Gleiche auf der Erde untereinander. Warum sollte es der Herr nicht thun, der dafür den liebeweisesten Grund hat? Wird wohl selbst ein allerbestgesinnter reicher Mann Einem, der ihn um zweihundert Thaler zu leihen bittet, allenfalls streng benöthigte zweitausend Thaler geben? Ich sage euch: Solches wird er nicht thun, und wüßte er es auch augenscheinlichst, daß der bittende Entlehner unumgänglich nothwendig der größeren Summe vonnöthen hat. Er wird wohl allenfalls aus dem edlen Grunde seines Herzens zum Entleiher sagen: Ich leihe dir recht gern die verlangte Summe, wenn sie dir in deinem Bedürfnisse nur genügen wird. Wenn bei solch' einem Stupfer der Entleiher sich noch immer in seinen blindthörichten Schüchternheitsschranken bewegt, und bleibt bei seiner ersten Petition, saget euch selbst, wer dann die Schuld trägt, wenn es dem Entleiher mit 200 Thalern nicht gedient ist. Aus dem Grunde aber soll sich ein Jeder genau erforschen und seine Noth genau bemessen, und dann erst sich an an den heiligen allmächtigen Helfer wenden, so wird ihm schon sicher die gereichte Hilfe werden, wenn er dieselbe glaubensfest, vertrauensvoll und liebeernstlich von Ihm erwartet; und so denn wollen und müssen nun auch wir hier den Herrn ein wenig fester angehen, wie beim ersten Hindernisse, so wird uns auch hier der Herr die Bahn öffnen. Worin aber besteht die größere Festigkeit in dem Angehen des Herrn? — Der Schmied sagt zu seinem Gesellen: Zur Schmelzung von wenig Eisen genügt auch eine geringere Kohlengluth, und die Esse braucht dazu den Athem nicht zu tief zu holen, wenn aber ein großer Klumpen Eisens soll geschmolzen werden, da spricht der Schmiedmeister zu seinem Gesellen: Nun bringe drei Körbe fester Kohle, und laß die Esse festweg gehen, sonst wird der große Metallklumpen kaum in die Rothglühhitze gelangen. Ich meine, diese Schmiedmeistersregel, welche doch so ziemlich mit Händen zu greifen ist, wird auch für uns gar überaus wohl anzuwenden sein. Mehr Kohle, mehr Essenwind, heißt so viel: **Mehr Liebe und mehr Vertrauen, und es wird werden nach dem gläubigen Verlangen!** — Ich habe bei mir das gethan, und ihr mußtet es thun in mir; und sehet, diese Wasserhosensäule ist schon wieder getheilt, und wir können mit der leichtesten Mühe von der Welt nun wieder unseren Marsch weiter fortsetzen. Verstehet ihr aber auch dieses zweite Hinderniß, welches voll trüglichen Scheines ist, und zeigt sich, als wäre es lebendig in allen Ecken und Winkeln? — Rührt man es aber an, da ist es überall hart und widerstrebend fest. — Sehet, sich durch die Irrthümer durchzuarbeiten, ist ein beiweitem Leichteres; denn wer nur einiger Maßen geweckten Geistes ist, wird die niedrige Dummheit bald leicht von der glänzendst reinsten Wahrheit zu trennen im Stande sein, und das ist die Besiegung des ersten Hindernisses. Aber hier ist die Welt im Gesammtmaßstabe mit all' ihrer buntstrahlenden Flitterei; und es braucht beiweitem mehr, um dieses Hinderniß aus dem Wege zu räumen, als das frühere. Es giebt sicher recht viele Menschen auf der Erde, welche schon lange die Wahrheit in ihrem strahlenden Lichte erkannt haben. Aber von der Welt können sie sich doch nicht trennen; denn ihre Strahlen sagen ihnen zu sehr zu. Wie viel solcher anlockenden Flitterstrahlen aber die Welt in sich faßt, und wie beschaffen diese sind, kann euch eine nur ein wenig scharfe Betrachtung dieser Alleeverzierung auf ein Haar zeigen. Besitzthümer, Geld, allerlei Bequemlichkeiten, guter Tisch, schöne, honette Kleider, und dergleichen noch sehr viel Mehreres sind noch gar mächtige Flitterstrahlen der Welt selbst für schon recht tüchtig weise Männer. Für Weiber wollen wir kein Wort führen; denn da ist die Dummheit zumeist in ihrem Ursitze zu Hause. Es gleicht aber ein Mensch, der sich an solchem Weltflitterwerk gefällt, einem Reichen im Traume, der da mit Millionen hin und her wirft; wenn er aber erwacht, so drückt nicht ein einziger Groschen seine Börse. Ich meine, ihr werdet mich verstehen; und da unser Hinderniß besiegt ist, so können wir schon wieder weiter ziehen. —

## 205.
(Am 26. Juni 1843, von Nachm. 4¾—7 Uhr.)

Sehet, schon wieder eine herrliche Allee vor uns, die sich ebenfalls wieder gegen das Ende verenget; das ist bereits schon die dritte, welche wir betreten. Wenn ihr diese drei Alleen so nacheinander betrachtet, so stecken sie gewisser Art ineinander, wie drei aufeinander gesteckte Kegel, von denen die Endspitze immer in die Basis des folgenden hinein fällt; denn wenn die erste Allee mit ihren Linien fort liefe, so müßten sich dieselben eben auf dem Punkte kreuzen, da wir das erste Monument angetroffen haben. Aber die Berechnung ist so gestellt, daß die beiden Baumlinien gerade dort aufhören, wo wir nach der Beendung einer Allee allzeit ein großes Baumrondeau angetroffen haben, in dessen Mitte das Ornament stand; daher fängt jetzt diese dritte Allee ebenfalls wieder sehr breit an, und wird am Ende, wie die früheren, recht schmal enden. — Könnte da nicht allenfalls Jemand sagen: Aber ich finde die Sache durchaus nicht ästhetisch; entweder soll die Allee gleichlinig fortlaufen, oder sie soll verhältnißmäßig breiter werden, und das zwar in dem Verhältnisse auseinander laufend, in welchem Verhältnisse sich sonst eine parallel laufende Allee scheinbar verenget. Auf diese Weise würde dann so eine Allee von ihrem Anfange das scheinbare Ansehen eines länglichen Quadrates oder einer vollkommen gleichweiten Bahn bis an's Ende bekommen. Solch' eine Anlage würde mehr Wissenschaft und Geist verrathen, als solch' eine Zusammenschrumpfung einer Allee. — Dieses ist zwar richtig; solch' eine Anlage muß für das Auge offenbar drückend erscheinen, besonders bei einer solchen Länge, wie diese da ist. Aber die Menschen, welche allhier diese Allee angelegt haben, haben einen viel höheren Zweck damit verbunden, als allein den der Aesthetik nur; und so bezeichnen diese drei Alleen ganz vollkommen sinnig und richtig den Eingang vom Materiellen in das geistige innere Leben. Wie aber soll Solches begriffen werden? — Das werden wir gar leicht heraus bringen; denn Aehnliches befindet sich auch auf euerer Erde, wenn gerade nicht auch durch eine Allee ausgedrückt. — Einige Beispiele werden uns diese Sache bei Gelegenheit der Durchwanderung dieser dritten Allee, in welcher ohnehin nicht viel Erhebliches zu beschauen ist, ganz vollkommen erhellen. — Nehmen wir an, irgend ein eines Faches kundiger Mann schreibt für eben dieses sein Fach ein Buch; dieses Buch fängt zuerst mit einer nicht selten überaus breiten und dazu auch gehörig langweiligen Vorrede an, und gewöhnlich ist die Vorrede allzeit um desto umfangreicher, je geist- und umfangschmäler das darauf folgende Werk selbst ist. Diese Vorrede beengt sich nach und nach auf eine ganz einfache und zugleich auch nicht selten schmale Nutzverheißung, wo es gewöhnlich mit wenigen Worten gesagt ist, was ehedem unnöthiger Weise die ganze Vorrede gesagt hat. Die Vorrede wäre glücklicher Weise zu Ende; dieser folgt ein leeres weißes Blatt, auf welchem manchmal nichts, manchmal aber mit großen Buchstaben das wichtige Wort: Einleitung steht. — Blättert man dieses verhängnißvolle Blatt um, so fängt dann eben wieder eine noch breitere Einleitung an, als wie breit ehedem die Vorrede war. In dieser Einleitung kommt eigentlich, so wie in der Vorrede, nichts Anderes vor, als nur eine etwas breiter gehaltene Belobung und Anempfehlung des darauf folgenden Hauptwerkes. — Womit endet aber diese mehrere Ellen lange Einleitung? Gewöhnlich mit ähnlichen kurzen Ausdrücken: Wir wollen uns nicht länger mehr mit den Vorbegriffen abgeben, sondern zur Hauptsache selbst schreiten; alldort wird der geehrte Leser Alles gehörig beleuchtet finden, was in dieser Einleitung nur kurz berührt werden konnte. Und das ist aber dann auch schon das Ende. — Warum hat denn der Verfasser seine Einleitung so breit angefangen und ließ sie gar so entsetzlich schmal enden? Hätte er sie nicht eben so gut ganz weglassen können? Wir können diese Frage weder bejahen, noch verneinen, die fest für seinen Zweck taugt; ob sie auch für den Zweck des Lesers taugt, das wird der Leser, wenn er das ganze Werk wird durchgelesen haben, am leichtesten bestimmen. — Nach dieser Einleitung kommt dann das Hauptwerk selbst; was wird wohl etwa in diesem vorkommen, welches ebenfalls wieder sehr breit und vielverheißend anfängt? — Sicher nichts Anderes als Dasjenige mit noch etwas mehr Worten gesagt, als was schon in der Vorrede und in der Einleitung gesagt worden ist; — und so endet der Geograph sein Werk mit der Darstellung gewöhnlich eines sehr unbedeutenden Fleckens; denn für große Orte hat er einen besseren Platz, und sie stehen allzeit mehr im Anfange. — Der Mathematiker setzt am Ende seines tief durchdachten Werkes gewöhnlich noch einige kurze noch unaufgelöste Aufgaben hinzu, von denen gewöhnlich die letzte die am wenigsten sagende ist. — Der Geschichtsschreiber verspart auch das allerunbedeutendste Factum für die allerletzte Blattseite, während er im Anfange ganz entsetzlich breite Blicke über die ganze Erdoberfläche warf; und so dürfet ihr mit Ausnahme des Wortes Gottes fast alle Werke betrachten, und ihr werdet finden, daß sie am Ende ganz schmal hinaus gehen. — Das wäre ein Beispiel, welches hoffentlich hinreichend durchleuchtet ist. — Betrachten wir aber den Bau eines Hauses, eines Thurmes oder einer Kirche; wie breit geht es von Anfang zu, und am Ende endet das Haus in ein zusammenlaufendes Dach, der Thurm in seine Spitze und die Kirche auch gewöhnlich in ein sehr spitzig zusammenlaufendes Dach. Dieses Beispiel bedarf keiner weiteren Beleuchtung; denn der tägliche Anblick giebt hierzu die rechte Erklärung. — Ein drittes Beispiel giebt euch die Betrachtung eueres ceremoniellen Gottesdienstes. Mit großem Pompe wird aus der sogenannten Sacristei gezogen, und wird sich dann vor dem Altare, wie im Hintergrunde der Kirche am musikalischen Chore stets breiter und breiter gemacht; aber allenfalls nach der dritten Meßceremonie werden die Meßtheile schon kürzer, und auch gewöhnlich weniger sagend, — und dort, wo man eigentlich die größte Breite erwarten sollte, nämlich bei der Gelegenheit der sogenannten Aufwandlung, da steht es schon sehr schmal aus, dann wird es immer schmäler, bis sich endlich Alles in das überaus kurze: „Ite missa est" verliert. — Ein sogenanntes Schauspiel bei euch fängt nicht selten überaus geheimnißvoll breit an, und endiget sich dann gewöhnlich in einer überaus wenig sagenden Blindheirath. — Also fangen auch euere musikalischen Stücke sammt den musikalischen Instrumenten sehr breit an, und enden nicht selten so schmal, daß man im Ernste sagen müßte: Für diesen letzten höchst einfachen Ausgang hätte es fürwahr nicht so viel Aufhebens gebraucht. So fängt auch euere Tonletter mit einem donnerähnlichen breitschwebenden tiefen Baßtone an, und endet am Ende in den schönsten Chorden mit einem überaus feinen und schmalen Mausquitscher. — Habt ihr schon genug an den Beispielen? — Da wir aber die Allee noch nicht gar zu Ende gebracht haben, und uns eben in einer schon recht tüchtigen Enge derselben befinden, so können wir ja auch noch ein Beispiel zum größten Ueberflusse hinzufügen, welches uns in unsere Sache ein überaus helles Licht geben soll; denn im Geiste geht es, wie auf der Welt. Auf der Welt haben die Menschen nie zuviel Geld; und hat Jemand noch so viel, so wird er es nicht verschmähen noch mehr hinzu zu bekommen. Desgleichen hat man im Geiste auch nie zu viel Licht; und so wünscht der Weise noch immer weiser zu werden. Darum wird uns auch dieses Beispiel nicht überflüssig sein, da es das Licht vermehrt. — Wie lautet aber dieses Beispiel? — Das liegt euch sehr nahe; ihr dürfet nur einen Blick in die gegenwärtige Erziehung euerer Kinder thun, und ihr habt das ganze Beispiel schon auf einem Haufen beisammen. — Was für großartige und breite Pläne macht oft ein bemitteltes Elternpaar für seine Kinder? — Der Sohn muß studiren, und daneben noch allerlei andere Künste und Fertigkeiten sich eigen machen; und für die Tochter laufen wenigstens ein halbes Dutzend allerlei Meister in's Haus. Die Sache sieht ja aus, als sollte aus dem Sohne ein Regent, und aus der Tochter das Weib eines Herrschers werden. Endlich hat der Sohn seine Studienbahn vollendet, und die Tochter sich aus den meisterlichen Krallen mit allerlei eben nicht vielsagenden Fertigkeiten entwunden. Was geschieht aber jetzt? — Der wohlgebildete und viel studirte Sohn wird in eine enge Kanzlei auf eine schmale Practikantenbank geschoben, von der aus eben nicht die größte Fernsicht genommen werden kann, — und bei der Tochter heißt es: Nun müssen wir sie auch ein wenig für's Häusliche erziehen lassen. Wenn ihr diese Stellung nur ein wenig aufmerksam betrachtet; so kann euch die sich stets mehr verengende Allee des Anfangs so breit projectirten menschlichen Lebens unmöglich entgehen. — Aber für den Sohn fängt bald nach seiner sehr schmalen Praxissphäre wieder eine etwas breit anfangende Amtsallee an, und die Tochter wird an einen Mann verheirathet, von dem man Anfangs auch sehr viel Breites erwartete. Aber die Amtssphäre des Sohnes schmälert sich endlich im Pensionsstande schon wieder ein, und die Aussichten der verheiratheten Tochter gewinnen auch durchaus nicht an Breite, sondern wie bei ihr so manche weibliche Vortheile nach und nach sich verflüchtigen, so wird sie am Ende sammt den Aussichten schmäler. — Nun, was aber ist das Finale der dritten Lebensallee? — Ich meine, dieses darf ich euch nicht näher bezeichnen; ihr dürfet nur in den nächsten besten Friedhof gehen, allda werdet ihr eine Menge Ausläufer menschlicher breit angefangener Lebensalleen finden. — Und sehet, in eben diesem Sinne bauen diese Sonnenmenschen Alles gerade also, wie es den Lebensverhältnissen vollkommen entspricht. — Einst bauten die Menschen der Erde auch ähnlicher Maßen. Die sogenannten egyptischen Pyramiden sind noch sprechende Zeugen dafür; denn diese großartigen Gebäude waren nichts als Grabmäler großer und mächtiger Menschen. Je größer und mächtiger einer war, eine desto größere Pyramide ließ er sich als Grabmal erbauen. — Wer sie zu unterst messen möchte, der würde auf bedeutende Unterschiede stoßen; aber zu oberst liefen alle auf eine ganz haargleiche Spitze aus. Aehnliche Weisheit in noch viel tüchtigerem Maßstabe finden wir denn auch hier auf dieser Lichtwelt, wo die Menschen besonders dieses Kreisgebietes wahrhaftige Grundweise sind; — jedoch die Folge wird uns davon Helleres bieten. — Da wir aber bei dieser Gelegenheit unserer Unterwegs-Beredung wieder an das erwünschte, hier im Ernste sehr schmale Ende der Allee gekommen sind, so wollen wir nun auch wieder einen muthigen Blick vorwärts thun, und sehen, ob sich da kein Geheimniß mehr vorfindet, das uns nöthigen dürfte, unsere gerade Linie beugen zu müssen. Bis jetzt erschaue ich außer der uns schon nahe stehenden großen Ringmauer kein Hinderniß; daher können wir uns über diese freie noch übrige Ebene bis zur Mauer schon ganz ungehindert bewegen. Wie es uns aber bei der Mauer ergehen wird, das wird die Erfahrung selbst zeigen; daher nur muthig bis zur Mauer hingeschritten! —

## 206.
#### (Am 27. Jui 1843 von Nachm. 5¼—7 Uhr.)

Es möchte wohl noch eine Strecke Weges von zwei Meilen sein, oder achttausend Klaftern eueres Feldmaßes. Die Strecke ist eben, und man kann mit dem Auge über die Fläche hin nicht Alles ausfindig machen, das irgend einem Hindernisse ähnlich sein könnte. Für unseren gegenwärtigen Standpunkt ist außer einem Pyramidenkreise von kleiner Gattung nichts zu entdecken. Die Pyramiden selbst aber stehen auch nicht auf unserer Linie, und so können wir sie auch nicht als ein Hinderniß ansehen; es müßte nur hinter den Pyramiden sich Etwas vorfinden. Ich aber sage kurz und gut, gehen wir nur darauf los, und der Weg wird ja wohl zeigen, was wir noch zu bekämpfen haben werden. — Wenn ich hier nicht euer Gast, sondern ihr die meinigen wäret, da wären wir schon lange an Ort und Stelle; aber ich muß hier euere Ungewißheit und Unschlüssigkeit leitend mit euch theilen. Daher geht der Marsch auch ein wenig langsamer. Es schadet aber Solches der Sache gar nicht; denn wir wissen uns den etwas zögernden Weg mit der Gnade des Herrn ja gar wohl zu Nutzen zu machen. Dazu ist es auch sehr angenehm zu gehen auf diesem grünlich-blauen Sammtboden; und so können wir uns die etwas längere Marschdauer schon gefallen lassen. Auch rückt üns wenigstens gut die Hälfte des merkwürdigen Hauptgebäudes im Mittelpunkte dieser Ringmauer stets näher, und so haben denn auch unsere Augen fortwährend vollauf zu thun. Die Pyramidenreihe hätten wir bereits erreicht, wie ihr merken könnet, und es zeigt sich noch immer kein anderes Hinderniß, als die zufolge unserer Annäherung beständig höher werdende Ringmauer; und diese selbst, wie es mir jetzt vorkommt, ist durchaus nicht continuirlich, sondern besteht aus lauter Säulengallerien, welche Säulen einen überaus prachtvollen Anblick zu gewähren anfangen. O sehet nur hin, es sind ja drei Säulengallerien übereinander; aber die Säulen sind bei allem Dem dennoch wenigstens dem jetzigen Anscheine nach ziemlich knapp aneinander gereiht. Also nur muthig darauf los geschritten und den Muth nicht sinken gelassen! Bald werden wir dieses großartig scheinende Hinderniß meines Erachtens als gar kein Hinderniß mehr anzuschauen Ursache haben; denn, wie ich bemerke, werden bei unserer Annäherung die Räume zwischen den Säulen merklicher und merklicher; und sehet vor den Säulen ist eine zusammenhängende Staffelei angebracht, über welche man sicher von jeder Seite her wenigstens in die unterste Gallerie gelangen kann. — Ja, sehet nur hin, die Säulen stehen recht weit auseinander, und wir können sicher zwischen ihnen in Reih' und Glied durchziehen; ja, ja, meine lieben Freunde und Brüder, also ist es. Jede gute Arbeit ist ihres Lohnes werth; wir sind muthig darauf los geschritten, und da wir das größte Hinderniß zu finden glaubten, da finden wir gerade gar keines. Wir haben diese endlos prachtvolle Staffelei erreicht, welche meinem Erkennen nach aus lauter rothem durchsichtigem Golde angefertiget und dazu noch zwischen einer jeden Säule bis zur andern hin mit einem mir bis jetzt noch nicht vorgekommenen Stoffe auf diesem Weltkörper für die Fußwandler auf das allerprachtvollst zierliche überdeckt ist. Zwölf Staffeln sind es nur; diese werden wir gar leichtlich überschreiten. Also nur hinauf! Wir sind in der Gallerie. Da sehet einmal das Bodenpflaster dieser Gallerie an; sieht es nicht aus, als wäre es eine rundgestreckte, weit ausgedehnte, allerfeinst geschliffene Diamantfläche von einer Breite zu zehn Klaftern eures Maßes genommen? — Und seht es nur recht genau an, es ist nirgends etwas Zusammengefügtes zu entdecken, also durchgehends kein Stückwerk, sondern ein vollkommen Ganzes. — Und betrachtet einmal die Säulen, die nach Innen gewendet sind, oder die inwendige Reihe bilden; eine jede ist umfaßt mit einer Wendeltreppe aus dem allerherrlichsten Rubine, und ist die Treppe eingeländert mit den zierlichsten Stäben aus weißem Golde, und über einem jeden der vielen Stäbe des Geländers ist eine hellblau strahlende Kugel angebracht, welche ein wunderliebliches Licht von sich wirft. — Ihr möchtet wohl wissen, wozu diese Wendeltreppe, und das um jede Säule gleichförmig? — Der erste Grund ist offenbar, um auf die zweite Gallerie zu gelangen; aber dazu brauchte ja nicht eben eine jede Säule mit solch' einer Wendeltreppe versehen zu sein. — Solches liegt in der Weisheit dieser Menschen, der zu Folge sie allenthalben in die Höhe gelangen können, ohne daß Eines oder das Andere nur im Geringsten beirren möchte; denn diese Säulen stellen die Lehrer oder Führer dar; wie aber kein Führer und Lehrer also beschaffen sein soll, daß man durch sein Geleite nicht in die Höhe gelangen möchte, also darf auch keine solche entsprechende Säule ohne eine in die Höhe leitende Wendeltreppe sein. Ihr saget hier gleichwohl und fraget, warum denn nicht auch aus eben dem Grunde die äußere Säulenreihe bestaffelt ist? — Sehet, das liegt schon wieder im Grunde der Weisheit dieser Menschen, dem zu Folge die äußere Säulenreihe wohl auch Lehrer darstellt; aber Lehrer von naturmäßiger Beschaffenheit, also Lehrer in äußeren Dingen. Diese aber können mit ihrem Lehrfache Niemanden erheben, daher sind auch diese äußeren Säulen ohne Staffeln; — ja ihr könnt hier betrachten, was ihr wollt, so werdet ihr überall die vollkommenste und innigste Entsprechung mit den äußern, wie mit den innern Verhältnissen des Menschen finden. Also ist uns der Weg von unserer letzten Allee ganz einförmig vorgekommen; es war nichts da, als der schöne Boden und die etwas sparsame eben nicht ansehnliche Pyramidenreihe, darauf die glückliche Erweiterung in geräumige Säulengallerien der von uns früher groß hinderlich vermeinten Ringmauer, und über dieselbe eine halbe Ansicht des Hauptgebäudes in der Mitte. Das war aber auch Alles, was uns auf dieser Reise über die freie Ebene vorkam. — Ihr meinet, hinter dieser höchst einfachen Erscheinung dürfte doch nicht gar zu viel Bedeutendes in entsprechender Hinficht stecken; — ich aber sage euch: In eben dieser etwas langweiligen Reise liegt etwas ganz außerordentlich Tiefes verborgen. Es ist freilich wenig, was uns da begegnete; aber nach eurem Spruche, daß dem Weisen das Wenige genüge und er in selbem gar Großes finde, ist auch dieses Wenige so bestellt, daß es uns vollkommen genügen kann, wenn wir es nur mit einem einigermaßen weisen Blicke betrachten. Damit ihr euch aber davon einen kleinen Begriff machen könnet, so will ich euch vor der Hand nur einige ganz unbedeutende Stupfer geben, nach denen ihr mit sehr leichter Mühe das Tiefere selbst finden könnet. — Aus den drei Alleen, also aus den drei Demüthigungsgraden aus dem Leiblichen, Seelischen und Geistigen, sind wir auf einmal in den freien Raum oder entsprechend in die innere Freiheit des Geistes gelangt, und das mit den Mitteln, welche uns der Herr Selbst verordnet hatte, und diese Mittel sind die äußere Weisheit der Lehre des Herrn, welche der Mensch zuerst buchstäblich beobachten muß, bis er zum inneren geistig freien Bewußtsein gelangt. — Herrlich ist der Boden, auf dem man wandelt, überall frei und ohne Hinderniß, und blau ist seine Farbe, voll sanften Glanzes; also ist auch das freie Bewußtsein des Geistes, welches sich in einer unwandelbaren Beständigkeit ausspricht. Aber in der Mitte des freien Raumes sind Pyramiden angebracht. Das sind ja Grabmäler; was zeigen denn diese an? — Ihr möchtet wohl sagen: Vielleicht das gänzliche Absterben für die Welt; das, meine lieben Brüder und Freunde geschieht schon bei der Reise durch die drei Alleen. Diese Pyramiden aber zeigen hier nur an das sich zur Ruhe legen der äußeren Weisheit, und daß man in dieser Sphäre kein Hinderniß mehr zu erwarten hat, entsprechend, daß man sich der Möglichkeit enthoben, je mehr vor Gott sündigen zu können; denn jeder Geist, an dem nichts Aeußeres mehr klebt, kann nicht mehr sündigen, und ist aus diesem Grunde erst rein. Warum denn? Weil er vollkommen Eins mit dem Herrn geworden ist! — Mehr brauche ich euch in dieser Hinsicht nicht zu sagen; denn so Jemand thut, was der Herr will und thut, der wird etwa dadurch doch nicht sündigen. — Als wir ganz nahe noch dem Austritte aus der letzten Allee waren, da kamen uns die herrlichen Säulengallerien noch wie eine continuirliche unübersteigliche Ringmauer vor; also eine schauerliche Linie, über die zu gelangen sich beinahe gar keine Aussicht darbietet. Als wir aber über die Pyramidenreihe hinaus waren, da fing sich die Mauer an in getrennte Säulen aufzulösen, und nach sehr kurzer Reisefrist ward uns das zu einer großartigen Herrlichkeit und zu gar keinem Hindernisse mehr, was wir ehedem schon eine geraume Zeit hindurch am meisten befürchteten. Was wohl stellt Solches vor? — Betrachtet den Tod eueres Leibes. Das ist doch sicher für jeden noch äußerlich lebenden Menschen der am meisten gefürchtete Moment, also ein überaus allerstärkstes Lebensbahn-Hinderniß; das ist es auch sicher für Jedermann, so lange er die Pyramidenreihe nicht hinter dem Rücken hat. Hat aber Jemand bei der Ablegung alles äußeren Weisheitsscheines in seinem Geiste vollkommen den Herrn angezogen, dann wird dieses gefürchtete Hinderniß ein überaus herrlicher Prachtanblick werden; und ein Jeder wird da sicher den heißesten Wunsch tragen, sobald als möglich über die zwölf Staffeln in die untere Gallerie zu gelangen. Woher rühren denn die zwölf Staffeln? — Diese stellen sinnbildlich die zehn Gebote Mosis, und dann noch dazu die zwei Gebote der Liebe aus dem Munde des Herrn dar; so wie die drei übereinander stehenden Gallerien darstellen Naturmäßiges im Geistigen, Geistiges im Geistigen und Himmlisches im Geistigen. Ich meine nun, aus diesem Stößchen dürftet ihr die Erscheinungen auf dem Marsche über den freien Platz nun so ziemlich begreifen bis auf die halbe Ansicht des Mittelgebäudes, welches die Gnade des Herrn bezeichnet, und vor der Hand allein sichtbar ist, bis jenseits der Gallerien auch der Hauptgrund sichtbar wird, welcher die Liebe des Herrn ist, oder der Herr Selbst in seiner Persönlichkeit. Da wir Solches wissen, so ziehen wir wieder weiter. —

## 207.
(Am 28. Juni 1843 von Nachm. 5—6⅜ Uhr.)

Wird es wohl schwer sein, von hier weiter zu ziehen, so müssen wir von hier aus auch noch die gerade Linie beobachten? — Gehen wir nur hinaus in den freien überaus geräumigen Raum, welcher sich vorfindet zwischen dieser weiten Rundgallerie und zwischen dem Hauptmittelgebäude, und wir werden da sobald sehen, was da zu machen sein wird. — Da sehet nur einmal zwischen den zwei vor uns stehenden mit Wendeltreppen versehenen inneren Säulen hinaus, und saget mir, was ihr erblicket? — Ihr saget: Lieber Freund und Bruder, für diesen Anblick finden wir keine Worte, um das zu beschreiben, was Alles sich da dem armseligen Auge in der allerwunderbarsten Art darstellt! — Eine Fläche voll wogenden Glanzes stellt sich unseren Blicken dar, und aus einer jeden Woge sprühen Millionen Strahlen über Strahlen, ein jeder von einer anderen Farbe; und die Strahlen ergreifen sich gegenseitig und bilden vorübergehende Formen. Die Formen gehen hier und da ineinander über und bilden eine neue Form; dort weiter gegen das Hauptmittelgebäude zu sehen wir diese Strahlenwogen sich in den buntesten Kreisen drehen, und die Kreise erheben sich oft kegelförmig über den Boden, und diese Kegel schimmern in einem wechselnden Lichte, dessen zauberhaft allerschönster Reiz mit keinem Worte zu beschreiben ist, — und endlich über diese Lichtkreise hin erblicken wir die unterste Säulenreihe des großen Mittelpalastes. Die Säulen scheinen sich aufwärts wirbelnde Flammen von hellrother Farbe zu sein, und hinter diesen merkwürdigen Säulen strahlt eine lichtblaue Wand hervor, welche zwischen den Säulen versehen ist, aus welchen Pforten aber ein wunderherrliches grünlich-weißes Licht strahlt. — Das ist Alles, was wir bis jetzt ausnehmen können. Wenn wir auf die wogende Beweglichkeit dieser Fläche hinblicken, so kommt es uns vor, als wenn der Boden irgend ein Gewässer wäre, über welches es dann gewisserart festen Fußes nicht darüber zu kommen sein dürfte; nur auf das Einzige können wir einen diese Sache widerlegenden Rückblick thun, daß wir in der letzten Alleeverzierung ebenfalls eine solche wogende Fläche angetroffen haben, welche darum nichts weniger als flüssig war, und so kann es wohl sein, daß dieses Lichtwogen dieser Fläche vor uns ebenfalls nur eine Augentäuschung ist. — Ja, meine lieben Freunde und Brüder, also verhält es sich auch mit der Sache. — Alles, was ihr hier als beweglich erschauet, ist nur ein Spiel des Lichtes, welches auf den Centralsonnenkörpern besonders stark zu Hause ist, und das um so stärker auf irgend einem Punkte, je mehr sich dieser dem großen Aequator solch' einer Centralsonne nähert; daher giebt es hier ein Material, welches an und für sich zwar überaus fest ist, und nimmt eine große Politur an, viel stärker als der feinste Diamant bei euch. Wenn eine so große Fläche dann gehörig geglättet ist, da nimmt sie dann auch um so begieriger die mächtigen Lichtstrahlen aus dem einen solchen Sonnenkörper umgebenden Lichtäther auf, und wirft dann nach der Uebersättigung eben diese Strahlen wieder zurück; und so entsteht aus dem Ein- und Gegenstrahlen solch' eine wogende Wirkung, in der Nähe als sich zu allerlei Lichtformen bildende, durcheinander bewegende Wogen, in der Entfernung aber zu Kreisen. — Warum denn? Weil in der Entfernung alle Bewegungen, wie auch alle Formen sich fortwährend mehr und mehr abrunden, welches ihr schon auf eurem Erdkörper aus verschiedenen Erscheinungen abnehmen könnet. Gehet ihr z. B. auf eine bedeutende Höhe, und sehet euch den weiten Horizont an, der an und für sich sehr uneben ist, so werdet ihr ihn aber dennoch ganz gerundet erblicken; die Ursache liegt darin, weil die kleinen Unebenheiten gegen den ganzen weiten Horizontkreis so gut als gänzlich verschwinden. Ferner beschauet ihr eine mehrkantige Säule von einer gewissen Entfernung, und sie wird euch nicht kantig, sondern rund erscheinen. Ferner gehet auf einen breiten Strom und betrachtet das Fortfließen des Wassers vom nächsten Ufer angefangen bis zum entgegengesetzten hin, da wird sich diese Erscheinung am meisten bestätigen. Am nächsten Ufer werdet ihr das Stromwasser bunt durcheinander wogend, aber am entgegengesetzten Ufer bei einer etwas längeren Betrachtung lauter ineinander verschlungene Kreise erblicken, in denen die Fluthen des Stromes sich langsam fortwirbelnd scheinen. — Wie uneben die Weltkörper auf ihrer Oberfläche sind, das kann euch euere Erde zur Genüge zeigen; aber von großen Entfernungen betrachtet werden sie zu einem vollkommen runden Kreise, d. h. wenn schon nicht ganz vollkommen zirkelrund, so aber doch an der außen erscheinenden Randlinie als vollkommen eben. — Es ließen sich noch eine Menge solcher Beispiele anführen; allein ich meine, daß diese genügen, um die vor uns liegende so ziemlich stark in's Wunderbare gehende Erscheinung zu begreifen, d. h. als Erscheinlichkeit selbst, ohne innere geistig entsprechende Bedeutung, auf welche wir erst bei der passenden Gelegenheit kommen werden. Wir brauchen vor der Hand nichts Anderes zu wissen, als daß der vor uns ausgebreitete Boden vollkommen fest ist, und wir können uns dann sogleich schnurgerade auf demselben fort zu bewegen anfangen; und so denn treten wir nur wohlgemuth hinaus! — Wir sind heraus aus der Gallerie auf dem Boden, und sehet, er ist fest; und da wir stehen, ist das Wogenspiel des Lichtes nicht zu erschauen, und so können wir uns nun schon gegen das Hauptgebäude hin bewegen. — Machet aber einen Blick auf das Gebäude hin, welches nun schon in seiner ganzen enthüllten Pracht vor uns steht. Was sagt ihr zu diesem Werke? — Ihr saget, was ich eigentlich auch sage: Da hört das Reden auf, und man wird stumm vor dem zu großartig erhabensten Anblicke! — Wenn man sich so einen in's Unendliche veredelten und verherrlichten babylonischen Thurm vorstellen würde, so hätte man ungefähr wohl noch das beste Bild davon; nur müßte man die schneckenartig aufwärts führenden Gänge des babylonischen Thurmes hinweg nehmen, und denselben in zehn Stockwerke eintheilen, von denen ein jedes einen etwas engeren Kreis beschreibt. Das wäre aber demnach nur eine nackte Form ohne Licht; hier aber ist die großartigste und edelste Form übergossen mit einer unbeschreiblichen Pracht und Glorie des Lichtes. — Um wie viel steht sonach die gedachte Form dieser unbeschreiblichen, alle Begriffe übersteigenden Herrlichkeit nach. — Gehen wir aber nur näher; es wird sich die Sache immer mehr und mehr entwickeln in ihrer unendlichen Pracht. — Ihr sehet die untere Reihe von hier also, als bestünde sie aus einzelnen großen Säulen, von denen eine jede eine Höhe von dreißig Klaftern hat. Die Höhe möget ihr wohl richtig beurtheilt haben; aber die Säule an und für sich nicht. Wenn ihr genau hin sehet, da werdet ihr eine jede Säule also erblicken, als wäre sie mit Rundstäben belegt; aber wir sind jetzt schon näher, und es läßt sich nun schon recht gut ausnehmen, daß eine solche Säule, die sich in eine Entfernung hin nur als eine Säule ausnimmt, in dieser Nähe ein ganzer Kreis von mehreren Säulen ist, welche wir früher nur als einzelne Stäbe an einer großen Säule erschauten. — Und nun sehet, wir sind glücklicher Weise schon an die große Staffelei dieses Centralgebäudes gekommen, und erblicken, daß eine jede solche Hauptsäule aus dreißig in einem Kreise herum gestellten Säulen besteht, von denen eine jede von der andern noch so weit entfernt absteht, daß wir ganz bequem in solch' ein Säulen-Rondeau treten und uns darin überzeugen können, daß es noch hinreichend Raum hat zur Aufnahme von tausend Menschen. Aber zugleich betrachtet diese herrliche Einrichtung; längs des Kreises dieser Säulen windet sich im inwendigen Raume eine überaus prachtvolle Treppe in sanfter Steigung, und mit den allerprachtvollsten Geländern versehen hinauf in das nächste Stockwerk, — und sehet, eine jede Säule oder vielmehr ein jeder Säulenkreis, den wir von hier erblicken, hat eine gleiche Einrichtung. — Der Boden solch' eines Säulenkreises ist hellgrün, und die Gallerien, welche die aufsteigende Treppe einfassen, sehen aus wie flammendes Gold; — und da sehet hinaus, der Boden dieser ersten großen ebenerdigen Gallerie ist von der Farbe eines allerschönsten Amenthystes, in welchen allerlei allerlei Diamantzierarten wie eine Mosaik eingearbeitet wären. Was saget ihr zu dieser wahrhaft entsetzlichen Pracht? — Ich sehe, daß es euch hier abermals so geht, wie mir, man findet für die Buchstabensprache keine Worte. Gehen wir aber nun eine solche Treppe aufwärts, und beschauen das zweite Stockwerk; allda erst werden wir Dinge zu Gesichte bekommen, die alles bisher Geschaute überdecken werden. — Und so dann folget mir auf der Treppe.

### 208.

(Am 1. Juli 1843 von 4½–6 Uhr Nachm.)

Sehet, da sind wir schon in der Gallerie des ersten Stockwerkes, ihr sehet da wieder Säulenrondeau's theils einzelner großer Säulen aufgestellt und in der Mitte dieser Säulenrondeau's sehet ihr hier wie Altäre aufgerichtet, welche demjenigen Altare eben nicht unähnlich sind, den wir auf der Wanderung hieher in der Allee zuerst angetroffen haben, und die innere Rundung des Säulenkreises ist abermals wie ihr sehet, allenthalben mit einer unaussprechlich prachtvollen Treppe versehen. — Wozu denn aber diese Altäre in der Mitte dieser Säulenrondeau's? — Eines Theils dienen sie zur offenen Zierde eines solchen Säulenrondeau's, andern Theils aber bezeichnen sie den ersten Grad der Erkenntniß Gottes, während die Säulenrondeau's zu ebener Erde ganz leer sind, und bezeichnen das Menschliche im gänzlichen Naturzustande. Aber besehet die Pracht dieser Säulen; die sind nicht mehr glatt, sondern gewunden. In der Höhlung der Windung ist eine Verzierung von herrlichstem Laubwerke, und der Bauch der Windung ist besetzt mit den allerwunderherrlichsten selbstleuchtenden Edelsteinen, welche wie Halbkugeln hinein gefügt sind. — Die Farbe der Säulen selbst ist bläulich-grün, das Laubwerk ist wie flammendes Gold, der Boden des Rondeaus ist wie ein überaus stark funkelnder Rubin, und die Treppe ist hier von weiß flammendem Silber angefertiget. — Sehet aber den Boden der Gallerie; dieser ist aus lauter allerfeinstem Hyazinthe, das prachtvollste Geländer nach Außen hinaus von Porphyr, und die innere Wand des Hauptgebäudes besteht aus Onix, welcher ist ein gar herrlicher Edelstein, und das bogenartige Gewölbe zwischen den Säulen und der continuirlichen Wand aber besteht aus dem allerherrlichsten Opal, in welchem allerlei farbige selbstleuchtende Steine in der allerherrlichsten Ordnung eingelegt sind. — Und da seht hin, zwischen einem jeden Säulenrondeau ist in die feste Wand des Hauptgebäudes ein hohes und breites Thor angebracht; dieses Thor hat, wie ihr bemerken könnet, zwei Flügel, welche an einer in der Mitte des Thores angebrachten viereckigen Säule eingehängt sind, und sich somit nicht in der Mitte, sondern zu beiden Seiten öffnen. Die viereckige Säule ist ein flammendes Diamantstück, und die Thorflügel bestehen aus flammendem Golde, welches noch herrlicher ist, als das durchsichtige; dergleichen freilich wohl auf der Erde nicht vorkommt. — Ein durchsichtiges Gold könnte auf der Erde wohl erzeugt werden; wie aber? — Durch Verglasung; denn ihr wisset, daß alle Metalle, wenn sie den höchsten Hitzegrad ausgestanden haben, gewisserart in eben diesem Hitzegrade verbrennen. Nach dem Verbrennen bleibt aber nichts, als wie eine Art Schlacke übrig; — wenn nun diese Schlacke wieder zermalmt wird und gemengt mit einem dieselbe auflösenden Salze, so kommt sie in den Fluß, und wenn sie dann abgekühlt wird, so ist diese durch das Salz und natürlicher Weise große Hitze flüssig gewordene Masse zum durchsichtigen Glase geworden. Wenn also aus der freilich auf dem Erdkörper sehr theuer zu stehen kommenden Goldschlacke auf oben gezeigte Weise ein Glas verfertiget würde, so würde so ein Glas von gelb-röthlicher Farbe das allerfeinste durchsichtige Gold geben. Aber ein flammendes Gold auf der Erde darzustellen wäre wohl die reinste Unmöglichkeit. — Nicht einmal auf den Planetarsonnen geht Solches an, sondern allein nur auf den Centralsonnen, allwo das Licht in für euch allerunermeßbarster Intensität zu Hause ist. Allda ist demnach jeder durchsichtige Körper der beständigen Durchflammung fähig, weil er das in sich aufgenommene Licht zufolge des ihn umgebenden Lichtes nimmer verzehren kann; und so geschieht durch solch' einen beständigen Conflict zwischen Licht und Licht ein solches Flammen, welches den Anschein hat, als wäre die Materie im fortwährend brennenden Zustande. Rührt man aber so eine Materie an, so ist sie vollkommen fest und nicht im geringsten irgend erhitzt, sondern gerade im Gegentheile, je flammender Etwas ist, desto kühler ist es, und steht eben darum in einer nicht geringen Entsprechung mit denjenigen Menschen auf euerer Erde, die da nach Außen hin sehr feurig sind, und über Alles eifern; rührt man aber ihr Herz an, so erstaunt man über die Kälte desselben! — So könnt ihr Menschen antreffen, die sich für die Unterstützung der Armen aus lauter Feuereifer die Zunge rund reden können; wenn ihnen aber heimlich ein Armer begegnet, da sind sie kälter als das tausendjährige Eis eines Gletschers, welches der gewöhnliche Sonnenstrahl nicht zu schmelzen vermag, wohl aber hier und da in kleinen Portionen ein wohlgenährter Blitz. — Also steht es auch zu allermeist mit den berühmten Kanzelpredigern aus; sie zünden mit ihrem übermäßigen Feuer eine Hölle an, in welcher kein auch dem allermächtigsten Feuer verwandtes Wesen nur eine Secunde lang aushalten könnte; fraget ihr sie hernach, was ihr Herz zu einem so außerordentlich hohen höllischen Hitzegrade sagt, so wird euch die Antwort werden: Ich befinde mich recht wohl dabei; ein guter Braten und ein wohlgenährtes Glas Wein auf so eine hitzige Predigt bringt bei ihm Alles wieder in's Gleichgewicht. Das wäre demnach eine Entsprechung unseres flammenden Goldes; aber diese ist eben nicht die empfehlenswerthe. Es giebt aber auch eine anempfehlenswerthe, d. i. eine geistig gute, und diese lautet also: Menschen, die vall Liebe sind in ihrem Herzen, gegen diese ist auch die Liebe des Herrn mächtig wirkend; dadurch geschieht ein Conflict zwischen Liebe und Liebe, und diese Liebe wirkt dann wohlthätig nach Außen. Sie erleuchtet und erwärmt, was sie umgiebt; aber in sich selbst bleibt sie kühl. Warum denn? — Weil sie keine Eigenliebe ist. Solches bezeigt auch das flammende Gold. — Nun wüßten wir diese Entsprechung; und so können wir die Thorflügel schon ein wenig in den Augenschein nehmen. — Da sehet nur her, welche Erhabenheiten plastisch in diese Thorflügel eingearbeitet sind! — Sieht die Sache nicht beinahe aus als eine Bilderschrift, welche aus der Mitte der Masse, aus welcher die Flügel angefertigt sind, in den wunderbarsten Farben durchstrahlet? — Und da sehet durch eine glatte Fläche des Thorflügels in das Innere des Gebäudes! Ihr fahret zurück; was lauter habt ihr denn da gesehen? Ich lese es schon an eueren Gesichtern; ihr habet Menschen entdeckt, und das von nie geahnter Schönheit! — Ja, ja, so ist es. Diesen Menschen dürfen wir uns für jetzt noch nicht nahen, sondern wir müssen früher von der stets steigenden Pracht dieses Gebäudes gehörig abgestumpft werden, sonst könnten wir sammt und sämmtlich einen kleinen Schaden an unserer geistigen Gesundheit erleiden; — denn so vollkommen ist nie ein Geist selbst des höchsten Himmels, daß er unvorbereiteter Maßen alle Schönheit der Schöpfungen des Herrn anschauen möchte, ohne dabei eine zeitweise Beschädigung zu überkommen. — Damit wir aber hier nicht zu sehr angefochten werden, so begeben wir uns nur ganz hurtig in ein solches Säulenrondeau und über die Treppe in das zweite Stockwerk, oder nach der Zahl der Gallerie gewisserart in das dritte, allda uns wieder ganz andere Dinge erwarten. — Ich merke zwar noch einen zweifelhaften Punkt in euch, und dieser besteht schon wieder in einem etwas zweifelhaften Zahlenverhältnisse, und zwar darin, daß wir Alle von der Entfernung her dieses ganze Hauptgebäude aus zwölf Stockwerken bestehend erschauten, in dieser Nähe aber nur aus zehn. — Lassen wir die Sachen nur gut sein, wenn wir uns am zehnten Stockwerke befinden werden, so wird sich die Sache schon aufklären; — für jetzt aber gehen wir nur in unser zweites Stockwerk, oder in die dritte Gallerie. —

## 209.
### (Am 3. Juli 1843, von 4¾—7 Uhr Nachm.)

Sehet, es kommt nur auf eine Vorübung an, und man steigt dann in einer höheren Sphäre mit eben der Leichtigkeit in eine noch höhere, als man vorher von einer unteren Sphäre in eine nach ihr folgende höhere gestiegen ist. — Ihr saget freilich, daß es auf der Erde nicht eben ganz vollkommen derselbe Fall ist; denn je höher man dort steigt, desto schwerer werden einem auch die Füße, und so braucht jeder nächste Tritt eine etwas stärkere Anstrengung, als der vorhergehende. Das ist richtig; aber ihr müßt dabei bedenken, daß, so ihr irgend natürlicher Maßen in die Höhe steigen wollet, ihr da in einem Zuge fortgehet, und machet nicht verhältnißmäßige Raststationen zwischen einem und dem andern Höhepunkte. — Dadurch aber müßt ihr dann ja nothwendiger Weise ermüdet werden; theilt ihr aber eine zu besteigende Höhe ab, und zwar in solche Rastabsätze, wo ihr von einem bis zum andern nicht müde werden könnet, da werdet ihr nach einer zweckmäßigen Rast jeden folgenden Absatz mit gleicher Kraft und Müdlosigkeit besteigen können. Daß aber Solches richtig ist, könnt ihr sehr leicht aus euerem täglichen Leben ersehen; ihr gehet da doch häufig hin und her, und werdet dabei nicht müde. — Warum denn nicht? Weil ihr inzwischen wieder gehörig ausruhet; zählet aber euere Schritte zusammen, die ihr in einem Tage hindurch machet, so werden derselben so viele sein, daß ihr mit denselben in einer geraden Linie leichtlich eine Strecke von zehn Stunden Feldweges zurücklegen würdet. Nun aber machet ihr einen Weg von zehn Stunden, so werdet ihr bis zum Niedersinken müde werden. — Sehet, also ist meine Annahme und Erklärung richtig; so Jemand im Wege und im Emporsteigen desselben nicht müde werden will, da mache er Absätze für eine gehörige Rast, und er wird am Ende bei einer zurückgelegten Reisestrecke von zehn Stunden, ob eben oder aufwärts, noch dieselbe Kraft in seinen Füßen haben, wie er sie gehabt hat beim ersten Schritte, und bei einer weiter fortgesetzten Reise wird er statt müder nur stärker werden. Auf dieselbe Weise aber verhält es sich auch mit dem geistigen Fortschreiten, wie auch mit demjenigen, welches halb geistig und halb materiell ist. — Nehmet ihr z. B. Jemanden an, der auf irgend einem musikalischen Instrumente ein Virtuose werden wollte; was wird aus ihm wohl werden, wenn er sein Instrument den ganzen Tag und so auch noch dazu etwa die halbe Nacht nicht aus der Hand legt und dazwischen einige Stunden ruht? Ich sage euch: Nicht acht Tage wird er solch' eine Uebung aushalten. — Warum denn nicht? Weil eine jede Bewegung sowohl des Leibes, wie des Geistes eine viel größere Anstrengung der Lebenskräfte fordert, als der Zustand der Ruhe. Die Anstrengung der Lebenskräfte aber ist eine Verzehrung derselben, durch welche sie nicht gestärkt, sondern natürlicher Weise nur ge-

geschwächt werden müssen. Der Mensch aber ist also eingerichtet, daß sich im Zustande der Ruhe seine verzehrten Kräfte durch das beständige Einfließen des Herrn aus den Himmeln ersetzen; — und so durch den öfteren zweckmäßigen Gebrauch die Lebenskräfte zu öfteren Malen in Anspruch genommen werden, so werden eben durch diesen Gebrauch die Gefäße zu fernerer Aufnahme der Lebenskraft nach und nach stets mehr erweitert und gestärkt, wodurch dann der Mensch bei einer stufenmäßig geordneten Lebensweise an der Kraft und Stärke nothwendig zunehmen muß, weil er als ein Gefäß auf diese Art und Weise stets mehr der Lebenskraft in sich aufnehmen kann. Alsonach wird ein Wanderer durch den zweckmäßigen Gebrauch der Kraft seiner Füße von Tag zu Tag stärker; der auf einem musikalischen Instrumente sich zweckmäßig Uebende wird tüchtiger und tüchtiger, und der im Geiste Fortschreitende wird ebenfalls von Periode zu Periode fähiger und fähiger werden ohne wahnsinnige Ermüdung des Geistes sich in die größten Höhen und Tiefen der Weisheit empor zu schwingen. Wollte aber Jemand von heute bis morgen schon Das erreichen, was ein geordnet Fortschreitender im Verlaufe von mehreren Jahren erreicht hat, so wird er ein Narr; denn er wird über das Maß des geordneten Zufließens seine geistige Lebenskraft verzehren, und dann im Geiste zum Hinfallen schwach und ohnmächtig werden. Die hungrigen Gefäße für Lebenskraft werden dann gleich einem Polypen Alles aufzusaugen anfangen, was ihnen nur unterkommt, Unflath und Gold, Licht und Finsterniß; also Alles durcheinander. Diese ungleichartigen Substanzen aber werden dann in den Gefäßen zu gähren anfangen, der Geist solcher Gährung wird bald die schwachen Gefäße zerreißen, und der Zustand, wo ihr saget: „Bei dem ist das Radel laufend geworden", wird fertig sein. Aus Dem aber werdet ihr meines Erachtens nun schon ganz klar abnehmen können, daß ein jedes zweckmäßige Fortschreiten oder Aufsteigen in zweckmäßige Rastabsätze eingetheilt sein muß; und man wird dann mit der größten Leichtigkeit von der Welt jedes gute Ziel erreichen können. Wer da ein großes Faß neuen Mostes hat, und zieht ihn fortwährend von einem Faße in's andere ab, um ihn dadurch etwa zu klären und stärker zu machen, der wird sich bei einem hundertmaligen Abziehen sicher überaus getäuscht finden; denn dadurch wird der Most sicher nie nicht nur allein nicht klar und stark werden, sondern da in einem jeden Faße etwas zurück bleibt, so wird er am Ende durch lauter Hin- und Herziehen den Most auch zum größten Theile einbüßen; — läßt er aber den Most im Faße in der gehörigen Ruhe, so wird dieser thätig werden, alle Unreinigkeit von selbst hinaus arbeiten, und dadurch sich stets mehr und mehr klären und eben dadurch auch stets mehr und mehr sättigen mit der geistigen Kraft. Hat er einmal die erste Stufe der Klarheit erreicht, dann wird es recht sein ihn abzuziehen in ein anderes reines Faß, allda keine unlauteren Trebern mehr auf dem Grunde liegen, welche die geistige Kraft des Weines schwächen, sondern er wird nun auf reinerem Grunde mit sich selbst, also mit seiner eigenen Kraft zu thun bekommen, und sich durch diese eigene Kraftübung stets mehr und mehr stärken und kräftigen. Gerade also ist es auch mit dem Menschen, von Stufe zu Stufe muß er steigen, und von Stockwerk zu Stockwerk. So kommt er höher und höher in der Sphäre seines Lebens und aller Erkenntniſſe deſſelben; — und ſo ſind wir nun auch in unſer zweites Stockwerk gelangt ohne die geringſte Ermüdung, und können uns nun hier in dieſen herrlichen Gallerien recht breit, und wie ihr zu ſagen pflegt, patzig herummachen und betrachten alle dieſe großen Herrlichkeiten. — Was die Bauart betrifft, ſo gleicht ſie vollkommen der der erſten zwei von uns ſchon geſehenen und betretenen Gallerien; nur ſind die das nächſte Stockwerk tragenden mächtigen Säulen-Rondeaus etwas tiefer zurückgeſetzt, als die der vorigen Gallerien. Das Unterſchiedliche zwiſchen dieſer und der vorigen Gallerie liegt zuerſt in der ganz andern Färbung des Baumaterials, ganz beſonders aber in Dem, daß in der Mitte dieſer Säulenrondeau's ſtatt eines Altares eine Art großer Gartenvaſe von der prachtvollſten und zierlichſten Arbeit ſich befindet, aus welcher ein natürliches kleines Bäumchen wächſt. — Ihr werdet etwa meinen, die Wurzeln dieſes Baumes werden mit der Zeit die Vaſe auseinander treiben; deß ſeid ohne Sorge. Die Weisheit dieſer Menſchen hat dagegen ſchon gehörig fürgeſorgt; denn wird das Bäumchen mit der Zeit ſtärker und ſtärker, ſo wird es dann behutſam hinausgenommen und überſetzt in ein mächtiges Geſchirr, das wir erſt im nächſten Stockwerke antreffen werden. Dafür aber wird in die Vaſe dieſes Stockwerkes wieder ein friſcher Same gelegt, aus welchem ein neues ähnliches edles Bäumchen erwächſt. Hat denn auch dieſe gärtneriſche Operation irgend einen geiſtigen Grund? — Allerdings, meine lieben Freunden und Brüder! Im erſten Stockwerke haben wir nur einen Altar in der Mitte geſehen; dieſer bezeichnete die erſte gewiſſerart bloß nur buchſtäbliche Erkenntniß Gottes; alſo ein Samenkorn, welches erſt in's Erdreich kommen muß, um aus demſelben zu einem Baume zu erwachſen, unter deſſen Aeſten dann die Vögel des Himmels Wohnung nehmen können. — Und ſehet, hier iſt dieſes im erſten Stocke noch ledige Samenkorn ſchon in die Erde gelegt und aus derſelben erwachſen zu einem kleinen Bäumchen, und bezeichnet den Zuſtand des Menſchen, wie er ſobald ein moraliſches Weſen wird, ſobald er von Gott eine Erkenntniß in ſich aufgenommen hat, und iſt dann auch ſchon zur künftigen Fruchttragung geeignet, wie zur Wohnung der Vögel des Himmels; — und ſo werdet ihr im Verhältniß auch alles Andere in dieſem zweiten Stockwerke finden. Der Boden der Gallerie ſieht aus wie ein weißglühend Erz, die Säulen ſind röthlich grün, der Boden der Säulenrondeau's, auf dem die Vaſe ſteht, iſt weiß wie eine Sonne. Die Vaſe ſelbſt iſt aus einem Stücke Rubin geformt, und ruht auf einem dreifüſſigen Geſtelle, welches aus flammendem Golde verfertiget iſt, und das Erdreich in der Vaſe ſieht aus als ein Smaragdſammt. Die Treppe um die Säulen iſt hier aus einem hellblauen Material angefertiget und mit grünem mächtig ſtark ſchimmernden Laubwerke verziert. Die Wand des Hauptgebäudes iſt roſenroth; die Thore in das Innere ſind aus Smaragd, die Mittelſäule, auf der die beiden Flügel hängen, iſt aus durchſichtigem Golde, und der Platfond in dieſer Gallerie ſammt ſeiner herrlichen Verzierung iſt lichtgrün und glänzt mächtiger als die Sonne durch ein lichtgrünes Glas beſchauet. — Nun aber begeben wir uns auch hier zu einer Thüre hin und wollen durch ihr leicht durchſichtiges Material einen Blick in's Innere thun. Wir ſind dabei; alſo ſehet hinein! — Was ſehe ich? — Ihr ſinket ja völlig ohnmächtig zuſammen, was hat euch denn da gar so erschüttert? Ich weiß schon, die in diesem Stockwerke noch viel schöneren Menschengestalten. — Ja, ich sage euch, die bildliche Schönheit dieser Menschen ist so groß, daß ihr auf euerer Erde nicht im Stande wäret eine solche Schönheit anzuschauen ohne das Leben plötzlich zu verlieren. — Ich sage euch aber noch mehr: Der Glanz dieser Schönheit würde buchstäblich sogar euere ganze Erde in wenig Augenblicken völlig auflösen; daher aber verlassen wir auch wieder diese Gallerie, und steigen somit in's dritte Stockwerk, oder auf die vierte Gallerie. —

## 210.
(Am 4. Juli 1843 von 4¼—6 Uhr Nachm.)

Wir hätten auch diese vierte Gallerie oder das dritte Stockwerk erreicht. Daß hier nun Alles noch um's Vielfache herrlicher und verklärter ist, als in den vorigen Stockwerken, braucht kaum besonders erwähnt zu werden. Ein Blick in diese in tausend allerglänzendsten Farben flammend strahlenden Gallerien zeigt uns mit mehr als sprechender Klarheit, von welch' unaussprechlicher Schönheit diese vierte Gallerie ist; aber das sonderbare Gefäß im Säulenrondeau verdient eine nähere Beachtung. Beschauet es genau, und das von allen Seiten, und ihr werdet am Ende sagen müssen: Fürwahr, das sieht eher einem Schiffe, als irgend einem Gartengefäße ähnlich; und dennoch ist dieses schiffartige Gefäß gefüllt mit röthlich-blau schimmernder Erde, aus welcher in der Mitte des Gefäßes ein ganz tüchtiger Baum empor gewachsen, dessen Stamm von blendend weißer Farbe und glatt ist, wie polirtes Silber. Die Aeste und Blätter auf demselben aber gleichen so ziemlich den Aesten und Blättern eines Feigenbaumes auf der Erde; nur sind die Aeste glänzend roth wie Korallen im Grunde des Meeres, und die Blätter sind blau-grün, an den Rändern mit kleinen wie Gold glänzenden Streifchen verbrämt, und über den Blättern zeigen sich im Ernste schon Knospen, darunter einige völlig zum Aufbruche zeitig sind. Das schiffartige Gefäß aber scheint aus hellrothem Golde zu sein, und ist am Rande herum gar überaus zierlich mit einem verhältnißmäßig festen, von durchsichtigem Golde angefertigten Geländer umfaßt, aus welchem Geländer kleine nach Innen zu gebogene Röhren auslaufen, und wie es sich zeigt, fortwährend das Erdreich im Gefäße mit Wasser tropfenweise befruchten; und das Wasser hat einen Wohlgeruch wie das allerfeinste Nardusöl. Und der Boden des Säulenrondeau's scheint aus einer ähnlichen Masse verfertigt zu sein, wie der große Hofraum zwischen der dreifachen Ringgallerie und diesem Hauptcentralgebäude; denn man kann hinsehen, wie man mag und will, so wellet und woget es immer auf seiner Oberfläche, und dennoch wissen wir, daß er sicher fest ist. — Merkwürdig sind dazu noch die einzelnen Säulen dieses Rondeau's; ihre Farbe ist lichtgrau, aber durchsichtig, und in der Mitte einer jeden Säule scheint es lichtroth in gewundenen Röhren auf- und abzusteigen, wie eine rothe durchsichtige Flüssigkeit, welches der ganzen Säule ein sonderbar merkwürdig erhabenes Ansehen giebt. Und merkwürdig ist dabei, daß all' die anderen Säulenrondeau's und ihre Säulen auf eine ganz haargleiche Weise in Allem gestellt sind; in ihrer Mitte ist überall ein solches Schiffgefäß mit einem Baume, und überall

entdecken wir in der Mitte der Säulen gewundene Röhren, in welchen
gleichmäßige rothe Flüssigkeit auf- und absteigt. — Also sind auch die
Rundtreppen innerhalb eines solchen Säulenrondeau's hier scheinbar etwas steiler gehalten, als wie in den früheren, und scheinen aus einer Masse
zu sein, welche unserem dunkelgrünem Glase gleicht; nur daß das Glas
der Erde kein Eigenlicht hat, und somit auch nicht mit einer so lebendigen
Farbe förmlich in sich selbst zu glühen vermag. Also ist es richtig, meine
lieben Freunde und Brüder; aber was mag dieses Alles wohl besagen?
— Wir wollen nicht lange herum greifen, und herum stehen, sondern die
Sache gleich beim rechten Orte anpacken. — Was den in diesem schiffartigen Gefäße vorkommenden Baum betrifft, so haben wir bereits in der
vorigen Gallerie erfahren, daß er aus der dortigen Base hierher über-
pflanzt wird, so er dort die gehörige Größe erhalten hat. Was geschieht
denn aber hier mit ihm, so er auch da für dieses Gefäß zu mächtig wird?
Wir haben ähnliche Alleen swon passirt; wenn er hier die Früchte getragen hat, dann werden die Früchte abgesammelt und der Baum wird
mit leichter Mühe hinaus versetzt in die Alleen und anderen Baumgruppen,
allda er dann fortwährend blühen und Früchte tragen kann in die große
Menge, und hat er dort einmal ausgedient, so wird sein Holz genommen,
und seine Aeste und sein Laubwerk, und wird alles Dieses auf den Altar
gelegt, denn ihr zuerst gesehen habt in der Allee, dann auf diesem Altare
angezündet, und somit Gott geopfert. Das wäre sonach das Schicksal
des Baumes; — aber wir haben noch das Gefäß vor uns. Warum
hat denn dieses solch' eine schiffähnliche Gestalt? — Weil das Schiff auch
hier auf diesem Weltkörper ein tragbares Fahrzeug über der Oberfläche
des Gewässers ist. Um aber anzuzeigen, daß für den Baum hier noch
keines Bleibens ist, wird ihm ein solches Gefäß gegeben. — Der wogende Boden stellt scheinbar einen noch untüchtigen Grund vor, auf dem
man kein Standquartier machen kann. Die graue Farbe der Säulen bezeichnet die Wehmuth über das noch nicht beständige Leben des Baumes,
und der rothe rollende Saft in den gewundenen Röhren zeigt an, daß
das wahre Leben in der Mitte aller äußeren Festigkeit wallen muß, wenn
das äußere Leben fest und bleibend werden sollte zur beständigen Tragung
und freien Bewegung des inneren Lebens. — Das bedeutet sonach die
Form und Beschaffenheit der Säulen eines solchen Säulenrondeau's. —
Die etwas steiler empor gehende Treppe bezeigt, daß der Fortschritt auf
einem nicht festen Grunde schwieriger und manchesmal aufhaltender ist,
als wenn man seine Schritte über das feste Land thun kann; noch verständlicher gesprochen, bezeigt die etwas steiler aufwärts gehende Treppe,
daß der Mensch, wenn er einmal zu einer selbstständig moralischen Wesenheit geworden ist, durch die alleinigen Tropfen der Erkenntniß schwerer
vorwärts und aufwärts kommt, als wie ihm da anzeigt der rothe in der
Mitte der Säule leicht auf- und absteigende Saft, durch welchen dem
freien moralisch gewordenen Menschen noch etwas verhüllt, aber doch faßlich klar genug gezeigt wird, der welche Weg zur Erreichung der wahren
Höhe des Lebens der tauglichste und am wenigsten beschwerlichste ist. —
Durch die Röhrchen, welche vom Geländer des schiffartigen Gefäßes sich
einwärts bogen, sehen wir zur Befeuchtung des Erdreiches Tropfen fallen;
aber in der Mitte der Säulen steigt fortwährend eine ununterbrochene

Maſſe Saftes auf und ab. — Was bezeigt denn Solches? Die Tropfen aus den Röhrchen ſind die Erkenntniſſe von Außen her, und ſind gewiſſerart nie ein Ganzes, ſondern allzeit nur ein Stückwerk; und durch ſie wird auch zumeiſt das äußere Formleben gebildet, aber nicht das inwendige einfache Hauptleben. — Alſo wird auch der Menſch durch allerlei Erkenntniſſe wohl recht fein gebildet, bleibt aber bei all' ſeiner großgelehrten Bildung ein zerſtreuter, aber kein in Eins verſammelter Menſch, und gleicht als ſolcher einem Baume, der in einem Schiffe wächſt, da er nämlich keine Feſtigkeit hat, und für ihn in dieſer Art noch keines Bleibens iſt. Das Beſte an ihm iſt, wenn er auf den vielen und bunten Zweigen ſeiner äußeren Erkenntniſſe gute Früchte bringt; dieſe werden behalten, aber der Baum nicht. Aber die Säule, die ein vereintes Leben wallen läßt in ihrer Mitte, bleibt fort und fort als eine feſte herrliche Stütze zur Tragung des Reiches Gottes. — Sehet, das Alles bezeigt ſo ein vor uns ſtehendes Säulenrondeau in dieſer vierten Gallerie; und ihr könnet von dieſer Erkenntniß den ſehr leichten Schluß machen, daß Menſchen, die ihre Gebäude in ſolch' einer hohen Entſprechung des Lebens aufführen, ſicher überaus weiſe ſein müſſen. Solches bezeigt auch ihre ſtrahlende Schönheit; dieſe Menſchen, die in dieſer vierten Gallerie wohnen, haben auch Entſprechung mit allem Dem, was ihr hier ſehet. Sie ſind überaus weiſe und ſchön, und das mehr als Alle, die wir bisher geſehen haben. Drum wollen wir ſie auch nicht anſehen, da deren Anblick euch eher einen Schaden, als einen Nutzen bringen könnte; denn wie ich ſchon bemerkt habe, ihr müßt eher von der großen Pracht und Weisheit bei der Beſchauung dieſes Centralgebäudes förmlich abgeſtumpft werden, alsdann werdet ihr erſt fähig ſein, auch die Menſchen, welche zu vielen Tauſenden in dieſem übergroßen Gebäude wohnen, in den Augenſchein zu nehmen. — Und ſo werden wir uns ſogleich wieder höher in das vierte Stockwerk oder in die fünfte Gallerie begeben, und allort wieder eine neue Pracht, Herrlichkeit und Weisheit dieſer Menſchen erſchauen; und ſo denn erheben wir uns über dieſe, wenn ſchon ein wenig ſteilere Treppe. —

## 211.

(Am 6. Juli 1843 von 4³/₄—6 Uhr Nachm.)

Hier ſind wir ſchon auf der fünften Gallerie oder auf dem vierten Stockwerke; was erblicket ihr hier, das euch gar ſtark unterſchiedlich von der vorigen Gallerie vorkommt? — Ihr ſaget: Das Unterſchiedliche, was uns hier beſonders auffällt, beſteht in einer weißen ziemlich hohen Pyramide, die ſich da ebenfalls wieder in der Mitte der Säulenrondeaus befindet; — und die Spitze der Pyramide iſt für uns zum erſten Male merkwürdig genug mit einer kleinen einen nackten Menſchen vorſtellenden Statue geziert, und dieſe Statue hat eine röthlich-weiße Farbe, und iſt in ihrem verjüngten Maßſtabe ſo vortrefflich geformt, daß man gerade glauben möchte, ſie habe Leben. So lange wir bis jetzt auf dieſem Weltkörper uns befinden, haben wir eine ähnliche Darſtellung noch nicht entdeckt. — Was das Uebrige dieſes vierten Stockwerkes, oder dieſer fünften Gallerie betrifft, ſo unterſcheidet es ſich im Weſentlichen eben nicht ſo viel mehr von der unteren Gallerie; nur daß der Fußboden dieſer Gallerie von flammend blauer Farbe ist, die Säulen von röthlich-weißer, wie die Statue auf der Spitze der Pyramide, und die beinahe in's Dunkelrothe gehende feste Wand des Hauptgebäudes ist das ziemlich Unterschiedliche von der vorigen Gallerie. Aber wir müssen es fürwahr bekennen, daß wir von dem großen Glanze und von der Farbenpracht desselben schon so abgestumpft sind, daß wir auf dergleichen Unterschiede eben nicht mehr die größte Aufmerksamkeit verwenden; — aber was da dieses Zierakulum des Säulenrondeau's betrifft, so ist es uns überaus merkwürdig, da wir dergleichen, wie gesagt, auf diesem Weltkörper noch nicht gesehen haben. Es wird sicher nicht bloß als eine Zierde da sein, sondern wird haben einen guten Sinn, und diesen möchten wir in nähere Erfahrung bringen. — Gut, meine lieben Freunde und Brüder, eure Bemerkung und euer Wunsch ist recht, vollkommen und billig, und so höret mich denn an; ich will die Bedeutung dieses Zierakulums in euch selbst ausfindig machen. Was bedeutet wohl die Pyramide? Ich habe euch die Bedeutung davon schon bei einer andern Gelegenheit kund gethan; wollt ihr aber die Bedeutung, wie sie hier gar wohl gegründet ist, heraus bringen, so betrachtet, wie eine Pyramide gestaltlich gebaut und wie da geartet ist ihr Zweck, und ihr werdet dadurch schon einen ganz tüchtigen Wink über die Bedeutung dieses Zierakulums in euch selbst erschauen. Die Pyramide ist zu unterst breit und endet zu oberst in eine Spitze; also soll auch das gerechte demüthige Leben des Menschen sein. Wie aber das Leben des Menschen sich zu arten anfängt, haben wir in den vorigen Gallerien an dem Baume gesehen, wo der Baum aus einem gar kleinen Samenkörnchen sich stets mehr und mehr in seinen Aesten und Zweigen ausbreitet; also breitet sich auch der Mensch aus in seinen verschiedenen Grundanlagen und daraus hervorgehenden mannigfaltigen Erkenntnissen, aber damit auch mit allerlei gearteten Begierden verbunden. — Was ist aber mit diesem ausgebreiteten Menschen mit der Zeit und in der Zeit? — Er wird aus seinem schwankenden Boden hinaus genommen, und eingegraben hinter der Stätte der Gräber, allda die Probealleen sind; oder verständlich gesprochen: Alles, was der Materie gehört, wird von der Materie wieder verschlungen; und es kümmert sich Niemand um diejenigen Früchte, welche die von der Materie aufgenommene Materie noch eine Zeit lang hervor bringt. — Es werden nur diejenigen Früchte als gehaltvoll aufbewahrt, welche der Baum in den Gefäßen trug. Sehet, also ist es auch mit dem Menschen; — was er Gutes gewirkt hat in der Zeit seines Lebens, welches da glich einem ausgebreiteten Baume, das wird aufbewahrt; wenn aber der Mensch stirbt, so wird sein Leib eingegraben, und somit alle seine weltläufigen Erkenntnisse mit ihm. — Bleibt der Leib ohne Fruchttragung im Grabe? — O Nein; auf seinen vielen Aesten und Zweigen erwachsen noch eine Menge Würmer, die sich nach und nach über ihren sie erzeugenden Baum selbst her machen, und ihn dann ebenso nach und nach bis auf den letzten Tropfen aufzehren. Die Würmer selbst aber haben schon wieder andere Gäste in sich, die sie nach und nach in den Schlamm der Erde und endlich in die Erde selbst verwandeln. — Das ist das Bild eines gewöhnlichen Weltmenschen; durch diese Pyramide aber wird ein ungewöhnlicher Mensch dargestellt. Aber dieser ungewöhnliche Mensch stellt gerade einen Menschen vor, wie er vom Grunde des Grundes aus sein soll. Wie denn? — Der sich ausgebreitete Mensch fängt an seine Erkenntnisse und seine Begierden fortwährend mehr und mehr auf einen Punkt zu vereinen, und dieser Punkt ist Gott in der Höhe! — Jemehr er dahin blickt zu Dem, der ihn erschaffen hat zu einem freien Leben, in desto stets enger werdende Kreise werden seine Erkenntnisse und Begierden getrieben und gezogen; und das so lange fort, bis der Mensch die Spitze oder den Culminationspunkt der Demuth aus seiner völligen Selbstverleugnung in all' seinen weltlichen Begierlichkeiten erreicht hat. — Was wird dann die Pyramide für den sich auf der Spitze der Demuth befindlichen Menschengeist? — Sie wird Das, was sie war bei den alten Egyptern, nämlich ein Grabmal für alle seine für die Welt gänzlich abgestorbenen Erkenntnisse, Begierlichkeiten und daraus hervorgehenden Leidenschaften. — Was aber erschauen wir hier über der Spitze der Pyramide? Eine überaus wohlgebildete kleine Gestalt eines Menschen von röthlich-weißer Farbe. — Sehet, ein gar herrlich überaus treffendes Bild der **Wiedergeburt des Menschen!** — Aus der Demuth und der völligen Selbstverleugnung, also aus der Spitze der Pyramide geht er hervor. Wodurch ist er in die Spitze gelangt? Das zeigt seine Farbe; durch **Glauben und Liebe zu Gott!** — Und seine kleine aber vollkommene Gestalt besagt so viel, als der Herr einst Selbst gesagt hat zu uns, Seinen Jüngern: „So ihr nicht werdet wie die Kindlein, da werdet ihr nicht eingehen in das Reich Gottes!" — Die außerordentlich weich gehaltene Plastik bezeigt die Sanftmuth; die Festigkeit des Materials, aus dem die kleine Statue geformt ist, aber bezeigt, daß der Mensch erst in solch' einer wahren Wiedergeburt des Geistes in die unwandelbare Festigkeit des ewigen Lebens gediehen ist. Der flammende blaue Boden bezeichnet dann ebenfalls den zwar einfachen, aber beständigen Grund zum ewigen Leben. — Die mit der Statue gleichfarbigen Säulen aber bezeichnen ebenfalls die tragenden Stützen, welche da sind der wahre lebendige Glaube an Gott den Herrn und daraus die Liebe zu Ihm. — Sehet, das ist die überaus sinnige Bedeutung dieses Zierakulums. Begeben wir uns aber nun, da wir Solches wissen, sogleich in die sechste Gallerie, oder in das fünfte Stockwerk; alldort werden wir wieder auf einen höheren Grad der Weisheit der Bewohner dieses Centralgebäudes stoßen. — Ihr möchtet wohl gern einen Blick auf die anwesenden Bewohner im Inneren dieses vierten Stockwerkes machen; ich aber sage euch: Laßt euch solch' eine Begierde vergehen; denn ihr würdet hier noch weniger als in den früheren Gallerien solch' einen zu erhaben schönsten Anblick vertragen. — Zur rechten Zeit aber werden wir schon ohnehin in einen näheren Conflict treten mit den Bewohnern dieses Gesammtgebäudes; und so wollen wir nicht Säumens machen, sondern uns, wie gesagt, sogleich begeben in den fünften Stock, oder auf die sechste Gallerie. —

## 212.

(Am 7. Juli 1843 von 5½ bis 7 Uhr Nachmittags.)

Wir sind oben; wie gefällt's euch hier? — Ihr saget: Ueberaus gut; aber es wird hier von diesem fünften Stockwerke oder von der sechsten Gallerie schon ganz entsetzlich hoch hinab zu schauen! Es ist nur gut, daß da immer eine Gallerie tiefer hinab über die andere hervor steht; sonst würden wir eine solche Höhe kaum vertragen. Daß sonst Alles in der früheren Art und Weise gestellt ist, läßt sich wohl auf den ersten Augenblick erschauen; aber was da die Verzierung des Säulenrondeau's betrifft, so ist diese hier wirklich wieder ganz neu. Eine majestätisch große weite glänzende Kugel ruht auf einer in der Mitte etwas erhabenen runden grünen Kreisplatte; auf der Kugel aber steht hier in einer wohlgehaltenen männlichen Stellung eine überaus meisterlich gearbeitete, einen vollkommenen Mann darstellende Statue. — Die Statue blickt aufwärts; die linke Hand hält sie an der Brust, und mit der rechten deutet sie hin in die Ferne auf die Weise, wie da ein Herrscher gestellt ist. Die Farbe der Statue geht ebenfalls in's röthlich-weiße über; aber die Haare sind völlig weiß und so auch der Bart. Die Nägel an den Fingern glänzen wie Sterne, der Mund ist halb geöffnet; das ist aber auch Alles, was wir von der Form dieser merkwürdigen Zierde heraus zu bringen im Stande sind. Auffallend ist es, daß hier die Säulen blau sind, der Fußboden aber roth, und hier nicht so stark wellend und flammend, wie ähnlicher Maßen in den unteren Gallerien, sondern die schwingende Bewegung, die wir an dem Boden bemerken, gleicht mehr dem Schwingen eines elastischen Körpers, da die Bewegungen gleichartig sind. — Die Wand des inneren Gebäudes ist hier dunkelgrün, aus welchem Grün eben auch fortwährend eine hellrothe Lichtfarbe herausvibrirt. Wenn man die Sache so recht in den Augenschein nimmt, so kommt es einem vor, daß das Gebäude hier in einem beständigen Vibrirzustande ist. Nur die Säulen lassen ihre wunderschöne blaue Farbe ganz ruhig ausströmen; — und was wir bei diesen Säulen auch noch bemerken, und bei den vorher gehenden nicht bemerkt haben, so sind das die Kapitäler, welche über einer jeden Säule wie aus durchsichtigem Golde in einer unbeschreiblich kunstvoll schönsten Form angebracht sind. — Lieber Freund und Bruder, das ist nun Alles, was uns hier sonderheitlich auffallen konnte; was aber dieses Alles etwa besagen dürfte, Dem sind wir nicht gewachsen, und schon am allerwenigsten, was das Verhältniß dieser stets merkwürdiger werdenden Säulenrondeau's betrifft. Lieben Freunde und Brüder! Ihr habt das Nothwendige und Zweckdienliche hinreichend gut beschaut; was euch hier sonderheitlich aufgefallen ist, ist eben auch Dasjenige, was wir zu unserem Zwecke brauchen können. — Es hat hier zwar eine jede auch noch so kleine Verzierung ihren höchst weisen Grund; aber dieser betrifft gewisse ausschließende Verhältnisse, die nur allein für diesen Weltkörper und namentlich für dieses Kreisgebiet gäng und gebe sind. Was aber die von euch bemerkten sonderheitlichen Verzierungen betrifft, so haben sie einen allgemeinen Sinn, welcher wie ein Licht von diesem Centralsonnenkörper ausgehend für die ganze Schöpfung gilt. Damit ihr aber diese Verzierung so geschwind und so gut als möglich erkennen möget, so müssen wir einen kleinen Blick auf die vorige Gallerie werfen. Dort haben wir gesehen auf der Spitze der Pyramide eine kleine Statue; sie bezeichnete die Wiedergeburt des Menschen in seinem Geiste; unter ihr war das abgeschüttelte Weltliche noch in einer vollkommenen Pyramide ersichtlich. Nun aber sehet hier die gegen die Mitte ein wenig erhabene grüne Rundplatte; diese ist nichts Anderes, als die frühere durch das große Gewicht des groß gewachsenen wiedergebornen Menschengeistes ganz zusammengedrückte Pyramide, oder hier ist es, wo die Berge und Thäler geebnet sind. — Das ist richtig. — Aber woher kam die große weiße Kugel, und was besagt sie? — Die Kugel, so wie der Kreis, ist das Symbol der Vollendung; zugleich aber stellt sie auch dar, daß der Geist des Menschen im vollkommenen Siege über sein Weltliches sich selbst eine neue Welt schafft, welche ist hervor gehend aus seiner vollendeten Weisheit. Also wird auch ein jeder vollendete Geist einst der Schöpfer seiner eigenen Welt werden, oder er wird die Welt bewohnen, die hervor gegangen ist aus den Werken seiner Liebe und aus dem lebendigen Lichte seines Glaubens; — und dazu bezeigt die Kugelgestalt die höchst möglichste Vollendung einer solchen Welt, vollendet in der Liebe, vollendet in der Weisheit und vollendet in jeglicher Tüchtigkeit. Daß aber die Kugel eine solche Vollendung anzeigt, könnt ihr daraus zur Uebergenüge ersehen, so ihr einen Weltkörper um den andern betrachtet, welche Weltkörper der Herr als das, was sie sind, vollendet erschuf. Wie sehen aber diese Weltkörper aus? Sehet, sie sind vollkommene Kugeln; — warum aber drückt sich durch die Kugel das Vollendete aus? — Messet einmal die Kugel mit einem Zirkel aus, und ihr werdet über diese Kugel zahllose Kreise machen können vom größten bis zum kleinsten. Die Oberfläche oder der äußere Umfang der Kugel wird nach jeder Richtung einen und denselben Kreis geben; ferner könnt ihr, wo ihr immer wollt, auf der Kugel einen kleineren Kreis machen, so wird er sich überall ganz vollkommen in der Mitte der ganzen Oberfläche der Kugel befinden. Solches ist auf einem jeden anders geformten Körper nicht möglich, auch auf dem Kreise nicht; denn so ihr beim Kreise oder vielmehr auf dem Raume des Kreises irgend einen kleineren Kreis machet, so wird er sich doch sicher nicht mehr in der Mitte der Kreisfläche befinden, aber auf der Fläche einer Kugel ist er überall vollkommen in der Mitte. — Sehet, also drückt die Kugel, wie kein anderer Körper, die höchst mögliche Vollendung aus, wie auch die höchst mögliche Freiheit des geistigen Lebens. Wie aber? — Auf der Oberfläche der Kugel könnt ihr, wohin ihr wollt, einen kleineren Kreis oder einen Punkt setzen, und er wird sich vollkommen in der Mitte befinden, d. h. in der Mitte der gesammten Oberfläche der Kugel; — und da könnt ihr thun, was ihr wollt, und ihr könnt da unmöglich gegen dieses mathematisch richtige Gesetz je auch nur den allerleisesten Fehler begehen. — Sehet, also steht es auch mit der vollendeten Handlungsfreiheit des vollendeten Geistes; — er kann thun, was er nur immer mag und will, und es ist ihm eine reine Unmöglichkeit sich je gegen die allervollkommenste göttliche Ordnung zu verstoßen. — Und sehet, aus eben diesem Grunde ist dieser Statue solch' ein überaus vielsagendes Symbol unterlegt. Wissen wir nun Solches, da zeigt uns die vollkommen männliche Statue ja eben nichts Anderes, als einen vollendeten Menschen im Geiste. Der Blick nach Oben ist der unverwandte Blick zu Gott, und rechtfertigt den Satz: „Schauet unverwandt auf Mich!" — Die linke Hand an das Herz gelegt, bezeigt die ausschließende Liebe zu Gott; — die andere Hand herrschend in die Ferne hinaus gestreckt, besagt, daß Alles dem

Gesetze der Liebe unterthan ist. — Daß der Mensch bildlich hier steht auf der Kugel, bezeigt seine **Erhabenheit über alle andere Schöpfung**; denn alle andere Schöpfung in ihrer Vollendung macht den Gesammtinhalt der Kugel aus. Keine andere Erhabenheit ist auf ihrer Oberfläche zu entdecken; nur der **Mensch** allein steht gleich einem mächtigen Herrscher über alle Schöpfung erhaben da wie ein zweiter Gott über die ganze Unendlichkeit. — Der halb offene Mund bezeigt, daß neben Gott kein anderes Wesen, als nur allein der Mensch wortfähig ist. Die gleich Sternen strahlenden Nägeln an den Fingern aber bezeichnen die schöpferische Macht und Kraft und Weisheit, welche da inne wohnt jedem vollendeten Geiste. Daß ferner noch die blauen Säulen die unerschütterliche Beständigkeit und deren durchsichtig goldene Kapitäler die göttliche Weisheit bezeichnen, und die kleinen Schwebungen des Bodens das ruhige, geregelte einfache Leben, braucht kaum näher erwähnt zu werden. — Da wir nun dieses wichtige Zieralalum dieses fünften Stockwerkes auf eine solche nützliche und zweckmäßige Weise haben kennen gelernt, so können wir uns schon wieder um ein Stockwerk höher begeben. Ihr saget zwar: Wie aber werden wir da hinauf kommen; denn in diesen Rondeau's erblicken wir keine Rundtreppe? — Ich aber sage euch: Seht nur ein wenig genauer, und ihr werdet sie schon erschauen; sie ist hier nur aus einem überaus durchsichtigen, sonst aber festen Materiale angefertigt, um dadurch den reingeistigen Aufschwung oder den allermakellosesten Weg in die Höhe zu bezeichnen, auf dem ein jeder Tritt vollkommen beobachtet werden kann. — Da wir nun Solches noch hinzuwissen, so begeben wir uns sonach nur wohlgemuth in das sechste Stockwerk, oder in die siebente Gallerie. —

## 213.
(Am 8. Juli 1843 von 4½—6¼ Uhr Nachm.)

Ihr saget: Lieber Freund und Bruder! Auf dieser überaus stark durchsichtigen Rundtreppe ist es denn doch ein wenig fatal aufwärts zu steigen; denn es kommt einem ja gerade also vor, als so man sich in die freie Luft erheben möchte; und das Hinabsehen auf den stets tiefer zu liegen kommenden Boden wird im Ernste etwas schwindelerregend! — Und wenn das Hinaufgehen schon so sonderbar ist, da wird das Zurückgehen sicher noch sonderbarer werden. — Ja, ja, meine lieben Brüder und Freunde, die Sache steht wohl also aus und scheint euere Besorgniß zu rechtfertigen; aber dessen ungeachtet werdet ihr am Ende erfahren, daß sich alle die jetzt geschauten Verhältnisse also gestalten werden, daß ihr gar nicht achten werdet und nicht im Geringsten merken, mit welcher Leichtigkeit und Anmuth wir da zurück kommen werden. Uebrigens müßt ihr euch Solches hinzu merken, daß die Höhen nur für Denjenigen schwindelerregend sind, der sich fortwährend in der ebenen Tiefe befand; aber für beständige Bewohner der Höhen, und für Diejenigen auch, die viel auf den Höhen zu thun hatten, sind sie das nicht im Geringsten sowohl in naturmäßiger, als in staatlicher Hinsicht. — So klimmt der Gebirgsbewohner und auch so mancher andere Höhenfreund über Wände und Steilen hinauf, deren Anblick einen beständigen Ebenlandsbewohner schon von ferne hin in einen fieberhaften Zustand verſetzt, während doch der Gebirgs- und Höhenbewohner jauchzend mit ſeinem Reiſe- und Steig- apparate über die furchtbarſten Abgründe hinüber blickt. — So auch, wenn ein Mann geringen Standes ſich etwa in einer ſolchen Lage befin- det, vor ſeinem Landesherrn zu erſcheinen, und zwar an deſſen prachtvollem Hofe, mit welcher Furcht und Scheu naht er ſich der Prachtwohnung ſeines Landesfürſten! — Jede Staffel in derſelben wird ihm glühender unter den Füßen, je mehr er ſich demjenigen Gemache nähert, in dem gewöhnlicher Maßen der Landesfürſt ſein Ohr leiht. — Betrachten wir aber dagegen einen Miniſter oder einen hohen Feldherrn, beſonders wenn er noch obendarauf ein bedeutender Günſtling des Landesfürſten iſt, und alſo auch das an und für ſich unbedeutende Hofgeſinde. Dieſe gehen ſicher ohne die geringſte Beklemmung zum Landesfürſten, und Letztere, dieſer Höhe wie angeboren angewohnt, treiben nicht ſelten bübiſchen Muth- willen über jene Stufen, welche unſerem ſchlichten Landmanne gar ſo ſchwindelerregend und heiß vorgekommen ſind. — Ja ſelbſt in bürgerlicher Hinſicht mangelt es nicht an ſolchen Beiſpielen; nehmen wir an einen ſchlichten wohlgebildeten jungen Mann, deſſen Lebensverhältniſſe ihm mit gutem Gewiſſen geſtatten, ſich ein ihm theures Weib zu nehmen. Er kennt ein Haus, und die Tochter des Hauſes gefällt ihm überaus wohl; aber die Verhältniſſe dieſes Hauſes überbieten die irdiſchen Vortheile des ſeinen um ein ſehr bedeutendes. Er weiß zwar, daß der Familienvater dieſes Hauſes ein ſehr reſpectabler und geachteter guter Mann iſt; aber deſſen überragende Verhältnißhöhe flößt unſerem Brautwerber ſo viel ſchwindelerregende Bedenklichkeiten ein, daß dieſer ſich kaum wagt, mit guter Hilfe verläßlicher Führer und Wegweiſer die Verhältnißhöhe ſeines erwählten Hauſes zu beſteigen. — Da es aber dennoch ſein muß, ſo muß er das Wageſtück beſtehen; aber wie wird es ihm, wenn er die Thür- ſchwelle ſeines verhängnißvollen Hauſes betritt, von dem er ſein Glück erwartet? — Der Puls wird ſchneller, wie beim Beſteigen eines hohen Berges, der Athem kürzer, und ſein ganzes Weſen geht bei der Annäher- ung der Thüre, da der Hausvater und der Vater ſeiner Braut zugleich wohnt, in eine ſehr ſtark ſchwingende Bewegung über; Furcht, Glaube, Hoffnung und Liebe ſind in einem Knäuel untereinander gemengt. — Anfangs bringt er kaum ein Wort heraus; oder er mißt jede Silbe, be- vor er ſie ausſpricht, um ja dadurch etwa nirgends eine Blöße zu zeigen, deren ſich ein jeder Menſch ſo in cognito ſtets mehrerer bewußt iſt. — — Warum denn aber? — Weil der Menſch nirgends leichter, wie auch in gar keinem Zuſtande ſeine Schwächen und Blößen an den Tag legt, auch ſogar ſeine Fehler, als wenn er ſich im Zuſtande der Furcht befin- det. — Nehmet an einen Virtuoſen, wenn er ſeiner Sache noch ſo ge- wachſen iſt, aber dennoch ſich einiger Stellen in ſeinem vorzutragenden Stücke bewußt iſt, daß ſie ihm bloß unter zwei Ohren und Augen manches- mal ein wenig mißlungen ſind, ſo wird er dieſer Stellen wegen in eine Furcht verſetzt, in welcher er nicht ſelten, da er derſelben nicht Meiſter werden kann, eben dieſe etwas zweifelhaften Stellen, wie ihr zu ſagen pfleget, verhauet. — Alſo war hier die Furcht derjenige Zuſtand, in wel- chem unſer Virtuoſe ſeine Schwächen an den Tag legte. — Ein guter Fußgeher auf ebenem Lande will gar nichts wiſſen von irgend einer

Schwäche seines Gehewerkes; wenn es aber einmal heißt: Freund, du mußt mit mir auf die Spitze jenes Berges; wirst du dich Solches wohl getrauen? — so wird unser guter Fußgeher wohl sagen: Was hältst du von mir? — Ich sollte mich mit meinem Gehewerke über jene Bergspitze nicht wagen, der ich doch schon mehrere hundert Meilen Feldweges gemacht hab? — Aber es kommt auf den Ernst; unser guter Fußgeher kommt in seinem Leben zum ersten Male auf solche bedeutende Höhe. Bei der Ersteigung einer sehr steilen Partie fangen seine Füße an zu schlottern; wenn er einen Schritt gethan hat, so fängt er beim zweiten an zu zweifeln, und mit sich sehr stark Rath zu pflegen, ob er ihn noch wagen sollte, oder nicht. So aber der andere Freund ihm erst die hohe Spitze zeigt, da fängt unser guter Fußgänger völlig an zu zagen, und läßt sich sammt dem Anderen den Sicherheitsstrick um den Leib schnüren. Was kommt den hier heraus? — Die Höhenfurcht hat die Schwächen in den Füßen unserem guten Fußgeher enthüllt, darum er selbst am Sicherheitsstricke jeden Schritt, den er thut, ja so sicher und wohl ausforscht, und dabei dennoch stets in der Furcht ist, mit der leichtesten Mühe von der Welt einen Fehltritt zu thun. — Also ist auch unser Brautbewerber; er hat sich in der gewöhnlichen Lebensfläche sehr wohl herum zu tummeln verstanden; aber auf dieser ernsten Höhe, da es sich um die Sicherheit eines jeden Trittes handelt, heißt es auch jeden Schritt, also jede Silbe auf eine sehr genaue Wage legen, um, wie ihr zu sagen pfleget, aus der Pastete keinen Talgen zu machen. — Wie es sich aber mit diesen drei beispielsweise aufgeführten irdisch menschlichen Standpunkten verhält, also verhält es sich auch entsprechender Maßen mit den geistigen. Der Schwindel als die Frucht der Furcht bleibt nicht aus; je höher man steigt, desto furchtsamer und behutsamer wird man in seinem Gemüthe, und somit auch desto glaubensscheuer. — Sehet, wenn ich mit euch nun sprechen möchte in der höchsten himmlischen Weisheitsform, so würdet ihr zu verzagen und zu verzweifeln anfangen, und wäre Keiner aus euch im Stande, selbst bei der beherztesten Vornahme auch nur drei Zeilen nieder zu schreiben. — Ich aber gehe darum mit euch und rede darum vollkommen nach euerer Art, oder ich wandle auf euerem angewohnten Grund und Boden, und erhebe euch nur kaum merklich nach und nach; aber selbst bei dieser kaum merklichen Erhebung fängt euch schon ein wenig an zu schwindeln bei der Besteigung unseres sechsten Stockwerkes, oder der siebenten Gallerie über diese etwas stark durchsichtige Treppe. Wenn aber unser den Landesfürsten besuchende Landmann sich eine Zeit lang mit eben dem sehr herablassenden Fürsten besprechen wird, da wird ihm der staatliche Höhenschwindel sammt der ganzen Furcht vergehen, und er wird eine viel behaglichere Rückreise haben über die heißen Staffeln des Palastes, als sie zuvor hin zum Palaste des Landesfürsten war. — Der Höhenbesteiger wird auf der Spitze des Berges muthiger und schwindelfester, und der Rückweg wird ihm, wie ihr zu sagen pfleget, nicht selten einen wahren Spaß machen. — Also auch unser Brautbewerber, wenn er in die Erfahrung gebracht hat, daß er in seinem geliebten Hause einen festeren Boden gefunden hat, als er ihn erwartete, wird auch sicher einen um's sehr bedeutende fröhlicheren Rückweg haben, als ihm der heiße Hinweg vorkam. — Und sehet, gerade so wird es auch uns ergehen; wir werden auch bis zur Erreichung der Vollhöhe dieses Gebäudes noch so manche Schwindelhöhe zu bestehen haben; aber die Vollhöhe wird dann Alles in's Gleichgewicht setzen, und wir werden überaus frohen Muthes die Rückreise anzutreten im Stande sein. — Bei dieser Gelegenheit unseres belehrenden Gespräches haben wir auch unsere stark durchsichtige Treppe, wie ihr selbst bemerken könnet, ganz behaglich überschritten und uns auf diese Weise eine jede Staffel zu Nutzen gemacht; — nun aber befinden wir uns schon auf der siebenten Gallerie, oder im sechsten Stockwerke, und somit sage ich euch: Schauet hier Alles recht behaglich und aufmerksam an; denn was ihr hier finden werdet, wird von noch viel höheren Interessen sein, als Alles, was wir bis jetzt gesehen und dann erörtert haben in der Art der Weisheit dieser Bewohner. Also, wie gesagt, auf diesem sechsten Stockwerke, oder auf der siebenten Gallerie nehmet förmlich euere Augen in die Hand, beschauet Alles wohl und gebet es mir dann kund, was ihr gesehen habet; und wir werden dann die Bedeutung sicher nicht verfehlen. —

## 214.

(Am 10. Juli 1843, von 4½—6¾ Uhr Nachmittags).

Wie ich merke, so habt ihr Alles wohl angesehen; und so denn könnt ihr nun auch schon kund geben, was ihr gesehen habt; und so saget denn, was ihr auf dieser siebenten Gallerie, oder auf dem sechsten Stockwerke als besonders auffallend erblickt habt. — Ich sehe es euch an, daß ihr euch bei dieser Vorstellungsart noch nicht so recht auskennet, und könnet auch die geschaute Sache nicht gehörig bezeichnen; daher muß wohl ich euch ein wenig zu Hilfe kommen. Für's Erste, meine lieben Freunde und Brüder, merkt man auf dieser siebenten Gallerie schon ein wenig die Rundung derselben, während man in den unteren Gallerien wegen des großen Kreises davon noch nicht etwas Merkliches hat gewahren können; — für's Zweite merket ihr, daß hier die Säulenrondeau's nicht mehr von dem bedeutenden Umfange sind, als auf den früheren Gallerien, auch besteht ein Säulenrondeau nicht mehr aus dreißig, sondern nur mehr aus zwanzig Säulen, und der innere Platz ist darum auch etwas beschränkter; — für's Dritte bemerket ihr, daß hier der Boden lichtroth, die Säulen, die Wände und der Platfond aber lichtblau sind, die Thore durch die Wände des Hauptgebäudes aber in's dunkelhochrothe übergehen. An dem Allen bemerket ihr keine Flammungen, obschon sonst einen überaus starken Glanz, und saget in euch auch aus dem Grunde: Was die äußere Pracht dieser gegenwärtigen Gallerie betrifft, so steht sie offenbar den vorhergehenden etwas nach; aber was da die äußeren Galleriengeländer und die Verzierung der Rondeau's betrifft, so haben diese wenigstens auf den ersten Anblick so Manches vor den vorhergehenden voraus. Für's Erste bestehen die Gallerien wie aus lauter Sternen, aus denen ganze feste Zierathen gebildet, und dann zu einem brauchbaren Ganzen zusammengesetzt sein möchten; die Sterne sind von überaus hellem Glanze und strahlen in tausendfachen Färbungen durcheinander, und die Rundtreppe innerhalb der Säulenrondeau's scheint bloß aus Sternenlinien gefügt zu sein, und ist zwischen diesen Sternenlinien kein anderes festes Material zu erschauen. Das ist jetzt aber auch Alles, in wie weit unsere Sprache zur

Darstellung dessen reicht, was wir hier erblicken; aber was da betrifft die Mittelverzierung des Rondeau's, die wir wohl auch erblicken, so ist sie ein Gegenstand, der zu hoch über unserem Sprachfähigkeits-Horizont besteht, und wir können diesen Gegenstand auch darum durchaus nicht bezeichnen. — Ja, ja, meine lieben Freunde und Brüder, das ist es aber eben auch, was ich euch schon Anfangs angemerkt habe, und habe es gar wohl gewahrt, daß es euch mit der Beschreibung dieses Gegenstandes ein wenig schwer fallen dürfte. Darum habe ich aber das auch gleich Anfangs über mich genommen; und so habet denn recht wohl Acht! Wir wollen uns diesem Ziergegenstande möglich zu allernächst hinstellen, und ihn mit aller Aufmerksamkeit in Augenschein nehmen. — Wir sind nun in dessen möglichst vollkommener Nähe; und da sehet hinab auf den Boden des Rondeau's. Was erblicken wir denn? — Einen bei sieben Klaftern im Umfange habenden Sternenkreis, welcher aus sieben Reihen von Sternen zusammen gestellt ist, und zwar in der Ordnung der Färbung eines Regenbogens, und dieser Kreis hat eine Breite von drei Spannen; innerhalb dieses Kreises erhebt sich ein violetter Altar zu einer Höhe von sechs Spannen, und hat einen Umfang von etwa drei Mannsklaftern, d. h. nach dem ausgestreckten Handmaße genommen. — Der obere Rundrand ist mit einem Reife aus ein wenig flammendem Golde umfaßt, und über dem Reife ist noch ein eine halbe Spanne hohes, aus lauter Rundsäulchen bestehendes, glänzend weißes Geländerchen angebracht, über welchen Geländersäulchen wieder ein Breitreif aus hochrothem durchsichtigem Golde angefertigt ist, über welchem gerade an den Stellen, wo unter ihm die Säulchen stehen, noch mehr ins dunkelblaue gehende vollkommen runde kleine Kugeln angebracht sind, und jede dieser Kugeln um ihre Mitte noch einen kleinen hellschimmernden Sternenkreis hat. — Aus der Mitte der eingeländerten Fläche dieses Altares aber erhebt sich eine ganz vollkommen lichtgrüne Säule, und über dieser Säule ist ein aus Sternen zusammengefügter großer Kreis angefertigt. Innerhalb dieses Kreises sind dann eine große Menge wie geometrischer Figuren aus hellrothen und weißen Sternchen zusammengefügt, welche da sammt ihrer Kreisumfassung einen überaus geheimnißvoll imposanten Anblick gewähren. Vom Plafond herab aber hängt an einer massiven Goldschnur ein anderer Kreis, welcher nicht aufrecht stehend, sondern horizontal in gleicher Größe über den aufrechtstehenden zu stehen kommt, d. h. über den an der grünen Mittelsäule angefertigten, sieht aber diesem in Allem vollkommen ähnlich. — Sehet, das wäre die Gestalt des für euch etwas schwer beschreibbaren Zierakulums eines solchen Säulenrondeau's. — Ihr saget: Lieber Freund und Bruder im Herrn! Es wäre Alles recht überaus erhaben, schön und gut; aber es wird dieses Zieraculum gleich den früheren sicher auch eine tiefweise Bedeutung haben, wie du dich darüber auch schon selbst ausgesprochen hast; aber was für Bedeutung, wie lautet diese? — Das ist eine andere Frage. — Wenn es auf uns zur Erörterung ankäme, so hätten wir schon genug gethan, so wir mit der Beschreibung zurecht gekommen wären, und hätten die Entsprechung dann gar sicher ewig besseren Zeiten überlassen. Aber da du uns schon aus so vielen Verlegenheiten geholfen hast, da sind wir auch hier der festen guten Meinung, daß es dir auch in diesem Falle eben nicht zu schwer ankommen dürfte, uns darüber so ein kleines Lichtchen zu verschaffen. Ja, meine lieben Freunde und Brüder, wir befinden uns hier auf der ersten Stufe über die halbe Höhe dieses Gebäudes, und da haben wir nun schon mit Gegenständen purer Weisheit zu thun; — bisher waren wir im Grunde, d. h. in der Liebe, — jetzt aber gehen wir aus der Liebe in die Weisheit, welches ist ein gerechter Weg vor Gott. Da aber Objecte der Weisheit um's überaus Bedeutende schwerer zu fassen sind, als Objecte der Liebe, so müssen wir uns hier auch schon ein wenig mehr zusammen nehmen, um nicht, wie ihr zu sagen pfleget, aus dem Sattel geworfen zu werden. Ihr saget hier freilich: Davon sehen wir nicht so recht den Grund ein, denn in der Liebe ist ja auch die höchste Weisheit vorhanden; so können wir sie dort vereint mit der Liebe erfassen, so wird sie uns auch im absoluten Zustande nicht gar zu leicht durchgehen. — Ja, meine lieben Freunde und Brüder, ihr urtheilet sonst ziemlich richtig; aber diesmal muß ich euch sagen, daß ihr schon wieder einen ziemlich starken Hieb in's Blaue gemacht habt. Damit ihr aber Solches von mir nicht nur allein höret, sondern auch bei euch so recht sonnenklar einsehet, so will ich auch ein paar Beispielchen aufführen, die euch zur Genüge meinen Ausspruch bestätigen sollen; und so höret denn! — Wenn ihr auf euerem Erdkörper hin und her wandelt, und begegnet da zahllosen Gegenständen, welche alle von der Sonne wohl beleuchtet sind, da werdet ihr nicht einen finden, den ihr nicht mit eueren Händen anfassen und weiter tragen könntet, wenn nur sein Gewicht euere Kräfte nicht überragt; wonach ihr bei keinem Gegenstande sagen könnt, daß er nicht aufnahmsfähig wäre, und so ihr ihn ergreifet, ihr auch zugleich sein Licht mit ergreifet. Nun aber versuchet einmal euch an dem freien Lichte zu vergreifen, und traget es in Bündeln hin und her; — ich meine, Solches wird euch ein wenig schwer gehen. — Sehet, wo das Licht schon an einen festen Körper, welcher der Liebe entspricht, gebunden ist, da könnet ihr freilich das Licht sammt dem Körper ergreifen, und es dann hin und her tragen nach euerem Belieben; aber wie schon bemerkt, das freie Licht läßt solch' einen Act durchaus nicht zu. Das wäre ein Beispielchen. — Betrachten wir noch ein anderes, aus dem da ersichtlich werden soll, daß der Mensch das Licht genießen und sich dasselbe leibhaftig zu Nutzen machen kann; aber erst auf dem Wege der göttlichen Ordnung. Wie aber Das, soll sogleich nachstehendes Beispielchen zeigen. — Woraus und woher reift wohl die Frucht des Baumes und des Weizenhalms? Ihr saget: Unfehlbar aus dem Lichte und aus der mit dem Lichte verbundenen Wärme. — Ihr habt gut geantwortet; sehet aber nun, eine Frucht ist sonach ein Product des Lichtes und der Wärme, und aus sonst lediglich nichts. — Das Licht aber giebt sich hier der Wärme gefangen, und je mehr Wärme, desto mehr Licht wird sich auch derselben gefangen geben; und aus diesen Zweien geht dann eine vollreife Frucht hervor, die ihr dann genießen könnet, und nehmet auf diese Weise dann mit der genossenen Frucht mit der leichtesten Mühe von der Welt das gefangene Licht nothwendig in euch auf, und dieses gefangene Licht ist dann auch jener ätherische Stoff, der euerem Organismus die belebende Nahrung giebt. — Könnte denn da nicht Jemand sagen: Wenn Solches offenbar und sicher richtig ist, da dürfte man ja auch sich nur der leuchtenden Sonne gegenüber stellen und das ihr entströmende Licht fleißig in sich hinein schlürfen, und man wird da jede grobe Mahlzeit ersparen. Ich aber sage: Es kommt da nur auf eine Probe an. Die Sonnenmahlzeit ist euch ohnedieß schon bekannt; es solle nur Jemand zehn Tage lang eine reine Sonnenmahlzeit halten, und sein Organismus wird ihm schon am zweiten Tage kund geben, wie viel des Nahrungsstoffes er in sich eingeschlürft habe. — Aus diesem Beispiele aber könnt ihr noch klarer, denn aus den vorigen erschauen, daß das Licht für sich allein in seinem freien Zustande ungenießbar ist, und sich somit Niemand an ihm sättigen kann. Wenn es aber in der göttlichen Ordnung durch die göttliche Kraft selbst gefangen wird, dann erst ist es genießbar und nährend. Aus diesem Grunde solle auch der Mensch all' sein Weltlicht in sein Herz gefangen nehmen, allwo es gebunden wird mit der Lebenswärme, und er wird dann aus diesem Lichte eine rechte Nahrung für seinen Geist überkommen; — und desgleichen müssen auch wir hier das Geschaute der reinen Formen der Weisheit in unsere Liebe zum Herrn erst gefangen nehmen, alsdann erst werden wir die Entwicklung derselben in uns gar bedeutungsvoll erschauen und uns eine tüchtige Mahlzeit bereiten können. Der Herr wird uns dann auch diesen Altar öffnen, wie Er uns geöffnet hat den in der Allee. —

## 215.
(Am 12. Juli 1843, von 5¼–6¾ Uhr Nachmittags.)

Nun sehet, und habet wohl Acht; ich habe in mir das Ausgesprochene gethan, und ihr habet Solches gethan durch mich, und so wird es auch ein Leichtes sein, die freiere Weisheit mit der Kraft des Herrn in uns zu erfassen und sie begreiflich vorstellig zu machen für unsere Begriffe. Um aber die Sache gehörig zu erfassen und zu begreifen, müßt ihr vorerst die der Stockwerke und Gallerien in Anschlag bringen. — Wir sind im sechsten Stockwerke oder auf der siebenten Gallerie, also in jeder Hinsicht über die Hälfte des Gebäudes; so die untere Grund- und beiweitem größere Hälfte der Brust des Menschen und somit all' Dem der Liebe, entspricht; so bedeutet diese zweite obere Hälfte den Kopf des Menschen, und entspricht somit dem Verstande und der Weisheit desselben. — Hier stehen wir sonach auf der ersten Stufe der Weisheit oder auf derjenigen Stufe, wo die reine Weisheit und die Liebe zusammengreifen. Wenn ihr nun dieses ein wenig beachtet, so wird euch das Zieraculum dieses Säulenrondeau's, wie auch gleicher Weise dieselben Verzierungen aller Rondeau's dieses Stockwerkes auseinander zu gehen anfangen. Seht hier den Altar; er stellt vermöge seiner Gestalt, Farbe und Verzierung die in die Weisheit reichende Liebe dar. — Die kleine Säule, in welche der geheimnißvolle Kreis eingefestet ist, stellt gewisserart den Hals des Menschen dar, entsprechender Maßen aber die größtmöglichste Demuth. — Was geht aber aus der Demuth hervor. — Seht an den eingefesteten Kreis. Durch diesen Kreis wird das Haupt des Menschen dargestellt; entsprechender Maßen aber ist es das Licht der Weisheit, welches aus der Wärme der Liebe hervorgeht. Die Sternchen, aus denen er zusammen gefügt ist, sammt den ebenfalls aus Sternchen zusammengesetzten Figuren, welche seinen freien Raum ausfüllen, bezeichnen die mannigfaltigen Erkenntnisse und Einsichten, welche natürlicher Maßen alle sammt und sämmtlich ein Angehör der Weisheit sind. — Der Sternenkreis zu unterst am Boden um den Altar aber besagt, daß die Liebe, ihre wahre Demuth und auch ihre Weisheit göttlichen Ursprunges ist, und geht hervor aus der Werkthätigkeit des Menschen nach dem göttlichen Willen. Durch den siebenfachen Kreis wird der göttliche Wille beschaulich dargestellt; die einzelnen Sternchen aber, aus denen er zusammen gesetzt ist, bezeichnen die Werke, welche der Mensch verrichtet in der göttlichen Ordnung zufolge der Erkenntniß des göttlichen Willens; aus dem aber geht hervor, daß Niemand Gott lieben kann, so er nicht erfüllt Seinen Willen. — Wer aber Seinen Willen erfüllt, indem er seinen eigenen Willen sich selbst verleugnend gefangen nimmt, dem erst wird die Liebe zu Gott zu Theil; und so sind die Werke nach dem Willen Gottes die edlen Samenkörner, aus denen da erwächst die überaus und über Alles beseligende und für ewig belebende Liebe zu Gott! — So aber Jemand solche Liebe überkommen hat, der hat auch mit ihr die Weisheit überkommen, welche gleich ist der göttlichen Weisheit, weil die Liebe selbst, aus der solche Weisheit hervorgeht, göttlich ist. — Daß die mannigfach geformten Zeichen des Kreises die vielfachen zusammenhängenden in der göttlichen Ordnung und Weisheit begründeten erhabensten Erkenntnisse bezeichnen, braucht kaum näher erwähnt zu werden. — In so weit hätten wir denn auch unser Zierakulum gelöst; aber wir erblicken ja noch vom Platfond herabhängend ganz frei einen ähnlichen Kreis, wie der in die kleine Säule eingefestete ist, und dieser horizontalhängende Kreis berührt mit seinem Centrum genau genommen die oberste Sphäre unseres in die kleine Säule eingefesteten Kreises. — Was wird wohl dieser Kreis bezeichnen? — Dieser Kreis bezeichnet die göttliche Weisheit, wie diese beständig aus den Himmeln einfließt und fortwährend belebt und ordnet die ihr entsprechende Weisheit eines jeglichen Menschen, der da lebt der göttlichen Ordnung gemäß. — Daß sich diese beiden Kreise berühren, bezeichnet, daß der wahren göttlichen Weisheit Geist im Menschen in die Tiefen derselben, welche durch das Centrum dargestellt sind, eindringt, und kann demnach himmlische und göttliche Dinge begreifen, ja mit dem Herrn Selbst wohl erschaulicher Weise umgehen und sich mit Ihm besprechen wie ein Kind mit seinem Vater, oder wie ein Bruder mit dem andern. — — Sehet, das ist nun das Ganze kurz möglichst und wohlverständlich dargestellt. — Ihr saget und fraget hier freilich: Lieber Freund und Bruder! Woher nehmen denn die Menschen dieses Centralsonnen-Weltkörpers solche Weisheit, in welcher fürwahr buchstäblich das ganze geistige Lebenswesen eines jeden auf unserer Erde lebenden Menschen mit der höchsten Klarheit bezeichnet wird? — Wenn Menschen auf unserer Erde zufolge geistiger Entsprechung Aehnliches errichten würden, so wäre das begreiflich, weil, wie du es augenzeuglich weißt, der Herr und Schöpfer aller Himmel und Welten auf dieser Erde Selbst leibhaftig gelebt, gewandelt, und gelehret hat; — aber auf diesem Weltkörper, der sicher in einer unaussprechlichen Entfernung von unserer Erde absteht, solche Weisheit zu treffen, die ganz vollkommen der göttlich irdischen gleicht, ist fürwahr überaus seltsam. Wie ist das möglich? — Meine lieben Freunde und Brüder, diese Frage würde

euch in einem Vereine himmlischer Geister einer sehr bedeutenden Lache
aussetzen. Wovon ernähren sich die Finger und Extremitäten eueres Leibes? Ihr esset doch nicht in die Extremitäten hinein; die Füße haben
keinen Mund und Schlund, um eine eigens für sie bestimmte Nahrung
aufzunehmen, die Hände und die Finger an denselben haben dergleichen
auch nicht, und so hat euer Leib noch eine zahllose Menge von großen
und kleinen Theilen, welche alle ihr nicht einzeln abzufüttern brauchet. Der
Mensch hat nur einen Mund und einen Magen, was dieser aufnimmt,
geht an alle anderen Theile gehörig präparirt über; also hat er auch nicht
in einem jeden Gliede ein Herz, sondern er hat nur eines in der Brust,
und dieses hat seine Adern und Gefäße durch den ganzen Leib ausgebreitet und sendet durch dieselben sein Leben in alle Fibern des ganzen
Leibes, und das allenthalben nach der wohlberechnet zweckmäßigen Aufnahmsfähigkeit für's Leben. — Ihr habt aber gehört, daß die ganze
große Schöpfung Gottes naturmäßig wie geistig vollkommen einen Menschen darstellt, welcher Mensch somit in der endlos
großen Allgemeinheit sicher auch nur einen Magen und ein Herz hat.
— Ihr kennet den großen Kostgeber, und kennet auch die Kost, mit der
der große Kostgeber Seinen großen Menschen speiset; sie heißt das Brod
des Lebens, oder zu deutsch gesprochen, sie ist die Liebe Gottes! —
So ihr aber in allen Theilen eueres Leibes eine und dieselbe Kost findet,
die ihr in eueren Magen aufnehmet, und überall dasselbe Blut, welches
dem Herzen in alle euere Leibestheile entströmt, so wird es doch auch kein
Wunder sein, so ihr in diesem Theile des großen Weltmenschen dieselbe
göttliche Liebe und Weisheit findet, welche ihr auf euerer Erde gefunden habt und auch noch allezeit findet und finden könnet. — Eine
solche Centralsonne ist gewisserart ein Hauptnerve des großen Weltmenschen, und die kleineren Sonnen und Planeten sind aber gleich den
kleineren Nebennerven, Fibern und Fasern; und der Hauptnerve
wird doch sicher vom selben Safte ernährt, von welchem die kleineren
Nerven, Fibern und Fasern ernährt und erhalten werden. Wo ein Herr,
ein Schöpfer und ein und derselbe Gott ist, da kann es auch in
Seiner unermeßlichen Schöpfung nur Eine göttliche Liebe, Eine
göttliche Weisheit, und Eine göttliche Ordnung geben! —
Außer ihr möchtet noch irgend einen zweiten Gott und Schöpfer annehmen, vorausgesetzt, daß euer Gemüth und Verständniß einer solchen
Thorheit fähig wäre; da könnte man dann auch wohl auf eine andere
Ordnung der Dinge gegründeter Maßen hinblicken und allenfalls eine
Frage aufwerfen, wie da die eurige war. Aber bei obwaltenden nur vollkommenst eingöttlichen Umständen bleibt es bei einer Kost, bei einer
Weisheit und bei einer Ordnung. Da wir aber nun Solches Alles
doch sicher klar einsehen, so wollen wir uns auch sogleich wieder um ein
Stockwerk höher begeben, und das zwar in das siebente oder in die achte
Gallerie. — Steht diese Rundtreppe auch so ziemlich luftig aus, so machet
euch aber dennoch nichts daraus; denn sie wird uns schon noch ertragen;
und so denn wollen wir gehen. —

## 216.

(Am 18. Juli 1843, von 5½—7 Uhr Nachmittags.)

Sehet, unser Aufmarsch ist besser gegangen, als ihr euch es gedacht habt; wir sind, wie ihr sehet, sonach auch schon im siebenten Stockwerke, oder auf der achten Gallerie. Wie findet ihr diesen Platz? Ihr saget: Lieber Freund, hier sieht es schon sehr luftig aus; die Säulen der Rondeau's sind wie aus dem feinsten durchsichtigsten Glase, der Boden, auf dem wir stehen, ist ebenfalls aus einer blau-weiß lichten Materie, welche überaus stark glattglänzend ist. Die Geländer, welche von Säulenrondeau zu Säulenrondeau diese Gallerie umfassen, sind ebenfalls von einem sehr durchsichtigen Materiale angefertiget, so daß man durch dasselbe mit nur höchst unbedeutender Schwächung des Augenlichtes schauen kann, und so wir aufwärts schauen zum Platfond, so ist auch dieser von einer gleichen lichtbläulichen Masse angefertiget, welche ebenfalls schon so ziemlich durchsichtig zu sein scheint; denn man sieht ja stellenweise recht bequem in die neunte Gallerie hinauf. — Ja, meine lieben Freunde und Brüder, das ist Alles richtig also; ihr möchtet wohl wissen, ob diese schon sehr stark durchsichtige Materie von eben der Festigkeit ist, als jene etwas weniger durchsichtige der unteren Stockwerke? Ich sage euch: Dessen könnt ihr vollkommen versichert sein; denn je durchsichtiger im harten Zustande irgend eine Materie hier ist, desto fester ist sie auch in ihren Theilen. — Ihr saget: Da wäre es ja doch in der Bauordnung, das Festere in den Grund zu legen, der ja doch die ganze Last des Gebäudes zu tragen hat, und das weniger Feste, weil weniger Durchsichtige in den oberen Theilen eines solchen Gebäudes zu verwenden, wo das Gebäude stets leichter und leichter wird. — Ihr urtheilet nach euerer Art recht, und für die Bauordnung auf euerem Erdkörper wäre also auch sicher besser gesorgt; aber eine andere Welt, eine andere Bauordnung. Solches aber wißt ihr dennoch, daß die harten Gegenstände spröde und leicht springbar sind, während die weniger harten wohl noch immer eine große Festigkeit haben; sind aber dabei dafür mehr schmiegsam, weniger gebrechlich, und können daher unbeschädigt einen desto größeren Druck aushalten, als die ganz harten Gegenstände. Nehmet ihr an, was da wohl härter sei, eine Kugel aus gediegenem Glase, oder eine Kugel aus gediegenem Kupfer? — Um das Kupfer zu schneiden oder zu ritzen, bedarf es wahrlich nicht der härtesten Schneidewerkzeuge; mit einem gewöhnlichen Brodmesser könnt ihr ohne Anstrengung ganz bedeutende Partikel davon schneiden oder schaben. Um die gläserne Kugel zu lädiren, brauchet ihr schon überaus harte Gegenstände, wie feinen Quarz, allerhärtesten feinsten Stahl, oder den Diamant. Nun aber nehmet die beiden Kugeln, stellet über eine jede ein Gewicht von tausend Centnern, und gebet einer jeden eine vollkommene harte Unterlage. Die gläserne Kugel wird zu weißem Staube erdrückt werden; aber die kupferne wird mit einiger eben nicht zu bedeutenden Plattdrückung davon kommen. — Aus diesem Beispiele könnt ihr hinreichend erschauen, warum bei diesem Gebäude die härteren Materialien zu oberst sind verwendet worden. Zu unterst würden sie höchst wahrscheinlich das Gewicht der gläsernen Kugel unter dem Gewichte von tausend Centnern gemacht haben; hier aber sind sie davor schon vollkommen ge-

sichert und für die Tragung der noch über ihnen ruhenden Last hinreichend
fest und stark genug, und wir haben unterdessen durch unser Gewicht schon
gar nichts zu befürchten. — Daß aber hier Alles härter, spröder und
durchsichtiger wird, hat einen bedeutungsvollen Sinn, über den man aber
ebenfalls nicht gar zu viel sagen kann, wie man von der harten Materie
selbst durch die festesten Werkzeuge eben nie gar zu große Brocken ab-
lösen kann. Der Diamant bei euch auf der Erde ist sicher der härteste
und zugleich auch der allerdurchsichtigste Körper; aber die ihn schleifen,
oder nach euerer Kunstsprache scheiden, die werden es euch genau zu sagen
wissen, was dazu gehört, um nur atomengroße Theile von ihm abzulösen.
— Sehet, also verhält es sich aber auch mit der stets reiner werdenden
Weisheit; ein Brocken von ihr ist härter zu verzehren und zu zerlegen,
als eine ganze Welt voll Liebe. — Man könnte sagen: Ein solcher Weis-
heitsknäuel gleicht einem Bündel Flöhe, welche, wenn das Bündel geöffnet
wird, mit der größten Hast davon hüpfen, und es gehört viel Behendig-
keit dazu, um aus Tausenden irgend ein paar matt gewordene zu erhaschen; daher läßt sich auch, wie gesagt, über die harte und durchsichtige
Beschaffenheit des Materials dieses siebenten Stockwerkes oder dieser achten Gallerie nicht mehr gar zu viel sagen. So viel aber ist gewiß und
klar, daß die Gegenstände im Lichte der Weisheit, d. h. der absoluten
Weisheit stets durchsichtiger, aber dafür stets desto undurchdring-
licher werden; und je höher sie steigen, desto durchsichtiger und härter
werden sie, so zwar, daß man am Ende auf der festen Materie steht und
geht, aber man sieht sie vor lauter Durchsichtigkeit nicht mehr. Also ist
es auch mit der absoluten Weisheit der Fall; — man hat wohl einen
Grund, auf dem man sich befindet; aber das ist dann schon auch Alles,
was man von dem Grunde herausbringt. Wollt ihr ihn näher untersuchen, und zwar mit eueren Augen, so werdet ihr, je länger von euch
ein solcher Körper beobachtet wird, ihn stets mehr aus dem Lichte eueres
Gesichtes verlieren, und werdet selbst da, wo ihr wenigstens auf den ersten
Blick Etwas zu erschauen vermeintet, nichts mehr erschauen. — Ist es
nicht eben also mit der absoluten Weisheit? Ja, Solches möget ihr schon
aus so mancher Erfahrung wissen; — sollte euch aber die Sache noch
nicht hinreichend klar sein, wie sich die absolute Weisheit entsprechend zu
dem Baumateriale dieses großen Wohngebäudes verhält, da will ich euch
nur beispielsweise so ein kleines Weisheitsbröckchen hinwerfen, und ihr
könnet daran nagen, wie ihr wollet, und schaben, wie ihr wollt, und ihr
werdet nichts heraus bringen. — Und so höret denn! — Sieben
Kreise sind in einander verschlungen; die Kreise durchdringen
sich, die durchdrungenen verzehren sich und die verzehrten
erheben sich in die, so nicht verzehrt sind, und die sieben
Kreise haben kein Maß und keinen Mittelpunkt. Sie sind
sieben ohne Ende; eine Zahl, welche durchdringt den Kreis
der Sieben, und die Sieben den Einen! — Sehet, das ist so
ein Bröckchen absoluter Weisheit! Ich habe euch damit in wenig Worten
so ungeheuer Vieles gesagt, daß ihr dasselbe mit gewöhnlichen Begriffen
in alle Ewigkeit nicht auseinander setzen würdet. So ihr aber den Weis-
heitssatz leset, da wird es euch auf den ersten Augenblick vorkommen als
müßtet ihr daraus zu irgend einer, wenn schon nicht Total- so doch

Partial-Löse kommen. Versuchet aber nur daran zu schaben und zu feilen, und setzet das Mikroskop eueres Verstandes an diese Materie; je mehr ihr euch damit abgeben werdet, desto luftiger wird die Materie und desto weniger ersichtlich in ihr, und sie selbst stets mehr und mehr dem Augenlichte eueres Verstandes entschwindend. — Ich meine, ihr werdet genug haben, um daraus zu der Einsicht zu kommen, daß für einen noch gebundenen Geist mit der absoluten Weisheit nicht viel zu machen ist. — Daher bleiben wir nur hübsch schön bei der Kost, welche der gute heilige Vater für uns bereitet und gesegnet hat; zu einer Zeit aber, wann euer Geist ungebundener wird, werdet ihr auch von der absoluten Kost mehr herab zu beißen im Stande sein, denn jetzt. — So aber dem Weisen das Wenige genügt, da werden auch wir bei den geringeren Brocken, welche sich uns auf diesen Weisheitsgallerien darstellen werden, zur vollsten Genüge bekommen. — Wir haben aber hier noch das Zieraculum des Säulenrondeau's vor uns; betrachtet es, und wir wollen dann sehen, wie viel sich vom selben wird herab zwicken lassen. — —

## 217.
(Am 14. Juli 1843, von Nachmittags 5—7 Uhr.)

So viel ich merke, so habt ihr euch mit eueren Augen in das Zieraculum so recht hinein verpicht und es gewisserart von Atom zu Atom so recht nagelfest betrachtet; daher wird es euch nun nicht schwer werden, sich darüber vollkommen auszusprechen, und es eben so gut zu beschreiben, als wie gut ihr es angeschaut habt. Sonach könnt ihr sogleich mit der Beschreibung dieses Zieraculums beginnen. Aber wie es mir vorkommt, so werdet ihr ja mit der Beschauung nicht fertig. — Was ist es denn, das euch ob dieses Ornaments die Augen an dasselbe so sehr bindet? Ist es wohl das Ornament selbst, oder sind es dessen Theile? — Ich aber merke nun gar wohl, warum ihr mit der Beschauung nicht fertig werdet. Das Ornament dieses Rondeaus's ist unstät, und ihr könnet ob der stets neu vorkommenden Form nicht in's Klare kommen. Ja, ja, dieses Ornament ist ein wahres Kaleidoskop, in welchem auch bei jedem Umdrehen sich andere Formen zeigen, und die früheren kommen nicht wieder zum Vorscheine. Ich sage euch daher auch: Es wird euch wenig helfen; so ihr dieses Ornament auch eine ganze Ewigkeit hindurch betrachten möchtet, so werdet ihr aber dennoch nimmer zu einer Schlußform kommen, sondern an der Stelle der entschwundenen stets neue und auch sonderbare zu Gesichte bekommen. Daher beschreibet nur Dasjenige des Ornamentes, was an demselben stetig zu erschauen ist, und lasset denn inneren Formenwechsel beiseits. Also worin besteht denn Dieses? — Ihr saget hier: Lieber Freund und Bruder, das ganze Ornament an und für sich ist von höchst einfacher Art, in so weit wir es als fertig mit unseren Augen betrachten können. In einem über zwei Klaftern im Durchmesser habenden ganz einfachen Goldreife ist eine gläserne Kugel angebracht, etwa also, als wie bei uns auf der Erde ein Himmels- oder Erdglobus innerhalb eines messingnen beweglichen Meridians. — Die Kugel dreht sich fortwährend innerhalb dieses großen Reifes, den sie beinahe ganz ausfüllt. Der Reif ist nicht mehr vom Boden aus irgend befestiget, sondern hängt an einer massiven Goldschnur, welche mit Sternen eingewirkt ist, vom Platfond herab; und bei jeder nur etwas merklichen Drehung ersieht man in dieser großen durchsichtigen Glaskugel fortwährend neue Formen von ebenfalls durchsichtiger, aber dennoch buntfarbiger Beschaffenheit, und die Formen sind nicht selten von so anziehender Art, daß man sich daran nicht genug satt schauen kann. Aber wie man so eine Form mit seinem Auge recht fest fassen möchte, um sie zu beurtheilen, da ist sie schon nicht mehr vorhanden, und eine andere, welche mit der vorhergehenden keine Aehnlichkeit hat, tritt an ihre Stelle; und das geht fort und fort. Und so man glaubt, daß — wenn die Kugel wieder mit ihrem Gürtel auf demselben Punkte sich befinden wird, von welchem man bei einer frühern Drehung eine bestimmte Form erschaut hat, — wieder eben dieselbe Form zum Vorschein kommen möchte, so hat man sich gar gewaltig getäuscht; denn von einer einmal geschauten Form ist wenigstens bis jetzt vor unseren Augen nicht die allerletzteste Spur zum Vorschein gekommen. Das ist, lieber Freund und Bruder, Alles, was wir an diesem sonderbaren Ornamente als höchst merkwürdig entdeckt haben. Daß auch die anderen Säulenrondeau's ganz gleich beschaffene Ornamente haben, erschauen wir von diesem Punkte recht genau. Es ist hier demnach nur die Frage: Wer treibt diese Kugel fortwährend um ihre Achse, und was bedeutet sie, wie das ganze Ornament? — Meine lieben Freunde und Brüder! Sehet, da hängt denn an diesem Ornamente schon wieder so ein fataler absoluter Weisheitsbrocken, von dem sich für euere Einsicht eben nicht gar zu viel wird herabzwicken lassen. — Was die Umdrehung dieser Kugel betrifft, so ist sie wohl an und für sich leicht zu erklären und zu begreifen. — So ihr nur wisset, daß der große vollkommene Rundstabreif inwendig hohl ist, und an der Stelle, wo die Spindel der Kugel in den Reif hinein gesteckt ist, ein überaus klug berechneter Mechanismus angebracht ist, der als ein perpetuum mobile betrachtet werden kann, durch welches eben diese durchsichtige, aus feinstem Glase zu bestehen scheinende Kugel in einen fortwährend gleichen Umschwung gebracht wird; — so könnet ihr dann mit dieser Beantwortung euch vollkommen zufrieden stellen. Ihr möchtet hier freilich wohl die Triebkraft solch' eines perpetuum mobile-Mechanismus näher kennen; wenn ihr Solches wisset, welches zu erklären eben nicht zu schwer sein wird, so werdet ihr deßwegen das Ornament noch um kein Haar besser verstehen, als ohne eine solche Erklärung. Ich sehe aber, daß ihr nach einem perpetuum mobile-Mechanismus sehr lüstern seid; so muß ich euch schon die Einrichtung desselben ein wenig auseinander setzen; nur müßt ihr euch dabei ein unabnützbares Material denken, welches aber nur auf solchen Weltkörpern zu Hause ist, wie da ist diese unsere Centralsonne; aber auf den Erdkörpern, wie der eurige einer ist, kann sich solch' ein Material unmöglich vorfinden, weil alle die erdkörperlichen Materialien einem unaussprechlich viel geringeren Licht- und Hitzegrade entstammen, denn die einer solchen Centralsonnenwelt. — Wenn wir dieses voraussetzen, so ist dann die Darstellung des Mechanismus von der höchst einfachsten Art von der Welt. Wie sieht dann dieser aus? — Sehet, bis ungefähr ein Drittheil zu unterst ist der vollkommen dicht verschlossene Reif mit einer unverdunstbaren Flüssigkeit angefüllt, etwa von der Art und Beschaffenheit, als wäre es bei euch möglich, ein überaus gereinigtes Quecksilber darzustellen in vollkommen durchsichtigem und überaus leicht flüssigem Zustande. Von zu oberst des Reifes aber langt ein sogenanntes Polyorganon herab in die Flüssigkeit, aber nnr auf der einen Seite. Dieses Polyorganon saugt zufolge seiner mächtigen Attraction zu der Flüssigkeit dieselbe fortwährend auf. — Dieses Polyorganon reicht aber auf der entgegengesetzten Seite des Reifes bis zu einem Drittel der ganzen Reifhöhe herab, und läßt die auf der anderen Seite eingesogene Flüssigkeit herabträufen; vor dem Ende des Polyorganons ist ein trichterartiger Tropfensammler angebracht, dessen unterste Röhre an ein wohl berechnetes löffelartiges Schaufelwerk geleitet ist. Dieses Schaufelwerk ist unmittelbar an der Spindel befestiget, an welcher die Kugel selbst im Kreise hängt. Wenn durch ein oder mehrere herabfallende Tropfen ein Schäufelchen voll geworden ist, so wird das Schäufelchen natürlich schwerer, senkt sich dann abwärts, und bringt auf diese Weise die ganze große Kugel zum Umschwunge. Hat das Schäufelchen zu unterst wieder seine Flüssigkeit ausgegossen, so wird unterdessen schon wieder ein anderes gefüllt, und sinkt wieder herab; und da das Polyorganon eben so viel Flüssigkeit fortwährend aufsaugt, als es auf dieses Schaufelwerk herabträufen läßt, so ist das perpetuum mobile unter den vorher angegebenen Bedingungen ja überaus leicht möglich, wenn ihr noch dazu bedenket, daß diese Materie, aus welcher die Spindel und überhaupt das ganze Ornament besteht, keiner Abnützung, und somit auch keiner Reibung fähig ist; denn die Glätte der Spindel und des Cylinders, in welchem die Spindel läuft, ist so außerordentlich groß, daß es sich gegenseitig zur Umdrehung nicht das leiseste Hinderniß setzt. — Es ist, als möchte sich eine solche Spindel im reinsten Aether bewegen; und da die große glasartige Kugel auch höchst mathematisch genau sphärisch gleichgewichtig in der Spindel hängt, so wird auch ihre Ruhe schon durch das Gewicht eines kleinen Tropfens hinreichend leicht gestört. — Ein solches Fabrikat aber gehört bei diesen höchst weisen Menschen zu keinem Wunderwerke. — Ihr saget: Diesen perpetuum mobile-Mechanismus begreifen wir jetzt ganz vollkommen; aber den beständigen Formenwechsel in der Glaskugel, das werden wir schwerlich begreifen. — Ja, meine lieben Freunde und Brüder, da wird es freilich einen kleinen Haken haben; aber unmöglich ist es eben nicht, darüber irgend eine Einsicht zu erlangen. Auf euerem Erdkörper wäre so etwas darzustellen wohl eine ziemlich reine Unmöglichkeit, weil auf dem Erdkörper die mannigfaltigsten sogenannten imponderablen Stoffe nicht für bleibend aufgefangen werden können; aber auf einem Centralsonnenkörper ist Solches gar leicht möglich; — und so könnt ihr Solches zu euerer Wissenschaft erfahren, daß diese Kugel inwendig hohl ist, und ist aber gefüllt mit allerlei solchen imponderablen Grundstoffen. Bei der geringsten Drehung vermischen sich diese Stoffe fortwährend durcheinander, ohne sich vermög' ihrer Verschiedenartigkeit vollkommen zu vermengen. Durch diese Vermischung geschieht aber dann auch fortwährend eine neue Formbildung, welche sich bei einer stets darauf folgenden fortwährenden Umdrehung der glasartigen Kugel nothwendig verändern muß. Ihr könnt wohl im Großen auf euerem Erdkörper Aehnliches erschauen, wo ebenfalls die imponderablen Stoffe innerhalb der großen Luftkugel, welche natürlich den ganzen Erdkörper einfaßt, auch fortwährend neue Formen zur Erscheinlichkeit bringen; aber diese imponderablen Stoffe stehen auf einem Erdkörper auf einer viel geringer thätigen Potenz, als auf einer solchen Centralsonne; daher ist auch ihr Gebilde gewöhnlich unausgebildet, wie ihr Solches bei den Bildungen des Gewölkes und noch mancher anderer Lufterscheinungen erschauen könnet. In dieser Kugel hier sind aber diese Stoffe gewisserart in ihrer concentrirtesten Potenz eingeschlossen; daher sind auch die entwickelten Formen unbeschreiblich, und gewähren dann, wenn schon in kleinerem Maßstabe, den allerimposantesten Anblick. — Ich meine nun, so viel es für euere Begriffsfähigkeit möglich thunlich war, so hätten wir auch diese Erscheinlichkeit so ziemlich entziffert; aber was bedeutet solches Alles? Das ist eine ganz außerordentlich andere Frage. Es ist, wie schon anfangs bemerkt, ein Weisheitsbrocken, von dem sich nicht viel wird herabzwicken lassen, und wir werden zufrieden sein müssen, darüber nur einen höchst flüchtig allgemeinen Blick werfen zu können; — und so läßt sich die ganze Sache also zusammen fassen, daß durch dieses Ornament die **absolute Weisheit** ganz allein für sich dargestellt wird, und ist unter diesem Gesichtspunkte etwas sich fortwährend Bewegendes und Form-Wechselndes, deren Bedeutung und innerer Zusammenhang nur dem Einen, aber sonst Keinem ewig je entzifferbar ist. Also ist es ja auch auf euerer Erde der Fall. Wer kann die zahllosen Formen der Wolken verstehen? Die höchste Weisheit sinkt bei dem fortwährend erneuten Anblicke in den Staub zurück, und muß sagen: Herr! wie gar nichts sind alle Menschen und Geister vor Dir! — Desgleichen wollen auch wir hier thun, und uns dann statt einer leeren weiteren Erörterung lieber sogleich auf die neunte Gallerie oder in das achte Stockwerk begeben. Die Treppe sieht hier wohl, wie Alles, schon sehr luftig aus; aber uns wird sie schon gar wohl noch tragen, und so beginnen wir unseren Weitermarsch. —

### 218.
(Am 17. Juli 1843 von Nachm. 4¾–6½ Uhr.)

Wir sind oben; sehet euch nur recht tüchtig um, und beachtet vorzugsweise die Säulenrondeaus-Ornamente; aus diesen, wie ihr bisher schon erfahren habt, lernen wir von Stockwerk zu Stockwerk die Weisheit der hier inwohnenden Menschen kennen; und zugleich die allgemeine Menschen- und Weltordnung eines ganzen **Sonnengebietes**, vorzugsweise desjenigen, auf dessen Centralsonne wir uns gegenwärtig befinden. — Was das Uebrige dieser Gallerie betrifft, so ist eben nicht zu viel für unsere Augen besonders Erhebliches daran zu entdecken; denn das ganze Baumaterial bis auf die innere continuirliche Wand ist schon ganz vollkommen hell durchsichtig, so daß man nur mehr aus den Glanzflächen erkennen kann, daß es ein Material ist, sonst aber ist es, wie gesagt, vollkommen durchsichtig gleich der Luft. Die innere continuirliche Wand aber ist blendend weiß; die Thore in die inneren Gemächer sind lichtblau. — Jetzt sind wir aber mit den Farben auch schon fertig, was das Bauwesen der Gallerie betrifft; daher ziehen wir uns sogleich in ein Säulenrondeau, um in selbem das Merkwürdige zu erschauen, was uns um eine so ganz eigentliche geistige Gallerie höher heben wird. — Wir sind im Rondeau; ihr saget zwar: Lieber Freund und Bruder, hier muß man die Säulen dieses Rondeau's mehr greifen als schauen. Sie glänzen wohl ungemein, wenn man ihnen so recht vor ihren Flächenspiegel tritt; sieht man aber so flüchtig hinweg, fürwahr, da könnte man recht gut in die Säule rennen, ohne vorher gesehen zu haben, welch' ein Stein des Anstoßes auf einen harret. Du hast zwar früher gesagt, wir sollten das Ornament dieses Säulenrondeau's recht extra scharf in's Auge fassen; denn es stecke gar Großes dahinter. Aber wir schauen schon jetzt hin und her, und auf und ab, und können mit Mühe nur die Säulen erschauen, und innerhalb derselben eine ganz ungemein keusche zarte und überaus durchsichtige Rundtreppe, versehen mit einem gleichmäßigen beiderseitigen Geländer; aber von einem Ornamente dieses Säulenrondeau's können wir bei der allerstrengsten Aufmerksamkeit auch nicht die allerleiseste Spur entdecken. — Sollen wir aber daraus etwas für unsere innere Wiß- und Weisheitsbegierde Ersprießliches schöpfen, so müssen wir doch etwas Erschauliches vor uns haben; denn aus diesem Nichts wird doch sicher unmöglich viel mehr als wieder Nichts heraus kommen. — Ja, meine lieben Freunde und Brüder, sehet, das Sehvermögen des Menschen ist durchgehends also eingerichtet, daß es aus den zwei Extremen heraus tretend auf eine Zeit lang unbrauchbar ist; denn ist Jemand lange im heftigen Lichte gestanden, und kommt dann in ein dunkles Gemach, so wird er mit dem besten Gesichte die Gegenstände im selben nicht unterscheiden können. Eben also ist es auch umgekehrt der Fall; hat sich Jemand längere Zeit in einem dunklen Gemache aufgehalten, und tritt dann plötzlich an's helle Licht, so wird er auch in den ersteren Augenblicken vor lauter Licht nichts mehr sehen, gleichwie die Vögel der Nacht am Tage nichts sehen, — erst nach einigen Secunden werden die Bilder anfangen sich seinem Auge immer klarer und klarer darzustellen. — Also geht es euch auch hier; denn der Lichtunterschied von Gallerie zu Gallerie, von Stockwerk zu Stockwerk ist groß verschieden, und wird durch die Anwendung des stets heller und heller werdenden Baumaterials bewirkt. Daher müssen wir uns hier in dieser Lichthöhe ein wenig Augenkraft übend verweilen, und so werden dann schon noch Sachen zum Vorschein kommen, die wir jetzt auf diesen ersten Augenblick freilich wohl nicht erschauen mögen. — Ihr fraget: Wie sollen wir das so ganz eigentlich anstellen? — Ich sage euch: Schauet nur hin auf die weiße Wand; euer Auge wird vor dem großen weißen Glanze bald lichtmatt genug werden, und ihr werdet dann alsobald die Umrisse unseres Ornamentes zu erspähen anfangen. — Ihr saget hier freilich: Lieber Freund und Bruder, wie es uns vorkommt, so wird sich die Sache nicht recht thun lassen; denn ist das geistige Auge homogen mit dem leiblichen, so wird es durch einen längeren Anblick in seiner Schärfe ja nur getödtet, aber unmöglich mehr belebt und gestärkt. — Daher wären wir der Meinung, das Auge eher in irgend eine Dunkelheit zu versetzen, und es wird dann stärker werden zur Aufnahme des Lichtes. — Ja, meine lieben Freunde und Brüder, dem Anscheine nach sollte es wohl so sein; aber solche Annahme taugt nicht für diesen Platz. Wollt ihr aber davon den Grund tüchtiger erschauen, so will ich euch durch ein faßliches Beispiel darauf aufmerksam machen. — Wie findet ihr die Morgen- oder

Abendsonne auf den erften Anblick, den ihr nach ihr richtet? — Ihr
saget: Lieber Freund und Bruder, unerträglich stark glänzend; und wir
können die runde Form ihres Körpers nicht ausnehmen, sondern ihre Gestalt ist gleich einem unförmigen Feuerballe. — Gut, meine lieben Freunde
und Brüder; was geschieht aber, so ihr euch besieget und fanget an
constant in diesen Feuerball zu schauen? — Ihr saget: Der Glanz verliert sich nach und nach, und vor unseren Augen steht bloß eine schnee-
weiße Scheibe, die an ihrem Rande fortwährend zu fibriren scheint; und
wenn wir recht lange hinschauen, so können wir sogar die größten Flecken
auf ihrer Oberfläche wie sehr kleine schwarze Punkte entdecken. — Wieder gut, meine lieben Freunde und Brüder; warum aber könnt ihr nun
Solches? Ist euer Auge etwa gestärkt worden durch den beständigen vehe-
menten Lichtanblick der Sonne? — O nein! — Euer Auge ist dadurch
eigentlich geschwächt worden, was ihr sehr leicht gewahren könnet, so ihr
nur von der Sonne weg euer Auge einem anderen Gegenstande zuwendet. Wie werdet ihr einen solchen Gegenstand erschauen? Sehet, wie im
Traum, oder in einem schon recht tüchtigen Nachtdunkel. — Wenn wir
aber nun Solches aus der Erfahrung wissen, so werden wir wohl
auch leicht verstehen, wozu der etwas länger anhaltende Anblick der weißen
continuirlichen Wand dieses Gebäudes gut sein soll; — nämlich wozu
der längere Anblick der Sonne gut war. — Ihr habet dort durch den
längeren Anblick die reine Sonnenscheibe sogar mit ihren Flecken erschaut;
und wir werden hier in dieser Lichtmasse nach und nach anfangen das
Ornament dieses Säulenrondeau's zu erschauen. — Ihr fraget hier noch
einmal und saget: Aber lieber Freund und Bruder, haben die Bewohner
dieses Gebäudes aller Gebäude auch so lange zu thun, um ihre Ornamente zu erschauen, mit denen sie dieses Säulenrondeau geschmückt haben,
wie wir? — O nein, meine lieben Freunde und Brüder; ihr Auge erschaut alles Dieses mit derselben Leichtigkeit, als ihr die verschiedenen
Gegenstände auf euerer Erde. — Aber euer Auge muß ein wenig geübt
werden, um die Dinge hier auszunehmen. — Ihr saget zwar: Lieber
Freund und Bruder, diese deine Augenpräparation für uns kommt uns
ein wenig eitel vor; denn wir sind ja doch auf der Erde, und mögen
von Dem, was Du uns durch die Gnade des Herrn kund giebst, bei dem
allerbesten Willen so viel wie nichts erschauen. Wir schreiben wohl unsere
Sache, sehen aber dabei nur Das, was uns umgiebt; aber für alle diese
Herrlichkeiten sind nicht unsere Augen die Wahrnahmswerkzeuge, sondern
bisher nur noch immer unsere Ohren. — Lieben Freunde und Brüder!
Das ist von der sehr stark naturmäßigen Seite aus betrachtet ganz klar
und richtig; — aber von der nur einigermaßen mehr geistigen schon ganz
grundfalsch. Wenn ihr eure äußeren groben Sinne in Anschlag bringet,
da wird es sich mit der Anschauung dieser herrlichen Dinge freilich wohl
etwas schwer thun; ich aber rede hier von der Angewöhnung des
geistigen Sinnes; und das Auge des **Geistes** ist euer Vorstellungsvermögen, euer Gefühl und die mit demselben
lebendig verbundene Phantasie. Dieses Auge müßt ihr öffnen,
und in das weiße Licht des Geistes wenden, und in solcher Wendung
eine Zeit lang euch ruhig verhalten; so werdet ihr Das, was hier besprochen wird, mit eurem geistigen Auge eben so gut zu schauen anfangen,

als so ihr es schauen möchtet mit euerem Fleischesauge. — Also muß ja nothwendig ein Jeder, der in das Leben seines Geistes eingehen will, sich tagtäglich auf eine Zeit lang in die vollkommene Ruhe seines Geistes begeben, und muß in dieser nicht etwa mit allerlei Gedanken umher schweifen, sondern er muß **einen** Gedanken nur fassen, und diesen als ein bestimmtes Object unverwandt betrachten. **Der beste Gedanke ist hier freilich der Herr.** Und wenn Jemand Solches mit Eifer und aller möglichen Selbstverleugnung fort und fort thun wird, so wird dadurch die Sehe, wie das Gehör seines Geistes stets mehr und mehr an innerer Schärfe gewinnen, und nach einer eben nicht zu langen Zeit werden diese beiden Sinneswerkzeuge des Geistes so sehr erhöht werden, daß er mit der größten Leichtigkeit dort geistige Formen von der wunderbarsten Art erblicken wird, wo er eher nichts als eine formlose Leere zu erschauen wähnte; und so wird er auch mit eben der Leichtigkeit Töne und Worte vernehmen, da ihm ehedem eine ewige Stille zu sein schien. Ich meine ihr werdet mich verstehen, was ich euch damit habe sagen wollen, und werdet hoffentlich auch einsehen, daß euer Einwurf hinsichtlich des Schauens um ein Bedeutendes eitler war, als meine Beheißung, wie geartet ihr euere Sache zum ferneren Anblicke dieser Herrlichkeiten stärken sollet. — Beobachtet ihr also nur meinen Rath, und beschauet die weißglänzende Wand, oder in euch diejenige Gemüthsseite, die da ledig ist von eitlen Gedanken der Welt; und ihr werdet das ganz einfache aber vielsagende Zieraculum dieses Säulenrondean's gar bald und leicht erschauen. Sehet nur hin; auf einer durchsichtigen weißen Schnur hängt eine ganz einfache etwa eine Klafter im Durchmesser habende höchst rein durchsichtige Kugel, und vom Boden des Säulenrondeau's geht eine vollkommen runde sehr schmale Kegelpyramide mit der Spitze bis zur Kugel empor, und ist eben so durchsichtig, als die Kugel selbst. — Bemerkt ihr Solches? — Ihr saget: Wir merken Solches schon, wie in einem ganz leisen Bilde in uns. — Gut, sage ich euch; denket aber nun darüber selbst ein wenig nach, und sehet, ob ihr die Bedeutung dieses Ornamentes nicht annähernd finden werdet. — In der nächsten Gelegenheit will ich dann eueren Fund gehörig beleuchten. —

### 219.

(Am 18. Juli 1848, von 5¼—7¼ Uhr Nachm.)

Ihr habt Solches gethan, und habt darüber ein wenig nachgedacht; und ich sage euch: Hier ist das Verhältniß also: Ihr hättet darüber denken können, was ihr gewollt, und ihr hättet entsprechender Maßen vollkommen richtig und wahr ein Bild innerer Bedeutung dieses Ornamentes treffen müssen. Ihr saget hier freilich wohl mit etwas erstauntem Gemüthe: Wenn sich die Sache also verhält, da hat man es im Reiche der Geister überaus leicht; man kann auf diese Weise ganz gedanken- und sinnlos allerlei unzusammenhängende Phrasen hinter einander herplaudern, und das noch dazu zu erörternder Beantwortung einer allerwichtigsten Lebensfrage, und man hat am Ende doch durch allerlei nichtige Faseleien unwillkürlich die größte Weisheit hervorgebracht. — Wir sind aber gegentheils der Meinung, daß man im Geiste, um wahr-

haft geiftig weife zu fprechen, noch um's Unvergleichliche bündiger fprechen
muß, denn auf der Erde, und daß aus folchem gewiß ficheren Grunde,
weil dem Geifte auch viel triftigere und bündigere Hilfsmittel zu Gebote
ftehen, fo er im völlig abfoluten Zuftande fich befindet, als auf der zer-
bröckelten Außenwelt, wenn er obend'rauf noch von feiner fchweren Fleifch-
maffe gefangen und niedergedrückt ift. — Ja, meine lieben Freunde und
Brüder, ihr habt einerfeits wohl Recht, fo ihr das Geiftige mit ziemlich
irdifchem Maßftabe bemeffet; bemeffet ihr aber das Geiftige geiftig, fo
werdet ihr leichtlich gewahr werden, daß euere vorliegende Schlußfolgerung auf fehr untüchtigen Füßen bafirt. Ihr habt ficher gelefen in den
Briefen meines lieben Bruders Paulus, da er fich nicht felten darüber
ausfpricht, daß die Weisheit der Weifen in Chrifto vor der
Welt eine barfte Thorheit fei. — Seht, das ift fie auch richtig;
wie denn aber? — Sehet, wenn ihr zählet, da meinet ihr die Ordnung
in euerem Zahlenfyfteme fei vollkommen, und habe keine Lücken; wenn
ich euch aber fage, daß zwifchen jeder Zahl eine unausfüllbare Kluft vorhanden und diefe Kluft nur dem höchften Geifte erfchaulich ausge-
füllt ift. Was werdet ihr dann für ein Urtheil fällen, fo ein vom höchften
Gnadenlichte erfüllter Geift vor euch hintritt, und zählt zwifchen 1 und
2 zahllofe Milliarden hinein, und fagt am Ende: „Und noch ift die Kluft
zwifchen eueren zwei fyftematifchen Ordnungszahlen beiweitem nicht aus-
gefüllt." Und wenn er euch da noch in tiefere und tiefere unausgefüllte
Klüfte zwifchen den von ihm gezählten Milliarden führen wird, welche fich
alle zwifchen eueren 1 und 2 befinden, fo werdet ihr fagen: Das Wefen
hat im höchften Grade überfpannte Begriffe, und faffelt da von unendlichen Größen, wo wir nichts als zwei knapp aneinander ftoßende Ein-
heiten erfchauen. — Ein anderer Geift mag zu euch kommen, und wird
euch Gefchichten über euere Erde erzählen, über die graue Vorzeit wie
über die jüngfte Vergangenheit und Gegenwart, welche auf der Erde
eigentlich nie gefchehen find. Ja er kann noch einen anderen Streich thun,
er kann wirkliche Thaten aus der Gegenwart in's graue Alterthum zurück
verfetzen, und umgekehrt die Thaten des grauen Alterthums in die gegenwärtige Zeit; fo kann er auch die Orte verwechfeln, wo eine oder die
andere That begangen ward. Alfo kann er auch die Erde mit der Sonne
austaufchen, und dergleichen noch mehr folches für euere Urtheilskraft ent-
fetzlich widerfprechendes Zeug. Er kann da taufend fetzen, wo ihr eins
habt, und fo auch umgekehrt. — Was werdet ihr mit euerer irdifch weife
geordneten Beurtheilung dazu fagen? — Sicher werdet ihr nichts Anderes heraus bringen, als: Siehe da, der Geift fafelt! — Ihr faget in
euerer Weltweisheit: Wenn ich bin und denke, fo bin ich Der, der ich
bin und denke. Der Geift aber wird zu euch fagen: Ich bin und bin
nicht; ich denke und denke nicht; ich bin, der ich nicht bin; und ich denke,
wie ich nicht denke. Was werdet ihr dazu fagen? — Nichts Anderes,
als! Siehe da, der Geift fafelt fchon wieder! — Denn ordnungsmäßig
kann ein beftimmtes Sein ja doch nicht zu gleicher Zeit ein Nichtfein
fein. — Sehet, aus Diefem aber könnet ihr leicht erfchauen, daß fich die
geiftige Weisheit niemals nach dem irdifchen Maßftabe bemeffen läßt; —
damit ihr aber doch davon irgend einen leifen Begriff bekommet, fo will
ich nur das Sein und Nichtfein und das Denken und Nichtdenken nach

geistiger Weisheit ein wenig beleuchten. Und so höret! — Wenn der Geist sagt: Ich bin und denke, so zeigt er dadurch an, daß der Herr in ihm Alles in Allem ist; und sagt er von sich aus: Ich bin nicht, und denke nicht, so redet er, daß ohne den Herrn für sich selbst kein Wesen Etwas ist, noch etwas vermag. — Wie ist's denn aber, wenn der Herr in der tiefen Weisheit Aehnliches von Sich aus sagt, der doch ewig Alles in Allem ist? — Sehet, dann bezeiget Solches, daß der Herr Selbst in Sich Selbst ewig vollkommen ist und denket; — wenn Er aber spricht: Ich bin nicht, und denke nicht, so besagt das so viel, als: Alle Wesen sind zwar Geschöpfe von Mir, und sind Meine durch Meinen Willen festgehaltenen lebendigen Gedanken; und es giebt kein Ding in der ganzen Unendlichkeit, das Ich nicht gedacht und schöpferisch mit Meinem Willen gefestet hätte; — damit aber Meinen Geschöpfen die vollkommene Freiheit werde, so gebe Ich Meine Gedanken so vollkommen frei, als hätte Ich sie nicht gedacht und nicht geschaffen; auf daß sie nun wie aus sich ganz frei denken, schalten und walten können, als hingen sie von Mir nicht im geringsten ab, und als wäre Ich gar nicht vorhanden. — Sehet, das ist dann der Weisheitssinn in den geistigen Begriffen, welche mit irdisch geordnetem Maßstabe in ihrer geistigen Einfachheit freilich wohl als Faseleien angesehen werden müssen. Wie es sich aber mit diesem für euch ein wenig erhellten Weisheitsbeispiele verhält, also verhält es sich auch mit allen den früher angeführten Rechen- und historischen Beispielen; und ihr könnet einen Geist fragen: Wie viel ist zweimal vier? und der Geist gäbe euch zur Antwort: Zweimal vier ist Judäa oder China, oder Asien, oder Europa, oder Jerusalem, oder Bethlehem, oder der König Salomo und dergleichen noch eine zahllose Menge Mehreres; so hätte er euch allzeit die untrüglich wahre Antwort gegeben. — Aber ihr werdet dazu sagen: Daß zweimal vier Acht sind, das sehen wir ein; aber daß zweimal vier Länder, Städte und Völker bezeichnen sollen, das scheint wohl eine starke Faselei zu sein. Mit irdisch geordnetem Verstande genommen, sicher; aber mit geistigem, wo eine jede Zahl einen unerschöpflichen entsprechenden geistigen Grundsinn hat, wird die Antwort vollkommen richtig sein. — Ich sehe aber, daß euch diese Angabe zu sehr wißbegierlich kitzelt, und ihr möchtet gern ein leises Fünklein darüber haben; so will ich euch ja gleichwohl ein paar Fünklein vorspringen lassen. — Sehet, zweimal Vier sind Acht; wie ist es aber Jerusalem? — Sehet, in der Zahl 8 ist die Zahl 7 unfehlbar enthalten. Die Zahl 7 aber besagt die Vollmacht der sieben Geister Gottes, welche Entsprechung haben in den sieben Farben, und sonach auch mit dem Leben eines jeden Menschen. — Aber nun haben wir bei der Zahl 7 die Zahl 1; was besagt denn diese? — Sie besagt, daß diese sieben Geister nicht sieben, sondern im Grunde nur vollkommen ein Geist sind; und das ist gleichsam in der Zahl 8 ausgedrückt, in welcher Zahl zu gleicher Zeit die Geister Gottes abgesondert und dann daneben zu Eins vereint entsprechend dargestellt werden; und dieses vereinte Eins zu dem früheren wie getheilten Sieben giebt die vollkommene Zahl 8. — Nun aber stellt Jerusalem den Herrn ebenfalls unter dem wirkenden

Standpunkte der Liebe und Weisheit vor; welches ihr aus der Veranlassung der Entstehung dieser Stadt und ihrer zweckdienlichen Einrichtung gar wohl ersehen könnet. — Sonach ist der Herr oder seine Liebe und Weisheit, oder die eben das bezeichnende Stadt Jerusalem ja vollkommen identisch; und die den Herrn als in Eins vollendetes Wesen darstellende Zahl 8 muß ja dann alles dasjenige ebenfalls bezeichnen, was immer nur aus was immer für einen Standpunkte betrachtet den Herrn in Seiner vereinten Vollkommenheit darstellt. Jerusalem aber thut Solches; also kann es auch mit eben dem gleichen Rechte unter der Zahl 8 bezeichnet sein. — Wie es sich aber mit Jerusalem verhält, verhält es sich im Grunde des Grundes mit allem Andern; indem der Herr doch sicher überall Alles in Allem ist; und somit die Zahl 8 in der bestimmten Sphäre Eines so gut wie das Andere vollkommen richtig bezeichnen kann. — Ihr saget hier freilich: Wenn es sich mit 8 thut, so muß es sich auch mit allen anderen Zahlen thun. Das ist richtig und sicher; aber ihr werdet Solches, — so lange ihr noch mit irdischen Zahlen und Maßstäben herum springet, und der Meinung seid, daß Gott und die reineren Geister ebenso zählen müssen, wie ihr, — nicht völlig in der Tiefe begreifen können. Wenn, aber ein Prophet spricht: Vor Gott sind tausend Jahre wie ein einzelner Tag, und die Zahl aller Menschen ist gleich null vor dem Herrn; was sagt ihr denn zu diesem mathematischen Verhältnisse? — Denn im Grunde müßt ihr denn doch sagen: Gott hat die Jahre und die Tage gestellt, und hat das Jahr zusammengesetzt aus dreihundert und sechzig Tagen, und mußte da ja doch die Tage und Jahre Selbst eher wohl unterschieden haben; sonst wäre es Ihm sicher nicht möglich gewesen, Tage und Jahre so wohlgeordnet und wohl unterscheidbar nach einander folgen zu machen. — So aber der Herr Solches ersichtlicher Maßen allerhöchst klar berechnend gethan hat, und Selbst sicher am besten weiß, aus wie viel Tagen ein Jahr besteht, wie kann Er denn Seiner eigenen gestellten Ordnung gewisserart wie vergessen, dieselbe so sehr unbeachtet überspringen wollen, und tausend Jahre einem einzelnen Jahrestage gleichstellen? — Sehet, solch' ein Spruch kommt euch viel natürlicher vor, weil ihr euch denselben schon mehr angewöhnt, ihn schon zu öfteren Malen gehört und darüber auch schon mehr oder weniger passende Vergleichungen angestellt habt. Würdet ihr aber nie etwas davon gehört haben, so würde er euch ebenso wundersam klingen, als so ich euch sagen möchte: Siebenhundert dreißig und vier Jahre sind gleich 27 Tagen und etlich wenigen Stunden, und einer Stunde und einer Minute für sich. — Aus diesem aber will ich euch nur zeigen, daß die Zahlen Jahre und Tage und Stunden und Minuten im Geiste durchaus nicht Das bezeichnen, als was sie dastehen, sondern die Weisheit des Geistes ist eine andere, als die des irdischen Verstandes; — und so denn werdet ihr hoffentlich nun auch ein wenig zu begreifen anfangen, daß ich ehedem vollkommen richtig zu euch gesprochen habe, da ich zu euch sagte: Ihr möget über die Bedeutung dieses Zieraculums was immer für ein Entsprechungsbild aufgestellt haben, so habt ihr dennoch vollkommen den wahren Sinn dieses Säulenrondeau-Ornamentes bezeichnet. — Damit ihr aber euch davon desto lebendiger überzeugen möget, so setzet wie zufällig ein bezeichnendes Entsprechungsbild über die Bedeutung dieses Ornamentes auf, und ich werde euch mit der Gnade des Herrn bei der nächsten Gelegenheit zeigen, daß ich in der aufgestellten Behauptung vollkommen Recht habe. —

## 220.
(Am 19. Juli 1843, von 4³/₄—6³/₄ Uhr Nachmittags.)

Ich habe vernommen und wohl eingesehen euer vergleichend aufgestelltes Bild, und muß euch noch obendrauf hinzu bekennen, daß ihr auf euerer Erde in kurzer Zeit Besitzer von Millionen werden könntet, so euch der Haupttreffer aus den Lotterien so sicher wäre als wie grundrichtig euere aufgestellte Vergleichung die innere Bedeutung unseres vorliegenden Ornamentes darstellt. — Ihr habt den Nagel auf den Kopf getroffen. Aber das will hier eben nicht zuviel gesagt haben; denn wo man den Nagel nirgends anders, als auf den Kopf treffen kann, da hört es dann auch auf, eine Kunst zu sein, ja sogar ein Gelingen, einen Nagel auf den Kopf zu treffen. — Denn ihr hättet auch eben so gut sagen können: Die untere Spitzpyramide bedeutet eine Maus, und die hängende Kugel eine Katze; — und ihr hättet die Sache eben so richtig bezeichnet, als mit der „Zeit" und mit der „Ewigkeit." — Daß aber solches Alles richtig ist, wird sogleich unsere nachfolgende Betrachtung zeigen. — Daß eine Kugel, welche nirgends einen Anfang und nirgends ein Ende hat, am allerfüglichsten die Ewigkeit bezeichnet, also wie auch die der Ewigkeit innigst verwandte Unendlichkeit, das ist schon eine uralte sinnbildliche Wahrheit. Ein Kreis bedeutet wohl auch die Ewigkeit, aber nur so, wie sie gewisserart als eine unendliche Zeitenfolge zu betrachten ist; aber die Ewigkeit in sich, welche gewisserart weder eine Vergangenheit, noch eine Zukunft, sondern eine fortwährende Gegenwart all' des schon vor undenklichen Zeiten Geschehenen, und des nach undenklichen Zeiten noch zu Geschehenden wie in einem unendlichen Zeitenknaule vollkommen gegenwärtig darstellt, wird durch eine Kugel symbolisch bezeichnet. — Eine Spitzpyramide von kreisrunder Form aber bezeichnet allerdings die Zeitenfolge; warum denn? — Weil für's Erste die Kreisrundung der Spitzpyramide den Ausgang aus der Ewigkeit dadurch anzeigt, daß sie eigentlich eine gestreckte Kugel beschreibt, deren Kreise sich gegen die Streckpunkte stets mehr und mehr beengen. Schneidet ihr eine solche nach zwei Seiten gestreckte Kugel bei der Mitte auseinander, d. h. durch den Gürtel, so werdet ihr dann zwei Pyramiden bekommen, welches aber so viel sagt, daß durch diese Manipulation die eigentliche Ewigkeit in sich zu einer Zeitenfolge ist ausgedehnt worden. — Und da ihr die ausgestreckte Kugel durch den Gürtel auseinander theilet, da liegen alle Facta inzwischen; denn da ist ihr Anfang und ihr Ende. So könnt ihr euch auch keine begrenzte Zeit denken, wohl aber eine eingetheilte. Wo ihr aber die gestreckte Kugel als die zur Zeitenfolge ausgedehnte Ewigkeit abtheilet, da steckt, wie gesagt, irgend ein Factum von seinem Anfange bis zu seinem Ende dazwischen, ohne dem es an keine Zeiteintheilung zu gedenken ist. — Denn denket nur einmal nach, wie lange messet ihr wohl schon die Zeit? — Von euerer Geburt an bis zur gegenwärtigen Lebensperiode. — Sehet, das ist euer Durchschnitt; dieser schließt den Anfang und das Ende eueres irdischen Lebens in sich, und nach beiden Seiten hin ist eine endlos ausgestreckte Linie, deren Ende nirgends als nur für euch bei euerem Lebens-Durchschnitte zu finden ist, d. h. vor euerer Geburt ist eine ewig lange Zeit vergangen, und nach euerem Uebertritte wird ebenfalls wieder eine unendliche Zeitenfolge fortwähren. — Nun sehet unser Ornament an; eine Kugel gänzlich vollkommen durchsichtig, hängend auf einer ebenfalls vollkommen durchsichtig glatten Schnur. Diese Kugel berührt mit ihrer unterster Sphäre die Spitze unserer Rundpyramide; — was will Solches denn sagen? — Die in sich komplete Ewigkeit oder Unendlichkeit, welche durch die Kugel dargestellt wird, dehnt sich in der Pyramide zu einer ewigen Zeitenfolge aus, und fließt aus der Kugel, wie aus einem ewigen Urborne, gleichsam durch die Spitzpyramide in die thaten- und werkreichen Zeitperioden aus. — In diesem nun so viel als möglich erklärenden Satze werdet ihr sicher so ziemlich klar ersehen, daß euer Bild zur vorläufigen Erklärung dieses Ornamentes ein sicher ganz überaus wohlgelungenes war; — denn ihr möget es wenden und drehen, wie ihr wollt, so werdet ihr allzeit dasselbe Endresultat bekommen. — Aber wie ginge es denn mit der Katze und mit der Maus? — Sehet, ihr dürfet die Sache nur umkehren, und das Bild ist wieder richtig. — Die Katze ist ein Thier, das fortwährend mit der Mordlust für Mäuse und auch andere mausähnliche Thierchen erfüllt ist; die Pyramide stellt sonach eine Maus dar, wie schon im Anfange bezeichnet wurde, und die Katze die Kugel. — Wie aber die Katze, ein Raubthier fortwährend die Mäuse verschlingen will, verschlingt ja auch die Ewigkeit fortwährend alle die aus ihr heraus getretenen Zeitfolgen und alle Werke in demselben. In der Ewigkeit könnt ihr Alles: Vergangenes, Gegenwärtiges und Zukünftiges wie auf einem Punkte beisammen treffen. Wenn es aber also anzutreffen ist, so muß es als ein Verschlungenes anzutreffen sein. — Sehet auf unsere Katze; könntet ihr sie geistig beschauen, so würdet ihr in diesem Thiere nichts Anderes, als ein Aggregat von nahe zahllos vielen Mäusen und mausähnlichen Thierchen erschauen. Daß Solches richtig ist, dafür spricht die ziemlich bedeutende Aehnlichkeit zwischen diesen beiden Thiergattungen. Bei der Katze ist Alles nur mehr abgerundet, welches die größere Inhaltscompletheit darstellt, ähnlich mit der Kugel. Bei der viel kleineren Maus ist Alles mehr gespitzt; das bezeigt die beiweitem geringere Inhaltscompletheit. — Ihr saget hier freilich: Wenn ein erklärendes Bild vollkommen richtig sein soll, da muß es auch den Abgang und nicht nur allein den Auf- oder Rückgang, also das Ausbeuten eben so gut, wie das Wiederverzehren bezeichnen. Es ist wahr, die Katze verschlingt die Mäuse, wie die Ewigkeit die Zeitenfolgen und ihre Werke; aber die Zeitfolgen und ihre Werke gehen auch aus der Ewigkeit hervor. Ob aber auch die Mäuse aus der Katze hervorgehen, darüber scheinen die vielen Weisen des Morgenlandes zu schweigen; und wir sind der Meinung, daß wir Solches auch mit einem centralsonnengroßen Steine der Weisen in der Hand kaum herausbringen werden! — Ja, meine lieben Freunde und Brüder, mit euerer irdischen Weisheit dürfte es da wohl ein wenig schwer gehen; — aber es war dennoch bei den alten Weisen ein ganzer Wust von Sprichwörtern, mittelst deren man für einen wirklich Weisen so ziemlich darthun könnte, daß aus den Katzen durch eine gewisse naturgemäße kreisförmige Umbildung die Mäuse am

Ende wieder aus der Katze hervorgehen. Ihr saget schon: Jedem Lappen gefällt seine Kappen; die Alten haben gesagt: Similis simili gaudet, — gleich und gleich gesellt sich gern, u. d. g. noch eine Menge ähnlicher Sprichwörtchen. — Ihr wisset aber, daß bei dem Umstehen eines Thieres dessen animalischer Nervengeist allein nur in eine höhere Ordnung aufsteigt; der zurück gebliebene Körper als ein Aggregat von unteren Naturpotenzen zerfällt dann wieder und kehrt durch den Kreisgang genau wieder auf den Punkt zurück, der sein ordnungsmäßiger Vorgänger ist. — Die Katze nimmt das Leben derjenigen Thierwelt, die sie verzehrt, in sich auf, und befördert in sich dasselbe zu einer höheren Stufe; aber der Leib der Katze macht eine Rückbewegung, und die in ihm noch vorhandenen Kräfte bilden sich durch den Cyclus wieder zu Mäusen, und darum — (jedem gefällt das Seinige) — gefällt auch der Katze ihr Wesen, welches durch den geordneten Cyclus zurückgekehrt ist in der Maus, und in allen jenen Thierchen, die mit dieser auf einer verwandten Stufe stehen. — Also sehet nun, daß auch dieses Bild richtig ist, und wir haben bei dieser Gelegenheit unser Ornament möglichst umfassend beleuchtet, und wollen uns, da hier aus der sehr durchsichtigen Materie nicht viel mehr heraus zu bekommen ist, sogleich um ein Stockwerk höher begeben, also in's neunte, oder in die zehnte Gallerie. —

## 221.

(Am 21. Juli 1843, von Nachmittags 5—7¼ Uhr.)

Wir hätten uns über die überaus zarte Rundtreppe herauf gehoben, und befinden uns nun ganz wohlbehalten im neunten Stockwerke, oder auf der zehnten Gallerie. — So denn sehet euch nur sogleich recht aufmerksam um, und saget es mir dann nach der gewöhnlichen Art und Weise, was Alles ihr hier Neues und Denkwürdiges erschaut habet. — Ihr machet hier, wie ich sehe, ein wenig große Augen, und stutzet; was ist es denn, das euch hier also zu befremden scheint? — Ihr saget: Lieber Freund und Bruder, außer einer lichtgrauweißlichten continuirlichen Wand des Hauptgebäudes entdecken wir zu einer Abwechslung gar nichts, außer, so wir abwärts sehen, Theile der früheren Gallerien; aber darauf wir stehen, mögen wir nicht erschauen, — also weder einen Boden, noch irgend ein Säulenrondeau, noch ein Geländer, und schon am allerwenigsten irgend ein Säulenrondeau-Ornament. Sollten sich aber jedoch solche Dinge auch auf dieser ganz entsetzlich luftigen zehnten Gallerie vorfinden, so bitten wir dich im Ernste um eine Augensalbe, denn mit so bestelltem Augenlichte werden wir ganz entsetzlich wenig zu Gesichte bekommen, und darnach urtheilen können, was alles Wunderherrliches und Vielbedeutendes sich etwa auf dieser zehnten Gallerie vorfindet. — Lieber Freund und Bruder! Wenn allfällig im Innern dieses neunten Stockwerkes auch Menschen wohnen und von ebenfalls so überaus durchsichtiger Natur sind, wie diese gegenwärtige Gallerie, da meinen wir, wird es für uns keine Gefahr haben, solche anzusehen; so wenig, als es auf der Erde für die Menschen von irgend einer sinnlich bezaubernden Gefahr ist, wenn sie auch von den allererhabenst schönsten himmlischen Wesen umgeben sind, aber von ihnen nicht ein Atom groß zu sehen bekommen. — Wenn wir überhaupt so recht aufmerksam auf die continuirliche Wand hinsehen, so entdecken wir nicht einmal irgend eine Eingangsthüre; und es hat sehr stark den Anschein, als wohneten hierin entweder pure Geister, oder es wohne gar Niemand darinnen. — Fürwahr, über diese höchst luftige Einrichtung könnte man sich im Ernste ein wenig lustig machen; denn wo nichts zu sehen ist, da ist für das betrachtende Subject auch so gut wie gar kein Object vorhanden, — ohne Object aber möchten wir denn doch auch ein wenig wissen, wie man da zu irgend einem anschaulichen Begriffe desselben gelangen kann, außer man schmiedet aus seiner eigenen Phantasie ein ganzes Regiment Hypothesen, mischt sie dann wie Spielkarten untereinander, wirft sie in einen Glückstopf, zieht blindlings eine aus demselben hervor, und macht dann diese zu einem Haupttreffer. Fürwahr, auf dieser Gallerie scheint es sehr stark, daß wir werden zu unsichtbaren Hypothesen unsere Zuflucht nehmen und sagen müssen, was allenfalls sich hier vorfinden kann; aber nicht, was sich etwa im Ernste vorfindet. — Ja, meine lieben Freunde nnd Brüder, dem Anscheine nach habt ihr freilich wohl hier in so manchen Stücken Recht; aber der Wirklichkeit nach sind euere Angaben und Muthmaßungen, wie auch so manche witzig scheinende Phrasen noch um's Außerordentliche viel luftiger und durchsichtiger, als die Gegenstände dieser zehnten Gallerie. — Habt ihr nie gehört auf der Erde, und nie gesehen, welches Mittels sich die Blinden statt des Augenlichtes bedienen? Ihr saget: Diese greifen, und befühlen, ob und was da ist. — Nun gut; wenn ihr hier für diese Gegenstände so gut wie blind seid, so greifet, und ihr werdet euch dann ja wohl überzeugen, ob Etwas, oder ob Nichts da sei? — Ich sage euch: Wir befinden uns knapp an einem Säulenrondeau, welches hier freilich wohl nur noch aus zwölf einzelnen Säulen besteht. Tastet ein wenig um euch, und euer Gefühl wird euch gar bald sagen, wie es sich mit der Sache verhält. — Sehet, da hinter euch ist gleich eine Säule; nur hingelangt, und ihr werdet sie sogleich sicher recht wohl gewahren. — Nun, ihr habt Solches gethan; habt ihr eine Säule entdeckt oder nicht? — Ihr saget: Fürwahr, lieber Freund und Bruder, wir haben noch dazu eine überaus feste Säule mit unseren Händen entdeckt; aber was ist denn das für eine entsetzliche Materie, die bei solch' einer außerordentlichen Festigkeit also durchsichtig ist, daß von ihr auch mit dem schärfsten Blicke keine Spur zu entdecken ist? — Auf der Erde ist solch' eine Erscheinung undenklich. Ja, meine lieben Freunde und Brüder, ich sage euch hierzu nichts Anderes, als: Alles richtet sich nach der Gestalt der Sache. Es werden sich aber dennoch Beispiele finden lassen, durch die diese Erscheinung sich sogar auf euerer Erde recht gut wird erklären lassen. — Die Erfahrung wird es euch lehren, so sie es euch nicht schon gelehrt hat, daß ganz gleiche Gegenstände, d. h. Gegenstände von vollkommen gleicher Farbe, von einander unter gewissen Bedingungen mit dem allerschärfsten Auge nicht unterscheidbar sind. Nehmet zum ersten Beispiele eine vollkommen weiße Wand, und mahlet dann mit eben der vollkommen weißen Farbe eine Landschaft auf diese weiße Wand, und wann sie fertig wird, dann versuchet euere Augen, ob ihr von der Landschaft etwas entdecken werdet? — Seht, da hätten wir schon ein Beispiel; — nehmet einen geschliffenen Diamanten, und leget ihn in durch eine kleine

Esse angefachte Kohlengluth; der Diamant wird sobald, ja im ersten Augenblicke in die vollkommene Glühe der Kohlen übergehen, obschon sie bei solcher Hitze nicht im Geringsten verflüchtigen. Rufet dann Jemanden herbei, der die Stelle nicht weiß, dahin der Diamant ist gelegt worden, und er kann einen ganzen Tag lang in die Gluth hineinstarren, und ihr könnt versichert sein, daß er so wenig, wie ihr selbst, von dem Diamanten die allerleiseste Spur entdecken wird. Warum denn nicht? — Weil der Diamant als ein höchst durchsichtiger Körper unter ganz gleichen Licht- und Glühumständen selbst als ein überaus fester Körper von seiner Umgebung nicht unterscheidbar ist, indem seine Kanten unter solchen ganz gleichen Umständen keine Abmarkung seiner Form erschaulich zulassen. — Sehet, das ist schon wieder ein Beispiel auf der Erde. — Gehet in eine Glasfabrik; nehmet da Glasperlen oder sonstige Gegenstände aus Glas mit, und werfet sie hinein in die weißglühende flüssige Glasmasse im Schmelztigel, sehet dann recht fest hinein und beschreibet euch gegenseitig die verschiedenen Glasperlformen, wie sie allenfalls aussehen; ihr werdet davon so viel wie gar nichts entdecken. — Sehet, da hätten wir schon wieder ein Beispiel auf der Erde. — Nun ein euch gar nahes Beispiel! — Schüttet in ein ganz reines Glas ebenfalls ein ganz reines Wasser, und versuchet dann, ob ihr vom gefüllten Glase die innere Wand, an der natürlich das Wasser liegt, entdecken könnet? — Noch mehr Beispiele! — Leget ein vollkommen reines Glas in ein ebenfalls vollkommen reines Wasser, und ihr werdet von dem Glase eben nicht gar zu viel zu Gesichte bekommen. Ferner laßt euch von vollkommen reinem Glase, welches auf beiden Seiten spiegelblank geschliffen ist, eine Fensterscheibe einschneiden, und versuchet vom Zimmer aus, etwas vom Glase der Fensterscheibe zu entdecken. Ihr könnt versichert sein, ein jeder Fremde, der in euer Zimmer kommen wird, wird zu euch sagen: Aber warum lasset ihr denn da keine Scheibe hinein schneiden? — Warum wird er denn Solches sagen? — Weil er die Materie des reinen Glases von der gleich reinen Luft nicht zu unterscheiden vermag. — Dann ferner gehet an einem neblichten Tage an ein Wasser, und versuchet, ob ihr vom Wasser etwas entdecken könnet, wenn der Nebel auf dessen Oberfläche liegt? — Andere Gegenstände werdet ihr in gleicher Entfernung noch recht gut ausnehmen; aber nur die Oberfläche des Wassers nicht, weil dieses natürlich die gleiche Färbung mit dem über ihm schwebenden Nebel annimmt. Deßgleichen werdet ihr auch auf einem Gletscher selbst schon bei einem schwachen Nebel von den Eisformen desselben sogar unter eueren Füßen nichts mehr zu entdecken im Stande sein. Die Ursache liegt ebenfalls im gleichen Lichte. — Nehmet ihr z. B. zum Beschlusse noch an, ihr befändet euch in einer Doppelsonnen-Weltsphäre, allda nicht selten für die Bewohner der Planeten eine Sonne die andere, wenn schon in bedeutender Entfernung also übersteigt, wie bei einer Sonnenfinsterniß euer Mond scheinbar die Sonne übersteigt. Beim Monde könnt ihr ganz genau merken, in wie weit deß scheinbare Scheibe über die scheinbare Scheibe der Sonne gezogen ist; würdet ihr wohl auf eine gleiche Art zwei übereinander gezogene Sonnenscheiben eben so gut unterscheiden können? Ihr würdet da nichts als eine Zusammenschmelzung der zwei Sonnen in vollkommen Eine ausnehmen; aber die Abmarkung der einen Glanzscheibe gegen die andere wird eueren Augen völlig entgehen ob des gleichen Lichtes. — Ich meine, wir werden der Beispiele genug haben, aus denen ihr die Nichtsichtbarkeit der Gegenstände dieser Gallerie gar leicht erklärlich finden werdet. Der Grund liegt nämlich darin, weil die Gegenstände in gleicher Farbe und gleicher Durchsichtigkeit mit dem sie allenthalben umgebenden ätherischen Lichtstoffe sind. — Dieses ist aber nicht nur materiell richtig, sondern auch geistig. — Denket euch eine Gesellschaft von vollkommen gleich weisen Menschen; wie werden sich die untereinander verhalten? — Ich sage euch: Nicht anders, wie Blinde, Taube und Stumme; denn Keiner wird dem Andern Etwas zu sagen haben, weil er schon voraus weiß, daß sein Nachbar ganz bestimmt das weiß, was er ihm sagen möchte. Ein gleicher Fall ist ja schon in euerem gewöhnlichen Leben ersichtlich vorhanden. Was thun zwei Bekannte, so sie dann und wann zusammen kommen? — Sehet, sobald fragt Einer den Andern: Nun, was giebt es denn Neues? Weiß Einer dem Andern etwas Neues zu erzählen, so wird ihn der Andere mit großer Aufmerksamkeit anhören; wissen aber Beide miteinander nichts, so wird der Discurs von sehr kurzer Dauer sein. Warum denn? — Weil in diesem Falle die beiderseitigen Wissenschaftslichtfarben ganz homogen sind. Derselbe Fall wird es auch sein, wenn Beide eine und dieselbe Neuigkeit schon geraume Zeit wissen; wie der Eine dieselbe zu erzählen anfangen wird, so wird ihm der Andere sogleich sagen: O, das ist ja schon etwas Altes; wenn du nichts Besseres weißt, so haben wir schon ausgeredet. — Deßgleichen ist es auch der Fall, wenn ein Blinder den andern führen soll, oder ein Dummer den andern unterrichten. Wie weit dergleichen Menschen kommen werden, ist bekannt, und braucht nicht näher erörtert zu werden. Aber aus eben dem Grunde können auch die Menschen auf dem Erdkörper die sie umgebenden Geister nicht sehen, weil sie selbe sehen möchten mit ihren Augen, die da homogen sind mit ihrem Verstande, und dieser homogen mit der formellen Substanz der Geister. — Wenn aber Jemand geht in seine Liebe, welche ein anderes Licht ist, als das Licht der puren Weisheit, so wird er auch sobald die geistigen Formen um sich zu schauen anfangen, und diese werden sobald verschwinden, wie er sie in sein Denken aufnehmen wird. — Sehet, das ist so ein kleiner Anfang von Dem, was wir hier werden kennen lernen; fanget daher nur recht tüchtig an um euch umher zu greifen, und wir werden für's nächste Mal hinreichend zur belehrenden Erörterung bekommen. —

## 222.

(Am 22. Juli 1843, von Nachm. 5—7 Uhr.)

Ihr habt schon mehrere Säulen begriffen; nun verfüget euch denn auch in die Mitte auf diese Stelle hierher, da ich mich befinde, und greifet da auch ein wenig nach aufwärts, und saget mir, was ihr da begriffen habt. — Ihr saget: Lieber Freund und Bruder, wenn uns das Gefühl nicht täuscht, so begreifen wir Kugeln etwa von der Größe eines Menschenkopfes; und diese sind wie an zwei Querstäbe gesteckt und bilden sonach ein gleicharmiges horizontal hängendes Kreuz vom Boden gerade so weit entfernt, daß wir es mit unseren Händen noch so ziemlich leicht erreichen können. Das ist aber auch schon Alles, was wir hier zu entdecken vermögen. Bei der Umfassung der Säulen haben wir auch noch eine höher hinauf führende Treppe entdeckt, welche mit einem flachen Geländer umfaßt ist; wie sich's aber über solch' eine nicht sichtbare Treppe wird höher wandeln lassen, das mag wohl auf jeden Fall der nachfolgenden Erfahrung vorbehalten sein. In dem liegt nun gar Alles, was wir entdeckt haben; — und du, lieber Freund und Bruder, magst uns darüber eine Erklärung geben, wenn darüber überhaupt eine Erklärung möglich ist. — Wenn es eigentlich auf uns ankäme, so wären wir beiweitem eher geneigt, uns von dieser zu durchsichtigen Gallerie eher wieder um einige Stöcke abwärts zu begeben, als nur einige Staffeln in eine wahrscheinlich durchsichtigere Gallerie noch höher zu gehen; aber, wie gesagt, es kommt hier allein auf dich an. Wir sind mit der Darstellung dieser höchst unsichtbaren Denkwürdigkeiten zu Ende; mache du nun daraus, was dir gut dünkt. — Daß wir dir ein geneigtes Ohr leihen werden, dessen brauchen wir dich gar nicht in Voraus zu versichern. — Gut, meine lieben Freunde und Brüder; ihr habt die auf dieser zehnten Gallerie merkwürdigen Gegenstände richtig beschrieben, abgerechnet einige schwache Witzfloskeln, die freilich wohl nicht so ganz hierher taugen. Es ist zwar wohl der Witz auch ein Product der Weisheit; aber er steht als Solches auf der alleruntersten Stufe derselben. Alle sogenannte Satyrik ist fortwährend auf gewisse menschliche Schwachheiten berechnet, und ist daher ein schlechter Fechtmeister; denn ein Held, welcher nur gegen Kinder zu Felde zieht und will vor diesen Schwächlingen seine Stärke zeigen, beim Anblicke eines wirklichen Helden aber Berge über sich ruft, verdient wahrlich diesen Namen nicht. Der Löwe ist kein Mückenfänger; der aber da Mücken fängt, und sich mit dem Abwägen einer Schafwollocke abgiebt, der hat sicher die Natur des Löwen nicht. Also ist auch die Satyrik und andere ihr entstammende Witzeleien mit der eigentlichen Tiefsinnigkeit der Weisheit des Geistes spottwenig verwandt; man könnte sie sehr gut und am allerbezeichnendsten eine allerbarste Schmarotzerpflanze am Baume der tiefen inneren Erkenntniß des Lebens nennen. Also Solches ist auch gut, daß ihr euch es merket; denn die Dinge, die wir vor uns haben, sind von zu ernst großartig erhabenster Art, als daß wir sie gewisserart mit einem eitlen Laubwerke von den Schmarotzerpflanzen verzieren sollten. — Wie groß und viel bedeutend aber diese Gegenstände sind, werdet ihr sogleich aus meiner folgenden Erörterung entnehmen; und so höret denn! — Die Säulen dieses Rondeau's stellen die Lebenskräfte des Menschen dar. Zwölf Säulen habt ihr entdeckt; — wenn ihr das Gebiet der Leben äußernden Kräfte durchgehet, so werdet ihr mit leichter Mühe finden, daß dasselbe auch auf zwölf ähnlichen Trägern ruht. — Wie lauten aber diese Träger, welche Namen haben sie? — Wir wollen sie ganz kurz durchgehen; der erste Träger heißt: Du sollst allein an Einen Gott glauben. — Der zweite Träger: Den Namen Gottes, der da heilig ist überheilig, sollst du nimmer, weder durch Worte noch Gedanken, Begierden und Thaten entheiligen. — Der dritte Träger heißt: Unterlaß nie die Ruhe des Herrn zu feiern, sondern gedenke in dieser in deinem Herzen Gottes, deines Herrn und Schöpfers! — Denn in dieser Ruhe nur wird dich der

Herr, dein Gott, ansehen und segnen dein Leben. — Der vierte Träger heißt: Zolle allezeit Gehorsam, Liebe und Achtung Denen, die dich durch die Kraft Gottes in ihnen gezeugt haben, so wirst du dadurch dir das Wohlgefallen Gottes erringen; und dieses wird sein ein mächtiger Grund aller Wohlfahrt deines Lebens! — Der fünfte Träger heißt: Achte das Leben in allen deinen Brüdern, so wirst du den Werth des eigenen Lebens erkennen; tödtest du aber einen aus deinen Brüdern, so hast du dadurch deinem eigenen Leben eine tödtliche Wunde versetzt. — Der sechste Träger lautet und heißt: Achte die zeugende Kraft in dir, wie die aufnehmende im Weibe; denn siehe, Gott, dein Herr, hat dieses allmächtige Fünklein aus Seiner höchsten und tiefsten Liebe in dich gelegt. — Mißbrauche daher nie diese heilige Kraft Gottes in dir, und zerstreue sie nicht vergeblich; so wirst du ein allzeitiger Mehrer deines eigenen Lebens, und des Lebens deiner gezeugten Kinder sein. — Der siebente Träger lautet: Siehe, Alles, was da ist, ist ein Eigenthum des Herrn, deines Gottes und Schöpfers; was Er gemacht hat, hat Er für Alle gemacht. So dein Bruder aber eine Frucht vom Baume genommen hat, so hat er sie aus der Hand Gottes genommen; und du sollst dir dann kein eigenmächtig Recht einräumen, ihm, dem Bruder nämlich, die einmal genommene Frucht auf was immer für eine Art wegzunehmen. Es ist besser, nichts zu nehmen und nichts zu haben, als etwas zu nehmen und zu haben, das zuvor schon ein anderer Bruder aus der Hand des Herrn zu eigen empfing; denn der Herr allein ist ein allein rechtmäßiger Ausspender Seiner Dinge. Wer daher sich die Rechte Gottes anmaßt, der ist ein Frevler in der göttlichen Erbarmung und versteinert sein Herz, auf daß es ja nicht mehr fähig werde zur Aufnahme des Lebens. — Der achte Träger heißt: Gott ist die ewige Wahrheit; in Seiner Wahrheit sprach Er Sein eiwges Wort aus, und das Wort selbst ist die Wahrheit Gottes. Aus diesem Worte bist du Mensch hervorgegangen; daher sollst du diesem ewig heiligen Ursprunge getreu bleiben, und selbst alle deine Worte allzeit Demjenigen gleich treu und wahr stellen, aus dem du selbst hervorgegangen bist; wo nicht, so tödtest du das Urwort in dir und somit dein eigenes Leben. — Der neunte Träger lautet: Gott der Herr, hat dir mannigfache Sinne und Kräfte verliehen; diese sollst du im Zaume halten, wie ein junges Bäumchen im Garten deines Lebens, damit es mächtig heranwachse zur riesigen Kraft und Stärke eines mächtigen Baumes. — Wenn du aber solche deine Sinne, Triebe und Begierden nach allen Richtungen herumschießen lässest, so wird dein Lebensbaum nie zur vereinten Kraft erwachen, sondern entweder verdorren oder zu einem nichtigen Gebüsche und Gestrüppe werden, in dem sich wohl allerlei Geschmeiß aufhalten wird, aber die Vögel des Himmels nimmer ihre Wohnung nehmen werden. — Der zehnte Träger heißt: Sehe das Weib nicht mit begierlichen Augen an, und das Weib deines Nachbars und deines Bruders betrachte in der Begierde deines Herzens, als wäre es nicht da, so wird dadurch deinem Geiste ein freies Gedeihen werden; — und wirst du in der Kraft deines Geistes dich befinden, dann wird es dir ein Leichtes sein, die Kraft des Geistes in deinem Weibe dir wahrhaftig zu vermählen, welches wird sein eine wahre Ehe vor Gott. — Verbindest du dich aber mit deinem Weibe nach deiner Begierde, die noch unreif ist, so wirst du durch solchen Verband deinen Geist mit dem Geiste deines Weibes nur zusammen knebeln, wodurch dann aus zwei Geistern ein unbehilflicher Sclave wird, und wird da nicht können ein Geist dem andern die heilige Lebensfreiheit je verschaffen, sondern noch die ursprüngliche in der stets mächtigeren Umstrickung verlieren. — Wie heißt denn der eilfte Träger? — Also heißt er: Gott ist in Sich Selbst die ewige und allerreinste Liebe Selbst; aus dieser unendlichen Liebe bist du Mensch hervorgegangen; also ein Werk der Liebe bist du; daher sollst du auch Gott, deinen Schöpfer, der dich ganz und gar aus Seiner Liebe gebildet hat, mit aller deiner Liebe ergreifen, und Ihn lieben über Alles. Thust du Solches, so ergreifst du das ewige unvergängliche Leben und lebst ewig in selbem; thust du es nicht, da trennst du dich vom Leben, und das Loos deiner Trennung ist der ewige Tod! — Der zwölfte Träger endlich lautet: Siehe Mensch, wie du, so sind auch alle deine Brüder aus einer und derselben unendlichen Liebe Gottes hervorgegangen; daher kannst du Gott nicht lieben über Alles, wenn du deine Brüder nicht liebst, welche eben so gut, wie du, nichts Anderes, als die allmächtige Liebe des Herrn wesenhaft sind. — Meine lieben Brüder und Freunde! Ich meine, unser Säulenrondeau ist dadurch zur Genüge beleuchtet worden. Ein unsichtbares Kreuz hängt in der Mitte desselben, und ist aus so viel Kugeln quer zusammengestellt, als wie viel Säulen wir hier gezählt haben; ist aber nur durch das Gefühl, und nicht mit dem Lichte der Augen wahrzunehmen. — Sehet ihr hier das Geheimniß des Glaubens? — Nicht schauen könnt ihr, das ihr glaubet, obschon es ewig fest vor eueren Augen steht. — Befühlet zuvor die inneren Lebensträger in euch, und gehet dann in euer Inneres, da werdet ihr alle Lebenskräfte vereint in diesem heiligen Zeichen erschauen. Eine jede Lebenskraft ist eine Säule und eine Kugel am Zeichen; die Säule darstellend die Kraft, die Kugel die Vollendung des Lebens in jedem Zweige desselben. — Das Kreuz auf euerer Erde aufgestellt ist in seiner Zusammenfassung ein Bild des Glaubens; in seinen Einzelheiten stellt es mit dem aufrechtstehenden Balken, der größer und länger ist denn der Querbalken, die Liebe zu Gott, und mit dem Querbalken die Liebe des Nächsten dar. — Dieses horizontal hängende Kreuz aber hier bezeichnet die Weisheit, das Licht des Geistes in seiner Vollendung, und dessen Einzeltheile die reine himmlische Liebe, welche gleich ist in Gott zu Gott, wie zu dem Nächsten. — Sehet, das ist schon tiefe Weisheit, und liegt im großen Geheimnisse des Kreuzes, wie in den Zwölfen, die der Herr erwählt hatte. — Ihr könnt dieses Alles nun begreifen; wie aber? — Mit der Liebe! — —

## 223.
(Am 26. Juli 1843 von Nachm. 5—7 Uhr.)

Wollt ihr tiefer nachdenken? Wollt ihr mit dem Verstandeslichte dieses Geheimniß näher beleuchten? Wollt ihr es mit eueren Händen greifen? — Ich sage euch: Dieß Alles ist fruchtlos. So wenig ihr die Umrisse eines weißen Gemäldes auf einer weißen Wand mit den Augen

eueres Fleisches werdet unterscheiden und ausnehmen können, möchtet ihr
Jahre und Jahre lang dahin starren, — eben so wenig werdet ihr in
solche Geheimnisse mit den gewöhnlichen Schau- und Urtheilsmitteln näher
enthüllend zu bringen im Stande sein; denn es geht hier Alles gleichen
Schrittes. — Die Anschauung der Gegenstände dieser Gallerie, da ihr
nichts erschauen möget, und das Erfassen innerer tiefster Weisheit, das
geht, wie gesagt, alles gleichen Schrittes. Ich aber sagte: Mit Liebe
erfasset ihr Alles; in der Liebe zum Herrn könnt Ihr Alles begreifen.
Die Liebe giebt neue Form und Färbung den Dingen aus der Weisheit; und das in dem Lichte der Weisheit endlos fern liegt, das zieht
die Liebe in einen engen Kreis zur Beschauung zusammen. Aber es muß
wahre, vollkommene Liebe sein; denn mit der Halben- oder Viertel-
Liebe wird da wenig gedient sein. Solches ist auch natürlich begreiflich; ja, es könnte im Grunde nichts natürlich begreiflicher sein, als
Das. Wir haben eine Menge Beispiele, und viele sind vor eueren
Augen, von denen allen ihr dasselbe erlernen möget. Nehmen wir
an, Jemand hätte Lust, bei einigem Vermögenszustande sich ein Haus zu
erbauen; aber zum Aufbau des Hauses gehört ein viel- und mannigfaches
Material. Es braucht viel Mühe und Arbeit, um das Material zusammen zu bringen; es braucht viel Geduld, so manche Aufopferung,
viel Aufmerksamkeit und so noch so Manches, bis das Haus fertig wird.
Mit der bloßen Lust und mit dem freudigen Gedanken wird das Haus
schwerlich je zu stehen kommen; wenn aber im Gemüthe Desjenigen, der
ein Haus bauen möchte lassen, eine mächtige Liebe zum Hause erweckt ist,
so werden alle Bedingungen mit einem großen Eifer ergriffen. Und werden diese Bedingungen näher und näher dem Bauplatze gebracht, da wird
die Liebe auch stets heftiger und zieht am Ende Alles auf einen Platz
zusammen, setzt vieler Menschen Hände in thätige Bewegung durch ihr
eigenes Leben; und das Haus als ein Werk der Liebe wird bald in seiner
Vollendung dastehen, und ihr werdet dann sagen, wenn ihr das schmucke
Haus ansehet: Wer hätte sich das vor einem halben Jahre gedacht, wo
das Material noch weit zerstreut herum lag, daß es sobald zu einem
schmucken Hause sollte herangebildet werden?! Nun aber hat es der
menschliche Geist geordnet, und das Haus steht da, ein Inbegriff von den
verschiedenartigsten Materialien, die alle zu einem Zwecke wohl verbunden
und vereinbart sind. Jetzt fraget euch aber selbst: Wer war denn
hier so ganz eigentlich der Baumeister? Wer zog die Materialen und die
Bauleute zusammen? Etwa das Geld des Bauherrn, oder sein fester
Wille, oder seine Einsicht? — Ich sage euch: Weder das Eine, oder das
Andere, sondern die Liebe allein ist der mächtige Grundstein zum Baue
dieses Hauses. — Die Liebe des Bauherrn hat das Material zusammen
gezogen, und rief die Bauleute herbei; ohne diese hätte der Bauherr weder ein Geld zum Baue hergegeben, noch hätte er das Material und die
Bauleute zusammen gebracht. Und da das Haus auf diese Weise
fertig ist, so kann nun Jedermann die zweckdienliche Form desselben anschauen, während ohne die feste Liebe des Bauherrn das gesammte Material wie in einem formlosen Chaos weit und breit in seinem Ursein zerstreut wäre liegen geblieben. — Ich meine, dieses Beispiel ist so recht
tüchtig handgreiflich und bedarf doch sicher keiner näheren Erörterung. —

Gehen wir auf ein anderes Beispiel über; denket euch einen Menschen, der zufolge seiner formellen Phantasie eine große Anlage zu einem bildenden Künstler hat. Dieser Mensch hat eine recht bedeutende Lust beim Anblicke schon fertiger Kunstwerke, wie beim Anblicke der erhabenen Natur, selbst ein solcher Künstler zu werden; aber es fehlt ihm noch an dem eigentlichen Ernste, sich dazu zu setzen und diese Kunst praktisch zu studiren anzufangen. Was ist wohl da die Ursache, daß dieser Mensch bei so glänzenden Anlagen noch nicht den Griffel und den Pinsel ergriffen hat, um eifrigst zu studiren die Grundrisse und Hauptelemente zu solcher Kunst? — Ich sage euch: Diesem Menschen fehlt sonst gar nichts, als die wahre Liebe zu dieser Kunst; wenn er von der Liebe durchdrungen wird, dann werden wir bald herrlich entworfene Formen von unserem angehenden Bildner auf den für diese Kunst bestimmten Flächen zu erschauen anfangen, und bald gar herrliche Meisterstücke. — Wer ist da wohl der eigentliche Informator? — Wer verbindet die innere Phantasie mit den äußeren Formen? — Wer die so entwickelten Formen mit den Farben durch den Pinsel auf der weißlackirten Leinwand? — Meint ihr, das hänge von den guten Instructoren oder von den Vorzeichnern ab? — O, ich sage euch: Alles dieses ist null und nichtig, sondern allein die eigene große Liebe zu dieser Kunst hat einen neuen großen Meister gebildet, der das Formlose aus der endlos weit zerstreuten Weisheitslichtsphäre zusammenzieht, und es darstellt in neue herrliche Formen, die von Jedermanns Augen nun gar wohl betrachtet werden können. — Sehet, das ist schon wieder ein so klares Beispiel für unsere Sache, daß es keiner weiteren Erörterung bedarf; — wir wollen aber noch ein Beispiel hierher setzen, und zwar eines, was euch so recht handgreiflich auf der eigenen Nase sitzt. — Gehen wir auf die sehr viel sagende Tonkunst über. — Ihr werdet unter vielen Menschen sicher recht viele Freunde dieser Kunst finden, die sich alle überaus ergötzt fühlen werden, wenn sie eine herrliche Production von einem wahrhaftigen Künstler zu hören bekommen. — Sind sie aber darum selbst Künstler? — Ich meine, das werdet ihr auch selbst recht gut zu beurtheilen im Stande sein, daß da unter den sich ergötzenden Zuhörern sicher nur äußerst wenige sich vorfinden werden, die dieses Namens einiger Maßen würdig sind. — Ja, aber warum sind denn alle diese entzückten Zuhörer nicht auch selbst Künstler, sondern bloß nur Liebhaber der Kunst? Warum ist nur ein so Vorzüglicher auf einer Tribüne vor ihnen, der mit seinen aus den Himmeln entlehnten Tönen die Gemüther der Zuhörer so überaus fröhlich stimmt und ihren Seelen ein anderes, höheres, vollkommeneres Leben verkündet? — Könnte da man nicht sagen: Was da einem Menschen möglich ist, das sollte ja auch den anderen Menschen ebenfalls geradewegs nicht unmöglich sein; ein Jeder nach seiner Art und nach seinen Talenten könnte bei der völligen Gewecktheit seines Geistes, der da ein Abkömmling göttlicher Vollkommenheiten ist, doch sicher auch etwas Tüchtiges leisten. Wird es wohl anzunehmen sein, so man dagegen bemerken würde und sagen: Ja, das hängt von den Meistern ab; hätten Dieser und Jener gediegene Meister gehabt, so wären sie auch selbst gediegene Meister geworden; aber „ex trunco non fit Mercurius", wie ihr zu sagen pfleget, also kann auch ein ungeschickter Meister schwerlich je einen Meister seiner

Kunst bilden. Es ist wahr, wer selbst nichts kann, der wird einem Andern auch nicht gar zu viel zu lehren im Stande sein. — Aber nehmen wir dagegen an, wie viele Schüler so mancher wahrhaftige Künstlermeister nicht selten unter seiner instructiven Leitung hat, und betrachten dagegen, wie spott- und blutwenig nur einigermaßen zu beachtende Künstler aus der Schule eines solchen Meisterkünstlers hervorgehen, und wir werden bei dieser Betrachtung auf einen Schluß kommen müssen, der uns sagen wird: Weil denn aus der bestmöglichsten Künstlerschule so wenig Künstler hervorgehen, so muß eigentlich der wahre Grund doch in etwas ganz Anderem stecken, durch den der Schüler ein wahrer Künstler wird, als in dem Meister, der für sich allen Anforderungen genügend wohl ein vollendeter Künstler ist. — Haben die Schüler etwa zu wenig Talent, zu wenig Fleiß, oder werden sie durch manche andere Umstände verhindert, der Kunst so recht obzuliegen? — Aha, ich sehe schon, was da Jemand sagen will. Dieser Meister hat nur das Unglück, unter vielen seiner Schüler kein Genie zu besitzen; und ich sage darauf ganz unverhohlen: Dieser Meister hat mit weniger Ausnahme fast lauter Genie's unter seinen Schülern gehabt, und doch ist aus keinem Genie etwas geworden; aber er hatte keinen unter seinen Schülern, der mit der innersten, mächtigsten Liebe zur Kunst wäre erfüllt gewesen, daher wird auch nur Derjenige ein wahrer Künstler, dessen Herz fortwährend lichterloh auflodert von mächtiger Liebe zur Kunst. — Hauche Liebe, d. h. wahre lebendige Liebe in das Herz deines Schülers, und du kannst versichert sein, daß durch dieses Feuer alle für diese Kunst erforderlichen Organe in kürzester Zeit so wunderbar ausgebildet werden, daß sich darob ein jeder Zuhörer allerhöchlichst verwundern und sagen müssen wird: Ja, da sieht wohl ein wahrhaftiger großer Künstler schon in seiner Vollendung heraus! — Sehet, also ist auch hier die Liebe der eigentliche wahrhaftige Meister, bildet den Tonkünstler zu einer Gefühlsgröße heran, von welcher sich ein anderer Mensch gar keinen Begriff machen kann, und macht dieser Gefühlsgröße auch den ganzen andern Organismus in kurzer Zeit so sehr unterthänig, daß durch denselben auch alle sogenannten technischen Schwierigkeiten mit einer wunderbaren Sicherheit können besiegt werden. Wie aber die Liebe hier ist rein Alles in Allem, so ist sie auch dann erst vorzugsweise Alles über Alles in der großen Kunst des Lebens! — Mit der Liebe könnt ihr in Tiefen dringen, vor denen es selbst so manchen Geistern schaudert; aber ohne die Liebe, oder mit etwas zu wenig Liebe wird nie ein vollkommener Künstler an das Tageslicht des Geistes treten. — Darum sagte ich auch gleich Anfangs: Wollt ihr tiefer in diese Dinge hoher Weisheit schauen, da müßt ihr die Liebe vollernstlich zur Hand nehmen, und muß nicht sein eine halbe oder eine Viertelliebe, sondern eine Liebe im Vollmaße. — Ergreifet daher unseren allerliebevollsten Herrn und Vater in Jesu Christo so recht kernfest in euerem Herzen, und ihr werdet euch sodann bald überzeugen, was Alles die Liebe zu Gott vermag. — Fürwahr, ich sage nicht zu viel: Wenn ihr Liebe hättet im Vollmaße, so hättet ihr auch den mächtigen lebendigen Glauben; und mit solcher Liebe und solchem Glaubenslichte aus ihr könntet ihr Sterne vom Firmamente herab reißen! — Erwecket euch daher, und wir werden noch auf dieser zehnten Gallerie Wunderdinge erschauen! — —

## 224.
(Am 27. Juli 1843, von 4½—5¾ Uhr Nachm.)

Ihr saget: Lieber Freund und Bruder, du magst wohl allerdings Recht haben, und es ist also, wie du gesagt hast; aber siehe, es ist mit der plötzlichen Erweckung der Liebe eine schwere Sache, was wir hier und da schon aus der Erfahrung wissen. Es hat sogar in dieser Hinsicht mit dem sogenannten Verliebtwerden einen Haken. Wenn man der Sache so recht nachspürt, so bringt man gar bald in die Erfahrung, daß man überhaupt die Liebe nicht in seiner Gewalt hat, und man kann nicht sagen, daß man in ein Wesen, wann man nur immer will, mag verliebt werden, sondern es fügt sich Solches nach den Umständen und nach den Bedingungen, und man ist als Liebender durchgehends kein actives, sondern ein rein passives Wesen, und muß im buchstäblichen Sinne genommen die Liebe nicht selten als eine Centnerlast herumschleppen; und es giebt dann und wann durchaus kein Mittel, sich derselben ledig zu machen, wie einer andern Last. Und so meinen wir denn auch hier, wären wir wirkliche Meister der Liebe, so würde es sicher durchaus nicht fehlen, daß wir den Herrn ergriffen mit der flammendsten Heftigkeit unserer Herzen; aber wir können thun, was wir wollen, können drücken unser Herz, und unser Gefühl pressen, wie die Trauben auf einer Kelter gepreßt werden, und es kommt Alles eher heraus, als eine von dir beschriebene flammende Liebe. — Daher sind wir der Meinung, daß entweder die Liebe zum Herrn von einer ganz andern Beschaffenheit sein muß, als etwa diejenige, die ein Mensch in der Blüthe seines Lebens nicht selten zu einer schönen Jungfrau empfindet, oder die Liebe zum Herrn, wenn sie der Liebe zu einer Jungfrau ähnlich sein soll, muß unmittelbar vom Herrn Selbst nach seiner großen Erbarmung in das Herz eingegossen werden; sonst ist es beinahe unmöglich, daß der Mensch aus seiner eigenen Kraft den Herrn allzeit mit der heftigsten Liebe erfassen könnte, wann er nur immer wollte. — Und wenn es hier demnach auf uns ankommt, allhier plötzlich die größte Liebe zum Herrn zu erwecken, so wird es mit der Anschauung der Wunderdinge auf dieser Gallerie sicher ebenfalls einen starken Haken haben; denn wir können wollen, wie nur immer möglich, und dennoch können wir trotz alles intimsten Wollens unser Herz nicht also entflammen im Momente des Wollens, als wie leicht wir in der Nacht eine Kerze anzünden. — Hier also, lieber Freund und Bruder, wird es eines guten Rathes gar sehr vonnöthen haben. — Ja, meine lieben Freunde und Brüder, ihr habt einerseits wohl Recht, und die Liebe ist stets des Menschen Meister, wie wir schon gestern in den Beispielen gesehen haben, weil sie so ganz eigentlich sein Leben selbst ist. Das Leben aber kann nicht beherrscht werden von Dem, was nicht Leben ist; daher muß es schon ein anderes Mittel geben, dem die Liebe gehorcht und willig folgt dem höheren Rathe Dessen, dem sie gehorcht. Worin besteht aber dieses Mittel? Dieses Mittel besteht in der klaren Vorstellung dessen, das man so ganz eigentlich mit der Fülle der Liebe erfassen will. Versuchet einmal, ob ihr bloß dem Namen nach, und möge er noch so majestätisch klingen, euch in irgend eine Jungfrau verlieben möget? — Ja, ihr werdet es bei solcher Bekanntschaft mit der Liebe eben nicht gar zu weit bringen; denn das man entweder gar nicht, oder viel zu wenig kennt, das kann man eben so wenig mit der Liebe erfassen, als wie wenig man Etwas, das gar nicht da ist, oder subtil da ist, mit den Händen ergreifen kann. Wenn ihr aber von der vorbesagten Jungfrau eine vollkommene Beschreibung überkommen werdet, wie sie aussieht und wie sie beschaffen ist, und wenn ihr von dieser Jungfrau selbst noch obendrauf ein Handbilletchen gewisser Maßen unbekannter Weise überkommet, in welchem sie Einen oder den Andern aus euch vollkommen ihrer Liebe versichert, aus dem angegebenen Grunde, weil sie euch aus den Beschreibungen ebenfalls auf das Vortheilhafteste hat kennen gelernt, so wird euere Liebe zu dieser Jungfrau sobald erwachen, und ihr werdet den allersehnlichsten Drang in euch zu verspüren anfangen, sobald als nur immer möglich sich dahin zu begeben, allda die Jungfrau euer in aller Liebe harret; und euere Liebe wird heftiger und heftiger werden, je mehr Vortheilhaftes ihr von der Jungfrau unterwegs oder im Verlaufe der Zeit vernehmen werdet. — Sehet, das ist sicher aus der Erfahrung richtig; ich aber frage euch nun: Wie könnt ihr diese Jungfrau denn so mächtig in euerem Herzen ergreifen, da ihr sie ja doch nie gesehen habt, und sie euch auch geflissentlich kein Portrait zukommen läßt, um euch gewisserart keine Vorsättigung, welche die eigentliche Liebe schwächen dürfte, zu gewähren? — Die Antwort ist leicht, und liegt ebenfalls in der Erfahrung: Weil ihr zu einer tüchtigen und wohlgegründeten Vorstellung gelangt seid, durch welche euch die besagte Jungfrau stets mehr und mehr vielseitig auf das Vortheilhafteste dargestellt wurde. Ihre Eigenschaften, ihre Schönheit haben euch gefangen genommen, und ihr könnet nicht umhin, sie bei solchen Vortheilen, die sie euch bietet, zu achten und zu lieben. — Sehet, in dem ganz natürlichen Beispiele liegt es aber ja auch ganz offenkundig, auf welche Weise man sich der Liebe des Herrn bemächtigen kann. — Die Erkenntniß des Herrn ist die mächtige Triebfeder, welche die Funken im Herzen zusammen zieht, und dann durch dieselben das ganze Herz in eine helle Flamme versetzt. Wer möchte wohl Gott lieben können, so er Ihn nicht kennete? Wer Ihn aber stets mehr und mehr lieben? Doch aber müßt ihr die Liebe zum Herrn nicht platterdings mit der Liebe zu einer vorbeschriebenen Jungfrau völlig vergleichen wollen, sondern ihr müßt sie mehr gleich stellen der reineren Liebe zwischen Kindern und Eltern. Diese Liebe aber ist nicht ein gewisser leidenschaftlicher Brand, sondern sie ist ein sanftes Wehen, welches den Menschen in seiner Freiheitssphäre eben so wenig beirrt, als wie wenig die Kinderliebe die Kinder in ihrer Thätigkeit nur im Geringsten beirrt. — Sie lieben ihre Eltern sicher außerordentlich stark; natürlich sind hier die guten Kinder zu verstehen. Ja sie wissen oft gar nicht, wie stark sie ihre Eltern lieben; um das Maß solcher Liebe zu erschauen, dürft ihr nur bei einem leidigen Todfalle entweder des Vaters oder der Mutter solcher Kinder zugegen sein, so werden euch ihre Thränen und das Ringen ihrer Hände sobald das sehr gewichtige Maß der Liebe der Kinder zu ihren Eltern kund geben; — und dennoch hättet ihr bei Lebzeiten der Eltern bei aller sorgsamen

Betrachtung solche Intensität der Liebe nicht heraus gefunden. — Sehet, also verhält es sich auch mit der Liebe zum Herrn. Sie ist, wie gesagt, ein sanftes Wehen, ein hochachtendes Gefühl, voll erhabenzarten Nachklanges, und beirrt Niemanden in seiner Freiheitssphäre. Nicht mit Leidenschaft drückt sie das Herz des Gottliebenden, sondern mit großer Freudigkeit und genügender lebendiger Speise erfüllt und sättiget sie fortwährend Geist, Herz und Leib des Menschen. Daher braucht ihr nur in euerem Herzen „Vater" zu rufen, und ihr habt genug gethan! Und der Vater wird euer Herz allzeit, in so weit es Noth thut, sättigen und kräftigen mit Seiner Liebe. Ihr brauchet nicht einmal ein Bild, sondern nur die Erkenntniß in euerem Herzen von Gott, und ihr habet genug der Liebe, in so weit sie hier Noth thut, zu erhellen die Wunder, die da sind vor unseren Augen. — Thut also Solches, und schauet dann! —

## 225.

(Am 28. Juli 1843 von 4³/₄—7½ Uhr Nachm.)

Ihr habt so viel als möglich meinem Rathe Folge geleistet, und staunet nun schon, so viel ich merke, über die Maßen ob des Anblickes der Wunderdinge, die sich nun hier in einem ganz anderen Lichte klar beschaulich darstellen. — Ihr saget und fraget freilich wohl: Aber lieber Freund und Bruder, wie ist Solches um des Herrn willen wohl möglich?! — Siehe, als wir so in unserem Gemüthe des Herrn gedachten, da umwandelte sich allmälig das weiße Licht, von dem alle die Dinge hier umflossen waren, in ein röthliches, und dieses röthliche Licht läßt nun die Gegenstände in ihm ganz klar erschauen. Wir sehen nun die Säulenrondeau's, die Gallerie, die Thüren in das innere Gebäude, das herabhängende, gleicharmige aus Kugeln zusammengesetzte Kreuz. Der Kugeln zählen wir nun sichtbarlich genau also zwölf, wie wir sie früher nur tastbar gezählt haben; — und da stehe, welch' eine Pracht in diesen Kugeln! — Eine jede scheint eine kleine Welt zu sein, in deren innerem Raume nahe zahllose Wunderdinge wie lebendig zu erschauen sind, und in einer jeden Kugel etwas ganz Anderes, — und so viel wir mit unseren Augen merken können, so scheinen diese inneren förmlichen Schöpfungen genau den zwölf Artikeln zu entsprechen, die du, lieber Freund und Bruder, uns in zwölf so herrlichen Abschnitten vorgeführt hast! — Ach, welche Herrlichkeit es doch ist, solche Wunderdinge anzusehen! — Fürwahr, nimmer satt kann man werden; immer neuen Reiz bekommt dieser Miniaturwelten-Anblick in diesen zwölf Kugeln, aus denen das Kreuz formirt ist; und da sieh nur einmal die Säulen an. Fürwahr, äußerlich sind sie doch so glatt polirt, daß wir uns die Oberfläche des Aethers nicht glatter denken mögen; aber das Inwendige der Säule ist ja förmlich lebendig, und entspricht in gedehnterem und ausführlicherem Maßstabe all' dem wunderbar Erscheinlichen in den Kugeln. Es ist nur überaus wunderbar anzublicken, wie die Farben der mannigfaltigsten Formen, die sich innerhalb einer solchen Säule bewegen, fortwährend überaus sanft abwechseln. Ein sanftes Schillern reizt das Auge immer von Neuem; denn bei der leisesten Wendung treten Farben zum Vorscheine, und das Merkwürdigste dabei aber ist, daß dieselben Farben, die da gleich sind

denen auf unserer Erde, hier einen ganz anderen Charakter annehmen. —
Wir haben auch ein Roth, ein Grün, ein Blau, ein Violett, ein Gelb,
und die verschiedensten Uebergänge von diesen Farben; aber fürwahr, wer
da nachdenken will und mag, der soll es thun und eine Basis setzen für
jede Farbe, und auf dieser Basis den Grund derselben bestimmen. Ja
er soll sagen, welches Roth ist das Grundroth, welches Grün das Grund-
grün, welches Blau das Grundblau, welches Violett das Grundviolett
und welches Gelb das Grundgelb, von dem dann alle anderen Farb-
nüancen abgeleitet werden? — Welches Roth ist denn das so ganz eigentliche Roth? Ist das Blutroth das eigentliche oder das Rosenroth, oder
das Purpurroth, oder das Scharlachroth, oder das Carminroth? Alles
ist roth, und doch steht ein Roth dem andern nicht gleich. Ist das Dunkelroth mehr das Grundroth, oder das Lichtroth? Und dergleichen Unterschiede hat jede Farbe; wo wohl ist der Grund einer jeden? — Siehe,
lieber Freund und Bruder, das mag auf der Erde wohl Niemand bestimmen; aber hier erblicken wir im Ernste die Grundfarben, und diese
kommen uns vor, als was man von einer reifen Ananas spricht, sie habe
jeglichen Geschmack in sich, den man sich einbildet. — Und so sehen wir
hier auch im Ernste Farben, die nicht selten wie aus dem Hintergrunde
hervor strahlen, und diese Farben haben ein so sonderbares Schillern,
daß man in Roth alle seine Nüancen auf einmal erschaut, und es richtet
sich dieses Schillern beinahe nach dem Wunsche des Beschauers; das welche
Roth man sich am stärksten vorstellt, dasselbe sticht auch im Augenblicke
am stärksten hervor, ohne jedoch das eigentliche Grundfarbenwesen des
Roth zu Grunde zu richten. Ja fürwahr, von ähnlichen Farben läßt sich
ein armer Sünder auf der Erde wohl nie etwas träumen. Also haben
wir auf der Erde wohl lauter getheilte und gebrochene Farben; aber von
einer Grundfarbe, die da alle ihre Nüancen in sich faßte, haben wir
durchaus nichts. Es giebt bei uns wohl auch Schillerungen in dem
Wesen der Farbe, aber bei diesen Schillerungen kommt bei jeder Wendung
eine ganz andere Farbe zum Vorschein; aber bei diesem Schillern hier
schillern in der rothen Farbe nur alle Nüancen vom Roth, in der grünen
alle Nüancen vom Grün, und so weiter durch alle Farbenabstufungen
hindurch. Daneben aber entdecken wir wunderbarer Weise noch ganz neue
fremde Farben, die uns noch auf unserer mageren Erde nie vorgekommen
sind. — Ja fürwahr, so ist auf der Erde Alles nur ein Stückwerk,
Alles nur ein matter, höchst gebrochener Schimmer von der Herrlichkeit, die wir hier in solcher Grundüberfülle erschauen! — O lieber Freund
und Bruder! Sage uns doch, wie wir diese Sache nehmen sollen? —
Warum konnten wir ehedem im weißen Lichte nichts, nun in diesem röth-
lichten aber gar so endlos Vieles erschauen? — Ja, meine lieben Freunde
und Brüder! Sehet, das bewirkt alles die Liebe und ihr Licht. Ich
habe es euch ja gleich im Anfange gesagt: Im absoluten Lichte der Weisheit ist für einen beschränkten Geist nichts oder wenig zu erschauen; aber
im Lichte der Liebe wird das Licht der Weisheit in Formen gezwängt,
und kann aus der einmal gestellten Form nicht wieder entweichen, so lange
das Licht der Liebe, oder besser, das Feuer der Liebe es wie mit tausend
mächtigen Armen gefangen hält. Im absoluten Lichte der Weisheit gleicht
der Mensch einer vom Weinstock abgetrennten Rebe, welche verdorrt, sich

mit der Zeit verflüchtiget und nimmer irgend eine Frucht bringt. Aber im Lichte der Liebe bleibt sie am Weinstocke, und bringt tausendfältige Frucht. Daß Solches durchaus buchstäblich richtig ist, möget ihr auch schon mit der leichtesten Mühe von der Welt an eueren sogenannten kalten Weltweisen in die klarste Erfahrung bringen. Diese Menschen verachten die Liebe, erklären sie sogar für eine Thorheit, und schwärmen fortwährend in lauter übersinnlichen Calculationen herum, bauen Grundsätze über Grundsätze, machen Hypothesen über Hypothesen, und verlieren sich aus den Grundsätzen und Hypothesen in zahllose eben so nichtige Schlüsse, als wie nichtig da sind ihre Grundsätze und Hypothesen selbst; — und wenn ihr sie am Ende aller ihrer Grundsätze, Hypothesen und Schlüsse fraget über Eines oder das Andere, so werden sie euch überall eine solche Antwort geben, die sie für's Erste selbst nicht im Geringsten verstehen und ihr sie somit noch weniger verstehen werdet, und — der allerweiseste Schluß, den die Allerweisesten am Ende herausbringen, ist der, daß sie als die Allerweisesten **nichts** wissen, **nichts** haben, und **nichts** sind! — Um aber Dieses noch besser einzusehen, kann Ich euch gleichwohl ein Paar solcher Weltweisen aus der alten und neuen Zeit anführen. — Ihr werdet sicher vom Sokrates, Aristoteles und Plato gehört und gelesen haben; diese drei Weisen, obschon man sie zu den besseren rechnen könnte, haben mit all' ihrer Weisheit beiweitem nicht den millionsten Theil von Dem herausgebracht, als was ein ganz einfaches, noch kaum lesen könnendes Kind herausbringt, so es den Herrn zum ersten Male **gläubig den lieben guten Himmelsvater nennt!** — Sie haschten nach Erscheinungen und Erfahrungen; aber wozu nützten ihnen diese, da sie von keiner den Grund erfassen konnten, welcher da allein in der Liebe zum Herrn liegt? — Wer möchte wohl die zahllosen Erscheinungen im Ernste zählen wollen, wer in der Unendlichkeit auf ihren Grund dringen? Denn wo er immer einen zu haben glauben wird, da wird er sich gerade in dem trüglichen Mittelpunkte der Unendlichkeit befinden, von dem aus es natürlicher Maßen wieder nach allen Seiten hin unendlich fortgeht. — Wer aber die Liebe hat, der hat den Grund aller Dinge und aller Erscheinungen in sich, weil er den Herrn in sich hat, und kann daher auch allenthalben mit der leichtesten Mühe von der Welt auf den Grund kommen; aber der Weisheits- oder Unendlichkeitsjäger, der wird in der Unendlichkeit wohl schwerlich irgend ein Ziel finden, dahin er sein flüchtiges und nichtiges Weisheitswurfgeschoß richten möchte. — Ich meine, aus diesen wenigen Beispielen dürfte euch die Sache wohl so ziemlich klar sein, besonders wenn ihr dazu noch ein paar Blicke auf die Weltweisen euerer Zeit werfet, die da alle ihr Wurfgeschoß auf den Herrn hin richteten, und wollten Ihn fangen und messen mit der Elle und mit der Meßruthe. Was aber haben sie mit all' ihrer Weisheit am Ende errungen? Nichts, als den Verlust des Herrn sogar! — Den sie suchten im Unendlichen, im Unzugänglichen, Den fanden sie nicht, und waren am Ende genötbiget, aus ihrer eigenen Nichtigkeit einen Gott zu creiren, der aber freilich dann erst Gott ist, so es ihnen als Obergöttern beliebt, solch' einen Begriff in ihre Vorstellung aufzunehmen. Ich meine, um diese allereclatanteste Dummheit auf den ersten Blick einzusehen, bedarf es durchaus nicht mehr, als eines höchstens fünf bis sieben Jahre alten Kinderverstandes; und der einfachste Mensch, dem sogar das Wort: „Weltweisheit oder Philosophie" eben so fremd wie die beiden Endpole ist, wird bei einer solchen Gottheits-Pronuntiation auf den ersten Augenblick die zwar höchst einfache, aber desto treffendere Entgegnung zum Vorscheine bringen und sagen: He, Freund, wie kann denn das sein? — Wenn Gott erst dann Gott wäre, wann ihr Ihn denket, da möchte ich denn doch auch wissen, wer euch erschaffen hat, und hat euch die Fähigkeit gegeben, daß ihr eben einen Gott denken könnet? — Denn das, was ihr von Gott aussaget, ist ja noch viel dümmer, als so da Jemand ganz ernstlich behaupten möchte, daß ein Haus von sich selbst gebaut wird ohne Baumeister, und ein Mensch erst dann ein Baumeister wird, wenn ihn allenfalls ein von sich selbst entstandenes Haus dafür annehmen will. — Sehet, hat der schlichte Mensch in seiner ganz einfachen Pronuntiation nicht um's Unbegreifliche weiser gesprochen, als das ganze hochweise philosophische Gremium zusammen genommen? — Ja, bei Dem kann man sagen: Der hat das Centrum des Nagels getroffen, und hat mit einem Schlage eine ganze Butte voll weise glänzender Schmeißfliegen erschlagen; denn eine Schmeißfliege ist doch unstreitig das treffendste Bild und Symbolum für einen **absoluten Philosophen**; — diese glänzt auch, als wäre sie mit lauter Gold umzogen. Wenn man sie im freien Zustande irgend sieht, da sollte man doch glauben, dieses Thier müsse doch die allerköstlichste Lichtäthernahrung in sich aufnehmen, durch welche es zu einer solchen äußeren Glanzpracht gelangt; aber nur ein Haufen Excremente, ob menschliche oder anderthierische, irgend wohin stellen, und man wird sogleich in's Klare kommen, welch' Geistes Kind und von welcher Kost genährt dieses Thierchen ist. Findet es einen Schmeißhaufen, da tanzt es so lange herum, bis es allen Succus demselben entwunden hat; in die Ueberreste legt es dann noch eine Menge Würmer, welche nach kurzer Zeit in dieser eben nicht zu ästhetischen Wohnstätte zu neuen Fliegen derselben Art ausgeboren werden. — Thun euere Philosophen nicht auf ein Haar dasselbe? — Wenn ihr sie äußerlich betrachtet, da haben sie ein Ansehen, als strotzeten sie vom gediegendsten Golde der echten Weisheit; und ihre Beschäftigung nennen sie eine **rein geistige**; fragt ihr sie aber im Ernste nach etwas rein Geistigem, so werdet ihr bei diesen Menschen sogleich auf den allergröbsten Materialismus stoßen, dem zufolge sie euch sogleich darthun werden, daß ohne Materie durchgehends nichts Geistiges gedacht werden kann, und das Geistige somit erst von der Materie abstrahirt werden muß und nicht und nirgends als absolut bestehen kann, sondern muß zu seiner Aeußerung allenthalben einen materiellen Organismus haben; fällt dieser hinweg, so fällt auch alle geistige Wirkung und Aeußerung hinweg. — Die menschliche Gedankenfähigkeit ist dann nichts Anderes, als die Wirkung des materiellen Organismus, in dem sich die Kräfte wie in einer chemischen Retorte erst entwickeln müssen, um dann so lange zu wirken, so lange die Retorte nicht zerschlagen wird; ist die Retorte aber durch einen unglücklichen Stoß um ihr Dasein gekommen, dann ist es auch mit den in ihr entwickelten und wirkenden chemischen Kräften zu Ende. — Sehet, gerade also philosophirt ja unsere Schmeißfliege auch, und sagt gewisserart durch ihre Handlung: Ich lebe nur aus dem Unrathe, und lebe so lange, als ich irgend einen Unrath finde; nehmt ihr mir den Unrath weg, so ist mein Leben dahin. Denn meine Lebenskraft sauge ich nur aus dem Unrathe, und bin daher in allen meinen Theilen nichts, als ein glänzender Unrath selbst; nehmt diesen hinweg, und ich glänzende Schmeißfliege habe aufgehört zu sein! Wohl mir, daß ich noch eine Reproductionskraft besitze; sonst ginge mit der Wegnahme des Unrathes nicht nur ich für mich, sondern mit mir mein ganzes Geschlecht auf einen Hieb völlig zu Grunde. Also absolute Philosophen kleben sich an die Materie, weil sie in ihr ein Centrum, oder einen eigentlichen Standpunkt gefunden zu haben glauben. Warum aber halten sie sich an die Materie? Weil sie sich gleich einer Schmeißfliege fortwährend im unhaltbaren luftigen alleinigen Weisheitslichte herum bewegen; weil sie aber da nichts finden, so muß es ihnen ja wohl thun, wenn sie auf irgend einen materiellen Brocken aufsitzen können, und da mit ihren wissenschaftlichen Saugrüsseln den geistigen Lebensstoff heraus zu pumpen versuchen. — Wenn aber dieser gar bald ausgepumpt sein wird, da bleibt ihnen am Ende nichts Anderes übrig, als sich entweder in ihren Schülern, oder wenigstens in ihren hinterlassenen Schriften zu reproduciren, damit durch dieselben noch die letzten Reste der Excremente aufgezehrt werden, und von ihnen am Ende nichts mehr Giltiges übrig bleibt, als ihre Namen, und daß sie mit all' ihren geistigen Arbeiten durchaus nichts Geistiges gefunden haben. — Sehet, solches Alles lehrt und zeigt uns wesenhaft das röthliche Licht; daher wollen wir in diesem Lichte uns auch sogleich in das zehnte Stockwerk, oder auf die eilfte Gallerie begeben. — Hier ist die Treppe; also nur muthig darauf losgeschritten! —

## 226.

(Am 29. Juli 1843 von Nachm. 5¼—7 Uhr.)

Wir wären an Ort und Stelle. Sehet euch daher nur recht wacker um, und gebet mir dann kund, was Alles ihr hier sehet; — aber wohlgemerkt, so ihr die Gegenstände hier sehen wollet, da müßt ihr in dem rothen Lichte verbleiben. Im weißen Lichte würdet ihr da eben so wenig als auf der vorhergehenden Gallerie ausnehmen. — Ich merke zwar eine Frage in euch, die etwas sonderlich klinget. Sie paßt freilich nicht so ganz wohlgemessen hierher; aber weil sie schon einmal da ist, so wollen wir auch um eine genügende Antwort besorgt sein. Also aber lautet die Frage, und also fraget ihr in euch und saget: Lieber Freund und Bruder! Es ist Alles erhaben, schön, wahr und gut, was wir hier sehen, und ganz besonders, was wir aus deinem Munde vernehmen; aber eine Sache ist fortwährend dabei, der wir nicht so ganz eigentlich auf den Grund kommen können; und diese Sache giebt sich so eben durch diese unsere, aber dennach von dir uns bekannt gegebene Frage kund. — Siehe, wir eigentlich fragen und reden, und werden ebenfalls als persönlich redend und fragend angeführt; und dennoch reden und fragen wir nicht, sondern du bist allzeit derselbe, der sowohl für sich, aus sich, wie für uns ebenfalls aus sich spricht. — So siehst du nicht selten eine Frage in uns, von der wir noch keine Ahnung haben. Eben so gestaltet giebst du uns unsere eigenen Erörterungen und Urtheile kund, von denen uns noch eben gar nicht zu viel geträumt hat. — Du fragst uns, und wir antworten dir aus deinem eigenen Munde; denn wenn es im Ernste auf uns zur Beantwortung ankäme, da würde es sehr viel Stummheit absetzen und wir wüßten auf gar viele deiner Fragen keine Sylbe zu antworten. Sage uns daher, lieber Freund und Bruder, wie wir uns Solches zusammen reimen sollen? Wie reden wir aus dir, und wie haben wir dir jetzt selbst diese gegenwärtige Frage gestellt, von der wir vor einigen Augenblicken noch nicht eine allerleiseste Regung in uns verspürt hatten? — Meine lieben Freunde und Brüder! Da will ich euch bald aus euerem Traume helfen. Wenn ihr einem sehr erfahrenen und geschickten Botaniker die Wurzel einer Pflanze zeiget, so wird er euch sogleich die Gestalt der Pflanze beschreiben, oder sie aufzeichnen von Punkt zu Punkt; und wenn die Pflanze dann vor eueren Augen gebildet sein wird, so werdet ihr sie auch alsbald für eine schon gar wohl bekannte erkennen. Wenn ihr irgend ein Gerippe, also ein bloßes Knochenskelett einem geschickten Anatomen gebet, so wird er aus der Gestaltung der Knochen euch ganz wohltreffend die Gestalt der einstigen Person anzugeben im Stande sein; denn Solches erkennt er aus der Lage und aus der Verbindung der Knochen. Wenn er ein geschickter Wachsbildner ist, so wird er die Knochen mit dem Wachse so geschickt zu überziehen im Stande sein, daß ihr die völlig lebende Person, die euch bekannt war, wie neu auferstanden vor euch werdet zu erblicken vermeinen. — Ein geschickter Chemiker, dem ihr eine zusammengesetzte Flüssigkeit zeiget, da ihr nicht wisset, woraus sie zusammengesetzt ist, wird euch mit der leichtesten Mühe von der Welt die Flüssigkeit in ihre früheren Theile zerlegen, und ihr werdet dann die Theile bald erkennen, wessen Geistes Kinder sie sind, ob Schwefel, ob Kalk u. a. m. — Wenn ihr ein Samenkorn irgend findet, und wisset nicht, von welcher Pflanze es ist, da möget ihr zu einem sehr geschickten Gärtner hingehen, und ihm zeigen das Samenkorn, und er wird es euch auf den ersten Augenblick zu sagen wissen, von welcher Pflanze es herrühre, und wird euch auch eine allfällig vorräthige ähnliche Pflanze zeigen, welche solchen Samen trägt. — Könntet ihr bei all' Diesem nicht auch fragen und sagen: Ja, wie ist denn das? — Wie kann man sich so höchst geringe Merkmale merken, und dann aus selben auf das Vorhergehende oder Nachfolgende mit Bestimmtheit schließen? — Sehet, meine lieben Freunde und Brüder, das geht Alles gewisserart von der Wurzel aus; — daß ich euere Fragen weiß und kund gebe, wie auch euere Antworten, liegt darin, weil ich als ein purer Geist ein geistiger Botaniker, ein geistiger Anatom, ein geistiger Chemiker und ein geistiger Gärtner bin, und erkenne dann aus den euch noch unbekannten Wurzeln in euch, welche Frage mit der Zeit aus denselben zum Vorschein kommen würde. Als Anatom durchschaue ich euer inneres Gebäude, und erschaue mit großer Leichtigkeit die Wechselwirkungen euerer Gefühle und die aus ihnen hervor zu gehenden Urtheile und Schlüsse. — Als Chemiker verstehe ich diejenigen Urtheile in euch, die noch chaotisch und verworren unter einander gemengt sind, sobald classisch zu sondern, und kann sie euch dann schon in der gerechten Ordnung vorführen. — Als Gärtner kenne ich allen Samen in euch, welcher da besteht in den verschiedenartigen Worten und Begriffen; ihr wißt es noch nicht, was aus ihnen hervorwachsen wird, wann sie dem inneren lebendigen Boden des Geistes entkeimen werden. Ich aber bin ein Gärtner, und kann euch im Voraus alle euere geistigen Pflanzenarten zeigen, welche aus diesem oder jenem Samen hervorgehen müssen, die ihr beiweitem noch nicht erkennet. — Daher kann ich wohl für euch fragen und antworten also, wie ihr im Grunde selbst fragen und antworten würdet. Im Grunde thut ihr aber auf der Erde ja beinahe immer dasselbe. Wann ihr Jemanden um Etwas fraget, so thut ihr Solches darum, weil ihr in euch wohl den Keim, aber nicht die erwachsene Pflanze der Antwort gewahret; und wenn euch dann der Gefragte eine Antwort giebt, so ist das nicht etwa seine Antwort, sondern euere eigene aus des Andern Munde. — Bei dem Gefragten war sie schon ausgewachsen; aber bei euch war sie es noch nicht. — Nach der Ertheilung der Antwort von Seite des Gefragten aber habt ihr sie bald verstanden und von ihr das Gefühl überkommen, als wäre sie auf euerem Grund und Boden gewachsen. Desgleichen ist es auch der Fall, so euch Jemand um Etwas fragt, oder euch auch bei gewissen Gelegenheiten eine Frage in den Mund legt, wie ihr zu sagen pfleget. Da werdet ihr auch dann sobald antworten und fragen; aber nicht, als wäre die Antwort euer oder die Frage, sondern sie ist Dessen, der sie euch gab. Denn das wird doch etwa sicher sein, daß ihr Niemanden um Etwas fragen werdet, was ihr ehedem wisset, und werdet auch Niemanden eine Antwort geben, der euch um nichts fragt. Die Frage aber ist ein Bedürfniß, welches wie eine Sprosse der Antwort voran geht; wenn aber die Frage ein Sprosse ist, wäre es da nicht der größte Unsinn zu behaupten, die dem Sprossen folgende Blüthe und Frucht, wenn sie durch die von Außen einwirkende Wärme entwickelt und gereift wird, gehöre darum einem andern Baume an, als dem nur, auf dem der Sprosse zum Vorschein kam? — Ich meine aber, ein Jedweder, der da fragt, fragt aus dem Bedürfnisse, um eine ihm genügende Antwort zu erhalten. Wenn aber die Antwort für ihn ein Bedürfniß ist, so gehört sie doch sicher in seine Lebenssphäre, und nicht in die eines Andern, dem sie kein Bedürfniß mehr sein kann, weil er sie schon hat. — Ich meine, aus Diesem werdet ihr wohl mit leichter Mühe zu entnehmen im Stande sein, wie es zwischen uns geistig zugeht, daß ich für euch frage, als wenn ihr fragen würdet, und also auch für euch antworte, als wenn ihr selbst antworten würdet. Ihr würdet auch selbst also fragen und antworten, wie ich aus euch für euch frage und antworte, so euere Fragen und Antworten schon reif wären. Da sie aber noch nicht reif sind, und wir nicht Zeit haben auf deren Reife in euch zu warten, so muß ich ja gleichwohl aus eueren Wurzeln, aus eueren noch mannigfaltigen Chaos und aus eueren Sämereien in Voraus fragen und antworten gerade also, als thäte ich Solches selbst. — Ich meine, daß wir auch mit diesem freilich wohl etwas kitzlichen Punkte klärlich zu Ende sein möchten; daher sollt ihr euch ob künftiger ähnlicher Erscheinungen nicht mehr stoßen, sondern ganz wohlgemuth darauf los auf Alles Acht geben; denn hier bin ich ja, wie schon im Anfange bemerkt, euer Gast; daher mag ich ja wohl von dem Eurigen nehmen, und es euch vorführen. Klingt euch Solches auf euerer Erde noch ein wenig sonderbar, so machet euch im Ernste nichts daraus; denn im Geiste ist das die gewöhnliche Art zu conversiren. Da besteht keine Sprache in Fragen und Antworten, sondern im gegenseitigen vollkommenen Erkennen, und so redet da immerwährend Einer aus dem Andern, wie auch Einer aus Allen und Alle aus Einem. Wenn ich denn auf diese Weise aus euch antworte und frage, so thue ich nichts geistig Ungewöhnliches, oder wie ihr saget: „Unnatürliches"; — sehet euch daher auf dieser eilften Gallerie oder in diesem zehnten Stockwerke nur recht um, und es wird da schon wieder so Manches zu fragen und zu antworten geben. —

## 227.
(Am 31. Juli 1843 von 5 bis 7¼ Uhr Nachmittags.)

Da ihr euch nun so ziemlich umgesehen, so könnt ihr nun auch schon anzugeben anfangen, was Alles ihr gesehen habt. — Ihr saget nun: Lieber Freund und Bruder! Wir haben der wunderbarsten Dinge hier eine Menge gesehen; aber wer mag sie mit unserem beschränkten Begriffs- und Wortreichthume so vollkommen schildern, daß Jemand daraus klug werden könnte, und aus der Schilderung schwerlich entnehmen, was das für Dinge sind?! — Daher meinen wir, hier wäre es wohl recht gut, so du gewisser Maßen einen Dolmetscher machen möchtest. — Ja, meine lieben Freunde und Brüder, euere bedenkliche Aussage von Beschränktheit eueres Begriffs- und Wortreichthums ist allerdings wahr, aber dessen ungeachtet sollet ihr von all' dem Geschauten dennoch so viel aussagen, als wie viel ihr davon mit eueren Begriffen und Worten bezeichnen möget; denn ihr müsset das hier immer vor Augen haben, daß ihr euch hier so ganz eigentlich auf euerem eigenen Grund und Boden befindet, soll euch meine Erörterung darüber geistlich zu Nutzen kommen. Sage ich es euch ohne irgend euere Vorkundgabe dessen, das ihr geschaut habet, so mache ich euch dadurch eueres Grundes ledig, und es besteht dann sogleich und sofort kein Anknüpfungspunkt mehr zwischen meiner an euch gerichteten Erörterung und euerer inneren Aufnahmsfähigkeit. — Die Sache verhält sich beinahe also, als so sich zwei Freunde durch die Handreichung begrüßen möchten, von denen der Eine in seinem Hause den Andern empfängt; in der Regel der Freundschaft muß doch der Hausherr dem ihn besuchenden Freunde zuerst die Hand reichen, sodann erst kommt die Reihe auf den Besucher. — Ihr möchtet hier freilich denken und sagen: Mit dergleichen Regeln nehmen wir es aber nie so genau; daher können sie für uns nicht als ein völlig normaler Beweis angesehen werden, aus dem wir folglicher Maßen zuerst eine Vorangabe des hier Geschauten kund thun sollen. — Ich aber sage euch, meine lieben Freunde und Brüder, wenn euch dieses freundliche Haus-Beispiel zu wenig triftig zu sein scheint, so kann ich euch schon mit einem haltbareren aufwarten. Sehet an das Verhältniß euerer Erde zur Sonne; die Erde ist bei sich selbst doch sicher zu Hause, und die Sonne ist ihr gegenüber nur als ein sie stets besuchender Gastfreund anzusehen. Was muß aber die Erde thun vorerst, wenn sie von der Sonne Strahlen will erleuchtet werden? — Ihr saget: Die Erde muß da eine Fläche um die andere zuerst der Sonne zuwenden, sodann fallen sobald die Strahlen der Sonne auf den zugewandten Theil. — Gut, meine lieben Freunde und Brüder; sehet die Erde zur Nachtzeit an, ist sie da nicht eben so voll von den mannigfaltigsten Dingen, als am Tage? Aber ihr könnet nur das Wenigste davon so recht ausnehmen, was und wie es ist; daß aber Etwas da ist, Solches ist bestimmt, sicher und wahr. Wenn aber die Erde stehen bliebe und möchte warten, bis die Sonne über ihren unerleuchteten Theil sich erheben wird, fürwahr, da wird sie für's Erste ganz entsetzlich lange zu warten haben, und ihre Dinge werden nie in ihrer Vollzahl und in ihrer formellen Beschaffenheit ersichtlich werden. So aber die Erde fortwährend sich dreht und eine Fläche um die andere unter die Sonne hinschiebt, so werden die Dinge auf derselben sobald in ihrer Vollkommenheit ersichtlich werden, die man zur Nachtzeit nur mit genauer Noth wahrgenommen hat. — Sehet, so müsset auch ihr als Hauseigenthümer von euch selbst euch zuerst zu mir herüber wenden, der ich nun völlig im Namen des Herrn bei euch bin; und der Theil, den ihr mir zuwenden werdet, wird dann ebenfalls alsogleich beleuchtet werden, daß ihr ihn klarer zu erkennen, und richtiger zu bezeichnen vermögen werdet. — Und so denn fanget nur an, wenigstens das euch möglicher Weise Bekanntere kund zu geben. Zählet einmal die Säulen eines Säulenrondeau's; wie viele findet ihr deren hier im zehnten Stockwerke? — Ihr saget: Lieber Freund und Bruder! So wir uns nicht irren bei dem Rundherumzählen, so sind ihrer hier nun zwei weniger, denn in der vorigen Gallerie, also nur zehn; dafür aber bemerken wir hier in der Mitte des Säulenrondeau's statt irgend einer anderen Verzierung zwei gar mächtig starke fest aneinander gestellte Säulen, welche gleich den anderen zehn den Platfond des Säulenrondeau's, wie auch den der ganzen Gallerie, tragen helfen, und eine höher leitende Treppe geht hier nicht mehr innerhalb der Runde der zehn Säulen, sondern in der Mitte auf diesen zwei Säulen aufwärts. Uebrigens erscheint hier Alles vollkommen glatt, und wir mögen schauen, wie wir wollen, so ist aber nirgends etwas von einer Verzierung zu entdecken; — auch ist, so viel wir ausnehmen können, der Platfond dieser eilften Gallerie nicht mehr wie gewölbt, sondern ganz flach hinlaufend. — Alles ist von gleicher überschneeweißer Farbe und durchsichtig; nur die innere continuirliche Wand scheint etwas in's Röthlichbläuliche über zu gehen, und die Thore hinein sind, als wären sie von durchsichtigem Silber. — Jetzt, lieber Freund und Bruder, sind wir aber auch fertig, insoweit die Dinge hier für uns möglicher Maßen zu bezeichnen sind. Die flüchtigen Formen aber, welche sich sowohl in der festen Masse der Säulen, wie der anderen Theile dieser Gallerie, fortwährend abwechselnd darstellen, können wir unmöglich bezeichnen; denn für's Erste sind sie zu flüchtig und zu schnell wechselnd, und für's Zweite ihre Formen zu wenig intensiv, und unser Auge vermag da nicht viel mehr, als nur wie ein sich stets durcheinander mengendes Chaos zu entdecken, — und somit wären wir so ganz und gar zu Ende mit all' dem hier Geschauten. Was es nun bedeutet, das lassen wir, lieber Freund, dir über. — Nun gut, meine lieben Freunde und Brüder; ich bin mit euerer Kundgabe ja vollkommen zufrieden, und es wäre auch gar überaus thöricht von mir, von euch mehr zu verlangen, als ihr zu geben im Stande seid. — Habt aber nun Acht, wir wollen sogleich das von euch Geschaute ein wenig näher beleuchten. — Die zehn Säulen dieses Rondeau's sind in ihrer Bedeutung mit den Händen zu greifen; denn sie bezeichnen ja augenscheinlichst das Zehngesetzliche, welches eigentlich aus der göttlichen Weisheit hervorgeht. Denn die Liebe giebt keine Gesetze, sondern nur die göttliche Weisheit, welche da ist der Grund der göttlichen Ordnung; denn die Gesetze sind ein vorgezeichneter Weg, den man wandeln soll, um an's Ziel des Lebens zu gelangen, und sie sind auch zugleich die Grundfesten, auf denen das Leben zufolge der göttlichen Ordnung ruht. — Zu was aber würde wohl Jemanden der Weg in der stockfinstersten Nacht dienen, so er auch noch so gerne auf demselben wandeln möchte? — Eben so wenig würde Jemanden ein irgend gestellter Stützpunkt nützen, wenn er ihn erst in der stockfinstersten Nacht suchen sollte. — Daher müssen die Gesetze, die der sonstigen Nacht der Liebe gegeben sind, als Weg und als Stützpunkt leuchtend sein, damit der Wanderer sich auf dem Wege nicht verirren mag, und den ordnungsmäßigen Stützpunkt des Lebens allzeit finden kann. Also ist es hier ja leicht ersichtlich, wie diese zehn weiß strahlenden Säulen das Zehngesetzliche der Lebensordnung aus Gott mit den Händen zu greifen bezeichnen. In der unteren Gallerie haben wir die zwei Säulen der Liebe noch in der äußeren Reihe eingetheilt ersehen; — aber dafür war in der Mitte das merkwürdige Kreuz, welches ebenfalls die **leidende Liebe** darstellt. Hier aber erblicken wir die zwei Säulen der Liebe an der Stelle des Kreuzes in der Mitte unseres Säulenrondeau's. Sie sind fest aneinander gereiht, und die Treppe, die nach oben führt, ist von den äußeren 10 Säulen genommen, und alleinig um die zwei mittleren Säulen gewunden; — ich meine, die Bedeutung solcher Stellung wird ebenfalls nicht schwer zu errathen sein. Ihr dürfet nur das Evangelium des Herrn zur Hand nehmen, und ihr werdet da finden, daß Er das ganze mosaische Gesetz, wie auch alle Propheten in das alleinige Zweigesetz der Liebe übertrug, nämlich: **„Liebe Gott über Alles und deinen Nächsten, wie dich selbst!"** — Diese beiden Gesetze hat der Herr Selbst als gleichlautend bezeichnet; aus dem Grunde sind die zwei Säulen in dieser Mitte sich für's Erste ganz gleich, und für's Zweite noch dazu fest aneinander gereiht, und sind die alleinigen Träger des Weges nach Oben. — Ich meine, Solches versteht ihr; was aber den euch so wunderbar vorkommenden chaotischen Formenwechsel in den Säulen betrifft, so bezeichnet dieser das Wandelbare des menschlichen Gemüthes, welches sich innerhalb der Gesetze befindet. Woher aber rührt in diesen Säulen solch beständiges wallendes chaotisches Formenwechseln? Was ist wohl der Grund solcher Erscheinung? — Der Grund davon liegt in dem von Außen einwirkenden heftigen Lichte, durch welches diese Luft in ein fortwährendes Schwingen versetzt wird; — da aber das Material dieser Säulen überaus spiegelblank polirt und dazu noch überaus durchsichtig und strahlenbrechungsfähig ist, so spiegeln sich diese Luftwellchen oder Luftschwingungen darin ziemlich lebhaft ab, und wir vermeinen dadurch gewisse Formen in den Säulen hin und her und auf und ab wallend zu erblicken. — Nun stellen wir einen Menschen hierher, der sich unter Gesetzen befindet; er befindet sich dadurch im hellen Lichte des Gesetzes, welches von Innen stets lebendig in ihn einwirkt, und dann befindet sich dieser Mensch seinem Aeußeren nach im Lichte der Welt, welches aber von Außen her ebenfalls stets wie wogend einwirkt. Was entsteht aber dadurch im Menschen? Ein fortwährender Ideenwechsel; bald beschleichen ihn die Formen der Welt, bald wieder die Formen seines inneren Lichtes.

Wirkt das äußere Licht stark auf den Menschen ein, so werden die Formen des inneren Lichtes verdunkelt und haben keine Klarheit mehr; im Gegentheil aber werden die Formen des äußeren Lichtes stets nichtiger und schwächer ausnehmbar, je mehr das innere Licht zu reagiren anfängt. Wenn dann Jemand die Formen des inneren Lichtes ergreift und sie mit seinem Geiste stets mehr und mehr fixirt, so wird aus der ehemaligen stets wechselnden Fluxibilität der Lichtformen eine constante Form, welche dann fortwährend dem von Außen herein wirkenden Lichte einen dasselbe demüthigenden Widerstand leistet; und der Mensch ist dadurch zur erschaulich bestimmten Idee des inneren ewigen Lebens des Geistes gelangt. — Das entsprechende Bild zeigen euch die zwei mittleren Säulen, in und an denen ihr keinen solchen Formentanz mehr entdecket. Wenn ihr aber genauer nach demselben blicket, so werdet ihr in einer jeden eine ganz gleiche vollkommen alleredelst ausgebildete Menschengestalt erschauen, welche in all' ihren Theilen klar und gleich durchleuchtet ist. Sehet, Solches bezeigt, daß der Mensch einzig und allein nur durch die Liebe zum Herrn, und aus dieser heraus zum Nächsten zu der Vollkommenheit des Lebens in seinem Urfundamente gelangen kann. — Ich meine, ihr werdet nun so ziemlich im Reinen sein; was die übrigen Theile der Gallerie betrifft, so besagen sie nichts Anderes, als das vollkommen Ordnungsmäßige der wahren Weisheit, welche da ist die Grundwahrheit im Geiste und ein Licht ohne andere Verzierung und Ausschmückung, und ist Das, was ihr die nackte Wahrheit nennet. — Da wir aber Solches wissen, so wollen wir uns auch sogleich wieder über die Treppe um die zwei Säulen höher hinauf auf den großen freien Platz begeben. —

## 228.
(Am 2. August 1843, von 5¼—7¼ Uhr Nachmittags.)

Ihr fraget und saget hier: Wir kommen somit auf's eigentliche Dach dieses Gebäudes, da du von einem großen freien Platze gesprochen hast? — Das wäre Alles gut und richtig, lieber Freund und Bruder! Auf diesem freien Platze wären wir somit auf dem eilften Stockwerke, oder auf der zwölften Gallerie, da aber das Dach doch unmöglich weder als eine Gallerie, noch als ein Stockwerk betrachtet werden kann, so können wir uns jene Fernsicht nicht erklären, als wir von dem wohlbekannten Gebirge so ganz eigentlich zwölf Stockwerke erschaut haben. — Waren diese zwölf Stockwerke bloß eine optische Täuschung, oder hat es damit eine andere Bewandtniß? — Wir haben im Verlaufe der Besteigung dieses wundervollen Gebäudes zwar schon einmal dieses Nichtübereinkommens erwähnt; jedoch damals hast du uns auf bessere Gelegenheiten verwiesen, und sagtest: Was es damit für eine Bewandtniß habe, werden wir am rechten Orte und an rechter Stelle erfahren, und so möchten wir von dir ein wenig im Voraus erfahren, ob nun an diesem freien Platze solcher rechte Ort und solche rechte Stelle sein wird, da wir Solches erfahren möchten. — Meine lieben Freunde und Brüder! Ich sage euch: Steiget nur muthig aufwärts, und oben in glänzender Freie werdet ihr schon ohnehin ersehen, was Alles ihr erfahren werdet. — Die Sache, die euch so sehr am Herzen liegt, ist nicht von so großer Bedeutung, als ihr

sie euch vorstellet, sondern ist von der Art, daß sie sich ohnehin beim
ersten Anblicke in der oberen Freie von selbst erklären wird; wir aber
werden in dieser Freie mit ganz anderen Dingen zusammen stoßen, die da
von beiweitem größerer Wichtigkeit und höherem geistigen Interesse sein
werden, als das euch noch abgängige zwölfte Stockwerk. — Und so gehet
denn nun munter und hurtig aufwärts, damit wir ehemöglichst unsere
Freie erreichen. — Sehet, wenn man seine Schritte beschleuniget, so kommt
man eher an's Ziel, als so man dieselben verzögert. Solches ist sicher
und richtig, und braucht keinen mathematischen Beweis; aber der Geist
ist auch des Fortschreitens fähig, und das beiweitem mehr, als der formelle Leib. Wie aber kann der Geist seine Schritte beschleunigen, und
wie verzögern? — Sehet, das läßt sich nicht so geschwinde ganz klar begreifen; daher wird es wohl nothwendig sein, noch vor dem völligen Eintritte auf den obersten freien Platz ein paar Wörtlein darüber zu verlieren, und so höret mich denn an! — Ihr wißt, daß das Fortschreiten
des Geistes nicht etwa in einem stets mehr und mehr Weiserwerden, sondern lediglich nur in einem stets mehr mit Liebe zum Herrn erfüllt werden besteht, aus welcher stets größeren Liebesfülle ohnehin
alle anderen Vollkommenheiten und Fähigkeiten des Geistes erwachsen. —
Wenn aber Solches klar und ersichtlich ist, so fragt es sich: Wie aber
soll da der Mensch es anstellen, daß er ehemöglichst zur Liebesfülle zum
Herrn gelangt? — Denn es ist ja bekannt, wie so manche Menschen sich
den Herrn recht tiefst angelegen sein lassen; fragt man sie aber um ihre
geistige Vervollkommnung, da sagen sie: Was unsere geistige Vervollkommnung betrifft, so wird es der liebe Gott wissen, was es doch damit etwa für eine Bewandtniß hat. Wir halten Seine Gebote so viel,
als es uns nur immer möglich ist; wir beobachten alle anderen Regeln,
wir halten die tägliche Sabbathsruhe, und beten viel zu Gott dem Herrn,
und bitten Ihn auch zu jeder Zeit um die baldmöglichste Vollendung
unseres Geistes; aber dessen ungeachtet gewahren wir nur kaum merkliche
Fortschritte, und wenn wir nicht sehr auf uns Acht haben, so kommt es
uns noch überdieß vor, als hätte unser Geist nicht nur keinen Fortschritt,
sondern eher einen Rückschritt gemacht, so daß wir darüber uns schon so
manchmal ganz leisen Zweifeln überlassen und uns so heimlich gedacht
haben: Entweder sind wir für solch' einen geistigen Fortschritt gar nicht
berufen, oder die ganze Behauptung von der Vervollkommnung des Geistes
ist wenigstens im irdischen Leben nichts Anderes, als eine fromme Fabel,
oder doch wenigstens eine Hypothese. — Sehet nun, meine lieben Brüder
und Freunde, das ist so die gewöhnliche Antwort auf die Frage über den
zögernden Fortschritt des Geistes, welcher bei den Menschen auf der Erde
wohl zu allermeist gäng und gebe ist. Sollte es denn in solchem Fortschreiten keine wahre Beschleunigung geben können? — Sollte es denn
keine Corneliuse mehr geben, über welche der Geist Gottes eher kommt,
bevor sie vom Petrus getauft werden? — Sehet, das ist eine ganz andere Frage, und ihre Beantwortung ist sicher von der größten practischen
Wichtigkeit. — Wie aber werden wir solche Frage, die von einer so
großen Wichtigkeit ist, auf die befriedigendste Weise zu Jedermanns klarer
Einsicht beantworten können? — Das soll uns so schwer nicht werden;
denn wo es für eine Sache genug anschauliche Beispiele giebt, da darf

man sie bloß als Evangelisten betrachten, und die Antwort giebt sich dann von selbst. — Wir wollen uns daher nicht länger beim Vorwörteln aufhalten, sondern sogleich nach dem nächsten besten Beispiele greifen. — Nehmen wir an, in irgend einer Hauptstadt lernen Tausende z. B. die Musik; unter diesen Tausenden sind wenigstens einige Hunderte mit wirklich ausgezeichneten Musiktalenten begabt; wie viel aber werden aus all' diesen Schülern wohl wirkliche Künstler und Virtuosen hervor gehen? Vielleicht Einer, vielleicht aber auch gar Keiner; und es wird einer Stadt am Ende zu gratuliren sein, wenn aus zehn Jahrgängen Einer oder höchstens Zwei hervorwachsen werden, die sich den Namen „Künstler" und „Virtuose" im Vollmaße eigen gemacht haben. — Ist aber das nicht ein barster Schimpf für die Menschheit, da doch ein Jeder sagen kann: Ich habe ja auch einen unsterblichen Geist in mir! ein Ebenbild Gottes! Wie steht es aber mit solchen Ebenbildern der allerhöchsten Vollkommenheit, so sich die Wenigsten nur kaum über die Mittelmäßigkeit heraus zu arbeiten im Stande sind? — Die größte Anzahl aber bleibt schon ohnehin unter dem Gefrierpunkte stehen, obschon sie auch ein Ebenbild Gottes ist. — Warum Solches sich also gestaltet, werden wir sogleich in den Studirzimmern unserer Musikschüler erschauen. Sehet, da ist gleich eine Gasse, bestehend aus hundert Häusern; da wohnen wenigstens tausend Musikschüler. Gehen wir Nr. 1 hinein. Sehet, da schläft so eben der Schüler recht sanft, und das noch hübsch weit weg von seinem Instrumente; wird er wohl ein Künstler? — Ich meine, im Schlafe lernt man die Kunst nicht. — Gehen wir in's Haus Nr. 2; — sehet, da legt sich der Schüler gerade an, um vom schönen Tage zu profitiren und eine kleine Landpartie zu machen, davon er ein großer Freund ist. Wird er wohl ein Künstler? — Ich meine, auf den Straßen, am Felde und im Walde lernt man die Kunst nicht. — Gehen wir in's Haus Nr. 3; — sehet, da sitzt doch ein Schüler bei seinem Instrumente, und übt gähnend seine Aufgabe. Wird er wohl ein Künstler? — Ich meine, für die Kunst ist ein gähnender Eifer zu gering. — Aber gehen wir wieder in's nächste Haus; — sehet, da treffen wir gar keinen Schüler an, und die liederlich durcheinander liegenden Musikalien, welche sonst ganz wohl erhalten aussehen, geben uns einen hinreichenden Beweis vom Eifer unsers Schülers. — Wird etwa aus diesem ein Künstler herauswachsen? — Ich meine, da könnte eher das ganze Instrument zu Gold werden, als der Schüler zu einem Künstler. — Gehen wir in's nächste Haus; vielleicht finden wir da so einen angehenden Künstlerheros. Höret, es übt sich ja Einer; aber seht ihn an, seine Augen sind voll Thränen, denn er ist von seinem Vater, der sich für seinen Sohn viel kosten läßt, soeben dazu geprügelt worden. Wird aus diesem ein Künstler? — Da saget ihr schon: Ex trunco non fit Mercurius; — welches eben so viel sagen will, als: Aus der geprügelten Liebe zur Kunst wird nicht sehr viel Künstlerschaft zum Vorschein kommen. — Sollten wir in noch mehrere Häuser hinein gehen, um ähnliche Kunstjünger zu besuchen? — Ich meine, Solches wird nicht vonnöthen sein. — Aber sehet, ganz am Ende der Gasse in einer ganz unansehnlichen Kneipe wohnt eine ärmliche Familie; da wollen wir hineingehen und sehen, wie dort die Kunst betrieben wird, weil auch ein Kind dieses ärmlichen Vaters die Musik lernt. — Sehet, der Knabe hat in diesem Tage wenigstens schon seine acht Stunden studirt; nun Abends aber will der Vater des Knaben Gesundheit wegen ihn mit nehmen auf einen kleinen Spaziergang. Aber sehet nur den Knaben an, wie er sein Instrument an's Herz drückt, und es liebkoset, als wäre es sein größter Lebensfreund! — Nur mit bedeutender Mühe und großer Beredung von Seite des Vaters trennt sich unser Kunstjünger mit Thränen im Auge von seinem Lieblinge und spricht: Du, mein theuerstes Kleinod! In kurzer Zeit, ja in sehr kurzer Zeit gehöre ich wieder ganz dir an! — Ich frage nun: Wird aus diesem ein Künstler? — Gehet hin, höret seine Töne, die er in kurzer Zeit aus seinem Instrumente zu ziehen gelernt hat, und ihr werdet sagen: Ach, das sind Wundertöne! Man glaubt, sie kommen von überirdischen Räumen herab. — Ja, ja, meine lieben Freunde und Brüder, dieser Jünger wird sicher ein großer Künstler; denn dieser hat schon den rechten Lehrmeister in seiner Brust, und dieser Meister lehrt ihn, Alles der Kunst zum Opfer zu bringen, und läßt ihn nirgends ein größeres Vergnügen treffen und finden, als eben in seiner zu erlernenden Kunst. — Alle früheren waren wohl auch Jünger der Kunst; aber sie hatten keine Liebe zu ihr, und werden es daher ohne diesen Meister auch nie weiter bringen. Warum aber hatten sie keine Liebe? — Weil ihnen die Weltzottelei lieber war, als die Selbstverleugnung und ein vollernstliches Ergreifen der Liebe zur Kunst. Aus diesem Grunde aber werden sie auch nur die Früchte ihrer Weltzottelei, aber nie die der herrlichen Kunst ernten. — Nun sehet, dieses Beispiel giebt uns einen genügenden Aufschluß, worin die Beschleunigung der geistigen Fortschritte den Grund hat. Wird man wohl zu der inneren Vollendung gelangen auf Spaziergängen, in Theatern, oder bei geselligen Freundschaftszirkeln, oder bei anderen weltlichen Geschäften von was immer für einer Art? — O nein; aus all' dieser Weltzottelei wachsen durchaus keine Corneliuse heraus, wie Solches auch der Herr Selbst gar deutlich gezeigt hat, als Er in einem Gleichnisse mehrere Freunde zu einem Gastmahle lud, und die Freunde aber sich mit Allerlei entschuldigten, darum sie der Einladung nicht folgen mögen. Der Eine hat mit ein Paar Ochsen etwas zu thun; ein Anderer ist in Heirathsangelegenheiten; ein Dritter kauft einen Grund, und so kann Keiner kommen. — Sehet, das sind Weltzottler, die die Fortschritte des Geistes sicher nicht beschleunigen. Sie sind zwar sonst sehr respectable Freunde des Herrn, sonst hätte Er sie nicht laden lassen; aber nur die Zeit fehlt ihnen, zu kommen. — Der Herr aber spricht zum reichen Jünglinge: Gieb Alles hintan und folge Mir nach, so wirst du einen Schatz im Himmel dir bereiten, oder mit andern Worten: Du wirst die Vollendung deines Geistes überkommen! — Wer diesem Rufe nicht also folgt, wie ihr von meinen Brüdern, den Aposteln wisset, wie diese dem Herrn auf den ersten Ruf gefolgt sind, der muß sich denn auch gefallen lassen, daß der Herr mit ihm eben so herumzottelt, wie der Gerufene es zu thun pflegt mit dem Herrn. Daraus aber können wir folgende ganz kurze Regel ziehen: Je mehr Weltzottelei, desto weniger geistigen Fortschrittes; je weniger Weltzottelei, desto beschleunigter die Fortschritte des Geistes. Mit gar keiner Weltzottelei aber kann aus jedem Menschen ein Cornelius herauswachsen. — Mehr brauchet ihr nicht; daher öffnet das Pförtlein, und steiget in die lichte Freie! —

## 229.
(Am 4. August 1843, von 5—5½ Uhr Nachmittags).

Wir sind an Ort und Stelle; was saget ihr denn zu diesem Anblicke? Hat das Auge eines auf der Erde lebenden Menschen, ich meine, das Auge seiner Seele, je in seiner allertiefsten Phantasie etwas Aehnliches auch nur geahnt?! — Seht, der noch außerordentlich große Rundplatz, auf dem wir uns befinden, ist hellgrünstrahlend, und dieses Strahlen ist kein wogendes, sondern ein ruhiges Strahlen. — Womit wäre wohl dieser Boden zu vergleichen? Etwa mit einem überaus wohl polirten Smaragde? O welch' ein matter Vergleich wäre das. Sollte man etwa den Boden mit dem allerfeinsten Seidensammte vergleichen, der da strahlet, als wären die Fäden, aus denen er bereitet ist, aus grünem Golde angefertigt? — Ich sage, auch dieser Vergleich ist matt und paßt nicht hierher. — Ja, mit irdischen Vergleichen werden wir da durchaus nicht weiter kommen. — Wir werden daher etwas höher greifen müssen; unsere Hände werden wir weit hinaus in den endlosen Raum strecken und in selbem einzelne Planetarsonnen treffen, die mit einem solchen grünen Lichte ihre sie umgebenden Weltkörper erleuchten. Ja eine Sonne muß es sein, und diese muß als eine flache Scheibe hierher gelegt werden; dann ist der Vergleich richtig. — Also das wäre der Boden, auf dem wir jetzt stehen; er ist wie eine mächtig strahlende Aetherfläche einer Sonne, und dennoch ist er fest wie ein Diamant. — Was saget ihr zu dieser endlosen Pracht? Ihr seid stumm, und möget kein Wörtlein hervor bringen. Ja, meine lieben Freunde und Brüder, das ist auch vollkommen begreiflich; — denn wo es uns lichtgewohnten Geistern des Himmels schwer wird zu reden, da wird es auch euch sicher um so schwerer werden, indem ihr von dergleichen Lichterhabenheiten in solcher unermeßlichen Fülle noch nie in euerem Gemüthe Etwas zu sehen bekommen habt. — Lassen wir aber Dieses; den Boden hätten wir angeschaut, wenden wir unsere Blicke nun auf die unaussprechlich prachtvollste Umfassung dieses großen freien Platzes. Sehet, ein weißes Geländer umgiebt zuerst diesen ganzen großen freien Platz; von zehn zu zehn Klaftern aber steigt vom Geländer aus ein über hundert Klaftern hoher Obelisk. Seine strahlende Farbe ist ebenfalls blendend weiß; zu oberst aber sehet, ziert einen jeden solchen Obelisk eine bald roth, bald grün, bald blau, bald violett, bald gelb, und so noch durch mehrere Farbennüancen hindurch gar mächtig strahlende ziemlich große Kugel. Es nimmt sich dieses so aus, als stünde zu oberst eines jeden solchen Obelisken, deren es um diesen großen freien Platz noch immer mehrere Hunderte giebt, eine allerbarste Sonne, die da gar mächtig diesen freien Platz erleuchtet. — Man könnte hier freilich sagen: Wozu auf einer solchen Centralsonne noch so viel leuchtender Körper? Es wäre wohl für's Auge wohlthuender, eher auf eine Verminderung, als auf eine solche Verstärkung des Lichtes anzutragen. Ich sage euch: Dafür ist eben durch die Aufstellung solcher mächtig leuchtender Körper gesorgt. — Solches, saget ihr, ist eben nicht leicht zu begreifen; ich aber sage euch, daß Solches ganz natürlich gar leicht begriffen werden kann. Wie so denn, auf welche Weise? — Dafür, meine lieben Freunde, giebt es auch wohl schon auf der Erde eine Menge recht handgreiflicher Beispiele, und das natürmäßig und geistig genommen. — Sehet, wenn bei euch zur Sommerszeit alle Vegetation in weißer Farbe zum Vorschein käme, und zwar sogestaltig weiß, wie da ist der Schnee des Winters, da kann ich euch ganz bestimmt versichern, ihr könntet zur Tageszeit nicht möglicher Weise in's Freie treten, ohne ehestens von der überaus starken Macht des Lichtes gänzlich geschmolzen und aufgelöst zu werden; denn die Strahlen der Sonne fallen zur Zeit des Sommers zu intensiv auf die Oberfläche desjenigen Theiles der Erde, den ihr bewohnet. Zur Winterszeit aber ist die weiße Farbe von guter Wirkung; denn ohne diese würde das Licht zu wenig Wirkung haben; und es würde mit der Zeit die Kälte so sehr zunehmen, daß ihr unmöglich es in der freien Luft aushalten könntet; — aber die weiße Farbe des Schnees wirft das Licht wieder zurück, und erwärmt dadurch nachträglicher Maßen die Luft. — Zur Sommerszeit aber muß die Vegetation die Oberfläche der Erde buntfarbig überdecken; durch diese weise Vorrichtung wird der Sonne intensiver Strahl in seinem wirksamsten Theile verzehrt, und nur der sanfte Theil desselben bricht sich aus der buntfarbigen Oberfläche des Erdbodens wieder zurück. Ihr könntet auch ein ähnliches Phänomen künstlich im Kleinen versuchen, und da gebe ich euch Solches an. Stellet zur Nachtzeit auf die Mitte eines Tisches eine stark leuchtende argantische Lampe. Wenn ihr sie einzeln dastehend betrachtet, so wird ihr Licht euer Auge beleidigen; nehmet aber mehrere Lampen, stellet sie um diese weißflammende herum, und stecket aber über ihre weißen Flammen verschieden gefärbte Glascylinder. Dadurch werdet ihr ein Licht von allerlei Farben bekommen, d. h. eine jede dieser umstehenden Lampen wird ein anders gefärbtes Licht ausstrahlen. Was wird aber davon der Effect sein? Der Effect wird folgender sein, daß ihr das Licht der mittleren weißen Lampe ohne den allergeringsten Anstand werdet ganz bequem anschauen können, und es wird euch vorkommen, daß es dadurch dunkler geworden ist beim Brande von wenigstens zehn Lampen, als es ehedem bei dem Brande der einen weißen der Fall war. — Daß Solches richtig ist, zeigt euch tagtäglich die ganze Natur, wie auch die aus ihr geschöpfte Erfahrung, nach der Weise angestellt, wie ich es euch nun kund gegeben habe. — Geistig muß aber die Sache auch richtig sein; warum denn? Weil sie im Geiste eher, als in der Natur vorhanden sein muß. Ist sie aber geistig richtig, dann ist auch schon für die naturmäßige Richtigkeit der unumstößlichste Beweis geliefert. — Wird solch' ein Beweis für die geistige Richtigkeit wohl schwer zu liefern sein? O nein! Ihr selbst habet dafür schon ein recht gutes Sprichwort, welches dießfalls unsere Sache allergenügendst erklärt; und dieses Sprüchwort lautet: Ex omnibus aliquid, et in toto nihil. — Ein Mensch, der in allen Fächern des menschlichen Wissens bewandert sein will, in dessen seelischer Leuchtkammer wird es gewiß sehr buntstrahlig aussehen. Fasset aber alle diese Strahlen zusammen, so werden sie kaum so viel Stärke haben, um zur Nachtzeit ein Gemach allenfalls so zu beleuchten, wie Sonnenkäferchen, und im Geiste wird sich solcher Effect auch auf das Deutlichste aussprechen; denn solche vielwissenschaftlich gebildete Menschen sind weder im Einzelnen, noch im Ganzen tüchtig, um über Eines oder das Andere eine allen Anforderungen genügende Ansicht von sich zu geben. — Ich meine, dieses ist so deutlich gegeben, daß wir darüber kein Wort mehr zu verlieren brauchen, und können uns daher wohlunterrichtet wieder auf unsere herrliche freie Fläche wenden, und da genügend erkennen, zu welchem Zwecke hier solche Lichtwechslungen angebracht sind; — und so hätten wir den Boden dieses Platzes und seine Umfassung hinreichend betrachtet. — Nun aber schauet noch in die Mitte dieses großen freien Platzes hin; dort erhebt sich noch eine mächtig große Säulenronde, welche zu oberst mit einer dunkelroth strahlenden Krone überdeckt ist. Der Säulen, die diese Krone tragen, giebt es dreißig; eine jede ist von der andern zwei Klaftern entfernt. In der Mitte dieser Säulenronde entdecket ihr einen karminrothen Altar, auf dem unser bekanntes Querholz liegt. — Dahin wollen wir uns auch sogleich begeben, und dann wohl Acht haben, was Alles sich noch auf dieser herrlichen freien Fläche zutragen wird; zugleich aber mache ich euch auch darauf aufmerksam, daß eben diese mächtige Säulenronde, deren Säulen von hellichtblauer Farbe sind, den von euch bisher vermißten zwölften Stock dieses Gebäudes von der Ferne herüber ansichtig bildet. Da wir nun mit diesem Anstande zurecht sind, so begeben wir uns sogleich in die Ronde hin, und warten dort ab, was Alles sich noch unseren Blicken darstellen wird; — und so denn gehen wir. —

## 230.
(Am 5. August 1843 von 5—6½ Uhr Nachm.)

Wir sind in der Ronde und am Altare; wie ihr sehet, so sind wir auch hier noch, wie ihr zu sagen pflegt, mutterseelig allein. Ihr saget hier freilich wohl: Das ist aber auch sonderbar genug auf dieser Welt, wohin wir nur immer kommen, entdecken wir wohl die größte Pracht, und in der Pracht spricht sich auch die größtdenkbarste Weisheit aus; aber Menschen scheinen hier fortwährend einen ewigen Feiertag zu haben, und sitzen neben ihrer größten Pracht in ihren Kammern. — Es wäre ja doch angenehm und überaus erheiternd, auch nur ein Paar mit einander wandeln zu sehen; aber so sieht man nichts, als die todte Pracht, der das Leben fast gänzlich zu mangeln scheint. Also sind wir auch hier auf diesem freien Platze von lauter Wundern menschlicher Kühnheit und Weisheit umfangen; aber die Baumeister sind, Gott weiß es wo, verborgen. — Fürwahr, dieses Hauptgebäude in seinem Gesammtumfange ist ja doch so etwas großartig erhaben Prachtvollstes, daß wir es gar nicht zu denken vermögen, als sei es ein Menschenwerk; denn so Etwas ist nur Gott möglich zu erbauen, aber Geschöpfen scheint es kaum möglich zu sein. Und wenn es im Ernste Geschöpfe dieser Welt erbaut haben sollen, so müssen sie für's Erste Riesenkräfte besitzen, für's Zweite müssen sie eine Ausdauer und einen Muth haben, wovon sich noch kein menschlicher Geist einen Begriff machen kann, — und für's Dritte muß ihr vollendeter Sinn so sehr weise ästhetisch sein, daß sich über denselben hinaus ebenfalls kein Atom mehr denken läßt; und dennoch ist von all' diesen wunderbaren Menschen in der Freie nirgends etwas zu erblicken. — Warum denn nicht? — Sind diese Menschen so schüchtern, so eingezogen; oder haben sie, wie schon bemerkt, gerade zu der Zeit, so wir irgend anlangen, einen Feiertag? — Oder, weil es hier keine Tage giebt, eine gemessene Ruhezeit? — Lieben Freunde und Brüder, bei dem letzen Ausspruche verbleibet, und ihr habet den richtigen Grund gefunden, vermöge welchem gerade zu der Zeit, so wir uns an irgend einem Orte befinden, diese Menschen eine gewisse Rast oder Ruhe halten; — ist diese zu Ende, dann dürfet ihr glauben, daß es bei euch auf der Erde in der allerbelebtesten Weltstadt nicht so lebendig zugeht, als auf solch' einem Orte. Denn nicht leichtlich würdet ihr auch auf der Erde einen volkreicheren Ort antreffen, als dieser da ist, auf dem wir uns gegenwärtig befinden, und ihr könnet es keck glauben, daß sich in diesem Gebäude über zehn Millionen Menschen aufhalten; denn wie groß dieses Gebäude ist, habt ihr euch von der Entfernung her schon einen kleinen Begriff machen können. Betrachtet nur einmal diesen Platz, auf dem wir uns noch befinden, und ihr müßt euch gestehen, daß er groß genug wäre eine der größten Städte von euerem Europa aufzunehmen; und dennoch beträgt er kaum ein Viertel des ebenerdigen Durchmessers dieses großen Gebäudes. Dazu können wir solche Größe auch nur mit unseren geistigen Augen leicht überschauen, und sie wird uns so gestaltet erträglich. Mit eueren leiblichen Augen würdet ihr da nur sehr kleine Partien auf einmal zu überschauen im Stande sein; denn der Maßstab ist zu groß für die Pupille eines fleischlichen Auges, und würde sich nach allen Seiten hin verengen, und sich auch etwas in's blaue zu verlieren anfangen. — Aus diesem aber könnet ihr sicher den Schluß ziehen, daß es in den freien Zeiten in all' diesen Räumen und in der ganzen weiten Gegend überaus lebendig zugeht. Zudem ist es besonders hier auch nothwendig, daß ihr mit diesen überaus schönen Menschen nicht eher eine achtbare Bekanntschaft machet, als bis ihr euch an den überaus erhabenen Dingen, welche voll der tiefsten Bedeutung sind, ein wenig abgestoßen habt. Denn würden wir sogleich mit diesen allerwunderbarst schönsten Menschen früher in Conflict treten, bevor ihr alles andere Wichtige angeschaut und gehörig nutzbringend betrachtet habt, so würdet ihr euch in die Menschen so sehr vergaffen, daß euch alles andere noch so erhaben Pracht- und Bedeutungsvollste um eine hohle Nuß feil wäre! — Aus eben dieser Ursache aber muß ich euch auch auf solch' einen Ort zu einer solchen Zeit hinbringen, in der die Bewohner solch' eines Ortes gerade ihre Ruhe zu halten pflegen. — Daß es aber hier überaus lebendig vor sich geht, werdet ihr euch sobald übezeugen. — Wir werden durch unsere bekannte Manipulation dieses Holz auf dem Altare brennend machen, und sobald werden sich die Räume dieses weiten Platzes von allen Seiten her zu füllen anfangen. Ihr möchtet wohl wissen, ob diese Menschen hier von unserer Gegenwart irgend eine Ahnung haben, oder uns etwa wohl gar zu sehen im Stande sind? — Ich aber sage euch: Vor der Hand ist weder das Eine noch das Andere der Fall; aber wir werden uns hier ihnen zeigen und uns mit ihnen auch in eine Zwiesprache einlassen, und das darum, damit ihr Alles kennen lernet, wie es hier zugeht; denn wir werden uns nach diesem Orte sobald von dieser Welt hinweg begeben und noch der Glanzoberfläche euerer Sonne eine kleine Visite abstatten. — Daher wollen wir uns denn hier auch den Bewohnern zeigen, und uns mit ihnen über Manches besprechen, damit ihr dadurch selbst erfahret, wessen Geistes Kinder sie sind. Ich mache euch aber zum Voraus aufmerksam, daß ihr euch ja Niemanden nähert und ihn anrühret; denn Solches würde euch vor der Zeit von dieser Welt hinweg bringen, und ihr könntet den zu mächtig reizbaren Eindruck nicht vertragen. Solches muß sogar ich beachten, der ich doch schon gar lange alles Naturmäßigen ledig bin, und darf ebenfalls keinen hier noch in seinem Leibe lebenden Menschen anrühren. — Ihr fraget freilich warum denn ich Solches nicht dürfte? — Bei mir ist es wieder der umgekehrte Fall; denn diese Menschen haben einen zu entsetzlich großen Begriff von den Kindern des Herrn; und ihre Achtung und Liebe zu diesen Kindern des Herrn ist zu unbeschreiblich heftig und stark, daß sie sich darob durch eine Berührung von mir alsbald aus lauter Liebe verzehren und am Ende gänzlich auflösen würden. Daher wird es euch auch gar nicht Wunder nehmen dürfen, so ihr mich schroff ernstlich werdet mit diesen Menschen reden sehen und hören; denn Solches muß ich thun aus Liebe zu ihnen. Desgleichen müßt auch ihr beobachten. Durch eine äußerlich liebevoll scheinende Behandlung würdet ihr ihnen beiweitem mehr schaden als nützen; denn also ist Alles in der Ordnung des Herrn bestellt. — Der Leib des Menschen hat ebenfalls verschiedene Theile, die zwar zu einem gemeinsamen Lebenszwecke thätig sind und auch sein müssen; möchte sich aber Jemand irgend ein Glied abschneiden und es etwa aus lauter Liebe zu diesem Gliede in sein Herz hinein arbeiten wollen, so wird er dadurch nicht nur das Glied, sondern auch das Herz tödten. — Also bleibt aber auch dieselbe Ordnung unter den mannigfaltigen Dingen und Geschöpfen in dem unermeßlichen Schöpfungsgebiete des Herrn. Sie sind alle für einander gegenseitig da, und dienen sich gegenseitig zu einem und demselben Lebenszwecke; aber nur müssen sie sich nicht selbst versetzen und verwechseln, was durch eine ungeregelte und unzeitige Liebe geschehen kann, wollen sie sich nicht gegenseitig verderben. Unter einer gerechten, ordnungsmäßigen, weisen Beschränkung können wir uns allen Geschöpfen nahen, und uns mit ihnen in einen gerechten wechselseitigen Rapport setzen auf die Weise, wie da alle Glieder eines Leibes im beständigen Rapporte stehen; — was darüber ist, das ist verderblich. — Und so denn machet euch gefaßt; ich werde meine Hand an den Altar legen, die Flamme wird das Holz ergreifen, und von hundert und hundert Seiten her werdet ihr sobald Menschen herzueilend erschauen. — Ich lege nun meinen Finger an den Altar; sehet, das Holz ist von Flammen ergriffen, — und nun sehet hinaus, wie sich die Pförtlein zu öffnen anfangen! —

## 231.

(Am 7. August 1843 von 4¾—7¼ Uhr Nachm.)

Und sehet ferner! Schon entströmen den hundert und hundert Pförtleins ernstheitere Schaaren, und eilen behende hierher. Sehet einmal an die herrlichen Menschen; wie unbeschreiblich schön sind ihre Formen; welche Weichheit und welche harmonische Zartheit in allen Theilen! Der Mann unterscheidet sich von dem Weibe nur durch einen mäßigen Bart und durch die flache Brust; in allem Uebrigen ist er ebenfalls von großer Weich- und Zartheit, und stellt in aller Fülle eine vollkommen männliche Gestalt dar. — Seine ganze Kleidung ist, wie ihr sehet, ein einziges Hemd, ein wenig bis unter seine Knie hinabreichend. Das Hemd des Mannes ist von lichtblauer Farbe, und hat den Glanz wie das Gefieder am Halse eines Pfaues bei euch. — Das Weib hat eine rosenrothe Schürze nur um die Hüfte gehangen, so, daß diese Schürze ihren Bauch bis hinab zu den Waden, also auch ihre Fußschenkel und ihr Gesäß bedeckt. — Der obere Leib ist theilweise frei, und ist sonst bloß nur mit den reichlichen lichtgoldstrahlenden Haaren bedeckt; alles Andere aber ist bloß. — Betrachtet nun eine solche weibliche Gestalt in der Nähe; sehet die unbeschreibliche Feinheit ihrer Haut an; könnt ihr euch erinnern, auf der Erde je irgend eine so zarte Oberfläche eines Gegenstandes gesehen zu haben? Seht ihr auf diesem Leibe irgend eine allergeringste Falte, oder irgend ein Hervortreten der Haut, genöthiget durch einen Knochen oder einen Knorpel des inwendigen Leibes? — Sehet, so blank und flach eine allerfeinst gedrehte und polirte Kugel ist, da nirgends eine das ästhetische Auge störende Erhöhung zu ersehen, also blank flach abgerundet ist auch allenthalben der Leib eines solchen Weibes; und da ist kein Unterschied zwischen Jung und Alt, im Gegentheile, je älter hier ein Weib, wie auch ein Mann wird, desto vollendeter bilden sich ihre Formen aus; ja im hohen Alter von manchmal mehr denn tausend Jahren werden diese Menschen so außerordentlich vollkommen schön, daß, da ihre wahrhaft ätherisch seelische Schönheit durch keines Wortes Kraft und Macht dargestellt werden kann. — Ja, die Schönheit eines solchen hochbejahrten Menschenpaares hier ist nicht selten so außerordentlich groß, daß sie, so sie irgend auf euerer Erde sich befände, im Ernste gesprochen, die härtesten Steine wie Wachs zerfließen würde. Ja, euere ganze Erde wäre nicht im Stande, solch' eine glänzendste Schönheit einer menschlichen Form zu tragen und daneben zu bestehen. Würde die Erde auch noch Meister der schönen Form, so aber könnte sie dennoch das für einen Erdbewohner unaussprechlich und unbegreiflich intensive Licht eines solchen Menschen nicht vertragen; denn ihr könnt es mit Bestimmtheit annehmen, daß ein solcher Mensch hier eine größere Masse Licht aus ihm heraus strömen läßt, als nicht selten eine ganze Planetarsonne zur Erleuchtung und Erwärmung ihres ganzen Planetargebietes. — Ihr saget hier freilich und fraget: Wenn Solches also der Fall ist, so fragt es sich, welchen Stoffes wohl ist der Leib dieser Menschen, der da bestehen kann in solch' einer endlos und unberechenbar allermächtigsten Lichtfülle? Denn wir wissen es auf der Erde, daß selbst der Diamant in einer durch die Hohlspiegel bewirkten und auf einen Punkt zusammen gedrängten Strahlenmasse aus der Sonne nicht bestehen kann, sondern sich sobald verflüchtiget; und doch ist solch' ein Strahlenpunkt vielleicht nicht der ärmste Theil der gesammten Lichtstärke der Sonne. Hier aber soll ein einzelner nicht viel größerer Mensch, als wir es sind, eine so intensive Lichtmasse in sich und um sich fassen, daß mit solcher Lichtfülle eine ganze Planetarsonne für all' ihre Planeten mit einem vollkommen hinreichend starken Lichtgrade über alle ihre weit gedehnten Gebiete könnte gesättiget werden; — sonach läßt sich bei solcher vergleichenden Betrachtung, lieber Freund und Bruder, wohl gar sehr die Frage stellen, aus welchem Stoffe solche Menschen wohl erschaffen sein müssen, um solch' einen unaussprechlich mächtigen Grad des Lichtes zu ertragen? — Meine lieben Freunde und Brüder! Wenn ihr hier auf dieser Sonne nach rein irdischen Begriffen und Verhältnissen urtheilet, da werdet ihr wohl schwerlich je zu einem richtigen Resultate gelangen; wenn ihr aber euch das zu einem Grundsatze machet, und saget: Eine jede Welt und eine jede Sonne hat ihre eigenthümlichen Gesetze, unter denen sie besteht, — so werdet ihr der Wahrheit und der Grundursache solch' eines Bestehens im Lichte um ein sehr Bedeutendes näher gerückt sein. Zudem habt ihr ja ähnliche Andeutungen schon auf eurer Erde. Gehet von einem Lande in's andere, von einem Welttheile in den andern, von einer Insel auf die andere, und ihr werdet da schon so bedeutende Varietäten in den Lebensverhältnissen finden, daß ihr euch darüber nicht genug zu verwundern im Stande sein werdet. Betrachtet ihr dazu noch, wie es in allen Elementen noch lebende Wesen in zahlloser Menge giebt, so werdet ihr noch mehr darüber zur Klarheit gelangen, daß das Leben sich unter den verschiedenartigsten äußeren Verhältnissen aussprechen nnd erhalten kann. Wenn aber Solches schon auf der Erde materiell genommen bei euch klarst bemerkbar wird, um wie viel mehr gilt dann solche Regel für verschiedene Weltkörper. Es giebt bei euch Thiere in zahlloser Menge, die außer dem Wasser keine Minute lang zu leben im Stande sind; dann aber giebt es Thiere und Wesen, die nur unter der Erde im dichtesten Schlamme, und selbst in den Steinen einzig und allein ihr Leben zu fristen im Stande sind. Solche Schlammthiere in den Tiefen unterirdischer Schlünde sind euch wohl bisher noch gänzlich unbekannt; aber Steinthiere, als z. B. Steinfliege, Steinspinne, Steinbiene, Steinkröte, u. d. m. sind von den Naturforschern der Erde schon hier und da aufgefunden worden; aber nur wissen es die Naturforscher nicht, daß sich dergleichen Thiere in den Steingattungen selbst produciren, indem die auch den Stein durchwaltenden Lebenskräfte sich ergreifen, und als Intelligentien sich in einer Form ausbilden, natürlicher Weise nach der in sie vom Herrn gelegten Ordnung. Ja, wenn ihr die Sache so recht beim scharfen Lichte betrachten würdet, so würdet ihr finden, daß alle sämmtlichen Steine, ja das gesammte Wesen euerer Erde nichts als sich mächtig ergriffene Klumpen von lauter abgelegten Leibern oder Lebenslarven sind; und daß diese Lebenslarven noch immer einige freilich wohl hart gebundene Grundlebenskraft in sich fassen, welche sich hier und da bei leichterem Flottwerden wieder ergreift, aus der leichteren, sie umgebenden Materie sich in eine neue mitlebende Form ausbildet und dann in derselben sich eine Zeit lang aufhält zur mächtigeren Stärkung des ersten in dieser neuen Form sich ergriffenen Grundlebens. — Sehet, ein solches Wesen kann dann in solch' einer Materie wohl existiren; bringet ihr es aber von da in die freie atmosphärische Luft, so wird es in wenigen Minuten dahin sein. Umgekehrter Maßen aber wird es auch denjenigen Wesen ergehen, deren Lebenselement nur die freie atmosphärische Luft ist. Wenn aber ihr, die ihr nur in der atmosphärischen Luft zu leben vermöget, euch in den überaus leichten Aether begeben möchtet, so wird es euch da gerade so ergehen, als wie einem Fische, so ihr ihn vom Wasser in die freie Luft empor hebet. — Desgleichen giebt es aber auch eine zahlose Menge für euch nicht sichtbar lebender Wesen in der Region des Aethers; diese können nur im Aether, und nicht mehr in der Luft, und noch weniger in einer dichteren Materie leben. — Wesen aber, welche im Aether zu leben im Stande sind, sind auch im Stande stets mehr und mehr im Lichte zu leben. Sie haben freilich für euch nicht sichtbare Leiber; aber deßwegen existiren sie dennoch, und zwar in einer solchen unendlichen Zahlfülle, daß ihr euch davon ewig nie werdet einen hinreichenden Begriff machen können. — So denn müßt ihr euch auch diese Menschen nicht als grobmateriell-körperlich denken, sondern überaus ätherisch zart und feinmateriell, welcher Beschaffenheit aber dann das Licht in seiner größten Intensität auch nichts mehr anhaben kann. — Solche Verhältnisse giebt es ja auch im reinen Geisterreiche, da es Geister giebt, die überaus schwerfällig und finster sind, und daher ihr Leben auch nur in den dichtesten innersten Theilen der Erde fristen können; — und wieder giebt es Geister, welche etwas leichter sind, und daher die oberen Theile der Erde, wie auch die Gewässer bewohnen, allda ihr Leben fristen und ihr Wesen treiben; — und wieder giebt es Geister, die in der halben unteren Luftregion leben und in derselben ihr Wesen treiben; und wieder giebt es Geister, natürlich schon von vollkommener Art, welche die oberen reineren Luftregionen, etwa von der Gegend der Gletscher angefangen, bewohnen; — und wieder giebt es Geister, welche die erste Region des Aethers, und dann Geister, welche die höchsten und freiesten Aetherregionen und weiten freien Räume zwischen den Weltkörpern bewohnen, — und endlich giebt es allervollkommenste Geister, welche die obersten Sphären der Sonnen bewohnen, die da sind ein ewiges Licht. Und die Geister von unten bis nach oben können einander nicht erschauen, d. h. deutlicher gesprochen: Die Geister einer unteren Stufe können die einer höheren Stufe nicht erschauen; wohl aber ist Solches umgekehrt möglich, und auch in der Ordnung gangbar. Solches aber ist auch nothwendig; denn würden die unteren unvollkommneren Geister die oberen vollkommneren zu erschauen im Stande sein, so würden sie dadurch in ihrer Freiheit beeinträchtiget werden; die vollkommneren aber müssen die unvollkommneren sehen, damit sie dieselben allzeit in der gehörigen Hut haben können. — Aus dieser Betrachtung, meine ich, sollte euch wohl klar werden, wie diese Menschen hier in solcher Lichtintensität gar wohl bestehen können. Ihr habt zwar ehedem die Strahlenwirkung der Sonne durch einen Hohlspiegel bewirkt angeführt; ich aber sage euch: Es ist wahr, daß der höchst intensive Lichtpunkt, der da aus dem Hohlspiegel ausgeht, solch' große Kraft der Auflösung in sich hat; aber woher kommt denn dieser Strahl? — Von nirgends wo anders her, als von dem vom Hohlspiegel aufgenommenen Bilde der Sonne; also endlich doch vom Hohlspiegel her. Da ließe sich denn doch wohl fragen: Wie mag deß Strahl wohl den Diamant zerstören, während doch die viel leichter zerstörbare Materie des Hohlspiegels selbst nicht den allergeringsten Schaden leidet? — Eine noch größere Frage wäre diese: Nach der auflösbaren Lichtstärke eines Brennpunktes aus dem Hohlspiegel zu urtheilen, muß die Sonne auf ihrer ätherischen Lichtoberfläche ja eine so außerordentliche auflösende Kraft besitzen, daß ein noch beiweitem größerer Weltkörper, als da euere Erde ist, wie ein Wassertropfen am weiß glühenden Eisen im Augenblicke aufgelöst würde, wie er sich solcher Sonnenlichtglanzfläche nur auf etliche tausend Meilen nähern würde. — Die Sonne selbst aber ist auch ein dichter materieller, freilich wohl immens großer Klumpen; — wie ist es denn, daß dieser Klumpen von der unendlichen auflösenden Kraft nicht auch sobald zerstört wird? — Sehet, warum die Sonne in sich selbst gar wohl bestehen kann, und noch andere Wesen auf ihr, findet ihr gründlich dargestellt in der ersten Einleitung zur Sonne, welche euch vom Herrn Selbst mitgetheilt ist; und ich sage euch demnach hier nur so viel, daß das Licht allzeit von einem leuchtenden Körper nach Außen, aber nie nach dem leuchtenden Körper zurück in solcher zerstörenden Heftigkeit wirkend ist. — Ihr wisset aber, daß wir uns hier auf einer Centralsonne befinden, auf welcher das Licht in unmeßbarer Intensität zu Hause ist. Aus diesem Grunde ist hier auch Alles so höchst glanzvoll polirt, damit dadurch alles auf die Gegenstände einwirkende Licht trotz seiner immensen Intensität nahe bis auf den letzten Tropfen zurück geworfen wird, und kann darum mit den Körpern nicht zerstörend in die Wechselwirkung treten. — Und nun sehet, aus eben demselben Grunde ist auch die Haut dieser Menschen so unaussprechlich zart, und ihre Form so vollkommen als möglich abgerundet; denn dadurch wird das auf sie einfallende Licht schnell zurück geworfen, und kann auf sie unmöglich zerstörend einwirken, eben so wenig, als das vom Hohlspiegel ausstrahlende Licht auf den Hohlspiegel selbst zerstörend wirken kann, weil es von seiner stark glänzend polirten Oberfläche zurück geworfen wird. Freilich muß sich die Glanzoberfläche eines Körpers nach dem Grade der auf ihn einfallenden Lichtstärke richten. — Aus Dem aber geht dann hervor, daß auf einer jeden Welt das in Formen gehüllte Leben unter den dazu erforderlichen Gesetzen ganz wohl denkbar ist. — Ich meine, wir brauchen über diesen Punkt nicht viele Worte mehr zu machen; denn ihr könnt aus Dem schon hinreichend entnehmen, daß für's Erste selbst eine Centralsonne trotz aller ihrer Lichtintensität noch gar wohl zur Tragung frei lebender Wesen tauglich ist, und für's Zweite könnt ihr daraus auch fast mit den Händen greifen, daß die menschlich lebenden Wesen auf solch' einer Welt nothwendig von solcher Zartheit und Schönheit sein müssen, ohne die sie nicht auf solch' einer Welt zu existiren vermöchten. — Da wir aber nun Solches wissen, so können wir uns mit diesen überaus schönsten Menschen schon in einen näheren Conflict einlassen. —

## 232.
(Am 8. August 1843 von 5—7 Uhr Nachm.)

Wie sollen wir aber Solches thun? — Zunächst hängt ein solcher Effect vom Herrn ab, dann aber von unserem festen Willen; mit diesem müssen wir uns selbst gewisserart fixiren, und haben wir Das gethan, so wird unsere Wesenheit alsobald sichtbar vor diesen Menschen in die Erscheinlichkeit treten. Also thun wir denn auch das, und ihr werdet euch überzeugen in euerem inwendigen Schauvermögen, daß uns diese Menschen als vollkommen anwesend erschauen. Wir haben das gethan; und nun sehet, wie diese Menschen ganz große Augen zu machen anfangen, drei ganz weltfremde Gäste unter ihnen zu erblicken! Einigen wird ganz unheimlich zu Muthe; daher ziehen sie sich auch zurück, die Andern wissen nicht, was sie aus uns machen sollen. Daher geht auch schon eine Deputation an den Aeltesten dieses Palastes ab, auf daß er herbei kommen, sein Urtheil über uns abgeben und bestimmen solle, wer wir sind. — Es berathen sich zwar einige Altweise über uns; aber wie wir leicht merken, so hat Keiner den Muth, sich uns zu nahen und uns selbst über unsere Wesenheit zu befragen. Es ließe sich hier wohl fragen, woran es denn so ganz eigentlich liege, daß diese sonst so weisen Menschen den Muth nicht haben, sich uns zu nahen und uns selbst zu fragen. — Die Ursache ist eben nicht so schwer zu finden, als man es auf den ersten Augenblick glauben möchte, und wir wollen sie bald heraus haben; und so höret denn! — Zu manchen Gelegenheiten erscheinen diesen Menschen hier und da Geister; aber auf diesem Platze ist es durch ihre Weisheit nicht bekannt, daß sich allda je ein Geist gezeigt hätte, noch zeigen möchte, und da sie die Geister nur an bestimmten Plätzen zu sehen gewohnt sind, so fällt es ihnen um so mehr auf, hier auf diesem für alle Geister verpönten Orte nun Wesen zu erschauen, die sie für nichts anderes, als Geister erkennen. Dieser Grund klingt freilich wohl, als wäre er ein wenig hohl; aber er ist das mit nichten, und läßt sich sogar mit ähnlichen Erscheinungen auf der Erde in ein ziemliches Gleichgewicht bringen. Nehmen wir an, es giebt auf der Erde so manche Menschen, welche das Vermögen haben Geister zu sehen; manche aber wenigstens dieselben wahrzunehmen. Wenn dergleichen Menschen z. B. in alten Burgen, auf Friedhöfen oder auf anderen berüchtigten Gegenden zur nächtlichen Zeit irgend ein oder das andere Geistwesen erschauen, so wird es ihnen weniger als ungewöhnlich auffallen; so es sich aber ereignen sollte, daß sie dergleichen Wesen auf einem ganz ungewöhnlichen Orte erblicken, als z. B. etwa auf einer öffentlichen Landstraße, auf einem allgemeinen Belustigungsorte, oder bei einem öffentlichen Volksfeste, so wird eine solche Erscheinung einen sicher äußerst betrübenden Eindruck auf Diejenigen machen, die ihrer ansichtig geworden sind. — Und sehet, ungefähr einen ähnlichen Eindruck macht unsere Erscheinung auf diese Menschen, und das auf diesem Platze; und das darum um so mehr, weil es bei diesen Menschen für eine Regel und Ordnung gilt, allhier nie ein geistiges Wesen zu erblicken, weil hier ein Freiplatz ist, von dem alle Geister verpönt bleiben sollen. Was aber diese Sache noch für einen ferneren Ausgang nehmen wird, werden wir sogleich erfahren; — denn der Aelteste naht sich uns schon mit einer Menge Geisterprobungs- und Geisterbannungs-Requisiten! — Sehet einen langen mit allerlei glänzenden Streifen umwundenen Stab in seiner Hand; ein Anderer trägt ein siebeneckiges Tischchen, auf einer jeden Ecke ein anderes geheimnißvolles Zeichen eingegraben. Das zeigt uns ebenfalls, daß es hier auf eine Geisterprobung los geht. — Ein Anderer neben dem Aeltesten trägt einen großen goldenen Kreis, welcher freilich wohl von innen hohl ist; aber in dieser Höhlung ist künstlicher Maßen ein Band gespannt, und ist gewisserart von einer ähnlich magischen Wirkung für den Glauben dieser Menschen, als von welcher Wirkung da bei euch sind die sogenannten Amulette und Scapulire. — Ein Dritter trägt hinter dem Weisesten und Aeltesten wie ein einstiger römischer Lictor einen ganzen Bündel rothschimmernder Stäbe; — noch ein Vierter trägt einen großen Knaul übereinander gewundener Schnüre. Was wohl möchten diese Requisiten Alles bezeichnen? — Die Erfahrung wird es sogleich zeigen; ihr müßt aber ja nicht erwarten, daß uns sobald Jemand anreden wird, und fragen, wer wir seien. Solches wird Alles durch diese Instrumente geschehen; und so habet nur Acht! — Sehet, schon hat der Aelteste den Kreis auf den

Boden niedergelegt, und läßt sich von zwei andern Weisen in denselben hinein heben; denn selbst gehen darf er nicht, sonst wäre er nicht hinreichend isolirt von dem Geiste und könnte demselben nicht den gehörigen Willenstrotz bieten. — Nun steht er im Kreise, hebt seinen Stab empor und macht Miene, als wollte er einen gewaltigen Hieb über uns führen; allein dadurch zeigt er uns nur die Macht seines Willens, und die entschlossene Festigkeit seiner Herrschaft über uns Geisterwesen. Wären wir so ganz gewöhnliche Geister dieser Welt, so müßten wir, wie ihr zu sagen pflegt, Reißaus nehmen; da wir aber nicht Geister von dieser Welt sind, so bleiben wir stehen. — Was wird aber jetzt geschehen? — Seht, jetzt wird der geheimnißvolle Tisch auch in den Kreis hinein gestellt, und der Aelteste haucht die Eckzeichen an, bestreicht den Tisch darauf mit dem Stabe, und führt ihn nun an unsere Gesichter. Wären wir Geister von dieser Welt und dazu etwas hartnäckiger Natur, so müßten wir jetzt uns ebenfalls sobald davon machen, wollten wir nicht am Haupte in den Brand übergehen. — Da uns aber auch diese Manipulation nicht angegriffen hat, so wird nun der Schnurknäul hinein gereicht; das eine Ende wird an dem Stabe befestigt, den der Aelteste in seiner Hand hält und ihn zugleich auf den geheimnißvollen Tisch stützt, der Knaul aber wird dann hinaus gegeben. — Und sehet, alle Anwesenden nehmen von Hand zu Hand diesen Knaul stets abwindend, und ein Jeder behält die Schnur in der Hand. Was soll denn das bedeuten? — Das bedeutet die Verstärkung des Willens; man könnte diese Schnur eine magnetische nennen. — Durch diesen allgemeinen Willensrapport sollen wir ganz bestimmt weichen, sobald der Stab über uns gesenkt wird; — allein wir weichen nicht. Daher machen unsere schönen Geisterbannungs-Manipulanten beiderlei Geschlechtes ganz verzweifelt erschrockene Mienen; und es bleibt ihnen nichts Anderes übrig, als zu den exorzistisch mächtigen Stäben zu greifen. — Sehet, die Stäbe werden schnell vertheilt, und der Aelteste im Kreise nimmt drei, während ein jeder Andere nur einen empfängt. Der Aelteste schlägt sich nun dreimal auf die Achseln; deßgleichen thun auch die Andern. Das solle uns ganz bestimmt zum Weichen bringen, so wir Geister wären; weil wir aber nicht weichen, und uns bei all' dieser verhängnißvollen Manipulation ganz wohl befinden, so werden wir nun nicht mehr für Geister, sondern für Wesen ihres Gleichen gehalten; freilich wohl nicht als Solche, die in einem solchen Palaste geboren sind, sondern als ganz gewöhnliche Landstreicher, die sich freilich unbefugter Maßen die große Keckheit dreist genommen haben und betraten dieses außerordentliche Heiligthum der allervornehmsten und weisesten Menschen dieses großen Kreisgebietes, welches freilich wohl mehr Flächenraum hat, als einmal hunderttausend euerer Erden. — Was wird aber in dieser Hinsicht nun mit uns geschehen? — Seht, der Kreis wird aufgehoben, das Tischchen weggetragen und der Exorzismus körperlicher Maßen auf uns angewendet. Aber nun sehet, der Aelteste hat soeben mit seinen drei Stäbchen auf meine Achsel einen Hieb geführt, und seine Stäbchen sind gewisserart ganz leicht durch meinen erscheinlichen Leib gefahren. Das war aber auch genug, um diese gesammte Menschenmasse in einen verzweifelten Schreck zu versetzen. Was werden denn diese erschreckten Menschen jetzt thun? Einige Entfernteren, die sich den Pförtlein näher befanden und glücklicher Weise an der Schnur wegen ihres Nichtauslangens nicht Theil genommen haben, haben es schon gethan, d. h. sie haben schon das sogenannte schnelle Consilium abeundi genommen. Die an der Schnur Theilhabenden sammt dem Aeltesten möchten auch desgleichen thun. Aber der Aelteste will doch vor seinen Kindern keinen unweisen Feigfuß machen; daher hat er sich bereits entschlossen, nicht auf uns, sondern vorerst auf die Seinen eine zu beherzigende Anrede zu machen. — Sehet, er deutet ihnen, aufmerksam zu sein und richtet soeben diese Worte an sie: Höret ihr, meine Kinder, und Kinder der Kinder! — Ich habe gegen diese drei geheimnißvollen Wesen Alles in Anwendung gebracht, was seit undenklichen Zeiten der Zeiten allzeit mächtig gewirkt hat auf dergleichen Gäste, wo immer sich dieselben gezeigt haben. Waren sie guter Art, wie wir es sind, so offenbarten sie sich uns sogleich und gaben uns treulich an, weß Grundes sie erschienen sind. — Waren sie aber listiger Art, als da gewöhnlich sind Geister Derjenigen aus den Landgebieten, denen es nie gestattet war zufolge ihrer unausgezeichneten Lebensweise, sich diesem heiligen Wohnorte zu nahen, so mußten sie selbst bei ihrer größten listigen Hartnäckigkeit wenigstens bei der letzten Stäbe-Manipulation und bei der vollsten Conföderation unseres Willens sobald weichen. — Wären sie natürliche Wesen, so wären sie vor meinem Dreistabhieb sicher sobald gewichen; allein, wie ihr Alle gesehen habt, mein Hieb fuhr durch das ganze mittlere Wesen, und dasselbe rührte sich nicht; — also ist Solches ein Zeichen, daß diese Wesen höherer Art sein müssen. Daher habe ich mich mit meinem ganzen Leben entschlossen, mich diesen Wesen zu nähern und mich allerdemüthigst zu erkundigen, was da wohl der Grund solch' einer gänzlich ungewöhnlichen Erscheinung sein dürfte. — Haltet aber dessen ungeachtet fest an der Schnur, damit wir dadurch ja mit einem Herzen und mit einem Willen uns diesen geheimnißvollen Wesen wirksam zu nähern vermögen. — Sehet, nach diesem Aufrufe bewegt sich unser Aeltester, der seinem Aussehen nach gleichwohl der Jüngste heißen könnte, zu uns mit der größten hier sittlichen Ehrfurcht, welche darin besteht, daß er seine beiden Hände über die Stirn legt, um dadurch anzuzeigen, daß seine Weisheit vor uns null und nichtig ist, und dann mit freier Brust uns entgegentretend, um anzuzeigen, daß er alle seine Liebe und sein Leben uns zum Opfer zu bringen bereit ist. — Nun steht er vor uns; welch' ein Adel, welch' eine allererhabenste Schönheit in seiner Form. Läßt sich etwas Zarteres und Weicheres auch nur ahnen? — Ich meine, Solches wird wohl von euch Keinem möglich sein. Nun aber macht dieser unbeschreiblich schöne Mensch Miene, mit uns zu reden, und so denn wollen wir ihn anhören! —

## 233.

(Am 16. August 1843, von 5¼—7½ Uhr Nachmittags.)

Höret ihn an; denn er beginnt Worte an uns zu richten, und die Worte lauten: Höret mich an, ihr überaus geheimnißvollsten Wesen! Ich habe nach unserer weisen Art unsere von Alters her allzeit sicher wirkenden Schutzmittel angewendet; sie halfen aber nichts. Ihr seid Geister; denn Solches erkannte ich mittelst meines Stabhiebes, und ihr müsset gar überaus mächtige Geister sein, da euch alle meine Schutzmittel nicht hintan zu treiben vermochten. Gebet mir aber doch kund, wer und woher ihr seid, auf daß ich mit meinem ganzen großen Hause mich zu einem würdigen Empfange euerer Wesenheit vorbereite. Wir haben wohl Kenntnisse in unserer tiefsten Weisheit, daß Gott der Herr, der allmächtige Erschaffer aller Dinge, unserer großen Welt und anderer Welten und aller hohen Geister, einst auf irgend einer Welt Sich niedergelassen und die Kinder solcher Welt zu den Seinigen gemacht hat; und diese Kinder, als Kinder des unendlichen Gottes, sollen von einer unendlichen Vollmacht und Stärke sein, und das in jeder Beziehung sowohl in der wirkenden Kraft, als auch in der dazu erforderlichen Weisheit. Saget mir, seid ihr etwa von dort her? — Denn seid ihr von dort her, dann wehe uns allen armmächtigen Bewohnern dieser Welt! Denn wir wissen aus unserer tiefsten Weisheit, daß dergleichen Kindergottesgeister nicht nur eine solche Welt, wie da die unsrige ist, sondern ganze Heere solcher Welten, mit einem leisen Hauche zu vernichten im Stande sind. Seid ihr demnach Geister solcher Art, und sind wir grobe Sünder vor euch, so fordert Opfer zur Sühnung; aber nur verderbet uns und unsere Welt nicht! — Nun rede ich: Höre mich an, du weiser Aeltester dieses Ortes! — Wir sind Das, als was zu sein du uns bezeichnet hast; aber wir sind nicht im Geringsten darum hier, um etwa euere Welt und euch zu vernichten, ja nicht einmal ein Haar soll euch gekrümmt werden, und nicht das geringste Opfer sollet ihr uns darbringen; denn Solches gebühret allein Gott, dem Herrn, unserem allerliebevollsten Vater, Der da lebet, schaffet und regieret von Ewigkeit zu Ewigkeit! — Aber Solches möchten wir uns von euch entbitten, daß ihr uns für eine sehr kurze Dauer mit derselben Liebe aufnehmen sollet, mit welcher wir zu euch gekommen sind, nämlich mit der Liebe Gottes in eueren Herzen. Der Zweck unseres Hiererscheinens aber ist, nach dem Willen des Herrn einen belehrenden Blick in eure Welt zu thun, und euch bei solcher Gelegenheit auch zu verkündigen die große und unendliche Liebe und Erbarmung Gottes zu all' Seinen geistig lebendigen Geschöpfen! — Daher fürchtet euch nicht vor uns; sondern seid fröhlich und voll heiteren Muthes; denn Gott, unser Herr und Vater, hat alle Seine Geschöpfe für Freude und Seligkeit nur, aber nie für Schrecknisse, Traurigkeiten, Qualen und Schmerzen erschaffen! — Nun spricht der Aelteste: Eine überaus große Ehre und ein ebenmäßig großes Lob sei dem heiligen Erschaffer aller Dinge, daß Er uns so gnädig heimgesucht hat in Seinen endlos großmächtigen Kindern. Wir sind nun überzeugt, daß ihr nicht zu unserem Untergange, sondern nur zu unserer großen Wohlfahrt hierher gekommen seid; daher aber seid uns auch wie kein Ding auf dieser Welt und kein Geschöpf in der größten Vollliebe unserer Herzen willkommen! — Hier wendet sich der Aelteste zu seinen Kindern, und spricht zu ihnen: Sehet hierher, alle Kinder meines Hauses! Der große Gott hat uns gar lieblich heimgesucht, um uns zu zeigen die Nichtigkeit unserer Weisheit und die Schwäche unserer Liebe. — Sehet, Diese, die da unüberwindbar gar höchst schlicht und einfach vor uns stehen ohne Glanz und Prunk, sind wahrhaftige Kinder des ewig allmächtigen großen Gottes; — was ist all' unser Glanz und all' unsre Pracht gegen die unbegreifliche Erhabenheit solcher glanzlosen Schlichtheit, welche aber dennoch erfüllt ist mit aller Fülle der göttlichen Kraft!? — Fallet nieder, und lobet und betet an den großen Gott, der uns in solcher Erscheinung eine unendlich große Gnade und Erbarmung erwiesen hat! — Sehet, schon einige Male brannte das Holz auf dem Altare, und Keiner aus uns hatte den Muth, die Hände auf denselben zu legen, um dadurch in jene Welt zu gelangen, die Gott der Herr für Seine Kinder erschaffen hat, um auf derselben zu überkommen eben' auch die Kindschaft Gottes entweder in einem neuen Leibe, oder in einer schutzgeistigen Stellung. Jetzt aber haben wir die Gelegenheit vor uns, zu erfahren die gründlichen Bedingungen, welche dazu erforderlich sind; bisher wußten wir wohl aus den Zeichen der Flamme, was Alles der große Gott von Jenen fordert, die da in Seine Kindschaft übergehen wollen. Die Zeichen waren sicher richtig; aber nicht also unsere Erkenntniß und unser Glaube. Diese werden uns sagen, was man so ganz eigentlich zu thun hat, um zu solcher unendlichen Gnade zu gelangen, — und so habet denn Acht; denn der hohe Geist in der Mitte hat mich verstanden, und er wird es uns Allen kund thun, was da ist der reine Wille Gottes, und was wir thun sollen zur Erreichung des Wohlgefallens Gottes. — Nun rede ich: Höre du, achtbarer Aeltester dieses Hauses! — Euere Ceremonie, euere Flammenzeichen-Deuterei ist zur Erreichung eueres vorgesteckten Zweckes gänzlich überflüssig; diese Ceremonie ist kaum nur ein äußeres Bild dessen, das ihr innerlich in euch thun sollet. — Ich aber will euch, und namentlich dir für euch Alle, in der Fülle der Wahrheit zeigen, was da allein ist der rechte Weg; und so wolle mich denn vernehmen! — Weißt du, was da ist die Liebe zu Gott? — Willst du ein Kind des Herrn sein, so mußt du nicht sein wollen der Erste und der Vornehmste, sondern mußt sein gleich einem geringsten Knechte gegen alle Diejenigen, die du führest. Du mußt sie nicht lehren die Weisheit in sich, sondern die Demuth und Liebe in sich, dann wirst du und die Deinigen erst diejenige wahre Weisheit überkommen, in welcher da zu Grunde liegt alle wirkende Kraft; — die ganze Regel ist demnach diese: Sei vom ganzen Herzen demüthig; liebe Gott aus all' Deinen Lebenskräften über Alles, und erfülle in Dem Seinen Willen, daß du deine Brüder und Schwestern liebest und achtest mehr, denn dich selbst! — Wenn du Solches thust, so bist du ein Kind Gottes, und brauchst deine Hand nicht an den Altar zu legen; denn darin ist der Unterschied zwischen den Kindern und sonstigen vernünftigweisen Geschöpfen Gottes, daß die Kinder ihr Herz, die Geschöpfe aber nur ihre Hand an den Altar legen. Gott aber sieht nie auf die Werke und Zeichen der Hand, sondern allein nur auf die Werke und Zeichen des Herzens. — Was nützt es dir, so du mit der erlernten Weisheit und Kraft deiner Kinder noch größere Werke aufführen ließest, als da ist dieses Gebäude, das uns trägt? Siehe Solches vermag der Herr mit einem allerleisesten Gedanken, und Seine Kinder vermögen es auch durch Seine Kraft in ihnen; ja sie vermögen nicht nur dergleichen Werke im Augenblicke, sondern ganze Schöpfungen mit einem einzigen Gedanken in's Dasein zu rufen, — und wenn du dagegen deiner Kinder Hände-Werke betrachtest, die sie mühsam aufführen mußten, sage mir, was sind sie dagegen? — Nichts, als ein eitles Mühen nach Dem, was auf diese Art unerreichbar ist. Daher beachte Das, was ich dir nun angezeigt habe, und bei euch Allen wird ein anderes Lebenslicht aufgehen; — denn Wesen, wie ihr seid, hat die unendliche Liebe Gottes nicht zur Knechtschaft, sondern für die ewige Freiheit erschaffen! — Diese Freiheit aber könnt ihr nimmer durch euere Weisheit erlangen, sondern allein nur durch Demuth und Liebe zu Gott. — Du fragst mich, wie man es denn anstellen soll, um **Gott über Alles zu lieben**? — Ich sage dir: Gerade also, als wie du es anstellest, wenn dein Herz für irgend ein großes darzustellendes Werk erbrennt. Allda ist dir alles Sonstige, als wäre es nicht da, und du lebst allein für dein Werk. Kehre die Sache um, und betrachte Alles deiner Welt für werthlos, und setze den Herrn über Alles in deinem Herzen, so liebst du Gott über Alles; und in **dieser Liebe wird der Geist Gottes in deinem Herzen Wohnung nehmen**, und du wirst von diesem Augenblicke an sein ein **wahrhaftiges Kind Gottes**! — Nun weißt du Alles. Willst du darnach handeln, so wirst du auch Das erlangen, was du erlangen möchtest. Denn siehe, Gott der Herr, der gute Vater aller Seiner Kinder, hat keine Freude an der Pracht und am Glanze; darum sind auch wir, Seine Kinder ganz einfach und schlicht; und **Er Selbst als Vater ist der Einfachste und Schlichteste unter Seinen Kindern**! — Daher wirst du Ihn mit all' dieser großen Pracht nimmer bestechen; denn Dergleichen zu erzeugen vermag Er mit einem Gedanken, wie Er diese übergroße Welt und noch zahllose andere eben so große und noch größere Welten erschaffen hat. Aber mit einem reinen liebeerfüllten Herzen wirst du Ihn bestechen, und Er wird dir in einem Augenblicke mehr geben, als du mit all' deiner Weisheit nach undenklichen Zeiten und Zeiten erlangen magst. Nun weißt du auch, **wie Gott der Herr beschaffen ist, und wie man Ihn lieben muß**; daher magst du handeln darnach, und du wirst nicht nothwendig haben, dich auf eine andere Welt zu übersetzen. — Besinne dich aber nun, fasse diese meine Worte zusammen und gieb mir dann kund, wie du sie aufgefaßt hast, und ich werde dir dann noch faßlicher zeigen, wie du es anzustellen hast, um zur wahrhaftigen Liebe zu Gott zu gelangen. — Sehet, unser Aeltester legt seine Hände auf die Brust und fängt an nachzudenken; wir aber wollen harren und dann vernehmen, mit welchen Resultaten er zum Vorscheine kommen wird. —

### 234.

(Am 17. August 1843, von Nachmittags 5½—7¼ Uhr.)

Nun spricht der Aelteste, und wir wollen ihn hören; denn er hat sich die Sache weise überlegt, und ihr werdet euch verwundern, mit welcher tiefen Weisheit unser Mann zum Vorschein kommen wird. Seine Worte aber fangen also an zu lauten: Hoher Abgesandter Dessen, der da allmächtig ist und erschaffen hat alles Licht und alle Masse der Welt! Dein Rath ist so überaus gut, triftig und allerinnerlichst weise, daß sich darüber von mir, als dem Weisesten dieses Ortes, nicht die allerleiseste Einwendung machen läßt. Wahr ist es, daß die Liebe oder der Drang im Herzen zu seinem Schöpfer Alles vermag; denn wenn ich mit meinem Herzen, als dem Grunde meines Lebens, den Schöpfer ergriffen habe, so habe ich mich auch sicher vollkommen mit Ihm verbunden, und somit in Eins gestellt, und da ich dadurch mit dem Grunde meines Lebens auch meinen Willen vollkommen dem allmächtigen Willen des Schöpfers unterworfen habe, so ist es auch nicht anders denkbar, als daß ich fürder nur Das wollen kann, was da ist der Wille des allmächtigen Gottes. — Bis hierher, erhabener Gesandter, wäre Alles in der vollkommensten Ordnung, und läßt sich nicht im geringsten irgend eine Einwendung machen; aber nun kommt etwas Anderes. Wenn sich dieses mit dem obigen Grundsatze vereinen läßt, dann ist freilich wohl Alles gewonnen; läßt sich aber Solches nicht thun, so bleibt, wie bisher, die Erlangung der Kindschaft Gottes ein überaus fragliches Problem, und wir können höchstens den frommen Wunsch in uns darnach tragen, aber ungeachtet dessen dennoch nie die Kindschaft Gottes überkommen. Dieser Punkt, der dem oberen Grundsatze zuwiderläuft, ist aber folgender: Mir ist es bekannt, daß alle Weltkörper sammt ihren Bewohnern mit einem vollkommenen Menschen in vollkommener unabänderlicher Korrespondenz stehen, und zwar also, daß eine Welt entspricht einem Gliedtheile, eine andere wieder einem andern; und so korrespondiren zahllose Welten mit den zahllosen Einzeltheilen, aus denen ein vollkommener Mensch durch die Macht der göttlichen Weisheit geschaffen ist. — Nun aber wissen wir auch, daß die Glieder und alle die Theile eines Menschen wohl zu einem und demselben Lebenszwecke dienlich sind; aber die Erfahrung lehrt es nur zu augenscheinlich, daß aus dem Fuße nie eine Hand, aus der Hand nie ein Kopf, aus dem Munde kein Ohr, aus der Zunge kein Auge, aus der Nase keine Brust, u. d. m. werden kann. Also hat der Mensch ein lebendiges Herz in sich, und dieses liegt wirkend in seiner Brust. Von diesem Herzen lebt zwar der ganze Leib, und es ist nicht zu behaupten, daß an und für sich irgend ein Theil des Leibes zufolge der göttlichen Ordnung weniger wichtig ist, als der andere; aber dessen ungeachtet hat alles Leben doch nur im Herzen seinen Grundsitz, und die Glieder des ganzen Leibes können nie das Herz ersetzen. So dasselbe unwiderlegbar wahr ist, wie möglich können dann diejenigen, wenn auch in ihrer Art vollkommene Geschöpfe die Kindschaft Gottes überkommen, so sie in ihrer Art nicht eben auch dem Herzen des großen Gottes entsprechen, da sie nicht sind auf einer Welt, die da von Gott Selbst aus korrespondirend gestellt ist mit Seinem Herzen? — Was nützte es einem Gliede, so es auch den größten Drang in sich empfinden würde, in ein Herz umwandelt zu werden? Wird Solches je geschehen? — Also bin ich der Meinung, da wir Bewohner dieser Welt nach unserer Wissenschaft nur mit dem Auge des Herrn korrespondiren, daß wir darum nimmer können Korrespondenzen Seines Herzens werden, — oder wir können nimmer die volle Kindschaft Gottes überkommen, außer wir müßten eher gänzlich zunichte gemacht werden; alsdann erst ließe sich eine neue Umstaltung mit unserer Bestandsordnung denken. — Solches aber geschieht sichtbar durch die Händeauflegung der Muthigsten auf den flammenden Altar, allda sie dann im Augenblicke zu sein aufhören, und von ihnen nichts übrig bleibt, als jenes stumme Fluidum, welches in einem jeden Wesen, sei es eine Welt, ein Stein, eine Pflanze oder ein anderes lebendiges Geschöpf, mit dem Herzen des Schöpfers gänzlich unbewußter Maßen in der Entsprechung steht. Siehe nun, erhabenster Gesandter, dieß ist der zweite Grundsatz, der für uns Bewohner dieser Welt den ersten von dir ausgesprochenen wenigstens für meine bisherige Erkenntniß nothwendiger Weise gänzlich zunichte macht. — Weißt du mir dagegen ein anderes Licht zu zeigen, durch welches dieses mein gegründetes Erkenntniß wiederstrahlt wird, so gieb es mir gnädigst kund, und ich will dasselbe also aufnehmen, und es mir also eigen machen, als hätte nie ein anderes Licht die inneren Gemächer meines Lebens erhellt. — Nun spreche wieder ich: Höre, mein achtbarer Aeltester dieses Hauses! — Du hast weise gesprochen in deiner Art; aber deine Weisheit ist nicht geschmeidig, und nicht flüssig, weil sie stets von der schroffen äußeren Form ausgeht. — Du treibst dich fortwährend in lauter Entsprechungen herum, und bleibst daher auch gleich einem Gliede am Leibe haften, und kannst nicht verlassen deine Stelle. — Siehe, das ist aber ja nur das Eigenthümliche der äußeren gerichteten Form; aber der reine freie Geist hat kein Gericht, und kann daher in seiner Ganzheit allzeit vollkommen mit der Liebe Gottes in der Entsprechung stehen; — denn es giebt in der ganzen Unendlichkeit kein anderes Leben, als das Leben, welches ausgeht aus der Kraft der Liebe in Gott. — Korrespondirst du schon deiner wesentlichen äußeren Form nach nicht mit dem Herzen Gottes, so aber korrespondirst du deinem Leben nach so gut, wie ich, vollkommen mit dem Herzen Gottes; und wäre Solches nicht der Fall, so hättest du ewig kein Leben, und dein Geist wäre kein Geist, wenn er nicht wäre eine Kraft mit der unendlichen Kraft der ewig lebendigen Liebe im Herzen Gottes. Deinem formellen Wesen nach, welches in harte Entsprechungen eingeschichtet ist, kannst du freilich wohl nicht die Kindschaft Gottes überkommen; aber in deinem Geiste so gut, wie ich, wenn du durch die Liebe zu Gott denselben deiner schroffen Wesenheit entbinden kannst. Solches aber ist nur dadurch möglich, wenn du dich in deiner inneren Begierlichkeit gänzlich aller Weltpracht und Herrlichkeit völlig flott machen kannst, und dann mit der gesammten Kraft deines Lebens nichts als allein das Wesen der Liebe Gottes ergreifst. Dieses Wesen aber ist das Göttlich menschliche, oder es ist der dir undenkbare Gott in Seiner Wesenheit ein vollkommener Mensch, der da auf einer Welt, „Erde" genannt, Selbst das Fleisch angenommen hat, und ward ein Mensch vollkommen also, wie alle von Ihm geschaffenen Menschen es sind; und dieser vollkommene Mensch aller Menschen hat sogar einen schmerzlichsten Tod Seines Fleisches aus unendlicher Liebe zu all' Seinen Geschöpfen erleiden wollen, um ihnen dadurch die endlos heilige Pforte zu öffnen, durch welche sie als Seine Kinder also zu Ihm gelangen und Ihn sehen und sprechen können als ihres Gleichen, als wären sie ebenfalls Götter also, wie Er es ist von Ewigkeit. Der Name dieses Menschen aller Menschen, der da ist Gott von Ewigkeit, und hat erschaffen alle Dinge, heißet nunmehr Jesus, welcher Name besaget, daß Er ist ein Heiland aller Seiner Geschöpfe; und Sein Wort, daß Er geredet hat, ward gerichtet an alle Kreatur, und somit hat Er auch alle Seine Kreatur zum Heile Seiner Liebe berufen; und du bist davon so wenig ausgeschlossen, als ich, Sein Zeitgenosse auf Erden, es war. — Er Selbst sagte: „Ich aber habe noch viele Schafe, die nicht in diesem Schafstalle sind; und diese will Ich hierher führen, damit da ein Hirt und eine Heerde werde!" — Siehe unter solche Schafe oder Geschöpfe, die nicht, wie alle Bewohner dieser großen Welt; — ergreifet diesen Gottmenschen Jesus in euerem Herzen, und leget keinen Werth auf euere Welt, so seid ihr schon Kinder Gottes, wie ihr da lebet und webet. — Ich sage dir nicht, als solltest du darob dein großes überprachtvollstes Haus niederreißen, und an dessen Stelle setzen unansehnliche Wohnhütten; aber reiße es in deinem Herzen nieder, und besitze es also, als besäßest du es gar nicht. Gieb Alles dem Herrn zu eigen, und wandle in aller Demuth und Liebe zu Ihm, wie zu deinen Kindern, Brüdern und Schwestern, so wird der Geist des Herrn Selbst über dich kommen und dich leiten in alle Weisheit der Himmel! — Siehe, Das thut Noth; alles Andere aber ist null und nichtig vor dem Herrn. — Denke dir einmal, wie groß die Liebe des Gottmenschen sein muß, da Er, der ewige alleinige Herr und Schöpfer der Unendlichkeit Selbst völlig arm sein will, damit alle Seine Kinder besto reicher würden! — Wenn du aber nun Solches aus der Tiefe der rein göttlichen Weisheit und Liebe in mir erfahren hast, so suche du allen Reichthum zu fliehen; gieb Alles mit der größten Liebe der unendlichen Liebe des Herrn wieder zurück, und suche im Besitze Seiner Selbst, und nichts Anderes dazu, den allerhöchsten Reichthum, dann wirst du das allerhöchste Gut besitzen in unendlicher Fülle! — Suche nicht die Kraft und die Macht des Herrn dir eigen zu machen, sondern suche vielmehr ein Allerschwächster und Allergeringster in Seinem Reiche zu werden, und nichts zu besitzen, als Seine Liebe, und nichts zu wünschen, als nur bei Ihm zu sein; — dann wirst du ewig wohnen wie ein zartes vielgeliebtes Kindlein auf den allerheiligsten Armen des ewig allerliebevollsten Vaters! — Siehe, das ist der wahre Grundsatz; nach diesem lebe, und du wirst nicht brauchen sammt den Deinen auch nur mit einem Finger den Altar anzurühren, und wirst dennoch ganz vollkommen die Kindschaft Gottes auf dieser deiner Welt zu überkommen vermögen. — Stoße dich aber nicht an meiner nun beiweitem weniger schönen Form, als da ist die Deinige; denn an der Form ist nichts gelegen. Euere endlos schöne Form ist nur ein äußeres Bedürfniß für diese Welt, welche vom Herrn gestellt ist zu erleuchten mit ihrem mächtigen Lichte nahe zahllose andere kleinere Welten, welche nicht also, wie diese, mit dem Lichte umhüllt sind. Also ist für diese Welt solche Zartheit der äußeren Form deines Wesens ein Bedürfniß, da ihr mit einer andern unmöglich auf dieser Welt bestehen würdet; aber ganz anders verhält es sich mit der Schönheit des Geistes. Dieses richtet sich nimmer nach der äußeren Form, sondern lediglich nur nach der alleinigen Liebe zum Herrn; denn diese ist die wahre und allerhöchste Schönheit des Lebens! — Nun überdenke du, mein achtbarer Aeltester, diese meine Worte, und sage mir dann, in wie weit du sie verstanden hast und in wie weit nicht, und ich werde dir dann sobald jeden dir möglich aufstoßenden Zweifel aus dem Grunde deines Lichtes also erhellen, daß du mit leichter Mühe auf den wahren Grund der ewigen Wahrheit Gottes schauen sollst; — und also thue das! — Sehet, unser Aeltester und alle seine Kinder fallen auf ihr Angesicht, und fangen an in ihren Herzen sich zu regen, wir aber wollen abwarten, was da heraus kommen wird. —

## 235.
#### (Am 19. August 1843 von Nachm. 5½—7½ Uhr.)

Der Aelteste erhebt sich nun wieder, und wie ihr in euerem Gemüthe leicht bemerken könnet, so schickt er sich wieder an, mit mir zu reden. Es sei! Ich habe ihm Solches gestattet; also soll er auch reden, und so spricht er denn: Allererhabenster unter den Gesandten des großen Gottes! Darum du ein Zeitgenosse nach deinem Zeugnisse warst auf jener Erde, auf welcher es dem großen Gott gefallen hatte gleich Seinen Geschöpfen ein Mensch zu sein, um dadurch aller Creatur die Pforten zum ewigen Leben zu öffnen, — dir sage ich, daß ich deinen Worten auf den möglichen Grund des Grundes nachgespürt, sie sämmtlich als recht befunden und meine Weisheit angestrengt habe, um irgend einen Widerspruch zu finden; allein ich vermochte auch nicht auf einen Punkt zu stoßen, der mir die große Wahrheit deiner Aussage nur im Geringsten hätte verdächtigen können. Ich sehe es nun klar ein, daß man nach deiner Lehre auf jeder Welt die Kindschaft Gottes überkommen kann, so man nur darnach handelt und sein inneres Leben sucht in dem Namen des Gottmenschen frei zu machen. Ich sehe auch ein, daß das Händeauflegen auf den flammenden Altar nur vielmehr ein äußeres Bild dessen ist, was das menschliche Geschöpf im Grunde des Grundes geistig in sich thun solle. Also in Dem wäre nirgends auch nur ein allerleisester Zweifel vorhanden; aber ein ganz anderes Ding steckt hier im Hintergrunde, und in dieser Hinsicht bin ich noch trotz dieser lichten Welt in einer bedeutenden Dunkelheit, und dieser mir dunkle Punkt lautet also: Du hast gesagt, die Demuth ist die Grundbedingung zur Erlangung der Kindschaft Gottes; denn aus dieser ausschließend die Liebe zum alleinigen Gott hervorgeht. Nun aber kann doch Niemand ewig je in Abrede stellen, daß da „ein Kind Gottes sein" doch sicher unendlich mehr sagen will, als wenn man hier auf dieser Welt auch das allerhöchste und allervollkommenste geistige Wesen ist. — Hier weiß ich mir nicht zu bescheiden und aufzuklären, ob beim „unter was immer für eine Handlungsbedingung mehr leben wollen" irgend von einer wahren Demuth die Rede sein kann. — Ich setze den Fall, ich will als Kind Gottes auf der allergeringsten und allerletzten Stufe stehen, und will durchaus keine Kraft und keine Macht, sondern allein nur die selige Fähigkeit, Gott den Allmächtigen stets mehr und mehr zu lieben aus allen Kräften eines geistigen Lebens, das wäre doch sicher die geringstmöglichste Forderung im Zustande der Kindschaft Gottes. Wenn ich aber dagegen bedenke, daß ich in meinem gegenwärtigen Zustande auch nicht ein Atom gegen die sichere Größe solch' eines allergeringsten Kindes Gottes ausmache, so will ich ja doch offenbar in der Erlangung solcher geringsten Kindschaft Gottes nothwendiger Weise mehr werden. Bei uns heißt eine solche Demuth, durch welche ein Mensch irgend mehr werden will, eine schmähliche Kriecherei; wie ist dann solche geistige Demuth vor Gott zu nehmen, wo man doch nothgedrungener Maßen entweder im schlimmeren Falle mehr werden will, als man vom Urbeginn der göttlichen Ordnung her war, oder wo man im besseren Falle wenigstens alleroffenbarlichst mehr werden muß. Wenn das Mehrwerden nicht voranstünde, so wäre dein mir vorgezeichneter Weg in jedem Punkte als vollgiltig anzunehmen. Da sich aber dieses verhängnißvolle „Mehr" weder auf die eine, noch auf die andere Art hinwegschaffen läßt, so kann ich die Demuth nicht als diejenige Tugend betrachten, welche zur Erlangung der Kindschaft nothwendig sein soll; da sie, nämlich diese Tugend, am Ende zufolge des Mehrwerdens doch nur als eine Gleißnerei, Kriecherei und Heuchelei betrachtet werden kann. — Zu diesem Punkte gesellt sich aber noch eine andere Fraglichkeit, und diese besteht darin: Hat irgend ein freidenkendes, sich selbst bewußtes und freithätiges Geschöpf das Recht, unter irgend einem Vorwande mit der Stellung unzufrieden zu sein, welche ihm die allerhöchste Güte und Weisheit Gottes vom Uranbeginn an ertheilt hatte? — Was ist die Unzufriedenheit? Sie ist für's Erste die Ungenügsamkeit an dem Gegebenen, und eben darum auch der Undank für das Gegebene. — Nun fragt es sich: Wenn ich durch Liebe und Demuth ein Kind Gottes, also um's Unaussprechliche mehr werden will, als ich jetzt bin, wie steht es da mit meiner Zufriedenheit und Dankbarkeit für Das aus, was ich durch die unendliche Gnade Gottes allhier bin? — Ist die Demuth und die Liebe unter solchem Anbetracht wohl genügend, solchem Undanke als Aequivalent entgegen zu stehen, besonders wenn nicht einmal Gott Selbst mir das unaussprechliche Mehr im Zustande der Kindschaft Gottes hinweg räumen kann? — Ich meine, du erhabenster Gesandter wirst mich wohl verstehen, was ich damit, wenn schon abgerissen, im klaren Ideengange habe sagen wollen. Ja, wenn du sagst: Ich werde als Kind Gottes um's Außerordentliche geringer, schwächer, unvollkommener, als ich hier bin, so ist die Demuth ein rechter Weg, die Kindschaft Gottes zu erlangen; aber mit dem Bewußtsein, mehr zu werden in jeder Hinsicht, ist die Demuth offenbar, wenigstens für diesen meinen gegenwärtigen Begriffszustand, der unpassendste Weg; denn stehe, bei uns, wie du es sicher aus der Weisheitskraft des Herrn wissen wirst, ist solche unwandelbare Sitte, daß da nie ein Mensch etwas thun darf, sondern das gegenseitige Bedürfniß und die gegenseitige gleiche Bruderliebe muß für alle Zeiten der Zeiten der alleinige Beweggrund zu handeln bleiben. Wenn ich aber meinen Bruder liebe, auf daß er mir dann einen Dienst erweisen möchte, oder mich wenigstens auch lieben solle; wenn ich also durch meine Bruderliebe auch nichts als bloß nur die Gegenliebe verlange, oder für eine geleistete Handlung auch nur den kürzesten Dank, so ist das bei uns eine grobe Untugend. Wenn ich mich vor Jemanden demüthige, auf daß er mir nur ein freundliches Gesicht zeigen möchte, so bin ich schon ein Heuchler im ersten geringeren Grade. Kurz und gut, wir kennen kein anderes Handlungsmotiv, als das gegenseitige Bedürfniß. Da es Noth ist, da wird gehandelt, ob darauf Dank oder Undank erfolgt; ohne Noth aber wird keine Hand gerührt und kein Fuß um eine Linie vorwärts gesetzt. Dadurch bleibt ein jeder Mensch fortwährend gleich in seinem Range, und Keiner kann auf eine andere Weise den Andern überbieten, als allein nur durch eine tiefere Weisheit, durch welche er in den Stand gesetzt wird, alle möglichen Bedürfnisse in seinen Brüdern zu erkennen und nachher also auch die Handlungen einzurichten, daß sie seinen Brüdern ohne das allergeringste Entgeld zu Gute kommen. — Wenn nach solchen Handlungen die bewohlthätigten Brüder dem handelnden entgegen kommen, und erweisen ihm da Dankbarkeit und Liebe, so kann er diese der Seligkeit seiner Brüder wegen wohl annehmen; aber ja nicht im Geringsten darum, als möchte er selbst darin irgend einen Lohn für seine Handlung überkommen wollen. — Wenn du nun diese unsere Sitte ein wenig durchachtest, so wirst du, und stündest du noch endlos höher als du stehst, sicher finden, daß sich's mit der Demuth und Liebe zur Erlangung der Kindschaft Gottes durchaus nicht thut. Laß mich nichts erlangen, und ich will dir im nächsten Augenblicke all' diese großen Herrlichkeiten hier zerstören und in einem Loche, das ich mir in das Erdreich bohren werde, gleich einem Wurme wohnen, der da auf unserer Welt geschaffen ist, das Erdreich bis zu einer bestimmten Tiefe zu lockern; — aber um mehr zu werden, will ich gerade den entgegengesetzten Weg einschlagen, und will nicht scheinbar abwärts steigen, um aufwärts zu kommen, sondern ich will aufwärts steigen, und soll vor Gott ein jeder Schritt, den ich thue, ein vollkommen wahrer, aber auch nie selbst dem Anscheine nach ein gleißnerischer sein. Wer zu mir kommt und will mehr werden, den prüfe ich, ob er für das Mehr Fähigkeiten besitzt; besitzt er sie, so werde ich ihm eine höhere Stelle einräumen, darum er mit aufrichtigem Herzen zu mir gekommen ist. Wer aber zu mir kommt, fällt sogleich auf sein Angesicht nieder, und spricht: Höre mich an, Aeltester! Ich will glückselig sein, so du mich nur hinaus in die entlegensten Baumreihen als den letzten Platzreiniger anstellst. — Da spreche ich zu ihm: Hebe dich hinweg! Du bist eines schleichenden und kriechenden Gemüthes; als Letzter wolltest du hier angestellt werden, um dich nach und nach herein zu schleichen bis in's oberste Stockwerk. Hier aber kann kein kriechendes Gemüth seine Stelle finden; daher demüthige dich ganz, und verlaß ohne je eine Aussicht, hier eine Stelle zu bekommen, sogleich diesen meinen Wohnort. Denn warum wolltest du nicht aufrichtig und der Wahrheit gemäß handeln? — Hättest du dieses gethan, so hätte ich dich geprüft; also aber sei dir, so lange du ein Gleißner bleiben wirst, auch der entfernteste Zutritt zu diesem meinem Wohnhause untersagt. — Ich meine, gegen diese Handlungsmaxime kann der vollkommenste Weise nichts einwenden; denn die Wahrheit ist der Grund aller göttlichen Ordnung, und wider diese soll kein freithätiges Wesen sich verstoßen, so lange es seines Gottes würdig bleiben soll. — Ich will mit diesen meinen für mich klaren Ansichten dir freilich wohl nicht vorgreifen; aber das Recht hat aus dem Grunde der innern Wahrheit ein jedes von Gott freidenkend und freiwollend erschaffene Wesen, Demjenigen seine innere Ordnung aufzuschließen, der es auf den Weg einer anderen Ordnung zu überbringen und zu übersetzen den guten Willen hat. Daher wirst du denn mir diese meine Aeußerung sicher zu Gute halten, und wirst mir darüber, wie ich es erwarte, auch sicher einen genügenden Bescheid geben. Es ist möglich, daß ich das Wesen der Kindschaft Gottes noch zu wenig aufgefaßt habe. Ohne dem aber, meine ich, dürfte es wohl schwer halten, hier einen zu billigenden Mittelweg zu finden; denn die Wahrheit ist überall nur Eine und diese ist der sich selbstbewußte Grund eines jeden geschaffenen Menschen. Zwei Wahrheiten aber können ewig nie neben einander bestehen, da die eine die andere aufheben sollte; daher kannst auch nicht du und ich zugleich Recht haben. Soll aber dieses der Fall sein, so ist nur mein Unverstand noch dazwischen, daß ich deine Wahrheit nicht alsogleich als die meinige anzuerkennen vermag; daher wird es für mich nothwendig sein, daß du dich deutlicher ausdrückest, und zwar für's Erste, was da im Grunde des Grundes ist die Demuth, dann die wahre Liebe und die dadurch zu erlangende Kindschaft Gottes. Solches also thue mir kund, und ich werde nach vollkommen erkannter Wahrheit ein jedes Häkchen deines Wortes allergetreust in diesem meinem ganzen Hause beobachten, darum bitte ich dich für mich und für mein ganzes Haus! —

## 236.
(Am 21. August 1843, von 5½—7 Uhr Nachmittags.)

Nun rede ich, und sage: Höre du, mein achtbarer Aeltester dieses Ortes und oberster Leiter dieses ganzen großen Kreisgebietes! Das, was du Demuth nennst, das ist auch bei uns, so wie du es bezeichnet hast, nichts weniger als irgend eine Demuth, sondern ist bloß ein Trug, wo der also Demüthige sich selbst betrügt, weil er durch einen ihm gar nicht eigenen Grad des Lebens will in eine höhere Stufe desselben aufgenommen werden. Da du aber meinst, daß man bei der Erlangung der Kindschaft Gottes auch bei dem allerbesten Willen das Mehrwerden unmöglich vermeiden kann, da auch sage ich dir, daß du dich in dieser Hinsicht am meisten geirrt hast. Wie wahr aber dieser mein Ausspruch ist, will ich dir aus dem alleruntrüglichsten Worte, welches der Herr, Gott und Schöpfer Himmels und der Erden Selbst zu uns geredet hat, in das hellste Licht führen. Das Wort aber lautete also: „Lasset die Kleinen zu Mir kommen, und wehret es ihnen nicht; denn ihrer ist das Himmelreich!" — Weiter sprach der Herr: „So ihr nicht werdet wie die Kindlein, so werdet ihr nicht eingehen in das Reich Gottes!" — Und noch weiter sprach Er: „Wer aus euch der Erste und Größte sein will, der sei der Geringste, und sei der Knecht Aller!" — Siehe, darin liegt das Wesen der Kindschaft Gottes; wenn du meinst, in der Kindschaft des Herrn wirst du mehr sein, wirst eine größere Kraft haben, und wirst reicher sein an aller Pracht und Macht, da sage ich dir: Bleibe, was du bist; denn von einem Mehrwerden in jeder Hinsicht ist da gar ewig keine Rede. Hier bist du leiblich, wie geistig, ein vollendeter Herr; so lange du lebst in deinem Leibe, muß sich alle Materie der Oberfläche dieser deiner Welt gehorsamst fügen unter die Macht deiner Weisheit, bist du aber im Geiste, so muß dir diese deine Welt von ihrem Centrum aus unterthänig sein, und so einem jeden Geiste deines Gleichen, da ihr alle Bewohner dieser Welt im Geiste einer Weisheit und eines Willens seid, wie Solches schon auf den ersten Blick aus euerer sittlichen und staatlichen Einrichtung zu ersehen ist. Da aber von dieser Welt, die du bewohnst, zahllose andere Welten beständig abhängen, so bedenke, welch' eine Herrschermacht dir im Geiste eigen ist, indem von der Leitung Deiner Welt, die dir im Geiste völlig anvertraut ist, die Ordnung und Erhaltung zahlloser anderer Weltkörper sammt ihren Bewohnern abhängt. —

Betrachten wir dagegen aber ein Kind Gottes; was hat denn dieses für eine Macht, was für einen Herrschbezirk? Siehe, ich kann es dir mit der größten Bestimmtheit sagen: Ein Kind Gottes darf, so lange es im Leibe lebt, sich auf der Welt nicht einmal ein Stäubchen zueignen, nicht einmal seinen Leib, auch nicht sein Leben, sondern es muß Alles hintan zu geben und allzeit in der Fülle der Wahrheit zu sagen und zu bekennen bereit sein: Mir gehört nichts, ich bin nichts; selbst das Leben, das ich habe, ist lediglich des Herrn. Das ist also das weltliche Verhältniß; — ist etwa das geistige glänzender? — O mit nichten! Das geistige erst muß in einer Centralarmuth bestehen. Auf der Welt darf man sich doch wenigstens ein Stück Brot selbst nehmen, und man darf auch hin und her gehen, wie es einem beliebt; aber im Geiste hört auch diese Freiheit auf. Man ist allda ein ewiger Gast des Vaters, und die Kinder dürfen nur das Brot genießen, was sie unmittelbar aus der Hand des Vaters empfangen. Sie dürfen nur dahin gehen, wohin es der Vater will. Sie dürfen nicht in glänzenden Gebäuden wohnen, sondern in ganz höchst einfachen Hütten. Die Kinder dürfen nie müßig sein, und müssen, so oft es der Vater will, mit Fleiß bearbeiten Seine Felder, und die Ernte getreu und emsig einbringen in Seine Scheuern; — und wenn sie alle ihre Arbeit noch so emsig und getreu verrichtet haben, so müssen sie aber dennoch nach verrichteter Arbeit hingehen zum Vater, und vor Ihm statt einer auszeichnenden Belohnung allerdemüthigst wahr bekennen, daß sie völlig unnütze und faule Knechte waren. — Du darfst, wie bemerkt, mit glänzender Macht und Kraft in deinem Geiste Weltengebiete und endlose Räume zu deinem großbeseligenden Vergnügen nach deinem eigenen Willen bereisen (wir Kinder Gottes dagegen ohne Seinen Willen) nicht einmal den Fuß über die Schwelle setzen. — Du darfst reden, was du willst; wir Kinder nur, was uns in den Mund gelegt wird. — Siehe, das und mehreres Anderes sind so die Unterschiede zwischen euch erhabenen und mächtigen, alle Schöpfung Gottes lenkenden Geistern, und uns, den Kindern Gottes, euch gegenüber. — Ihr vermöget aus euch Alles, was ihr wollet; wir aber vermögen aus uns Nichts; sondern nur allein dann, wann es der Herr will; und dann selbst nicht um ein Haar mehr, als was der Herr will! — Wir sind bezüglich auf den Herrn zwar also, wie da sind die Glieder eines Leibes gestellt. Diese Glieder machen zwar wohl mit dem inwendigen Leben des Leibes ein Wesen aus; aber nicht ein Glied am ganzen Leibe kann für sich thun, was es will, sondern jede seine Handlung und alle Thatkraft geht nicht vom Gliede, sondern nur von der im Leibe herrschenden Grundkraft aus. Also können sich auch die Glieder nicht selbst ernähren, wenn auch allerfleißigst arbeiten, sondern müssen all' ihren Erwerb eher in die Hauptkammer des innern Lebens abliefern; und dann erst vertheilt die lebende Kraft die gebührende Nahrung an die Glieder, die da gearbeitet haben. Ganz anders aber verhält es sich mit dem Verhältnisse der äußeren freien Menschen, welche nicht als Glieder an einen Leib gebunden sind, sondern für sich selbst als vollkommen freie Wesen dastehen. Siehe, diesen kann ich wohl auch sagen: Habet die Güte und verrichtet mir diese Arbeit, und die freundschaftlich gesinnten Menschen werden die Arbeit auch verrichten; aber nach beendeter Arbeit sind sie völlig frei von meinem Willen, und können für sich thun, was sie wollen. Ich aber frage dich: Verhält sich dieses auch so mit den Gliedern meines eigenen Leibes? — O mit nichten! Diese hängen fortwährend in all' ihren Theilen von meiner inneren Willenskraft ab, und können sich derselben nie widersetzen; denn sie müssen ja mit der inneren lebenden Kraft vollkommen ein Wille sein, sonst ginge doch sicher das ganze menschliche Wesen zu Grunde. — Siehe, wenn du dieses von mir nun Gesagte nur ein wenig durchachtest, so wird es dir sicher ganz klar werden, was es mit deinem scharf bedingten Mehrwerden der Kinder Gottes für eine Bewandtniß habe. — Wenn du daher die Kindschaft Gottes überkommen willst, so mußt du des Gedankens, Etwas dabei zu gewinnen, allervollkommenst ledig werden. Du mußt dich nicht als Kind Gottes in einer endlos vollkommenen Stellung erschauen, sondern gerade umgekehrt mußt du die Sache nehmen; und hast du Solches gethan, so wird sich dann daraus schon von selbst zeigen, ob zur Erlangung der Kindschaft Gottes die wahre Demuth und Liebe zu Gott ein vollkommen gerechter oder ein trüglicher Weg sei. — Denn das kannst du dir von Gott wohl vorstellen, der die unendlich allerhöchste Wahrheit Selbst ist, daß Er nicht durch ein gegebenes Mittel einen ganz anderen Zweck wird erreicht haben wollen, als wie gestaltet das Mittel selbst bestellt ist. — Wer in der Demuth seines Herzens sich stets verringert und verkleinert, wird der wohl darauf rechnen können, daß der Herr ihn darum ganz entgegengesetzt vergrößern wird? — Ja, Er wird ihn zwar vergrößern, aber nicht in deiner vermeintlichen Mehrwerdung, sondern allein nur in der größeren Demuth und in der größeren Liebe; und das ist also eine rechte Vergrößerung im Geiste, weil man als Kind Gottes Dasjenige, wonach man strebt, also die Geringheit im vollkommensten Maße überkommt. Also ist auch die Liebe eines Kindes Gottes zu Gott durchaus nicht irgend eine Schmeichelei, durch welche sich dasselbe in irgend eine allmächtige Gunst Gottes zu versetzen im Stande wäre, sondern die wahre Liebe muß ein innerer Trieb sein, Gott über Alles als den alleinigen vollkommensten Herrn anzuerkennen, sich selbst aber als ein vollkommenes Nichts Ihm gegenüber zu betrachten. — Man muß die höchste Glückseligkeit darin suchen, Gott den Vater zu lieben über Alles, darum Er ist Gott und Vater; — und für solche Liebe darf man ewig keines Entgeltes gedenken, als allein der Gnade, Gott den Vater also lieben zu dürfen. — Siehe, mein achtbarer Aeltester, so stehen die Sachen. Denke nun darüber ein wenig nach, und sage mir dann, wie du nun den von mir dir vorher vorgezeichneten Weg zur Erlangung der Kindschaft Gottes findest; — nur mußt du dabei immer vor Augen haben, daß mit deinem Mehrwerden als Kind Gottes es ewig nie eine Realität hat. — Solches verstehe wohl, und gieb mir dann deine Meinung kund! —

## 237.

(Am 22. August 1843, von 5¼—6¾ Uhr Nachm.)

Höret! unser Aeltester spricht: Hoher Gesandter des großen Gottes! Jetzt bin ich ganz im Klaren, und die ganze Sache der Kindschaft Gottes bekommt jetzt ein ganz anderes Gesicht. Da sich aber die Sache sicher also und nicht anders verhält, da mußt du mir vergeben, daß es, von meiner Seite betrachtet, nicht nur gewisserart wider die göttliche Ordnung wäre, nach der sogenannten ganz eigentlichen Kindschaft Gottes zu trachten, an der nach deiner gegenwärtigen Aussage fürwahr wenig, wo nicht gar nichts gelegen ist; es wäre sogar eine offenbare Thorheit, für Nichts das Gute und Reichliche, das man besitzt, fahren zu lassen. — Da sage ich: Gott und Vater hin und her, und ich als das Kind Gottes hin oder her, wenn ich dabei gänzlich gewinnlos mich verhalten müßte. — Es ist einerseits nicht zu leugnen, daß der Gedanke, Gott zum Vater zu haben, und das durch die allerintimste gegenseitige Liebe, jeden andern Gedanken rein zu Grunde richtet; denn ein größeres Verhältniß kann sich kein geschaffenes Wesen denken. — Aber wenn man auf der anderen Seite betrachtet, daß man in Rücksicht dieses großen Gedankens und großen Namens an und für sich dennoch gar nichts ist und sein darf; ja, daß man sogar zum letzten Dienste für alle Geschöpfe stets bereit da stehen muß, so ficht einen, wie wir da sind auf dieser Welt, dieser Gedanke und dieser große Name gar nicht mehr an. Wenn wir hier Alles haben können, was unser Herz verlangt, zeitlich und ganz besonders im Geiste ewig, als Kinder aber uns nicht einmal nach eigenem Willen über die Schwelle rühren dürften, höre, da bleiben wir doch sicher, was wir sind; denn um Nichts zu werden, bedürfte es nie eines Daseins! — Ist ein Wesen aber einmal da, so setzt dieses sein Dasein schon eine fortwährend höhere Entwicklung seiner Kräfte voraus; nicht aber — (wenn man bedenkt, daß man hier fortwährend in den Erkenntnissen und Kräften zunimmt) — daß man hernach, wo man die höchste Vollendung erwartet, nichts als eine völlige Nichtung aller Kräfte und Erkenntnisse, die man sich hier zu dem Behufe eigen gemacht hat, erwarten solle. — Ich meine, du wirst mich gründlich verstanden haben; denn ich habe hier also geredet, wie da ein jedes nur einiger Maßen weise denkende Wesen nothwendig hätte reden müssen, so es die Verhältnisse der Kindschaft Gottes von dir auf die obige Weise erörtert vernommen hätte. Meines Theiles aber bin ich über die Kindschaft Gottes einer ganz anderen Meinung, und behaupte ganz festweg, daß hinter der Kindschaft Gottes ganz außerordentlich mehr verborgen ist, als du es mir kund gegeben hast. — Es mag schon immerhin sein, daß man als Kind sicher aus der höchsten Liebe zum Vater freiwillig Alles hintan giebt. Solches ist ganz eigenthümlich im Charakter der Liebe; — daß man aber andererseits für solch' ein geringes Opfer etwas Unaussprechliches zu erwarten hat, das kann mir die ganze Ewigkeit nicht absprechen! — Wir haben hier zwar nach unserer geistigen Lehre die große Fähigkeit zu Gute, als Geister alle Tiefen der Schöpfungen Gottes zu bereisen, und sich unaussprechlich zu erlustigen an Seinen ewig zahllosen allermannigfaltigsten Wunderwerken; aber wie es mir so tief ahnend vorkommt, so können die Kinder Gottes Das mit einem Blicke übersehen, wozu wir Ewigkeiten brauchen. Wir haben wohl Macht als Geister die Dinge unserer Welt, und wie ausfließend auch noch anderer von dieser abhängenden Welten zu ordnen; aber die Kinder Gottes, als mit Gott allernächst und intimst vereint, sind sicher Mitschöpfer, — und während wir doch immer nur Materielles zu ordnen haben, so haben aber die Kinder aus Gott, ihrem Vater, die Macht nicht nur über die gesammte endlose materielle Schöpfung, sondern auch über alle geistige Kreatur. — Siehe, das ist meine Meinung, für deren Wahrheit ich Alles zum Pfande biete, was immer ich nur auf dieser Welt mein nennen darf. Du hast freilich wohl gesagt, daß ein Kind ohne den Willen des Vaters sich nicht über die Schwelle bewegen darf, darf sich selbst keine Speisen nehmen, und muß wohnen in einfachen Hütten. Das lasse ich Alles recht gerne zu; aber wenn man als Kind Gottes mit einem Blicke alle endlosen Herrlichkeiten Gottes überschauen kann, da möchte ich doch wohl wissen, wozu man seine Füße über die Schwelle setzen sollte? — Wenn man ferner in der vollkommenen schöpferischen Fähigkeit mit Gott Selbst im ewigen Centrum steht, von wo aus alle zahllosen Geschöpfe ernährt werden, da möchte ich auch den Grund wissen, der Einen nöthigen würde, sich selbst eine Kost zu nehmen, so man im Centrum alles Lebens steht. — Und eben also, denke ich, steht es mit der Einfachheit der Wohnung der Kinder Gottes; ob jetzt eine Hütte, oder ein Palast, das wird doch etwa alles Eins sein, so man in sich selbst alle Herrlichkeiten Gottes anschaulich vereiniget. Wenn man in der Herrlichkeit über alle Unendlichkeit und Ewigkeit sich befindet, welche Einem alle Geschöpfe in der Unendlichkeit nicht im Geringsten zu schmälern vermögen, da kann man gleichwohl ein allergeringster Diener sein und ein Knecht aller Knechte; denn was verliert ein Solcher dadurch? Muß ihm darum nicht, wenn es sein muß, dennoch die ganze Schöpfung auf einen allerleisesten Wink den pünktlichsten Gehorsam leisten? — Es ist wahr, unsere Geister habe; auch Kraft und Gewalt, zu beherrschen die eigene Welt; aber sind sie darum Herren derselben? O nein! — Sie thun zwar, was sie wollen, aber sie können nicht wollen, was sie wollen. Unser Wille liegt in euerem Grunde; ihr aber seid frei in dem Wollen Dessen, der euer Vater ist! — Hoher Gesandter des Herrn! Ich glaube, daß ich die Sache richtig bemessen habe; dessen ungeachtet aber bitte ich dich, du möchtest mir darüber noch einige Wörtlein schenken, damit ich aus denselben erkennen möchte, in wie weit mein Urtheil mit der allerhöchsten Wahrheit verwandt ist. — Nun spreche ich, und sage: Höre, mein achtbarer Aeltester dieses Ortes! Ich wußte es ja, daß du in dir das rechte Licht finden wirst, so ich dir dazu nur den rechten Weg gezeigt habe. Dein Urtheil ist richtig; du hast dießmal das Wesen der Kindschaft Gottes genau erkannt. Wie du die Sache bezeichnet hast, also ist es auch; aber mit der Demuth und mit der Liebe bist du dadurch denn doch wieder genöthiget, das dir von dir früher so gerühmte „Weniger" zu erlangen. — Was aber wird sich da machen lassen? — Denn stehe, du bist weder mit dem Einen, noch mit dem Andern zufrieden. Beim Mehrerlangen ist dir die Demuth und die Liebe ein schlechtes Mittel, also keine Tugend; das Wenigererlangen für solche Tugend kommt dir als eine Thorheit vor. Wie soll die Sache demnach bestellt sein, daß du zufrieden gestellt werden möchtest? Ich will dir dieses Räthsel lösen; — siehe, du bist noch in dem Begriffe, daß man nur dann mehr bekommen müsse, wenn man mehr verlangt, und weniger, wenn man wenig verlangt; ich aber sage dir: Das ist ein geschöpflicher Maßstab; aber beim Schöpfer ist da ein ganz umgekehrter Fall. Der viel verlangt, wird wenig empfangen; der wenig verlangt, wird viel empfangen; und wer nichts verlangt, dem wird Alles zu Theil werden! — Diese Sache möchtest du wohl ein wenig unnatürlich finden; aber siehe, es giebt ja auch bei dir ähnliche Verhältnisse, und du handelst in dieser Hinsicht durchgehends nicht anders, als da handelt der Herr. — Wenn dir z. B. Jemand einen geringen Dienst erweiset, verlangt dafür aber einen großen Lohn, wie wird er in deinem Herzen empfangen sein? — Du sagst: Da wird er gering empfangen sein. — Wenn er dir aber einen großen Dienst erwiesen hat, und verlangt wenig dafür, wie wird der in deinem Herzen empfangen sein? — Du sprichst: Der wird groß empfangen sein. — Wenn dir aber Jemand Alles gethan hat, was du nur immer wünschest, und verlangt am Ende nichts von dir; denn er that Alles ja nur aus Liebe zu dir; — sage, wie wird Der in deinem Herzen empfangen sein? — Du sprichst: Diesen werde ich zu meiner Rechten setzen, und er soll in Allem mit mir in gleichem Besitze stehen; — denn Solcher hat sich mein Herz in der Fülle zinspflichtig gemacht! — Siehe, mein achtbarer Aeltester, das ist auf ein Haar das Verhältniß Gottes zu Seinen Geschöpfen; und thust du das Letzte, so bist du ein Kind Gottes, und wirst ebenfalls von Ihm zu Seiner Rechten gestellt werden. Solches bewirkt die Liebe; denn Gott sieht nicht auf das alleinige Werk, sondern allein auf die Liebe. Geht das Werk aus der Liebe hervor, dann hat es vor Gott einen Werth; geht es aber nur aus der alleinigen Weisheit hervor, dann hat es entweder keinen Werth, oder nur in so weit einen, in wie weit die Liebe damit im Spiele war. — Nun weißt du Alles; und ich habe dir nichts mehr zu sagen. Willst du den dir klarst bezeichneten Weg wandeln, so weißt du nun recht wohl welch' ein Ziel du erlangen kannst; bleibst du aber, wie du bist, so wirst du ebenfalls dein gutes Ziel erreichen, aber nur das der so ganz eigentlichen Kindschaft Gottes nicht. — Nun sehet, unser Aeltester wird ganz demüthig und überdenkt wohl meine Worte. Er wird sobald eine Anrede an seine Kinder zu machen anfangen; diese wollen wir noch anhören, sodann dieses Volk segnen und uns sogleich von dannen begeben. —

## 238.

(Am 24. August 1843 von Nachm. 4½—6 Uhr.)

Der Aelteste öffnet so eben seinen Mund, und so wollen wir ihn denn auch sogleich anhören. Seine Worte lauten also: So höret mich denn an ihr alle meine Kinder, die ihr hier gegenwärtig seid, und gebet es auch kund denen, die nicht hier sind, das ich zu euch reden werde! — Ihr wißt, daß wir bei ähnlichen Gelegenheiten, so das Holz am Altare durch eine höhere Macht ist brennend geworden, aus der Flamme des brennenden Holzes die überschweren Bedingungen gelesen haben, durch deren Erfüllung allein nur die Erlangung der hohen Kindschaft Gottes möglichst ist. Nie ward uns das außerordentliche Glück zu Theil, aus dem Munde eines Kindes Gottes zu vernehmen, wie man für's Erste auf dem natürlich kürzesten Wege die Kindschaft Gottes erlangen kann, und was so ganz eigentlich hinter der Kindschaft Gottes verborgen liegt. — Dieser hocherhabene Gast mit seinen zwei Beigästen aber hat uns aus der Urquelle und aus dem Urgrunde gezeigt, das all' unsere Weisheit nimmer erreicht haben würde. — Wir wissen nun, daß Gott der allmächtige Schöpfer aller Dinge, Selbst ein vollkommener Mensch ist, und allzeit wohnt unter Denjenigen als Vater, die Seine Kinder sind. — Dann haben wir erfahren allergründlichst und genaust, was ein Kind Gottes ist, und warum es als Solches erkannt werden muß; — dann haben wir als den dritten Punkt gar hell erleuchtet überkommen, wie da alle freien Geschöpfe, die ihrer selbst bewußt sind, und Gott als ihren Schöpfer erkennen, auf die allereinfachste und sicher allerzweckmäßigste Weise auch zu Kindern Gottes werden. Daß solches Alles richtig ist, bedarf keines weiteren Beweises; denn für's Erste steht der Bürge für die Fülle solcher Wahrheit noch unter uns, und für's Zweite bürgt meine eigene Weisheit, aus welcher ich, wie ihr Alle gar wohl habt vernehmen können, dem hohen Boten sicher alle erdenklichen Einwürfe gemacht habe, um daraus zu ersehen, ob seine Aussagen auch die strengste Prüfung der Weisheit bestehen mögen. Ihr habt aber auch Alle wieder vernommen, mit welch' einer ehernen Festigkeit mir der hohe Gast allzeit entgegen kam, und mich durch der Wahrheit Macht seiner Worte hinaus leitete aus dem Irrsale meiner Erkenntnisse nahe völlig geraden Weges. Wenn wir nun solche handgreifliche Beweise für die große Triftigkeit der Aussage dieses Boten haben, was wollen wir da noch mehr? — Es fragt sich demnach hier nur einzig und allein darum, ob wir die vorgezeichneten Wege ernstlich wandeln wollen oder nicht; — wollen wir den Weg der Demuth, der Liebe und aller Selbstverleugnung im Geiste und in der Wahrheit betreten, oder wollen wir Solches nicht? — Welche Frage eben so viel sagen will, als: Wollen wir nach der Ablegung dieses unseres flüchtigen Leibes als Geister ewige Wächter dieser unserer, wenn schon großen Welt bleiben; oder wollen wir nach der Ablegung dieses Leibes im Geiste sofort zu Kindern Gottes werden, und dahin kommen, da Er, der ewig und endlos allein über Alles mächtige Gott und Herr wohnt unter Seinen Kindern, und sie liebt mit all' der unendlichen Liebekraft Seines Herzens? — Sehet, meine lieben Kinder, das ist eine außerordentliche großwichtige Frage, welche sich nur durch die allerweisesten Worte beantworten läßt. Zugleich aber mache ich euch Alle auch darauf aufmerksam, daß unser Zustand nach der Ablegung des Leibes im Geiste ebenfalls ein überaus herrlicher ist, der an äußerer Pracht und Herrlichkeit sicher alles andere Erdenkliche beiweitem übertrifft. — Wir sind hier schon im Leibe so ungemein schön geformt, daß unsere Form sogar, wie ich gar wohl bemerkt habe, den Kindern Gottes eine große Bewunderung abnöthigte; und doch ist diese leibliche Schönheit kaum ein flüchtiger Schattenriß gegen die, welche da ein Eigenthum ist unseres unsterblichen Geistes. Also sind auch unsere äußeren leiblichen Wohnungen schon von solch' einer Glanzpracht, daß Bewohner anderer kleinerer Welten darob sicher beim ersten Anblicke das Leben einbüßen würden; und dennoch kostet uns ihre Erbauung eine geringe Mühe; denn mit der Macht unseres vereinigten Willens sind wir ja vollkommene Herren der Materie, welche sich fügen, schmiegen und heben muß nach unserem Willen; aber was ist selbst die allererhabenste und großartigste materielle Gebäudepracht gegen diejenige unserer Geister, die da jene ferne Lichthülle bewohnen, welche unsere nahe unbegrenzt große Welt überaus weit räumlich umgiebt! — Sehet, solches Alles wissen wir wie schon aus vielfacher Erfahrung; denn es giebt ja Mehrere unter uns, denen es schon zu öfteren Malen gegönnt war, die geistigen Dinge unserer Welt allerklarst zu schauen. Alsonach ist unser Loos durchgehends ein unberechenbar herrliches; denn wir sind als Geister ja wahrhaftige Großherren, denen nicht nur ihre ganze nahe endlose Welt zur allerklarsten Beschauung zu Gebote steht, sondern noch zahllose andere Welten, welche alle von dieser unserer großen Welt mehr oder weniger abhängen. — Das Alles, meine Kinder, unter einem Gesichtspunkte vereinigt, kann uns nichts Anderes sagen, als: Was wollt ihr denn noch, ihr allerglücklichsten Kinder einer Welt, die da ist eine Lichtträgerin für Myriaden und Myriaden anderer Welten? Also ist es auch wahr: Wer so viel hat, als wir, — wer so glücklich ist, als wir, bei Dem spricht sich doch sicher ein hoher Grad von Thorheit aus, wenn er noch mehr erlangen und noch glücklicher werden will. — Sehet, diese sicher weise Schlußfolgerung habe ich auch diesem hohen Gaste dargestellt, und er hat sie mir eben so vortheilhaft bestätigend erwiedert; aber höret mich nun an, meine Kinder! Es handelt sich bei der Erlangung der Kindschaft Gottes aber durchgehends nicht um das Mehr- oder Glücklicherwerden, sondern um's Vollkommener- und Lebendigerwerden in der Liebe Gottes. Ihr wißt aber alle aus eigener Erfahrung, daß allhier unser größtes Glück, wie auch unsere größte Glückseligkeit nichts so sehr, als nahe ganz allein unsere gegenseitige Liebe bedingt. Je mehr wir uns lieben, je inniger wir uns in der Liebe körperlich wie geistig vereinen, desto glückseliger sind wir auch! — Sind nicht diejenigen Zeitmaße für uns die glücklichsten, wann wir innerhalb der Wände unseres Wohnhauses uns in der gegenseitigen Liebe vereinen, und die ganze wunderbar schöne Außenwelt keines Blickes würdigen? — Ihr Alle könnt auf diese Frage aus euerer lebendigen Erfahrung nichts Anderes erwiedern, als: Das ist in der Fülle die lebendige Wahrheit! — Nun wohl denn; sehet, darin liegt auch der große Unterschied zwischen unserer allergrößten, aber dabei dennoch immer äußeren Glückseligkeit, und der allerinwendigsten Seligkeit der Kinder Gottes. — Wenn uns aber schon unsere gegenseitige geschöpfliche Liebe also beglückt, wie endlos beglückend muß da erst diejenige Liebe sein, wo Geschöpfe als Kinder Gottes ihren Schöpfer als Vater sichtbar in der allerhöchsten Liebe ergreifen können, und von Ihm wieder endlos allmächtig gegengegriffen werden?! — Wo auf dieser ganzen großen Welt lebt wohl ein Wesen, welches nur ein Atom von der Größe solcher Seligkeit zu erfassen im Stande wäre, wo das Geschöpf als Kind seinem Schöpfer, seinem Gott gegenüber, Ihn mit aller Liebe erfassen kann, und von Ihm wieder entgegen mit der allergrößten Liebe erfaßt wird?! — Sehet, meine lieben Kinder, das ist der unendliche Unterschied zwischen uns und den Kindern Gottes! — Denket, wie endlos klein muß das uns beseligende Fünklein der Liebe sein gegen die endlose Fülle der Liebe, welche da wohnet in Gott! Und doch macht dieses endlos kleinste Fünklein unsere größte Seligkeit aus! — Wie groß aber muß demnach die Seligkeit derjenigen Wesen sein, welche mit der ganzen unendlichen Fülle der Liebe ihres göttlichen Vaters spielen können?! — Was wollen wir demnach thun? Wollen wir bleiben, was wir sind, oder wollen wir mit neuen

Lebenskräften als Kinder hinüber in die Arme des allmächtigen, heiligen, ewigen Vaters eilen? — Ich lese nun in eueren Angesichtern, daß ihr Alle Alles verlassen wollet, um zum Vater zu gelangen! — Ja, das ist auch mein allervollkommenster Sinn; lieben wollen wir Ihn, als hätten wir tausend Herzen, und demüthig wollen wir sein also, als hätten wir gar kein Dasein, um nur nach diesem äußeren Leben hinüber zu gelangen, da dieser heilige Vater wohnet! — Und du hoch erhabener Bote, nehme in der Fülle der Wahrheit diese unsere Versicherung an, daß wir nun Alle eines Sinnes sind, und wollen wandeln die von dir uns gezeigten Wege. — Segne uns auf dieser neuen Bahn, auf daß wir ja glücklich dahin gelangen möchten, allwo du dich schon sicher lange allerseligst befindest in der Wohnung Gottes, deines endlos heiligen Vaters! — Sehet, nach diesen Worten fällt der Aelteste auf sein Angesicht, und seine Kinder folgen seinem Beispiele. Nun aber segnen wir sie, und da wir sie gesegnet haben, so lasset euch von mir ein wenig erheben. Nun sehet, wir haben uns erhoben, und unsere schöne Welt schwebt schon als ein winziges Sternchen wieder in einer endlosen Tiefe. Aber sehet da hinab; es ist euere Sonne. Nicht mehr ferne sind wir ihr; aber dennoch wollen wir nicht zu eilig, sondern mehr sachte uns ihrer geheiligten Oberfläche nähern. Aber dießmal nicht der materiellen, sondern der geistigen, welche da eben der materiellen an gleichem Orte und an gleicher Stelle völlig entspricht. — Und so denn lassen wir uns sanft hinab! —

## 239.

(Am 25. August 1843, von Nachm. 5¼–6¾ Uhr.)

Sehet, wir sind bereits an der geistigen Oberfläche euerer Sonne angelangt; wie gefällt es euch hier? — So viel ich merke, so machet ihr ganz wunderliche Gesichter, und saget: Fürwahr, auch hier ist es unbegreiflich herrlich und anmuthig zu sein. Es ist zwar von jener nahe schaubererregenden Glanzpracht der früheren Sonnenwelt keine Spur zu entdecken; aber dessen ungeachtet sind hier die gar lieblichen Gärten und überaus herrlichen blumigen Auen, unterspickt mit kleinen niedlichen Häuschen, auch überaus wonnig anzusehen. Was aber den wonnigen Anblick noch mehr erhöht, ist, daß wir hier in den Gärten und in den Auen, und ganz besonders um die Häuschen eine Menge Kinderchen erschauen, und auch größere Menschengeister, welche sich mit diesen Kinderchen gar freundlich abgeben. — Aber nur Eines kommt uns hier etwas stark sonderbar vor; siehe, lieber Freund, es hat uns der Herr Selbst nach der Beschauung der naturmäßigen Sonne eben auch auf die geistige Sonne gesetzt; da aber haben wir von allem Dem nicht das Allergeringste gesehen, was wir jetzt sehen, sondern wir sahen bloß nur eine endlos weitgedehnte Fläche, welche wohl mit einer Art Gras, und hier und da auch mit kleinen Bäumchen allenthalben gleich verziert war, — und dann sahen wir auch über dieser unermeßlich weiten Oberfläche Geister hin und her und auf und ab ziehen, nahe wie die Ephemeriden auf der Erde beim Sonnenauf- oder nahen Niedergange. Das war aber auch Alles; wollten wir Mehreres sehen, da war uns die Sphäre eines Geistes vonnöthen. — Daraus aber gehen für uns nun drei wichtige Fragepunkte hervor;

der erste lautet also: War diejenige geistige Sonne, die wir in der Gegenwart des Herrn so ganz einfach erschauten, identisch mit dieser, die wir jetzt sehen? — Der zweite Punkt lautet: Wenn diese Sonne identisch ist mit der ersten von uns betretenen, so fragt es sich, ob auf ihrer Oberfläche das eine ganz andere Stelle ist, als da war diejenige, die wir zuerst gesehen haben? — Der dritte Fragepunkt aber lautet also: Falls dieß diejenige Sonne ist, und wir auf ihrer Oberfläche das nicht erschauen, was wir in der Gegenwart des Herrn beim ersten Erschauen der geistigen Sonne gesehen haben, ob wir Solches dann deiner Sphäre zu verdanken haben? — Du hast uns freilich gleich Anfangs kund gegeben, daß wir nicht in deiner, sondern du dich nur in der unsrigen Sphäre befindest. Es kann freilich leicht für uns unbewußter Maßen ein Sphärentausch vor sich gegangen sein; darum aber fragten wir dich denn nun auch, wie sich diese Sache verhält? — Meine lieben Freunde und Brüder! Ich muß euch hier schon alsogleich im Voraus melden, daß euch hier auf alle sämmtlichen drei Fragepunkte keine passende Antwort wird gegeben werden können; und das einfach aus dem Grunde, weil ihr um Das nicht gefragt habt, welches beantwortlich das Verhältniß dieser gegenwärtigen Erscheinung enthielte. — Als ihr in der Gegenwart des Herrn die Oberfläche der geistigen Sonne betreten habt, da habt ihr die Oberfläche der Sonne nicht speciell, sondern in der unendlichen Sphäre des Herrn allerhöchst allgemein betreten; denn in der Sphäre des Herrn ist nimmer ein endlich specieller Anblick allein für sich denkbar; denn in Seiner Sphäre enthält jedes speciell Scheinbare sogleich an und für sich Unbegrenztes, Unendliches, und der einfache Boden, den ihr damals betreten habt, war ein Boden der unendlichen geistigen Sonne des Herrn, in welcher alle unendlichen Sphären begriffen sind. Die Geister, die ihr da hin und her wandeln sahet, sind nicht etwa einzelne Geister, sondern ein jeder solcher einzelne Geist, den ihr da auf derjenigen Oberfläche geschaut habt, ist ein ganzer Verein von zahllosen Geistern, in dem an und für sich wieder noch zahllose kleinere Vereine vorhanden sind, die da ebenfalls bestehen aus seligen Geistern specieller Art also, wie wir jetzt da beisammen sind. — Aus Dem aber könnt ihr Solches gar leicht als vollkommen überzeugend erschauen, indem ihr erst in der Sphäre eines solchen allgemeinen Großgeistes zu der specielleren Anschauung der geistigen und himmlischen Dinge gelangt seid. — Ihr machet hier freilich ein ganz verdutztes Gesicht, und saget: Aber höre, lieber Freund, wie geht denn das? — Fürwahr, diese deine Aussage kommt uns ein wenig unsinnig vor; denn der Herr hat uns ja die Namen der einzelnen sich uns genahten Geister kund gegeben, darunter auch sogar einige uns irdisch nahe Anverwandte sich befanden, — diese aber können doch an und für sich einen solchen allgemeinen Himmelvereinsengel nicht darstellen. — Zudem haben wir sie auch nach dem Eintritte in ihre Sphäre eben also gesehen, wie zuvor, und sie haben mit uns geredet, wie du, und haben uns geführt; wie wäre demnach Solches zu verstehen? — Ich sage euch, meine lieben Brüder und Freunde, es wird wohl ziemlich schwer halten, daß ihr die Verhältnisse der Himmel so ganz klar durchblicken möchtet; was ich aber zu eurer geistigen Berichtigung thun kann, will ich ja thun, und will euch wieder allerlei

Stößchen versetzen, durch welche ihr wenigstens der großen Wahrheit näher auf die Spur gelangen könnet, und so höret denn! — Was sprach der Herr, als Er einmal ein Zeugniß gab über Johnnes den Täufer? — Seine Worte lauteten: „Von Allen, die bisher aus den Weibern geboren wurden, war keiner größer, als er; der Kleinste aber im Reiche Gottes ist größer, als er!" — Was will denn das sagen? — Nichts Anderes, als: Von allen speciellen Menschen ist keiner an und für sich größer, denn Johannes; aber die da nach der Lehre des Herrn in das neue Reich der Himmel aufgenommen werden zu reinen Kindern Gottes, da werden die Geringsten schon größer sein, als der größte specielle Mensch an und für sich es ist. Warum denn? — Weil sie nicht nur an und für sich durch ihre Liebe zum Herrn groß werden, sondern da ihre Liebe zum Herrn Unendliches erfaßt, so werden sie zu Vorstehern der himmlischen Vereine; und im Angesichte des Herrn dehnt sich da die Liebessphäre eines solchen seligen Geistes wie zu einem zweiten großen Menschen aus; und diese Sphäre ist an und für sich so ganz eigentlich ein solcher Himmelsverein, in welchen alle diejenigen guten Geister aufgenommen werden, die mit dem Vorsteher des Vereins, und somit auch Schöpfer desselben, in gleicher Liebe zum Herrn sind. — Aehnliche Beispiele sind ja auch schon auf der Erde vorhanden; die Staatenvereine sind schon ein äußeres Bild davon, und ein jeder Bürger des Staates trägt gewisserart den Namen des obersten Staatsvorstehers, welcher da entweder ist ein Kaiser, König, Herzog, Fürst u. s. w. — Engere Vereine sind Städte, Märkte, Dörfer und Gemeinden, da ein jeder Einwohner gewisserart auch den Namen seines Vereines trägt; und man sagt: das ist ein Pariser, das ist ein Londoner, das wieder ein Wiener u. s. w. — Unsere Sache aber näher bezeichnend sind die Religionsvereine, die man freilich wohl unpassend genug Secten nennt. Nehmen wir aber die Secte an, so werden wir finden, daß da eine jede ihren Hauptgründer hat. Was ist da ein solcher Hauptgründer zu der von ihm gegründeten Secte? — Er ist der Vorsteher einer solchen Secte, oder eines solchen Vereines, welcher da geistig genommen sich zu einer allgemeinen Form ausbildet, welche vollkommen ähnlich ist der speciellen des Gründers. Wer demnach z. B. den lutherischen Glauben völlig angenommen hat, der wohnt geistig genommen schon in der allgemeinen geistigen Form des Luther, oder er ist ein Bewohner des lutherischen Vereines. Solch' ein Verein ist schon ein großer, der in sich schon wieder eine Menge kleinerer Vereine hat, welche alle sammt und sämmtlich ihre Vorsteher haben, welche man Gemeinden nennen kann; und eine jede solche Gemeinde hat ihren allzeitigen Vorsteher und Leiter, welcher da gewisserart ein allgemeiner geistiger Leib, oder ein zu bewohnender kleinerer Verein für alle Diejenigen, die da seines Glaubens und seiner Liebe sind. — Also verhält es sich auch mit den ersten Ausbreitern der Lehre des Herrn, wie auch mit Swedenborg, den ihr auch habt kennen gelernt. Euere Weltlich-Anverwandten aber sind eines Theiles freilich wohl nur Bewohner eines solchen Vereines; da sie aber doch durch die Werke ihrer Liebe so gar manche Menschen ihren Herzen näher gezogen haben, so haben sie sich dadurch auch einen Verein gebildet, und sind daher auch in ihrer Art kleine Vorsteher ihrer Vereine; aus dem Grunde ihr sie auch auf dem Gemeinplatze in der

Sphäre des Herrn als einzelne Vereinsgeister erschauen mochtet. — Ich meine, durch dieses Stößchen dürftet ihr schon so ziemlich in's Klare gekommen sein. Daß sich aber Solches richtig also verhält, könnt ihr auch daraus klar entnehmen, wie der Herr zu den Aposteln sagte, da sie Ihn fragten, was sie dafür wohl dereinst empfangen werden, daß sie Seinetwegen Alles verlassen haben? — „Ihr werdet auf zwölf Stühlen sitzen, und richten die zwölf Geschlechter Israels!" — Welches eben so viel sagen will, als: Aus dem Worte, das ihr in Meinem und aus Meinem Geiste predigen werdet allen Völkern, werden errichtet werden nach euerer Anzahl eben so viel Hauptvereine, darinnen ihr nach euerer Art werdet die Hauptleiter und Vorsteher sein. — Ich meine, Solches ist nahe mit den Händen zu greifen; damit euch aber die Sache dennoch klarer wird, wollen wir nächstens noch zu einigen Stößchen unsere Zuflucht nehmen. —

## 240.
(Am 29. August 1843 von 5¼—6½ Uhr Nachm.)

Wie man aber noch gewisserart ein Gemeingeist sein kann, während man an und für sich nur ein specieller Geist ist, wollen wir, wie gesagt, aus noch ein Paar Stößchen erproben. — Ein Stößchen liegt offenbar am allerklarsten in einem Worte des Herrn Selbst, allda Er spricht: „Ich bin der Weinstock, und ihr seid die Reben." — Was will denn das sagen? — Wie taugt es zu unserem Begriffe? — Der Herr ist der allereigentlichste Gemeingeist, da gewisserart ein jeder einzelne Menschen- und Engelsgeist vollkommen Seines Ebenmaßes ist, und dann alle zahllosen Geister zusammen genommen wieder vollkommen ähnlich sind wie in Eins dem Einen Geiste Gottes. — Wie es aber vom Herrn gegen jeden einzelnen Geist und gegen alle Geister in Einen zusammengefaßt der Fall ist, also ist es auch gleichermaßen der Fall zwischen den Menschengeistern. — Derjenige Menschengeist, der durch seine Liebe, Demuth und Weisheit dem Herrn am nächsten ist, ist schon stets mehr und mehr ein Gemeingeist, weil seine Liebe, Demuth und Weisheit gar viele andere Geister in seine Sphäre gezogen hat, und bei Manchem noch fortwährend zieht, wenn sie, nämlich solche Gemeingeistmenschen, auch schon lange nicht mehr leiblich auf der Erde leben. Solches aber stellt sich in der geistigen Welt als ein Verein dar, der also ausgebildet ist, gewisserart in weitester Umfassung, wie der specielle Gemeingeist für sich selbst einzeln persönlich Dastehendes ist. — Es wäre hier freilich zu fragen: Wie aber bekommt denn ein solcher Verein gerade die Gestalt eines solchen gemeingeistigen Menschen? — Er könnte ja gar wohl auch also aussehen, wie da aussieht eine bewohnbare Welt; warum muß denn gerade die Gestalt eines Menschen im hohen Reiche der Geister das formelle Substrat eines für himmlische Wesen bewohnbaren Vereines sein? — Um diese Frage gehörig verständlich zu beantworten, muß ich euch darauf aufmerksam machen, daß die für euch naturmäßig bewohnbaren Welten an und für sich eigentlich nichts Anderes sind, als gewisserart, wenigstens für euer Auge, chaotische Conglomerate von Seelen zu Seelen, welche in der Urzeit der Zeiten als ordnungsmäßige Gefäße der Geister aus Gott bei dem allgemeinen Falle des Einen großen Gemeingeistes nothwendiger

Welse mitfallen mußten. — Aus diesen Seelen oder geistigen Gefäßen sind dann erst durch die erbarmende und endlose Willensmacht des Herrn die Welten, wie sie sind, geschaffen worden, und sind nun darum da, daß diese Seelen mit ihren Geistern nach einer weise vorgezeichneten Stufenfolge **wieder vereint** werden sollen. — Sehet aber an all' die kaum zählbaren Vorgangsstufen, und fraget euch zufolge euerer Vorkenntnisse: Was ist das Ziel solcher gradativen Fortschreitung? Und die Antwort wird euch die nächstbeste Anschauung eines jeden Menschen geben. Was ist ein Mensch sonach? — Er ist in seiner vollendeten gottähnlichen Form gewisserart ein Gemeinleben von zahllosen vorangegangenen speciellen Leben, welches beim Steinmoose die ersten Lebensäußerungen zu entwickeln begann, sich dann durch alle Pflanzenwelt durchwand, von der Pflanzenwelt in die Thierwelt überging, und von der gemeinsamen Thierwelt sich erst zu der vollendeten Form des Menschen ausbildete. Im Menschen fängt also zuerst alle frühere zerrissene Seelen- und Geistes-Wesenheit an ihre Urform zu gewinnen; also ist es dann ja wohl doch natürlich, daß im Reiche der vollendeten Geister es im Grunde des Grundes keine anderen Formen geben könne, als eben die Urgrundform des gottähnlichen Menschen. — Also ist denn ein Verein in der Gestalt eines Menschen ja eben die rechte Form, und ist im wahren und vollkommensten Sinne eine herrliche bewohnbare Welt für Geister zu nennen, weil diese Form in sich selbst jedem Einzeltheile des Menschen entspricht, und somit kein Bewohner solch' einer Welt vonnöthen hat, zu säen und dann zu ernten, sondern er findet in solch' einer vollkommenen Welt seinen bestimmten Platz, der ihm Alles giebt, was der Bewohner nur immer vonnöthen hat; also wie auch kein Nerve im menschlichen Leibe zu säen und zu ernten braucht für sich, um sich aus solcher Ernte zu ernähren, sondern auf dem Platze des Leibes er sich befindet, auf eben dem Platze ist für ihn schon um Alles gesorgt, und er braucht nichts Anderes, als zu leben und zu genießen. — Ich meine, dieses ziemlich ausgedehnte Stößchen soll in euch doch so ziemlich klar sein; nur ein Umstand ist noch dabei, nämlich in dieser Hinsicht, was da betrifft die Anschauung des Gemeingeistigen in einer Person aus der Sphäre des Herrn, und für diesen Umstand werden wir noch so ein Stößchen anbringen; denn es läßt sich nämlich fragen: Wie möglich kann ein Specialgeist in seiner Einheit auf den Standpunkt erhoben werden, daß er als Solcher eine ganze geistige Vielheit als eine Persönlichkeit nur vor sich erschaut? — Das ist ein ziemlich schwieriger Punkt; aber wie gesagt, ein ziemlich wohlgenährtes Stößchen wird ihn schon wieder in's rechte Gleichgewicht bringen. — Um aber dieses Stößchen so wirksam als möglich zu machen, wollen wir zuerst einen Griff in die naturmäßige Welt thun; und so höret! — Könnet ihr euere ganze Erde überschauen? Ihr saget: Mit nichten; denn ihre Oberfläche ist zu ausgedehnt, als daß es möglich wäre sie zu überschauen. — Gut, sage ich; warum aber könnt ihr die viel größere Sonne überschauen? — Ihr saget: Weil sie von unseren Augen so weit absteht, daß von ihrer ganzen Oberfläche alle ausgehenden Strahlen in einem solchen Winkel auf unser Auge fallen, den dasselbe zufolge seiner Gestaltung bequem aufnehmen kann. — Nun gut; wir haben unsere Sache schon so vollkommen als nur immer möglich. Sehet, wie es in der naturmäßigen Welt Erscheinungen giebt, da man sagen kann: Diese Sache ist nahe, diese aber räumlich weit entlegen, also giebt es auch in der geistigen Welt erscheinliche Zustände, durch welche ein Object in eine große Entfernung zurücktritt; — und wäre es an und für sich noch so groß und aus einer unzähligen geistigen Vielheit bestehend, so wird es in der geistigen Entfernung dennoch als ein einzelnes concretes Wesen leichtlich überschbar sein. Aber die geistige Entfernung ist erscheinlicher Maßen nicht also beschaffen, als die naturmäßige, in welcher jene Gegenstände wirklich dem Raume nach weit entfernt sind, die das Auge als weit entfernt erblickt. Im Geiste aber sind diejenigen Dinge, welche scheinbar räumlich weit abzustehen kommen, nicht weit vom Auge des Betrachters entfernt, sondern können eben so nahe, als die allernächst erscheinlichen sein, da für den Geist ohnehin keine scheinbare Entfernung etwas ausmacht. Aber im Gegentheile können oft scheinbar überaus nahe liegende Dinge auch überaus entfernt sein, und dann sieht man sie zwar wie in der tastbaren Nähe; aber dessen ungeachtet sind sie, wie gesagt, geistig überaus weit entfernt. — Ihr saget: Das klingt ein wenig räthselhaft; — ich aber sage: Nichts weniger als das; ein kleiner Wink noch hinzu gefügt, und ihr werdet dieses Räthsel ganz gelöst vor euch haben. Es fragt sich: Wann ist man im Geiste von aller anderen Wesenheit wohl am entferntesten? — Sicher nur dann, wenn man sich in der unmittelbaren Nähe des Herrn befindet; denn zwischen Ihm und aller anderen Wesenheit ist fortwährend eine ewige unübersteigliche Kluft vorhanden, und dennoch ist man wieder umgekehrt in der sphärischen Nähe des Herrn allen Dingen in ihrer Gemeinheit am nächsten, weil der Herr in ihnen Alles in Allem ist. Ihr aber waret auf euerer ersten geistigen Sonne unmittelbar in der Sphäre des Herrn; wie mußten sich demnach alle Vereine der himmlischen Geister zu euch verhalten? Ganz klar begreiflicher Maßen unmöglich anders, als wie sehr entfernte; dennoch habt ihr sie auch wie in euerer völligen Nähe geschaut. Das kommt daher, weil der Herr für's Erste Alles in Allem ist, und das Auge eines jeden Geistes in der Sphäre des Herrn dem der unmündigen Kindlein ähnlich ist, welche da nicht selten nach dem Monde und nach den Sternen greifen, als wären sie im Ernste in ihrer völligen Nähe, während sie doch, wie ihr wißt, in stets gleich großer Entfernung sich befinden. — Ich meine, nun solle euch die Sache über die von euch in der Sphäre des Herrn zuerst geschaute geistige Sonne klar sein; — und so wollen wir uns denn wieder in den Hainen, Fluren und Gärten dieser — euerer Sonne entsprechenden eigentlichen geistigen Sonne näher umsehen, und mit ihren sehr jugendlichen Bewohnern eine ebenfalls nähere Bekanntschaft machen, und der nächste Garten, den wir vor uns sehen, soll uns zu dem Behufe auch zuerst aufnehmen. —

## 241.

(Am 31. August 1843 von Nachm. 5—6¾ Uhr.)

Hier vor uns ist schon die Pforte; also nur muthig hinein getreten! — Wir sind in dem Garten; sehet nun hier, wie niedlich und in der schönsten Ordnung Alles gestellt ist! — Kleine Baumalleen durchkreuzen den größen Garten, und bei jeder Kreuzung entdecken wir ein kleines Baumrondeau, welches in der Mitte mit einem kleinen Tempel geziert ist. Die Wege sind mit dem schönsten Rasen überdeckt, und geben auf diese Weise einen überaus sanft zu wandelnden Weg ab; zwischen den Alleen entdecken wir freie Räume, auf denen eine Menge der schönsten Blümchen wachsen, ungefähr in der Art, wie allenfalls in einem guten Frühjahre auf euerer Erde auf den Wiesen. — Ihr saget hier, wie es wohl kommt, daß diese Blumen nicht nach gärtnerischer Kunst geordnet sind, sondern nur ganz bunt durcheinander gemischt dem Boden entwachsen? — Das kommt daher, weil hier schon eine vollkommene Welt ist, und somit alles Wachsthum auf einer jeden Stelle vollkommen entsprechend ist mit den geistigen Begriffsfähigkeiten, welche die Bewohner einer solchen Stelle zu eigen haben. Hier wohnen aber eben gerade die jüngsten Kinderchen, welche auf der Erde bald nach ihrer Geburt dem Leibe nach gestorben sind. Diese Kinderchen können doch unmöglich noch irgend geordnete Begriffe und Vorstellungen vom Herrn und Seinem Worte haben; daher sehet ihr hier auch Alles jung, klein und bunt durcheinander. — Da sehet einmal vorwärts; dort in der Mitte dieses großen Gartens werdet ihr ein Gebäude entdecken, das da fast die Gestalt eines großen Treibhauses bei euch hat. Was ist es wohl? Nur hingegangen und sich überzeugt, und wir werden gleich sehen, was es ist. Sehet, wir sind schon dabei; — hinein getreten durch die Thüre, die vor uns geöffnet ist, und es wird sich alsogleich zeigen, was darin anzutreffen sein wird. — Wir sind herein; sehet, eine beinahe unabsehbar lange Kleinbettenreihe befindet sich fortlaufend wie auf einer Terrasse etwa drei Schuh über den Boden gestellt; — und sehet weiter, hinter der vorderen Reihe läßt sich wie durch eine Gasse getrennt auch schon eine zweite, dann eine dritte, vierte, fünfte, u. s. f. bis zehnte erschauen; — und sehet, in einem jeden dieser kleinen Bettchen sehen wir ein Kindlein ruhen, und in einer jeden solchen Gasse gehen fortwährend mehrere hundert von Wärtern und Wärterinnen auf und ab, und sehen sorgfältigst nach, ob einem oder dem andern Kindlein nicht Etwas vonnöthen ist. — Wie viel solcher Bettchen dürften wohl hier in diesem Raume vorhanden sein? — Solches können wir leicht berechnen; auf einer Reihe befinden sich zehn Tausend solcher Bettlein, und zehn Reihen haben wir in dieser Abtheilung gezählt, das wären sonach hundert Tausend. — Wie viel giebt es aber solche Abtheilungen nur in diesem Gebäude? Es giebt deren zehn; und so werden im ganzen Gebäude eine Million solcher Bettchen vorhanden sein. Jede Abtheilung aber steigt hier von Tag zu Tag nach euerer Rechnung; und die Kindlein, die heute in dieser Abtheilung in diesen wunderbaren Lebensbettchen ausgereift werden, werden sobald übertragen in die nächste Abtheilung. — Wenn auf diese Weise die Kindlein hier durch die zehn Abtheilungen dieses Gebäudes aus- und durchgereift werden, so kommen sie dann schon in ein anderes Gebäude, allwo sie nicht mehr in solchen Bettchen ruhen dürfen, sondern da sind für sie gewisse sanfte Geländerreihen errichtet, in denen sie stehen und gehen lernen. Auch dieses Gebäude hat ebenfalls zehn Abtheilungen, in welchen das Gehen fortwährend ausgebildet wird. Sind die Kindlein des Gehens vollkommen kundig, da ist schon ein anderes Gebäude von wieder zehn Abtheilungen; in diesem Gebäude wird für das Sprechen der Kindlein gesorgt, welche Sorge also klug eingeleitet ist, daß es sich fürwahr der Mühe lohnt, dahin zu gehen, und diese Unterrichtsanstalt näher in den Augenschein zu nehmen. In diesem Gebäude haben wir ohnehin nicht mehr viel zu lernen; denn das läßt sich von selbst denken, daß diese ganz unzeitig von der Welt herübergebrachten Kindlein lediglich durch die Liebe des Herrn ausgereift werden, und daß die Aufseher darin solche Engelsgeister sind, welche auf der Erde ähnlicher Maßen große Kinderfreunde waren. — Und da wir nun dieses wissen, so begeben wir uns in's dritte Gebäude. — Sehet, dort mehr gegen Mittag steht es in schon einer ziemlich großgedehnten Form; gehen wir also nur hin und sogleich hinein! — Sehet, wir sind schon in der einen Abtheilung, und zwar in der ersten; merket ihr nicht, wie es da wimmelt von den kleinen Scholaren und unter ihnen von freundlichen und geduldigen Lehrern und Lehrerinnen? — Und sehet, wie diese Kinderchen mit einer allerverschiedenartigsten und buntesten Menge von allerlei Spielereien versehen sind; wozu dienen ihnen denn diese? — Für's Erste zur stummen Begriffssammlung in ihrer Seele, welche hier eigentlich ihr Wesen ist. — Hier hören wir noch nichts reden; aber gehen wir in eine zweite Abtheilung. — Sehet, da sind die Kindlein nicht mehr so bunt durcheinander, sondern sitzen auf weichen lang gedehnten niederen Bankreihen; und vor je zehn Kinderchen sehen wir einen Lehrer, der einen Gegenstand in der Hand hält, ihn benennt und von den Kinderchen, so gut es nur immer geht, freiwillig nachsprechen läßt. — Die Gegenstände sind allzeit also gewählt, daß sie die Aufmerksamkeit der Kindlein an sich ziehen. — Zudem werdet ihr hier auch bemerken, daß die langen Bankreihen durch aufsteigende Querwände von zehn zu zehn Kinderchen abgetheilt sind. Das ist darum also gestellt, damit bei der Vorweisung eines Gegenstandes die nächste anstoßende Zehnkinderchenreihe bei der Aufweisung eines Gegenstandes in der Aufmerksamkeit nicht gestört wird. — In dieser Abtheilung lernen die Kinderchen bloß die einfachen Gegenstände benennen. In der nächsten Abtheilung werden sie schon auf die Benennung zusammengesetzter Begriffe geleitet, wo nämlich ein Begriff zum Grunde, und der andere zur Bestimmung liegt. — In der vierten Abtheilung lernen sie schon von selbst die Begriffe verbinden und auch diejenigen Worte kennen, durch welche Handlungen und Thätigkeiten, wie auch Zustände, Beschaffenheiten und Eigenschaften ausgedrückt werden. — In der fünften Abtheilung geht schon ein förmliches Plaudern an; Solches wird also bewerkstelliget, daß die Lehrer mittelst allerlei Gegenständen gewisse Tableaux und kleine Theater aufführen, und lassen sich dann von den Kindlein erzählen, was sie jetzt gesehen haben und was da geschehen ist. — In der sechsten Abtheilung wird dieser Lehrzweig in einem schon etwas größeren und sinnumfassenderen Maßstabe fortgesetzt. Da werden schon etwas größere Tableaux und Theater in der Art aufgeführt, daß sie auf den Herrn einen Bezug haben; nur wird den Kinderchen hier noch nicht Weiteres davon kund gegeben, als bloß nur das äußere Bild, und sie müssen dann dasselbe wieder in der bestimmten Lehrzeit also nacherzählen, wie sie es gesehen haben. — In der siebenten Abtheilung, wo die Kinder schon ganz förmlich reden können und ihre Auffassungsfähigkeit schon einen merklich höheren Grad erreicht hat, werden schon ganz bedeutend große allgemeine auf den Herrn Bezug habende geschichtliche Darstellungen nicht nur allein in der Form der Tableaux, sondern schon dramatisch gegeben; und das gewöhnlich auf eine für die Kinder so anziehende Weise, daß sich diese förmlich vergaffen und verhören, und eben dadurch sich alles das Geschaute und Gehörte desto tiefer einprägen. — In der achten Abtheilung lassen die Lehrer schon von den Kinderchen selbst kleine Tableaux aufführen, und sich dann wieder erzählen, was durch solch' ein Tableau dargestellt ward. Dadurch werden die Kinderchen auf die zweckmäßigste Art zur Selbstthätigkeit und zum Selbstdenken angeleitet. — In der neunten Abtheilung müssen die Kinderchen schon selbst neue Darstellungen zu erfinden anfangen; natürlich unter der Leitung ihrer weisen Lehrer, und die erfundenen müssen sie dann auch darstellen, zuerst bloß stumm, dann aber auch redend. — In der zehnten Abtheilung werden wir schon eine Menge Schauspieler und Dramatiker erschauen, und ihre Sprache wird so wohl gebildet sein, daß ihr dazu werdet sagen müssen: Fürwahr, also kann Mancher auf der Erde nicht reden, wenn er auch schon eine Universität durchlaufen hat. Man muß hier freilich wohl sagen: Im Geiste lernt es sich schneller, denn im materiellen Leibe, welcher nicht selten mit großen Schwächen und Unbehülflichkeiten behaftet ist; — das ist allerdings wahr. Aber würde auf der Erde auch eine ähnliche Lehrmethode beobachtet sein, so würden die dort lebenden und wachsenden Kinder ebenfalls um's Unvergleichliche schneller zum geistig entwickelten Ziele gelangen, als also, wo das Kind zuerst mit allerlei Unrath angestopft wird, welcher hernach bei der gründlicheren Bildung des Kindes erst mühsam hintan geschafft werden muß, bevor das Kind zu etwas Reinerem aufnahmsfähig wird. — Um euch ein Bild der näheren Verständniß wegen zu geben, will ich euch nur darauf aufmerksam machen, was ihr selbst schon öfter erfahren habet. Nehmet ihr an ein für die Musik talentirtes Kind; was könnte ein Solches in der frühesten Zeit unter einer wahren und schulgerechten Leitung leisten? — Wenn man aber solch' einem Kinde statt eines gründlichen Lehrers einen barschen Pfuscher giebt, der gewisserart selbst Alles besser versteht, als gerade Das, worin er Unterricht ertheilt; giebt dem Schüler dazu noch ein schlechtes Instrument, welches entweder wenig oder gar keinen Ton hat, und dazu regelmäßig fortwährend verstimmt ist, und das Alles unter dem Vorwande: Für den ersten Anfang ist es gut genug! — Wird aus solch' einem talentirten Musikschüler wohl je Etwas werden? — Wir wollen sehen. Nach drei unnütz verschwendeten Jahren wird endlich unserem Schüler ein etwas besserer Meister gegeben; dieser aber hat wenigstens drei Jahre zu thun, um all' den eher angewohnten Unflath aus seinem Scholaren zu bringen. — Nun sind sechs Jahre verstrichen, und unser Schüler kann noch nichts; man will aber nun den ersten Fehler dadurch gut machen, daß man, um aus dem Kinde Etwas zu machen, demselben sogleich einen excellentesten Meister giebt. Dieser Meister hat aber keine Geduld, und der Schüler keine große Freude mehr; also vergehen wieder drei Jahre, und unser talentvoller Schüler hat es kaum zu einem höchst mittelmäßigen Stümper gebracht, während er bei einer gerechten Grundleitung schon in den ersten drei Jahren hätte etwas Bedeutendes leisten können. — Sehet, also geht es mit allem Unterrichte auf der Erde; darum auch die Fortschritte der Bildung so langsam vor sich gehen. — Hier aber ist Alles auf das Zweckmäßigste geordnet; darum geht auch jede Bildung mit Riesenschritten vorwärts. — Die Fortsetzung wird uns noch glänzendere Resultate zeigen. —

## 242.
(Am 2. September 1843, von 5¼—6¾ Uhr Nachm.)

Ihr habt jetzt gesehen, wie allda die unmündigen Kindlein sprechen lernen; was folgt aber auf das Sprechen? Sehet, da vor uns ist schon ein anderes Gebäude; in dieses werden wir hinein treten, und es wird sich da sofort zeigen, was mit diesen Kindern ferner geschieht. — Wir sind schon im Gebäude, welches gar herrlich gebaut ist, und entdecken hier nicht mehr die früheren Abtheilungen, sondern das ganze Gebäude stellt einen sehr großen Saal vor, der Raum genug hat, wie ihr euch mit der inneren Sehe überzeugen könnt, um eine Million solcher Scholaren zu fassen, und dazu noch auf je zehn zu zehn einen Lehrer oben d'rauf. — Was geschieht aber hier? — Sehet, da vor uns ist solch' ein Schöckchen; ihr sehet mitten einen runden Tisch, um welchen zehn kleine Scholaren mit einem Lehrer bequem logirt sind. Was haben sie, die Scholaren nämlich, vor ihnen am Tische liegen? — Wir erblicken Bücher, deren Blätter etwas steif sind, und auf den Blättern sind nach der Reihe hin kleine, gar überaus meisterhafte Bilderchen. — Was thun die Schüler mit diesen Bilderchen? — Sie sehen sie an und reden hernach oder sagen gewisserart dem Lehrer ihr angeschautes Bild auf. — Sehet, das ist der erste Anfang zum Lesen; hier werden bloß ausgearbeitete Bilder gelesen. — Sehet eine Menge Tische hier im Vordergrunde, welche in einer geraden Linie über die Breite des Saales hinlaufen; da befinden sich, wie ihr sehet, lauter Anfänger im Lesen. Ihr saget hier freilich und fraget: Das ist alles recht, richtig und schön, wenn es sich bloß um das Lesen einer reinen Bilderschrift handelt; — aber wenn hier auch das Lesen mittelst stummer Zeichen oder sogenannter Buchstaben gäng und gebe ist, so sehen wir noch nicht recht ein, wie möglich diese stummen einlautigen Zeichen aus diesen niedlichen Bilderchen hervorgehen werden. Laßt es nur gut sein, meine lieben Brüder und Freunde! Wie Solches hier vor sich geht, wird euch schon bei den nächsten Tischreihen klar werden; und ihr werdet euch überzeugen, daß man hier auf ganz natürlichem Wege ohne das vorhergebende Buchstabiren und Sylabiren ganz vortrefflich kann lesen lernen. — Sehet, da ist schon die zweite Reihe; was erblicket ihr hier? — Ihr saget: Nichts Anderes, als im Grunde dieselben Bücher; aber nur sind die Bilder nicht mehr völlig ausgearbeitet, sondern bloß nur mit den sogenannten Conturlinien gegeben. — Sehet, da gehört schon mehr Denken dazu, um aus der Verbindung der Linien das früher gut ausgearbeitete Bild wieder heraus zu finden. Zugleich aber werdet ihr daraus ersehen, daß dadurch das innere Gemüth mehr zur Thätigkeit angeleitet wird, je mehr für die äußere Beschauung von einem Bilde hinwegfällt; oder das innere Gemüth wird angeleitet, die abgängige Ausführung selbst hinzu zu schaffen. Was die Schüler bei dieser zweiten Reihe thun, haben wir bereits gesehen. Gehen wir zur dritten; wir sind hier.

Was sehet ihr hier? — Ihr saget: Wieder Bücher, wie früher; aber hier sehen wir bloß nur Grundlinien, um welche die anderen Conturlinien bloß durch Pünktchen ausgedrückt sind. — Sehet, hier ist es schon schwerer, das eigentliche Bild heraus zu finden; aber daß man dabei schon mehr zu der eigentlichen Grundbedeutung, gewisserart zum Fundamente des Bildes zurückgeführt wird, ist ersichtlich. Zugleich wird hier die Bedeutung der Bilder schon gründlicher gelesen, und die Linien fangen an für sich selbst mehr Bedeutung zu gewinnen. Es wird auch zugleich erklärt, was da eine gerade, eine krumme und eine kreisförmige Linie ist. — Gehen wir zur vierten Reihe; was erblicket ihr da? — Ebenfalls wieder Bücher, wo zwar auch noch die Grundlinien vorkommen; aber sie sind mehr mit den Conturpunkten umfaßt. Da aber die vorkommenden Bilder einer Menge historischer, meistens auf den Herrn Bezug habender Situationen darstellen, und somit bei jedem Bilde eine oder auch mehrere menschliche Figuren vorkommen, so werden durch diese Grundlinien für's Erste alle Theile und Gliederungen des Menschen ersichtlich dargestellt; daraus die Schüler gar leicht ersehen, wie die Theile des Menschen geordnet sind, und was für Bedeutung da die einfachen Linien in Bezug auf die verschiedenen Theile und Gliederungen des Menschen haben. — Was geht aber aus Dem hervor? — Das werden wir sogleich bei der nächsten Reihe sehen. Sehet, wir sind schon bei ihr; da sehen wir dieselben Linien kleiner aneinander gereiht, und hier und da die Endtheile der Linien in gewisse Punkte auslaufend. — Was besagt denn Solches? Es ist noch immer das erste Bild; aber die Linien gehen schon mehr in eine stumme Zeichenform über, und die Schüler müssen diese stummen Zeichen also erkennen, als hätten sie das complete Bild vor sich. Gehen wir aber wieder zur nächsten Reihe; da erblicket ihr in den Büchern bloß nur ein, zwei oder drei Hauptlinien, und zwar in viel kleinerem Maßstabe gegeben. Diese einzelnen Hauptlinien werden hier und da mit kleinen Bögchen darum zusammengehängt, um dadurch anzuzeigen, daß sie zusammengehören. Die Nebenlinien werden nur hier und da mit wenigen kurzen Strichelchen und Punkten angezeigt. — Sehet, ist das nicht schon eine förmliche Schrift? Ja sicher ist sie es; und sie ist die so ganz eigentliche rechte Schrift, welche mit dem ganzen Wesen des Menschen korrespondirt. — Ihr saget: Das ist richtig; aber wie sieht es denn mit den einzelnen Lauten oder mit dem sogenannten A. B. C. aus? — Ich sage euch: Das liegt schon Alles darin; denn die sogenannten Selbstlaute sind durch die Punkte und kleinen Strichelchen angezeigt, die Mitlaute aber werden durch die Hauptlinien und deren Verbindungen dargestellt, — und für's Dritte liest man allhier nie nach den einzelnen Buchstaben, und lernt sie auch darum nicht voraus des Lesens wegen kennen, sondern da ist der Weg gerade umgekehrt; man lernt hier zuerst aus den allgemeinen Zeichen lesen, wie ihr gesehen habt, und aus diesen allgemeinen Zeichen lernt man erst nachher die einzelnen Grundlautzeichen erkennen und zusammensetzen, und aus den zusammengesetzten wieder die allgemeinen Zeichen herausfinden. — Sehet, das ist hier die Art und Weise, auf die allerkürzeste und allerzweckmäßigste Art den Schülern das Lesen beizubringen. Daß zu der Erlernung des Lesens schon die frühere Erlernung des Sprechens ungemein viel beiträgt, braucht kaum näher erwähnt zu werden, indem

Solches ohnehin mit den Händen gegriffen werden kann. — Denn der Unterschied zwischen den Mitteln besteht bloß darin, daß sie bei der Erlernung des Sprechens plastisch und dramatisch sind; beim Erlernen des Lesens aber sind sie flach dargestellt. — Wir erblicken aber hier noch mehrere Reihen; was geschieht wohl da? — Es wird noch fortwährend vollkommener lesen gelehrt; und dieses besteht darin, daß die Schüler aus der Gestalt dieser innern Schrift, welche geistig ist, durch Entsprechungen am Ende auch alle weltlichen äußeren Schriften finden und erkennen lernen; und mit nichts sonst, als bloß mit dem Lesen, wird sich in diesem Gebäude abgegeben. Daß dabei die Schüler auch gewisserart schon von selbst das Schreiben lernen, braucht kaum erwähnt zu werden; denn nach dieser Methode werden, wie ihr zu sagen pfleget, mit einem Streiche zwei Fliegen erschlagen. — Ihr fraget hier freilich, und saget: Ja, wenn diese vielleicht kaum fünf- bis siebenjährigen Kinderchen, nach irdischem Maßstabe genommen, solches Alles erlernen, was bleibt ihnen denn dann noch zu erlernen übrig? Denn, wie wir gesehen haben, so haben sie während des Sprechenlernens durch die zahllos mannigfaltigen Tableaux sich ja ohnehin schon fast Alles eigen gemacht, was der Mensch in seinem Geiste sich nur vorzustellen vermag; und noch beiweitem Mehreres hat ihnen die Erlernung des Lesens geboten; denn in ihren Bildern kamen ja doch so außerordentlich viele und mannigfaltigste Situationen vor, daß man mit ihrer Verwirklichung eine ganze Unendlichkeit ausfüllen könnte. Da ist es fürwahr nicht leichtlich einzusehen, was für höhere Schulen es hier noch geben sollte. — Laßt es nur gut sein; die Folge wird es euch zeigen, was man hier noch Alles zu erlernen hat. Ihr müßt ja nicht denken, daß man im Reiche der Geister als selbst Geist schon gewisserart, wie ihr zu sagen pfleget, alle Weisheit der Himmel mit dem Löffel gefressen hat, und das noch etwa auf einen Schluck obendrauf; denn das wäre fürwahr eine außerordentliche Einförmigkeit des Lebens, wenn man sich in einer solchen Stellung befände, die keiner Vervollkommnung mehr fähig ist. Wenn aber der Herr Selbst immer, was ihr freilich nicht recht wohl begreifen werdet, in der Entwicklung Seiner unendlichen Kraft fortschreitet, was ihr leicht aus der Fortschöpfung und Fortpflanzung aller Dinge erschauen könnet, wie sollte es da für Seine Kinder je irgend einen Stillstand geben? — Wie aber solche Fortschreitungen geschehen, wird die Folge zeigen. —

## 243.

(Am 4. September 1843, von 4¾—6¼ Uhr Nachmittags.)

Sehet, hier vor uns steht schon wieder ein anderes und beiweitem größeres Haus; was wird denn hier gelehrt? Wir werden gleich dahinter kommen; — ihr wißt, daß diese Kindlein ihren Geburtsort, die Erde, aus dem Grunde nie haben vermocht kennen zu lernen, weil sie zu frühzeitig und zwar gleich nach ihrer Geburt dem Leibe nach verstorben sind. — Da es aber zur Erkenntniß des Herrn auch nothwendig ist, den Ort näher zu kennen, den Er zum Hauptplatze Seiner Erbarmungen erwählt hatte, so müssen auch diese Kindlein eben diesen Ort darum näher kennen lernen, um daraus zu ersehen, wie der Herr, und wo der Herr ist ein **Mensch** geworden, um zu erlösen das gesammte menschliche Geschlecht und einzurichten die Erde für eine Lehrstube Seiner Kinder. — Also wird hier im ganz eigentlichen Sinne die Geographie der Erde gelehrt, und das sicher auf eine zweckmäßigere Weise, als Solches bei euch der Fall ist. Wie aber diese Geographie der Erde hier vorgetragen wird, wollen wir uns sogleich überzeugen. Sehet, in der Mitte des großen Saales, in dem wir uns nun befinden, befindet sich auf einem großen, prachtvollen Gestelle ein Erdglobus fast auf die Art, wie bei euch auf der Erde. — Ihr müßt das nicht etwa bloß nur gewisserart unbedingt annehmen, sondern unter der überzeugenden Bedingung, daß da auf der Erde ja sicher nirgends sich Etwas in was immer für einem Fache vorfindet, das da nicht entsprechender Maßen schon lange vorher im Geiste vorhanden wäre. — Also ist auch ein Erdglobus bei euch auf der Erde durchaus keine solche Erfindung, die da nicht zuvor im reinen Gebiete des Geistes schon lange, ja ewig lange vorhanden gewesen wäre. Solches könnt ihr auch aus Dem ganz vollkommen erschauen, so ihr euch selbst fraget: Was war wohl eher vorhanden, die Erde, oder ein von Menschen verfertigter Globus, der gegenwärtig eben die alte Erde nur höchst mangelhaft und dürftig abbildend darstellt? — Ich meine aber, da im Geiste des Herrn die Erde sicher schon gar lange bestanden hat, so wird es wohl auch mit dem Bestehen des Abbildes der Erde seine guten geweisten Wege haben. Sonach kann dieser Globus hier ja auch ganz wohl geistig genommen in seiner Ordnung sein, und ist in der Fülle der Wahrheit auch in einer bedeutend größeren Ordnung, als er es bei euch auf der Erde je wird sein können. — Gehet nur näher und betrachtet ihn; er ist auf seiner Oberfläche nicht also gezeichnet, wie Solches bei euch auf der Erde zu sein pflegt, sondern er ist eine förmliche plastische Strahlentypik gleich eueren sogenannten Daguerreotypen, welche ebenfalls den allerunscheinbarsten Gegenstand im kleinsten Maßstabe wieder zum Vorscheine bringen. Der große Unterschied aber zwischen der irdischen äußeren Strahlentypik und dieser inneren geistigen ist unberechenbar groß; — denn hier darf bei der genauesten Beobachtung auch nicht ein Atom fehlen, und muß die ganze Natur der Erde allervollkommenst genau dargestellt sein. Daß aber Solches hier bewerkstelliget ist, könnt ihr beim ersten Anblicke in der vollen Nähe erkennen; denn sehet, die Bächlein, Flüsse, Ströme und Meere sind hier ganz natürlich; die Bäche, Flüsse und Ströme fließen, und das Meer nimmt sie auf. Sehet an weiter! Die Gebirge, wie sie ganz getreu in kleinem Maßstabe die der Erde vorstellen, sind ersichtlich aus denselben Stoffen. Die Gletscher haben ihren Schnee und Eis, die Kalkgebirge ihren Kalk, die niederen Alpen ihre Weiden und tiefer hinab ihre Waldungen; — und sehet nur genau, eine jede Stadt, ein jedes Dorf ist genau abgebildet. Da ist z. B. eben euere Wohnstadt. Betrachtet sie, und ihr werdet finden, daß da nicht das Geringste abgeht; sehet aber auch, wie sogar Wolken und Nebel herum ziehen gerade nach den Richtungen und in denselben Formen, wie sie gleichzeitig allzeit auf der wirklichen Erde sich befinden. — Sehet, das ist sicher ein vollkommenster Globus; er ist freilich wohl ziemlich groß; sein Durchmesser dürfte nach euerem Maßstabe bei zwanzig Klaftern haben. Wie aber kann er da wohl nach allen Seiten übersehen werden? — Sehr leicht; denn sehet, für's Erste hängt oder ruht er vielmehr ganz parallel auf dem großen Gestelle mittelst einer mächtigen Spindel mit einer Rundgallerie, welche gerade die Höhe der Pole erreicht. Auf dieser Gallerie befinden sich unsere Scholaren unterspickt mit ihren Lehrern und besichtigen einmal-einen ganzen Meridian. Haben sie diesen gut inne, so wird der Globus um einen Meridian weiter gerückt, und so fort, bis auf diese Weise die ganze Erde durchstudirt ist. — Ist aber das der einzige Globus, und sind die Scholaren mit dessen Durchstudirung mit der Geographie schon fertig? — O nein! Sehet, da weiter vor uns ist schon wieder ein großer Saal; in dem befindet sich ein ähnlicher Globus, die Erde um tausend Jahre früher darstellend, — und wieder in einem anstoßenden großen Saale einer, die Erde wieder um tausend Jahre früher darstellend, und das geht so fort bis zu Adam. — Sehet, auf diese Weise erlernen diese Schüler mit der Geographie auch zugleich die Weltgeschichte; nur gehen sie allzeit den umgekehrten Weg. Sie fangen allzeit bei der Gegenwart an, und gehen somit von den Erscheinungen auf die Ursache; welches eben so viel sagen will, als von Außen nach Innen gehen. — Ihr fraget hier, und saget: Auf der Erde aber geschehen ja von Jahr zu Jahr nicht selten ganz gewaltige Veränderungen; wie lassen sich diese wohl auf den großen, allzeit tausend Jahre in sich fassenden Globen erlernen? — Da sage ich nichts Anderes, als: Seht euch nur ein wenig um, und seht, was Alles in solch' einem überaus großen Saale enthalten ist. Sehet, in einer ziemlichen Entfernung herum stehen in einem jeden Saale noch zehn etwas kleinere Globen; diese stellen die Erde von hundert zu hundert Jahren dar; — und zwar eben so lebendig genau, wie Solches auf den großen zu ersehen ist. Hinter diesen zehn Globen werdet ihr wieder noch eine große Menge in guter Ordnung entdecken, auf denen die Erde von Jahr zu Jahr verändert dargestellt wird, und hinter diesen die letzte weiteste Reihe, in der ihr ganz kleine kaum drei Schuh im Durchmesser habende Globen findet, daran die Veränderung der Erde von Tag zu Tag dargestellt wird. — Im ersten Saale könnt ihr bemerken, daß in dieser letzten Reihe nach eurer Rechnung von Tag zu Tag ein neuer Globus hinzu gefügt wird, d. h. im Saale, der euer gegenwärtiges Jahrtausend vorstellt. — Damit aber die Schüler nicht so viel mit den kleinen Globen herum zu schaffen haben, so wird ihnen von den Lehrern auf dem großen Globus schon Alles vorangedeutet, welche Veränderungen sich hier oder da auf der Erde zugetragen haben; — dadurch erfahren die Schüler schon Alles, und können sich hernach zur eigenen Bekräftigung auf den kleinen Globen selbst überzeugen. Am Ende des letzten Saales, da die Erde zu Zeiten Adams dargestellt wird, befindet sich auch eine Oeffnung, durch welche unsere Schüler die wirkliche Erde wie durch einen Tubus erschauen können, um sich dadurch die völlige Ueberzeugung von allem Dem zu verschaffen, was sie durch diese Säle von der Erde gelernt haben. — Wie lange dauert aber nach euerer Zeitrechnung ein solcher Lehrkurs? — Höchstens sechs bis sieben Tage; denn ihr müßt hier die beiweitem größere und ungebundertere reingeistige Auffassungsfähigkeit in Anspruch nehmen, der zu Folge ein solches geweckte geistiges Kind in einer Minute mehr faßt, als ihr auf der Erde in einem Jahre. — Im Gegentheile giebt es freilich wohl wieder im Reiche der Geister, die da unvollkommen sind, Situationen, wo ein Geist in hundert Jahren geringere Fortschritte macht, als ein Mensch auf der Erde in einer Minute. — Also giebt es auch auf euerer entsprechenden Erde und besonders auch auf dem Monde Lehr- oder Besserungsanstalten für Geister, in denen sie ganz erbärmlich schlechte Fortschritte machen. — Aber diese gehören nicht hierher, allda die Geister sich in ihrer Vollkommenheit und ursprünglichen Reinheit befinden. — Was aber lernen die Kinder nach diesem Kurse? Sehet, vor uns weiter gegen Mittag steht ja schon wieder ein enorm großes Gebäude; was wird wohl in diesem gelehrt? — Ich sage euch: Nichts Anderes, als was natürlich die Unterlage des äußeren Erdwesens ist, also die natürliche Geologie und die Entstehung der Erde. Ist dieses erst Alles anschaulich und gründlich aufgefaßt, so wird dann zur geschichtlichen und von dieser zur geistigen Erde übergegangen. — Wie aber solches Alles vorgetragen wird, davon werdet ihr euch an Ort und Stelle eben so gut überzeugen, als wie ihr euch von Allem bisher überzeugt habt. —

## 244.

### (Am 6. September 1843 von 4½—6¼ Uhr Nachm.)

Das neue Gebäude steht vor uns, und wir treten hinein. Was sehet ihr hier in dem großen Saale? — Ihr sehet offenbar nichts Anderes, als schon wieder einen aufgestellten Globus, welcher sich von einem früheren gar nicht unterscheidet. Wie sollte aber auf diesem Globus die Geologie studirt werden? — Gehen wir nur näher, und es wird sich die Sache auch gleich näher zeigen. — Sehet, dieser Globus geht für's Erste gerade in der Mitte von Pol zu Pol in zwei Theile auseinander. Es kostet nur einen Druck und die ganze innere Gestalt der Erde ist von Pol zu Pol sichtbar. Das Gefüge und der Bau ist genau nach der wirklichen Erde dargestellt; ja sogar das Mineral, wie es sich hier zeigt, ist ganz vollkommen dasselbe! Wenn ihr die nun getheilte Kugel betrachtet, so werdet ihr ersehen, wie die Erde gewisserart in sich noch eine Erde im kleineren Maße enthält, welche aber dennoch mit der äußeren Erde durch feste organische Bande zusammenhängt. In dieser kleineren Erde sehet ihr mehr gegen den Nordpol zu noch eine etwas länglichte, hier freilich mitgetheilte Kugel; diese ist voll Geäder und Kanäle in ihrem Inneren. Gerade unter dem Aequator sehet ihr einen großen hohlen Raum, der hier scheinbarer Maßen mit einer feuerähnlichen Masse durchwebt ist; und von dieser Feuermasse sehet ihr in zahllosen Organen das Feuer nach Außen der Erde hinaus steigen, und von dieser inneren Feuerhöhlung sehet ihr auch besonders gegen den Südpol hin mehrere große gewundene Röhren, durch welche ihr eine Menge brennender Dämpfe durchströmend erschauet, welche durch das Einströmen des Wassers von der Oberfläche der Erde in diesen Feuerraum nämlich fortwährend gebildet werden; und durch ihr gewaltiges Hinausströmen gegen den Südpol nämlich den täglichen Umschwung der Erde bewirken. Es ist nicht an der Zeit, euch hier das ganze Erdwesen zu zerlegen, sondern bloß nur zu zeigen, auf welche Art und Weise unsere vorgerückteren geistigen Schüler allhier das innere Wesen der Erde erkennen lernen. — Ich meine, es braucht kaum mehr darüber erwähnt zu werden, da doch sicher ein Jeder aus euch auf den ersten Blick ersehen kann, daß die Geologie oder der Bau des ganzen Erdwesens auf keine weisere und sinnigere Weise könnte gelehrt, und von den Schülern erkannt werden, als eben auf diese. Zugleich aber wird hier nebst der materiellen Geologie noch darauf hingedeutet, wie alle die Stoffe und die aus ihnen gebildeten Organe im Grunde nichts, als geistig entsprechende Formen sind, in denen ein gefangenes geistiges Leben zu seiner Löse vorbereitet wird; und wird ihnen auch der Stufengang gezeigt, wie das gefangene Leben, vom Centrum der Erde ausgehend, durch zahllose Stufen aufwärts steigt und sich da auf der Oberfläche der Erde wieder in zahllosen neuen Formen kund giebt und fortbildet. — Sehet, das Alles erlernen die Schüler in diesem Saale. — Ihr fraget freilich: Bei gar so viel geistigen Schülern wird ein solcher Globus doch zu wenig sein? — O seht euch nur ein wenig um in diesem Saale, und ihr werdet noch eine gar große Menge ähnlicher Apparate erschauen theils in gleich großer Form, und theils in kleineren Formen; — und alle diese Globen sind so eingerichtet, daß sie in alle möglichen Theile können zerlegt werden. Nachdem wir auch dieses gesehen haben, so können wir uns schon wieder um einen Saal weiter bewegen.

Wir sind im zweiten anstoßenden Saale; sehet, dieser hat die Form einer überaus weiten und hohen Rotunda, welche ringsum in tausend bedeutend große und ziemlich tiefe Säulennischen oder gewisser Art Capellen eingetheilt ist. — Hier seht ihr in der Mitte dieser Rotunda nichts als über einem großen Tische ein flüchtiges weißlichtgraues Gewölk. Was bedeutet dieses? Seht nur nach allen Richtungen auf die runden Fenster, von denen aus einer jeden Capelle eines das Licht gerade auf diesen Tisch her wirft. Durch das Zusammenstoßen der Strahlen wird eben dieses scheinbare Gewölk erzeugt. Was sollen aber die Schüler daraus lernen? Nichts Anderes, als die geordnete Entstehung einer Welt. Wie aber aus solchem Strahlen-Conflicte nach dem Willen des Herrn eine Welt entstehen muß, das läßt sich in diesen ringsum angebrachten tausend Capellen ersehen. In der ersten Capelle ersehen wir in etwas kleinerem Maßstabe dasselbe Phänomen, was wir schon in der Mitte des Saales gesehen haben. In der nächsten Capelle hat das früher noch unordentliche Gewölk schon mehr eine länglicht runde Form, welche aber noch überaus schwankend ist. In einer jeden darauf folgenden Capelle wird die Form stets beständiger und gewisserart auch solider. Also gehen wir hundert Capellen durch. Nach der hundertsten erblicken wir durch den leicht durchsichtigen Nebelball schon einen krystallreinen Wassertropfen schweben; und wenn wir wieder ein paar hundert Capellen durchgegangen sind, so werden wir in einer jeden den Wasserball größer erblicken, bis er endlich schon die Größe des früheren Nebelballes bekommt. — Von da an erblicken wir in der Mitte des Wasserballes kleine durchsichtige Krystallchen, nicht unähnlich jenen glatten gefrornen Schneeflocken, welche bei bedeutender Kälte nicht selten wie kleine Diamanttäfelchen herumfliegen. In den nächsten darauffolgenden Capellen erschauen wir stets mehr solcher Krystalle, um welche sich gegen das Centrum zu eine Art bläulichen Geflechtes herumzuwinden anfängt und auf diese Weise die vorher losen Kryställchen mit einander verbindet. In dem weiteren Fortgange dieser Capellen erschauen wir in der Mitte des Wasserballes schon stets mehr einen graulichen und undurchsichtigen Klumpen, um den sich wie um einen Baumast im kalten Winter wieder neue klare Krystalle ansetzen, und wie Diamanten durch den Wasserball hindurchschimmern. — Gehen wir weiter, so sehen wir auch schon wieder diese neu angesetzten Krystalle durch ein neues bläuliches Gewebe angebunden, und aus dem stets dunkler werdenden Klumpen erschauen wir auch schon wieder eine Menge runder Luftbläschen nach allen Seiten aufsteigen, durch welche über dem Wasserballe sich schon eine Art atmosphärischer Luft zu bilden anfängt; — und ihr sehet, daß diese Action, je weiter vorwärts wir gehen, desto größer und ersichtlicher wird. — Nachdem wir bei dieser langsamen Fortbildung wieder einige hundert Capellen durchgegangen sind, stellt sich uns hier in der nächstanstoßenden schon ein gewaltig brausender Klumpen in der Mitte eines ziemlich großen Wasserballes vor. Bedeutende Blasen entsteigen fortwährend demselben, und sind hier schon Träger einer Art dunstiger Substanzen, welche sich über die Oberfläche des Wasserballs beim Zerplatzen der aufsteigenden Blasen wie leichte Nebel über die Oberfläche des Wassers ausbreiten; — und sehet, diese Actionen werden von Capelle zu Capelle heftiger; bei der hundertsten Capelle erblicken wir schon hier und da durch den schon stark verkrystallisirten Wasserball glühende Stellen, von denen fortwährend wie bei einem siedenden Wasser Dämpfe aufsteigen, und das in zahllosen Blasen und Bläschen. Weiter vorwärts entdecken wir schon bedeutende Krystallspitzen über die Oberfläche des Wassers hinausragen und den Wasserball nur hier und da von den über ihm schwebenden Dämpfen befreit. — Weiter vorwärts sehen wir schon bedeutende Feuerstrahlen aus dem Inneren heraus die Oberfläche des Wassers zerreißen, das Wasser gewaltig wogen, durch dieses Wogen neugebildete kleine Kryställchen in die inneren Fugen hineinschwemmen und auf diese Weise den inneren undurchsichtigen Ball dadurch stets der Oberfläche des Wassers gleich runder und fester werden. — Wieder weiter von Capelle zu Capelle fortschreitend, begegnen wir schon Blitzen, welche sich freilich in kleinem Maßstabe in den Dämpfen erzeugen, welche den eigentlichen Ball schon so sehr einnehmen, daß man durch sie nur mit Mühe denselben mehr erschauen kann. — Gegen das Ende dieses Weltbildungsmusäums sehen wir ganz gewaltige feurige Eruptionen, welche den innersten festesten Grund über die Oberfläche des Wassers erheben, und dadurch Berge und anderes festes trockenes Land bilden. In dem Fortschreiten entdecken wir hier und da das kahle feste Gestein schon mit Moos überzogen, und in den tieferen Gegenden ein weicheres Erdreich, welches sich durch das Vermoosen des Gesteines, und durch das Auflösen desselben durchs Feuer gebildet hat. — Im weiteren Verfolge entdecken wir das Wasser schon, wie ihr zu sagen pfleget, infusorisch belebt, und die Bildung des vegetativen Erdreiches geht rascher vor sich. — Bei einer nächsten Capelle entdecken wir schon eine Art Gewürm im Wasser. Wieder weiter wird die thierische Bildung im Wasser stets potenzirter und reichlicher; und so sehet ihr durch solches Fortschreiten von Capelle zu Capelle die Erde endlich bis zu dem Zustande gediehen, in welchem die Schöpfung des

Menschen ihren Anfang nimmt. Diese ist jedoch nicht mehr hier, sondern in einem nächsten Saale zu sehen. — Wie aber werden etwa diese Capellen zeiträumlich von einander unterschieden sein? — Ich sage euch: Obschon diese Zeiträume gewisserart sich nicht völlig gleichen, so könnt ihr aber doch von Capelle zu Capelle bei tausend Millionen von Jahren annehmen, und ihr werdet euch eben nicht zu viel irren; denn wenn ihr die Größe der Erde betrachtet, so werdet ihr es auch begreifen können, welche Zeiten-Multiplication dazu erfordert wird, um aus dem völlig nichtigen Lichtäther einen Tautropfen zu gewinnen, und diesen hernach freilich wohl durch steten und stets mehr als zur gegenwärtigen Größe der Erde sich ausdehnen und mehr verfesten zu sehen. — Mehr brauche ich euch kaum zu sagen. — Daß die Schüler auf diese Weise die Entstehung einer Welt und hier namentlich der Erde am meisten praktisch erlernen auf dem Wege solcher belehrenden Anschauung, versteht sich von selbst; — und so denn können wir in den nächsten Saal übertreten, wo die Schöpfung des Menschen dargestellt wird, und somit auch die geschichtliche und geistige Erde ihren Anfang nimmt. —

## 245.

(Am 7. Septbr. 1843 von 4³/₄–6½ Uhr Nachm.)

Es ist hier natürlicher Weise nicht der Platz, daß wir allda die ganze Schöpfungsgeschichte des Menschen, wie auch dessen Geschichte bis in die gegenwärtige Zeit gewisserart von Punct zu Punct darstellen sollen, sondern wir erschauen hier nur die Art und Weise, wie solches Alles unseren kleinen geistigen Zöglingen beigebracht wird. Solches könnt ihr im Voraus als zur Genüge bekannt annehmen, daß hier im Reiche der vollkommenen Geister in entsprechender Weise Alles um's Unberechenbare weiser und klüger angestellt wird, um irgend einen guten Zweck zu erreichen, denn auch der Erde; und das schon aus diesem sehr einfachen Grunde, weil man hier nicht bei Eins bis in's Infinitum zu zählen anfängt, sondern man fängt hier gewisserart beim Infinitum an, und zählt von da bis auf Eins zurück, oder was eben dasselbe ist, man geht hier nicht von Innen nach Außen, sondern von Außen nach Innen; was freilich wohl auch auf der Erde der beste Weg wäre, wenn die Menschen nicht so eitel thöricht und dumm wären. — Aber da die Menschen auf der Erde nur nach den nichtigsten und eitelsten Dingen streben, auf den Herrn nur so lange glauben und vertrauen, (wohlgemerkt beim besten Maßstabe der Menschen) so lange ihnen leiblicher Maßen nichts abgeht; kommt aber eine geringe Versuchung, da fallen sie sobald in ihre alten Zweifel zurück, und werfen sich statt dem Herrn nur einer wenig nützenden und sehr schlecht helfenden Welt in die Arme. Also sind schon die besten Menschen beschaffen; woraus aber erhellet, daß ihr Sinn durchaus nicht nach Innen, sondern nur nach Außen gekehrt ist. — Wo aber der Glaube, das Vertrauen und die Liebe zum Herrn so überaus höchst dürftig bestellt ist, da läßt sich freilich wohl keine ähnlich geistige Bildung erwarten, in welcher der Mensch in einer Minute einen größeren Fortschritt machen würde, als auf die gewöhnliche, höchst elende weltliche Weise in zwanzig Jahren; ja manchmal sogar kaum in hundert, wenn das menschliche Leben überhaupt so lange dauern würde. — Es sind aber alle Menschen vom Herrn aus darauf angewiesen, keine andere, als diese nur alleinige Bildung anzunehmen; aber sie lassen die heilige Schule des Lebens ruhen, und wissen überhaupt nicht, was sie aus ihr machen sollen, und plagen sich dafür lieber ihr ganzes Leben lang mit nichtigen Erkenntnissen der todten Natur und ihrer Verhältnisse, und wenn sie sich dann am Ende ihres Lebens fragen: Was Wichtiges und Großes haben wir nun wohl erreicht durch unser mühsames Studium? So wird ihnen ihr eigenes Gefühl die Antwort geben: Wir haben es so weit gebracht, daß wir jetzt im allerwichtigsten Momente unseres Lebens im Ernste nicht einmal wissen, ob wir Männlein oder Weiblein sind; und wissen nicht, ob wir jetzt noch ein Leben zu erwarten haben, oder keines. — Sind Himmel, Hölle und Geisterwelt-Mährchen erfunden von arbeitsscheuen Klosterhockern; oder sollte wohl etwas daran sein? — Ist nichts daran, was ist dann und was wird dann mit uns? — Ist aber Etwas daran, wo kommen wir dann hin, aufwärts oder abwärts? — Sehet, das sind die sicheren Früchte weltlicher äußerer Gelehrtheit. — Man wird freilich sagen: Wenn das schon der Gelehrtheit Früchte sind, welche Früchte werden dann diejenigen Menschen haben, die sowohl auf dem Lande, wie auch in den Städten nicht viel vernünftiger emporwachsen, als das Vieh auf der Weide, und das Gethier in den Wäldern? Hier sage ich euch nichts, als was der Herr Selbst gesprochen hat: „**Wer da nicht wiedergeboren wird in seinem Geiste, der wird nicht in das Reich der Himmel oder des ewigen Lebens eingehen!**" — Zur Erlangung der Wiedergeburt der Geister aber ist die Beobachtung derjenigen heiligen Schule des Lebens in all' ihren Theilen nothwendig, welche der große heilige Meister alles Lebens aus Seinem eigenen heiligen Munde den Menschen der Erde geprediget und sie besiegelt hat mit Seinem eigenen Blute! Wer diese Schule nicht zur Hand nehmen will also werkthätig, wie es in der Schule angezeigt ist, der muß sich nur selbst zuschreiben, wenn er dadurch das Leben seines Geistes verwirkt. Das ist aber doch wohl sicher, daß ein jeder noch so einfache Besitzer irgend eines Gutes wissen muß und auch wissen wird, daß er für's Erste ein Besitzer eines wie immer gestalteten Gutes ist, und wird für's Zweite wissen, was für ein Gut und von welchem Werthe er es besitzt. So ihm Jemand wird wollen sein Besitzthum streitig machen, dem wird er sicher einen derben Proceß an den Hals hängen; warum denn? Weil er ganz bestimmt weiß, daß er ein Besitzer ist, und weiß, was er besitzt. — So aber daneben Jemand ist Besitzer des ewigen Lebens im Geiste, saget, kann dieser wohl fragen, ob seine Seele und Geist mit dem Leben des Leibes vergehen wird oder nicht? — Wer da fragt: Wie, wann und was, woher und wohin? — Der ist sicher kein Besitzer des ewigen Lebens, sondern ist nichts als ein feiler Lohnknecht der Welt, und fürchtet sich über Alles, das Leben seines Leibes zu verlieren; warum denn? Weil er kein anderes kennt. Diejenigen aber, welche da sind und ehedem waren wahre Schüler aus der Schule des Herrn zum ewigen Leben, verachteten den Tod des Leibes und harrten mit großer Freude und Wonne nur der völligen Auflösung der schweren äußeren Lebensbande der Welt. Sie bezeugten die Wahrheit der Schule des Lebens aus dem Herrn als Märtyrer mit ihrem Blute. — Suchet in der gegenwärtigen Zeit die Märtyrer! — Es giebt wohl hier und da recht wackere Vertheidiger der heiligen Schule des Lebens aus Christo, dem Herrn; — aber diese Vertheidiger gleichen den Hühnern auf dem Baume, die sich über den unter ihnen herumtanzenden Fuchs lustig machen, weil ihnen ihr Instinct sagt, daß ihr Feind ihnen also nicht auf die Haut kommen kann, sind aber die Hühner am Boden, und der Fuchs kommt unter sie, da ist es mit dem „Sichlustigmachen" über den Feind gar, und die Todesangst nöthigt unsere tapferen befiederten Helden zur schleunigsten Flucht. — Also ist es heut zu Tage auch der Fall mit der Glaubensstärke; — so lange sich Jemand in irgend einem Erdwinkel sicher weiß vor den Krallen herrsch- und habsüchtiger Großen der Welt, so lange auch redet er gleich einem Moses auf Sinai; haben aber diese großen und mächtigen Freunde der Welt und Feinde der Wahrheit unseren Moses aufgespürt, und machen Miene, ihn auf eine weltlich höchst unangenehme Weise in Empfang zu nehmen, dann sieht unser Wahrheitsprediger Nro. 1, ob nicht irgend ein Pförtchen zum Entwischen noch offen steht. Sollte dieses verrammt sein, dann wird bei strenger weltlicher Prüfung von Seite des stark bedrohten Propheten diejenige muthige Maßregel ergriffen, welche euerer Wissenschaft nach der sternkundige Copernicus ergriffen hatte, als er vor sich den Scheiterhaufen zu seinem nicht geringen Troste erblickte; oder wie auch manche wirklich fromme Menschen in Spanien zu den löblichen Zeiten der Inquisition gethan haben, da sie auch lieber wollten so manche vom Herrn selbst ihnen mitgetheilte Lehren verbrennen, als über sich selbst eine bedeutende Unannehmlichkeit kommen lassen. — Jedoch das sind immer noch an und für sich lobens- und achtenswerthe Menschen; denn in sich selbst sind sie dennoch von der Wahrheit überzeugt; nur nach Außen hin haben sie nicht Muth dieselbe zu bekennen. Der Herr hat aber da freilich wohl gesagt: „Wer **Mich** bekennen wird vor der Welt, den werde auch **Ich** bekennen vor **Meinem Vater**;" oder anders gesagt: Wer mich wahrhaft in seinem Geiste wird aufgenommen haben, der wird Mich auch bekennen in der Fülle der Kraft der Wahrheit in ihm vor aller Welt; Ich aber werde ihn darum auch erkennen in der Fülle Meiner Liebe als Vater. — Wenn aber die Sache sich also ausspricht, so wird daraus sicher nichts Anderes zum Vorschein kommen, als für's Erste, wie es da lautet im Worte des Herrn: „Viele sind berufen; aber Wenige auserwählt!" — oder verdeutlicht gesprochen: Es werden zwar Viele jenseits das ewige Leben erlangen; aber nur ganz Wenigen wird das große Glück zu Theil werden, als **Kinder** ins eigentliche Vaterhaus aufgenommen zu werden; denn die Erlangung dieser Gnade kostet **Gewalt**; und die es nicht mit Gewalt an sich reißen, die werden es nicht bekommen. — Aber auf einer anderen Seite heißt es wohl auch: „Mein Joch ist sanft und Meine Bürde ist leicht." — Diese Stelle mag Denjenigen zum Troste gereichen, welche die Wahrheit wohl in sich überzeugend haben, aber dabei dennoch auch so viel Welt, daß sie ihnen den Muth benimmt, die Wahrheit offen vor der Welt zu bekennen. Diese haben dann wirklich an der in ihnen vorhanden seienden Wahrheit des ewigen Lebens ein sanftes Joch und eine leichte Bürde; diejenigen Wenigen aber, welche alles Weltliche aus sich verbannt haben, überkommen dann den Geist der Kraft und Stärke, fürchten keine Welt mehr, bekennen die ewig lebendige Wahrheit in ihnen offen, und reißen durch die Gewalt ihres Glaubens und ihrer Liebe zum Herrn das Haus des Vaters an sich. — Solches aber möget ihr auch daraus ersehen, wenn da irgend ein Familienvater hätte sein Gut auf dem Lande, und hätte aber dabei auch mehrere recht brave Dienstboten nebst seinen Kindern. Wenn aber Diebe und Räuber in das Haus einbrechen, da werden die Dienstboten sich vor Furcht und Angst verkriechen; aber die erwachsenen Söhne werden mit aller Kraft, mit allem Muthe die freveluden Räuber und Diebe ergreifen und das Leben des Vaters und der Mutter mit ihrem Muthe und mit ihrer Kraft schützen. — Sind die Dienstboten darum schlecht, weil sie sich verkrochen haben? — Nein, das sind sie eben nicht; aber sie sind schwache, wenig belebte und somit muthlose Wesen. — Aber die Kinder haben das Leben des Vaters in ihrem Grunde; daher ist ihnen auch nichts so heilig als dasselbe. Sollen sie aber, die Dienstboten nämlich, für's Verkriechen belohnt werden? — Ich meine, man braucht kein Jurist zu sein, um einzusehen, daß man in diesem Falle für's ängstliche Verkriechen sich keines Lohnes werth gemacht hat. — Solches aber steht ja auch im Worte des Lebens: „Wer viel säen wird, der wird auch viel ernten, und wer wenig säen wird, wird auch wenig ernten." — Ich meine, und aus diesem bisher Gesagten wird es eben nicht so schwer sein zu erkennen, daß sich die Menschen auf dem Wege ihrer jetzigen Weltschulen eben nicht zu viel des ewigen Lebens werden eigen gemacht haben; und die überaus magere Aussaat wird auch eine so überaus magere Ernte zur Folge haben. — Darum aber zeige ich euch auch nach dem Willen des Herrn die lebendigen Kinderschulen in der Sonne, auf daß ihr daraus entnehmen möchtet, wie man auch eigentlich auf der Welt die Schule des Lebens handhaben sollte; — und wir stehen nun in dem Saale, wo wir nächstens die Schöpfungsgeschichte des Menschen, und seine weitere Geschichte auf der Erde und den geistigen Zustand derselben werden erkennen lernen.

## 246.

(Am 9. Septbr. 1843 von 5—6½ Uhr Nachm.)

Sehet, auch in dieses überaus großen Saales Mitte befindet sich ein enorm großer Globus, um den da eine Gallerie angebracht ist; — und da auch dieser Saal eine große Rotunda ist, deren Rundwand mit vielen bedeutend großen Capellen versehen ist, so erblicken wir in diesen Capellen auch noch eine Menge kleinerer Globuse, welche da zu dem vorbestimmten Zwecke dienen.

Gehen wir aber hin auf die Gallerie, und besichtigen dort den großen aufgestellten Globus; allda werden wir die Schöpfungsgeschichte des Menschen erschauen. — Wir sind auf der Gallerie; so habt denn Acht, wie ein hier anwesender Lehrer Solches seinen Schülern kund thun wird. — Sehet, er neigt sich über die große Kugel, und rührt sie an; und sehet an der Stelle, da er sie angerührt hatte, geht sobald ein starkes

Licht auf, das Licht ergreift sich, bildet sich aus zu einer Form und die Form ist gleich einem Menschen. — Und sehet weiter; der Lehrer rührt die Kugel abermals an, und ein feiner Staub entsteigt der berührten Stelle, umhüllt die frühere Lichtgestalt, und das Licht giebt nun keinen Schein mehr von sich, und ist schon umfaßt in gleicher Form mit einer irdischen Hülle. — Und nun sehet, der Lehrer beugt sich abermals hin und haucht die noch unbelebte Form an, und sie wird lebendig, bewegt sich auf dem Platze von selbst und betrachtet die Dinge um sich. Und sehet wieder weiter; die Form wird müde des Betrachtens, sie fällt dahin und geht in einen Schlafzustand über. Aber nun beugt sich der Lehrer wieder hin, und rührt die schlafende Form an der Seite an, und ihr sehet von der Seite dieser Form wieder ein Licht aufsteigen; das Licht ergreift sich zu einer zweiten menschlichen Form und steht unbeweglich vor der noch schlafenden ersten Form. Aber der Lehrer berührt wieder die erste Form, und ein wenig nasser schweißiger Masse, wie ein trüber Tropfen, entwindet sich der ersten Form, löst sich in einen kleinen Nebel auf und umhüllt als Solcher die zweite Lichtform. — Das Licht verschwindet, und die zweite Form ist ähnlich der ersten, aber sie ist noch nicht belebt; darum rührt sie der Lehrer abermals an, — und sehet, sie lebt und bewegt sich munter hin und her. Aber nun rührt der Lehrer auch die erste Figur wieder an; und sehet, sie erhebt sich, und da sie eine zweite erblickt, die ihr ähnlich ist, so hat sie eine sichtbar große Freude daran, und führt schon eine Mienensprache mit derselben. — Der Lehrer stellt hier gewisserart den Herrn vor, und bewirkt nun scheinbar Dasselbe mit der ihm vom Herrn dazu verliehenen Kraft, was der Herr in der großen Wirklichkeit verrichtet hatte. Er spricht auch ganz dieselben Worte, die der Herr gesprochen hat; und die Schüler merken auf die große Macht solcher Worte. — Nun aber sehet hin, wie sich der Lehrer diesem erst geschaffenen Menschenpaare offenbart, und wie er dieses Menschenpaar lehrt.

Sehet, der Lehrer rührt sich an an der Brust; alsbald geht ein heller Strahl aus der angerührten Stelle hin zu dem neugeschaffenen Menschenpaare, und stellt sich vor demselben eben so auf, als ein dritter Lichtmensch; und was der Lehrer nun nach den euch bekannten Worten des Herrn vor den Schülern spricht, dasselbe spricht auch der aus dem Strahle aus des Lehrers Brust dargestellte dritte Mensch zu dem erstgeschaffenen Menschenpaare. — Es ist nicht weiter nöthig, euch den Verfolg der ferneren Darstellung weiter mit ansehen zu lassen; denn es geht Alles nun, was ihr aus dem alten und neuen Worte wisset, buchstäblich vor sich; — nur werden dabei die Zeugungsmomente verhüllt. Denn dafür ist noch eine andere gewisserart geistige Zeit, in der unsere Schüler bei größerer Reife ihres Wesens davon auf eine höchst erbauliche Weise unterrichtet werden. Ich mache euch aber darauf aufmerksam, daß die Lehrer auf dieselbe Weise ihren Schülern die ganze fernere Führung des menschlichen Geschlechtes auf eine allerzweckmäßigste Art darstellen und am Ende die ganze Erdoberfläche bevölkern, und lassen von diesen Völkern selbst handeln auf der Erdoberfläche. — Diese erbauen Hütten und Städte, bändigen Thiere zu ihrem Gebrauche, führen Kriege, und verfolgen sich genau also, wie es auf der Erde in der Wirklichkeit der Fall war. Und sehet, Solches geschieht bis zur gegenwärtigen Zeit. Die besonderen

Momente in der großen Weltgeschichte, als da ist zuerst die Schöpfung des Menschen, dann die Sündfluth Noahs, dann die Bundschließung mit Abraham, Isaak und Jakob, dann die große Führung des israelitischen Volkes unter Moses und dessen Nachfolger, dann die Geschichte unter David und Salomo, dann die Geburt des Herrn, und von der an die wichtigsten Momente der Ausbreitung Seiner Lehre, bilden Hauptabschnitte des Unterrichtes. Ist ein solcher Hauptabschnitt vollendet, so werden die Schüler zu den kleinen, in den Capellen stehenden Globen geführt und müssen da ihren Lehrern wiederholen in selbstschöpferischer Art, was ihnen die Lehrer auf dem großen Globus gezeigt haben. Dadurch wird das Ganze des Unterrichtes selbst lebendig, und die Schüler wissen dann die Begebenheiten der Erde von Punkt zu Punkt also lebendig ganz, als wären sie auf der wirklichen Erde selbst von Allem mitthätige Zeugen gewesen. — Wenn die Schüler diesen wichtigen Lehrzweig sich eigen gemacht haben, dann erst werden sie wieder zum großen Globus geführt, und die Lehrer zeigen ihnen dann zugleich die geistige Erde, und wie sich diese bildet aus dem Menschengeschlechte. — Sie zeigen ihnen die Sphären, wie sich diese stets reiner und heller über der eigentlichen materiellen Erde gestalten, und wie eben diese Sphären dann eine landschaftliche Gestaltung bekommen, sobald ein Geist von einem verstorbenen Menschen in irgend eine Sphäre aufsteigt und von derselben den ihm zusagenden Besitz nimmt. Aber zugleich zeigen die Lehrer den Schülern die unterirdischen stets finsterer werdenden Sphären und wie die Seelen böser verstorbener Menschen hinab sinken in solche finstere Sphären; und wo sie irgend einen zusagenden Besitz nehmen, dahin drängen sich auch bald Mehrere, fangen sich an zu drücken und dadurch in den Zorn übergehend sich auch zu entzünden, und haben sie sich entzündet, so erschauen die Schüler, wie solche finstere Seelen dann entsprechender Maßen in die verschiedenartigsten scheußlichsten Gestalten übergehen und sich in diesen in stets tiefere und finsterere Sphären versenken. — Bei dieser Gelegenheit wird es den Schülern auch erklärt, was die Sünde ist, und wie ein freies Wesen sich auf der Erde lebend versündigen kann. Haben die Schüler dieses Alles wohl begriffen, dann werden sie aus diesem Saale hinaus geführt und in einen anderen größeren Garten geleitet, in dem da schon höhere Lehranstalten sich befinden. Daß die Schüler in diesem ersten Garten natürlicher Weise nicht in einem Athem fortlernen und inzwischen gar wohlgeordnete Spielstunden haben, das versteht sich von selbst; denn auch der Geist hat ordnungsmäßig zu seiner Stärkung ruhender Perioden vonnöthen, — was der Herr schon bei der ersten Schöpfungsgeschichte dadurch anzeigte, nachdem Er nach den bekannten sechs Schöpfungswerktagen einen siebenten Ruhetag bestimmt hatte. Und zu den Zeiten Christi hat der Herr Selbst gezeigt, daß Er nach gethaner Arbeit gleich einem jeden andern Menschen geruht hat. Also müssen auch die Geister hier Ruheperioden haben, in denen sie sich wieder zum neuen Unterrichte stärken; — und so tritt auch, besonders beim Uebertritte von einem Lehrgarten in den andern, eine bedeutende Ruheperiode ein. In dieser wird den Schülern gegönnt, mit ihren Lehrern, wenn sie darnach eine Lust haben, sogar Besuche ihren Anverwandten auf dem wirklichen Erdkörper abzustatten, welches aber gewöhnlich allzeit nur dann geschieht, wann ihre verwandten Erdbewohner im tiefen Schlafe sind und im wachen Zustande nur höchst selten etwas davon wissen; besonders dann schon gar nicht, wenn sie mehr irdisch gestimmt sind, denn geistig. — Manche solcher Schüler, da sie vom Herrn schon gar Vieles wissen, haben den Wunsch, den Herrn zu sehen; solcher Wunsch aber wird nur selten gestattet, und das aus dem Grunde, weil sie als Geister noch zu schwach sind, um dem ewigen allmächtigen Geiste Gottes gegenüber beständig zu bleiben und solche Nähe auszuhalten. — Ihre größte Lieblingsressource aber besteht darin, so sie Maria, als ihre allgemeine geistige Obervorsteherin und Mutter, besuchen dürfen. Maria besucht gar oft alle diese großen Lehranstalten; aber nicht allzeit sichtbar den kleinen Geistern, wohl aber den Lehrern. — Ihr fraget, ob alle verstorbenen Kinder von der Geburt an bis in ihr zwölftes Jahr alle diese Schulen durchmachen müssen? — Allerdings, aber nicht in einem und demselben Garten; denn da giebt es für jedes Alter einen eigenen Anfangsgarten. — Aber was den zweiten Garten betrifft, da kommen sie schon Alle zusammen. — Wie und was aber dort die nahe zahllos vielen Kindergeister erlernen, und in was für einen Zustand sie übergehen, wird euch die Folge zeigen. —

## 247.

(Am 11. Septbr. 1843, von 5—6½ Uhr Nachmittags.)

Wir dürfen von hier keine gar große und weite Reise machen; der nächste Garten wird sogleich vor unseren Augen stehen. Sehet hin, in einer mäßigen Entfernung begrüßen uns schon unabsehbare weit gedehnte Baumreihen, hinter denen wir einen überaus großen und ebenmäßig prachtvollen Palast erblicken. Das ist schon der nämliche Garten, in welchen wir zu kommen haben, in diesem werdet ihr auch sogar diejenigen Kinder antreffen, die euch der Herr auf der Erde genommen hat. Ob ihr sie aber alsogleich erkennen werdet, das ist freilich wohl eine andere Frage; denn im Geiste haben die Kinder nicht mehr das Anähnelnde der Gestalt ihrer irdischen Eltern, sondern nur das Anähnelnde in entsprechendem Maße nach der Aufnahmsfähigkeit für das Liebegute und Glaubenswahre aus dem Herrn mit dem Herrn. — Dessen ungeachtet aber können sie auch bei gewissen Gelegenheiten das irdisch Anähnelnde, welches in ihrer Seele haftet, annehmen und sich dadurch der Form nach Denjenigen kenbar machen, welche von der Erde hier anlangen und von den geistigen Verhältnissen noch eben nicht gar zu viel wissen. Wir wollen aber vor der Hand nicht zu lange davon sprechen, sondern uns lieber sogleich in den Garten begeben, um uns allda von allem Dem mit den eigenen geistigen Augen zu überzeugen, was wir sonst nur mit dem Munde hier ausfechten müßten. — Sehet, an den Baumreihen sind wir schon, welche in vielen Reihen oder Alleen allda gesetzt sind, in denen ihr die schönsten blumigsten Wege entdecket, und auch hier und da Kinder munter auf denselben wandeln sehet. Gehen wir aber nur tiefer hinein, und wir werden uns sobald bei dem erst geschauten Palaste befinden. — Sehet, da steht er schon vor uns, und das in einer nahe unabsehbar weit gedehnten Länge. Tausendmal tausend Fenster laufen in einer Reihe fort;

ein jedes ist bei sieben Klaftern hoch; über der Höhe der Fenster entdecken wir noch eine kleinere Fensterreihe, welche jedoch überall genau über den unteren großen Fenstern zu stehen kommen. Ihr saget und fraget hier: Aber um des Herrn willen, ist dieses ganze Gebäude, dieser unabsehbar lange Palast nur der einzige Saal? — Ich sage euch: Solches ist er mit nichten, sondern besteht aus zwölf Abtheilungen; in der Höhe aber, da ihr die zweite Reihe der kleinen Fenster bemerket, läuft ununterbrochen eine herrliche und breite Gallerie um den ganzen Saal, von welcher Galerie aus man, ohne die Schüler gewisserart zu ebener Erde zu stören, alle die zwölf Abtheilungen nach einander übersehen und sich da überzeugen kann, was Alles in ihnen vorkommt. — Gehen wir aber nun hinein, damit euch Alles klar werde. — Sehet, da sind wir schon am Eingange; wir brauchen aber nicht auf die Gallerie hinauf zu gehen, da wir diesen kleinen Kindergeistern ohnehin zum größten Theile unsichtbar bleiben müssen. Bemerkbar werden wir nur den Lehrern; diese aber sind schon unterrichtet, warum wir hier sind. — Nun sehet, hier sind wir schon im ersten Saale; was sehet ihr in der Mitte dieses großen Saales auf einer weißen Tafel, welche auf einer Säule aufrecht stehend angebracht ist, geschrieben? — Ihr saget: Zu oberst die uns wohlbekannte Zahl 1, was sicher die Nummer des Saales sein wird, und unterhalb: „**Weg zur Freiheit des Geistes!**" — Das Eins bedeutet, sage ich euch, nicht die Nummer des Saales, sondern es bezeichnet das erste Gesetz Gottes durch Moses. — Ihr fraget: Was sollen aber die vielen Kinder, die wir hier schon ziemlich erwachsen erschauen, mit dem irdischen Gesetze Mosis, welches wohl für Sterbliche, irdisch ungläubige Menschen gilt, aber doch sicher nicht für Kinder, welche als reine Geister hier schon lange die lebendigste Ueberzeugung von dem Dasein des Einen Gottes haben, indem ihnen Solches doch schon bei dem ersten Elementarunterrichte, wie wir Solches gesehen haben, zur Uebergenüge lebendigst anschaulich bei jeder Gelegenheit gezeigt wird? — Meine lieben Freunde und Brüder, die Sache verhält sich ganz anders, als ihr meinet; Aehnliches findet ihr aber auch auf der Erde, allda ihr auch die Kinder fragen und betrachten könnet, wo ihr wollet, und ihr werdet bei ihnen überall einen wirklich lebendigen Glauben an einen Gott antreffen; denn Niemand ist gläubiger als die Kinder, und es giebt doch nicht leichtlich irgend ein so böswilliges Elternpaar, das da seinen Kindern, wenigstens zu Anfang ihres Seins, verweigern möchte einen Gott zu erkennen, indem Solches jede Religion vorschreibt und den Aeltern wenigstens aus politisch-moralischen Gründen Solches ihre Kinder erlernen und erkennen zu lassen, zur Pflicht gemacht wird. Sollte man da nicht eben auch glauben, daß solchen von Gott unterrichteten Kindern nach der Zeit kein fernerer Unterricht von Gott Noth thut? — Ihr müßt da selbst bekennen und sagen: Ja, ein solcher Unterricht thut Jedermann bis an sein letztes Lebensende noth; denn nur gar zu leicht werden die ersten Eindrücke in den Kinderjahren verwischt, und dann stehen die den Kinderschuhen entwachsenen Menschen da, als hätten sie nie etwas von Gott gehört. Ich sage euch: ein solches Verwischen ist hier freilich wohl nicht leichtlich möglich; aber das müßt ihr doch annehmen, daß diese Kinder zu Folge ihrer frühen Hierherkunft auf der Erde keine Gelegenheit hatten, die Freiheitsprobe für ihren Geist, welche ist die eigentliche Lebensprobe, zu bestehen. Daher muß diese überaus wichtige Action für das Leben des Geistes allhier in's vollste Werk gesetzt werden; denn bisher waren diese Kindergeister nur gewisserart geistig lebendige Maschinen, hier aber handelt es sich um's Lebendigwerden aus ihnen selbst, und darum müssen sie auch alle diejenigen Gebote kennen lernen, dieselben dann werkthätig an ihnen selbst erproben und erfahren, wie sich ihr selbst lebendiges geistiges Wesen unter einem gegebenen Gesetze verhält. — Und so denn ist auch hier das erste Gebot gegeben, welches da lautet: **Du sollst an einen Gott glauben, und dir nie denken, als gäbe es entweder keinen Gott, oder es gäbe zwei, drei oder mehrere Götter.** — Hier fragt es sich dann freilich wieder weiter: Wie kann man denn Demjenigen an einen Gott zu glauben gebieten, der ohnehin an Einen Gott lebendig glaubt, und keinen Zweifel darüber hat? — Das ist fürwahr eine gute Bemerkung; darum aber werden eben hier die Kinder von ihren Lehrern durch allerlei Lehre und Thaten in einen solchen Zustand versetzt, in welchem sie von allerlei Zweifeln über das Dasein Gottes behaftet werden, welche Unterrichtsweise man hier die Abödung des eigenen Geistes nennt. — Um aber Solches bei diesen Kindern zu bewirken, lassen die Lehrer nicht selten die merkwürdigsten Dinge wie zufällig vor den Augen ihrer Schüler entstehen, lassen ihnen dieselben betrachten und fragen sie dann, ob dazu Gott vonnöthen war, den sie doch dabei nicht als handelnd gesehen haben. — Sagen da die Kinder, Gott kann Solches bloß durch Seinen Willen bewirken, ohne dabei wesenhaft nothwendig gegenwärtig zu sein, da lassen die Lehrer ihren Schülern selbst verschiedene Dinge denken, und was da gedacht wird von den Kindern, das steht schon fertig da. — Dabei fragen dann die Lehrer die Kinder wieder, wer nur Solches gethan habe. Dadurch werden schon Mehrere in's Zwielicht gebracht. Einige sagen, Solches hätten sie selbst gethan, andere wieder meinen, es haben Solches die Lehrer nach dem Erkenntnisse der Gedanken in den Schülern gethan. Einige aber sagen, sie hätten sich Solches wohl gedacht; es müßte doch ein allmächtiger Gott es zugelassen haben, darum das von ihnen Gedachte als ein vollendetes Werk vor ihnen erschien. — Wenn die Schüler so ziemlich noch immer beim festen Glauben an einen Gott verbleiben, da fragen sie dann die Lehrer, woher sie denn das wüßten, daß es einen Gott gebe? — Die Schüler antworten ihnen da gewöhnlich: „Solches haben uns die ersten weisen Lehrer gelehrt." — Nun fragen sie aber diese Lehrer, und sagen: Was würdet ihr denn dann sagen, so wir als die offenbar weiseren Lehrer sagen und lehren, daß es keinen Gott giebt, und daß das Alles, was ihr sehet, von uns gemacht und errichtet ist? Und was werdet ihr sagen, wenn wir von uns aussagen, daß wir die eigentlichen Götter sind? — Sehet, hier stutzen die Kinder ganz gewaltig und fragen dann die Lehrer, was sie denn nun in diesem Falle thun sollten? — Diese aber sagen zu ihnen: Suchet in euch, was ihr da thun müßt; giebt es einen Gott, so müßt ihr ihn in euch finden, und giebt es keinen, so werdet ihr auch ewig keinen finden. Wenn dann die Kinder fragen, wie sie in sich ein solches Suchen anstellen sollten, da sagen die Lehrer: Versuchet den Gott, den ihr meinet, daß Er ist, in eueren Herzen also zu lieben, als wäre Er Einer; nehmet in solcher Liebe zu, und wenn es einen Gott giebt, so wird Er euch in euerer Liebe antworten, giebt es aber keinen, da werdet ihr in eueren Herzen keine Antwort bekommen. — Sehet, hier fangen die Schüler an in ihr Inneres zu gehen, und fangen an den früher bloß nur kindlich geglaubten Gott im Ernste zu lieben; aber da geschieht es, daß Sich Gott der Herr nicht sobald meldet, und unsere Kinder dadurch in nicht geringe Zweifel kommen. — Wie sie aber aus diesen gebracht werden, wird der Verfolg zeigen. —

## 248.
(Am 13. Septbr. 1843 von 5¼—6¾ Uhr Nachm.)

Sehet, da sind schon Einige, die sich soeben an ihren Lehrer wenden und ihm die Bemerkung machen, daß sie nun im Ernste zu glauben genöthiget seien, es gebe keinen Gott außer den Lehrern, die vor ihnen Wunderdinge leisten, indem sich Gott trotz der Heftigkeit ihrer Liebe, mit der sie Ihn in ihren Herzen erfaßt haben, auch nicht Einem unter ihnen zu einer allergeringsten Wahrnehmung gezeigt habe. — Was thun aber die Lehrer auf diese Aeußerung ihrer Schüler? — Höret nur den an, an den solcher Bericht ergangen ist; er spricht also zu seinen Schülern: Meine geliebten Kinder! Es mag wohl sein, daß sich bei euch Gott noch nicht gemeldet habe; es kann aber auch sein, daß er sich gemeldet hat, ihr aber waret zu unaufmerksam, und habt eine solche Anmeldung nicht wahrgenommen. — Saget mir daher: Wo waret ihr, als ihr Gott in eueren Herzen erfaßt habt? — Waret ihr draußen unter den Bäumen des Gartens, oder auf den Gallerien des Saales, oder waret ihr auf dem großen Söller des Saalgebäudes, oder in irgend einer Kammer, oder waret ihr in eueren Wohnstuben, welche da außerhalb dieses großen Lehrgebäudes reichlich erbaut sind? und saget mir auch, was Alles ihr hier und da mit gesehen, bemerkt und empfunden habt? — Die Kinder sprechen: Wir waren draußen unter den Bäumen und betrachteten da die Herrlichkeiten der Schöpfungen Gottes, an Den wir glauben sollen, und lobten Ihn darob, daß Er so herrliche Dinge gemacht hat, und stellten Ihn uns vor als einen recht lieben Vater, der gern zu Seinen Kindern kommt, und haben dadurch auch in unseren Herzen eine große Sehnsucht gefaßt, Ihn zu erschauen, und Ihm dann mit all' unserer kindlichen Liebe entgegen zu eilen, Ihn zu erfassen und nach all' unserer möglichen Kraft zu liebkosen. Allein es kam von keiner Seite irgend ein Vater zu uns; wir fragten uns auch sorgfältig unter einander, ob Einer oder der Andere aus uns noch nichts merke vom Vater? — Allein ein Jeder aus uns bekannte offenherzig, daß er davon nicht von fern her auch nur etwas Allerleisestes merke. Wir verließen dann den Platz, eilten auf die Söller des Lehrsaalgebäudes und thaten allda dasselbe; allein der Erfolg war ganz derselbe, wie unter den Bäumen. Wir gingen von da in unsere Wohnstuben, in der Meinung, da wird uns der Vater am ehesten besuchen; denn wir beteten da viel, und baten Ihn inbrünstigst, daß Er Sich uns zeigen möchte; allein es war Alles umsonst! Und da wir sonach deinen Rath vergeblich befolgt haben, so sehen wir uns nun genöthiget, deiner Lehrer beizupflichten, daß es nämlich eher keinen, als einen Gott gebe; — und haben so unter uns beschlossen: Wenn es schon irgend einen Gott giebt, so giebt es aber dennoch keinen ganzen, sondern einen getheilten in all' den lebenden und freithätigen Wesen, wie ihr und wir da sind. — Gott ist demnach nur ein Inbegriff der lebendigen Kraft, welche aber erst in der Wesen, wie ihr und wir es sind, freithätig sich und andere erkennend und dadurch auch mächtig wirkend auftritt. — Sehet hier die kleinen Philosophen, und erkennet aber auch zugleich den Grund oder das falsche Samenkorn, von dem alle die schlüpfrigen Vernunftsspeculationen die Frucht sind! — Was spricht aber unser Lehrer zu diesen Philosophemen seiner Schüler? — Höret, also lauten seine Worte: Meine lieben Kinderchen! Nun habe ich den Grund in euch recht klar erschaut, warum sich euch kein Gott gezeigt habe weder unter den Bäumen, noch auf dem Söller, noch in den Wohnstuben; (d. h. so viel, als weder im Forschen in der Natur durch Erfahrungen und Zergliederungen derselben, noch auf dem Wege höherer Vernunft- und Verstandesspeculation, noch in euerem nicht viel besseren als einem Alltagsgemüthe) — weil ihr schon mit den Zweifeln hinaus gegangen seid. Ihr habt Gott nicht bestimmt, sondern nur allenfalls möglicher Weise erwartet. Gott aber, so Einer ist, muß ja doch in Sich Selbst die höchste abgeschlossene Bestimmtheit sein. Wenn ihr aber mit der Unbestimmtheit eueres Denkens, Glaubens und Wollens die höchste göttliche Bestimmtheit suchtet, wie möglich hätte sich da euch Solche wohl offenbaren können? — Merket euch demnach wohl, was ich euch nun sagen werde: Wenn ihr Gott suchen wollet, wollet Ihn auch erschaulich finden, da müßt ihr ja mit der größten Bestimmtheit hinaus treten, und Ihn auch so suchen; ihr müßt ohne den allergeringsten Zweifel fortglauben, daß Er ist, und wenn ihr Ihn auch noch so lange nicht irgend zu Gesichte bekommen solltet, und müßt dann auch mit neuerer Liebe Ihn eben so bestimmt ergreifen, als wie bestimmt ihr an Ihn glaubet, sodann wird es sich erst zeigen, ob ihr in euerem Denken, Glauben, Wollen und Lieben die größtmöglichste Bestimmtheit erlangt habt. Habt ihr dieselbe erlangt, so wird Sich auch Gott euch sicher zeigen, so Er einer ist. Habet ihr aber diese Bestimmtheit nicht erlangt, so werdet ihr eben also unverrichteter Dinge wieder zu mir zurückkehren, wie es dießmal der Fall war. — Sehet, die Kinder überdenken die Lehre des Lehrers wohl, und Eines, scheinbar das schwächste aus ihnen, tritt hin zum Lehrer und spricht: Höre mich an, du lieber weiser Lehrer! Meinst du denn nicht, wenn ich so ganz allein in mein Wohnstübchen ginge und möchte da Gott den Herrn als den allerliebevollsten Vater allein mit meiner Liebe recht bestimmt ergreifen, indem ich ohnehin noch nie so recht zweifeln habe können darüber, ob es einen oder keinen Gott gebe, sondern in mir aller Gegenbeweise ungeachtet fortwährend bei einem Gott stehen geblieben bin; meinst du demnach nicht, Er würde Sich mir zeigen, wenn ich Ihn allein lieben möchte; denn das viele Denken und Glauben darnach kommt mir ohnehin etwas mühselig vor. — Der Lehrer spricht zum Kinde: Gehe hin, mein liebes Kindlein, und thue, was dir gut dünkt; wer weiß vor der Hand, ob du nicht Recht habest? — Ich kann dir nun weder ein Ja, noch ein Nein geben, sondern sage zu dir: Gehe hin und erfahre, was Alles die Liebe vermag! Nun sehet, das Kindlein läuft aus dem Saale in seine Wohnstube, und die anderen Schüler befragen den Lehrer noch einmal, ob er die Unternehmung des einen Kindes, das sich jetzt in seine Wohnstube entfernte, dem vorziehe, was sie nun nach seinem Rathe zu thun gedenken, nämlich mit aller Bestimmtheit hinaus zu gehen, und zu forschen nach Gott? — Der Lehrer aber spricht: Ihr habt gehört, was ich zu dem Einen euerer Mitschüler gesagt habe, nämlich weder ein Ja, noch ein Nein; eben dasselbe sage ich auch zu euch. Gehet hin, oder hinaus; thut, was euch am besten dünkt und die Erfahrung wird es zeigen, derwelche Weg der bessere und der kürzere ist, oder ob der eine falsch oder der andere richtig, oder ob beide falsch, oder beide richtig seien. — Nun sehet, ein Theil der Kinder erfaßt die Bestimmtheit, ein anderer aber die Liebe allein. Die die Bestimmtheit Erfassenden gehen voll tiefen Denkens, Wollens und festen Glaubens hinaus in den Garten; ein Theil aber begiebt sich in ihre Wohnstuben, um Gott zu suchen. Aber da sehet hin, so eben kommt das zuerst mit der Liebe zu Gott hinaus geeilte Kind, geleitet von einem schlichten Manne, in den Saal herein und geht schnurgerade auf den Lehrer los. Was lauter wird es wohl hervorbringen? — Höret, es spricht: Lieber, weiser Lehrer, da sieh einmal her! Als ich in meinem Wohnstübchen den lieben großen Himmelsvater so recht zu lieben anfing, da kam dieser einfache Mann zu mir, und fragte mich, ob ich den Vater im Himmel wohl im Ernste so lieb hätte? — Ich aber sprach zu ihm: O lieber Mann, das kannst du mir ja aus meinem Angesichte lesen. — Dann aber fragte mich der Mann, wie ich mir den großen Himmelsvater in meinem Gemüthe vorstellete? — Und ich sagte zu ihm: Ich stelle mir Ihn so wie einen Menschen vor; aber nur muß Er sehr groß und stark sein, und auch sicher einen großen Glanz um sich haben, weil schon diese Welt und die Sonne, die ihr scheint, so überaus herrlich und glänzend ist. — Hier hob mich der schlichte Mann auf, drückte mich an sein Herz und gab mir einen Kuß, und sprach dann zu mir: Führe mich hinüber in den Lehrsaal zu Deinem Lehrer; dort wollen wir das Weitere ausmachen und recht gründlich ersehen, wie der Himmelsvater aussieht, wenn Er Einer ist, und wie Er Alles aus Sich erschafft, leitet und regiert. — Und nun stehe, lieber weiser Lehrer, da bin ich nun mit dem schlichten Manne. Was dünkt dir wohl, wer dieser Mann sein möchte, weil er gar so lieb mit mir umgegangen ist? — Und der Lehrer spricht in sichtbarer allerhöchster Liebe und Achtung: O überglückliches Kind, du hast schon den Rechten gefunden; siehe das ist Gott, unser, allerliebevollster Vater! Und der Herr beugt Sich nun nieder, nimmt das Kind auf Seinen Arm, und fragt es: Bin Ich wohl Der, als Den mich dein Lehrer dir angekündigt hat? — Und das Kind spricht in großer Aufregung: O ja, Du bist es, das erkenne ich ja an Deiner unendlichen Güte; denn wer sonst ist so gut, wie Du, daß er mich auf seine Arme nähme und möchte mich also herzen und kosen, wie Du?! — Ich liebe Dich aber nun auch so unbegreiflich, daß ich mich ewig nimmer von Dir trennen kann; mußt mich darum nicht mehr hier lassen, lieber heiliger Vater! Denn solche Güte und Liebe habe ich noch nie empfunden, als jetzt auf Deinen Armen! — Und der Herr spricht: Fürchte dich nicht, Mein Kindlein! — Wer Mich einmal, wie du gefunden hat, der verliert Mich ewig nimmer. Aber nun mußt du ganz still sein von Mir; denn es kommen auch die anderen Kindlein, die mich suchten, aber noch nicht gefunden haben. Diese wollen wir auf eine kleine Probe setzen, auf daß sie Mich auch finden sollen; daher sei nun ruhig, bis Ich dir winken werde! —

## 249.
(Am 19. Septbr. 1843, von 4¾—6½ Uhr Nachmittags).

Nun sehet, so eben kommen auch die anderen suchenden Kinder herein; und aus ihren Gesichtern läßt sich gar klar entnehmen, daß sie weder auf die eine, noch die andere Art Den gefunden haben, den zu suchen sie ausgegangen sind. — Sie nähern sich darum zum zweiten Male ganz schüchtern ihrem Lehrer, und der Lehrer fragt sie: Nun, meine lieben Kinder, wie steht es denn aus mit dem Suchen unter den Bäumen, oder auf dem Söller, oder auf den Gallerien, oder mit dem Suchen desjenigen Theiles aus euch, die sich vorgenommen haben, den Herrn im Wohnstübchen zu suchen? — Wie ich sehe, so zucket ihr Alle mit den Achseln; habt ihr denn noch nicht gefunden und gesehen den guten lieben Vater, den Einigen Gott aller Himmel und aller Welten? — Wie ist nun euer Glaube bestellt? Habt ihr noch Zweifel über das Dasein Gottes? — Die Kinder sprechen: Ach, lieber erhabener Lehrer, was die Zweifel betrifft, so haben wir jetzt derselben mehr, als ehedem; denn siehe, weder unser festes Wollen, noch unser allerlebendigster Glaube, noch alle unsere gegründetsten Gedanken auf Gott den Herrn, noch unser fester Liebewille haben etwas vermocht. Für bestimmt, wenn es irgend einen Gott und Herrn gäbe, so müßte Er Sich uns doch auf eine oder die andere Art geoffenbart haben; denn siehe, am Ende haben wir uns Alle vereint und den festen Glauben gefaßt, daß es einen heiligen guten, lieben Gott und Vater geben müsse. Wir haben Ihn mit all' unserer Liebe erfaßt und bei Seinem von dir uns kund gegebenen Namen gerufen, indem wir sagten: „Ach, liebster, heiliger Vater Jesus, komme, komme doch zu uns", erhöre unser kindlich Flehen, und zeige uns, daß Du Einer bist und uns auch lieb hast, wie wir Dich lieb haben! — Und siehe, lieber erhabener Lehrer, also riefen wir eine geraume Zeit hindurch; aber keine Spur ließ sich von irgend einem himmlischen Vater vernehmen. Es war Alles umsonst; daher sind wir nun darob unserer Sache völlig gewiß, daß es außer euch erhabenen Lehrern keinen anderen höheren Lehrer oder Gott giebt. Wir wollen zwar dadurch noch nicht behaupten und sagen: Unsere Zweifel sind geradewegs auf festen Grund gestellt; — aber das können wir sicher annehmen, daß nach solcher unwirksamer Gestalt der Dinge sich über das Dasein Gottes eher Zweifel als ein fester Glaube daran erheben können. — Aber wir sehen auch den Einen, der sich von uns abgesondert hat, mit der alleinigen Liebe den Herrn suchend; hat auch dieser nichts gefunden? — Der Lehrer spricht: Meine lieben Kinderchen, darüber kann ich euch vor der Hand weder Ja, noch Nein sagen. Die Kinder aber fragen den Lehrer weiter: Lieber, erhabener Lehrer! Wer ist denn jener fremde einfache Mann dort, um den sich der Eine aus uns so herum thut und sieht ihn gar so verliebt an? — Ist vielleicht dessen Vater von der Erde hier angekommen? — Der Lehrer spricht: Meine lieben Kinderchen, da ist schon wieder Etwas, was ich euch nicht sagen kann; so viel aber möget ihr vor der Hand zur Wissenschaft nehmen, daß da jener schlichte Mann gar außerordentlich weise ist, daher müßt ihr euch wohl recht zusammennehmen, so er etwa mit euch über Dieß oder Jenes sich besprechen möchte; — die Kinder sagen: Ach lieber erhabener Lehrer, können denn so ganz einfache Menschen auch weise sein? — Denn siehe, wir haben bis jetzt erfahren, daß die Lehrer, je weiser sie wurden bis auf dich, auch stets erhabener und glänzender ausgesehen haben. Jener Mann aber sieht gar nicht so erhaben und glänzend aus, sondern ist um gar Vieles einfacher und schlichter als du; da kommt es uns dann etwas sonderbar vor, daß er gar so außerordentlich weise sein solle. — Der Lehrer spricht: Ja, meine lieben Kinderchen, bei der inneren allertiefsten Weisheit kommt es durchaus nicht auf das äußere Glänzen an, sondern da heißt es: Je mehr Glanz von Außen, desto weniger Licht von Innen, je mehr Licht aber von Innen, desto weniger Glanz dem Außen nach. — Gehet aber nur hin und fraget ihn einmal um Etwas, und ihr werdet euch gleich überzeugen, wie weise er ist. — Nun gehen die Kinderchen hin zum Herrn und fragen Ihn noch unbekannter Weise: Du lieber, schlichter, einfacher Mann! Möchtest Du uns denn nicht gestatten, daß wir Dich um Etwas fragen dürften? — Der Herr spricht: O von ganzem Herzen gern, Meine geliebten Kinderchen! — Fraget nur zu, und Ich werde Mich mit der Antwort schon zurecht finden. — Die Kinder fragen den Herrn: Da Du uns Dich zu fragen erlaubt hast, so fragen wir Dich gerade um Das, was uns Allen am meisten am Herzen liegt. — Siehe, wir suchen und beweisen schon eine geraume Zeit hin und her, für und dagegen, ob es einen Gott giebt, der da wäre ein überaus guter Vater im Himmel aller Menschen, die nur je irgendwo leben; — wir können aber diesem Vater nirgends auf die Spur kommen, und unser Lehrer selbst will oder kann uns in dieser Sache auch nichts Gegründetes sagen. Das aber hat er uns gesagt, daß Du gar überaus weise sein sollst; daher möchten wir wohl von dir erfahren, ob es einen solchen Gott und Vater giebt oder nicht? — Wenn du davon irgend Etwas weißt, so sage es uns doch; denn wir werden dich gar aufmerksam anhören, und es soll deinem Munde kein Wort entschlüpfen, das wir nicht mit der größten Aufmerksamkeit gar sehr beachten möchten. — Der Herr spricht: Ja, Meine lieben Kinderchen, da habt ihr Mir freilich eine sehr schwere Frage gegeben, die Ich euch kaum werde beantworten können; denn sage Ich euch: Es giebt einen solchen Gott und Vater, da werdet ihr sagen: das genügt uns nicht, so lange wir Ihn nicht sehen; — und wenn ihr dann saget: „Laß uns sehen den Vater!" — Was werde Ich dann zu euch sagen? — Ich könnte euch mit dem Finger zeigen dahin oder dorthin, und ihr würdet nichts erblicken; denn dahin Ich euch auch immer zeigen möchte, würdet ihr dennoch nie eueren Gott und Vater finden. — Möchte Ich aber zu euch sagen: Kinder, der Vater ist hier unter euch! werdet ihr es wohl glauben? — Würdet ihr nicht fragen: Wo ist Er denn? Ist Er Einer aus den Lehrern dieses großen Saales? Und Ich dann zu euch sage: O nein, Meine geliebten Kinder! — Was werdet ihr dann thun? — Ihr werdet Mich ganz groß ansehen und sagen: Siehe, der Mann hat uns zum Besten; wenn es nicht Einer aus den vielen Lehrern ist, derwelche ist es denn? Du wirst es doch nicht sein? Denn so einfach, schlicht und glanzlos, als du da bist, kann doch der allererhabenste Himmelsvater nicht aussehen! — Und wenn ihr Mir dann eine solche Antwort gegeben habt, was wohl soll Ich euch darauf erwiedern? — Daher sollet ihr Mich gerade um etwas Anderes fragen; denn mit der Beantwortung dieser euerer ersten Frage scheint es sich nicht so recht thun zu wollen. — Die Kinder sprechen: O lieber, weiser Mann! Siehe, das geht nicht also. An der Beantwortung einer anderen Frage ist uns nichts gelegen; aber daran, ob es einen oder keinen himmlischen Vater giebt, liegt unser ganzes Wohl. Denn giebt es einen Vater im Himmel, so sind wir Alle überselig; giebt es aber keinen, so sind wir da, als wären wir ohne allen Grund, und wissen nicht, wofür, wodurch und für was? — Daher, wenn es dir möglich ist, mache dich nur an die Beantwortung der ersten Frage; darum bitten wir dich Alle recht inständigst! Denn daß du ein sehr weiser Mann bist, das haben wir schon aus deiner ausweichenden Antwort entnommen; daher führe uns dem Einen Vater näher. Denn es muß sicher Einen geben, und das merken wir daraus, daß wir nach eben diesem himmlischen Vater eine stets größere Sehnsucht bekommen, je mehr Er Sich hinter unseren kindlichen Zweifeln verbergen will. — Wenn Er schon durchaus nicht wäre, woher käme denn da diese Sehnsucht in uns, die doch auch eben so lebendig ist, als wir selbst? — Mit der Sehnsucht also muß ja auch die Gewißheit über das Dasein eines himmlischen Vaters wachsen! — Der Herr spricht: Nun Meine lieben Kinderchen, ihr nehmet Mir ja gerade das Wort aus dem Munde! Fürwahr, in der Sehnsucht liegt ein gar großer Beweis; was aber ist wohl die Folge der Sehnsucht? — Nicht wahr, Meine lieben Kinderchen, die Folge wird Das sein, daß man sich Dessen vergewissern möchte, darnach man sich sehnet. — Ihr saget: O ja, das sei eine gute Antwort; Ich aber frage euch nun: Was ist denn der Grund der Sehnsucht? — Ihr sagt es Mir, es ist die Liebe zu Dem, nach Dem man sich sehnt. — Wenn man aber etwas im Grunde und in der Fülle der Wahrheit erschauen will, genügt es dazu wohl, um nur bei der Sehnsucht und ihrer Folge zu verbleiben? — Ihr saget Mir: O nein, lieber Mann von gar großer Weisheit! Da muß man auf den Grund selbst zurück gehen. — Kündet sich da die große Wahrheit nicht an, dann ist Alles falsch; kündet sie sich aber da an, so ist man zu der lebendigen Ueberzeugung gekommen, daß sie ewig nirgends anders, als nur in ihrem Grunde selbst zu erkennen und zu erschauen ist. — Sehet aber nun her, ihr Kinderchen! Dieser eine Bruder aus euch ging diesen Weg; und sehet, er hat den Vater gefunden! Fraget ihn, wo Er ist, und er wird euch mit dem Finger auf den Vater zeigen! — Nun fallen die Anderen über den Einen her und verlangen Das von ihm; und dieser Eine spricht: O meine lieben Brüder! Da sehet her; Den ihr für schlicht und einfach haltet, Der ist es Selbst! Den ihr so lange vergeblich gesucht habt, Der ist der gute liebe himmlische Vater; — heilig, überheilig ist Sein Name! Glaubet es mir; denn ich habe Seine Herrlichkeit schon gesehen. Glaubet aber nicht darum, weil ich es euch sage, sondern nähert euch Alle mit eueren Herzen zu Ihm, und ihr werdet Ihn also wahr und herrlich finden, wie ich Ihn gefunden habe! — Sehet, diese Kinder thun nun Alle einen Ruf, da sie den Vater erkennen: O Vater, Vater, Vater!!! Du bist es ja, Du bist es! — Denn wir ahnten es mächtig in Deiner Nähe; da wir Dich aber gefunden haben, so wolle Dich ja nimmer vor uns verbergen, auf daß wir Dich wieder so schwer suchen müßten! — Und der Herr spricht Amen! — Kindlein, von nun an sollen euere Gesichter nimmer von mir abgewendet werden! Werde Ich Mich auch nicht stets also, wie jetzt, unter euch aufhalten, so werde Ich aber doch in jener Sonne dort, die euch leuchtet, zugegen sein! — Das Weitere wird euch euer Lehrer von Mir kund thun. —

## 250.
(Am 25. Septbr. 1843, von 4½—6¼ Uhr Nachmittags.)

Wir brauchen aber nun die Sache nicht weiter zu verfolgen, was diese Kinder hier weiter von ihren Lehrern über den Herrn empfangen; denn die Epoche oder den Zustand, in dem sie den Herrn wie völlig verloren haben, haben sie überstanden, und somit auch den ersten Lehrsaal, deren es in dieser Abtheilung, wie ihr schon früher gesehen habt, zwölf giebt. — Es wäre zu gedehnt, in all' den folgenden Lehrsälen den fortschreitenden Unterricht mit diesen Kindern mitzumachen. Damit ihr aber doch wisset, was in diesen Sälen gelehrt wird, und auf welche Weise, so sage Ich euch, daß ihr Solches schon aus der ersten Tafel in der Mitte des ersten Lehrsaales habt entnehmen können, um was es sich in diesem großen Lehrgebäude handelt; — um nichts Anderes, als um die zehn Gebote Moses, und endlich um die zwei Gebote der Liebe. — In einem jeden darauf folgenden Saale wird ein neues Gebot practisch gelehrt und geübt; und das durchgehends auf dieselbe Weise, wie ihr es mit dem ersten Gebote hier in dem ersten Saale zu beobachten hinreichend Gelegenheit gehabt habet. — So wird sogleich in dem nächsten Saale das Gebot: „Du sollst den Namen Gottes nicht eitel nennen", — verhandelt. Solches verstehet ihr auch freilich wohl nicht, was dieses Gebot im Grunde besagt; darum will ich euch auch in die rechte Bedeutung dieser Gebote durch kleine Stupfer und Stößchen versetzen. — Demnach wird hier in diesem zweiten Saale dieses Gebot nicht etwa also ausgelegt, als solle da Niemand bei unwichtigen Gelegenheiten ohne gebührende Hochachtung und Ehrfurcht den wie immer lautenden Namen des Herrn aussprechen, welches Interdict gewisserart so viel als gar nichts heißen würde. Denn so da Jemand der Meinung ist, er müsse den Namen des Herrn nur im äußersten Nothfalle und da allzeit mit der allerhöchsten Ehrfurcht und Ehrerbietung aussprechen, so will das nicht mehr und nicht weniger gesagt haben, als: Man soll den Namen Gottes gewisserart gar nie aussprechen, indem hier zwei Bedingungen vorausgesetzt sind, unter denen der Name Gottes ausgesprochen werden soll, diese Bedingungen aber für's Erste selbst auf solche Schrauben basirt sind, von welchen aus sicher kein Mensch in sich zu jener Ueberzeugung gelangen kann, bei welcher Gelegenheit 'Solch' ein äußerster Nothfall zum Vorschein kommt, bei dem man würdiger Maßen den allerheiligsten Namen aussprechen dürfte; und für's Zweite, wenn auch ein solcher Fall sich ereignen möchte, wie z. B. eine alleraugenscheinlichste Lebensgefahr, welche unter verschiedenen Zuständen den Menschen beimsuchen kann, — so fragt sich aber dann dabei, ob wohl irgend ein Mensch in solch' einem äußerst bedenklichen Zustande diejenige Geistesgegenwart und diejenige Fassungskraft besitzen wird, in der er oberwähnter würdigster Maßen den wie immer gestalteten Namen des Herrn auszusprechen vermöchte? — Wenn ihr also die Erklärung dieses zweiten Gebotes betrachtet, wie sie gewöhnlich auf der Erde vorkommt, so müßt ihr nothwendig zu diesem Endurtheile gelangen, daß der Name des Herrn eigentlich gar nie ausgesprochen werden solle, und das aus dem einfachen Grunde, weil die zwei gegebenen Bedingungen wohl kaum denkbar je mit einander übereinstimmen können; denn ich möchte wohl denjenigen Menschen auf der Erde kennen, der in seiner höchsten Bedrängniß sich in jenen ruhig erhabenst ehrerbietigsten und andächtigsten Zustand versetzen möchte, in welchem er würdiger Maßen den Namen des Herrn aussprechen dürfte. Wenn Solches richtig wäre, so dürfte auch kein Mensch beten; denn im Gebete nennt er ja auch den Namen des Herrn. Der Mensch aber soll doch tagtäglich beten und Gott die Ehre geben, und soll nicht auf den äußersten Nothfall das Gebet beschränken. — Es geht aber aus Allem hervor, daß dieses Gebot unrichtig aufgefaßt ist; — um aber aller Grübelei darüber mit einem Hiebe ein Ende zu machen, sage ich euch in aller Kürze, wie dieses Gebot im Grunde des Grundes solle aufgefaßt werden, — und sonach heißt: „Du sollst den Namen Gottes nicht eitel nennen," — so viel, als: Du sollst den Namen Gottes nicht bloß mit dem Namen nennen, nicht bloß nur den articulirten Laut von ein paar Sylben aussprechen, sondern, da Gott der Grund deines Lebens ist, so sollst du Ihn auch allzeit im Grunde deines Lebens aussprechen, d. h. du sollst ihn nicht mechanisch, sondern allzeit lebendig werkthätig aussprechen; denn was immer du thust, das thust du mit der von Gott dir verliehenen Kraft. Verwendest du diese Kraft zu argem Handeln, so entheiligest du offenbar das Göttliche in dir; und dieses ist deine Kraft, der lebendige Name Gottes! — Sehet, so viel also sagt dieses Gebot, daß man den Namen Gottes für's Erste erkennen solle, was Er ist, und worin Er besteht; und soll dann denselben nicht eitel mit äußeren Worten nur aussprechen, wie einen anderen Namen, sondern allzeit thatkräftig, weil der Name Gottes die Thatkraft des Menschen ist. — Daher soll der Mensch auch Alles, was er thut, in diesem Namen thun; und thut er das, so ist er Einer, der den Namen Gottes nicht eitel mit äußeren Worten, sondern thatkräftig und lebendig in sich ausspricht. — Und sehet, auf diese Weise also praktisch wird dieses zweite Gebot in diesem zweiten Saale den Schülern gelehrt, und so lange bei Jedem durchgeübt, bis er darin eine gerechte Fertigkeit überkommen hat. — Hat er das, so geht es dann in den dritten Saal zum dritten Gebote über, welches, wie ihr wißt, da lautet: „Du sollst den Sabbath heiligen." — Was will aber das sagen, besonders hier, wo keine Nacht mehr mit dem Tage wechselt und somit nur ein ewiger Tag fortwährt? — Wann ist da wohl Sabbath? — Ist das Gebot aber göttlicher Abkunft, so muß es eine

ewige und nicht nur zeitliche Regel sein, und muß im Reiche der Geister
diejenige vollgiltige Bedeutung haben, wie auf der Erde. — Bei euch
heißt es, man soll an dem als Sabbath gebotenen Feiertage durchaus
keine knechtliche Arbeit verrichten, worunter nämlich alle Erwerbsthätig-
keit verstanden werden soll. Wohl aber ist es erlaubt, Spectakel aufzu-
führen, zu spielen, gleich den Heiden zu tanzen. — Einen Tag vor dem
Sabbathe zu fasten ist geboten, um an den Sabbath desto besser und
mehr fressen zu können. — Also ist auch den Wirthen erlaubt, ihre
Speisen zu verkaufen und ihre Gäste an einem Feiertage mehr, als an
einem sonstigen zu betrügen. Das heißt demnach rechtlicher Maßen den
Sabbath heiligen; nur keine mehr gesegnete Arbeit auf dem Felde und
auf dem Acker darf verrichtet werden, alles Andere aber ist für den
Sabbath tauglich. — Der Herr aber hat auf der Welt gezeigt, daß
man auch am Sabbathe gar füglich arbeiten und Gutes wirken kann.
Wenn aber der Herr Selbst am Sabbathe gearbeitet hat, da meine ich,
solle jeder Mensch des Beweises genug haben, daß da unter Heiligung
des Sabbathes etwas ganz Anderes verstanden werden soll, als nicht zu
arbeiten und in die Hände nehmen, was nützlich und ersprießlich ist. —
Was aber wird demnach unter der Heiligung des Sabbaths verstanden?
Was ist der Sabbath? — Ich will euch ganz kurz sagen: Der Sabbath
ist weder der Samstag, noch der Sonntag, noch der Oster- und der
Pfingstsonntag, noch irgend ein anderer Tag in der Woche oder im Jahre,
sondern er ist nichts Anderes, als der Tag des Geistes im Menschen, das göttliche Licht im menschlichen Geiste, die auf-
gehende Sonne des Lebens in der menschlichen Seele; und
das ist der lebendige Tag des Herrn im Menschen, den er fortwährend mehr und mehr erkennen und heiligen soll durch alle seine
Handlungen, die er verrichten soll aus Liebe zu Gott und daraus aus
Liebe zu seinem Nächsten. — Da aber der Mensch diesen heiligen Ruhetag des Herrn im Gewühle der Welt nimmer finden kann und mag, daher soll er freilich wohl sich von der Welt zurückziehen und diesen Tag
des Lebens der heiligen Ruhe Gottes in sich suchen. Darum war auch
dem Volke der Israeliten geboten, wenigstens einen Tag in der Woche
dazu zu bestimmen, an welchem es sich von weltlichen Geschäften zurückziehen und allein diesen Tag des Lebens in sich suchen sollte; aber man
beobachtete das Gesetz bloß äußerlich materiell, und brachte es auf diesem
Wege am Ende so weit, daß man nicht einmal den Herrn des Sabbaths
erkannte, den heiligen Vater nicht, als Er von unendlichster Liebe getrieben zu Seinen Kindern kam auf die Erde! — Ich meine, aus diesen
Worten dürfte es euch völlig begreiflich sein, was da unter der Heiligung des Sabbaths verstanden und wie diese gehandhabt werden solle. —
Und zugleich aber dürfte euch auch begreiflich sein, ob sich euere
Sonntagsheiligung wohl als eine Sabbathsheiligung in der Wahrheit
ausnimmt; ob man durch eine Stunde kirchlichen Andachtsdienstes, dann
aber durch lauter Weltunterhaltungen wohl zum innern ewig lebendigen
Ruhetag des Herrn gelangen kann. Wenn ich auf der Erde mit euch
wäre, da möchte ich wohl einen sehr großen Preis auf den Beweis stellen;
ob sich durch das Kirchenlaufen, dann durch's tüchtige Fressen, endlich
durch's Spazierengehen, Fahren oder Reiten, mitunter auch durch's

Tanzen, Spielen und Saufen, durch's nicht seltene Lügen und Betrügen, durch's gewöhnlich ehrabschneiderische Visitenmachen und dergleichen Unternehmungen mehr der wahre Sabbath im Geiste finden und heiligen läßt. Wer weiß, ob es nicht Philosophen giebt, die solchen Beweis zu liefern im Stande wären; — bei uns möchte er sich freilich ausnehmen, wie eine falsche Münze. Daß allhier den Kindern auf praktische Weise nur die lebendige Sabbathsheiligung gelehrt und eingeübt wird, braucht kaum näher erwähnt zu werden; — und ihr könnt euch daraus einen gründlichen Begriff machen, wie im Grunde des Grundes diese Gebote des Herrn thatsächlich sollen verstanden werden. Also aber, wie mit diesen zwei Geboten, und vorhin mit dem ersten, wollen wir in aller Kürze auch noch die anderen durchgehen, damit ihr den gehörigen Begriff überkommt, in welchem Sinne alle die Gebote hier den Kindern beigebracht werden; — und so wollen wir für's Nächste sogleich das vierte Gebot im vierten Saale in aller Kürze betrachten. —

## 251.
(Am 26. Septbr. 1843, von Nachm. 5—6 Uhr.)

Das vierte Gebot, wie ihr es auf der Erde habt, lautet: „**Ehre Vater und Mutter, auf daß du lange lebest und es dir wohlgehe auf Erden.**" — Dieses Gebot ist so gut göttlichen Ursprunges, als die ersten drei. Was gebietet es aber, und was verheißt es? — Nichts Anderes, als den Gehorsam der Kinder gegen ihre Eltern, und für diesen Gehorsam eine zeitliche Vergünstigung. — Kann da nicht Jedermann fragen und sagen: Wie? ein göttliches Gebot sanctionirt sich bloß nur durch zeitliche Verheißungen, und hat nichts Ersichtliches im Hintergrunde, darin ewige geistige Vortheile geboten würden? Was liegt wohl an solch' einer zeitlichen Vergünstigung? Was liegt am Wohlleben, was am langen Leben, wenn hinter demselben nichts Höheres folgt? — Es ist wahr: Gut und lange leben ist besser, als kurz und schlecht; wenn aber am Ende des Lebens Abschnitt, der unwirthliche Tod erscheint, welchen Vorzug hat das gute und lange Leben vor dem schlechten und kurzen? — Ich meine, dazu braucht man eben kein Fundamental-Mathematiker zu sein, um sagen zu können: Der Unterschied läuft überall in eine reine Null aus; — denn der Erste überkommt so gut wie der Zweite ein allerbestes Nichts, und er fragt sich dann wenig darum, wie der Weg zu diesem Empfange beschaffen war, ob gut oder schlecht. — Also wäre denn, nach diesem Maßstabe betrachtet, das vierte Gebot auf einem sehr schlüpfrigen Grunde basirt, und die Eltern wären fürwahr übel daran, so ihre Kinder mit solcher Philosophie schon auf die Welt geboren würden, und die Kinder selbst würden bei solcher Betrachtung wenig Grund finden ihren Eltern zu gehorchen. — Ferner läßt sich noch über dieses Gebot folgende kritische Betrachtung anstellen. Wie das Gebot klingt, so hat es nur eine zeitliche Basis; also bloß nur die Pflicht der Kinder gegen ihre Eltern darstellend. — Es fragt sich demnach: Was soll es denn mit diesem Gebote hier im Geisterreiche, wo die Kinder hier ihren Eltern auf Erden auf ewig enthoben sind? — Sind sie aber ihrer Eltern enthoben, da werden sie doch sicher auch der irdischen Pflicht gegen sie enthoben sein; und dennoch bemerken wir hier in diesem vierten Saale dieses Gebot auf der Tafel gezeichnet. Soll es etwa für diese Kinder auf den Herrn bezogen werden? Das ließe sich allerdings hören, wenn nur darunter nicht der Verheißungssatz stände: „Auf daß du lange lebest und es dir wohl gehe auf Erden." — Stünde es: „Auf daß du ewig lebest und es dir wohl gehe im Himmel", — da wäre eine solche Transversion des Gesetzes gar überleicht zu verstehen; aber eine zeitliche Verheißung im ewigen Reiche der Geister klingt denn doch etwas sonderbar. — Was meint ihr wohl, das sich hier wird thun lassen, um diesem Gesetze ein vollgegründetes göttliches Ansehen zu verschaffen? — Ihr zucket da freilich mit den Achseln, und saget so ganz leise in euch: Lieber Freund und Bruder! Wenn es hier auf unsere Erörterung ankommt, da wird es mit der reingeistig göttlichen Sphäre dieses Gesetzes einen bedeutenden Haken haben; denn nach obiger Betrachtung läßt sich da mit so leichter Mühe, als man glaubt, eben nicht gar zu viel Geistiges herausfinden. Ich sage euch aber, daß eben dieses Gebot, wie beinahe kein anderes, am meisten rein geistig ist. — Ihr machet da große Augen; aber darum ist die Sache doch nicht anders. Damit ihr aber Solches auf einen Hieb erschauet, so will ich nichts Anderes thun, als dieses Gesetz nur mit etwas umänderten Worten sagen, wie es auch hier in diesem Lehrsaale vorgetragen wird, und ihr werdet die Fülle der Wahrheit sogleich erschauen. — Wie also lautet es aber hier? — Höret! — „Kinder! Gehorchet der Ordnung Gottes, welche ausgeht aus Seiner Liebe und Weisheit (d. i. Vater und Mutter) auf daß ihr lange lebet auf Erden unter Wohlergehen. — Was ist langes Leben, und was ist dagegen ewiges Leben? — Das lange Leben bezeichnet das Leben in der Weisheit; und es wird „lang" nicht die Dauer, sondern die Ausbreitung und die stets größere Mächtigwerdung des Lebens verstanden; denn das Wort oder der Begriff „Leben" schließt ja schon für sich die ewige Dauer ein. Aber das Wort „lang" bedeutet ja durchaus keine Dauer, sondern nur eine Ausbreitung der Lebenskraft, mit welcher das lebende Wesen stets mehr und mehr in die Tiefen des göttlichen Lebens langet, und eben dadurch sein eigenes Leben stets vollkommener, fester und wirksamer macht. — Dieses hätten wir; aber das Wohlergehen auf Erden, was besagt denn das? Nichts Anderes, als das Sich zu eigen machen des göttlichen Lebens; denn unter der „Erde" wird hier das Eigenwesen verstanden, und das Wohlergehen in diesem Wesen ist nichts Anderes, als das freie Sein in sich selbst nach der sich völlig eigengemachten göttlichen Ordnung. — Diese kurze Erklärung genügt, um einzusehen, daß eben dieses Gesetz völlig rein geistiger Art ist. Wenn ihr es bei Muße genauer durchprüfen wollet, so werdet ihr es auf eigener Erde finden, daß es also ist. — Also aber wird es auch hier praktisch den Kindern beigebracht, und das mit dem größten Nutzen. — Da wir aber nun Solches wissen, so begeben wir uns sogleich in den fünften Saal. —

## 252.

(Am 28. Septbr. 1843, von 4½—5½ Uhr Nachm.)

Ihr sehet in diesem fünften Saale abermals eine Tafel angebracht, und auf dieser steht es mit wohlleserlicher Schrift geschrieben: „Du sollst nicht tödten." — Wenn ihr dieses Gebot nur einigermaßen beim Lichte betrachtet, und dazu die Geschichte des israelitischen Volkes mit in den Augenschein nehmet, so müßten euere Augen mit mehr als dreifachem Staare behaftet sein, wenn ihr es nicht auf den ersten Augenblick ersehen würdet, daß es mit diesem Gebote einen sonderbaren Haken hat. — „Du sollst nicht tödten"; wie, wo, wann und was denn? — Was heißt „tödten" überhaupt? — Heißt „tödten" bloß den Leib lebensunthätig machen, oder heißt es den Geist seiner himmlischen Lebenskraft berauben? — Ist das Tödten bloß auf den Leib des Menschen gesetzlich beschränkt, da kann die Tödtung des Geistes doch unmöglich darunter gemeint sein; denn es heißt ja eben, daß gewisserart ein jeder Mensch sein Fleisch tödten solle, um gegenüber den Geist zu beleben, wie da auch der Herr Selbst spricht: „Wer sein Leben, d. h. das Leben des Fleisches liebt, der wird es verlieren; wer es aber flieht um Meinetwillen, der wird es erhalten." — Zugleichen zeigt sich dieses auch in der Natur der Dinge; wird bei einer Frucht die äußere Rinde oder Hülse nicht zum Sterben gebracht, so wird die Frucht zu keinem lebendigen Keime kommen. — Also geht aber aus allem Dem hervor, daß eine Tödtung des Fleisches nicht zugleich auch eine Tödtung des Geistes sein kann. Wird aber unter diesem Gesetze bloß nur die Tödtung des Geistes verstanden, wer ist dann wohl sicher mit seinem Leibesleben? — Im Gegentheile aber ist es auch zugleich Jedermann bekannt, daß die besonders in gegenwärtiger Zeit überaus vielfach vorkommenden Belebungen des Fleisches nichts als Tödtungen des Geistes sind. Betrachtet ihr gleich daneben die Geschichte des israelitischen Volkes, dem da gewisserart, wie ihr zu sagen pfleget, diese Gesetze frisch gebacken gegeben wurden, so findet ihr den merkwürdigen Contrast, daß Nro. 1 der Gesetzbringer Moses selbst zuerst eine Menge Israeliten hat tödten lassen; und seine Nachfolger mußten mit den am Gesetze sich Verschuldenden das Gleiche thun. — „Du sollst nicht tödten," dieses Gesetz lag so gut, wie alle anderen, in der Bundeslade; was that aber das ganze israelitische Heer, als es in's gelobte Land einzog, mit den früheren Bewohnern dieses Landes? Was that selbst David, der Mann nach dem Herzen Gottes? Was der größte Prophet Elias? — Sehet, sie tödteten Alle, und das sehr vielfach und oft so ziemlich grausam noch obend'rauf. — Wer da aus euch nüchternen und unbefangenen Geistes ist, muß der nicht in sich selbst das Urtheil aussprechen und sagen: Was ist das für ein Gebot, wider das, wie sonst über gar keines, selbst die ersten von Gott gestellten Propheten zu handeln genöthiget waren? — Ein solches Gebot ist ja doch so gut, wie gar keines; auch in unseren Zeiten ist das Tödten der Brüder im Kriege sogar eine Ehrensache! — Ja, der Herr Selbst tödtet Tag für Tag Legionen von Menschen dem Leibe nach; und doch heißt es: „Du sollst nicht tödten!" — Und David mußte sogar einen Heerführer umbringen laſſen, da er gegen einen zu vernichtenden Ort freilich wohl meineidigſchonend ſich benommen hatte. — Gut, ſage ich; alſo ſteht es mit dem Gebote auf der Erde; hier aber ſehen wir es im Reiche der Himmel, wo für's Erſte kein Weſen mehr das andere tödten kann, und für's Zweite auch ſicher nie Jemand auch nur den allerleiſeſten Gedanken, Jemanden zu tödten, in ſich faſſen wird. Wozu ſteht es alſo hier auf der Tafel geſchrieben? — Etwa aus bloß rein hiſtoriſcher Rückſicht, damit die Schüler hier erlernen ſollen, was es auf der Erde für Gebote giebt nnd gegeben hat? — Oder ſollen für's Zweite etwa dieſe allergutmüthigſten Kindergeiſter dieſes Gebotes wegen auf eine Zeit lang in eine Mordluſt verſetzt werden, und dieſe dann gegenüber dem Geſetze in ſich ſelbſt bekämpfen? — Das könnte man zwar annehmen; aber welchen Schluß oder welches Endreſultat wird man daraus bekommen? — Ich ſage euch nichts Anderes als: Wenn die Mordluſt den Kindern am Ende doch wieder benommen werden muß, ſo ſie ſich als Mordluſtige dem Geſetze gegenüber als vollkommen genügend bewährt haben, ſo muß man ja eben auch annehmen, daß ſie dabei weder was gewonnen, noch verloren haben würden, ſo ſie nie wären mit der Mordluſt erfüllt geweſen. — Ich ſehe aber, daß bei dieſer gründlichen Darſtellung der Sache ihr nun ſelbſt nicht wiſſet, was ihr ſo ganz eigentlich aus dieſem Gebote machen ſollet. — Ich aber ſage euch: Sorget euch nicht; wenige Worte werden genügen, um euch alles bisher Zweifelbare in's klarſte Licht zu ſtellen, und das Geſetz wird gleich würdig, wie auf der Erde, alſo auch im Himmel, wie eine Sonne am Himmel ſtrahlen! — Damit ihr aber die nachfolgende Erklärung leicht und gründlich faſſet, ſo mache ich euch bloß nur darauf aufmerkſam, daß nämlich in Gott die ewige Erhaltung der geſchaffenen Geiſter die unwandelbare Grundbedingung aller göttlichen Ordnung iſt. — Wißt ihr nun Das, ſo blicket auf das Gegentheil, nämlich auf die Zerſtörung; und ihr habt das Gebot geiſtig und körperlich bedeutungsvoll vor euch. — Saget demnach anſtatt: „Du ſollſt nicht tödten,, — du ſollſt nicht zerſtören, weder dich ſelbſt, noch alles Das, was deines Bruders iſt; denn die Erhaltung iſt das ewige Grundgeſetz in Gott Selbſt, demzufolge Er ewig iſt und unendlich in Seiner Macht. — Da aber auf der Erde auch des Menſchen Leib bis zur von Gott beſtimmten Zeit für die ewig dauernde Ausbildung des Geiſtes nothwendig iſt, ſo hat ohne ein ausdrückliches Gebot Gottes Niemand das Recht, eigenwillig weder ſeinen eigenen Leib, noch den ſeines Bruders zu zerſtören. — Wenn hier alſo von der gebotenen Erhaltung der Rede iſt, da verſteht es ſich aber dann auch ſchon von ſelbſt, daß Jedermann noch weniger berechtiget iſt, den Geiſt ſeines Bruders, wie auch ſeinen eigenen durch was immer für Mittel zu zerſtören und für die Erlangung des ewigen Lebens untüchtig zu machen. — Gott tödtet freilich wohl tagtäglich der Menſchen Leiber; aber zur rechten Zeit, wann der Geiſt entweder auf die eine oder die andere Weiſe irgend eine Reife überkommen hat. Auch die Engel des Himmels, als fortwährende Diener Gottes, erwürgen in Einem fort der Menſchen Leiber auf Erden; aber nicht eher, als bis ſie vom Herrn den Auftrag haben, und dann nur auf diejenige Art und Weiſe, wie es der Herr haben will. —

Sonach aber erlernen auch die Kinder hier auf geistig praktischem Wege, worin die Erhaltung der geschaffenen Dinge besteht, und wie sie vereint mit dem Willen des Herrn stets auf das Allersorglichste muß gehandhabt werden. — Und wenn ihr dieses nun nur einiger Maßen begriffen habt, so wird es sicher einleuchtend sein, für's Erste die große Würde dieses Gesetzes selbst zu erschauen, und für's Zweite, warum es hier auch im Reiche der himmlischen Kindergeister vorkommt. — Da wir aber Solches wissen, so können wir uns auch sogleich in den sechsten Saal begeben. —

## 253.
(Am 29. Septbr. 1843 von Nachm. 4¼—6 Uhr.)

Hier erblicken wir wieder eine Tafel in der Mitte des Saales, und auf der Tafel steht mit deutlich leserlicher Schrift geschrieben: „**Du sollst nicht Unkeuschheit treiben, nicht ehebrechen.**" — Unverkennbar ist dieß das sechste Gebot, welches der Herr durch Moses dem israelitischen Volke gegeben hatte. Dieses Gebot ist sicher in seiner Grundbedingung eines der schwierigsten zu erfassen und es dann auch genau im Lebensgrunde zu beobachten. — Was wird denn eigentlich durch dieses Gebot verboten? Und wen geht dieses Gebot überhaupt an, den Geist, die Seele, oder den Leib? — Wer soll da aus diesen drei Lebenspotenzen nicht Unkeuschheit treiben? — Das wäre eine Frage; was aber ist so ganz eigentlich die Unkeuschheit, und was der Ehebruch? Ist die Unkeuschheit der gegenseitige Begattungsact? Wenn das der Fall ist, so ist auf jede Zeugung durch dieses Gebot Beschlag gelegt; denn wir finden in dem einfachen Gebote durchaus keine bedingnißweise Ausnahme gestellt; es heißt einmal: „Du sollst nicht Unkeuschheit treiben." — Wenn also der Act der Begattung gewisserart als der Culminationspunkt der Unkeuschheit angesehen wird, so möchte ich selbst Denjenigen kennen, der unter der gegenwärtigen Gestalt der Dinge auf der Erde eine Zeugung ohne diesen verbotenen Act bewerkstelligen möchte. Ob jetzt in der Ehe oder nicht in der Ehe; der Act ist derselbe. Ob er wirklich in kinderzeuglicher Absicht begangen wird oder nicht; er ist derselbe. Zudem hat das Gebot selbst keine Bedingung in sich, durch welche eine geregelte Ehe von der Unkeuschheit ausgenommen wäre. — Andererseit betrachtet aber muß doch jedem Menschen einleuchtend sein, daß es dem Herrn an der Fortpflanzung des menschlichen Geschlechtes vorzugsweise gelegen ist, und an einer weisen Erziehung desselben. — Auf welchem Wege aber sollte sich das Menschengeschlecht fortpflanzen, wenn ihm der Zeugungsact bei Strafe des ewigen Todes verboten ist? — Ich meine, das kann ein jeder Mensch mit den Händen greifen, daß es hier offenbar einen Haken hat. — Dazu aber muß noch ein Jeder sich nothgedrungen selbst das Zeugniß geben, daß sicher bei keinem zu haltenden Gebote die Natur dem Menschen allgemein so mächtige Prügel unter die Füße wirft, über die er stolpern muß, als eben bei diesem. — Ein jeder Mensch, wenn seine Erziehung einiger Maßen geordnet war, findet gar keinen Anstand, oder höchstens einen sehr geringen nur, in der Haltung der übrigen Gebote; aber bei diesem Gebote macht die Natur allzeit einen kräftigen Strich selbst durch die Rechnung eines Apostels Paulus! — Offenbar sehen wir eine Interdiction der fleischlichen Lust, welche mit dem Zeugungsacte unzertrennlich verbunden ist; liegt also das Verbot nur an der fleischlichen Lust und nicht zugleich auch an dem Zeugungsacte, so fragt es sich ob von dem ordnungsmäßigen Zeugungsacte die fleischliche Lust zu trennen ist? — Wer aus euch kann Solches erweisen und behaupten, die beiden gesetzlich geordneten Ehegatten empfinden beim Zeugungsacte nicht auch die zeitliche Lust? Oder wo ist dasjenige Gattenpaar, das da nicht wenigstens zur Hälfte wäre durch die bevorstehende fleischliche Lust zum Zeugungsacte aufgefordert worden? — Wir sehen aber nun daraus, daß wir mit diesem Gebote hinsichtlich der Unkeuschheit in Anwendung auf den leiblichen Zeugungsact durchaus nicht aufkommen können; — denn entweder muß es einen reinen Zeugungsact geben, der mit der Fleischeslust nichts zu thun hat, oder, wenn sich ein solcher Act nicht erweisen läßt, der fleischliche Zeugungsact nicht unter diesem Gesetze stehen und als eine freiwillkürliche, straflose Handlung des Menschen angesehen werden muß. — Denn Solches ist schon bemerkt, daß sich das Gesetz ganz schonungslos und aller ausnahmsweisen Bedingung ledig ausspricht. — Das nothwendige Bestehen der Menschen aber spricht sich laut gegen das Verbot dieses Actes aus, so wie die allzeit schonungslos begehrende Natur. Denn da mag Jemand sein, weß Standes er will, so wird er davon nicht freigesprochen, wenn er zu seiner Reife gelangt ist; er müßte sich denn verstümmeln lassen und seine Natur tödten, sonst thut es sich wenigstens in seiner Begierlichkeit dazu auf keinen Fall, wenn er auch durch äußere Umstände von der Activität abgehalten wird. Also mit dem Fleische thut es sich auf keinen Fall; — vielleicht geht dieses Gesetz allein die Seele an? Ich meine, da die Seele durchaus das lebende Princip des Leibes ist, und die freie Action desselben rein nur von der Seele abhängt, ohne welche das Fleisch völlig todt ist, so dürfte es denn doch wohl schwerlich einen so Supergelehrten irgendwo geben, der da im Ernste behaupten könnte, die Seele habe mit den freien Handlungen des Leibes nichts zu thun. — Der Leib ist ja doch sicher nur das Werkzeug der Seele, künstlich eingerichtet zu ihrem Gebrauche; was soll es demnach mit einem Gebote allein für den Leib, der an und für sich eine todte Maschine ist? — Wenn Jemand mit einer Hacke einen ungeschickten Hieb gemacht hat, war da wohl die Hacke die Schuld, oder seine Hand? — Ich meine, Solches wird doch Niemand behaupten wollen, daß hier der Hacke der ungeschickte Hieb zuzuschreiben sei. Eben so wenig kann man auch den Zeugungsact als eine sündige Handlung dem Leibe zuschreiben, sondern allein nur dem handelnden Prinzipe, das hier die lebendige Seele ist. — Also muß aber auch unsere bisherige kritische Beleuchtung dieses Gebotes bloß nur der Seele gelten, welche im Fleische denkt, will und handelt; und so ist eben die Seele nach dem vorlaufenden Kriterium nothwendig frei von diesem Gebote. — Also mit der Seele geht es auch nicht; so wird es doch mit dem Geiste gehen. Wir wollen sehen, was sich der Geist wird abgewinnen lassen. — Was ist denn der Geist? — Der Geist ist das eigentliche Lebensprinzip der Seele, und die Seele ist ohne den Geist nichts als ein substantiell ätherisches Organ, welches wohl zur Aufnahme des Lebens alle Fähigkeit besitzt, ist aber ohne den Geist nichts als ein substantiell-geistig-ätherischer Polyp, der seine Arme fortwährend nach dem Leben ausbreitet und Alles einsaugt, was seiner Natur zuspricht. Die Seele also ohne den Geist ist bloß eine stumme polarische Kraft, welche den stumpfen Sinn nach der Sättigung in sich trägt, aber selbst keine Urtheilskraft besitzt, daraus ihr klar würde, womit sie sich sättiget und wozu ihr die Sättigung dient. Sie ist zu vergleichen mit einem Erzkretin, der keine andere Begierde in sich verspürt, als diejenige, sich zu sättigen. — Womit und warum? — Davon hat er keinen Begriff. — Wenn er einen großen Hunger verspürt, so frißt er, was ihm unterkommt; ob Unrath oder ob Brod, oder eine barste Kost für Schweine, das ist ihm gleich. — Sehet, dasselbe ist die Seele ohne den Geist; und diese angeführten Kretins haben eben auch bloß nur ein seelisches Leben, wo in der Seele entweder ein zu schwacher Geist, oder oft auch wohl gar kein Geist vorhanden ist. — Daß aber Solches sicher der Fall ist, braucht ihr nichts, als einen Blick nur in die Welt der finsteren Geister zu werfen; was sind diese? — Sie sind nach dem Tode fortlebende Seelen, die bei Leibesleben auf die leichtsinnigste und oft böswilligste Weise ihren Geist in sich so sehr geschwächt und niedergedrückt haben, daß er ihnen in solchem Zustande kaum die allerkargst gemessene Lebensregung zu verschaffen im Stande ist, bei der aber alle Lebensvortheile nicht selten im ewigen Hintergrunde bleiben müssen! — Wie aber geberden sich solche Wesen jenseits gegenüber von den seligen lebendigen Geistern? — Nicht anders, als pure Trottel; also geistige Kretins, in aller Weise noch mißgestaltig obend'rauf, so zwar, daß nicht selten von einer menschlichen Gestalt nicht die allerleiseste Spur mehr zu entdecken ist. Diese Wesen sind in der Geisterwelt in ihrer Handlungsweise so wenig mehr zurechnungsfähig, als es ein Kretin oder Trottel ist; im Grunde also nur der Geist. Wenn aber Das nun evident erwiesen ist, so fragt sich: Wie und auf welche Weise kann denn der absolute Geist Unkeuschheit treiben? — Kann der Geist fleischliche Begierden haben? — Ich meine, einen größeren Widerspruch dürfte es doch kaum geben, als den, so sich Jemand wollte im Ernste einen fleischlichen Geist denken, der nothgedrungener Maßen materiell sein müßte, um selbst grobmaterielle Begierden in sich zu haben. — Wenn aber schon ein Arrestat an seinem Arreste sicher nicht das größte Wohlbehagen findet, so wird um so mehr der absolute Geist noch eine desto geringere Passion haben, sich mit seinem freiesten Wesen mit der groben Materie auf immer zu verbinden und an derselben seine Lust zu finden. In diesem Sinne ist also ein Unkeuschheit treibender Geist doch sicher der größte Unsinn, den je ein Mensch aussprechen kann. — Nun fragt sich demnach: Was ist die Unkeuschheit, und wer soll dieselbe nicht treiben, indem wir gesehen haben, daß sowohl der Leib, die Seele und der Geist für sich nicht Unkeuschheit treiben können, also, wie wir sie bisher kennen? —

## 254.
(Am 30. Septbr. 1843, von 4½—6 Uhr Nachmittags.)

Es dürften zwar Einige sagen: Moses hat sich späterhin darüber näher ausgesprochen, indem er den Zeugungsact ordnungsmäßig nur zwischen den gesegneten Ehegatten erlaubt, anderartig aber verboten hat, und hat auf die anderartige Zeugung, besonders wenn ein verheiratheter Mann mit dem Weibe eines anderen Mannes solchen Act begehen möchte, verordnet, daß solch' eine That als Ehebruch zu betrachten sei, und die Ehebrecher sich beiderseits des Todes schuldig machen. — Solches ist richtig; aber nachträgliche Verordnungen geben dem einfach im Anfange gegebenen Gesetze dennoch keine andere Gestalt. Wer sich daran binden will, muß im ersten Gesetze seinen Prozeß behaupten; denn weder die Unkeuschheit noch der Ehebruch sind darin auf eine bestimmte Art verboten. — Wir haben bisher klärlich erläutert, was man allenfalls unter der Unkeuschheit verstehen könnte; indem aber alles Das auf den Zeugungsact hinweiset, so kann man auch die von uns bisher als bekannt angenommene Art der Unkeuschheit unmöglich durch dieses Gesetz als verboten ansehen. — Nun aber meldet sich ein in der Sache Wohlerfahrner, dieser spricht: Unter Unkeuschheit, die da verboten ist, wird bloß die leere Befriedigung des sinnlichen Triebes verstanden. — Gut, sage ich; wenn aber ein Mann mit eines anderen Mannes Weibe, die von ihrem Manne nicht befruchtet werden kann, im Ernste ein Kind zeugt, frage, kann ihm Das als sündiger Ehebruch angerechnet werden? Ich frage weiter: Wenn ein Jüngling von seiner Natur getrieben mit einem Mädchen ein Kind gezeugt hat, kann ihm das zur Sünde der Unkeuschheit angerechnet werden? — Ich frage weiter: Wenn ein Mann aus der Erfahrung weiß, daß sein Weib nicht befruchtungsfähig ist, er beschläft sie aber dennoch, weil sie ein üppiges Fleisch hat, das ihn reizt, dieser Mann doch offenbar seinen sinnlichen Trieb leer befriediget; kann ihm dieser Act zur Sünde der Unkeuschheit angerechnet werden? — Ich frage weiter: Es giebt besonders in dieser Zeit, wie es auch zu allen Zeiten gegeben hat, eine Unzahl Menschen beiderlei Geschlechtes, welche gar wohl zeugungsfähig sind, und besitzen eine sie mächtig drängende Natur; sind aber vermöge politischen und dürftigen Verhältnissen nicht im Stande, sich zu verehelichen. Wenn nun solche doppelt bedrängte Menschen den Act der Zeugung begehen, sündigen sie wieder dieses sechste Gebot? — Man wird sagen: Sie sollen ihren Trieb Gott aufopfern, und sich nicht begatten, so werden sie nicht sündigen. Ich aber sage: Welch' ein Richter kann solch' einen Fehler als eine wirkliche Sünde erklären? — Was hat denn der Reiche darum für ein Verdienst, daß er sich ein ordentliches Weib nehmen kann, vor dem Armen, der natürlicher Maßen dieser Glückseligkeit allzeit entbehren muß? — Soll somit der Bemittelte ein größeres Recht auf die Zeugung seines Gleichen haben, als der Arme? — Heiliget also das Geld die Zeugung darum, weil sich der Reiche in den ordentlichen Besitz eines Weibes setzen kann, was natürlich tausend Unbemittelten unmöglich ist? — Dazu läßt sich noch fragen: Wer ist denn so ganz eigentlich Schuld an der vielfachen Verarmung der Menschen? Sicher Niemand Anderer, als der glückliche Reiche, der durch seine eigennützige Speculation so viel Schätze an sich zieht, durch welche nicht selten tausend Menschen sich für den ordentlichen Ehestand hinreichend befähigen könnten; und dennoch sollte da der reiche Ehemann allein von der Sünde der Unkeuschheit frei sein, so er mit seinem ordentlichen Weibe Kinder zeugt, und der Arme allein sollte der Sündenbock sein, weil er sich eben kein Weib nehmen kann? — Wäre das nicht gerade so geurtheilt, als so man auf der Erde irgend einen Wallfahrtsort bestimmen möchte, und dazu ein Gebot gäbe, dem zufolge Niemand zu Fuß diesen Ort besuchen darf, um dort irgend eine sein sollende Gnade zu empfangen, sondern ein Jeder, der diesen Ort besucht und eine Gnade empfangen will, muß in einer höchst eleganten Equipage dahin gefahren kommen? — Wer ein solches Gebot für gerecht finden sollte, der müßte doch sicher im Ernste von einer solchen Welt sein, von welcher der Schöpfer Himmels und der Erde Selbst nichts weiß, d. h. von einer Welt, die nirgends existirt; oder er müßte ein Abgeordneter des Satans sein! — Wir sehen aber nun aus diesen Betrachtungen, daß sich's mit der Erklärung unseres sechsten Gebotes durchaus nicht thut; was werden wir denn anfangen, um diesem Gebote einen vollgiltigen Sinn abzugewinnen? — Ich sage euch aber in Voraus: Es ist die Sache nicht so leicht, als es sich Jemand vorstellen möchte. Ja, ich sage: Um den richtigen Sinn dieses Gebotes zu gewinnen, muß man ganz tief greifen und die Sache in der Grundwurzel fassen; sonst wird man sich dabei immer in derjenigen zweifelhaften Lage befinden, in der man leichtlich Das, was nicht im entferntesten Sinne eine Sünde ist, als Sünde betrachten wird, und was wirklich eine Sünde ist, kaum der Mühe werth halten, es als eine Sünde zu betrachten. — Wo aber ist diese Wurzel? — Wir werden sie sogleich haben. — Ihr wisset, daß die Liebe der Urgrund und die Grundbedingung aller Dinge ist; ohne Liebe wäre nie ein Ding erschaffen worden, und ohne die Liebe wäre so wenig irgend ein Dasein denkbar, als wie wenig sich je ohne die wechselseitige Anziehungskraft eine Welt nach dem Willen des Schöpfers gebildet hätte. Wer das etwa nicht fassen sollte, der denke sich nur von einer Welt die wechselseitige Anziehungskraft hinweg, und sobald wird er sehen, wie sich alle Atome einer Welt plötzlich von einander trennen und sich verflüchtigen werden wie in's Nichts. — Also ist die Liebe der Grund von Allem, und ist zugleich der Schlüssel zu allen Geheimnissen. — Wie aber läßt sich eben die Liebe mit unserem sechsten Gebote in eine erklärende Verbindung bringen? Ich sage euch: Nichts leichter, als das, indem bei gar keinem Acte in der Welt die Liebe so innig verwebt ist, als gerade bei dem, den wir zu dem unkeuschsündigen rechnen. Wir wissen aber, daß der Mensch einer zweifachen Liebe fähig ist, nämlich der göttlichen, welche aller Selbstliebe entgegen, dann der Selbstliebe, welche aller göttlichen Liebe entgegen ist. — Nun fragt es sich: So Jemand den Act der Zeugung begeht, was für Liebe war da der Beweggrund dazu, die Eigenliebe, unter deren Botmäßigkeit auch jegliche Genußsucht steht, oder die göttliche Liebe, welche nur mittheilen will, was sie hat, ihrer selbst gänzlich vergessend? — Sehet, wir sind jetzt schon so ziemlich dem eigentlichen Hauptkerne auf der Spur. — Setzen wir nun zwei Menschen; der Eine begeht den Act aus selbstsüchtiger Genußsucht, der Andere aber in dankbarer Andacht für die Zeugungsfähigkeit, seinen Samen einem Weibe mitzutheilen, um in ihr eine Frucht zu erwecken. — Derwelche von den Beiden hat denn gesündiget? — Ich glaube, um hier einen Richter zu machen und ein rechtes Urtheil zu fällen, wird eben so schwer nicht sein. Damit uns aber die Sache völlig klar wird, müssen wir uns auch mit dem Begriffe

„Unkeuschheit" näher vertraut machen. — Was ist Keuschheit, und was ist Unkeuschheit? Keuschheit ist derjenige Gemüthszustand des Menschen, in welchem er aller Selbstsucht ledig ist, oder indem er rein ist von allen Makeln der Eigenliebe. Unkeuschheit, entgegen der Keuschheit, ist derjenige Gemüthszustand, in welchem der Mensch nur sich selbst berücksichtiget, für sich selbst handelt und seines Nebenmenschen, besonders in Berücksichtigung des Weibes, gänzlich vergißt. Die Selbstsucht aber ist nirgends schmählicher, als gerade bei dem Acte, da es sich um eine Fortzeugung eines Menschen handelt. Warum denn? Die Ursache liegt am Tage; — wie der Grund, wie der Same, so auch wird die Frucht. Ist göttliche Liebe, also die Keuschheit, der Same, so wird auch eine göttliche Frucht zum Vorschein kommen; ist aber Eigenliebe, Selbst- und Genußsucht, also der unkeusche Zustand des Gemüthes, der Same, welch' eine Frucht wird da hervorgehen? — Sehet, in Dem liegt es, was durch das sechste Gebot verboten ist, und wäre dieses Gebot beobachtet worden, so wäre die Erde noch ein Himmel; denn es gäbe auf ihr keinen selbstsüchtigen und herrschsüchtigen Menschen! — Aber dieses Gebot ist schon im Anbginne der Menschen übertreten worden, und die Frucht dieser Uebertretung war der eigennützige und selbstsüchtige Kain. — Aus Dem aber geht hervor, daß nicht nur die sogenannte fälschlich bezeichnete Unzucht, welche man besser Genußsucht nennen sollte, in die Reihe unserer zu behandelnden Sünde gehört, sondern jegliche Genußsucht, wie gestaltet sie auch immer sein mag, besonders aber, wenn ein Mann das ohnehin schwache Weib sich eigennützig zum genußsüchtigen Nutzen macht, ist als Sünde der Unkeuschheit zu betrachten. — Ein kurzer Verfolg wird uns die Sache noch klarer vor die Augen bringen. —

## 255.

(Am 2. October 1843 von 4½ bis 6 Uhr Abends.)

Man könnte hier sagen, indem es im sechsten Gebote nur heißt: „Du sollst nicht Unkeuschheit treiben," — daß da die Hurerei nicht als verboten angesehen werden kann, indem es im sechsten Gebote nirgends heißt: Du sollst nicht Hurerei treiben. — Ich aber sage: Was ist die Hurerei, welcher Art sie auch sein mag, geistig oder fleischlich? Sie ist eine sichere Anbequemung des Lasters, und zwar auf folgende Weise: Man philosophirt sich über sündigende Möglichkeit hinaus, setzt alle Erscheinungen in das Gebiet natürlicher Bedürfnisse; — wenn nun Jemanden seine eigene Wesenheit die Forderung kundgiebt, sie zu befriedigen, so thut der Mensch zufolge seines Verstandes und seiner Erfindungskraft ja nur etwas Lobenswerthes und Ersprießliches, so er für alle zu fordernden Bedürfnisse seiner Natur Mittel zu Stande bringt, durch welche denselben Genüge geleistet werden kann. Das Thier muß zwar seine Bedürfnisse in der robesten instinctmäßigen Art befriedigen, weil es keinen Verstand, keine Vernunft und keinen Erfindungsgeist hat; dadurch aber erhebt sich ja eben der Mensch über das gemein naturmäßig Thierische, daß er allen den Anforderungen seiner Art auf eine raffinirte Weise Genüge leisten kann. Wer kann einem Menschen zur Sünde rechnen, so er sich mit Hilfe seines Verstandes ein stattliches Haus zur Bewohnung

erbaut, und somit ein ehemaliges Erdloch oder einen hohlen Baum mit
demselben vertauscht? — Wer kann einem Menschen zur Sünde anrech=
nen, wenn er sich einen Wagen erbaut, das Pferd zähmt, und dann viel
bequemer eine Reise macht, als mit seinen eigenen schwachen leidigen
Füßen? — Wer ferner kann noch dem Menschen zum Fehler anrechnen,
so er sich die Naturfrüchte zu seiner Nahrung kocht und würzet, und sie
ihm wohlschmeckender macht? Oder sind die Dinge in der Welt für wen
Anderen, als für den Menschen erschaffen worden, damit er sie zweck=
dienlich benützen sollte? — Wie viel Schönes und Nützliches hat der
Mensch entdeckt zu seiner Bequemlichkeit und zu seiner Erheiterung?
Sollte ihm das zum Fehler angerechnet werden, so er durch seinen Ver=
stand seinem Schöpfer Ehre macht, ohne den der Weltkörper also un=
cultivirt dastände wie eine barste Wüste, auf der Alles durcheinander
wüchse in der schönsten chaotischen Ordnung, wie Kraut, Rüben und
Brennnesseln? — Wenn aber dem Menschen die verschiedenartige Culti=
virung des Erdbodens doch unmöglich zu einem Fehler angerechnet wer=
den kann, obschon sie in sich durchaus nichts anderes Zweckdienliches ent=
hält, als die angenehmere und bequemere Genießung der Dinge in der
Welt; so wird doch andererseits auch ein raffinirter Zeugungsgenuß dem
Menschen auch mitnichten können zum Fehler angerechnet werden, indem
sich sonst selbst der gebildete Mensch in diesem Acte am wenigsten von
dem Thiere unterschieden hat. Also auch dieser Trieb des Menschen muß
auf eine veredeltere und raffinirtere Weise befriediget werden können, und
das aus demselben Grunde, aus welchem man sich bequeme Wohnhäuser
erbaut, weiche Kleider verfertiget, geschmackvolle Speisen bereitet u. dgl.
Annehmlichkeiten mehr. — Man nehme nur den Fall, ein Mensch ge=
bildeten Standes hat zu seiner Befriedigung die Wahl zwischen zwei
Weibspersonen; die Eine ist ein schmutziges ganz verwahrlostes, gemeines
Bauernmensch, die Andere aber ist ein wohlerzogenes, sehr weit geklei=
detes, am ganzen Leibe makelloses und sonst üppiges und reizendes Mäd=
chen, als die Tochter eines ansehnlichen Hauses. Frage: Wornach wird
der gebildete Mann greifen? — Die Antwort wird hier kein Kopfbrechen
brauchen; sicher nur nach Nro. 2; denn vor Nro. 1 wird es ihm ekeln.
Also ist auch hier eine Raffinerie sicher am zweckdienlichsten Platze, weil
der Mensch durch sie beurkundet, daß er ein höheres Wesen ist, welches
alles Unangenehme und Schmutzige zu reinigen und angenehmer darzu=
stellen die volle Macht und Kraft in sich hat. — Da aber der Mann,
wie das Weib, in dieser Hinsicht ein öfteres Bedürfniß sich zu befriedigen
in sich mächtig wahrnimmt, wobei man doch nicht allzeit die Anforder=
ung machen kann, in optima forma ein Kind zu erzeugen, wird es da
wider die Gebühr der Ausübung seiner Verstandeskräfte sein, wenn er
da die Mittel aufstellt, durch welche die Befriedigung dieses Triebes zu=
wege gebracht werden kann, sei es nur durch den blinden Beischlaf mit
den Weibern, oder durch Selbstbefriedigung, oder im Nothfalle durch
die sogenannte Knabenschändung? Denn dadurch unterscheidet sich ja
eben auch der Mensch von dem Thiere, daß er eben auch diesen am
meisten naturmäßigen Trieb auf anderen Wegen befriedigen kann, als
gerade auf jenen nur, auf die er von der rohen Natur primo loco an=
gewiesen wurde; und sonach sind ja ganz besonders wohlconditionirte

Bordelhäuser und dergleichen Anstalten mehr zu billigen, und können dem Verstande des Menschen keineswegs zur Unehre, sondern nur zur Ehre gereichen. — Sehet, was läßt sich, naturmäßig betrachtet, allem Dem entgegen einwenden. — Denn das ist richtig, daß das Thier dergleichen Cultivirungen und allerlei Nüancirungen in der Befriedigung seines Geschlechtstriebes nimmer zuwege bringen kann; und so ist darin gewisserart eine Meisterschaft des menschlichen Verstandes unleugbar zu entdecken. — Das ist Alles richtig; das Thier hat in allem Dem seine Zeit, außer welcher es ganz stumpf für die Befriedigung dieses Triebes bleibt. Aber was ist alle diese Raffinirung? Das ist eine kurze Frage; aber ihre Beantwortung ist groß und gewichtig. — Diese Raffinirung hat doch sicher nichts Anderes zum Grundmotive, als die entsetzlich leidige **Genußsucht**. Die Genußsucht aber wissen wir, daß sie ein unverkennbares Kind der **Eigenliebe** ist, welche aber mit der Herrschliebe ganz identisch einhergeht. — Es ist wahr, in einem stattlichen Hause läßt sich angenehmer wohnen, denn in einer niedrigen Erdhütte; betrachten wir aber die Einwohner! Wie stolz und hochtrabend sehen wir den Bewohner eines Palastes einhergehen, und wie völlig zerknirscht beugt sich der schlichte Hüttenbewohner vor einem solchen glänzenden Palast-Herrn? — Betrachten wir die Bewohner einer großen Stadt, und dagegen die eines niedrigen Bauerndorfes. Die Bewohner der großen Stadt wissen sich aus lauter Genußsucht nicht zu helfen; Alles will angenehm leben, Alles sich unterhalten, Alles glänzen und wo möglich ein Bischen herrschen. Kommt ein solcher armer Landbewohner in die große Stadt, so muß er wenigstens einen jeden Stiefelputzer 2c. „Euer Gnaden" anreden, will er sich nicht irgend einer Grobheit aussetzen. — Gehen wir aber in's Dorf; da werden wir noch Hausväter antreffen, nicht selten friedliche Nachbarn, welche sich nicht „Euer Gnaden" und „Herr von" tituliren. Was ist da wohl vorzuziehen, wenn ein Bauer zum andern spricht: „Bruder!" oder wenn in der Stadt ein nur ein wenig Bemittelter zu einem etwas mehr Bemittelten „Euer Gnaden" und „Herr von" u. dgl. mehr spricht? — Ich meine, es wird kaum nöthig sein dergleichen unsinnige Raffinirungsgeburten des menschlichen Verstandes noch weiter zu verfolgen, sondern wir können sogleich den Hauptspruch machen: Alle solche genußsüchtigen Verfeinerungen sind nach der vorangehenden Betrachtung nichts als **Abgöttereien**; denn sie sind Opfer des menschlichen Geistes an die äußere todte Naturmäßigkeit. Sind sie aber Abgöttereien, so sind sie auch die barste **Hurerei**; und daß sie nicht in die Sphäre der Keuschheit aufgenommen werden können, beweiset ihre Tendenz. — Warum ward Babel eine Hure genannt? Weil dort alle erdenkliche Raffinerie zu Hause war. Also heißt auch „die Hurerei treiben" im vollkommensten Sinne: Der Unkeuschheit dienen nach aller Lebenskraft; und so ist ein reicher Ehemann, der sich ein üppiges und geiles Weib genommen hat des alleinigen Genusses wegen, nichts mehr und nichts weniger, als ein **barster Hurer**, und dessen Weib eine **barste Hure**; — und eben also wird auch hier diesen Kindern die Unkeuschheit in ihrem Fundamente gezeigt, wie sie nämlich ist eine allerbarste **Selbst-** und **Genußsucht**. — Es war nothwendig, dieses Gebot für euch um desto gründlicher zu beleuchten, weil sich der Mensch eben über keines so leicht hinaussetzt, als über dieses. — Ich meine daher, daß ihr nun auch diesen Vortrag verstehet; und so wollen wir uns denn auch sogleich in den siebenten Saal begeben. —

## 256.
### (Am 4. Octbr. 1843, von 4½—5¾ Uhr Abds.)

Wir sind im siebenten Saale; und sehet, in der Mitte desselben auf einer an einer lichten weißen Säule befindlichen Tafel steht mit deutlich leserlicher Schrift geschrieben: „Du sollst nicht stehlen!" — Hier dringt sich beim ersten Anblicke dieser Gesetzestafel doch sicher einem Jeden sogleich die Frage auf: Was sollte hier gestohlen werden können, da Niemand ein Eigenthum besitzt, sondern ein Jeder nur ein Fruchtnießer ist von Dem, was der Herr giebt? — Diese Frage ist natürlich und hat ihren guten Sinn, kann aber auch eben mit dem Rechte auf dem Weltkörper aufgestellt werden; denn auch auf dem Weltkörper giebt Alles, was da ist, der Herr, und doch können die Menschen einander bestehlen auf alle mögliche Art. Könnte man da nicht auch fragen und sagen: Hat der Herr die Welt nicht für alle Menschen gleich geschaffen, und hat nicht jeder Mensch das gleiche Recht auf Alles, was die geschaffene Welt zum verschiedenartigen Genusse bietet? — So aber der Herr sicher die Welt nicht nur für Einzelne, sondern für Alle geschaffen, und ein Jeder das Recht hat, die Producte der Welt nach seinem Bedürfnisse zu genießen; wozu war denn hernach dieses Gebot gut, durch welches den Menschen offenbar irgend ein Eigenthumsrecht eingeräumt ward, durch welches erst hernach ein Diebstahl möglich geworden ist? — Denn wo kein Mein und kein Dein ist, sondern bloß ein allgemeines Unser Aller, da möchte ich Den doch sehen, der da bei dem besten Willen seinem Nächsten etwas zu stehlen vermöchte. — Wäre es demnach nicht klüger gewesen, statt dieses Gebotes, durch welches ein abgesondertes Eigenthumsrecht gefährlicher Maßen eingeräumt wird, alles Eigenthumsrecht für alle Zeiten aufzuheben, wodurch dieses Gebot dann vollkommen entbehrlich würde, alle Eigenthumsgerichte der Welt nie entstanden wären, und die Menschen auf die leichteste Weise untereinander als wahrhafte Brüder leben könnten? — Dazu muß man noch bedenken, daß der Herr dieses Gebot durch Moses gerade zu einer solchen Zeit gegeben hat, wo aber auch nicht ein Mensch aus allen den überaus zahlreichen Israelskindern irgend ein eigenes Vermögen hatte; denn was da das mitgenommene Gold und Silber aus Egypten betrifft, so war es ein Eigenthum des ganzen Volkes unter der Aufsicht ihres Anführers. Was aber die Kleidung betrifft, so war sie höchst einfach und dabei so armselig, daß da ein einziges Kleidungstück in euerer gegenwärtigen Zeit sicher nicht den Werth von einigen schlechten Groschen übersteigen würde; und dazu hatte nicht Einer aus den Israeliten einen Kleidungsvorrath, sondern was er am Leibe trug, das war Alles, was er besaß. — Dazu kam hernach dieses Gebot; und sicher mußte das israelitische Volk einander mit großen Augen fragen: Was sollen wir einander nicht stehlen? Etwa unsere Kinder, da doch ein Jeder froh ist in dieser gegenwärtigen bedrängten Lage, wenn er so kinderarm als möglich ist? — Sollten wir uns gegenseitig etwa unsere Töpfe stehlen? — Was sollten wir aber dabei gewinnen? Denn wer da keinen Topf hat, der hat ohnedieß das Recht, sich im Topfe seines Nachbars, so er etwas Kochbares hat, mitzukochen. — Hat er aber einen Topf, da wird er es nicht nothwendig haben, sich noch eines zweiten zu bemächtigen, um dadurch noch mehr zum Hin- und Herschleppen zu haben. — Es ist fürwahr nicht einzusehen, was wir hier einander stehlen könnten; — etwa die Ehre? — Wir sind alle Diener und Knechte eines und desselben Herrn, der den Werth eines jeden Menschen gar wohl kennt. So wir einander auch gegenseitig verkleinern wollten, was würden wir dadurch erzwecken im Angesichte Dessen, der uns allzeit durch und durch schauet? — Also wissen wir durchaus nicht, was wir aus diesem Gebote machen sollen. Soll dieses Gebot für künftige Zeiten gelten, falls uns der Herr einmal ein Eigenthum absonderlich einräumen wollte? — Wenn das, da lasse Er uns lieber also, wie wir sind, und das Gebot hebt sich von selbst auf. — Sehet, also raisonnirte im Ernste auch hier und da das israelitische Volk, und Solches war ihm auch für seine Lage in der Wüste nicht zu verdenken; denn allda war Jeder gleich reich und gleich groß, d. h. in seinem Ansehen. — Könnte aber nun nicht das gegenwärtige gläubige Volk neutestamentlich mit dem Herrn also raisonnirend aufbegehren und sagen: O Herr! warum hast Du denn dereinst ein solches Gebot gegeben, durch welches mit der Zeit den Menschen auf der Erde ein absonderliches Eigenthumsrecht eingeräumt ward, und durch welches ferner eben zufolge dieses eingeräumten Eigenthumsrechtes sich eine zahllose Menge von Dieben, Straßenräubern und Mördern gebildet hat? — Hebe daher dieses Gebot auf, damit das Heer der Diebe, Mörder und Räuber und allerlei Betrüger und ein zweites Heer der Weltrichter aufhören möchte, jegliches in seiner Art aller Nächstenliebe ledig, thätig zu sein! — Ich sage hier: Der Aufruf läßt sich hören und erscheint unter dieser kritischen Beleuchtung als vollkommen billig. Wie und warum denn? — Für's Erste kann man von Gott als dem allerhöchst liebevollsten Vater doch sicher nichts Anderes, als nur das allerhöchst Beste erwarten. Wie sollte man da wohl denken können, Gott als der allerbeste Vater der Menschen habe ihnen da wollen eine Verfassung geben, welche sie offenbar unglücklich machen muß, und das zwar zeitlich und ewig! Wenn man aber Gott doch sicher die allerhöchste Güte, die allerhöchste Weisheit und somit die sichere Allwissenheit nothwendig zuschreiben muß, der zufolge Er doch wissen mußte, welche Früchte ein solches Gebot unfehlbar wird tragen müssen, da kann man ja doch nicht umhin, zu fragen: Herr! warum hast Du uns solch' ein Gebot gegeben? warum uns durch dasselbe nicht selten namenlos unglücklich gemacht? War es im Ernste Dein Wille also, oder hast Du dieses Gebot nicht gegeben, sondern die Menschen haben es erst nachträglich eingeschoben ihres Eigennutzes wegen, indem sie sich etwa vorgenommen haben, sich von der allgemeinen Zahl ihrer Brüder abzusondern und sich in solchem Zustande dann berechtigter Maßen eigenthümliche Schätze zu sammeln, und durch ihre Hilfe sich dann desto leichter als Herrscher über ihre gesammelten armen Brüder zu erheben? — Sehet, alles Das läßt sich hören, und kann Solches Niemand in Abrede stellen; und man muß noch obendrauf einem menschlichen Verstande einige Körner echten Weihrauches streuen, so er es in dieser Zeit wenigstens der Mühe werth gefunden, die Gesetze Mosis auf diese Weise kritisch zu beleuchten. Aber wer hat bei dieser Kritik Etwas gewonnen? — Die Menschen nicht, und der Herr sicher auch nicht; denn es spricht sich in dieser Kritik offenbar nicht die göttliche Liebe und Weisheit aus. Wie aber soll denn dieses Gesetz genommen und betrachtet werden, damit es als vollkommen geheiligt vor Gott und allen Menschen erscheint? Daß es ausspreche die höchst göttliche Liebe und Weisheit und in sich trage die weiseste Fürsorge des Herrn zum zeitlichen und ewigen Glückseligkeitsgewinne? — Also, wie es bis jetzt erklärt ward, besonders in der gegenwärtigen Zeit, hat es freilich nur Unheil verbreiten müssen; daher wollen wir nach der Erbarmung des Herrn die wahre Bedeutung dieses Gebotes enthüllen, auf daß die Menschen in selbem fürder ihr Heil, aber nicht ihr Unheil finden sollen. Um aber Das zu bewerkstelligen, werden wir vorerst betrachten, was da unter dem „Stehlen" verstanden werden muß. —

## 257.
(Am 5. October 1843 von 4¾—6 Uhr Abds.)

Daß vor der Hand unter dem Begriffe „Stehlen" unmöglich die eigenmächtige Wegnahme der materiellen Güter eines Andern verstanden werden konnte, erhellt klar daraus, weil besonders zur Zeit der Gesetzgebung Niemand aus dem israelitischen Volke ein Eigenthum besaß; und selbst, als das Volk in's gelobte Land eingezogen ist, die staatliche Verfassung desselben also bestellt war, der zufolge Niemand in diesem Lande ein ganz vollrechtiges Eigenthum besitzen konnte, sondern es war dabei so viel als möglich auf eine Gütergemeinschaft abgesehen, und ein jeder dürftige Israelit, wenn er übrigens in der göttlichen Ordnung lebte, mußte überall die gastfreundlichste Aufnahme und Unterkunft finden. — Wäre aber in diesem Gebote unter dem Stehlen die willkürliche und eigenmächtige Wegnahme des Gutes eines Andern verstanden gewesen, so fiele, wie es im Verlaufe dieser Darstellung hinreichend klar gezeigt wurde, nothwendig der unfehlbare Tadel auf den Gesetzgeber, indem Er dadurch gewisserart stillschweigend dem Erwerbe, der Industrie und somit auch dem Wucher das Wort gesprochen hätte. Denn das muß doch jedem Menschen auf den ersten Blick in die Augen fallen, so er nur im geringsten Maße eines etwas bessern Denkens fähig ist, daß alsbald das Eigenthumsrecht als vollkommen sanctionirt und bestätigt eingeführt ist, sobald man ein Gesetz giebt, durch welches das Eigenthum eines Jeden als vollkommen gesichert erscheinen muß. Wie könnte man aber doch auf der andern Seite ein solches Gesetz von demjenigen Gesetzgeber erwarten, der mit Seinem eigenen Munde zu seinen Schülern gesprochen hat: „Sorget euch nicht, was ihr essen und trinken werdet, und womit euern Leib bekleiden; denn das Alles ist Sache der Heiden. Suchet vor Allem das Reich Gottes; alles Andere wird euch schon von selbst hinzu fallen." — Weiter spricht derselbe Gesetzgeber: „Die Vögel haben ihre Nester, und die Füchse ihr Geschleif, aber des Menschen Sohn hat nicht einen Stein, den Er unter Sein Haupt lege!" — Wieder auf einer anderen Seite sehen wir seine Schüler sogar an einem Sabbathe Aehren abraufen\*), also offenbar stehlen. — Als sich aber die Eigenthümer des Ackers darüber beschwerten, saget: Wer bekam da von dem großen Gesetzgeber den Verweis und eine ganz tüchtige Zurechtweisung? Ihr braucht nur im Buche nachzusehen, und es wird euch Alles klar sein. — Weiter sehen wir denselben Gesetzgeber einmal in der Lage, einen Mauthzins entrichten zu müssen; hat Er in Seine eigene Tasche gegriffen? — O nein, sondern Er mußte, daß im nahen See ein Fisch einen verlornen Stater verschluckt hatte; der Petrus mußte hingehen und dem durch die Kraft des Herrn gehaltenen Fische die Münze aus dem Rachen nehmen und mit derselben den Mauthzins bezahlen. — Ich frage aber: Hat nach eueren Eigenthumsrechten der Finder auf ein auf was immer für Weise gefundenes Gut das disponible Eigenthumsrecht? — Mußte der große Gesetzgeber nicht wissen, oder wollte Er es nicht wissen, daß Er von diesem im Fische gefundenen Gute nur auf ein Drittheil das disponible Eigenthumsrecht hatte, und das nur nach der vorausgegangenen öffentlichen oder amtlichen Bekanntgebung seines Fundes? — Er hat aber Solches nicht gethan; sonach hat Er ja offenbar einen zweidritteltheiligen Diebstahl gemacht, oder eine Veruntreuung, was eben so viel ist. — Ferner ließe sich nach den Rechtsprincipien fragen, wenn man voraussetzt, daß nur gar wenige Juden es in der Fülle wußten, wer eigentlich Christus war: Wer Ihm das Recht eingeräumt hatte, die bekannte Eselin ihrem Eigenthümer abnehmen zu lassen, und sie dann Selbst nach Seinem Gutdünken zu gebrauchen? — Man wird hier sagen: Er war ja der Herr der ganzen Natur, und Ihm gehörte ja ohnehin Alles. — Das ist richtig; aber wie spricht Er denn in weltlicher Hinsicht, daß des Menschen Sohn keinen Stein habe? und auf der anderen Seite spricht Er Selbst, daß Er nicht gekommen ist, um das Gesetz aufzuheben, sondern dasselbe nur zu erfüllen bis auf ein Hälchen. — Wenn wir Seine Geschichte verfolgen wollten, so würden wir noch so Manches finden, wo der große Gesetzgeber nach den gegenwärtigen Eigenthumsrechtsprincipien und nach der umfassenden juridischen Erklärung des siebenten Gebotes gegen eben diese Rechtsprincipien sich offenbar vergriffen hat. Was würde hier Jemandem geschehen, so er einem Eigenthümer einen Baum zerstörte, oder so er eine ganze große Heerde von Schweinen vernichtete, u. d. m.? — Ich meine, wir haben der Beispiele genug, aus denen sich mehr als klar ersehen läßt, daß der große Gesetzgeber mit diesem siebenten Gebote einen ganz anderen Sinn verbunden hat, als er nach der Zeit von der habsüchtigen und eigennützigen Menschheit ausgeheckt worden ist. — Man wird sagen: Das ist nun ganz klar und ersichtlich; aber welchen Sinn Er damit verbunden hat, das liegt noch hinter einem starken Schleier! — Ich aber sage: Nur Geduld; haben wir bis jetzt die falsche Auffassung dieses Gebotes gehörig beleuchtet, so wird sich die rechte Bedeutung in diesem Gebote sicher auch leicht finden lassen; denn vermag Jemand die Beschaffenheit der Nacht zu durchblicken, dem wird es doch wohl nicht bange sein dürfen, daß er am Tage zu wenig Licht haben wird. — Was heißt denn hernach im wahren eigentlichen Sinne: „Du sollst nicht stehlen?" — Im eigentlichen wahren Sinne heißt das so viel: Du sollst

---

\*) Markus C. 2. V. 23.

nimmer die göttliche Ordnung verlassen, dich nicht außer dieselbe hinausstellen und der Rechte Gottes bemächtigen wollen. — Was sind aber diese Rechte, und worin bestehen sie? — Gott allein ist heilig, und Ihm allein kommt alle Macht zu! — Wen Gott Selbst heiligt und ihm die Macht ertheilt, der besitzt sie rechtmäßig; wer sich aber selbst heiligt und die göttliche Macht an sich reißt, um im Glanze derselben eigennützig und habsüchtig zu herrschen, der ist im wahrhaftigen Sinne ein **Dieb**, ein **Räuber** und ein **Mörder**! — Wer alsonach sich eigenmächtig und selbstliebig durch was immer für äußere Schein- und Trugmittel, mögen sie irdischer oder geistiger Art sein, über seine Brüder erhebt, **Der ist's**, der solches Gebot vollkommen übertritt. In diesem Sinne wird es auch diesen Kindern hier gelehrt und ihnen auf praktischem Wege gezeigt, daß da kein Geist je die ihm innewohnende Kraft und Macht eigenmächtig gebrauchen solle, sondern allzeit nur in der göttlichen Ordnung. — Man wird aber jetzt sagen: Ja, wenn so, da ist das bekannte Stehlen und Rauben ja erlaubt; — ich aber sage: Nur Geduld; die nächste Folge soll Alles in's klare Licht bringen. — Für jetzt aber wollen wir uns mit Dem zufrieden stellen, indem wir einmal wissen, was da unter dem Stehlen zu verstehen ist und daß der Herr durch dieses Gebot nie ein Eigenthumsrecht eingeführt hat. —

## 258.
### (Am 6. October 1843 von 4³/₄—6 Uhr Abds.)

Es läßt sich nun fragen: Da der Herr nie ein Eigenthumsrecht eingeführt, und daher auch unmöglich je ein Gebot gegeben hatte, durch welches man ganz besonders ein zusammengewuchertes Vermögen so vieler geiziger Wucherer respectiren solle, und das gegenüber einer Unzahl von den allerärmsten Menschen, ob man denn wohl stehlen dürfte, Dasjenige nämlich, was sich solche Wucherer dem göttlichen Gesetze zuwider zusammengescharrt haben? Denn man nimmt doch einem Diebe nach den irdischen Gesetzen, sobald man ihn nur ertappt, seine gestohlenen Sachen weg; sollte man denn nicht um so mehr das Recht haben, den allerbarsten Dieben und Räubern dem göttlichen Gesetze gegenüber ihre zusammengeraubten Reichthümer wegzunehmen und sie unter die Dürftigen zu vertheilen? — Nach dem Verstandesschlusse könnte man dieser Anforderung von vornherein gerade nichts einwenden; aber der rechte Mensch hat noch höhere Kräfte, als seinen Verstand in sich. Was werden aber diese zu dieser Verstandesbilligung sagen? — Fragen wir unsere Nächstenliebe und unsere Gottesliebe; was spricht sie in ihrem inwendigsten, ewig lebendigsten Geiste aus Gott? Sie spricht nichts Anderes, als was der Herr Selbst gesprochen hat, nämlich: „**Mein Reich ist nicht von dieser Welt!**" — Und wer sein äußeres Leben liebt, der wird das innere verlieren; wer aber sein äußeres Leben flieht und gering achtet, der wird das innere behalten. — Das spricht alsdann der innere Geist. — Wir sehen nirgends eine Anforderung, daß wir uns über die Güter der Reichen der Welt hermachen sollten. Der Herr Selbst spricht: „Gebet dem Kaiser, was des Kaisers ist." — **Also befiehlt Er auch nicht dem** reichen Jünglinge, seine Güter zu verkaufen, sondern ertheilt ihm nur den freundschaftlichen Rath nebst der Verheißung des ewigen Lebens. — Da wir sonach aber nirgends auf ein Gebot vom Herrn aus stoßen, durch welches Er ausdrücklich befohlen hätte, sich irgend des Reichthumes der Wucherer zu bemächtigen, so liegt es auch sicher klar am Tage, daß ein wahrhaftiger Christmensch nicht das Recht hat, sich über die Güter der Reichen herzumachen. Selbst Derjenige, der in der größten Noth ist, hat nicht vom Herrn aus ein irgend nachzuweisendes Recht, sich im größten Nothfalle der Güter selbst eines barsten Diebes zu bemächtigen; wohl aber hat bei einem großen Nothzustande ein ganzes Volk das Recht dazu. Warum denn? Weil dann der Herr Selbst im Volke waltend auftritt, und bewirkt dadurch für die nimmersatten Wucherer ein gerechtes Gericht. — Nur soll sich da Niemand erlauben, außer im höchsten Nothfalle, die Wucherer und die reichen Hartherzigen zu ermorden, sondern ihnen nur so viel von ihren höchst überflüßigen Schätzen wegzunehmen, was das Volk zu seiner Unterstützung nöthigst bedarf, um sich wieder auf die Füße des friedlichen Erwerbes stellen zu können. Dem reichen Wucherer aber solle noch immer so viel gelassen werden, damit er auf der Welt keine Noth leide; denn das ist ja sein einziger Lohn für seine Arbeit. Der Herr aber will Niemanden strafen, sondern Jedermann nur belohnen nach der Art seiner Thätigkeit. Da der Reiche aber und der Wucherer nach diesem Erdleben nichts mehr zu erwarten hat, da ist es ja recht und billig, daß eben ein solcher Reicher und Wucherer für sein Talent dort seinen Lohn findet, wo er gearbeitet hat. — Zudem will der Herr auch keinen Menschen auf dieser Welt völlig richten, damit da für einen Jeden die Möglichkeit noch vorhanden bleibe, sich freiwillig von der Welt abzuwenden und zum Herrn zurückzukehren. — Würde nun solch' einem reichen Wucherer Alles weggenommen werden, so erscheint er schon als völlig gerichtet; denn Verzweiflung wird sich seiner bemächtigen und eine endlose Zornwuth, in der er unmöglich je den Weg des Heils betreten kann. — Ist ihm aber noch ein genügendes Vermögen gelassen worden, so ist er für's Erste keiner irdischen Noth ausgesetzt, und erscheint nicht als völlig unbelohnt für sein Ersparungstalent; — für's Zweite aber kann er in diesem Zustande als nicht völlig gerichtet ja auch noch den Rath befolgen, den der Herr dem reichen Jünglinge gegeben hat, und kann dadurch zum ewigen Leben gelangen. Am wenigsten aber sollen bei solchen äußersten Unternehmungen von Seite eines tiefverarmten Volkes blutige Grausamkeiten ausgeübt werden; denn sobald Solches geschieht, da wirkt nicht mehr der Herr mit dem Volke, und das Volk wird seine That nicht gesegnet sehen! — Denn wenn es heute siegen wird, so wird es morgen wieder geschlagen, und wird da ein Blut wider das andere fließen! Nie soll der Mensch vergessen, daß alle Menschen seine Brüder sind. Was er unternimmt, das soll er stets mit einem liebeerfüllten Herzen unternehmen; Niemanden soll er je etwas Böses thun wollen, sondern allzeit nur etwas Gutes, besonders im geistigen Theile zum ewigen Leben Wirkendes. — Ist so sein Sinn beschaffen, dann wird der Herr seine Handlung segnen, im Gegentheile aber verfluchen! — Denn so der Herr Selbst Niemanden ein ewig tödtlicher Richter sein will, dem doch alle Gewalt im Himmel und auf Erden eigen ist, und Niemanden zu fragen hat, was Er thun oder nicht thun soll, um so weniger soll ein Mensch auf der Erde etwas nach seinem argen Willen thun. — Wehe aber dem Volke, welches ohne die äußerste Nothwendigkeit sich gegen die Reichen und Mächtigen erhebt! Das wird für seine That allerbitterst gezüchtiget werden; denn die Armuth ist des Herrn. Wer den Herrn liebt, der liebt auch die Armuth; der Reichthum und das Wohlleben aber ist der Welt und des Satans! Wer nach diesem, was der Welt ist, trachtet und es liebt, der hat sich auch vom Scheitel bis zur Zehe dem Satan einverleibt! — So lange also irgend ein Volk sich des Tages nur einmal halbwegs sättigen und noch das Leben erhalten kann, so lange auch soll es sich nicht erheben. Wenn aber die Reichen und Wucherer beinahe Alles an sich gerissen haben, so daß Tausenden von armen Menschen der augenscheinlichste Hungertod droht, dann ist es Zeit, sich zu erheben und die überaus überflüssigen Güter der Reichen unter einander zu theilen; denn dann will es der Herr, daß die Reichen bis zu einem großen Theile für ihre schändliche Eigenliebe und Habsucht sollen gezüchtiget werden. — Zum Schlusse der Abhandlung dieses Gebotes dürfte vielleicht noch Jemand fragen, ob die Zinsnahme für geliehene Capitalien nicht gewisserart auch wider das siebente Gebot ist? — Da sage ich: Wenn in einem Staate der Zinsfuß gesetzlich bestimmt ist, so ist es auch erlaubt, nach diesem Zinsfuße von den Reichen die Interessen zu nehmen; hat aber Jemand einem Bedürftigen ein erforderliches Capital geliehen, so soll er dafür keine Zinsen verlangen. Hat sich dieser Nothdürftige mit diesem Capitale in so weit beholfen, daß er sich nun in seiner Gewerbshandthierung bürgerlich wohlbefindet, so soll er darauf bedacht sein, das ausgeliehene Capital seinem Freunde wieder zurückzuerstatten; will er aus Dankbarkeit die gesetzlichen Zinsen zahlen, so soll sie der Ausleiher nicht annehmen, wohl aber dem Rückzahler erinnern, solche an seine ärmeren Brüder zu verabfolgen nach seiner Kraft. Ganz Armen aber soll Niemand ein Capital leihen, sondern was er ihnen giebt, das soll er ihnen ganz geben. — Das ist in dieser Hinsicht der Wille des Herrn; wer ihn befolgt, der wird des Herrn Liebe haben. — Da wir somit Alles, was dieses Gebot betrifft, berührt haben, so können wir uns sogleich in den achten Saal begeben, allda wir ein Gebot werden kennen lernen, das diesem siebenten in vieler Hinsicht gleichen wird. —

## 259.

(Am 11. October 1843, von 4¾—6 Uhr Abds.)

Wir sind im achten Saale und sehen allda wieder auf der uns aus allen früheren Sälen wohlbekannten Rundtafel mit deutlicher Schrift gezeichnet: „**Du sollst kein falsches Zeugniß geben;**" oder was eben so viel sagt: Du sollst **nicht lügen!** — Es klingt dieses Gebot im Reiche der reinen Geister wohl sonderbar, indem ein Geist in seinem reinen Zustande aller Lüge unfähig ist; denn ein Geist kann unmöglich anders sprechen, als wie er denkt, indem der Gedanke schon sein Wort ist, und der Geist im reinen Zustande kann darum auch keine Unwahrheit über seine Lippen bringen, weil er ein einfaches Wesen ist und in sich keinen Hinterhalt haben kann. Der Lüge ist sonach nur ein unreiner Geist fähig, wenn er sich mit einer Materie umhüllet. — Ist aber ein Geist auch von unreiner Beschaffenheit seiner gröberen Umhüllung ledig, so kann er eben auch keine Unwahrheit von sich bringen. Aus diesem Grunde umhüllen sich denn auch die argen Geister mit allerlei groben Truggestalten, um in dieser Umhüllung lügen zu können. Also mußte sich auch der bekannte Satan im Paradiese vor dem ersten Menschenpaare mit der materiellen Gestalt einer Schlange umhüllen, auf daß er dadurch in sich einen Hinterhalt bekam und hernach anders denken und anders sprechen konnte. Aus diesem alleinigen Grunde sind auch die Menschen auf Erden im Stande zu lügen, so oft sie wollen, weil sie in ihrem Leibe einen Hinterhalt haben, und können von diesem aus die Maschine des Leibes gerade in entgegengesetzter Richtung gegen dem bewegen, wie sie denken. Solches jedoch, wie bemerkt, ist den reinen Geistern nicht möglich. — Sie können zwar wohl, so sie gegen irdische Menschen sich äußern, in Entsprechungen sich kundgeben, und sagen dann auch nicht selten ganz etwas Anderes, als was der innere Sinn ihrer Rede darstellt, aber das heißt nicht lügen, sondern das heißt nur die geistige Wahrheit in irdische Bilder legen, welche dieser Wahrheit genau entsprechen. — Wir sehen aber aus Dem, daß dieses Gebot für die Geister gar nicht taugt, indem sie ganz bestimmt der Fähigkeit zu lügen gänzlich ermangeln. Für Wen aber gilt hernach dieses Gebot? — Ich weiß, man wird mit der Antwort bald fertig werden und sagen: Es gilt für die mit Materie umhüllten Geister, und gebietet ihnen, ihre Umhüllung nicht anders zu gebrauchen, als wie in ihnen ihr Denken und aus demselben hervorgehendes Wollen im reingeistigen Zustande beschaffen ist. Wir wissen aber, daß dieses Gebot so gut wie alle früheren von Gott, als dem Urgrunde alles Geistigen ausgeht; als Solches aber kann es unmöglich nur eine materielle und nicht auch zugleich eine geistige Geltung haben. — Um der Sache aber so ganz recht auf den Grund zu kommen, müssen wir erörtern, was eigentlich unter „Lügen" oder „falsches Zeugniß geben" zu verstehen ist. — Was ist denn hernach die Lüge oder ein falsches Zeugniß in sich selbst? — Ihr werdet sagen: Eine jegliche Unwahrheit ist das; ich aber frage: Was ist denn eine Unwahrheit? — Da dürfte wohl auch Jemand mit der Antwort bald fertig werden und sagen: Jeder Satz, welchen der Mensch ausspricht, um dadurch Jemanden zu täuschen, ist eine Unwahrheit, eine Lüge, ein falsches Zeugniß. — Es ist dem Außen nach Alles gut, aber nicht also dem Innen nach; wir wollen dafür eine kleine Probe aufstellen. — Frage: Kann der Wille denken? Ein jeder Mensch muß Solches verneinen, indem er offenbar sagen muß: Der Wille verhält sich zum Menschen, wie das Zugvieh zum Wagen. Dieses zieht wohl kräftig denselben; aber wo wird es den Wagen hinbringen ohne den denkenden Fuhrmann? — Weiter frage ich: Kann der Gedanke wollen? — Kehren wir zum Fuhrwerk zurück; kann der Fuhrmann bei dem besten Verstande ohne Zugkraft der Lastthiere den schweren Wagen von der Stelle bringen? Ein Jeder muß hier sagen: Da können tausend der gescheidtesten Fuhrleute neben dem schwer belasteten Wagen alle möglichen philosophischen Grundsätze aufstellen, und dennoch werden sie mit all' diesen Prachtgedanken den Wagen so lange nicht von der Stelle bringen, bis sie in ihren Gedanken nicht darin übereinkommen, daß vor dem Wagen eine verhältnißmäßige Zugkraft angebracht werden muß. — Aus diesem Beispiele aber haben wir nun gesehen, daß der Wille nicht denken, und daß der Gedanke nicht wollen kann. — Sind aber Gedanke und Wille vereint, so kann der Wille doch nur das thun, wozu ihn der Gedanke leitet. — Nun aber frage ich weiter: Wenn es sich mit der Sache also verhält, wer kann denn dann lügen aus dem Menschen? — Der Wille sicher nicht; denn dieser ist ein Etwas, welches sich allzeit nach dem Lichte des Gedankens richtet. — Kann der Gedanke lügen? — Sicher nicht; er ist einfach und kann sich nicht theilen; aber der Leib wird etwa lügen können im Menschen? Wie aber etwa der Leib lügen könnte als eine für sich todte Maschine, welche nur durch den Gedanken und Willen des Geistes durch die Seele zur Thätigkeit angeregt wird, das wäre wirklich überaus merkwürdig irgend in Erfahrung zu bringen. Ich entdecke aber so eben einen Psychologen, und zwar aus der Classe der geistigen Dualisten; dieser spricht: Die Seele des Menschen ist auch ein sich selbst bewußtes denkendes Wesen, und denkt zum Theil aus den naturmäßigen und zum Theil aus den geistigen Bildern; und so können sich in ihr gar wohl zweierlei Arten von Gedanken bilden, nämlich naturmäßige und geistige. Sie kann daher wohl die geistigen in sich denken; da ihr aber auch der Wille zur Disposition dasteht, so kann sie anstatt der auszusprechenden sein sollenden Wahrheit oder des geistigen Gedankens den naturmäßigen der geistigen Wahrheit ganz entgegengesetzten Gedanken aussprechen, und thut sie das, so lügt sie, oder giebt ein falsches Zeugniß. Was meinet ihr wohl, ist dieser Schluß richtig? — Den Anschein von Richtigkeit hat er wohl, für den äußeren Menschen genommen betrachtet, aber im Grunde des Grundes ist er dennoch falsch; denn was würde da wohl für eine Thätigkeit zum Vorschein kommen, wenn man zur Fortschaffung etwa eines Wagens vorne, so wie rückwärts gleich viele und gleich starke Zugpferde und daneben auch Fuhrleute zur Leitung der Pferde anspannen und anstellen möchte? — Wie hier der Wagen nie von der Stelle gebracht würde, also möchte es doch wohl auch mit dem Leben eines Menschen aussehen, wenn dasselbe auf zwei sich entgegengesetzte lebendige Principien sich gründen möchte. Das wäre gerade so viel, als plus 1 und minus, welches addirt gleich Nichts giebt. — Es muß also nur ein lebendes Princip sein; wie aber kann dieses lügen und falsches Zeugniß geben? — Entweder kann dieses eine Princip, wie erwiesen, gar nicht lügen und falsches Zeugniß geben; oder unter dem Begriffe „lügen" und „falsches Zeugniß geben" muß gründlicher Maßen etwas ganz Anderes verstanden werden, als was bisher verstanden wurde. — Da sagt freilich Jemand: Wenn die Sache so zu nehmen ist, so ist eine jede uns bekannte Lüge, jeder falsche Eid, wie auch jeder Wortbetrug als unsündhaft und frei gäng und gebe zu betrachten. — Gut, sage ich, die Einwendung wäre so übel nicht; aber nach euerem Sprichworte: „Wer zuletzt lacht, lacht am besten"; — werden wir uns auch ein ähnliches Vergnügen auf den Schluß vorbehalten. —

## 260.

(Am 12. October 1843, von 4½–5¾ Uhr Abds.)

Damit wir aber diesen gordischen Knoten auch so gewisserart mit einem Hiebe entwirren mögen, so wollen wir uns gleich über die Erörterung des Hauptbegriffes in diesem achten Gebote machen. — Wir wissen, daß vom Herrn aus einem jeden Geiste ein *freier Wille*, und also auch ein freier Gedanke zur Beleuchtung des freien Willens gegeben ward; und dieser Gedanke im Geiste ist eigentlich die *Sehe und das Licht des Geistes*, durch welches er die Dinge in ihrer naturmäßigen Sphäre erschauen kann. — Neben diesem Lichte, das jeder Geist eigenthümlich von Gott wesenhaft erhalten hat, hat er aber auch noch eine zweite Fähigkeit, ein *innerstes allerheiligstes Licht von Gott aufzunehmen*; aber nicht durch sein Auge, sondern durch das Ohr, welches eigentlich auch ein Auge ist. Aber nicht ein Auge zur Aufnahme äußerer Erscheinlichkeiten, welche hervorgebracht werden durch den allmächtigen Willen des Herrn, sondern es ist ein Auge zur Aufnahme des reingeistigen Lichtes aus Gott, nämlich des Wortes Gottes. — Solches möget ihr schon aus euerer noch naturmäßigen Beschaffenheit abnehmen, wenn ihr nur einiger Maßen darauf achtet, wie sehr das unterschieden ist, was ihr durch euere Augen erschauet, und daneben durch euere Ohren erhorchet. — Durch eure Augen könnt ihr nur naturmäßige Bilder erschauen; mit euren Ohren aber könnt ihr Strahlen aus der innersten göttlichen Tiefe aufnehmen. Ihr könnet die Sprache der Geister in der Harmonie der Töne vernehmen, oder besser gesagt: ihr könnt die geheimen Formen der innersten geistigen Schöpfung schon äußerlich materiell durch euere fleischlichen Ohren vernehmen. — Wie tief zurück steht da das Auge vor dem Ohre?! — Sehet, also ist es auch bei dem Geiste; er ist vermöge solcher Einrichtung befähiget, *Zweifaches aufzunehmen, nämlich das äußere Bildliche und das innere wesenhaft Wahre.* In diesem Doppelschauen liegt das Geheimniß des freien Willens zu Grunde. — Ein jeder Mensch, sei er jetzt rein geistig, oder noch mit der Materie umhüllt, hängt durch diese Fähigkeit ganz natürlicher Maßen zwischen einem Innern und Außen. Er kann sonach allzeit eine zahllose Menge von Außenformen erschauen, kann aber auch zu gleicher Zeit eben so viel der inneren rein göttlichen Wahrheit in sich aufnehmen. Mit dem Lichte von Außen faßt er nichts von all' dem Geschauten, als bloß nur die äußere Form, und kann dadurch in sich selbst eben durch die Aufnahme dieser Formen der Schöpfer seiner Gedanken sein. — Mit diesen Gedanken kann er auch seinen frei disponiblen Willen in Bewegung setzen, wie und wann er will. Gebraucht er das andere Auge des inneren göttlichen Lichtes nicht, sondern begnügt und beschäftigt er sich bloß mit den Formen, so ist er ein Mensch, der sich offenbar selbst betrügt; denn die Formen sind für ihn so lange leere Erscheinungen, als bis er sie nicht in ihrer Tiefe erfassen kann. — Wenn aber ein Mensch auch zugleich vom Herrn aus das innere Licht hat, und erschaut, so er nur will, das Innere der Formen, verstellt sich aber selbst dabei, und zeugt von den Außenformen anders, als er ihre hohe Bedeutung mit dem inneren geistigen Auge, welches das Ohr ist, erschaut; so giebt er den äußerlich erschauten Formen doch offenbar ein falsches Zeugniß. — Hier haben wir nun schon aus der Wurzel erörtert, was im Grunde des Grundes „ein falsches Zeugniß geben" heißt. — In der Hauptsache aber kommt es wieder darauf an, daß der Mensch von der göttlichen Wahrheit in sich nicht anders reden soll, als er sie in sich gewahrt. Im Allerinwendigen aber verhält sich die Sache also: Die Liebe ist gleich dem inwendigst erschauten Wahrheitslichte unmittelbar aus Gott, und die Weisheit ist gleich dem ausstrahlenden Lichte aus Gott durch alle unendlichen ewigen Räume. — So aber Jemand die Liebe hat, wendet sie aber nicht an, sondern ergreift bloß nur mit seinem äußeren Lichte und seinem von diesem Lichte geleiteten Willen die nach Außen gebenden Strahlen fortwährend mehr und mehr in's Unendliche, wird daher immer schwächer, aber zufolge seines Ausfluges nach allen Seiten geistig genommen stets aufgeblähter, und auch stets weniger empfänglich für das inwendige Liebewahrheitslicht aus Gott. — Wenn also das der Fall ist, so wird ein solcher Mensch Gott stets unähnlicher, und giebt dadurch mit jedem Atome seines Seins der göttlichen Wesenheit, dessen vollkommenes Ebenmaß er sein sollte, ein vom Grunde aus falsches Zeugniß. — Wer demnach das göttliche Wort vernimmt, folgt aber demselben nicht, sondern folgt bloß nur Dem, was da seine äußeren Augen besticht und dadurch seinen sinnlichen Willen reizt, — der giebt mit einem jeden Tritte, den er macht, mit einem jeden Worte, das er spricht, mit einer jeden Bewegung der Hand, die er macht, ein falsches Zeugniß. — Wer da auch reden möchte die reinste göttliche Wahrheit, das reine Wort des Evangeliums, so lügt er aber doch und giebt dem Herrn ein falsches Zeugniß, weil er nicht nach dem Worte und nach der Wahrheit handelt. — So da Jemand betet, und versichert seine Andacht zu Gott, lebt aber nicht nach dem Worte des Herrn, der ist ein Lügner, so weit er warm und lebendig ist; denn sein Gebet ist da bloß nur eine äußere Formel, deren innerer Werth gänzlich verloren geht, weil das innere göttliche Licht nicht dazu verwendet wird, um das Inwendige dieser äußeren Form zu beleuchten und zu beleben. — Es ist gerade so viel, als wenn Jemand auch mit der größten Entzückung einen Stern betrachtet; was nützt ihm aber all' diese Entzückung und Betrachtung, wenn er den Stern nicht in seiner völligen Nähe als eine wundervolle Welt betrachten kann? — Er gleicht da einem Hungernden vor einem versperrten Brodschranke; er mag diesen Brodschrank noch so sehnsüchtig und noch so verehrend betrachten, wird er aber davon gesättiget? — Sicher nicht; denn so lange er nicht in das Innere des Brodes beißen und dasselbe nicht aufnehmen kann in seinen Magen, wird ihm alle Betrachtung, Verehrung und Entzückung vor dem Brodschranke nichts nützen.— Wie aber kann man den Brodschrank der wahren Gottähnlichkeit in sich eröffnen und sich daran sättigen? — Sicher nicht anders, als wenn man dasjenige inwendigste Mittel in sich gebraucht und sich so gestaltet nach der von Gott vernommenen Wahrheit richtet, daß man von den nach Außen hin geschauten Formen nur das zum thätigen Gebrauche aufnimmt, was und in wie weit man dasselbe mit dem innersten Lichte als völlig in der Entsprechung übereinstimmend und sonach göttlich wahr gefunden hat. Sobald das nicht der Fall ist, so ist Alles, was der Mensch thut und unternimmt, ein falsches Zeugniß über die innere göttliche Wahrheit, und somit eine barste Lüge gegenüber einem jeden Nebenmenschen. — Darum spricht der Herr: „Wer da betet, der bete im **Geiste und in der Wahrheit**," und „so ihr betet, da gehet in euer Kämmerlein"; und weiter: „Denket nicht, was ihr reden werdet, sondern zur Stunde wird es euch in den Mund gelegt werden." — Dahier sind offenbar die äußeren Gedanken angezeigt, welche schon darum an und für sich keine Wahrheit sind, weil sie Gedanken sind; denn die Wahrheit ist **inwendigst**, ist das Motiv zur Handlung nach dem Worte Gottes, und giebt sich allzeit eher kund, als eine darauf folgende leere Gedankenfluth. — Demnach soll sich auch ein Jeder nach dieser innern Wahrheit richten, und darnach thätig sein; so wird er stets mehr und mehr seine Gedanken mit diesem innern Lichte werkthätig verbinden, und dadurch in sich zur Einheit und somit zur göttlichen Aehnlichkeit gelangen, in welcher es ihm dann für ewig unmöglich wird, einen Lügner zu machen. Daß aber dann auch ein Jeder, der anders spricht, als er denkt, und anders handelt, als er spricht und denkt, ein **Lügner** ist, versteht sich von selbst; denn ein Solcher ist schon ganz in der alleräußersten gröbsten Materie begraben, und hat seinem Geiste die ganze göttliche Form benommen. — Also wird auch diesen Schülern hier dieses Gebot seinem **inwendigsten** Gehalte nach erläutert; und da wir Solches wissen, so können wir uns sogleich weiter in den neunten Saal begeben. —

## 261.

(Am 17. Octbr. 1843 von 4¾—7 Uhr Abds.)

Wir sind bereits im neunten Saale, und erschauen allda wieder unsere Rundtafel, auf welcher es geschrieben steht: „Du sollst nicht nach **Dem verlangen, was deines Nächsten ist, weder nach seinem Hause, nach seinem Ochsen, nach seinem Esel und nach seinem Grunde, noch nach allen Dem, was auf demselben wächst."** — Wenn wir dieses Gebot hier betrachten, so müssen wir offenbar uns in die nämlichen Urtheile verlieren und die nämliche Kritik durchmachen, die wir schon bereits im siebenten Gebote haben kennen gelernt; denn auch hier ist abermals vom Eigenthum die Rede, wo man nach Dem kein Verlangen haben soll, was da, versteht sich von selbst, sich Einer oder der Andere nach Außen hin rechtlich zueignet. Wer sollte da nicht sogleich wieder auf die Frage kommen und sagen: Wie konnte wohl dieses Gebot dem israelitischen Volke in der Wüste gegeben werden, indem daselbst doch Niemand weder ein Haus, noch einen Ochsen, noch einen Esel, noch einen Grund und eine Saat auf demselben hatte? Man müßte sich nur dieses Eigenthum bei dem israelitischen Volke gegenseitig eingebildet haben, und da könnte es allenfalls so viel heißen: Wenn sich dein Nächster irgend etwas Aehnliches zu besitzen einbildet, so sollst du dir nicht auch einbilden, etwas Aehnliches oder gar die Einbildung deines Nächsten selbst dir also eigenthümlich einzubilden, als wäre sie im Ernste dein Eigenthum, oder als möchtest du sie wenigstens als eigenthümlich besitzen. — Ich meine, es werden hier nicht eben zuviel kritischer Urtheile vonnöthen sein, um das überaus Luftige solch' eines Gebotes auf den ersten Blick einzusehen. — Ein Gebot muß ja nur allzeit zu irgend einer Sicherung einer festen wirklichen Realität da sein, an deren Verluste einem Jeden etwas gelegen sein muß. Was aber ein Luftschlösserarchitekt gegen einen andern Luftschlösserarchitekten verliert, so dieser sich im Ernste die gesetzwidrige Dreistigkeit nehmen sollte, seinem Gefährten ähnliche Luftschlösser zu bauen, — ich meine, solch' einen enormen Schaden abzuwägen, würde wohl eine ganz entsetzlich fühlbare überaus ätherisch sein geisterhafte Haarwage vonnöthen sein. Sollte nach der Meinung einer gewissen Secte auf der Erde der Erzengel Michael mit dergleichen Instrumenten im Ernste zum Ueberflusse versehen sein, so bin ich aber doch fest überzeugt, ein so überaus zartfühlendes Gewicht-Maßinstrument fehlt ihm sicher. — Ich zeigte aber hier Solches nur an, um dadurch das völlig Nichtige eines rein eingebildeten Besitzthumes so klar als möglich vor die Augen zu stellen. — Wenn sich die Sache aber also verhält, wozu dann ein solches Gebot, welches durchaus keine Sicherung des Eigenthums eines Anderen im Schilde führen kann, wo Niemand ein ähnliches Eigenthum besitzt, nach dem man zufolge dieses Gebotes kein Verlangen tragen soll? — Man wird aber hier einwenden und sagen: Der Herr hat das vorausgesehen, daß sich die Menschen mit der Zeit untereinander ein Eigenthumsrecht kreiren werden, und in dieser Hinsicht bei dieser Gelegenheit schon im Voraus ein Gebot erlassen, durch welches ein künftiges Eigenthum der Menschen gesichert sein und Niemand ein gegenseitiges Recht haben sollte, sich das Eigenthum seines Nächsten auf was immer für eine Art zueignen zu dürfen. — Das wäre ein schöner Schluß! — Ich meine, man könnte der göttlichen Liebe und Weisheit nicht leichtlich eine größere Entehrung zufügen, als durch ein solches Judicium. Der Herr, der es doch sicher vor Allem einem jeden Menschen abrathen wird, sich auf der Erde Etwas anzueignen; — der Herr, vor dem jeder irdische Reichthum ein Gräuel ist, sollte ein Gebot erlassen haben zum Behufe und zur Begünstigung der Habsucht, der Eigenliebe, des Wuchers und des Geizes, — ein Gebot zur sicheren Erweckung des gegenseitigen Neides?! — Ich glaube, es wird hier nicht vonnöthen sein, noch mehrere Worte zu verlieren; denn das Widersinnige solch' einer Exegese liegt zu offen vor Jedermanns Augen, als daß es nöthig wäre, ihn durch ein Langes und Breites darauf zu führen. — Um aber die Sache doch auch für den Blindesten handgreiflich zu machen, frage ich einen jeden grundgelehrten Juristen: Worauf gründet sich denn das Eigenthumsrecht ursprünglich? — Wer hat denn dem ersten Menschen das Eigenthumsrecht einer Sache eingeräumt? — Nehmen wir an ein Dutzend Auswanderer in einem noch unbewohnten Erdstriche. Sie finden ihn und siedeln sich dort an; laut welcher Eigenthums- und Besitzrechts-Urkunde können sie sich denn eines solchen Landes als Eigenthümer bemächtigen und sich als rechtmäßige Besitzer im selben seßhaft machen? — Ich weiß schon, was man hier sagen wird; nichts Anderes, als Primo occupanti jus." — Gut, sage ich; wer aber hat demnach von den zwölf Auswanderern mehr oder weniger Recht auf das neuaufgefundene Land! — Man wird sagen: Streng genommen hat der erste Veranlaßgeber zu der Auswanderung, oder Der, der allenfalls vom Verdeck eines Schiffes dieses Land zuerst erschaut hatte, mehr Recht. — Gut; was hat aber der Veranlaßgeber vor den Andern? Wären sie nicht mit ihm gezogen, so wäre er sicher auch daheim geblieben. Was hat denn der erste Erschauer vor den Uebrigen? Daß er vielleicht schärfere Augen, als die Anderen hat? Sollen dann dieses nur ihm zu gute kommenden Vorzuges wegen die Anderen benachtheiliget sein? — Das wäre hoffentlich doch etwas zu unbillig judicirt! — Also müssen doch sicher alle Zwölf ein gleiches Eigenthumsrecht auf dieses vorgefundene Land haben. — Was werden sie denn aber thun müssen, um ihr gleiches Besitzthumsrecht auf dieses Land zu realisiren? Sie werden es theilen müssen in zwölf gleiche Theile; wer aber sieht bei dieser Theilung nicht auf den ersten Wurf die Zwistigkeit ein? — Denn sicher wird der A zum B sagen: Warum muß denn gerade ich diesen Theil des Landes in Besitz nehmen, der nach meiner Beurtheilung offenbar schlechter, als der deinige ist? — Und der B wird aus demselben Grunde erwiedern: Ich sehe aber nicht ein, warum ich meinen Landtheil gegen den deinigen vertauschen solle? Und so können wir unsere zwölf Colonisten zehn Jahre lang das Land theilen lassen, und wir werden es nicht erleben, daß da die Theilung Allen vollkommen recht sein wird. — Aber die Zwölf werden etwa untereinander übereinkommen und das Land zu einem Gemeingute machen; ist das der Fall, kann da unter den Zwölfen ein das Eigenthum sicherndes Gebot erlassen werden? Kann Jemand dem Andern Etwas wegnehmen, wenn das ganze Land Allen gleich gehört, und somit auch dessen Producte, von denen ein Jeder nach seinem Bedarf nehmen kann, ohne dem Andern dafür eine Rechnung zu legen? — Man ersieht hier im ersten Falle, daß ursprünglich eine Eigenthumsrechtskreirung nicht leichtlich denkbar ist. Daß Solches sicher der Fall ist, dürfet ihr nur auf die ersten Ansiedler von gewissen Gegenden eueres eigenen Landes hinblicken, als z. B. auf die sogenannten Herren Kloster-Geistlichen, die gewisser Art die ersten Colonisten einer Gegend waren; wären sie mit der Theilung zurecht gekommen, und hätten sie selbe für gut befunden, so hätten sie sicher kein Gemeingut daraus gebildet. — Kurz und gut, wir können thun, was wir wollen, so können wir nirgends ein ursprüngliches Eigenthumsrecht herausfinden; und wenn da Jemand mit seinem „primo occupanti" kommt, da frage ich, ob man den postoccupanten bei seinem Auftreten in der Welt entweder gleich tödten oder ihn langsam verhungern lassen sollte, oder sollte man ihn aus diesem Lande treiben, oder ihn auf die Barmherzigkeit der Primooccupanten anweisen, und ihn aber daneben sogleich gegen die Primooccupanten mit dem neuesten Gebote belegen? — Ich meine, da ließe sich denn doch wohl fragen: Aus welchem Grunde denn solch' ein Postoccupant gegen die Primooccupanten sogleich bei seinem ersten Auftreten, für das er nicht kann, gleich zu einem Sündenbocke gemacht werden sollte, während die Ersten sich gegenseitig in dieser Art nie versündigen können? — Welcher Jurist kann mir wohl solch' ein Benehmen als rechtskräftig erweisen? — Ich meine, man müßte hier nur einen Satan zum Advocaten machen, der Solches zu erweisen im Stande wäre; denn einem jeden nur einigermaßen richtig und billig denkenden Menschen dürfte ein solcher Rechtsbeweis wohl so gut als unmöglich sein. — Ich sehe aber schon, man wird sagen: Bei den ersten Colonistrungen eines Landes kann zwischen den Colonisten freilich wohl kein wechselseitiges Eigenthumsrecht statthaben, besonders, wenn sie sich unter einander für's Gemeingut einverständlich ausgeglichen haben. Aber zwischen Colonisationen, welche die ersten Staatenbildungen sind, tritt doch sicher sobald das Eigenthumsrecht ein, sobald sie sich gegenseitig als bestehend festgestellt haben. — Gut, sage ich; wenn das der Fall ist, so muß sich für's Erste eine jede Colonie mit einem ursprünglichen Eigenthumsrechte ausweisen. Wie aber kann sie das, nachdem sie nur ein Nutzungsrecht vom Herrn aus hat, aber kein Besitzrecht? — Das Nutzungsrecht hat seine Urkunde in dem Magen und auf der Haut; wo aber spricht sich das Besitzrecht aus, besonders wenn man erwägt, daß ein jeder Mensch, sei er einheimisch oder ein Fremdling, in seinem Magen und auf seiner Haut dieselbe göttliche vollgiltige Nutzungsrechts-Urkunde mit sich bringt, als sie der Einheimische hat? — Wenn man sagt: Das Besitzrecht hat seinen Grund im Nutzungsrechte ursprünglich, so hebt dieser Satz sicher jedes specielle Besitzthum auf, weil jeder das gleiche Nutzungsrecht hat. — Kehrt man aber die Sache um und sagt: Das Besitzrecht verschafft einem erst das Nutzungsrecht, da kann man dagegen nichts Anderes sagen, als das alte Rechtswort: „Potiori jus"; was mit anderen Worten so viel sagen will, als: Schlage so viel Nutzungsrechtsbesitzende todt, damit du dir allein einen Strich Landes durch die Gewalt deiner Faust völlig zueignen kannst. — Sollte etwa noch einigen fremden Nutzungsrechtsbesitzern der Appetit kommen, dir dein erkämpftes Besitzthum laut ihres göttlichen Nutzungsrechtes streitig zu machen, so schlage sie Alle schön fleißig todt, oder setze sie wenigstens im besseren Falle als steuerpflichtige Unterthanen ein, damit sie in deinem erkämpften Besitzthume im Schweiße ihres Angesichtes für dich arbeiten und Du ihnen dann ihr Nutzungsrecht nach deinem Wohlgefallen bemessen kannst. — Trete auf, wer da will, und erweise mir ein anderes Besitzrecht; fürwahr ich will ihm dafür meine ganze Seligkeit abtreten und mich dafür zu einem nothdürftigsten Bürger der Erde machen lassen! — Wer kann, von göttlicher Seite betrachtet, den Krieg rechtfertigen? Was ist er? — Nichts, als ein grausamster Gewaltstreich, das Nutzungsrecht den Menschen zu nehmen, und dafür ein Besitzrecht gewaltsam einzuführen; d. h. das **göttliche** Recht vertilgen und an dessen Stelle ein **höllisches** einführen. — Wer könnte demnach von Gott aus wohl ein Gesetz erwarten, welches das ursprüngliche in Jedermanns Wesen sich deutlich beurkundende göttliche Nutzungsrechtsgesetz aufheben sollte, und an dessen Stelle mit göttlicher Macht und Autorität ein höllisches Besitzthumsgesetz rechtskräftigen? — Ich meine, das Widersinnige dieser Behauptung ist für einen Erzblinden sogar sonnenhell und klar ersichtlich, und mit behandschuhten Händen zu greifen. — Daraus geht aber hervor, daß dieses Gesetz sicher eine andere Bedeutung haben muß, als es die Menschen darstellen, wie es nur das Besitzthum sichert. Als göttliches Gesetz muß es ja auch ewig in allen Himmeln aus der Tiefe der göttlichen Ordnung geltend sein. Wo aber besitzt Jemand im Himmel Häuser, Ochsen, Esel und Aecker? — Im Himmel sind lauter Nutzungsrechtige, und der Herr allein besitzungsrechtig. — Wir wollen daher sogleich zu der rechten Bedeutung dieses Gesetzes übergehen. —

## 262.

(Am 14. October 1848 von 4½—6½ Uhr Abds.)

Bevor wir jedoch die volle Löse aussprechen wollen, wird es nothwendig sein, noch einige Bemerkungen voran zu schicken, durch welche so manchen juridischen Vielfraßen und übergelehrten Völkerrechts-Verkündigern der Mund solle gestopft werden; denn Diese könnten etwa das Besitzrecht vom Sammelrechte ableiten, wodurch sie uns wenigstens scheinbar schlagen könnten, daher wollen wir uns auch in diesem Punkte verschanzen. — Es ist allerdings nicht in Abrede zu stellen, daß da Jedermann vor dem Nutzungsrechte das Sammelrecht haben muß; denn so Jemand sich nicht mit seinen Händen und mit seiner Kraft eher Etwas holt und zubereitet, so kann er sein Nutzungsrecht nicht geltend machen. Denn das ist einmal richtig, bevor Jemand einen Apfel in den Mund stecken will, muß er ihn vom Baume oder vom Boden lesen. Für das Sammelrecht hat er ebenfalls mehrere göttliche Urkunden aufzuweisen. Urkunde Nro. 1 sind die Augen; mit diesen muß er schauen, wo Etwas ist. — Urkunde Nro. 2 sind die Füße; mit diesen muß er sich dahin bewegen, wo Etwas ist, und Urkunde Nro. 3 sind die Hände; mit denen muß er dahin greifen und nehmen, da Etwas ist. Also laut dieser Urkunde hat der Mensch vom Herrn aus das Sammelrecht als urrechtlich zu seinem unbestreitbaren Eigenthume. — Könnte man aber hier nicht sagen: Ist Dasjenige nicht vollkommen ein Eigenthum Dessen, der es laut seines göttlichen Sammelrechtes sich zusammengesammelt hat zu seiner Nutzung? Hat nun Jemand Anderer das Recht, seine Hände oder sein Verlangen darnach zu richten, was sich sein Nächster zusammengesammelt hatte? — Denn offenbar bedingt ein Recht das andere; habe ich vom Schöpfer aus das natürliche Nutzungsrecht, was im Magen und auf der Haut geschrieben ist, so muß ich auch das Sammelrecht haben, weil ich ohne das Sammelrecht das Nutzungsrecht nicht befriedigen kann. Was nützt mir aber das Sammelrecht, wenn es mir den Bissen nicht sichert, den ich zum Munde führe? — Denn so da Jedermann das Recht hat, mir den Apfel, den ich mit meiner Hand laut meines Sammelrechtes aufgeklaubt habe, aus der Hand zu nehmen, weil er etwa zu bequem ist, sich selbst einen aufzuklauben, so gehe ich offenbar mit meinem Nutzungsrechte ein, und muß nolens volens verhungern. Es ist somit nothwendig, daß das Sammelrecht wenigstens auf Das ein Eigenthumsrecht anfordern kann, was es sich gesammelt hat, weil sonst an kein Nutzungsrecht ehrlicher Maßen zu gedenken ist. — Mit dem Sammelrechte verbindet sich das Bereitungs- und Verfertigungs-Recht; ist es mir aber nicht gestattet, auf das von mir Bereitete und Verfertigte ein vollkommenes Eigenthumsrecht geltend zu machen, so ist mir alle Thätigkeitskraft umsonst, und ich bin genöthiget; Nro. 1 alle eßbaren Dinge irgend heimlich roh zu verzehren, und Nro. 2 stets nackt herum zu gehen. Denn so ich mir ein Kleid verfertige, und ein Anderer, der zu diesem Geschäfte zu faul ist, nimmt es mir laut seines Nutzungsrechtes weg; frage: Was sollte denn da mein eigenes Nutzungsrecht dazu für eine Miene machen? — Wenn ich mir in einer kälteren Gegend ein Haus erbaue, und habe laut des Sammel- und Verfertigungsrechtes gar kein Eigenthumsrecht dabei, da kann mich die nächste beste Gesellschaft aus dem Hause treiben und selbst davon an meiner Statt ihr Nutzrecht ausüben. — Daraus aber ist ja ersichtlich, daß mit dem natürlichen Erwerbsrechte eine gewisses prärogatives Eigenthumsrecht für den gewerbsthätigen Menschen eingeräumt sein muß, indem ohne ein solches Eigenthumsrecht rein genommen und betrachtet keine menschliche Gesellschaft als bestehend möglich auch nur gedacht werden kann. — Ist aber nun das Sammel- und das Bereitungsrecht als vollkommen giltig eingeräumt, so muß auch ein Fleck Grundes, auf dem ich eine Saat angebaut, wie ein Baum, den ich gepflanzt und veredelt habe, mir prärogativ als Eigenthum eingeantwortet sein. — Frage aber weiter: Wer antwortet mir Solches ein beim Urbeginn einer Colonie? — Die Sache läßt sich leicht erklären; die Colonisten wählen aus ihrer Mitte einen von jeder Habsucht ledigen und zugleich weisesten Chef; diesem räumen sie die Austheilungs- und somit auch die Einantwortungsrechte ein, unter der eidlichen gegenseitigen Schutzversicherung zur Aufrechthaltung und Befolgung seines Ausspruches, welcher Versicherung zu Folge ein oder der andere Widersetzling von den Ordnungsliebenden in die Schranken des Ausspruches von Seite des Oberhauptes zurückgewiesen wird. Auf die Mittel, wie oder wodurch, kommt es nicht an; denn diese können und müssen erst nach dem Grade der Widerspenstigkeit bestimmt, und dann gehandhabt werden. — Wer sieht hier nicht auf den ersten Augenblick die Unterwürfigkeit und die erste monarchialische Gründung eines Staates? Wer aber sieht auch nicht zugleich ein, daß, sobald das Sammel- und Erwerbs- und Bereitungsrecht mit einem prärogativen Eigenthumsrechte systematisch verbunden ist, dann daneben Niemanden auf seinem ihm zuerkannten Eigenthume Jemand das Sammel-, Erwerbs- und Bereitungsrecht beschränken kann. — Im Gegentheile muß es dem leitenden Chef ja nur vorzugsweise daran gelegen sein, seine Leitlinge so viel als möglich zum Sammel- und Bereitungsfleiße auf ihren eigenthümlich eingeräumten Besitzungen anzuspornen; und je mehr Jemand auf seinem Besitzthume durch Fleiß sich erwirbt, in eine desto angenehmere Lage versetzt er sich, seinem Nutzungsrechte die unbeschränkte Gewähr zu leisten. Ist aber einmal dieses nothwendige Eigenthumsrecht zur Sicherung des Sammel-, Erwerbs- und Nutzrechtes nothwendig festgestellt, so zieht dieses Recht ja nothwendig das Hutrecht nach sich; denn ohne dieses Recht ist ja Keiner ein prärogativer Besitzer des ihm vom Chef eingeantworteten Eigenthumes. — Dieses Hutrecht aber setzt zuerst eine genaue Vermessung des Besitzthumes voraus; sind die Grenzen einmal festgezogen, dann erst kann ein jeder Besitzer von dem Hutrechte oder dem Rechte der Vertheidigung seines Eigenthums den Gebrauch zu machen anfangen. — Dieses Hutrecht ist aber ohne bevollmächtigte Hüter nicht ausführbar; es müssen also Wehrmänner aufgestellt werden, welche das unbeschränkte Recht haben, die Grenzen eines Jeden vollkommen zu sichern; — sie müssen also das Executionsrecht haben, welches so viel, als ein Straf- oder Züchtigungsrecht ist. Wer aber sollte diese Wehrmänner leiten? Sicher niemand Anderer, als der die ganze Colonie leitende Chef. — Hier haben wir also ganz nothwendig die Entstehung des Militärstandes; zugleich aber auch die Feststellung einer unbeschränkten Macht des Chefs, der nun schon durch die Wehrmänner gebieten und seine Gebote sanctioniren kann. — Haben wir's so weit gebracht, wer kann da noch auftreten und sagen: Die gegenwärtigen Staatsverfassungen sind nicht auf diesem göttlichen Rechte basirt? — Ja, es ist einem Kritiker Alles recht; nur kann er noch das Obereigenthumsrecht des Monarchen nicht begreifen. Ich aber sage: Hat man das Frühere so erwiesen, was beiweitem schwieriger ist, so läßt sich das Obereigenthumsrecht eines Monarchen daneben mit einer Schlafmütze beweisen. — Wir wollen sehen. — Wenn nun von Seite der Weisheit des leitenden Chefs Alles beeigenthumsrechtiget ist, und sind dem Chef zur Bewachung des Besitzthums der Colonisten allzeit disponible Wehrmänner an die Seite gestellt; hat da der Chef nicht ein zweifaches Recht, die durch seine Weisheit beglückten Colonisten zu fragen und zu sagen: Ich bin in euerer Mitte, habe durch meine Weisheit für euch gesorgt und ihr habt mich eben darum zum leitenden Chef gemacht, weil ihr mich als den am wenigsten habsüchtigen Mann unter euch wohl gekannt habt. — Ich habe sonach das Land unter euch gerecht vertheilt, und schütze nun mit meiner Weisheit und mit den weise geleiteten Wehrmännern euer Eigenthum, aber bei der Vertheilung habe ich zu Folge meiner Habsuchtslosigkeit auf mich vergessen; ihr werdet aber doch sicher einsehen, so euch an meiner ferneren weisen Leitung nothwendig etwas gelegen sein muß, daß ich von der Luft nicht leben kann. Was soll ich denn hernach zu meinem Unterhalt haben, um leben zu können? — Für's Erste habe ich keine Zeit zum Sammeln; denn ich muß meine Zeit zum steten Nachdenken verwenden, wie sich euer Besitzthum fortwährend sichern lassen möchte. — Ihr werdet also einsehen, daß ein getreuer Arbeiter auch seines Lohnes werth ist; daher verordne ich, daß ihr mit einander darüber übereinkommet, mir aus euerem eigenthümlich gesicherten Vorrathe einen Unterhalt zu verschaffen, und ich kann das von euch mit um so größerem Rechte ansprechen, weil die Erhaltung eueres gegenseitigen prärogativen Eigenthumsrechtes lediglich von meiner Erhaltung abhängt. Neben meiner Erhaltung aber ist noch die andere, euer Eigenthum sichernde Erhaltung der Wehrmannschaft vonnöthen; denn auch sie hat nicht Zeit zum Arbeiten, indem sie euere Gränzen in guter Ordnung bewachen muß. Euer eigenes Heil und Wohl muß es euch sonach vor die Augen stellen, daß ich und die Wehrmannschaft euch gegenüber erwerbslos dastehen, und daß darum ein Jeder aus euch zur festen Gründung seines eigenen Wohles sich zu einer bestimmten Steuerung an mich wird bequemen müssen. Diese ausgesprochene Forderung erscheint allen Colonisten als vollkommen rechtlich und billig, und sie bequemen sich zur Steuerung; und auf diese Weise hat der leitende Chef schon sein erstes natürliches, wenn schon nicht Ober- so doch Miteigenthumsrecht bei allen Colonisten geltend gemacht. — Zwischen dem Miteigenthumsrechte und dem Obereigenthumsrechte aber ist eine so kleine Kluft, über welche sogar das kleinste Kind dem andern in den Sack greifen kann; denn der Chef braucht hier bloß zu sagen: Meine lieben Colonisten! Es kann euch nicht unbekannt sein, daß uns irgend gegenüber noch eine andere Colonie sich uns gleicher Maßen seßhaft gemacht hat; um aber uns vor ihr zu schützen, müßt ihr mir ganz unumschränkt das Recht allseitig einantworten, daß ich als euer Chef gewisserart im Nothfalle als Obereigenthümer eueres Eigenthumes dastehen und in einem solchen Falle die Außengränzen befestigen können muß nach meiner weisen Einsicht, und muß das Recht haben in euer Aller Namen zu euerem Wohle mit einer fremden Nation, falls sie mächtiger sein sollte, wie wir, zweckmäßig zu unterhandeln. — Ferner müßt ihr als die meiner Leitung bedürftigen Colonisten auch aus dem allerverständigsten Grunde einsehen, daß ich als euer Haupt für's Erste in euerer Mitte einen festen Ort erbaut haben muß, in dem ich mich als euer Haupt vor Allem zu euerer Erhaltung nothwendig schützen und erhalten kann, und für's Zweite ist es zu meiner für euer Wohl berechneten Sicherheit nicht nur genug, daß ihr mir ein Wohnhaus errichtet, sondern um mein Wohnhaus herum in gerechter Anzahl noch andere Wohnhäuser zur Aufnahme der lediglich von meiner Leitung abhängigen Wehr- und Hutmannschaft, d. h. mit andern Worten gesagt: Ihr müßt mir in eurer Mitte eine feste Wohnstätte erbauen, in welcher ich vollkommen gesichert bin sowohl vor fremden, als auch unter gewissen Fällen vor eueren eigenen möglichen Angriffen. — Wir sehen hier mit sicher klarem Augenlichte, wie hier der Monarch sich nothwendiger Weise zum Obereigenthümer eines Landes stempelt. Aber das sei noch nicht hinreichend, wir wollen noch andere Gründe vernehmen, und das zwar aus dem Munde des Gründers selbst; denn er spricht ferner: Meine lieben Colonisten, — den unumstößlichsten Grund für die Errichtung eines festen Wohnplatzes für mich in euerer Mitte habe ich zu euerer Einsicht dargethan; also hättet ihr den ersten Grund. Höret mich aber an für's Zweite: Das Land ist ausgedehnt; es ist unmöglich, daß ich überall selbst sein sollte, daher will ich mit euch eine Prüfung halten, und werde aus euch die Weiseren als meine Amtsführer und Stellvertreter im Lande vertheilen. Diesen Stellvertretern ist dann Jedermann denselben Gehorsam zu seinem eigenen Wohle schuldig, als mir selbst. — Sollte aber jedoch einem oder dem andern Unterthan meiner weisen Leitung von diesen meinen erwählten Amtleuten ein vermeintliches Unrecht zugefügt worden sein, so hat in diesem Falle ein Jeder das Recht, seine Beschwerde vor mir anzubringen, wo er dann versichert sein kann, daß ihm nach Umstand der Sache das vollkommene Recht zu Theil wird, wogegen ihr mir aber eben zu euerem eigenen Wohle, damit da allen Streitigkeiten vorgebeugt werde, die treueste und gewissenhafteste Versicherung geben müsset, sich ohne die geringste fernere Widerrede meinem Endurtheile willigst zu fügen; im entgegengesetzten Falle mir zum Wohle Aller ebenfalls das unbestreitbare Recht von Allen zugesichert werden muß, einen solchen Widerspenstling gegen mein Endurtheil mit züchtigender Gewalt zur Befolgung meines Willens zu nöthigen. Wenn dieses Alles in der Ordnung errichtet und gehandhabt wird, dann erst werdet ihr ein wahrhaft glückliches Volk sein! — Wir sehen hier einen zweiten von allem Früheren abgeleiteten Schritt Nro. 1 zur Alleinherrschaft, und Nro. 2 zum obereigenthümlichen Besitze des ganzen Landes. Und also hätten wir den vollkommenen ersten in der Natur der Sache begründeten Grund als auf diese Weise unwiderlegbar zur Schau gestellt; dieser Grund kann der natürliche von der menschlichen Gesellschaft abgeleitete nothwendige genannt werden. — Aber es wird da Jemand sagen: Solches ist Alles an und für sich also naturgerecht richtig, als wie sicher und gewiß der Mensch der Augen zum Sehen und der Ohren zum Hören bedarf; aber wir sehen diese an und für sich noch ganz rohen Colonisten an, und erblicken sie im Ernste allerthätigst und voll Gehorsam gegen ihren Leiter. Aber aus eben diesem Gehorsam fangen sich die Colonisten an mit der Zeit vor ihrem Leiter stets mehr und mehr zu fürchten; und in dieser Furcht fragt bald der Eine, bald der Andere sich gegenseitig: Aber worin liegt es denn doch, daß unter uns dieser alleinige Mensch so außerordentlich gescheidt ist, und wir Alle gegen ihn sind als wahrhaftige Tölpel zu betrachten? — Diese Frage, so gering und unscheinbar sie in ihrem Anfange erscheint, ist von außerordentlicher Wichtigkeit, und drückt in ihrer Beantwortung erst dem Umstande der Alleinherrschaft und des Obereigenthumes eines Monarchen das unverletzbare Amtssigill auf. — Das klingt sonderbar, dürfte so Mancher im Voraus sagen; allein nur eine kleine Geduld, und wir werden die Sache sogleich in einem anderen Lichte erschauen! —

## 263.

(Am 16. Octobr. 1843 von 4¼—6¼ Uhr Abds.)

Sehet, bis jetzt haben wir alles Das aus dem Naturgrunde sich entwickeln gesehen; aber es fehlte bisher auch noch jedem Grunde eine höhere göttliche Sanction, durch die allein der Mensch auf der Erde, besonders in seinem einfachen Naturzustande, zur unverbrüchlichen Beobachtung alles Dessen geleitet wird, was ihm von seinem Oberhaupte als Pflicht auferlegt wurde. Je mehr im Anfange ein solcher Primitivmonarch sein Volk weise leitet, und je mehr das Volk durch die Erfolge davon überzeugt wird, daß der Leiter wirklich weise ist, desto mehr wird es sich auch gegenseitig zu fragen anfangen: Woher hat dieser seine Weisheit, und woher wir unsere Dummheit? — Das Volk weiß noch außerordentlich wenig oder nichts von Gott; der Leiter aber hat davon schon mehr oder weniger tüchtige Begriffe. Was braucht er nun, wenn das Volk in naturmäßiger Hinsicht so viel als möglich geordnet dasteht, zu thun, besonders wenn er solche Fragen von vielen Seiten her in Erfahrung bringt? — Er beruft die Fassungsfähigeren zusammen, verkündiget ihnen ein höchstes Wesen, welches Alles erschaffen hat und Alles leitet, und sagt ihnen dann zur Beantwortung ihrer vielseitigen Frage, daß er zu ihrem Wohle die leitende Weisheit unmittelbar von solch' einem höchsten Wesen habe, und zeigt ihnen als einem überaus gläubigen Volke mit der größten Leichtigkeit von der Welt erstens die unleugbare Existenz einer allerhöchsten, Alles erschaffenden, erhaltenden und leitenden Gottheit, und daß eben von dieser Gottheit nur Derjenige mit tiefer Weisheit begabt wird, den Sie zur beseligenden Leitung der Völker geschaffen hatte. Das will dann so viel sagen, als: „Von Gottes Gnaden," oder wie bei den Römern: „Favente Jove." — Ist dieser Schritt gemacht, so ist der Alleinherrscher und Obereigenthümer ganz fix und fertig, und sitzt nun vollkommen sicher in seiner Herrsch-Mitte, unterstützt von naturmäßiger mächtiger und von geistiger noch mächtigerer Nothwendigkeit. Ein Jeder, der nun alles Dieses also gründlicher Maßen durchgegangen ist, muß endlich sagen: Fürwahr, allem Dem läßt sich nicht ein Atom groß einwenden; denn es hängt ja Alles mit den ersten naturrechtlichen Urkunden eines jeden Menschen so enge zusammen, daß man daran nicht den allerkleinsten Faden entzwei schneiden darf, um nicht eine glückliche menschliche Gesellschaft bis in ihre innersten Fundamente zu zerstören. — Denn man nehme da hinweg, was man wolle, so wird sich der Defect sobald in den ersten Naturprincipien eines jeden Menschen wahrzunehmen anfangen. Wenn aber demnach die Sache sich also verhält, so folgt ja doch ganz sonnenklar heraus, daß der Herr Himmels und der Erde durch dieses neunte Gebot nichts, als die vollkommene Sicherung des bestimmten Eigenthums zur Aufrechthaltung der ersten Naturrechtsprincipien aufgestellt hat; und so kann da kein anderer Sinn hinter dem Gebote stecken, als den seine Worte bezeichnen. — Denn so man diesem Gebote irgend einen anderen Sinn unterlegen will oder kann, so hebt man dadurch den von einem höchsten Wesen sanctionirten Hauptgrund des ersten naturrechtlichen bürgerlichen Verbandes auf; das Eigenthumsrecht, wenn es aufgehoben ist, hebt nothwendiger Weise die früheren Urdocumente eines jeden Menschen auf, und Niemand kann da mehr Etwas sammeln und verfertigen. Kann er das nicht, so geht sein Magen und seine Haut unter, und der Mensch wird mit seiner Existenz schlimmer daran sein, als jedes Thier. Mit der Wegnahme des Wortsinnes von diesem Gebote nimmt man ja schon im Voraus jedes leitende Oberhaupt hinweg, und die Menschheit steht in ihrem ersten unter das Thierreich gesunkenen allerwildesten chaotischen Naturzustande da. — Das ist richtig, meine lieben Freunde und Brüder; wir haben bis jetzt gesehen, daß durch die Darstellung des innern geistigen Sinnes der äußere naturmäßige Sinn in seiner gerechten Außenwirkung nirgends verletzt worden ist; wir haben auch gesehen, daß durch die Unkenntniß des inneren Sinnes ein gegebenes Gebot entweder nur sehr schwer, oder nicht selten kaum zum dritten Theile desselben, manchmal aber auch gar nicht beobachtet wird und beobachtet ward. — Wird aber ein Gebot dem inneren Sinne nach erkannt, so giebt sich die naturmäßige Beobachtung von selbst gerade also, als so da Jemand einen guten Samen in das Erdreich legt, sich dann aus ihm die fruchttragende Pflanze von selbst entwickeln wird, ohne daß der Mensch dabei weiter eine ohnehin zu nichts führende Manipulation anwenden solle. — Und so ist es auch bei diesem Gebote der Fall; wird es innerlich erkannt und beobachtet, so fällt alles Aeußere, was da der Buchstabensinn berührt, von selbst der guten göttlichen Ordnung zu Folge aus. — Ist aber das nicht der Fall, klebt man bloß am äußeren Sinne, so hebt man eben dadurch alle die urrechtlichen Documente des Menschen auf; die Herrscher werden zu Tyrannen und die Unterthanen zu Geizhälsen und Wucherern, und die Haut der Sanften wird über die Militärtrommel gespannt, oder die gutmüthigen Esel von Unterthanen werden zum arglistigen Spielwerkzeuge der Mächtigen und Wucherer. Die Folgen davon sind Volksaufstände, Revolutionen, gänzliche Staatenumwälzungen und Zerstörungen, gegenseitige Volkserbitterungen, dann darauf folgende langwierige blutige Kriege, Hungersnoth, Pestilenz und Tod. — Wie lautet aber demnach derjenige Sinn, durch dessen Beobachtung alle Völker ihr unzerstörbares zeitliches und ewiges Glück finden müssen? Er lautet also ganz kurz: Achtet euch unter einander aus gegenseitiger wahrhafter Bruderliebe, und Keiner beneide den Andern, so er von Mir dem Schöpfer aus, seiner größeren Liebe wegen, mehr begnadiget wurde; der Begnadigtere aber lasse seine daraus hervorgehenden Vortheile all' seinen Brüdern als Bruder so viel als möglich zu Gunsten kommen; so werdet ihr dadurch unter euch einen ewigen Lebensverband gründen, den keine Macht ewig je zu zerstören wird im Stande sein! — Wer sieht aus dieser Darstellung dieses Gebotes nicht auf den ersten Augenblick ein, daß durch seine Beobachtung nicht ein Häkchen des Buchstabensinnes gekrümmt wird. Und wie leicht ist dann dieses Gebot naturmäßig zu beobachten, wenn man es also geistig beobachtet; denn wer seinen Bruder achtet in seinem Herzen, der wird auch seine Sammlungen und Einrichtungen achten. — Durch die geistige Beobachtung dieses Gebotes wird allem Wucher und aller übertriebenen Erwerbsucht vorgebeugt, welche aber im alleinigen Buchstabensinne nur ihren sanctionirten Vertreter oder Advocaten finden. — Eine kleine Nachbetrachtung wird uns dieses Alles noch in's klarste Licht setzen.

## 264.
(Am 19. Octbr. 1843 von 4½—6 Uhr Abds.)

Es ist in diesem Allem, wie in dem Gebote, geistig und naturmäßig durchaus nicht als sünd- oder fehlerhaft bezeichnet, daß Jemand das mit seinen Händen für seine Nothdurft Gesammelte und Verfertigte sich aneigne, und zwar in einem solchen Grade, daß sein Nachbar durchaus nicht das Recht haben solle, ihm ein solches Eigenthumsrecht auf was immer für eine Weise streitig zu machen. Im Gegentheile findet ein Jeder nur eine vollkommene Sicherstellung seines rechtlich erworbenen Eigenthumes darinnen. Wohl aber ist in allem dem Gesagten, wie im Gebote selbst, eine weise Beschränkung in dem Rechte zu sammeln einem Jeden geboten; — daß das Gebot aber Solches im naturmäßigen Sinne sogar aus der göttlichen Ordnung heraus bezweckt haben will, läßt sich für's Erste aus den ersten jedem Menschen angebornen Ureigenthumsrechts-Documenten auf das sonnenklarste erweisen. Wie aber? Das wollen wir sogleich sehen. — Wie viel bedarf der erste Rechtscompetent nach gerechtem Maße im Menschen, der Magen nämlich? — Solches kann ein jeder mäßige Esser sicher auf ein Haar bestimmen. — Nehmen wir an, ein mäßiger Esser braucht für den Tag drei Pfund an Speise; das läßt sich auf dreihundertfünfundsechzig Tage überaus leicht berechnen. Das ist sonach auch ein naturgerechtes Bedürfniß eines Menschen. Dieses Quantum darf er für sich alljährig sich ersammeln; hat er Weib und Kinder, so kann er für jede Person dasselbe Quantum zusammenbringen, und er hat da vollkommen seinem Naturrechte zur gerechten Folge gehandelt. — Einem starken Esser, der besonders schwere Arbeiten verrichten muß, sei das Doppelte sich zu ersammeln vollkommen frei gestattet. — Wenn dieses allgemein beobachtet wird, da wird die Erde nimmer von einer Noth zu klagen haben; denn vom Herrn aus ist ihr fruchtbarer Flächenraum so gestellt, daß bei gehöriger Bearbeitung und Vertheilung des Bodens zwölftausend Millionen Menschen vollkommen genügend ihren Lebensunterhalt finden können. Gegenwärtig aber leben kaum etwas über eintausend Millionen Menschen auf der Erde, und darunter giebt es bei siebenhundert Millionen Nothleidende! — Worin liegt der Grund davon? — Weil eben die Bedingungen dieses göttlichen Gesetzes, welches in der Natur eines jeden Menschen gegründet ist, nicht in die lebendige Ausübung gebracht werden. — Gehen wir aber weiter; wie groß da ein Mensch ist, und wie viel er zur Bedeckung seiner Haut bedarf, läßt sich ebenfalls überaus leicht bemessen. Es sei aber einem jeden Menschen gestattet, sich nach Beschaffenheit der Jahreszeit eine vierfache Hautbedeckung zu verschaffen; das ist der naturgerechte Maßstab für die Ansammlung der Kleiderstoffe und der Bereitung derselben. Ich will aber noch einmal so viel hinzufügen, was die Oberkleidung betrifft, und viermal so viel für die Unterkleidung, und das des reinlichen Wechsels wegen. — Wenn dieser Maßstab beobachtet wird, da wird es auf der ganzen Erdoberfläche keinen nackten Menschen geben; aber wenn auf der Erde ungeheuere Kleiderstoff-Fabriken errichtet sind, die alle Kleiderstoffe in ihrem Urzustande um die barsten erzwungenen Schandpreise an sich kaufen, daraus dann eine zahllose Menge, und das beiweitem mehr luxuriöser, als nützlicher Kleidungszeuge fabriciren, und dieselben erst dann zumeist um himmelschreiende Preise an die dürftige Menschheit verkaufen, zudem aber auch so viele wohlhabende Menschen sich im Verlaufe von zehn Jahren besonders weiblicherseits mit mehr als hundertfachem Kleiderwechsel versehen; da wird dieses naturgerechte Ebenmaß auf das Allergewaltigste gestört, und von tausend Millionen Menschen müssen wenigstens sechshundert Millionen nackt herum gehen! — Gehen wir aber weiter; — wie groß braucht denn ein Haus zu sein, um ein Paar Menschen mit Familie und der nöthigen Dienerschaft ehrlich und bequem zu beherbergen? — Gehet auf's Land und überzeuget euch, und ihr werdet darüber sicher in's Klare kommen, daß zu einer solchen gerechten und bequemen Beherbergung keine hundert Zimmer fassenden Schlösser und Paläste erforderlich sind. — Was über ein solches Verhältniß ist, ist wider die Ordnung Gottes, und somit wider Sein Gebot. — Wie groß muß denn ein Grundstück sein? — Nehmen wir ein mittelerträgliches Land; auf diesem kann bei mäßiger Bearbeitung, und zwar auf einem Flächenraume von tausend euerer Quadratklaftern für einen Menschen selbst in Mitteljahren ein vollkommen hinreichender, ein Jahr dauernder Lebensbedarf erbeutet werden. Bei einem guten Boden lassen wir das Doppelte vom Mittelboden für eine Person gelten. — So viel Personen sonach ein Familienhaus zählt, so oftmal darf es naturrechtlich solchen bestimmten Grundboden-Flächenraum in den Besitz nehmen. — Wir wollen aber in unserem Ausmaße recht freigebig sein, und geben ad personam das Doppelte, und bestimmen Solches auch vollkommen als naturrechtlich von Gott aus gebilliget; — wenn die Gründe so vertheilt würden, so könnten ebenfalls über siebentausend Millionen Familien auf der Erdoberfläche ihr vollkommen gesichertes Grundbesitzthum finden. — Wie es aber jetzt auf der Erde mit der Grundvertheilung aussieht, so gehört der Grund und Boden kaum siebzig

Millionen Grundbesitzern vollkommen zu eigen; alles andere Volk ist entweder nur im Mit-, Unter- oder Pachtbesitze, und der noch beiweitem allergrößte Theil des Volkes auf der Erde hat nicht einen Stein, den es seinem Haupte unterlegen könnte. — Wer sonach in was immer für einer Hinsicht über dieses jetzt gegebene Maß besitzt, der besitzt es gegen das göttliche und gegen das Naturgesetz widerrechtlich, und trägt als solcher Besitzer die fortwährende Versündigung an diesem Gebote an sich; — welche Versündigung er nur dadurch zu tilgen im Stande ist, wenn er den möglichst größten Grad der Freigebigkeit besitzt und sich gewisserart nur als einen Sachwalter ansieht, seinen zu großen Besitz für eine gerechte Anzahl Nichtshabender zu bearbeiten. — Wie aber Solches in diesem Gebote zu Grunde liegt, wollen wir im zweiten Punkte dieser Nachbetrachtung ersehen. —

### 265.

(Am 20. Octbr. 1843, von 4¼—5¾ Uhr Abds.)

Für's Zweite drückt das Gebot selbst die weise Beschränkung des Sammel- und Verfertigungsrechtes offenkundig und handgreiflich aus. — Wenn wir das verhältnißmäßige Urgrundeigenthümliche, im ersten Punkte Bezeichnete daneben zur Beschauung aufstellen, so deutet das Gebot ja genau darauf hin, indem es doch ausdrücklich untersagt, ein Verlangen nach Dem zu haben, was des Andern ist. Was ist also des Andern? — Des Andern ist auf dem vom Herrn zum allgemeinen Unterhalte der Menschen geschaffenen Erdboden gerade so viel, was ihm sein naturrechtliches, von seinem Bedürfnisse abgeleitetes Ausmaß gibt. — Wer demnach über dieses Ausmaß sammelt und verfertiget, der versündiget sich schon im ersten Grade thatsächlich wider dieses Gebot, indem in diesem Gebote sogar die verlangende Begierde schon als sträflich dargestellt ist. — Im zweiten Grade versündiget sich der Träge gegen dieses Gebot, der zu faul ist, sein ursprünglich gerechtes Sammelrecht auszuüben — dafür nur stets mit der Begierde schwanger herumgeht, sich Dessen zu bemächtigen, was ein Anderer urnaturrechtlich gesammelt und verfertiget hat. Wir sehen daraus, daß man sich sonach gegen dieses Gebot auf eine zweifache Weise verfänglich machen kann, d. i. erstens durch eine übertriebene Sammel- und Verfertigungsgier, und zweitens durch gänzliche Unterlassung derselben. Für beide Fälle aber steht das Gebot gleichlautend mit der weisen Beschränkung da; im ersten Falle beschränkt es die übertriebene Sammel- und Verfertigungsgier, im zweiten Falle die Faulheit, und beabsichtiget dadurch die gerechte Mitte; denn es drückt nichts Anderes aus, als die Achtung mit Liebe vereint für das naturgerechte Bedürfniß des Nebenmenschen. — Man wird aber hier entgegen treten und sagen: Es giebt in der gegenwärtigen Zeit überaus reiche und wohlhabende Menschen, welche bei all' ihrem Reichthume und ihrer Wohlhabenheit nicht eine Quadratspanne Grundeigenthums besitzen. Sie haben sich durch glückliche Handelsspeculationen oder Erbschaft in einen großen Geldreichthum versetzt, und leben nun von ihren rechtlichen Zinsen. — Was soll es mit Diesen? — Ist ihr Vermögen nach dem göttlichen Urrechte naturgesetzrechtlich oder nicht? — Denn sie beschränken durch ihren Geldbesitz keines Menschen Grundbesitzthum, indem sie sich nirgends Etwas ankaufen wollen, sondern sie leihen ihr Geld auf gute Posten zu den gesetzlichen Zinsen aus; oder sie machen anderweitige erlaubte Wechselgeschäfte und vermehren dadurch ihr Stammcapital jährlich um viele tausend Gulden, wo sie nach dem Rechte des Naturbedürfnisses nicht den hundertsten Theil ihres jährlichen Einkommens zu ihrer guten Verpflegung bedürfen. Sie sind aber dabei nicht selten im Uebrigen sehr rechtliche, mitunter auch wohlthätige Menschen. — Verfehlen sich auch diese gegen unser neuntes Gebot? — Ich sage hier: Es ist das einerlei, ob Jemand auf was immer für eine Art über sein Bedürfniß hinaus zu viel Geldschätze, oder zu viel Grund besitzt. Das Alles ist äquivalent; denn wenn ich so viel Geld habe, daß ich mir damit mehrere Quadratmeilen Grund und Boden als staatsgesetzlich eigenthümlich ankaufen kann, so ist das eben so viel, als wenn ich mir für dieses Geld schon wirklich so viel Grund und Boden zu eigen gemacht hätte. Im Gegentheil ist es sogar schlechter und der göttlichen Ordnung vielmehr zuwiderlaufend; denn wer da so viel Grundeigenthumes besäße, der müßte dabei doch nothwendiger Weise einigen tausend Menschen einen Lebensunterhalt sich mit verschaffen lassen, indem er für sich einpersönlich doch unmöglich einen so großen Grundbesitz zu bearbeiten im Stande wäre. Betrachten wir aber dagegen einen Menschen, der zwar keinen Grundbesitz hat, aber so viel Geld, daß er sich mit demselben nahe ein Königreich ankaufen könnte; so kann er dieses Geld im strengsten Falle allein nutzbringend verwalten, oder er braucht dazu höchstens einige wenige Berechnungsgehilfen, die allein von ihm einen im Verhältniß zu seinem Einkommen sehr gemäßigten Gehalt haben, welcher auch oft kaum hinreicht, ihre Bedürfnisse, besonders, wenn sie Familie haben, zu befriedigen. Kein solcher Geldbesitzer aber kann sich mit der Art und Weise, wie er zu dem Gelde gekommen ist, entschuldigen, ob durch Speculation, ob durch eine gewonnene Lotterie, oder ob durch eine Erbschaft; denn in jedem Falle steht er vor Gott gerade also da, wie ein Hehler neben dem Diebe. — Wie so denn? dürfte Jemand fragen. — Was heißt reich werden durch glückliche Speculation? Das ist und heißt nichts Anderes, als einen rechtmäßigen Verdienst Vieler wucherisch an sich reißen, dadurch Vielen den rechtmäßigen Verdienst entziehen und ihn sich allein zueignen. — In diesem Falle ist ein durch glückliche Speculation reich gewordener Mensch ein barster Dieb selbst; bei einem Lotteriegewinnste ist er es auf gleiche Weise, weil ihm der Einsatz von Vielen allein zu Gute kommt; bei einer Erbschaft aber ist er ein Hehler, der das widerrechtliche Gut seiner Vorfahren, die nur auf die zwei vorerwähnten Arten es sich haben eigen machen können. —

### 266.

(Am 21. Octbr. 1843, von 4³/₄—6½ Uhr Abds.)

Aber man wird sagen: Diese Bestimmung klingt sonderbar; denn was kann der Erbe dafür, wenn er das Vermögen entweder seiner Eltern oder sonstigen reichen Anverwandten staatsgesetzlich rechtlich überkommen hat? Sollte er für sich bei solcher Ueberkommung den naturgerechten Antheil berechnen und von dem Erbe nur so viel nehmen, als dieser Antheil ausmacht, und sollte dann den anderen Theil an wen immer verschenken? — Oder sollte er wohl zwar das ganze Vermögen übernehmen, davon aber nur den ihm gebührenden Naturtheil als Eigenthum annehmen, den großen Ueberschuß aber entweder zur Unterstützung dürftig gewordener Faulenzer selbst verwalten, oder solchen Ueberschuß sogleich zum Behufe wohlthätiger Anstalten an die Vorsteher eben dieser Anstalten abtreten? — Diese Frage ist hier so gut als eine, der man gewöhnlich entweder gar keine, oder im höchsten Falle eine nur höchst einsilbige Antwort schuldig ist. — Ist denn das göttliche Gesetz und das Saatsgesetz, oder die göttliche Weisheit und Fürsorge, und die weltlich staatliche Politik und sogenannte Diplomatik eines und dasselbe? — Was spricht denn der Herr? Er spricht: „Alles, was vor der Welt groß ist, ist vor Gott ein Gräuel!" — Was Größeres aber giebt es wohl auf der Welt, als, von göttlicher Seite abwärts betrachtet, eine usurpirte Staatsgewalt, welche nimmer nach dem göttlichen Rathe, sondern nur nach ihrer weltlichen Staatsklugheit, welche in der Politik und Diplomatie besteht, die Völker unterjocht, und ihre Kräfte zur eigenen prasserisch fructitiven und consumtiven Wohlfahrt benutzt? — Wenn es aber schon gräuelhaft und schändlich ist, so irgend ein Mensch nur einen, zwei oder drei seiner Brüder hintergeht, um wieviel gräuelhafter vor Gott muß es sein, wenn sich Menschen mit aller Gewalt zu krönen und zu salben wissen, um sodann unter solcher Krönung und Salbung ganze Völker zu ihrem eigenen schwelgerischen Vortheile auf alle erdenkliche Art und Weise zu hintergehen entweder durch die sogenannte Staatsklugheit, oder so sich's mit dieser nicht thun sollte, mit grausamer offener Gewalt! — Ich meine, aus diesem Sätzlein läßt sich ungefähr mit Händen greifen, wie sehr der meisten gegenwärtigen Staaten Rechte dem göttlichen schnurgerade entgegen laufen. — Ich meine auch ferner, wenn der Herr zum reichen Jünglinge spricht: „Verkaufe alle deine Güter und vertheile sie unter die Armen, du aber folge Mir nach, so wirst du dir einen Schatz im Himmel bereiten;" — so wird dieser Ausspruch doch hoffentlich hinreichend sein, um daraus zu ersehen, welche Vertheilung der irdische reiche Mensch, wenn er das Reich Gottes ernten will, mit seinem Reichthume machen sollte. Thut er das nicht, so muß er sich selbst zuschreiben, wenn ihn das nämliche Urtheil treffen wird, welches der Herr bei eben dieser Gelegenheit über den traurig gewordenen Jüngling ausgesprochen hat, daß nämlich ein Kameel leichter durch ein Nadelöhr durchkäme, denn ein solcher Reicher in das Himmelreich! — Wobei freilich wohl sehr verdächtiger Maßen der Umstand sehr zu berücksichtigen ist, daß der Herr hier ein so höchst bedauernswürdigstes Urtheil über einen Jüngling, also sicher über einen Erben ausgesprochen hat. — Man könnte hier füglich fragen: Warum mußte denn hier gerade ein reicher Jüngling, und warum nicht irgend ein schon bejahrter Speculant auftreten, an dem der Herr Sein ewiges Mißfallen an allem irdischen Reichthume kund gegeben hätte? — Die Antwort liegt ganz nahe; weil der Jüngling noch kein eingefleischter Reichthumsverwalter war, sondern er war noch auf dem Punkte, von welchem aus solche Jugend gewöhnlich noch den irdischen Reichthum nicht gehörig zu würdigen versteht, und konnte sich aus eben dem Grunde dem Herrn wenigstens auf eine kurze Zeit nähern, um von Ihm die rechte Weisung und den rechten

Gebrauch seines Reichthums zu vernehmen. — Erst bei der Erkennung des göttlichen Willens fällt er dann vom Herrn ab und kehrt zu seinen Reichthümern heim. — Also hatte der Jüngling doch dieses Vorrecht, eben als Jüngling, der noch nicht zurechnungsfähig war, sich dem Herrn zu nahen; aber der schon eingefleischte, mehr betagte reiche Wirth, Speculant und Wucherer stehen als Kameele hinter dem Nähnadelöhre, durch das sie erst schliefen müßten, um gleich dem Jünglinge zum Herrn zu gelangen. — Also ist es einem solchen Reichen gar nicht mehr gegönnt und gegeben, gleich dem Jünglinge sich beim Herrn einzufinden. Für Diese aber hat der Herr leider ein anderes sehr zu beachtendes Beispiel aufgeführt in der Erzählung vom reichen Prasser; mehr brauche ich euch nicht zu sagen. — Wer von euch aber nur ein wenig denken kann, der wird aus allem Dem mit der größten Leichtigkeit finden, daß dem Herrn Himmels und aller Welten kein menschliches Laster so gräuelhaft verächtlich war, als eben der Reichthum und dessen gewöhnliche Folgen; denn für kein anderes Laster sehen wir den Herrn über Leben und Tod allerklarster Maßen den Abgrund der Hölle erschaulich aufthun, als gerade bei diesem. Sei es Todschlag, Ehebruch, Hurerei und dergleichen Mehreres, bei allem Dem hat Niemand vom Herrn auf der Erde erlebt, daß Er ihn darum zur Hölle verdammt hätte; aber dieses Wucherlaster hat Er allenthalben sowohl beim Priesterstande, als wie auch bei jedem andern Privatstande auf das Allerdringlichste mit Wort und That gezüchtiget! — Wer kann gegenüber allen anderen menschlichen Vergehungen dem Herrn nachweisen, daß Er über irgend einen solchen Sünder Seine allmächtige Hand züchtigend aufgehoben hätte? Aber die Wechsler, Taubenkrämer und dergleichen noch mehreres Speculirgesindel mußte sich gefallen lassen, von der allmächtigen Hand des Herrn Selbst mit einem zusammengewundenen Stricke allererbärmlichst aus dem Tempel hinaus geprügelt und gezüchtiget zu werden! — Wißt ihr aber, was das sagen will? — Dieses höchst wahre evangelische Begebniß will nichts mehr und nichts weniger sagen, als daß der Herr Himmels und aller Welten eben von diesem Laster der abgesagteste Feind ist. — Bei jedem andern spricht Seine göttliche Liebe von Geduld, Nachsicht und Erbarmen; aber über dieses Laster spricht Sein Zorn und Grimm! — Denn hier verrammt Er Nro. 1 den Zutritt zu Ihm durch das bekannte Nadelöhr, eröffnet ersichtlich den Abgrund der Hölle und zeigt in demselben einen wirklich Verdammten, spricht Sich gegenüber den herrsch- und habsüchtigen Pharisäern also entsetzlich aus, daß Er ihnen deutlich zu erkennen giebt, wie da Hurer, Ehebrecher, Diebe und noch andere Sünder eher in das Reich Gottes eingehen werden, denn sie. Endlich ergreift Er im Tempel sogar eine züchtigende Waffe, und treibt schonungslos alle die wie immer gearteten Speculanten hinaus, und bezeichnet sie als Mörder des göttlichen Reiches, indem sie den Tempel, der eben das göttliche Reich vorstellt, schon sogar selbst zu einer Mördergrube gemacht haben. Wir könnten dergleichen Beispiele noch mehrere anführen, aus denen sich überall entnehmen ließe, wie ein überaus abgesagter Feind der Herr gegen dieses Laster ist. Aber wer nur einiger Maßen zu denken vermag, dem wird dieses sicher genügen; und bei eben dieser Gelegenheit können wir auch noch einen ganz kurzen Blick auf unser neuntes Gebot machen, und wir werden aus diesem Blicke ersehen, daß der Herr eben bei keinem anderen menschlichen Verhältnisse, bei keiner andern selbst verbotenen Gelegenheit und Thätigkeit sogar das Verlangen beschränkt hat, wie eben in dieser Ihm allermißfälligsten wucherischen Gelegenheit. — Ueberall verbietet Er ausdrücklich nur die Thätigkeit; hier aber schon das Verlangen, weil die Gefahr, welche daraus für den Geist erwächst, zu groß ist, indem es den Geist völlig von Gott abzieht und gänzlich zur Hölle kehrt, was ihr auch daraus ersehen könnet, daß sicher ein jeder anderer Sünder nach einer sündigen That eine Reue empfindet, während der reiche Speculant über eine glücklich gelungene Speculation hoch aufjubelt und triumphirt! — Und das ist der rechte Triumpf der Hölle; und der Fürst derselben sucht daher die Menschen auch vorzugsweise auf jede mögliche Art mit Liebe für den Weltreichthum zu erfüllen, weil er wohl weiß, daß sie mit dieser Liebe erfüllt vor dem Herrn am abscheulichsten sind, und Er Sich ihrer darum am wenigsten erbarmt! — Mehr brauche ich euch darüber nicht zu sagen. — Wohl Jedem, der diese Worte tief beherzigen wird; denn sie sind die **ewige unumstößliche göttliche Wahrheit!** — Und ihr könnt es über Alles für wahr halten und glauben; denn nicht eine Sylbe darin ist zu viel, eher könnt ihr annehmen, daß hier noch beiweitem zu wenig gesagt ist. — Solches aber merke sich ein Jeder: Der Herr wird bei jeder anderen Gelegenheit eher alles Erdenkliche aufbieten, bevor Er Jemanden wird zu Grunde gehen lassen; aber gegenüber diesem Laster wird Er nichts thun, außer den Abgrund der Hölle offen halten, wie Er es im Evangelio gezeigt hat. — Dieses Alles ist übergewiß und wahr, und wir haben dadurch den wahren Sinn dieses Gebotes kennen gelernt; und ich sage noch einmal: Beherzige ein Jeder dieß Gesagte wohl! — Und nun nichts mehr weiter; hier ist der zehnte Saal, und so treten wir in denselben ein! —

## 267.

(Am 23. Octbr. 1843, von 5—6¼ Uhr Abds.)

Wir sind darinnen, und erblicken auf der Tafel mit deutlicher Schrift geschrieben: „Du sollst nicht begehren deines Nächsten Weib!" — Daß dieses Gebot hier im reinen Reiche des Geistes, und ganz besonders im Reiche der Kinder, sicher einem jeden Denker etwas sonderbar klingt, braucht kaum erwähnt zu werden; — denn für's Erste wissen diese Kinder noch nicht im Geringsten, was da etwa ist ein ehelich Weib, und für's Zweite ist hier auch das Verehelichen etwa beider Geschlechter unter einander durchaus nicht gäng und gebe, besonders im Reiche der Kinder. Also im Geisterreiche findet dieses Gebot dieser Betrachtung zu Folge offenbar keine Anwendung. — Man wird aber sagen: Warum sollte denn der Herr unter zehn Geboten nicht Eines gegeben haben, welches allein den irdischen Verhältnissen entsprechen muß? — Denn auf der Erde ist die Verbindung zwischen Mann und Weib gäng und gebe, und ist daher ein altbegründetes auf der göttlichen Ordnung beruhendes Verhältniß, welches aber ohne ein Gebot nicht in der göttlichen Ordnung verbleiben kann. — Also kann man hier ja annehmen, daß der Herr unter den zehn Geboten Eines bloß für die Aufrechthaltung der Ordnung eines äußeren irdischen Verhältnisses wegen gegeben hat, damit durch die Aufrechthaltung dieser Ordnung eine geistige, innere, höher stehende nicht gestört wird. — Gut, sage ich; wenn Dem aber also ist, da sage ich: Dieses Gebot ist dann von diesem Standpunkte aus betrachtet nichts Anderes, als ein höchst überflüssiger Pleonasmus des ohnehin ganz dasselbe gebietenden sechsten Gebotes; denn auch in diesem wird in seinem völligen Verlaufe Alles als verboten dargestellt, was immer nur auf die Unzucht, Hurerei und den Ehebruch irgend eine Beziehung hat, sowohl in leiblicher, wie ganz besonders in geistiger Hinsicht. — Wenn wir nun Dieses ein wenig gegen einander erwägen, so ergiebt sich für's Erste daraus, daß dieses Gebot für den Himmel gar nicht taugt, und daß es für's Zweite neben dem sechsten Gebote rein überflüssig ist. — Ich sehe aber Jemanden, der da kommt und spricht: He, lieber Freund, du irrst dich; dieses Gebot, wenn schon an und für sich nahe dasselbe verbietend, was da verbietet das sechste Gebot, ist dennoch für sich ganz eigen und höher stehend und tiefer greifend, als da ist das sechste Gebot; denn beim sechsten Gebote wird offenbar nur die effective grobe Handlung, in diesem zehnten aber das Verlangen und die Begierde als die allzeitigen Grundursachen zur That verboten. — Denn man sieht es ja gar leicht ein, daß hier und da besonders junge Ehemänner auch gewöhnlich junge schöne Weiber haben; wie leicht ist es einem andern Manne, daß er seines vielleicht nicht schönen Weibes vergißt, sich in das schöne Weib seines Nächsten vergafft, in sich dann einen stets größeren Trieb und ein stets größeres Verlangen erweckt, seines Nächsten Weib zu begehren, und mit ihr seine geile Sache zu pflegen. — Gut, sage ich; wenn man dieses Gebot von diesem Standpunkte primo loco betrachtet, so ergeben sich daraus nicht mehr als eine halbe Legion Lächerlichkeiten und Narrheiten über Hals und Kopf, durch welche das Göttliche eines solchen erhabenen Gebotes in den schmutzigsten Staub und in die stinkendste Kloake des weltlichen Witzes und Verstandes der Menschen herabgezogen werden muß. Wir wollen Beispiels- und Erläuterungshalber geflissentlich einige Lächerlichkeiten anführen, damit dadurch Jedermann klar werde, wie entsetzlich seicht und auswendig dieses Gebot über acht Jahrhunderte hindurch aufgefaßt, erklärt und zu beobachten befohlen ward. — Ein Mann soll alsdann kein Verlangen nach dem Weibe seines Nächsten haben. Hier läßt sich fragen: Was für ein Verlangen oder Begehren? Denn es giebt ja eine Menge redlicher und wohlerlaubter Verlangen und Begehrungen, die ein Nachbar an das Weib seines Nächsten richten kann; aber im Gebote heißt es unbedingt: „Kein Verlangen haben." — Dadurch dürfen nur die beiden Nachbarn mit einander in der Conversation stehen, die Weiber aber müssen sie gegenseitig stets mit Verachtung ansehen; und das ist nichts mehr und nichts weniger, als gerade türkische Auffassung dieses mosaischen Gebotes. — Ferner, wenn man die Sache buchstäblich und materiell betrachtet, so muß man doch hoffentlich Alles buchstäblich nehmen und nicht ein paar Worte buchstäblich und ein paar Worte geistig daneben; was sich gerade so ausnimmt, als so Jemand auf einem Fuße ein schwarzes und auf dem andern ein ganz subtil durchsichtiges weißes Beinkleid trüge, oder als wollte Jemand behaupten, ein Baum müsse also wachsen, daß sein halber Stamm mit Rinde und der andere halbe

Stamm ohne Rinde sonach zum Vorschein käme. — Dieser Betrachtung zu Folge verbietet das zehnte Gebot nur das Verlangen nach dem Weibe des Nächsten; wer kann das im buchstäblichen Sinne sein? — Niemand Anderer, als entweder die nächsten Nachbarn, oder auch nahe Blutsverwandte. — Buchstäblich dürfte man also nur nach den Weibern dieser beiderlei Nächsten kein Verlangen haben, die Weiber entfernter Bewohner eines Bezirks, besonders aber die Weiber der Ausländer, die sicher keine Nächsten sind, können daher ohne Weiteres verlangt werden; denn Solches wird doch ein Jeder ohne Mathematik und Geometrie begreifen, daß man im Vergleiche zum nächsten Nachbarn einen andern einige Stunden entfernten, oder gar einen Ausländer für einen Nächsten oder Nächstseienden nicht anerkennen kann. — Sehet, auch das ist türkisch; denn diese halten dieses Gebot nur als Türken gegen einander; gegen fremde Nationen haben sie da gar kein Gesetz. — Gehen wir aber weiter. — Ich frage: Ist das Weib meines Nächsten denn von der Haltung des göttlichen Gesetzes ausgenommen? — Denn im Gesetze steht nur, daß ein Mann nach dem Weibe seines Nächsten kein Verlangen haben solle; aber von Dem, daß etwa ein geiles Weib nach ihrem nächsten Nachbar kein Verlangen haben soll, davon steht im Gebote keine Sylbe. — Man giebt auf diese Weise dem Weibe offenbar nothwendig ein Privilegium, die ihnen zu Gesichte stehenden Männer ohne alles Bedenken zu verführen; und wer wird es ihnen verbieten, Solches zu thun, da für diesen Fall vom Herrn aus kein Gebot vorhanden ist? — Auch das ist aus der türkischen Philosophie; denn die Türken wissen aus dem Buchstabensinne, daß die Weiber von solchem Gesetze frei sind; daher sperren sie dieselben ein, damit sie ja nicht irgend in's Freie kommen, und andere Männer nach ihnen lüstern machen möchten, — und gestattet schon ein Türke irgend einem seiner Weiber einen Ausgang, so muß sie sich aber also unvortheilhaft für ihre inwendigen Reize vermummen, daß sie sicher sogar einem ihr begegnenden Bären einen sehr bedenklichen Respect einflößen würde, und darf ihre Reize nur allein vor ihrem Manne entfalten. — Wer kann da auftreten und dagegen behaupten, als wäre Solches nicht aus dem Buchstabensinne des Gebotes zu erkennen? — Offenbar hat diese Lächerlichkeit seinen unleugbaren Grund eben im Gebote selbst. — Gehen wir aber weiter. — Können nicht die nächsten Nachbarn etwa schon erwachsene Töchter haben, oder andere recht saubere Dienstmädchen? Ist es nach dem zehnten Gebote erlaubt oder nicht, nach den Töchtern oder anderen Mädchen des Nächsten ein Verlangen zu haben, selbst als Ehemann? — Offenbar ist Solches gestattet; denn im sechsten Gebote ist vom Verlangen keine Rede, sondern nur von der That. — Das zehnte Gebot verbietet aber nur das Verlangen nach dem Weibe; also ist das Verlangen nach den Töchtern und allfälligen anderen hübschen Mädchen des Nächsten ohne Widerrede erlaubt. — Sehet, da haben wir wieder eine türkische Auslegung des Gesetzes mehr. Um die Sache aber recht sonnenklar anschaulich zu machen, wollen wir noch einige solcher Lächerlichkeiten anführen. —

## 268.

(Am 25. Octbr. 1843, von 4¾—5½ Uhr Abds.)

Im Gesetze heißt es: „Du sollst nicht verlangen deines Nächsten Weib." — Läßt sich denn da nicht fragen: Wer ist denn so ganz eigentlich der Du? — Ist er ein Verheiratheter, ein Wittwer, ein unverheiratheter junger Mann, ein Jüngling, oder ist es etwa gar auch ein Weib, zu dem man doch auch sagen kann: Du sollst Dieß oder Jenes nicht thun? — Man wird hier sagen: Das ist vorzugsweise für's männliche Geschlecht bestimmt, ohne Unterschied, ob dasselbe ledig oder verheirathet ist; und daß die Weiber so mitlaufend auch miteinverstanden werden können und nicht das Recht haben sollen, andere Männer zu verlocken und zu begehren, das Alles versteht sich von selbst. — Ich aber sage dagegen: Wenn aber schon die Menschen ihre Satzungen gar fein zu bestimmen im Stande sind, und in eben ihren Satzungen für jeden möglichen Fall gar feine und kluge Sonderungen machen, so wird man gegenüber dem Herrn doch nicht den Vorwurf machen können, als hätte Er für's Erste gar aus Unkunde ganz unbestimmt ausgedrückte Gesetze gegeben, oder Er hätte für's Zweite gleich einem pfiffigen Advocaten Seine Gesetze also auf Schrauben gestellt, daß die Menschen darüber unvermeidlich sich so oder so versündigen müssen. — Ich meine, eine solche Folgerung aus der näheren Betrachtung des freilich wohl ganz unbestimmt gegeben scheinenden Gesetzes zu machen, wäre denn doch etwas zu arg. Man kann daher viel leichter schließen, daß dieses Gesetz, wie alle übrigen ein sicher höchst bestimmtes ist; nur ist es mit der Zeit und ganz besonders in der Zeit des entstandenen Hierarchenthums also verdreht und fälschlich ausgelegt worden, daß nun kein Mensch mehr den eigentlichen wahren Sinn dieses Gesetzes kennt. Und das ist geschehen aus purer Habsucht; denn im eigentlichen reinen Sinne hätte dieses Gesetz dem Priesterstande nie einen Pfennig getragen, in seinem verdeckten Sinne aber gab es Anlaß zu allerlei taxirten Vermittlungen, Dispensen und Ehescheidungen, und das natürlich in der früheren Zeit beiweitem um's Unvergleichliche mehr, als jetzt; — denn da war die Sache also gestellt, daß zwei oder mehrere Nachbarn sich gegen die Versündigung an diesem Gesetze durchaus nicht verwahren konnten. Wie denn? — Sie mußten natürlicher Weise mehrere Male im Jahre aus übergroßer Furcht vor der Hölle gewissenhaft beichten; und da wurden sie in diesem Punkte gar emsig examinirt, und es war, im Falle irgend ein Nachbar ein schönes junges Weib hatte, schon sogar ein Gedanke, ein Blick, etwa gar eine Unterredung von Seite der anderen Nachbarn, natürlich männlicher Seits, als eine ehebrecherische Sünde gegen dieses Gebot erklärt, welche meistens mit einer Opferbuße belegt ward. — Geschah irgend gar eine etwas stärkere Annäherung, so war auch schon die volle Verdammniß fertig, und der einmal auf der einen Wagschale St. Michael's in die Hölle hinabgesunkene mußte in die gegenüber ganz leere Wagschale sehr bedeutende Opfer werfen, damit diese die Ueberschwere bekamen und den armen verdammten Sünder andererseits wieder glücklich aus der Hölle herauszogen; und die Gottes Macht innehabenden Priester gehörten da durchaus nicht unter diejenigen Partien,

welche nur sehr Vieles verlangen, sondern sie wollten im Ernste lieber
Alles! — Denn auf diese Weise mußten einst viele sehr wohlhabende
sogenannte Ritter und Grafen in's Gras beißen und noch obend'rauf zur
aus der Hölle erlösenden Buße ihre Güter der Kirche vermachen, bei
welcher Gelegenheit dann ihre allenfalls zurückgebliebenen Weiber zur
Sühnung der Strafe für ihren ungetreuen Mann in irgend ein Kloster
aufgenommen wurden; und die allfälligen Kinder sowohl männlicher als
weiblicher Seits sind dann auch gewöhnlich in solche Klöster eingetheilt
worden, in denen man keine irdischen Reichthümer besitzen darf. — Ich
meine, es dürfte genug sein, um das wirklich Schmähliche einzusehen,
was Alles aus der Verdrehung dieses Gesetzes zum Vorschein kam; und
das bestimmte „Du" des Gesetzes war die Urquelle zu Dispensen,
welche gewöhnlich am meisten eingetragen haben. — Hatte Jemand ein
großes Opfer gebracht, so konnte man das Du so modificiren, daß der
Sünder wenigstens nicht in die Hölle kam; im Gegentheile aber konnte
dieses Du auch so verdammlich bestimmt werden, und das zufolge der
angemaßten Löse- und Bindegewalt, daß dem Sünder nur sehr bedeutende
Opfer aus der Hölle behilflich in der Erlösung sein konnten. — Wir
haben jetzt gesehen, zu welchen Abirrungen das unbestimmte Du Gelegenheit gegeben hat; wir wollen uns aber damit noch nicht begnügen, sondern noch einige solche lächerliche Auslegungen mehr betrachten, damit es
daraus Jedem um so klarer wird, wie nothwendig für Jedermann die
Bekanntschaft mit dem reinen Sinne des Gesetzes ist, ohne den er nie frei
werden kann, sondern stets sclavisch verbleiben muß unter dem Fluche des
Gesetzes! — Und so gehen wir weiter. —

## 269.

(Am 26. Octbr. 1843, von 3³/₄—5³/₄ Uhr Abds.)

Wie das Gesetz lautet, wissen wir; es untersagt ein Verlangen oder
ein Begehren. Nun aber fragt es sich: Irgend ein Mann ist verarmt,
während sein Nachbar ein reicher Mann ist. Das Weib des Nachbars,
als des Nächsten an unserem armen Menschen hat ein ihm bekanntes
mitleidiges und mildthätiges Herz. — Unser Armer bekommt nun offenbar ein Verlangen nach dem mildthätigen Weibe seines Nachbars, und
begehrt sie, daß sie ihm möchte den Hunger stillen. — Frage, hat dieser
gesündiget oder nicht? — Er hat offenbar ein Verlangen und Begehren
nach dem Weibe seines Nachbars gestellt; — nachdem es aber heißt: Du
sollst kein Verlangen nach dem Weibe deines Nächsten haben, wer kann
hier gegründeter Maßen dieses billige Verlangen des Armen als unsündhaft erklären? — Denn unter: „kein Verlangen, kein Begehren haben" —
muß doch sicher jedes Verlangen und jedes Begehren untersagt sein, da
in dem Worte „kein" durchaus keine Exemtion erweislich ist; —
so muß denn auch dadurch ein wie immer geartetes Verlangen untersagt
sein. — Leuchtet aus dieser Erklärung nicht augenscheinlich hervor, daß
der Herr dadurch das weibliche Geschlecht offenbar habe von der Liebthätigkeit abwendig machen wollen, wornach dann sicher eine jede Wohlthat, die irgend eine Hausfrau einem armen Menschen ertheilt, als vollkommene, dem göttlichen Gebote zuwiderlaufende Sünde anzusehen ist? —

Läßt sich aber so ein unsinniges Gebot von Seite der allerhöchsten Liebe des Herrn wohl denken? — Man wird hier freilich sagen: Das Gebot beschränkt sich nur auf das fleischliche wollüstige Verlangen. Ich aber sage: Es ist gut, lassen wir es also bei Dem bewendet sein; — nur muß man mir dabei erlauben, einige Bemerkungen zu machen. Stoßen diese Bemerkungen dieses Bewendetseinlassen um, dann muß sich's ein jeder Einwender gefallen lassen, bei der Bestimmung dieses Gebotes einen anderen Weg zu ergreifen; und so vernehme man die Bemerkungen. — Das Gebot soll also lediglich ein sinnlich fleischliches Verlangen untersagen. Gut, sage ich; frage aber dabei: Ist im Gebot ein Weib bestimmt angegeben, oder sind im Gebote alle Weiber darunter verstanden, oder finden gewisse natürliche Exceptionen Statt? Nehmen wir an, mehrere sich gegenüberstehende Nachbarn haben alte, durchaus nicht mehr reizende Weiber; da können wir auch versichert sein, daß diese Nachbarn hinsichtlich ihrer gegenseitigen Weiber durchaus kein fleischliches Verlangen mehr haben werden. — Also müßten darunter nur die jungen Weiber verstanden sein, und die jungen nur dann, wenn sie schön und reizend sind. Also werden auch alte und abgelebte Männer sicher nicht mehr viel von fleischlich sinnlichen Begierden gequält sein gegenüber was immer für Weibern ihrer Nachbarn. — Dadurch sehen wir aber, daß dieses Gesetz nur unter großen Bedingungen geltend ist. Also hat das Gesetz Lücken, und hat somit keine allgemeine Geltung; denn wo schon die Natur Ausnahmen macht, und ein Gesetz nicht einmal die volle naturmäßige Geltung hat, wie soll es sich da in's Geistige erstrecken? — Wer Solches nicht begreifen kann, der breche nur einen Baum ab, und sehe, ob er dann noch wachsen wird und Früchte tragen. — Ein göttliches Gesetz aber muß doch sicher so gestellt sein, daß dessen beseligende Geltung für alle Ewigkeiten gesetzt ist. — Wenn es demnach aber schon im Verlaufe des kurzen irdischen Daseins unter gewissen Umständen natürlicher Weise über die geltenden Schranken hinausgedrängt wird, also schon im Naturzustande des Menschen als wirkend zu sein aufhört, was soll es dann für die Ewigkeit sein? Ist nicht jedes Gesetz Gottes in Seiner unendlichen Liebe gegründet? Was ist es denn aber hernach, wenn ein solches Gesetz außer Geltung tritt? Ist das etwas Anderes, als so man behaupten möchte, die göttliche Liebe tritt ebenfalls unter gewissen Umständen außer Geltung für den Menschen? — Darauf aber beruht auch der traurige Glaube euerer heidnisch-christlichen Seite, dem zufolge die Liebe Gottes nur so lange dauert, so lange der Mensch auf dieser Welt lebt; ist er einmal gestorben dem Leibe nach, und steht lediglich seelisch und geistig da, so fängt alsogleich die unwandelbare allerschrecklichst gestrenge strafende Zorngerechtigkeit Gottes an, bei der von einer Liebe und Erbarmung ewig keine Rede mehr ist. — Hat der Mensch durch seine Lebensweise den Himmel verdient, so kommt er nicht etwa zufolge der göttlichen Liebe, sondern nur zufolge der göttlichen Gerechtigkeit in den Himmel, und das natürlich durch das eigene Gott dienliche und wohlgefällige Verdienst. Hat aber der Mensch nicht also gelebt, so ist die augenblickliche ewige Verdammniß vorhanden, aus der nimmer eine Erlösung zu erwarten ist; — was mit anderen Worten nichts Anderes sagen will, als so es irgend einen thörichten Vater gäbe, der da ein solches Gesetz in seinem Haushalte aufstellte, und das gegen seine Kinder, welches also lauten möchte: Ich gebe allen meinen Kindern von der Geburt an bis in ihr siebentes Jahr vollkommen Freiheit. In dieser Zeit sollen sie alle meine Liebe ohne Unterschied genießen; nach Verlauf des siebenten Jahres aber ziehe ich bei allen Kindern meine Liebe zurück, und will sie von da an entweder richten oder beseligen. Die als unmündige Kinder meine schweren Gesetze gehalten haben, die sollen nach dem siebenten Jahre sich fortan meines höchsten Wohlgefallens zu erfreuen haben; welche sich aber im Verlaufe des siebenten Jahres nicht völlig bis auf ein Atom nach meinem schweren Gesetze gebessert haben, diese sollen fortan für alle Zeiten aus meinem väterlichen Hause verflucht und verworfen werden. — Saget, was würdet ihr zu einem so grausamen Esel von einem Vater sagen? — Wäre das nicht ungeheuer mehr, als die allerschändlichste Tyrannei aller Tyranneien? — Wenn ihr aber Solches doch sicher schon bei einem Menschen für unberechenbar thöricht, arg und böse finden würdet, wie entsetzlich unsinnig müssen da wohl die Menschen sein, wenn sie noch viel Aergeres Gott, der die allerhöchste Liebe und Weisheit Selbst ist, solche kaum aussprechliche Schändlichkeiten ansinnen und zuschreiben können! — Was that der Herr am Kreuze, als die alleinige göttliche Weisheit, da Sie gewisserart dem Außen nach wie geschieden war von der ewigen Liebe? — Er, als die Weisheit und als Solcher der Grund aller Gerechtigkeit, wandte Sich Selbst an den Vater oder an die ewige Liebe, forderte diese nicht gewisserart gerechter Maßen um die Rache auf, sondern er bat die Liebe, daß Sie allen diesen Missethätern, also auch allen den Hohenpriestern und Pharisäern all' ihre That vergeben möchte, indem sie nicht wissen, was sie thun! — Solches thut also hier schon die göttliche Gerechtigkeit für Sich; soll dann die unendliche göttliche Liebe da zu verdammen anfangen, wo die göttliche Gerechtigkeit die noch endlos barmherzigere Liebe um Erbarmung anfleht? — Oder wenn man das nicht gelten läßt, daß es dem Herrn wirklich Ernst war mit Seiner Bitte, und sagt, Solches habe Er nur beispielsweise gethan; macht man da den Herrn nicht zu einem Heuchler, indem man Ihn nur scheinhalber am Kreuze um Vergebung bitten läßt? Heimlich aber läßt man in Ihm doch die unvertilgbare Rache übrig, der zufolge Er in Sich dennoch alle diese Uebelthäter schon lange in das allerschärfste höllische Feuer verdammt hatte! — O Welt! O Menschen! O allerschrecklichster Unsinn, der je irgend in der ganzen Unendlichkeit und Ewigkeit erdacht werden könnte! — Kann man sich wohl etwas Schändlicheres denken, als so man zur allerfalschesten, freilich wohl zeitlichen Autoritätsbegründung der Hölle, den Herrn am Kreuze zu einem Lügner, Scheinprediger, Verräther und somit zum allgemeinen Weltenbetrüger macht? — Aus wessen anderem Munde, als nur allein aus dem Munde des Erzsatans kann solche Lehre und können solche Worte kommen? — Ich meine, es genügt auch hier wieder, um euch zu der Einsicht zu bringen, welche Gräuel aus einer höchst verkehrten Deutung und Auslegung eines göttlichen Gesetzes hervorgehen können. — Daß es also ist bei euch auf der Welt, das könnt ihr bereits wohl schon selbst mit den Händen greifen; aber warum es also ist, aus was für einem Grunde, das wußtet ihr nicht und konntet es auch nicht wissen; denn zu mächtig verwirrt ward der Gesetzesknoten, und nimmer hätte Jemand diesem Knoten die volle Lösung geben können. Daher hat Sich der Herr eurer erbarmt, und läßt euch in der Sonne, da es doch sicher licht genug ist, die wahre Lösung dieses Knotens verkünden, auf daß ihr den allgemeinen Grund aller Bosheit und Finsterniß erschauen möchtet. — Man wird freilich sagen: Ja wie kann denn doch so viel Uebel von dem Mißverstande der zehn Gebote Mosis abhängen? — Da meine Ich: Weil diese zehn Gebote von Gott gegeben sind, und tragen in sich die ganze unendliche Ordnung Gottes selbst. — — Wer sonach in einem oder dem andern Punkte auf was immer für eine Art aus der göttlichen Ordnung tritt, der bleibt in gar keinem Punkte mehr in der göttlichen Ordnung, indem diese gleich ist einem geraden Wege. So Jemand wo immer von diesem Wege abweicht, kann er da sagen: Ich bin nur ein Viertel, Fünftel, Siebentel oder Zehntel des Weges abgewichen? Sicher nicht; denn wie er nur im Geringsten den Weg verläßt, so ist er schon vom ganzen Wege hinweg, und will er nicht auf den Weg zurückkehren, da wird man doch sicher und gewiß behaupten können, daß derjenige einzelne Punkt am Wege, da der Wanderer von selbem abgewichen ist, den Wanderer sicher vom ganzen Wege entfernt hatte. — Und eben also verhält es sich auch mit jedem einzelnen Punkte des göttlichen Gesetzes; es kann nicht leichtlich Jemanden geben, der sich am ganzen Gesetze gewaltigst versündiget hätte, indem Solches auch nahe unmöglich wäre. Aber es ist genug, wenn sich Jemand in einem Punkte versündiget und beharrt dann dabei; so kommt er auf diese Weise doch vom ganzen Gesetze hinweg, und wenn er es nicht will und der Herr ihm nicht behilflich sein möchte, so käme er nimmer auf den Weg des Gesetzes oder der göttlichen Ordnung zurück; und so könnt ihr auch versichert sein, daß die meisten Uebel der Welt vom freilich wohl leider anfänglich eigen- und böswilligen Unverstande, oder vielmehr von der böswilligen Verdrehung des Sinnes dieser beiden letzten göttlichen Gebote herrühren. — Wir haben nun aber auch der Lächerlichkeiten und falschen Auslegungen dieses Gebotes zur Genüge kund gegeben; daher wollen wir denn auch zur rechten Bedeutung dieses Gesetzes schreiten, in deren Lichte ihr alle die Albernheiten noch um's Unvergleichliche heller erleuchtet erschauen werdet. —

## 270.
(Am 23. Octbr. 1843, von 3½–6 Uhr Abds.)

Es werden hier so Manche, die das Vorhergehende durchgelesen haben, sagen: Da sind wir im Ernste sehr neugierig darauf, was dieses Gebot für einen eigentlichen beständigen Sinn hat, nachdem jeder Sinn, den wir ehedem diesem Gebote beigelegt haben, unwiderlegbar in's Allerunsinnigst-Lächerlichste gezogen und dargestellt ward. Wir möchten im Ernste schon sehr gern erfahren, wer demnach der Du, der Nächste und dessen Weib ist? — Denn aus dem Gebote läßt sich mit Bestimmtheit nichts aufstellen. Der Du kann wohl sicher Jedermann sein; ob aber darunter auch ein Weib verstanden sein kann, das steht noch im weiten Felde. — Der Nächste ließe sich wohl allenfalls etwas näher bestimmen, besonders wenn man dieses Wort in einem umfassenderen Sinne nimmt, wodurch dann Jedermann unser Nächster ist, der irgend unserer Hilfe bedarf. — Mit dem Weibe aber hat es sicherlich den größten Anstand; denn man weiß nicht, wird darunter nur ein verheirathetes Weib, oder auch das ledige weibliche Geschlecht mitverstanden. Es ist hier freilich mehr in der einfachen als in der vielfachen Zahl; aber das macht eben auch die Sache um kein Haar bestimmter. Denn wenn man in irgend einem Erdtheile die Polygamie annimmt, so hätte es da mit der einfachen Zahl offenbar wieder einen neuen Haken; — aus allem Diesem sind wir um so neugieriger auf den eigentlichen Sinn dieses Gebotes, indem der Buchstabensinn allenthalben ganz gewaltig unstichhaltig ist. — Und ich sage hinzu: Also ist es bestimmt und klar, daß sich mit der Annahme des puren äußeren Buchstabensinnes nur der größte Unsinn, nie aber irgend eine gegründete Wahrheit darstellen läßt. — Man wird hier freilich wohl sagen: Ja warum hat denn der Herr das Gesetz nicht sogleich also gegeben, daß es für Jedermann nicht verdeckt, sondern ganz offen also erschiene in was für einem Sinne es eigentlich gegeben und wie es nach eben diesem Sinne zu beobachten ist? — Diese Einwendung läßt sich dem Außen nach wohl hören, und klingt als eine ziemlich weise gestaltete Antiphrase; aber beim Lichte betrachtet ist sie so schön dumm, daß man sich nicht leichtlich etwas Dümmeres vorstellen kann. — Damit aber die außerordentliche Albernheit dieser Einwendung einem Jeden sogleich in die Augen fällt, als stünde er nur wenige Meilen von der Sonne entfernt, und diese doch sicher plötzlich mit seinen Augen wahrnehmen würde, — oder damit es Einem dabei wird, wie Dem, der in einem Walde den Wald vor lauter Bäume nicht sieht; — so will ich für diese Gelegenheit einige natürliche, ganz kurz gefaßte Betrachtungen aufstellen. — Nehmen wir an, einem sogenannten Naturforscher und Botaniker möchte es der Bequemlichkeit seiner Untersuchung wegen einfallen, und also lauten: Warum hat denn die schöpfende Kraft des schaffenden allerhöchsten Wesens die Bäume und Pflanzen nicht also erschaffen, daß der Kern auswendig und die Rinde inwendig wäre, auf daß man mit leichter Mühe durch Mikroskope das Aufsteigen des Saftes in die Aeste und Zweige und dessen (nämlich des Saftes) Reactionen und andere Wirkungen genau beobachten könnte? — Denn es kann doch nicht des Schöpfers Absicht gewesen sein, den denkenden Menschen sogestaltet auf die Erde zu setzen, daß er nie in das Geheimniß der Wunderwirkungen in der Natur eindringen sollte. — Was sagt ihr zu diesem Verlangen? — Ist es nicht im höchsten Grade dumm? — Nehmen wir aber an, der Herr möchte Sich von einer solchen Aufforderung bestechen lassen und die Bäume also umkehren sammt den Pflanzen; werden da nicht gleich wieder andere Naturforscher hinzukommen und sagen: Was nützt uns die Betrachtung des auswendigen Kerns, da wir dabei nicht die wunderbare Bildung der inneren Rinde entdecken können? — Was folgt nun hieraus? — Der Herr müßte Sich auch jetzt wieder fügen und auf eine mir fürwahr nicht begreifliche Art Rinde und Kern auswendig am Baume anbringen. — Nehmen wir aber an, der Herr hätte Solches im Ernste zuwege gebracht, und das Inwendige des Baumes besteht nun bloß im Holze; wird da nicht ein anderer Naturforscher sobald ein neues Bedürfniß kundgeben und sagen: Durch die Rinde und auf einer Seite durch den Kern ist nun die ganze wunderbare Bildung des Holzes verdeckt; könnte denn ein Baum nicht so gestaltet sein, daß Alles, Kern, Holz und Rinde auswendig wäre, oder wenigstens so durchsichtig wie die Luft? — Ob man einen aus nothwendig zahllos vielen Organen zusammengefügten Baum so durchsichtig wie die Luft oder wenigstens wie ein reines Wasser gestalten kann, das sollen Optiker und Mathematiker entscheiden. Was aber übrigens auf vollkommen luftigen Bäumen für Früchte wachsen werden, das dürfte einer ungefähr in den Gegenden des Nordpols oder Südpols in gute Erfahrung bringen; denn dort geschehen manchmal solche Phänomene, daß zufolge der großen Kälte auf die Weise, wie bei euch im Winter auf den Glasfenstern, dort aber in der Luft krystallinische Eisbäume aufschießen. Ob auf diesen Bäumen auch Feigen und Datteln zum Vorscheine kommen, ist bis jetzt noch nicht ermittelt worden. — Was aber andererseits diejenigen Bäume betrifft, wo Alles, Kern, Holz und Rinde auswendig sein sollte, so könnt ihr dessen vollkommen versichert sein, daß es eben so leicht wäre, eine viereckige Kugel zu machen, als einen solchen Baum. — Ich meine durch diese Betrachtung sollte die Dummheit obiger Einwendung schon so ziemlich sonnenhaft vor den Augen liegen. — Aber um die Sache, wie gewöhnlich, wahrhaft überflüssig klar zu machen, wollen wir noch ein paar Betrachtungen hinzufügen. — Nehmen wir an, ein Arzt muß sehr viel studiren, und wenn er schon einen ganzen schweren Wagen voll Gelehrsamkeit gleich einem Polypen in sich eingeschlürft hat, und dann zu einem bedenklich kranken Patienten verlangt wird, so steht er nicht selten also am Krankenlager, wie ein paar neueingespannte Ochsen an einem steilen Berge. — Der Arzt wird von den Umstehenden gefragt: Wie finden Sie den Kranken; was fehlt ihm denn? — Wird es ihm wohl zu helfen sein? — Ob dieser Fragen macht der Arzt ein zwar gelehrtes, aber dabei dennoch stark bedenklich verlegenes Gesicht und spricht: Meine Lieben! Jetzt läßt sich noch nichts bestimmen, ich muß erst durch eine Medizin die Krankheit prüfen; werden sich da Reactionen so oder so ergeben, so werde ich schon wissen, wie ich daran bin. Treten aber hier keine Reactionen auf, da müßt ihr selbst einsehen, daß unsereiner in den Leib nicht hineinschauen kann, um den Sitz der Krankheit nebst ihrer Beschaffenheit ausfindig zu machen. Da spricht aber Jemand etwas lakonisch: Herr Arzt, da hätte unser Herrgott wohl besser gethan, wenn Er den Menschen entweder so erschaffen hätte, wie der Schreiner einen Schrank, den man aufsperren und hineinsehen kann, was darinnen ist; — oder der Schöpfer hätte sollen bei dem Menschen die heicklicheren Theile, zu denen man auf diese Weise so schwer gelangen kann, gleich den Fingern, Ohren, Augen und Nasen außerhalb gestellt haben, damit man diesen Theil sogleich leicht entweder mit einem Pflaster, mit einer Salbe oder mit einem anderen Umschlage zu Hilfe kommen könnte. Am besten aber wäre es offenbar, Er hätte entweder den Menschen sollen durchsichtig wie das Wasser erschaffen, oder Er hätte ihn überhaupt nicht sollen aus gar so lebensgefährlichen Theilen zusammensetzen, und ihn überhaupt mehr wie einen Stein gestalten sollen. — Der Arzt rümpft hier etwas die Nase, spricht aber dennoch: Ja, mein lieber Freund, das wäre freilich gut und besser; aber es ist einmal nicht also, wie Du soeben den Wunsch geäußert hast, und so müssen wir uns schon damit zufriedenstellen, wenn wir nur auf dem Wege der Erfahrungen etwas genauer über den inneren Gesundheits- oder Krankheitszustand eines Menschen zu schließen im Stande sind. — Denn wäre der Mensch auch wie ein Kasten aufzumachen, so wäre das für's Erste für jeden Menschen noch um Vieles lebensgefährlicher, als es so ist; nur ein ein wenig ungeschickter Griff in das Innere, und könnte man auch durch ein solches Aufmachen die Eingeweide beschauen, so würde aber einem das noch sehr wenig nützen. Die Eingeweide und ihre feinen Organe müssen doch verschlossen bleiben, indem bei Eröffnung derselben auch auf der Stelle alle Lebenssäfte und alle Lebensthätigkeit flott würden. — Was aber die auswendige Stellung der inwendigen Leibestheile betrifft, fürwahr, mein Lieber, das gäbe der menschlichen Gestalt durchaus einen höchst unästhetischen Anblick, und wenn der Mensch erst völlig durchsichtig wäre, so würde sich ein Jeder gegenseitig vor dem Andern erschrecken; denn er würde da einmal den Hautmenschen, dann den Muskelmenschen, den Gefäßmenschen, den Nervenmenschen und endlich den Knochenmenschen auch zu gleicher Zeit erschauen. — Daß ein solcher Anblick nicht einladend wäre, das kannst du wohl dir von selbst einbilden. — Ich meine, bei dieser Betrachtung wird einem das Alberne der obigen Einwendung noch klarer in die Augen springen. — Aber es ist noch Jemand, der da spricht: Solches ist bei natürlichen, materiellen Dingen freilich wohl widersinnigst zu gedenken, daß da ihr Inwendiges auch zugleich ihr Aeußeres ausmachen sollte; — aber das Wort für sich ist ja doch weder ein Baum, noch ein Thier, noch ein Mensch, sondern es ist schon an und für sich geistig, indem es nichts Materielles an sich trägt. Warum sollte das hernach noch gleich einem Baume oder Menschen irgend einen unbegreiflichen inneren Sinn haben? — Oder wie sollte dieser möglich sein, wenn man die ohnehin außerordentliche Einfachheit und Flachheit des Wortes betrachtet? — Gut, sage ich; nehmen wir das Wort „Vater"; was bezeichnet es? Ist das Wort schon der Vater selbst, oder bezeichnet das Wort wirklich einen wesenhaften Vater, von dem eben dieses Wort bloß nur ein äußerer Merkmalstypus ist? — Man wird sagen: Offenbar ist hier das Wort nicht der Vater selbst, sondern nur eine äußere Bezeichnung desselben. — Gut, sage ich, und frage aber dabei: Was muß man denn dann Alles unter diesem Worte verstehen, auf daß man eben dieses Wort als einen äußeren richtig bezeichnenden Typus anerkennt? — Antwort: Das Wort muß einen Menschen darstellen, der ein gehöriges Alter hat, verheirathet ist, mit seinem Weibe wirklich lebende Kinder erzeugt hat und dieselben dann wahrhaft väterlich leiblich und geistig versorgt. Wer kann hier nur im geringsten in Abrede stellen, daß diese ziemlich gedehnte und überaus wesentliche Bedeutung im einfachen Worte „Vater" stecken muß, ohne welche dieses Wort gar kein Wort wäre? — Wenn aber schon in äußeren Beziehungen ein jedes einfache Wort eine mehr inwendige Erklärung und Zergliederung zulassen muß, um wie viel mehr muß demnach ein jedes äußere Wort auch einen inwendigen geistigen Sinn haben, indem doch sicher Alles, was durch äußere Worte bezeichnet wird, selbst ein inwendiges Geistiges, also Kraftvolles und Wirkendes haben muß. Ein Vater hat sicher auch Seele und Geist; wird das

Wort den Begriff „Vater" wohl richtig bezeichnen, wenn es sein Seelisches und Geistiges ausschließt? — Sicher nicht; denn der wesenhafte Vater besteht aus Leib, Seele und Geist; also aus Auswendigem, Innerem und Inwendigstem. — Wenn sonach der wesenhafte Vater lebendig also beschaffen ist, muß Solches dann nicht auch wie in einem Spiegel im Worte, durch das der wesenhafte Vater als Vater bezeichnet wird, eben so gut vollkommen bezeichnend zu Grunde liegen? — Ich meine, deutlicher und klarer läßt sich ein nothwendiger innerer Sinn des Wortes nicht darstellen, und daraus aber kann auch ersichtlich sein, daß der Herr, so Er auf der Welt Seinen Willen kund giebt, Er ihn für äußere Menschen nach Seiner ewigen göttlichen Ordnung nicht anders kund geben kann, als eben nur durch äußere bildliche Darstellungen, in denen dann offenbar ein innerer und ein innerster Sinn zu Grunde liegt; wodurch dann der ganze Mensch von seinem Inwendigsten bis zu seinem Aeußersten nach der göttlichen Liebe versorgt ist. Da wir aber nun die Nothwendigkeit und die Gewißheit solcher Einrichtung mehr als handgreiflich dargethan haben, so wird es nun auch ein gar Leichtes sein, denn inneren wahren Sinn unseres Gesetzes beinahe von selbst zu finden, und so er von mir dargestellt wird, wenigstens als den unumstößlich einzig wahren und allgemein geltenden zu erkennen; — und so gehen wir sogleich zu solcher Darstellung über! —

### 271.

(Am 28. Octbr. 1843, von 3¾—6 Uhr Abds.)

Das Gesetz lautet sonach, wie wir es bereits nur schon zu überaus stark auswendig wissen: „Du sollst nicht begehren Deines Nächsten Weib," — oder: Du sollst kein Verlangen haben nach deines Nächsten Weib; — was eines und dasselbe ist. — Wer ist denn das Weib, und wer ist der Nächste? — Das Weib ist eines jeden Menschen Liebe, und der Nächste ist jeder Mensch, mit dem ich irgend in Berührung komme, oder der irgend, wo es sein kann, möglich und nothwendig ist, meiner Hilfe bedarf. — Wenn wir Das wissen, so wissen wir im Grunde schon Alles. Was besagt demnach das Gebot? — Nichts Anderes, als: Ein jeder Mann soll nicht eigenliebig die Liebe seines Nächsten auffordernd zu seinem Besten verlangen; denn Eigenliebe ist an und für sich nichts Anderes, als sich die Liebe Anderer zuziehen zum eigenen Genusse, aber von ihm selbst keinen Funken Liebe mehr wiederzuspenden. — Also lautet demnach das Gesetz in seinem geistigen Ursinne; man sagt aber: Hier ist es doch offenbar in einem Sinne des Buchstabens wiedergegeben, den man im Anfange eben so gut wie jetzt hätte aussprechen können; und es wäre dadurch so vielen Abirrungen vorgebeugt gewesen. — Ich aber sage: Das ist allerdings richtig; wenn man einen Baum bei der Mitte auseinander spaltet, so kommt dann sicher der Kern auch nach Außen, und man kann ihn eben so bequem beschauen, wie ehedem beim concreten Baume die alleinige Rinde. — Der Herr aber hat den inneren Sinn darum geflissentlich weise in ein äußeres naturmäßiges Bild verhüllt, damit dieser helle, inwendige, lebendige Sinn nicht sollte von irgend böswilligen Menschen

angegriffen und zerstört werden, wodurch dann alle Himmel und Welten
in den größten Schaden gebracht werden könnten. — Aus diesem Grunde
hat auch der Herr gesagt: „Vor den großen und mächtigen Weisen der
Welt soll es verborgen bleiben, und nur den Kleinen, Schwachen und
Unmündigen geoffenbart werden."—Es verhält sich aber ja schon mit
den Dingen der Natur gerade also. — Nehmen wir an, der Herr hätte
die Bäume also erschaffen, daß ihr Kern und ihre Hauptnebenorgane zu
äußerst des Stammes lägen; saget selbst, wie vielen Todesgefahren wäre
da ein Baum zu jeder Secunde ausgesetzt? — Ihr wisset, wenn man
an einem Baume seinen inneren Kern etwa geflissentlich oder muthwillig
durchbohrt, so ist es um den Baum geschehen. Wenn irgend ein böser
Wurm die Hauptstammwurzel, welche mit dem Kerne des Baumes in
engster Verbindung ist, durchnagt, so stirbt der Baum ab. Wem ist nicht
der sogenannte bösartige Sportenkäfer bekannt? Was thut dieser den
Bäumen? — Er nagt zuerst am Holze und frißt sich hier und da in
die Hauptorgane des Baumes ein, und der Baum stirbt ab. Wenn der
Baum auf diese wohlverwahrte Weise schon so manchen Lebensgefahren
ausgesetzt ist, wie vielen Lebensgefahren wäre er erst dann ausgesetzt, so
seine Hauptlebensorgane zu äußerst des Stammes lägen? — Sehet,
gerade so und noch um's Unaussprechliche heiklicher verhält es sich mit
dem Worte des Herrn.—Würde da gleich anfänglich der innere Sinn
nach Außen hinausgekehrt gegeben, so bestände schon gar lange keine Religion mehr unter den Menschen; denn sie hätten diesen inneren heiligen
Sinn in seinem Lebenstheile eben so gut zernagt und zerkratzt, wie sie es
mit der äußeren Rinde am Baume des Lebens gethan haben, — und
hätten schon lange die innere heilige Stadt Gottes eben so gut zerstört,
daß da kein Stein auf dem andern geblieben wäre, wie sie es für's Erste
mit dem alten Jerusalem gethan haben, und wie mit dem äußeren, allein
Buchstabensinn innehabenden Worte. — Denn das Wort Gottes in seinem äußeren Buchstabensinne, wie ihr es in der heiligen Schrift vor euch
habt, ist von dem Urtexte so sehr verschieden, als wie verschieden das
heutige höchst elende Städtchen Jerusalem von der alten Weltstadt Jerusalem ist. Alle diese Versetzung und Zerstückung und auch Abkürzung im
alleinigen äußeren Buchstabensinne ist aber dennoch dem inneren Sinne
nicht nachtheilig, weil der Herr durch Seine weise Vorsehung schon von
Ewigkeit her also die Ordnung getroffen hat, daß eine und dieselbe geistige
Wahrheit unter den verschiedenartigsten äußeren Bildern unbeschadet erhalten und gegeben werden kann. — Aber ganz anders wäre es dann
der Fall, wenn der Herr sogleich die nackte innere geistige Wahrheit ohne
äußere schützende Umhüllung gegeben hätte. Sie hätte diese heilige
lebendige Wahrheit zernagt und zerstört nach ihrem Gutdünken, und es
wäre eben dadurch um alles Leben geschehen gewesen. — Weil aber der
innere Sinn also verdeckt ist, daß ihn die Welt unmöglich je ausfindig
machen kann, so bleibt das Leben gesichert, wenn auch dessen äußeres
Gewand in tausend Stücke zerrissen wird. Und so klingt dann freilich
der innere Sinn des Wortes, wenn er geoffenbart wird, ebenfalls also,
als wäre er gleich dem Außensinne des Wortes, und kann ebenfalls durch
articulirte Laute oder Worte ausgedrückt werden; deßwegen bleibt er
dennoch ein innerer lebendiger, geistiger Sinn, und ist als Solcher da-

durch erkennbar, weil er die gesammte göttliche Ordnung umfaßt, während das ihn enthaltende Bild nur ein spieſſes Verhältniß ausdrückt, welches, wie wir gesehen haben, nie von einer allgemeinen Geltung sein kann. — Wie aber das so eben abgehandelte Gebot im Bilde ein äußeres Hüllwerk nur ist, und wie der euch nun bekannt gegebene innere Sinn ein wahrhaft innerer, geistiger und lebendiger ist, wollen wir sogleich durch eine kleine Nachbetrachtung in ein klares Licht setzen. — Das äußere bildliche Gebot ist bekannt; innerlich heißt es: „Habe kein Verlangen nach der Liebe deines Bruders oder deiner Schwester". — Warum wird denn hier dieses inhalts- und lebensschwere Gebot in das Bild des nicht zu begehrenden Weibes gehüllt? — Ich mache euch bei dieser Gelegenheit nur auf einen Ausspruch des Herrn Selbst aufmerksam, indem Er Sich über die Liebe des Mannes zum Weibe also äußert, da Er spricht: „Also wird ein Sohn seinen Vater und seine Mutter verlassen und seinem Weibe anhangen." — Was will der Herr dadurch anzeigen? — Nichts Anderes, als: Des Menschen mächtigste Liebe auf dieser Welt ist die zu seinem Weibe. Was aber liebt der Mensch in seiner Ordnung mehr auf der Welt als sein liebes, braves, gutes Weib? — Im Weibe steckt somit des Mannes ganze Liebe; wie auch umgekehrt das Weib in seiner Ordnung sicher nichts mächtiger liebt, als einen ihrem Herzen entsprechenden Mann. So wird denn auch in diesem Gebote unter dem Bilde des Weibes, des Mannes, oder des Menschen überhaupt, complete Liebe gesetzt, weil das Weib im Ernste nichts Anderes, als eine äußere zarte Umhüllung der Liebe des Mannes ist. — Wem kann nun bei dieser Erklärung entgehen, daß unter dem Bilde: „Du sollst nicht begehren deines Nächsten Weib," — eben so viel gesagt ist, als: Du sollst nicht dir zu deinem Vortheile die Liebe deines Nächsten verlangen; und das natürlich die ganz complete Liebe, weil das Weib auf der Welt ebenfalls die complete Liebe des Mannes in sich begreift. Wenn ihr aber nun dieses nur einigermaßen genau betrachtet, so werdet ihr es gar leicht sogar mit den Händen greifen, daß alle die äußeren uns bekannten Unbestimmtheiten des äußeren bildlichen Gesetzes nichts als lauter innere allgemeine Bestimmtheiten sind; — wie aber, wollen wir sogleich sehen. — Sehet, das Du ist unbestimmt; warum denn? Weil dadurch im inneren Sinne Jedermann verstanden wird; ob des männlichen oder des weiblichen Geschlechtes, das ist gleich. — Also ist das Weib ebenfalls unbestimmt, und ist nicht gesagt, ob ein altes oder ein junges, ob eins oder mehrere, ob ein Mädchen oder eine Wittwe; warum ist Solches unbestimmt? Weil die Liebe des Menschen nur Eine ist, und ist weder ein altes noch ein junges Weib, noch eine Wittwe, noch ein lediges Mädchen, sondern sie als die Liebe ist in jedem Menschen nur gleich Eine, nach welcher der andere Nebenmensch kein Verlangen haben soll, weil für's Erste diese Liebe eines jeden Menschen eigenstes Leben selbst ist, und weil für's Zweite dann ein Jeder, der nach solcher Liebe ein habsüchtiges, neidisches oder geiziges Verlangen hat, gewisserart als ein Mordlustiger, neben seinem Nächsten erscheint, indem er sich der Liebe oder des Lebens desselben zu seinem Vortheile bemächtigen möchte. — Also ist auch der Nächste unbestimmt; warum denn? — Weil dadurch im geistigen Sinne jeder Mensch ohne Unter-

schied des Geschlechtes verstanden wird. — Ich meine, daraus sollte euch
schon so ziemlich klar sein, daß der von mir euch kundgegebene innere
Sinn der alleinig rechte ist, weil er Alles umfaßt. — Es wird
freilich hier vielleicht Mancher aus seinem Mondviertellichte heraus sich
hochbrüstend einwendend sagen: Ja, wenn die Sache sich so verhält, da
ist es ja hernach gar keine Sünde, wenn Jemand seines Nächsten Weib
oder Töchter beschläft, oder sie dazu verlangt. — Da sage ich: Oho,
mein lieber Freund! Mit diesem Einwurfe hast du ungeheuer stark in's
Blaue gedroschen. Wird unter Dem, daß du nicht die Liebe deines
Nächsten begehren solltest, das seine complete Liebe, nicht alles Das
verstanden, was er als lebenstheuer in seinem Herzen trägt? — Siehe,
also ist auch im Ernste nicht nur das Weib und die Töchter deines
Nächsten in diesem Gebote deinem Verlangen vorenthalten, sondern Alles,
was die Liebe deines Bruders umfaßt. — Aus diesem Grunde wurden
auch uranfänglich die zwei letzten Gebote als Ein Gebot zusammengezogen
gegeben, und sind nur dadurch unterschieden, daß im neunten Gebote des
Nächsten Liebe mehr sonderheitlich zu respectiren dargestellt ward, in unserem zehnten Gebote aber eben dasselbe als im inwendigsten Sinne
ganz allgemein zusammengefaßt zur respectirenden Beobachtung
dargestellt wird. — Daß sonach dadurch auch das Begehren des Weibes
und der Töchter des Nächsten verboten ist, kann doch sicher ein jeder
Mensch mit seinen Händen greifen, und es verhält sich mit der Sache
gerade also, als so man Jemanden einen ganzen Ochsen giebt, man damit auch seine Extremitäten, seinen Schweif, Hörner, Ohren und Füße ꝛc.
mitgiebt; — oder so der Herr Jemanden eine Welt schenken würde, da
wird Er ihm doch Alles, was auf derselben ist, mitgeben und nicht sagen:
Nur das Innere der Welt gehört dein, die Oberfläche aber gehört Mir. —
Ich meine nun, klarer kann die Sache zum Verständnisse des Menschen
nicht gegeben werden. Wir haben nun den inneren wahren Sinn
dieses Gebotes, wie er in allen Himmeln ewig geltend ist,
und die Glückseligkeit aller Engel bedingt, vollkommen kennen gelernt,
und haben jedem möglichen Einwurfe begegnet. Also sind wir damit
auch zu Ende, und wollen uns daher sogleich in den eilften glänzenden
Saal vor uns begeben; — allda werden wir erst alles bisher Gesagte
im klarsten Lichte wie auf einem Punkte zusammengefaßt und bestätigt
finden. — Also treten wir hinein! —

## 272.
(Am 30. Octbr. 1843, von 4¹/₄—6¹/₄ Uhr Abds.)

Wir sind bereits in diesem Saale, und ersehen hier in der Mitte
des Saales ebenfalls auf einer großen weißen glänzenden Säule eine
runde Tafel; sie glänzt wie die Sonne, und in ihrer Mitte steht mit
rubinroth leuchtender Schrift geschrieben: „Du sollst Gott, deinen
Herrn lieben über Alles, aus deinem ganzen Gemüthe und aus
allen deinen von Gott dir verliehenen Lebenskräften." — Nebst
dieser inhaltsschweren, prachtvollen Sonnentafel erblicken wir auch mehr,
wie sonst in irgend einem Saale, eine Menge schon völlig groß gewachsener
Kinder, welche, wie ihr bemerken könnt, bald die Tafel anblicken, bald

sich wieder mit ihren Lehrern besprechen, und bald ganz in sich versunken, die Hände kreuzweise auf die Brust legend, gleich Statuen dastehen. Der ganze Anblick sagt schon im Voraus, daß es sich hier um etwas gar außerordentlich Wichtiges handle. — Es dürfte vielleicht Mancher fragen, und sagen: Solches stünde wohl offenbar zu erwarten; aber wenn man die Sache recht beim Lichte betrachten will, so will dieses auf der Sonnentafel aufgeschriebene Gebot ja doch sicher nichts Anderes sagen, als was im Grunde zusammengenommen, alle die früheren Gebote gesagt haben. Warum muß denn gerade diese Tafel hier also glänzen, während doch alle übrigen vorhergehenden zehn Tafeln nur ganz einfach weiß und wie gewöhnlich mit einer dunklen Substanz beschrieben waren. Diese Bemerkung ist nicht ganz ohne Gehalt; dessen ungeachtet aber verliert sie hier ihren Werth also, wie alle anderen Lehren und Behauptungen gegen ein einziges Wort aus dem Munde des Herrn all' ihren Schein nothwendig verlieren müssen. — Es verhält sich mit der Sache gerade also, wie es sich auf der Welt in der großen Natur tagtäglich nahe handgreiflich beurkundet. Nehmen wir an, wie viel tausend und tausendmal tausend kleinere und mitunter auch stärkere und etwas größere Lichter strahlen in jeder Nacht aus den hohen Himmeln zur finsteren Erde herab; der Mond selbst ist nicht selten die ganze Nacht hindurch thätig, — neben diesen herrlichen Lichtern zünden zur Nachtzeit die Menschen auf der Erde nahe eben so viele künstliche Lichter an. Bei diesem schauerlichen Wuste von Lichtern und Lichtern sollte man doch glauben, es müsse in der Nachtzeit auf der Erde vor lauter Licht gar nicht auszuhalten sein; allein die Erfahrung hat noch allzeit gezeigt, daß es auf der Erde nach dem Untergange der Sonne trotz der stets mehr und mehr auftauchenden Lichter am Himmel auch stets finsterer wird, je tiefer sich die Sonne unter dem Horizont hinabsenkt. — Wer kann sagen, diese Lichter seien nicht herrlich? Ja, ein nur mittelmäßiger Verehrer der Wunder Gottes muß beim Anblicke des gestirnten Himmels zur Nachtzeit sich auf die Brust klopfen und sagen: O Herr, ich bin nicht würdig, in diesem Deinem Heiligthume, in diesem Deinem unendlichen Allmachtstempel zu wandeln; ja fürwahr, man kann in jeder Nacht mit vollstem Rechte ausrufen: O Herr! wer Deine Werke betrachtet, hat eine eitle Lust daran! — Warum denn eine eitle? Weil ein jeder Mensch für sich im Ernste hinreichenden Grund hat, aus lauter Lust und Wonnegefühl darum frommeitel zu sein, weil Derjenige, Der solche Wunderwerke erschuf, sein Vater ist!! — — Es hat also ein Jeder gar billiger Maßen ein heiliges Recht darauf, sich zu freuen, wenn er also in einer Nacht mehr in sich zurückgekehrt die großen Wunderwerke seines allmächtigen Vaters betrachtet; und fürwahr die Flamme einer Lampe und die am Herde ist nicht minder ein Wunderwerk des allmächtigen Vaters, als das brillant strahlende Licht der zahllosen Sterne des Himmels! — Und sehet nun, aller dieser hoch zu bewundernden Wunderpracht gleicht das alte Testamentswort in allen seinen Theilen.

Wir erblicken an diesem alten, aber immer noch nächtlichen Himmel eine kaum zählbare Menge von größeren und kleineren Lichtern; sie strahlen herrlich, und wer sie betrachtet, wird allzeit mit einer geheimen, heiligen Ehrfurcht erfüllt; — warum denn? — Weil sein Geist Großes ahnet hinter diesen Lichtern; aber sie sind noch zu weit entfernt von ihm. Er kann schauen und greifen und fühlen; aber die kleinen Lichter wollen mit ihrem großen Inhalte seinem forschenden Geiste nicht näher rücken. — Wer sind aber diese Himmelslichter in dem alten Himmel des Geistes? — Sehet, es sind alle die euch bekannten vom Geiste Gottes erfüllten Patriarchen, Väter, Propheten, Lehrer und Führer des Volkes. — Aber auch auf der Erde giebt es ja eine Menge künstlicher Lichter; wer sollen denn diese sein im alten Testamente? — Das sind diejenigen achtenswerthen Menschen, die nach dem Worte, welches aus dem gottbegeistigten Menschen kam, treulich lebten, und durch ihren Lebenswandel ihre Nachbarn erleuchteten und erquickten. Also haben wir diese recht herrliche Nachtscene vor uns; wohl werden durch so manche nächtliche Partialstürme hier und da die Strahlen des Himmels mit schnell dahin eilenden Wolken flüchtig verdeckt, aber derselbe Sturm, der ehedem eine lichtfeindliche Wolke über das prachtvolle Sternengezelt brachte, eben derselbe Sturm treibt diese Wolke über den Horizont hinab, und nach ihm wird reiner das Firmament, als es zuvor war. Alles wird ängstlich, ob eines solchen kurz währenden Sturmes, und wünscht sich wieder die ruhige, herrliche, von so vielen tausend Lichtern durchleuchtete Nacht; aber ein Naturkundiger spricht: Solche Stürme sind nichts, als gewöhnliche Vorboten des nahen Tages; daher solle man nicht ängstlich sein. — Also ist es auch fürwahr. Denn wo große Kräfte in Bewegung gesetzt werden, da kann man doch mit Recht schließen und sagen: Hier kann eine noch größere, ja die allergrößte Urkraft nicht fern sein; — denn kleine Winde sind nichts als Seitenströmungen eines irgend nicht sehr fernen großen Orkans. Also hat unser Naturkundiger ja Recht, und wir erquicken uns noch immer an der herrlichen Pracht der Wundermacht. — Wir schwärmen gleich den Verliebten unter den vielen Fenstern des großen Prachthauses herum, und blicken mit phantasie- und sehnsuchtsvoller Brust hinauf zu den durch eine Nachtlampe schwach erleuchteten Lichtöffnungen des Hauses, hinter denen wir den Gegenstand unserer Liebe wittern. — Viele Ahnungen, tausend inhaltsschwere Gedanken zucken da gleich Sternschnuppen über unseren Liebehimmel; aber kein solch' flüchtiges ephemeres Licht will dem Durste unserer Liebe eine genügende Labung reichen. Also geht es den Menschen auch in dem alten nächtlichen Sternenhimmel des Geistes. — Aber was geschieht? Der Aufgang fängt sich an zu röthen, heller und heller wird's über dem Horizont des Aufganges; — noch einen Blick nach dem ehemals so herrlichen Himmel, und was ersieht man? — Nichts Anderes, als einen Stern um den andern verschwinden. — Die Sonne, die herrliche, geht mit ihrem urewigen Tagesglanze auf, und kein Sternchen am Himmel ist mehr zu erschauen; denn die Eine Sonne hat jedes Himmelsatomchen heller gemacht mit dem Einen Lichte, als in der Nacht all' die zahllosen Sterne zusammengenommen so Etwas zu bewirken im Stande gewesen wären. — Und dem harrenden Verliebten, der die ganze Nacht hindurch vergeblich geschwärmt hatte, geht am für ihn inhaltsschweren Hause nur ein Fenster auf, und von diesem einen Fenster begrüßt ihn der ersehnte Gegenstand seines Herzens, und sagt ihm mit einem wohlwollenden Blicke mehr, als ehedem die Nacht hindurch seine zahllose Phantasie und Gedanken! — Also sehen wir in der großen Natur eine Scene tagtäglich, die der unsrigen geistigen vollkommen entspricht. Den Mond, gleich dem Moses, sehen wir mit abnehmendem und ganz erblaßtem Lichte soeben hinter das abendliche Gebirge untertauchen, als die mächtige Sonne am Morgen über den Horizont emporsteigt. Was ehedem in der Nacht auch immer in ein noch so geheimnißvolles Dunkel gehüllt war, steht jetzt hell erleuchtet vor Jedermanns Augen! — Das ist Alles die Wirkung der Sonne; und am geistigen Himmel Alles die Wirkung des Einen Herrn, des Einen Jesus, der da ist der alleinige Einige Gott Himmels und aller Welten! — Was Er Selbst in Sich ist als die göttliche Sonne aller Sonnen, das ist auch ein jedes einzelne Wort aus Seinem Munde gesprochen gegen alle zahllosen Worte aus dem Munde begeisterter Patriarchen, Väter und Propheten. — Zahllose Ermahnungen, Gesetze und Vorschriften ersehen wir im Verlaufe des alten Testamentes; das sind Sterne und auch künstliche Lichter der Nacht. Dann aber kommt der Herr, spricht Ein Wort nur, und dieses Wort wiegt das ganze alte Testament auf! — Und sehet, aus eben diesem Grunde erscheint auch dieses Eine erste Wort hier in diesem eilften Saale als eine selbstleuchtende Sonne, deren Licht zahllose Sterne wohl erleuchtet, aber es dagegen ewig nimmer vonnöthen hat, sich des Gegenschimmers der Sterne zu bedienen; denn es ist ja das Urlicht, aus dem alle die zahllosen Sterne ihr theilweises Licht genommen haben. Und so wird es denn auch hier in dieser Erscheinlichkeit sicher begreiflich sein, warum die vormaligen zehn Tafeln nur allein weiß, also mattschimmernd, aufgerichtet sind; wogegen wir hier das urewige Sonnenlicht dargestellt erschauen, das keines Vor- und Nachlichtes bedarf, sondern schon in sich alles Licht faßt. Wer Dieses nur einiger Maßen beherziget, der wird es sicher vollkommen einsehen, warum der Herr gesagt hat: „In diesem Gebote der Liebe ist Moses und alle Propheten enthalten." — Es ist sicher eben so viel gesagt, als so man natürlicher Maßen sagen möchte: Am Tage erblickt man darum die Sterne nicht mehr, und hat deren Lichtes auch nicht mehr vonnöthen, weil all' ihr Licht in dem Einen Lichte der Sonne zahllos aufgewogen wird. Wie aber durch Solches hier die vollste Wahrheit sich handgreiflich darbietet, werdet ihr in der Folge ersehen. —

## 273.

*(Am 31. October 1843 von 4¼—5¼ Uhr Abds.)*

Die Liebe Gottes ist der Urgrundstoff aller Geschöpfe; denn ohne diese hätte ewig nie Etwas erschaffen werden können. — Diese Liebe entspricht der allbelebenden und zeugenden Wärme; und nur durch die Wärme sehet ihr die Erde unter eueren Füßen grünen. Durch die Wärme wird der starre Baum belaubt, blühend, und die Wärme ist es in ihrem Wesen, die die Frucht am Baume reift. Es giebt überhaupt auf der ganzen Erdoberfläche nirgends ein Wesen oder ein Ding, das da seinen Ursprung im gänzlichen Wärmemangel nehmen könnte. — Man wird hier etwa sagen und einwenden: Das Eis ermangelt doch sicher aller Wärme, und besonders das Polareis. Mit dem wird die Wärme doch nicht gar zu viel zu schaffen haben; denn beinahe vierzig Grad Kälte möchte man wohl dasjenige Wärmemessungsinstrument kennen, das dort noch irgend eine Wärme heraustüpfeln könnte. — Ich aber sage hierzu nichts Anderes, als daß die Gelehrten dieser Erde noch dasjenige Instrument nicht erfunden haben, wodurch sie den eigentlichen Wärmestoff vom eigentlichen Kaltstoffe wohl ausmeßlich aussondern und gewissenhaft bestimmen könnten. — Bei uns, die wir im inwendigen reinen Wissen sind, ist ein ganz anderes Maß eingeführt und gebräuchlich. Die Gelehrten der Erde fangen da mit der Messung der Kälte an, wo das Wasser gefriert. Wenn beim Gefrierpunkte schon die eigentliche Kälte anfängt, da möchte ich denn doch den Grund wissen, nach welchen Gesetzen oder auf welche Art und Weise dann die Kälte zunehmen kann? Warum empfindet man bei euch eine Temperatur von etwa vier bis fünf Graden unter dem sogenannten Eispunkte noch ganz leidenlich erträglich? Wenn aber das Thermometer bis auf achtzehn Grade hinabgesunken ist, da wird ein Jeder die Kälte schon sehr schmerzlich empfinden. Kann man hier nicht sagen und das mit vollem Rechte: Achtzehn Grad Kälte sind darum empfindlicher als vier Grade, weil bei vier Graden offenbar noch mehr Wärme als bei achtzehn Graden vorherrschend ist? — Kann man nun achtzehn Grade schon als complete Kälte annehmen? — O nein; denn man hat schon dreißig Grad Kälte erlebt. Diese war noch viel schmerzlicher, als die mit achtzehn Graden. Warum denn? — Weil sie wieder beiweitem weniger Wärme in sich enthielt, als die mit achtzehn Graden. Aber vierzig Grade werden noch schmerzlicher sein, als dreißig; ist man aber darum schon berechtigt, die vierzig Grade als complet vollkommen wärmelos zu erklären? — Ich aber will euch sagen, daß das nichts als Uebergänge von der Wärme zur Kälte und also auch umgekehrt sind. Daher kann man diesen viel richtigeren Maßstab annehmen: Jedes Ding, jeder Körper, der noch erwärmungsfähig ist, kann nicht völlig kalt genannt werden, sondern er hat eben so viel Wärme in sich, als wie groß und dicht er ist. Ein Eisklumpen vom höchsten Norden kann am Feuer geschmolzen und das Wasser dann bis zum Süden gebracht werden; hätte dieses Eis nicht gebundene Wärme in sich, nimmer könnte es erwärmt werden. Kälte ist demnach diejenige Eigenschaft eines Wesens, in dem durchaus keine Erwärmungsfähigkeit mehr vorhanden ist; — und so kann man mit Recht selbst die Bildung des Eises am Nordpole nur einzig und allein der Reaction der Wärme zuschreiben, wo sie von der Kälte bedroht ihre Körper ergreift, zusammenzieht und festet, damit sie der eigentlichen Kälte den festesten Widerstand leisten können. — Die Wärme ist demnach gleich der Liebe; die eigentliche Kälte aber gleich der eigentlichsten höllischen Liebelosigkeit. — Wo diese herrschend auftreten will, da bewaffnet sich ihr gegenüber die Alles belebende und erhaltende Liebe; — und die eigentliche Alles ertödtende Kälte vermag der also bewaffneten Liebe keinen Sieg abzugewinnen. — Was heißt denn hernach: „Liebe Gott über Alles?" — Natürlicher Weise betrachtet kann es unmöglich etwas Anderes heißen, als: Verbinde deine dir von Gott gegebene Lebenswärme mit der dich erschaffenden und erhaltenden Urwärme deines Schöpfers, so wirst du das Leben ewig nimmer verlieren. — Wirst du aber deine Liebe oder deine Lebenswärme freiwillig von der göttlichen Urlebenswärme trennen, und gewisserart als ein selbstständiges herrschendes Wesen da sein wollen, so wird deine Wärme keine Nahrung mehr haben. Du wirst dadurch in einen stets größeren Kältegrad übergehen; und je tiefer du hinabsinken wirst in die stets mächtiger kaltwerdenden Grade, desto schwerer wird es halten, dich wieder zu erwärmen. Bist du aber in die vollkommene Kälte übergegangen, dann bist du ganz dem Satan anheim gefallen, allwo du als rein kalt keiner Erwärmung mehr fähig bist! — Was da mit dir weiter, davon weiß kein Engel des Himmels eine Sylbe dir zu sagen. — In Gott sind freilich wohl unendliche Tiefen; wer aber wird diese ergründen und dabei das Leben erhalten? — Ich meine, aus dieser kurzen Borerwähnung wird man schon so ziemlich klar sich einen Begriff zu machen anfangen können, warum dieses Gebot, dieses Eine Wort des Herrn, der Inbegriff, ja eine Sonne aller Sonnen, und ein Wort aller Worte ist. — In der Folge wollen wir Mehreres davon sprechen. —

## 274.
(Am 3. Novbr. 1843 von 4½ bis 6½ Uhr Abends.)

Ich sehe Einen, der da kommt und spricht: Es wäre ja schon Alles recht; aber wie sollte man dieses Eine göttliche Wort an Gott Selbst realisiren? Wie sollte man denn so ganz eigentlich Gott lieben, und das noch obend'rauf über Alles? Sollte man in Gott etwa also verliebt sein, als wie verliebt da ist ein junger Bräutigam in seine allerschönste und reichste Braut? — Oder sollte man in Gott also verliebt sein, als wie verliebt da ist ein Mathematiker in eine mathematische Berechnung, oder ein Astronom in seine Sterne? — Oder sollte man also verliebt sein, wie ein Speculant in seine Waare oder ein Capitalist in sein Geld, oder wie ein Herrschaftsbesitzer in seine Herrschaften? Oder auch wie ein herrschender Monarch in seinen Thron? — Das sind die einzig möglichen Maßstäbe ernster menschlicher Liebe; — denn die Kinderliebe zu ihren Eltern kann man nicht füglich als einen ernsten Maßstab der Liebe aufstellen, indem das Beispiel lehrt, daß Kinder ihre Eltern verlassen können, um entweder irgend eine gute Heirath zu machen, oder irgend viel Geld zu gewinnen. Bei all' Dem tritt die Liebe der Kinder zu ihren Eltern zurück und muß nothwendig einer mächtigeren Platz machen; daher sind hier nur die mächtigsten Maßstäbe der menschlichen Liebe angeführt, und da fragt es sich, nach welchem soll man so eigentlich die Liebe zu Gott bemessen? — Wenn aber nun Jemand kommt und spricht: Nach Diesem oder Jenem, — da sage ich als der Einwender: Freund! Das kann nicht sein. Es ist wahr, die von mir angeführten mächtigsten Liebemaßstäbe sind wohl die einzigen, wornach des Menschen größte Liebkraft bemessen werden kann; aber es heißt ja, man solle Gott über Alles lieben, was so viel sagen will, als: Mehr, als Alles in der Welt. — Da fragt es sich, wie es anfangen, wie die Liebe zu einer Potenz erheben, von der sich kein menschlicher Geist einen irgend meßbaren oder vergleichbaren Begriff machen kann? Man wird etwa sagen: Man solle Gott noch mehr lieben, als sein eigenes Leben. —

Da sage ich, der Einwender: Mit der Liebe des eigenen Lebens hält die allerhöchste Liebe zu Gott noch weniger irgend einen Vergleich aus, als die Liebe der Kinder zu ihren Eltern; denn es gehört schon viel dazu, daß die Kinder ihr Leben aus Liebe zu ihren Eltern auf's Spiel setzen; — im Gegentheil haben sie es lieber, so die Eltern für sie auf Leben und Tod kämpfen. — Alsonach erscheint die Eigenliebe der Kinder gegenüber der Liebe zu ihren Eltern nicht selten beiweitem mächtiger; — aber wir sehen andererseits, daß die Kinder der Menschen für andere Vortheile überaus häufig ihr Leben beinahe verachtend auf's Spiel setzen. Der Eine segelt stürmische Nächte hindurch über den Ocean, ein Anderer stellt sich vor die feuernde Fronte der feindlichen Armee, ein Dritter begiebt sich nicht selten in lockere Abgründe der Erde, um sich aus derselben metallene Schätze zu holen; — und so sehen wir, daß diese äußeren weltlichernsten Maßstäbe menschlicher Liebe sicher kräftiger sind, und eine allgemeinere Geltung haben, als die Liebe der Kinder zu ihren Eltern und die Liebe zum eigenen Leben. — Aber was nützen alle diese Maßstäbe, wenn über sie kräftig hinaus die Liebe zu Gott auf einer solchen Potenz stehen soll, gegen die alle anderen Liebemaßstäbe in's reine Nichts zurücksinken sollen? — Sehet, meine lieben Freunde und Brüder, unser Einwender hat uns scharf angegriffen, und wir werden uns recht kräftig auf die Hinterbeine stellen müssen, um gegen den Einwender das Uebergewicht zu gewinnen. — Aber ich sehe soeben wieder einen ganz ernstlich aussehenden Gegenkämpfer; dieser tritt seines Sieges ganz sicher auf und spricht: O, mit diesem Einwender werden wir bald fertig werden; denn dazu hat uns der Herr ja Selbst den ausdrücklichen Maßstab gegeben, wie man Gott lieben soll. Ich brauche daher nichts Anderes zu sagen, als was der Herr Selbst gesagt hat, nämlich: „Wer Meine Gebote hält, der ist es, der Mich liebt." — Das ist somit der eigentliche Maßstab, wie man Gott lieben soll. — Wenn der Einwender genug scharfe und starke Zähne hat, so soll er da noch versuchen, irgend eine andere non plus ultra-Liebeswage aufzustellen. — Gut, sage ich; der Einwender ist noch zur Seite, und macht sehr starke Miene, diesen Einwurf ein wenig zu zerbeißen. — Wir wollen ihn daher auch ein wenig anhören und sehen, was Alles er hervorbringen wird; er spricht: Gut, mein lieber freundlicher Gegner! In der Aufstellung deiner Einwendung hast du mir gegenüber zum Maßstabe der höchsten Liebe zu Gott nicht viel mehr bewiesen, als ein ziemlich festes Gedächtniß, dem du so manche Texte aus der h. Schrift zu danken hast; — aber siehe, wer aus all' den Texten einen lebendigen Nutzen ziehen will, der muß nicht nur wissen, wie sie lauten, sondern er muß in sich lebendig verstehen, was sie sagen wollen. — Was würdest denn du sagen, so ich dir eben aus dem Munde des Herrn Selbst gesprochen nicht nur einen, sondern mehrere schnurgerade Gegensätze aufstellen würde, laut denen der Herr Selbst die Liebe aus der Erfüllung des Gesetzes als nicht genügend darstellt? — Du machst zwar jetzt ein Gesicht, als möchtest du sagen: Dergleichen Texte dürften in der Schrift doch wohl etwas karg ausgestreut sein; — ich aber erwiedere dir: Lieber Freund, durchaus nicht. Höre mich nur an, ich will dir gleich mit einem halben Dutzend, so du es willst, aufwarten; — höre mich nur an! — Ist dir bekannt das Gespräch des Herrn mit dem reichen Jünglinge?

Fragt nicht dieser: „Meister, was soll ich thun, um das ewige Leben zu gewinnen?" — Was antwortet ihm da der Herr? — Du sprichst gewisserart triumphirend: Der Herr spricht: Halte die Gebote und liebe Gott, so wirst du leben! — Gut, sage ich; was spricht aber der Jüngling? Er spricht: „Meister, das habe ich von meiner Kindheit an gehalten." — Das ist Alles richtig; warum aber, frage ich, hat der Jüngling diese Antwort dem Herrn gegeben? Er wollte Ihm dadurch sagen: Trotzdem, daß ich das Alles von meiner Kindheit an gehalten habe, so verspüre ich aber dennoch nichts von dem wunderbaren ewigen Leben in mir. — Warum erklärt der Herr nun darauf dem Jünglinge die Haltung der Gebote zur Erreichung des ewigen Lebens nicht als genügend, sondern macht sogleich einen sehr gewaltigen Zusatz, indem Er spricht: „So verkaufe alle Deine Güter, vertheile sie unter die Armen und folge Mir nach!" — Frage, wenn der Herr also Selbst einen solchen Zusatz macht, genügen da als höchste Liebe zu Gott die beobachteten Gesetze? — Siehe, da hat es schon einen Haken; gehen wir aber weiter! — Was spricht einmal der Herr zu Seinen Aposteln und Jüngern, als Er ihnen die zu erfüllenden Pflichten vorstellt und anpreist? Er spricht nichts Anderes, als bloß die einfachen sehr bedeutungsvollen Worte: „Wann ihr aber Alles gethan habt, da bekennet, daß ihr faule und unnütze Knechte seid". — Ich frage dich nun: Erklärt hier der Herr die Haltung der Gebote als genügend, indem Er doch offenbar erklärt, daß sich ein jeder das Gesetz vollkommen erfüllende Mensch als völlig unnütz betrachten solle? — Siehe, da wäre der zweite schon etwas gewaltigere Haken; — aber nur weiter! — Kennst du dasjenige Gleichniß von dem Pharisäer und Zöllner im Tempel? — Der Pharisäer giebt sich frohen Gewissens selbst vor dem Heiligthume das treue Zeugniß, daß er, wie gar Viele nicht, das Gesetz Mosis in seinem ganzen Umfange allzeit genauest, also vollkommen buchstäblich erfüllt habe. Der arme Zöllner rückwärts in einem Winkel des Tempels aber giebt durch seine ungeheuer demüthige Stellung jedem Beobachter überaus getreu zu erkennen, daß er mit der Haltung des mosaischen Gesetzes nicht gar viel muß zu schaffen gehabt haben; denn seiner Sünden gar wohl inne, getraut er sich nicht einmal zum Heiligthume Gottes hinauf zu blicken, sondern bekennt selbst seine Werthlosigkeit vor Gott, und bittet Ihn um Gnade und Erbarmen. — Da möchte ich denn doch wohl wissen von dir, du mein lieber textkundiger Freund, warum, wenn das Gesetz genügt, der Herr hier den das ganze Gesetz streng beobachtenden Pharisäer als ungerechtfertigt, und den armen sündigen Zöllner als gerechtfertiget aus dem Tempel gehen läßt? — Sehe, wenn man das so recht beim Lichte betrachtet, so scheint es, als hätte der Herr da mit der alleinigen Haltung des Gesetzes schon wieder Selbst einen dritten sehr bedeutenden Haken gemacht. — Du zuckst nun schon mit den Achseln, und weißt nicht mehr, wie du daran bist. — Mache dir aber nichts daraus; es soll schon noch besser kommen! — Also nur weiter. — Was möchtest du denn sagen, wenn ich dir aus der Schrift, also aus dem Munde des Herrn Selbst einen Text anführen möchte, laut welchem Er das ganze Gesetz indirect als völlig ungiltig erklärt, und setzt dafür ein ganz anderes Vehiculum auf, durch welches Er Selbst einzig und allein die Gewinnung des ewigen Lebens verbürgt? — Du sprichst nun: Guter Freund, diesen Text möchte ich auch hören. — Sollst ihn gleich haben, mein lieber Freund! — Was spricht einmal der Herr, als Er ein Kind am Wege fand, es aufnahm, herzte und kosete? Er spricht: „So ihr nicht werdet wie dieses Kind, so werdet ihr in das Himmelreich nicht eingehen!" — Frage: Hat dieses Kind, das noch kaum einige Worte zu lallen im Stande war, die Gesetze Mosis je studirt, und dann sein Leben streng darnach gerichtet? — Auf der ganzen Welt giebt es sicher keinen so dummen Menschen, der so etwas behaupten könnte. — Frage demnach: Wie konnte der Herr hier als höchstes Motiv zur Gewinnung des ewigen Lebens ein Kind aufstellen, das mit dem ganzen Gesetze Mosis noch nie ein Jota zu thun hatte? — Freund, ich sage hier nichts weiter, als: So es dir beliebt, so mache mir darüber eine einwendliche Erörterung. — Du schweigst; so ersehe ich, daß du mit deiner Aufstellung bei diesem vierten Haken schon so ziemlich tief dich in den Hintergrund zurückgezogen hast. Mache dir aber noch immer nichts daraus; denn es soll schon noch besser kommen! —

## 275.
(Am 6. Novbr. 1843, von 3³/₄—6 Uhr Abds.)

Du hast in diesen vier Punkten gesehen, daß der Herr eines Theils die alleinige Haltung des Gesetzes zur Erlangung des eigentlichen ewigen Lebens nicht als hinreichend darstellt, und in dem vierten Punkte dasselbe sogar indirect aufhebt. — Was möchtest du aber sagen, so ich dir ein paar Punkte anführen möchte, wo der Herr sich über die Haltung des Gesetzes sogar tadelnd bezeigt? — Du sagst hier: Das wird wohl nicht möglich sein! — Dafür kann ich dir sogleich nicht nur mit einem, sondern so du es willst, mit mehreren Beispielen aufwarten. — Höre! Jeder, der das mosaische Gesetz in seinem Umfange nur einigermaßen durchblättert hat, dem muß es bekannt sein, wie sehr Moses die Gastfreundschaft dem jüdischen Volke anbefohlen hatte. Wer sich gegen die Gastfreundschaft versündigte, war vor Gott und vor den Menschen für strafwürdig erklärt, und das Gesetz der Gastfreundschaft ward dem jüdischen Volke, welches sehr zur Habsucht geneigt war, um so mehr eingeschärft, um dieses Volk dadurch für's Erste vor der Eigenliebe und Habsucht zu verwahren, und es zur Nächstenliebe zu leiten. Gesetz war es daher, einen fremden Gast, besonders wenn er der jüdischen Nation angehörte, mit aller Aufmerksamkeit zu empfangen und zu bedienen, und dieses Gesetz rührte her von Gott; denn Gott und Moses war der Gesetzgeber. — Als aber eben derselbe Herr, der einst durch Moses die Gesetze gegeben hatte, zu Bethania in das Haus Lazari kam, da war Martha gesetzesbeflissenst, und bot alle ihre Kräfte auf, um diesen allerwürdigsten Gast ja gebührendst zu bedienen. — Maria, ihre Schwester vergißt vor lauter Freude über den erhabenen Gast des Gesetzes, setzt sich ganz unthätig zu Seinen Füßen hin, und hört mit der größten Aufmerksamkeit die mannigfaltigsten Erzählungen und Gleichnisse des Herrn an. Martha, über die völlige Unthätigkeit ihrer Schwester und über die Gesetzesvergessenheit derselben bei dieser Gelegenheit ein wenig erregt, wendet sich selbst ganz eifrig zum Herrn und spricht: „Herr! ich habe so viel zu thun; heiße Du doch meiner Schwester, daß sie mir ein wenig überhelfe!" — Oder noch deutscher gesprochen: Herr, Du Gründer des mosaischen Gesetzes, erinnere doch meine Schwester an die Haltung desselben. — Was spricht aber der Herr hier? — „Martha, Martha!" spricht Er, „du machst dir viel zu schaffen um Weltliches! Maria aber hat sich den besseren Theil erwählt, welcher von ihr ewig nimmer wird genommen werden." — Sage du mir, mein lieber Freund, nun, ob das nicht ein offenbarer Tadel gegen die gar emsige und genaue Haltung des Gesetzes vom Herrn aus ist, und im Gegentheil eine außerordentliche Belobung derjenigen Person, die sich gewisser Art um das ganze Gesetz nicht kümmert, sondern nur durch ihre Handlungsweise also spricht: Herr so ich nur dich habe, da ist mir die ganze Welt um den schlechtesten Stater feil! — Zeigt hier der Herr nicht wieder, daß die alleinige Haltung des Gesetzes Niemanden denjenigen bessern, ja besten Theil giebt, der von ihm ewig nimmer genommen wird? — Siehe, das ist demnach ein fünfter Haken. Aber nur weiter! — Was spricht der Herr Selbst beim Moses, und das im dritten Gebote: Du sollst den Sabbath heiligen!? — Frage, was thut aber der Herr Selbst im Angesichte Seiner buchstäblichen Erfüller des Gesetzes? Siehe, Er geht her und entheiliget Selbst den Sabbath offenbar nach dem Buchstabensinne des Gesetzes, und erlaubt sogar Seinen Jüngern, an einem Sabbathe die Aehren zu lesen und sich zu sättigen mit den Körnern. — Wie gefällt dir diese Haltung des Gesetzes Mosis, wo der Herr Selbst nicht nur allein für Sich, sondern zum sehr starken Aergernisse der buchstäblichen Gesetzeserfüller den ganzen Sabbath über den Haufen wirft? — Du wirst sagen, das konnte der Herr ja wohl thun; denn Er ist auch ein Herr des Sabbathes. — Gut; aber ich frage: Wußten die sich ärgernden Pharisäer, daß des Zimmermanns Sohn ein Herr des Sabbaths war? — Du meinst, sie hätten Solches sollen an seinen Wunderwerken erkennen; — da aber sage ich dir: Bei diesem Volke waren Wunderwerke nicht hinreichend, um die vollkommene Göttlichkeit in Christo zu erkennen; denn Wunderwerke haben alle Propheten gewirkt zu allen Zeiten, die echten, sowie auch mitunter die falschen. Also kann man das nicht voraussetzen, daß da die Wunder Christi die Pharisäer von Seiner Göttlichkeit und Herrlichkeit hätten überzeugen sollen. Alle Propheten aber bis auf Ihn haben den Sabbath geheiliget; Er allein warf ihn über den Haufen. Mußte das nicht den Buchstabenerfüllern ein Aergerniß sein? — Allerdings; und dennoch ließ der Herr nicht handeln mit Sich. — Was geht aber aus Dem hervor? — Nichts Anderes, als daß der Herr die Haltung des Gebotes allein für sich betrachtet ganz unten ansetzt. Warum denn? — Ein kleines Gleichniß aus deiner eigenen Sphäre, wie aus der Sphäre eines jeden Menschen, der je in der Welt gelebt hat, soll dir die Antwort bringen. — Ein Vater hat zwei Kinder; er hat diesen zwei Kindern seinen Willen wie gesetzlich bekannt gegeben. Einen Acker und Weingarten zeigte er ihnen und sprach: Ihr seid kräftig geworden, und so verlange ich von euch, daß ihr für mich nun den Weingarten und den Acker fleißig bearbeiten sollet; — aus euerem Fleiße werde ich erkennen, wer aus euch Beiden mich am meisten liebt. — Nuh, das ist das Gesetz, laut welchem natürlich demjenigen Sohne, der den Vater am Meisten liebt, des Vaters

Herrlichkeit zu Theil wird. — Was thun aber die beiden Söhne? Der Eine nimmt den Spaten und sticht den ganzen Tag fleißig die Erde um, und bestellt den Acker und den Weingarten; — der Andere läßt sich bei der Arbeit mehr, wie man zu sagen pflegt, gut geschehen. Warum denn? Er spricht: Wenn ich auf dem Acker oder in den Weingarten bin, da muß ich stets meinen lieben Vater entbehren; zugleich bin ich nicht so herrlichkeitssüchtig, wie mein Bruder. Habe ich nur meinen lieben Vater, kann ich nur um Ihn sein, der meinem Herzen Alles ist, da frage ich wenig um eine oder die andere Uebergabe einer Herrlichkeit. — Der Vater sagt diesem zweiten Sohne auch dann und wann: Aber siehe, wie dein Bruder fleißig arbeitet und sucht sich meine Liebe zu verdienen. — Der Sohn aber spricht: O lieber Vater! Wenn ich am Felde bin, da bin ich dir fern, und mein Herz läßt mich nicht ruhen, sondern spricht zu mir immer laut: Die Liebe wohnt nicht in der Hand, sondern im Herzen; daher will sie auch nicht mit der Hand, sondern mit dem Herzen verdient sein! — Gieb Du Vater meinem Bruder, der so emsig arbeitet, den Acker und den Weingarten; ich aber bin hinreichend von dir aus betheilt, wenn du mir nur erlaubst, daß ich Dich nach meiner Herzenslust allzeit lieben darf, wie ich dich lieben will und muß, weil du mein Vater, mein Alles bist! — Was wird da wohl der Vater nun sagen, und das aus dem innersten Grunde seines Herzens? — Sicher nichts Anderes, als: Ja, du mein geliebtester Sohn, dein Herz hat dir das meinige enthüllt; das Gesetz ist nur eine Prüfung. Aber mein Sohn, die Liebe steckt im Gesetze nicht; denn Jeder, der das Gesetz allein hält, hält dasselbe aus Eigenliebe, um sich dadurch mit seiner Thatkraft meine Liebe und meine Herrlichkeit zu verdienen. Der aber also das Gesetz hält, der ist noch fern von meiner Liebe; denn seine Liebe hängt nicht an mir, sondern am Lohne. — Du aber hast dich umgekehrt, hast das Gesetz zwar nicht verschmäht, weil es dein Vater gegeben hat; aber du hast dich erhoben über das Gesetz und deine Liebe führte dich über demselben zu deinem Vater zurück. Also soll denn auch dein Bruder den Acker und den Weingarten überkommen und in meine Herrlichkeit treten; du aber, mein geliebtester Sohn, sollst haben, was du gesucht hast, nämlich den Vater Selbst und alle seine Liebe! — Ich meine, mein lieber Freund, aus diesem Gleichnisse wird es etwa doch hübsch handgreiflich klar sein, was da mehr ist, die allein trockene Gesetzhaltung, oder die Uebergehung derselben und das Ergreifen der alleinigen Liebe. — Sollte dir die Sache noch nicht völlig klar sein, da frage ich dich: So du wärest in der Gelegenheit, dir aus zwei Jungfrauen eine Braut zu suchen, von denen du überzeugt wärest, daß dich beide lieben; aber noch nicht völlig überzeugt, die welche aus ihnen am meisten? — Würdest du nicht sehr wünschen zu erfahren, die welche dich am meisten liebt, um sonach auch die dich am meisten Liebende zu wählen? — Du sprichst: Das ist ganz klar; aber wie es anstellen, um das zu erfahren? — Das wollen wir sogleich haben. Siehe, zu der Ersten kommst du hin; sie ist emsig und thätig. Aus Liebe zu dir weiß sie sich aus lauter Arbeit nicht aus, und das aus lauter Arbeit für dich; denn sie macht für dich Hemden, Strümpfe, Nachtleibchen und dergleichen noch mehrere Kleidungsstücke, und hat damit so vollauf zu thun, daß sie nicht selten aus lauter Arbeit kaum gewahr wird, wann du zu ihr kommst. — Siehe, das ist die Erste. — Die Zweite arbeitet sehr lässig. Sie arbeitet zwar auch für dich; aber ihr Herz ist zu sehr mit dir beschäftigt, als daß sie ihre Aufmerksamkeit der Arbeit spenden könnte. Besuchst du sie, und erblickt sie dich von weitem zu ihr gehend, da ist von einer Arbeit gar keine Rede mehr; denn da kennt sie nichts Höheres, nichts Verdienstlicheres, als dich allein! — Du allein bist ihr Alles in Allem; für dich giebt sie alle Welt! — Sage mir, die welche aus den Beiden wirst du dir wählen? — Du sprichst: Lieber Freund! Um eine ganze Trillion ist mir ja die Zweite lieber; denn was liegt mir an den paar Hemden und Strümpfen? — Offenbar ist ja hier ersichtlich, daß mich die Erste ja nur zu verdienen sucht dadurch, daß sie von mir die Anerkennung ihres Verdienstes erzwingen will; die Andere aber sucht mich zu erlieben. Sie ist über alle Verdienstlichkeit hinaus und kennt nichts Höheres, als mich und meine Liebe; diese würde ich auch zu meinem Weibe nehmen. — Gut, sage ich dir, mein lieber Freund; siehst du hier nicht deutlich das Wesen der Martha und der Maria? — Siehst du, was der Herr zu der gesetzesbeschäftigten Martha spricht, und was zu der müssigen Maria? — Aus Dem aber kannst du auch ersehen, was der Herr über das Gesetz von jedem Menschen verlangt, und zugleich handgreiflich zu erkennen giebt, worin die Liebe des Menschen zu Gott besteht. — Aus eben dem Grunde verflucht der Herr sogar, erregt in Seinem Herzen, die **Buchstabenerfüller** (die Pharisäer und Schriftgelehrten nämlich) des Gesetzes, lobt den sündigen Zöllner und macht den Dieben, Huren und Ehebrechern das Himmelreich eher zugänglich, als den trockenen Buchstabendreschern. — Daher frage ich, der Einwender, nun mit vollstem Rechte noch einmal, nach welchem Maßstabe man Gott über Alles lieben solle? — Habe ich den Maßstab, dann habe ich Alles; habe ich aber den Maßstab nicht, dann liebe ich wie Einer, der nicht weiß, was die Liebe ist. — Daher noch einmal die Frage: Wie soll man Gott über Alles lieben? — Und ich Johannes sage: Gott über Alles lieben heißt: **Gott über alles Gesetz hinaus lieben!** — Wie Das, soll die Folge zeigen. —

## 276.
(Am 7. November 1843, von 4¼—5½ Uhr Abds.)

Um aber gründlich zu erfahren und einzusehen, wie man Gott über das Gesetz hinaus lieben soll, muß man wissen, daß das Gesetz an und für sich nichts Anderes, als der trockene Weg zur eigenen Liebe Gottes ist. — Wer Gott in seinem Herzen zu lieben anfängt, der hat den Weg schon zurückgelegt; wer aber Gott nur durch die Haltung des Gesetzes liebt, der ist mit seiner Liebe noch immer ein Reisender auf dem Wege, allda keine Früchte wachsen, und nicht selten Räuber und Diebe des Wanderers harren. — Wer aber Gott rein liebt, der liebt Ihn schon über Alles! Denn Gott über Alles lieben, heißt ja: Gott über alles Gesetz hinaus lieben. Wer draußen am Wege ist, der muß fortwährend von Schritt zu Schritt weiter schreiten, um also auf die mühevollste Weise das vorgesteckte Ziel zu erreichen; wer aber Gott alsogleich liebt, der überspringt den ganzen Weg, also das ganze Gesetz, und er liebt alsogestaltet Gott über Alles. — Man dürfte hier vielleicht sagen: Das klingt sonderbar; denn nach unseren Begriffen heißt ja Gott über Alles lieben: Gott mehr lieben, als Alles in der Welt. — Gut, sage ich, und frage aber zugleich dabei: Welchen Maßstab hat aber der Mensch dafür, um solch' eine Liebe zu bemessen? — Der Einwender hat diese Maßstäbe der für den Menschen höchst möglichen Liebe auf der Welt deutlich genug auseinandergesetzt und gezeigt, daß der Mensch auf diese Weise für die Ueberallesliebe zu Gott durchaus keinen Maßstab hat. — Ich aber sage: Ist durch das gegebene Gesetz nicht Alles dargethan, wie der Mensch sich in seiner Begierde und Liebe zu den weltlichen Dingen zu verhalten hat? Im Gesetze sind sonach alle Dinge dargestellt, und für die Liebe des Menschen daneben die gerechte Beschränkung gegeben, nach der sich ein jeder Mensch zu den weltlichen Dingen zu verhalten hat. Wenn aber nun Jemand Gott über das Gesetz hinaus liebt, der liebt Ihn sicher auch über alle weltlichen Dinge hinaus, weil, wie gesagt, eben durch das Gesetz die Benutzung der weltlichen Dinge und das Verhalten zu denselben nach der göttlichen Ordnung dargestellt wird. — Ein kurzer Nachtrag in vergleichender Stellung wird die ganze Sache sonnenklar machen. Der Herr spricht zum reichen Jünglinge: „Verkaufe Alles, theile es unter die Armen und folge Mir!" — Was heißt das? — Mit anderen Worten nichts Anderes, als: So du Jüngling das Gesetz beobachtet hast, so erhebe dich nun über dasselbe; gieb der Welt alle Gesetze und alle ihre Dinge zurück, und du bleibe bei Mir, so hast du das Leben! — Wer wird hier nicht erkennen, was „Gott über das Gesetz hinaus lieben" heißt? — Weiter, der Herr spricht zu den Jüngern: „So ihr nicht werdet, wie dieß Kindlein, so werdet ihr nicht in das Reich Gottes eingehen." — Was will denn Das sagen? — Nichts Anderes, als: So ihr nicht, wie dieses Kindlein, Alles in der Welt nichts achtend, weder das Gesetz, noch die Dinge der Welt, zu Mir kommet und Mich, wie dieses Kind, mit aller Liebe ergreifet, so werdet ihr nicht in das Reich Gottes eingehen! — Warum denn nicht? — Weil der Herr Selbst wieder spricht: „Ich bin der Weg, die Wahrheit und das Leben!" — Wer also zu Mir, der Ich vollkommen Eins bin mit dem Vater, kommen will, der muß durch Mich in den Stall eingehen; denn Ich Selbst bin die Thüre und der Stall oder das Reich Gottes Selbst. — So lange sonach Jemand nicht den Herrn Selbst ergreift, so lange kann er nicht zu Ihm kommen, und wenn er gleich wie ein Fels tausend Gesetze unveränderlich beobachtet hätte. Denn wer am Wege noch ist, der ist noch nicht beim Herrn; wer aber beim Herrn ist, was sollte der noch mit dem Wege zu schaffen haben? — Aber hier unter euch giebt es Thoren, und das zu vielen Hunderttausenden, die den Weg viel höher halten, als den Herrn; und wann sie schon beim Herrn sind, so kehren sie wieder um, entfernen sich von Ihm, um nur am elenden Wege zu sein! — Solche haben mehr Freude mit der Knechtschaft, mit der Sclaverei, mit dem harten Joche, als mit dem Herrn, Der jeden Menschen frei macht, überaus leicht sein Joch, und sanft seine Bürde; leicht das Joch, auf daß es ihn nicht drücke im Zuge des Lebens am Nacken der Liebe zum Herrn, und gar sanft die Bürde, welche ist das alleinige Gesetz der Liebe! — Weiter sehen wir ein Beispiel. Der gerechte Pharisäer lobt sich selbst am Wege; aber der Zöllner rückwärts findet den ganzen Weg überaus beschwerlich. Denn nimmer mag er das Ziel desselben erschauen; — er beugt sich daher tiefst vor dem Herrn in seinem Herzen, erkennt seine Schwäche und Unfähigkeit, den Weg genau zu gehen. Dafür aber erfaßt er Gott den Herrn mit seinem Herzen und macht dadurch einen Riesensprung über den ganzen beschwerlichen Weg, und erreicht dadurch sein Ziel! — Wer wird hier nicht mit den Händen greifen, was „den Herrn über Alles lieben" heißt? — Also gehen wir weiter; die Martha ist am Wege, die Maria am Ziele! — Hier braucht man kaum mehr darüber zu sagen; denn zu klar und deutlich zeigt sich hier, was „den Herrn über Alles lieben" heißt. — Wollen wir aber die Sache noch zum Ueberflusse klarer haben, da betrachten wir noch die Scene, wo der Herr den Petrus dreimal fragt, ob er Ihn liebt? — Warum fragt Er ihn denn dreimal? Denn der Herr wußte ja ohnehin, daß Ihn Petrus lieb hatte, und wußte auch, daß Ihm Petrus alle die drei gleichen Fragen mit demselben Herzen und demselben Munde gleichbedeutend beantworten wird. — Das wußte der Herr sicher; aber darum hat Er auch diese Frage nicht an den Petrus gestellt, sondern darum, daß der Petrus bekennen sollte, daß er frei ist und den Herrn über alles Gesetz hinaus liebe; und so bedeutet die erste Frage: „Petrus, liebst du Mich?" — Petrus, hast du Mich gefunden auf dem Wege? — Solches bejaht Petrus, und der Herr spricht: „Weide Meine Schafe," — d. h. Lehre auch die Brüder Mich also finden! — Die zweite Frage: Petrus, liebst du Mich? — heißt: Petrus, bist du bei Mir, bist du an der Thüre? — Der Petrus bejaht Solches, und der Herr spricht: „Also weide Meine Schafe!" — oder: Also bringe auch die Brüder, daß sie bei Mir seien an der Thüre zum Leben! — Und zum dritten Male fragt der Herr den Petrus: „Liebst du Mich?" d. h. so viel, als: Petrus, bist du über alles Gesetz hinaus? Bist du in Mir, wie Ich in dir? — Aengstlich bejaht Solches Petrus, und der Herr spricht abermals: „Also weide Meine Schafe und folge Mir!" — d. h. so viel, als: Also bringe auch du die Brüder, daß sie in Mir seien und in Meiner Ordnung und Liebe wohnen, gleich wie du; — denn dem Herrn folgen heißt: in der Liebe des Herrn wohnen. — Ich meine, mehr noch zu sagen, was Gott über Alles lieben heißt, wäre denn doch etwas überflüssig; — und da wir nun Solches wissen, und das Licht des Lichtes erkannt haben, so wollen wir uns sogleich in den zwölften und letzten Saal begeben. —

## 277.

(Am 8. November 1843, von 4½—6½ Uhr Abds.)

Wir sind darin, und erblicken hier in der Mitte dieses großen und prachtvollen Saales ebenfalls wieder eine Sonnentafel, und in der Mitte derselben mit rothleuchtender Schrift geschrieben: „Dieß ist dem ersten gleich, daß du deinen Nächsten liebest, wie dich selbst; dar-innen ist das Gesetz und die Propheten." — Da dürfte sogleich Jemand aufstehen und sagen: Wie soll das zu verstehen sein: Den Nächsten wie sich selbst lieben? Denn die Sichselbst- oder Eigenliebe ist ein Laster;

somit kann die gleichförmige Nächstenliebe doch auch nichts Anderes, als ein Laster sein, indem die Nächstenliebe auf diese Weise die Selbst- oder Eigenliebe ja offenbar als Grund aufstellt. — Will ich als ein tugendhafter Mensch leben, so darf ich mich nicht selbst lieben; wenn ich mich aber nicht selbst lieben darf, so darf ich ja auch den Nächsten nicht lieben, indem das Liebeverhältniß zum Nächsten dem Eigenliebeverhältnisse als vollkommen gleichlautend entsprechen soll. Demnach hieße ja „den Nächsten wie sich selbst lieben" — den Nächsten gar nicht lieben, weil man sich selbst auch nicht lieben soll. — Sehet, das wäre schon so ein gewöhnlicher Einwurf, welchem zu begegnen es freilich nicht gar zu schwer fallen dürfte, indem eines jeden Menschen Eigenliebe so viel als sein eigenes Leben selbst ausmacht, so versteht sich in diesem Grade die natürliche Eigenliebe von selbst; — denn keine Eigenliebe haben, hieße so viel, als kein Leben haben! — Es handelt sich hier demnach zu erkennen den Unterschied zwischen der gerechten und ungerechten Eigenliebe. Gerecht ist die Eigenliebe, wenn sie nach den Dingen der Welt kein größeres Verlangen hat, als was ihr das reiche Maß der göttlichen Ordnung zugetheilt hatte, welches Maß in dem siebenten, neunten und zehnten Gebote hinreichend gezeigt wurde. — Verlangt die Eigenliebe über dieses Maß hinaus, so überschreitet sie die bestimmten Grenzen der göttlichen Ordnung, und ist beim ersten Uebertritte schon als Sünde zu betrachten. Also nach diesem Maßstabe ist demnach auch die Nächstenliebe einzuleiten; denn so Jemand einen Bruder über dieses Maß hinaus liebt, so treibt er mit seinem Bruder oder mit seiner Schwester Abgötterei, und macht ihn dadurch nicht besser, sondern schlechter. — Früchte solcher übermäßigen Nächstenliebe sind zumeist alle die heutigen und allzeitigen Beherrscher der Völker. — Wie so denn? — Irgend ein Volk hat einen aus seiner Mitte wegen seiner mehr glänzenden Talente über das gerechte Maß hinaus geliebt, machte ihn zum Herrscher über sich, und mußte sich's hernach gefallen lassen, von ihm oder wenigstens von seinen Nachkommen für diese Untugend gar empfindlich gestraft zu werden. — Man wird hier sagen: Aber Könige und Fürsten müssen ja doch sein, um die Völker zu leiten, und sie seien von Gott selbst eingesetzt. — Ich will dagegen nicht geradewegs verneinend auftreten; aber beleuchten die Sache, wie sie ist und wie sie sein sollte, will ich hier bei dieser Gelegenheit. — Was spricht der Herr zum israelitischen Volke, als es einen König verlangte? Nichts Anderes, als: Zu allen Sünden, die dieses Volk vor mir begangen hat, hat es auch diese größte hinzugefügt, daß es mit Meiner Leitung unzufrieden einen König verlangt. — Aus diesem Satze läßt sich, meine ich, hinreichend erschauen, daß die Könige von Gott aus dem Volke nicht als Segen, sondern als ein Gericht gegeben werden. Frage: Sind Könige nothwendig an der Seite Gottes zur Leitung der Menschheit? — Diese Frage kann mit derselben Antwort beantwortet werden, als eine andere Frage, welche also lautet: Hat der Herr bei der Erschaffung der Welt und bei der Erschaffung des Menschen irgend eines Helfers vonnöthen gehabt? — Frage weiter: Welche Könige und Fürsten helfen dem Herrn zu jeder Zeit, wie gegenwärtig, die Welten in ihrer Ordnung zu erhalten, und sie auf ihren Bahnen zu führen? Welchen Herzog braucht Er für die Winde, welchen Fürsten für die

Ausspendung des Lichtes und welchen König zur Ueberwachung des unendlichen Welten- und Sonnenraumes? — Vermag der Herr ohne menschlich fürstliche und königliche Beihilfe den Orion zu gürten, dem großen Hunde seine Nahrung zu reichen und all' das große Welten- und Sonnenvolk in unverrücktester Ordnung zu erhalten, sollte Er da hernach wohl vonnöthen haben, bei den Menschen dieser Erde Könige und Fürsten einzusetzen, die Ihm in Seinem Geschäfte überhelfen sollten? — Geben wir auf die Urgeschichte eines jeden Volkes zurück, und wir werden es finden, daß ein jedes Volk uranfänglich eine rein theokratische Verfassung hatte, d. h. sie hatten keinen andern Herrn über sich als Gott allein. Erst mit der Zeit, als hier und da Völker mit der höchst freien und allerliberalsten Regierung Gottes unzufrieden wurden, weil es ihnen unter solcher zu gut ging, da fingen sie sich gegenseitig an zu viel zu lieben; und gewöhnlich war irgend ein Mensch besonderer Talente halber der allgemeinen Liebe zum Preise; man verlangte ihn zum Führer. Aber beim Führer blieb es nicht; denn der Führer mußte Gesetze geben, die Gesetze mußten sanctionirt werden, und so ward aus dem Führer ein Herr, ein Gebieter, ein Patriarch, dann ein Fürst, ein König und ein Kaiser. — Also sind Kaiser, Könige und Fürsten von Gott aus nie erwählt worden, sondern nur bestätiget zum Gerichte für diejenigen Menschen, die zufolge ihres freien Willens solche Kaiser, Könige und Fürsten aus ihrer Mitte erwählt hatten, und haben ihnen eingeräumt alle Gewalt über sich. — Ich meine, es wird diese Beleuchtung hinreichen, um einzusehen, daß jedes Uebermaß sowohl der Eigen- als der Nächstenliebe vor Gott ein Gräuel ist. — Den Nächsten sonach wie sich selbst lieben heißt: Den Nächsten in der gegebenen göttlichen Ordnung lieben, d. h. in jedem gerechten Maße, welches von Gott aus einem jeden Menschen vom Urbeginn an zugetheilt ist. — Wer Solches noch nicht gründlich einsehen möchte, dem will ich noch ein paar Beispiele hinzufügen, aus denen er klar ersehen kann, welche Folgen das eine, wie das andere Uebermaß mit sich bringt. — Nehmen wir an, in irgend einem Dorfe lebt ein Millionär; wird dieser das Dorf beglücken, oder wird er es in's Unglück stürzen? — Wir wollen sehen. — Der Millionär sieht, daß es mit den öffentlichen Geldbanken schwankt; was thut er? — Er verkauft seine Obligationen, und kauft dafür Realitäten, Güter. Die Herrschaft, zu der er früher nur ein Unterthan war, befindet sich in großen Geldnöthen, wie gewöhnlich. Unser Millionär wird angezogen, der Herrschaft Kapitalien zu leihen; er thut es gegen gute Procente und auf die sichere Hypothek der Herrschaft selbst. — Seine Nachbarn, die anderen Dorfbewohner brauchen auch Geld; er leiht es ihnen ohne Anstand auf grundbüchliche Intabulation. — Die Sache geht etliche Jahre fort; die Herrschaft wird immer unvermögender, und seine Dorfnachbarn nicht wohlhabender. — Was geschieht? — Unser Millionär packt zuerst die Herrschaft, und diese im Besitze von keinem Groschen Geldes mehr muß sich auch auf Gnad' und Ungnad' ergeben, bekommt höchstens aus lauter Großmuth ein Reisegeld, und unser Millionär wird Herrschaftsinhaber und zugleich Herr von seinen ihm schuldenden Nachbarn. Diese, weil sie ihm weder Capital noch Interessen zu zahlen im Stande sind, werden bald abgeschätzt und exequirt. — Hier haben wir die ganz natürliche Folge des Glückes, welches ein Millionär oder ein Besitzer des Uebermaßes der Eigenliebe den Dorfbewohnern bereitet hat. Mehr braucht man darüber nicht zu sagen. — Gehen wir aber auf den zweiten Fall über. — Es lebt irgendwo eine überaus dürftige Familie; sie hat kaum so viel, um ihr tägliches Leben allerkümmerlichst zu fristen. Irgend ein überaus reicher und auch überaus selten wohlthätiger Mann lernt diese arme, aber sonst brave und schätzenswerthe Familie kennen. — Er im Besitze von mehreren Millionen, erbarmt sich dieser Familie, und denkt also bei sich: Ich will diese Familie auf einmal wahrhaft zum Schlagtreffen glücklich machen; — ich will ihr eine Herrschaft schenken, und noch obend'rauf ein ansehnliches Vermögen von einer halben Million, und will dabei die Freude haben zu sehen, wie sich die Gesichter dieser armen Familie ganz sonderlich aufheitern werden. — Er thut es, wie er beschlossen; eine ganze Woche lang werden in der Familie nichts als Freudenthränen vergossen, auch dem lieben Herrgott wird manches „Gott sei Dank" entgegen gesprochen. — Betrachten wir diese beglückte Familie aber nur ungefähr ein Jahr später, und wir werden an ihr allen Luxus so gut entdecken, als er nur immer in den Häusern der Reichen zu Hause ist. — Diese Familie wird zugleich auch hartherziger, und wird sich nun an allen Jenen so incognito zu rächen bemüht sein, die sie in ihrer Noth nicht haben ansehen wollen. Das „Gott sei Dank" wird verschwinden; aber dafür werden Equipage, livrirte Bediente u. dgl. m. eingeführt. — Frage: Hat dieses gewaltige Uebermaß der Nächstenliebe dieser armen Familie genützt oder geschadet? — Ich meine, hier braucht man nicht viel Worte, sondern nur mit den Händen nach all' dem Luxus zu greifen, und man wird es auf ein Haar finden, welchen Nutzen diese Familie für's ewige Leben durch ein an ihr verübtes Uebermaß der Nächstenliebe empfangen hat. Aus dem aber wird ersichtlich, daß die Nächstenliebe, sowie die Eigenliebe stets in den Schranken des gerechten göttlichen Ordnungsmaßes zu verbleiben hat. — Wenn der Mann sein Weib über die Gebühr liebt, da wird er sie verderben; sie wird eitel, wird sich hochschätzen, und wird daraus eine sogenannte Coquette, und der Mann wird kaum Hände genug haben, um überall hinzugreifen, daß er die Anforderungen seines Weibes befriedige. — Auch ein Bräutigam, wenn er seine Braut zu sehr liebt, wird sie dreist und am Ende untreu machen. — Also ist das gerechte Maß der Liebe allenthalben vonnöthen; aber dennoch besteht die Nächstenliebe in etwas ganz Anderem, als wir bis jetzt haben kennen gelernt. — Worin aber innerer geistiger Weise die Nächstenliebe besteht, das wollen wir im Verfolge dieser Mittheilung ganz klar erkennen lernen. —

## 278.

(Am 10. Novbr. 1843 von 4¹/₂—6¹/₂ Uhr Abds.)

Um aber gründlich zu wissen, worin die eigentliche wahre Nächstenliebe besteht, muß man auch voraus wissen und gründlich verstehen, wer so ganz eigentlich ein Nächster ist; darin liegt der Hauptknoten begraben. — Man wird sagen: Woher aber sollte man das nehmen? Denn der Herr Selbst, als der alleinige Aufsteller der Nächstenliebe hat da nirgends nähere Bestimmungen gemacht. — Als Ihn die Schriftgelehrten fragten, wer der Nächste sei, da zeigte Er ihnen bloß in einem Gleichnisse, wer ein Nächster zum bekannten verunglückten Samaritan war, nämlich ein Samaritan selbst, der ihn in die Herberge brachte, und früher Oel und Wein in seine Wunden goß. Aus Dem aber geht hervor, daß nur unter gewissen Umständen die verunglückten Menschen an ihren Wohlthätern Nächste haben; und sind somit auch umgekehrt die Nächsten zu ihren Wohlthätern. Wenn es also nur unter diesen Umständen Nächste giebt, was für Nächste haben denn dann die gewöhnlichen Menschen, welche weder selbst ein Unglück zu bestehen haben, noch irgend einmal in die Lage kommen, einem Verunglückten beizuspringen? — Giebt es denn keinen allgemeineren Text, der die Nächsten näher bezeichnen möchte? — Denn bei diesem ist nur die höchste Noth, und auf der andern Seite eine tüchtige Wohlhabenheit, gepaart mit einem guten Herzen, als Nächsthum einander gegenüber gestellt. — Wir wollen daher sehen, ob sich nicht solche ausgedehntere Texte vorfinden. Hier wäre einer, und dieser lautet also: „Segnet, die euch fluchen, und thut Gutes eueren Feinden!" — Das wäre ein Text, aus welchem klar zu ersehen ist, daß der Herr die Nächstenliebe ziemlich weit ausgedehnt hat, indem Er sogar die Feinde und Flucher nicht ausgenommen hat. Ferner lautet ein anderer Text: „Machet euch Freunde am ungerechten Mammon." — Was will der Herr damit anzeigen? Nichts Anderes, als daß der Mensch keine Gelegenheit solle vorübergehen lassen, um dem Nächsten Gutes zu thun, und gestattet sogar in äußerer Hinsicht genommen eine offenbare Veruntreuung am Gute eines Reichen, wenn dadurch, freilich nur im höchsten Nothfalle, vielen oder wenigstens mehreren Bedürftigen geholfen werden kann. — Weiter finden wir einen Text, wo der Herr spricht: „Was immer ihr einem aus diesen Armen Gutes thut in Meinem Namen, das habt ihr Mir gethan." — Diesen Satz bestätiget der Herr bei der Darstellung des jüngsten oder geistigen Gerichtes, da Er zu den Auserwählten, wie zu den Verworfenen spricht: „Ich kam nackt, hungrig, durstig, krank, gefangen und ohne Dach und Fach zu euch, und ihr habt Mich aufgenommen, gepflegt, bekleidet, gesättiget und getränkt," — und desgleichen zu den Verworfenen, wie sie Solches nicht gethan haben; — und die Guten entschuldigen sich, als hätten sie Solches nie gethan, und die Schlechten, als möchten sie Solches wohl gethan haben, so Er zu ihnen gekommen wäre. — Und der Herr deutet dann deutlich an: „Was immer ihr den Armen in Meinem Namen gethan oder nicht gethan habt, das galt Mir." — Aus diesem Texte wird die eigentliche Nächstenliebe schon so ziemlich klar herausgehoben; und es wird gezeigt, wer demnach die eigentlichen Nächsten sind. — Wir wollen aber noch einen Text betrachten, und dieser lautet also: „So ihr Gastmähler bereitet, da ladet nicht Solche dazu, die es euch mit einem Gegengastmale vergelten können. Dafür werdet ihr keinen Lohn im Himmel haben; denn Solchen habt ihr auf der Welt empfangen. — Ladet aber Dürftige, Lahme, Preßhafte, in jeder Hinsicht arme Menschen, die es euch nicht wieder vergelten können, so werdet ihr eueren Lohn im Himmel haben. Also leihet auch Denen euer Geld, die es euch nicht wieder zurückerstatten können, so werdet ihr damit für den Himmel wuchern; leihet ihr aber euer Geld

Denen, die es euch zurückerstatten können sammt Interessen, so habt ihr eueren Lohn dahin. — Wenn ihr Almosen gebet, da thut Solches im Stillen, und euere rechte Hand soll nicht wissen, was die Linke thut; und euer Vater im Himmel, der im Verborgenen steht, wird euch darum segnen und belohnen im Himmel!" — Ich meine, aus diesen Texten sollte man schon so ziemlich mit den Händen greifen, wer vom Herrn aus als der eigentliche Nächste bezeichnet ist. Wir wollen darum sehen, was für ein Sinn dahinter steckt. — Ueberall sehen wir vom Herrn aus nur Arme den Wohlhabenden gegenübergestellt; was folgt daraus? — Nichts Anderes, als daß die Armen den Wohlhabenden gegenüber als die eigentlichen Nächsten vom Herrn aus bezeichnet und gestellt sind, und nicht Reiche gegen Reiche und Arme gegen Arme. Reiche gegen Reiche können sich nur dann als Nächste betrachten, wenn sie sich zu gleich guten, Gott wohlgefälligen Zwecken vereinen. Arme aber sind sich ebenfalls nur dann als Nächste gegenüberstehend, so sie sich ebenfalls nach Möglichkeit in der Geduld und in der Liebe zum Herrn, wie unter sich, brüderlich vereinen. — Der erste Grad der Nächstenliebe bleibt demnach immer zwischen den Wohlhabenden und Armen, und zwischen den Starken und Schwachen, und steht in gleichem Verhältnisse mit dem zwischen Eltern und Kindern. Warum aber sollen die Armen gegenüber den Wohlhabenden, die Schwachen gegenüber den Eltern als vollkommen die Allernächsten betrachtet und behandelt werden? — Aus keinem andern, als aus folgendem ganz einfachen Grunde, weil der Herr als zu einem jeden Menschen der Allernächste Sich vorzugsweise nach Seinem eigenen Ausspruche in den Armen und Schwachen, wie in den Kindern auf dieser Welt repräsentirt; denn Er spricht ja Selbst: „Was immer ihr den Armen thut, das habt ihr Mir gethan!" — Werdet ihr Mich schon nicht immer wesenhaft persönlich unter euch haben, so werdet ihr aber dennoch allzeit Arme als gewisserart (wollte der Herr sagen) Meine vollkommenen Repräsentanten unter euch haben. — Also spricht der Herr auch von einem Kinde: „Wer ein solches Kind in Meinem Namen aufnimmt, der nimmt Mich auf." — Aus allem Dem geht aber hervor, daß die Menschen gegenseitig sich nach dem Grade mehr oder weniger als Nächste zu betrachten haben, je mehr oder weniger sie erfüllt sind vom Geiste des Herrn. Der Herr aber spendet seinen Geist nicht den Reichen der Welt, sondern allzeit nur den Armen, Schwachen und weltlich Unmündigen. Der Arme ist dadurch schon mehr und mehr vom Geiste des Herrn erfüllt, weil er ein Armer ist; denn die Armuth ist ja ein Hauptantheil des Geistes des Herrn. Wer arm ist, hat in seiner Armuth Aehnlichkeit mit dem Herrn, während der Reiche gar keine hat. Diese kennt der Herr nicht; aber die Armen kennt Er; daher sollen die Armen den Reichen die Nächsten sein, zu denen sie, die Reichen, kommen müssen, wenn sie sich dem Herrn nahen wollen; denn die Reichen können unmöglich sich als dem Herrn die Nächsten betrachten. Denn der Herr Selbst hat bei Gelegenheit der Erzählung vom reichen Prasser die unendliche Kluft zwischen Ihm und ihnen gezeigt; nur den armen Lazarus stellt Er in den Schooß Abrahams, also als Ihm, dem Herrn, am nächsten. — Also zeigte der Herr auch bei der Gelegenheit des reichen Jünglings, wer zuvor seine Nächsten sein sollten, bevor er wieder kommen möchte zum Herrn und Ihm folgen. — Und stellt der Herr allenthalben die Armen, wie die Kinder, als Ihm die Nächsten, oder auch als Seine förmlichen Repräsentanten dar; und diese sollte der Wohlhabende lieben wie sich selbst, nicht aber auch zugleich die seines Gleichen. Denn darum sprach der Herr, daß dieses Gebot der Nächstenliebe dem ersten gleich ist, womit Er nichts Anderes sagen wollte, als: Was ihr den Armen thut, das thut ihr Mir! — Daß sich aber die Reichen nicht gegenseitig als die Nächsten betrachten sollen, erhellt daraus, wo der Herr spricht, daß die Reichen nicht wieder Reiche zu Gaste laden, und ihr Geld nicht wieder den Reichen leihen sollen; — wie auch, da Er dem reichen Jünglinge nicht geboten hatte, seine Güter an die Reichen, sondern nur an die Armen zu vertheilen. — Wenn aber irgend ein Reicher sagen möchte: Meine Allernächsten sind doch meine Kinder; — da sage ich: Mit nichten! Denn der Herr nahm nur ein armes Kind, das am Wege förmlich bettelte, auf, und sprach: „Wer ein solches Kind in Meinem Namen aufnimmt, der nimmt Mich auf!" — Mit Kindern der Reichen hatte der Herr nie etwas zu thun gehabt. — Aus dem Grunde begeht der Reiche, wenn er ängstlich für seine Kinder sorgt, eine gar starke Sünde gegen die Nächstenliebe. Der Reiche sorgt dadurch für seine Kinder am besten, wenn er für's Erste für eine dem Herrn wohlgefällige Erziehung sorgt und sein Vermögen nicht für seine Kinder aufspart, sondern es den Armen zum allergrößten Theile zuwendet. Thut er Das, so wird der Herr seine Kinder ergreifen und sie führen den besten Weg. — Thut er das nicht, so wendet der Herr Sein Angesicht weg von ihnen, zieht Seine Hände zurück, und überläßt schon sogleich ihre zarteste Jugend den Händen der Welt, was so viel sagen will, als den Händen des Teufels, damit dann aus ihnen Weltkinder, Weltmenschen, was so viel sagen will, als selbst Teufel werden. — Wüßtet ihr, wie überaus bis in den untersten, dritten Grad der Hölle alle die Stammcapitalien und besonders die Fideikommisse vom Herrn aus auf das erschrecklichste versucht sind, ihr würdet da vor Schreck und Angst zur Härte eines Diamanten erstarren! — Daher sollen ja alle Reichen, wo sie immer sein mögen, dieses so viel als möglich beherzigen, ihr Herz so viel als möglich von ihren Reichthümern abwenden, und damit, nämlich mit den Reichthümern, so viel als möglich Gutes thun, wollen sie der ewigen Selchküche entgehen. — Denn es giebt jenseits eine zweifache Selchanstalt, eine langwierige in düsteren Oertern, von denen aus nur ganz unbegreiflich eingeschmälerte Pfade führen, vor denen es den Wanderern nicht viel besser ergeht, wie den Kameelen vor den Nadelöhren; es giebt aber auch eine ewige Selchanstalt, aus der meines Wissens bis jetzt noch keine Pfade führen. — Das also zur Beherzigung für Reiche, wie auch für Jedermann, der irgend so viel besitzt, daß er den Armen noch immer etwas thun kann. Daraus aber ist nun dargethan, worin die eigentliche Nächstenliebe besteht. Also auch wird sie hier in der Sonne gelehrt und fortwährend ausgeübt. — Wie aber Solches geschieht, wollen wir in der Folge näher betrachten. —

## 279.
(Am 13. November 1843 von 4¼—6¼ Uhr Abbs.)

Ihr wißt, daß nirgends mit dem bloß theoretischen Wissen und Glauben etwas gethan ist. Was nützt es Jemanden, wenn er seinen Kopf mit tausend noch so richtigen Theorien angestopft hat? Was nützt es Jemanden, wenn er Alles fest für wahr hält, was in dem Buche des Lebens geschrieben steht? — Das Alles nützt einem gerade so viel, als so sich da Jemand alle musikalischen Theorien buchstäblich eigen gemacht hätte, und auch zu der vollgläubigen Einsicht gelangt wäre, daß er, — wenn er sich der Theorien practisch bedienen würde, — im Ernste die eminentesten Compositionen an's Tageslicht zu fördern im Stande wäre, oder wenigstens einen auserlesenen Virtuosen abzugeben auf einem oder dem andern Instrumente; frage: wird er Behufs aller dieser gründlichen Kenntnisse ohne nur die geringste practische Fertigkeit irgend ein Stück von einigem Werthe zu componiren im Stande sein? — Oder wird er selbst auch nur den allerleichtesten Tact einer Composition entweder schlechtweg zu singen, oder auf einem andern musikalischen Instrumente vorzutragen vermögen? — Sicher nicht; denn ohne practische Uebung nützt keine Theorie, und ist gerade dasselbe, als so es irgend einen thörichten Vater geben möchte, der da ein Kind hätte, es zwar sonst pflegen würde und ausbilden seinen Verstand, möchte ihm aber die Füße stets verbunden halten. — Frage: wird das Kind gehen können, wenn es auch gehen gesehen und alle Geh-Arten und Fußbewegungen über einen spanischen Tanzmeister theoretisch in seinem Kopfe hätte? — Der erste Schritt, den es wagen wird, wird schon so unsicher ausfallen, daß das theoretisch gebildete Kind sogleich am Boden liegen wird. — Es ist somit mehr als klar gezeigt, daß das alleinige Wissen ohne Praxis zu Nichts taugt; denn es ist ein brennender Luster in einem leeren Saale, dessen Licht für sich allein brennt und Niemanden zu Gute wird. Demnach ist die thatsächliche Ausübung Dessen, was man erkannt hat und weiß, ja unfehlbar die alleinige Hauptsache; und da es aber im Reiche der reinen Geister nur ganz vorzugsweise allzeit auf's Thun ankommt, und die Thätigkeit aus der Nächstenliebe das Hauptaxiom alles geistigen Wirkens ist, so wird auch eben dieses Gebot der Nächstenliebe hier mehr thatsächlich, als theoretisch gelehrt. — Wie denn aber? — Diese schon ganz erwachsenen Schüler, wie ihr sehet, werden bei allerlei Gelegenheiten von den schon vollkommneren Geistern mitgenommen, und müssen besonders bei denjenigen Neuangelangten von der Erde unterscheiden lernen die wahrhaftigen Nächsten, die weniger Nächsten und dann auch die Fernen. Sie müssen da erkennen, wo sie sich zu den Nächsten, zu den weniger Nächsten und zu den Fernen zu verhalten haben. — Bekanntlich ist das Mitleidgefühl der Jugend größer, als des festen Mannesalters; daher geschieht es denn auch, daß diese unsere Schüler Alles, was ihnen unterkommt, mit einem großen Mitleide und großer Erbarmung aufnehmen. Diese möchten gleich Alles in den Himmel hinein schieben, indem sie noch nicht aus der Erfahrung wissen, daß der Himmel nur den eigentlichen Allernächsten eine große Seeligkeit gewährt, den weniger Nächsten und den Fernen aber ist er eine größere, auch allergrößte Qual. Bei diesen Gelegenheiten also lernen sie erst völlig erkennen, wie die eigentliche Nächstenliebe darin besteht, daß man einem jeden Wesen seine Freiheit lassen muß, und ihm geben das Seinige. Denn wenn man Jemanden etwas Anderes thun will, als was dessen Liebe verlangt, so hat man ihm keinen Liebesdienst erwiesen. Wenn Jemand seinen Nachbar um einen Rock bittet, und der Nachbar giebt ihm dafür einen Laib Brod, wird der Bittende damit zufrieden sein? — Sicher nicht; denn er hat ja nur um den Rock, aber nicht um das Brod gebeten. — Wenn Jemand in ein Haus hingeht und verlangt eine Braut, und man giebt ihm anstatt der Braut einen Korb voll Salzes, wird er damit zufrieden sein? — Ferner, wenn Jemand einen Weg machen möchte in einen gegen Norden gelegenen Ort, da er ein Geschäft hat; ein Freund aber läßt seinen Wagen einspannen, nimmt den Geschäftsmann, der nach Norden soll, auf und fährt mit ihm nach Süden, wird ihm damit geholfen sein? — Daher müssen alsdann ganz besonders die Geister, bevor sie ihre Nächstenliebe in die practische Anwendung bringen wollen, erst genau die Liebart derjenigen Geister erforschen, die ihnen zugeführt werden. Wie sich diese Liebe vorfindet, gerade also muß auch nach dieser Liebe gehandelt werden. — Wer in die Hölle will, muß dahin sein Geleite haben; denn also ist seine Liebe, ohne welche es für ihn kein Leben giebt, — und wer in den Himmel will, dem muß diejenige Leitung werden, daß er auf den gerechten Wegen geläutert, dann vollkommen befähigt in den Himmel gelangt und in demselben als ein wahrer geheiligter Bürger bestehen kann. — Aber da ist es auch nicht genug, einen Geist in einen und denselben Himmel zu bringen, sondern der Himmel muß der Liebe des Geistes auf ein Atom entsprechen; denn jeder andere Himmel wird sich mit einem himmlischen Bürger nicht vertragen, und es wird ihm darin ergehen, wie einem Fische in der Luft. — Denn eines jeden Menschen Liebart ist das ihm eigenthümliche Lebenselement; findet er dieses nicht, so ist's um sein Leben bald geschehen. Daher muß denn auch die Nächstenliebe im Reiche der reinen Geister höchst genau und richtig eher geläutert und gebildet werden, bevor diese Geister wahrhaft in der göttlichen Ordnung die Neuangekommenen, wie auch die schon lange im Geisterreiche Seienden wahrhaft beseligend und belebend aufzunehmen im Stande sind. — Die Bildung dieser Nächstenliebe und die Läuterung derselben besteht demnach lediglich in Dem, zu erforschen und zu erkennen die Liebart in den Geistern, und dann daneben aber zu erkennen und einzusehen die Wege der göttlichen Ordnung, auf welchen diese Geister zu führen, und wie sie zu führen sind. — Keinem Geiste darf irgend Gewalt angethan werden; sein freier Wille, gepaart mit seiner Erkenntniß, bestimmt den Weg, und die Liebe des Geistes die Art und Weise, wie er auf demselben zu leiten ist. — Wenn die Geister erst an den Ort ihrer ihnen zusagenden Liebe kommen und dort bösartig auftreten, dann erst ist es an der Zeit, aber wieder nur nach der Art der Bosheit, strafend entgegenzuwirken anzufangen. — Und sehet nun, in allem Dem werden unsere Schüler auf das Allergenaueste, was die Nächstenliebe betrifft, praktisch unterrichtet. Wenn sie nun darin eine Fertigkeit erlangt haben, bekommen sie die Weihe der Vollendung, und werden dann auf eine genau verhältnißmäßig bestimmte Zeit lang den lebenden Menschen auf der Erde zu Schutzgeistern gegeben, und das zumeist aus dem Grunde, um sich bei dieser Gelegenheit in der wahren Geduld des Herrn zu üben; denn ihr glaubt es kaum, wie schwer es einem solchen himmlisch gebildeten Geiste ankommt, mit den halsstarrigen Menschen dieser Erde also im höchsten Grade nachgebend umzugehen, daß es diese gar nie merken dürfen, daß sie von einem solchen Schutzgeiste auf allen Wegen begleitet und nach ihrer Liebe geleitet werden. — Fürwahr es ist keine Kleinigkeit, wenn man mit aller Macht und Kraft ausgerüstet ist, und darf als Anhänger nicht Feuer vom Himmel rufen, sondern muß jetzt im Bewußtsein seiner Macht und Kraft fortwährend einen Zuseher machen, wie der ihm anvertraute Mensch sich in allerlei Argem der Welt begründet und des Herrn stets mehr und mehr zu vergessen anfängt. — Eine Kindsmagd hat mit dem allerbengelhaftest unartigen Kinde einen barsten Himmel gegen die Aufgabe eines anfänglichen Schutzgeistes. Wie viel Thränen müssen diese vergießen, und ihr ganzes Einwirken darf nur in einem allerleisesten Gewissenseinflüstern bestehen, oder höchstens bei außerordentlichen Gelegenheiten in der Verhütung gewisser Unglücksfälle, welche auf die Sterblichen der Erde von der Hölle angelegt sind. In allem Uebrigen dürfen sie nicht einwirken; — nun aber stellet euch nur so ein wenig das nicht selten bittere Loos eines sogenannten Hauslehrers oder Hofmeisters vor, wenn er so recht rohe und bengelhafte Kinder zur Erziehung bekommt. Ist da nicht schon ein Holzhauerzustand besser? — Ganz sicher; denn das Holz läßt sich nach dem Willen des Holzhauers fällen und spalten, aber das ungehobelte Kind spottet des Willens seines Meisters. Doch dieser Zustand ist nur kaum ein leisester Schatten gegen den eines Schutzgeistes, dessen Schutzbefohlener entweder ein Geizhals, ein Dieb, ein Räuber, ein Mörder, ein Spieler, ein Hurer und Ehebrecher ist. — Alle solche Gräuelthaten muß der Schutzgeist stets passiv mit ansehen, und darf nicht mit all' seiner Kraft nur im Geringsten vorgreifend entgegenwirken; und wenn bei manchen Gelegenheiten ein Vorgriff schon gestattet ist, so muß er aber dennoch also klug angelegt werden, daß der Schützling dadurch in der Freiheitssphäre seines Willens nicht im Geringsten, sondern nur höchstens in der thatsächlichen Ausführung desselben behindert wird. — Sehet, das ist sonach das zweite practische Geschäft, in welchem sich unsere geweihten Schüler in der Nächstenliebe und vorzüglich in der Geduld des Herrn üben müssen. — Was aber mit ihnen nach dieser Geduldübung geschieht, wird die Folge zeigen. —

## 280.

(Am 14. November 1843, von 4¼—6 Uhr Abds.)

Wenn unsere in der Geduld wohl eingeübten Schüler von ihrem Amte gewöhnlich nach dem Ableben eines ihnen anbefohlenen Schützlings von dieser äußeren Welt zurückkehren, dann haben sie noch, so lange der naturmäßig geistige Zustand der Seele eines hier abgestorbenen Menschen dauert, in ihrer Nähe zu verbleiben. Zur Zeit der Enthüllung oder Abödung, da ohnehin ein jeder Geist sich selbst gänzlich überlassen wird, kehren sie dann wieder in die geistige Sonne zurück; und von da an erst geht es auf eine neue Bestimmung aus. — Wohin aber? Das ist sehr leicht zu errathen, wenn man bedenkt, daß unsere Schüler bis jetzt hinreichend Gelegenheit gehabt haben, die Gesetzwidrigkeiten zuerst als Lehrlinge geistig-wissenschaftlich, dann als Schutzgeister practisch zu beschauen und zu erkennen. — Daß aber hinter diesem Erkenntnisse noch ein Drittes steckt, und hinter dem dritten noch ein Viertes, das muß einem Jeden sonnenklar sein, der da wohl weiß, daß jedes Laster eine gewisse Folge als das erreichte Ziel in sich hat, und daß sich erst in diesem Ziele der Grund oder die Hauptursache des Lasters erkennen läßt. Denn so Jemand die Folgen des Lasters nicht geschaut hat, und nicht völlig erkennt den Grund des Lasters, so hat er noch immer keine genug freie und feste Abneigung gegen das Laster. Ersieht er aber einmal Solches, und erkennt es lebendig, wie die Folge eine ganz ordnungsmäßige und unabänderliche ist und wie sie in sich schon solchen Grund birgt; dann erst wird er aus seinem freien Erkennen und Wollen ein vollkommen fester Gegner alles Lasters. Wo aber müssen unsere Schüler hingehen, um Solches zu erkennen? — Sie müssen an der Seite mächtiger und wohlerfahrener Geister die Höllen durchwandern, und zwar von der ersten bis zur letzten und untersten. — In der ersten und zweiten erschauen sie die Folgen des Lasters, und besonders in der zweiten, wie sich innerhalb der noch überaus wohlersichtlichen Folgen der Grund des Lasters schon mehr und mehr durchleuchtend erschauen läßt; und in der dritten und untersten Hölle erst lernen sie den Grund oder die Hauptursache alles Lasters erkennen. — Es dürfte vielleicht Mancher sagen: Die Folge und der Grund sind zwei Punkte eines Kreises, die auf einem und demselben Punkte zusammentreffen; denn sicher begeht Niemand eine Handlung aus einem andern Grunde, als allein aus dem nur, den er eben als die Folge seiner Handlung realisirt haben will. Wenn z. B. Jemand den diebischen Entschluß faßt irgend Jemanden das Geld zu stehlen, so ihn dazu die Liebe zum Gelde und sein Vortheil zu dieser Handlung bestimmt; das war sicher der Grund seiner Handlung. Hat er sich nun auf die diebische Weise des Geldes bemächtigt, so war diese Bemächtigung doch sicher die Folge seiner Handlung, und war aber und ist dabei nichts Anderes als der realisirte frühere Grund zu dieser Handlung selbst. — Ich aber sage: Wenn man die Sache von dem Standpunkte betrachtet, dann thut man nichts Anderes, als an seiner eigenen Erkenntniß einen Hochverrath begehen, und zeigt dadurch an, daß man mit der inneren Weisheit noch nie etwas zu thun gehabt hat; daher wollen wir sogleich ein anderes Gegenbeispiel aufstellen, aus dem sich gar klar ersehen lassen wird, daß die Folge und der eigentliche Grund der Handlung ganz verschieden aussehen. — Bevor wir aber das Beispiel noch aufstellen, müssen wir einige Sätze kundgeben, welche aus der göttlichen Ordnung herausfließen, und somit jeder Handlung die bestimmte Folge von Ewigkeit her anzeigen, in welcher dann im Einklange mit der Handlung sich der Grund ersehen läßt. — Die Sätze aber lauten also: Jede Handlung hat eine von Gott aus entsprechend bestimmt sanctionirte Folge, und diese Folge ist das unabänderliche Gericht, welches jeder Handlung unterschoben ist. Also ist es vom Herrn gestellt, daß sich jede Handlung am Ende selbst richtet. — Wie aber von jeder guten Handlung der Herr als nur Ein Grund anzunehmen ist, also verhält es sich auch mit jeder bösen Handlung. Auch jede böse Handlung hat demnach allzeit ihren einen und denselben Grund. Das sind die Lehrsätze. — Nun wollen wir diese beispielsweise beleuchten. Nehmen wir an einen Hurer; dieser trieb, so lange er lebte, ohne Schonung und ohne die geringste Rücksicht auf was immer für Personen die Unzucht. — Aeußerlich konnte Niemand die Folgen dieses Lasters an ihm erschauen; denn der Leib ist nicht immer ein Folgenspiegel des Lasters. Dieser Mensch aber hatte durch diese seine lasterhafte Handlungsweise seinen Geist ganz in die grobe fleischlich-materielle Liebe herabgezogen, hat seine Lebenskräfte vergeudet, materiell und geistig genommen. Was bleibt ihm am Ende übrig? Nichts, als ein Polypenleben seiner Seele. Diese gelangt jenseits mit nichts, als mit ihrer sinnlich-fleischlichen Genußbegierde an, und ihr Bestreben ist das eines Polypen, nämlich in ihrer Art unausgesetzt fortzugenießen; — denn von einer geistig dirigirenden Reaction ist da gar keine Rede mehr, indem der Geist schon bei Leibesleben bis auf den letzten Tropfen mit der sinnlichen Seele amalgamirt worden ist. — Frage: Kann jenseits eine solche Seele für eine höhere Belebung zugänglich oder fähig sein? — Wer Solches radical einsehen will, der fange sich einmal einen Polypen aus dem Meere, und versuche, ob er aus ihm einen Luftspringer machen kann? — Diese Arbeit wird sicher Niemanden gelingen; denn sobald er den Polypen aus seinem Schlammelemente hebt und in die reine Luft auf einen trocknen Ort setzt, so wird der Polyp bald absterben, einschrumpfen, in die Verwesung übergehen und endlich zu einem leimartigen Klumpen vertrocknen. — Sehet, gerade derselbe Fall ist es mit einer solchen geilen, genußsüchtigen Seele; sie ist ein Schlammpolyp und hat nur eine lebenerregende Begierde, nämlich die des Genießens, und alle ihre Intelligenz geht dahin, sich die Genüsse zu verschaffen. — Was ist demnach die Folge? Nichts Anderes, als dieser elende und höchst klägliche Zustand der Seele selbst, nämlich das stets tiefere Zurücksinken in das allergemeinst und niedrigst Thierische; und dieser Zustand ist eben Das, was man die erste Hölle nennt. Diese ist somit die Folge, und zwar die ganz natürlich ordnungsmäßig gerechte Folge, indem die Seele durch diese verbotene Handlungsweise am Ende in denjenigen untersten Thierstand zurückgeht, aus dem sie früher vom Herrn durch so viele Stufen aufwärts bis zum freien Menschen erhoben wurde. — Dieser Zustand als Folge aber wird vom Herrn darum bezüglich auf die Genußbegierde so überaus kümmerlich gehalten, damit dadurch der in der Seele noch immer sich vorfindende Geist mehr und mehr von der Sinnlichkeit ausscheiden möchte. Diese Operation ist die einzig alleinige, durch welche eine solche Seele sammt ihrem Geiste noch möglicher Weise rettbar ist und sein kann; denn wird die Seele also fortgenährt, so wird sie in ihrer Begierde immer stärker, und da wird von der Rettung des Geistes wohl ewig nie eine Rede sein können. Was ist aber gewöhnlich im schlimmen Falle für eine zweite Folge dieser nothwendigen Behandlungsweise? — Höret! Da der Geist einer solchen Seele mit ihr völlig Eins war, so ist auch alle seine Liebe in die Begierlichkeit seiner Seele übergegangen. Wird er nun durch das Fasten der Seele freier, so tritt er dann böswillig und überaus tief beleidigt und gekränkt auf, daß man ihn durch den Vorenthalt der Nahrung für seine leibhaftige Seele hat verkümmern lassen, um ihn dadurch zu bändigen. — Aus solcher Beleidigung und Kränkung geht der Geist in einen Zorn über und verlangt Entschädigung. Wo aber findet er diese? — In der zweiten Hölle! — Sehet, was ist nun die zweite Hölle? — Nichts Anderes, als die Folge der ersten; und in dieser Folge läßt sich schon auf den eigentlichen Urgrund der ersten Handlungsweise blicken. Denn der Zorn ist nichts Anderes, als eine Frucht der übermäßigen Selbstliebe; und diese hat ihre Wurzeln in der Herrschsucht, welche die Triebfeder zu allen Lastern ist, und hat die dritte oder unterste Hölle zu ihrem Wohnsitze. — Wie sich aber aus der zweiten Hölle endlich auch eine dritte entwickelt, und wie unsere Schüler solches Alles practisch mit anschauen und erfahren müssen, wollen wir in der Folge betrachten. —

## 281.

(Am 15. Novbr. 1843, von 4¼—5¾ Uhr Abds.)

Wisset ihr, warum die Menschen auf der Erde den Gehorsam leisten? Die Antwort ist sehr leicht; etwa aus großer Achtung vor der Person des Herrschers? — O nein! — Denn was man hochachtet, über das schimpft man im Geheimen nicht; noch weniger verflucht und verwünscht man es. Desgleichen aber geschieht von Seite der Unterthanen nicht selten gegenüber ihrem Monarchen. Dem man aber nicht aus Achtung gehorcht, dem gehorcht man noch weniger aus Liebe. Also können wir hier keinen andern Grund des Gehorsams ausfinden, als die Furcht. — Worauf gründet sich die Furcht? Diese gründet sich Nro. 1 auf die eigene Ohnmacht, Nro. 2 auf die Uebermacht des Herrschers und Nro. 3 auch darauf, weil man weiß, daß ein Monarch mit dem Leben seiner Unterthanen bei Gelegenheiten niemals schonend umgeht. — Denn einem Menschen, der mit nicht selten mehr als einer Million Mordwerkzeugen versehen ist, und für die Tödtung eines wie vieler Menschen Niemanden eine Rechenschaft schuldig ist, ist in keinem Falle über's Maß zu trauen; denn der Zorn eines Herrschers kann der Tod von vielen Tausenden sein. Wenn wir die Sache betrachten, wie sie ist, so streicht sich das immer mehr heraus, daß die Todesfurcht das Hauptmotiv des Gehorsams ist. — Nehmen wir aber an, in einem Staate wären lauter vollkommen wiedergeborne geistesgewekte Menschen, so hätte es mit der Furcht vor der Todesstrafe seine geweisten Wege, und der Herrscher müßte da ganz andere Maßregeln ergreifen, wenn er noch ein Volksleiter verbleiben wollte. — Worauf gründet sich aber die Todesfurcht bei den Menschen? — Ich sage euch: Auf lediglich nichts Anderes, als auf die Ungewißheit, ob nach dem Verluste dieses Lebens es noch ein anderes giebt. Wer von euch fürchtet sich wohl vor dem Schlafengehen, obschon der Schlaf nichts Anderes, als ein periodischer Tod des Leibes ist? — Warum fürchtet man sich vor dem Schlafe nicht? — Weil man die erfahrungsmäßige Sicherheit hat, daß man nach dem Schlafe wieder zu eben demselben, wenn schon gewisserart neuen Leben erwacht. Könnte man diese Erfahrung hinwegnehmen, so würde sich ein jeder Mensch vor dem Schlafe ebenso fürchten, wie vor dem Leibestode, wie es auch wirklich ähnliche Menschen auf der Erde giebt, die da glauben, sie haben ein ephemeres Leben, welches alle Tage vergeht, und am nächsten Tage stecke ganz Jemand Anderer in ihrer Haut, als am vorhergehenden. — Dieser Glaube ist so ein Zweig einer außerordentlich an die Seelenwanderung glaubenden Volksclasse in einem Theile Asiens, die da der Meinung ist, ihre Seele fahre von Tag zu Tag von einem Thiere zum andern, und wohne höchstens nur einen Tag in dem Leibe eines Menschen. Wenn sich des andern Tages eine andere Seele in demselben Menschen der Vergangenheit erinnert, so rühre das von der Einrichtung des Leibes her, durch die eine jede nachkommende Seele nothwendig in dasjenige Bewußtsein versetzt werden müsse, wie Solches von der Einrichtung des Leibes bewirkt werde. — Das ist also ihre Philosophie, der zufolge sich dann ein jeder Mensch ganz entsetzlich vor dem Schlafe fürchtet, indem er diesen für nichts Anderes ansieht, als für das Mittel nur, durch das die alte Seele aus dem Leibe hinausgeschafft wird, um einer andern Platz machen zu müssen. — Aus dem Grunde suchen sich diese Menschen auch so viel als möglich den Schlaf durch allerlei Mittel zu vertreiben; und dieses hat sehr viele Aehnlichkeit mit dem Sichfürchten vor dem Leibestode bei den gewöhnlichen Erdmenschen. — Würde der Mensch eines geweckten Geistes gewärtig sein, dem von einem Tode nie etwas träumen kann, so würde er sich um den Abfall des Leibes eben so wenig kümmern und denselben fürchten, als sich ein gewöhnlicher Mensch um den Schlaf kümmert und denselben fürchtet; denn des Geistes Erfahrung ist das ewige Leben, welches unmöglich zerstörbar ist, — so wie der Seele Erfahrung es ist, daß der eingeschlafene Leib des andern Tages sicher wieder erwacht, darum sie denn auch vor dem Schlafe keine Furcht hat. Die Furcht vor dem Tode, als vor einer möglichen Vernichtung des Daseins liegt demnach in der Seele so lange, als der Geist in ihr nicht erwacht, und in ihr sonach auch ein ganz anderes Bewußtsein erzeugt. — Also gehen wir nun mit dieser Vorkenntniß wieder in unsere erste Hölle; — in der ist die Seele nichts als ein Genuß- oder Freßpolyp, und das aus lauter stummer Selbstsucht und Selbstliebe aus dem Grunde, weil sie in der Nichtrealisirung ihrer Genußsucht die Vernichtungsmöglichkeit fortwährend vor Augen hat. — In der zweiten Hölle ist durch die starke Fastenbehandlung, wie uns bekannt, die begierliche Seele mehr und mehr eingeschrumpft, und dem mit ihr amalgamirten Geiste ist dadurch mehr Freiheit durch diese Absonderungsmethode geworden. In selten besserem Falle kehrt so mancher Geist hier um, kräftiget sich und erhebt dann seine Seele stets mehr und mehr. Im gewöhnlich schlimmen Falle erwacht der Geist zwar auch; da er aber in diesem Erwachen in solcher Vernachlässigung seiner Seele sich überaus gekränkt und beleidigt und auch mit vernachlässiget zu fühlen anfängt, so wird er zornig und läßt in diesem seinem Zorne stets mehr und mehr die Idee in sich aufkeimen, der zufolge ihm für solche Unbill von Seite der Gottheit eine kaum zu berechnende große Genugthuung zu Gute kommen sollte. — Allein je mehr der Geist mit dieser Idee groß wächst, desto stärker setzt er seine Rechnung an, und auch desto unzufriedener wird er mit jeder ihm vorgeschlagenen Maßgabe der ewigen Genugthuung. Aus dieser immer größeren Forderung, welche in der stets größeren Unzufriedenheit ihren Grund hat, geht dann der also stets mehr und mehr wach werdende Geist in ein sich rächenwollendes Selbstgenugthuungsgefühl über; — in diesem Gefühle wird er stets mehr zum vollkommeneren Verächter Gottes. — Er ersieht auch zugleich stets mehr und mehr seine Unzerstörbarkeit und stärkt sich mit der Idee, daß der Geist sich durch die Erhöhung seiner Begriffe und Forderungen in's Unendliche stärken kann; und aus diesem Gefühle erwächst dann auch sogar diese Idee, daß die Gottheit sich fürchte vor der stets wachsenden Macht solcher Geister, Sich darum verberge und diese Ihre mächtigen Feinde durch gewisse furchtsame und schwache Spitzelgeister heimlich beobachten lasse, was die mächtigen Geister thun. Sieht es bedenklich aus, so retirirt Sich die Gottheit dann wieder tiefer, und sucht Sich auf alle mögliche Weise vor einem zu mächtigen Angriffe solcher Kraftgeister zu verwahren. Durch diese Idee wird das übermächtige Selbstgefühl des Geistes immer stärker, das Rachegefühl gegen eine vermeintliche Verschmitztheit der Gottheit stets größer. Die Gottheit wird dann natürlich stets ohnmächtiger; der Geist geht dann in den allerförmlichsten Abscheu vor der Gottheit über, fängt Sie allerbitterst an zu verachten und zu hassen, und dabei aber sich selbst als ein Numen supremum anzusehen! Tritt dieser Fall ein, dann ist die dritte Hölle auch schon fertig. Wie diese so sich hervorbildet, müssen unsere Schüler Alles auf dem Wege der göttlichen schützenden Vorsehung ganz geheim mitbeobachten und dann in der untersten Hölle bis zum eigentlichen Grund des Lasters Alles auf dem Wege der Erfahrung erkennen lernen. Wie sich aber am Ende in dieser untersten und bösesten aller Höllen des eigentlichen Lasters Grund beurkundet, wird die Folge zeigen. —

## 282.
(Am 16. Novbr. 1843 von 4½—6 Uhr Abds.)

Es dürfte hier so Mancher sagen: Wie ist das wohl einzusehen und zu verstehen, daß irgend eine im höchsten Grade untergeordnete Lebenskraft aus der Sphäre ihres Bewußtseins sich gegen eine unendliche allervollkommenste Lebenspotenz auflehnen kann, von welcher sie, nämlich die untere Lebenspotenz, doch sicher irgend weiß und inne werden muß, daß sich ein Minimum der Lebenskraft gegen das Unendliche nimmer behaupten kann; und von einem Ueberwinden ist da ja doch ewig keine Rede!? Gut, sage ich: Solcher Einwurf klingt nicht übel; aber er rührt immer noch von einem bedeutenden Grade des Unverstandes her. Man könnte ihn wohl im außerordentlichen Falle approximativ nennen; — aber da es im reinen Geisterreiche keine Hypothesen und somit auch keine Approximationen giebt, sondern nur Wahrheiten, so kann er nicht einer völligen Beantwortung würdig sein. Denn eine geistige Antwort ist eine volle Wahrheit; — enthält aber ein Fragesatz diese nicht, so kann ihm auch keine Antwort werden. — Der Fragende wird zwar wohl eine Antwort bekommen; aber nie als direct auf seine Frage passend, sondern nur als eine indirecte Wahrheit. Also wird es auch hier sein; und wenn die Antwort da sein wird, wird sich der fragliche Einwurf von selbst aufheben. — Ob also eine untere, oder wie hier, höchst untergeordnete

Lebenspotenz sich auflehnen kann oder nicht, oder ob sie durch die unendliche völlig zerstörbar ist, sollen alsogleich einige kleine Beispiele zeigen. — Wie schwer ein ganzes Felsengebirg ist, braucht kaum eine nähere Bestimmung für Den, der nur einmal mit der Tragung einiger kleinen Steine zu thun gehabt hatte. Woraus besteht denn so ein kleines Felsengebirg? — Aus lauter atomistisch kleinen Partikeln, welche durch die wechselseitige Anziehungskraft fest aneinander kleben. Wenn wir unter das Gebirge hineingraben bis zur Stelle, auf der die höchste Gebirgskuppe, und zwar die schwerste ruht, und entdecken bei dieser Hineingrabung überall ganz wohlerhaltene und überaus feste Steinwände; aus diesen festen Steinwänden nehmen wir nur ein allerkleinstes Partikelchen, legen es auf eine Platte aus Stahl oder aus einem Steine, drücken dann einen Hammer nur ein wenig auf dieses Partikelchen, und es wird zerstäuben. — Frage: Wie möglich hat sich denn dieses Partikelchen gegen den Druck des Hammers nicht halten können, während es früher Jahrtausende hindurch einem so unberechenbar mächtigen Drucke einer ganzen Gebirgsschwere Widerstand zu leisten vermochte? — Man wird sagen: Unter dem Gebirge war es ein concreter Theil der ganzen Masse, und konnte somit mit Hilfe der anderen Theile dem allgemeinen Drucke widerstehen; — einzeln aber hatte es keine Nebenhilfe, und mußte daher schon einem geringen Drucke weichen. — Gut; hat aber dieser geringe Druck dieses Partikelchen völlig zerstört? Durchaus nicht, sondern nur zertheilt in noch viel kleinere Partikelchen. — Könnte man denn keinen solchen Druck irgend anbringen, um diese Partikelchen völlig zu vernichten? — Auch das ist weder durch den Druck, noch durch was immer für eine andere Kraftanwendung möglich; denn auf dem einen Wege kann es nur in die kleinsten Theile zertheilt, auf einem andern aber in ein einfaches und nachher noch weniger zerstörbares Element verwandelt werden. Also ruht auch die ganze Schwere der Erde auf ihrem kleinwinzigsten Mittelpunkte. Wie kann dieser wohl einer solchen von allen Seiten auf ihn einwirkenden Schwerkraft widerstehen? — Aus dem einfachen Grunde, weil nach der ewigen göttlichen Ordnung in der ganzen unendlichen Schöpfung nichts Vernichtbares vorhanden ist; und das Allerkleinste kann sich gegen das Allergrößte fortwährend behaupten, wenn nicht in einer, so doch wieder in einer andern Form. — Unterschieben wir aber nun diesen kleinen Theilchen ein vollkommenes Bewußtsein, dem zu Folge sie inne sind, daß sie ewig unvernichtbar da sind; frage hier: Welche Kraft kann sie da bändigen, und welche vollkommen besiegen? Oder verliert darum ein ganzes Gebirge etwas, wenn sein Minimum der Unterlage unzerstörbar ist? — Sicher nicht; denn wäre ein Atom zerstörbar, müßten es auch die andern sein; und auf diese Weise wäre es auch mit dem ganzen großen Gebirge geschehen. — Derselbe Fall wäre es mit der Erde; und mit Gott Selbst würde es am Ende nicht besser gehen, wenn in Seiner ganzen Unendlichkeit irgend etwas Vernichtbares vorhanden wäre. — Also ist das die feste, ewige göttliche Ordnung, daß da das Allerkleinste neben dem Allergrößten bestehen kann. Wenn aber demnach die kleinste Lebenspotenz in ihrer geistigen Sphäre sich als untödtbar und somit unvernichtbar erkennt, so hat sie auch keine Furcht mehr vor der allerhöchsten Lebenspotenz; und dieses Bewußtsein erhebt dann die unterste Lebenspotenz zu einem Herrschergefühle, in welchem sie also spricht: Ich bin der obersten Lebenspotenz, die Sich als die Gottheit ansieht, so nothwendig und unentbehrlich zu ihrem Dasein, daß Sie ohne mich nicht bestehen kann. — Wenn wir mehrere, ja zahllos viele untere Potenzen uns in Eins vereinen, so können wir vom Centrum aus wirken, und die vermeintliche oberste Potenz zu der untersten machen; und diese kann uns dann eben so gut anbeten, wie Sie Solches nun von uns verlangt. Wie man möglicher Weise einer Welt Innerstes nach Außen kehren kann, also kann es auch mit uns Lebenskräften der Fall sein. Vereinen wir untere Potenzen uns und legen nach Außen einen Sturm, und die Gottheit liegt als untere Lebenspotenz zu unseren Füßen. — Sehet, das ist die rein höllische Philosophie, und das ist zugleich der eigentliche Grund alles Lasters, und sein Name ist Herrschsucht! — Und mit diesem Begriffe haben wir nun auch das ganze Wesen der untersten Hölle kennen gelernt, und dieses Wesen entspricht der äußeren Erscheinlichkeit eines Weltkörpers. — Auf der Oberfläche ist der erste Grad der Hölle in der polypenartigen Genußsucht deutlich zu erkennen; denn da ist Alles ein Fresser, was ihr nur ansehet. In der mehr inneren Rinde der Erde beurkundet sich das Fasten und Magerwerden; es ist nirgends eine Vegetation. Wie im starren und rachebrütenden Tode liegt Alles dahin; höchstens hier und da zeigen sich Feuerquellen und andere heiße Wasserquellen als entsprechende Bilder des schon überall durchblickenden Zornes der Geister dieser Hölle. Gehen wir in das Inwendige der Erde, da entdecken wir nichts als ein fortwährendes allermächtigstes Durcheinandergedränge. Ein Feuer weckt und erstickt das andere; jeder Wassertropfen, der da hinein gelangt, wird alsobald in den glühenden Dampf verwandelt. Je mehr aber hier agirt wird, desto größer stellt sich allzeit die Reaction über der Oberfläche der Erde dar, und dämpfet allzeit mit der größten Leichtigkeit alle die inneren Reactionen; — und so ist es von dem Herrn weisest eingeleitet, daß Ihm alle diese Höllen trotz ihres allerentsetzlichsten Widerwillens zur ewigen Erhaltung der Dinge dienen müssen; und dieser Dienstmuß, welcher diesen höllischen Geistern wohlbekannt ist, ist dann ihre größte Qual, weil sie da sehen, wie all' ihre Action trotz ihres Widerwillens im Allgemeinen der göttlichen Ordnung auf ein Haar entsprechen muß. — — Das ist aber auch zugleich die unendliche Liebe und Weisheit des Herrn, und auf diesem alleinigen Wege ist es möglich, diesen allerärgsten Wesen Schranken in ihrer herrschsüchtigen Handlungsweise zu setzen; denn so sie sehen, daß Sich der Herr ihre bösesten Unternehmungen allzeit vollkommen zu Gute machen kann, da werden sie erboßt und thun gar nichts mehr, — bis sie wieder einen neuen Plan gefaßt haben, um ihn gegen den Herrn in Ausführung zu bringen, welchen der Herr natürlich auch wieder so, wie die früheren, zu benützen weiß. — Das ist demnach die Action und das Wesen der untersten Hölle, theoretisch betrachtet. — Wie sich aber alles Dieses in der Erscheinlichkeit kundgiebt, wollen wir in der Folge einige Betrachtungen machen, und das zwar durch alle drei Höllen hindurch! —

## 283.
(Am 17. Novbr. 1843 von 4¾—6 Uhr Abds.)

Wie es erscheinlich in der ersten Hölle aussieht, habt ihr schon im Verlaufe der Mittheilungen aus der Sonne einmal gesehen, wie auch die Eingänge verschiedenartig in die erste Hölle. — Nur muß ich das Wenige noch beisetzen, daß derjenige Eifer eben derjenigen höllischen Geister, die ihr in der ersten Hölle geschaut habt, vorzugsweise nur ein Genuß- oder wie ihr zu sagen pflegt, ein Freß-Eifer ist. — Es gleicht dieser Zustand demjenigen auf der Erde, in welchem allda die Menschen auch alles Mögliche ergreifen, um, wie ihr zu sagen pflegt, zu einem Brode zu gelangen. Die Einen errichten verschiedenartige Gewerbe, die Andern haschen nach Beamtenstellen, wieder Andere nach irgend einer guten Heirath; aber das Alles thun sie nicht irgend des Guten wegen, sondern rein nur i h r e r selbst und des Brodes wegen. Sie kümmern sich in diesem Zustande gar wenig um irgend eine Herrlichkeit, sondern es liegt ihnen Alles daran, eine gewisse Versorgung zu bekommen. Nach himmlischer Art sorgt man sich um gar nichts, außer allein um die Liebe und die Erkenntniß Gottes; für alles Andere sorgt der Herr! — Nach der höllischen Art aber sorgt man sich gerade umgekehrt; man will eine sichere Freßversorgung haben und denkt sich im besten Falle: Wenn ich erst für alle äußeren Bedürfnisse gedeckt bin, so will ich dann erst sehen, ob der Geist mit dieser Versorgung nicht mitzufrieden ist. Wenn aber dann Jemand eine äußere Versorgung erlangt, welche gewöhnlich mit irgend einer kleinen Herrlichkeit verbunden ist, so geht der Versorgte bald in einen seiner Herrlichkeit entsprechenden Hochmuth über, den er durch einen gewissen Glanz stets mehr und mehr aufzurichten bemüht ist; aus welchem Grunde denn auch junge Beamte, wie auch angetretene Gewerbsleute, versteht sich ein Jeder in seiner Sphäre, sich stets mehr und mehr aufzublähen anfangen, und gar bald nicht mehr wissen, wie sie sitzen, stehen, gehen, sehen, hören und reden sollen, damit man ihnen sogleich auf den ersten Augenblick anerkennt und gewisserart anerkennen soll und von der Nase herunterlese, in was für einer Herrlichkeit sie stecken und was für ein vielsagendes Amt sie bekleiden. — Wenn solche Menschen auf diese Weise versorgt sind, da sollten sie sich um nichts mehr sorgen; denn sie haben ja ihr bestimmtes Einkommen und Brod erhalten, und sollten jetzt auch für das Geistige zu sorgen anfangen. — Aber ganz umgekehrt! — Jetzt ist mit der Versorgung das Glanz- und Herrschbedürfniß eingetreten; darum sorgen sie jetzt mehr als je dafür, um nur höher und höher zu steigen, wie die Gewerbsleute, um nur reicher und reicher zu werden. In dieser Lage werden sie voll Neid und inneren Hasses gegen Diejenigen, die ihnen irgend im Wege stehen. — Die Nächstenliebe geht bei ihnen so weit, daß so mancher Unterbeamte nichts sehnlicher wünscht, als den Tod seines ihm vorgesetzten höheren Beamten, um bei solcher Gelegenheit dann die Stelle des Höheren einzunehmen; — und der Gewerbsmann wünscht nichts sehnlicher, als Fallimente seiner Collegen, damit er dann allein alles Geschäft an sich reißen könnte. — Seine Nächstenliebe geht so weit, daß er alle seine Geschäftsgenossen mit einem Tropfen Wasser umbringen möchte, wenn Solches nur irgend möglich wäre. Er unternimmt auch alles Erdenkliche, um, wo und wie nur immer möglich, seinen Nebengeschäftsmann zu ruiniren. — Wenn ihr dieses weltliche Benehmen nur ein wenig klar durchbeleuchtet, so habt ihr schon die erste Hölle vollkommen in dem Freßbestreben, und wie diese in die zweite Hölle übergeht, in dem Haß, Zorn, Neid und Herrschbestreben auf ein Haar genau getroffen vor euch. Ihr braucht hier nichts, als die äußeren sittlichen und bürgerlichen Staatsgesetze hinweg zu streifen, und die erste, wie die zweite Hölle ist buchstäblich und bildlich vor euch. — Was sich auf der Welt unter dem Deckmantel der sittlichen und bürgerlichen Gesetze noch immer in einer gewissen Decenz ausnimmt, das tritt bei Hinwegnahme der sittlichen und bürgerlichen Gesetze sogleich als Raub, Krieg und Mordbrennerei auf. — Da habt ihr dann das **vollkommene Bild der ersten Hölle**; und wollt ihr das Bild der zweiten Hölle, so thut dasselbe, und ihr werdet sogleich allenthalben eine geheime Verschmitztheit zu entdecken anfangen, und allenthalben werdet ihr nirgends zwei Menschen oder Geister sich gegenüberstehend entdecken, die nicht gegenseitige Todtfeinde wären. Begegnen sie sich auch äußerlich freundlichst und voll Höflichkeit, wie auch voll anscheinender gegenseitiger Liebe, so ist aber alle diese Liebe dennoch nichts Anderes, als purer Haß; — denn das ist Politik, um den Gegner zum Frieden zu stimmen, ihn auf die feinste Art zu entwaffnen, um ihn dann desto sicherer ohne Widerstand überfallen zu können, und bis in den Grund und Boden zu verderben. Betrachtet ihr auf eurer Erde die sogenannten Kriecher und Speichellecker; das sind gewöhnlich die größten Todfeinde Derjenigen, vor denen sie kriechen, und erheben sie aus demselben Grunde, wie ein Geier eine Schildkröte, um sie, wenn er mit ihr die rechte Höhe erlangt hat, auf das Allerschmählichste fallen zu lassen, um durch ihren Fall noch mehr zu gewinnen. — Seht, das ist wieder buchstäblich und bildlich die rein höllische Liebe des zweiten Grades; daher in dieser Hölle dann schon auch allerlei Trugkünste gehandhabt werden, um durch sie sich gegenseitig zu fangen und zu verderben, in der tollsten Meinung, durch den Fall Anderer stets mehr und mehr auf jede mögliche Weise zu gewinnen. — Auf diese Weise lernen auch unsere Schüler die Höllen zuerst theoretisch und dann practisch erscheinlich durch und durch kennen. — Und so hätten auch wir in möglichst gründlicher Kürze die ersten zwei Höllen erscheinlich beschaut. Wer diese Darstellung nur ein wenig nachdenkend beachtet, der hat Alles sonnenklar vor sich. Was aber die Erscheinlichkeit der dritten Hölle betrifft, so wollen wir derselben eine eigene Betrachtung widmen; denn diese muß **am meisten erkannt** sein, weil sie der **Grund alles Lasters** ist. —

### 284.

(Am 18. Novbr. 1843, von 4¼—5¾ Uhr Abds.)

Ihr werdet euch denken, noch mehr aber so mancher Andere, so er bei dieser Mittheilung gegenwärtig wäre: Es ist wohl recht löblich und auch moralisch nützlich, dergleichen Eröffnungen zu vernehmen, durch welche gewisserart bildlich das Grundböse dargestellt wird; aber es giebt nun bereits eine halbe Legion Beschreibungen der Hölle auf Erden. Sie scheinen alle ähnlichen Ursprungs zu sein; aber wie verschieden sind sie von einander! — Bei dem Einen ist die Hölle ein feuriger Schwefelpfuhl, bei den Andern ein nagender Glühwurm; wieder bei Andern ein wüthend Feuer, eine ewige Finsterniß, ein ewiger Tod. Bei Einigen werden die Verdammten gepeiniget, gesotten und gebraten, bei den Anderen sind sie die allerbarsten Freiherren. Einige wieder erblicken in der Hölle nichts als eine entsetzliche Kälte; Andere wieder den glühendsten Zornelser. Einige erblicken darin elendste, verkrüppeltste und ausgehungertste Menschengestalten, Andere wieder ein Aggregat von den sonderbarsten scheußlichsten Gestalten, die je nur irgend einer menschlichen Phantasie entstammen können. — Und so hat man unter dem Begriffe der Hölle einen wahrhaftigen Proteus vor sich, den man unter gar keiner Gestalt festhalten kann. Wird demnach hier auch eine den menschlichen reinen Begriffen vollkommen zusagende und für diese Zeit wohlbegreifliche Darstellung der Hölle gegeben; wer aber bürgt dafür, daß diese Darstellung mit der Zeit nicht wieder durch eine andere verdrängt wird? — Denn nichts existirt so vielfach unter allerlei Gestalten unter den Menschen, als eben dieser Schreckensort unter dem Begriffe „die Hölle". — Gut, sage ich euch, meine lieben Freunde! Euer bedenklicher Einwurf hat seinen guten Grund; denn er stützt sich vollkommen auf die Realität Dessen, was davon da ist, nämlich von dem Begriffe der Hölle. — Darum aber will und muß auch ich euch hier die Hölle in einem solchen allgemeinen Lichte zeigen, in welchem Lichte jede mögliche Darstellung derselben, die bis jetzt irgendwo auf der Erde gäng und gebe ist, ihre vollkommene Rechtfertigung finden soll. Wenn man die Hölle nur der Aeußerlichkeit nach oberflächlich betrachtet, so ist es höchst begreiflich, warum sie als ein wahrer Proteus in stets anderer Erscheinlichkeit auftritt; aber ganz anders verhält es sich mit der Sache dann, wenn man sie vollkommen aus ihrem Grunde betrachtet. — Damit ihr aber Solches vollkommen klar einsehet, wollen wir durch kleine Beispiele eben diese sehr verfängliche Sache also beleuchten, daß sie vor Jedermanns Augen unter der Beleuchtung der Sonne dastehen soll. — Nehmen wir an, in einem Staate giebt es sicher gar viele Tausende von Menschen; alle diese Menschen, — Kretins, Trottel und unmündige Kinder ausgenommen, — machen sich allerlei bunte Begriffe von der geheimen Staatspolitik. Wer solche näher kennen will, darf nur mit verschiedenen Menschen sich darüber in ein Gespräch einlassen. Die Einen sehen nichts als Krieg vor sich, die Anderen nichts als geheime Verräthereien; wieder Andere geheime Volksbetrügerei, Andere wieder lauter Klugheit. Einige schreien laut über Ungerechtigkeit; Andere können wieder keine genug lobhudlerischen Worte finden, um die Verfassung, die geheime staatskluge Politik über den grünen Klee hinaus zu loben. — Das wären aber noch lauter nüchterne Ansichten des gebildeteren Theiles im Volke über die geheim-politische Staatsverwaltung. Wer aber davon Lächerlichkeiten über Lächerlichkeiten vernehmen will, der begebe sich in sehr finstere Dorfstuben so mancher Landbauern, und er darf überzeugt sein, daß er in solchen Cabinetten Alles vernehmen wird, was immer nur eine ungebildete, rohe menschliche Phantasie hervorzubringen im Stande ist, z. B. daß der Kaiser die Absicht habe, eine Stadt vergiften zu lassen, daß er in einem Lande will die Pest dem Volke einimpfen lassen, oder daß er mit einem fremden Monarchen einen Bund geschlossen habe, irgend ein Landvolk mit Schwert in einer Nacht umzubringen, und die Güter der umgebrachten Unterthanen also gewaltthätigst an sich zu reißen; — anderer Albernheiten nicht zu gedenken, wo der Monarch bei irgend einer Gelegenheit entweder seine eigene Seele, oder die Seelen irgend seiner Unterthanen zur Gewinnung eines großen irdischen Vortheils dem Teufel leibhaftig verschrieben habe! — Daß das Alles sich richtig also verhält, braucht keines näheren Beweises, indem es einem Jeden freisteht, sich davon tagtäglich hundertmal statt einmal überzeugen zu können. — Daß sich also die Sache so verhält, unterliegt keinem Zweifel; frage aber: Wer aus all' diesen tausend und tausend politischen Begriffsaufstellern hat denn den rechten Begriff, den rechten Grund der geheimen Staatsverwaltung aufgestellt? Im Grunde gar Keiner; aber dessenungeachtet hält ein Jeder mit geheimnißvoll weise thuender Miene den seinen für den richtigsten. — Wie aber ist das möglich, über Etwas begründete Begriffe aufzustellen, davon man selbst keinen Begriff hat? — Sehet, der Grund davon liegt zum Theil in der äußeren Erscheinlichkeit, wie in der Individualität Dessen, der die Erscheinlichkeit betrachtet. Je weniger inneren geweckten Grund der Betrachtende hat, desto irrsinnigere Begriffe combinirt er sich von der Erscheinlichkeit; — und sehet, gerade also verhält es sich bis jetzt mit dem Begriffe der Hölle. Nur äußerst wenigen Sehern ward es gegönnt, in den Grund dieses Ortes einen Scharfblick zu thun; aber sehr Vielen ward es gestattet, eines oder das andere Erscheinliche dieses Ortes zu erblicken, — und so hat die Darstellung des Erscheinlichen durch ihre voluminöse Masse stets den wahren Grund überboten. Aus diesem Grunde hat sich dann die Hölle unter so mannigfachen Gestalten vervielfacht; und Niemand wußte und weiß es bis jetzt vollkommen, wie er mit diesem Orte daran ist. — Frage aber weiter: Wer im Staate könnte denn wohl von der geheimen Staatsverfassung den richtigsten Grundbegriff aufstellen? — Sicher Niemand, als eben der kluge Monarch selbst. — Wenn sich die Sache unwiderlegbar also verhält, da wird diese Frage auch für das düstere jenseitige Verhältniß passen; und die Antwort darauf wird keine andere sein, als daß nur Derjenige über diesen Ort den allerrichtigsten und allgemein geltenden Grundbegriff aufstellen kann, Der da ein Herr ist, wie über alle Himmel, so auch über alle Höllen! — Wie aber Jemand, der in den Grund der geheimen Staatsverwaltung eingeweiht ist, mit leichter Mühe den Grund von allen den im Volke curstrenden Begriffen erschauen wird, also wird auch Derjenige, der den wahren Grund dieses Ortes unter dem Begriffe der Hölle vom Herrn aus kennt, den Grund aller albernen Begriffe darüber einsehen. Ein jeder Mensch trägt nach seiner Individualität den Himmel, wie die Hölle in sich. — Wird er nun durch einen gewissen Zustand seiner eigenen Individualität ansichtig, so wird er dadurch nur seiner eigenen unausgebildeten Hölle oder seines höchst unvollkommenen Himmels ansichtig. — Auf diesem Wege können dann zahllosfache verschieden aussehende Höllen entstehen. — Ist aber das hernach schon als Grund anzunehmen? — Sicher so wenig, als wenn Einer, der am seichten

Ufer mit einem Spazierstäbchen das Meer mißt, wo es höchstens einen halben Schuh tief ist, dann im Ernste auftreten und fest behaupten möchte, das Meer sei nur einen halben Schuh tief; denn er selbst hat es gemessen. Ebenso gilt es auch hier von der Behauptung aller Seher, die da sagen: Ich habe die Hölle in diesem und jenem Zustande also gesehen. — Wie wenig aber Jemand das seichte Ufer, das wohl auch zum Meere gehört, als den eigentlichen Hauptgrund des Meeres ansehen kann, eben so wenig kann auch eine solche geschaute Erscheinlichkeit der Hölle als der wahre Grund angenommen werden. — Wie sich aber hernach der eigentliche Grund finden und gründlichst beschauen läßt, wird die Folge zeigen. —

### 285.
(Am 20. Novbr. 1843, von 4³/₄—5³/₄ Uhr Abds.)

Wenn man aber diesen Hauptgrund der Hölle gründlich erschauen will, so muß man ihn zuerst dort erschauen, wo das jeweilige Licht des Auges für die Eindrücke empfänglich ist, und von diesem Gesichtspunkte dann mittelst geistiger Wendung auch auf das Geistige entsprechender Maßen folgerecht schließen. — Will man aber Das, so muß man zum Voraus als unabänderlich bestimmt annehmen und einsehen, daß die Lebensverhältnisse und die Aeußerungen desselben unter einem und ebendemselben ewig unveränderlichen Herrn stets die einen und dieselben sind; mit anderen Worten gesagt: **Der Mensch lebt im Geiste genau auf ein Haar genommen eben also fort, wie er mit seinem Leibesleben, welches nur ein Mit- oder Mittelleben ist, hier auf der Erde lebt.** — Man wird hier sagen: Das klingt sonderbar. Damit scheint es nicht seine völlige Richtigkeit zu haben; denn das geistige Leben muß doch sicher etwas Anderes sein und unter ganz anderen Verhältnissen gedacht werden, als das naturmäßige Leben. — Ich aber sage: Wer also spricht, der hat sicher noch keine Ahnung von Dem, wie er naturmäßig lebt. Frage: Lebt denn bei Leibesleben der Leib oder der Geist? — Was ist das Princip des Lebens? Ist es der Leib oder der Geist? — Ich meine, der nur etwas klarer zu denken vermag, wird doch nicht die Principien des Lebens im Leibe, sondern nur allein im Geiste suchen; denn wären die Lebensprincipien im Leibe, so wäre der Leib unsterblich. Der Leib aber ist sterblich, somit kann er auch nicht die Grundfesten des Lebens in sich haben, sondern nur der Geist, der unsterblich ist. Das Leben des Leibes ist daher nur ein durch das des Geistes bedingtes; der ganze Leib verhält sich passiv und völlig negativ zum Geiste. Daher ist sein Leben auch nur ein erregtes **Mitleben**; gerade also, wie irgend ein Werkzeug auch in der Hand eines Handwerkers passiv wirkend mitlebt, so lang es der Handwerker in seiner lebendigen Hand dirigirt; — läßt er es aber fallen, oder legt er es zur Seite, dann hat es mit dem Mitleben des Werkzeuges und mit seiner effectiven Thätigkeit ein Ende. Wer wird wohl so toll und dumm sein und etwa den Satz aufstellen wollen: Der Handwerker muß sich nach den Verhältnissen des Werkzeuges richten, statt das ganz Klare einzusehen, daß nur der Handwerker sich brauchbare Werkzeuge nach seinem Bedürfnisse als nach seinem Verhältnisse verfertiget. — Wenn also der Werkmeister die Verhältnisse des Werkzeuges nach seinem Verhältnisse bestimmt, so wird es etwa doch auch klar sein, daß die Verhältnisse des mitlebenden Leibes von denen des lebendigen Geistes abhängen, aber nicht umgekehrt. — Und so lebt der Geist allzeit nur ganz allein aus seinen eigenen Lebensprincipien und in seinen allzeit eigenen Lebensverhältnissen, an denen der Leib so wenig zu ändern vermag, als das todte Werkzeug an den Verhältnissen des Handwerkers. Wenn aber Jemand einem Handwerker zusieht, wie er sein Werkzeug gebraucht, und hat die Einsicht in den Plan, was der Handwerker mit dem Werkzeuge hervorbringen will, kann Der wohl nur einigermaßen vernünftiger Weise behaupten und sagen: Es muß am Ende durch den Gebrauch des Werkzeuges doch etwas ganz Anderes zum Vorschein kommen, und müssen sich ganz andere Verhältnisse mit dem Producte entwickeln, als welche in der klaren Absicht des Werkmeisters laut des vorliegenden Planes liegen? — Wäre das nicht eine unsinnige Behauptung? — Ganz sicher; denn was da in die offenbare Erscheinlichkeit tritt, ist doch sicher der Effect des lebenden Werkmeisters, nicht aber des Werkzeuges. — Also ist auch das Lebensverhältniß des Geistes stetig, ob im oder ohne Gebrauch des werkzeuglichen Leibes. — Und wer demnach die Hölle hier gründlich beschauen will, der beschaue sie hier unter demselben Verhältnisse im Leibesleben, wie einst im absoluten geistigen; denn die Hölle ist auf der Welt eben so genau von Zug zu Zug gegenwärtig, wie sie im absoluten geistigen Zustande sich beurkundet. — Nichts mehr und nichts weniger giebt es weder hier, noch dort; und also in diesem Bilde werden wir sie auch am klarsten und am effectvollsten beschauen. — — Um aber das eigentliche Bild der Hölle für Jedermann auf dieser Welt noch klarer und anschaulicher zu machen, wollen wir zum Voraus noch den sehr kleinen Unterschied zwischen dem naturmäßigen und geistig absoluten Lebensverhältnisse der Menschheit darthun, und das, so viel möglich, auf eine handgreifliche Weise. — Stellt euch einen Schreiner vor. Dieser hat einen Kasten zu verfertigen; zu dessen Verfertigung bedarf er mehrere euch bekannter Werkzeuge. Er arbeitet fleißig darauf, und wird in etlichen Tagen mit seinem Kasten fertig. Zum Fertigwerden des Kastens war besonders sein Trieb, der ihn zum Fleiße anspornte, der Grund. Warum war er denn fleißig und gehorchte seinem innern Triebe? — Weil er des Nutzens wegen den Kasten sobald als nur immer möglich hatte fertig machen wollen. Frage aber weiter: Woher rührt denn dieser Trieb; was ist sein Grund? — Dieser Trieb rührt von der schöpferischen Fähigkeit des Geistes her. Wie denn? — Weil der Geist diese Eigenschaft in sich hat, Dasjenige, was er in seiner Idee geschaffen hat, auch sogleich objectiv zu realisiren. Im absolut geistigen Zustande kann er Das; denn was er denkt, ist auch da. Aber in Verbindung mit seinem ihn hemmenden Leibe kann er das mit der äußeren Materie nicht; daher muß er seinen Leib als das Werkzeug nur zur successiven Thätigkeit antreiben, um auf diese Weise dann seine Idee nach und nach zu realisiren; und diese Einrichtung ist vom Herrn aus darum also getroffen, damit der Geist sich in diesem Leben vor Allem und bei jeder möglichen Gelegenheit in der allernothwendigsten Eigenschaft alles Lebens fortwährend übe, welche Eigenschaft, als die

Mutter der Demuth, die göttliche Geduld heißt. Denn das muß ein jeder nur ein wenig reif Denkende einsehen, daß die Geduld für's ewige Leben um so nothwendiger ist, indem dieses Leben kein Ende hat, da sie schon für das naturmäßige Leben der Grund von allen guten und großen Effecten ist, während dieses Leben nur ein vergängliches ist. Könnte unser Schreiner seinen Kasten sogleich erschaffen, wie er ihn in seiner Idee sich vorgestellt hat, so wäre ihm das sicher lieber; aber wo bliebe da die über Alles wichtige Uebung für die Geduld, und wo die wechselseitige äußere naturmäßige Sicherheit, wenn in dieser materiellen Welt dem noch an seinen Leib gebundenen Geiste seine ursprüngliche schöpferische Eigenschaft unbeschränkt zu Gebote stände? — Nach der Ablegung dieses Leibes bekommt zwar ein jeder Geist diese Eigenschaft wieder; der Gute allein nur reell effectiv, der Böse phantastisch und chimärisch; denn wie sein Grund, so seine Wirkung. — Nun sehet, in diesem vorgeführten Beispiele ist der Unterschied zwischen dem naturmäßigen und absolut geistigen Leben handgreiflich dargethan, welcher kurz gesagt darin besteht, daß der Geist im naturmäßigen Leben seine Ideen nur langsam und nie ganz vollkommen zu realisiren im Stande ist, weil ihn daran seine grobe Materialität hindert, mit der er umkleidet ist, während er im absoluten Zustande seine Idee plötzlich realisirt haben will. Der Wille ist immer derselbe, die Idee ebenfalls, nur die Ausführung ist beschränkt im naturmäßigen Leben; und so ist diese Beschränkung der einzige Unterschied zwischen den beiden Leben, und sonst ist gar kein Unterschied vorhanden. — Daß dieser Unterschied in der Materie haftet, braucht kaum erwähnt zu werden. — Da wir nun Solches sicher handgreiflich und sonnenklar kennen, so wollen wir sogleich so ganz eigentliche Bilder der Fundamentalhölle anführen. —

## 286.
### (Am 21. November 1843 von 4—5½ Uhr Abds.)

Nr. 1 stellet euch einen reichen Speculanten vor. Beschauet recht diesen ewigen Nimmersatt; was ist seine Liebe, und was sein Wollen? — Nichts Anderes, als sich auf jede mögliche nur einigermaßen bürgerlich gesetzlich erlaubte Art der Habseligkeiten eines ganzen Landes, endlich eines ganzen Reiches zu verschaffen, und ist ihm das gelungen, auch mehrerer Reiche, wo nicht der ganzen Erdoberfläche zu bemächtigen. Es gelingt ihm freilich wohl solcher Plan nicht so ganz und gar, und er wird seine Idee schwerlich gänzlich realisiren; dabei aber geht sie in ihm doch nicht zu Grunde, und wird heimlich also lauten: Hätte ich nur eine Kriegsmacht von wenigstens ein paar Millionen unbesiegbarer Krieger, so holete ich mir alles Gold und alles Silber, alle Edelsteine und alle Perlen von der ganzen Welt auf einen Haufen zusammen. — Mancher hat auch solchen Wunsch: Wenn doch über ein ganzes Land eine solche Pest käme, welche bis auf mich alle Menschen in's Gras beißen machen möchte, so bliebe ich auch der natürlichste Universalerbe des ganzen Landes; und wenn dann Menschen von irgend einem andern Lande hereinkämen und möchten mir meine Universalerbschaft streitig machen, da sollte sie gleich an der Grenze wieder die Pest packen und sie erwürgen! —

Sehet, das ist so ein Bild der Fundamentalhölle, das ihr tagtäglich unter den Menschen finden könnet, und das bei allen Classen, vom gemeinsten Krämer angefangen bis zum größten Großspeculanten. — Was hindert diese daran, daß sie solche löbliche Ideen nicht realisiren können? Nichts, als die fatale Materie. — Nehmen wir nun diese hinweg, und betrachten darauf mit denselben Eigenschaften den absoluten Geist, und wir haben die Fundamentalhölle in optima forma vor uns. — Nr. 2. Da steht ein geringer Offizier vor uns; was für ein Hauptgedanke wohnt in seiner Brust? Etwa der, dem Staate nützliche Dienste zu leisten? O nein; das ist der letzte. — Avanciren, das ist der Hauptgedanke; wenn es möglich wäre, alle Stunde eine Stufe höher zu klimmen, in einem Jahre wenigstens ein General zu werden, und als Solcher selbst wieder so bald als möglich in die höheren Rangstufen überzugehen. Hat er auch, setzen wir den Fall, die höchste Stufe erreicht, so wird sein Plan, oder wenigstens sein Hauptgedanke sich darin aussprechen: Nur hinaus mit ungeheueren Kriegsschaaren zur Besiegung aller Völker, und sind diese besiegt und habe ich die Macht in meinen Händen, dann müssen alle Kaiser, Könige und Fürsten vor meinem Schwerte zittern! — Wer hier die Herrschsucht in unserem Offiziere vermißt, der muß mit siebenfacher Blindheit geschlagen sein. Was ist hier wieder der Unterschied, daß Solches unser Offizier nicht zu realisiren vermag? Wie oben, die materiellen, naturmäßigen, beschränkenden Verhältnisse. Die Materie klopft unserem Helden auf die Finger, und er muß sich nolens volens seine geringe Offiziersstelle gefallen lassen; dafür aber schimpft er nicht selten ganz ausgezeichnet, und sucht seine Herrschlust seinen Untergebenen so fühlbar als möglich zu machen. Das geringste Verschulden von Seite eines Untergebenen wird mit tyrannischer Unbarmherzigkeit geahndet. — Nehmt ihr bei diesem Offiziere die materiellen Hindernisse hinweg, und ihr habt schon wieder ein zweites vollkommenes Bild der Fundamentalhölle in einer non plus ultra-Form vor euch. — Auch dieses Bild könnt ihr tagtäglich vielfach vor euch finden, besonders in derjenigen Menschenclasse, welche berechtigt ist, einen Degen zu tragen; wie auch bei derjenigen Menschenclasse, die das Privilegium hat, ein sogenanntes adeliges Wappenzerrbild von ihrem wenig sagenden Namen zu führen. — Ueberall werdet ihr da die **Herrschlust** finden, und das im gediegensten Zustande; und das ist ja eben der Grund der **untersten aller Höllen**, welcher unersättlich ist und seine Herrschlust und Gier bis in's Unendliche ausgedehnt haben will. — In der Folge der Bilder mehr! —

### 287.

(Am 24. November 1843, von 4—6 Uhr Abds.)

Nr. 3. Betrachten wir so einen recht ausgepichten Buhler, wie auch ingleichen eine ähnliche Buhldirne. Was ist der ununterbrochene Sinn eines solchen Fleischlings? Nichts, als wenn es möglich wäre und die Natur es gestattete, mit all' den allerschönsten und üppigsten Mädchen ohne Unterlaß zu buhlen, und das auf jede erdenkliche Weise. Wo immer das Auge eines Solchen ein nur einigermaßen annehmbares weib-

liches Wesen trifft, da kann ein Jeder auf den ersten Augenblick aus seinen
Augen lesen, und er wird keine andere Sylbe darin finden, als daß dieser
Buhler das angeschaute weibliche Wesen, wo es ihm vorkam und ihm
begegnete, auf der Stelle für seine Lust gebrauchen möchte, ohne im geringsten darauf Rücksicht zu nehmen, zu welchem Zwecke der Zeugungsact
von Gott eingesetzt und geschaffen ward. — Wenn nicht bürgerliche
Sittengesetze ihn daran hinderten, so wäre auch kein weibliches Wesen
selbst auf dem alleröffentlichsten Platze sicher vor seiner Gier. Doch das
schadet der Sache im Grunde nicht und gestaltet sie nicht anders; denn
unser Fleischheld hat in seiner Begierde dennoch gebockt mit seinem ihm
angenehmen Gegenstande. — Nehmen wir aber an, solch' ein sinnlicher
Mensch hat ein hinreichendes Vermögen, und kann sich dadurch alle die
Genüsse, darnach sein Sinn dürstet, mit weniger Ausnahme verschaffen;
was thut er? — Nichts, als ganze Länder bereisen, um sich in diesen
verschiedene extrafeine Genüsse zu verschaffen; denn in seinem Orte schmeckt
ihm nichts mehr, weil er für's Erste schon Alles abgenossen hat, und
für's Zweite, weil er so Manches doch trotz seines großen Vermögens
nicht erreichen kann, worauf er so zu sagen noch irgend eine Passion
hätte. — Wenn unser Fleischheld Alles so durch und durch genossen hat,
und seine Natur ihm ganz gewaltig den schnöden Dienst zu versagen
anfängt, da greift er zu künstlichen Mitteln, um dadurch seine abgestumpfte
Natur wieder neu zu beleben. — Dergleichen Mittel werden zuerst aus
der Apotheke genommen; fruchten diese nicht mehr, dann wird einem
solchen bis auf den letzten Tropfen abgelebten Fleischhelden ein gewisser
schandvoller Beischlaf von gesunden Knaben und Jünglingen verordnet.
— Dadurch wird seiner Natur ebenfalls wieder etwas aufgeholfen; denn
die hochgelehrten Aerzte wissen Solches ja, daß die Ausdünstung der
männlichen Jugend am allerstärkendsten auf einen decrepiden und gänzlich
ausgelebten Fleischbock einwirkt. — Auf diese Weise wird dann unser
Fleischheld auch ein Knabenschänder. Seine Natur kehrt sich ganz um;
er bekommt einen förmlichen Ekel vor dem Fleische der Weiber, und
sucht dann nur sich mit dem stärkenden Fleische der männlichen Jugend
zu befriedigen. Und hat er sich auch bei dieser Art einen Ekel über den
buhlerischen Fleischgenuß bereitet und sich die gänzliche Unfähigkeit zugezogen, so wird er dann zornig über eine solche Einrichtung der Natur,
die ihm keinen Stich mehr hält. Sein Glaube an Gott war schon lange
ein vollkommenes Opfer; denn das hat die Fleischsünde in sich, daß sie
zuerst alles Geistige tödtet. Durch diese Sünde ist der Mensch ein allergröbster materieller Egoist, und liebt Niemanden außer sich, und
will, daß alles seiner Begierde Zusagende ihm allein dienen solle. Er ist
in sich selbst über alle Maßen verliebt; daher haßt er Alles, was nicht
seiner Begierde huldiget, — aus dem Grunde er dann, wie gesagt, ein
allerpurster egoistischer Stockmaterialist ist, und von einer Göttlichkeit und
von irgend etwas Geistigem ist keine Spur mehr in ihm zu treffen. Aus
diesem Grunde ist er aber dann auch ein reiner Atheist; und die
Natur, d. h. die äußere, sichtbare, grobe, ist sein Gott. — —
Diesem Gotte — diesem Gotte bringt er so lange seine Opfer, als er
in der noch brauchbaren Kraft seiner eigenen Natur die Erfahrung macht,
daß ihm dieser Naturgott durch solche Einrichtung reizende und ange-

nehme Genüsse verschafft; wehe aber diesem Naturgotte, wenn er unserem Helden einmal den Dienst versagt! Fürwahr, es wäre gar nicht möglich, alle die bitteren und schändlichen Lästerungen wiederzugeben, mit denen unser Fleischritter diesen Naturgott ehrt. — Zorn, Rache, Grimm und Wuth sind dann die Beigaben oder Wappenschilde, welche er führt. Hätte er Macht, zwischen zwei Fingern würde er die ganze Schöpfung zerpulvern; und das Fleisch der Weiber, das ihn so geschwächt hatte, wie auch das der männlichen Jugend, das ihm keine Stärkung mehr gab, würde er mit glühenden Messern zerschneiden und mit glühenden Hämmern zerklopfen. — Fürwahr ihr könnt es glauben, der heimliche Zorn eines rechten Buhlknechtes, wenn er sich vollkommen ausgebuhlt hat, übersteigt alle menschlichen Begriffe. — Ein Mordbrenner, ein Todtschläger, ein Straßenräuber dürfte noch mehr menschliches Gefühl in sich haben, als ein solcher überaus fleischgieriger Buhler, dem sein Fleisch den Dienst versagt. — Giebt es etwa wenig dergleichen Freudenmänner auf der Erde? — O nein; ich kann euch Deß vollkommen versichern, daß da auf einen Geldgeizigen allerwenigstens tausend solche Fleischhelden kommen. — Fürwahr, wer aus euch ein Vater ist und hat eine Tochter, die nur einiges fleischliches Ansehen hat, so darf er ganz sicher darauf rechnen, daß, besonders in einer Stadt, mit ihr in jeder Stunde des Tages wenigstens hundertmal begierliche Unzucht getrieben wird. — Man wird zwar hier sagen: Das thut ja nichts, Gedanken und unausführbare Begierden sind zollfrei; ich aber setze hinzu und sage: Allerdings für den Blinden im Geiste, der über die Materie hinaus auch nicht um ein Haar breit zu schauen vermag. — Was würde aber so ein Vater sagen, so ihm das geistige Auge geöffnet würde und er dann mehrere hundert Wollüstlinge vor sich erblickte, die alle eine und dieselbe Tochter auf jede erdenkliche Art vor seinen Augen schänden? Fürwahr, sein Gesicht dürfte da wohl ein wenig über die gewöhnliche Proportion hinaus wachsen; und wie hier gesagt, also ist es. — Das Fleisch der Tochter kann wohl behütet werden. Das ist aber auch das Wenigste; wer behütet aber ihren Geist und dessen ausstrahlende Sphäre, mit welcher sich unsere Fleischbolde in Verbindung setzen und sie in ihre schändliche Sucht verkehren? — Meint ihr, das sei von keinem nachtheiligen Einflusse für euere Tochter? O da irret ihr euch überaus gewaltig! — Führt ihr euere Tochter nur öfter auf solche Plätze, wo sie vielfach von sinnlichen Augen begafft wird, und euere Tochter wird in kurzer Zeit sinn‍lich fleischlich gestimmt werden und heimlich bei sich stets mehr und mehr anfangen euere elterlichen sittlichen Ermahnungen zu bespötteln und zu belachen; und ihr Sinn wird stets mehr und mehr dahin gerichtet werden, wo sie eine solche sinnliche Männerbrut wittert. — Es wird hier vielleicht Mancher sagen: Nein, das ist zu arg; das ist eine Schwärmerei, die man gleich a priori verdammen muß. Was solle da eine unschuldige Begierde, oder ein heimlicher wollüstiger Gedanke ohne weitere Berührung auf ein ganz fremdes Object für eine nachtheilige Wirkung haben? Und ich sage dazu nichts, als: Erstens für Menschen von solcher Ansicht und von solcher Geistesgewecktheit ist diese Mittheilung eben so wenig gerichtet, als die Sonne für den Mittelpunkt der Erde; und für's Zweite aber frage ich Diejenigen, die in der Sphäre des sogenannten

Somnambulismus irgend eine Erfahrung und selbst die Beobachtung gemacht haben, wie auf magnetische Personen sich nähernde Fleischbolde eine störende Wirkung hervor brachten, — woher diese Wirkung kommt und worin sie ihren Grund hat? — Hat doch auch ein solcher ungebetener Gast die Somnambule nicht berührt, und dennoch empfindet sie im Augenblicke eine krampf- und nicht selten schmerzliche Wirkung beim Eintritte eines solchen Gastes. — Sehet, der Grund liegt in der sogleich erfolgten schändlichen Herabziehung der geistigen Sphäre der Somnambule; bei der Somnambule aber entsteht daraus kein moralisches Uebel, weil für's Erste ihre Sphäre abgeschlossener ist, und für's Zweite, weil jede Somnambule sogleich alles Mögliche aufbietet, um einen solchen Gast von ihr zu entfernen. — Frage: Geschieht das auch im natürlichen Zustande, wo die Sphäre eines jeden Menschen viel ausgedehnter ist, und wo er die Empfindung des Nachtheiles in sich nicht wahrnimmt? — Fürwahr, die Einwirkung ist im naturmäßigen Zustande noch um Vieles ärger, als im somnambulen; aus welchem Grunde denn auch für dergleichen unkeusche Gedanken und Begierden ein eigenes Gebot gegeben ist, daß sich ein Jeder derselben enthalten und entschlagen solle. — Wer demnach einen solchen Fleischbold betrachtet, wie er ist, der sieht schon wieder ein **vollkommenes Bild der Hölle** vor sich. Er streife ihm nur die Materie ab und beschaue deß absoluten Geist, und er wird Wunder über Wunder von A bis Z erschauen; zuerst einen Geiler auf jede erdenkliche Weise, zugleich aber daneben einen Wüthenden, der mit dem entsetzlichsten Ingrimme sich am Schöpfer, wie an der ganzen Schöpfung allerschändlichst rächen will wegen der vermeinten Unvollkommenheit seiner Natur. Mehr brauche ich hier nicht zu sagen; denn wer Augen hat, der kann selbst schauen. — Im nächsten weiblichen Bilde werden wir die Erscheinung dieser Hölle noch klarer vor uns haben. —

## 288.

(Am 27. November 1843, von 4³/₄—6¹/₄ Uhr Abds.)

Es braucht einen geringen Grad von physiologischer Kenntniß, um im Allgemeinen heraus zu finden, daß im **weiblichen Geschlechte die Herrschsucht der vorherrschendste Characterzug ist**; denn Herrschsucht und Eitelkeit sind Zwillingsgeschwisterte und haben somit eine und dieselbe Stammwurzel; wo aber ist das Weib, das nicht irgend einen Grad von Eitelkeit besäße, sei es jetzt in ihrem Kleiderwesen, oder in ihrer Zimmereinrichtung, oder in noch so manchem Anderen? — Prüfet den Zug dieser Eitelkeit, und ihr werdet hinter ihm nichts finden, als das lebendige Samenkörnchen des Hochmuthes und hinterdrein der Herrschsucht. — Man wird hier sagen: Nein, das heißt die Sache zu tief und zu grob angepackt! Im Gegentheil sollte man einen gewissen Grad von Eitelkeit bei dem weiblichen Geschlechte eher loben, als also beinahe schonungslos auf den Pranger des tiefsten Tadels stellen. — Denn dieser gewisse Grad von Eitelkeit bei dem weiblichen Geschlechte ist sicher nur ein Kind der weiblichen Scham und des damit verbundenen Reinlichkeitssinnes; was aber doch offenbar nur eine lobenswerthe Tugend und nie ein Fehler des weiblichen Geschlechtes ist. — Gut, sage ich, es ist auf der Welt leider so weit gekommen, daß man das Gefühl der Scham für eine Tugend hält und mit der Ehre die Menschheit krönet, und das ist die beste Ernte für die Hölle; denn auf diesem Wege müssen die Menschen fallen, wo sie auf einem anderen höchstens fallen könnten. — Man fragt: Wie so denn? — Ich aber frage: Wessen Antheil ist des Menschen irdische Ehre? — Ist sie ein Antheil seiner Demuth, oder ein Antheil seines Hochmuthes? Der Demüthige strebt nach der untersten Stufe, da es keine Ehre und Auszeichnung mehr giebt; wie ingleichen der Herr mit dem großen Beispiele vorangegangen ist, und Seine Ehre in die **allerhöchste Demüthigung** und was eigentlich die größte Weltschande ist, gesetzt hat. Eine ähnliche Ehre wurde allen Seinen ersten Nachfolgern zu Theil; — ich aber frage: Was hat da das Schamgefühl zu thun, wo man zuerst verfolgt und verspottet, und endlich nackt an's Kreuz geschlagen wird? — Wie viel Ehre mag wohl Der noch im Leibe haben, wie viel Schamgefühls, der auf den Galgen gezogen wird? — Ich meine, bei dieser Gelegenheit dürften diese beiden so hochgeachteten Menschlichkeitsattribute so ziemlich in den Hintergrund gestellt sein. — Wenn man aber schon Etwas als eine Tugend aufführen will, so sollte man dasselbe doch wenigstens in einem oder dem andern Punkte auf **Christum**, als den **Centralpunkt aller Tugend**, zurückbeziehen können. — Ich aber frage: Bei welcher Gelegenheit hat Er je die Scham und das Ehrgefühl als eine Tugend des Menschen angepriesen? — Im Gegentheil untersagte Er es Seinen Jüngern und Aposteln, nach irgend einer Ehre zu streben, indem Er zu ihnen sagte, daß sie sich nicht sollten grüßen und ehren lassen, gleichwie es die Pharisäer verlangten und gern sehen und haben, daß man sie auf den Gassen grüßet und „Rabbi" nennt. Das ist sicher jedem Christen bekannt, der nur einmal das Evangelium gelesen hat. Dem zufolge aber kann ich durchaus nicht begreifen, aus welchem Grunde man das Schamgefühl und die damit verbundene Ehrsucht, welche bei dem weiblichen Geschlechte ganz besonders vorherrschend ist, als eine Tugend aufstellen kann. — Man wird hier sagen: Man nehme dem weiblichen Geschlechte das Schamgefühl weg, und man wird bald lauter Huren vor sich haben. — Oho, sage ich, geht es auf diesem Wege? Dann sage ich ganz bestimmt hinzu: Es giebt dann in dieser Hinsicht eben kein besseres Reizmittel für das weibliche Geschlecht, als das Schamgefühl; nichts als ein Bißchen Gelegenheit dazu, und ein jedes weibliche Wesen ist vermöge dieses Gefühles zum Betriebe der Unzucht völlig reif; denn nichts leichter ist über den Daumen gedreht, als eben ein solches Gefühl, das nichts Anderes als seine eigene Eitelkeit zum Grunde hat. Das Bißchen Ehre, was dem Schamgefühle gegenüber steht, ist wohl eine so höchst schwache Stütze für die Tugend, daß man über sie auch nicht den allerleisesten Wind kommen lassen darf, um sie nicht angenblicklich zu verwehen. — Aus Dem aber geht doch klar hervor, daß es mit dieser Art der weiblichen Tugend einen gar außerordentlich verhängnißvollen Haken hat. — Um aber Dieses so in ein recht scharfes Licht zu stellen, will ich euch so ganz aus euerem Leben gegriffene Beispielchen vorführen. Ich setze den Fall, Einer von euch geräth zufällig unglücklicher Weise etwa an einem Morgen in ein weibliches Ankleidecabinet, in welchem soeben einige Jungfrauen noch so ziemlich in der Negligé versammelt sind. — Ein Zetergeschrei wird sich erheben und die Jungfern werden nach allen Winkeln und hinter alle Vorhängen die Flucht ergreifen, und das natürlich aus lauter Schamgefühl. Was aber habt ihr gesehen bei dieser Gelegenheit von all' ihren weiblichen Reizen? — Höchstens einen zerzausten Kopf, ein ungewaschenes schläfriges Gesicht, einen höchstens über den Ellebogen bloßen Arm und allenfalls noch etwa eine halbe Brust hinzu. — Nun aber ziehen sich diese Jungfern an; der Arm wird nicht selten bis unter die Achseln bloßgestellt, der Nacken und auch der Busen, so viel nur eine gewisse Decenz gestattet, unbekleidet gelassen, oder höchstens mit einem höchst durchsichtigen Spitzenzeuge bedeckt, um damit die Reizbarkeit der nackten Theile zu erhöhen. Also angezogen hat es mit dem Morgen-Schamgefühl ein Ende. — Frage: Liegt hier das Schamgefühl in der Jungfrau oder im Negligékleide? — Aber nur weiter! — Dieselbe ganz verzweifelt schamhaftige Jungfrau, die beim Morgenbesuche vor lauter Schamgefühl beinahe vom Schlage getroffen worden wäre, und die sich in dieser schamhaften Stunde um keinen Preis der Welt von einem Manne hätte anrühren lassen, — ich sage, eben diese super schamhafte Jungfrau wird Abends in einem beinahe halbnackten Zustande auf einen Ball geführt, und läßt sich nun von ihrem Tänzer ganz mordhaft angreifen und nicht selten kreuz und quer abdrücken. Frage: Wo hat dieser Culminationspunkt alles Schamgefühles sein morgiges superjungfräuliches Schamgefühl versetzt? — Sicher auch zu Hause im unvortheilhaften Negligégewande. — Aber nur weiter! Dasselbe schamhafte Mädchen hat entweder auf dem Balle, oder bei einer anderen Gelegenheit, etwa bei einer ganz ehrsamen Visite, oder bei einem noch ehrbaren ganz unschuldigen Spaziergange eine ihr zusagende jungmännliche Augenbekanntschaft gemacht, oder vielleicht auch etwas darüber. Für diesen Gegenstand wird so viel als möglich bei jeder Gelegenheit dem Schamgefühle Lebewohl gesagt. Gar bald wird unsere Schamhafte den Blicken ihres erwählten Gegenstandes ablauschen, wohin diese am meisten gerichtet werden; und unsere schamhafte Jungfrau wird sobald alle Sorgfalt darauf verwenden, um diejenigen Theile so vortheilhaft als möglich öffentlich zu präsentiren, von denen sie gemerkt hat, daß sie von ihrem gewählten Gegenstande am meisten beäugelt worden sind. — Wenn ihr gewählter Gegenstand unsere schamhafte Jungfrau etwa in einer Gesellschaft treffen wird, in der sie sich gewisserart von der ehrbarsten Seite zeigen will, da wird er sich schon begnügen müssen, so sie ihm bei günstiger Gelegenheit ein paar verstohlene Blicke zuwirft; aber desto mehr wird sie bemüht sein, ihm ihre Königschaft in der Gesellschaft an den Tag zu legen. Wehe ihm, wenn er sich da vergäße und sich ihr zu viel nähern möchte! — Denn so was könnte ihm beinahe das Genick brechen; wenn es aber so eine rendezvousmäßige Zusammenkunft gilt, besonders an einem Orte, wohin die Strahlen der Sonne nicht direct einfallen, auch die Schallwellen des Weltgetümmels sehr gebrochen oder gar nicht dahin gelangen, da wird das Schamhaftigkeitsgefühl völlig besiegt, und unsere am Morgen so schamhafte Jungfrau giebt sich ihrem geliebten Gegenstande, ich möchte sagen, von Angesicht zu Angesichte, oder vom Kopfscheitel bis zur Ferse zur Beschauung preis; und was die, ich möchte sagen, beinahe allgemeine Betastung betrifft, so wird diese bei einer solchen Gelegenheit auch durchaus nicht als ein Crimen laesae gegen das jungfräuliche Schamgefühl betrachtet. Auf diese Weise geht dann dieses angepriesene Tugendgefühl **völlig unter**; und ich frage: Wo ist nun die Wirkung dieses so hoch gepriesenen Gefühles? — Es ist verflogen und seine wahre Gestalt durch die Abnahme der Maske gezeigt; und jeder Nüchterne kann es also erschauen, wie es nichts Anderes, als eine Schlange in der weiblichen Brust ist, oder der untersten Hölle erstes Samenkorn, von welchem hernach, wenn es sich entfaltet hat, alle möglichen weiblichen Laster wie aus einem Füllhorne hervorsprudeln. — Wie aber Dieses vor sich geht, wollen wir in der Folge so handgreiflich, wie bis jetzt, vor Jedermanns Augen stellen. —

### 289.
(Am 28. Novbr. 1843, von 4¼—5¼ Uhr Abds.)

Gehen wir auf unsere züchtige Jungfrau wieder zurück, und verfolgen sie abermals in eine Gesellschaft, wo sie zufolge ihrer weiblichen Reize die Königin spielt. — Ihr Geliebter findet sich auch in dieser Gesellschaft ein; was thut aber nun seine Favoritin? Giebt sie sich etwa mit ihm ab? — O nein, sondern mit einer Menge anderer Gesellschaftsbesucher, und läßt sich von denen über Hals und Kopf den sogenannten Hof machen. Aus welchem Grunde denn aber eigentlich? Ich sage, weil ich die Welt sehr genau kenne: Sie thut das nicht etwa, um ihrem gewählten Liebhaber untreu zu werden, sondern ihm bloß nur zu zeigen, welch' einen enormen Werth sie hat, und sagt ihm dadurch gewisserart indirect: Erkenne aus dieser Erscheinung, welch' einen Millionschatz du an mir hast! — Der Liebhaber aber, weil er nicht im Besitze der Allwissenheit ist, faßt die Sache von einem andern Gesichtspunkte auf, wird bald düster und augenabwendig von derjenigen Stelle, wo sich seine Geliebte den Hof machen läßt; und wirft er auch schon noch verstohlene Blicke auf den verhängnißvollen Punkt hin, so sind diese schon allzeit von einer solchen Ausstrahlung, der es Jedermann auf den ersten Blick ankennen kann, weß Geistes Kind sie ist, nämlich der brennenden Eifersucht. — Unsere Jungfrau merkt dieses auch, bessert sich aber dadurch nicht im Geringsten; wohl aber fängt sie an, ihr Spiel noch ärger zu treiben, um sich an ihrem Liebhaber zu rächen, der gerade da ihren hohen Werth zu verkennen anfing, wo sie ihn am meisten vor ihm entfalten wollte. Bei dieser Gelegenheit sucht der Liebhaber so früh als möglich sich von der Gesellschaft zu ziehen, mit dem Wahlspruche in seinem Herzen: Warte Canaille! Wenn wir, versteht sich, nur einmal noch unter vier Augen zusammen kommen, da werde ich dir meine Meinung auf eine Art bekannt geben, auf die du denken sollst; denn nun verlange ich nichts mehr, als mich nach Gebühr zu rächen an dir für deine Untreue. — Sie kommen zusammen, und die Frucht dieser Zusammenkunft sind die brennendsten Vorwürfe aller Art. Eine Liebescheidung ist nicht selten die Folge, nur selten eine Wiedervereinigung, welche aber eben so wenig mehr Stich hält, als die erste Liebe. — Nichtwiedervereinigung und Vereinigung gehen aber immer auf Dasselbe hinaus; denn vereinigen sie sich wieder, so dient gewöhnlich diese Wiedervereinigung dazu, sich beiderseitig den Werth so viel möglich noch fühlbarer zu machen, und so ist eine solche Wiederliebe meistens nichts Anderes, als eine verkappte Rache; — und vereinigen sie sich nicht, so werden sie auch gegenseitig jede Gelegenheit aufsuchen, wo Eins dem Andern im übertreffenden Zustande seine Verachtung auf das Unbarmherzigste fühlen läßt. — Die Jungfrau setzt sich bald aus lauter Rache über alle Schranken des Schamgefühles hinaus, wird eine förmliche Coquette; und kriecht da der alte Liebhaber nicht zum Kreuze, was sie eigentlich wünscht, so wird sie auch mit demselben heroischen Rachegefühl eine förmliche Hure, im Gegentheile dann gewöhnlich der Liebhaber den letzten Rest seines alten Gefühles aus seinem Herzen verbannt. — Und hat unsere ehezschon schamhaftige Jungfrau den süßen Stachel der Wollust verkostet, so bringt sie, wie ihr zu sagen pflegt, kein Gott mehr auf die Bahn der Tugend zurück. — Wird sie dadurch unglücklich, so wälzt sie im vollsten Grimme ihres Herzens zumeist alle Schuld auf denjenigen ersten Liebhaber, der ihre Absicht und ihre erste Tugend so schändlich verkannt habe. — Was ist aber das hernach? — Es ist nichts Anderes, als die schon völlig entwickelte Frucht des ersten so hochgepriesenen weiblichen Schamgefühles, und der Name der Frucht lautet: Unterste vollkommene Hölle! — Oder auch: Vollkommen reife Hölle, wenn die äußere Schale hinwegfällt! — Denn was würde so eine unglückliche Jungfrau Demjenigen Alles anthun, den sie, wenn schon irrwähnig, als den Grund ihres Unglückes anschaut? — Wenn es ihr möglich wäre, im Augenblicke ihrer freien Wuth ihn mit tausend glühenden Schlangen in Stücke zernagen zu sehen, so würde diese Rache kaum noch ein kühlender Thautropfen auf ihr wuthentflammtes Herz sein. — Wer das nicht glauben möchte, der besuche eine solche unglückliche Jungfrau, und lasse sich mit ihr in ein Gespräch über den bewußten Gegenstand ihres Unglückes ein, und er wird im besten Falle aus einem weiblichen Munde sobald alle Vulkane der Erde sprühen sehen; im schlimmeren Falle aber wird es heißen: Ich bitte mich damit zu verschonen! — Wenn ihr Solches vernommen habt, so könnt ihr schon denken, um welche Zeit es ist. — Wir hätten nun so weit die Früchte beleuchtet, wie sie für die Hölle reifen; nächstens aber werden wir die Sache specieller beleuchten. —

## 290.

(Am 29. Novbr. 1843, von 4¼—5⅝ Uhr Abds.)

Nicht selten geschieht es, daß eine solche gekränkte Jungfrau aus bloßer Rache gegen ihren früheren Liebhaber einen Anderen heirathet, für den sie keinen Funken Liebe in ihrem Herzen trägt. Mit dieser That wollte sie ihren früheren sie verkennenden Liebhaber auf das allerempfindlichste strafen, ja wohl möglich ihn durch solche Kränkung sogar aus der Welt hinaus arbeiten. Was geschieht aber? Der alte Liebhaber kränkt sich nicht, sondern er sucht sich so viel als möglich gutes Muthes eine andere Geliebte aus; und das nicht selten eine bessere, als die erste war. — Welchen Effect aber bewirkt das nun bei der ersten verheiratheten Geliebten? — Sie wird mürrisch und verschlossen, ihr Mann fragt sie um die Ursache, aber umsonst! — Denn Das, was sie drückt, ist vor ihren Augen zu groß und zu schwer, und zu verdächtig gegen ihren neuen Gemahl, als daß sie es ihm anvertrauen sollte. Sie thut zwar keine weiteren Schritte mehr, um ihrem alten Geliebten irgend Steine unter die Füße zu legen und ihn über Abgründe zu locken; aber desto tiefer begräbt sie diese Ursache ihres Grams in ihr Herz. — Es vergehen dann Jahre, und wie die Zeit gewöhnlich das beste Pflaster ist, freilich wohl nur ein palliatives zur Heilung so mancher Wunden, so heilt sie auch diese, und solche Menschen werden nach und nach nicht selten recht gute Freunde. — Man wird hier sagen: Nun, wenn das der Fall ist, da wird wohl auch die Hölle ihren letzten Rest schon empfangen haben; denn wo einmal Freundschaft an die Stelle der ehemaligen Feindschaft tritt, da tritt ja doch sicher entsprechender Maßen auch der Himmel an die Stelle der Hölle. So scheint es freilich wohl dem Außen nach; aber da sehen wir eben vor uns einen Krieger, der viele Wunden auf seinem Leibe trägt. — Alle diese Wunden hat ein palliatives Pflaster und die Zeit geheilt. Wenn das Wetter schön ist, da geht unser wundeninnehabender Krieger ganz munter einher, und weiß kaum, daß sein Leib voll vernarbter Wunden ist; — mit einem Worte, er ist dabei gesund, kreuzfidel und lustig. — Aber nun kommt ein böses Wetter; seine Wunden fangen sich an zu rühren, und je böser das Wetter wird, desto unausstehlicher fangen ihn seine Wunden an zu brennen. Wie ein Verzweifelter wälzt er sich auf seinem Lager, und flucht über das ganze Kriegswesen, über alle Feldherren, über den Kaiser, ja über Gott, über seine Eltern und über den Tag, an dem er geboren ward. — Sehet, da haben wir ein treues Bild vor uns für dergleichen moralische Palliativfreundschaften, welche wohl eine Folge der irdischen vergeßlichen Zeit sind; aber lassen wir ein böses Wetter einrücken, d. h. lassen wir von solchen Freunden ihre absoluten Geister jenseits in eben dem Momente zusammen treten, in welchem sie auf der Erde gegeneinander gesündiget haben, und dann im Momente, wo sie mittelst des hellen Schauens ihres Geistes alle die Nachtheile erschauen, welche aus ihrer gegenseitigen Versündigung hervorgegangen sind, daneben aber auch die Vortheile, welche sie auf dem Wege der Nichtversündigung hätten erlangen können, und wir werden die Zwei sich mit der allergrößten Verachtung und gegenseitigen, entsetzlichsten Verwünschung begegnen sehen; — und das ist doch sicher kein Himmel im entsprechenden Maße, wie es sich dem Außen nach zu erschauen gab, sondern die barste Hölle in der untersten Potenz. — Daher heißt es auch in der Schrift, daß sich ein Jeder gar wohl prüfen solle, und es ist nichts so verborgen und so Geheimes in dem Menschen, als daß es dereinst nicht sollte laut von den Dächern der Häuser verkündet werden; welches so viel sagen will, als: Der Mensch hat nichts so vollkommen Allerinwendigstes in sich, als daß es sich im absolut geistigen Zustande nicht ganz äußerlich erschaulich beurkunden sollte; aus diesem Grunde denn wohl einem jeden Menschen überaus zu rathen ist, alle seine freundlichen und feindlichen Verhältnisse, in denen er sich je befunden hat, ja allergenauest zu prüfen, welchen Effect sie auf sein Gemüth ausüben würden, so er wieder in optima forma in dieselben zurückversetzt werden möchte. Denn auf Das muß sich ein Jeder hier auf der Erde lebende Mensch gefaßt machen, daß er jenseits im absolut geistigen Zustande in alle jene verhängnißvollen Zustände ganz lebendigst versetzt wird, welche ihm hier als die größten Steine des Anstoßes galten; — denn der Herr Selbst ist mit diesem Beispiele voran gegangen. Zuerst auf der Welt wurde Er von Seinen Feinden gerichtet und zwischen Missethätern gekreuziget, dann stieg seine wesenhafte Seele nicht sogleich in den Himmel, sondern zur Hölle hinab, da Seine größten Feinde Seiner harrten, wenn schon mitunter auch so manche alte Freunde, als die alten Väter und gar viele Propheten und Lehrer. Wenn Jemand auf dieser Welt nicht den letzten Heller zurückbezahlt hat, wird er nicht vermögend sein, in das Himmelreich einzugehen, darum heißt es hier fleißig alle die alten Schuldbücher durchgehen, und besonders diejenigen, welche das Wort „Liebe" als Aufschrift führen. Liebeschulden sind für Jenseits die hartnäckigsten; ein Millionraub wird leichter aus der geistigen Gedächtnißkammer vertilgt, als eine Liebeschuld. — Warum denn? — Weil ein Millionraub nur eine äußere, den Geist nichts angehende, gewaltige Verschuldung ist; aber die Liebeschuld betrifft gerade zu allermeist den ganzen Geist, weil Alles, was Liebe ist, das eigentliche Wesen des Geistes ausmacht. Aus diesem Grunde ist für den Menschen auch nichts so gefährlich auf dieser Welt, als das sogenannte Verliebtwerden; denn dieser Zustand nimmt den ganzen Geist in Anspruch. Treten hernach äußere Hindernisse ein, welche dergleichen vorzeitige gegenseitige Geschlechtsliebe nicht reussiren lassen, so ziehen sich die beleidigten Geister wohl zurück, lassen sich durch allerlei Weltgeflitter vertheilen; aber nichts desto weniger werden sie aus dem Grunde geheilt. Kommt dann das geistige böse Wetter hinterdrein, so brechen diese Wunden von Neuem auf; und dieser zweite Zustand wird dann um Vieles ärger sein, als der erste, wie auch in der Schrift von den ausgetriebenen sieben Geistern die Rede ist. Da wird auch durch äußere Mittel wohl das Haus gereiniget, und der böse Feind durchwandert dürre Wüsten und Steppen, nimmt noch sieben Andere, die ärger sind, denn er, zu sich, und zieht dann wieder in sein altes gereinigtes Haus ein. — Das alte gereinigte Haus ist der Geist, der gereiniget wird auf dieser Welt durch äußere Mittel; der böse Geist ist der schlechte Zustand, in dem sich ein Mensch einmal auf dieser Erde befunden hat. Dieser ward freilich durch die äußeren Mittel völlig hinausgeschafft; er durchwandert nun dürre Wüsten und Steppen, d. h. der Geist des Menschen heilt und vernarbt seine Wunden, daß sie dürre werden und nicht mehr bluten; aber der böse Geist kehrt zurück mit noch sieben Anderen, das heißt so viel, als: Im absolut geistigen Zustande werden alle seine Wunden wieder bloßgestellt, brechen von Neuem auf und mit beiweitem größerer Heftigkeit; und das ist dann der Zustand, der schlimmer ist, wie der erste. Ueberall aber, wo ihr ein Wesen gegen das andere im höchsten verderblichsten Zorne auftreten sehet, da ist auch schon die Fundamentalhölle vollendet da! — Aus diesem Grunde rathe ich Johannes, als nun wohlerfahrner ewiger Diener und Knecht des Herrn, allen Menschen, besonders aber den Eltern, die da Kinder haben, daß sie eben ihre Kinder vor nichts so sorgfältigst warnen sollten, als vor dem sogenannten Verliebtwerden; wie sehr der Geist darunter leidet, könnt ihr bei jedem studirenden Jünglinge, der sich irgend unzeitiger Maßen verliebt hat, schon naturmäßig klar erschauen; denn ein solcher Jüngling ist sicher für seine ganze Lebenszeit verdorben, und ist keines geistigen Fortschrittes fähig, möchte er sonst auch was immer für eine Leidenschaft haben, so könnt ihr sie ihm durch eine gerechte Leitung hinweg nehmen und aus ihm einen ordentlichen Menschen machen; — aber ein gewisses lebendiges Zauberbild, das sich mit dem Geiste einmal amalgamirt hat, bringet ihr schwerer aus einem jugendlichen Gemüthe, was immer für Geschlechtes, als einen Berg von seiner Stelle. Und in eben solchem unzeitigen Verliebtwerden liegt die größte geistige Unzucht zu Grunde; denn Unzucht oder Hurerei ist Alles, was auf den Betrug des Geistes abgesehen ist. Da aber die Liebe am meisten des Geistes ist, so ist ein Betrug der Liebe, oder eine offenbare Verschuldung an derselben der wahren geistigen Unzucht tiefster und unterster Grad, oder die eigentliche unterste Hölle. — Das bisher Gesagte hat Jedermann überaus gut und lebendigst zu beherzigen; — nächstens solcher speciellen Betrachtungen mehr. —

## 291.

(Am 30. Novbr. 1843, von 4—5½ Uhr Abds.)

Man wird hier sagen: es ist allerdings sehr wahrscheinlich, daß die Sache am Ende eine Wendung nimmt und jede dem Geiste versetzte Wunde in seinem absoluten Zustande offenbar und reagirend wird; aber nach der Grunderläuterung der Fundamentalhölle sehen wir noch immer nicht ein, wie dergleichen Reminiscenzen beleidigter Liebe auf dieser Welt im absoluten geistigen Zustande sich als Grundhölle beurkunden sollen; denn da giebt es ja doch nicht leichtlich einen Menschen auf der Erde, der nicht ähnliche Kränkungen entweder selbst erlitten hat, oder Ursache derselben war, — und nimmt man Das an, daß sich im absolut geistigen Zustande solche Reminiscenzen als grundhöllisch beurkunden, so möchten wir im Ernste wissen, wie viel Menschen aus einem ganzen Jahrhunderte in den Himmel gelangen. Wie kann Solches dem Menschen auch zu einem so höchst verdammlichen Gerichte gereichen, wenn er sich in einem höchst passiven Zustande gegen eine göttliche Ordnung versündigen muß, da sie in sich aufrecht zu halten, dem Menschen die dazu erforderliche Kraft vielfacher Erfahrung gänzlich mangelt?! — Gut, sage ich, wer mir solch' einen Einwurf macht, den ersuche ich, das Frühere etwas gründlicher durchzugehen, allda er dargethan finden wird, wie ich bei dieser Gelegenheit durchaus nicht darstelle, wer in die Hölle kommt, und wie Viele, sondern lediglich nur Das, was rein Hölle in ihrer Erscheinlichkeit bei den Menschen ist, jedermänniglich kund thue; denn auf der ganzen Erde giebt es keinen so vollkommenen Menschen, der nicht eben so gut die ganze Hölle vom Grunde aus vollkommen in sich trüge, als wie er in sich trägt den ganzen Himmel. — Indem ich aber hinreichend zuvor dargethan habe, was im Menschen der Himmel ist, und wie dieser in ihm geschaffen und fortgepflanzt wird, eben also muß ich ja auch zeigen, wie im Menschen die Hölle geschaffen und fortgepflanzt wird. — Es wäre traurig und höchst unbarmherzig, wenn ein Mensch aus diesem Grunde, weil er das vollkommen erscheinliche Bild der Hölle in sich trägt, auch schon ein ausgemachter Bewohner derselben sein sollte. Denn wäre das der Fall, so müßten auch alle Engel höllische Geister sein; denn auch sie tragen das vollkommene Bild der Hölle erscheinlich in sich. — Wäre das nicht der Fall, da wäre es ja keinem Engel möglich, je in diesem Orte einzudringen und allda die empörten Geister zur Ruhe zu bringen, und ich selbst könnte euch die Hölle nicht zeigen und enthüllen, so ich sie nicht vollständig in mir hätte; und dazu wäre das auch für die Bewohner des Himmels sehr gefährlich, so sie nicht das entsprechende erscheinliche Bild der Hölle in sich hätten, indem sie da nicht erschauen könnten, was alles die Hölle gegen sie unternimmt. So aber kann kein Geist in der ganzen Hölle irgend Etwas unternehmen, das wir nicht augenblicklich in uns erschauen möchten. — Zugleich verhält sich Hölle und Himmel in den Menschen wie die zwei entgegengesetzten Polaritäten, ohne die kein Ding existirbar gedacht werden kann. Und so dient Das zu Jedermanns Kenntniß, daß hier durchaus nicht die Rede ist von Dem, wer in die Hölle kommt; denn das hieße die Menschheit richten auf der Erde, sondern allein nur von Dem, was die Hölle in sich selbst ist. Daß aber dergleichen Liebeveruntreuungen in sich selbst rein Hölle sind, kann ein Jeder daraus ersehen, weil eben diese Veruntreuungen **Eigenliebe und Herrschsucht** zum Fundamente haben. — Denn was ist die **Eifersucht** Anderes, als die Erwachung der **Eigenliebe, der Selbst- und Herrschsucht?** — Denn der Eifersüchtige ist nicht darum eifersüchtig, daß etwa sein erwählter Gegenstand zu wenig Liebe hätte, sondern nur darum, weil er selbst in seiner Forderung verkürzt wird und seinen Werth zu gering angesetzt findet in demjenigen Gegenstande, von dem er eben die höchste Achtung erwartete. — Frage: Ist das nicht der ganz entgegengesetzte Pol von dem, wo man seiner selbst aus Liebe zu seinem Nächsten was immer für eines Geschlechtes gänzlich vergessen soll, um sich ganz zum Wohle seines Nächsten bereit zu halten? — Wie aber kann ein jeder Mensch auf die leichteste Art von der Welt diese Grundhölle in sich unterjochen, sie nicht activ, sondern rein passiv machen? — Das ist überaus leicht; man vergebe dem beleidigten, wie dem beleidigenden Theile vom ganzen Herzen im Namen des Herrn, und segne die Beleidigten, wie die Beleidigenden ebenfalls im Namen des Herrn; (es versteht sich von selbst, daß solches Alles vollernstlich geschehen muß) — und die ganze Hölle ist im Menschen schon unterjocht! — Ich sage euch: Fürwahr, ein reumüthiger Blick zum guten Vater genügt, um der Hölle für alle Ewigkeit zu entrinnen! — Sehet an den Missethäter am Kreuze; er war ein Räuber und Mörder; aber da blickte er zum Herrn empor, und sprach mit großer, schmerzhafter Zerknirschung seines Herzens: O Herr! Wenn Du in Dein Reich kommst und wieder uns große Missethäter zu Gerichte stehen wirst, da gedenke meiner, und strafe mich nicht zu hart für meine großen Missethaten, die ich verübt habe! — Und sehet, der große allmächtige Richter sprach zu ihm: „Wahrlich, heute noch sollst du bei Mir im Paradiese sein!" — Aus diesem allerwahrhaftigsten Begebnisse kann doch hoffentlich ein jeder nur einigermaßen gläubige Christ abnehmen, wie überaus wenig es im Grunde bedarf, die ganze allerunterste mächtigste Hölle auf ewig zu unterjochen. — Das Beispiel des samaritischen

Weibes am Jakobsbrunnen, das mit sieben Männern gebuhlt hatte, ist obigem Beispiele gleich, wo der Herr zu ihm spricht: „Weib, gieb Mir zu trinken!" Und wieder: „Wenn du wüßtest, wer Der ist, Der zu dir spricht: Weib, gieb Mir zu trinken, so würdest du zu Ihm sagen, daß Er dir vom lebendigen Wasser zu trinken gebe, auf daß dich ewig nimmer dürste!" — Also lauten die Worte getreu, wie sie an Ort und Stelle gewechselt wurden. Wer aber sieht hier nicht, was für einen geringen Ersatz der Herr von dieser Sünderin für die Hingabe des Himmelreiches verlangt; bloß einen Trunk Wassers! — Also auch ist sicher einem jeden nur einigermaßen in der Schrift bewanderten Christen das Begebniß mit der Ehebrecherin und das Leben der Maria Magdalena bekannt. — Der Ersten ihre Schuld schreibt der Herr zweimal in den Sand, und Magdalena durfte Ihm die Füße salben, und war Diejenige, zu der der Herr nach Seiner Auferstehung zuerst kam! — Ebenso zeigt der Herr auch beim verlornen Sohne und im Suchen des hundertsten verlornen Schafes, wie wenig Er von dem Sünder zur Erlangung der Gnade und Erbarmung verlangt! — Darum wollen wir hier auch nicht kund thun, wer in die Hölle kommt, sondern nur, wie die Hölle in sich selbst beschaffen ist. —

## 292.

(Am 1. Decbr. 1843, von 5—6¼ Uhr Abds.)

Ich habe schon wieder Einen, wie Ihr zu sagen pflegt, auf der Mücke, der da spricht: Es ist Alles recht; die Anschauung des Erscheinlichen der Hölle kann von manchem Nutzen sein, aber nicht eher, als dann, bis man weiß, wann die im Menschen, oder in einer ganzen menschlichen Gesellschaft erscheinliche Hölle also positiv auftritt, daß sie zur Hauptpolarität wird, und diejenigen Individuen, bei denen sie sich also äußert, wirklich der Hölle angehören. — Kurz gesagt, wer, wie und wann man in die Hölle kommt, muß man genau wissen, sonst nützt einem alle noch so genaue Kenntniß des Erschaulichen der Hölle nichts; denn wer da nicht weiß, wo er in die Hände des Feindes gerathen kann, wie und wann, der ist schon verloren; denn wo er sich am sichersten wähnen wird, eben da wird er von seinem Feinde überfallen werden, und er ist sicher ohne Rettung verloren. Daher fragt es sich: Wann kommt ein wie immer gearteter Sünder in die Hölle, und wann nicht? — Diese Frage kann man füglich stellen, weil man aus der h. Schrift so viele Beispiele hat, wo ganz gleiche Sünder bestimmt in die Hölle gekommen sind, und ganz gleiche wurden gerettet. — Ich Johannes aber sage: Diese Frage klingt wohl, als wenn sie irgend einen weisen Grund hätte; aber dennoch ist hier nichts weniger als das der Fall. Denn so ich die Erscheinlichkeit der Hölle darthue, so thue ich auch indirect Das dar, wem so ganz eigentlich die Hölle zukommt; denn man wird hoffentlich sich doch bei dieser Darstellung unter dem Begriffe „Hölle" keinen positiv kerkerlichen Ort denken, in welchen man kommen kann, sondern nur einen Zustand, in welchen sich ein freies Wesen durch seine Liebe, durch seine Handlung versetzen kann, — und ein jeder Mensch, der nur einigermaßen reif zu denken im Stande ist, wird hier doch leicht mit den Händen greifen, daß ein jeder Mensch so lange der Hölle angehört, so lange er nach ihren Principien handelt. Ihre Principien aber sind **Herrsch-sucht, Eigenliebe und Selbstsucht**; diese drei sind den himmlischen Principien schnurstracks entgegen, welche da sind die **Demuth, Liebe zu Gott und Liebe zum Nächsten**. — Wie leicht ist das von einander zu unterscheiden, ja leichter, als man da unterscheidet die Nacht vom Tage. — Wer bei sich ganz klar erfahren will, ob er der Hölle oder dem Himmel angehört, der frage nur sorgfältig sein inneres Gemüth. Sagt dieses fleißig nach einander nach der Grundneigung und Liebe: Das ist mein, und Jenes ist auch mein, — und Das möchte ich, und Jenes möchte ich auch, — dieser Fisch ist mein, und den andern will ich fangen, — gebt mir Alles, denn ich möchte, ja ich will Alles. — Wo das Gemüth sich also hören läßt, da ist noch die Hölle der positive Pol. — Wenn aber das Gemüth sagt: Nichts ist mein, weder Dieses noch Jenes, — Alles ist des Einen, und ich bin des Geringsten nicht werth, — und so ich Etwas habe oder hätte, soll es nicht mein, sondern meiner Brüder sein. — Wenn Das, wie gesagt, die innere Antwort des Gemüthes ist, so ist der Himmel der positive Pol. — Wenn sonach Jemand eine Maid erwählt hat, und ein Anderer erwählt sie auch; ist dann der Erste sobald voll der gröbsten Eifersucht, wenn der Zweite auch einen Zutritt erhält, so ist bei ihm schon der Pol der Hölle agirend. Spricht aber der Erste: Meine Liebe, du allein bist deines Herzens Gebieterin. Ich liebe dich wahrhaft, darum will ich kein Opfer von dir, wohl aber bin ich bereit, dir jedes Opfer zu deinem Besten zu bringen; darum bist du von mir aus vollkommen frei. Thue demnach, was du willst und wie es dir gut dünkt; meine aufrichtige Liebe und Freundschaft wirst du darum nie verlieren. Denn zwänge ich dich, mir deine Hand zu reichen, da würde ich nur mich in dir lieben und möchte dich zu einer Sclavin machen; ich aber liebe nicht mich in dir, sondern dich allein in mir. Daher hast du von mir aus auch die vollkommenste Freiheit, Alles zu ergreifen, was du zu deinem Glücke für am meisten tauglich hältst. — Seht, aus dieser Sprache leuchtet schon der Bürger des Himmels heraus; denn so spricht man im Himmel, und wer so vom Grunde seines Herzens aus sprechen kann, in Dem ist schon kein positiver Tropfen von einer Hölle mehr vorhanden. — Wer sich bei diesem am meisten kitzlichen Punkte also verleugnen kann, der wird sich in den anderen weniger kitzlichen Punkten um so leichter verleugnen. Wer aber da eifersüchtig wird, und bricht sogleich mit seiner Geliebten die Liebe und verwünscht sie in seinem Herzen durch Verachtung, Groll und Zorn, und begegnet eben also seinem Nebenbuhler, der agirt schon aus der Hölle, die bei ihm ganz überaus klar den positiven Pol bildet. — Die Regel für den Himmlischen ist diese: Wer, bei was immer, sieht, daß damit auch die Liebe seines Nächsten beschäftiget ist, da soll er sich sogleich zurück ziehen, und seinem Nächsten gegen die Realisirung seiner Liebe keine Schranken mehr setzen; denn es ist besser, bei jeder Gelegenheit in der Welt ganz leer abzufahren, als durch irgend einen wenn auch ganz unbedeutenden Kampf Etwas zu gewinnen. — Denn je mehr Einer hier opfert, desto mehr wird er jenseits finden. — Wer hier einen härenen Rock opfert, wird dort einen goldenen finden; wer zwei opfert, der wird dort zehn finden, und wer hier eine gewählte Jungfrau opfert, dem werden dort hundert Unsterbliche entgegen kommen, — und wer hier Einem auch nur ein mageres Stück Landes abtritt, dem wird dort eine ganze Welt gegeben. Wer hier Einem geholfen hat, gegen den werden jenseits hundert ihre Arme ausstrecken, und ihm helfen in's ewige Leben! — Und so wird Niemand Etwas verlieren, was er hier opfert; — wer reichlich säet, der wird auch reichlich ernten, wer aber sparsam säet, der wird auch sparsam ernten. — Ich meine nun, Das dürfte wohl hinreichen, um Jedermann so ziemlich handgreiflich zu machen, wann bei ihm die Hölle, oder wann der Himmel zum positiven Pole wird; und so wird wohl Niemand mehr vonnöthen haben, mit der lächerlichen Frage zum Vorscheine zu kommen: Wer, wie und wann kommt man entweder in die Hölle oder in den Himmel? — Denn Niemand kommt weder in die Hölle noch in den Himmel, sondern ein Jeder trägt Beides in sich. — Ist die Hölle positiv, so macht der ganze Mensch schon die Hölle aus, wie er leibt und lebt; — ist aber der Himmel positiv, so ist aber eben auch schon der ganze Mensch der Himmel selbst, wie er leibt und lebt, — und so braucht auch Niemand zu fragen: Wie sieht es im Himmel und wie in der Hölle aus? Sondern ein Jeder betrachte die eigene Polarität, und er wird es genau sehen, wie es entweder in der Hölle oder im Himmel aussieht. Denn es giebt nirgends einen Ort, der Himmel oder Hölle heißt, sondern alles Das ist ein jeder Mensch in und an sich selbst; und Niemand wird je irgend in einen andern Himmel oder in eine andere Hölle gelangen, als der er in sich trägt. — Ihr habt euch hinreichend überzeugt, wie wir uns in jener Centralsonne befanden, und haben dort Wunderdinge geschaut. Wo aber war diese Sonne? — In euch! — Wo sind wir jetzt? — Der Erscheinlichkeit nach zwar auf der geistigen Sonne; aber der Wirklichkeit nach in euch selbst. — Wie Solches möglich ist, zeigt euch ein jeder Traum, davon ihr schon die triftigsten Abhandlungen erhalten habt, und gerade also verhält es sich (nur mit Ausnahme vom Traume, wo das Dasein ein unentschiedenes ist) mit der größten klarsten Entschiedenheit im absoluten geistigen Zustande. — Um Das aber noch gründlicher zu verstehen, wollen wir nächstens einige Beispiele betrachten. —

## 293.

(Am 4. Decbr. 1848 von 4¼—5¾ Uhr Abds.)

Ein guter Landschaftsmaler und zugleich großer Freund von schönen Landpartien kommt von solch' einer Landpartie nach Hause; die Gegend aber, die er bei dieser Landpartie gesehen hat, gefällt ihm so überaus wohl, daß er für immer in derselben sich aufhalten möchte. Seine Geschäfte aber lassen ihm Solches nicht zu; was bleibt ihm daher übrig, um sich doch wenigstens dem Scheine nach in dieser für ihn so herrlichen Gegend zu befinden? — Er malt diese Gegend auf die zwei leeren bedeutend großen Wände seines Wohnzimmers, und das nach seiner großen Kunstfertigkeit so vortrefflich, daß ein Jeder, der ihn besucht, sich hoch verwundernd augenblicklich die herrliche, allgemein bekannte schöne Gegend erkennt. — Frage: Wo hat denn unser Maler das Vorbild für diese Gegend hergenommen? — Hat er etwa irgend Kupferstiche vor sich gehabt? Oder hat er selbst an Ort und Stelle früher die Gegend contourmäßig aufgenommen? — Nein, weder Eins, noch das Andere, sondern er hat die lebendige Contour der Gegend in seiner Phantasie festbehalten und sie hier auf die Wand getreu wiedergegeben. — Das ist ganz richtig, und ein jeder Mensch sieht davon die Möglichkeit ein; aber sicher sieht es nicht ein jeder Mensch ein, auf welche Weise unser Maler die schöne Gegend in seiner Phantasie auf diese Wand gebracht hat. — Hier fragt es sich also: Wie und auf welche Weise hat denn dieser Maler die Gegend in seiner Phantasie auf die Wand gebracht? — Sehet, das ist ein gar wichtiger Lebensproceß, und besagt gar viel; daher wollen wir ihn auch ein wenig näher beleuchten. — Wir haben bei der Gelegenheit der Beschauung unserer Centralsonne so klar als möglich kennen und einsehen gelernt, was Alles in dem Geiste des Menschen vorhanden ist; denn wäre es nicht in dem menschlichen Geiste vorhanden, woher wohl könnte er von Dem je eine Idee fassen, und sich irgend eine Vorstellung machen, was noch nie ein sterbliches Auge geschaut hat? — Nun aber kann der Mensch in sich selbst zu unbegreiflich hohen und übersinnlich geistigen Anschauungen gelangen; und so muß er dann ja alles Das in sich haben, was je seine Phantasie hervorbringen kann. — Die Phantasie eines Menschen aber kann rein und unrein sein; rein ist sie dann, wenn freilich wohl selteneren Falles der unsterbliche Geist des Menschen in seinem Leibe schon so absolut dasteht, daß seine reinen Bilder nicht durch die Bilder der Außenwelt getrübt und verunreiniget werden. Also kann auch die Phantasie durch die Auffassung bloß äußerer Bilder rein sein, wenn sie durch die Kraft der Seele die geschauten Bilder festhält und sie dann bei Gelegenheit naturgetreu wiedergiebt. — Unrein aber ist die Phantasie, wenn für's Erste sich der Geist noch zu sehr passiv in seinem Leibe sowohl zu seinen inneren Bildern, wie zu denen der Außenwelt verhält, allwo sich dann Alles durcheinander mengt, Geistiges und Naturmäßiges, und wenn er ein Phantasiebild aufstellt, Niemand daraus klug werden kann, was es so ganz eigentlich vorstellt, ob Geistiges oder Naturmäßiges; zu welcher Classe von unreinen Phantasiebildern alle jene mittelalterlichen mystischen Obscönitäten gehören, laut welcher der Himmel seine wunderliche Gestalt erhalten hatte, die Hölle und das sogenannte Fegfeuer zu einem Bratofen ward, und dergleichen Thorheiten mehr. — Daraus aber geht hervor, daß im Geiste, der das ganze Leben seiner Seele wie seines Leibes ausmacht, vorerst schon Alles vorhanden sein muß vom Kleinsten bis zum Größten, was die ganze Unendlichkeit faßt, also **Himmel und Hölle**, und inzwischen diesen beiden Extremen die **ganze naturmäßige Welt;** — und dieses endlos lebendig reiche Vermögen des Geistes ist dann Das, was ihr im allgemeinen Sinne die Phantasie nennet. — Wenn dann Jemand aus dieser reichen Kammer Etwas hervorholen will, so darf er dafür nur seine Liebe erwecken; je stärker die Liebe wird, desto heftiger ihre Flamme und desto heftiger ihre Wärme und ihr Licht. Durch diese Eigenschaft der Liebe wird das von ihr erfaßte Bild selbst lebendig, prägt sich durch das Licht der Liebe immer deutlicher und deutlicher aus, bis es endlich,

wie die Gegend unseres Malers, die Vollreife erlangt hat; — und dieses
durch die Eigenschaft der Liebe ausgereifte Bild im Menschen selbst ist
die eigentliche innere Welt des Geistes. — Nun wissen wir,
woher der Maler das Bild genommen hat. Allein das ist das Wenigere;
wir wissen noch etwas mehr, und das besteht darin, daß der Geist auf
diese Weise der Schöpfer seiner eigenen Welt ist. — Wir wissen
aber auch, daß jedes Ding in der Welt entsprechend gut oder schlecht
sein kann, und dazu wird es von der Liebe gemacht. Ist die Liebe
nach der Ordnung Gottes, so wird durch sie Alles gut; ist diese
wider die Ordnung Gottes, so wird durch sie Alles schlecht. —
Auf diese Weise entwickelt dann in sich ein jeder Mensch entweder den
Himmel oder die Hölle. Eine jede That und Handlung muß eine Orts-
unterlage und an und für sich selbst eine gewisse Form haben, oder besser
Harmonie, unter welcher sie geschieht. Wie kommt euch aber eine Gegend vor auf der Erde, in welcher ihr Denkmäler von vielen Gräuelthaten findet? — Sicher wird euch bei ihrem Anblicke ein geheimer
Schauder befallen. Sehet, das ist schon die Form des Höllischen; denn
im Geiste bildet sich hernach ebenfalls eine solche Welt aus, die voll
Denkmäler von Gräuelthaten ist. — In dieser Welt erschaut der Geist
unendliche Tiefen zurück, und in ihnen sein unverbesserliches böses Verhalten; aber ganz anders verhält es sich, wenn ihr in eine Gegend kommt,
in der von jeher edle Menschen gewohnt haben, die überaus viel Gutes
und Edles thaten. — Gar heimlich wird es euch da vorkommen, und
ihr werdet ein verklärendes Gefühl in euch überkommen, als befändet ihr
euch etwa im Schooße Abrahams, und das ist ein Vorgefühl des Himmels. — Im absolut geistigen Zustande prägt sich dann eben dieses Gefühl sammt der Form auf das Lebendigste aus, und diese Form ist des
Himmels geistige Oertlichkeit und, wie Ihr leicht einsehet, ebenfalls ein
Werk des Geistes. — Aus Dem aber geht dann klar hervor, daß ein
jeder Mensch durch die Art seiner Liebe der Schöpfer seiner eigenen inneren Welt wird, und daß er nie in irgend einen Himmel oder in irgend
eine Hölle kommen kann, sondern nur in das Werk seiner Liebe;
darum es auch heißt: „Und euere Werke folgen euch." — Und
auf eben diese Weise, wie wir jetzt die Erscheinlichkeit der Hölle durchgemacht haben, auf eben diese Weise machen es unsere bekannten Sonnen-
schüler durch. Was aber mit ihnen nachher geschieht, wollen wir nächstens betrachten.

## 294.

(Am 5. Decbr. 1843, von 4¼—5¾ Uhr Abds.)

Kommen sie etwa, wie ihr zu sagen pfleget, aus der Hölle zurück
in den Himmel? Das wäre sehr irdisch gesprochen; denn diese Schüler
kommen eigentlich nie in die Hölle, sondern nur in den Zustand, in
ihrer eigenen Sphäre dieselbe zu beschauen. Es braucht nichts
weiter, als eines gerechten Abscheues des antipolarischen oder höllischen
Zustandes, und unsere Schüler sind wieder in ihrer eigentlichen positiv
himmlischen Sphäre. Da aber der eigentliche Himmel sich nicht durch
die alleinigen Erkenntnisse und Einsichten erlangen läßt, noch durch eine
nonnenhafte unthätige Gebets- und Verehrungs-Liebe, sondern lediglich

nur durch die Werke der Liebe, die ein ersprießliches Wohl-
thun gegen den Nächsten zum Grunde haben, so müssen unsere
Schüler, um den wahren Himmel zu erreichen, sich nun auch gefallen
lassen, sich in einen ganz ernstlich thätigen Zustand zu begeben. — Worin aber besteht dieser? — Das werden wir mit wenigen Worten heraus
haben. — Sehet an die naturmäßig geistige Sphäre euerer Erde, oder
das sogenannte Mittelreich, welches auch den Namen „Hades" führt
und ungefähr Das ist, was ihr als Römischgläubige freilich ziemlich stark
irrig unter dem „Fegfeuer" verstehet. Am besten kann dieses Reich einem
großen Eintrittszimmer verglichen werden, allwo Alles ohne Unterschied
des Standes und Ranges eintritt, und sich dort zum ferneren Eintritt
in die eigentlichen Gastgemächer gewisserart bequemlich vorbereitet. —
Also ist auch dieser Hades derjenige erste naturmäßig geistige Zustand des Menschen, in den er gleich nach dem Tode kommt;
denn Niemand kommt entweder sogleich in den Himmel, noch auch sogleich in die Hölle, außer es müßte im ersten Falle Jemand schon auf
der Erde entweder vollkommen wiedergeboren sein aus der reinen Liebe zum Herrn, oder er müßte im zweiten Falle ein aller-
böswilligster Frevler gegen den heiligen Geist sein. — Im
ersten Falle wäre sonach der Himmel ohne Eintritt in das Mittelreich,
im zweiten Fall aber auch sogleich die unterste Hölle zu erwarten; und
der Himmel im ersten Falle darum, weil ihn ein solcher Mensch schon in
der höchsten Vollendung in sich trägt, und im zweiten Falle die Hölle
darum, weil ein solcher Mensch alles Himmlischen völlig ledig geworden ist. — Doch das ist nur eine Nebenbemerkung, die nicht zur Sache
gehört; daher wollen wir uns dabei auch nicht länger aufhalten, sondern
sogleich unsere Blicke dahin wenden, wo und was unsere Schüler zu
thun bekommen. — Dieses große Mittelreich ist die Hauptwerkstätte für
alle himmlischen Geister; da bekommen Alle vollauf zu thun. Denn
denket euch diesen Ort, der alle Stunden eures Tages über fünf
bis sieben tausend neue Ankömmlinge erhält. Diese müssen Alle
sogleich durchgeprüft und an den ihnen vollkommen entsprechenden Ort
gebracht werden; oder besser gesprochen: Sie müssen sobald in einen solchen Zustand hinein geleitet werden, der mit ihrer Grundliebe in Eins
zusammenfällt. — Daher müssen sie in all' ihren Neigungen erforscht
und erprobt werden; und wohin sie sich dann am meisten neigen, dahin
muß ihnen auch geistig der Weg geöffnet sein. Auf der Welt thut sich
das freilich wohl nicht; denn das wäre der allerbarste sogenannte St.
Simonismus, welcher in der kürzesten Zeit die ganze Erde in ein Raub-
und Mordnest verwandeln möchte. — Aber im Geisterreiche wird gewisserart eben dieser St. Simonismus beobachtet; und ein Jeder kann dem
zu Folge seiner Neigung ganz ungehindert nachgehen. — Man wird hier
freilich sagen: Wenn es dort also, wer wird da in den Himmel gelangen? — Dort gilt es aber anders; und es heißt: Jeder Arzt muß eher
seinen Patienten vom Grunde aus erkennen, bis er ihm erst eine Medicin
verschreiben kann, die ihn vom Grunde aus heilen soll. Denn jenseits
ist Niemanden mit einer Palliativ=Cur etwas gedient; also muß jenseits
gewisserart werkthätig ein jeder neue Ankömmling ein Generalbekenntniß
von A bis Z seines Lebens ablegen; und ist Solches geschehen, dann

erst geschieht eine Veränderung des Zustandes, welcher die vollkommene Enthüllung heißt. — In diesem Zustande steht dann ein jeder Geist völlig nackt da, und gelangt dann in einen dritten Zustand, welcher die Abödung, wohl auch die Abtödtung alles Dessen genannt wird, was der Mensch mitgenommen hat. — Von da aus kommt der Geistmensch dann erst im guten Falle entweder in den ersten Himmel, oder aber auch in die erste Hölle im schlimmen Falle. — Wie sich dieser Ort der Abödung in der Erscheinlichkeit darstellt, hat euch mein Vorgänger in der abendlichen Gegend allda hinreichend gezeigt, wo ihr euch unter den Moosessern in der stockfinsteren Gegend befunden habt. — Wie diese Geister dann daraus successive in den ersten Himmel gelangen, oder auch gleicher Weise in die erste Hölle, das Alles habt Ihr bildlich klar dargestellt gesehen. Daher können wir nun sogleich die Frage lösen, was bei allen diesen Gelegenheiten unsere Schüler so ganz eigentlich zu thun bekommen. — Ihr Geschäft ist erforschen und die Wege öffnen bis zum Orte der Abödung. In diesem aber haben sie vor der Hand dann nichts weiter mehr zu thun; denn für das Weitere müssen schon tüchtigere Engelsgeister sorgen. — Wie aber geschieht solche Erforschung und Wegeröffnung? — Wir haben früher den sogenannten St. Simonismus berührt, und wollen nun durch ein kleines Beispiel die Sache in aller Kürze so klar als möglich darstellen; — und so höret denn! — Ein jeder Mensch, der hier seinen Standespflichten gemäß gelebt hat, und auch bei seinem Austritte aus dieser Welt mit allen sogenannten geistlichen Gütern versehen worden ist, fragt jenseits sogleich nach dem Himmel. Er wird auch erscheinlicher Maßen sogleich in einen Zustand erhoben, der für ihn des Himmels Oertlichkeit bildet. Solcher Himmel aber wird allzeit in seiner Wahrheit dargestellt, welche allzeit wahrlich himmelhoch verschieden ist von der, welche der neue Ankömmling in seiner begründeten Idee mit hinüber gebracht hat. Daß ihm aber ein solcher Himmel eben so wenig gefällt, als wie es hier so manchem gegenwärtigen Bischofe, Prälaten, u. s. w. der geistlichen Würden mehr, gefallen möchte, wenn sie auf einmal mit eigener Hand zum Nutzen ihrer Brüder den Pflug ergreifen müßten, — das läßt sich sehr leicht einsehen. Daher verlangt auch ein solcher Himmelgast, dem es in solch' einem Himmel gar nicht gut wird, gleich wieder von selbem hinaus; und wie er wieder in seinen gewöhnlichen Zustand zurück kommt, so sucht er sogleich in sich, was ihn auf der Erde am meisten vergnügt hat. Er findet z. B., daß schöne Weiber und Mädchen seine größte Freude auf der Erde waren. Solches merken sobald die ihn erforschenden und leitenden Geister, und stellen ihm vor, daß Dieses für den Himmel nicht taugt, indem seine Begierde unlauter ist; aber da protestirt er sogleich und spricht: Setzet mich nur auf die Probe; lasset mich zu den schönsten Weibern und Mädchen, und ich werde mich mit ihnen ganz gebührlich unterhalten. — Nach solcher Aeußerung wird dem Gaste sogleich gewillfahrt; er wird genau in jene Zustände geführt, in denen er sich nach und nach ganz leibhaftig in all' jenen Scenen befindet, die ihm auf der Welt so viel Vergnügen gemacht haben. Hier aber weichen die Geister zurück und lassen ihn allein agiren; doch immer unter ihrer für ihn unsichtbaren Beobachtung. — Daß der Gast hier alle seine

Scenen repetirt, braucht kaum erwähnt zu werden; was aber mit ihm dann weiter geschieht und das Geschäft unserer Geister ist, in der Folge.

## 295.
(Am 6. Decbr. 1843, von 4¼—5¼ Uhr Abds.)

Hat ein solcher Gast eine solche Scene von einer seiner Hauptleidenschaften durchgemacht, so wird er dann gewöhnlich voll Eckels gegen solch' ein flüchtiges Vergnügen, indem er sich dabei überzeugt, daß daran **nichts Reelles ist**. — Solches müßt ihr wissen, daß solche Geister auch jenseits den Beischlaf pflegen; aber sie empfinden statt des Lustreizes einen sehr bedeutenden Lustschmerz, und diese Eigenthümlichkeit macht ihnen um so eher eine solche Leidenschaft zum Eckel. Ist aber eine solche Leidenschaft auf diese Weise besiegt, dann sucht der Geist in sich etwas Anderes, was ihm sonst irgend auf der Welt Vergnügen machte; z. B. ein Spiel; — ist das der Fall, so sehnt er sich nach einer Spielgesellschaft. Auch diese wird ihm gewährt; er kommt unter bekannte Freunde, und ihr erstes Zusammenkommen verlangt nichts Anderes, als die schnelle Arrangirung eines Spieles. — Und sobald wird er in den Zustand versetzt, in welchem er alles Das findet, was zum Spiele, wie in seinem eigenen Hause auf der Welt, vonnöthen ist — Karten, Geld u. d. g. wie sich's gehört. — Das Spiel beginnt; endet aber dann gewöhnlich mit der gänzlichen Verspielung seines Geldes und seines Hauses. — Daß er dadurch wieder einen Haß auf das Spiel bekommt, versteht sich leichtlich von selbst; aber leider auch dabei auf die Spieler, die ihm Alles abgenommen haben. — Aber da sind eben wieder unsere Leiter sogleich bei der Hand, zeigen ihm das Nichtige seiner Leidenschaft und wie er sich durch dieselbe von Gott stets mehr und mehr entfernt, statt daß er sich Ihm nähern sollte; und auf diese Weise taucht in unserem neuen Gaste Alles wieder auf, was er von seinen Kinderjahren an getrieben hat. Selbst die Musik, wenn sie eine mehr sinnliche Leidenschaft ausmacht und mehr von dem Betreiber derselben als eine mit Hochmuth verbundene Gewinnsache betrieben ward, kommt dort in gleicher Reihe als böse Leidenschaft vor, und wird auf die gleiche Weise hinaus gearbeitet. — Auch die Malerei und Poesie, kurz Alles, was den Menschen auf der Welt bei irgend einem Grade von Vorzüglichkeit zu einem Hochmuthseigendünkel verleitet hat, muß auf eine ähnliche Weise hinaus geschafft werden. Aber solches Alles muß der Geist am Ende freiwillig thun; denn Niemand wird je zu Etwas auf was immer für eine Weise gezwungen und gewisserart gerichtet, sondern er selbst muß sich selbst zwingen und sich selbst richten! — Und Das ist eben dann das Geschäft vorzugsweise dieser leitenden Engelsgeister, daß sie jeden Neuangekommenen nach und nach vollkommen in sich selbst führen, und ihm allda Alles finden lassen, was er nur immer durch sein ganzes Erdenleben in sich aufgenommen hat; und zwar zuerst das Gröbere, und hernach das Feinere. So Mancher, besonders Römischgläubige wird das nicht sehr billig finden; denn für's Erste will er von den gebeichteten Sünden nichts mehr wissen, und für's Zweite glaubt er an ein besonderes Gericht, welches der Herr mit jedem Verstorbenen gleich nach dem Tode insbesondere vornimmt. — Der wird das nicht leichtlich annehmen, daß der Herr nie Jemanden richtet, und schon am allerwenigsten in der Geisterwelt. Eher noch wäre Solches auf der materiellen Welt anzunehmen, wenn man die so mannigfachen Züchtigungen gottvergessener Menschen als ein Gericht annehmen will. — Seine That aber ist hernach erst der Richter; denn wie seine Liebe ist, so ist seine That, und so auch sein Leben; — nur das Einzige ist vom Herrn von Ewigkeit fest bestimmt, daß ein jedes Leben seine bestimmten Wege hat, über die es ewig nimmer hinaus kann. — Diese Wege aber sind so intim mit der Natur des Lebens verflochten, daß sie eben mit dem Leben selbst das Leben ausmachen; und würde man Jemanden einen solchen Weg abschneiden, so schneidet man ihm seine Freiheit und somit auch sein Leben ab, — und ein solcher Abschnitt wäre so ganz eigentlich ein Gericht, welches jedem Geiste den Tod brächte. — Zugleich aber wäre der Herr Selbst nicht mehr vollkommen frei, so Er auch nur einem einzigen Geiste die volle Freiheit nähme; so wie ein Weltrichter schon dadurch nicht mehr frei ist und sich selbst gerichtet hat, sobald er nur einen Menschen in's Gefängniß verurtheilt hatte. Denn ist er auch sonst in seinem Wirken frei, so ist er aber schon bei diesem Einzigen beschränkt; denn so gut dieser im Gefängnisse schmachtet, schmachtet auch das Urtheil des Richters mit, und darf nicht eher aus dem Gefängnisse, als der Gefangene selbst. — In der materiellen Welt nimmt sich eine solche Gefangenschaft freilich nicht sehr evident aus, aber desto evidenter und effectvoller wird sie in der geistigen Welt. — Wohl aber hat der Herr einem jeden Haupt- und Grundleben ein vollkommen entsprechendes Ziel gesetzt, und das zwar zufolge Seiner unendlichen Liebe und Erbarmung; und dieses Ziel ist eben wieder kein Gericht, sondern nur ein Sammelpunkt, wo ein jeder Geist sein zerstreutes Leben und den Effect desselben vollkommen wieder finden soll. Desgleichen ein Ziel ist die Hölle sowohl, wie der Himmel; und die Geister einem oder dem anderen Ziele zuzuführen in ihrer vollen Freiheit, macht sonach das Hauptgeschäft unserer bekannten Engelsgeister im Mittelreiche aus. — Wie diese Führung geschieht, haben wir bereits gesehen; und was hernach mit dem geführten Geiste geschieht, wissen wir auch; und so bleibt uns nur noch übrig zu erfahren, was nach dieser Arbeit unsere leitenden Geister für ein anderes Geschäft überkommen. —

## 296.

(Am 7. Decbr. 1843 von 4—5½ Uhr Abds.)

Auch Das wird uns nicht viel Mühe kosten; denn wir dürfen nur bedenken, daß es außer dieser Erde noch eine sehr große Anzahl anderer Erdkörper giebt, auf denen eben also, wie auf dieser Erde, freie Wesen wohnen, — und es wird sich leicht herausfinden lassen, welche nächstkommende Beschäftigung unsere Geister überkommen. Ein jeder Erdkörper gehört irgend einem ganzen Planetensysteme zu; und je ein ganzes Planetensystem steht untereinander geistig also, wie natürlich, in einer Wechselverbindung und Wechselwirkung. — Dasjenige Planetensystem jedoch, was da zu euerer Sonne gehört, ist das erste, in welches unsere Geister wirkend übergehen. — Nr. 1 steht der Mond. Auf dem selben wird von diesen Geistern zuerst freilich wohl noch immer mehr ein pönitables, als ein freies Lehramt ausgeübt; und so sind diese Geister hier ungefähr Das, was bei euch die sogenannten Elementarlehrer sind, welche neben dem Lehrbuche auch zugleich eine Zuchtruthe oder den sogenannten Patzenferl in ihrer Hand halten. Warum hier Solches nothwendig ist, wisset ihr gar überaus gut; aber ihr wisset auch, wie es im Monde aussieht, was es mit seinen Bewohnern für eine Bewandtniß hat, und auch wie sie unterrichtet werden, und so bleibt uns darüber nichts Weiteres mehr zu sagen übrig. — Von da aus gehen diese Lehrer mit ihren Schülern etwa nicht sogleich in den Himmel über, sondern in die geistige Sphäre des Planeten Merkur, allwo sich auch schon höhere Lehrer aufhalten. — Von dem Merkur geht es dann in die Venus; von dieser, größerer Demüthigung halber, in den Mars; für jene, welche im Mars noch nicht den gerechten Grad der Demüthigung sich eigen gemacht haben, wird dann auch, wie ihr zu sagen pflegt, ein Abstecher in die vier kleinen Planeten gemacht. Bei Denjenigen aber, welche im Mars sich schon einen großen Grad der Demuth eigen gemacht haben, wird sogleich eine Erhebung in den Jupiter bewerkstelliget. Vom Jupiter aus erst wird in den überaus herrlichen Saturn übergegangen, von da in den Uranus und endlich in den euch schon bekannten letzten Planeten, unter dem Namen Miron. — Aber es versteht sich, überall nur in die geistige Sphäre dieser Planeten. — Es könnte hier Jemand fragen: Ist denn das der gewöhnliche Weg, welchen alle Geister durchgeführt werden müssen, um endlich einmal in den Himmel zu gelangen? — O nein, sage ich; diesen Weg betreten unter der Leitung der uns bekannten Geister nur diejenigen Menschen, welche hier sehr naturmäßig und eitel sinnlich waren. Diese müssen auf dem freilich wohl etwas langwierigen wissenschaftlichen Wege in die Liebe und Weisheit des Herrn eingeleitet werden; und das darum, weil die naturmäßige Sinnlichkeit des Menschen eine Folge der Aufnahme jener Wirkung ist, welche man die planetarische bei den Menschen nennt. — Es ist zwar kein Mensch passiv genöthiget, diese planetarische Wirkung in sich aufzunehmen; wenn er sich aber durch Anreizungen des Fleisches und noch anderer die Sinnlichkeit erregender Vergnügungen befähiget, so nimmt er dann auch solche Einflüsse halb leidend und halb thätig in sich auf. Da aber diese Einflüsse zumeist sinnlicher Art sind, so sind sie schlecht; und der Mensch kann in ihrem geistig entsprechenden Besitze nicht eher in das Reich der Himmel gelangen, als bis er von all' diesen Besessenheiten ledig wird. — So ist z. B. eine übertriebene Reise- und Handelslust eine Einwirkung des Merkur, wie er auch als solcher schon bei den uralten Weisen bekannt war. — Von der Venus rührt das schöngeistige verliebte Wesen her, wie es ebenfalls schon den alten Weisen bekannt war; — vom Mars die Kampf- und Herrschlust, wie es auch die alten Weisen gekannt haben; — vom Jupiter eine übertriebene pedantische Ehrsucht zufolge tiefer Gelehrsamkeit; — vom Saturn eine leichte Erregbarkeit der Leidenschaften; vom Uranus eine große Prachtliebe, und vom Miron eine übertriebene Lust zu allerlei Künsten, als: Musik, Poesie, Malerei, Mechanik, Industrie aller Art u. d. g. m. — Es ist hier nicht die Rede, als bekäme der Mensch der Erde Solches etwa aus den Planeten; sondern der Mensch hat solches Alles ursprünglich in sich im gerechten Maße, und kann dasselbe auch in sich wecken und gerecht gebrauchen. — Aber wenn der Mensch sich auf einen oder den andern Zweig zu sehr hinwirft, so excitirt er eben dadurch die Einwirkung eines solchen Planeten, weil er den in sich tragenden Planeten besonders hervorhebt, und sich seinem Einflusse preisgiebt, weil er eben dadurch den beiderseitigen wechselwirkenden Polaritäten durch die Erweckung seiner besonderen Leidenschaft den ungehinderten Verkehr einräumt, was eben nicht schwer zu begreifen ist für Den, der noch etwas von der Ursache des Sehens sich von meinen ersten Erläuterungen gemerkt hat, denen zufolge Niemand etwas sehen kann, was er nicht in sich hat; — und aus eben diesem Grunde müssen dann solche Geister diese Planetenreise durchmachen, und gewisserart auf dem wissenschaftlichen Erfahrungswege all' das Fremdartige dort deponiren, von woher sie es aufgenommen haben. Sind sie damit fertig, so erst kommen sie in die Sonne, in welcher sie ebenfalls zuerst alle die gleichen planetarischen Eigenschaften im Grunde des Grundes durchzumachen haben, und nach Beendung solcher Schule erst dann zu den geringsten Wärtern der kleinen Kinder werden. Die Führer werden aber hier dann zu Hauptlehrern; und haben sie eine Schule bis zur Vollendung empor gebracht, so erst werden sie zu Bürgern der heiligen Stadt **Jerusalem** aufgenommen, allwo sie aber jedoch zuerst die beiweitem Allergeringsten sein müssen, und müssen da sich leiten lassen von den Hauptbürgern für allerlei großartige Geschäfte, welche herzuzählen eine Welt voll Bücher nicht fassen würde! — Denn wie unendlich die Schöpfungen des Herrn sind, so unendlich verzweigt sind auch die Geschäfte der Engel des obersten Himmels. — Nun wisset ihr den ganzen Fortgang, und die endliche Bestimmung der Kindergeisterengel, und kennet somit auch die geistige Einrichtung der Sonne. — Und somit ist auch mein Lehramt für euch zu Ende; kehret daher wieder dorthin zurück, wo der Herr Selbst eurer harret! —

## 297.

(Am 11. Decbr. 1843 von 4¼–5 Uhr Abends.)

Nun seid ihr wieder hier; möchtet ihr Mir denn nicht so in euerem Gemüthe kund thun, was Alles ihr bei Meinem Johannes gesehen, erfahren und somit gelernt habt? — Ihr steht jetzt wohl voll Achtung da vor Mir, und saget in euch: Was sollen wir Dir, o Herr, erzählen, Dir, Dem unsere Gedanken schon eher bekannt waren, als wir sie noch gedacht haben, ja eher, als noch eine Sonne die Strahlen aus der weiten Unendlichkeit an sich zog, um sie dann wieder aus sich mit vielfach erhöhter Kraft strahlen zu lassen? — Ja, Meine lieben Kinder, der Vater weiß zwar für Alles; aber dessen ungeachtet bespricht Er sich gern mit Seinen Kindern, als wüßte Er nicht für Alles. — Ich aber sehe in euch eine geheime Frage, und diese lautet also: O Vater, Du ewige Liebe und Wahrheit! unbegreiflich groß und wunderbar über alle menschlichen Begriffe ist Das, was wir nun in den Sphären Deiner Engelsgeister vom Ersten bis zum Letzten gesehen, gehört, erfahren und gelernt haben. Nun aber möchten wir von Dir dazu noch ein heiliges Wort vernehmen, das uns kund thäte, ob alles Das wirklich also die volle Wahrheit ist? — Sehet, Meine lieben Kinder, also lautet euere geheime Frage; und Ich antworte euch darauf also: Gleich im Anfange schon, als wir das äußere Zifferblatt unserer Uhr betreten haben, oder vielmehr diese Außensphäre der geistigen Sonne, habe Ich euch gesagt, wie der Himmel und die ganze geistige Welt sich nicht irgend örtlich zur Erscheinlichkeit darstellt, sondern er ist, wie alle geistige Welt, in den Geistern selbst; oder die Lebenssphäre eines Geistes ist seine Welt, die er bewohnt. — Ich sagte, um Euch davon zu überzeugen, euch ein Gleichniß vor, in welchem Ihr ein sogenanntes Diorama beschautet. Diesem Gleichnisse gleich, führte Ich dann vor euch nach einer gewissen Ordnung die hier noch anwesenden zehn Geister, und zeigte euch dabei an, wie ihr allda ebenfalls ein geistiges Diorama treffen und in der Sphäre eines jeden Geistes ein anderes Bild der geistigen Welt zur Beschauung bekommen werdet. Solches war auch der Fall, wie ihr euch bisher nun zehnfach überzeugt habt, indem ihr in der Sphäre eines jeden dieser zehn Engelsgeister allzeit die geistige Welt in einer ganz andern Form erschauetet. Das ist nun mehr als sonnenklar vor euch; und Ich aber habe euch noch hinzu gesagt, daß ihr dieses geistige Diorama in eben denselben Geistern wiederholtermaßen durchgehen könnet, und ihr werdet die geistige Welt wieder in einer ganz anderen Form erschauen. Also dürftet ihr auch in die Sphären noch anderer Geister treten, und ihr würdet in einer jeden solchen Sphäre wieder eine ganz andere Form der geistigen Welt sowohl in ihren einzelnen Verhältnissen, wie in ihrem Gesammtbestande erblicken. — Darnach aber betrachtet kann Ich euch auf euere Frage auch keine allgemein bestimmte Antwort geben, außer daß Ich euch sage: Es verhält sich hier in Allem also: **Wie der Same, so ist die Frucht, wie die Werke, so der Lohn, und wie die Liebe als Grund der Werke, also die Form der Welt, die sie geistig in sich erschafft.** Ihr habet zwar verschiedene Formen geschaut, aber dennoch überall eine und dieselbe **Wahrheit**. Denn an der Form liegt nichts, sondern Alles nur an der **Wahrheit**. — Und so wollte Ich euch nicht etwa zeigen, wie der Himmel, die geistige Welt oder die Hölle aussieht, sondern nur, wie sich dieses Alles nach der Art der Liebe in eines jeden Menschen Geiste **ausbildet**. Aus dem Grunde habt ihr im überreichen Maße tausenderlei Formen geschaut, und bei jeder Form ward euch die innere Wahrheit kund gethan; und somit kann Ich euch sagen, daß ihr in der **Sphäre der Wahrheit** den **ganzen Umfang des geistigen Lebens** gesehen habet! — Was aber natürlich die Formen betrifft, so geht dieses so sehr in das Unendliche, daß ihr es in Ewigkeiten nicht im geringsten Theile sogar völlig erschauen werdet können! — Und so könnt ihr damit vollkommen ruhigen Gemüths in der Fülle der Wahrheit zufrieden sein; besonders wenn Ich euch noch hinzu sage, daß, so lange diese Erde von Menschen bewohnt wird, die geistigen Lebensverhältnisse noch nie so **umfassend und völlig enthüllt** kund gegeben wurden, als dieses **Mal**. — Was immer da Jemand sucht, in welch' immer für einem Verhältnisse er sich befindet, kann er in dieser Veroffenbarung auf ein Atom genau finden, wie es mit ihm steht. — Wer dieses Alles mit tiefer Aufmerksamkeit und großer Andacht durchlesen wird, der wird die große überzeugende Wahrheit nicht nur in dieser **Sonnenveroffenbarung**, sondern **lebendig in sich selbst** finden. — Damit aber ein Jeder das Alles in sich selbst als vollkommen wahr finden möge, will Ich in der noch kurzen Folge einige Gleichnisse und Bilder hinzufügen, welche alle die geheimen Winkel dieser Offenbarung erleuchten sollen. — Für heute daher Meinen Segen, und gut! —

## 298.
(Am 12. Decbr. 1843 von 4¼—5½ Uhr Abds.)

Wenn ihr im Evangelio nachleset, so werdet ihr mit leichter Mühe finden, unter was für allgemeinen Bildern Ich Selbst das Himmelreich dargestellt habe. — Unter den Gleichnissen findet sich das **Senfkörnlein** vor; dieses Gleichniß ist eben auch dasjenige, welches nun am allermeisten hierher taugt. Klein ist dieses Korn; wer sieht in ihm die baumartig große Pflanze? — Doch trägt dieses Senfkörnlein eine ganze Unendlichkeit seines Gleichen in sich; zahllose ganz gleiche Senfkörnlein können aus dem Einen hervorgehen. Säet zahllose solche Senfkörnlein in das Erdreich, und ihr werdet wohl lauter gleiche Pflanzen daraus bekommen. Aber was die gewisse Symetrie der Form betrifft, da wird nicht ein Stamm dem andern gleichen, so wenig, als ihr auf einem und demselben Baume im Stande seid, zwei vollkommen gleich symetrische Blätter zu treffen. — Wer dieses Beispiel von diesem Gesichtspunkte faßt, der wird daraus doch sicher den Schluß ziehen und sagen: An der symetrischen Form, welche man eine bleibende oder constante nennen könnte, liegt nichts; denn ob ein Blatt auf diesem oder jenem Punkte des Stammes oder eines Astes und Zweiges hervorkommt, ob es etwas größer oder kleiner, oder ob der Stamm selbst höher oder niederer dem Boden entwächst, mehr oder weniger Aeste und Zweige schießt, und diese allzeit noch in einer anderen Ordnung, so macht das Alles nichts, wenn nur der Stoff der Pflanze und deren Brauchbarkeit eine und dieselbe bleibt. — Sehet, das ist im Grunde nichts Anderes, als so Ich euch sage: An der Form oder an dem Erscheinlichen der Geisterwelt liegt an und für sich gar nichts, wenn nur alle diese endlos verschiedenen Formen und Erscheinungen **eine und dieselbe Wahrheit und einen und denselben Zweck** zum Grunde haben. — Und so trägt denn ein **jeder Mensch ein anderes Samenkorn für die Entwicklung der geistigen Welt in sich**, welches in ihm aufgeht, endlich zu einem Baume wird, welcher da ist die Form der inneren Welt. Wenn ihr verschiedene Samenkörner in die Erde streuet, und das in eine und dieselbe Erde; meint ihr wohl, daß daraus ganz gleiche Gewächse zum Vorschein kommen sollen? — Oder daß selbst aus einem und demselben Samenkorne ein vollkommen gleiches Gewächs hervorwachse, so eben dasselbe Samenkorn mehrfach in die Erde gelegt wird? — O mit nichten, überall etwas Anderes, und bei gleichartigem Samen wenigstens ein anderes Bild. — Aber alles Dessen ungeachtet bleibt sich der Grundstoff gleich; und ihr könnt auf euerem chemischen Wege alle Materie zerlegen, wie ihr nur immer wollt und könnt, und dennoch werdet ihr bei der letztmöglichen Zerlegung auf nichts, als zwei Urgrundstoffe kommen, nämlich auf den euch wohlbekannten sehr flüchtigen **Kohlenstoff** und den zusammenziehenden Sauerstoff. — Sehet, das ist wieder gleich der Grundwahrheit und dem Hauptzwecke aller Formenerscheinlichkeit im Reiche der Geister. — Ueberall ist nur ein Gott, ein Vater, eine Liebe, eine Weisheit; und aus ihr geht hervor das Unendliche, wie das Ewige! — Beschaut das Gewölk, das tagtäglich über euerer Erde Boden in der Luft dahin zieht; habt ihr je schon eine beständige Form an selbem entdeckt? — Wenn es am Morgen also steht, werdet ihr es am Abende gleich also erblicken? — Oder am nächsten Tage, oder in einem nächsten Jahre? — Endlos verschieden verändern sich die Formlinien des Gewölkes; nimmer erblicket ihr ganz dieselben wieder, die ihr schon geschaut habt. Beirrt euch aber Das in euerem Dasein? — Sicher mit nichten; denn es mag die Wolke unter was immer für einer Form in der Luft dahin schweben, sie bleibt deßwegen doch nur eine Wolke, als nur eine Wahrheit, und ihr Zweck ist, den Regen zu geben, und das ebenfalls in einer und derselben Art, wenn alle Bedingungen ordnungsmäßig vorhanden sind, die zur Erzeugung des Regens vonnöthen sind. — Und so liegt hier wieder nichts an der Form, sondern einzig und allein nur am Grunde und am Zwecke Alles. — Ueberhaupt, was das erscheinliche Wesen betrifft, so ist dessen stets andere Form nur zur Weckung des Geistes da, der darin sein Wonnegefühl findet; — denn unter einem ewigen vollkommenen Einerlei würde Alles in einen ewigen Schlaf dahin sinken. Nur aber muß der Mensch sein Heil und seine Seligkeit nicht in der Form, sondern in der Realität und in der Wirklichkeit suchen. Was die Form betrifft, so habe Ich für ihren ewigen, stets neu reizenden Formenwechsel schon von Ewigkeit her gesorgt; — und es gilt auch dafür der Grundtext aus dem Evangelio: „Suchet nur vor Allem das Reich Gottes und seine Gerechtigkeit; alles Andere wird Euch hinzugegeben werden." — Fraget daher nicht Diesen oder Jenen: Wie steht der Himmel aus, und wie die Geisterwelt? Denn alles Das ist eitel! — Sondern suchet jegliches Wort von Mir in euch lebendig zu machen durch die Werke der Liebe; und ihr habt dann schon in euch den Himmel lebendig, und Alles, was der Geisterwelt ist. Denn es wird nie Jemand in einen Himmel kommen, der da also aussehen möchte, wie er ihn so oder so beschrieben in sein Gedächtniß und in sein Vorstellungsvermögen aufgenommen hat, indem ein Jeder den eigenen Himmel und die eigene Geisterwelt in sich trägt, davon die Form sich allzeit richten wird nach der Art der Liebe, die in ihm ist, und nach den Werken, die aus ihr hervorgegangen sind. — Wenn aber Jemand einem Fremden möchte die Gestalt eines Apfelbaumes dadurch vollkommen erkenntlich machen, daß er zu ihm spräche: Siehe, da vor uns steht ein Apfelbaum; merke dir genau die Höhe und Dicke des Stammes, genau die Lage seiner Aeste und Zweige und ebenso die Blätter und die Rinde, und du wirst jeden Apfelbaum erkennen, der dieser Form vollkommen entspricht. — Der also Unterrichtete zeichnet sich die Form des Baumes genau auf, und geht damit in einen großen Baumgarten, der nahe aus lauter Apfelbäumen besteht. Er paßt seine aufgezeichnete Form überall an; da er aber dieselbe also vollkommen nicht wieder findet, so existirt für ihn in diesem Baumgarten kein Apfelbaum. — Also soll sich da Niemand in irgend einer Erscheinlichkeit begründen; denn da wird er allzeit hohl ausgehen. — Wenn er aber die Sache im

Geiste der Wahrheit nimmt, so wird er unter einer jeden Form die Wahrheit finden, und den Weg und das Leben! — Diese Sache ist von großer Wichtigkeit; daher soll all' dieses Gegebene Jedermann wohl überdenken und es genau prüfen in sich, damit er zufolge dieser Prüfung der Weisheit wahren Grundstein finden möchte. — Also heißt es, und wird es sein ewig wahr und gut. — Zur näheren Beleuchtung alles Dessen nächstens der Beispiele mehr! —

## 299.
(Am 13. Decbr. 1843, von 4¼—6 Uhr Abds.)

Was ferner noch das Himmelreich betrifft, so ist es gleich dieser euerer gegenwärtigen Zeit, welche wieder gleich ist dem Säemann im Evangelium, der da guten Samen ausstreute, von dem ein Theil auf den Weg, ein Theil in's Gebüsch, ein Theil auf Steinboden und nur ein Theil auf gutes Erdreich fiel. — Sehet nur euere Zeit an, ob sie nicht also dem Säemanne und dem Himmelreiche gleicht? — Das Wort wird allenthalben ausgesäet; allorts leben noch geweckte Menschen, die das Wort aus dem innern Grunde erläutern. — Allein die Bedürfnisse der Menschheit in der gegenwärtigen Zeit sind gleich geworden dem Wege, auf den der Same fällt, oder auf deutsch gesprochen: Sie sind rein weltlich geworden; daher macht das Wort bei ihnen gerade solch' einen Effect, als würfe man Erbsen an die Wand, da sicher keine wird picken bleiben und noch weniger Wurzeln schlagen in dem harten, steilen und platten Grunde. Daher dürfte Ich alle Engel des Himmels herabsenden, und von ihnen das Wort des Lebens allorts verkünden lassen auf die wunderbarste Weise, — heute, morgen und übermorgen werden es die Menschen ganz erschüttert anhören und annehmen; aber weiter hinaus werden sie anfangen das Wunder ganz gleichgiltig zu betrachten und dabei ihren Weltgeschäften nachrennen, wie zuvor. Das sind die industriellen Menschen und besitzen nimmer zu sättigenden Bedürfnisse. Sie gleichen dem Gebüsch und den Dörnern. Geht Anfangs das Wort auch auf, so wird es aber dennoch bald erstickt, und die Menschen werden hernach gleichgiltiger gegen dasselbe, als zuvor; denn eher sprachen sie: So wir es auf einem wirklich wunderbaren Wege erhielten, da wollten wir ja glauben und darnach thun. Ich aber willfahre auch diesem Wunsche; fast an allen Orten spende Ich es nun, wie hier, wunderbar aus. Welche Effecte aber macht es? — Höchstens hier und da politische Bedenklichkeiten; das ist aber auch schon das Meiste. Daß sich aber Jemand daran kehren möchte, — dieses gute Erdreich, wo ist es? — Ich sage: Wo hundert Millionen Menschen leben, da ist viel zu viel mit tausend gesagt, die sich daran wahrhaft lebendig kehren möchten. Was nützen darunter zehn oder hundert Tausende, die das wohl recht gläubig anhören, wenn es aber auf's Thun kommt, so lassen sie sich von einem Tage bis zum andern Zeit; denn sie sagen: Warum sollte man sich denn gar so anstrengen, um irgend ein ewiges Leben zu erlangen? Giebt es ein ewiges Leben, wie sie es glauben, so wird es wohl nicht so schwer sein, dasselbe zu erlangen; daher nur lustig gelebt und am Ende dennoch selig gestorben! — Was braucht man darüber mehr? — Da haben wir aber auch zugleich den steinigen und sandigen

Grund. Dieser nimmt wohl auch den Samen auf, und dieser geht auch bis zur Hälfte auf; aber der Boden hat keine Feuchtigkeit, und so geht am Ende noch Das, was aufgegangen ist, zu Grunde! — Also hält sich der alleinige Glaube nie, wenn er nicht durch die That belebt wird. Gleich also, wie die pure Theorie ohne thatsächliche Uebung und Anwendung derselben nie einen praktischen Menschen hervorgehen machen wird. — Also könnt ihr jetzt auch eine Legion um die andere moralischer und religiöser Plauderer finden; aber alle diese Plauderer wollen an sich keine Probe machen und nicht ein Steinchen mit einem Finger anrühren; denn ein Jeder glaubt schon damit etwas außerordentlich Verdienstliches geleistet zu haben, wenn er nur gut gepredigt und durch sein moralisches und religiöses Geplauder allenfalls einige dumme Andächtler und Schwärmer zuwege gebracht hat. Niemand aber will im Ernste die Wege versuchen, durch welche er unmittelbar dahin gelangen möchte, allwo er mit **Mir Selbst** in die Verbindung träte und dann aus Meinem Munde eine lebendige Lehre bekäme, die ihn erst zu einem guten Erdreiche umstalten könnte. — Es giebt zwar eine Menge Gottesgelehrte und Theosophen; aber darunter kaum Einen, der nach Johannes wirklich von Gott gelehrt wäre, der da spricht, daß Alle sollen von Gott gelehrt sein! — Fürwahr, so Ich nicht aus Meiner großen Erbarmung heraus Jemanden aufrütteln möchte hier und da, gleichwie ein emsiger Hausherr sein träges und faules Gesinde aufrüttelt, so wüßte von den Zeiten der Apostel angefangen bis jetzt beinahe kein Mensch, was das lebendige Wort ist, und was es heißt: „Von Gott gelehrt sein." — Die derzeitigen Gottesgelehrten stellen Mich lieber ganz geheimnißvoll über alle Sterne hinaus, und lassen Mich da in einem völlig unzugänglichen Lichte sitzen; — warum aber thun sie das? — Sie thun das aus verschiedenen Gründen; der erste wäre z. B. der: „Weit weg ist gut vor dem Schuß." — Der zweite möchte also lauten: Keinem Menschen ist es sonach möglich, sich Gott also zu nähern, daß er von Ihm gelehrt würde; — und noch ein Grund, der sich auf den vorigen stützt, lautet also: Gott hat dem Menschen Vernunft und Verstand gegeben; das sei das lebendige Wort Gottes im Menschen. Wer sich darnach kehrt, der lebt nach dem Willen Gottes, und der seinen Verstand und seine Vernunft ausbildet, der ist schon von Gott gelehrt; denn Niemand kann von Gott unmittelbar, sondern nur also mittelbar gelehrt werden, indem Gott ja über allen Sternen im unzugänglichen Lichte wohnt. — Wenn dann gegenüber diesen geheimnißvollen theosophischen Thesen Ich dennoch hier und da Jemanden erwecke, der dann unmittelbar von Mir ein lebendiges Wort empfängt, so wird er von dem größten Theile der gegenwärtigen Menschheit als ein **Narr** und **Schwärmer** erklärt, mitunter auch als ein **Betrüger** und **Charlatan**, der sich einige Fähigkeiten seines Verstandes zu Gute zu machen versteht. — Saget, ob es nicht also ist? — Es werden euch verschiedene Männer nicht unbekannt sein, und das aus der neuen Zeit, vom achtzehnten und neunzehnten Jahrhunderte, wie auch so manche noch aus einem früheren Jahrhunderte. Was aber ist ihr Loos? Nichts als die stumme Vergessenheit; der gelehrten Welt genügt, daß sie ihre Namen kennt. Was aber diese Männer aus **Mir** gelehrt haben, das geht sie nichts an; — und wenn es auch noch hier und da Einen oder den Anderen giebt, der ein solches Buch liest, so kommt er aber dennoch bald auf Sätze, die mit seiner Vernunft nicht übereinstimmen. Er verwirft daher auch bald das Ganze, und läßt sonach unseren von Mir gelehrten Mann ruhen. Wenn es gut geht, so läßt man höchstens allein Mir noch einige Gerechtigkeit widerfahren; aber Meine Boten sind lauter Narren und Betrüger. Ist nicht also euere Zeit beschaffen? Ich meine, das kann ein Jeder mit der Hand greifen. — Da aber das Himmelreich keine irgendwo vorhandene Oertlichkeit ist, sondern nur ein Zustand des vollkommenen Lebens, so ist das Himmelreich auch vollkommen gleich euerer Zeit, und zwar in dieser Zeit; nämlich es ist karg, armselig, klein, selten. Und da es noch ist, daselbst ist es nicht rein; wird aber das wohl ein Himmelreich sein, so es nicht ganz rein ist? — Ich sage Euch: Das Himmelreich ist in dieser Beziehung sehr relativ; und das darum, weil einem jeden Narren seine Kappe am besten gefällt. Ein Jeder findet in seiner Dummheit sein Himmelreich; ob das wahre aus Mir, das ist eine andere Frage. — Dieses ist wahrlich selten, karg und spärlich geworden. Warum denn? Weil bei den Menschen das gute Erdreich ausgegangen ist! — Daher mag Ich auch nun säen, wie Ich will, den allerbesten und reinsten Samen, so fällt er aber dennoch auf lauter Wege, zwischen Dörner und auf steinigen Boden, hier und da zwischen einer Ritze am Wege, so auch zwischen einer Steinkluft gehen etwa aus einer Million Körnern tausend auf, und hundert erreichen die Reife; und das ist dann die ganze Ernte und das ganze Himmelreich! — Und das ist doch sicher karg, selten und spärlich! — Aus Dem könnt ihr abermals ersehen, daß alles bisher Gesagte seinen guten Grund hat; daß an der oberflächlichen Erscheinlichkeit des Geistigen eben so wenig gelegen ist, als an den Erscheinungen der Zeit. Sie sind taub und hohl, aber für den Weisen sind sie eine Schrift, aus deren Grundzügen er mit leichter Mühe die innere Wahrheit findet; denn einer jeden Erscheinlichkeit geht ein wirkender Grund voraus. Ist die Erscheinlichkeit edel und gut, so wird es auch im gleichen Maße der Grund sein; ist die Erscheinlichkeit aber unedel, d. h. weltlich, so wird es auch ihr Grund gleichen Maßes sein. Wer alsdann alles Geistige in seiner wahren Gestalt erschauen will, der binde sich nicht an das Erscheinliche, sondern er bediene sich desselben nur zur Erforschung des Grundes; hat er diesen, so hat er das ganze Wesen aller Geisterwelt. — Wie aber dieser zu erforschen ist aus dem Erscheinlichen, soll in der Folge gezeigt werden. —

## 300.
(Am 14. Decbr. 1843 von 4¼—6 Uhr Abds.)

Im Verlaufe der ganzen Mittheilung aus dem Gebiete des geistigen Sonnenreiches ist wohl in dieser Hinsicht jedes einzelne kleinlichste Verhältniß gezeigt worden, wie die Geisterwelt mit der naturmäßigen zusammenhängt; und man könnte darum hier füglich sagen: Um aus den Erscheinlichkeiten auf den Grund schließen zu können, — darüber ist es nahe unnöthig hier noch etwas Weiteres zu sagen, indem eben dieser Gegenstand im Verlaufe der ganzen Mittheilung in all' seinen Zweigen auf das Hinreichendste beleuchtet worden ist. Ich aber sage: Des Guten hat der Mensch nie zu viel; wohl aber am Schlechten. Denn viel Gutes mag oft das Schlechte nicht bessern; aber ein wenig Schlechtes kann oft viel Gutes verderben! — Und so wollen wir auch noch durch so manche anschauliche Beispiele unseren vorliegenden Gegenstand so klar als möglich beleuchten. — Seht an einen Baum; sein Wesen, wie es da ist, stellt euch das ganze Wesen der Geisterwelt in ihrem Verhältnisse zur naturmäßigen Welt in entsprechender Erscheinlichkeit dar. — Das Inwendigste des Baumes, der Kern also ist das Himmlische; der Stamm, die Aeste und die Zweige sind das eigentliche Geisterreich, das sein Leben hat vom inwendigen Kerne. — Ueber dem Holze des Stammes werdet ihr die Rinde erblicken, welche das Außenerscheinliche des Baumes ist. Diese Rinde an und für sich ist völlig todt; aber unter der äußeren völlig todten Rinde befindet sich noch eine andere Rinde, die ihr die lebendige nennet; diese ist gleich demjenigen Verbindungszustande, wo das Geistige in das Materielle übergeht. Betrachten wir die Wirkung dieser Rinde; aus ihr geht zuerst die äußere todte Rinde hervor, und wieder geht aus dieser lebendigen Rinde all' das vergängliche Blätterwerk, wie auch die äußere Form der Blüthe, und endlich selbst die äußere Rinde der Frucht hervor. Alle diese Producte aber sind nicht bleibend; sie fallen ab nach der Zeit, wann sie ihre Dienste geleistet haben. — Seht, so ist es mit der Welt und allem Dem, was ihr angehört. Alles das gleicht der äußeren Rinde, den Blättern und Blüthen, aber auch endlich den Früchten eines Baumes. Diese fallen ab; aber der Baum besteht und trägt in seinem innern Leben zahllosfältig das Außenbild des Erscheinlichen und Vergänglichen. — Wie kann man aber nun aus dem Erscheinlichen auf den inneren wahren Grund schließen? Ich sage: Auf die leichteste Weise von der Welt; ihr dürfet nur das Erscheinliche euch verunendlichfältigt und zugleich gesammtwirkend zweckdienlich vorstellen, so habt ihr den Grund des Geistigen schon vor euch. Der Hauptgrund aber ist dadurch ersichtlich zu finden, so ihr die ganze vieljährige vegetative Action eines Baumes betrachtet; — er besteht in lediglich nichts Anderem, als in der steten Mehrung und fortwährend sich steigernden Kräftigung des Lebens. — Ganz einfach wird dieses in einem einzelnen kleinen Samenkorne in die Erde gesetzt; — welche Lebenskraft ursprünglich in diesem Samenkorne ist, z. B. in einer Eichelnuß, kann ein jeder Mensch erproben, wenn er eine solche Nuß in seine Hände nimmt, und damit herumspielen kann, als wie mit einer Federflaume. Wenn aber eben diese sehr unbedeutende Eichelnuß in die Erde gesetzt wird, so fängt sich in ihr das vegetative Leben an zu kräftigen; ein junger Eichbaum mit höchstens zwei Blättern wird zuerst ersichtlich. In diesem ersten Stadium ist das vegetative Leben des werdenden Eichbaumes noch schwach; es übertrifft in seinem Gewichte vielleicht kaum um das Zehnfache das Gewicht der vorigen glatten Eichnuß. Aber betrachten wir es nur um dreißig Jahre später; da hat es sich schon eine so mächtige vegetative Lebenskraft angeeignet, daß ihr an seinem Stamme mehrere hundert Pferde anbinden könnet, und sie werden ihn mit all' ihrer riesigen Kraft nimmer dem Boden zu entreißen vermögen. Betrachtet es aber in einem Alter von hundert Jahren; welch' ein riesiger, majestätischer Baum, und welche allen Stürmen trotzende Kraft in ihm! — Wieviel tausendfältig hat diese hundertjährige Eiche in den gleichen Eichelnüssen ihr ursprüngliches kleines vegetatives Leben reproducirt! Und wie mächtig hat sie durch ihre Abfälle und dadurch gewisserart mit dem Ueberflusse ihrer vegetativen Lebenskraft den Boden um sich herum gedüngt, und ihn zur steten Vermehrung der eigenen Lebenskraft belebt! — Kurz, ein solcher Baum ist zu einer Welt voll Lebens geworden; und das Alles kam von einer einzelnen unbedeutenden Eichelnuß. — Sehet, also geht ursprünglich von Mir aus nur ein Fünklein der Lebenskraft, mit dem Vermögen ausgerüstet, sich als eine Lebenskraft bis in's Unendliche zu stärken und zu kräftigen; und dazu dient eben diese Erscheinlichkeit am Baume zu Jedermanns klarster Evidenz. — Wir sagten ehedem: Aus der lebendigen Rinde geht das erscheinliche Blätterwerk hervor, und die äußere Blüthe und selbst die Rinde der Frucht. In der Frucht selbst bekommt der Keim des Kernes nur ein überaus kleinstes Fünklein aus dem allgemeinen Leben des Baumkernes; der Kern wird sammt der Frucht reif, und stellt den Menschen in seiner Welterscheinlichkeit dar. Höchst einfach und wenig sagend ist seine außenerscheinliche Form und gering seine Kraft. Aber er ist gleich einer Eichelnuß; wenn er in das gute Erdreich Meines Willens gesetzt wird, da geht sein innerer Keim auf, und dieser wird endlich selbst zum mächtigen Baume, dessen Kraft die Kraft zahlloser ehemaliger Eichelnüsse übertrifft. Und sehet, so hat ein jeder Mensch den Keim seines geistigen Zustandes, der die eigentliche Geisterwelt ist, schon in sich. Er ist auf dieser Welt ein Lebensfünklein, das sich kräftigen soll zu einer Lebenssonne. Aus seinem atomgroßen Lebenskeime soll ein riesiger mächtiger Lebensbaum werden; — und also ist es. — Wie die Eichelnuß zahllose Wälder voll der riesigsten Bäume in sich trägt, die sich alle sicher aus dem einzelnen Kerne entwickeln können, also trägt auch der Mensch in seinem klein scheinenden Leben auf dieser Welt eine unendliche Kräftigung und Potenzirung desselben in sich. — Es heißt aber im Evangelio, wo Der spricht, der sein Talent vergraben hatte: „Ich weiß, daß du ein strenger Mann bist und willst ernten, da du nicht gesäet hast. Wo du Eins setzest, da willst du Tausend gewinnen; darum vergrub ich das Talent, auf daß ich es dir gebe, wie du es mir gegeben hast." — Darauf aber spricht der Herr des Talentes: „Ei, du schalkhafter Knecht! Wußtest du, daß ich ein ungerechter Mann bin und will ernten, da ich nicht gesäet habe, warum trugst du denn nicht das Talent zu einem Wechsler, der mir darum Wucherprocente gegeben hätte?" — Sehet, aus dieser Stelle, welche also lauten sollte, erscheint ganz klar, daß Ich das Leben in den möglichst kleinsten Partien aus Mir hinausstreue in die endlosen Gebiete Meines allwaltenden Seins, um aus einer jeglichen dieser kleinsten Lebenspartien eine übermäßig potenzirte Lebensmasse zurück zu bekommen. Sehet, das ist der wahre innerste Grund alles geistigen Lebens; aber bin Ich da wirklich ein harter, eigennütziger, ungerechter Lebenswucherer? — O nein! Denn außer Mir giebt es ja nirgends ein Leben; und das aus dem einfachen Grunde, weil es ewig nirgends ein Außer-Mir giebt! — Ich bin die Nährquelle ewig für alles Leben! — Was würde wohl mit dem Leben werden in den Zeiten der Zeiten, so diese Urgrundquelle alles Lebens verstechen möchte? — Sehet, da würde sich am Ende alles Leben in's Unendliche verflüchtigen, und nichts bliebe dann am Ende übrig, als eine ewig leere, finstere, todte Unendlichkeit! — So aber Ich, als die Urgrundnährquelle für alles Leben Mich Selbst in jedem Augenblicke unendlich in Mich

Selbst wiederkehrend stets endlos kräftige und stärke, so wird dadurch auch alles particelle Leben, welches sich in euch geschaffenen Menschen ausspricht, ja auch in's gleichmäßig Unendliche potenzirt, genährt und gestärkt. — Je stärker der Vater, desto stärker auch die Kinder; — aus der Ameise gehen wohl Ephemeriden, aber keine Adler und Löwen hervor. — Ueberall erzeugt das Schwache wieder Schwaches und das Starke Starkes; wie aber das Schwache nie Starkes erzeugt, so erzeugt auch das Starke nie Schwaches. Ein Adler ist nie der Erzeuger einer furchtsamen Taube, und ein Hase kann sich nicht rühmen, als wäre der Löwe sein Erzeuger. — So ihr aber Kinder eines allmächtigen Vaters seid und habt den Lebenskeim des Vaters in euch, so kräftiget diesen Keim im guten Erdreiche Meines Willens, und machet stark den Vater in euch: so werdet auch ihr dadurch gleichen Maßes im Vater stark werden. Denn der Vater verlangt nicht euere Stärke für Sich; sondern für euch selbst verlangt Er sie, damit auch ihr also vollkommen werden sollet, wie Er Selbst in Sich, oder im Himmel, vollkommen ist. — Sehet, das ist ein Bild, wie ihr von der äußeren Erscheinlichkeit auf den inneren Grund des Lebens schließen könnet. — Nächstens ein anderes Bild zu demselben Zwecke! —

## 301.
### (Am 16. Decbr. 1843 von 4½—6¼ Uhr Abds.)

Wir haben in der vorhergehenden Veroffenbarung ein kräftiges Bild vor Jedermanns Augen gestellt, nach welchem Jedweder mit der leichtesten Mühe von den äußerlichen Erscheinlichkeiten auf den inneren Grund schließen kann. Da aber dieses Feld sehr groß ist, und die Erscheinlichkeiten auf demselben zahllos sind, so hat der Mensch der rechten Bilder nie zu viel, um sich in jeder Lage seines erscheinlichen Daseins den rechten Rath zu schaffen; — und so werden wir zu einem andern, in sich zwar ganz einfachen, aber desto inhaltsschwereren und allgemeineren Bilde zur Beleuchtung unserer Sache schreiten. — Was Einfacheres wohl könnte es geben, als so ein harmloses ärmliches Menschenkind? — Dieses hat zwei bewegliche Füße, dann einen Leib voll Eingeweide; es hat dann zwei bewegliche Arme, einen beweglichen Kopf. — In dem Kopfe sind zwei Ohren, die immer gleich von einander entfernt bleiben; und das eine hört dennoch allzeit Dasselbe, gleichwie das andere. — Also hat es auch zwei Augen, die auch ihren festen Standpunkt im Kopfe haben und einander nicht näher gerückt werden können, obschon sie für sich einer Bewegung fähig sind; und mit diesen beiden Augen kann jedes einzelne Ding für sich als einzeln beschaut werden. — Dann in der Mitte der Augen sitzt die zweimündige Nase; sie athmet die Lebensluft in sich, und läßt die Unreinigkeit des Hauptes abfließen. Also hat es denn auch einen Mund, dessen unterer Theil allein beweglich ist; und in selbem hat es zwar unbewegliche Zähne, aber eine desto beweglichere Zunge. — Der ganze andere Leib besteht dann aus einer Haut, aus Fleisch, Blut, Nerven, Fasern, Adern und Knochen, in denen sich ein Mark vorfindet. — Sehet, das ist das Bild unseres Kindes. Wer ahnet es aber, was Alles hinter dieser ganz einfachen Erscheinlichkeit steckt? — Wer ersieht darin einen ganzen Himmel? Wer das ganze unendliche Univerfum?

— Wer sucht in diesem einfachen Bilde einen Conflict der gesammten Schöpfung sowohl in der geistigen, als auch in der naturmäßigen Sphäre? — Möchte da nicht Jemand sagen: In dem Kinde ist Solches wohl kaum ersichtlich; aber lassen wir es zum Manne werden, dann wird sich in seinem Denken und Handeln vielleicht wohl so Manches finden lassen, damit man daraus folgerungsweise erkennen kann, daß der Mensch sicher zum wenigsten ein integrirender Theil der ganzen Schöpfung ist. — Ich aber sage: Dessen bedarf es nicht; das Kind allein genügt. Seine zwei einfachen Füße bezeugen Meine väterlich tragende Liebsorge, welche sich in den zehn einfachen Gesetzen ausspricht, die euch bekannt sind; — und die Füße sind aus dieser Ordnung auch der Unterstützung halber und der Festhaltung wegen mit zehn Zehen versehen. In der naturmäßigen Sphäre aber stellen sie das **Planetensystem** vor, welches ebenfalls die unterste Stütze eines Sonnensystems ist. — Ja, das Planetenwesen nöthiget gleich den Füßen durch seine Bewegung den großen Hauptleib der Sonne in die große Hauptbewegung. — Aus dieser ganz kurzen Darstellung könnt ihr entnehmen, daß schon in den Füßen des Kindes das ganze liebsorgliche Wesen geistiger Art, wie das ganze Planetenwesen naturmäßiger Art vorhanden ist. — Auf den Füßen ruht der Leib, als die Hauptwerkstätte des Lebens. — Wer ersieht hier in geistiger Sphäre nicht sogleich das Wesen der belebenden Liebe aus Mir? — Und wer erschaut in dem Leibe nicht sobald die Sonne, welche ist der belebende Leib des ganzen Planetensystems? — Im Leibe ist das **Herz** als der **Grundsitz des Lebens und das allerklarste Bild der Liebe**; diese Liebe ist fortwährend thätig und führt allen Theilen des Leibes die Nahrung zu. — Diese Liebe hat gleich neben ihr den Magen; dieser ist die gastfreundschaftliche Küche, in welchem die Liebe durch ihr Feuer die Speisen verkocht und sie dann gar herrlich zubereitet in alle Theile führt. — Eine Lunge ist da gleichsam ein zweiter Magen, eine zweite Küche, durch welche zu den in der ersten Küche bereiteten Speisen ätherische Kost hinzugegeben wird, damit die Speisen der ersten Küche lebendig werden und zur Unterstützung des Lebens taugen. — Wie herrlich zeigt das Bild dieser zwei Küchen, in deren Mitte das thätige Herz waltet, wie das Geistige in das Naturmäßige eingreift, um es selbst zu vergeistigen, und also einer höheren Bestimmung zuzuführen; und das Alles geschieht durch die stets thätige Vermittlung des Herzens, dieses getreuesten Bildes der Liebe! — Wer kann hier verkennen Mein eigen Liebewalten, wie auch Ich einerseits stets das Verlorne aufnehme, es in der großen Küche der naturmäßigen Schöpfung verkoche und dann belebe durch den Hauch Meiner Gnade und Erbarmung aus der zweiten großen Küche, welche da ist der Himmel, und ist gleich der Lunge im Menschen. Jeder Athemzug kann jedem Menschen sagen, wie Ich eben aus den Himmeln fortwährend einwirke, damit das Leben bestehe dadurch, daß Ich eben durch dieses Einfließen stets den Tod in das Leben zu verwandeln anstrebe. Wer hier nur ein wenig klar zu denken vermag, den wird dieses wunderbare Entsprechungsbild sicher nicht ohne Licht lassen. — Gehen wir aber weiter. Zu beiden Seiten des Leibes sind zwei Hände angebracht; diese stellen in geistiger Hinsicht die werkthätige Liebe dar, welche sich in weiten Räumen allorts frei herum bewegen kann und fortwährend wirket und schafft. Durch die Hände wird sonach auch Meine freiwaltende, ungebundene Macht dargestellt, welche aber dennoch nicht außer der bestimmten ewigen Grundordnung wirkt; denn auch eine jede Hand trägt als äußerste Ausläufer die Finger, deren Zahl den Ausläufern an den Füßen gleich kommt. Nur sind die Ausläufer an den Füßen an dieselbe gerichtete Ordnung gebunden, während die Ausläufer an den Händen die freie Thätigkeit in dieser Ordnung bedeuten. — Also wäre z. B. ein im Geiste nicht wiedergeborner Mensch gleich der gebundenen Ordnung der Füße, und ein wiedergeborner Mensch gleich der freien Ordnung der Hände. — Wer hier wieder zu denken vermag, der wird die entsprechende Wahrheit finden; besonders wenn er noch die naturmäßige Sonne betrachtet, wie auch diese im Ausflusse ihrer Strahlen ihre offenbaren freithätigen Hände gar sehr beschaulich darstellt. — Nun hätten wir noch den Kopf, einen festen Theil über dem Leibe, welcher in sich selbst in abgerundeter Form einen completen Menschen in seiner geistigen Sphäre darstellt. Die Ohren sind dessen Füße, auf denen er einhergeht; die Augen sind seine Arme, mit denen er gar weit herum um sich greifen kann. Die Nase ist die Lunge; der Mund ist der Magen. In ihm ist gleich dem Herzen die Zunge, welche sowohl die materiellen als die geistigen Speisen verarbeiten hilft; die materiellen durch das Unterschieben unter die zermalmenden Zähne, und dann durch das Hinabschlingen. Das ist ihre materielle Beschäftigung; — aber die Zunge giebt auch der Stimme einen verständlichen articulirten Laut, und sie ist es, die die inneren Gedanken in verständige Worte umwandelt. — Das innere Mark des Hauptes stellt das gesammte entsprechende Eingeweide des Menschen dar, oder sein verfeinertes und vergeistigtes Leben. — Und so führt der Mensch in seinem Gesammtumfange in seiner ganz einfachen beschaulichen Form den Menschen durch all' seine drei Stufen vor; in seinen Füßen die gebundene Naturmäßigkeit, in seinem Leibe dessen geistige Sphäre, die noch mit Verschiedenem zu thun und zu kämpfen hat, und durch den Kopf seine himmlische Sphäre, wo der Mensch an und für sich zwar in einer festen unwandelbaren Beschaffenheit dasteht, aber eben dadurch in seiner Wirkungssphäre um desto weiter hinaus greifend ist, wie die Bestandtheile des Kopfes schon beim naturmäßigen Menschen endlos weiter hinaus reichen, als die Bestandtheile des Leibes. — Nun sehet, das ist ein ganz einfaches, aber klares Bild; in dieses Bildes äußerer Erscheinlichkeit ist das Ganze des Himmels, das Ganze der dem Himmel untergeordneten Geisterwelt, und so auch das Ganze der dem Himmel und der Geisterwelt untergeordneten naturmäßigen Welt in allen ihren Einzeltheilen. — — Ich meine, wenn ihr dieses Bild, besonders in der Schlichtheit eines harmlosen Kindes betrachtet, so werdet ihr in dieser Erscheinlichkeit jede andere mit Leichtigkeit finden, und allenthalben auch eben so leicht auf deren Grund zu kommen im Stande sein. — Und so hätten wir denn auch der Bilder genug; und es bleibt uns nichts mehr übrig, als einige Nacherinnerungen diesem ganzen Werke beizufügen, wie dasselbe nutzbringend soll gelesen und darnach gehandhabt werden. — —

# Inhalts-Uebersicht
dieser 228 Abschnitte.

(Die ersten 73 Abschnitte sind der natürlichen Sonne gewidmet.*)

Abschnitt:                                                                                                                     Seite

74. Wo ist und wie existirt die geistige Sonne ꝛc. . . . . . .   1
     Das Geistige ist das Innerste und Allesdurchdringende und Allein=
        wirkende und somit Bedingende in jedem Ding . . . .   1
     Beispiele: 1. der Ton — was er ist . . . . . . . .   2
     2. das Magneteisen, 3. die Somnambule . . . . . .   3
     Die geistige Sonne — ein Gnadenfunke aus dem HErrn, . . .   3
     wozu sich die natürliche Sonne wie der Leib zum Geist des Menschen
        nur als ein dienendes Organ verhält . . . . . . .   3
     Noch mehr Beispiele — ein roher und ein polirter Metallstab, Pro-
        zeß des Kieses zum Glas, Entsprechung des Weges der Wesen zu
        vollendeten Geistern . . . . . . . . . .   3/5

75. Die ganze Natur und jede Handlung kann zu einem Evangelium
     der Ordnung Gottes werden . . . . . . . .   5
     Weitere Beispiele: Ein Wohnhaus und sein Bau. Die natürliche
        Sonne mit ihrem Strahlenkranze . . . . . . .   8

76. Ein von den Freunden des Mediums (Lorber) selbst gewähltes Bild
     als weiteres Beispiel — eine Uhr, . . . . . . . .   8
     Deren Einrichtung, Entsprechung mit der Sonne, als einer großen
        goldglänzenden Uhr . . . . . . . . . .   9/10

77. Die Sonne als Liebesfünklein des HErrn . . . . . .   11
     Die brennende Fackel zur Beleuchtung der endlosen Gefilde der geisti-
        gen Sonne ist — der HErr Selbst; — und demgemäß wird sich
        in diesem Lichte die Wahrheit zeigen . . . . . .   12
     Unterschied des Charakters der natürlichen und der geistigen Sonne;
        der letzteren erster Eindruck — Einfachheit, . . . .   12

---

*) Da dieses Buch schon über 700 Seiten hat, so schien es zweckmäßig, die hier verheißenen Nacherinnerungen als Heft von ebenfalls über 100 Seiten getrennt erscheinen zu lassen, als Nr. 4.

| Abschnitt: | Seite |
|---|---|
| während jene komplizirt ist; nochmalige Parallele mit einer Uhr, deren Inneres komplizirt als Vorwerk der natürlichen Sonne entsprechend — zu einem sehr einfachen Zwecke — der geistigen Sonne, die sich dem Zifferblatt entsprechend zeigt | 13 |
| **78.** Eine Bergtour; die Verschiedenheit der Beeindruckung der Theilnehmer, je nach ihrem eigenen inneren Zustand (siehe in Nr. 46 und 47), als Lehre zur verschiedenen Auffassung dieser Enthüllung der geistigen Sonne, — „Wer da hat, dem wird gegeben." | 14 / 15 |
| Die anscheinliche Einfachheit der geistigen Sonne geht ins unendlich Wunderbare über, je nach der Sphäre der Geister, aus welcher dieselbe betrachtet wird. | |
| Diese Sphäre ist das sichtbar sich ausprägende Innere der Geister, und hängt ab von der Art und vom Grade der Liebe zum HErrn, und der darauskommenden Weisheit | 15 |
| Beispiele: Der Wanderer und sein Traum | 16 |
| Winke vom Reiche Gottes im Menschen | 16 |
| **79.** Das geistige **Cosmo-Diorama** als bequemste Art Vieles und sehr Verschiedenes mit wenig Mühe zu sehen | 17 |
| Darstellung eines Diorama und dessen Entsprechung | 17 |
| Der erste Geist, in dessen Sphäre wir treten, bildet gleichsam das erste Fensterchen des geistigen Dioramas | 18 |
| **80.** Zweites Fensterchen, item ein **zweiter Geist**, in dessen Sphäre wir treten, um die geistige Sonnen-Welt aus seinem Wesen heraus zu erschauen und zwar welch herrlicher Art! | 19 |
| Der hier erscheinliche Tempel auf dem Berge ist bei seinem Betreten verschwunden oder vielmehr gestaltet sich zu einer abermals neuen unerwartet herrlichen Himmelswelt | 20 |
| Lehre dieses Geistes, der vor 50 Jahren auf Erden lebte | 21 |
| Die Geister sehen höhere Geister nicht, so diese nicht wollen sich sehen lassen | 21 |
| Wachet und betet, d. h. wandelt in der Liebe! | 21 |
| Dieser II. Geist war der Großvater eines dieser Gäste. | |
| **81.** Der dritte Geist, Eintritt in seine Sphäre, um so gleichsam durchs dritte Fensterchen unseres geistigen Diorama's neue Wunderwelten in Fülle zu erschauen | 22 |
| Eine wahre himmlische Weltenrevue stellt sich hier dar, wovon eine der herrlichsten Centralsonnen näher beschaut wird, wo wieder Punkte zu Welten werden, ein Vorschmack der Unendlichkeit | 23 |
| Ein Bild zur Erfassung dieser Art Unendlichkeit — die zwei Spiegel — und deren enthüllte Entsprechung | 23 |
| Grund dieses Hin- und Wiederstrahlens oder des Erkennens der Sphäre von Geistesbrüdern ist das allmächtige Band der göttlichen Liebe. — Diese Vielfältigkeit hängt ab von der Stufe der Allgemein-Sphäre, je nachdem diese höher oder niederer ist; wie z. B. von der unend- | |

| Abschnitt: | | Seite |
|---|---|---|
| | lichen Sphäre des HErrn aus gesehen, sich die ganze Geisterwelt nur als **ein einfacher Geistmensch** darstellt; aber ein Schritt in dieses Geistmenschen Sphäre löst denselben in zahllose Geisterwelten auf, und so fort. (Siehe auch in Nr. 22.) | 23 |
| | Ferner **Fundamentalgrundregeln der großen Geister-Welt** | 24 |
| 82. | **Der vierte Geist,** (das vierte Guckfensterchen) und dessen sphärische Welt, worin derselbe persönlich den Führer macht, und sich als leiblicher Bruder Heinrich eines dieser Gäste enthüllt | 25 |
| | Der dortige Tempel des göttlichen Wortes aus dem Evangelium Johannes und Apostel Paulus; detailirte Erklärung des Aeußern, dann Eintritt ins unbeschreiblich herrliche Innere, welche sich abermals zu einer endlosen Geisterweltenfülle erweitert; bequeme Geistreise | 27 |
| | Besuch eines Tempels in diesem Tempel, der da innerlich bleibt, was er äußerlich ist | 27 |
| | Der Lehrer darin erklärt das Geheimniß des Menschensohnes, unsere Begrüßung von seiner Seite ganz in Seiner Art, es ist nehmlich Paulus, | 27 |
| | umgeben von Heiden und heidnischen Kindern | 28 |
| | Ein Wunder auch für diesen 4. Geist, | 28 |
| | Belehrung vom HErrn darüber, | |
| | die Geduld der Liebe und ihre Frucht | 28\|29 |
| 83. | **Der fünfte Geist** und Ausblick aus seiner Sphäre in die geistige Sonne, welch ein Reichthum und Fülle der Schätze auch diesem aus Seiner Liebe zum HErrn entwachsen sind. Unterschied zwischen einem Urtheil in dieser und jener Welt, hier muß es von Außen nach Innen und dort aber von Innen nach Außen gehen | 30 |
| | Hügelbesteigung. Palast dort. Besuch desselben. Vergleich mit dem Worte Gottes. Das größte Wunder — das Herz des Menschen als Wohnstätte des heiligen Geistes | 31 |
| | Besuch des Tempels mit dem Regenbogen als Dach, wieder Wunder über Wunder. Das Meer mit den Inseln. Besuch dort; ein anderer Tempel, der auch innen sich gleich bleibt, allwo durch ein Rosafenster Johannes und Maria sich zeigen | 32 |
| | Eine Verwunderungsfrage auch dieses Geistes, der Hohes ahnt; er war auf Erden ebenfalls ein leiblicher Bruder Eines dieser Gäste, und hieß Franz | 32 |
| | **Der sechste Geist,** der nicht mehr in der geistigen Sonne, sondern schon in der heiligen Stadt wohnt. | |
| | Ein Gnadenstrahl zum Andenken für diesen früheren Führer Franz | 33 |
| 84. | Eine ganz andere Gegend aus der Sphäre dieses sechsten Geistes, Standpunkt eine Klippe | 33 |
| | Ringsum Meer, voll Ungethüme gegen Morgen u. s. w., verschiedene Bilder, die Anfangs gräulich und dräuend — sich lieblich lösen . (Es ist die **Sphäre des Petrus auf seinem Felsen.**) | 34 |

| Abschnitt: | Seite |
|---|---|
| 85. **Der siebente Geist** (oder das 7. Guckfensterchen) . . . . | 35 |
| In dessen Sphäre zeigen sich die Hügelrutscher, die Schaukeln, der Ringwall mit seinen kreisförmigen Spiralbahnen | 36 |
| Das Wasserbassin mit dem großen horizontalen Schaufelrad . | 37 |
| Diese Bilder sind noch räthselhaft für die, denen die geistige Sehe mangelt, deren Wesen hier ebenfalls gezeigt ist. Erklärung dieser ersten Erscheinlichkeit (Philosophie?) . . . . . . | 38 |
| 86. Die Schaukel in der Entsprechung: . . . . . . . | 39 |
| Der ceremonielle Religionskult — . . . . . . | 40 |
| Mit all seinen Verhältnissen ꝛc. . . . . . . . | 41 |
| Tröstliches Bild des baldigen Endes dieses Comödiespiels | 42 |
| Volle Enthüllung, speziell die Ohrenbeichte . . . . | 42 |
| Und die Industrie. Das ganze Weltleben, ein Schaukelwerk . | 43 |
| Moral der Geschichte . . . . . . . . | 44 |
| 87. Der Ringwall in seiner Entsprechung . . . . . . | 44 |
| Jeder lese selbst, sie ist kurzweilig und hat Salz und Geist . | 44\|47 |
| Enthüllung in Gestalt der verschiedenen christlichen Kirchen . | 47\|48 |
| 88. Das Bassin mit dem liegenden Schaufelrad eingehender . . | 48 |
| Hier ist Weisheit, Jeder lese und löse selbst diese prophetische Sphäre des 7. Geistes (Prophet Daniel) . . . . . . | 53 |
| 89. **Der achte Geist** und seine Sphäre der Wahrheit und Liebe. | |
| Erhabene Landschaft . . . . . . . | 53 |
| Gebirgsparthie. Der sonderbare Uhrperpendikel . . . | 54 |
| Der eigenthümliche pyramidale Bau u. s. w. | |
| Sonderbares Zifferblatt der Weltuhr, welches die letzte Zeit zeigt | 54 |
| Ein höheres Zifferblatt, herrliche Löse des großen Uhrwerkes . | 55 |
| Der große Würfel und der kleine Würfel, das Buch mit den 7 Siegeln u. s. w. . . . . . . . . | 55 |
| Die herrliche Stadt . . . . . . . . | 56 |
| Das neue Jerusalem als Wahrheiten aus der Sphäre Swedenborgs | 56 |
| 90. **Der neunte Geist** enthüllt seine Sphäre (Ev. Markus) . . . | 57 |
| welche uns in die eigentliche Geisterwelt oder in den Hades und von da in verschiedene andere Regionen führt, so auch in die Höllen u. s. w. Der sogenannte Styx . . . . | 57 |
| Das abgebrannte Dorf jenseits des Styx voll Elend und Gräuel, (Heimstätte der Liebe des Fleisches) . . . . | 58\|61 |
| 91. Reflexion über das Geschaute . . . . . . | 61\|62 |
| Sodann jenseitige Gestaltung des Wuchers und Heim der Industrieritter, in 2 Arten . . . . . . . | 62\|65 |

| Abschnitt: | Seite |
|---|---|
| 92. Herrschsuchtspolitik, wie sie sich Drüben gestaltet, mit Erklärung | 65|68 |
| 93. Fortsetzung dieser traurigen Entdeckungsreise und Rückkehr | 69 |
| Die 2 erstgesehenen Fleischlinge baden sich im heilsamen Flusse. Erklärung. Besteigung des Gebirges, sehr bedenkliche Rück= und Aussicht, | 70 |
| mit Erklärung der verschiedenen Erscheinlichkeiten des Bösen, Falschen und Argen in verschiedener Art, im Ganzen das eigentliche Bild der jetzigen Welt mit ihrer Lasterhaftigkeit, und der Anstalt zur Rettung | 70 |
| Ein Bild des sicheren Weltphilisterthums | 71 |
| Nun gehts zur Hölle, erster Blick dahin | 72 |
| Der hohe Gebirgsrücken mit der Aussicht nach allen Seiten und Richtungen entspricht dem hohen freien Stande des Menschen bei Leibesleben, so er das Wahre in sich gefunden hat. Ueberfahrt | 72 |
| 94. Besuch in der abendlichen Gegend; schön romantisch, wie eine schöne irdische Landschaft. Ein großer See mit Inseln, Häusern, Nachen, und auf 1 Hügel 1 Tempel. Wohnplatz der (sonst geachten) gläubigen Christen, welche in dem alleinigen Glauben die Rechtfertigung suchten, und die Liebe nebenansetzten u. s. w. | 75 |
| Orte rechtschaffener Heiden und redlicher Bilderdiener | 76 |
| Grenze dieses Bezirks am großen Meere | 76 |
| 95. Gang übers Meer zu Fuße | 76 |
| Die Fische desselben — (in ihrer Bedeutung) | 77 |
| Die Wogen und Wirbel. Vorgrenze des Kinderreiches | 79 |
| 96. Eine enge und dürftige Gebirgsgegend, entsprechend dem „wer sparsam sät, wird mager ernten" | 80 |
| Hier wohnen meist auf der Welt große, reiche und angesehene Leute, die jens. Rentenanstalt | 80 |
| Fortschrittsleiter von da aus — | 81 |
| Bis zum ewigen Morgen | 82 |
| 97. Jenseitiger Ort der Stoiker, ihr Zustand | 83 |
| Ihre Logik 84. Ihre einzige Zugänglichkeit der wissenschaftliche Weg | 85 |
| Beispiele, — auch dessen Schwierigkeit | 86 |
| 98. Ein Bekehrungsgang zu den besseren Stoikern — Disputation | 86 |
| 99. Fortsetzung | 90 |
| 100. Nur Geduld — zur abermaligen Fortsetzung des Disputs | 93 |
| Der weise Stoiker muß nun über Liebe sprechen, | 93 |

| Abschnitt: | | Seite |
|---|---|---|
| | Sodann wissenschaftlich über die Menschwerdung des HErrn sich äußern, | 95 |
| | Das „Es werde — Licht" als Liebesschwert des stoischen Gordonknotens, | 96 |
| | Der Vernunftpräses überwunden und erlöst — Verheißung des heiligen Vaters. — Schlußbemerkung | 97 |
| 101. | Nochmals im Vorbeigehen die Thäler der Reichen, der Gelehrten, der Vernunft- und Verstandesmenschen | 97 |
| | Tiefer Sinn der Erscheinlichkeiten dieser Gegend | 98 |
| | Die große Scheide-Wand und der engere Habes | 98 |
| | Die finstere Sandsteppe, erste Begegnung | 99 |
| | Sehr lehrreiche Unterredung | 100 |
| 102. | Zweite Begegnung im Reiche der Finsterniß des Unglaubens | 100 |
| | Interessanter Dialog zwischen einem Priester und einem Weltmanne, ganz passend für diese wüste Gegend | 101\|104 |
| 103. | Dritte Begegnung dahier, ein betrogenes Paar, Dialog zwischen einem geistlichen Philosophen und einer Betschwester | 105\|108 |
| | Belehrung darüber | 109 |
| 104. | Vierte Begegnung in diesem traurigen Orte | 109 |
| | Eine Gesellschaft von 30—40 Personen, als Hinausgestoßene in die äußerste Finsterniß, wo Heulen und Zähnklappern sich von Weitem schon vernehmen läßt | 109 |
| | Eine Rede dahier bei Diesen, die buchstäblich „ins Gras beißen müssen" | 110\|113 |
| | Es fängt hier an sich zu lichten — um Christi willen | 114 |
| 105. | Diese dem „kreuzbraven Christus" holder gestimmte Gesellschaft erhält nun Besuch von 2 Boten vom Morgen | 114 |
| | Dialog zwischen dem Hauptredner und dem Botenredner | 115 |
| | der ihnen die Wahrheit über sie selbst verkündet und sie dann durch die große Mutterscheide-Kluft in einen ersten Grab des Lebenslichts bringt, als geistiger Geburtshelfer | 117 |
| 106. | Fünfter Auftritt in der finstern Sandwüste | 117 |
| | Die Staubwolke (Dunst- und Hofmacher-Gesellschaft), Winke über geistige Erscheinlichkeiten — in der Ferne und dann in der Nähe | 118 |
| | Klubb. eigennütziger Staatsbeamter | 119 |
| 107. | Die Weiber bei dieser Gesellschaft. (Weiberspiegel) | 120 |
| | Psychologischer Zusammenhang und Einfluß von Mann und Weib, im Bilde eines Baumes | 120 |
| | Der Herrsch- und Regierungstrieb, — schon im verzogenen Kinde | 121 |
| | Die Eva'slist benützt den Einfluß ihrer Kindlichkeit | 121 |
| | Hochwichtiger Wink des jenseitigen gegenseitigen Einflusses von Eheleuten | 121 |

Abschnitt: Seite
Schwere Gefahren und Proben für die — wenn auch guten — Männer, welche an ihren herrschsüchtigen (also höllischen) Weibern hängen 122
Die göttliche Ordnung respektirt allererst den freien Willen . . 123
Die zweierlei Liebarten, zum HErrn sowohl als zum Weibe . . . 123
Daher, ihr Männer, prüfet eure Weiberliebe — um eures ewigen Heiles willen! . . . . . . . . . . 123

108. Neuer Auftritt dahier. Ein Ehepaar, Beleg des im vorigen Abschnitt Gezeigten, wo sich das Sprichwort bestätigt — „er wär' schon recht — aber sie ist ein Luder!" denn sie sagt: „o Bibel, o Bibel, du bist der Menschen Uebel". Vorspiel . . . . . 124|128

109. Weitere Entwickelung der Szene mit diesem Paare . . . . 128
Die famose gelbaristokratische Philosophie dieser Heldin . . 130
Lügengeister (wie solche im gewöhnlichen Spiritismus so häufig vorkommen), deren Anschauungen . . . . . . . . 133

110. Weitere Phase dieser Paar-Szene . . . . . . . 133
Der Mann kratzt bereits hinter den Ohren nach der abermaligen Belehrung von seinem Weibe . . . . . . . . 134
kommt aber mit triftigen Worten des HErrn zum Vorschein, . . 135
Spricht das Weib: rede, was du willst — ich habe doch Recht, also folge mir" (wohin? — zur Hölle! — — —) . . . . 136

111. „Die Sache macht sich" mit diesem Paare — die aurora (aber infernalis) kommt schon zum Vorschein, zur Freude des höllischen Weibes, und zum Schrecken des schwachen Mannes . . . . 137
„Die hohe Schule" dieser Gegend, 139. Reise dahin . . . . 140
Ankunft daselbst, d. h. im ersten Grab der Hölle . . . . 141

112. Erklärung der erstarrenmachenden Erscheinlichkeiten in diesem Bezirke 141
Wichtige Winke über den Zusammenhang der geistigen Sonne auch mit diesen Orten. Himmel und Hölle räumlich wo? . . . 143
Dieselbe Gegend in anderem, d. h. in ihrem eigenen Lichte, . . 144
Allwo denn auch unserem Ehemann das eigentliche Licht über sein Weib aufgeht, leider beinahe zu spät . . . . 144|145
Endlich entschiedene Erklärung desselben und Bitte an den HErrn . 144
Zwei strafende Engel als seine Erlöser, die ihn nach mühsamer Trennung ins Kinderreich bringen . . . . . . . 145

113. Wo sind die Heiden? — strenge geschieden von den Christen, warum? 145
Erster Bergungsort unseres Ehemannes 146. Jenseitige Zinsenrechnung 147
Weltliche Sorge für die Kinder ist Eigenliebe, Belege aus der Schrift dafür 147. Dieses Ehemannes Liebezahl . . . 148
Seine fortschrittsschnellen Aussichten — nach der Skala des Evangeliums 148
Reise in die Mittagsgegend. . . . . . . . . 148

| Abschnitt: | Seite |
|---|---|
| 114. Reizendschöne Landschaften dahier im Mittag (der allg. Geisterwelt) | 149 |
| Auch diese Mittagsbewohner sehen höhere Wesen nicht, sondern ahnen sie nur, so wie wir die Geister im Allgemeinen | 149 |
| Besuch eines Hauses daselbst, das von Außen klein und einfach, aber von Innen gar groß und herrlich ist. Alles Wirkung des Glaubenswahren und daraus des Liebeguten | 150 |
| Die herrlichen Bewohner tragen zum Theile Kronen, der Diener aller ist der Größte und einst wahrer Besitzer des Hauses | 150 |
| Dessen Wesen. Er sieht nun und begrüßt die Gäste | 151 |
| Erwiderung unseres Führer-Geistes. Dieser Seligen Sehnsucht nach dem HErrn | 152 |
| 115. Warum die unterschiedlich schnellen Reisen im Jenseits? | 153 |
| Erklärung, mit Beispielen aus dem natürlichen Erdleben | 153 |
| Eine andere geistige Gegend, wo zum Staunen der Gäste ein großer Strom auf und über die Berge fließt, und warum? | 155 |
| 116. Sonderbar schöne Gegend, sonderbare Wohnung seliger Geister | 156 |
| Zauberhafte Veränderung beim Eintritt, und die Ursache dieser Metamorphose | 157 |
| Entsprechung der ersten Erscheinlichkeiten dahier | 158 |
| Eingehen in die eigentliche Wahrheit | 158 |
| 117. Resümé des Schönsten dieser jüngsten Reise | 159 |
| Richtigahnender Geschmack an den Hüttchen des Morgens gegenüber den schönen Palästen des Mittags | 159 |
| Beschreibung eines solch letzteren, desgleichen der Bewohner | 160 |
| Schwere Wahl zwischen einem solchen und einem jener Hügelhäuschen | 161 |
| Die Prüfung. — Wer wohnt hier im Allgemeinen? speziell in diesem — eine Calvinerfamilie, ein Alpenhirte und eine Kühmagd (Sennerin) als Großeltern und deren Kinder und Kindskinder | 161 |
| Unterredung mit denselben | 162 |
| Zugleich Belehrung über das Höhere der Liebe gegenüber der Weisheit, welche daselbst fruchtet | 162 |
| | 163 |
| 118. Eine himmlische Familie von männlichen und weiblichen Engelwesen, in ihrer Gesammt- und Einzel-Erscheinung, und deren Grund und Entsprechung | 164 |
| | 164 |
| Diese himml. Geister essen, trinken und verrichten ihre Nothdurft | 164 |
| Aber nur in Entsprechung | 164 |
| Beispiele aus dem Erdenleben als Belege: | 165 |
| Der Magnetiseur und die Magnetisirte eine Art geistiger Ehe | 165 |
| Urzuständlicher Begattungsakt (man lese auch die Form des natürlichen Aktes auf dem Saturne nach, Nr. 7) | 165 |
| „Was man sät, erntet man" | 166 |
| Entsprechung der Nothdurftverrichtung | 166 |

| Abschnitt: | Seite |
|---|---|
| Die armwerden gewollte Familiengesellschaft schließt sich uns an zum Gang in den ewigen Morgen | 167 |
| Unterschied zwischen der mittäglichen Behaglichkeit und der morgendlichen freien Thätigkeit und Abhängigkeit | 167 |
| Reise in den Morgen über den Scheidestrom | 167 |

**119.** Ankunft im ewigen Morgen-Hügelland . . . . . . . . 168
 Die Wohnungen allhie ähnlich einem niedlichen Alpenhäuschen der Schweiz, . . . . . . . . . . . . . . . 168
 Dessen Einrichtungen und Eigenthümlichkeiten . . . . . 168
 Wink über Landwirthschaft, . . . . . . . . . . . 168
  welche dahier ureigenthümlich zu Hause (denn der ewige Hausvater ist ja auch ein Landwirth, der Felder und Gärten und Weinberge zu bebauen hat, aber meist Mangel an Arbeitern, wenigstens dießseits annoch) . . . . . . . 169
 Die Bewohner dieser Hütten. Der Besitzer, Verkehr mit ihm . 169
 Wohl aufgepaßt und genau gemerkt! . . . . . . . . 170
 Kleines Liebe-Examen . . . . . . . . . . . . 170
 Das treue Zeugniß der echten Liebe verlangt den persönlichen Umgang mit dem heiligen Vater. . . . . . . . . 171
 Nochmalige Probe — Arbeit! Dienen! — wohl bestanden und angenommen — in den ewigen Hütten! . . . . . . 172
 Die Umwandlung ins Reell-Liebefreundliche . . . . . 172
 Wie stellet ihr euch denn den HErrn vor, würdet ihr Ihn erkennen, so Er einmal vorbeikäme? . . . . . . . . . 172
 Die Enthüllung und das große Erkennen! . . . . . . 173

**120.** Rückkehr in den Mittag . . . . . . . . . . . 173
 Der Morgen — die thätige Liebe, der Mittag — die forschende Weisheit 173
 Weitere Belehrung über geistige Zustände und Entsprechungen . 173
 Ein neues Meer, die ersten jenseitigen Wolken . . . . 174
 Schnellreise bis unter die weißen Wolken, welche die Sonne verdecken 174
 Der römisch-katholische Himmel (ein bloser Probehimmel) . . 174
 Gegend mit katholischen Kirchen, Kapellen und Klöstern. Gang in eine Kirche z. h. Dreifaltigkeit, Glockengeläute, Orgeltöne u. s. w. — Alles nach der bekannten Schablone . . . . . . 175
 Heiligenbilder sind jedoch nicht gestattet, Ankündigung der Himmelfahrt (der wir uns auch anschließen) . . . . . . . 175

**121.** Es ordnet sich eine regelrechte Prozession mit Priestern, Fahnen, Palmzweige-tragenden Betern, und singend geht es himmelan . 175
 Geduld zu dieser Bergtour! welche theilweise komische Szenen hat, — endlich — Ankunft an der Himmelspforte, wo „Petrus" und „Michael" erscheinen.
  All dieses ist jedoch auch nur Erscheinlichkeit, entsprechend der irrthümlichen Glaubensbegründung, zugelassen aus Schonung des innern Lebensfunkens, und darf nur nach und nach wie aus dem eigenen Innern der fraglichen Geister berichtigt werden . 179
 Nähere Beleuchtung dieser psychologisch-geistigen Rück- und Vorsicht 179

**Abschnitt:** Seite

**122.** Wir kommen auch mit durch die Pforte. Wir sehen Abrahams Wohnung samt Garten, den bekannten endlosen Tisch Abrahams, der schon gedeckt und ganz mit Speisen und theils mit Gästen besetzt ist . . . . . . . . . . 180
Desgleichen eine Menge Aufwärter.
Man setzt sich. Einer spricht mit einem Tafel-Diener — wie lange dauert diese Mahlzeit noch? — etwas Langeweile, und nach und nach Sehnsucht weg vom Tische zu kommen, u. s. f. . . . 181
Weise Kur der allzu materiellen Himmels-Ideen . . . 183

**123.** Unsere Gesellschaft hat riskirt — den langen Tisch zu verlassen, und wird nun weiter kurirt von ihren weltlichen Himmelsträumen . 183
Ein gutes Beispiel von der Unhaltbarkeit dieses materiellen Himmels, eine Mädchenliebe . . . . . . . 184|185

**124.** Fortsetzung der Erlösungskur dieser redlichen Himmelsstreber von ihren irrthümlichen Begründungen und Erwartungen von der Himmelsseligkeit . . . . . . . . . 186
Bekenntnisse naiver Gedanken vom Messelesen eines Gläubigen ɾc. . 187
Nach und nach dämmert es; denn der geglaubte Himmel wird nun als ein Strafhimmel erkannt . . . . . . . 187
Erste wahre Erklärung über diesen Erscheinlichkeitshimmel. Das 3-Götterthum. Der müssige Dreifaltigkeitsgott u. s. w. Ich und der Vater sind Eins! — Das thätige Himmelreich in allen Gleichnissen des Evangeliums. Hinweis auf den alleinigen Erlöser Jesum den HErrn Himmels und der Erde! . 188
Die wahre Dreieinigkeit, gezeigt im Worte Gottes . . . 189
Die Unvergeblichkeit der Sünde wider den heiligen Geist beleuchtet . 189
Des HErrn Liebe, Gnade und Erbarmung . . . . . 190

**125.** Fortsetzung. Unsre römische Gesellschaft wird nun sich selbst überlassen zur Verdauung dieser wahren Kost des geistigen Desserts 190
Winke über geistige innere Prozesse . . . . . . 190
Die wahre Armuth im Geiste . . . . . . . 190
Die Gefahr des blinden Skeptizismus nun bei Diesen, . . . 191
denn der belehrende Tafeldiener hat scheinbar gefehlt, indem er einen Text aus Paulus als vom Johannes ausgesagt. Folgen davon — Rückfall, Zweifel. Erklärung des Mißverständnisses in geistig psychologischer Weise.

**126.** Unsere Gesellschaft geht nun auf eigene Faust auf Entdeckungsreise gegen den Palast zu . . . . . . . . 193
Ueberraschung — durch einen Abgrund davor, sie kehrt um, doch hinter sich dieselbe Fatalität u. s. w., item Fortsetzung der Radikalkur dieser Gesellschaft von diesem Scheinhimmel . . . . 194
Die Isolirung 195, die große Rutschpartie — . . . . 196
Durch die Tiefe ins Meer, Nachenfahrt ans grüne Land, wo der gewisse Tafeldecker schon ihrer harrt . . . . . . 197

| Abschnitt: | Seite |
|---|---|
| 127. Fortsetzung der Kur . . . . . . . . . . . . . . . | 197 |
| Gährung in den Gemüthern. Disputation unter sich. Bedenken eines Dr. Theologiä 198. — Aufklärungen . . . . . . | 199 |
| Neuer und erster solider Wohnort . . . . . . . . . | 200 |
| 128. Verwunderung dieser Geistmenschen über das plötzliche Verschwinden oder Unsichtbarwerden dieses Geistes — des Tafeldeckers . . | 200 |
| Die schöne Gegend | 201 |
| Der Nebel fängt an zu verschwinden, und das eigentlich Wahre kommt in unseren Himmelsaspiranten immer mehr zur Klarheit — besonders in Betreff der Liebe . . . . . . . . | 202\|204 |
| 129. Weitere sich klärende dreierlei Bekenntnisse an den Tafeldecker, . . | 204 |
| welche mit einer Liebeserklärung an den evang. Christus enden. | 208 |
| 130. Der Lebenspalast dieser Gesellschaft, das herrliche Thor — . . . | 209 |
| ist nach dem Eintritt verschwunden, und an dessen Stelle zeigt sich ein Tempel und freie herrliche Aussicht . . . . . | 209 |
| Erklärung dieser Erscheinung aus dem natürl. Bilde vom Samen | 210 |
| Der Same aber zum Himmelreich ist Gotteswort, daraus der heilige Lebensbaum erwächst | 210 |
| Es wird Licht und Lebenslicht . . . . . . . . | 211 |
| Große Verheißung — — — | |
| 131. Es wächst die Sehnsucht nach dem HErrn . . . . . . | 211 |
| und macht sich Luft in Erklärungen . . . . . . | 212 |
| Noch ein kleines Liebe-Examen . . . . . . . . | 213 |
| Und nun — das ewige Ziel! . . . . . . . . | 214 |
| 132. (Gute) Eigenthümlichkeit der bessern römischen Katholiken, daß sie sehr lichtdurstig Drüben anlangen . . . . . . . | 215 |
| Ankunft im ewigen Morgen . . . . . . . . . | 215 |
| Erklärung der Gegend und deren Bewohner: Protestanten, Heiden, römische und griechische Katholiken . . . . . . | 216 |
| Hauptirrthum der letzteren beiden . . . . . . . | 216 |
| Beschränktheit der göttlichen Allmachtsphäre bei der Erziehung des menschlichen Gemüths | 216 |
| Die Gegend in Mittag und Abend, Produkte der Allmacht, doch die des ewigen Morgens absolut reell, desgleichen die dortigen Pflanzungen, Entfernungen ꝛc. Unendliche Ausdehnung der Morgengegend | 217 |
| 133. Die ureigenthümliche Gott-Sonne (Gott wohnt im unzugänglichen Lichte) | 217 |
| Erklärung der persönlichen wesenhaften Allgegenwart des HErrn | 218 |
| Beispiele hiezu, Flach- und Hohlspiegel u. s. w. . . . . | 219 |
| Zeichen dafür. Bild aus der Optik . . . . . . . | 220 |
| Vorbereitung zum Vatertisch . . . . . . . . . | 221 |

**Abschnitt:**                                                                                                       **Seite**

**134.** Das Mahl am Vatertische — gebratenes Lamm, Brod und Wein . 221
      Nach dem Mahle kommt die Arbeit . . . . . . . . . 222
      Ausrüstung zu dem ewigseligsten Berufe und Einreihung in die Bür-
           gerliste des himmlischen Jerusalems . . . . . . . 222
      Sodann Eröffnung der innersten Sehe . . . . . . . . 223
      Einzug in die heilige Stadt . . . . . . . . . . . 223
      Der gute Hirte mit Seiner Lämmerheerde . . . . . . 224
      Hier enthüllt sich vollends
           die wahre Bestimmung des Erdmenschen . . . 224
      Nun wieder zurück in die Sphäre des römisch-katholischen Kirchen-
           staates, wo wir es in Abschnitt 120 gelassen . . . . 224
      Klosterbesuch bei den Carmeliterinnen . . . . . . . 224

**135.** Erklärung der Unsichtbarkeit der Engelsgeister des dritten (Liebe-)
      Himmels für die Geister der untern Himmel und Geisterreiche . 225
      Besuch im Refektorium, und was da vorgeht . . . . . 227

**136.** Die beichtende Nonne und der wahre Beichtvater . . 227
      Dialog derselben und Intermezzo oder Zwischenfall . . . 230

**137.** Erlösung der armen Gefangenen — . . . . . . . . . 230
      von der Despotie der argen Oberin und deren Einzelhaft im
           eigenen Gefängniß, — das Gericht — der jüngste Tag . . 231
      Moral: Niemand begründe sich in Etwas, sondern nehme
           allein die Liebe zum HErrn und zum Nächsten als die
           einzige Richtschnur des Lebens an . . . . . . . 233

**138.** Ein Mönchskloster (baarfüßige Augustiner), Notizen über Augustin, 233
      derselbe hatte später das innere lebendige Wort gefunden und
      dann den Weg dazu kennen gelehrt, und zwar in der entschieden-
      sten Demuth, völligen Hintangabe der Welt und Ergreifung des
      HErrn in der Liebe . . . . . . . . . . . . 234
      Eingehenderes über diese Schule, deren Lehre und Zeichen. Unitarier. —
           Der innere Scholastizismus des lebendigen Wortes . . . 235
      Neuerer Geschichts-Abriß des Ordens . . . . . . . . 235

**139.** Besuch daselbst. Geistige Thüröffnungs- und Verschluß-Lehre . 236
      Besichtigung der schönen Kirche . . . . . . . . . 237
      Hellere Erklärung der Einrichtungen dort. Hauptgrundsatz:
           „Lasset uns Herren sein 2c." . . . . . . . . . 239
      Diese ganze Seite ist ein starkes Streiflicht über Rom . . 239
      Sanfte Beruhigung darob . . . . . . . . . . . 240

**140.** Ein Klosterbruder winkt, dem wir folgen . . . . . . . 240
      Es öffnet sich die alleinseligmachende Kirchen-Lobschleuße desselben.
      Disputation mit demselben . . . . . . . . . . 241

705

| Abschnitt: | Seite |
|---|---|
| Eine kritische Frage — ob Petrus die römische Kirche stiftete? | 242 |
| Sehr liebenswürdige Antwort darauf — echtrömisch | 243 |

141. Erwiederung item Wirkung dieses Exorcismus . . . . . 243
Fortsetzung des Kampfes. Des Fanatikers Vertheidigung der
    Lehrfreiheit der Kirche ohne sich ans Wort zu binden! . . 244
Gewaltige Beengung desselben . . . . . . . . 245
Petrus und Paulus . . . . . . . . . . 245
Folgen starke Hiebe auf den römischen Panzer . . . . 246
Schließliche Erklärung . . . . . . . . . 247

142. Mönchsberathung 247, o welche Liebe leitet sie! . . . . 248
(schade, daß es da keine Scheiterhaufen und Torturen gibt!) . 248
Angriff, Blutmaschinen-Christus — vernichtet. (Sauberer Mönchs-
    Spiegel 249 derer, die sagen: „Die Erde liegt zu unseren Füßen
    und Gott tragen wir in unsern Händen!!") . . . . 250
Kategorische Frage, endlich — kriechen sie zu Kreuz . . . 250

143. Der schöne Klostergarten und Wohn=Palast . . . . . 251
Himmlische Logik der Pracht, — Moral: dieselbe ist kein günstiges
    Zeichen für den, der ihr zugethan ist . . . . . 251
Historische Belege dafür . . . . . . . . . 252
Begegnung mit den paradiesischen Augustinern . . . . 252
Dieses Paradieses „Engel" (NB. mit Flügeln), auf Erden „klösterliche
    Hausknechte" oder Laienbrüder . . . . . . . 253
Wortwechsel mit denselben; wir werden eingesperrt . . . 254

144. Unsere Gäste werden zum festen Thurme geführt . . . 254
Indeß besprechen sich die zwei Paradieser . . . . . 255

145. Die Exekution wird windig infolge Verschwinden des Thurmes
    bei dessen Berührung durch unseren Führer . . . . 256
Tableau! — Der Zelote eifert nun mit Gott . . . . . 257
Paradiesische Versammlung. Heikle Frage an sie . . . . 258
Ehrliche Antwort . . . . . . . . . . 259

146. Noch eine kizliche Frage an den Prior. Ehrliche Antwort . . 259
Derselbe ist nicht ohne Licht 260. Der Daniel'sche Gott Mäusim.
    Bild der römischen Kirche u. s. w. . . . . . . 260
Weitere Frage. Antwort redlich . . . . . . . 261

147. Frage: nach seiner Liebe zu Christo. Antwort ehrlich und gut . 262
Einige hübsche Einblicke in den inneren Geist der römischen Kirche 262|263
Hierauf — echtes Paradies=Evangelium an diese Paradies=
    schwindler . . . . . . . . . . . 264

**Abschnitt:** **Seite**

**148.** Gang in den Klosterhimmel zu diesen Himmlischen! . . . . 265
　　　　Klösterlich-himmlischer Empfang.
　　　　Klösterlicher Bauernhimmel.

**149.** Das Aufblähen des Himmels. Erklärung . . . . . . . . . 268
　　　　Die gerechte Traum-Fortsetzung . . . . . . . . . . . . 269
　　　　Fortsetzung dieser himmlischen Comödie-Vorspiels des Aufblähens 269
　　　　Nun beginnt die Blähriesen-Comödie dieser Truggeister . . 270

**150.** Fortsetzung der Comödie, die Riesentafel und Weltenfresserei, deren
　　　　Grund, — der Angriff und Rückzug . . . . . . . . . 272

**151.** Zweiter und zwar zoologischer Akt auf dem klosterhimmlischen Podium 273
　　　　Erklärung dieser Erscheinung . . . . . . . . . . . . 273
　　　　und Philippika gegen die römischen Verkehrtheiten . . . 274

**152.** Blick auf den wahren Weg zum eigentlichen Himmel . . . . 274
　　　　Thorheit der verkehrten Wege, Beispiele: das Waizenkorn und
　　　　der Zeugungsthor 275, Beleuchtung derselben 276, und Nutzanwendung 277

**153.** Weitere Erklärung dieser Blähkomödie . . . . . . . . . 277
　　　　Anderes Beispiel — ein Ignorant als Redner in der Gesellschaft 278
　　　　Kein Geist kann eher gefangen werden, als bis er sich selbst gefangen hat! 279
　　　　Worin zeigt sich die großartigste Größe des HErrn . . . 279

**154.** Dritter Akt auf dem tragikomischen Podium . . . . . . . 280
　　　　Der Himmel grollt, und blitzt und donnert und setzt die ganze Anstalt
　　　　　in rothen Zorn-Brand. Weißes (himmlisches) Gegenfeuer.
　　　　Dieses echte (Liebes-) Feuer scheint zu wirken . . . . . 281
　　　　Die Helden kommen ins Parterre. Erklärung des jenseitigen Feuers,
　　　　　Reife dieser „Pappdeckel-Himmlischen" für ein Wort des wahren
　　　　　Himmels 281, Bekenntniß der Helden und „Vorwärts" zur Er-
　　　　　lösung! . . . . . . . . . . . . . . . . . . . . . 282
　　　　Die Kleidung im Jenseits . . . . . . . . . . . . . . 282

**155.** Ankunft der Neugewonnenen „im Paradiesgarten" . . . . . 282
　　　　Wirkung auf die Paradieser — sie erkennen ihre Schuld — . 283
　　　　　und bekennen Reue . . . . . . . . . . . . . . . 284

**156.** Wink über den Zweck des Selbstbekenntnisses, trotzdem das
　　　　Resultat schon bekannt ist . . . . . . . . . . . . . . 285
　　　　Das ew. Wort — der Richterstuhl Christi . . . . . . . 285
　　　　Anrede an die Mönche 286 — Entäußerung des Hauptrestes ihres blin-
　　　　　den Wahnes — die Beichte als Sühnmittel haltend 286. Beleh-
　　　　　rung mit Schrift und Beispiel . . . . . . . . . . . 287

**157.** Er- und Bekenntniß des Irrthums dieses Beichtzweckes . . . 287
　　　　Die Erde ist nicht sowohl ein Ort der Reinigung, sondern vielmehr
　　　　　ein Ort der Prüfung . . . . . . . . . . . . . . 288

**Abschnitt:** Seite

Belege dazu — Wesen des Erdmenschen und Seinsbedingungen hier . 288
Erklärung des Textes vom Sünden-Vergeben und Sünden-Behalten
   Matth. 18, 18. — Joh. 20, 23 . . . . . . . . . 289
Von der Sünde gegen den heiligen Geist . . . . . . 290
Die 6. Bitte im Vaterunser . . . . . . . . . . 290

158. Die zinstragende Sündenbank (Ohrenbeichte) . . . . 291
Das christlich gesalzene Heidenthum . . . . . . . . 291
Das Pontifikat und sein stehendes Heer . . . . . . . 292
Das (Gottes-) Wort — der eigentliche Richter . . . . . 292|293

159. Vom ungerechten Haushalter . . . . . . . . . 293|295
Der HErr sendet Seine Boten zur Erlösung, nicht zur Verdammniß 295
Der HErr ist auch in der Hölle pur Liebe . . . . . . 295

160. Das Selbstmitleid von fataler Wirkung . . . . . . 296
Warum duldet der HErr solche Verkehrtheiten in der Kirche? . 296
Von der Beichte . . . . . . . . . . . . . 297
Beim HErrn gibts keinen Irrweg, sondern nur gerade und krumme Wege 298
weil sich der HErr auch der Heiden erbarmt, soll man deßhalb den
   Heiden ein Vorwort reden? . . . . . . . . . 299
Vom Unterschied der rechten und falschen Beichthandhabung . 299

161. Der Prior in der Noth vor der Kluft als doch Diener des „Pontifex maximus" (Hauptbrückenbauer) . . . . . . . 300
Die alleinige wahre Brücke der Erlösung vom Tode zum Leben . 301|302
Eine Parabel als Beispiel hiezu . . . . . . . . . 301|302

162. Evangelische Belehrungsrede des Prior an die Seelenschläfer . 303
Einwürfe: nach dem Tode kann nichts mehr gethan werden! (?) . 304
Das lebendige Gebet des Prior — und seine Wirkung . . . 304|305

163. Der schlichte Mann, Selbst-Bekenntniß des Prior . . . 305
Demuth der Verirrten . . . . . . . . . . . 307

164. Die große Erlösungsbedingung, . . . . . . . . 307
mit erläuternden Beispielen . . . . . . . . . . 307|308
Ein feines Hinderniß dabei . . . . . . . . . . 308
Die rechte Reife . . . . . . . . . . . . . 309
Die Ueberbrückung der Kluft, die Ueberführung der Verirrten und
   deren Bekleidung . . . . . . . . . . . . 310

165. Der Liebes-Dienst-Streit und die 3 Probehaken . . . 311|312

166. Doppelgänger, Drei-, Vier-, Fünf-, Sechs- und mehr Gänger, 313|314
als ein schwaches Zeichen eines im Jenseits vollkommenen Vermögens — gleichzeitig mehrfach erscheinen zu können, mit Erklärung 314

| Abschnitt: | Seite |
|---|---|
| Beispiele als Belege hiefür | 314\|315 |
| Entstehungsart | 314\|315 |
| Die Monologisten | 314\|315 |
| Ein rein geistiges Wunder — „wenn ich überall zugleich sein könnte" | 316 |

167. Eine schwierig zu beantwortende Frage . . . . . . . 316
    Die Weltheit des „Pfiffikus" muß auch hinaus, damit die Liebe ganz
        rein sei . . . . . . . . . . . . . . . 317
    Hiezu ein Beispiel — die schlaue Mädchenliebe . . . . 318
    Schlauheit kein Theil der wahren Liebe . . . . . . 319
    Seid aber klug wie Schlangen und einfältig wie Tauben . 319

168. Der Bericht und die Probe . . . . . . . . 320
    Des Lohnes Anfang . . . . . . . . . . . 321
    Weitere Proben . . . . . . . . . . . 322\|324

169. Neugierige und furchtsame Fragen . . . . . . 324\|325
    Wir müssen Alle vor dem Richterstuhl Christi offenbar werden . 326
    Ein gesegneter bester Rath — Liebe ist besser als Furcht . . 326
    Deine Furcht vor dem HErrn rührt aus einer irrigen Vorstellung
        von Ihm her . . . . . . . . . . . . 327
    Das seligste Erkennen . . . . . . . . . . 327

170. Ein Predigerbekenntniß . . . . . . . . . 328
    Der verhunzte und der wahre Christus . . . . . . 328
    Und ganz Derselbe — voll Liebe und Demuth — in Ewigkeit! . 329
    „Kommet her zu Mir, Alle" . . . . . . . . . 331

171. Der gute Hirte zieht heim mit einer neuen Heerde . . . . 332
    Was dem HErrn ein angenehmes Lob und Dank ist . . . 332
    Liebe, das ewig allmächtige heilige Band zwischen Gott und den
        Menschen, dadurch Er uns Vater wird . . . . . 332
    Das wahre Auge — Gott zu schauen . . . . . . 332
    Das Geheimniß des wahren Fortschrittes . . . . . 333
    Ein Wort aus dem Munde des HErrn ist mehr werth als alle Worte
        der Unendlichkeit . . . . . . . . . . 333
    Mit dem HErrn vermögen wir Alles — ohne Ihn nichts! . 333
    Noch eine bedeutende Probe — für die Cölibater . . . 334

172. Eine himmlisch schöne Gegend . . . . . . . 334
    Eine echte himmlische Prozession . . . . . . . 335
    Ein bedenklicher Antrag — ein helfender Engel . . . . 336

173. Die himmlische Bestimmung . . . . . . . . 338
    Die himmlische Ehe der Uebriggebliebenen . . . . . 339
    Die himmlischen Wohnungen . . . . . . . . 340
    Der Liebe- und Demuth-Wetteifer . . . . . . . 340
        und der allerhöchste Lohn . . . . . . . . 341

Abschnitt:  Seite

**174.** Der Knoten in der Wendung des Priors, und eine himmlische
Zwischenerklärung . . . . . . . . . . 341
Führen, ziehen und tragen in geistiger Bedeutung . . 342

**175.** Die schon bekannte himmlische Morgengegend in noch hellerem Lichte 344
Der Protestantenhimmel . . . . . . . . . 344
Einige kleine Liebesfragen — und Antwort darauf . . . 344|346

**176.** Der Eingang in den ewigen Liebemorgen . . . . . 347
Die Wonneruhe daselbst . . . . . . . . . 347
Die Kinder der Erde, so sie Bewohner des ewigen Morgens werden, sind
zugleich Bürger der heiligen Stadt Gottes . . . . . 348
Das große Wesen eines Kindes Gottes von der Erde . . . 348
Das heilige Mahl am Kindertische des Vaters — in der ewigen Liebe-
hütte — bei Wasser und Brod . . . . . . . 349

**177.** Das himmlische Brod und sein Wohlgeschmack . . . . 349
Das lebendige Wasser . . . . . . . . . 350
„Ich bin für Meine wahren Bekenner zwar etwas karg auf den Welt-
körpern, aber hier im Himmel um so freigebiger . . . 350
Stets wachsende Seligkeit bedingt Thätigkeit . . . . . 351
Ein betäubend-allergroßartigster Wirkungskreis . . . . 351

**178.** Eine himmlische Revue, wobei von jeder Sternenwelt je ein Menschen-
Paar anwesend ist . . . . . . . . . . 352
Unterschied des natürlichen und geistigen Verständnisses . . 352
Ein Beispiel zur Vereinigung . . . . . . . . 352|353
Das eigentliche Wesen des Erdmenschen — was es ist . . . 353|354

**179.** Abermaliger Einzug in die heilige Stadt, wobei diesmal auch Gesang
sich bemerklich macht . . . . . . . . . 354
Die Musik des Wortes und deren Wesen . . . . . 354|355
Vom Wesen der Liebe, vom Lichte der Liebe und von der Seligkeit
des ewigen Lebens . . . . . . . . . 355
Beispiele . . . . . . . . . . . . 356
Die Liebe des Nächsten aus der Liebe zu Gott, und die Liebe zu
Gott aus der Liebe des Nächsten . . . . . . . 356
Das große himmlische Oratorium, wie, und wann . . . 357
Wer sind die — der ersten aus der Stadt uns entgegenkommenden Schaar? 357

**180.** Das Innere der Stadt und persönliche Details der Apostel, . . 358
sowie noch eine Probe des Priors am Thore des Hauses . 359|360

**181.** Das Inwendige des Hauses . . . . . . . . 360|361
Die Abendmahlstafel mit dem Osterlamm und die Zwölfe dabei . 361
Der Judas Iskarioth — und die zwei Judase . . . . 362
Die himmlische Tafelrunde . . . . . . . . 363

| Abschnitt: | Seite |
|---|---|
| 182. Eine Tischrede des lieben Jesusvaters — . . . . 363 |
| über den Text „Kinder habt ihr nichts zu essen?" . 364 |
| mit trostreichster Reflexion auf uns Erdenpilger |
| der Akt des Mahles und die Conversation dabei . . . . 365 |
| Wirkung auf den Prior. Dessen ewig-himmlische Mission . 366 |
| Desgleichen des Begleitermönchs Bestimmung . . . . . 367 |
| Abschluß dieses 9. Dioramaglases oder Austritt aus der Sphäre |
| dieses Geistes, welcher war — der Evangelist Markus. |
| |
| 183. Belehrung des HErrn darüber . . . . . . . . . 367 |
| Die Herrlichkeit und der unendliche Reichthum der Sphäre eines ein- |
| zigen vollendeten Geistes, und die Verschiedenheit jeder Sphäre |
| eines andern solchen Geistes, sowie die Nothwendigkeit dieser |
| Variationen, da sonst Einer dem Andern auch im Himmel ent- |
| behrlich würde 2c. . . . . . . . . . . . . . . . . . . 367 |
| Beleg durch Beispiele . . . . . . . . . . . . . 368 |
| 1. eine Aufgabe aus der Physik, 2. eine aus der Musik . . . 369 |
| 3. eine in der Malerei, und dann NB.: schauet an alle die ver- |
| schiedenen Bücher der heiligen Schrift, Propheten, Evangelisten |
| und Apostel, in welchen Variationen sich da dieselbe ewige Wahr- |
| heit darstellt: „Gott ist die Liebe und Weisheit Selbst" . . . 370 |
| 184—296. Das 10. Guckfensterchen im geistigen Diorama, oder — |
| der zehnte Geist — Apostel Johannes — und seine Sphäre, |
| welche geeignet ist uns in die geheime Liebe des HErrn |
| einzuweihen . . . . . . . . . . . . . . . . 370\|681 |
| Vom Unterschied der Glaubens-Sphäre und der der Liebe . . 370 |
| Belege durch Beispiele als Einleitung . . . . . . . . 371 |
| Erster Einblick — ein grauer Dunst . . . . . . . . . 372 |
| Der Geist des Menschen ist — was? . . . . . . . . . 372 |
| Woher kommen die Gedanken? . . . . . . . . . . 372 |
| Und woher das Böse im Menschen? . . . . . . . . . 372 |
| |
| 185. Beliebiger erster Gedanke — ein Stern — . . . . . 373 |
| der zur Welt wird — durch den anziehenden Willen . 373\|374 |
| Wichtige Grundlagen des Schauens . . . . . . . . . 374 |
| Hättet ihr nicht das Universum in euch, da wäre sternlos der |
| Himmel für euch, ebenso ists mit dem geistigen Reiche . . 375 |
| Die Ursache des Erkennens — das Erschauen, dieses der Grund des |
| Strahlens 2c. Praktischer Versuch: Es werde! . . . . 376 |
| |
| 186. Und siehe — die Welt ist da! — . . . . . . . 376 |
| Zwar nicht als ein von euch Geschaffenes, aber doch als ein aus |
| euch Hervorgerufenes . . . . . . . . . . . . 377 |
| Details der ersten Welt dieser Sphäre . . . . . . . 377 |
| Ein Palast mit Garten, die Trikolore u. s. w . . . . . . 378 |
| Was heißt — Dieß oder Jenes hat mich erbaut! . . . . 378 |
| Eine rechte Erbauung . . . . . . . . . . . . 378 |
| Die Bewunderung geht der Liebe voran . . . . . . 378 |

**Abschnitt:**                                                                 **Seite**
    Des Glaubens Wesen . . . . . . . . . . . 379
    Die Liebe ist die magische Kraft, welche nicht nur die Gedanken
        Gottes im Menschen hervorruft, sondern auch sie belebet . . 379

**187.** Ein Gedanke an Jesum ist hinreichend das Herz aufflammen zu machen 379
    Der Name aller Namen, was er ist, und welch eine Wirkung
        von ihm ausgeht . . . . . . . . . . . 379
    Enthüllung des gottseligen Geheimnisses der Menschwerdung
        Gottes in Christo . . . . . . . . . . 379|380
    Hochwichtige Punkte der wahren Theologie . . . . . 379|380
    und daraus gehend erklärt sich — wie noch viele Menschen und
    Geister-Seelen nur erst in der Erkenntniß der ersten Kirche stehen,
    wo Gott als der Unzugängliche gelehrt wurde, und also noch nicht
    Allen faßlich ist das wunderbare Licht, daß Gott geoffenbart ist
    im Fleische . . . . . . . . . . . . 380|381
    Wie ist Jesus die Thüre zum Vater 2c. . . . . 381
    Es gibt nun arge Heiden, die sich Christen nennen . . . . 381
    In der Welt der Geister gibt es unergründliche Tiefen, aber so
    wir im Geiste des HErrn sind — ist uns keine Tiefe unergründlich 381
    Der Gedanke an Jesum wird das Holz auf dem Altar entzünden.

**188.** Schon lodert eine herrliche Flamme . . . . . . . 382
    Diese Erde gegen andere Welten ist im Vergleich nur ein Bettel-
    stübchen gegen fürstliche Paläste, wie z. B. im Orion, Löwen und
    großen Hunde Sonnenwelten sind . . . . . . 382
    Die Plejaden . . . . . . . . . . . . 383
    Wißt ihr — woher eure Kinder sind? wo hat sich ihr geistiges und
    seelisches Prinzip aufgehalten, ehe sie euch sind geboren worden? 384
    Die erste Taufe . . . . . . . . . . . 384
    Die Liebe ist der große Dolmetsch . . . . . . . 384|385
    Beispiele hiezu.

**189.** Noch ein Stößchen — zur geistigen Erkenntniß, . . . . 385
    über Astrologie, Kunde der Entsprechungen . . . . . 385
    Die 3 Weisen aus dem Morgenlande . . . . . 385|386
    Jede Kunde aus den Himmeln wird mit einer Hülse umschlossen
    gegeben 385|386. Das Brod ist — was? . . . . . 386
    Adam, Cain und Abraham in der Grotte zu Bethlehem . . 386
    Enthüllung der Wesenheit der 3 Weisen . . . . . 386
    Die Erde, die Erkorene des HErrn in der Unendlichkeit . . 386|388
    „Das ist mein Stern" . . . . . . . . . . 389
    Eines jeden Erdmenschen Geist (die Seele zumeist aus der Erde) ist
    aus einem Sterne, und dieser ist der erste, welcher bei der inneren
    Beschauung auftaucht . . . . . . . . . 389
    Kinder der Welt von Unten her, und Kinder des Lichts von Oben
    her. Zahlreiche Schulen mit dem Zeichen des Kreuzes. Johs. 20, 30
    bis 21, 25. Winke darüber . . . . . . . . 389

| **Abschnitt:** | **Seite** |

**190.** Der Trieb des Fortschrittes . . . . . . . . . . . 390
　　　Rede des Geistes dieser Sonnenwelt voll tiefer Weisheit . . . 390
　　　Die zweierlei menschlichen Geschöpfe Gottes — Geschöpfe und
　　　　Kinder. Allgemeine Vorbedingungen zur Kindschaft . . . 391
　　　Worte in der Flamme: genauste Bedingungen zur Kindschaft . . 392

**191.** Der Bewerber tritt zurück, Rede des Aeltesten . . . . . . 393
　　　Centrum der Bedingungen — kannst du Gott lieben? . . . 394
　　　Der Bewerber erfaßt das Centrum — mit der Demuth . . . 395
　　　Sein Gebet 395. Seine Einlegung in eine irdische Mutter . . 395
　　　Seine Beleuchtung dieses Vorganges an den Sonnenstrahlen, die da
　　　　auf Erden in die Pflanzen oder Thiere u. s. w. gebunden werden 396
　　　　(Siehe auch in Nr. 48 Seite 79.)

**192.** Wer da nicht fest ist, der ist nicht geschickt zum Reiche Gottes
　　　　und über geistige Zustände und Verhältnisse . . . . 397
　　　Geistige Diebe und Räuber sind wankelmüthige begierliche Gedanken 397
　　　Des Geistes Willenskraft vereint im HErrn . . . . . . 397
　　　Zeugnisse der Schrift für die Grundfeste im Geiste . . . . 398
　　　Rezeptchen zum Wunderwirken . . . . . . . . 398|399
　　　Belege aus der Schrift . . . . . . . . . . . 399

**193.** Ein neuer Ort, ein noch herrlicherer Prachtbau auf einer Anhöhe.
　　　　Beschreibung desselben — . . . . . . . . . 400
　　　als ein kaiserlicher Palast in der Sonne . . . . . . . 401

**194.** Das Innere desselben . . . . . . . . . . . 402
　　　Eingehende Beschreibung der ungeahnten Pracht . . . . 403
　　　In Mitte steht ein Altar und Holz darauf geschichtet . . . 404
　　　Aber die Menschen scheinen zu fehlen, warum? weil sie für uns als noch
　　　　Halbmaterielle unsichtbar sind . . . . . . . . 404
　　　Gehet ein in eure Liebe, so wird euch das Geistige sichtbar . . 404
　　　Gleichniß: 1. von der Winterpracht und Frühlingswärme . . 405
　　　　　　　2. vom Geizhals und vom Menschenfreund . . . . 405

**195.** Durch die Liebe ist das Altarholz in Flammen gesetzt . . . 405
　　　Nun erscheinen die Menschen von unbeschreiblicher Schönheit. Ein Aeltester 405
　　　Gesellschaftliche Ordnung und Einrichtung daselbst . . . . 406
　　　Eine mächtige Weiberliebe ist hier zu Hause . . . . . . 406
　　　Wie so? irdische Parallelen, der Bauernjunker als 1. hoher Beamter,
　　　　und 2. als Offizier . . . . . . . . . . . 407
　　　Die hohe Willenskraft eines Aeltesten dort . . . . . . 408

**196.** Der Weise spricht . . . . . . . . . . . . 408
　　　Die geoffenbarte Lehre an diese Menschen als Vorbereitung zur Er-
　　　strebung der **Gotteskindschaft**, welche bei diesen uns äußerlich un-
　　　begreiflich überlegenen Menschen — als etwas ganz
　　　　Immenses dasteht . . . . . . . . . . . 409

| Abschnitt: | Seite |
|---|---|
| Großes Ereigniß dahier — der erstmals brennende Altar | 409 |
| Enthüllung der Bedingungen zur Erreichung der Kindschaft Gottes | 409 |
| Ein Weib tritt hervor und spricht: sie sei entschlossen den Weg zur Gotteskindschaft zu betreten | 410 |
| Bedingungen hiezu. | |
| Sie legt ihre Hand in die Flamme des Altars, worauf sie verschwindet | 410 |

**197.** Erklärung des Aeltesten an sein Volk . . . . . . 411
und weise Rede . . . . . . . . 412
„Was Gott thut das ist wohlgethan!" . . . . 413

**198.** Gebet der Sonnenpalastbewohner . . . . . . 413
Unterschied des Wesens dieses Gebetes und unserer Gebetsart, dort mehr Gebährden- und Verstandesform, hier mehr Herzenssache . 413
Ursache dieses in der Ordnung Gottes begründeten Unterschiedes . . 414
Wesen des Gefühlsmenschen . . . . . . . 414
Geheimes lebendiges Wort Gottes in Diesen . . . 415
„Viele sind berufen, Wenige auserwählt" . . . . 415
Verhältniß dieser Sonnenmenschen zu ihren Verstorbenen . . 415

**199.** Der Aelteste spricht nach dem Gebet . . . . . 416
Worte Gottes aus der Flamme zu diesen Weisheitsmenschen, **ein Sonnen-Evangelium** . . . 416
Erklärung dieser Menschen, daß sie bleiben wollen was sie sind, und verzichten auf die Kindschaft des großen Gottes . . . . 418

**200.** Leichtere Beweglichkeit der Sonnenkinder gegenüber den Erdmenschen 419
Unterschied der landschaftlichen Verhältnisse zwischen Planetar- und Centralsonnen . . . . . . . . 419
Daselbst Lichtwasserströme . . . . . . . 419
Gebietsgrenzen, Sonnenpartikularismus . . . . . 420 ff.

**201.** Daselbst wenig Thiergattungen, warum? . . . . 421
Die verschiedenen Arten von Menschen und demgemäß ihre Führungen 422
Beleuchtung des Beispiels vom reichen Jüngling . . . 423

**202.** Wille und Vertrauen überwinden alles . . . . . 424
Glaube und Hoffnung (Vertrauen) zeugen Liebe . . . 424
Die Baumfrüchte anfangs grün, werden durchs Sonnenlicht röthlich 425
Die blaue Farbe — Hülle der rothen . . . . . 425
Wesen der Hoffnung . . . . . . . . 426
Die Liebe der Urgrund von Glauben und Hoffen und zugleich deren Frucht, . . . . . . . . . 427
wie der Baum aus dem Kern, und der Kern aus dem Baume . 427

**203.** Ein Staffelkegelbau. Die gerade Linie — der feste Wille . 428
Der Mensch kennt die Glieder seines Werkes, aber der Herr die Glieder des Stoffes, als Werkmeister desselben . . . . 431
Die Liebe zum HErrn ist die unwiderstehliche Macht . . . 431

| Abschnitt: | Seite |
|---|---|
| 204. Details der Prachtanlage dieses Palastes | 432 |
| Wie die Bitte beschaffen sein soll | 433 |
| Zweck der Bitte — Selbsterkenntniß — freie Thätigkeit in der Willens- und Erkenntnißsphäre. Also bittet mit mehr Liebe und mehr Vertrauen und ihr werdet mehr erhalten! | 434 |
| Zweierlei Wesen der Hindernisse, 1. mangelnde Erkenntniß, 2. Weltliebe. — Bei den Weibern ist die Dummheit zu Hause | 434 |
| 205. Die dreierlei Alleen, je anfangs breit und schließlich enge, entsprechen dem Eingang vom materiellen ins geistige innere Leben, oder der Vorrede eines Buches, und dessen Einleitung u. s. w. | 435 |
| Anlage und Bau eines Hauses, Thurmes oder einer Kirche, oder die kirchliche Messe-Ceremonie | 436 |
| Ein Schauspiel, ein Musikstück, die Skala, die anfänglichen Lebenspläne wohlhabender Eltern bei der Erziehung ihrer Kinder | 437 |
| Ende — das Grab. — Die Pyramiden. Aehnliche Entsprechungsbauten auf der Sonne — als Wohnort von wahren Grundweisen | 437 |
| 206. Fortsetzung der Sonnenwanderung gegen die Ringmauer; dieselbe enthüllt sich als schöne Säulenreihe mit 3 Gallerien | 439 |
| Die große und schöne Staffelei | 439 |
| Alles an diesem Palaste ist Entsprechung mit den Verhältnissen des menschlichen Wesens | 439 |
| Beispiele davon | 440 |
| Jeder Geist, an dem nichts Aeußeres (Weltliches) mehr klebt — kann nicht mehr sündigen, und ist also rein | 440 |
| Entsprechung des Leibestodes ꝛc. oder dessen Wesen | 440 |
| Die 12 Staffeln zur ersten Gallerie gleich den 12 Geboten | 441 |
| 207. Neuer Anblick von Lichtwundern | 441 |
| Sonnenbaumaterial voll Lichtspiel | 442 |
| Das Gebäude, thurmartig, von Licht übergossen | 443 |
| 208. Details des Palastes | 443 |
| Altäre in den Säulenrondo's der I. Gallerie | 443 |
| Deren Entsprechung — erster Grad der Gottes-Erkenntniß | 444 |
| Darstellung des durchsichtigen Goldes | 444 |
| Wesen des lichtflammenden Stoffes | 445 |
| Entsprechung mancher Kanzelprediger | 445 |
| Bessere Entsprechung | 445 |
| Stufenweises Gewöhnen an Herrliches | 445 |
| Anscheinender Widerspruch — das Gebäude schon von außen 12stödig und von Innen nur 10stödig! — | |
| 209. Gang in die II. Gallerie. | |
| Praktische Winke beim Berg- oder Treppensteigen | 446 |
| Eile mit Weile, Steige mit Pausen | 446 |

| Abschnitt: | Seite |
|---|---|
| Arbeiten mit Maß — stärkt — aber ununterbrochen — reibt es auf | 447 |
| Winke wie man ein Narr wird und also Warnung davor | 447 |
| Weitere Beispiele dazu — | |
| Vom Most und seiner Be= oder Mißhandlung | 447 |
| III. Gallerie, mit Vasen und Bäumchen | 448 |
| Grund dieser Gärtnerei oder Pflanzung, | 448 |
| als Entsprechung einer höheren Stufe nach Aufnahme des göttlichen Wortes ins Leben (Lebensbaum-Entwicklung) | 448 |
| Details der Dekorationen dieser Gallerie | 448 |
| Verzehrende Schönheit dieser Menschen | 449 |
| Unbeschreibliche Schönheit der Menschen in dieser Sphäre | 449 |

210. Die IV. Gallerie oder das III. Stockwerk des Palastes (schiffartig) . . 449
Das für diese Sphäre entsprechende Gefäß ꝛc. mit einer Art Feigenbaum 449
Dienst und Zweck dieses Baumes, Sinn der Gefäßform . . . 450
Entsprechung der anderen Formen und Farben dahier . . . . 450
Charakter der Verstandesbildung. Die Menschen dieser Gallerie . 451

211. Die V. Gallerie oder das IV. Stockwerk desselben Palastes . . . 451
Die weiße Pyramide, als Charakteristisches, allhier mit einer kleinen Menschenstatue geziert . . . . . . . . . . . . . 451
Entsprechungssinn dieser Pyramide und ihres Aufsatzes . . . . 452
Die Werke während unseres Erdenwandels bleiben, aber das Werkzeug, der Körper, wird wieder zu Erde . . . . . . . 452
Der gewöhnliche Weltmensch und der göttlich geistige Mensch 452|453
Ordnung des wahren Menschen in herrlicher Klarheit und Kürze 453
Das obige Menschenbild entspricht der geistigen Wiedergeburt . 453
Weg dazu, auf dem Fundament der Demuth durch Glaube und Liebe 453
Die Kleinheit besagt: „werdet wie die Kinder!" . . . . . 453
Die übrigen sehr wichtigen Lebens-Entsprechungen . . . . 453

212. Charakteristiken der VI. Gallerie oder des V. Stocks des Palastes 453
Eine lichtglänzende große Kugel auf grüner Rundplatte, darauf die Statue eines schönen Mannes . . . . . . . . . 454
Die übrige Einrichtung daselbst . . . . . . . . . 454
Deren sonderheitlicher und allgemeiner Bedeutungssinn . . . 454
Entsprechung der obigen Standbilder: fortgeschrittene Stufe der Entwicklung des Menschengeistes . . . . . . . . 455
Die Platte — das verlassene Weltliche, die Kugel — Symbol der neuen selbstgeschaffenen Welt; eingehende Beleuchtung . . 455
Die Statue bedeutet den vollendeten Menschen im Geiste mit Einzelheiten 455
Fortsetzung. Stellung des vollendeten Menschen in der Schöpfung . 456

213. Gang auf die VII. Gallerie oder das VI. Stockwerk dieses Palastes 456
Lustige Stiege. Gewohnheit macht die Höhen uns gewöhnlich . . 456
Ebenso in staatlicher Hinsicht, Bürger und Regent . . . . . 457
Desgleichen in bürgerlichen differenten Verhältnissen . . . . . 457
Im Zustande der Furcht zeigt der Mensch seine Schwächen . . 457

| Abschnitt: | Seite |
|---|---|
| Mehrere Beispiele hiezu, der Virtuos, der Tourist, Brautwerber 2c. . | 458 |
| NB. Warum der HErr in diesen Seinen nunmaligen Kundgaben (sowie Seine Diener) so einfache Sprache wählt! . . . . . . . . . . . | 458 |
| Die VII. Gallerie ist erreicht . . . . . . . . . . | 459 |

214. Unterschied der Einrichtung dieses Stockes von der früheren . . . 459
Die Gallerie ist aus Sternen zusammengesetzt . . . . . . 459
Charakterbild dieser Sphäre — siebenfacher Sternkreis in Regenbogenfarben, darinnen ein herrlicher Altar, . . . . . . . . 460
    darauf eine lichtgrüne Säule, darauf ein großer Sternkreis, darinnen viele geometrische Stern-Figuren, . . . . . . 460
    darüber hängt an einer Goldschnur ein horizontaler Sternkreis 460
Entsprechende Gegenstände der Weisheit, welche aus der Liebe stammt 461
Gegenstände der Weisheit sind schwerer faßlich, als solche der Liebe. Beispiele hiezu.
Körper aller Art (als liebegebundenes Licht) können wohl erfaßt und fortgetragen werden, aber — das Licht selbst? . . . . . 461
Desgleichen können Früchte, als liebegebundenes Licht, gegessen werden, aber nicht also die Sonnenstrahlen; also —? . . . . . 461
    das freie Licht allein ist ungenießbar . . . . . . 462
Entsprechung fürs geistige Leben . . . . . . . . . 462

215. Liebe und Weisheit, deren Verhältniß, Ordnung und Harmonie.
Entsprechung des Zierbildes dieses Stockes; der Altar zeigt, daß die Liebe in die Weisheit hineinreicht . . . . . . . . 462
Liebe, Demuth und Weisheit sind göttlichen Ursprungs . . . 463
Niemand kann Gott lieben, so er nicht erfüllt Seinen Willen u. s. w. . . . . . . . . . . . . 463
Zeichen, daß der Geist des Menschen auch himmlische und göttliche Dinge begreifen und mit Gott umgehen und sich **mit Ihm besprechen** kann, wie ein Kind mit seinem Vater u. s. w. . . 463
Woher kommt diesen Sonnenbewohnern solche Weisheit? . . . 464
Antwort: Woher nehmen die Finger unseres Leibes ihre Nahrung? 2c.
Hinweis auf die Menschengestalt des Makrokosmos . . . 464
Dessen Speise ist das Brod des Lebens, d. h. die Liebe Gottes in aller Unendlichkeit . . . . . . . . . . 464

216. Die VIII. Gallerie oder VII. Stockwerk, von Glas . . . . 465
Dort je durchsichtiger — je härter die Stoffe . . . . . 465
Diese Durchsichtigkeit entspricht der Weisheit, Charakter derselben . 466
Z. B. ein geometrischer Weisheitsbrocken . . . . . . 466

217. Absolute Weisheit nicht tauglich für einen noch gebundenen Geist . 467
Zieratulum dieser Gallerie — ein goldener Reif an einer Schnur, und in demselben eine durchsichtige Kugel, stets wechselnde Formen enthaltend 468
Mechanik zur Kegeldrehung — ein perpetuum mobile . . . . 468

**Abschnitt:** Seite

**218.** IX. Gallerie, VIII. Stock . . . . . . . . . . 470
Hier ist Alles fast unsichtbar wegen absoluter Durchsichtigkeit . . 471
Das Auge aus einem Lichtextrem in's andere — sieht nichts, und
muß sich erst akkommodiren . . . . . . . 471
z. B. Blick in die Morgen- oder Abendsonne und Wirkung . . 472
Vorschrift in den Geist zu bringen . . . . . . 473
Zierakulum hier — durchsichtige Kugel an weißer Schnur auf der
Spitze eines dito Kegels . . . . . . . . 473

**219.** Göttlich-geistige Weisheit ist Thorheit vor der Welt . . 474
Beispiele, Zahlen, Natur-Geschichte . . . . . . 474
Erklärung derselben . . . . . . . . . 475

**220.** Weitere Beispiele zu obiger geistigen Wahrheit, als — Zeit und Ewigkeit, Maus und Katze . . . . . . . . 477
Aus Mäusen wird die Katze, und aus der Katze die Mäuse! — . 478

**221.** X. Gallerie, IX. Stock, gesteigerte Durchsichtigkeit . . 479
Wer Nichts sieht — der muß greifen . . . . . 480
Beispiele dafür aus der Natur . . . . . . 481
Weitere Beispiele dafür, geistige . . . . . . 482
Unterschied zwischen Weisheits- und Liebe-Licht, daher die Unsichtbar- oder Sichtbarkeit der Geister für uns . . . . 482

**222.** Fortsetzung — formelles „Begreifen" . . . . . 482
Das Kreuz mit Kugeln . . . . . . . . 483
Der Witz und die Satyrik. Deren Wesen . . . . 483
Erklärung dieses Rondo's . . . . . . . 483
Die 12 Träger des Lebens (d. h. die 12 Gebote) . . . 483
kurz und geistig-wesentlich dargestellt . . . . . 484
Einfaches Symbol des Glaubens . . . . . . 485
Entsprechung des Kreuzes . . . . . . . 485

**223.** Fortsetzung — vom Hauptschlüssel geistiger Geheimnisse . . . 485
Liebe und Weisheit . . . . . . . . 486
Beispiele aus dem Leben, Hausbau, Künstler, Maler, Musiker,
Liebe ist der Motor . . . . . . . 487
Liebe ist das Geheimniß der Kunst . . . . . 488
Liebe und Glauben — die Essenz der Allmacht . . . 488

**224.** Vom Verliebtsein und von der Liebe zum HErrn . . . 489
Die Liebe — das Leben . . . . . . . 489
Die Erkenntniß zeugt die Liebe . . . . . . 490

**225.** Die Liebe gibt das reinste Licht . . . . . . 491
Die 7 Farben . . . . . . . . . 492
Licht der Liebe und Licht der Weisheit, ihr Wesen . . . 492
Licht der abstrakten Weisheit — schädlich . . . . 493

2*

| Abschnitt: | Seite |
|---|---|
| Philosophie fruchtlos (für den wahren Lebenszweck) | 493 |
| Beispiele, Sokrates, Aristoteles, Plato | 493 |
| Gegensatz: wer die Liebe hat, der hat Alles | 493 |
| Thorheit der Philosophie | 493 |
| Die Einfalt als Richterin der Philosophie | 494 |
| Schmeißfliege, Symbol der absoluten Philosophie | 494 |
| Das „rein Geistige" der Philosophen — ein grober Materialismus | 494 |
| Absolute Philosophen kleben sich an die Materie — warum? | 495 |

**226.** XI. Gallerie . . . . . . . . . . . 495
    Ein Einwurf, betreffend die Art dieser Eröffnung . . . 495
    Erklärung desselben im Bilde des Botanikers, des Anatomen, des Chemikers . . . . . . . . . . 496
    Irdische Parallele — Wesen von Frage und Antwort . . . 497

**227.** Wer hat den ersten Schritt zu machen? . . . . . 498
    der Hausherr oder der Gast, die Erde oder die Sonne? . 498
    Hier in der XI. Gallerie ist alles glatt, einfach, weiß, und inmitten nur 2 Säulen als besonderes Zeichen dieser Abtheilung, . 499
    umgeben von 10 Säulen-Rondo's . . . . . 500
    Erklärung dieser Symbole . . . . . . . 500
    Die zwei Säulen inmitten als Hauptfigur entsprechen den 2 Liebesgeboten . . . . . . . . . 500
    Das eigenthümlich wechselnde Wesen im Anblick der 10 Säulen . 500
    Die Liebe zum HErrn und daraus zum Nächsten führt zur Vollkommenheit des Lebens . . . . . . 500
    Die Einfachheit bedeutet die nackte Wahrheit . . . . 501

**228.** Eigenthümlichkeit der weiteren Etagen . . . . . 501
    Aufstieg. Das Fortschreiten des Geistes ist nicht sowohl ein Weiserwerden, als vielmehr ein stetes Wachsen in der Liebe zum HErrn 502
    Praktische Erfahrung der gewöhnlichen Christen in Betreff ihres geistigen Fortschrittes . . . . . . . . 502
    Erklärende Beispiele aus dem Leben, 1. Musikschüler, wie wenige es da zur wahren Meisterschaft bringen . . . . 503
    Untersuchung warum? was machen — wie leben diese Schüler? . 503
    Der wahre Kunstjünger . . . . . . . 504
    Gleichniß von den zum Mahl geladenen, aber sich entschuldigenden Gästen 504
    Je mehr Weltzottelei, desto weniger Fortschritt und umgekehrt . 504

**229.** Beschreibung dieses Rundplatzes . . . . . . 505
    Zweck des weißen Schnees im Winter — Untauglichkeit desselben im Sommer . . . . . . . . . 506
    Ein praktisches Beleuchtungsexperiment, . . . . 506
    dessen Anwendung aufs Geistige . . . . . . 506
    Menschen, die „aus mancherlei etwas und im Ganzen Nichts" wissen, gibt es gar Viele.

**Abschnitt:**                                                              **Seite**

Weitere Ausstattung dieser Altane . . . . . . . . . 507
Hauptschmuck dieses Platzes: Säulenrondo mit einer Krone überdeckt, darunter ein karminrother Altar, mit dem duftenden Holze darauf.

230. Warum ist man da inmitten aller Pracht so mutterseelenallein? . 507
Erklärung der Stille in diesem Millionen Menschen enthaltenden Baue ;508
Weil die Besichtigung geschieht zur Zeit der Ruhe dieser Sonnenpalast-
bewohner, damit die Besucher von der blendenden Schönheit der-
selben nicht Schaden nehmen . . . . . . . . . . 508
Warnung vor deren Annäherung und Berührung . . . . . 509
Warum? weil diese Menschen einen zu hohen Begriff haben von
den Kindern des HErrn, . . . . . . . . . . . . 509
deshalb wird man etwas ernst schroff mit ihnen verkehren müssen,
gemäß der Ordnung des HErrn . . . . . . . . . 509
Das Holz auf dem Altar wird entzündet und die Bewohner des
Palastes erscheinen . !. . . . . . . . . . . 509

231. Diese Sonnenmenschen in Gestalt, Kleid und Wesen . . . . . 510
deren unbegreifliche Lichtfülle würde die Erde schmelzen, wie der
Diamant im Brennspiegel sich verflüchtigt . . . . . 510
Jede Welt hat ihre Gesetze und Ordnung des Bestehens . . . 511
Die Verschiedenheit der Lebensbedingungen schon der Thiere auf Erden,
Wasser- und Luftthiere ɾc., aber auch Schlamm- und
Stein-Thiere . . . . . . . . . . . . . . 511
Die ganze Erde Lebenslarvenkonglomerat . . . . . . . 511
Die Variation der Geisterwesen . . . . . . . . . . 512
Sicht- und Unsichtbarkeit der Geister . . . . . . . 512
Die in höheren Sphären lebenden Geister können die niederen sehen,
nicht aber umgekehrt . . . . . . . . . . . . 512
Zweck dieser Ordnung . . . . . . . . . . . . . 512
Merkwürdige Umstände beim Hohlspiegelexperiment . . . . 512
Was die Sonne ist, warum sie (und ihre Wesen) keinen Schaden
von der Kraft ihres Lichtes leidet . . . . . . . 513

232. Im Namen des HErrn. — Verkehr mit diesen Menschen . . . 513
Confusion derselben über diese Gäste . . . . . . . . 514
Warum? weil Geister als Gäste ihnen nur an bestimmten Orten
erscheinen. — Vergleich mit irdischen Geistersehern. — Exorzir-
ungs-Präparate. — Geisterprobe. — Effekt: Menschen-Reißaus . 516
Vorbereitende Rede des ängstlichen Weisen an seine Kinder . . 516
Annäherung desselben an die fatalen Gäste . . . . . . . 516

233. Dessen Anrede an die Gäste, Ahnung der Wahrheit . . . . . 517
Antwort vom guten Zwecke des Besuches. Erwiederung des Aeltesten
in wahrer Weisheit . . . . . . . . . . . . 517
Gelegenheit zur gründlichen Erfahrung der Bedingungen zur Gotteskindschaft . . . . . . . . . . . . . . 518

| Abschnitt: | Seite |
|---|---|
| Entgegnung unseres Führers Johannes. Was ist Liebe zu Gott? Ein Evangelium für diese Weisheitshelden zur Erlangung der Liebe — und dadurch der Kindschaft Gottes | 518 |
| Wie stellt man es an — um Gott über Alles zu lieben? | 519 |
| Der Herr ist der Einfachste und Demüthigste unter Seinen Kindern | 519 |

**234.** Erwiederung des Aeltesten auf die Lehre der Gotteskindschaft . 519
Anerkennung der Hauptsache, aber Weisheitsbedenken sehr schwierigscheinender Art: . 520
„Kann auch selbst der Schöpfer aus der Hand einen Kopf, aus dem Munde ein Ohr u. s. w. machen? . 520
„Wie können wir als korrespondirend mit dem Auge des HErrn — Seine Kinder — d. h. Theile des Universalherzens werden?" . 520
Berichtigende Erläuterung dieser Einwürfe . 521
Es gibt kein anderes Leben als das der Kraft der Liebe in Gott . 521
Genauere Winke zum Ziele — . 521
Von der **Menschwerdung des HErrn** . 521
Sein neuer Name als Gottmensch **Jesus** oder der Heiland aller Kreatur . 521
Schrifttext für diese Sonnenweltmenschen . 522
Spezielles Evangelium für Reiche an Wissen und Macht . 522
Schönheit der Form — durch Umstände bedingt, Schönheit des Geistes frei, weil entsprechend der Liebe zum HErrn als höchste Schönheit . 522

**235.** Spricht wieder der Aelteste — . 523
die Hauptsache anerkennend — doch noch einige Bedenken aus und zwar gerechtgewichtig scheinende: „wie stimmt Demuth und das Höchstdenkbare — Gotteskindschaft zusammen?" . 523
„Diese Demuth scheint mir wie Gleisnerei?" . 524
„Ferner — ist dieses Mehrwerdenwollen nicht Undank gegen Gott für das was wir von Ihm aus sind?" . 524
Motiv der Handlung in der Weisheit — das gegenseitige Bedürfniß, hier kann also nur die Weisheit sich auszeichnen . 524/525
Die Wahrheit der Grund aller göttlichen Ordnung . 525
Also sage was da ist — deine Demuth, Liebe und Kindschaft? . 526

**236.** Antwort des Johannes, in Worten des Herrn aus der h. Schrift — wie sehr anders es aussieht mit dem Zustande des Mehrseins eines Gotteskindes als dieser Weisen, und also über den Unterschied eines Kindes Gottes und eines unabhängigen Geistes . 527
Die wahre Demuth, die wahre Liebe — die wahre Kindschaft . 528

**237.** Der Weise erwiedert nun — daß er nach der eben vernommenen Erklärung unter solchen Umständen samt den Seinigen auf diese Ehre der Gotteskindschaft verzichte . 529
jedoch bei sich ganz anderer — besserer Meinung sei vom Wesen der Kindschaft. Belehrung des Johannes über — geschöpflichen und schöpferischen Maßstab . 530

| Abschnitt: | Seite |
|---|---|
| Vom Wesen der Kindschaft Gottes | 530 |
| Wer viel verlangt, empfängt wenig, wer wenig verlangt, empfängt viel, wer nichts verlangt, dem wird Alles zu Theil, | 531 |
| hiezu Beispiele aus dem Leben | 531 |
| Liebe und Weisheit. Gott sieht das Herz an | 531 |

238. Rede des Führers an sein Volk. — Gott ist ein Mensch . . . 532
Ueber Bedingung der Kindschaft, Demuth, Liebe, Selbstverleugnung 532
Geschöpfliche Annehmlichkeiten der Sonnenkinder einerseits . . . 532
und des Glückes der Kindschaft in der Liebe andererseits . . 533
Versprechen Aller — die Wege der Kindschaft zu gehen . . 534

239. Die Erscheinung unserer geistigen Sonne . . . . . . . 534
Liebliche Gärten, Auen und Kinderchen . . . . . . . 534
Andere Erscheinlichkeit derselben als in der Sphäre des HErrn . 535
Eigenthümlichkeit der letzteren . . . . . . . . . 535
Himmlische Ordnungs-Zustände . . . . . . . . . 536

240. Ein Gemeingeist und zugleich spezieller Geist . . . . . 537
Warum ist die allgemeine Form eines himmlischen Vereins die menschliche . . . . . . . . . . . . . . 537
Wink über die allgemeine Seelensubstanz nach dem allgem. großen Falle, und die sichtbare Schöpfung . . . . . . . 538
Der Mensch als Sammelform für zahllose Vorleben . . . . 538
Die wahre Evolutionslehre . . . . . . . . . . 538
Also auch im Himmel die Sammelform eine menschliche ist . . 538
Wie kann ein Spezialgeist einen großen Verein als einen Menschen erschauen . . . . . . . . . . . . . . 539
Geheimniß der geistigen Ferne oder Nähe . . . . . . 539
Umschau in unserer geistigen Sonne . . . . . . . . 539

241. Eintritt ins Kinderreich . . . . . . . . . . 539
Kleinkinderseelentreibhaus, I. dieselben in Bettchen . . . . 540
„  „  II. „ in Stehgeländern. 
„  „  III. Sprechlern-Abtheilung . . . 541
Die Lehrer waren auf Erden große Kinderfreunde . . . . . 541
Elementarsprachlehre, überall stets zu 10 Schülern 1 Lehrer . . 541
Praktische Selbstentwicklungs-Methode der Kinder . . . . 541
Empfehlenswerth zur Nachahmung auf Erden . . . . . 542
Fehler in der Ausbildung auf Erden . . . . . . . 542

242. Höhere Schule, Lehre durch Anschauungsunterricht — . . . 543
in stufenweisen Abtheilungen . . . . . . . . . 543
Als Grundform dient die menschliche Gestalt . . . . . 544
Die rechte Urschrift, mit dem Wesen des Menschen korrespondirend . 544
Die beste Sprachlehre für Kinderseelen, Fortsetzung . . . . 545

## 722

| Abschnitt: | Seite |
|---|---|
| Anschauungsunterricht zum Sprechen, Lesen und Schreiben . . 545 | |
| Ewige Fortentwicklung im Himmel — auch bei Gott . . . 545 | |

**243.** Geo-Graphie-Haus, oder Schule für Erlernung der Kenntniß der
  Erde, als Ort der Menschwerdung des HErrn . . . . . 545
  Ein vollkommener Erd-Globus (quasi lebendig) . . . . . 546
  Ein Globus für Erdfortbildungs- und Welt-Geschichte . . . 547
  Lehrzeit in dieser Anstalt — 7 Tage! . . . . . . . 547
  Himmlisches Schulhaus für Geologie und Entstehung der Erde . 548

**244.** In 2 Hälften theilbarer Originalglobus mit genauer anatomischer
  Treue des Innern . . . . . . . . . . . . 548
  Kurze Andeutung darüber, Bestätigung der Keppler'schen Idee vom
    Wesen des Erdinnern — als tellurisches Thier . . . . 548
  Urgrundwesen der Erdstoffe und Grundzweck der Erde . . . 549
  Rundsaal mit 1000 Capellen, zum praktischen Anschauen der Entsteh-
    ung der Welt . . . . . . . . . . . . . 549
  Stufengang dieser Erdanfangs-Entwicklung . . . . . . 550

**245.** Lehrsaal der speziellen Geschichte des Menschen . . . . 551
  Betrübte Reflexion über die schwache menschliche Auffassungsfähigkeit,
    weil sie mehr nur äußerlich weltlich — statt geistig gesinnt sind 551
  Summa der Welt-Gelehrtheit (Zweifel) . . . . . . . 552
  Die Wiedergeburt, Bedingung zum Eintritt ins Himmelreich . 552
  Philippika gegen die jetzige geistige Lauheit . . . . . 552|553
  Winke vom Unterschied der Zustände des ewigen Lebens . . 553
  Evangelium der Lebensschule . . . . . . . . . 554

**246.** Lehr-Saal der Schöpfungsgeschichte des Menschen . . 554
  Lebendig anschauliche Vorgänge dabei, (wie in Mose 1, 26 ff. und
    Haushaltung Gottes I., Kap. 7 ff.) . . . . . . . 555
  Desgleichen in der ferneren Geschichte der Menschheit . . . 556
  Examen der Schüler darin . . . . . . . . . . 556
  Lehre der geistigen Erde und deren Bildung aus dem Menschen-
    Geschlechte . . . . . . . . . . . . . 556
  Geistersphäre, gute und böse . . . . . . . . . 556
  Lehre von der Sünde 2c. . . . . . . . . . . 555
  Lernpausen (quasi Ferien), Besuche auf Erden . . . . . 576
  **Maria die Obervorsteherin des Kinderreiches** . . 557

**247.** Zweiter Garten im Kinderreiche . . . . . . . . 557
  wo eure Kinder weilen, wie erkennt man sie? . . . . 557
  Der Lehr-Palast von Außen und Innen . . . . . . . 558
  Saal I, „Weg zur Freiheit des Geistes" . . . . . . 558
  Erläuterung des ersten Gebotes . . . . . . . . 559
  Praktisch lebendiger Thatunterricht . . . . . . . 559
  Die Lehrer prüfen mit Zweifeln ihre Schüler . . . . . 559
  Anweisung zum lebendigen Gott-suchen und finden . . . . 560

**Abschnitt:** **Seite**

**248.** Der gottsuchenden Schüler Zweifel und Bedenken . . . . . 560
Deren Kurirung durch der Lehrer weise Fragen . . . . . 560
Wo und wie habt ihr Gott gesucht? — In der Natur? In den
    Schulen? Im Hause des Gebets? . . . . . . . 560

    Kinder-Zweifel, Schüler-Politheismus und Philosophie . . . 561
    Entgegnung der Wahrheit . . . . . . . . . 561
    Wie soll man Gott suchen? . . . . . . . . 561
    Und wie wird man Ihn am ehesten finden? . . . . 562

**249.** Folgen des verkehrten Suchens, — mehr und neue Zweifel . . 563
Weiteres Forschen über das Dasein Gottes — an der rechten Quelle 564
Die Sehnsucht nach Gott ein wichtiges Zeugniß für Sein Dasein . 562
Das Finden (Gottes oder der eigentlichen Lebenswahrheit) . . 566

**250.** Schulhaus der 12 göttlichen Gebote . . . . . . 566
Zweiter Saal, Belehrung über das 2. Gebot . . . . . 566
Dritter Saal, Belehrung über das 3. Gebot . . . . . 567
Was ist der Sabbath? . . . . . . . . . . 568

**251.** Das 4. Gebot im vierten Saale (im geistigen Sinne) . . 569

**252.** Das 5. Gebot im fünften Saale — geistig beleuchtet . . . 571
Warum tödteten die Israeliten ihre Propheten und Könige so viel
    und oft grausam? Reflexion über die heutigen Kriege . . 571
Erklärung . . . . . . . . . . . . 572

**253.** Das 6. Gebot im sechsten Saale . . . . . . . 573
Was ist Unkeuschheit? . . . . . . . . . 573
Leib, Seele, Geist . . . . . . . . . . 574
Was sind Kretins? und was finstere Geister? . . . 575
Weitere Exkursionen auf diesem schwierigen Felde . . 576

**254.** Fortsetzung der Erklärung des inneren Sinnes des 6. Gebotes . 577
Es gibt zweierlei Liebe — göttliche — ohne Selbstliebe, und Eigen-
    liebe, welche erster entgegensteht . . . . . . 577
Nach diesem ist das Gebot zu beurtheilen . . . . . 577
Begriff von Keuschheit, höchstwichtig! . . . . . . 578

**255.** Was ist Hurerei? eingehend ausgeführt . . . 578|580

**256.** Siebenter Saal, 7. Gebot. Voruntersuchung . . . 581|582

**257.** Was heißt „Stehlen"? . . . . 583

| Abschnitt: | Seite |
|---|---|
| 258. Fortsetzung (Verstandes- und höheres Licht) | 585 |
|     Winke über die soziale Frage | 586 |
|     Winke für Kapitalisten | 587 |
| 259. Achter Saal, Schule fürs 8. Gebot, vom Lügen | 587 |
|     Die materielle Hülle — Mittel zum Lügen | 588 |
|     Was ist das Lügen? | 588 |
| 260. Fortsetzung. Psychologische Erörterungen, Wille, Auge, Ohr | 590 |
|     Der Dualismus im Menschen | 590 |
|     Was ist im Grunde ein falsches Zeugniß? | 591 |
|     Liebe und Weisheit; seid Thäter des Worts, um nicht Lügner und Betrüger zu sein | 592 |
| 261. Neunter Saal, 9. Gebot | 592 |
|     Abhandlungen über das primitive Eigenthums-Recht | 593 |
|     Colonisten-Beispiel | 593\|595 |
| 262. Sammel-, (Klaub-) und Nutzungs-, Bereitungs-, Erwerbs-, Eigenthums- und Hut-Recht, Militärstand, Monarchie | 596\|599 |
| 263. Monarchie „von Gottes Gnaden" | 600 |
|     Natursinn, Beleuchtung des 9. Gebotes | 601 |
|     Auflösung der bürgerlichen Ordnung in Folge der Unkenntniß des inneren Sinnes desselben | 601 |
|     Der innere Sinn des 9. Gebotes | 602 |
| 264. Nachbetrachtung des 9. Gebotes | 602 |
|     Erdboden für wie viele Menschen ausreichend? | 603 |
|     Generalübersicht der sozialen Verhältnisse | 603 |
|     Belegbeispiele, Nahrung, Kleidung, Wohnung | 603 |
|     Nothwendigkeit der Freigebigkeit | 604 |
| 265. Zweite Nachbetrachtung des 9. Gebotes | 604 |
|     Wer sündigt gegen die göttliche Urordnung dieses Gebotes? | 604 |
|     Kapitalistenfrage in Bezug auf dieses Gesetz | 605 |
|     Staats-Parallele | 606 |
| 266. Der reiche Jüngling im Evangelium u. s. w. | 607 |
|     Die Wechsler und Wucherer im Tempel | 607 |
|     Der Wuchersinn — als Wurzel alles Uebels das Allerverdammlichste vor dem HErrn | 607 |
|     Gefahr dabei für den Geist | 608 |

**Abschnitt:**                                                                      **Seite**

**267.** Zehnter Saal, 10. Gebot, Vorfrage — . . . . . . . . 608
       wegen deffen scheinbarer Entbehrlichkeit neben dem 6. Gebot . 609
       Türkische Auffassung desselben seit 18 Jahrhunderten . . . 609|610

**268.** Wer ist der „Du" im 10. Gebote? . . . . . . . . . 611
       Hierarchischer Grund für die falsche Auslegung des 10. Gebotes . 611|612

**269.** Weitere Beispiele verkehrter Auffassung des 10. Gebotes . . 612
       Die Lücken des oberflächlich aufgefaßten Gebotes . . . . . 613
       Unsere dermalige heidnisch-christliche, traurige Glaubensansicht in
          Betreff der erbarmenden Liebe Gottes, (die man nur Diesseits
          gelten läßt . . . . . . . . . . . . . . . 613
       Erläuternde Beispiele dazu . . . . . . . . . . . 614
       Von der Lösung des verwirrten Gesetzesknotens . . . . . 615
       Wesen der göttlichen Gebote . . . . . . . . . . 615

**270.** Rekapitulation der Hauptpunkte des 10. Gebotes, wer ist der Du,
       wer der Nächste und wer das Weib? . . . . . 615|616
       Warum ist der eigentliche Sinn dieses 10. Gebotes so verdeckt? . 616
       Beispiele hiezu, die Dreiheit auch im Worte . . . . . 616|618

**271.** Innerer oder eigentlicher Sinn dieses 10. Gebotes . . . . 619
       Warum die Umhüllung dieses einfachen wahren Sinns . . . 620
       Nachbetrachtung dieses Gebotes, mit Beispielen . . . . . 621

**272.** Eilfter Saal, 11. Gebot — die **Gottesliebe** . . . . . . 622
       Dasselbe stellt sich dar als eine strahlende Sonne, während die ersten
          10 Gebote nur schwarz auf weiß sich darstellten, warum? . 623|624
       Das alte Testament gleicht der Wunderpracht des nächtlichen Sternen-
          himmels und der irdischen Lichter, im Vergleiche zu der Einen
          Sonne des Neuen Bundes . . . . . . . . . . 625
       Der Mond gleicht dem Moses . . . . . . . . . . 625
       Jesus Jehova Zebaoth — die ewige Lebenssonne . . . . 625
          und demgemäß ist das Verhältniß eines Wortes von Ihm —
          gegen solche von Patriarchen, Propheten und Aposteln, darum
          enthält dieses Eine Gebot mehr als das ganze alte Testament . 625

**273.** Die Liebe Gottes ist der Urgrundstoff aller Geschöpfe . . . 625
       Beispiele in physikalischen Wahrheiten, was ist Kälte? . . . 626
       Die Wärme gleicht der Liebe, Kälte der Lieblosigkeit . . . 626
       Praktischer Lebenssinn dieses Gebotes . . . . . . . 627

**274.** Einwürfe und Zweifelsfragen hierüber? . . . . . . . 627
       Die verschieden-mächtigen Liebesarten . . . . . . . 628
       Maßstab des Liebesgebotes „wer Meine Gebote hält, der" ⁊c. . 628
       Einwendungen dagegen, in klaren Schrifttexten . . . . . 629
          z. B. vom reichen Jüngling, vom Pharisäer und Zöllner, ⁊c.
       Werdet wie die Kinder! . . . . . . . . . . . 630

Inhalt zu Nr. 3, die geistige Sonne.

**275.** Fortsetzung — Martha und Maria . . . . . . . . 630|631
   Die Sabbath-Entheiligung durch den HErrn . . . . . . . 631
   Zwei Gleichnisse als Belege dafür: 1) der fleißige und läßige Sohn . 632
      oder Das Gesetz ist nur eine Prüfung u. s. w. . . . . 632
   2) Die Brautwahl aus zwei Jungfrauen, die Eine will den Bräutigam
      erarbeiten, und die andere ihn erlieben . . . . . 633
   Fluch den Buchstabenerfüllern des Gesetzes ꝛc. . . . . . 633
   Was heißt Gott über Alles lieben? — — —
      Ihn über alles Gesetz hinaus lieben, spricht Johannes . . 633

**276.** Fortsetzung der Erörterung — wie man Gott über Alles liebt . 633
   Beispiele und Schrifttexte hiefür . . . . . . . 634
   Thorheit der Gesetzesvegtreter . . . . . . . . 634
   „Petrus — hast du Mich lieb?" . . . . . . . 635

**277.** Zwölfter Saal. 12. Gebot. **Die Nächstenliebe** . . . . 635
   Einwürfe. Gerechte und ungerechte Selbstliebe . . . . . 636
   Folgen des Uebermaßes der Nächstenliebe — Abgötterei — Beispiele
      — viele Herrscher, — Beleuchtung der Sache . . . . 636
   Die Urverfassung ist eine rein theokratische . . . . . 637
   Jedes Uebermaß der Eigen- und Nächstenliebe vor Gott ein Gräuel 637
   Gerechte Liebe heißt — Liebe in der göttlichen Ordnung . . . 637
   Beispiele hiezu: der Millionär und das arme Dorf . . . . 637
   Die arme Familie und der reiche Mann . . . . . . 638
   Der Mann, der sein Weib im Uebermaße liebt, wird sie verderben . 638
      desgleichen auch ein Bräutigam seine Braut.

**278.** Worin besteht die eigentliche **wahre Nächstenliebe?** . . . . 638
   Wer ist der Nächste? Antworttexte hiezu . . . . 639
   Der I. Grad der Nächstenliebe ist der zwischen Reichen und Armen,
      Starken und Schwachen, u. s. w. Vorzüge der Armuth . 640
   Evangelische Beispiele hiezu: Der reiche Mann, der arme Lazarus . 640
      und viele Andere . . . . . . . . . 641
   Wie — besonders die Reichen — am besten für ihre Kinder sorgen . 641
   Fideikommiß-Fluch . . . . . . . . . 641
   Die jenseitige zweifache Selch-Anstalt . . . . . . 641

**279.** Das bloße Wissen oder die Theorie ohne Praxis in Glaubenssachen
      ist Null . . . . . . . . . . 642
   Beispiele aus dem Leben . . . . . . . . 642
   Praktischer Unterricht der jenseitigen Schüler in der Nächstenliebe,
      die wahren Nächsten, die weniger Nächsten und die Fernen . 642
   Der Himmel beseligt nur die Allernächsten, für die Fernen ist er
      eine Qual . . . . . . . . . . 643
   Das wahre Suum cuique ist die eigentliche Nächstenliebe, oder die
      Respektirung des freien Willens — oder der subjektiven Liebeart 643
   Hiezu Beispiele aus dem Leben . . . . . . . 643
   Des Menschen Liebeart ist sein Lebenselement . . . . . 643

**Abschnitt:** Seite

Erst nach der Praxis bekommen diese Schüler dann die Weihe der
    Vollendung, . . . . . . . . . . . . . . 643
        nun werden sie Schutzgeister, zur Uebung in der Geduld . . 644
Aufgabe solch' unsichtbarer Kindsmägde der Menschen . . . . 644

280. Mission des Schutzgeistes nach dem Uebertritt seines Schützlings 644
    Das Wesen des Lasters und seine Folgen lernen nun diese Schüler 645
    Wo? in den verschiedenen Höllen, die sie durchwandern müssen . 645
    Folge jeder Handlung — deren Gericht . . . . . . . . . 645
    Beispiele: ein Hurer im ersten Grad der Hölle, . . . . . . 646
        wird derselbe ob seiner Kur zornig — so kommt er in den
            zweiten Grad . . . . . . . . . . . . . 647
    Was ist der Zorn? — die Frucht übergroßer Selbstliebe, und diese
        — der Herrschsucht, und diese ist schon dritter Grad . . . 647

281. Warum leisten die Menschen Gehorsam? . . . . . . . . 647
    aus Achtung? nein, sondern aus Furcht. . . . . . . 647
    Also Todesfurcht Hauptmotiv des Gehorsams . . . . . . 647
    Woher die Todesfurcht? aus Ungewißheit des Fortlebens. Beispiel
        im natürlichen Schlafe . . . . . . . . . . . 647
    Der vergeistigte — d. h. wiedergeborene Mensch hat keine Todes-
        furcht, da des Geistes Erfahrung das ewige Leben ist 648
    In der zweiten Hölle, mit Fastenbehandlung, Entscheid — nach Oben
        oder Unten . . . . . . . . . . . . . . 648
    In letzterem Falle Entwicklung des eigentlichen Satanischen in blin-
        destem Kriege wider die Gottheit . . . . . . . 649

282. Wie ist solche Auflehnung eines Nichts gegen die Allmacht möglich? 649
    Im Geisterreich gibts nur Wahrheiten, . . . . . . . 649
    deshalb ist eine geistige Antwort eine volle Wahrheit.
    Beispiele. In der ganzen Schöpfung, materiell und geistig, ist
      nichts absolut Vernichtbares vorhanden, . . . . . . 650
    daher die Philosophie der Hölle, auf Grund der Herrschsucht . . 651
    Deren Entsprechung die äußere Erscheinlichkeit eines Weltkörpers . 651
    Beispiele. Das Dienstmuß der Teufel ihre größte Qual, da sie
      wider Willen doch dem HErrn dienen müssen. . . . . . 651

283. Nach erst höllischer und reinweltlicher Art jagt man auf verschiedene
    Arten nach Brod oder einer einflußreichen Stellung, nach himm-
    lischer Art aber nur um die Liebe und Erkenntniß Gottes,
    und läßt fürs Andere den HErrn sorgen . . . . . . 652
    Beispiele hiezu als Bild der ersten Hölle . . . . . . 653
    Wo Verschmitztheit, äußere Höflichkeit hinzukommt, also Politik — da
      bildet sich der zweite Grad . . . . . . . . . 653

**Abschnitt:**                                                                                        **Seite**

**284.** Die verschiedenen Beschreibungen der Hölle . . . . . . . 653
      Diese hier ist eine dem menschlich-reinen Begriffe zusagende und unserer Zeit entsprechende Darstellung, darin alle andern und noch möglichen enthalten sind . . . . . . . 654
      Erklärende Beispiele hiezu, die verschiedenen Ideen von der Staats-Politik . . . . . . . . . . . . . . . 654|655
      Nur wenige Seher erschauten den Grund der Hölle, Viele aber deren Erscheinlichkeiten, daher die verschiedenen Ansichten . . . . 655
      Wer kennt die Staatspolitik am besten? — der Herrscher, und also wer die Hölle? — der HErr . . . . . . . . . 655
      **Ein jeder Mensch trägt nach seinem eigenthümlichen Wesen den Himmel, wie auch die Hölle in sich!** . . . . . 655
      Beispiele . . . . . . . . . . . . . . . 656

**285.** Der Mensch lebt im Geiste jenseits ebenso fort, wie er hier auf Erden lebte . . . . . . . . . . . . . 656
      Leib, Geist, Lebensprinzip . . . . . . . . . . . 656
      Beispiele . . . . . . . . . . . . . . . 657
      Also ist die Hölle auf der Welt ebenso zu finden, wie im Jenseits . 657
      Der kleine Unterschied zwischen dem naturmäßigen und geistigen Lebensverhältnisse der Menschen, mit Beispielen . . . . . 657
      Im Geiste ist was man denkt auch da . . . . . . . 657
      Im Leibe muß man erst die äußere Materie überwinden, zur Uebung in der göttlichen Geduld, als für das ewige Leben unbedingt nöthig . . . . . . . . . . . . . 658
      Die schöpferische Kraft erhält jenseits jeder Geist, der Gute reelle, und der Böse nur wie im Traume — chimärisch . . . . 658

**286.** Irdische Bilder der Fundamentalhölle, Nr. 1 der Spekulant . 658|659
      Nr. 2 der Offizier, denen durch das Hinderniß der Materie die Ausführung ihrer sauberen Pläne vereitelt wird, also Segen der Materie . . . . . . . . . . . . . . 659

**287.** Nr. 3 der Buhler, dem ebenfalls durch die Materie und bürgerlichen Gesetze ein Zaum angelegt ist . . . . . . . 660
      Dessen verschiedene Stufen hinab, Hurer, Knabenschänder, allergröbster Egoist, Atheist, zuletzt — wenn er ganz am Hunde — kommt die Wuth . . . . . . . . . . . . 661
      Vom Schaden, den solche Lehrmänner an Jungfrauen u. s. w. auch ohne äußere Berührung anrichten können —!! . . . . . . . . . . . . . . 661
      Winke gegen Einwürfe . . . . . . . . . . . 662

**288.** Die Herrschsucht als vorherrschendster Charakterzug im weiblichen Geschlecht, und deren Zwilling Eitelkeit . 662
      Beschönigende Entschuldigung dieses weiblichen Hochmuths-Höllensamens . . . . . . . . . . . . . . 662|663

| Abschnitt: | Seite |
|---|---|
| Beleuchtung der als Tugend gepriesenen weiblichen Scham und weltl. Ehre, und Gefahr dabei | 663 |
| Aufblick zum Gekreuzigten, als Tugendideal | 663 |
| Widerlegung der Einwürfe | 663 |
| Beispiele aus dem Leben — Ueberraschung im Negligé und — dann in Balltoilette u. s. w. | 664 / 664 |
| Das falsche Scham- und Ehrgefühl eine Schlange in der weiblichen Brust | 665 |

289. Fortsetzung der Beispiele als Belege hiefür . . . . . . 665
Eine Geliebte in Gesellschaft läßt sich hofiren, ihr Geliebter wird eifersüchtig, die Folge — Trennung, und weitere Folgen? — — — Früchte der untersten Hölle . . . . . . . . . . 666
"Ich bitte — mich damit zu verschonen!" . . . . . . . 666

290. Fortsetzung. Heirath aus Rache — Folgen . . . . . 666|667
Herzensgeschichten und deren Psychologie — im Bilde eines narbenreichen Kriegers . . . . . . . . . . . . . . . 667
Alle Geheimnisse werden Drüben offiziell . . . . . . . 667
und alte vernarbte Uebel brechen wieder auf, so wie auch Jesus als der HErr von seinen Feinden gerichtet und gekreuzigt — nicht sofort in den Himmel, sondern zuerst in die Hölle hinabstieg, — — u. s. w. . . . . . . . . . . . . 668
Daher alte Flecken des Gewissens genau ausreinigen, besonders solche die Liebe heißen.
Diese sind die hartnäckigsten fürs Jenseits, ein Millionraub ist leichter tilgbar als eine Liebeschuld . . . . . . . . . . 668
Daher die große Gefahr des Verliebtwerdens . . . . 668
Die 7 bösen Geister — Rath des Ev. Johannes . . . 668
Betrug des Geistes — dessen Wesen Liebe ist . . . . 669
Der geistigen Unzucht tiefster Grad . . . . . . . . 669

291. Einwürfe. — — (Herr wer kann selig werden?) . . . 669
Entgegnung — Hinweis auf Vorausgegangenes, es ist hier nicht gezeigt — wer in die Hölle kommt, sondern nur — was Hölle ist im Menschen . . . . . . . . . . . . . 669
Was ist Grund der Untreue in der Liebe? Eigenliebe, Selbst- und Herrschsucht, Eifersucht . . . . . . . . . . . 670
Erlösung, Heilung der Seele von solchem höllischen Uebel, — siehe den bußfertigen Schächer am Kreuze . . . . . . . 670
Das Weib am Jakobsbronnen u. s. w. . . . . . . . 671
Hinweis auf den verlornen Sohn . . . . . . . . . 671

292. Einwurf — wer, wie, wann kommt man damit in die Hölle? . 671
Denn von den Zweien an Einer Mühle wurde nur Einer angenommen ꝛc., Johannes sagt, damit ist schon gezeigt — Wem eigentlich die Hölle zukommt, denn die Hölle ist kein Ort, sondern ein Zustand, gemäß der leitenden Prinzipien: Herrschsucht,

| Abschnitt: | | Seite |
|---|---|---|
| | Eigenliebe, Selbstsucht, — entgegen den himmlischen Prinzipien: Demuth und Liebe — zu Gott und zum Nächsten | 672 |
| | Demgemäß hat jeder in seinem Gefühle den Psychometer, ob er der Hölle oder dem Himmel angehört | 672 |
| | Je mehr Einer hier rein opfert, um so mehr wird er Jenseits finden. — Jeder trägt Himmel oder Hölle in sich | 673 |
| | Jeder kommt in die Hölle oder in den Himmel, den er in sich trägt | 673 |
| 293. | Beispiele, daß Solches in uns vorgeht: Der Landschaftsmaler —, die Phantasie | 673 |
| | Im Geiste des Menschen ist Alles vorhanden was die Unendlichkeit in sich faßt, also **Himmel** und **Hölle**, und dazwischen auch die **Naturwelt** | 674 |
| | Zu dieser Kammer ist die Liebe der Hauptschlüssel und die Pforte zur inneren Welt des Geistes | 675 |
| | So ist also der Geist Schöpfer seiner eigenen Welt | 675 |
| | Ob gut oder schlecht — je nach Art seiner Liebe, ist diese in der göttlichen Ordnung — gut, andernfalls schlimm; des Menschen Himmel oder Hölle ist das Werk seiner Liebe | 675 |
| | denn: „eure Werke folgen euch nach!" | 675 |
| 294. | Weiter-Entwicklung der jenseitigen Schüler. | |
| | Dieselben kehren mit gerechtem Abscheu zurück in ihre himmlische Sphäre | 675 |
| | Der Himmel läßt sich nicht durch bloße Erkenntnisse und Einsichten, noch durch nonnenhafte Gebets- und Verehrungs-Liebe erringen, sondern lediglich durch gerechte Werke der Liebe; das haben die Schüler zu lernen | 676 |
| | Der Hades — das Fegfeuer — eine Art Vorzimmer | 676 |
| | Niemand kommt gleich in den Himmel oder in die Hölle, mit höchst seltenen Ausnahmen | 676 |
| | In dieser Vorhalle des Jenseits langen alle Stunden 5—7000 Neulinge an, daher es da am meisten zu thun gibt für die Geister | 676 |
| | General-Examen, General-Bekenntniß und Enthüllung, Abödung, dann entweder erster Grad des Himmels oder der Hölle. — St. Simonismus. | |
| | Hier arbeiten unsere Schüler, und zwar wie? | 676 |
| 295. | In dieser Probesphäre gestaltet sich das Sein in allem und jedem, wie auf Erden im Fleische | 678 |
| | Der Bessere, dem aber noch Sinnliches anklebt oder Spiellust, und dergleichen, und deren Kuren | 678 |
| | Selbst leidenschaftlich betriebene Musik u. s. w., Malerei, Poesie, und was den Hochmuth nährt, muß er aus sich selbst überwinden, Aufgabe der leitenden Geister dabei. Hindernisse dabei; besonders die falschen Ideen der Römischen | 679 |
| | Wie deine Liebe, so deine Thaten, und also auch dein Leben. | 679 |
| | Jedes Leben hat vom HErrn aus Liebe bestimmte Wege. | 679 |

| | Seite |
|---|---|
| Abschnitt: | |

Die Freiheit der Individuen und die Freiheit des HErrn ist gegenseitig bedingend.
Auch das gesetzte Ziel ist kein Gericht, sondern ein Sammelpunkt . 679

296. Die zahllosen anderen Welten sind ebenfalls bewohnt. Zunächst gehen unsere Schüler in unserem Planetensysteme weiter; zuerst ist da der Mond, wo sie als Elementarlehrer wirken, dann geht's in den Merkur, dann in die Venus, dann in den Mars, und nach Umständen in die Asteroiden, und dann in den Jupiter, dann in den herrlichen Saturn, und dann in den Uranus, und zuletzt in den Miron (Neptun). Dieser Weg ist nur für weltliche und sinnliche Menschengeister nöthig . . . . . . . . . . 680

Tiefer Sinn der Ansicht der Alten über den Einfluß dieser Planeten. 680
Grund dieser Einflüsse. Weiterer Weg der Geister durch die 7 Sphären der Sonne, dann ihre selbständige Wirksamkeit, weitere Bestimmung der Lehrer als Bürger der h. Stadt Jerusalem, u. s. w. . . . . . . . . . . . . . . . 681

Johannes tritt ab, und übergibt uns dem HErrn wieder . . . 681

## Quintessenz des Werkes.

297. Fragt der HErr:

„Was habt ihr gelernt bei Meinem Johannes?"
unbegreiflich Herrliches, aber ist es auch Alles wirklich wahr? — 681
Der Himmel und die ganze geistige Welt ist nicht örtlich, sondern wie alle geistige Welt — nur in den Geistern selbst. 681

Rückblick auf das nun genossene Diorama der zehn Geister, bei jedem verschieden, und so wäre und ist dasselbe aus anderen Geistersphären betrachtet, endlosfach verschieden, — doch — stets wie der Same so die Frucht, wie die Werke, so der Lohn, wie die Liebe, so die jenseitige Welt einer jeden Seele. Also in verschiedenen Formen Eine und dieselbe Wahrheit.

„So lange diese Erde von Menschen bewohnt — sind die geistigen Lebensverhältnisse nie so umfassend und völlig enthüllt worden als diesesmal."

298. Die Gleichnisse des HErrn im Evangelium vom Himmelreich, z. B. das Sanfkörnlein, Erklärung desselben, in Bezug auf die vorstehenden Eröffnungen, mit Parallele aus der Chemie . 683
Ueberall nur Ein Gott, Ein Vater, Eine Liebe, Eine Weisheit und daraus das Unendliche Ewige . . . . . . . . 684
Die Form ist zur Anregung des Geistes, aber die Realität ist in der Wirklichkeit zu suchen, also suchet das Reich Gottes und seine Gerechtigkeit, alles Andere wird hinzugegeben! — . 684
Die Variation der Form des Himmels je nach dem Wesen des Menschen, — Beispiel vom Apfelbaum . . . . . . . . 684

Abschnitt: Seite

299. „Das Himmelreich ist auch gleich dieser gegenwärtigen Zeit, und
diese gleich dem Sämann im Evangelium" u. s. w. erläutert vom
HErrn . . . . . . . . . . . . . . . . . 685

Die Zulassung der wunderbaren Einflüsse der Geisterwelt nun, und
die vielfache Herablassung des HErrn Selbst. Doch der Glaube
ohne Werke ist todt . . . . . . . . . . . . . 686

Die allgemeine geistige Bequemlichkeit und Trägheit, anstatt Ernst anzuwenden zu Erlangung des **lebendigen Wortes** aus **Gott**.
— Einwürfe hiegegen . . . . . . . . . . . 686

Belege von früher, Swedenborg, Böhme, Petersen und viele andere.
Das Himmelreich gleicht dieser Zeit, d. h. es ist sehr mager . 687

300. Ein Baum als Beispiel vom Wesen des Geister-Reiches . 688

301. Ein Menschenkind als Bild des Himmelreiches und des Universums 690

#### ⊱NB!⊰

Als in enger Beziehung zu diesem Buche stehend, weil dasselbe Thema — die geistigen Zustände im Jenseits ꝛc. behandelnd — erlauben wir uns auf einige andere Nummern unserer Schriften zu verweisen, nehmlich:

**Nr. 41 a:** **Die eigentliche Wahrheit über Spiritismus**
und Winke über Vegetarianismus. (2 ℳ 10 ₰)

**Nr. 42:** Von den letzten Dingen:
**Sterben und Hinübergehen**
mit Geisterszenen. (85 ₰)

**Nr. 23:** **Winke über Unsterblichkeit der Menschenseele**
und vom
**Wiedersehen Jenseits.** (40 ₰)

**Nr. 25:** **Winke der Wahrheit**
über
**das Wesen des Tischrückens und Klopfens,**
sowie über das med. Schreiben
nebst
**Schlüssel zur Korrespondenz mit seligen Geistern ꝛc.** (25 ₰)

Wir bemerken noch, daß auch in Nr. 5 die Erde, sowie in Nr. 8, 46 und 47 — Naturzeugnisse — wichtige Seiten dieser Wahrheiten dargelegt werden.

Druck von G. Müller in Besigheim.

FSC
www.fsc.org
MIX
Papier aus ver-
antwortungsvollen
Quellen
Paper from
responsible sources
FSC® C141904

Druck:
Customized Business Services GmbH
im Auftrag der
KNV Zeitfracht GmbH
Ein Unternehmen der Zeitfracht - Gruppe
Ferdinand-Jühlke-Str. 7
99095 Erfurt